Der Ball ist rund.

Katalog zur Fußballausstellung im
Gasometer Oberhausen im Centr*O*.
anlässlich des 100-jährigen Bestehens
des Deutschen Fußball-Bundes
12. Mai bis 15. Oktober 2000

Feuer & Flamme Ausstellungsgesellschaft

Herausgegeben von Franz-Josef Brüggemeier,
Ulrich Borsdorf und Jürg Steiner

Klartext

Impressum

Ausstellung

Veranstalterin
Gasometer Oberhausen GmbH
Jeanette Schmitz (Geschäftsführerin), Birgit Peekhaus, Silke Stennes

Schirmherr
Dr. h.c. Egidius Braun, Präsident des Deutschen Fußball-Bundes

Leitung
Franz-Josef Brüggemeier, Ulrich Borsdorf, Jürg Steiner

Konzeption
Franz-Josef Brüggemeier, Ulrich Borsdorf,
Jürg Steiner, Jürgen Müller,
Bernhard Mensch, Peter Pachnicke

Ausstellungsleitung
Heinrich Theodor Grütter, Jürgen Müller

Beirat
Rudolf Assauer (FC Gelsenkirchen Schalke 04 e.V.), Oberbürgermeister Burkhard Drescher (Stadt Oberhausen), Goetz Eilers (Deutscher Fußball-Bund, Frankfurt/M.), Claus-Udo Kracke (SportA), Michael Meier (MSV Duisburg 02 e.V.), Michael Meier (BV. Borussia 09 e.V. Dortmund), Bernhard Mensch (Ludwig Galerie Schloss Oberhausen), Prof. Dr. Peter Pachnicke (Ludwig Galerie Schloss Oberhausen), Nico Schäfer (SC Rot-Weiß Essen e.V.), Horst R. Schmidt (Deutscher Fußball-Bund, Frankfurt/M.), Hermann Schulz (SC Rot-Weiß Oberhausen), Ansgar Schwenken (VfL Bochum 1848 Fußballgemeinschaft e.V.), Wilfried Straub (Deutscher Fußball-Bund, Frankfurt/M.)

Ausführung
Feuer & Flamme Ausstellungsgesellschaft mbH
Sybille Fanelsa (Geschäftsführerin), Anke Schorsch

Wissenschaftliche Arbeitsgruppe
Axel Heimsoth, Michael Menzen, Dietmar Osses (stellvetretender Ausstellungsleiter), Sebastian Plüer, Christoph Schurian, Andreas Zolper
Uwe Wick (Willibald Gebhardt Institut, Essen)

Konzeptionelle Mitarbeit
Nicola Lepp (Abteilung "Kleines Einmaleins des Fußballs"),
Stefan Jordan (bis August 1999)

Beratung
Dettmar Cramer, Gottfried Korff

Ausstellungsgestaltung
Jürg Steiner
Ewald Kentgens (Projektleitung), Stefan Bullerkotte, Hasso von Elm,
Mauro Hein, Lothar Niewald

Ausstellungssekretariat
Sandra Schäfer

Mediengestaltung
Frank Bürgin, Zeitlupe GbR, Gelsenkirchen;
Kai Hoffmann, Armin Lehmann (Audio-Produktion)

Wissenschaftliche Hilfskräfte
Erik Eggers, Dorothee Haßkamp

Studentische Hilfskräfte
Ralf Becker, Markus Renner, Marcel Settner

Kommunikationsdesign
Arbeitsgemeinschaft für visuelle und verbale Kommunikation
Prof. Uwe Loesch, Düsseldorf

Öffentlichkeitsarbeit
Andreas Feyen

Homepage-Umsetzung
beos-web, Mülheim

Restauratorische Betreuung
Rolf Küpper (Rheinisches Archiv- und Museumsamt, Landschaftsverband Rheinland), Volker Esser

Medienproduktion
Xframe neue Medien

Einbauten
museumstechnik, Berlin; System 180, Berlin;
Schlieper + Co Essen GmbH; Atelier Friedhelm E. Schöler, Köln;
Wirtschaftsbetriebe Oberhausen; Feuerwehr Oberhausen

Leihverkehr
Andreas Zolper

Transporte
Kunstspedition Josef Roggendorf GmbH, Köln/München

Versicherung
Provinzial Feuerversicherungsanstalt der Rheinprovinz, Oberhausen

Katalog

Herausgeber
Franz-Josef Brüggemeier, Ulrich Borsdorf, Jürg Steiner

Koordination
Jürgen Müller, Heinrich Theodor Grütter

Redaktion
Sebastian Plüer

Lektorat
Reinhild Stephan-Maaser, unter Mitarbeit von Dorothee Haßkamp

Bildredaktion
Dietmar Osses

Gestaltung Umschlag
Uwe Loesch, Düsseldorf

Gestaltung Innenteil
Praxis für visuelle Kommunikation, Swen Hoppe, Wuppertal

Objektfotografie
Piet Kremer, Jens Nober

Lithografie
dps Bodo Lüders, Essen

Druck und Bindung
Westermann Druck, Zwickau

1. Auflage Mai 2000

ISBN 3-88474-882-3

Inhalt

Grußwort

Sehr geehrte Damen und Herren,
liebe Freunde des Fußballsports!

"Die Welt ist zwar kein Fußball, aber im Fußball, das ist kein Geheimnis, findet sich eine Menge Welt." Diese Worte stammen vom Schriftsteller Ror Wolf, und sie sind nachzuempfinden bei der Ausstellung "Der Ball ist rund" im Oberhausener Gasometer, für die der Deutsche Fußball-Bund im Jahr seines 100-jährigen Bestehens gerne sein umfangreiches Archiv geöffnet hat. Sehr herzlich heiße ich alle Besucher in diesem faszinierenden Ausstellungsraum im Herzen der "Neuen Mitte Oberhausen" willkommen!

Der Fußball in seinem ursprünglichen Wesen ist für die Menschen immer eine ideelle Institution gewesen. Die verschiedenen Themenbereiche dieser Ausstellung verdeutlichen dies, genauso wie den Wandel, den der Fußball in den Jahren durchlebt hat. Vor 100 Jahren, als insgesamt 36 Delegierte von 86 Vereinen am 28. Januar 1900 im Leipziger Mariengarten zum "Ersten Allgemeinen Deutschen Fußballtag" zusammengekommen waren, galt der Fußballsport in den privilegierten Kreisen etwa noch als große Torheit: Ein Haufen Rohlinge traktiert einen Ball mit Fußtritten – unfassbar für das damalige Verständnis, von "König Fußball" noch keine Spur.

Längst ist der Fußball im speziellen und der Sport im allgemeinen ein unverzichtbarer Teil unseres kulturellen Lebens geworden – wenn man Kultur als das Bedürfnis des Menschen versteht, sich über den Broterwerb hinaus das Leben sinnvoll zu gestalten. Tag für Tag zieht das Fußballspiel Millionen von Menschen in den Bann. Vom "Kicken" auf den Bolzplätzen bis hin zum Gemeinschaftserlebnis im Stadion - der Volkssport Fußball verbindet die Menschen auf der ganzen Welt und schafft Kommunikation.

Diese vom Fußball ausgehende Wirkung verleiht unserem Sport eine nicht zu unterschätzende gesellschaftspolitische Komponente. Auch im 21. Jahrhundert wird das Fußballspiel längst nicht nur an Sieg oder Niederlage zu messen sein.

Der Fußballsport ist immer auch ein Spiegelbild für Strömungen der Zeitgeschichte gewesen. Die Exponate dieser Ausstellung, bei denen es sich fast ausschließlich um Originale handelt, führen das eindrucksvoll vor Augen. Ich denke in diesem Zusammenhang natürlich an den 3:2-Endspielsieg von Deutschland über Ungarn bei der Weltmeisterschaft 1954 in Bern: Millionen von Menschen in unserem Land, beladen von Schuld, Unsicherheit und Selbstzweifel, fassten nach dem verlorenen Krieg neuen Mut: "Wir sind wieder wer." Fritz Walter und die anderen waren die leuchtenden Beispiele.

Kommerzielles Denken hat die Strukturen des Fußballs in seiner jüngsten Entwicklung nachhaltig verändert. Kapitalbeschaffung und das Schielen nach Renditen haben dazu geführt, dass Top-Clubs in einigen Ländern den Schritt zur börsennotierten Aktiengesellschaft gewagt haben. Und selbst im Amateurfußball spielen kommerzielle Überlegungen mittlerweile eine Rolle. Dennoch: Das Fußballspiel entfaltet nach wie vor seine identitätsstiftende Wirkung, sei es für einen Stadtteil, für eine Stadt oder für eine ganze Region.

Fußball bietet Heimat, Zusammengehörigkeit. Damals wie heute. Die Ausstellung "Der Ball ist rund", die der langen Geschichte unserer faszinierenden Sportart nachspürt, veranschaulicht das in ansprechender Weise.

Der Fußballsport ist und bleibt eine Konstante im Wandel der Zeit. Der "homo ludens", der spielende Mensch, wird fortbestehen, und Fußballspiel wird immer Lebensbejahung und Lebensfreude sein.

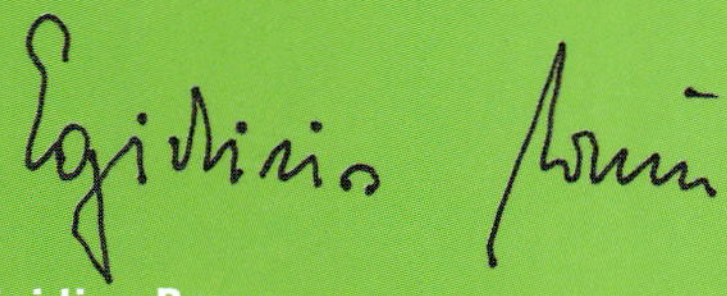

Egidius Braun
Präsident des Deutschen Fußball-Bundes

Grußwort

"Der Ball ist rund" – so lautet sinnigerweise der Titel der großen Fußballausstellung aus Anlass des 100-jährigen Bestehens des Deutschen Fußball-Bundes (DFB). Das Objekt der Begierde im Fußball ist in der Tat rund wie die Erdkugel, und vielleicht ist dieser Sport auch gerade deshalb heute wahrhaft weltumspannend. Im Gegensatz zu anderen Sportarten, deren Spielgegenstand flach ist wie eine Scheibe oder einem Ei gleicht, vollführt der Ball berechenbare und unberechenbare Sprünge, immer wieder für Überraschungen sorgend. Das 90, manchmal auch 120 Minuten dauernde Theaterstück namens Fußball vereint Ort, Zeit und Handlung in idealer Weise und kann – je nach Blickwinkel und subjektiver Wahrnehmung des Publikums – Komödie oder Tragödie sein.

Reminiszenzen im Zusammenhang mit dem runden Leder werden in einer Art "lingua franca" diskutiert. Auch ohne Fremdsprachenkenntnisse versteht jeder jeden und immer häufiger jede die andere. Selbst komplexeste Ereignisse bedürfen zu ihrer Erläuterung nicht mehr als eines Namens und weniger Gesten. "Wembley" und "goal" wäre so ein Beispiel; die darauffolgende Diskussion würde wie immer seit 1966 mit so lebhaften Handbewegungen und ausdrucksvoller Mimik geführt, die man sonst nur der mediterranen Bevölkerung nachsagt.

Ein Jubiläum wie jenes des Deutschen Fußball-Bundes, zumal es mit dem Wechsel eines Jahrtausends zusammenfällt, bietet eine treffliche Gelegenheit, um Bilanz zu ziehen und in die Zukunft zu blicken. 100 Jahre sind ein überschaubarer Zeitraum, und doch ist so vieles in diesen zehn mal zehn Jahren geschehen, das die Welt und den Fußball geprägt hat.

Die Veränderungen in vielen Bereichen, die den Fußball direkt oder indirekt berühren, können mit Fug und Recht als revolutionär bezeichnet werden. Beileibe nicht alle haben sich positiv auf ihn ausgewirkt. Stellen wir uns doch einmal vor, wie die Sportkameraden von anno 1900 in der Leipziger Gaststätte "Mariengarten" den DFB aus der Taufe hoben, im kleinen Kreis und einem Ideal verpflichtet, und vergleichen wir diese Szene mit einem Vorstandstreffen eines Top-Clubs irgendwo in Europa ...

Angesichts des mächtigen kommerziellen Umfelds, angesichts der überhöhten Gehälter für einige wenige Akteure an der Spitze ist man versucht, vom "alten Fußball" und vom "neuen Fußball" zu sprechen, so wie heute der Unterschied zwischen "Old Economy" und "New Economy" gemacht wird. Als Präsident der FIFA setze ich mich mit aller Macht für den "alten Fußball" ein, der, von Idealismus und Fairplay geprägt, als Seele des Spiels erhalten werden muss.

Verblüfft und erfreut zugleich konstatieren wir jedoch auch, dass sich wesentliche Elemente des Fußballs den Veränderungen bislang zu entziehen wussten. Die Spielregeln haben seit über 100 Jahren Bestand und sind so einfach wie eh und je. Das Fußballspiel an sich ist zwar schneller und auch härter geworden, aber es geht nach wie vor darum, ein Tor mehr als der Gegner zu erzielen. Beim Umzug des FIFA-Generalsekretariats in ein neues Gebäude stießen die Archivare auf ein Arbeitspapier für das Exekutivkomitee aus dem Jahre 1930(!). Die wichtigsten Aufgaben von damals lauteten: Spielregeln, Vertreten des Fußballs vor anderen Sportverbänden, Definition des Amateurfußballs, Schaffung von Standards für internationale Transfers und die Ausarbeitung eines internationalen Spielkalenders. Die Zeiten haben sich geändert, doch die Herausforderungen sind die gleichen geblieben.

Blickt man in die Zukunft, so sind erfreulicherweise da und dort Silberstreifen am Horizont zu erkennen: Sport und Politik, insbesondere die EU mit den Fußballverbänden, haben endlich zu einem gemeinsamen Dialog gefunden, der helfen wird, Exzesse im Gefolge des Bosman-Urteils zumindest teilweise rückgängig zu machen. Und: Der erzieherische und soziale Wert des Fußballs findet endlich wieder die gebührende Beachtung. Denn jenseits von E-Commerce oder E-Business ist er vor allem eines: E-motion. Diese Kraft, Dinge zu bewegen, Leidenschaften zu wecken, Gutes zu bewirken, Identifikation zu stiften und dabei so einfach zu bleiben wie an seinem Ursprung: das macht den Fußball zur runden Sache, zur schönsten (Haupt- oder) Nebensache der Welt überhaupt.

Joseph S. Blatter
Präsident der FIFA

Grußwort

"Der Ball ist rund" – diesen Ausspruch braucht man den deutschen Fußballfans nicht speziell zu erklären. Auf dem Gebiet des Deutschen Fußball-Bundes (DFB) sind die Voraussetzungen gegeben, damit unsere Sportart kontinuierlich boomt und jederzeit ein breites, fußballbegeistertes Publikum in den Bann zieht. Der DFB hat denn auch in den hundert Jahren seines Bestehens jederzeit seine Aufgabe erfüllt, eine Leistung, die sich aus der Sicht der Europäischen Fußballunion (UEFA) in erster Linie durch Kontinuität und Stabilität auf der Führungsebene und in seiner Struktur insgesamt auszeichnet. Der DFB kann mit Recht in der europaweiten Fußballbewegung als Musterverband angesehen werden.

Im Rahmen der Feierlichkeiten "100 Jahre DFB" wurde auch ein eindrückliches Buch veröffentlicht, das in Wort und Bild die vielen Höhepunkte wiedergibt und den Stellenwert des Fußballs im Land des dreifachen Weltmeisters und dreifachen Europameisters festhält. Es freut mich außerordentlich, dass darüber hinaus noch eine große Ausstellung stattfindet, um die Faszination des Fußballs zu zeigen, der die Menschen auf der ganzen Welt begeistert.

Als Präsident der UEFA wünsche ich den Organisatoren einen vollen Erfolg und hoffe, dass zahlreiche Anhänger unseres Sports die faszinierenden Exponate bestaunen werden.

Lennart Johansson
Präsident der UEFA

Länder, sei es durch Spieler aus dem Ausland oder die europäischen Wettbewerbe. Fußball ist einer der wenigen, vielleicht sogar der einzige Bereich, in dem der Begriff Europa für viele eine konkrete, alltäglich erfahrbare Bedeutung erlangt hat. Die fünfte Abteilung schließlich thematisiert zum Abschluss seine emotionale und ästhetische Kraft. Dazu präsentiert sie ausgesuchte Fotografien sowie eine Auswahl der besten, lakonischsten und bewegendsten Aussagen zu diesem Sport.

III

Dies sind faszinierende Themen, die bisher erstaunlicherweise noch nicht in einer größeren Ausstellung behandelt wurden. In den letzten Jahren hat es mehrere Ausstellungen zur Geschichte einzelner Vereine gegeben, da viele von diesen vor rund 100 Jahren gegründet wurden und ihr Jubiläum auf diese Art feierten. Doch es gab bisher – soweit wir ermitteln konnten – weltweit keine größere, allgemeine Ausstellung zum Fußball. Das ist angesichts der Popularität dieses Sports und seiner mittlerweile mehr als 100-jährigen Erfolgsgeschichte ein überraschender und schwer zu erklärender Befund.

Eine gewisse Ausnahme bildet die "Premier League Hall of Fame" in London, die vor knapp einem Jahr eröffnet wurde und – ihrem Titel entsprechend – die Entwicklung der Premier League behandelt, allerdings auch die Entwicklung des Fußballs in England seit dessen Anfängen streift. Ebenso zu erwähnen sind das Scottish Football Museum in Glasgow, das seit 1990 im Aufbau ist, und seine Entsprechung in England, "The Football Museum", das im Herbst dieses Jahres in Preston in Nordengland eröffnet werden soll. Die größte Einrichtung dieser Art befindet sich allerdings ausgerechnet in den USA, wo im Juni 1999 in Oneonta im Staat New York eine "National Soccer Hall of Fame" eröffnet wurde. Das ist einerseits erstaunlich, andererseits aber nur zu verständlich, denn vergleichbare Einrichtungen gibt es in diesem Lande seit Jahrzehnten, darunter die "Baseball Hall of Fame", die bereits seit 1939 in Cooperstown besteht und jährlich etwa 400.000 Besucher anzieht, obwohl sie recht isoliert gelegen ist; weitere bestehen für American Football, Basketball oder Eishockey, um nur die wichtigsten zu nennen.

Diese lange Tradition erklärt sich vor allem aus der größeren Bedeutung des Sports in der amerikanischen Gesellschaft. Vor allem Baseball und Football sind feste Bestandteile der amerikanischen Kultur und gerade in den Mittelklassen verbreitet und populär. So ist es nicht ungewöhnlich, dass amerikanische Präsidenten oder berühmte Filmstars mit dem ersten Schlag oder Anstoß die Saison eröffnen. Auch gibt es eine große Anzahl von Filmen zu diesen Sportarten, so zuletzt zum Baseball einen erfolgreichen (und guten) Film mit Madonna und Tom Hanks unter dem Titel "Eine Klasse für sich". Vor allem aber, und das ist besonders wichtig, gibt es eine bedeutend größere Zahl von Filmen, in denen diese Sportarten wie selbstverständlich vorkommen. Beides fehlt in Deutschland weitgehend. Ernstzunehmende und vor allem gute Filme über Fußball, die einen Vergleich damit aushalten, gibt es nur vereinzelt, trotz jüngster Ansätze wie dem Film "Fußball ist unser Leben". Ebenso wenig ist Fußball ein derart selbstverständlicher Bestandteil in anderen Filmen.

Dieser Befund lässt sich verallgemeinern: Auch in der Literatur, der Kunst oder dem anspruchsvollen Journalismus ist dieser Sport bis vor wenigen Jahren kaum behandelt worden. Das gilt auch für die Geschichtswissenschaft, die sich – von Ausnahmen abgesehen – diesem Thema erst nähert. Gerade in den letzten Jahren sind allerdings mehrere historische Darstellungen erschienen, die informativ und gut recherchiert sind, doch sie genügen noch nicht den Ansprüchen wissenschaftlich fundierter Untersuchungen. Es fällt schwer, hierfür eine Erklärung zu finden. Ausschlaggebend war vermutlich eine grundsätzliche Distanz innerhalb des deutschen Bürgertums und seiner kulturellen Meinungsführer zum Massensport und insbesondere zum Fußball, die erst seit ein bis zwei Jahrzehnten aufgebrochen ist.

IV

Vor diesem Hintergrund fällt es schwer, eine Ausstellung über Fußball zu veranstalten, allein schon weil Museen und andere Institutionen hierzu nicht in dem Umfang Objekte gesammelt haben wie zu anderen, etablierten Themen. Die Anhänger dieses Sports wiederum haben ihr Interesse auf ein recht enges Spektrum konzentriert und Gegenstände aufbewahrt und gesammelt, die sehr direkt mit dem Spiel zusammenhängen: Eintrittskarten, Schuhe, Trikots, Münzen, Wimpel usw., meist von bekannten Spielern und wichtigen Spielen und Turnieren.

Überspitzt formuliert ließe sich behaupten, dass Fußball eigentlich nichts produziert außer Ergebnissen und Geschichten. Und beide lassen sich nicht gut – wenn überhaupt – in einer Ausstellung präsentieren. Selbst die von den Fans gesammelten Trikots oder Schuhe sind nicht wirklich Produkte des Fußballs, sie drücken nicht das Spiel selbst aus. Sie gehören zu seinen Voraussetzungen und seinem Umfeld und können deshalb interessant sein, doch eigentlich faszinierend sind sie erst durch die Geschichten, die damit verbunden sind, durch die Erinnerungen, die sich wachrufen. Derartige Erinnerungen können auch viele andere Gegenstände hervorrufen, die leider bisher jedoch nur in sehr bescheidenem Umfang gesammelt und eher zufällig überliefert sind. So ist zu Themen wie Training, Taktik, den Zuschauern, der Berichterstattung und den Medien generell, der Wahrnehmung und Wertschätzung des Fußballs in der Öffentlichkeit, seiner Behandlung in Kunst und Literatur, dem Schul- und Jugendfußball oder dem alltäglichen Umfeld in den Vereinen und selbst der Nationalmannschaft offensichtlich wenig erhalten, zumindest jedoch schwer aufzufinden.

Eine wichtige Aufgabe der Ausstellung bestand deshalb darin, überhaupt erst die Objekte aufzuspüren, die etwas über die Entwicklung des Fußballs aussagen und sich für eine Ausstellung eignen. Von Anfang an bestand darüber Konsens, dass – wie bei jeder seriösen historischen Ausstellung – Originale gezeigt werden sollten, nicht hingegen Nachahmungen oder Nachbauten. Die Zeit, die Originale aufzuspüren, war nahezu absurd knapp bemessen. Erst knapp ein Jahr vor der Eröffnung konnte die Recherche beginnen. In dieser Zeit mussten zusätzlich das Konzept erstellt, die Themen bearbeitet, die Objekte besorgt und die Ausstellung gestaltet sowie aufgebaut werden. Das ist – dieses Lob sei gestattet – den Mitarbeitern in erstaunlichem Umfang gelungen. Dazu hat wesentlich beigetragen, dass zahlreiche Personen überaus großzügig ihr Wissen, ihre Erfahrungen und ihre Zeit zur Verfügung gestellt und Ratschläge gegeben haben. Hervorheben möchten wir Dettmar Cramer, der ein oft strenger, aber immer sehr kundiger und hilfreicher Ratgeber war und so manche Tür öffnen konnte. Wichtig war auch die Unterstützung durch den Beirat und insbesondere den DFB sowie die Sepp Herberger-Stiftung, die über die allgemeine Hilfe hinaus nicht nur wichtige Materialien zur Verfügung stellten, sondern auch ihre Archive öffneten.

In der knappen Zeit war es nicht möglich, die Themen und Materialien erschöpfend zu bearbeiten. Auch können in der Ausstellung nicht alle Themen so ausführlich behandelt werden, wie sie es verdienten, einige fehlen sogar. Das gilt vor allem für den großen Bereich des nicht-organisierten, des Freizeit-Fußballs mit seinen bunten Ligen, oder für den Fußball an Schulen und in Betrieben. Nur knapp behandeln konnten wir den Jugendfußball sowie die internationalen Aspekte dieses Sports. Das ist bedauerlich, denn beide Themen sind sehr wichtig, doch zusätzlich zur knappen Zeit stand auch nur begrenzter Platz zur Verfügung. Selbst ein so großer und großartiger Raum, wie ihn der Gasometer bietet, zwingt zur Auswahl und zur Konzentration.

Es gibt also noch viel zu tun. Das Thema Fußball, seine Geschichte und Entwicklung, sein Umfeld, seine soziale, kulturelle, politische und wirtschaftliche Bedeutung sind noch lange nicht hinreichend behandelt. Oftmals sind nur erste Anfänge gemacht. Dazu zählt die Ausstellung "Der Ball ist rund". Wenn sie dazu beiträgt, den Fußball neu und anders zu betrachten und seine Entwicklung und Bedeutung verstärkt aufzuarbeiten; wenn Öffentlichkeit und Wissenschaft dieses Thema ernster nehmen als bisher geschehen; wenn die Ausstellung also Anstöße gibt, neugierig macht und dies auf unterhaltsame Weise, hat sie ihre Aufgabe erfüllt. Wenn dann noch diejenigen, die Defizite und Lücken beklagen, es bei späteren Anläufen besser machen, sind wir mehr als zufrieden. *Franz-Josef Brüggemeier*

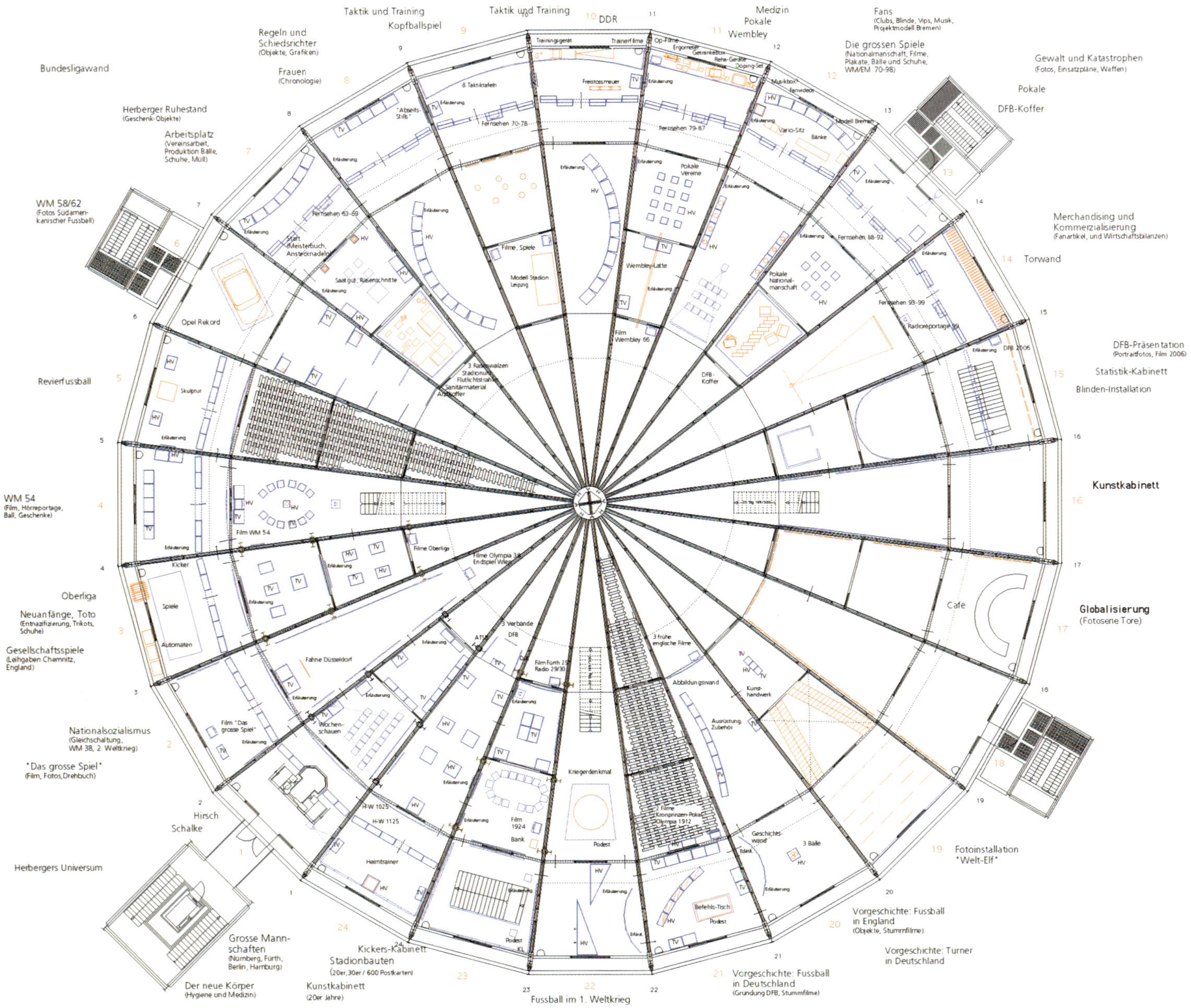

Fußball ausstellen

Fußball findet an zwei Orten statt: auf dem Platz und in den Köpfen. Auf dem Platz wird das Spiel ausgetragen, das die Zuschauer im Stadion und an den Bildschirmen erleben wollen, das fasziniert durch die Ästhetik seiner Bewegungen, seine Schnelligkeit und seine Überraschungen. Diese Art des Fußballs können Ausstellungen nicht darstellen. Sie können weder die Atmosphäre eines vollen Stadions wiedergeben noch die Dynamik oder Überraschungsmomente des Spieles.

Doch es gibt auch den Fußball in den Köpfen: die zahllosen Geschichten und Erinnerungen von Spielen, einzelnen Spielzügen, wichtigen Toren, Spielern, Trainern oder der Vielzahl der Ereignisse, die im Umfeld dieses Sports passieren. In den Köpfen dauert ein Spiel nicht 90 Minuten, es wird vielmehr immer wieder neu gespielt und hört nie auf. Dabei verschwimmen die Erinnerungen und – wichtiger noch – werden stets neu zusammengesetzt. In den Köpfen ereignen sich die wichtigen Spiele, Torschüsse, Jubelschreie gleichzeitig oder unmittelbar nacheinander; hier findet seit mehr als 100 Jahren ein virtuelles Fußballspiel statt, lange bevor Computer und deren Welt erfunden wurden.

Diese Spielart des Fußballs erfordert eine Ausstellung. Eine Ausstellung kann die Objekte zeigen, an denen Geschichten haften und die Erinnerungen auslösen; sie versammelt diese Objekte an einem Ort, stellt sie nebeneinander und zeigt, dass sie wirklich existieren; sie spiegelt den Kosmos wider, der ansonsten nur in den Köpfen wohnt. Zusätzlich kann sie Distanz schaffen und dadurch Themen sowie Zusammenhänge aufgreifen, die unter dem Eindruck der aktuellen Spiele leicht übersehen werden. Entsprechend präsentiert die Ausstellung die Objekte, die der Fußball hervorgebracht hat, und ordnet sie thematisch und chronologisch. Daneben schafft sie Distanz und behandelt Themen, die über den Sport selbst hinausgehen, ohne die er jedoch weder bestehen noch verstanden werden kann.

Der Fußball hinterlässt Objekte jenseits derer, die absichtsvoll zum Präsentieren in Museen, Vereinsschaukästen und Wohnzimmerregalen hergestellt wurden. Zuallererst sind es Fußbälle, die, nachdem sie mit Füßen getreten wurden, gerne mit Unterschriften geschmückt werden, um dann in der Vitrine oder auf dem Kinderzimmerschrank ihren Platz für Jahre zu finden.

Zweifelsfrei ist der Ball das Zentrum, er gibt dem Sport seinen Namen; sein Befördern ins Tor ist, zumindest vom Ergebnis her, das Alleinige was zählt. Doch ausschließlich mit dem Ball kann allenfalls Ballartistik zum Zeitvertreib ausgeübt werden. Mindestens ein Tor ist notwendig, womöglich auch nur symbolisiert durch zwei Taschentücher. Spielfeld, Netze, Schuhe, Bekleidung, eine Serie von Hilfsmitteln, Accessoires und Begleitveranstaltungen umranken den Fußball, und die professionelle Spielart ist eine "leisure industry" im eigentlichen Sinn. Man wird gewahr, dass dieser Industriezweig nicht nur "events" mit fußballbegeisterten Fans, Autos mit herauswinkenden Schals, Pressekonferenzen, VIP-Zelte, Nord- und Südkurven und Bratwürste um sich vereinigt, sondern auch Objekte in großer Zahl produziert, die teilweise zwar nur im mittelbaren Sinn Fußballobjekte, aber dennoch mit dem Sport aufs Engste verbunden sind.

Unter den Einrichtungsgegenständen der Ausstellung entsprechen die Beleuchtungskörper am ehesten dem Fußball: Genau im FIFA-Format (Durchmesser 220 mm) sind im Thüringer Wald Glaskugeln geblasen worden, in 12 fünf- und 20 sechseckige, gebogene Flächen unterteilt. Während die sechseckigen Flächen, im klassischen Fußball weiß gefärbt, mattiert worden sind, bleiben die schwarzen Flächen des Balls bei der Glaskugel transparent und wirken dadurch dunkel. In die Kugel können verschieden-

Der Ball ist rund
"Fussballleuchte"
B 23/99 23/09/99 sk

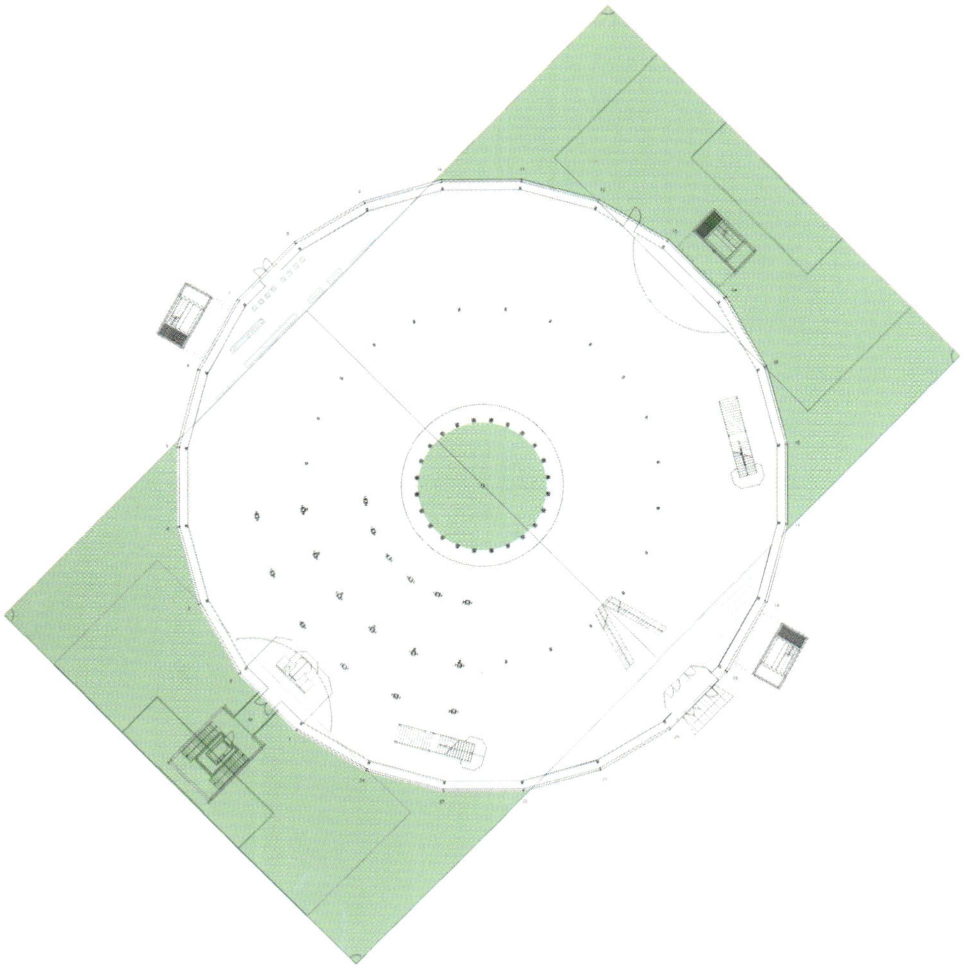

artige Lichtquellen montiert werden, die einen mit punktförmig oder flächig gerichtetem Strahl, die anderen allseitig gleichmäßiges Licht aussendend. Die einzelnen Leuchten sind in Ballnetzen zusammengefasst und aufgehängt, die Netze scheinbar zufällig im Gasometer verteilt. Aus diesen Netzen strahlen die Leuchten, und das Licht wird durch Ausrichten des Balls auf die Objekte gelenkt.

Unmengen von Objekten galt es unterzubringen – ähnlich wie im Traditionskabinett eines Vereins. Die Enge in den Behältnissen ist nur teilweise der Sparsamkeit zuzuordnen, sondern ist vielmehr Programm – kann doch nur Masse zeigen, was massenhaft ist.

Ein eigenes, multifunktional einsetzbares Präsentationssystem ist entwickelt worden. Vorbild dafür war das Kuchenblech, ein Gebrauchsgegenstand, dessen Stabilität man durch das Aufkanten der vier Ränder einer Blechplatte erhält. In unserem Fall ist das "Kuchenblech" aus zwei Materialien hergestellt worden. Glas in der Fläche und Stahl als Aufkantung: In geschweißte Flachstahlrahmen werden Glasplatten geklebt. Jedes Material kann so seine Stärken bezüglich der Stabilität ausspielen. Dank der geschützten und umfassten Kanten können leichte Glasplatten zum Einsatz kommen. Zu Befestigungszwecken sind die Stahlkanten in ihrer Mittelachse mit Bohrungen und Gewinden versehen. Einzelne »Kuchenbleche« werden als Bilderrahmen oder Wandelemente eingesetzt. An den Kanten zusammengefasst, ermöglichen diese Bauelemente die Montage von Vitrinen, Schränken und Sockeln in modularer Bauweise. Selbst luftdichte Gehäuse für klimatisch besonders empfindliche Objekte sind aus diesem System herstellbar.

Der Gasometer, das Architektursymbol Oberhausens, leitet das Publikum von weit her, und ein Spielfeld heißt den Besucher bereits vor dem Gasometer willkommen. Das Spielfeld durchdringt die große Blechdose, die gleichsam auf das Feld gepflanzt ist. Die Dimension des "Riesen am Kanal" wird dadurch offensichtlich: Zwar ist nicht erkennbar, dass seine Höhe ziemlich genau der Länge eines Spielfelds entspricht, man wird aber gewahr, wie viel größer der Durchmesser des Gasometers ist als die Breite eines Feldes. Im Inneren setzt sich das Feld fort: Mittellinie, Ansätze der Strafräume und Mittelkreis sind gut erkennbar. Dieser ist allein dem Ball gewidmet, der auf einem lichtdurchfluteten Rasenrund im Allerheiligsten des Gasometers, dem Zentrum, auf dem Anstoßpunkt ruht, vom Publikum in gebührende Entfernung entrückt. Das Feld schneidet im Gasometerinnenraum zwei Segmente ab. Das erste, im Eingangsbereich, ist der Logistik und dem Service gewidmet und beherbergt die Garderobe und einen "shop". Das zweite, auf der gegenüberliegenden Seite, ist eine Schatzkammer, die Objekte der Vorgängerspielarten des Fußballs aus Mittelamerika, Japan und der Toskana zeigt. Skulpturen, Ausrüstungsgegenstände, Querrollen, Stiche und Aquarelle dokumentieren den künstlerischen und völkerkundlichen Aspekt untergegangener und noch gepflegter Spielarten mit Bällen, die per Fuß traktiert werden. Im Feldinneren erklärt sich das kleine Einmaleins des Fußballs. In freier Anordnung hängen Objekte, die unmittelbar mit dem Spiel verbunden sind und auch einem Unkundigen die Wesensmerkmale des Fußballs näher bringen. Eine für die Ausstellung eigens hergestellte Doppeltreppe leitet das Publikum am Ende des Rundgangs im Einführungsgeschoss auf die Oberscheibenebene.

Die festgesetzte Gasdruckscheibe ist oberseitig mit 24 Fachwerkträgern, die sich in der Mitte treffen, radial strukturiert. Tangential und räumlich ergänzen weitere zusammengesetzte Stahlprofile das Fachwerk zu einem eigentlichen Ausstellungssystem, das das Publikum leitet und einen kreisförmigen Rundgang mit Vertiefungszonen zum Rand und zur Mitte bietet.

Angekommen auf der Gasdruckscheibe, wird man von der Jahrhundertelf – präsentiert auf wehenden Fahnen – in Empfang genommen, um danach das Werden des modernen Fußballs, erst in England und bald darauf auch hierzulande, nachvollziehen zu können. Erstaunlich zu sehen, welches Alter bekannte Embleme haben und dass es schon vor über 100 Jahren elegante Stollenschuhe gab, aber auch, wie Fußballob-

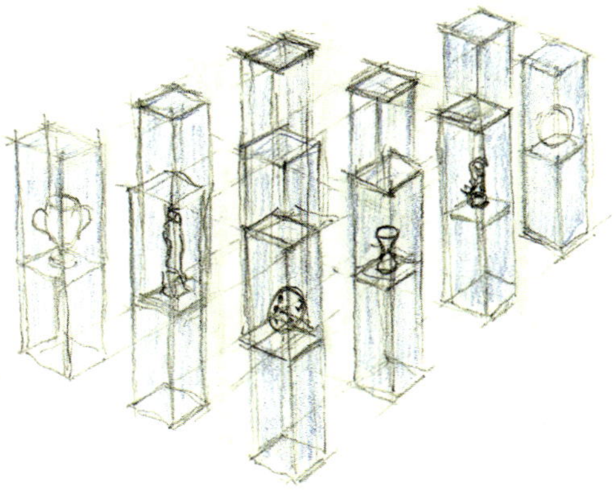

der Ball ist rund
Pokale 6/3

jekte oft keine eigene Formensprache erzeugten, sondern eingebunden waren in die kunsthandwerklichen Strömungen der Zeit. Werden in der Frühzeit des Fußballs England und Deutschland nacheinander gezeigt, stehen die Objekte der beiden Lager für die Zeit des Ersten Weltkrieges unmittelbar nebeneinander, überragt von einem großen Denkmal für gefallene Fußballkrieger.

Zwei Hauptthemen lassen sich in der Ausstellung wegen ihrer jeweils eigenen Gestaltungssprache unschwer ausmachen, nachdem die Erfindung des modernen Fußballs in England und die Anfänge in Deutschland durchschritten sind: Herbergers Universum und die Bundesligawand.

"Herbergers Universum" berichtet über den Fußball in Deutschland von 1920 bis zur Gründung der Bundesliga 1963. Über den Spieler und Fußball-Lehrer Sepp Herberger, einen unermüdlichen Sammler, dessen gesamter Nachlass bei der Sepp-Herberger-Stiftung in Frankfurt lagert, erschließt sich ein wahres Fußballuniversum durch Gesellschaftsformen, Friedens- und Kriegszeiten, durch Erfolge und Katastrophen, in dem sich Herberger – besessen von der Entwicklungsarbeit am beherrschenden Sport der Nation – bewegt hat. Dieses Universum präsentiert sich in der Ausstellung als Studiensammlung in einem breiten Flur, der von zwei Wänden geformt wird, die das hier zum ersten Mal gezeigte Sammlungsgut von Sepp Herberger aufnehmen. Rechts und links ermöglichen Öffnungen das Betreten der Vertiefungszonen, in denen fußball- und zeitgeschichtliche Hauptströme vermittelt werden.

Die "Bundesligawand" ist kein Flur, sondern eine 64 m lange Wand, mal einseitig, aber meist doppelseitig bespielt, um das neue Fußballdeutschland zu zeigen: neben der namengebenden Liga die Oberliga der DDR, die Frauenligen und die Begleiterscheinungen des neuen Berufssports, von den Fans über die Medizin zu den Skandalen, zur Markenwelt des "Merchandising" und auch hier wieder zu den Erfolgen, die den deutschen Fußball seit den sechziger Jahren kaum mehr verlassen haben. Diese Themen des Umfelds werden immer wichtiger, der Fußball expandiert in diese Bereiche, die ihrerseits den Fußball verändern. Die Zahl der Objekte steigt ins Unermessliche, was sich auch in der Gestaltung niederschlägt. Mögen die Objekte auch beliebig erscheinen, löst jedes eine eigene Erinnerung aus.

Bilder und Skulpturen sind geschaffen, um ausgestellt zu werden, und sie dürfen in einer Fußballausstellung natürlich nicht fehlen. Nur können der Geist des Spieles, die Welt der Fans und der Fernsehzuschauer und das Wesen der Vereine, Mannschaften und Verbände nicht anhand von künstlerischen Bildwerken erforscht und erklärt werden. Naheliegende, ungewöhnliche und versteckte Objekte versuchten die Ausstellungsmacher aufzuspüren und forschten nach scheinbar zufälligen Bindegliedern, ohne klare Verbindungslinien zu ignorieren. Objekte, die meistenteils zu ganz anderen Zwecken geschaffen wurden als für Ausstellungen, bilden aber den Grundstock des komplexen materiellen Gutes.

Dass Künstler sich mit dem Fußball auseinandergesetzt haben, wird in zwei Kabinetten erläutert, und dass Fußball gerne mit Kopf und Fuß gespielt wird, vermitteln eine Kopfballtrainingsanlage und die Torwand des Zweiten Deutschen Fernsehens, die beide körperlich ausprobiert werden können.

Im Zentrum des Gasometers, oben auf der Stahlgitterkonstruktion, ist eine kreisförmige Plattform auf einem Grundriss von 20 Metern zu besichtigen. Überwölbt von einer Fußballkuppel, bietet diese vier Tischfußballgeräten Platz, bei denen die verschiedenen taktischen Aufstellungsvarianten im Vergleich ausprobiert werden können. Auf drei Projektionsflächen in der Kuppel werden die heroischen, ja kultischen Bilder geworfen, die der Fußball in großer Zahl produzieren half. Umrundet wird das Ganze – wie im täglichen Leben – von Reklamebändern, die in unserer Ausstellung aber vornehmlich als Wandzeitung mit den goldrichtigen Sätzen von Fußballkennern daherkommen.

Wagt man sich in den Panoramaaufzug, verschiebt sich die Perspektive der Ausstellung, bis diese in einer Aufsicht erscheint. Die Details sind nicht mehr erkennbar, Objekte, Objektträger und Einrichtung verschmelzen zu einem Ganzen, Leuchten werden zu Leuchtpunkten. Aus Groß wird Klein. Aufgestiegen auf das Dach, sieht man bei gutem Wetter das Stadion von Rot-Weiß Oberhausen und kann die Spielplätze von Rot-Weiß Essen, Schalke 04, das Ruhrstadion in Bochum oder das Wedau-Stadion in Duisburg am Horizont erahnen. Der Gasometer ist nicht nur ein einmaliger Ausstellungsraum, ein toller Aussichtspunkt, er ist auch eingebettet in eine dichte Fußball-Landschaft, in der das moderne Spiel in einer im Strukturwandel begriffenen Gesellschaft zu Hause ist.

Zum Glück findet "die Fußballausstellung" nicht in einem Museum statt, sondern im Gasometer Oberhausen. In diesem gigantischen Gehäuse ohne viel Inneneinrichtung lässt sich eine Ausstellung mit viel gestalterischer Freiheit erarbeiten, und Annäherungen der Gestaltung zum Fußball sind nicht nur erlaubt, sondern sollten Programm sein. Der Fußball soll uns anregen, uns zu Ideen anspornen, ohne dass wir ihn dabei nachäffen. Dort der Fußball, hier die Ausstellung, zwei Medien, die hoffentlich voneinander lernen. *Jürg Steiner*

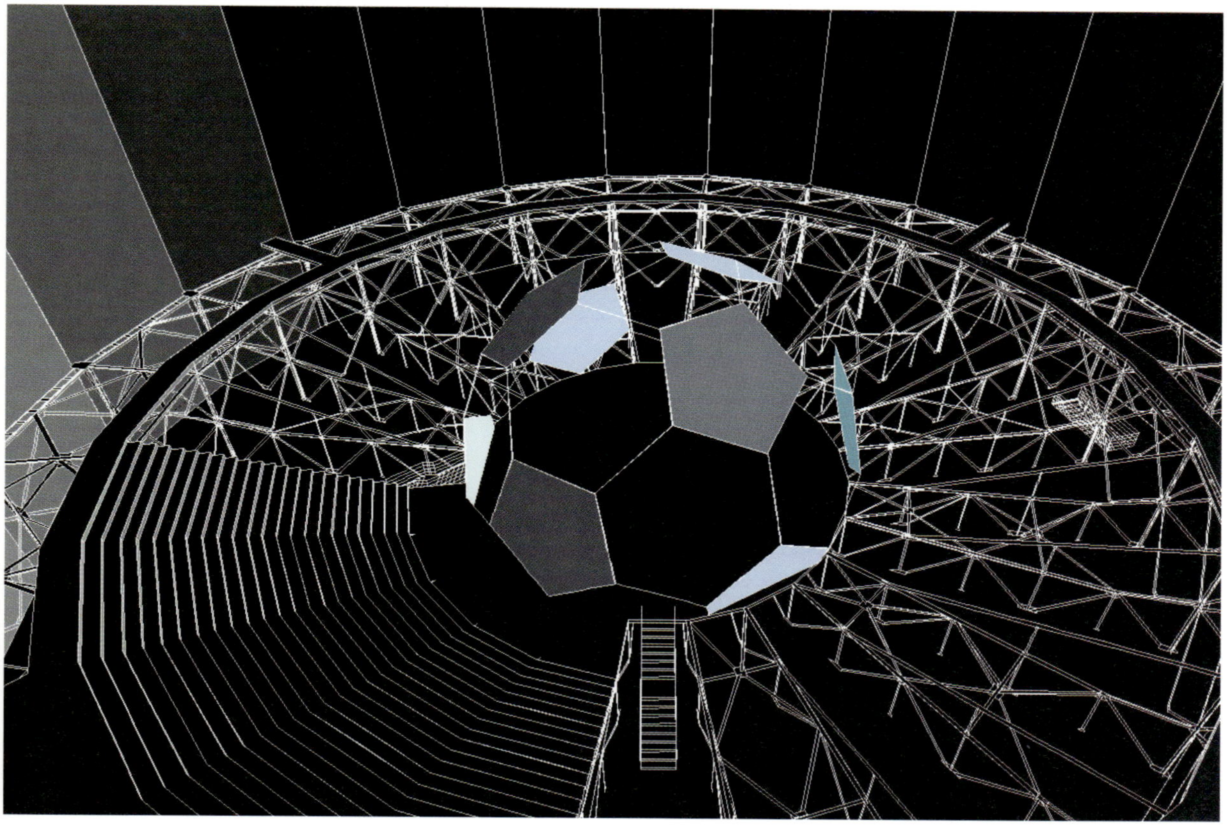

Vom Gasbehälter zum "Centre Georges Pompidou" des Ruhrgebietes – der Gasometer Oberhausen im Centr*O*.

Abreißen oder Stehenlassen? Planetarium, Hochregallager oder etwa Indoor-Golfanlage?

Keine andere Diskussion um ein Gebäude in der Stadt Oberhausen hat jemals so die Gemüter bewegt wie die Frage des Abrisses oder des Erhalts des Gasometers Anfang der neunziger Jahre. Seit 1988 seiner Funktion als Speicher von Kokereigas beraubt, stand der "Riese am Kanal" zunächst einmal leer. Es fehlten Ideen für eine sinnvolle Nutzung. Der Antrag auf Abriss war bereits gestellt, als die Internationale Bauausstellung Emscher Park (IBA) die Diskussion erneut entfachte. Der Vorschlag war ungewöhnlich: Lasst uns den Gasometer in eine Ausstellungshalle umbauen und gleichzeitig als Aussichtsturm nutzen. Aus 117,5 Metern Höhe kann auch dem kritischsten Besucher bewiesen werden, dass das Ruhrgebiet mit seinen zahlreichen Grünflächen aufblüht. Der Vorschlag führte zu heftigen, fraktionsübergreifenden Auseinandersetzungen im Rat der Stadt Oberhausen.

Die einen sahen diese Idee als Chance, den Gasometer zum Wahrzeichen der Stadt Oberhausen zu entwickeln, die anderen fürchteten die nicht abschätzbaren Folgekosten. Nur die wenigsten konnten sich vorstellen, wie ein stillgelegter Gasspeicher in eine Ausstellungshalle umgewandelt werden kann. 60 Jahre Gas und jetzt Kultur und Kunst?

Bei der Entscheidung stimmten 33 Ratsmitglieder für den Erhalt des Gasometers und 22 dagegen. Die positive Entscheidung war nicht nur auf rationale Argumente zurückzuführen, denn ein detailliertes Nutzungskonzept lag eigentlich nicht vor. Gerade irrationale Stimmungen spielten bei der Entscheidung eine wichtige Rolle. Heimatgefühl, Kindheitserinnerungen und der Stolz auf die Vergangenheit der Stadt gaben bei vielen Ratsmitgliedern den Ausschlag.

Der Gasometer wurde 1993/94 nach Entwürfen des Berliner Architekten Jürg Steiner und der Deutschen Babcock als Generalunternehmer für 15,98 Mio. DM umgebaut. 90 % davon förderte das Land Nordrhein-Westfalen. Eine erste Ausstellung war auch bereits vorgesehen: "Feuer und Flamme" – 200 Jahre

Ruhrgebiet. Die IBA hatte diese Ausstellung Anfang der neunziger Jahre in Auftrag gegeben – ohne dabei an den Gasometer zu denken. Ziel war, die Geschichte des Ruhrgebietes einer breiten Öffentlichkeit darzustellen. Aber wo hätte diese Geschichte besser inszeniert werden können als in einem Relikt der Montanindustrie? Fortan konzentrierten sich die Ausstellungsmacher Ulrich Borsdorf, Franz-Josef Brüggemeier, Gottfried Korff und Jürg Steiner auf die Darstellung von "Feuer und Flamme" im Gasometer. Und tatsächlich gelang eine Inszenierung, wie sie das Ruhrgebiet noch nicht gesehen hatte!

Die Geschichte des Ruhrgebietes, angefangen bei der Heidelandschaft, dann der Beginn der Industrialisierung bis zur Blüte der Montanindustrie. Die Ausstellung erzählte von der Einführung des Eisenbahnnetzes, von Klassenkämpfen und Kriegen. Und schließlich vom Niedergang der Montanindustrie. Im Mittelpunkt der Ausstellung: der Mensch. In den Alltagsgeschichten und Bildern fanden sich die Besucher wieder.

Die Ausstellungsmacher hatten erkannt, welche Chancen der Gasometer für eine Inszenierung bot. Es galt nun, den Raum miteinzubeziehen, nicht gegen den Raum zu arbeiten. Und auch dieses gelang.

Der Gasometer wurde dunkel und geheimnisvoll inszeniert, überwältigend in seiner Dimension. Der Höhepunkt der Ausstellung: die Fahrt mit dem gläsernen Panoramaaufzug in luftige Höhen, in Leichtigkeit und Transparenz, in die Zukunft des Reviers. Nirgendwo lässt sich der Strukturwandel besser beobachten als vom Dach des Gasometers.

Die IBA und die Stadt Oberhausen rechneten mit 50.000 Besuchern. Es kamen 190.000. Die Wartezeiten an den Aufzügen betrugen bis zu zwei Stunden. An manchen Tagen wurden bis zu 10.000 Besucher gezählt. Der überwältigende Erfolg von "Feuer und Flamme" zwang die Stadt Oberhausen erneut zum Nachdenken über die Zukunft des Gasometers.

Plötzlich wurden Visionen entwickelt: Sollte es möglich sein, jedes Jahr in der Sommerzeit eine große, populäre Ausstellung zu realisieren und nicht nur alle paar Jahre einmal, wenn ein potenzieller Ausstellungsmacher den Gasometer neu "entdeckte"? Sollte es auch möglich sein, zwischendurch noch Theater im Gasometer anzubieten oder den Raum an Unternehmen zu vermieten für ungewöhnliche Veranstaltungen? Sollte es schließlich sogar möglich sein, den Gasometer zu einer Attraktion für das Ruhrgebiet zu machen und damit gleichzeitig zu einem Touristenanziehungspunkt? Als Antwort auf diese Fragen wurde die Gasometer Oberhausen GmbH gegründet mit genau diesen Aufgabenstellungen.

Die erste Aufgabe der schlanken Managementgesellschaft lag auf der Hand: die Neuauflage von "Feuer und Flamme" im Sommer 1995. Nach nur dreieinhalb Monaten Laufzeit in 1994 war das Interesse an der Ausstellung immer noch so groß, dass das Risiko einer Wiederholung eingegangen werden konnte. Verhandlungen mit den Ausstellungsmachern wurden geführt, Sponsoren gesucht und das Betriebsmanagement eingerichtet. Die Risikobereitschaft lohnte sich.

270.000 Besucher flanierten durch "Feuer und Flamme II", erfreuten sich erneut an den Alltagsgeschichten, den Daten und Fakten der Ruhrgebietsgeschichte. Dabei wurde nicht klar, was den Besucher eigentlich mehr faszinierte: die Ausstellung und damit die Begegnung mit der eigenen Geschichte oder der Innenraum des Gasometers mit der Möglichkeit, auf das Dach zu fahren. Insgesamt zählte "Feuer und Flamme" 460.000 Besucher – ein Rekord für eine historische Ausstellung.

Parallel zu der Ausstellung wurde durch weitere ungewöhnliche Aktionen der Gasometer immer wieder in den Blickpunkt der

Öffentlichkeit gestellt: Die Anbringung des größten Bildes der Welt von Benetton an die Außenwände des Gasometers war so eine Aktion oder die Jandl-Lesungen, veranstaltet vom Theater Oberhausen.

1996 zog dann Kunst in den Gasometer ein: "Ich Phoenix" – ein Kunstereignis. Der künstlerische Leiter der Ausstellung, Uwe Rüth, ging einen eher ungewöhnlichen Weg: Er beauftragte internationale Künstler, sich mit der Landmarke Gasometer künstlerisch zu befassen und neue Akzente zu setzen. Phoenix – der Vogel, der aus der Asche aufsteigt. Gasometer – der Gasbehälter, der dem Abriss entrinnt.

Die Besucher des Gasometers erlebten auch diesmal einen spannenden Sommer. Während Anne und Patrick Poirier den Raum unter der Gasdruckscheibe mit ihrem Kunstwerk "Mundus Subterraneus" in eine düstere Wasserlandschaft verwandelten, gestalteten Esther und Jochen Gerz (Wenn das 20. Jahrhundert noch einmal stattfände, was würden Sie ändern?), Marie Jo Lafontaine (Les enfants de la Ruhr), Georges Rousse (Räume), Erasmus Schröter (In's Licht!), Thomas Ruff (Nacht), Katharina Sieverding, Supreme Particles (Shift) und Joyce Hinterding (Koronatron) den monumentalen Raum über der Scheibe.

Kann man räumliche Dimensionen künstlerisch betonen? Man kann, befanden nahezu 100.000 Besucher. Die zusätzlichen Außenprojekte, wie etwa der Feuerring von Kain Karawahn auf dem Gelände der ehemaligen Zeche und Kokerei Osterfeld, die Laserinstallation von Rainer Plum oder das virtuelle Dach von Hermann Josef Hack verwandelten ganz Oberhausen in ein Kunstereignis. Nicht zuletzt die Projektion auf die Außenhaut des Gasometers durch Andreas Kaufmann verdeutlichte, welch ein industriekultureller Gigant dort am Rhein-Herne-Kanal, in der geografischen Mitte von Oberhausen, direkt neben dem Centr*O.* steht.

Gleichzeitig die Chance für Kultur und Kommerz, sich gegenseitig zu befruchten und voneinander zu profitieren. Was wird das Centr*O.* von anderen, noch größeren, noch schöneren Einkaufszentren unterscheiden? Ein Baustein zu diesem "Anders-Sein" wird der Gasometer sein.

1997 und 1998 ließ die Gasometer Oberhausen GmbH die Besucher träumen. "Der Traum vom Sehen" – eine Ausstellung zur Geschichte des Fernsehens von seinen Anfängen bis zur multimedialen Zukunft. Die Intendanten waren die Mitarbeiter der Triad Berlin Projekt GmbH, eine junge Kommunikationsagentur, die einige erste Messestände gestaltet hatte. Zusammen mit RTL und seinem damaligen PR-Chef Peter Hoenisch gelang eine einmalige Allianz zwischen öffentlich-rechtlichen und privaten Fernsehsendern. Alle wurden zu Projektpartnern des Veranstalters. Der Besucher konnte die Fernsehgeschichte selbst erforschen. Interaktiv und äußerst unterhaltsam wurde die Medienhistorie insbesondere für

ein jüngeres Zielpublikum aufbereitet. Der Erfolg war wieder überwältigend. 540.000 Besucher sahen die Fersehschau in den Sommern 1997 und 1998.

Der Nachteil eines solchen Erfolges ist: Er verwöhnt! Die Ansprüche werden nach oben geschraubt, die Erwartungen ebenfalls. Mittlerweile häufen sich die Anfragen an die Gasometer-Management-Gesellschaft in der Winterzeit. Was machen Sie denn im nächsten Sommer? Wann geht es los und kann ich bereits jetzt schon Führungen buchen?

Niemand hätte gedacht, dass die IBA nach ihrer erfolgreichen Zwischenpräsentation mit "Feuer und Flamme" im Jahre 1994 die Abschlusspräsentation im Jahre 1999 noch kraftvoller gestalten könnte. Im Rückblick betrachtet ist das Rezept ganz einfach: Man nehme den bekanntesten zeitgenössischen, lebenden Künstler, die Energie und Hartnäckigkeit eines IBA-Direktors und die außergewöhnlichste Ausstellungshalle der Welt! Christo und Jeanne-Claude bauten "The Wall" in den Gasometer: eine Wand, bestehend aus 13.000 bunten Ölfässern, 26 Meter hoch, 68 Meter breit, 7 Meter tief, den riesigen Luftraum des Gasometers teilend. Frech, gewaltig, beeindruckend! Wolfgang Volz, Projektleiter und Fotograf der Christos, betreute den Aufbau der "Wall", die Christos selbst den Aufbau der beiden großen Dokumentationsausstellungen "The umbrellas" und "The wrapped Reichstag" im Unterscheibenbereich des Gasometers. Noch nie hatte sich vorher ein Künstler an die Bespielung des gewaltigen Luftraums gewagt. Christo und Jeanne-Claude hatten den Mut dazu. Und der Gasometer gewann dabei. Er gewann an Größe und Dimension, oder war beides bereits vorhanden und wurde nur einfach durch das Kunstwerk betont?

Die Medienresonanz war gewaltig und grenzte schon fast an Rummel. Die Besucherzahlen auch. 390.000 kamen in einem Sommer, um dieses Kunstspektakel zu sehen. Allein bei einer Unterschriftenaktion der Künstler an einem Sonntag im Mai 1999 standen 8000 Menschen ab 5.00 Uhr morgens Schlange, um die begehrten Autogramme zu erhaschen. Während sich der Bekanntheitsgrad des Gasometers als Ausstellungshalle durch die vorhergegangenen Ausstellungen in erster Linie auf die Bundesrepublik bezog, gelang nun der Durchbruch auf internationaler Ebene.

Die "Tonne" als Ausstellungshalle hat Maßstäbe gesetzt. Die Ausstellungen sind populär, ohne in die Trivialität abzufallen. Das Raumerlebnis ist überaus beeindruckend und mit nichts zu vergleichen. Die neben den Ausstellungen stattfindenden Veranstaltungen wie Theater, Musik oder auch Kino sind ungewöhnlich. Ungewöhnlich soll der Gasometer Oberhausen im Centr*O.* auch in Zukunft bleiben. Lieber keine Veranstaltung als eine Veranstaltung mit banalisierendem Charakter.

Der IBA-Chef Prof. Karl Ganser hat nun hinter die Bauausstellung einen Schlusspunkt gesetzt. Hinter der Erfolgsstory des Gasometers steht hoffentlich noch lange kein Schlusspunkt. Ab dem 12. Mai 2000 wird König Fußball den Gasometer regieren. Dann heißt es **"Der Ball ist rund".**

Die Fußballausstellung zum 100-jährigen Bestehen des Deutschen Fußball-Bundes wird wieder – nach einer Idee von Bernhard Mensch und Peter Pachnicke – von dem gasometerbewährten Feuer & Flamme-Team konzipiert. Fußball – Ruhrgebiet – Gasometer – auch diese Mixtur verspricht ein Erfolg zu werden. Und wenn sich dann die Tore der Fußballausstellung im Oktober wieder schließen, warten schon die nächsten Ideen auf ihre Umsetzung im "Riesen am Kanal", sofern es die finanzielle Machbarkeit zulässt. Die Erfolgsstory des größten Gasometers Europas könnte also fortgeschrieben werden, wenn das Land, die Stadt Oberhausen und potenzielle Ausstellungsinvestoren dies wollen. Ein Anziehungspunkt für Touristen ist der Gasometer bereits – eben wie das Centre Georges Pompidou in Paris. *Jeanette Schmitz*

Ein Rasenspiel wird Fernsehspiel

Zuviel Fußball? Zur Einleitung

"Sehen Sie fern?" fragte einst der Schriftsteller Peter Handke seinen Kollegen Samuel Beckett. "Ja", antwortete Beckett. "Was sehen Sie denn?" "Nur Fußball." Heutzutage hat man zuweilen den Eindruck, als hätte man gar keine andere Wahl, als käme im Fernsehen gar nichts anderes mehr als nur Fußball, als sei die rhetorische Frage der Bedienung hinter der Metzgerstheke ("Darf's auch ein bisschen mehr sein?") oberstes Motto der Fernsehgewaltigen geworden. Jahr für Jahr wurde noch ein Kicker-Scheibchen mehr draufgelegt: Freitag und Samstag Bundesliga, Sonntag 2. Bundesliga und Topspiel der Bundesliga, Montag Topspiel der 2. Bundesliga, Dienstag UEFA-Cup, Mittwoch Champions League, Donnerstag Cup der Pokalsieger. Wer will, wer kann das alles noch sehen? Macht so viel Fußball nicht selbst den enthusiastischsten Zuschauer müde? Nachdem nur bescheidene sechs Millionen am 1. Oktober 1997 Bayer Leverkusen gegen Monaco mit 0:4 verlieren sehen wollten, tickerte es denn auch über dpa: "Die Inflation von Fußball-Übertragungen im Fernsehen hat zu ersten kritischen Reaktionen geführt." Wenig später, anlässlich des April-Scherzes im Madrider Bernabeu-Stadion, zeigte sich erneut, dass der Fernsehfußball offensichtlich nur noch begrenzt in der Lage ist, Begeisterung auszulösen. 12,76 Millionen Zuschauer fieberten mit, als Günter Jauch und Marcel Reif vom Europapokalspiel Madrid gegen Dortmund 76 Minuten lang die Versuche kommentierten, ein zusammengebrochenes Fußballtor zu reparieren. Als dann endlich angestoßen wurde, ging die Hälfte davon ins Bett ... Und die beiden Moderatoren erhielten für ihre besondere Leistung, die so genannte "Tor-Panne" zu kommentieren, einen Preis, den "Goldenen Löwen".

Wird der Fußball totgesendet? Entwertet sich der Fußball durch das Überhandnehmen von Liveübertragungen selbst? Früher befürchtete man, dass zuviel Fußball im Fernsehen die Zuschauer aus den Stadien treiben würde. Genau aus diesem Grund wurden schon 1958 vom schwedischen Organisationskomitee Direktübertragungen der Weltmeisterschaftsspiele verboten. Als das Fernsehen in der deutschen Bundesliga Einzug hielt, malten die Vereine die Vorstellung künftiger "Geisterspiele" vor leeren Rängen an die Wand. Die Bundesliga feierte ihre Premiere am 24. August 1963, die erste Samstags-"Sportschau" mit Spielberichten direkt nach Schlusspfiff wurde am 30. April 1965 ausgestrahlt. Ein früherer Termin wurde vom DFB mit der Begründung abgelehnt, dass die Zuschauer womöglich lieber zu Hause die Zusammenfassungen auf dem Bildschirm sähen, statt ins Stadion zu gehen. Gestattet war denn auch nur, zwei bis drei Spiele in Ausschnitten zu senden. Diese Regel galt, auch wenn man's kaum glauben kann, bis 1988.

Schon damals haben sich sämtliche Ängste als unbegründet erwiesen, und heute, unter den Bedingungen einer Dauerversorgung mit Fernsehfußball, gibt es in den Stadien, zumindest in der Bundesliga, immer wieder neue Zuschauerrekorde. Das Fernsehen, so scheint es, schadet dem Stadionbesuch nicht, und genauso wenig scheint auch eine Überfütterung des Fernsehpublikums mit Livekost dem Interesse am Fußball grundsätzlich zu schaden. Trotz gelegentlicher Quoteneinbrüche scheint der Deutsche seines geliebten Freizeitvergnügens offensichtlich nicht überdrüssig zu werden.

Gemessen am Interesse, das dem "Runden Leder" nach wie vor entgegengebracht wird, scheint es sehr fraglich, ob es den Medien jemals gelingen wird, zu viel über Fußball zu berichten. 1997, in dem Jahr also, da schlappe Leverkusener die Zuschauer von der Mattscheibe vertrieben, waren von den 50 meistgesehenen deutschen Fernsehsendungen 34 Fußballspiele und sieben Boxkämpfe. Auch im Jahr 2000, zum Hundertjährigen des DFB, bleibt der Fußball auf der

Mattscheibe der große Renner. Während der Chef des Deutschen Sport Fernsehens (DSF) Rudolf Brückner schon mal erwog, den quotenarmen Handballern für eine Übertragung 35.000 DM abzuverlangen, will sich der DFB ab der Saison 2001/02 die TV-Exklusivrechte für drei Jahre mit mindestens 600 Millionen DM bezahlen lassen. Dass sich der Fußball so gut verkaufen lässt, funktioniert nur, weil sich die Fernsehsender nach wie vor Quoten-Spitzenplätze ausrechnen.

Es sieht ganz danach aus, als schade weder das Fernsehen dem Fußball noch der Fußball dem Fernsehen. Vielmehr scheinen sich beide wechselseitig zu bestärken. Und das ist nicht erst seit "ran" und "ranissimo" so. Die Allianz zwischen Fußball und Fernsehen wurde bereits am 4. Juli 1954 im Berner Wankdorf-Stadion geboren.

Vor dem Spiel Fußball und Fernsehen – eine lange Geschichte

Bis heute ist die Erinnerung an das "Wunder von Bern", den legendären 3:2-Sieg der bundesdeutschen Nationalmannschaft über Ungarn, lebendig geblieben. Kaum eine Fußball-Weltmeisterschaft ist seitdem vergangen, bei der die Allgewaltigen des Fernsehsports nicht wieder die historischen Bilder von 1954 ausgruben und den Kommentar des Rundfunktreporters Herbert Zimmermann hören ließen: "Aus! Aus! Aus! Deutschland ist Weltmeister!" Während der Übertragung waren die Straßen von München bis Hamburg wie leergefegt. "Zimmermann", so der Fußball-Reporter Rudi Michel, "gestaltete das Geschehen mit seiner modulationsfähigen Stimme fachlich engagiert und sicher nicht emotionslos zu einem Erlebnis." Das Erlebnis fand zu Hause statt, vor dem Rundfunksempfangsgerät, wie das Radio damals noch hieß, oder man saß in überfüllten Kneipensälen, wo die ersten Fernseher das Ereignis in unscharfen Bildern zeigten. Szenen, wie sie Wolfgang Ley, Chefredakteur des Senders Eurosport, erinnert, spielten sich überall in Deutschland ab: "Ich saß als kleiner Junge in der Dorfstube eines Bauern, der glücklicher Besitzer des einzigen Fernsehgerätes am Ort war – und mußte miterleben, wie beim 3:2 von Helmut Rahn mehrere Stühle und Fensterscheiben zu Bruch gingen." Gar manche Gaststätte glich nach dem Spiel einem mittleren Scherbenhaufen. Aber die Wirte hatten ihr Geschäft gemacht.

Dieter Kürten und Max Merkel im "aktuellen sport-studio", 1967

Obwohl sie ein erstes Fernsehgroßereignis war, ist die Weltmeisterschaft von 1954 mediengeschichtlich eher der "Prähistorie" des Mattscheibenzeitalters zuzuordnen. Die Zuschauer waren damals noch eher "Ohren-" denn "Augenzeugen", und deshalb ist der Endspielsieg der Herberger-Elf im kollektiven Gedächtnis der Bundesrepublik lediglich durch einige wenige Bilder sowie vor allem durch den Kommentar des Rundfunkreporters Herbert Zimmermann verankert. Dennoch bedeutete das 3:2 von Bern in der noch jungen Bundesrepublik sowohl den Durchbruch des Fußballs als auch des Fernsehens, das bis dahin kaum über eine erste Testphase hinausgekommen war. Der Spiegel wusste am 7. Juli 1954 zu berichten, dass die "erregenden Weltmeisterschafts-Übertragungen" einen Run auf Fernsehgeräte ausgelöst hatten.

Dieter Kürten, Toni Schumacher, Pierre Littbarski und Karl-Heinz Förster im "aktuellen sport-studio", 1980er Jahre

Tatsächlich lässt sich das auch in Zahlen belegen. Im Jahr 1954 stieg die Zahl der bei der Bundespost angemeldeten Fernsehgeräte von 11.658 am 1. Januar des Jahres bis auf 84.278 am 31. Dezember. In den folgenden Jahren wuchs die Zahl der Gerätebesitzer schnell weiter an, und bald konnte jeder im heimischen Fernsehsessel die Fußballspiele live oder zusammengefasst verfolgen.

Die erste Fußballübertragung im deutschen Fernsehen hatte jedoch bereits vor dem Zweiten Weltkrieg stattgefunden. Am 15. November 1936 sendete das Fernsehen live aus dem Berliner Olympiastadion, in dem ein paar Monate zuvor die Olympischen Spiele stattgefunden hatten, das Länderspiel zwischen Deutschland und Italien. Gesehen werden konnte es allerdings nur in den dreizehn so genannten Fernsehstuben, die es damals in Berlin und Potsdam gab. Den 5:2-Sieg der Deutschen hörten die Besucher mehr über den Kommentar, als dass sie ihn sahen. Dazu war die Bildqualität noch zu schlecht. Dennoch folgten bis 1944 einige weitere Live-Übertragungen. Erst zu Beginn der fünfziger Jahre knüpfte man an die Vorkriegserfahrungen an. Im August 1952 zeigte der Nordwestdeutsche Rundfunk das Hamburger Lokalderby zwischen dem HSV und Altona 93 in voller Länge. Der Senderzeitung war damals zu entnehmen, dass drei Fernsehkameras jeweils auf ein Tor und auf das Mittelfeld ausgerichtet waren. Mit solch einem kleinen Kameraaufgebot würde sich heute jeder Sender lächerlich machen.

Mit dem Start von Bundesliga, "Aktuellem Sportstudio" und "Sportschau" wurde der Fußball in der Bundesrepublik dann zum Fernsehsport schlechthin. In der DDR hatte man bereits im Juli 1956 mit Direkt-Übertragungen von der Fußball-Oberliga begonnen. Mehr als zwei Jahrzehnte lang hat es in der Berichterstattung der "Sportschau" in der ARD mit einem sachlichen Ernst Huberty, der den Fußball gleich einem Nachrichtensprecher an den Mann brachte, kaum Veränderungen gegeben. Im "Aktuellen Sportstudio" des ZDF, das zeitgleich mit der Bundesliga am 24. August 1963 startete, verfolgte man ein anderes Konzept. Mit einer Magazinsendung, die neben der Berichterstattung Talkgespräche und Spiele wie das legendäre Torwand-Schießen einbezog, wollte man dem Publikum den Sport, vor allem aber den Fußball unterhaltend näher bringen. Wim Thoelke, Harry Valérien und Rainer Günzler leiteten zu Beginn souverän durch Sport-Talk und Bundesliga-Nachbereitung. Während die dröge "Sportschau" in Sachen Fußball die Fernsehweisheit schlechthin war, versuchte man sich im "Aktuellen Sportstudio" auch mit Experimenten und innovativen Formen. So berichtete man etwa 1966 am Abend des Fußball-Weltmeisterschafts-Endspiels direkt vom Abschlussbankett aus einem Londoner Hotel. Nur eine Woche, nachdem der damalige Bundeskanzler Willy Brandt auf der Internationalen Funkausstellung in Berlin den roten Knopf gedrückt hatte, mit dem die Ära des Farbfernsehens eingeleitet wurde, sendete das "Sportstudio" aus der Berliner Deutschlandhalle die erste europäische Sportsendung mit bunten Bildern. Hier zeigte sich, dass im Sportfernsehen experimentiert werden durfte, technisch und ästhetisch.

Der Fernsehsport diente dem Gesamtprogramm als "programmlicher Wegweiser", wie es der Medienwissenschaftler Jan Berg einmal formulierte. Das "Aktuelle Sportstudio" des ZDF war der Prototyp der unterhaltenden Sportsendung, an dem sich heute noch die Sportsendungen der kommerziellen Fernsehsender orientieren.

Uli Potofski, Erster Moderator der Sportsendung "Anpfiff" von RTL, 1988

Als 1988 die Bundesligarechte nicht mehr an das öffentlich-rechtliche Fernsehen verkauft wurden, sondern an die Ufa, wanderte die Bundesliga-Berichterstattung in das private Fernsehen ab, zunächst zu RTL. Mit der mehrstündigen Fußballshow "Anpfiff" wurde eine Mischung aus "Sportschau" und "Aktuellem Sportstudio" geschaffen. Doch die "Sportschau" hatte weiterhin nicht nur die so genannten Zweitverwertungsrechte, sondern bei der Hälfte der Spiele das Recht auf Erstberichterstattung. Die eher steife und seriöse "Sportschau" blieb wohl auch aus diesem Grund in der Gunst des Publikums vorn. Das sollte sich erst mit dem Verkauf der Bundesligarechte an die Agentur ISPR ändern. Mit Beginn der Spielzeit 1992/93 schlug auf dem Sender SAT.1 die Geburtsstunde von "ran" mit einer Mischung aus Show und seriöser Information, dem Einsatz von zusätzlichen Effekten wie der "Super-Zeitlupe" und einer Vielzahl von Statistiken und Graphiken. Technik, Unterhaltung und Kommerz dominierten von nun an immer mehr das Spiel. Der Journalist der Frankfurter Allgemeinen Zeitung, Dirk Schümer, bezeichnete die Präsentation des Fußballs im privat-kommerziellen Fernsehen denn auch abfällig als "großer Kindergeburtstag mit eingeladenen Gästen, Spielchen, Witzen und simulierten Interviews". Seit der Sportshow "ran", in der Reinhold Beckmann die Unterhaltungseffekte dirigierte, ist klar, dass es neben dem wirklichen Fußball im Stadion auch noch eine zweite Wirklichkeit des Fußballs gibt – nämlich die, die in den Medien zuallererst produziert wird.

Nachdem man lange Zeit heftig über den Zuschauerschwund in den Stadien geklagt hatte, freute sich das Fachblatt "Kicker" im Jahr 1993, dass die neuartige mediale Aufbereitung des Volkssports auch den Appetit auf das Live-Erlebnis angeregt habe: "Attraktive Begegnungen, mit entsprechendem technischen Aufwand im TV präsentiert, verlocken die Zuschauer aufgrund der direkten Atmosphäre zu einem Stadionbesuch." Man mag dem zustimmen, aber man darf wohl auch fragen, ob der Fußball, der da im Fernsehen aufbereitet wird, noch mit dem etwas zu tun hat, was im Stadion tatsächlich geschieht. Der Journalist Oskar Beck schrieb: "Kein Spiel wird mehr angepfiffen, wenn nicht mindestens zwölf Kameras aufgebaut sind, auf Schienen, an Kranen, Computer messen den Abstand bei Freistößen, wir werden gefüttert mit Laufleistungen, Laktatwerten, Herzfrequenzen, mit Grafiken und vor allem Statistiken – fehlt eigentlich nur noch, dass sie Carsten Jancker eine Kamera auf den Kopf binden, so dass wir die Tore aus der Sicht des Schützen erleben, oder einen Zeppelin kreisen lassen, der uns in Slow Motion Luftaufnahmen von der Glatze von Kaiser Franz überträgt." Über das Geschehen, wie es der Zuschauer vor Ort erlebt, kann man sich bei "ran", so scheint es, kaum mehr informieren. Der Tübinger Rhetorik-Professor und Fan des TV Eimsbüttel, Walter Jens, hat denn auch – gleichsam im Umkehrschluss zur Kicker-Analyse – einmal festgestellt: "Ein Stadionbesuch ist ab und zu wichtig, um den Fernseheindruck zu relativieren." Und die Journalistin Hanne Schweitzer resümierte nach einem Vergleich von Fernsehübertragung und Stadionbesuch knapp: "Sportplatzfußball, du hast mich wieder!!

Während des Spiels "live" ist nicht gleich live

Was unterscheidet das Live-Erlebnis im Stadion von der Live-Übertragung im Fernsehen? Im Wohnzimmer ist das Spiel nicht mehr authentisch, man kann nicht "mit Haut und Haaren" dabeisein, man erlebt nicht die Stadionatmosphäre, und vor allem: Man kann nicht mitwirken. Da man vor dem Fernseher zwar brüllen, aber nicht anfeuern kann, verliert der Fußball hier seine Qualität als "soziales Ereignis": Im Stadion spielen nicht nur die Fußballer, sondern es gibt auch ein "Zusammenspiel" zwischen den elf Spielern auf dem Rasen und ihrem zwölften Mann auf den Rängen. Das Fernsehen, soviel ist klar, wird einen Stadionbesuch in dieser Hinsicht niemals ersetzen können. Während man die Atmosphäre auf dem Bildschirm nie wird reproduzieren können, sieht es bei der Frage, ob man ein Spiel im Fernsehen eventuell besser betrachten kann, schon komplizierter aus. Man kann sagen, dass der Fußball im Fernsehen eine qualitative Verbesserung der Betrachtungsmöglichkeiten bietet, zugleich aber auch die sportliche Realität nachhaltig verzerrt. Durch Nahaufnahmen, spezielle Kameraperspektiven, schnelle Schnitte und Zeitlupenwiederholungen können sinnliche und dramatische Aspekte des Spiels herausgestellt werden, von denen ein Stadionbesucher gar nichts mitbekommt. Andererseits gilt aber auch: Während man im Stadion das gesamte Spielfeld und damit auch die Komplexität des Geschehens – beispielsweise die Entwicklung der Spielsituation, die sich aus der Verteilung und den Bewegungen der Spieler im Raum ergibt – im Auge behalten kann, versteht man einen Spielzug als Fernsehzuschauer oft erst dann, wenn er bereits ausgeführt ist.

Durch den Bildausschnitt und die Bildwahl der Regie geht nicht nur der Blick auf das ganze Spiel verloren, wird das Original nicht nur verfälscht, sondern es wird ein neues Spiel künstlich konstruiert. Ein Live-Bericht ist keineswegs nur eine bloße Abbildung der Wirklichkeit, er ist die Inszenierung eines Fußballspiels für das Fernsehen. Rudi Michel hat bereits 1982 zu bedenken gegeben, dass, je mehr Kameras im Einsatz sind, um so mehr zu befürchten sei, dass die Realität verändert und von den Regisseuren durch entsprechende Bildmontage ein "neues" Spiel gestaltet werde: "Die Bilder haben Lügen gelernt. Das Ereignis wird nicht mehr adaptiert,

Reinhold Beckmann, Erfinder der Fußballsendung "ran" von SAT 1, 1990er Jahre

sondern wir gestalten und verfälschen es gleichzeitig, mittels eigener Fernseh-Dramaturgie." Heute sind bei einem einzigen Spiel mehr Kameras im Einsatz, als zu "Sportschau"-Zeiten für die Übertragung eines ganzen Bundesliga-Spieltags benötigt wurden. Bei der Live-Übertragung von Top-Begegnungen der Bundesliga stützt sich SAT.1 heute auf ein Riesen-Equipment – mehr als ein Dutzend Fernsehkameras –, mit dem auch das kleinste Detail eingefangen werden kann. Jede Strafraumszene und jedes Foul wird in seine Einzelteile zerlegt und in Super-Slomotion zum dramaturgischen Höhepunkt aufgebaut, jeder Wutausbruch und jeder Torjubel, ja sogar Mund- und Nasen-Exkremente der Hauptdarsteller werden in Großaufnahme auf den Bildschirm gezoomt. Schon Frank Mill jammerte, dass man "auf dem Platz keine Blähung mehr lassen" könne, "ohne dass man die Wolke sieht" – heutzutage entgeht den Fernsehkameras wirklich gar nichts mehr. Wenn dem ehemaligen Nationalspieler Thomas Berthold kurzzeitig sein "Gemächt" aus der Schutzhaft der Sporthose gleitet, dann ist das allemal eine Zeitlupe wert. Aus diesem überbordenden Bildmaterial lässt sich dann ein Potpourri zusammenmixen, das durch rasante Schnitte Tempo simuliert und das einer vom Regisseur gesteuerten Dramaturgie folgt. Mit dem, was im Stadion unmittelbar wahrzunehmen ist, hat es jedoch kaum mehr etwas zu tun.

Während sich der Stadionbesucher auf das Spiel als Gesamterscheinung konzentriert, gefesselt von der individuellen Dramaturgie eines Spiels und angespannt durch das Mitfühlen dessen, "was in der Luft liegt", bekommt der Fernsehzuschauer von diesem Ganzen, das mehr ist als die Summe seiner Teile, überhaupt nichts mehr mit. Er folgt der Dramaturgie der Bilder in einer Abfolge von Teil-Spannungen und Höhepunkten, durch deren Präsentation der Rhythmus des Spiels zerstückelt wird. Ganz nebenher wird dabei die Aufmerksamkeit zerstreut auf Rand- und Nebenereignisse – das heftige Gestikulieren des Trainers, die Großaufnahme beim Griff ans Trikot des Gegners, die Taube im Strafraum –, womit nebenbei der schöne Effekt erzielt wird, den Zuschauer auch in den lauen Phasen eines Spiels etwas Amüsantes für's Auge zu bieten.

Einer der wohl wichtigsten Aspekte der durchs Fernsehen veränderten Wahrnehmung des Spiels liegt darin, dass die so genannten "entscheidenden Momente" in Zeitlupe wiederholt werden. Während das Original weiterläuft, wird dem Zuschauer eine bereits abgelaufene Szene aufgedrängt, nicht nur einmal, sondern mehrmals, jeweils aus anderen Kamerapositionen. Dadurch wird die Aufmerksamkeit von der Konzentration auf das Spiel ab- und auf bestimmte Aspekte des Spiels hingelenkt: Man zeigt mehrmals hintereinander den Abschluss eines Spielzugs, den Torschuss, nur selten aber, wie er sich entwickelt hat. Der Fernsehzuschauer kann also im Detail genauer hingucken, zuweilen jedoch fehlt ihm der Überblick.

Der Ton zum Spiel Ein Kommentar ist nicht nur ein Kommentar

"Die Mannschaft muss über den Kampf zum Spiel kommen", so lautet ein alter Ratschlag, der während eines Spiels oft beschworen wird. Er ist nicht leicht umzusetzen, und nicht weniger leicht ist es, mit solchen und ähnlichen Kommentaren zum Spiel zu finden. Wie schwierig es ist, während eines Matches den Überblick zu behalten, zeigen dem leidgeprüften Fußballexperten die endlosen sachlich unangemessenen und fachlich unqualifizierten Kommentare der Tribünennachbarn. Der große Vorteil des im wirklichen Stadion einem wirklichen Spiel beiwohnenden Fußballfans ist es immerhin, dass er hier jederzeit die Gelegenheit zum Widerspruch und damit wenigstens die Möglichkeit hat, die Dinge klarzustellen. Die in der Regel überflüssigen, häufig falschen und nicht selten gänzlich unerträglichen Kommentare im Fernsehen jedoch müssen unwidersprochen hingenommen werden.

Auch unabhängig von verbalen Fehlleistungen geht es beim Livekommentar vor allem darum, die Worte sparsam einzusetzen. Sie sollen die Bilder unterstützen und nicht in einer Metaphernflut ertränken. Die wesentliche Aufgabe des Fernseh-Kommentars besteht darin, die durch das Medium verursachte Distanz zwischen Spiel und Rezipient zu verkürzen, also dem Zuschauer ein Gefühl der Anwesenheit zu vermitteln. Das ist an und für sich nicht schlimm, problematisch wird die Sache allerdings dadurch, dass der Kommentar immer einen Einfluss ausübt auf die Wahrnehmung des Spiels. Schon anhand alter Huberty-Reportagen lässt sich zeigen, dass die Kommentierung grundsätzlich angriffsorientiert ist und somit ihren Teil zu einer Verfälschung des tatsächlichen Geschehens beiträgt. Darüber hinaus wird nicht erst in der Zusammenfassung, sondern bereits im Live-Bericht in aller Regel versucht, ein mäßiges oder schlechtes Spiel positiver zu vermitteln, als es ist. Prinzipiell ist der Kommentator als Verkäufer der Ware Fußball geradezu gezwungen, ein Spiel schönzureden: Der Sportreporter darf im Prinzip nicht ehrlich sagen, wie schlecht ein Spiel ist, da sich sonst die Zuschauer fragen würden, warum sie überhaupt vor dem Fernseher ausharren sollen – auch wenn sie es anhand der ausschnitthaften Bilder miterleben. Humoristische Einlagen, die den langweiligen Ernst der Lage auf dem Spielfeld verschleiern, erleichtern die Folter. Fernsehfußball ist ein Produkt, das verkauft sein will, und so käme das Herausstreichen der miesen Qualität der Kicker-Ware einer Nutella-Werbung gleich, in der gezeigt wird, wie sich Boris Becker beim Frühstück übergibt. Kurioserweise müssen heute die Spieler selbst manchen Fernseh-Verkäufer korrigieren, wenn der sie ungerechtfertigterweise hochloben will. "Ich fand dich stark", umgarnte Rolf Töpperwien einmal Mario Basler – worauf der mit völligem Unverständnis reagierte: "Da sind Sie aber der Einzige".

Regiesseur im Übertragungswagen der Fußballsendung "ran" von SAT 1, 1990er Jahre

Früher, als die Fernsehfußballer noch in Windeln liefen und bei Liveübertragungen altgediente Hörfunkreporter vor den Mikrofonen saßen, waren die Kommentare vielleicht nicht besser, aber häufig weitaus unterhaltsamer. Wenn sie dem Zuschauer mit großem Enthusiasmus gleichsam bebilderte Hörfunk-Reportagen übermittelten, konnte der Kommentar zuweilen zum eigentlichen Highlight einer Übertragung werden. Einer der letzten Vertreter dieser Gattung, der Österreicher Edi Finger, gestaltete einen der spärlichen Erfolge in der neueren alpenländischen Fußballgeschichte zu einem grandiosen Ereignis: den Sieg über die deutsche Nationalmannschaft bei der Weltmeisterschaft 1978 in Argentinien. "Jetzt geht's noch drei Minuten, meine Damen und Herrn, wemma diese drei Minuten schon hinter uns hätten, ja dann dann, ich wage es gar nicht zu sagen, da würde mir wirklich ein Fels vom Körper – jetzt aber aufpaßt! und jetzt kann Sara sich einen aussichtslos scheinenden Ball eh ... erho ... hereinholen, es gibt Beifall für ihn, da kommt Krankl - Toor!! Toor!! Toor!! Toor!! Toor!! Tor! i werd narrisch!! Krankl schießt ein! dreizuzwei! für Österreich. ... Eine Möglichkeit der Deitschen!! und?! daneben!!! Also der Abramczik, abussln möcht i den Abramczik dafür, jetzt hatter uns gholfen, der brave Abramczik, und danebengeschossn. ... Und jetzt is aus!! Ende! Schluß! vorbei! Deutschland geschlagen meine Damen und Herrn! i glaub, jetzt hammas geschlagn." Zu einem der medialen Highlights der jüngeren Rundfunkgeschichte gehört die Konferenzschaltung der ARD-Hörfunksender am letzten Spieltag der Bundesligasaison 1998/99. Dort zeigte sich, wie sich die Spannung aus den Stadien, in denen mit fast jedem Tor eine andere Mannschaft als Absteiger feststand, auch auf die Reporter übertrug, die ihrerseits die Spannung noch steigerten. Die Trauer eines der begnadetsten Hörfunkreporter, Günther Koch, als der Abstieg des Nürnberger "Clubs" feststand, nahm auch den hartgesottensten Hörer mit. Das zeichnet gerade die Radioreporter gegenüber den Fernsehreportern aus: Sie sind noch in der Lage, Atmosphäre und Gefühl zu vermitteln. Während die Herren Fernseh-Kommentatoren distanziert schwafeln, leiden die Radioreporter mit.

Nach dem Spiel **Warten wir die Wiederholung ab**

Wer Live-Reportagen nicht als Sternstunden des unfreiwilligen Kabaretts zu goutieren vermag, hat heutzutage immerhin noch die Möglichkeit, sich an manch rhetorischer Girlande in den "ran"-Kurzberichten zu erfreuen. Tatsächlich ist beim Kurzbericht mehr Kritik und flapsige Kommentierung erlaubt als bei der Live-Übertragung. Hier muss der Zuschauer nicht für 90 Minuten an den Sender gebunden werden, sondern es kommt vor allem darauf an, dass der Bericht selbst bei einem gähnend langweiligen Spiel noch unterhaltsam ist. Weil das Wort gegenüber dem Bild an Wichtigkeit gewinnt – die Wortzahl pro Sekunde steigt proportional zur Abnahme der Berichtslänge –, sind witzig-bunte Wortkaskaden gefragt, die auch schon mal beleidigend sein dürfen, sofern sie nur einen Unterhaltungswert haben. Der Zuschauer will unterhalten sein, also präsentiert man ihm keinen trockenen Bericht, sondern beispielsweise die – so der Spiegel – "erigierte Freude" eines Werner Hansch. Dieser Fußball-Dichter aus dem Ruhrgebiet (Kampfname: "Die Stimme") stilisiert den Brasilianer Paulo Sergio nach einem gelungenen Dribbling zu einem "Poeten des Tanzes", – einerseits, macht aber, andererseits, selbst das miese Spiel der Nürnberger Abstiegsmannschaft von 1994 zu einem Erlebnis, indem er den Zuschauern erläutert: "Nürnbergs Abwehr spielte wie eine Mischung aus Bratwurst und Lebkuchen." Kuschelweicher Plauderton, überbordender Enthusiasmus oder deftig-derber Stammtischton – alles ist erlaubt, Hauptsache, das Publikum fühlt sich unterhalten.

Die Zusammenfassungen können jedoch die Erlebnisqualität des Spiels, wie es sich im Stadion zutrug, kaum erfassen. Tatsächlich ist durch die Technik der Höhepunkt-Montage für den Zuschauer allenfalls noch zu erraten, welche Dramaturgie dem wirklichen Spiel zugrunde lag. Die wechselnden Phasen des Spiels – Verlangsamung, Temposteigerung, Bestimmung des Spielgeschehens durch die eine oder die andere Mannschaft etc. – reduzieren sich im Kurzbericht zum Instant-Drama, das bestimmten Inszenierungs-Ritualen folgt. Das wirkliche Geschehen verkümmert in der "medialen Standardisierung" zu einer genormten Restrealität, in der von der Individualität eines Spiels nichts mehr zu spüren ist. Fußball wird als Angriffsspiel inszeniert, in dem langweilige Mittelfeldszenen eliminiert sind. Torschüsse und Fouls sind eben besser ins Bild zu setzen und als Höhepunkt zu verkaufen als die gegenseitige Neutralisierung im Mittelfeld.

Heute, in Zeiten des Showsports, da selbst der trübste Alltag der Bundesliga als Videoclip inszeniert wird, gilt um so mehr, dass der Stadionbesucher bei der Nachbetrachtung "seines" Spiels häufig den Eindruck gewinnt, er sei bei einem ganz anderen Ereignis gewesen. Statt über die Eigendynamik des Wettkampfes "Bericht zu erstatten", wie es früher hieß, produziert das einer Werbeästhetik folgende Massenmedium eine eigene Dramaturgie. So wird es möglich, dass sich matte Spiele auf dem Weg zur Mattscheibe zu berauschenden Ereignissen wandeln. Wie der Schlachter das Rind zerlegen die Redakteure in den TV-Studios jedes von den Profis abgelieferte Rohprodukt so lange, bis sich selbst das zäheste Stückchen Realität als erstaunlich schmackhafter Minuten-Snack verkaufen lässt. Wenn das Gericht besser ist, als es die Zutaten eigentlich zulassen, ist sicherlich ein Lob für den Koch fällig – aber muss dasselbe auch für die Fußballkost gelten? Zeigen, was Sache ist – das ist die Sache des Fernsehens nicht. Eine einsame Ausnahme bildet lediglich der sich intellektuell gebärdende Marcel Reif-Ranicki, der seine Livekommentare dem Pathos der Wahrheit verpflichtet hat: "So dämlich sind die Zuschauer nicht. Ich kann denen nicht 90 Minuten lang erzählen, dass das, was sie da sehen, viel besser ist, als sie denken."

Was man den Zuschauern natürlich erzählen kann, ist, dass sie im Fernsehen zumindest alles besser sehen als selbst der Schiedsrichter auf dem Platz. Zum Beispiel ein Foul. Oder ein Abseits. Und tatsächlich hat ein Fernsehbeweis schon so manche Tatsachenentscheidung des Schiedsrichters gekippt, z.B. das "Phantom-Tor" Thomas Helmers beim Spiel Bayern München – 1. FC Nürnberg 1994. In diesem Punkt, das muss wohl konstatiert werden, ist das Fernsehen tatsächlich besser als die Wirklichkeit, zumindest als der reale Schiedsrichter. Offensichtlich weiß es oft sogar mehr als die Spieler selbst. Immer häufiger verweigern die Profis, nach dem Spiel zu einem Foul befragt, die Antwort: "Ich muss erstmal abwarten, wie das auf dem Bildschirm aussieht." Vielleicht liefert der Bildschirm ihnen ja auch nur den Beweis, dass sie tatsächlich mitgespielt haben. Warten wir also die Wiederholung ab? Wollen wir auf dem Nachhauseweg vom Stadion, wenn die "Unseren" verloren haben, uns mit dem Gedanken trösten: Vielleicht gibt's ja 'ne Wiederholung?

Rund um das Spiel **Moderation, Interviews und Firlefanz**

Auch wenn die Fernseh-Reporter bei kaum einem ihrer Kommentare die Adi-Preissler-Ur-Weisheit "Grau ist alle Theorie, entscheidend ist auf'm Platz" weglassen, so ist die aktuelle Tendenz gerade die, dass der Fernsehfußball immer weniger auf dem Platz stattfindet. Am Beispiel des Europameisterschaft-Endspiels 1996 Deutschland gegen Tschechien rechnete der Medienwissenschaftler Hans-Jörg Stiehler vor, dass die alte Herberger-Weisheit, wonach ein Spiel 90 Minuten dauere, im Fernsehzeitalter schon lange nicht mehr gilt: Bei insgesamt vier Stunden Berichterstattung machte das Spiel selbst nur 38 % der Sendezeit aus. Bei einer Sendung wie dieser bemerkt man die Tendenz zu einer Drittelung: ein Drittel Fußball, ein Drittel Gequatsche und Drumherum, ein Drittel Werbung. Auch in den Spielberichten vom Bundesliga-Geschehen nimmt der Anteil des eigentlichen Spiels einen immer geringeren Umfang ein. Das liegt nicht nur an den Zeitlupen, sondern auch an anderen modernen Techniken. So wird schon einmal eine vermeintliche Abseitsposition mit Hilfe einer Computersimulation widerlegt. Mit dem 3D-Analyseverfahren "Virtual Replay", das allerdings derzeit noch acht Minuten benötigt, um eine Spielszene umzusetzen, hält ein zusätzliches Mittel der Spielnachbearbeitung Einzug in die Berichterstattung. Zur Reduzierung des Fußballanteils in den Sportsendungen trägt auch die Statistik bei. Seit die Bundesliga von "ran" fernsehtechnisch "vermarktet" wird, bekommen die Datenjunkies unter den Fußballfans ständig neue Dosen. Als grandioseste Erfindung seit der Entdeckung des Balles als Spielobjekt durch die Azteken und Chinesen wird die "ran"-Datenbank in die Geschichte des Ballsports und seine televisionäre Präsenz eingehen. Mit ihr wurde ein unerschöpflicher Fundus geschaffen, aus dem nicht nur Reporter und Moderatoren schöpfen und den Trainer schätzen, sondern den auch – auf einige Rohdaten reduziert – der netztüchtige Fan online nutzen kann. Da kann man dann z.B. über die Partie des letzten Spieltages der Saison 1997/98 zwischen Bayern München und Borussia Dortmund erfahren, dass die Münchner bei 17 Torschüssen vier Tore erzielten, die armen Dortmunder hingegen trotz ihrer 15 Torschüsse leer ausgingen – und das, obwohl sie mit 8 erheblich mehr Ecken zu verzeichnen hatten als die Bayern (3) und sich längst nicht so oft im Abseits befanden (4) wie die Münchner (10). Wäre nach der alten Kinderregel "drei Ecken ein Elfer" gespielt worden, wäre das Ergebnis, sofern die Dortmunder getroffen hätten, zahlenmäßig etwas günstiger ausgefallen; an der Niederlage hätte es aber nichts geändert. Außerdem hatten die Münchner erheblich mehr Zweikämpfe gewonnen, sowohl am Boden wie in der Luft, und sie hatten mehr Pässe gespielt, von denen auch mehr ankamen; aber es waren auch mehr Fehlpässe darunter als bei den Dortmundern. Aber ändert dieses "Wissen" etwas an dem Ergebnis, dem 4:0 für die Bayern?

Zu jedem einzelnen Spiel gibt es weitere Daten, auch solche, die nicht den Weg in das "ran"-Online-Angebot finden, stattdessen aber in den SAT.1-Videotext. Während der "ran"-Sendungen spielen die Statistiken der Datenbank eine immer größere Rolle. Angaben z.B. über die Heimstärke des Gastgebers ("Bayer Leverkusen hat zu Hause zuletzt vor vierzehn Monaten verloren") und die Auswärtsstärke des Gastes ("Schalke hat auswärts bereits zehnmal zu Null gespielt") werden gezielt zur Spannungssteigerung eingesetzt; sie füllen den Kommentar, wenn es sonst nichts mehr zu sagen gibt, weil die Bilder für sich sprechen ("Jens Lehmann ist nun schon 737 Minuten ohne Gegentor"), und nach dem Spiel dienen sie als Beleg von Stärken und Schwächen der Mannschaften und Spieler. Trainern mögen diese Daten Aufschluss über Leistungswillen und -stärke ihrer Mannschaft geben, getreu dem Motto des ehemaligen "ran"-Chefs Reinhold Beckmann: "Die «ran»-SAT.1-Datenbank, die Bank Ihres Vertrauens". Wer vertraut hier wem, die Trainer SAT.1, SAT.1 den Daten und den Erbsenzählern, die jedem Furz auf dem Rasen mit einem statistischen Strichelchen einen Platz in der Ewigkeit der Fußballdatenwelt sichern? Vertrauen ist gut, Kontrolle ist besser, weiß schon der Volksmund, und deshalb schauen wir uns das

Ergebnis des Spiels an, denn da wissen wir, woran wir sind.

Offenbar scheinen die "ran"-Macher vergessen zu haben, dass im Fußball immer noch allein das Ergebnis zählt. Jeder Trainer wiederholt nach schlechten Spielen auch unverfroren vor der Kamera, dass der Sieg allein wichtig sei; wie er zustande kam, danach frage schon morgen keiner mehr – außer natürlich den "ran"-Reportern, die aus lauter Langeweile ihre Datenbank durchstöbern. Die zahlreichen Statistiken und Daten stellen einen eher armseligen Versuch dar, ein unberechenbares Spiel wie Fußball berechenbar zu machen. Die Tatsache, dass eine Mannschaft zwar drückend überlegen ist, aber der gegnerischen Elf mit ein oder zwei Kontern die entscheidenden Tore zum Sieg gelingen, wird im Datenwahn geflissentlich ignoriert. Dabei weiß jeder Fan und jeder Trainer, dass solche Dinge möglich sind, und stellt bei ihrem Eintreten dann einfach lapidar fest: "Das ist Fußball". Recht haben sie.

"Sportsendungen", meinte der Spiegel 1995, "erzielen die höchsten Einschaltquoten, weil sie in schweren Zeiten so schön positiv erscheinen: Sport ist spannend, dynamisch, einfach, emotional." Der Sport erlaubt ein Entfliehen vom Alltag, erfüllt die Sehnsucht nach Identifikation, einfacher Struktur und weniger Komplexität – all das trifft zu, betrifft aber nur die Rasenvariante des Sports. Fußball ist aber heutzutage weit mehr als nur ein Sportspiel, bei dem es um Wettkampf und überprüfbare Leistungen geht. Das sportliche Ergebnis ist gegenüber der Präsentation des Ereignisses immer unwichtiger geworden, stattdessen ist die Inszenierung drumherum immer mehr in den Vordergrund getreten. Eben darum ist an die Stelle der alten "Sportschau" die Sportshow getreten.

RTL-Moderator Florian König beim Champions-League-Finale 1997 im Münchener Olympiastadion

Im Mittelpunkt der Show, im Fußball wie anderswo, stehen die Stars. Sie binden das Interesse des Publikums auch dann, wenn die Vorstellung schlecht ist. Zu Radiozeiten gab es noch Helden, auf die sich die Ereignisse des Sports zentrieren und zu Erzählstoff komprimieren ließen, heute hingegen sind es die Stars, die dem Sport die nötigen Geschichten liefern. Während die alten Fußball-Legenden nur deswegen in endlos wiederholten Erzählungen "leben" konnten, weil allein das Nicht-Gesehene und Nicht-Überprüfbare sich in die Form eines Mythos gießen lässt, lebt der Star von seiner aktuellen Erscheinung. Helden bleiben, Stars jedoch kommen und gehen, je nachdem, wie sich ihr medialer Marktwert ändert. Der Sportheld kam im Wesentlichen noch allein mit seiner besonderen Leistung aus, der Star aber muss sich vor allem mediengerecht präsentieren: Erotische Ausstrahlung, permanente Interview-Bereitschaft, Choreographien des Jubels – kurzum: Unterhaltungswert ist gefragt.

Im "Stargeschäft" Fußball funktionieren die Medien vor allem als ein Personality-System: Sie produzieren Prominenz. Je mehr die Spieler in den Medien präsent sind, desto größer wird der Kult des Stars. Durch das in Großaufnahme abgefilmte Interview erhält der Fan das Gefühl, dass er "seinen" Star kennt, und die Geschichten, die der Star repräsentiert, ermöglichen Interesse, Anteilnahme und mit-leidende Identifikation. Besonders eindrucksvoll ist in diesem Zusammenhang ein 1995 im "Kicker" veröffentlichter Fan-Brief an den brasilianischen Weltmeister Romário: "Ich würde alles dafür geben, Dich bei mir zu haben. Weil das aber nicht möglich ist, bitte ich Dich um einen Farbfernseher, damit Du immer in meiner Nähe bist." Leider wirken Fußballer allzu häufig mit ihrer Rolle als Stars überfordert. Ihre Auftritte vor den Kameras wirken oft eher peinlich. Elegant waren Fußballer-Statements noch nie, und witzig sind sie heutzutage – zumal, da Lothar Matthäus startechnisch im Begriff ist abzudanken – auch immer weniger. So ist denn auch die Best-Of-Liste der Profisprüche schon etwas angejahrt, denn seit Jürgen Wegmann ("Erst hatten wir kein Glück und dann kam auch noch Pech hinzu", Platz 1), Bruno Labbadia ("Da wird nur wieder etwas hochsterilisiert", Platz 2) und Lothar Matthäus ("Wir sind eine gut intrigierte Truppe", Platz 3) ist außer Supermario Basler ("Ich habe einen Körper wie Schwarzenegger") und Kaiser "Firlefranz" (Spiegel), dem auf allen Kanälen dauerpräsenten Spitzenexperten ("Die Breite ist in der Spitze dichter geworden"), kaum etwas Bemerkenswertes mehr geblieben.

Auch wenn sie Mühe damit haben, sollen sich Spieler und Trainer verhalten wie Entertainer. Seit alle Sportkommentatoren mit Ausnahme von Kalli Feldkamp, der sich während der Weltmeisterschaft 1998 für diesen Job disqualifizierte ("Pelé flößt nur etwas Sand ins Getriebe, er untermauert"), Kommunikationslehrgänge anbieten, können Fußballer zwar vollständige Sätze bilden, unterhaltsamer jedoch sind sie nicht geworden. Mangels Starmasse sind mittlerweile die Moderatoren drauf und dran, ihren Gästen die Schau zu stehlen. Was ja auch gerecht ist. Denn lebt die Show nicht tatsächlich vor allem von der Personality des Moderators? Je Wontorra, desto Kerner die Sendung, egal, ob Hitz auf dem Feld war oder ob da noch ein Otto rehhagelt. In jedem Fall gilt, dass die Zuschauer, als Empfänger einer Botschaft des Optimismus, zur guten Laune verpflichtet sind. Alle, so erzählte Ex-"ran"-Moderator Kerner einmal anlässlich einer Klatschprobe im Studio, haben "Fun und unwahrscheinlich Bock auf das, was wir hier machen". So soll es sein, Fußball hin oder her.

Prinzipiell gleicht die Präsentation des Sports immer mehr Unterhaltungssendungen mit gelegentlichen Umschaltungen zu Sportveranstaltungen, unterbrochen von Werbung. Ohne eine Botschaft der Fröhlichkeit würde denn auch die Werbung, die zum eigentlichen Sinn der ganzen Veranstaltung geworden ist, nicht funktionieren. Nach der Maxime "Sei gut drauf und kauf" hat sich der Fernsehfußball immer mehr der Werbeästhetik verschrieben. "Die Ware Fußball", schrieb Oskar Beck, "wird im Grunde auch nicht anders verkauft als der Bacardi in der Werbung: schwungvoll, spritzig, mit Musike. Der Sport wird präsentiert von den Infotainern Beckmann, Wontorra und Kerner, fröhlich, farbig und flott verpackt." Während der Moderator sich als Verkäufer der Familienserie Bundesliga in den Mittelpunkt rückt, verschwindet die fußballspezifische Information hinter einem Schleier bunter Nebensächlichkeiten, und am Ende sind die lecker garnierten Unterhaltungs-Dips, eingeklemmt zwischen dicken Werbeblöcken, von diesen kaum noch zu unterscheiden.

Hinter dem Spiel Die Macht des Geldes

Im Zuge der Umwandlung des Fußballspiels zur Fußballshow ist das Verkaufen und damit das Geld immer wichtiger geworden. Noch vor dreißig Jahren kosteten die Übertragungsrechte für die Bundesliga keine drei Millionen DM. 1991 zahlte die UFA 55 Millionen, im Jahr darauf blätterte die Agentur ISPR für SAT-1 140 Millionen für fünf Jahre hin, was die ARD zum endgültigen Verzicht auf die Senderechte bewog; zum Jahr 2000 sollen es 600 Millionen sein. Als ein Aspekt der modernen Konsum-, Freizeit- und Unterhaltungsindustrie ist der Fußball heute zu einer Symbiose von Sport, Kommerz und massenmedialer Präsentation geworden.

Das hatte der Schriftsteller Alfred Behrens bereits Anfang der siebziger Jahre geahnt. In seinem satirischen Buch "Die Fernsehliga – Spielberichte vom Fußballgeschäft der Zukunft" sah er die Bundesliga der Zukunft unter dem Diktat von Konsumgüterindustrie und Fernsehen. Die Spiele würden im Fernsehstudio produziert und mit synthetischen Spielern realisiert. Seine Prognose damals für die 11. Fernseh-Fußballsaison: Meister wird Hertha BSC Schering Berlin vor Jägermeister Braunschweig, Eintracht Unilever Frankfurt und British American Tobacco St. Pauli; Absteiger: VfL Honda Osnabrück und BV Aral Schalke 04. Die Meisterschaft wurde durch Abstimmung der Zuschauer entschieden. Ein paar Jahre später sah der Kabarettist Dieter Hildebrandt das Fußballspektakel als festen Bestandteil der Fernsehunterhaltung. Spitzenspiele des Europapokals würden dann nicht einfach übertragen, sondern vom Fernsehen inszeniert: "Wie ich das Fernsehen kenne, also konsequent und charakterlos, überläßt es solche Spitzensendungen nicht dem Zufall, sondern kauft so 'ne Serie von Spielern der Bundesliga eines Tages auf, macht selber die Spielplätze, verlegt die Spiele in die Studios, damit das Wetter nich den Sendeplan durcheinanderbringt, und läßt sich das Ganze von der Werbung finanzieren". Hildebrandt ahnte damals noch nicht, wieviele Firmen sich am Ende des 20. Jahrhunderts in Vereine und damit in den Fußball und das Fernsehen einkaufen würden.

Die Bedürfnisse des Fernsehens dominieren nicht nur beim Drumherum, immer mehr mischen sich die Medien auch unmittelbar in den Fußball ein. Dass sich ein Spieltag der Bundesliga heute über die ganze Woche streckt, ist so, weil das Fernsehen seine teuer gekauften Rechte optimal vermarkten will, und genauso verhielt es sich bei der Weltmeisterschaft 1994 in den USA, als die Kicker um 12 Uhr mittags bei 40° C und fast hundert Prozent Luftfeuchtigkeit auf dem Rasen agieren mussten. Es musste gespielt werden, bevor die Fans in Europa zu Bett gingen.

Wie lange wird es dauern, bis man das Spiel selbst zum Zweck einer besseren Vermarktung verändern wird? Die Summen, die mittlerweile für die Übertragung von Fußballspielen verlangt werden, sind durch Werbeeinblendungen vor den Spielen und in der Halbzeitpause kaum mehr zu refinanzieren. Das Fernsehen braucht mehr Auszeiten, denn Auszeiten, so die Formulierung in einem Artikel der Zeitschrift "Sports" aus dem Jahr 1995, "sind lila Pausen, also Werbezeiten, also Geld." Woher aber die Auszeiten nehmen?

Die Amerikaner machten es vor. Als sie im Jahre 1967 anlässlich des Erfolges der Weltmeisterschaft in England die "North American Professional Soccer League" (NPSL) eingeführt und die Übertragungsrechte der Spiele an CBS verkauft hatten, hatten die Einkäufer sehr schnell erkennen müssen, dass der auf 2 x 45 Minuten ununterbrochener Spannung gepolte Fußball vom Prinzip her ein "werbeuntaugliches" Spiel ist - ganz im Gegensatz zum American Football, bei dem es immer wieder Höhepunkte und Pausen gibt, die das Spiel zerstückeln und regelmäßig Zeit für Werbeeinblendungen bieten. Da die Fernsehgewaltigen von CBS keine Lust hatten, auf die Gesetzmäßigkeiten des Fußballs Rücksicht zu nehmen, veranlassten sie eigenmächtig die Einführung der (Werbe)-Struktur des Football: 11 der 21 Freistöße, die Schiedsrichter Peter Rhodes in dem am 15. Mai 1967 live übertragenen Spiel Toronto-Pittsburgh pfiff, erfolgten im Auftrag der CBS, um Zeit für die Einspielung von Commercials zu gewinnen. In einem Fall hatte Rhodes sogar einen Spieler, der gerade im Begriff war, wieder aufzustehen, erneut zu Boden gestoßen, weil ihm signalisiert worden war, dass die Werbeeinblendung noch nicht beendet sei.

Seit Jahren kursieren auch in Europa die verschiedensten Überlegungen, wie die Fernsehanstalten die Kosten für die Übertragungsrechte über Werbezeit refinanzieren können. Eine Idee war das "Time-out", eine zweiminütige Auszeit pro Team und

Halbzeit. Bereits 1990 wurde vom FIFA-Präsidenten Joao Havelange der Gedanke an eine "Viertelung" des Spiels geäußert, andere stellten die Überlegung in den Raum, es mit einer Nettospielzeit von 30 Minuten zu probieren: Die Zeit wird gestoppt, wenn der Ball aus dem Spiel ist, damit diese zugleich für die Einblendung von Werbespots genutzt werden kann. Coole Beobachter der Szene wie Franz Beckenbauer glauben freilich nicht, dass eklatante Regeländerungen nötig sind, um mehr Werbung machen zu können. Wie in den USA, so meinte er bereits 1995, könne man beispielsweise ein Coca-Cola-Männchen unten durchs Bild laufen lassen. Flash-Spots bei jeder Spielunterbrechung, ständiges Einblenden des Hauptsponsors oder Werbelaufbänder am unteren Bildschirmrand sind im US-Fernsehen schon längst eine alltägliche Erscheinung. Nimmt man hinzu, dass es heute bereits technisch realisierbar ist, Fernsehbilder zu digitalisieren und elektronisch so zu verändern, dass "zur gleichen Zeit Werbeslogans in verschiedenen Sprachen oder für verschiedene Produkte um den Globus geschickt werden" können, so scheinen alle Überlegungen, den Spielmodus zwecks Erhöhung der Werbepausen-Quote zu verändern, bereits überholt.

Bleibt zu hoffen, dass das Spiel, selbst wenn es nicht radikal verändert wird, für das von der Werbeästhetik genormte Auge des Zuschauers attraktiv genug bleibt. Sonst könnte etwas passieren wie Ende Januar 1995 beim Super-Bowl-Finale im amerikanischen Football, als 40 Millionen Footballfans vor den Fernsehschirmen die Werbepausen origineller fanden als das Match.

Der Ball ist rund, nicht die Glotze Statt einer Zusammenfassung

Noch hat das Fernsehen keine elektronische Kontrolle über das Spiel, noch gilt die Wirklichkeit, die im Stadion geschaffen wird, noch ist es wie zu Zeiten der "Sportschau": Man sieht sich seine Mannschaft im Stadion an, geht anschließend mit Freunden zum Diskutieren in die Kneipe und wird die Nachberichte im Fernsehen – weil man den Vergleich mit der Wirklichkeit hat – entsprechend zu genießen wissen. Wie gehabt gehorchen die Live-Übertragungen eines Europapokal- oder Länderspiels der 90-Minuten-Dramaturgie des Spiels, wie gehabt bleibt der Fußball gerade aufgrund seiner Eigenschaften, die in ihm selbst – und eben nicht in der Präsentation – liegen, die Unterhaltungsware Nr. 1 im Fernsehen. Vorläufig gilt noch das Resümee von Ernst Huberty: "Der Fußball liefert Unterhaltung und Spannung frei Haus, ohne Buch und Regie. Ein Krimi mit Täter, ohne Kommissar. Die Unterhaltungschefs werden aufatmen, denn ihnen sind längst die Ideen ausgegangen...".

Andererseits bleibt die Erkenntnis, dass die Wirklichkeit medial produzierbar geworden ist. Die Medien vermitteln immer weniger etwas "von Draußen", sie sind keine Transporteure mehr, sondern Produzenten. Was Marcel Reif im Jubiläumsbuch des DFB als größte Gefahr beschreibt, die Versuchung nämlich, "Fußball nicht mehr zu übertragen, sondern selbst zu inszenieren, sich immer mehr von der realen Wirklichkeit zu verabschieden und stattdessen eine neue Dramaturgie zu schaffen mit eigenen Höhepunkten und gemachten Helden" – das ist eben, selbst wenn man es beklagt, größtenteils bereits Realität. Seit die Vereine ohne Fernsehgelder nicht mehr existieren können, müssen sich Anstoßzeiten an Sendezeiten orientieren, werden die Spieltage der Bundesliga zerstückelt, wird die Präsentation diktiert von den Interessen der Werbung. Es ist zu vermuten, dass der Einfluss des Fernsehens auf den Fußball noch zunimmt, weil er heute eben nicht mehr die schönste Nebensache der Welt, sondern nur noch eine schöne Nebensache im Rahmen der Unterhaltungswelt ist.

Klar ist schon jetzt: Das Fernsehen und der Fußball sind zwar gemeinsam großgeworden, aber sie folgen einer unterschiedlichen Erlebnisstruktur. Der Fußball – 90 Minuten ununterbrochene Konzentration und Spannung, angefüllt mit Kampf, Gefühl und Schicksal –

folgt der Struktur des klassischen Dramas, jedoch mit ungewissem Ausgang. Anders ist das Unterhaltungsprinzip, das die Fernsehshow – Rahmengeschichten, Einblendungen, Wiederholungen, Interviews – dem Fußballkonsumenten offeriert. Einen Spannungsbogen findet man nicht. Die Spannung hält nicht lange vor, sie ist auf kurzzeitige Höhepunkte aus. Sie wird häppchenweise serviert; Höhepunkte und Pausen, Action und Werbung wechseln einander planmäßig ab. Der Zuschauer lässt sich kurz hochbringen und wird dann wieder von einer Rund-um-Unterhaltung eingelullt. Wie die Einschaltquoten beweisen, gefällt auch diese künstlich aufbereitete Spannung, obwohl sie der Struktur des Fußballs widerspricht.

Das Rasenspiel und das Fernsehspiel – hier ringt eine Form des Spannungserlebens mit einer anderen. Im Stadion findet noch die alte Form statt, aber das neue Prinzip hat selbst hier schon längst Einzug gehalten. Da heute auch in den Stadien auf eine "bessere" Präsentation der Spiele gesetzt wird, findet mittlerweile bereits eine Anpassung des Live-Erlebens an die medial aufbereitete Wirklichkeit statt: Als Zuschauer ist man bereits so darauf konditioniert, nach einem Tor eine Zeitlupen-Wiederholung präsentiert zu bekommen, dass man selbst dort, wo noch nie ein Video gelaufen ist – zum Beispiel in Nürnberg –, instinktiv in Richtung Anzeigetafel guckt. In anderen Stadien werden den Fans auf einer Supervideoleinwand nicht nur die Zeitlupe präsentiert, sondern eigene kleine "Sportsendungen"[1] mit allem Drum und Dran. Offensichtlich bringt der Zuschauer seine Fernsehgewohnheiten zum wirklichen Fußball mit, und weil das so ist, soll er ihnen in immer mehr Stadien auch frönen dürfen. So ist der Live-Fußball zum Beispiel in den großzügigen VIP-Logen in Bremen, wo man sich hinter Glas wie vor einer Leinwand fühlt und sich mit Popcorn im Sessel aalen kann, kaum mehr zu unterscheiden von einem Kinobesuch – mal abgesehen von der live johlenden Fan-Staffage im Vordergrund. Als Teil der Unterhaltungsindustrie mutiert der Fußball der Zukunft zu einer Gameshow in High-Tech-Erlebnisparks mit Gastronomie, Kino und Einkaufspassagen, und zwischen allem Komfort und allen Events wird das Spiel selbst zu einem immer nebensächlicheren Bestandteil eines umfassenden Vergnügungsangebotes. Die Vereine setzen auf das Erlebnis, als ob das Spiel selbst nicht genug wäre – und das Fernsehen ist immer dabei.

Wird der Fußball den Kampf gegen das Showprinzip des Fernsehens verlieren? Es gibt einige, wenn auch nur kleine Anzeichen einer Gegenbewegung. Seit der Weltmeisterschaft 1990 tauchten die Großleinwände auf öffentlichen Plätzen auf, vor denen sich Tausende von Fans versammelten. Hier, wie auch in der in den letzten Jahren verstärkt zu beobachtenden Tendenz, Fußball gemeinsam vor dem Fernseher in der Kneipe zu bejubeln und zu beweinen, zeigt sich, wie die Fans ihren Fußball tatsächlich haben wollen: als Anlass für ein großes Fest. Und diese Gruppen, die da gemeinsam gucken, sollen bereits dabei beobachtet worden sein, wie sie selbst gegen den Ball treten. Aber man weiß es nicht genau. Eine Fernsehkamera war nicht dabei ...

Christoph Bausenwein und Lothar Mikos

Kameraleute von RTL beim Champions-League-Finale 1997 im Münchener Olympiastadion

Fußball – Fünf Fragmente über eine naive und sentimentalische Kunst

I

Fußball ist die populärste Sportart unserer Zeit. Selbst wenn man sich nicht für dieses Spiel interessiert, wird man wissen, wer Pelé oder Beckenbauer sind, wird wahrscheinlich sogar die Spielregeln im Grundsatz kennen. Fußball ist nicht bloß ein Freizeitvergnügen, sondern Teil unserer Alltagskultur, was man bis in unseren Sprachschatz hinein beobachten kann. Wir reden davon, dass "jemand ein Eigentor schießt", "sich ins Abseits stellt" oder "eine rote Karte erhält", wir fordern, dass nicht "gemauert" oder der "Ball flachgehalten" werden soll. Schon diese wenigen Redewendungen machen deutlich, wie selbstverständlich uns heute die Bildlichkeit des Fußballs ist.

Um sich die Beliebtheit vor Augen zu führen, die der Fußball in unserer Welt hat, sei an die umfassenden Informationsmöglichkeiten erinnert. Tageszeitungen berichten am Montag über die Spiele vom Bundesligawochenende, es erscheinen mehrere Fußballzeitungen, die den Fans Hintergrundberichte liefern. Schließlich seien die vielen Sportsendungen im Fernsehen erwähnt, die mittlerweile sogar Fußballfreunde fragen lassen, ob diese Informationsflut nicht auf Dauer notwendig zu einer Inflation des Faszinosums Fußball führen müsse. So kann man heute nicht nur die aktuellen Spiele der Bundesliga und der laufenden Wettbewerbe verfolgen, sondern auch längst vergangene "Klassiker" erscheinen regelmäßig im Programm der Sportsender. Gemeinsam mit der Unterhaltungsmusik und dem Film gehört der Fußball zu den drei großen Massenkulturen, die das letzte Jahrhundert hervorgebracht hat und die es bestimmt haben. Integraler Bestandteil dieser Kulturen ist es, für den Rezipienten messbar zu sein. Der sichtbare Erfolg und ihre mediale Omnipräsenz sind Teil ihrer Ästhetik. Tabellen und Charts gehören ebenso notwendig zur Massenkultur wie Videos, CDs und eine Vielzahl anderer käuflicher Produkte.

Nichts ist so einfach zu kommunizieren wie populäre Kultur. Heute ist es nur schwer möglich, sich den Fußball ohne das Fernsehen vorzustellen. Dabei stellt das Fernsehen nicht bloß das Mittel dar, um ein aufgezeichnetes Match in unzählige Wohnzimmer hinein zu vervielfältigen, sondern bietet die Möglichkeit einer eigenen Dramaturgie. Das Fernsehen überbietet in gewisser Hinsicht sogar das Live-Erlebnis im Stadion. Denn auf dem Bildschirm kann man sehen, was im Stadion unsichtbar bliebe, weil man zu weit vom Geschehen entfernt ist. Zunächst wird ein Foul in Nahaufnahme gezeigt, um den Schmerz des Spielers anschaulich vor Augen zu führen. Den nun folgenden Freistoß sieht man wiederum aus größerem Abstand, um die Flugbahn des Balls verfolgen zu können. Den anschließenden Kopfball erleben die Zuschauer schließlich aus der Perspektive der Hintertorkamera. Für viele Fußballfans hat das Fernsehen längst das Fußballerlebnis auf dem Platz ersetzt. Wenn man vor dem Bildschirm sitzt, vergisst man zumeist, wie viele Kameras das Spiel für uns aufbereiten. Man sieht ausschließlich den ballführenden Spieler und erhält so den Eindruck permanenter Bewegung. Wäre man im Stadion, stellte man fest, dass sich der größte Teil der Mannschaft gar nicht so schnell bewegt, sondern nur aus taktischen Erwägungen vor oder zurückläuft – auf dem Bildschirm hingegen sieht man immer Aktionen. Was das Fernsehen leistet, kann auch die einfache Darstellung eines Elfmeters deutlich machen. Auf der Mattscheibe

wechseln permanent die Kameraperspektiven, die uns abwechselnd Torwart und Schützen zeigen, um die Spannung zu erhöhen – eine Schnitttechnik, die immer schon im Film dazu verwendet wurde, einen Zweikampf zu inszenieren. Die psychologische Anspannung, die auf beiden Kontrahenten lastet, wird auf diese Weise anschaulich.

Wer die Erfolgsgeschichte des Fußballs im 20. Jahrhundert erklären will, wird zunächst auf die Attraktivität des Spiels verweisen, die Schönheit eines Fallrückziehers oder die Spielintelligenz eines bestimmten Profis hervorheben. Dabei vergisst man leicht, wie schwierig es dieses Spiel zunächst hatte, sich in Deutschland durchzusetzen, und als wie hässlich es vielen Zeitgenossen noch im 19. Jahrhundert erschien. Kein Text vermag diese Ablehnung, die dem Spiel ursprünglich einmal entgegengeschlagen ist, besser zum Ausdruck zu bringen als die immer wieder zitierte Polemik "Fusslümmelei" von Karl Planck aus dem Jahre 1898. Kein anderer Autor hat so drastisch sein Missfallen und sein Unverständnis gegenüber dem neuen Fußballsport zum Ausdruck gebracht wie Planck, der das Bild eines Fußballspielers mit folgenden Worten beschrieb: "Zunächst ist jene Bewegung [gemeint ist der Tritt gegen einen Fußball] ja schon, auf die bloße Form hin angesehen, häßlich. Das Einsinken des Standbeins ins Knie, die Wölbung des Schnitzbuckels, das tierische Vorstrecken des Kinns erniedrigt den Menschen zum Affen, selbst wenn die Haltung nicht den Grad abstoßender Häßlichkeit erreicht, den uns unser Titelbild versinnlicht. Noch ein Tupf mit dem kleinen Finger der Linken, und das prächtige Gebilde stürzt rücklings zu Boden oder kollert in kläglichen Sprüngen dahin, um sich auf den Beinen zu erhalten. Welcher Bildhauer würde sich von einer solchen Erscheinung zu künstlerischer Darstellung begeistern lassen? Und selbst der Zeichner und Maler, der um des scharf kennzeichnenden willen auch das Häßliche nicht scheut, wird sich doch sehr besinnen, ehe er eine so häßliche Gebärde wiedergibt, sei´s daß er die Person entsprechend kennzeichnen, sei´s daß er eine komisch-satirische Wirkung erzielen will oder dergleichen."[1]

Fußballspieler erniedrigen sich zu Affen! Ja mehr noch: Folgt man Planck, so dürfte ein Künstler einen Fußballspieler nur dann zum Modell nehmen, wenn er absichtlich das Hässliche darstellen wolle oder aber eine satirische Absicht verfolge. Kein Bildhauer jedenfalls, dem es um eine aufrichtig künstlerische Absicht gehe, könne sich von einer solch hässlichen Erscheinung wie einem Fußballspieler begeistern lassen. Aufschlussreich ist die Inbrunst, mit der das Fußballspiel hier abgelehnt wird. Immer wieder ist darauf hingewiesen worden, dass Planck, der zeitlebens der deutschen Turnbewegung verpflichtet war, dem Fußball vor allem aus politischen Gründen misstrauisch gegenüberstand. So lassen sich mehrere Stellen aus der "Fusslümmelei" anführen, in denen sich der deutsche Gelehrte über die englische Herkunft des Fußballs mokiert. Doch über den politischen Chauvinismus, dessen man Planck überführen könnte, hinaus macht das Zitat vor allem deutlich, welch vollkommen unterschiedliche Formen der Sportästhetik der Fußball und das Turnen darstellen. Planck hat also nicht nur politisch betrachtet die falschen Voraussetzungen, um dem Fußballspiel etwas abzugewinnen, sondern ihm fehlt schon auf der Ebene der Wahrnehmung jedes ästhetische Sensorium. Während die Grundvoraussetzung für die Schönheit des Turnens im symmetrischen Aufbau des menschlichen Körpers und seiner Fähigkeit zur regelmäßigen und gleichförmigen Bewegung besteht, entsteht die Schönheit des Fußballspiels eben nicht aus besonders harmonischen Einzelaktionen der Spieler, sondern vor allem aus dem Zusammenspiel der Akteure. Gerade in dieser Hinsicht muss man feststellen, dass Planck nie wirklich eine Fußballmannschaft vor Augen hatte, sondern allenfalls eine Summe von Einzelspielern. Mit anderen Worten: Planck überträgt die ihm bekannten Maßstäbe des Turnens auf das Fußballspiel. Entsprechend stört er sich immer wieder an der Unregelmäßigkeit der Bewegungsabläufe, die der Fußball hervorbringt.

Wir vergessen heute zumeist, wie lange es dauert und wie schwierig es ist, bei einem Fußballspiel die Ordnung in der Unordnung zu erkennen. So setzt sich die Schönheit des Fußballs aus zwei Faktoren zusammen, die im Spiel natürlich nicht voneinander zu trennen sind. Zum einen besteht ein schönes Spiel aus individuellen Aktionen wie einem Dribbling oder einem gelungenen Pass, zum anderen aus dem Zusammenspiel der Akteure einer Mannschaft, dem so genannten "blinden Verständnis". Planck hatte noch nicht die Möglichkeit, diese beiden Faktoren zu unterscheiden. Er sah lediglich eine Horde wild gewordener Affen, die auch noch glaubten, ein besonders schönes Spiel auszuüben.

II

Aber auch die bildenden Künstler hatten es in der Frühzeit des Fußballs nicht einfach. Denn so schwierig es war, die Schönheit des Fußballs zu erkennen, so schwierig war es, ihn angemessen darzustellen. Im 19. Jahrhundert war schon die Möglichkeit, den Bewegungsablauf eines Schusses zeigen zu können, eine wirkliche Sensation. Um dies zu verdeutlichen, sei auf das vielleicht kurioseste Bild hingewiesen, das der Fußball je hervorgebracht hat. Das Foto stellt den Nervenarzt Jean Martin Charcot dar. Ab 1882 war er Leiter der Klinik für Nervenkrankheiten in Paris, dem so genannten "Hospice de la Salpetrière", wohin der junge Sigmund Freud kam, um von Charcot zu lernen. Die Fotografie, die den Nervenarzt beim Fußballspielen zeigt, datiert wahrscheinlich in das Jahr 1890 und wurde von Albert Londe aufgenommen. Es handelt sich um eine so genannte Chronofotografie. Durch eine bestimmte technische Vorrichtung war es möglich, Bewegungsabfolgen in Einzelbilder aufzulösen, die mit bloßem Auge so nicht zu erkennen gewesen wären. Die Bildfolgen der Chronofotografen zeigen sozusagen das Unterbewusste der visuellen Wahrnehmung.

Generell besteht die Herausforderung der Sportdarstellung in deren Fähigkeit, die Dynamik eines Bewegungsablaufes sichtbar zu machen. Doch da im Medium des unbewegten Bildes keine wirkliche Abbildung von Bewegung möglich ist, hat man traditionellerweise den Wendepunkt einer Aktion dargestellt. Erst die Chronofotografie ermöglicht für das unbewegte Bild den Sprung in die Zeit. In zwölf Einzelbildern sehen wir, wie Charcot zunächst den Ball mit beiden Händen

hält, um ihn dann mit voller Kraft nach oben wegzuschießen. Die Leserichtung, der wir dabei zu folgen haben, beginnt oben rechts, führt auf der gleichen vertikalen Achse zum letzten Bild unten rechts, um schließlich ein Bild weiter links oben fortzufahren.

Aber noch in einer anderen medialen Hinsicht ist die Bildfolge von Albert Londe aufschlussreich, zeigt sie doch ein grundsätzliches Problem jeder Fußballdarstellung auf. Kurioserweise hat es sich so ergeben, dass genau je sechs Bilder der Sequenz Charcot mit und ohne Ball zeigen. Dies erinnert uns daran, dass man in einem Bild entweder den Bewegungsablauf aus der Nähe zeigt, was bedeutet, dass man die Bewegung als solche studieren kann. Oder man zeigt sie aus größerer Entfernung, um etwa Flugbahn und Geschwindigkeit des Balles beurteilen zu können. Die Konsequenz daraus ist ebenso einfach wie fundamental: Fußball lässt sich im Medium des unbewegten Bildes nur unvollkommen darstellen. Erst im Wechselspiel von Nahaufnahmen und Totalen lässt sich ein angemessenes Bild von einem konkreten Fußballspiel erstellen.

Interessant ist die Fotografie von Londe darüber hinaus, weil sie deutlich macht, dass es im 19. Jahrhundert noch als ein Beweis großer Könnerschaft im Fußball galt, wenn man den Ball besonders hoch schießen konnte. Uns heute irritiert vor allem die Nacktheit Charcots, die allgemein auf die antike Darstellungskonvention verweist, Sportler wie griechische Athleten abzubilden. Groteskerweise hat der berühmte Nervenarzt jedoch Strümpfe, Strumpfbänder und Straßenschuhe anbehalten. Gerade dieses Detail macht deutlich, dass der Fußball nicht in den klassischen Disziplinen der Leichtathletik aufgeht, benötigt man doch Schuhe, um Fußball spielen zu können. In seiner ebenso kuriosen wie hybriden Ästhetik macht das Foto deutlich, dass es für Londe noch keine verbindlichen Regeln gab, wie ein Fußballer auszusehen hatte. Weder als Mannschaftssportler noch mit Trikot, wie es sich heute für einen Fußballspieler gehören würde, sehen wir Charcot hier dargestellt.

Schließlich muss man fragen, warum sich der berühmte Nervenarzt auf diese Weise präsentiert. Sicherlich hat er dies nicht getan, um sich zum Gespött zu machen. Auch scheint es wenig wahrscheinlich, dass er sich dem Fotografen Londe als Modell zur Verfügung gestellt hat. Im Gegenteil: Es ist weitaus wahrscheinlicher, dass es Charcot selbst war, der in diesem Zusammenhang die Initiative ergriff und wollte, dass eine solche Bildfolge von ihm angefertigt wurde. Sicherlich muss dies Vermutung bleiben, aber könnte es nicht sein, dass trotz aller "Altertümlichkeit" und "griechischer" Konvention der Darstellung Charcot mit diesem Bild ein Bekenntnis zur Fortschrittlichkeit der Moderne ablegen wollte, wählte er doch den aktuellsten Sport seiner Zeit. Gerade einmal dreißig Jahre ist es her, dass sich in der Londoner "Freemasons Tavern" Vertreter von elf Vereinen und Schulen trafen, um 1863 den ersten Fußballverband der Welt zu gründen. Wenn man bedenkt, dass die Bilderserie wahrscheinlich zwischen 1885 und 1890 entstanden ist, fällt die zeitliche Nähe zur Geburt des organisierten Fußballs auf.

III

Weniger als dreißig Jahre nach dem Erscheinen von Plancks "Fusslümmelei" unternimmt es die Berliner Bildhauerin Renée Sintenis, einen Fußballer darzustellen. Ihre Kleinbronze "Fußballspieler" entsteht im Jahre 1927. Interessant ist, nach welch kurzer Zeit Fußballmotive eine geradezu klassische Formulierung erfahren konnten. Die Arbeit der Bildhauerin stellt einen Schützen bei einem Spannschuss dar. Das heißt, wir sehen eine fußballtechnisch höchst anspruchsvolle Aktion. Während das rechte Bein des Schützen unmittelbar nach dem Schuss immer noch gestreckt ist, steht das linke noch auf Zehenspitzen. Hier wird deutlich, wie sehr die bildende Kunst von solchen Entwicklungen wie der Chronofotografie profitieren konnte, verewigt Sintenis doch einen Moment, der mit dem bloßen Auge sogar nicht zu erkennen gewesen wäre.

Der dynamischen Aufwärtsbewegung des rechten Beines stellt sich die Bewegung des Oberkörpers nach rechts ausgleichend entgegen. Der junge Mann scheint der Flugbahn des Balles nachzublicken. Konzentriert schaut er in die Ferne. Sintenis gelingt es, das Flüchtige des Augenblicks mit einer großen Ernsthaftigkeit, die von dem Schützen ausgeht, zu verbinden. Wie schon Londe greift auch die Berliner Bildhauerin auf das Modell griechischer Nacktheit zurück, aber anders als bei der Fotografie des Franzosen hat dies nichts mit einer gewissen Unsicherheit hinsichtlich einer angemessenen Repräsentation zu tun. Im Gegenteil macht Sintenis Werk deutlich, dass der Fußball längst zum etablierten Kanon der modernen Sportarten gehört. Sowohl das Material der Bronze als auch die Nacktheit des Athleten verweisen auf klassische Werke der Bildhauerei, wie sie sich bis in die Antike zurückverfolgen lassen. Doch bei aller Klassizität wirkt die Skulptur des Fußballers nicht trocken akademisch. Denn dadurch, dass der Moment unmittelbar nach dem Schuss gewählt ist, entsteht eine gewisse Transitorik, die über das aktuell Dargestellte hinausweist. Bei aller gegenständlichen Ausrichtung zeugt die Bronze von einer temperierten Modernität. So wirkt Sintenis Fußballspieler in gewisser Hinsicht durchaus abstrakt. Zum einen muss hier die freie und offene Behandlung der Oberflächen genannt werden. Zum anderen sei auf die linienhafte Konstruktion des Bewegungsablaufes verwiesen, die an eine Silhouette denken lässt und sich einer naturalistischen Darstellung verweigert.

Die Bildhauerin hat versucht, ein Sinnbild des Fußballspiels zu entwerfen. Positiv kommt die damit verbundene Universalität in der Nacktheit des Spielers zum Ausdruck, negativ in seiner abwesenden Individualität. Vor allem war es ihr darum zu tun, die Finalität des Fußballs herauszustellen, weshalb sie sich für das Motiv eines Torschützen entschieden hat, der angespannt dem Ball hinterherblickt, um zu prüfen, ob er sein Ziel denn auch trifft. Aber so ausgewogen die Konzeption dieses Werkes auch ist, bleibt doch zu konstatieren, dass der Fußball eigene Allegorien hervorgebracht hat, die weitaus populärer sind als Werke der bildenden Kunst. Solche Allegorien entstammen nämlich dem konkreten Kontext bedeutender Spiele. Nicht der Fotograf ist der Urheber des Sinnbildes, sondern das Fußballereignis selbst verleiht der jeweiligen Darstellung ihre Aura. Man denke nur an die Ankunft der 1954-er Weltmeisterschaftsmannschaft in München: Sepp Herberger und seine Spieler sitzen auf dem Rücksitz offener Cabriolets und winken den begeisterten Menschen zu – ein Bild unbeschreiblichen Jubels. Oder Uwe Seeler, der nach der strittigen Niederlage in Wembley müde vom Platz wankt und vor sich auf den Boden blickt. Keine Darstellung könnte die Niedergeschlagenheit des Verlierers besser zum Ausdruck bringen, selbst wenn er wirklich nur auf seinen offenen Schuh geschaut haben sollte. Schließlich Franz Beckenbauers einsamer Gang über den leeren Platz nach dem Gewinn der Weltmeisterschaft 1990 – ein eindringliches Bild für die Einsamkeit des Siegers, der allein sein will, um das Ereignis zu realisieren. Solchen Ikonen gelingt es, ein ganzes Spiel in einem Bild zu verdichten.

IV

Der wohl populärste Text, der dem Thema Fußball in den letzten zehn Jahren gewidmet wurde, ist weder ein Sachtext noch das Werk eines ehemaligen Fußballprofis, sondern die Geschichte eines Fans von Arsenal London. Nick Hornbys 1992 auf Englisch erschienenes Buch "Fever pitch" ("Ballfieber") gehört akademisch gesprochen in die Gattung des Entwicklungsromans. Das heißt, der Text beschreibt das Heranwachsen eines jungen Mannes, der seine eigene Geschichte für den Leser nacherzählt. Wir sehen die Welt also nicht nur mit den Augen des Erzählers, sondern auch im Rückblick seiner Erinnerungen. Hornby entführt uns in die verrückte Welt eines Fußballfans, dessen ganzes Leben darauf abgestellt zu sein scheint, Woche für Woche die Spiele "seines" Vereins zu sehen. Ob Heim- oder Auswärtsspiel, Sonnenschein oder Regen, wir folgen dem Protagonisten in die englischen Stadien und erfahren alles über Arsenal: den mangelnden Einsatz einiger Profis, ihre motorische Unbegabtheit und natürlich die ungeheure Freude im Falle eines Sieges.

Selbst die Rituale der Fans werden genauestens beschrieben, wenn es heißt, dass der Held seinem Verein dadurch helfen zu können glaubt, dass er immer auf dem gleichen Weg ins Stadion geht – ein Aberglauben, der sich natürlich nur so lange bewahrheiten kann, wie die Serie von Siegen anhält. Am ausführlichsten erfahren wir jedoch über den Frust der Fans, die sich so sehr mit dem eigenen Verein identifizieren, dass sie ein verlorenes Spiel zum Anlass nehmen, sich vom Leben selbst betrogen zu fühlen. So beschreibt der Autor seinen ersten Besuch im Stadion mit folgenden Worten: "Es war aber nicht der Umfang der Zuschauermenge oder die Tatsache, dass Erwachsene das Wort ‚Wichser' so laut sie wollten schreien konnten, ohne die geringste Aufmerksamkeit zu erregen, was mich am stärksten beeindruckte, sondern wie sehr die meisten Männer um mich herum es haßten, wirklich haßten, hier zu sein. [...] Im Verlauf des Spiels verwandelte sich die Wut in Entrüstung und schien dann zu mürrischer, stiller Unzufriedenheit zu werden. [...] Der natürliche Grundzustand des Fußballfans ist bittere Enttäuschung, egal wie es steht."[2]

Das Ungewöhnliche des Romans "Ballfieber" besteht in der Selbstverständlichkeit, mit der die persönlichen und intimen Erlebnisse des Erzählers mit den Spielen von Arsenal verbunden werden. Wir erfahren von der Scheidung der Eltern, der Schulzeit des Helden und schließlich seiner großen Liebe, die jedoch an Arsenal zu scheitern droht, so als würde der Fußball keine großen Gefühle neben sich dulden. Hornby selbst spricht in der Einführung von seinem Roman als einem Versuch, einen "Blick auf meine Besessenheit zu werfen".

Obwohl im Text nicht übermäßig oft darüber gesprochen wird, ist das Verhältnis von Vater und Sohn eines der zentralen Motive. So beginnt die eigentliche Handlung mit dem Hinweis, dass ihn der Vater nach der Scheidung aus Verlegenheit mit ins Stadion genommen habe, um die unerträgliche Sprachlosigkeit mit den beiden Kindern an den Wochenenden zu überwinden. Immer wieder finden sich Reflexionen über den eigenen Vater, und im Wort "Dad" hat der gesamte Roman seinen Fluchtpunkt, wenn es heißt: "Alles was fehlte, war der über seine eigenen Füße stolpernde Ian Ure und mein auf dem Sitzplatz neben mir vor sich hingrummelnder Dad." Jedenfalls ist es kein Zufall, dass der letzte Satz des Romans gleichermaßen den eigenen Vater wie auch einen Spieler von "Arsenal London" nennt.[3]

Wenn hier mit wenigen Worten die lesenswerte Geschichte von "Ballfieber" skizziert wurde, so geschah dies vor allem deshalb, weil Hornby in der Einführung zu seinem Roman eine Bemerkung über die Bilder des Fußballs macht, die mir besonders wichtig erscheint. Beiläufig wird erzählt, wie der Held am Sonntag um zehn Uhr aufwacht, zwei Tassen Tee kocht, die er zurück ins Schlafzimmer bringt, wo ihn seine Frau fragt, was er in der nächsten Woche vorhabe. "So kurz nach dem Aufwachen", heißt es dann, "entstünden lange, traumerfüllte Pausen zwischen den gelegentlichen Bemerkungen des Gesprächs". Hornby beschreibt das Aufwachen als ein Wechselspiel zwischen den äußeren Bildern der Wirklichkeit und den inneren Bildern des Fußballs, von denen er zugeben muss, sich immer wieder in ihnen zu verlieren: "Manchmal [...] gehe ich immer weiter zurück, vorbei an Anfield 89, Wembley 87, Stamford 78, mein gesamtes Fußballeben zieht an mir vorbei. ‚Woran denkst Du?' fragt sie. In diesem Moment lüge ich. Ich habe überhaupt nicht an Martin Amis, Gérard Depardieu oder die Labour Party gedacht. Was soll's, Besessene haben keine Wahl, sie müssen in solchen Augenblicken lügen." [4]

Auch wenn diese Beschreibung vor allem komisch ist, weil sich ein notorischer Tagträumer den Anstrich von Seriösität geben will, ist damit doch zugleich die Frage verbunden, welche Bilder es sind, die immer wieder als Wünsche und Erinnerungen in die Gegenwart des Alltags einbrechen. Und ob diese Bilder nicht von einer unglaublichen Macht sind, weil sie sich scheinbar von selbst aufrufen können. Um die Intensität seiner inneren Bilder zu verdeutlichen, vergleicht Hornby sie sogar mit einer Krankheit, die in ihm stecke und einen Weg nach draußen suche.

"Ballfieber" stellt den wohl gelungensten literarischen Text dar, der um das Thema Fußball kreist und der eine interessante Antwort auf die Frage gibt, warum dieses Spiel so viele Menschen begeistert: In erster Linie begeistert es nämlich gar nicht, sondern macht abhängig. Denn Fußball ist eine Leidenschaft, bei der Fans ihren freien Willen am Stadioneingang abgeben.

Die allgemeinste Erklärung für den Erfolg des Fußballs könnte darin bestehen, dass er für den Fan eine Wirklichkeit entstehen lässt, die die Welt überschaubar macht. Ob Sieg oder Niederlage – der Fußball erlaubt Selbstwahrnehmung in einem emphatischen Sinne. Er verspricht Identität in einer Zeit, in der vielen Menschen diese Orientierung abhanden gekommen ist und man sich in einer Vielzahl von Informationen zu verlieren droht. Befriedigt der Fußball also einen legitimen Wunsch nach Ganzheit? Ja mehr noch: Ist die Kultur des Fußballs im 20. Jahrhundert eine Reaktion auf die zunehmende Anonymität, die mit der Moderne einhergeht? Und wäre der Fußball als massenkulturelles Phänomen dann nicht eine antimoderne Entwicklung?

V

Im Besitz des ehemaligen Fußballprofis Klaus Fischer befindet sich ein blaues liniertes Schulheft, das ein Fan zu einem Album umfunktioniert hat. Doch statt des Namens dieses Fans findet sich auf dem Umschlag die Aufschrift: "Fc Gelsenkirchen-/Schalke 04/e.V./Album." Das Schulheft ist von dem unbekannten Hersteller eigenhändig mit grünem Filzstift durchnummeriert worden. Von Seite Vier bis Seite Sieben fehlt die Nummerierung, ohne dass deutlich werden könnte, ob hier falsch gezählt oder Seiten nachträglich entfernt wurden. In das Heft eingeklebt finden sich Zeitungsausschnitte, Eintrittskarten, eine signierte Auto-

grammkarte von Klaus Fischer sowie zahlreiche handschriftliche Einträge in Blockschrift. Dabei wirkt die Schrift wie diejenige eines Schülers, was sich insofern bestätigt, als man einer Eintrittskarte entnehmen kann: "Stehplatz für Kinder bis vierzehn Jahre." Neben den Zeitungsausschnitten, die durchweg Schalker Spielern gewidmet sind, finden sich immerhin einige, die auf die Weltmeisterschaft 1978 in Argentinien verweisen. Der letzte Zeitungsausschnitt betrifft die schwere Verletzung von Klaus Fischer, der sich im Jahre 1980 ein Bein gebrochen hatte. Danach folgt der längste handschriftliche Eintrag, der knapp die Lebensdaten des damaligen Schalker Mittelstürmers angibt sowie einige Informationen zum Traditionsverein aus dem Ruhrgebiet enthält. Auch hier gibt es mehrere Ungereimtheiten. So behauptet der junge Chronist, Schalke sei zwischen 1934 und 1942 sieben Mal Deutscher Meister geworden, zählt aber lediglich vier Meisterschaften auf und scheint nicht zu wissen, dass es in diesem Zeitraum bloß sechs waren. Außerdem vergisst er die Meisterschaft im Jahre 1958. Aber so sehr sich der Junge auch beim Rechnen verfummelt hat – Besserwisserei ändert nichts daran, wie sympathisch dieses selbstgemachte "Album" erscheint, hatte es doch einmal die Aufgabe, dem schwer verletzten Klaus Fischer Trost zu spenden, indem es ihn an seine großen Leistungen in Verein und Nationalmannschaft erinnern sollte. Schon deshalb ist dieses Fußballdokument herzergreifend. Mir persönlich gefällt Seite 27 am besten, auf der eine Autogrammkarte mit dem Bild von Reinhard Libuda vor der Tribüne der "Glückaufkampfbahn" zu sehen ist. Leider ist dem treuen Fan auch hier ein Fehler unterlaufen, schreibt er doch unter die Karte: "Reinhard Libuda"/früher Mittelstürmer bei Schalke." Der legendäre "Stan" Libuda hat als Rechtsaußen und nicht als Mittelstürmer gespielt.

Es ließen sich viele interessante Beobachtungen machen, aber die entscheidende scheint mir darin zu bestehen, wie wichtig es für den Jungen war, treu zu seinem Fußballidol zu stehen. Diese Treue verhält sich proportional zur Identifikationsbereitschaft des Jungen, der auf die letzte Seite seines Albums eigenhändig ein Schalker Trikot gezeichnet hat, so als würden der Verein, Klaus Fischer und er selbst in dieses Symbol hineingehören.

Fußball bedarf der Identifikation. Es bedeutet nämlich einen großen Unterschied, ob man zu einer der beiden Mannschaften hält oder es einem gleichgültig ist, wer gewinnt. Die Parteilichkeit des Zuschauers ist die Bedingung dafür, dass ein Spiel nicht nur schön, sondern auch spannend werden kann. Ein gutes Fußballspiel ist nicht die Konsequenz einer Summe aus technisch anspruchsvollen Einzelaktionen, sondern die Folge eines dramatischen Spielverlaufs, in dem etwa "meine" Mannschaft zunächst hinten liegt, um dann noch in den letzten zehn Minuten zu gewinnen. Das schlimmste "Gurkenspiel" kann mich zufrieden stellen, wenn es "meinem" Team trotz Unterzahl gelingt, ein Unentschieden über die Zeit zu retten. Dies gilt natürlich nicht nur für Mannschaften, sondern in gleichem Maße für Einzelspieler. Jeder Fußballfan mag Spieler, die technisch versiert sind, aber es stellt keinen Widerspruch dar, zugleich Spieler zu mögen, die zwar weniger Talent, aber desto mehr Charakter besitzen. Kann Moral – diese Frage stellt sich bei solchen Spielern mit jedem Spiel neu – Talent aufwiegen? Charakter und technische Eleganz bzw. Moral und Schönheit gehen bei einem gelungenen Spiel eine Verbindung ein.

Damit aus einer Summe schöner Aktionen ein daramatisches Fußballspiel werden kann, ist die Identifikation des Zuschauers mit einer Mannschaft unabdingbar. So beginnt die Geschichte eines jeden Fußballfans auch folgerichtig mit der Entscheidung für einen bestimmten Verein. Früher war dies zumeist der Club aus der eigenen oder der nächstgrößeren Stadt, heute ist dieser regionale Bezug nicht mehr maßgeblich. Das Interesse, mit dem man Fußballspiele verfolgt, ist in Wirklichkeit also nichts anderes als die Konsequenz des Enthusiasmus für ein bestimmtes Team. Obwohl einem im Nachhinein nicht klar ist, wann und unter welchen Umständen man diese Wahl eigentlich getroffen haben soll. Und diese Unkenntnis gilt auch für das Subjekt der Entscheidung. Wie soll man wissen, wer man ist, bevor man es geworden ist?

Es fällt auf, wie viele Gegenstände der Fußball hervorbringt, die an bestimmte Spieler, Mannschaften oder Ereignisse erinnern: Gläser oder Bierdeckel, Sammelalben und Poster – Gegenstände und Darstellungen, die an und für sich nicht von hohem ästhetischen Rang sind. Dies ist auch gar nicht nötig, da diese Gegenstände und Bilder gleichsam nur die Agenten der Erinnerung darstellen. Solche niederen Gegenstände verhalten sich allerdings zu den inneren Bildern wie eine unscheinbare Partitur zu einer aufgeführten Oper. Erhabenheit und Größe der inneren Bilder – Hornby spricht angesichts dieser Bilder von "seinem ganzen Fußballeben" – werden durch die Banalität der äußeren Bilder offensichtlich nicht angefochten.

Aber selbst ein überzeugter Fußballfan wird nicht automatisch durch alle äußeren zu den inneren Bildern vordringen. Dies hat mit der eigenen Lebenszeit zu tun. Einen bestimmten Verein wird man sein Leben lang mögen, aber nicht jede Mannschaft gleichermaßen lieben. Die Schalker Mannschaft um Klaus Fischer war auch meine Mannschaft. Aber vermutlich bin ich einige Jahre älter als der jugendliche Fan, dem wir das Album verdanken. So ist mein Idol auch weniger der damalige Mittelstürmer als vielmehr der schon genannte "Stan" Libuda.

Der Sportfotograf Claus Sturm hat bei einem Vorbereitungslehrgang der Nationalmannschaft für die Weltmeisterschaft 1970 in Mexiko ein Porträt von Reinhard Libuda aufgenommen, das keinen Vergleich mit einer künstlerisch ambitionierten Darstellung zu scheuen braucht. Wir sehen einen ernsten jungen Mann, der ein wenig verloren in die Kamera schaut. Erst nach und nach stellt sich der dunkle Hintergrund als eine große Turnhalle heraus, erkennt man doch auf der rechten Seite einen Basketballkorb. Reinhard Libuda ist vor nicht allzu langer Zeit gestorben und jeder weiß, dass er nicht immer als strahlender Sieger vom Platz gehen durfte. Aber trotz aller sportlichen und privaten Niederlagen bleibt er mir unvergesslich.

Jürgen Müller

Die Niederlage der deutschen Mannschaft im WM-Finale 1966 in Wembley gehört zu den eindringlichsten Erinnerungen der Fußballgeschichte.

Spielweisen der Erinnerung. Fußball und Gedächtnis

In der modernen Kulturtheorie, die sich vor allem auf das Paradigma der Erinnerung stützt, besteht zunehmend die Auffassung, dass das, was innerhalb einer Gruppe an Sinn existiert, sich weitgehend mit dem kulturellen Gedächtnis dieser Gruppe deckt. Dabei wird zwischen individueller wie kollektiver Erinnerung unterschieden. Bei der individuellen wie kollektiven Erinnerung handelt es sich um eine Sinnbildung über Zeit, in der sich die Beteiligten der Vergangenheit vergewissern, um sich die Gegenwart zu erklären und die Zukunft orientierend in den Blick zu nehmen. Diese Erinnerung erfolgt immer im sozialen Kontext, das heißt, Erinnerungen auch persönlicher Art entstehen nur durch Kommunikation und Interaktion im Rahmen sozialer Gruppen, und diese Erinnerungen formieren das kollektive Gedächtnis dieser Gruppen, die als solche natürlich keine Erinnerung haben. Solange diese Erinnerung gruppenbezogen bleibt und nicht über die gemeinsamen Erfahrungen – oder genauer: über die von Mitgliedern der Gruppe zu vermittelnden Erfahrungen – hinausgeht, umfasst sie den lebensweltlichen Zusammenhang einer Gruppe und erfolgt in Form der Alltagskommunikation. Wenn die Erinnerung aber diesen räumlichen und zeitlichen Rahmen verlässt und das lebensweltlich kommunikative Gedächtnis in das kulturelle, zeitlich zurückreichende und potenziell auch weitere Teile erfassende Gedächtnis übertritt, bedarf es der – wie auch immer gearteten – kulturellen Formgebung.

Diese Relikte der Vergangenheit, welche die Erinnerung wachhalten, sind in der kulturtheoretischen Diskussion als Gedächtnisorte identifiziert worden. Und dieser Begriff beschreibt sehr eindrücklich, dass jede Gruppe, die sich als solche konstituiert, bestrebt ist, Orte zu schaffen und zu sichern, die nicht nur Schauplätze ihrer Interaktion darstellen, sondern Symbole ihrer Identität und Anhaltspunkte ihrer Erinnerung sind. Das Gedächtnis braucht Orte, wie wir schon seit der "ars memoriae", der antiken Gedächtniskunst, wissen; es tendiert zur Verräumlichung. Dementsprechend geht die Definition der Gedächtnisorte weit über die konkreten Institutionen und Einrichtungen der Erinnerung – wie das Archiv, das Museum oder die Gedenkstätte – hinaus und meint die zahllosen Riten, Praktiken, Symbole, Jubiläen, Gedenktage, Akten, Protokolle, Bilder, Fotos, Filme und Objekte, all die kulturellen Manifestationen, die die Funktion haben, etwas im Gedächtnis zu bewahren.

Die Beziehung eines jeden Fußballfans zu seiner Leidenschaft ist geprägt durch eine Unzahl von Erinnerungen. Sie beginnen in der Regel mit der wie auch immer gekonnten oder erfolgreichen eigenen Ausübung des Spiels in Kindheit und Jugend, reichen über den ersten Stadionbesuch an der Seite des Vaters oder eines älteren Freundes oder Verwandten – auf jeden Fall männlich – bis zu den unzähligen Erinnerungen an Situationen und bewegende Momente, die man als Zuschauer auf dem Fußballplatz und im Stadion vor dem Fernsehschirm zu Hause oder im Urlaub, allein, mit Freunden oder Bekannten, mit Arbeitskollegen und wildfremden Menschen erlebt hat. Die Erinnerungen an Meisterschaften und Pokalspiele, an Europa- und Weltmeisterschaften, an bestimmte Spiele, Szenen und Spieler ergeben eine Chronologie und ein Ereignisraster, das die eigene Biographie und Lebenszeit strukturiert. Es sind der besagte Sommer, in dem die Nationalmannschaft Weltmeister wurde, das Familienfest, auf dem die gesamte Verwandtschaft den Anlass des Zusammentreffens vergaß und sich vor dem Radio zur Live-Übertragung eines legendären Spieles versammelte, oder die bewegenden Momente von Auf- und Abstieg, denen man im Stadion beiwohnte und die noch Tage und Wochen seelisch nachwirken.

Dabei ist zu beachten, dass Fußball ein ephemeres Ereignis ist, das heißt, er ist nur im Moment des Vollzuges selbst präsent und hinterlässt keine fass- oder sichtbaren Spuren. Insofern bedarf es einer fortlaufenden Erinnerungsleistung, diese Ereignisse im Gedächtnis zu behalten, und diese Erinnerung wiederum verlangt nach einer breit angelegten medialen Unterstützung. So ist es bezeichnend, dass das Fußballspiel, dem man im Stadion oder bei der Radioübertragung "live" beiwohnte, im Anschluss zumindest einmal, wenn nicht mehrmals im Fernsehen angeschaut wird, gleichsam um die reale Existenz und Wahrhaftigkeit dessen, was man gerade erlebt hat und das schon wieder im Verschwinden begriffen ist, zu beschwören und zu bestätigen. Und dieser Exorzismus wird fortgesetzt in Form der Lektüre von Sonntags- und Montagszeitungen, von Spielberichten und -analysen, von Tabellenstudium und Spielerbewertung und hält so lange an, bis allmählich die Berichterstattung für das nächste Spiel einsetzt und die Erinnerung an das letzte Ereignis der Erwartung auf das nächste Platz macht. Im Zentrum dieser Berichterstattung stehen Fernseh- und Fotoaufnahmen, die gleichsam den visuellen Beleg des Ereignisses darstellen und die Garantie bieten, dass Erinnerung auf Dauer bleibt. Es kommt nicht von ungefähr, dass es wohl keinen gesellschaftlichen Bereich gibt, der solche Bilderfluten wie der Sport und in unserer Hemisphäre der Fußball produziert.

Die wirkliche mentale Rekonstruktion des Abwesenden – des Ereignisses, dem man zwar beigewohnt hat, dessen Abfolgen, Entwicklungen und Höhepunkte sich schnell verflüchtigen und dem Nebel des Vergessens anheim zu fallen drohen und dessen sinnvoller Deutung und Interpretation es vor allem bedarf – gelingt aber letztlich nur in der Gesprächssituation mit anderen, die diesem ebenfalls beigewohnt haben und die eigenen Eindrücke und Bewertungen bestätigen, ergänzen oder korrigieren und in Frage stellen. Diesen kommunikativen Aspekt der

Fußballalbum, die archivierte Erinnerung

Erinnerung belegt eindrücklich der Blick auf eine Erinnerungsgemeinschaft par excellence, nämlich die der organisierten Fußballfans.

Deren Zusammenschluss hat neben dem exzesshaften Höhepunkt der Teilnahme am Fußballspiel selbst, das aber eben nur einmal die Woche stattfindet und das ein Teil der Gemeinde wegen der alkoholträchtigen Vorfreude auf dieses Ereignis gar nicht mehr bewusst miterlebt (was übrigens der angeblichen Erinnerung an das Ereignis keinen Abbruch tut), einzig und allein den Sinn, alltäglich zu kommemorieren, wer wann welches Tor geschossen hat und welches Ergebnis gegen wen mit welcher Aufstellung erzielt wurde.

Dabei sind die "Spielregeln" innerhalb dieser Erinnerungsgemeinschaft hochgradig kanonisiert. Es gibt ein begrenztes Repertoire an Regeln innerhalb des Spiels wie Freistoß, Strafstoß oder Abseits und ein ebenso begrenztes Set an Spielsystemen wie das "Spiel über außen", die "Viererkette" oder die berüchtigte "Abseitsfalle". Den Mitgliedern der Gemeinschaft sind diese Essentials natürlich vollständig bekannt, und die hohe Kunst besteht darin, sie zu immer neuen und tendenziell unendlichen Theorien und Szenarien zu kombinieren. Die Priester und Schamanen, die wahren "Eingeweihten" der Gruppe zeichnen sich dadurch aus, dass sie diese Planspiele mit unzähligen Beispielen, Namen und Figuren der ferneren und jüngeren Vergangenheit bereichern können, über "Geheiminformationen" durch die persönliche Bekanntschaft mit einem der Spieler oder einem Mitglied der Vereinsführung verfügen und vor allem die höheren Weihen durch die persönliche Anwesenheit bei möglichst allen Spielen und die Begleitung ihres Vereins an die entferntesten Orte erhalten haben.

Diese permanente redundante Erinnerungsveranstaltung hat nur den Sinn, sich selbst und der Gruppe aus der erfolgreichen wie leidvollen Vergangenheit die gegenwärtige Bedeutung oder libidinöse Leidensfähigkeit zu bestätigen mit der Perspektive, dass die glorreichen Zeiten neuer Siege oder die Erlösung und Rettung vor dem Abstieg unmittelbar bevorstehen und die Heilserwartung der Meisterschaft nach Überwindung aller Gegner kommen wird. Denn der Fußballfan bewegt sich mit seinem Verein in einer Welt von Fußballfeinden, wobei der Grad der Feindschaft höchst unterschiedlich und historisch gewachsen ist. In der Regel gilt: Je räumlich näher der gegnerische Verein und je erfolgreicher dieser ist, desto größer ist die Abneigung. Diese typische Bunkermentalität fördert natürlich die Identität der eigenen Gruppe. Der Stabilität nach innen entspricht die Aggressivität nach außen. Und dass die zahlreichen Feindschaften nicht in die eigene Verantwortung fallen, beweisen die ominösen Fanfreundschaften, von denen es aber in der gleichen Liga meist nur eine gibt. Die anderen pflegt man mit Vereinen anderer Spielklassen oder Länder, gegen die man glücklicherweise sowieso nicht anzutreten braucht.

Das einen Großteil der Freizeit und vor allem der eigenen Identität bestimmende Fan-Dasein wird begleitet von einem unübersehbaren Reservoir an Riten und Symbolen. Das sind zunächst Fahnen, Mützen, Trikots mit den Rückennummern der jeweiligen Lieblingsspieler, die natürlich jedem anderen Mitglied der Fangemeinde sofort erschließbar sind: Jacken, bezeichnenderweise als "Kutten", als Ordenskleidung, tituliert, sowie

Schal eines HSV-Fans

Blick in den Fan-Shop von Borussia Dortmund

Schals, auf denen sämtliche Erfolge des Vereins festgehalten sind, die ruhmreiche Vergangenheit immer direkt am Herzen. Das ist nur ein winziger Ausschnitt von Fanartikeln, die vor allem auf der Farbsymbolik, nämlich der der Vereinsfarbe, basieren und die tendenziell die gesamte Lebenswelt vom Bettzeug bis zur Kaffeekanne in diesen Sinnhorizont mit einbeziehen. Mannschaften wie Bayern München, Borussia Dortmund oder Schalke 04 haben inzwischen Tausende verschiedener Fanartikel in ihrem Sortiment und machen damit im Jahr über hundert Millionen Mark Umsatz.

Über die Symbole hinaus existieren unendlich viele Rituale und Gesten wie das Absingen von Vereinsliedern und Schlacht- und Spottgesängen, Fahnenweihen und -verbrennungen, Verabredungen zu Schlägereien, Besetzungen von symbolischen Orten wie etwa bestimmten Fanblöcken. Und der gemeinsamen Verständigung dient eine unendliche Fülle von Daten und Informationen wie Tabellen, Mannschaftsaufstellungen, Spielberichte und Gerüchte über Spielereinkäufe etc. Im Nirwana des Fußballs, in Italien, existieren sechs täglich erscheinende Fußballzeitungen, die Erinnerungen an den letzten Spieltag wachhalten; und in England verfügt Manchester United über einen eigenen Fernsehkanal, der täglich stundenlang nur über die Geschichte und Gegenwart des Vereins berichtet.

Der Fußball strukturiert somit ähnlich einer säkularen Liturgie den Alltag und den Jahreskalender eines Fußballfans und bestätigt damit seinen quasi sakralen Charakter, der ihn mit religiösen Erinnerungsgemeinschaften verbindet. Der allwöchentliche Höhepunkt ist der Samstagnachmittag, auf den man sich die Woche über vorbereitet, zu dem man die Festkleidung der Fankluft anlegt und sich damit als Gläubiger zu erkennen gibt. Und der Festkalender eines Jahres hält eine Reihe von Höhepunkten wie Pokalspiele und Derbys bereit, die ihren rituellen Abschluss in der Meisterschaft finden, die wiederum alle vier Jahre von den Wallfahrten der Europa- und Weltmeisterschaften überboten wird. Dieser genau festgelegte

Schuh von Helmut Rahn aus dem WM-Sieg von Bern 1954

Ablauf gibt dem Fußballjahr seine Ordnung und dem Fußballfan die berechenbare Struktur, derer er als komplementäres Element zu den unberechenbaren Spielergebnissen und dem Abschneiden seiner Mannschaft dringend bedarf, zumal das Fußballjahr die Gewissheit eines immerwährenden Neubeginns nach allen enttäuschten Hoffnungen beinhaltet.

Der Fußball und seine Symbolsprache sind insofern aufschlussreich, als sie sehr viel über die Funktion als auch über die Lesbarkeit und Entschlüsselung von Symbolen aussagen. Jeder echte Fußballfan kann selbst im alkoholisierten Zustand eine Fußballtabelle problemlos entschlüsseln und die Vereinsfarben aller Bundesligavereine zuordnen, während dies einem anderen, chronisch desinteressierten und auf die Fußballbegeisterung verständnislos reagierenden Teil der Menschheit ein Leben lang verschlossen bleibt. Symbolentschlüsselung ist demnach kein kognitiver Vorgang, aber was ist es dann?

Kollektive, das heißt intersubjektiv deutbare und verbindliche Erinnerungsoperationen sind ohne Symbole und kulturelle Objektivationen nicht denkbar. Die Erinnerung braucht die kulturellen Überreste, in denen sich die Spuren der vergangenen Ereignisse eingeschrieben haben und deren Sinngehalt sich in der Berührung mit ihnen wieder erschließt. Kollektive Erinnerung und kulturelle Überlieferung stehen in einem wechselseitigen Bedingungsverhältnis. Insofern ist eine Ausstellung über den Fußball eigentlich

Franz Beckenbauer bei der Siegerehrung 1974 mit dem Weltmeisterschaftspokal

nur eine Ausstellung über die Erinnerung. Sie versammelt in der Hauptsache Objektwelten, die der Ausübung des Sportes dienten, wie Schuhe, Bälle und Trikots, die die beteiligten Akteure und den Wettkampfcharakter des Spieles symbolisieren, wie Pokale, Spielankündigungen, Plakate, Spielerfotos oder Fernsehszenen, und die das organisatorische und gesellschaftliche Umfeld des Fußballs charakterisieren, wie technische Gerätschaften, Fanartikel und Andenken aller Art. Es handelt sich somit vor allem um Alltagsgegenstände, die zwar anschaulich, in ihrer Aussage aber zunächst einmal banal sind.

Ihre Kraft, ihre Aura, entwickeln diese Gegenstände erst durch das Ereignis, an das sie erinnern und dessen Spur sich ihnen gleichsam eingeschrieben hat. So handelt es sich bei dem Schuh von Helmut Rahn um einen einfachen Fußballschuh, seine Bedeutung erhält er dadurch, dass mit ihm das legendäre 3:2 im Weltmeisterschaftsendspiel von 1954 erzielt wurde. Bei der Torlatte aus dem Weltmeisterschafts-Endspiel 1966 in Wembley handelt es sich um einen eher unansehnlichen Holzbalken, der aber sofort aufs Neue die nie zu klärende Frage aufwirft: War der Ball drin oder nicht? Und Meisterschale und DFB-Pokal, Weltmeisterschafts- und Europapokal sind Fußballtrophäen wie alle anderen, stünden sie nicht für die berühmten Siege, mit denen sie errungen wurden und die nicht weniger berühmten Spieler, die sie in den Händen gehalten haben. Insofern stellt die Ausstellung "Der Ball ist rund" Spielweisen der Erinnerungen individueller und kollektiver Art dar, die sich mit dem Fußball verbinden und durch die er letztlich seine kulturelle Bedeutung erfährt.

Und fragt man zum Abschluss nach den Erfahrungen, auf denen diese Erinnerungen beruhen und die ihnen erst ihre Bedeutung und anhaltende Präsenz verschaffen, so kommt man den eigentlichen Sinnpotenzialen des Fußballspiels sehr nahe. Es sind eben die archaischen Rituale von Feindschaft und Freundschaft, die heroischen Gesten von Freude und Trauer, die in den Symbolwelten des Fußballs zum Ausdruck kommen und ihm seinen gleichsam anthropologischen Sinn eher als Spiegelbild des Lebens denn als schönste Nebensache der Welt verleihen.

Ulrich Borsdorf/Heinrich Theodor Grütter

Das Spiel

1.1/1 Miniatur eines Ulama-Spielfelds
Colima, Mexiko,
900-1200 n. Chr.
Stein; 8 x 16,5 x 28 cm
Hamburgisches Museum für Völkerkunde, Hamburg; 56.49:2

Der Ballspielplatz in der Form zweier an der Basis einander gegenüberliegender T hat sich in der klassischen Periode der mesoamerikanischen Kulturen (300-900 n. Chr.) als vorherrschender Spielfeldtypus durchgesetzt. In der Miniatur-Nachbildung eines solchen Spielfeldes ist das Doppel-T in den Stein eingeschnitten.

1.1/2 Yugo mit Darstellung eines mythischen Tieres
Mexiko, 600-900 n. Chr.
Stein; 9,7 x 37,7 x 31,7 cm
Koninklijke Musea voor Kunst en Geschiedenis/Musées royaux d'Art et d'Histoire
Brussel/Bruxelles; AAM 68.9

Yugos – aus Leder oder Holz gefertigt – wurden von den Spielern um die Hüfte getragen, um die Hüftstöße abzufedern. Unter den steinernen Zeugnissen der mesoamerikanischen Kulturen sind sie als Nachbildungen zahlreich vertreten.

1.1/3 Fragment eines Yugo
Mexiko, 600-900 n. Chr.
grünlicher Stein;
9 x 11,5 x 33 cm
Staatliche Museen für Völkerkunde, München;
10.3614

Dieses Fragment eines Yugo zeigt in einem Flachrelief den Kopf einer Zackenschlange.

1.1/4 Manopla
Quetzaltenango, Guatemala,
0-300 n. Chr.
Stein; 14 x 14 x 13,5 cm
Staatliche Museen für Völkerkunde, München;
14-25-304

Manoplas waren Handsteine, die sowohl in separaten Darstellungen als auch in Verbindung mit Ballspielerfiguren erhalten sind.

1.1/4

Frühe Faszination: Ball-Kulte der Welt

1.1/2

Lange bevor die Menschen erkannten, dass sie selbst auf einer Kugel leben, gaben sie sich schon der Faszination des kugelrunden Spielgerätes namens Ball hin. Von den Südseearchipelen Melanesiens und Polynesiens zu den frühen Kulturen in Mittelamerika, von den pharaonischen Gesellschaften am Nil bis hin zum Reich der Mitte und dem der Aufgehenden Sonne: Überall wurde dem Ball nachgejagt, mit ihm jongliert, sind Spielgeräte oder Mannschaftsspiele erfunden worden, um die Beschäftigung mit dem Ball noch attraktiver, noch spannender zu machen. Dabei war das Ballspiel viel mehr als ein Spiel, mehr als bloßer Zeitvertreib. Ballspiel war Kult, war Teil der Kultur.

1.1/5 Manopla
Chilantlatla, Mexiko,
400-700 n. Chr.
Stein; 34,5 x 22,5 x 5,5 cm
Staatliche Museen für
Völkerkunde, München;
10.3606

Der trapezförmige Manopla-Stein zeigt Spuren von weißem Putz und roter Farbe. Er wurde später als Schleifstein gebraucht.

1.1/6 Palma
Mexiko, 600-900 n. Chr.
Stein; 21,5 x 12,5 x 11,8 cm
Staatliche Museen für
Völkerkunde, München;
10.3612

Palmas zeichnen sich durch ihre typische Palmenblatt-Form aus. Sie wurden an den Yugos befestigt getragen. Von ihnen liegen zahlreiche reliefförmige und skulpturartige Abbildungen vor.

1.1/7

1.1/7 Palma mit stehender menschlicher Gestalt
Mexiko, 600-900 n. Chr.
Stein; 64,4 x 20,2 x 13,5 cm
Koninklijke Musea voor Kunst en Geschiedenis/Musées royaux d'Art et d'Histoire
Brussel/Bruxelles; AAM 39.257

Auf dieser Palma-Skulptur ist ein Mann mit Ohrringen und Tätowierungen dargestellt, der auf einer Schildkröte steht. Über der Figur ist ein stilisierter tauchender Vogel zu erkennen. Die Schildköte ist ein Symbol der Fruchtbarkeit. Bei der Figur könnte es sich um einen Gefangenen handeln, der geopfert werden soll, womit sich die für die mesoamerikanischen Kulturen so zentralen Begriffe des Opferns und der Fruchtbarkeit auf dieser Skulptur symbolisiert finden würden.

Wie die Ballspiele im Einzelnen aussahen, welche Regeln es gab, wie Sieger ermittelt wurden, können wir heute nicht immer mit Gewissheit sagen. Doch offensichtlich waren kultische Elemente, die Verbindung zu den Göttern und zum Jenseits wichtiger Bestandteil dieser Spiele. Gerade das Ballspiel bildete mit seiner Mischung aus beherrschbarer Technik und unkalkulierbarem, unvorhersagbarem und daher dem göttlichen Willen unterworfenem Ausgang einen idealen Rahmen, um die Gunst der Götter zu erwerben. Im Ausgang des Spiels offenbarten diese den Menschen ihre Gnade, konnten aber auch ihren Zorn kundtun. Im Kosmos des Spiels versuchten die Menschen den Kampf des Guten gegen das Böse nachzuspielen, den Kampf des Lichts gegen die Dunkelheit, den ewigen Kreislauf der Natur.

Besonders deutlich wird dies beim kultischen Ballspiel der frühen mittelamerikanischen Hochkulturen, dem Ulama. Dieses Spiel mit einem massiven Kautschukball war eine der kulturellen Gemeinsamkeiten, die eine Reihe indianischer Kulturen zwischen dem nördlichen Mexiko und (in etwa) dem heutigen Honduras auszeichnete. Die Kulturen in diesem Raum werden aufgrund dieser gemeinsamen kultuellen Merkmale als "mesoamerikanische" Kulturen bezeichnet. Die Spielformen des Ulama variierten von Region zu Region, doch gab es eine Art

Grundstruktur, die es erlaubt, von einem Spiel zu sprechen. Seine Blütezeit erlebte das Spiel in der so genannten klassischen Periode (400-900 n. Chr.), in der sich auch ein charakteristischer Spielfeldtypus herausgebildet hat. Das Spielfeld besaß eine längliche Form und wurde an den beiden Schmalseiten jeweils von einem quer liegenden, kleineren Rechteck begrenzt. Die Länge des Feldes schwankte zwischen 20 und 50 Metern. An den Längsseiten dienten senkrechte Steinwände oder schräg ansteigende Böschungen, auf denen Zuschauer Platz finden konnten, als Begrenzung. An diesen Längswänden befanden sich auch verzierte steinerne Ringe, durch die die Spieler den Ball stoßen konnten. Hält man sich vor Augen, dass diese Ringe nur einen sehr kleinen Durchmesser hatten – in der Regel gerade groß genug, um einen Ball hindurchzulassen –, und dass die Spieler den Ball nur mit der Hüfte, dem Gesäß oder dem Knie stoßen durften, so wird schnell deutlich, dass hierfür viel Geschick und Können erforderlich waren. Gelang ein solcher Kunststoß, war das Spiel sofort beendet, unabhängig vom Spielstand. Gespielt wurde in Richtung der beiden Rechtecke an den Querseiten, die wohl als eine Art Tor dienten. Der Platz war durch eine Mittellinie geteilt, über die hinweg der Ball gespielt werden musste. Auf dem Spielfeld standen sich zwei Mannschaften von zwei bis sieben Spielern gegenüber, die eine charakteristische Spielausrüstung trugen. Hierzu gehörten Lendenschurz und Handschuhe, teilweise

1.1/8 Palma-Figur eines Coxcoxtli-Vogels
Mexiko, 600-900 n. Chr.
Andesit-Lava;
17,8 x 14,3 x 12 cm
Staatliche Museen für Völkerkunde, München;
10.3610

Die Skulptur gehört zum so genannten "Palma"-Typus. Das Zeugnis der Tajin-Kultur zeigt die Figur eines Coxcoxtli-Vogels mit nach hinten gelegten Schwingen.

1.1/9 Palma mit menschlichem Kopf
Jalapa, Mexiko, 600-900 n. Chr.
Granit; 35 x 10,5 x 16 cm
Staatliche Museen für Völkerkunde, München;
10.3609

Diese Palma-Figur stellt einen menschlichen Kopf dar, dessen Kinn von zwei krallenbewehrten Klauen flankiert wird.

1.1/10 Palma mit spiralförmigen Ornamenten
Mexiko, 600-900 n. Chr.
Stein; 65,3 x 20,9 x 13 cm
Koninklijke Musea voor Kunst en Geschiedenis/Musées royaux d'Art et d'Histoire
Brussel/Bruxelles; AAM 39.251

Diese Palma-Skulptur trägt die für die Tajin-Kultur typischen, ornamentalen und gegenstandslosen Verzierungen.

1.1/10

1.1/11

auch Helme, Knie- und Armschoner. Zu den im Hüftbereich getragenen Ausrüstungsgegenständen gehörten so genannte Yugos, Palmas und Hachas, deren steinerne Nachbildungen teilweise als Grabbeigaben gefunden wurden.

Ulama in seiner rituellen Gestalt wurde von Angehörigen der Oberschicht gespielt, von Fürsten oder Priestern, deren Kleidung an die Götter erinnern sollte. Welchen religiösen Gehalt das Spiel genau hatte, lässt sich heute nicht mehr mit Bestimmtheit sagen, doch sollte die Bewegung des Balls über das Spielfeld wahrscheinlich den Lauf der Gestirne oder den ewigen Kampf zwischen Sonne und Finsternis, Tag und Nacht, Dunkel und Hell symbolisieren. Unterstrichen wurde der religiöse Gehalt des Spiels durch die aufwändigen Zeremonien zu Beginn des Spiels, bei denen es gelegentlich auch zu Opferungen von Menschen gekommen ist, deren Blut dann über den Platz verteilt wurde: Ballspiel wurde so zum tödlichen Ernst und zum Bestandteil der religiösen Festkultur.

1.1/11 Palma in Form eines Fächers
Mexiko, 600-900 n. Chr.
Stein; 71,9 x 20,9 x 7,7 cm
Koninklijke Musea voor Kunst en Geschiedenis/Musées royaux d'Art et d'Histoire Brussel/Bruxelles;
AAM 39.252 - AAM 47.9.2

Auch diese fächerförmige Palma-Skulptur trägt die dekorativen, verschnörkelten Verzierungen, die für die Tajin-Kultur typisch sind.

1.1/12 Hacha mit Darstellung eines Akrobaten
Veracruz, Mexiko,
600-900 n. Chr.
Stein; 39,2 x 8,5 x 25 cm
Staatliche Museen für Völkerkunde, München;
10.3608

Hachas unterscheiden sich von Palmas durch ihre axtförmige Gestalt. Wie die Palmas wurden sie an den Yugos befestigt getragen. Steinerne Nachbildungen der Hachas tauchen oft als Grabbeigaben auf.

1.1/13 Hacha mit Kopfdarstellung
Veracruz, Mexiko,
600-900 n. Chr.
Stein; 42 x 13 x 21 cm
Staatliche Museen für Völkerkunde, München; 10.3607

Die Hacha-Figur zeigt einen menschlichen Kopf mit Hasenscharte. In zwei vertieften Feldern über dem Kopf sind zwei ineinander verschlungene Ornamentbänder zu erkennen.

1.1/14 Hacha in der Form eines menschlichen Schädels
Guatemala, 800-900 n. Chr.
Stein; H 28 cm
Koninklijke Musea voor Kunst en Geschiedenis/Musées royeaux d'Art et d'Histoire Brussel/Bruxelles; AAM 84.3

Diese Hacha-Figur hat die markante Form eines Schädels mit leeren Augenhöhlen, heruntergeklapptem Unterkiefer und ausgestreckter Zunge.

1.1/14

1.1/15

1.1/15 Drei Höflinge des Chiyoda-Schlosses bei einem Kemari-Wettbewerb
Yoshu Chikanobu, Japan, 1897
Triptychon, Farbholzschnitt, Papier; 35 x 24 x 3 cm
Hendrick Lühl, Essen

Das Triptychon zeigt in drei zu einem einheitlichen Bild gefügten Szenen drei Höflinge des Fürsten Tokugawa bei einem Kemari-Wettbewerb vor höfischem Publikum. Der Wettbewerb findet unter blühenden Kirschbäumen auf einem Platz außerhalb des Chiyoda-Schlosses statt. Interessant und typisch für den japanischen Farbholzschnitt ist der asymmetrische Aufbau der Szene.

Auch wenn Europa und Südamerika heute die "Hochburgen" des Welt-Fußballs sind, haben auch andere Erdteile und Kulturen nicht minder eindrucksvolle und kunstfertige "Fußball-Spiele" hervorgebracht. Hätte beispielsweise ein Japaner in den zwanziger Jahren Europa bereist und dabei zufällig den berühmten Balljongleur Rastelli in Aktion sehen können, so wäre ihm wohl der Gedanke an ein Ball-"Spiel" gekommen, das ihm aus seiner Heimat vertraut war: Kemari. Dieses Spiel hat in Japan eine sehr lange Tradition. Vermutlich wurden seine Formen schon zu Beginn des 7. Jahrhunderts aus China übernommen. Eine japanische Legende erzählt davon, dass einst drei Wesen mit Affenkörpern und Menschengesichtern aus China gekommen seien und innerhalb eines Tempelbezirks einen Ballspielplatz angelegt hätten. Diese Gestalten werden seither als die Schutzgötter des Spiels verehrt.

Kemari als Spiel oder Sport in unserem Sinne zu bezeichnen, wird seiner Tradition und seinem kultischen Gehalt nicht gerecht. Es war an strenge religiöse Riten gebunden und durfte nur innerhalb eines Tempelbezirks ausgeübt werden. Während in früheren Jahrhunderten noch zwei Mannschaften gegeneinander spielten und es auch regelrechte Torpfosten gab, wandelte sich später der Charakter des Spiels: Im Zusammenwirken der Spieler wurde nun versucht, die Gunst der Götter zu erlangen. Die gemeinsamen Anstrengungen sollten das Wohlwollen der Götter erwirken, was um so besser gelang, je geschickter sich die Spieler anstellten. Deshalb war die Technik, die Ballbeherrschung das wesentliche Element des Kemari, denn das Ziel des Spiels bestand darin, eine ca. 22 cm große, halb aufgepumpte Lederkugel beim gegenseitigen Zuspielen mit dem Fuß möglichst lange in der Luft zu halten. Fiel sie auf den Boden oder berührte den Körper eines der Spieler, so war der Spielzug beendet. Normalerweise dauerte ein Spielzug 300 bis 400 Stöße, jedoch haben die Geschicklichkeit und das Reaktionsvermögen besonders guter Spieler auch schon Spielzüge mit über tausend Stößen zugelassen.

1.1/16 Ballspielender Höfling Fujiwara Narimichi
Einzelblatt aus der Serie "Dzuma no Nishiki Chuya Kurabe" Yoshu Chikanobu, Japan, 1896
Papier; 35,5 x 24 cm
Hendrick Lühl, Essen

Die Darstellung zeigt den Höfling Fujiwara Narimichi, der kaiserlicher Ratgeber und zugleich einer der berühmtesten Kemari-Spieler seiner Zeit war, bei einem Ballabstoß. Zwei Zuschauer sehen dem am oberen Bildrand befindlichen Ball mit überraschten Blicken und Gesten nach. Narimichi wurde am Ende des 11. Jahrhunderts geboren und starb mit ca. 66 Jahren im Jahre 1159. Er war berühmt für seine Geschicklichkeit am Ball und setzte damit die Familientradition berühmter Kemari-Spieler fort, denn bereits sein Vater Fujiwara Munemichi und auch sein Großvater waren bekannte Ballkünstler. Die Abbildung dreier Affen in der oberen linken Bildecke verweist auf die Legende, dass einstmals drei Wesen mit Affenkörpern und Menschengesichtern nach Japan gekommen seien und das Kemari-Spiel eingeführt hätten.

1.1/16

1.1/17 Geisha Matsuume in der Tracht eines Mädchens
Einzelblatt aus der Serie "Shimanoudi Nerimono", Sadahiro, Japan, um 1836
Papier; 36 x 25 cm
Hendrick Lühl, Essen

Die Geisha Matsuume aus dem Hause Nakamoriken hat sich zur Kostümparade im Shima-nouchi-Viertel in Osaka als Dienerin (Hasitame) verkleidet. Auf der Abbildung ist sie beim Tragen eines Kemari-Balls zu sehen, den sie mit einem Blütenzweig an einem dekorativ befestigten Band trägt.

1.1/18 Senjafuda-Blatt mit Darstellung des legendären Riesenkindes Kintaro
Japan, 1840
Papier; 15 x 5 cm
Hendrick Lühl, Essen

Senjafuda oder Senshafuda (wörtlich: 1000 Schrein- /1000 Tempelzettel) wurden von japanischen Schrein- bzw. Tempelbesuchern an Tore oder Pfosten geheftet, um den Besuch des Tempels in Verbindung mit einem Gelübde nach außen kund zu tun. Dieses Senjafudablatt zeigt ein Motiv aus der japanischen Mythologie: das sagenhafte Riesenkind Kintaro, das mit einem hoch geschossenen Kemari-Ball abgebildet wird.

Aus dem 17. Jahrhundert ist gar ein Spiel mit über 5000 Stößen überliefert.

Kemari war eine beliebte Unterhaltung sowohl für den kaiserlichen Hof und den Adel als auch für das Volk. Verschiedene Kaiser sollen hervorragende Kemari-Spieler gewesen sein. Wie auf einer Holzschnittrolle aus dem 17. Jahrhundert zu sehen ist, zählte die Kunst des Kemari-Spiels zum Kanon der höfisch-adeligen Tugenden. Gespielt wurde auf einem 14 x 14 m großen Sandplatz, dessen Ecken mit Bambusstangen gekennzeichnet waren. In früheren Zeiten pflanzte man sogar spezielle Bäume in jede Ecke des Spielfeldes: eine Kiefer in die Nordwestecke, einen Kirschbaum in die Nordostecke, eine Weide in die Südostecke und einen Ahorn in die Südwestecke. Vor Beginn des Spiels wurde der Platz in einer feierlichen Zeremonie sorgsam gereinigt. Anschließend segnete ein Priester den Ball und bat um den Segen der Götter, der dem Land Frieden und gute Ernten bringen sollte. Obwohl das Kemari-Spiel im Laufe des 19. Jahrhunderts fast völlig verschwunden ist, wird seine Tradition heute zumindest noch in der alten Kaiserstadt Kyoto wachgehalten. Viermal im Jahr an festgelegten Tagen wird Kemari in halböffentlichen Vorführungen zelebriert. Die Spielzeit dieses modernen Kemari ist auf zwanzig Minuten begrenzt, die von einem Priester mit Hilfe einer Sanduhr oder eines abbrennenden Weihrauchstabes gemessen wird. Vor dem Spiel stimmen

1.1/18

1.1/19 Senjafuda-Blatt mit Darstellung eines bürgerlichen Spielers
Sadahiro, Japan, 1840
Papier; 15 x 5 cm
Hendrick Lühl, Essen

Das Blatt stammt von dem bedeutenden Pilgerverein Hakakuren, von dem über tausend künstlerisch gestaltete Senjafuda bekannt sind. Große Pilgergemeinschaften ließen zahlreiche mit ihrem Emblem versehene Senjafuda entwerfen und drucken – teilweise von bedeutenden Holzschnittmeistern – und gaben sie an ihre Mitglieder weiter. Neben dem eigentlichen Zweck, dem Nachweis eines Tempelbesuchs, wurden die Senjafuda auch auf regelrechten Tauschbörsen in Tempeln mit den Mitgliedern anderer Pilgervereine gehandelt.

1.1/20 Querrolle mit Darstellung aller Rituale der Aristokratie der Edo-Zeit
anon., Japan, Mitte 17. Jh.
Tuschzeichnung, Goldtusche auf Papier; 34,8 x 772,3 cm
Museum für Ostasiatische Kunst, Köln, A 161

Auf der Querrolle sind alle Rituale der kultivierten Aristokratie der Edo-Zeit dargestellt. Die insgesamt knapp acht Meter lange Rolle ist aus acht Papierbahnen von jeweils etwa einem Meter Länge zusammengesetzt. Jedes Blatt der Rolle zeigt drei Genreszenen mit verschiedenen Themen, sodass insgesamt vierundzwanzig Motive zu sehen sind, die einen hervorragenden Einblick in das soziale Leben der gehobenen japanischen Gesellschaftsschicht während des 17. Jahrhunderts geben. Auf der sechsten Papierbahn ist die Darstellung eines Kemari-Spiels zu sehen: Von Zaungästen aufmerksam verfolgt, spielen vier Männer auf einem eingezäunten Sandplatz, der von Bäumen – Kiefer, Ahorn, Kirsche und Trauerweide – gesäumt wird, mit dem typischen Kemari-Ball.

1.1/21 Kemari-Ball
Japan, 20. Jh.
Ziegenleder; D 20 cm
Schweizerisches Sportmuseum, Basel

Der Kemari-Ball ist etwas kleiner als ein moderner Volleyball. Er besteht aus Leder, das auf einen Bambusrahmen gespannt wird. Um ihm Elastizität zu verleihen, wird der Ball aufgepumpt, allerdings nicht vollständig, da er in der Mitte zusammengebunden wird. So entstehen an beiden Seiten leichte Ausbuchtungen.

1.1/22 Herstellung eines Kemari-Balls
Minko Tachibana, Japan, 1784
Druckgrafik, Doppelblatt; 30 x 36 cm
Hendrick Lühl, Essen

Die Darstellung zeigt die traditionelle Herstellung eines Kemari-Balles, der auf einem Bambusrahmen und aus Leder (zumeist Hirschleder) gefertigt wird. Auf der linken unteren Seite des rechten Blattes kann man die typische Form des Kemari-Balles erkennen, der seine charakteristische Gestalt aus der Zusammenschnürung in der Mitte erhält.

1.1/27

1.1/23 "Spielender Prinz"
Nishikawa Sukenobu, Japan, 1748
Holzschnitt, Papier; 22 x 28 cm
Hendrick Lühl, Essen

Der Holzschnitt eröffnet den Blick auf einen mehrteiligen Stellschirm, auf dem der berühmte Kemari-Spieler Fujiwara Narimichi (11. Jahrhundert) zu erkennen ist. Schenkt man der Abbildung Glauben, so muss sich Narimichi durch eine unglaubliche Geschicklichkeit ausgezeichnet haben: Er soll in der Lage gewesen sein, auf einem Brückenpfeiler balancierend den Kemari-Ball in der Luft zu halten.

1.1/24 Skizzenbuch mit Kemari-Szene
Hokusai Manga, Japan, Mitte 19. Jh.
Zeichnungen, laviert, Washi-Japanpapier; 22,7 x 15,8 cm
Staatliches Museum für Völkerkunde Dresden, Forschungsstelle Japanisches Palais; 351/81440, 64065a

In dem Skizzenbuch werden auf witzig-ironische Weise Szenen aus dem Leben zur Edo-Zeit geschildert. In der linken oberen Ecke der aufgeschlagenen Seite sind drei Männer beim Kemari-Spiel zu erkennen.

1.1/20

1.1/25 Meisho no uchi
Tôkaidô, Japan
Farbholzschnitt auf Japanpapier; 34,2 x 22,6 cm
Schweizerisches Sportmuseum, Basel; 1982.8050R

Die Darstellung zeigt zwei Kemari-Spieler beim Spiel mit dem Ball auf einem eigens abgeteilten Platz. Auffällig ist, dass die beiden Spieler getrennt mit jeweils einem Ball jonglieren, obwohl sie eng beieinander stehen. Der Spieler im Bildvordergrund scheint besonders geschickt zu sein, hat er doch den Ball besonders hoch in die Luft geschossen. Verfolgt wird die Szene von höfischem Publikum, dessen vermutlich höherrangige Vertreter unter einer tribünenartigen Baldachinkonstruktion sitzen, während sich die übrigen Zuschauer entlang eines umlaufenden Wandschirmes niedergelassen haben, der das Spielfeld abgrenzt.

1.1/26 Leporello mit Darstellung eines Samurai mit Kemari-Ball
Kunisada ukiyo-e, Japan, 19. Jh.
Farbholzschnitt; 22 x 16 cm
Staatliches Museum für Völkerkunde Dresden, Forschungsstelle Japanisches Palais; 0351/81440, 6757

Auf diesem Druck aus dem 19. Jahrhundert erkennt man einen Samurai, der sich einer Dame zuwendet, die durch einen zur Seite geschobenen Wandschirm schaut. In der rechten Hand trägt der Samurai einen Kemari-Ball mit der typischen Mittelschnürung. Das Blatt trägt in der linken oberen Ecke die Aufschrift "Illustriertes Leseheft ‚Schöne Damen'" in japanischen Schriftzeichen.

1.1/27 Seidenmalerei mit Darstellung einer Kemari-Zeremonie
Japan, 19. Jh.
Wasserfarbe auf Seide; 44 x 32 x 2 cm,
The Football Museum, Preston; A 10

Die Seidenmalerei zeigt einen Kemari-Spieler in der typischen Körperhaltung beim Jonglieren des Balles. Es wird deutlich, welche Geschicklichkeit und Körperbeherrschung notwendig waren, um den Ball wirklich hundertfach in der Luft halten zu können.

1.1/28 Kleidung eines Kemari-Spielers: Gewand (Mani Suikan), Kleid (Byakuet), Hose (Mari kuzu Makama), Schuhe, Kappe (Eboschi), Fächer (Mari sensu)
Baumwolle, Seide, Kunststoff, Leder
Schweizerisches Sportmuseum, Basel; 1963.1657, 1658, 1660, 1661, 1664, 1666

Die Kleidung der Kemari-Spieler besteht aus mehreren Teilen: Über Kleid und Hose wird ein Gewand getragen. Traditionsgemäß gehören zur Kemari-Bekleidung auch eine Kappe als Kopfbedeckung sowie spezielle Schuhe und ein Fächer.

1.1/29 "Gioco del calcio nel bersaglio di S. Alvise"
Gabriel Bella, nach 1779
Öl auf Leinwand;
97,5 x 131,5 cm
Galleria Querini-Stampalia, Venedig

Dieses Gemälde ist einem Stich von 1610 nachempfunden. Die Darstellung zeigt zwei Mannschaften von je 25 Spielern, die auf dem Platz vor der Kirche Sant'Alvise Calcio spielen. Die beiden Mannschaften sind unterschieden in das "Bergteam" und das "Team der Ebene". Die Tore sind durch bemalte Pfosten aus Holz markiert, die eine Art Torbogen bilden. Normalerweise durften die Hände im Spiel nicht benutzt werden, sondern mussten eng am Körper geführt werden. Bei der hier dargestellten Spielweise handelt es sich wohl um eine Variante, bei der die Hände benutzt werden durften.

1.1/29

sich die Spieler mit einer Art Aufwärmübung ein, bei der jeder Spieler einmal den Ball mit dem Fuß in die Luft spielt und dann auf den Boden fallen lässt. Nach dem Spiel verbeugen sich die Spieler ausgiebig voreinander. Zum Abschluss der Zeremonie wird der Ball in einer Schatulle verschlossen und in einem feierlichen Zug in den Tempel gebracht, wo er bis zur nächsten Kemari-Zeremonie verwahrt wird.

In einem ganz anderen kulturellen und gesellschaftlichen Rahmen hat sich eine weitere Variante des Ballspiels entwickelt, der so genannte Calcio. Der Namensgeber des modernen italienischen Fußballs ist ein Produkt der selbstbewussten oberitalienischen Stadtstaaten der Renaissancezeit, insbesondere Florenz. Im Zuge des erwachenden italienischen Nationalbewusstseins im 19. Jahrhundert wurde das lange in Vergessenheit geratene Spiel neu entdeckt. Heute wird der "Calcio storico", der historische (Florentiner) Fußball, alljährlich auf der Piazza di Santa Croce gespielt. Die Spieler tragen dabei den histo-

1.1/30 "Il gioco del pallone ai Gesuiti"
Gabriel Bella, Venedig, nach 1779
Öl auf Leinwand; 94,5 x 143,5 cm
Galleria Querini-Stampalia, Venedig

Dieses Gemälde von Gabriel Bella stammt wie das vorige aus einer 95 Werke umfassenden Serie "Funzioni di Venezia". Es zeigt ein "Pallone" genanntes Spiel auf dem Jesuitenplatz in Venedig. "Pallone" war eine einfachere Variante des Ballspiels, an der nur acht Spieler mitwirkten, verteilt auf zwei Mannschaften.

1.1/30

1.1/31 Ballspiel (Calcio) in Venedig
Antonio de Salo, 1555
Kupferstich; 33,5 x 41,8 cm
The Football Museum, Preston; A 94

Für viele italienische Darstellungen des Calcio aus dem 16. Jahrhundert ist charakteristisch, dass sie eine detaillierte Ansicht des Ortes liefern, wie dies auch für den Kupferstich von Antonio de Salo gilt. Der italienische Calcio – ob in Venedig oder Florenz – steht mit festen Spielstätten und Stadtteilen in Verbindung. Man sieht hier auf den direkt an einem Kanal gelegenen Jesuitenplatz, auf dem sich Fußballspieler befinden.

rischen Vorbildern nachempfundene Kostüme. Zwar wird mit den modernen Calcio-Spielen vor allem versucht, sich in die Tradition der Republik zu stellen, doch hat der historische Calcio seine größte Pracht vor allem unter der Herrschaft der Medici entfaltet (und rasch an Bedeutung verloren, als die Herrschaft der Medici endete). Hier war er bedeutender Bestandteil einer barocken höfischen Festkultur, in der sich Sport und Fest verbanden und deren Merkmale ausladende Festbankette und prachtvolle Kostüme waren. Mit den Kostümen versuchten die Adeligen einander auszustechen und waren vor allem darum bemüht, sich gegenüber den unteren Schichten abzugrenzen. Die Teilnahme am Calcio war ein Privileg des Adels, für das Volk blieb nur die Rolle des Zuschauers. Für die jungen Adeligen sollte der Calcio die Rolle einer "paramilitärischen Ertüchtigung" einnehmen und Körper und Geist trainieren. Die frühe Aufzeichnung von Regeln – 1555 von Antonio Scaino für den Calcio in Parma und Venedig, 1580 von Giovanni de Bardi für Florenz – erlaubt uns einen Einblick in den Ablauf des Spiels: Es gab feste Mannschaftsaufstellungen, die ein wenig an die frühen

Taktikschemata des modernen Fußballs erinnern, d.h. eine massive Ansammlung von Stürmern und eine auf den ersten Blick relativ schwache Verteidigung. Von den 27 Spielern bildeten drei Gruppen von jeweils fünf Spielern die Stürmerreihe. Dahinter waren fünf sogenannte Zerstörer postiert, die vor allem die gegnerischen Angriffe abfangen sollten; dann folgten vier Läufer und schließlich die drei Verteidiger, die als letzte Sicherung vor der sich auf jeder Querseite befindenden Torlinie unerschrocken und körperlich besonders robust sein mussten. Von seiner Form her erinnert das Spiel an das moderne Rugby-Spiel, d.h. es war ein relativ körperbetontes Spiel, das auch den Einsatz der (zur Faust geschlossenen) Hand kannte. Da bei diesem Spiel der Fußtritt im Gegensatz zu vergleichbaren anderen Spielen erlaubt war, wurde dieses Spiel als "Calcio", d.h. Fußtritt bzw. Fußball, bezeichnet.

1.1/32 "Ludus quem Itali appellant il Calcio"
1595
Kupferstich; 15 x 25 cm
The Football Museum, Preston; B 92

Bei diesem Kupferstich handelt es sich vermutlich um eine Illustration, die für ein Buch gedacht war. Neben der eher mittelmäßigen Qualität verweist hierauf die Verwendung einer erläuternden Bildunterschrift: "Ludus quem Itali appellant il Calcio", also etwa "Das Spiel, das von Italienern als Fußtritt bezeichnet wird." Die figürliche Szene zeigt ein durch Markierungen kenntlich gemachtes Feld, auf dem zwei Mannschaften von Trommlern angefeuert um den Ball streiten, während sich am oberen Bildrand eine Gruppe von Zuschauern befindet.

1.1/33 Giovanni di Bardi: Discorso sopra il giuoco del calcio fiorentino
Giovanni de Bardi, Florenz, 1673
Papier, Leder; 24,5 x 17 x 1 cm
Deutsche Sporthochschule Köln, Zentralbibliothek der Sportwissenschaften; S 12957

Die Abhandlung von Giovanni de Bardi ist dem Florentiner Calcio gewidmet. In dem Werk werden die Regeln des Spiels und die Teilnahmebedingungen für die Spieler erläutert.

1.1/35

1.1/34 Hieronymui Mercurialis: Foro liviensis de Arte Gymnastica Libri Sex ...
Amsterdam, 1672
Papier, Leder; 22,5 x 18,5 x 3 cm
Deutsche Sporthochschule Köln, Zentralbibliothek der Sportwissenschaften; S 40485

Das auf Latein verfasste Buch stellt eine Enzyklopädie des antiken Sports dar, das auch ein Kapitel über die Ballspiele bei den Römern enthält, in deren Tradition sich der Calcio der Renaissance sah.
Das Frontispiz des Buches zeigt im Hintergrund das Kolosseum, eine der wohl berühmtesten Sport- und Wettkampfstätten der Antike. Man erkennt sporttreibende Menschen, die allerlei Spiele vollführen, aber auch Boxen und Ringen. Im Vordergund sieht man einen fettleibigen Mann, der eingeschlafen ist und nun aufgefordert wird, an den Spielen teilzunehmen.

1.1/35 Antonio Scaino: Trattato del giuoco della palla di messer
Vinegia, 1555
Papier, Leder; 16,5 x 11 x 3 cm
Deutsche Sporthochschule Köln, Zentralbibliothek der Sportwissenschaften; S 6665

Der Traktat von Antonio Scanio ist eine der frühesten Schriften überhaupt, die dem Ballspiel gewidmet sind. Unter allen kunstvollen Tätigkeiten, die gleichermaßen der Entspannung des Körpers wie der Seele dienen, seien nach Ansicht des Autors die Ballspiele an erster Stelle zu nennen.

1.1/31

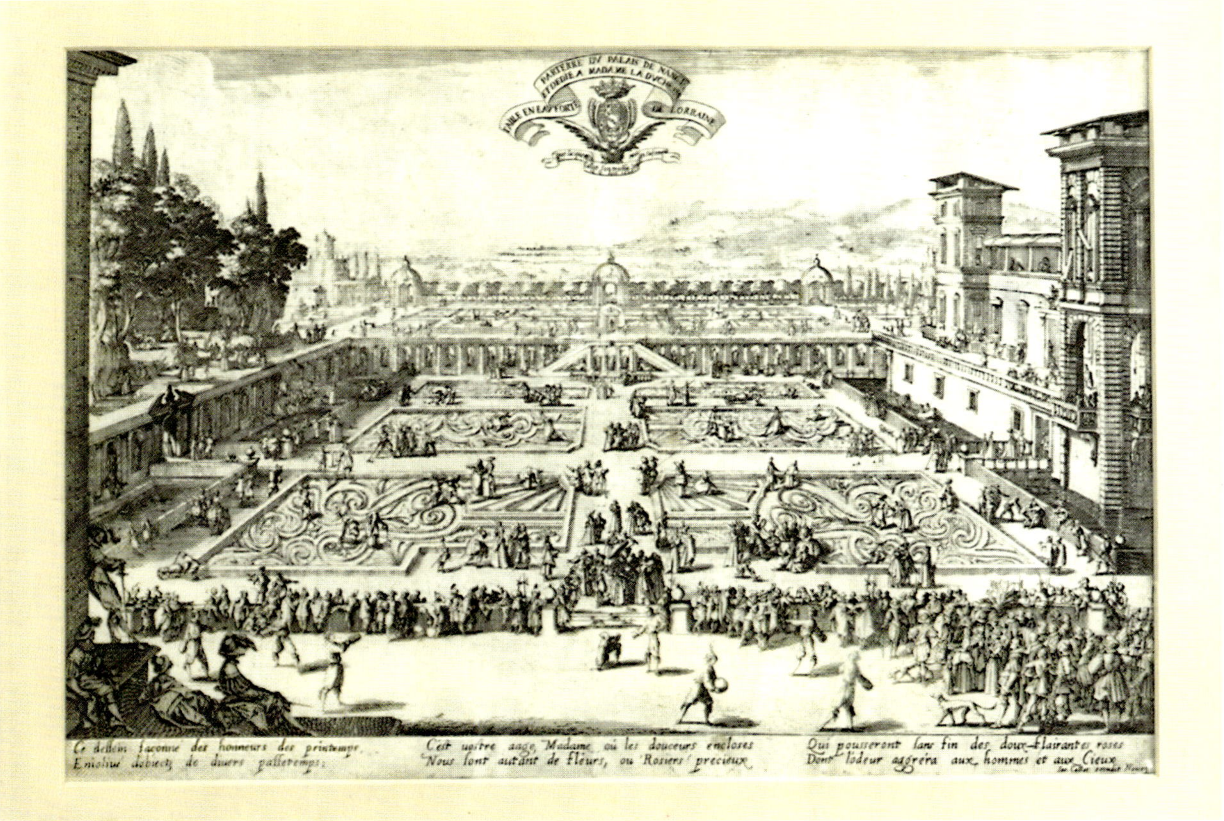

1.1/40

Diese Beispiele zeigen, wie weit der Kosmos der Ballspiele gespannt war, wie vielfältig, spannend und oft auch existentiell wichtig die Beschäftigung damit für die Menschen war und ist: das mesoamerikanische Ulama als ein besonders eindrucksvolles kultisches Ballspiel, das japanische Kemari in seiner Verbindung von höfischen und kultischen Ritualen und der Calcio Storico aus dem Italien der Renaissance als sportlich-festliche Demonstration des selbstbewussten Stadtadels. Daneben gab es zahlreiche andere Beispiele, von denen jedoch meist wenig überliefert ist, sodass wir nur Vermutungen anstellen können. Eines allerdings können wir mit Gewissheit sagen: Sie alle künden von der Faszination des Ballspiels, die bis heute anhält. *Sebastian Plüer*

1.1/36 Pietro Gori: The Foot-Ball of Florence. Giuoco del Calcio
Florenz, 1898
Papier, Karton
Deutsche Sporthochschule Köln, Zentralbibliothek der Sportwissenschaften; S 12061

Goris Buch zeugt vom Interesse für die Geschichte des Fußballs im England des ausgehenden 19. Jahrhunderts. Es handelt sich um eine Übersetzung aus dem Italienischen, die die Geschichte des Florentiner Calcio behandelt. Goris Werk erklärt die Regeln und Besonderheiten des Spiels, informiert aber auch über die frühen italienischen Autoren, die sich dem Fußball gewidmet haben. Der Autor listet alle ihm bekannten Abhandlungen auf. Am Ende des Bandes befinden sich Lithografien, die Calcio-Spieler in historischen Kostümen zeigen.

1.1/37 Francesco Saverio Quadrio: Lettera intorno alla sferistica, o sia Guioco Alla Palla Degli Antichi al Marchese D. Teodoro Alessandro Trivulzio
Mailand, 1751
Karton, Papier; 25 x 16 x 1,5 cm
Deutsche Sporthochschule Köln, Zentralbibliothek der Sportwissenschaften; S 35

Bei Quadrios Traktat handelt es sich um eine gelehrte Abhandlung, die den antiken Ursprüngen des Ballspiels nachgeht und seine verschiedenen Formen aufzählt.

1.1/38 Memorie del Calcio Fiorentino Tratte da diverse Scritture e Dedicate All Altezze Serebissime di Ferdinando Principe di Toscana e Violante Beatrice di Baviera
anon., Florenz, 1688
Leder, Papier; 22,5 x 18,5 x 3 cm
Deutsche Sporthochschule Köln, Zentralbibliothek der Sportwissenschaften; S 34381

Das dem Großherzog Ferdinand gewidmete Buch enthält u.a. die Regeln des Calcio-Spiels. Ein Kupferstich zu Beginn des Buches zeigt die Piazza di Santa Croce, den traditionellen Spielort des Florentiner Calcio. Hier erkennt man in symmetrischer Anordnung die Spieler der gegnerischen Mannschaften und das Publikum, das sich um den Platz versammelt hat. Außerdem enthält das Buch gelehrte Abhandlungen über den Calcio, die seine Herkunft aus der römischen Antike betreffen.

1.1/39 Instruzione del Modo del Giuocare il Calcio A I. Giovani Nobili Fiorentini
anon., Florenz, 1739
Papier; 21 x 16 x 0,5 cm
Deutsche Sporthochschule Köln, Zentralbibliothek der Sportwissenschaften; S 50775

Der kurze Traktat eines unbekannten Verfassers wendet sich an die "jungen Adeligen" von Florenz und erklärt die Vorzüge und die Spielweise des Calcio.

1.1/40 Ballspiel am Palast von Nancy
Jacques Callot, 1625
Radierung; 44,5 x 56 cm
The Football Museum, Preston

Die um 1625 entstandene Radierung von Jacques Callot zeigt die Gartenanlagen des Palastes von Nancy. Im Bildvordergrund sieht man Menschen im höfischen Rahmen einem Ballspiel nachgehen. Typisch für Callot ist der hoch angesetzte Horizont, der es dem Betrachter erlaubt, die Topografie des Ortes genau zu studieren.

Der letzte Spieltag des 20. Jahrhunderts

In der öffentlichen Wahrnehmung des Fußballs dominiert der Profisport. Die Bundesliga und die internationalen Begegnungen der hoch bezahlten Berufsfußballer in den Vereins- und Nationalmannschaften füllen täglich die Spalten in den Zeitungen und die Sendezeiten von Rundfunk und Fernsehen. Die Stadien sind oft ausverkauft, und ein gut besuchter Bundesligaspieltag weist bis zu 400.000 Zuschauer auf. Eine beeindruckende Zahl, die jedoch bedeutend niedriger liegt als die Zahl derjenigen, die Woche für Woche in einem der Vereine aktiv sind, die dem DFB angehören.

100 Jahre nach seiner Gründung ist der DFB heute einer der größten Sportverbände der Welt. Er zählt mehr als 6,3 Millionen Mitglieder, die in knapp 27.000 Vereinen organisiert sind, in denen wiederum beinahe 175.000 Mannschaften Fußball spielen. Über 100.000 davon spielen regelmäßig in etwa 11.000 Ligen gegeneinander, sodass an einem einzigen Spieltag – rechnet man die Reservespieler mit ein – 1,5 Millionen Menschen an dem vom DFB und seinen Verbänden organisierten Spielbetrieb teilnehmen. Hinzu kommen Schiedsrichter, Linienrichter, Trainer, Übungsleiter und Betreuer – nicht zu vergessen die Eltern, Geschwister, Verwandten oder guten Bekannten, die vor allem die Jugendlichen zum Spiel begleiten.

Deren Zahl ist schwer zu schätzen, doch insgesamt dürften an einem Wochenende deutlich mehr als 2,5 Millionen Menschen als Aktive oder unmittelbar Engagierte an den Spielen beteiligt sein.

Diese Dimension des Fußballs verdeutlicht die Abteilung "Der letzte Spieltag des 20. Jahrhunderts". Im Unterscheibenraum des Gasometers wird dazu an der Außenwand die wohl größte Wandzeitung bzw. die größte Ergebnissammlung der Welt präsentiert. Ziel war es, sämtliche Ergebnisse von allen Spielen dieses Spieltages zu ermitteln und wiederzugeben: die Ligen der Männer und Frauen, der männlichen und weiblichen Jugend bis hin zu denen der "Bambinis" – von der Bundesliga bis zur Kreisklasse. Eine Vollständigkeit ist dabei nicht möglich, denn die meisten der Ergebnisse werden nur auf lokaler oder regionaler Ebene erfasst. Es gibt keine Stelle, nicht einmal beim DFB selbst, die die Ergebnisse sammelt. Umfangreiche Recherchen führten zu folgendem Resultat: Ungefähr 75 % der Ergebnisse dieses Spieltages können in der Ausstellung präsentiert werden.

Deutlich wird hieran die enorme Entwicklung des DFB, der bei seiner Gründung am 28.1.1900 gerade einmal 86 Vereine zählte und noch nicht einmal Landesverbände in allen Regionen des Kaiserreiches besaß. Bei der ersten Endrunde 1903 genügten noch sechs Spielbegegnungen – von denen sogar zwei ausfielen – um den Deutschen Meister zu ermitteln.

Ebenso deutlich wird die große Bedeutung der ehrenamtlichen Tätigkeit im DFB, die erst die Organisation all der Spiele in den fünf Regional- und 21 Landesverbänden ermöglicht. Staffelleiter erstellen von den Bundesligen bis hin zu den Kreisen einen ausgeklügelten Spielplan und müssen dabei Saison für Saison alle Rahmentermine – von der Fußballweltmeisterschaft bis zum U-19-Länderpokal – berücksichtigen. Schieds- und Linienrichter müssen sich zur Verfügung stellen, ferner Platzwarte, Trainer, Betreuer (und auch Eltern), um vor allem die Kinder und Jugendlichen zu trainieren, sie zu den Spielen zu fahren oder sie auch nur anzufeuern – Fußball als Spiel für Millionen und nicht als Millionen-Spiel. *Uwe Wick*

1.2/1 Spieltag
Recherche: info strada, Mettmann, 2000
Papier; 688 qm

Dargestellt werden die Spielergebnisse von ungefähr 7700 Ligen. Da es wegen unterschiedlicher Rahmentermine kein Wochenende mehr gibt, an dem in allen Ligen gespielt wird, ist der jeweils letzte Spieltag des Jahres 1999 gewählt worden. Wenn an diesem Spieltag witterungsbedingt die Hälfte oder mehr der Spiele abgesagt worden sind, ist statt dessen der vorletzte Spieltag genommen worden. Die Präsentation der Ergebnisse – grundsätzlich in der Reihenfolge Männer, Frauen, männliche und weibliche Jugend – gliedert sich in drei Bereiche auf: Im überregionalen Bereich finden sich die Ergebnisse von den Bundesligen bis zu den Oberligen. Dann folgen die Ligen in den einzelnen Landesverbänden. Zum Abschluss werden die Ergebnisse der Ligen in den einzelnen Kreisen der Landesverbände präsentiert.

"Du mußt per du sein mit den Dingen"

Ente (Willi) Lippens

Kleines Einmaleins des Fußballs

1.3/1 Regelwerk
Fußball-Regeln des Deutschen Fußball-Bundes nebst offiziellen Entscheidungen, Anweisungen für Schiedsrichter, Vereinsleitungen und Spieler
Deutscher Fußball-Bund, 1910/11
Leder, Karton, Papier;
10 x 16,5 x 1,3 cm
Deutscher Fußball-Bund, Frankfurt/M.

"Im Namen des Königs verfüge ich, dass das Stoßen der großen Bälle wegen des überhandnehmenden Lärms in unserer guten Stadt für alle Zukunft verboten ist, widrigenfalls Haft verhängt werden muss..." - ließ der Londoner Bürgermeister 1314 verkünden. Die Haltung des Mannes gegenüber dem "wilden" und regellosen Treiben in der Stadt unterscheidet sich kaum von der mancher Hauswarte von heute, die ähnlich empfindlich auf das "Bolzen" und seine unberechenbaren Gefährdungen der Ordnung zu reagieren pflegen. Das moderne Fußballspiel ist durch die Regeln gekennzeichnet, die 1863 von der englischen Fußball Association aufgestellt wurden und im Kern bis heute Gültigkeit besitzen. Und zur Beruhigung aller Ordnungshüter handelte die erste Regel davon, dass das Spiel auf einem ausgewiesenen Platz zu spielen sei: "Die grösste Länge des Spielfeldes betrage 200, die größte Breite 100 Yards; die Umgrenzungslinien werden durch Flaggen, die Goals durch zwei aufrechte, 8 Fuss auseinander stehende Pfosten ohne Querstange oder Verzierung gebildet." Die Bestimmung des spezifischen Ortes, an dem das Spiel fortan stattfand, war die unverrückbare Voraussetzung für die Entwicklung des Fußballs zur weltweit populärsten Sportart. Der DFB hat die englischen Spielregeln 1906 übernommen.

1.3/2 Fußball
England, um 1900
Leder, Kautschuk, Schnur;
D 23,5 cm
The Football Museum, England

Dass der Ball rund ist, lässt sich noch nicht lange behaupten. Die Regel II vermerkt dazu lediglich: "Der Ball muss kugelförmig sein". Wie für so vieles in der Geschichte des Fortschritts war es auch zum runden Ball ein weiter Weg: Strohgestopfte, lederne Ungetüme und rosshaargefüllte Ochsenblasen mussten herhalten, bis der amerikanische Reifenmogul Goodyear Mitte des 19. Jahrhunderts die in Leder verschnürte Kautschukblase erfand, deren Formstabilität bei gewissen Wetterlagen allerdings weiterhin zu wünschen übrig ließ. Das eiförmige Gebilde, das wir hier sehen, ist schon Ergebnis dieser bahnbrechenden Erfindung. Heute ist das "Leder" längst aus Kunststoff, und Hersteller geben auf seine "Rundheit" zwei Jahre Garantie.

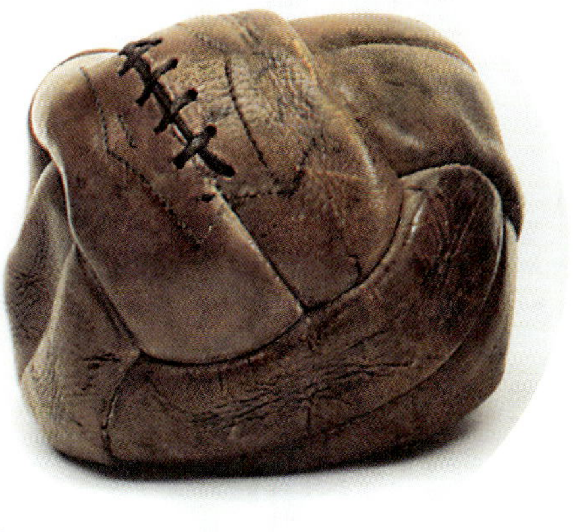

1.3/2

1.3/4

1.3/3 Ballpumpe
um 1990
Metall, Holz; L 38,5 cm
TSV Bayer 04 Leverkusen

Mit der Erfindung der Gummiblase ging die Notwendigkeit einher, sie mit Luft zu füllen. Sollte dafür eine Luftpumpe zum Einsatz kommen, musste erst einmal das Ventil erfunden sein, und auch diese Neuerung verdanken wir der Mobilisierung der Gesellschaft per Gummireifen Ende des 19. Jahrhunderts. Auch hatte die Schwerindustrie einen Apparat entwickelt, der die Dichte der eingepumpten Luft messbar machte und sich als Balldruckmesser in der Fußballwelt verbreiten sollte. Wieviel Luft in die Blase muss, legen die Regeln heute mit einem Balldruck von 60-110 kPA (Kilopascal) bzw. 6-11 N/cm2 auf Meereshöhe fest. Dies wirft schließlich die Frage auf, ob in einen Ball im rund 3800 Meter hoch gelegenen Stadion in La Paz (Bolivien) mehr oder weniger Luft hineingepumpt werden muss, um die gleiche Festigkeit zu erzielen wie bei einem Ball im nur 50 m über Meereshöhe gelegenen Parkstadion von Gelsenkirchen.

Das Endspiel der letzten Fußballweltmeisterschaft haben weltweit gut zwei Milliarden Menschen am Bildschirm verfolgt. Wie kaum ein anderes Ereignis dringen große Fußballspiele noch ins letzte Wohnzimmer und auf den letzten Dorfplatz vor. Fast niemanden lässt es kalt, wenn "unsere Mannschaft" spielt, und jeder kennt die bisweilen gespenstische Ruhe für zweimal 45 Minuten in den großen Städten, unterbrochen vom plötzlichen An- und Abschwellen der sich artikulierenden Emotionen. Wenn man also im nachideologischen Zeitalter noch von so

1.3/4 Fußballschuh
Schraubstollenschuh von Fritz Walter
adidas, Herzogenaurach, 1954
Leder; L 25 cm
adidas Sportmuseum, Herzogenaurach; 02978

Das Fußballspielen ohne Schuhe ist im offiziellen Spielbetrieb verboten. Falls der Spieler bei der Erzielung eines Tores seinen Schuh verliert, ist dieses jedoch anzuerkennen. Die Regeln interessieren sich darüber hinaus nur noch dafür, was sich an den Sohlen befindet. Die ersten englischen Spielgesetze von 1863 verboten das "Tragen von hervorstehenden Nägeln, Eisenplatten oder Guttaperchastücken auf Schuhsohlen und Absätzen". Womöglich verdankt sich die Erfindung der Stollenschuhe der überdurchschnittlich hohen Zahl der Regentage in England. "Dem Fritz sein Wetter" nannte man das hierzulande und sprach von Fritz Walter mit seiner sprichwörtlich gewordenen Spieltechnik auf nassem Rasen. Den ausgestellten Schuh trug er 1954 beim Endspiel in Bern. Erstmals kamen hier bei der deutschen Mannschaft die gerade von der Firma adidas entwickelten Schraubstollen zum Einsatz, was Sepp Herberger nach dem Sieg mit der ihm eigenen Lakonik verlauten ließ: "Wir hatten eben die leichteren Schuhe."

etwas wie einer kollektiven Faszination sprechen kann, dann wohl am ehesten im Fußball.
Dies gilt sowohl für die Passiven vor den Bildschirmen wie für die selbst Aktiven: Die rund 1,5 Millionen Spieler samt Schieds- und Linienrichtern, Trainern, Mannschaftsbetreuern, die allein an einem Spieltag in Deutschland gezählt werden können, sprechen hier für sich – ganz zu schweigen von den ungezählten Fußballbegeisterten, die auf der Straße, der Wiese, im Hausflur oder im Garten "bolzen". Bei solch ungebrochener Faszination ist es wohl kaum übertrieben, das Fußballspiel als das konsequenteste Dauer-Ereignis des 20. Jahrhunderts zu bezeichnen, und vieles spricht dafür, dass sich daran auch im 21. Jahrhundert nichts ändern wird.
Die Gründe hierfür sind durchaus unklar. Als sicher aber darf gelten, dass die Faszination nicht zuletzt von der permanenten Wiederholung der an sich immer gleichen Grundbedingungen lebt, die in jedem Spiel stets aufs Neue variiert werden. Die minimalen Differenzen und Verschiebungen, die das mit nur 17 Paragrafen sehr übersichtliche Regelwerk zusammen mit den jeweiligen faktischen Gegebenheiten wie Wetterverhältnisse, Wahl des Schiedsrichters, Mannschaftszusammenstellung etc. eröffnen, bilden dann die Basis für die unzähligen Geschichten, Hypothesen, Diskussionen und Wetten vor den Fernsehern, auf den Tribünen und den Trainerbänken. Während die Spielregeln in erster Linie in den Köpfen abgelegt sind und gewissermaßen den richterlich-objektiven Hintergrund für die Auslegung des Geschehens abgeben, bleibt eine gleichermaßen elementare Bedingung des Spiels meist un-

1.3/5 Trikot
Trikot des TSV Bayer 04 Leverkusen
1990-er Jahre
Kunstfaser; L 80 cm
Ralf Becker, Waldfeucht

Damit sich die Spieler einer Mannschaft untereinander erkennen und vom Gegner abgrenzen können, ist ihre Kleidung vorschriftsmäßig uniform. Lediglich die Rückennummern der Trikots ermöglichen es, die Spieler im Geschehen eindeutig zu identifizieren – in Zeiten der Medienreportage eine unerlässliche Randbedingung. Lange Zeit korrespondierten dabei die Nummern bestimmten Positionen auf dem Spielfeld. Aber der Individualismus hat auch im Mannschaftssport seine Spuren hinterlassen: In den siebziger Jahren begannen bestimmte Nummern zum Markenzeichen einzelner Spieler und ihrer Erfolge zu werden, womit sich auch eine gewisse Zahlenmystik ins Spiel einschlich. Während der Brasilianer Pelé und später der Argentinier Maradona die Nummer 10 zu ihrer Glückszahl erkoren, experimentierte in Deutschland Gerd Müller mit dem zwiespältigen Charme der 13: "Schließlich hatten wir noch genau 13 Minuten zu spielen. Schon wieder die 13! Grabowski passte weit hinüber zu Löhr, der Newton übersprang. Plötzlich landete der Ball genau vor mir - 3 Meter vor dem englischen Tor! Jetzt oder nie..." – und natürlich war er drin. Wer sagt denn, dass Zahlen kein Glück bringen?

1.3/6 Schienbeinschoner
Schienbeinschoner von Karl Mai
1954
Leder; 21 x 16 cm
Else Mai, Fürth

Zwar ist angesichts seiner weltweiten Verbreitung schon die Vermutung geäußert worden, dass Fußballspielen in den Genen angelegt sei, doch hat das die Evolution nicht dazu veranlasst, den Unterschenkelknochen vorne so zu schützen wie seine rückwärtige Seite durch die Wade. Aus diesem Grund und weil der gepeinigte englische Nationalspieler Sam Widdowson sich seine Schutzerfindung 1874 patentieren ließ, gibt es Schienbeinschoner. Denn auf dem Feld kann es im Eifer des Gefechts schon einmal vorkommen, dass man statt des Balles das Schienbein des Gegners trifft. Die Regeln unterscheiden zwar zwischen "korrektem" und "unkorrektem" Rempeln, in der Praxis aber ist der Unterschied oft auch deswegen so schwer auszumachen, weil das absichtliche Foulspiel längst in den Trainingsplan der Profifußballer aufgenommen wurde. Manche bringen es darin regelrecht zur Meisterschaft: "Bertini war ein Meister im Begehen von Fouls, ohne dass man es sah. Er schlug mir die Faust in die Rippen oder in den Magen, trat mir gegen die Knöchel. Ein echter Künstler" – so über seinen italienischen Gegenspieler der Brasilianer Pelé, dessen technische Überlegenheit die Kunst des Rempelns sicher noch um eineige Tricks bereichert hat.

1.3/7 Torwart-Handschuh
Torwart-Handschuh von Adam Matysek
1990-er Jahre
Leder, Gummi, Textil; L 27 cm
Ralf Becker, Waldfeucht

Was dem Feldspieler sein Schuh, ist dem Torwart sein Handschuh. Der Schriftsteller Ror Wolf hielt über die drei deutschen Torhüter bei der Weltmeisterschaft 1970 in Mexiko fest: "Die Handschuhe sind immer dabei, sagen sie wie aus einem Munde. "Ohne Handschuhe bin ich nackt", sagt Sepp Meier. "Ohne Handschuhe fühle ich mich nicht wohl", sagt Horst Wolter, und was sagt Manfred Manglitz? "–Ohne Handschuhe, das gibts nicht, die gehören zu meinem Körper wie meine Nase". Ein Blick auf die Riesenhände des nüchternen Schlussmanns sagt alles. Die linke Hand: Kapselriss am Daumen, am Ringfinger, am kleinen Finger. Die rechte Hand: Kapselriss am Daumen, am Ringfinger, am kleinen Finger, zweimal am Zeigefinger und am Mittelfinger" – kein Wunder, kann doch die Geschwindigkeit eines Balls bis zu 110 Stundenkilometer betragen.

1.3/8 Torpfosten
Torpfosten-Fragment aus dem Bökelberg-Stadion Mönchengladbach
3.4.1971
Holz; 25 x 12 x 12 cm
Charly Stock,
Borussia Mönchengladbach

Die offiziellen Maße eines Tores betragen 2,44 x 7,32 Meter – eigentlich genug Platz, um den Ball hineinzuschießen. Scheitern tut dies oft nicht nur am Torhüter, sondern ebenso häufig an der schlichten Anwesenheit von Pfosten und Latte, obwohl sie mit 12 Zentimetern Durchmesser wirklich nicht breit sind. Sie scheinen auf die Spieler eine fast magische Anziehungskraft auszuüben, etwa auf Uwe Seeler, der seine ganz eigene "Pfostenmetaphysik" entwickelt hat: "Einen Ball mit voller Wucht gegen den Pfosten zu klatschen, kann sehr schön sein; es ist ein satter Ton, dem sofort das tiefe Raunen der Zuschauer folgt. Noch schöner kann es sein, wenn man das Lattenkreuz trifft und das ganze Tor wackelt. Aber beides gilt nur, wenn man mit ungefähr fünf Toren in Führung liegt. Ein Fußballer muß mit dem Dasein der Torbalken leben, so gut es geht." Gewöhnlich gibt also der Spieler nach, aber in seltenen Fällen tut das auch der Pfosten - wie der ausgestellte am 3. April 1971 beim Meisterschaftsspiel zwischen Borussia Mönchengladbach und Werder Bremen in der 88. Minute bei einem Spielstand von 1:1. Werder Bremen ging aus dieser Begegnung als Sieger hervor, weil der Hausherr für die ordnungsgemäße Bereitstellung der Spieldausrüstung Sorge zu tragen hat.

1.3/8

1.3/9 Schiedsrichterpfeife
Pfeife des Schiedsrichters
Dieter Pauly
1980-1990
Metall, Kork; L 6 cm
Dieter Pauly, Mönchengladbach

Noch knapp 10 Jahre nach Einführung der Regeln hatten die Spieler ihre Ruhe, dann war es soweit: 1872 wurde der Schiedsrichter eingeführt, 1878 seine Pfeife, und es hieß: "Der Schiedsrichter muß seine Entscheidungen treffen, ohne daß die Spieler das Verlangen hierzu stellen". Seither wird keine andere Person auf dem Spielfeld so oft zum Teufel gewünscht wie die "Pfeife". Sie ist die uneingeschränkte Herrscherin über das Geschehen, ist "Polizist, Staatsanwalt, Richter und Vollzugsbeamter" in einem – so Dieter Pauly, einer dieser strengen Ordnungshüter und zugleich Virtuose auf der Trillerpfeife. "Erst unmittelbar vor Spielbeginn reinigte ich meine Pfeife mit Wasser. Auf diese Weise kam auch die Korkkugel mit Wasser in Berührung, wodurch sie noch schöner trillerte."

1.3/10 Gelbe und rote Karte
Kartensatz des Schiedsrichters
Dieter Pauly
1980-1990
Kunststoff; je 12,5 x 7 cm
Dieter Pauly, Mönchengladbach

Seit den siebziger Jahren hat der Schiedsrichter sein eher düsteres Ansehen durch diese zwei bunten Karten aufgefrischt, die bei der Weltmeisterschaft 1970 in Mexiko erstmals international zum Einsatz kamen und 1976 verbindlich eingeführt wurden. Wenn er sie hervorholt, wird es brenzlig. Um die Augen auf das Spielfeld gerichtet lassen zu können, zieht der Schiedsrichter die gelbe Karte (Verwarnung) aus der Hemdtasche und die rote (Platzverweis) aus der rückwärtigen Hosentasche, was dieser Karte auch den Namen "Arschkarte" eingetragen haben dürfte. Manchmal zieht er die Karten auch direkt hintereinander: Platzverweis für Ente Lippens nach Dialog mit dem Schiedsrichter: Ich verwarne Ihnen!, Lippens: Ich danke Sie! In diesem Fall dürfte die Regel XIIn) zur Anwendung gekommen sein: "Ein Spieler soll vom Spielfeld gewiesen werden, wenn er nach Auffassung des Schiedsrichters beleidigende oder schmähende Äußerungen gebraucht".

1.3/11

1.3/11 Linienrichterfahne
Linienrichterfahne aus dem Parkstadion Gelsenkirchen
1990-er Jahre
Textil, Kork, Kunststoff;
51 x 38 cm
Liegenschaftsamt der Stadtverwaltung Gelsenkirchen

Die beiden Linienrichter sind dem Schiedsrichter unterstellt und heißen heute auch Schiedsrichterassistenten. Sie beobachten den Ball jeweils für ihre Spielfeldhälfte von den Seitenlinien aus. Um nicht zur Pfeifkonkurrenz zu werden, äußern sie sich ausschließlich mit Hilfe ihrer Fahnen, die sie beim "Ausgehen" des Balles oder bei Regelverstößen nach einem bestimmten Alphabet bedienen. Auch die Linienrichter sind nicht sonderlich beliebt, insbesondere weil meist sie es sind, die über die Einhaltung der komplexesten Regel im Fußball wachen: das Abseits. Sie ist diejenige unter den 17 Regeln, die wesentlichen Einfluss auf Strategie und Taktik und damit die Dynamik des Spiels hat. An ihr scheiden sich nicht nur auf dem Spielfeld die Geister, sondern im wirklichen Leben die Geschlechter. Jedenfalls hält sich bis heute die zähe Legende, dass Frauen von Fußball deswegen nichts verstehen, weil sie nicht in der Lage sind, die Abseitsregel zu begreifen. Diese Annahme könnte aber auch rein historische Gründe haben: Die Formulierung der Off-Side-Regel 1863 fiel genau in die Zeit, als der Anthropologe und Schädelkundler Paul Broca die zwar seinerzeit bahnbrechende, längst widerlegte Theorie von der unterschiedlichen Gehirngröße der Rassen und der Geschlechter aufgestellt hatte.

berücksichtigt. Fast immer vergessen werden, weil sie so selbstverständlich sind und meist nur dann auffallen, wenn sie ausfallen, die zum Spiel notwendigen Dinge, die unerlässlichen Zutaten des Gesamtkunstwerks Fußball. Denn der großen Welt des Fußballs mit seinen unzähligen Geschichten und Anekdoten korrespondiert nicht nur die übersichtliche Ordnung der Regeln, sondern eine ebenso elementare Ordnung der Dinge.

Diese Dinge lassen sich im Wesentlichen an vier Händen abzählen. Da sind natürlich zuerst einmal der Ball, das Spielfeld und zwei Tore, dann die spezifische Ausrüstung der Spieler: ihre Schuhe, ihre Trikots, die Schienbeinschoner. Von hier aus ist es nicht mehr weit zur Auswechseltafel und zur Pfeife des Schiedsrichters, sodann zum Vereinswimpel und dem obligatorischen Maskottchen. Die jedermann vertraute, tausendmal gesehene, banale Welt der Fußball-Dinge erweist sich bei genauerem Hinsehen nicht nur als ein außerordentlich komplexes Netzwerk von Bedeutungen, an und in denen sich die ganze große Erzählung des

1.3/12 Rasen
Rasenstück vom Spielfeld des Statio Olympico Roma
Rom, 1990
Rasen, Erde, Acryl;
5,9 x 9 x 7,7 cm
Deutsches Sport-und Olympiamuseum, Köln

Der Verlauf jedes Spiels ist abhängig vom Rasen, auf dem es sattfindet, und erst sein perfekter Zustand erlaubt auch ein technisch hochwertiges Spiel. Der besonderen Bedeutung gemäß wurde dem Rasen stets eine besondere Verehrung zuteil. Der Vorreiter aller "Heiligen Rasen" dieser Welt wächst im Wembley-Stadion in England, wo Aussaat und Pflege des Grases über Jahrhunderte zur äußersten Perfektion gereift sind. Aber auch weniger perfekte Rasen erfreuen sich fast religiöser Anbetung. Mancherorts knieen die Spieler vor dem Anpfiff auf ihm nieder, berühren ihn mit den Händen, die sie küssen, um schließlich ein Kreuz zu schlagen. Auch kann Rasen den Status einer Reliquie gewinnen, wenn es – wie 1977 den schottischen Fans im Wembley-Stadion – nach dem Sieg gelingt, Stücke davon abzutragen und mit nach Hause zu nehmen; oder er wird wie eine Devotionalie gehandelt, so 1994 in Los Angeles, wo er – wie es heißt – "in Stücken verkauft wurde wie eine Pizza, zu zwanzig Dollar die Portion." Das hier gezeigte Stück "Heiliger Rasen" stammt übrigens aus Rom, samt päpstlichem Segen, der dem Stadion vor Beginn der Weltmeisterschaft zuteil wurde.

1.3/13 Markiermaschine
Markiermaschine aus dem Ruhrstadion Bochum
1990-er Jahre
Metall (lackiert), Gummi;
90 x 51 x 150 cm
Sport- und Bäderamt der Stadt Bochum, Betriebshof Ruhrstadion

Allein mit einem Stück Rasen ist es beim Fußballspiel nicht getan. Für ein anständiges Spielfeld braucht man vor allem eine Markiermaschine. Die seit 1902 bis heute gültigen Spielfeldmaße sind variabel: Ihre Länge kann zwischen 120 und 90 Metern variieren, die Breite zwischen 90 und 45 Metern. Für internationale Spiele sind Maximalmaße von 110 x 75 m vorgesehen, was für den Platzwart und seine Maschine eine ganze Menge Arbeit bedeutet: 370 Meter für die Spielfeldumrandung, 75 für die Mittellinie, für die beiden Tor- und Strafräume knapp 210, zuzüglich all der Kreise; allein der um den Spielfeldmittelpunkt zu ziehende Kreis hat einen Umfang von rund 58 Metern. Insgesamt sind für ein international anerkanntes Spielfeld in maximaler Abmessung rund 730 Meter Markierungslinie zu ziehen. Die Krönung des Werks sind schließlich die beiden Elfmeterpunkte, aber die werden von Hand markiert.

1.3/14 Eckfahne
Eckfahne aus dem Ruhrstadion Bochum
1980er Jahre
Textil, Holz, Leder; H 150 cm
Sport- und Bäderamt der Stadt Bochum, Betriebshof Ruhrstadion

Um bei den gewaltigen Ausmaßen des Spielfeldes nicht den Überblick zu verlieren, sind die vier Ecken des Spielfeldes jeweils durch eine Fahne gekennzeichnet. Die Fahnenstange hat eine vorgeschriebene Höhe von 1,50 m, und um sie ist ein Viertelkreis von 1 m Halbmesser zu ziehen, aus dem heraus ein Eckstoß vollzogen werden muss. Am schönsten ist es, wenn ein Spieler einen Eckball direkt ins Tor "biegt", was aber höchst selten der Fall ist und nicht zuletzt durch die Fahnen erschwert wird, die zweifellos zu den unglücklichen Erfindungen im Fußball gehören. Sie stehen eigentlich immer im Weg, doch die Regeln sagen, dass sie nicht entfernt werden dürfen. Aber wie so oft rührt gerade das Verbotene an die unbewussten Wünsche: "Dem hätte ich am liebsten mit der Fahne einen Scheitel gezogen", ließ ein Spieler einmal nach einem Streit mit dem Schiedsrichter verlauten.

1.3/15 Spielzeitmesser
2000
Kunststoff, Leder; L 25 cm (Armband), 4,5 x 4,5 cm (Uhr)
allzweck Sportartikel, Trechtingshausen

Nach seiner Prognose zum Ausgang eines Spiels gefragt, antwortete Sepp Herberger: "Das Spiel dauert 90 Minuten". Wie lang aber diese zweimal 45 Spielminuten wirklich sind, entscheidet beim Fußball nicht vorrangig die Uhr, sondern der Schiedsrichter. Nicht nur, dass er bei einem unentschiedenen Spielstand die Zeit verlängern kann, er soll auch laut Regeln "... jeder Spielzeithälfte die nach seinem Ermessen durch Auswechslung, Transport verletzter Spieler vom Spielfeld, Zeitvergeudung oder aus einem anderen Grund verlorengegangene Zeit hinzufügen". Mit die längsten 90 Minuten der Fußballgeschichte ereigneten sich beim Finale um die Deutsche Meisterschaft zwischen dem 1. FC Nürnberg und dem Hamburger SV 1921/22: Sie dauerten in diesem Fall 190 Minuten. Schiedsrichter Peco Bauwens ließ, nachdem auch die Verlängerung am unentschiedenen Spielstand von 2:2 nichts geändert hatte, so lange weiterspielen, bis die Dunkelheit einbrach. Das Wiederholungsspiel war zwar etwas kürzer, ging aber nicht minder unentschieden aus. Der DFB führt für dieses Jahr keinen Deutschen Meister.

1.3/13

Fußballs kristallisiert. Sie stellt auch ein Netz von Bedingungen dar, dessen Wirkung auf den immer gleichen und doch immer anderen Ablauf eines Fußballspiels gar nicht hoch genug zu veranschlagen ist. Die Dinge sind die Mittler, in denen die Struktur des Spiels und die aktuellen Umstände miteinander verschmelzen. Dass sie nicht nur Träger all der Ereignisse sind, die sich buchstäblich in sie eingeschrieben haben – so wie der Ball die Erinnerung an Tausende von Toren hervorrufen kann –, sondern in ihrer Materialität auf das Geschehen selbst zurückwirken, ist dabei nur konsequent. Der erwähnte Ball zum Beispiel, das A und O des Spiels: Seine Kugelform erst verleiht dem Spiel den spezifischen Rhythmus und bestimmt auch im weitesten Sinne die Abmessungen des Spielfeldes mit, dessen Koordinaten bei einem Würfelspiel natürlich ganz andere sein müssten. Vor diesem

Hintergrund bekommt auch so etwas Randständiges wie eine Markiermaschine als Element der Fußball-Dinge seinen festen Platz, produziert sie doch erst das Feld, das der Bewegung des Balls vor dem Hintergrund der Regeln ihren Sinn verleiht. Die materielle Beschaffenheit des Balls bestimmt aber nicht nur die mögliche Geschwindigkeit und Reichweite eines jeden Schusses, sondern hat schließlich auch ganz konkret Fußballgeschichte geschrieben. Mit der

1.3/15

1.3/16 Flutlicht-Glühbirne
Flutlicht-Glühbirne aus dem
Parkstadion Gelsenkirchen
Osram, 1990er Jahre
Glas, Metall; 10 x 42,5 x 10 cm
Liegenschaftsamt der
Stadtverwaltung Gelsenkirchen

Seit den Anfängen des Fußball ist man darum bemüht, die Nacht zum Tag zu machen, um den Ball zu jeder Zeit spielen und sehen zu können. Die ersten Experimente mit künstlicher Spielfeldbeleuchtung fanden schon 1878 in England statt. Das heutige Flutlicht zog in den fünfziger Jahren des 20. Jahrhunderts in die Stadien ein; weil die Zuschauer für mindestens so wichtig erachtet wurden wie das Spiel und die Anzahl der Begegnungen stetig zunahm, war das Ausweichen auf den Abend unabdingbar geworden. Seither tauchen riesige Anlagen die Stadien in gleißendes Licht. Das Gelsenkirchener Parkstadion verfügt heute an seinen vier Masten mit je 42 Birnen à 3500 Watt über eine Beleuchtungsstärke von insgesamt rund 600.000 Watt. Aber auf die kann man sich nicht immer verlassen. Manchmal geht mitten im Spiel das Licht aus, was – muss wiederholt werden – Frohlocken bzw. Riesenärger auslöst, je nachdem, welche Mannschaft gerade in Führung lag. Dabei ist die Schuldfrage nicht immer leicht zu klären: "Tierisches Versagen" etwa wurde in Mannheim unterstellt, nachdem es sich ein Storch auf einem Flutlichtmast bequem gemacht hatte, woraufhin im Aufstiegsspiel zwischen Kickers Offenbach und dem FC Memmingen das Licht verlosch. Schäng Löring hingegen, der legendäre Präsident von Fortuna Köln, gab sich mit Schuldfragen gar nicht erst ab: Als es dunkel wurde, hielt er kurzerhand die Starkstromkabel bis zum Ende des Spiels mit der Hand aneinander und leuchtete so seiner Mannschaft gegen Darmstadt 98 zum sicheren Sieg heim.

1.3/17 Betreuungstasche
Tasche des Mannschafts-
betreuers Hermann Rieger
1980er Jahre
Kunstleder, Metall;
37 x 50 x 16 cm
Hamburger SV

Die Taschen der Mannschaftsbetreuer gleichen einer Wundertüte: Eben noch schmerzgekrümmt am Boden liegend, jagen die Spieler schon Sekunden nach der Behandlung wieder dem Ball hinterher. Sie enthalten Substanzen für Einreibungen, Kompressen zur Kühlung wie zur Erwärmung, Eis, Bandagen, Pflaster und vieles mehr. Doch glaubt man dem legendären Erich Deuser, liegt das eigentliche Geheimnis gar nicht in der Tasche: "Das alleinige Werkzeug des Masseurs sind die Hände". Mit ihnen vollzog er die kunstvollen "Streichungen, Knetungen, Reibungen, Walkungen, Vibrationen und Schüttelungen", die "günstige Einflüsse auf den Körper" ausüben. Während also das Handspiel für alle Feldspieler verboten ist, ist es für die Mannschaftsbetreuer das A und O. Auch Hermann Rieger ist einer von diesen Männern mit den "begnadeten Händen". Mit "Hermanns Treuer Riege" dürfte er der einzige Betreuer mit einem eigenen Fanclub sein.

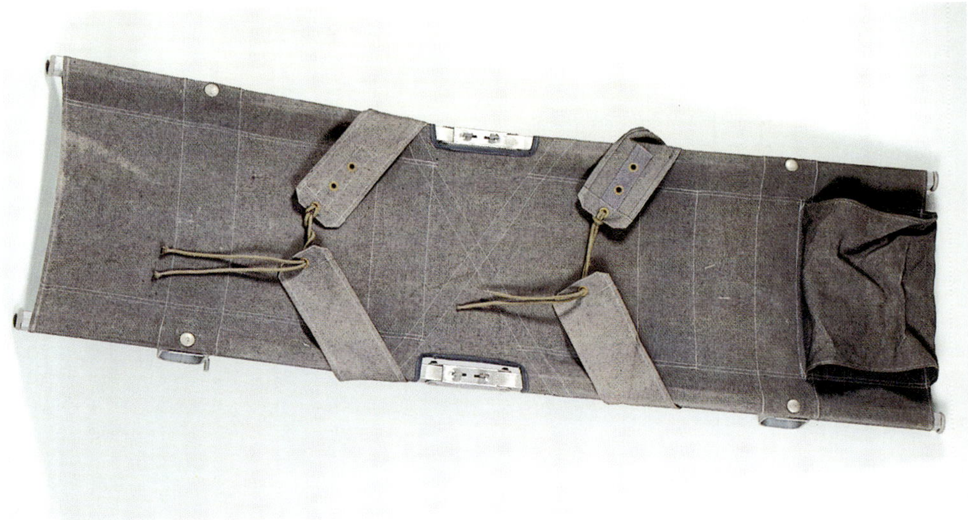

1.3/18

1.3/18 Verletztentrage
1960-1999 im Einsatz
1960
Metall, Textil; 16 x 185 x 53 cm
Deutsches Rotes Kreuz,
Oberhausen

Nicht immer stehen die Spieler wieder auf. Fußball gehört zu den Sportarten mit der höchsten Verletztenquote. "Auf einer Trage brachte man mich vom Platz, noch einmal schaute ich in die Menschenwälle, glaubte meinen Abgang von der Fußballbühne zu erleben. Jeder Röntgenarzt hätte mich ohne Zögern zum Voll-Invaliden erklärt: Verrenkungen, Rippenbrüche, Zerrungen, Muskelabrisse, Prellungen, Verstauchungen, Entzündungen sowie eine recht gefährliche Absplitterung am Fußgelenk." Doch Uwe Seeler war unerschütterlich. Dass die Spieler manchmal Terminator-Träumen nachhängen, ist angesichts solch unsichtbaren Innenlebens nicht weiter verwunderlich. "Ach wäre ich doch ein Tipp-Kick-Spieler...", soll ein verletzter Spieler einmal gesungen haben. "Die Edelstahlbeine der Kicker können ohne Werkzeug ausgetauscht werden. Die Körper sind aus Feinzink, die Oberfläche ist pulverbeschichtet und dadurch extrem widerstandsfähig" – doch das ist vorläufig noch Poesie aus dem Katalog eines Tipp-Kick-Herstellers.

1.3/19 Auswechseltafel
Auswechseltafel aus dem
Parkstadion Gelsenkirchen
1980er Jahre
Karton, Metall, Kork;
52 x 24 x 4 cm
Liegenschaftsamt der
Stadtverwaltung Gelsenkirchen

Die Auswechslung von Spielern wird durch eine vollkommen sachliche Tafel mit den jeweiligen Rückennummern der Spieler angezeigt, die es heute auch als digitale Version gibt. Sie ist vollzogen, wenn der Einwechselspieler das Spielfeld betritt: "In diesem Augenblick wird er zum Spieler, und der Spieler, den er ersetzt, hört auf, ein Spieler zu sein." Wo die Regeln "Sein oder Nicht-Sein" auf das Überschreiten einer Linie reduzieren, geraten die Verantwortlichen häufig unter Erklärungszwang und manchmal in fast ausweglose Situationen, wie etwa Gerd Lautsch vom SV Fortuna Bottrop: "Ich wusste oft nicht, wen ich auswechseln sollte. Die Eltern haben da alle am Rand gestanden und haben sich dann immer aufgeregt, wenn ihr Sohn ausgewechselt werden sollte. Dann hab ich meistens einen genommen, dessen Eltern nicht da waren, oder ich habe meinen eigenen Sohn ausgewechselt. Der hat dann in der Kabine gesessen und geheult."

1.3/19

Entwicklung vom "Leder", das bei schlechtem Wetter Gewicht und Form veränderte, zum Kunststoff-Ball haben sich auch seine Eigenschaften wesentlich geändert. Eine Spieltaktik, die diese Vorgaben nicht berücksichtigen würde, hätte keine Aussicht auf Erfolg. Das gleiche gilt etwa für die Schuhe mit ihren Schraubstollen, die die

1.3/20

1.3/20 Ersatzbank
1970-er Jahre
Holz, Metall; 47 x 85 x 33 cm
TSV Bayer 04 Leverkusen

Das Sitzen am Rande des Spielfeldes folgt komplizierten Regeln, die allerdings nirgendwo festgeschrieben sind außer in den Köpfen eben derer, die dort sitzen. Wer darf oder muss neben wem sitzen und wie viel Abstand liegt dazwischen? Wer redet mit wem und wer umarmt wen, wenn ein Tor fällt? Ausgewechselte Spieler, Einwechselspieler, Trainer, Betreuer – ihre Interessen sind nicht immer deckungsgleich, aber auf der Bank haben sie eins gemeinsam: Sie alle sind zur Tatenlosigkeit verurteilte Zuschauer des Geschehens. Für die professionellen Spieler hat das wegen der hohen Belastungen eingeführte Rotationsprinzip der Ersatzbank heute wohl ihre Schärfe genommen; auf dem Schulhof gelten indes noch die alten Regeln, wie der Tagebucheintrag eines Erstklässlers zeigt: "Heute war Die Pause nicht sehr schön: Ich war mindestens 5 Minuten Auf Der Ersatzbank".

1.3/21 Wimpel
Wimpel des Deutschen Fußball-Bundes für das Endspiel der Weltmeisterschaft 1998
Deutscher Fußball-Bund, 1998
Textil, Kunststoff, Kordel;
L je 40 cm
Deutscher Fußball-Bund, Frankfurt/M.

Die Wimpel künden noch heute von der regelrechten Fahneninflation in Europa, die mit dem Aufstieg des bürgerlichen Vereinswesens im 19. Jahrhundert ihren Ausgang nahm und von der auch der Fußball nicht verschont blieb. Beinahe jeder Verein hat bis heute seine Wimpel, Fahnen im Miniaturformat. Die Wimpel sind Freundschaftsgaben, die – so ist es Brauch – vor wichtigen Spielen mit der gegnerischen Mannschaft ausgetauscht werden. Sie werden für jedes Spiel eigens angefertigt und enthalten neben Namen, Gründungsdatum und Emblem des Vereins auch den Namen des Gegners sowie Ort und Datum des aktuellen Spiels. In Pokal- oder Turnierspielen muss auf solche Nennungen naturgemäß verzichtet werden, weil sich trotz der Möglichkeiten der Wahrscheinlichkeitsrechnung der Name des Gegners selten im Voraus exakt ermitteln lässt. Genauso wenig lässt sich vorhersagen, ob man selber noch im Spiel ist: So erreichten die für den Tausch vor dem Halbfinale und dem Endspiel der Weltmeisterschaft in Frankreich 1998 fabrizierten Wimpel des DFB nie ihren Empfänger.

1.3/22 Maskottchen
Ausgestopfter Kopf des Ziegenbocks "Hennes" vom 1. FC Köln
Anfang 1960-er Jahre
Präparat; 80 x 40 x 60 cm
1. FC Köln

Auch unsere dem Aberglauben vorgeblich ferne Gegenwart ist ohne Maskottchen nicht denkbar, schon gar nicht im Bereich des Spiels. Den Beweis, dass Maskottchen einen positiven Effekt für das Geschehen auf dem Fußballfeld haben, ist man zwar bislang noch schuldig geblieben, doch ihre bloße Existenz ist bereits ein Sieg für die Industrie- und Werbebranche. In manchen Vereinen werden die Spieler auch gerne von alten Teddybären, vor allem aber von lebenden Tieren wie Kanarienvögeln, Heidschnucken oder Ziegen begleitet, die allerdings selten das Alter des Vereins erreichen. Immer hinter dem Tor stand der treue "Hennes", einer der heißgeliebten Ziegenböcke des 1. FC Köln, dessen Konterfei nun diese Vitrine ziert.

Bewegungsmöglichkeiten der Spieler wesentlich verändert haben. Ein zwar nicht notwendig zum Spiel gehörendes, aber im heutigen Profifußball unverzichtbares Ding wie die 3500 Watt starke Glühbirne eines Flutlichtmastes kann etwas darüber erzählen, dass auch der Fußball in zunehmende Abhängigkeit von Technologie und Medien gerät, und wenn diese Birne – wie die ausgestellte – durchgebrannt ist, landet man unter Umständen bei den unkalkulierbaren Risiken, die den hochtechnisierten Alltag der Gegenwart durchziehen. Ob man den Ball nimmt oder die Flutlicht-Birne, es sind nicht nur die Ereignisse, die sich in die Dinge einschreiben, sondern es sind eben die Dinge selbst, die durch ihre Eigengesetzlichkeit den Ereignissen ihren Stempel aufdrücken. Der Fußballspieler erzeugt aus diesen begrenzten dinglichen Ressourcen eine stets neue Kombination von Handlungen und fördert auf diese Weise aus dem Koordinatennetz der Dinge immer wieder aufs Neue ein Stück Welt zutage.

Fußball unterliegt wie jede Geschichte und jedes Ereignis den Bedingungen der Welterzeugung, die noch immer in der Produktion von Dingen greifbar werden. Aber anders als im "wirklichen Leben", in dem die permanente Evolution der Dingwelt eine stete Neudefinition des Alltäglichen verlangt, ist es ein Kennzeichen des Spiels, dass trotz ihrer Veränderungen der Kanon

1.3/22

der Dinge selbst weitgehend stabil bleibt – so stabil und damit so gewohnt, dass er sich beinahe der Wahrnehmung entzieht. Vielleicht ist die Faszination des Fußballspiels also auch dort zu suchen, wo sich das Ungewisse seines Ausgangs mit der äußersten Vertrautheit seiner Bedingungen paart, die durch die stets unveränderte sinnliche Präsenz der Dinge gesichert wird. Aber sie sind trotzdem immer mit im Spiel, und jedes muss ihnen von neuem abgerungen werden. Über nunmehr fast 140 Jahre haben die Fußball-Dinge sich bis zum Bersten angefüllt mit großer Geschichte und unzähligen kleinen Geschichten über ihre Listen und Tücken, in denen die Kreativität und Raffinesse der Spieler ihnen immer neue Facetten entlocken. Manchmal wundert man sich, dass sie nicht einfach platzen.

Nicola Lepp

1.3/23 Talisman
Ohrstecker von Delron Buckley,
Spieler des VfL Bochum
1998-2000
Metall; L 0,5 cm
Delron Buckley, Bochum

Der Aberglaube beim Spiel erschöpft sich aber längst nicht in Zahlenmystik und Maskottchenbrauchtum. Das Spielfeld ist darüber hinaus von zahlreichen Talismanen und anderen magischen Ritualen umgeben, die nicht immer sofort ins Auge springen. Halsketten und Ohrringe gehören dabei zu den gängigeren Formen, aber auch der erste Zahn des Sohnes soll schon einmal ein Spielfeld gesehen haben. Bei Real Madrid wurden angeblich erst sechs Jahre nach der Stadionerweiterung wieder wirkliche Erfolge erzielt, nachdem im Mittelkreis eine Knoblauchzwiebel vergraben worden war. Der Engländer Bobby Moore meinte, das Glück nur dann auf seiner Seite zu haben, wenn er seine Hose als letzter anzog. Weil ein Mitspieler der gleichen Ansicht war, boten sie im Umkleideraum ein verzweifeltes Schauspiel, das erst durch den Anpfiff beendet wurde.

1.3/24 Fanartikel
Signaltröte eines Fußball-Anhängers
1970-er Jahre
Kunststoff, Kordel, grünes und weißes Klebeband; L 31 cm
Werder Bremen

Der Fan ist das Salz in der Suppe des Fußballspiels. Ein Spiel ohne zumindest potentiell begeisterte und engagierte Zuschauer, ohne Buhrufe, Beschimpfungen und Jubel ist ein verlorenes Spiel. Fans sind – so wurde einmal gesagt – "der zwölfte Mann". Als in diesem Sinne Mitwirkenden fällt ihnen vorrangig die Aufgabe zu, sich bemerkbar zu machen. Doch die menschliche Stimme scheint weder den geforderten 90 Minuten noch den Dimensionen der Fußballfelder gewachsen zu sein. Als Stimmverstärker kommt so ziemlich alles in Frage, was laut genug ist, zu den Herzen der Spieler vorzudringen. Neben dem rhythmischen Einsatz von Füßen und Händen orchestrieren mit den jeweiligen Vereinsfarben geschmückte Kuhglocken, Rasseln, Fanfaren und Signaltröten unterschiedlichster Herkunft das Spielgeschehen. Wenn dann in wichtigen Momenten die Puste ausgeht, helfen schließlich Druckluftkompressoren, den Ton zu halten. Nur Trillerpfeifen sind im Konzert dem Schiedsrichter vorbehalten und für die Fans tabu.

1.3/24

1.3/25
Spielübertragungsmedium
Brieftaube DV Nr. 290609
1966-1981 im Einsatz
Präparat; H 28 cm
Winfried Kentgens, Oberhausen

Dass Fernsehkameras die Stadien bevölkern und Ü-Wagen der Sendeanstalten vor ihren Toren bisweilen ein reges Gedränge entfachen, um am Verlauf des Spiels auch die Daheimgebliebenen teilhaben zu lassen, ist heute nichts Außergewöhnliches mehr. Die Möglichkeiten, live dabei zu sein, waren jedoch nicht immer so glänzend wie im sogenannten Medienzeitalter. Noch in den fünfziger Jahren des 20. Jahrhunderts hatte man außerhalb des Stadions so gut wie keine Chance, über den Spielstand auf dem Laufenden zu sein. Live-Reportagen im Radio gab es nicht, allenfalls einmal eine abendliche Zusammenfassung ausgewählter Ergebnisse, vom noch im Versuchsstadium befindlichen Fernsehen ganz zu schweigen. Wer im Ruhrgebiet lebte, war besser dran, jedenfalls sofern er über gute Kontakte zur Taubenzüchterszene verfügte. Lebende Kommunikationsmedien in Form von Brieftauben gehörten damals zum Stammpublikum der Revierstadien. Zwar nicht mit der digitalen Übertragungsgeschwindigkeit von heute, aber bei 100 km/h immerhin fast mit maximaler Ballgeschwindigkeit flogen sie kleine Zettel mit dem Spielstand nach Hause. Blieb nur noch, sie in den Schlag zu locken.

Helden, Stars und Idole – die Jahrhundertelf

Edson Arantes do Nascimento, genannt: Pelé, Hendrik Johannes Cruijff, Franz Beckenbauer, Alfredo di Stéfano, Diego Armando Maradona, Ferenc Puskás, Michel Platini, Manoel dos Santos Garrincha, Eusébio Ferreira da Silva, Sir Robert Charlton und im Tor Lev Yashin – die Jahrhundertelf. Natürlich hat es diese Mannschaft nie gegeben, die wenigsten der Genannten haben jemals mit- oder gegeneinander gespielt. Es ist eine fiktive Elf, bestehend aus den 10 besten Feldspielern und

1.4/1 Pelé (* 23.10.1940)
Sportimage/Presse Sports
Foto; 200 x 125 cm
Sportimage/Presse Sports, Hamburg

Pelé, eigentlich Edson Arantes do Nascimento, gilt als bester Fußballer des 20. Jahrhunderts. Als Stürmer war er maßgeblich am Aufstieg der brasilianischen Nationalmannschaft beteiligt, mit der er 1958, 1962 und 1970 die Weltmeisterschaft gewann. 1970 wurde er zum Weltsportler des Jahres gewählt.
Pelé wuchs in ärmlichen Verhältnissen auf. Er begann seine Fußballkarriere 1954 beim AC Bauru und wechselte zwei Jahre später zum FC Santos, für den er 18 Jahre spielte. Pelé bestritt in dieser Zeit 1114 Spiele und erzielte über 1200 Tore. Der FC Santos wurde in den sechziger Jahren zur erfolgreichsten Mannschaft Brasiliens. Zwischen 1959 und 1968 errang der Verein fünfmal den Meistertitel, gewann 1962 den Südamerikapokal und im folgenden Jahr den Weltpokal. Sein internationales Debüt in der brasilianischen Nationalelf feierte Pelé 1957. In 92 Länderspielen erzielte er 77 Tore, davon zwölf bei WM-Begegnungen.
Zum Abschluss seiner Laufbahn wechselte Pelé 1975 zu Cosmos New York, wo er bis 1978 spielte.

1.4/2 Johan Cruijff (* 25.4.1947)
Pressebilderdienst Horst Müller
Foto; 200 x 125 cm
Pressebilderdienst Horst Müller, Düsseldorf

Hendrik Johannes (Johan) Cruijff galt in den siebziger Jahren als bester Mittelfeldspieler der Welt. Unter seiner Regie stieg Ajax Amsterdam zu einer der führenden Fußballmannschaften Europas auf. Mit Cruijff begann für Ajax Amsterdam eine bespiellose Erfolgsserie: Seit 1966 wurde der Verein mehrfach niederländischer Fußballmeister, 1972 Weltpokalsieger. Er gewann 1971-1973 dreimal in Folge den Europapokal der Landesmeister. 1973 wechselte Cruijff, der viermal Europas "Fußballer des Jahres" war, zum FC Barcelona und schließlich in die nordamerikanische Soccer League. 1982 kehrte er zu Ajax Amsterdam zurück. Cruijff beendete 1984 seinen Karriere als Spieler bei Feyenoord Rotterdam und arbeitete anschließend als Trainer bei Ajax und dem FC Barcelona.
Bereits mit 19 Jahren gehörte Cruijff zum Aufgebot der niederländischen Nationalelf. Bei der Weltmeisterschaft 1974 galt die niederländische Mannschaft mit ihrem Kapitän Cruijff als eine der aussichtsreichsten Anwärter auf den Titelgewinn. Erst im Endspiel konnte sie von der deutschen Elf gestoppt werden.

1.4/3 Franz Beckenbauer (*11.9.1945)
Sportimage/Presse Sports, 1977
Foto; 200 x 125 cm
Sportimage/Presse Sports, Hamburg

Als Kapitän führte Franz Beckenbauer die deutsche Nationalmannschaft in den siebziger Jahren zu ihren größten Erfolgen.
1972 wurde er mit seiner Elf Europameister, 1974 Weltmeister. Er gilt als der beste Fußballspieler, den Deutschland hervorgebracht hat.
Beckenbauer begann seine Fußballerlaufbahn beim SC 1906 München. 1958 wechselte er zum FC Bayern München, mit dem er 1969, 1972, 1973 und 1974 deutscher Meister wurde und dreimal den Europapokal der Landesmeister sowie viermal den DFB-Pokal gewann. Aufgrund seiner spielerischen Klasse ist der "Kaiser" bis heute einer der populärsten Spieler des Weltfußballs. 1972 und 1976 wurde Beckenbauer, der die Position des Liberos etabliert und perfektioniert hatte, zu Europas "Fußballer des Jahres" gewählt.
1977 wechselte er zu Cosmos New York und kehrte 1982 als Spieler sowie schließlich als Trainer in die Bundesliga zurück.
Sein erstes Länderspiel bestritt Beckenbauer 1965. Mit 103 Länderspieleinsätzen war er lange Zeit deutscher Rekordnationalspieler. 1990 gelang ihm ein weiterer internationaler Erfolg: Als Teamchef (1984-1990) holte er mit der deutschen Nationalelf den Weltmeistertitel.

dem besten Torwart des 20. Jahrhunderts. Der Jahrhundertelf liegt eine Rangliste zugrunde, die Sportjournalisten, Fußballhistoriker und -statistiker aus aller Welt für die "International Federation of Football History & Statistics" (IFFHS) erstellt haben. Doch wie objektiv kann die Beurteilung sportlicher Leistungen sein? Alle Auserwählten waren in der zweiten Jahrhunderthälfte aktiv. Die Erinnerung an die Fußballidole der Jugendzeit oder der jüngsten Vergangenheit hat die Auswahl offenbar stark beeinflusst. Und wie sollte die Jury auch Fußballer aus den zwanziger oder dreißiger Jahren beurteilen, von denen es kaum Filmaufnahmen gibt? Ist es nicht ungerecht, Spieler aus den frühen Jahren des Fußballs mit den Spielern der neunziger Jahre zu vergleichen? Zu sehr haben sich Training und Spiel verändert, zu sehr hat die Professionalisierung die Qualität des Fußballs insgesamt gehoben.

Wenn man aber dennoch eine Jahrhundertelf zusammenstellt, dann geht es darum, der außergewöhnlichen Leistung herausragender Spieler Respekt zu zollen. Was die Weltfußballer von anderen Fußballern unterscheidet, ist nicht nur ihre Klasse, sondern

1.4/4 Alfredo di Stéfano (* 4.7.1926)
Pressebilderdienst Horst Müller
Foto; 200 x 125 cm
Pressebilderdienst Horst Müller, Düsseldorf

Alfredo di Stéfano war in den vierziger und frühen fünfziger Jahren der unumstrittene Star des lateinamerikanischen Fußballs. Nach seinem Wechsel zu Real Madrid stieg der spanische Verein zur Weltspitze auf. Alfredo di Stéfano begann seine Laufbahn 1942 als Profi beim argentinischen Verein River Plate Buenos Aires. 1949 wechselte er zum kolumbianischen Club Millionarios Bogotá, für den di Stéfano fünf Jahre spielte. Beide Vereine wurden in dieser Zeit mehrmals Fußballmeister ihres Landes. Ab 1954 spielte di Stéfano für Real Madrid. Bereits in der ersten Saison führte er seinen Verein zur Meisterschaft. Dank di Stéfanos überlegener Regie konnte Madrid den Titel in den kommenden Jahren mehrmals erfolgreich verteidigen. Die Teilnahme am Europapokal der Landesmeister wurde zu einem Triumph für Real Madrid: Viermal in Folge gewann die Elf um di Stéfano den Pokal. 1957 und 1959 war er Europas "Fußballer des Jahres". Sowohl in Argentinien als auch in Kolumbien und seiner Wahlheimat Spanien trug di Stéfano das Trikot der Nationalelf. Große Erfolge blieben ihm hier allerdings versagt.

1.4/5 Diego Armando Maradona (* 30.10.1960)
Fotoagentur Hartung
Foto; 200 x 125 cm
Fotoagentur Hartung, Saarbrücken

Diego Armando Maradona war in den achtziger Jahren der erfolgreichste und populärste Fußballer der Welt. Der Sieg Argentiniens bei der Weltmeisterschaft 1986 war wesentlich sein Verdienst. 1979 und 1980 wurde er zu Südamerikas "Fußballer des Jahres" gekürt. Maradona, Sohn eines Fabrikarbeiters, spielte zunächst für Argentinos Juniors und wechselte zur Saison 1981/82 zum Spitzenclub Boca Juniors Buenos Aires. Nach einem kurzen Gastspiel beim FC Barcelona verpflichtete ihn der SSC Neapel, mit dem Maradona 1987 italienischer Meister und Pokalsieger wurde. Es folgte 1989 der UEFA-Cup-Sieg und 1990 die erneute Meisterschaft. Mit 17 Jahren gab Maradona sein Debüt in der argentinischen Nationalmannschaft. 1982 nahm der Mittelfeldspieler erstmals an einer Weltmeisterschaft teil. Er erreichte den Höhepunkt seiner Karriere, als er vier Jahre später Argentinien zum Weltmeistertitel führte. 1995 kehrte er zu seinem alten Verein Boca Juniors zurück, konnte jedoch nicht an seine alte Form anknüpfen. Drogenprobleme, Affären und Doping, die Maradona bis heute belasten, unterbrachen seine Fußballerlaufbahn in den neunziger Jahren.

1.4/6 Ferenc Puskás (* 2.4.1927)
Pressebilderdienst Horst Müller
Foto; 200 x 125 cm
Pressebilderdienst Horst Müller, Düsseldorf

Die ungarische Nationalelf zählte in den fünfziger Jahren zu den besten Mannschaften der Welt. Großen Anteil am Erfolg der Ungarn hatte der offensive Mittelfeldspieler Ferenc Puskás. Puskás stand seit 1945 im Aufgebot der ungarischen Nationalmannschaft. 1952 gewann die Mannschaft bei den Olympischen Spielen in Helsinki die Goldmedaille. Bei der Weltmeisterschaft 1954 galten die Ungarn als hohe Favoriten, mussten sich aber nach der 2:3-Niederlage im Endspiel gegen Deutschland mit dem Vizeweltmeistertitel zufrieden geben. Insgesamt 84 mal war Puskás in der ungarischen Nationalmannschaft im Einsatz und erzielte dabei fast ebenso viele Tore. Puskás spielte von 1949 bis 1956 für Honvéd Budapest. Der Verein wurde in dieser Zeit viermal ungarischer Landesmeister. Nach dem niedergeschlagenen Aufstand in seinem Heimatland verließ Puskás 1957 Ungarn. Er spielte anschließend für Real Madrid. Mit seinem neuen Verein gewann er 1958, 1959 und 1960 den Europapokal der Landesmeister. Er absolvierte zudem vier Länderspiele für Spanien. 1965 beendete Puskás seine Karriere und war danach als Trainer erfolgreich.

auch die Art und Weise, wie man sie betrachtet. Ihnen traut man zu, ein Spiel entscheiden zu können oder einem verloren geglaubten noch einmal eine Wendung zu geben. Alle Hoffnungen sind auf sie gerichtet, wenn sie das Spielfeld betreten. Als seien sie nicht von dieser Welt, machen sie das Unmögliche möglich. Selbst wenn die eigene Mannschaft verliert, verneigt sich der Zuschauer vor der Klasse solcher Spieler. Es scheint, als könnte man in den großen Fußballidolen die Schönheit des Fußballs selbst wahrnehmen.

Dabei ist das Fußballspiel von seiner Anlage her eigentlich starfeindlich. Außergewöhnliche Fähigkeiten einzelner Spieler werden vom Gegner rasch erkannt, Gegenmittel sind schnell ersonnen. Und was wäre der Star ohne seine Mannschaft, was wäre Beckenbauer ohne Schwarzenbeck? Dennoch feiert man meist nur einen: den Torschützen, der sich vorwagt und die Entscheidung herbeiführt. Aber auch die Figur eines Regisseurs, eines Kopfes, eines geniale Spielzüge Einleitenden ist startauglich.

Siegestaumel, Freude, Verzweiflung und Trauer liegen in der Fußballwelt und ihren

1.4/7 Michel Platini
(* 21.6.1955)
Pressebilderdienst Horst Müller
Foto; 200 x 125 cm
Pressebilderdienst Horst Müller, Düsseldorf

Mit dem Gewinn der Europameisterschaft 1984 errang die französische Nationalmannschaft ihren ersten internationalen Fußballtitel. Dieser Erfolg war in erster Linie das Verdienst Michel Platinis.
Seine Karriere als Spitzenfußballer begann Platini 1972 beim AS Nancy. 1979 wechselte der Mittelfeldspieler zum AS St. Etienne, mit dem er 1981 französischer Meister wurde. Seine größten Erfolge feierte er mit Juventus Turin, für den er seit 1982 spielte: 1983 Vizemeister und italienischer Pokalsieger, 1984 Meister und Sieger im Europapokal der Pokalsieger, 1985 im Europapokal der Landesmeister und Weltpokalsieger, 1986 erneut Meister. Dabei gehörte Platini immer zu den Leistungsträgern der Mannschaft.
1976 spielte Platini erstmals in der französischen Nationalmannschaft, für die er 72 Spiele bestritt. Zum Sieg der "Equipe Tricolore" bei der Europameisterschaft 1984 trug Platini mit neun von 14 Toren bei. 1983, 1984 und 1985 wurde er zu Europas "Fußballer des Jahres", 1984 und 1985 zum "Weltfußballer des Jahres" gewählt. Nach seinem Rücktritt als aktiver Fußballer war Platini entscheidend daran beteiligt, dass die Weltmeisterschaft 1998 nach Frankreich vergeben wurde.

1.4/8 Garrincha
(28.10.1933 – 20.1.1983)
Pressebilderdienst Horst Müller, um 1958
Foto; 200 x 125 cm
Pressebilderdienst Horst Müller, Düsseldorf

Der Rechtsaußen Garrincha wurde mit der brasilianischen Nationalelf 1958 und 1962 Weltmeister. Wegen seiner herausragenden Leistung wurde er zum besten Spieler des Weltmeisterschafts-Turniers 1962 gekürt.
Garrincha kam als Manuel Francisco dos Santos in einem kleinen Ort bei Rio de Janeiro zur Welt. Wegen seiner unförmigen Beine erhielt er den Spitznamen Garrincha ("Paradiesvogel mit dem schaukelnden Gang"). Denoch entwickelte er sich im Dienste des Fußballclubs Botafogo Rio de Janeiro zu einem außergewöhnlichen, aber auch eigensinnigen Dribbelkünstler. Garrincha, der sein erstes Länderspiel 1955 bestritt, trug 57-mal das brasilianische Nationaltrikot. Er schoss dabei 15 Tore, davon vier während der Weltmeisterschaft 1962. Wegen gesundheitlicher Probleme zog er sich nach und nach vom aktiven Fußball zurück. 1973 gab er sein Abschiedsspiel. Dem Rückzug vom Profifußball folgte der soziale Abstieg. Garrincha verfiel dem Alkohol und geriet in große finanzielle Schwierigkeiten. Er starb völlig vergessen mit 49 Jahren.

1.4/9 Eusébio
(* 25.1.1942)
Pressebilderdienst Horst Müller
Foto; 200 x 125 cm
Pressebilderdienst Horst Müller, Düsseldorf

Eusébio Ferreira da Silva war in seiner aktiven Zeit einer der torgefährlichsten Stürmer cer Welt. 1966 wurde er Weltmeisterschafts-Torschützenkönig, 1968 und 1973 erfolgreichster Torschütze Europas.
Eusebio, geboren und aufgewachsen in der damaligen portugiesischen Kolonie Mosambik, spielte seit 1961 für Benfica Lissabon. Mit seinem Verein gewann er 1962 den Europapokal der Landesmeister und wurde zwischen 1963 und 1973 neunmal portugiesischer Meister sowie fünfmaliger Pokalsieger. Er erzielte über 300 Ligatore.
Zum Ende seiner aktiven Laufbahn spielte Eusebio überwiegend bei nordamerikanischen Vereinen.
Der dritte Platz Portugals bei der Weltmeisterschaft 1966 war ein Achtungserfolg, der wesentlich auf Eusebio zurückging. Er bestritt 64 Länderspiele und erzielte dabei 41 Tore. 1965 wurde er zu Europas "Fußballer des Jahres" gewählt.

Helden nahe beisammen: Wie leidet man mit den Weltfußballern, wenn sie es nicht geschafft haben, rechtzeitig aufzuhören, und nun ihrer verlorenen Form und Jugend hinterherlaufen! Man ist entsetzt über einen Spieler wie Maradona, der ein unvergleichlicher Könner auf dem Spielfeld war, aber die Kontrolle über sein Leben außerhalb des Stadions verloren hat. Gerade der tiefe Fall eines Stars erinnert die Menschen noch einmal an seinen Glanz und seine verlorene Größe. Wer denkt dabei nicht unwillkürlich an antike Mythen, in denen die Helden von den Göttern für ihre außergewöhnlichen Taten bestraft werden? *Andreas Zolper*

1.4/10 Sir Robert Charlton (* 11.10.1937)
Pressebilderdienst Horst Müller, 1970
Foto; 200 x 125 cm
Pressebilderdienst Horst Müller, Düsseldorf

Robert (Bobby) Charlton gehörte in den sechziger Jahren zu den herausragendsten Fußballern Englands. Sein größter Erfolg war der Gewinn der Weltmeisterschaft 1966.
Robert Charlton spielte von 1953 bis 1973 bei Manchester United. 1957 wurde der offensive Mittelfeldspieler mit seinem Verein englischer Meister. Nach der Flugzeugkatastrophe von München, bei der 1958 acht Spieler von Manchester ums Leben kamen, war er maßgeblich am Neuaufbau des Teams beteiligt. Manchester United konnte bald an alte Erfolge anknüpfen und wurde 1963 Pokalsieger, 1965 und 1967 Landesmeister und gewann 1968 den Europapokal. Der englischen Nationalmannschaft gehörte Charlton seit 1958 an. Wegen seiner überragenden Leistung bei der Weltmeisterschaft 1966, die England zum Titelgewinn geführt hatte, wurde er zu "Europas Fußballer des Jahres" gewählt. 1975 zog sich Charlton aus dem aktiven Fußball zurück. Er wurde 1994 geadelt.

1.4/11 Lev Yashin (22.10.1929 – 21.3.1990)
Pressebilderdienst Horst Müller
Foto; 200 x 125 cm
Pressebilderdienst Horst Müller, Düsseldorf

Der sowjetische Torhüter Lev Yashin gilt als bedeutendster Torhüter der Fußballgeschichte. Seine überragenden Leistungen bei internationalen Turnieren sicherten ihm weltweit Anerkennung und Bewunderung.
Lev Yashin startete seine sportliche Laufbahn 1945 als Eishockeyspieler bei Dynamo Moskau. Er blieb dem Verein mehr als 25 Jahre treu, konzentrierte sich jedoch bald auf das Fußballspiel. Mit Dynamo Moskau wurde Yashin fünfmal Landesmeister und zweimal Pokalsieger.
1954 stand Yashin erstmals für die UdSSR bei einem internationalen Turnier im Tor. Zwei Jahre später holte er mit seiner Mannschaft in Melbourne olympisches Gold. Sein größter Erfolg war der Sieg der Sowjetunion bei der Europameisterschaft 1960. Obwohl seine Mannschaft bei den Weltmeisterschaften 1958 und 1962 jeweils im Viertelfinale ausschied, wurde Yashin beide Male zum besten Torhüter des Turniers gewählt. 1963 gewann er die Wahl als Europas "Fußballer des Jahres". Yashin bestritt 78 Länderspiele, in denen er nur 70 Gegentore hinnehmen musste.
Er starb 1990 an Krebs.

Foot Ball und Fußball, 1850-1918

2.1/1 Fußball
Großbritannien, 1890er Jahre
Leder; D 20 cm
The Football Museum, England;
E 25
Dieser vom Ende des 19. Jahrhunderts stammende Fußball wurde vor einigen Jahren zufällig in einem Glasgower Sportgeschäft entdeckt. Vermutlich ist er über Jahrzehnte hinweg unbeachtet geblieben, lassen sich an ihm doch keinerlei Gebrauchsspuren feststellen; d.h. er ist nie als Sportgerät zum Einsatz gekommen.

2.1/2 Zwei Fußbälle
1890er Jahre
Leder; je D 23 cm
The Football Museum, England;
E 6, E 7

Die Popularität des Fußballs ließ auch das Bedürfnis nach genormten Spielgeräten entstehen, durch die vergleichbare Verhältnisse für alle Mannschaften bei den Spielen hergestellt werden sollten. Die beiden nahezu identischen Bälle sind aus durchgehenden Streifen zusammengenäht.

2.1/3 Fußball
England, um 1920
Leder; D 23 cm
The Football Museum, England;
E 23

Lange Zeit experimentierten die Hersteller mit Lederstücken in verschiedenen Formen, um wirklich runde Bälle zu erhalten. Bei diesem Anfang der zwanziger Jahre des 20. Jahrhunderts in England fabrizierten Ball fällt auf, dass er aus T-förmigen Lederstücken kunstvoll zusammengesetzt ist.

2.1/4 "Football as played by the association rules"
The Young Fanciers Guide, England, 7.11.1874
Papier; 28 x 22 cm
The Football Museum, England;
B 29

Dieser Zeitungsartikel versucht, der interessierten Leserschaft die Regeln des "Association Football" nahe zu bringen. Es ist einer der ersten bekannten Versuche, die Fußballregeln über die Massenmedien bekannt zu machen und zu popularisieren.

2.1/5 "Famous Footballers"
Hudson & Kearns, Turnbridge Wells, England, 1896
Papier, Karton; 37 x 26 x 2 cm
The Football Museum, England;
B 24

Die Fotos aus dem Band "Famous Footballers" besitzen einen besonders repräsentativen Charakter. Sowohl die Pose der Spieler als auch die Attribute, die ihnen beigegeben sind, machen dies deutlich.

2.1/6 Zwei Werbeanzeigen für Fußballausrüstungen
The Boy's own Paper, England, 5.9.1903
Papier; 29,5 x 21,5 cm
The Football Museum, England;
B 108a

Das große Interesse am Fußball ließ schon früh eine regelrechte "Fußball-Industrie" entstehen, die die Vereine und ihre Spieler, aber auch den Schulsport mit Fußball-Sportartikeln versorgte. Die Firmen priesen ihre Produkte mittels Werbeanzeigen an.

Englischer Sport

Die Geburtsstunde des modernen Fußballs schlug im Jahr 1863, als in London die Vertreter verschiedener Vereine und Schulen einen nationalen Fußballverband gründeten und sich in ihrer Mehrzahl auf eine erste Vereinheitlichung der Regeln einigten. Vorläufer des Spiels gab es bereits seit dem Mittelalter, doch diese kannten kaum Regeln, keine festgelegten Mannschaften und ein hohes Maß an Gewalt, auf das die Obrigkeit mit Verboten reagierte. Sogar die englischen und schottischen Könige sahen sich im 14. und 15. Jahrhundert wiederholt genötigt, diese Formen des Fußballs zu verbieten. In zahlreichen Schriften aus dem Mittelalter und der frühen Neuzeit wird – neben einigen lobenden Stimmen – vor den Gefahren und den gesundheitlichen Risiken des Fußballs in drastischen Worten gewarnt. So hieß es im Jahre 1583: "Das Fußballspiel ist eher eine blutige, mörderische Beschäftigung als ein Spiel oder Zeitvertreib. Wartet nicht jeder darauf, seinen Gegner zu Fall zu bringen – auch auf steinigem Boden? Und wer dies am besten kann, ist der Angesehenste. Mal wird das Genick gebrochen, mal der Rücken oder Beine oder Arme. Aus den Nasen schießt das Blut, oder die Augen quellen hervor." [5] Diese Schilderung ist nicht ganz wörtlich zu nehmen, doch fraglos waren diese Formen des Fußballs recht brutal. Hier spielten größere Gruppen, oftmals ganze Dörfer gegeneinander und versuchten, den Ball über eine Markierung zu befördern. Das geschah ohne nennenswerte Regeln oder gar Taktik; das Geschehen glich einem riesigen Gebalge, das leicht zu einer Prügelei ausarten konnte.

2.1/2

2.1/5

Diese Formen wurden im 18. und beginnenden 19. Jahrhundert einerseits zunehmend zurückgedrängt, andererseits aber gerade wegen ihrer weitgehenden Regellosigkeit geschätzt, nicht zuletzt von den Schülern der berühmten "public schools" wie Eton und Rugby.

Auf diesen Internaten wurden die Eliten herangezogen, und die Lehrer, die meist aus einer niedrigeren sozialen Schicht stammten und ohnehin über weniger Geld verfügten als viele ihrer Schüler, hatten immer wieder mit Disziplinproblemen zu kämpfen. Einige von ihnen griffen deshalb auf die populären Ballspiele zurück, damit die Schüler sich austoben konnten. Daneben wollten die Lehrer mit dieser Art Mannschaftssport bei ihren Schülern aber auch die Persönlichkeitsentwicklung sowie die Herausbildung von Führungsqualitäten fördern. Sie setzten allerdings Regeln fest, um die Gewalt einzudämmen und das Zusammenspiel der Mannschaften zu stärken. Als Ideal galt dabei das "Fair Play", ein englischer Begriff, der mittlerweile seinen Siegeszug um die ganze Welt angetreten hat und in zahlreiche Sprachen übernommen wurde, auch ins Deutsche. Dieser Begriff bezeichnet eines der wesentlichen Elemente nicht nur des Fußballs, sondern des modernen Sports generell: Alle Teilnehmer müssen sich an die Regeln halten und dürfen sich auf dem Spielfeld oder außerhalb nicht mit unlauteren Mitteln Vorteile verschaffen.

2.1/7 "Men Famous in Football. Footballer's Almanach"
England, 1904
Papier, Pappe; 18,5 x 12,5 x 2 cm
The Football Museum, England; B 83

Ähnlich wie bei den Postkarten und Sammelbildern ließ die Popularisierung des Fußballsports und seiner Vertreter einen Markt für Druckerzeugnisse entstehen, in denen Fußballspieler mit Abbildungen und Lebensbeschreibungen einem breiten Publikum vorgestellt wurden.

2.1/8 "The International Football Match"
England, 19. Jh.
Holzschnitt; 25 x 32,6 cm
Deutsches Sport- und Olympiamuseum Köln; 85/312

2.1/9 "Foot Ball"
George Hunt (nach Robert Cruikshank), England, 1820
Kupferstich, koloriert; 32 x 45 cm
The Football Museum, England; A 15

Grundsätzlich lassen die frühen Darstellungen des Fußballs vor 1850 den Eindruck einer wüsten Rauferei entstehen. Die Fußballszenen sind oft in karikaturhafter Überzeichnung dargestellt. Auf diesem Bild sind die Mannschaften nicht durch erkennbare Trikots, sondern allenfalls an ihren Kopfbedeckungen zu unterscheiden. Auf der Karikatur scheint es sich um Soldaten zu handeln, die sich womöglich zu einem spontanen und weitgehend regellosen Kick getroffen haben. In dieser frühen Darstellung sind einige Spieler gestürzt, während die anderen mit unverminderter Heftigkeit hinter dem Ball herjagen.

2.1/10 "Football"
Thomas Webster RA, England, 1839
Reproduktion; 65,2 x 15,3 x 15 cm
The Football Museum, England; A 20

Websters Ölgemälde, die berühmteste Fußballdarstellung des 19. Jahrhunderts, lässt sich der Tradition der Genremalerei zuordnen. Ausgelassene Schüler streiten um mehrere Bälle; der Künstler ist bemüht, den Eifer der jungen Menschen auf humoristische Weise zu zeigen. In dieser Hinsicht stellt das Bild zugleich eine Studie der Affekte dar. Man kann sehr genau die verschiedenen Stufen von Eifer, Schmerz, Wut und Enttäuschung unterscheiden. In formaler Hinsicht bedient sich der Künstler eines Kunstgriffes. Indem er den Raum in der linken Hälfte des Bildes freilässt, entsteht ein dynamischer Eindruck: Die dargestellten Figuren bewegen sich im Bild von rechts nach links auf diesen freien Ort zu.

2.1/9

2.1/11 "Foot Ball, Kingston-upon-Thames"
Phillipson of Kingston, England, 1846
Holzschnitt; 29,7 x 42 cm
The Football Museum, England; A 50

Diese Fußballdarstellung zeigt ein tatsächlich stattgefundenes Spiel, bei dem um einen goldbemalten Ball gekämpft wurde. Das Spiel wurde wenig später wegen seiner großen Gewalttätigkeit verboten. Der Betrachter hat den Eindruck, als löse sich das Spiel in viele einzelne Zweikämpfe auf. Die Szene spielt sich vor einer Kirche ab. Es ist schwer zu beurteilen, ob für den Betrachter damit eine Ermahnung einhergeht, so als sollten sich die Menschen zivilisiert verhalten, statt miteinander zu raufen. In jedem Falle handelt es sich um eine kritische Darstellung, die die brutalen Auswüchse des Ballspiels zum Thema hat.

Lange Zeit allerdings bestanden im englischen Fußball mehrere Regeln nebeneinander, die zudem unterschiedlich ausgelegt wurden. So war umstritten, ob der Ball nur mit dem Fuß oder auch mit der Hand gespielt werden durfte. Da die neuen Ballspiele bald sehr populär waren, erwiesen sich die unterschiedlichen Auslegungen als großes Hindernis. Eine Vereinheitlichung des Regelwerks war erforderlich, die dann auch 1863 im Zuge der Gründung einer "Football Association" (FA) erfolgte. Ob der Ball nur mit dem Fuß oder auch mit der Hand gespielt werden durfte – was das Spiel bedeutend härter machte –, blieb aber immer noch ungeregelt. Noch mehrere Jahre wurde vergeblich versucht, die unterschiedlichen Regelvorstellungen der FA-Mitglieder in einem gemeinsamen Regelwerk zu vereinen, bis 1871 die Anhänger der Rugby-Variante einen eigenen Verband gründeten. Seit dieser Zeit entwickelten sich Rugby und Fußball als zwei eigenständige Spielformen. Der Association-Fußball – von dem sich die Bezeichnung "soccer" ableitet – zeichnete sich dadurch aus, dass der Ball rund war und nur mit dem Fuß getreten werden durfte. Zugleich war das Attackieren des Gegners vergleichsweise zurückhaltend und der Variantenreichtum der Spielzüge größer.

In den Jahrzehnten nach Gründung der FA fand der Fußball rasch eine große Anhängerschaft. Anfangs ein Sport der Eliten, wurde er vor allem unter den Arbeitern populär und damit zu einem echten Volkssport. Begünstigt haben diese Entwicklung die steigenden Löhne, die Ausweitung des Eisenbahnnetzes und die allmähliche Einführung des – zumindest partiell – freien Samstags. Arbeiter hatten dadurch Zeit und Geld, um Spiele zu besuchen, und sie konnten mit der Bahn größere Entfernungen zurücklegen. So entstand ein regulärer Spielbe-

2.1/12 Gründungsprotokoll der englischen "Football Association"
London, 26.10.1863
Reproduktion; 30 x 21 cm
The Football Museum, England

Das Jahr 1863 spielt in der Geschichte des englischen Fußballs eine wichtige Rolle. In diesem Jahr wurde nicht nur der nationale englische Fußballverband, die "Football Association" (FA) gegründet, sondern es wurden auch erstmalig allgemeingültige Fußballregeln fixiert. Über die Gründungsversammlung sind wir durch ein kurzes Protokoll informiert.

2.1/13

2.1/13 "Freemasons' Tavern", Gründungslokal der englischen "Football Association"
England, nach 1863
Kupferstich; 18,5 x 26 cm
The Football Museum, England; B 38

In der Gaststätte "Freemasons' Tavern" ("Freimaurerschänke") versammelten sich 1863 die Vertreter von elf Londoner Schulen und Clubs, um einen nationalen Verband zu gründen. Der 26. Oktober 1863 gilt seitdem als Geburtsstunde des nationalen englischen Verbandes, der "Football Association" (FA). Bei diesem Treffen und einem Weiteren am 24. November des gleichen Jahres konnten sich die Vertreter einer gemäßigten Variante der Fußballregeln (Verbot des Tretens des Gegners und Tragens des Balles mit der Hand) durchsetzen. Die Anhänger des Rugby-Fußballs wollten diese Entwicklung nicht mittragen und gründeten 1871 einen eigenen Verband, die "Rugby Union".

2.1/14 Bilderbogen zum ersten Länderspiel England – Schottland 1872
The Graphic Magazine, Glasgow, 14.12.1872
Papier; 39,6 x 30,3 cm
The Football Museum, England; A 24

Das erste offizielle Länderspiel in der Geschichte des Fußballs war die Begegnung zwischen England und Schottland 1872, die in diesem Bilderbogen des "Graphic Magazine" in neun Einzelbildern thematisiert wird. Das Spiel endete mit dem bei allen Fans unbeliebten Ergebnis 0 : 0.

2.1/15 Die Mannschaft der Oxford University Association XI.
England, 1878
Foto; 42 x 49 cm
The Football Museum, England; B 6

Verglichen mit modernen Mannschaftsfotos fällt die dandyhafte Lässigkeit auf, mit der die Spieler für den Fotografen posieren. Schon zu dieser Zeit gab es speziell gefertigte Trikots, die sowohl dazu dienten, die Mannschaftsmitglieder identifizieren zu können als auch das Mannschaftsgefühl zu stärken.

2.1/19

2.1/16 6 Postkarten mit Fußballszenen
England, gedruckt in Deutschland, um 1900
Farblithographie, Karton; je 8,5 x 14 cm
The Football Museum, England; B 47

Die Postkarten aus der Zeit der Jahrhundertwende zeigen, wie schnell es den Künstlern gelungen ist, die sportliche Besonderheit des Fußballs zu erkennen. Man kann nämlich nachvollziehen, wie genau der Künstler die Bewegungsabläufe des Ballführens und Ballstoppens erfasst und zeichnerisch umgesetzt hat.

2.1/17 Fußballmannschaft der Universität Cambridge
England, 1882
Foto; 31,5 x 36,8 cm
The Football Museum, England; B 40a

Nicht nur an den "Public schools", sondern auch an den Universitäten erfreute sich der Fußballsport großer Beliebtheit. Es gab Mannschaften mit eigenen Trikots, die sich mit den Mannschaften anderer Universitäten maßen.

2.1/18 3 Postkarten mit Ansichten englischer Fußballspieler
England, 1890er Jahre
Karton; je 14 x 9 cm
The Football Museum, England; B 47-691

Schon früh hat die Professionalisierung des Fußballsports in England dazu geführt, dass einzelne besonders gute Spieler zu großer Popularität gelangten, sodass sich ein regelrechter Starkult entwickelte. Abbildungen von Fußballstars konnten auf diese Weise sogar zu Postkartenmotiven avancieren.

trieb, der "gate-money-soccer", ein wichtiges Wochenendvergnügen der Arbeiterschaft. Diese sah in den Spielen weniger ein Mittel der Persönlichkeitsbildung als vielmehr einen spannenden Wettkampf für Spieler und Zuschauer.

Dieser Wettkampfcharakter wurde durch die Einführung des Pokalwettbewerbs der "Football Association" (seit 1871) noch gesteigert, der mit seinen hohen Zuschauerzahlen beträchtliche Einnahmen erbrachte. Die Vereine bemühten sich deshalb, die er-

2.1/19 Die schottische Fußballnationalmannschaft 1896
Schottland, 1896
Foto; 28,5 x 31,5 cm
The Football Museum, England; B 40c

Auf diesem Porträtfoto der schottischen Fußballnationalmannschaft lassen sich sehr gut die charakteristischen Ausrüstungsgegenstände von Profispielern am Ende des 19. Jahrhunderts erkennen, darunter schwere Schienbeinschoner, die man im Gegensatz zu den heutigen über den Strümpfen trug. Typisch sind auch die knielangen Hosen, vor allem aber die charakteristischen Fußballmützen, die auf diesem Foto von allen Spielern der Mannschaft getragen werden.

2.1/20 Fußballmütze eines Schülers
England, 1887
Samt; H 9,5 cm, D 21 cm
bez.: 1887-9
The Football Museum, England; E 64

Bei dieser Fußballmütze handelt es sich um ein besonders prächtiges Exemplar, dessen schwarzer Samt mit Goldbändern, einem breiten goldfarbenen Rand und einer Spitzenquaste verziert ist. Im Stirnfeld ist ein goldfarbener Löwe aufgenäht, auf dem Schirm befinden sich die Jahreszahlen 1887-9.

2.1/21 50 "Baines Cards"
G. Baines, England, 1888 – 1930
Karton; je 9 x 6 cm
The Football Museum, England; B 1, 25-74

Wie früh der Fußball in England Teil der populären Kultur geworden ist, zeigen diese sogenannten "Baines Cards", Sammelbilder, die von G. Baines bereits in den 1880er Jahren in kleinen Papiertüten verkauft wurden. Die "Baines Cards" erfreuten sich rasch einer großen Popularität.

2.1/21

2.1/22 Mütze und Programm vom ersten Länderspiel England - Wales 1888
England, 1888
Stoff, Papier, im Rahmen;
57,3 x 37,3 x 6,5cm
The Football Museum, England;
A 70

Die historische Bedeutung des ersten Länderspiels zwischen England und Wales war wohl schon den Zeitgenossen bewusst, wie aus zwei Erinnerungsstücken – einer Mütze und einem Programmheft – hervorgeht, die über lange Zeit aufbewahrt worden sind.

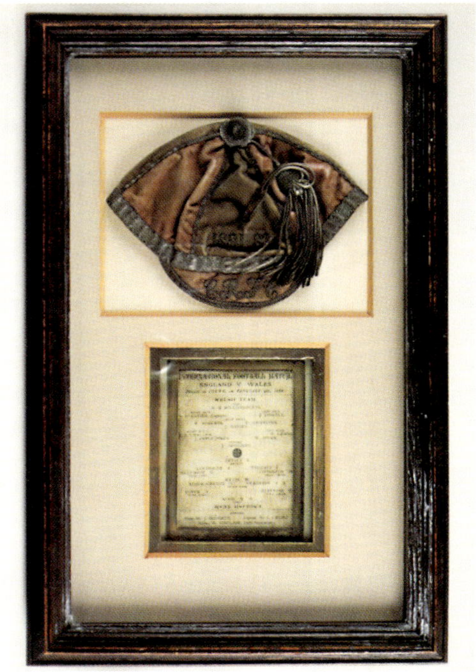

2.1/22

2.1/24 Ein Paar Schienbeinschoner
England, 1890
Leder; je 31,5 x 19 cm
The Football Museum, England;
E 68

Schon früh war die Notwendigkeit erkannt worden, durch geeignete Maßnahmen und Hilfsmittel für die Gesundheit der Spieler Vorsorge zu treffen, vor allem im Bereich des Schien- und Wadenbeins. So gibt es seit dem 19. Jahrhundert Schienbeinschoner, deren erste Formen allerdings noch sehr klobig wirken. Diese frühen Schienbeinschoner wurden über den Strümpfen getragen.

2.1/23 Fußballmütze eines Schülers
England, 1888
Samt; H 10,5 cm, D 19,5 cm
bez.: Sapere aude 1888-9
The Football Museum, England;
E 61

Neben den charakteristischen Trikots einer "Public School" gehörten auch die Mützen zur Fußballausrüstung eines jeden fußballbegeisterten Jungen. Auf diesen Mützen wurden häufig Jahreszahlen aufgenäht, manchmal auch Wahlsprüche, die wohl meistens der Devise der jeweiligen Schule entsprachen.

2.1/24

2.1/25 Ein Paar Fußballstiefel von J. Neish, Spieler des Corinthian Football-Clubs
Lillywhites (of Piccadilly Circus and Knightsbridge), London, um 1890
Leder; je 22 x 10 x 30 cm
The Football Museum, England;
E 51

Die Spieler des Fußballclubs Corinthian betonten sowohl in ihrem Auftreten als auch in ihrer Kleidung ihre Herkunft aus der "Upper Class". Sie wurden auch als die "Gentlemen Players" bezeichnet, die das Amateurideal hochhielten. Die Fußballstiefel des Spielers J. Neish erinnern eher an elegante Straßenschuhe als an typische Fußballschuhe.

2.1/20

2.1/23

2.1/25

2.1/26 Fußball-Luftpumpe
Nesthill, England, 1890er Jahre
Messing; L 19 cm, D 2,5 cm
The Football Museum, England;
E 94

Durch die Einführung von Luftpumpen wurde der Gebrauch der Bälle erheblich erleichtert, denn nun waren diese bei Luftverlust nicht mehr automatisch unbrauchbar, sondern konnten wieder aufgepumpt werden.

2.1/28

treiben konnten. Als einige von ihnen nun mit dem Fußball Geld verdienen und sich so besser vorbereiten konnten, wuchs ihre Spielstärke, und sie waren den Amateuren bald überlegen. Das führte zu erbitterten Kontroversen, bei denen sich soziale Unterschiede und unterschiedliche Vorstellungen vom Sport überlagerten. Schon 1888/89 führte dies in England zur Grün-

2.1/26

2.1/27 6 Karten eines Fußballkartenspiels
1890er Jahre
Karton; je 9,5 x 6,6 cm
The Football Museum, England;
B 47, 1-6

Die gesellschaftliche Akzeptanz und Bedeutung des Fußballs zeigte sich schon Ende des 19. Jahrhunderts dadurch, dass dieser nicht nur zum Darstellungsgegenstand der Kunst oder des Kunsthandwerks wurde, sondern auch in populären Gesellschaftsspielen thematisiert und karikiert wurde.

2.1/28 Ratsche
England, um 1900
Holz; 22 x 27 x 31 cm
The Football Museum, England;
E 96

Der Fußballfan sammelte nicht nur "Baines Cards" oder Fußballalben, sondern vor allem und in erster Linie unterstützte er seine Mannschaft. Um sich möglichst lautstark und eindrucksvoll bemerkbar zu machen, wurden phantasievolle Geräte wie diese Ratsche eingesetzt, die beim Schwenken mittels einer gegen ein Zahnrad schlagenden Zunge ein lautes Rattern erzeugte.

2.1/29 Schottisches Fußballtrikot, getragen in einem Länderspiel Schottland – England 1910
T. R. Charlton, Glasgow, 1910
Baumwolle; 75 x 153,5 cm
The Football Museum, England;
E 89

Das Länderspiel Schottland – England, das 1872 als erstes Länderspiel überhaupt ausgetragen wurde, hat sich schon bald zu einem sogenannten "Fußballklassiker" entwickelt. Das Trikot stammt von einer der folgenden Begegnungen der beiden Mannschaften. Bis auf den heutigen Tag zieht diese Spielpaarung die Menschen in England und Schottland in ihren Bann. Noch vor wenigen Jahren bildete diese Partie zugleich den Saisonabschluss und -höhepunkt im britischen Fußball. Aufgrund des großen Termindrucks und der zunehmend gewalttätigen Auseinandersetzungen im Umfeld des Spiels wird das Länderspiel England – Schottland heute nicht mehr am Saisonende gespielt.

folgreichsten Mannschaften zu stellen und wetteiferten um die besten Spieler. In einem nächsten Schritt führten sie Ligaspiele ein, um über die wenig kalkulierbaren Pokalspiele hinaus eine regelmäßige und verlässliche Einnahmequelle zu besitzen. Fußball etablierte sich als Zuschauersport und als Erwerbsmöglichkeit für eine wachsende Zahl von Spielern.

Diese frühe Professionalisierung und Kommerzialisierung stand den Amateur- und Gentleman-Idealen der (bürgerlichen) Vereine entgegen, die den Fußball eingeführt und lange Zeit auch die erfolgreicheren Mannschaften gestellt hatten. Das von ihnen beschworene Ideal des Amateurs und Gentleman bedeutete allerdings eine erhebliche Benachteiligung der Arbeiter, die neben ihrer harten Arbeit nur sehr begrenzt Sport

2.1/29

2.1/30 Walisisches Nationaltrikot
England, um 1900
Baumwolle; 63 x 140 cm
The Football Museum, England;
B 51 a

Der britische Fußball weist seit der Entstehung von Organisationsstrukturen in der zweiten Hälfte des 19. Jahrhunderts die Besonderheit auf, dass hier kein gemeinsamer großbritannischer Verband existiert. England, Wales, Schottland und Nordirland besitzen eigene Verbände, die selbstständige Mitglieder der FIFA sind und Länderspiele gegeneinander austragen.

2.1/31 Masseurtasche des Ramsgate F.C.
England, vor 1940
Leder; 21 x 49 x 19 cm
bez.: Ramsgate F.C.
The Football Museum, England; E 93

Die Professionalisierung des Fußballs brachte es mit sich, dass der Körper und seine Gesundheit für den Spieler von enormer Bedeutung wurden. Die körperliche Gesundheit war das Kapital des Profis, was eine professionelle medizinische wie auch physiotherapeutische Betreuung durch Masseure notwendig machte. Bei dieser Masseurtasche des Ramsgate FC handelt es sich um ein Beispiel aus der ersten Hälfte des 20. Jahrhunderts, das stark an die typischen Arzttaschen jener Zeit erinnert.

2.1/32

2.1/32 Ein Paar Fußballschuhe der Marke "Cup Final"
England, um 1910
Leder; je 15,5 x 9,8 x 28 cm
The Football Museum, England; E 45

Schon dieses frühe Paar Fußballschuhe ist mit Stollen versehen, die den Spielern auf dem oftmals rutschigen Untergrund Halt geben sollten.

2.1/33

dung einer professionellen "Football League", mit der sich die in ihr zusammengeschlossenen Vereine gegen den Widerstand der FA durchsetzen konnten und einen eigenen Verband bildeten. Profis und Amateure gingen fortan getrennte Wege, im Gegensatz zu Deutschland, wo sie (noch) im DFB als gemeinsamem Verband zusammengefasst sind. Die zunehmende Institutionalisierung des Fußballs in England gegen Ende des 19. Jahrhunderts erforderte es, geeignete Ausrüstungen zur Verfügung zu haben. Schon bald gab es speziell gefertigte Bälle, Trikots, Schuhe, Mützen oder Luftpumpen. Darüber hinaus ließ die wachsende Popularität des Spiels und seiner Akteure bei den Anhängern die Bereitschaft entstehen, Fan-Artikel zu erwerben. Schon Ende des 19. Jahrhunderts wurden sogenannte "Baines Cards" – Sammelbilder von Vereinsemblemen und Spielern – in kleinen, bedruckten Papiertüten verkauft und auch erste Tischfußballspiele vertrieben. Diese stammten übrigens teilweise aus Deutschland, das damals im Verhältnis zum höher industrialisierten England eine Art Billiglohn-Land war, in dem arbeitsintensive Artikel preiswerter hergestellt wurden. Dabei entstanden auch die ersten Produkte des Kunsthandwerks, die den Fußball thematisierten. Diese Gegenstände – Porzellan- oder Messingspielerfiguren, Uhren mit Fußballmotiven, Kaminfiguren usw. – entwickelten sich zu

2.1/33 Schautafel mit Trikots und Mützen britischer Schülerfußballmannschaften
The Boy's Own Paper, England, 1925
Papier; 59 x 41 cm
The Football Museum, England; B 110

Eine wichtige Rolle für die Herausbildung des modernen Fußballspiels spielte der Schulsport an den sogenannten "Public Schools", den Internaten der englischen Oberschicht. Hier versuchten Lehrer erstmals, durch die Schaffung von Regeln das in der ersten Hälfte des 19. Jahrhunderts noch sehr wilde Fußballspiel in geordnete Bahnen zu lenken und es so zur Persönlichkeitsbildung der Schüler zu nutzen. Fußball erfreute sich als Schulsport bald außerordentlicher Beliebtheit. Allerdings war die Unterschiedlichkeit der Regeln zu dieser Zeit noch sehr groß. Die vorliegende Schautafel zeigt die Vielfalt der einzelnen Fußballtrikots, von denen jede "Public School" ihr Eigenes, Charakteristisches besaß.

2.1/34 Porzellanfigur eines Schuljungen mit Ball
Staffordshire, England, um 1865
Porzellan; 18,5 x 9,5 cm
The Football Museum, England; C 11

Die Porzellanfigur eines Schuljungen mit Ball zeigt nicht nur die Akzeptanz des Fußballspiels (hier in seiner Rugby-Variante) in bürgerlichen Kreisen, sondern verweist auch auf dessen Ursprung in der "Upper Middle Class".

2.1/35 Jugendpokal mit Fußballdarstellungen
England, 1870er Jahre
Kupfer, versilbert;
H 34,5 cm, D 11 cm
The Football Museum, England; M 19

Der Jugendpokal, der auf seiner Kuppa getriebene Spielszenen enthält, weist als formale Besonderheit einen aus Eckfahnen gebildeten Fuß auf.

typischen Elementen der bürgerlichen Wohnkultur des 19. Jahrhunderts, was zugleich die gesellschaftliche Akzeptanz dieses Sports innerhalb des englischen Bürgertums widerspiegelt. Im Spieler- und Mannschaftsfoto, das gegen Ende des 19. Jahrhunderts aufkam, lebt die Tradition des bürgerlichen Bildnisses und des Gruppenporträts fort. Auf diesen Fotos werden die Dargestellten nicht im heute üblichen Brustbild gezeigt, sondern in Ganzkörperaufnahmen, auf denen die Spieler elegant, mit lässig in die Seite gestützten Armen posieren: das Ideal eines Gentleman-Spielers, der das "fair-play" zum Prinzip erhebt.

Als soziales und gesellschaftliches Phänomen wahrgenommen, regte der Fußball nun auch Künstler an, sich mit diesem Spiel auseinander zu setzen und es in ihren Werken darzustellen. Bilder und kunstgewerbliche Gegenstände aus der Frühphase des Fußballs in England entsprachen einem klassischen Kunstbegriff. Zahlreiche Maler haben in der ersten Hälfte des 19. Jahrhunderts die Vorläufer des Fußballspiels mit ironischem Blick zum Thema gemacht. Zumeist sieht man einen wilden Haufen, in dem alle Spieler übereinander herfallen. In solchen Darstellungen vollführen die Akteure groteske Verrenkungen, um an den Ball zu gelangen. Die Künstler betonen den Übereifer, der zu Verletzungen der Teilnehmer führen kann. Aus der Frühzeit des Fußballs sind sowohl genrehafte Darstellungen als auch Karikaturen überliefert. Insgesamt fällt auf, wie humorvoll die Fußball-Bilder der Frühzeit gestaltet sind. Es geht weniger um die Eleganz einzelner Spieler noch um deren technische Raffinesse als vielmehr um den Spaß, der mit dem Spiel verbunden ist.

England wurde Vorläufer und Vorbild einer Entwicklung, die sich bald in ganz Europa ausbreitete, anfangs oftmals angestoßen durch Engländer oder Männer, die den englischen Fußball kennen gelernt hatten. In zahlreichen größeren Hafen- und Universitätsstädten, industriellen Zentren oder auch Kurorten entstanden so Fußballvereine, die teilweise bis heute bestehen und im Namen an diese Zeit erinnern: Young Boys Bern, Racing Strasbourg, Inter(nazionale) Mailand, Sporting Lissabon, Stuttgarter Kickers usw. Fußball war damit schon sehr früh ein internationales, weit über England hinaus verbreitetes Phänomen. *Sebastian Plüer*

2.1/36 Zwei Fußballspieler-Statuetten
England, 1880er Jahre
Metall; 10 x 10,5 cm und 9,5 x 10,5 cm
The Football Museum, England; M 29a, M 29b

Mit großer Wahrscheinlichkeit handelt es sich bei den beiden figürlichen Darstellungen um Kaminfiguren. Man sieht jeweils einen Jungen, der den Ball führt. Schwierig zu beurteilen ist der Gegenstand, der sich links neben ihm befindet. Handelt es sich um eine Laterne oder stellt dieser Gegenstand einen Pfeil dar, der sich auf den Torerfolg und dessen Schützen bezieht?

2.1/37 Zwei Tischuhren mit Fußballszenen
Großbritannien
Bronze, vergoldet, Glas, Metall
The Football Museum, England; M 31a, M 31b
a) 1893; 14 x 21 x 9cm
b) nach 1880; 11,5 x 18,5 x 8cm

Die beiden Kaminuhren, von denen die eine zwei Fußballspieler und ein Tor, die andere einen einzelnen Fußballspieler zeigt, zeugen vom bürgerlich-repräsentativen Hintergrund des frühen Fußballsports. Ob die Szenen lediglich dekorativen Charakter oder einen symbolischen Hintergrund haben, etwa als Sinnbild der Jugend zu verstehen sind, bleibt schwer zu beurteilen.

2.1/37

2.1/38 Silberne Taschenuhr mit Darstellung einer Fußballszene
Schweiz, um 1910
Silber, Glas; D 5,5 cm
The Football Museum, England; D 16

Die silberne Taschenuhr stellt auf ihrem Deckel einen Fußballzweikampf dar. Dabei ist nicht genau zu entscheiden, wer aus diesem Zweikampf als Sieger hervorgehen wird. Auch bei diesem Stück stellt sich die Frage, ob der figürlichen Darstellung eine sinnbildliche Dimension zuzuschreiben ist.

2.1/ 39 Ausschnitte aus zwei frühen englischen Fußballfilmen
Frank Bürgin (Bearb.), Zeitlupe, Gelsenkirchen, 1898-1901/2000
Schwarzweiß-Film; 1 min. 35 sec.
British Film Institute, London

Die um die Jahrhundertwende entstandenen Filme von den Spielen Blackburn Rovers – West Bromich Albion und Tottenham Hotspurs – Sheffield United gehören zu den frühesten bewegten Fußballbildern überhaupt.

Kickers und Germania. Die Anfänge in Deutschland

"Der Fußball aus England ist unterwegs, wir werden ihn auf unsern deutschen Spielplatz werfen und wir sind überzeugt, er wird aufgenommen werden", so der Düsseldorfer Amtsrichter Emil Ferdinand Hartwich im Jahre 1882. Ganz anders urteilte der Lehrer Karl Planck 1898 in seiner Streitschrift "Fusslümmelei. Über Stauchballspiel und englische Krankheit": "Unsereiner erlaubt sich also nicht nur diese Errungenschaft englischen Aftersports, sondern auch das Fußballspiel selbst nicht nur gemein, sondern auch lächerlich, hässlich und widernatürlich zu finden. Am allerunnatürlichsten ist das ob seiner angeblich geringeren Gefährlichkeit vielgepriesene und bei uns fast allein geübte Fußballspiel ohne Aufheben des Balls, deutsch: 'association'."

Diese beiden Zitate illustrieren, wie unterschiedlich der Import des englischen Sportspiels "Foot Ball" im Deutschen Kaiserreich aufgenommen wurde: Auf der einen Seite löste er begeisterte Zustimmung, auf der anderen heftige Ablehnung aus. Dafür gab es zahlreiche Gründe, unter denen die Haltung der Turner und die Tatsache, dass der Fußball aus England stammte, von besonderer Bedeutung waren. Für die einen war England – ähnlich wie heute die USA – ein Vorbild, von dort kommende Entwicklungen galten als modern. Die anderen sahen darin den wichtigsten Konkurrenten, wenn nicht Gegner des aufstrebenden Deutschen Reiches.

2.2/1 Vorturner-Befehlstisch
um 1910
Holz; 130 x 245 x 120 cm
Stadtgeschichtliches Museum Leipzig/Sportmuseum; DLG 27

Der Vorturner-Befehlstisch stammt aus einer ehemaligen Vereinsturnhalle, der Jahnturnhalle im sächsischen Ebersbach, die um 1899 erbaut wurde. Der Massenreigen der Turner war ohne Vorturner-Befehlstische nicht denkbar. Auf ihnen standen die Vorturner und gaben der vielköpfigen Menge an Turnern die notwendigen Anweisungen für den synchronen Ablauf der Übungen.

2.2/2 Langbarren
um 1870
Holz, Metall; 97 x 465 x 102
Stadtgeschichtliches Museum Leipzig/Sportmuseum; SG 226

Der Langbarren ist vermutlich ein Eigenbau. Das Geräteturnen bildete einen wichtigen Schwerpunkt im Rahmen der turnerischen Übungen. Auch am Langbarren sollte möglichst riegenweise geturnt werden.

2.2/3 Siegeskranz mit Eichenlaub
Stuffmann & Co., Duisburg, 1913
Eichenlaub, Textil; 25 x 18 cm
Deutsches Sport- und Olympiamuseum Köln; 93/1584

Dieser Siegeskranz wurde beim 30. Kaiserbergfest des Turnkreises Rheinland der Deutschen Turnerschaft 1913 in Duisburg verliehen. Die Bergfeste der Turnkreise waren traditionell den leichtathletischen Übungen gewidmet. Bei den Turnern gab es keine Medaillen, sondern nur den Siegeskranz und eine Urkunde – und zwar für jeden, der über eine bestimmte Punktzahl kam. Das turnerische Ideal bestand darin, möglichst viele Teilnehmer zu einer bestimmten Leistung zu bringen. Das Rekordstreben des englischen Sports lehnten sie ab.

2.2/4 Turnergürtel
1893
Leder, Textil mit Gobelinstickerei, Metall; 12 x 90 cm
Deutsches Sport- und Olympiamuseum Köln; 93/1860

Dieser reich verzierte Gürtel gehörte zur tradionellen Turnerbekleidung.

2.2/5 Turnerbekleidung
1910-1920
Stadtgeschichtliches Museum Leipzig/Sportmuseum; SKL 66 und 91
a) Turnerhose
Textil; 75 x 65 cm
b) Turner-Trikot
1910-1920
Textil; 92 x 75 cm

In dieser Turnerbekleidung wurde in der Anfangszeit auch Fußball gespielt.

2.2/6 Das 6. Deutsche Turnfest in Dresden
Illustrirte Zeitung, Leipzig, 1885
Holzschnitt; 30 x 40 cm
adidas Sportmuseum, Herzogenaurach

Bis 1900 dienten Holzschnitte als Vorlagen für Abbildungen in Zeitungen. Erst danach setzte sich die Fototechnik durch. Diese Illustration, die aus sechs kleinen und einem großen Bild besteht, fängt gut die Atmosphäre eines Turnfestes ein. Zentral ist die Darstellung eines Massenreigens, der durch Vorturner dirigiert wird.

2.2/7 Das 9. Deutsche Turnfest in Hamburg
Illutrirte Zeitung, Leipzig, 1898
Holzschnitt; 30 x 40 cm
adidas Sportmuseum, Herzogenaurach

Auf dieser Abbildung ist sehr gut zu erkennen, wie auf einem Turnfest das Geräteturnen am Reck und Barren betrieben wurde.

2.2/8 Fußballwettspiel Berlin – Dresden
E. Hosang, Illustrirte Zeitung, Leipzig, April 1892
Holzschnitt; 26 x 37 cm
adidas Sportmuseum, Herzogenaurach

Spielszene aus einem Spiel, das am 18.4.1892 in Dresden stattfand. Das körperbetonte Spiel und das – im Vergleich zum Turnen – Ungestüme im Fußball wird besonders deutlich.

2.2/2

2.2/11

2.2/12

2.2/12 Fahne vom FC Germania 1894 Frankfurt
um 1900
Textil; 68 x 68 cm
VfL Germania 1894, Frankfurt/M.

Die Fahne trägt auf der Rückseite die Aufschrift: "Stählt die Sehnen deutsche Jugend, wahrt im Herzen Ehr' und Tugend!". Der Vereinsname ist 1933 nachträglich geändert worden, nachdem der Verein mit einem anderen Frankfurter Verein fusionierte.

Die Deutsche Turnerschaft war Ende des 19. Jahrhunderts die mit Abstand größte Bewegung, die sich mit Leibesübungen befasste. 1880 zählte sie etwa 160.000 Mitglieder, 1900 fast 650.000 in 6500 Vereinen. Einen wesentlichen Impuls hatte das Turnen zu Anfang des 19. Jahrhunderts durch Friedrich Ludwig Jahn erfahren. Dieser förderte das Geräteturnen, aber auch volkstümliche Übungen und Spiele, damit vor allem Kinder und Jugendliche auch ihren Körper übten und nicht nur ihren Geist, wie es in den Schulen üblich war. Zugleich wollte er sie – es war die Zeit der Kriege gegen Napoleon – zu besseren Soldaten erziehen. Von diesen Anfängen, insbesondere von den spielerischen Elementen, hatte sich das Turnen am Ende des Jahrhunderts weit entfernt. Im Mittelpunkt standen nun exakter Drill, das Turnen in Gruppen und genau vorgeschriebene Frei-, Ordnungs- und Geräteübungen. Der individuelle Leistungsgedanke wurde abgelehnt. So ging es bei den volkstümlichen Übungen letztlich nicht darum, einen Sieger zu ermitteln. Das Ziel bestand vielmehr darin, eine möglichst große Anzahl von Turnern bestimmte Leistungen erbringen zu lassen – es gab also zahlreiche, einander gleichgestellte Sieger. Das "Höher – Schneller – Weiter" der entstehenden olympischen Bewegung stand den Idealen der deutschen Turner ebenso entgegen wie der Wettkampfgedanke des englischen Sports, dessen ungestüme und raue Spielweise ihnen außerdem missfiel.

2.2/9 Fußballspiel VfB Leipzig – FC Richmond London
Illustrirte Zeitung, Leipzig, April 1902
Holzschnitt; 27 x 37 cm
adidas Sportmuseum, Herzogenaurach

Das Spiel fand am 9.4.1902 statt und endete 2:2. Der VfB Leipzig war damals eine der stärksten deutschen Mannschaften. Auch auf dieser Spielszene wird das Ungestüme des Fußballspiels deutlich.

2.2/10 Fahne vom Frankfurter FC Arminia 1876
Frankfurt/M., 1881
Seide, Baumwolle, Karton, Holz; 250 x 121 cm
Historisches Museum Frankfurt; X 19038

Die Fahne trägt auf der Vorderseite die Aufschrift "Frankfurter Fußballclub 1876 Arminia", auf der Rückseite "Zum 5ten Stiftungsfest 29. Jan. 1881 Gewidmet von Mitgliedern". Auf beiden Seiten ist ein Siegeslorbeer abgebildet. Die Schülerkappe auf der Vorderseite weist auf die Herkunft des Vereins, eine höhere Schule, hin. Unter der Kappe ist ein ovaler Ball abgebildet, der darauf verweist, dass der Verein wie so viele Vereine in den Anfangsjahren das Rugbyspiel gepflegt hat.

2.2/11 Fahne vom FSV Frankfurt
1911
Textil, Holz; 140 x 120 cm
FSV Frankfurt

Die Fahne zeigt auf der Vorderseite die Abbildung eines runden Balles. Es handelte sich also um einen reinen Fußballverein.

2.2/13 Fahne von Fortuna Düsseldorf
um 1912
Textil; 98 x 111 cm
Stadtmuseum Düsseldorf,
Leihgabe von Fortuna Düsseldorf

Auf der Rückseite der Fahne befindet sich die Aufschrift: "Stark und frei macht Turnerei". Außerdem sind die vier "F" der Deutschen Turnerschaft verzeichnet: "frisch, fromm, fröhlich, frei". Die Fahne war ursprünglich diejenige des Turnvereins. Nach der Fusion des Turn- und des Fußballvereins wurde die Vorderseite abgeändert.

2.2/13

2.2/14 Fahne des Leipziger SV von 1899
1924
Seide mit Applikationen und Stickerei; 129 x 103 cm;
Stange aus Holz, Messing;
L 220 cm; D 5 cm
Stadtgeschichtliches Museum Leipzig/Sportmuseum; 2175/99

Die Fahne trägt auf der Vorderseite die Aufschrift "Leipziger Sport-Verein v. 1899 E.V. 1899-1924", auf der Rückseite "Gew. v. d. Frauen u. Jungfrauen". Ebenfalls auf der Rückseite befinden sich Stickereien, die einen Ball und Eichenlaubzweige darstellen. An der Spitze der Fahnenstange befindet sich eine lindenblattförmig durchbrochene Füllung mit Eichenlaubkranz und silbernem Ball. Der Verein war durch eine Fusion zwischen den Leipziger Vereinen FC Britannia 99 und Hertha 05 entstanden. Es war üblich, dass nach solchen Fusionen zum nächstpassenden Anlass eine neue Fahne angeschafft wurde.

2.2/15 Konrad Koch
um 1890
Foto, Karton; 16,5 x 10, 5 cm
Kurt Hoffmeister, Braunschweig

Konrad Koch gilt als der Begründer und einer der Hauptinitiatoren für die Verbreitung des Fußballspiels als Schulspiel im 19. Jh.

2.2/16 Regeln des Fußball-Vereins der mittleren Klassen des Martino-Catharineums
Konrad Koch, Braunschweig, 1875
Karton, Papier; 12 x 15,7 cm
Kurt Hoffmeister, Braunschweig

Das älteste deutsche Regelwerk für Fußball hatte Koch für einen Schülerspielverein entworfen. Ursprünglich waren nur die Regeln des Rugbyspiels verzeichnet. In diesem Exemplar, das Koch persönlich gehörte, sind im Januar 1882 handschriftlich die Regeln für das Fußballspiel ohne Aufnehmen des Balls vermerkt.

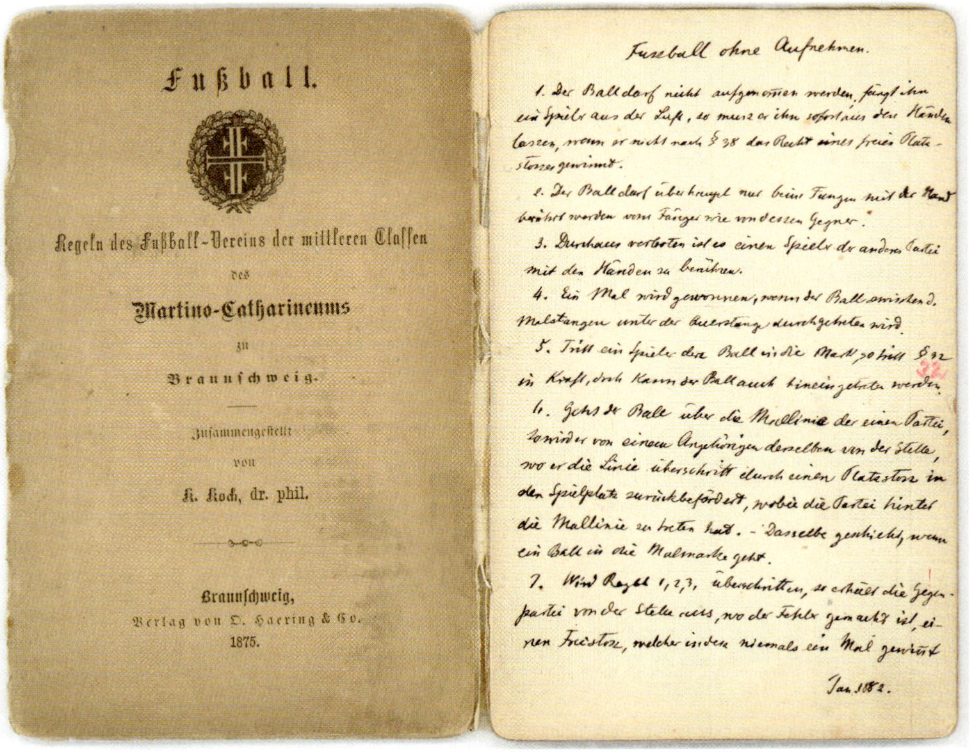
Fußball.

Regeln des Fußball-Vereins der mittleren Classen des Martino-Catharineums zu Braunschweig.

Zusammengestellt von K. Koch, dr. phil.

Braunschweig, Verlag von C. Haering & Co. 1875.

Fussball ohne Aufnehmen.

1. Der Ball darf nicht aufgenommen werden; fängt ihn ein Spieler aus der Luft, so muss er ihn sofort aus den Händen lassen, wenn er nicht nach § 38 das Recht eines freien Platzstoßes gewinnt.
2. Der Ball darf überhaupt nur beim Fangen mit der Hand berührt werden vom Fänger wie von dessen Gegner.
3. Durchaus verboten ist es einen Spieler der andern Partei mit den Händen zu berühren.
4. Ein Mal wird gewonnen, wenn der Ball zwischen d. Malstangen unter der Querstange durchgetreten wird.
5. Tritt ein Spieler den Ball in die Mall, so tritt § 32 in Kraft, doch kann der Ball auch hineingetreten werden.
6. Geht der Ball über die Mallinie der einen Partei, so wird er von einem Angehörigen derselben von der Stelle, wo er die Linie überschritt durch einen Platzstoß in den Spielplatz zurückbefördert, wobei die Partei hinter die Mallinie zu treten hat. – Dasselbe geschieht, wenn ein Ball in die Malmarke geht.
7. Wird Regel 1, 2, 3, überschritten, so erhält die Gegenpartei von der Stelle aus, wo der Fehler gemacht ist, einen Freistoß, welcher indess niemals ein Mal gewinnt.

Jan. 1882.

2.2/16

Im Verlauf der siebziger Jahre des 19. Jahrhunderts hatte sich allerdings die Kritik am traditionellen deutschen Turnunterricht verschärft, der stark auf das exakte Turnen in der Halle fixiert war. Im Zuge dieser Kritik besann sich ein Teil der Turnlehrerschaft auf traditionelle deutsche Turnspiele, wie sie schon Ende des 18. Jahrhunderts von Guts Muths, dem eigentlichen Begründer der deutschen Spielbewegung, propagiert worden waren. Einer der Pioniere der Erweiterung des traditionellen Turnunterrichts durch so genannte "Spielnachmittage" war der Braunschweiger Turnlehrer Konrad Koch, der zusammen mit seinem Kollegen Hermann Corvinus 1872 am Braunschweiger Martino-Katharineum Schulspiele einführte. Nachdem es einem Kollegen Kochs, August Hermann, gelungen war, einen "echten" Ball aus England zu besorgen, begann in Braunschweig im Oktober 1874 die deutsche Fußballgeschichte als bürgerliches Schulspiel.

2.2/17 Regelheft "Fußball ohne Aufnahme des Balles"
Technischer Ausschuss des Zentralausschusses zur Förderung der Volks- und Jugendspiele, Leipzig, 3. Aufl., 1900
Karton, Papier; 11,5 x 7,5 cm
Stadtgeschichtliches Museum Leipzig/Sportmuseum

An diesem Regelwerk, das 1896 in 1. Auflage erschien, war Konrad Koch maßgeblich beteiligt. Es war das erste Regelwerk zum Fußball, das im ganzen Deutschen Reich verbreitet wurde.

2.2/18 O. Fräsdorf: Die Fußballspielregeln des Zentralausschusses und des Deutschen Fußball-Bundes
Körper und Geist Nr. 2, 1.2.1902
Leder, Papier; 29,5 x 46 x 3 cm
Westdeutscher Fußballverband, Duisburg

Nach der Gründung des DFB gab es für kurze Zeit eine Konkurrenz zwischen dem Zentralausschuss und dem DFB. Schließlich sollte sich der DFB mit seinen klareren Regelauslegungen durchsetzen.

Ähnlich wie in England gab es auch in Deutschland mehrere Varianten dieses Spiels. Koch führte zunächst das "Fußballspiel mit Aufnehmen des Balles mit der Hand" ein, ließ jedoch – im Gegensatz zu den schon vereinzelt vorhandenen Rugbyvereinen – seine Schüler eine gemäßigte Variante spielen. Es sollte noch etwa 20 Jahre dauern, bis sich das eigentliche Fußballspiel gegen die gemischte Form durchsetzen konnte. Dabei gaben gesundheitliche Bedenken gegen das ungestümere Rugbyspiel den Ausschlag. Koch, der schon 1875 die ersten Regeln publizierte und den ersten Schülerspielverein gründete, war es auch, der 1896 das erste reichsweit publizierte Regelheft zum Fußball verfasste.

Damit beauftragt hatte ihn der 1891 gegründete Zentralausschuss zur Förderung der Jugend- und Volksspiele, die erste Organisation, die sich um die Förderung der Turn- und Sportspiele im Deutschen Reich bemühte. Der Zentralausschuss agierte wesentlich erfolgreicher als der schon 1882 von Hartwich in Düsseldorf gegründete Zentralverein für Körperpflege in Volk und Schule, der weitgehend auf Städte in den preußischen Provinzen Rheinland und Westfalen begrenzt blieb. Die Turnspiele besaßen, trotz der Ansätze zu Beginn des Jahrhunderts, keine weitreichende Tradition in Deutschland, ebenso wenig wie der moderne, aus England kommende Sport. Es gab allerdings eine große Bereitschaft, sich daran zu orientieren und dem Turnen neue Impulse zu geben. So konnten gerade Turnvereine eine der Keimzellen für die Ausbreitung des Fußballs in Deutschland bilden, zumal wenn Turnlehrer höherer Schulen

2.2/19 F. W. Moorman: Association Fussball. Ein Handbuch für Anfänger mit Regeln, Winken für Spieler
Straßburg, um 1895
Karton, Papier; 16 x 10,5 cm
Deutscher Fußball-Bund, Frankfurt/M.

Solange es keine eindeutige oberste Instanz für die Regelauslegung gab, erschienen immer wieder Publikationen, in denen für Anfänger Regeln erklärt und zugleich praktische Tipps für das Spiel gegeben wurden.

2.2/20 Fußballregeln (Association) des Deutschen Fußball-Bundes
Steidel, Berlin, um 1904
Karton, Papier; 16 x 10,5 cm
Deutsche Sporthochschule Köln, Zentralbibliothek der Sportwissenschaften

Es handelt sich um eines der ersten Regelwerke des DFB. Zur Unterscheidung vom Rugbyspiel ist noch "Association" angefügt.

2.2/21 Fußball-Regeln des Deutschen Fußball-Bundes 1910/11
1910
Karton, Papier, Leder; 10 x 16,5 x 1,3 cm
Deutscher Fußball-Bund, Frankfurt/M.

Dieses Regelwerk ist zum Schutz vor einer stärkeren Abnutzung in Leder eingefasst worden. Inzwischen gab es eine klare Unterscheidung zwischen Rugby und Fußball. Der Fußball als Variante ohne Aufnehmen des Balles mit der Hand hatte sich durchgesetzt.

2.2/21

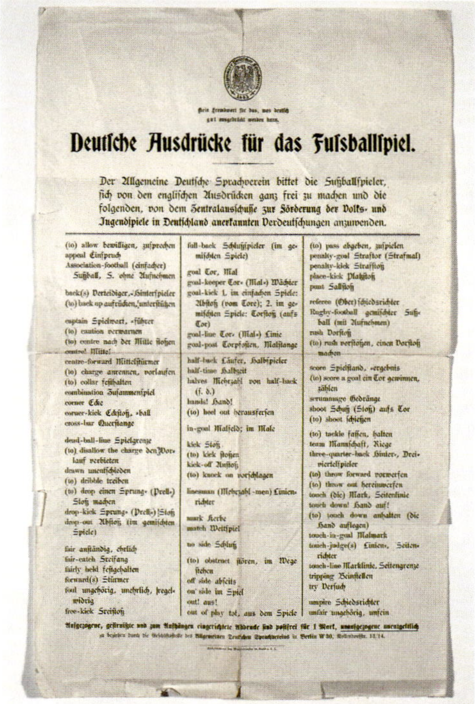

Kein Fremdwort für das, was deutsch gut ausgedrückt werden kann.

Deutsche Ausdrücke für das Fussballspiel.

Der Allgemeine Deutsche Sprachverein bittet die Fußballspieler, sich von den englischen Ausdrücken ganz frei zu machen und die folgenden, von dem **Zentralausschuße zur Förderung der Volks- und Jugendspiele in Deutschland anerkannten** Verdeutschungen anzuwenden.

(to) allow bewilligen, zusprechen
appeal Einspruch
Association-football (einfacher) Fußball, F. ohne Aufnehmen

back(s) Verteidiger, -Hinterspieler
(to) back up aufrücken, unterstützen

captain Spielwart, -führer
(to) caution verwarnen
(to) centre nach der Mitte stoßen
centre! Mitte!
centre-forward Mittelstürmer
(to) charge anrennen, vorlaufen
(to) collar festhalten
combination Zusammenspiel
corner Ecke
corner-kick Eckstoß, -ball
cross-bar Querstange

dead-ball-line Spielgrenze
(to) disallow the charge den Vorlauf verbieten
drawn unentschieden
(to) dribble treiben
(to) drop einen Sprung- (Prell-) Stoß machen
drop-kick Sprung- (Prell-) Stoß
drop-out Abstoß (im gemischten Spiele)

fair anständig, ehrlich
fair-catch Freifang
fairly held festgehalten
forward(s) Stürmer
foul ungehörig, unehrlich, regelwidrig
free-kick Freistoß

full-back Schlußspieler (im gemischten Spiele)

goal Tor, Mal
goal-keeper Tor- (Mal-) Wächter
goal-kick 1. im einfachen Spiele: Abstoß (vom Tore); 2. im gemischten Spiele: Torstoß (aufs Tor)
goal-line Tor- (Mal-) Linie
goal-post Torpfosten, Malstange

half-back Läufer, Halbspieler
half-time Halbzeit
halves Mehrzahl von half-back (s. d.)
hands! Hand!
(to) heel out herausfersen

in-goal Malfeld; im Male

kick Stoß
(to) kick stoßen
kick-off Anstoß
(to) knock on vorschlagen

linesman (Mehrzahl -men) Linienrichter

mark Kerbe
match Wettspiel

no side Schluß

(to) obstruct stören, im Wege stehen
off side abseits
on side im Spiel
out! aus!
out of play tot, aus dem Spiele

(to) pass abgeben, zuspielen
penalty-goal Straftor (Strafmal)
penalty-kick Strafstoß
place-kick Platzstoß
punt Fallstoß

referee (Ober)schiedsrichter
Rugby-football gemischter Fußball (mit Aufnehmen)
rush Vorstoß
(to) rush vorstoßen, einen Vorstoß machen

score Spielstand, -ergebnis
(to) score a goal ein Tor gewinnen, zählen
scrummage Gedränge
shoot Schuß (Stoß) aufs Tor
(to) shoot schießen

(to) tackle fassen, halten
team Mannschaft, Riege
three-quarter-back Hinter-, Dreiviertelspieler
(to) throw forward vorwerfen
(to) throw out hereinwerfen
touch (die) Mark, Seitenlinie
touch down! Hand auf!
(to) touch down anhalten (die Hand auflegen)
touch-in-goal Malmark
touch-judge(s) Linien-, Seitenrichter
touch-line Marklinie, Seitengrenze
tripping Beinstellen
try Versuch

umpire Schiedsrichter
unfair ungehörig, unfein

Aufgezogene, gefirnißte und zum Aufhängen eingerichtete Abdrucke sind postfrei für 1 Mark, unaufgezogene unentgeltlich zu beziehen durch die Geschäftsstelle des Allgemeinen Deutschen Sprachvereins in Berlin W 30, Nollendorfstr. 13/14.

2.2/22

2.2/22 Deutsche Ausdrücke für das Fußballspiel
Allgemeiner Deutscher Sprach-Verein, Halle/Saale, 1904
Plakat, Papier; 51 x 30,5 cm
SV Werder Bremen

Bei allen Regelwerken, die auf deutsch erschienen, ist auch das Bemühen zu erkennen, die englischen Ausdrücke einzudeutschen, um so Anfeindungen aus dem Lager der Turner aus dem Weg zu gehen. Außerdem wollte man sich allgemein nicht dem Vorwurf der "Englischtümelei" aussetzen.

dort zugleich Turnwarte waren und sowohl im Unterricht wie im Verein den Fußball einführten. So gründete der Mönchengladbacher Lehrer H. C. Heesch auf Wunsch von Schülern 1894 den FC Mönchengladbach, während in Duisburg der progressive Turnlehrer Gottfried Henning 1892 im ältesten Turnverein der Stadt eine Spielabteilung einrichtete, aus der im Jahre 1900 mit dem Duisburger Spielverein der bis Mitte der zwanziger Jahre erfolgreichste westdeutsche Verein hervorging. Und aus der Mannschaft des FC Freiburg, die 1907 die deutsche Meisterschaft gewann, stammten allein sechs Spieler von der dortigen Oberrealschule, die seit Beginn der neunziger Jahre das Fußballspiel gefördert hatte.

Die meisten Turner, darunter auch die sich seit 1893 im Arbeiter-Turner-Bund organisierenden sozialdemokratischen Sportler, lehnten allerdings eine einseitige Festlegung auf den Sport ab. Die Spiele sollten als Ergänzung, nicht um ihrer selbst willen gespielt werden, und insbesondere der Wettkampfgedanke blieb ihnen suspekt. Mit der Ausbreitung des Fußballs nahm jedoch die Zahl der Wettspiele zu, schließlich lag darin ein wesentlicher Reiz dieses Sports. Die Kritik der Turner verschärfte sich deshalb und führte schließlich zu solch abfälligen Äußerungen wie die eingangs von Planck zitierte Stellungnahme.

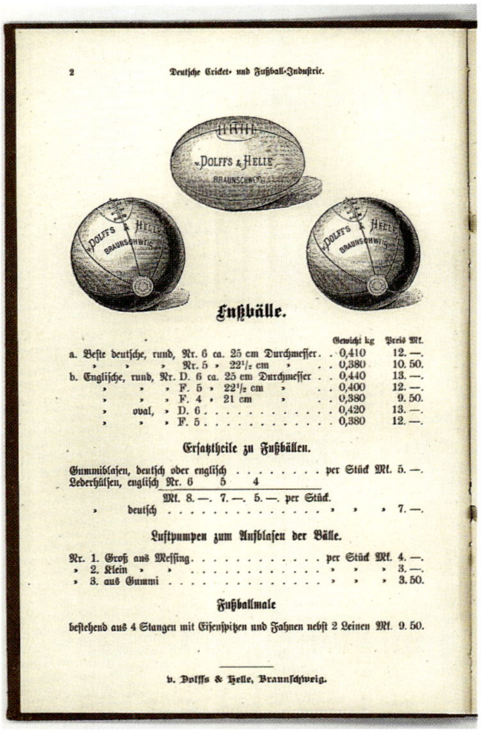

2 Deutsche Cricket- und Fußball-Industrie.

Fußbälle.

	Gewicht kg	Preis Mk.
a. Beste deutsche, rund, Nr. 6 ca. 25 cm Durchmesser. .	0,410	12. —.
» » » Nr. 5 » 22½ cm » . .	0,380	10. 50.
b. Englische, rund, Nr. D. 6 ca. 25 cm Durchmesser . .	0,440	13. —.
» » » F. 5 » 22½ cm » . .	0,400	12. —.
» » » F. 4 » 21 cm » . .	0,380	9. 50.
» oval, » D. 6	0,420	13. —.
» » » F. 5	0,380	12. —.

Ersatztheile zu Fußbällen.

Gummiblasen, deutsch oder englisch . . . . per Stück Mk. 5. —.
Lederhülsen, englisch Nr. 6 5 4
Mk. 8. —. 7. —. 5. —. per Stück.
» deutsch . . . . » » » 7. —.

Luftpumpen zum Aufblasen der Bälle.

Nr. 1. Groß aus Messing. . . . . per Stück Mk. 4. —.
» 2. Klein » » . . . . » » » 3. —.
» 3. aus Gummi . . . . » » » 3. 50.

Fußballmale

bestehend aus 4 Stangen mit Eisenspitzen und Fahnen nebst 2 Leinen Mk. 9. 50.

v. Dolffs & Helle, Braunschweig.

2.2/23

2.2/23 Katalog der deutschen Cricket- und Fußballindustrie. Illustriertes Preisverzeichnis von Schulspielmitteln
Von Dolffs & Helle, Braunschweig, 1895
Leinen, Papier; 23 x 15,8 x 1 cm
Jürgen Daube, Braunschweig

In diesem Katalog wird auch für runde und ovale Fußbälle geworben, außerdem für Spielliteratur. Die Fußballspieler mussten in der Anfangszeit ihr Equipment zunächst aus England beziehen. In Deutschland mussten sich Hersteller von Turngeräten und -bekleidung erst auf die neue Sportart einstellen.

2.2/24 Sportartikelwerbung auf der Rückseite und Titelgestaltung im "Körper und Geist" 1905
Rheinisch-Westfälischer Spielverband, Nr. 7 und Nr. 8, Duisburg, 15. und 30.4.1905
Leder, Papier; 30 x 45,5 x 1,9 cm
Westdeutscher Fußballverband, Duisburg

Mit der Herausgabe von Verbandszeitschriften begannen die Sportartikelhersteller ihre Werbung gezielt dort zu platzieren, denn so waren die Adressaten, die Vereine, am besten zu erreichen. Das Frontispiz von "Körper und Geist" – Herkules und Minerva einander die Hand reichend – zeigt, wie sehr der Spielverband sich mit der traditionellen deutschen Spielbewegung verbunden fühlte. Die Originalzeichnung wurde 1880 in Düsseldorf von Professor Jansen angefertigt. Sie wurde als Motiv für das Titelblatt des von Emil Hartwich herausgegebenen Mitteilungsblattes des von ihm gegründeten Zentralverein für Körperpflege verwendet. Er war der erste Verein, der sich in Deutschland um die Förderung auch der englischen Sportspiele bemühte.

2.2/25

2.2/25 Serie von neun Reklamemarken
Frankfurt/M., 1914-1913
Dr. Othmar Hermann, Frankfurt/M.
a) 3 Marken vom FSV Frankfurt
Papier; je 6 x 4,3 cm
b) 3 offizielle Marken zum 17. Verbandstag des Verbandes Süddeutscher Fußball-Vereine am 9. und 10.8.1913 in Frankfurt/M.
Papier; je 6 x 4,7 cm
c) 3 Marken vom Frankfurter FC Britannia
Papier; je 5,6 x 4,3 cm

Auf den Marken sind Wappen abgebildet sowie Fußballspieler in wechselnden Bewegungsabläufen.

2.2/26 Postkarte mit Fußballmotiv
gel. 1.10.1896
Farblithografie, Karton;
8,8 x 14 cm
Jablonski, Bochum

Auf der Karte ist sehr gut die damals typische Fußballbekleidung mit knielangen Hosen zu erkennen.

2.2/27 Chromolithographische Postkarte vom Kölner FC 1899
gel. 21.9.1903
Farblithografie, Karton;
9,5 x 14 cm
Kölnisches Stadtmuseum: Köln auf alten Ansichtskarten, Bd.1

Seit 1900 häuften sich auf Postkarten Motive, mit denen Vereine in eigener Sache warben.

2.2/28b

Neben den Schulen und Spielabteilungen in Turnvereinen haben in der Anfangszeit Engländer eine wichtige Bedeutung für die Ausbreitung des Fußballs in Deutschland gehabt. In zahlreichen Städten gab es größere Gruppen von Engländern, die sich dort als Kaufleute, Techniker, Ingenieure, Studenten oder aus anderen Gründen aufhielten und unter denen sich oft begeisterte Fußballer befanden. So konnten die Deutschen dieses Spiel aus eigener Anschauung kennen lernen und wurden manchmal auch gebeten mitzuspielen, etwa wenn die Mannschaft unvollständig war. So gehen die Anfänge des Fußballspiels in Berlin, eine der frühen Hochburgen des Fußballsports, zurück auf dort ansässige englische Kaufleute und Ingenieure, die entweder für sich oder gemeinsam mit Deutschen englische Sportspiele betrieben. Auch beim ältesten noch existierenden Fußballverein, dem Berliner Fußballclub

2.2/28 Serie von 4 Postkarten mit Fußballmotiven
Deutscher Fußball-Bund, Frankfurt/M.
a) 4 Spieler beim Training am Ball
um 1900
Karton; 9 x 14 cm
b) Aufschrift "Gut Tritt FC Rhenania"
gel. 27.4.1906
Karton; 9 x 14 cm
c) FC Mönchengladbach
gel. 12.10.1912
Karton; 14 x 9 cm
d) Düsseldorfer SC 1899
gel. 1913
Karton; 14 x 9 cm

Diese Postkarten zeigen exemplarisch, welche Fußballmctive in den ersten Jahren des 20. Jahrhunderts benutzt wurden. Der Spruch "Gut Tritt" ist der klassische Sportgruß unter Fußballern.

2.2/29 Alte Herren-Mannschaft vom Duisburger SpV
um 1910
Postkarte, Karton; 9 x 15 cm
Stadtarchiv Duisburg

Als Torwart, stehend in der Mitte, ist Gottfried Hinze, der damalige DFB-Vorsitzende zu erkennen.

2.2/30

2.2/30 Sportplatz des Kölner BC
1911
Postkarte, Karton; 9 x 14 cm
Kölnisches Stadtmuseum; Köln auf alten Ansichtskarten, Bd.1

Neben der Ansicht des Sportplatzes ist auch angegeben, wie der Platz mit der Straßenbahn zu erreichen war. Da Postkarten häufig auch zur Verabredung von Spielterminen benutzt wurden, erfüllte sie damit zugleich einen praktischen Zweck.

2.2/32

2.2/31 Panoramabild des Stadions Ronhof der SpVgg Fürth
1911
3 Postkarten, Karton;
je 9 x 43,5 cm
SpVgg Greuther Fürth

Abgebildet ist das Stadion während einer Begegnung der SpVgg Fürth gegen Bayern München am 26.9.1911.

Germania 1888, halfen die guten Kontakte einer Berliner Familie zu ausländischen Geschäftsleuten. Und die Teilnahme ortsansässiger Ausländer am Spielbetrieb von Fußballvereinen war noch nach der Jahrhundertwende keine Seltenheit.

Daneben sorgten kosmopolitisch eingestellte Deutsche für die Verbreitung des Fußballspiels. Ein gutes Beispiel stellt Walter Bensemann dar, der 1920 den "Kicker" gründete. Der Sohn eines jüdischen Bankiers wuchs in einem Schweizer Internat auf und sprach fließend Englisch. Während seiner Studentenzeit an süddeutschen und französischen Universitäten organisierte er schon in den neunziger Jahren internationale Fußballturniere. Er gründete 1889 den Football-Club Karlsruhe, Vorläufer des Karlsruher FV, 1892 den Straßburger FV und 1894 die Karlsruher Kickers. Er war eng befreundet mit Ivo Schricker, der eine wichtige Rolle in der Anfangszeit des süddeutschen Fußballs spielte und später Generalsekretär der FIFA wurde.

Von Beginn an hatten also vor allem Engländer großen Einfluss auf den deutschen Fußball. Dazu gehörten auch Spiele gegen englische Mannschaften, die damals mit Abstand den weitaus besten Fußball spielten. Einige von ihnen kamen zu regelrechten Tourneen nach Deutschland, während deutsche Vereine nach England reisten, andere in die Schweiz, nach Italien oder Frankreich. So trug der bereits erwähnte Freiburger FC beispielsweise Spiele in Genua aus. Offensichtlich hat gerade diese internationale Orientierung einen wesentlichen Reiz des Fußballs ausgemacht, zumal die Spieler oft sehr jung waren und so eine Chance bekamen, ins Ausland zu reisen.

2.2/32 Anton Fendrich, Alfred Rahn: Der Fußball
Franck'sche Verlagshandlung, Stuttgart, 1914
Leinen, Papier; 20 x 14 x 1,5 cm
Sportantiquarität Kopp-Wittner, Würzburg

Die wachsende Popularität des Fußballspiels zeigte sich auch in der Literatur. Im 19. Jahrhundert waren überwiegend Titel verfasst worden, die sich mit Sportspielen insgesamt beschäftigten. Nach 1910 nahm die Anzahl der Titel zu, die sich ausschließlich mit Fußball beschäftigten. In diesem Buch werden nicht nur Regeln beschrieben, sondern es findet sich auch schon eine Geschichte des Fußballspiels in Deutschland.

2.2/33 Entwurf einer Satzung für den FV Werder Bremen
Bremen, 1900
Papier, handschriftlich;
33 x 21 cm
SV Werder Bremen

Die handschriftlich verfasste Satzung dokumentiert mit ihren vielen Streichungen, Unterstreichungen und Änderungen die Probleme der Vereine, eine Satzung zu finden, die bei ihren Mitgliedern mehrheitsfähig war. Die eigentlichen Träger des Spielbetriebs wurden die Fußballvereine, die sich seit den achtziger Jahren des 19. Jahrhunderts vermehrt aus den eher lockeren Schülerspielvereinen heraus entwickelten. Der innere Vereinsaufbau vollzog sich nach dem Muster der Turnvereine. Am Anfang stand die Verabschiedung einer Satzung.

2.2/34 Statuten vom Straßburger Football-Club
Liestal, 1893
Karton, Papier; 17 x 11 cm
Deutscher Fußball-Bund, Frankfurt/M.

Straßburg war in der Frühzeit eine der Städte, die die stärksten Vereine hervorbrachten. Der Straßburger FC galt in den neunziger Jahren des 19. Jahrhunderts als einer der stärksten Vereine im Deutschen Reich. Hier spielten unter anderem die Gebrüder Schricker und Walter Bensemann.

2.2/35 Statuten vom Frankfurter FC Germania
Frankfurt/M., 1901
Karton, Papier; 16,5 x 10,5 cm
VfL Germania 1894, Frankfurt/M.

Die Satzung wurde erstmals auf der Hauptversammlung am 4.11.1894 beschlossen. Vereinsziele waren die "Kräftigung des Körpers, die Förderung des Fußballsports, Hebung der Geselligkeit, Kameradschaft und Vaterlandsliebe".

2.2/36 Einladung zum 4. Stiftungsfest des FV Werder Bremen
Bremen, 1903
Papier; 22,5 x 29 cm
SV Werder Bremen

Das gesellige Leben in den Fußballvereinen war – bedingt durch die Zusammensetzung ihrer Mitglieder – sehr stark geprägt vom studentischen Leben. Dazu gehörten damals Feste mit Schwänken, derben Späßen und reichlich Alkohol.

Der englische Einfluss provozierte allerdings auch zahlreiche Kritiker. So wurde schon in den 1890er Jahren gefordert, die "Engländerei" abzustellen und deutsche statt englische Ausdrücke zu verwenden, also aus dem "Captain" einen "Spielführer" oder "Spielkaiser" zu machen, aus "Free-Kick" "Freitritt" oder aus "offside" "spielfremd". Später wurden eigens Tafeln angefertigt, die englische Ausdrücke und deren deutsche Übersetzung auflisteten und die neben den Plätzen aufgestellt werden sollten. Auch auf der Gründungsversammlung des DFB wurde gefordert, englische Ausdrücke einzudeutschen.

Das ist insofern nicht verwunderlich, als sich im Kaiserreich – und damit auch im Fußball – zu dieser Zeit eine betont nationale, oftmals aggressive Stimmung verbreitete, die gerade in England den wichtigsten Gegner sowohl in Handel und Industrie wie beim Erwerb von Kolonien sah. Ein prominenter Vertreter derartiger Positionen war der bereits erwähnte Zentralausschuss zur Förderung der Volks- und Jugendspiele, der nicht nur den Spielgedanken, sondern auch das Nationalgefühl fördern und die aufkommende Sozialdemokratie bekämpfen wollte.

2.2/40 Doppelseite aus einem Fotoalbum von Peco Bauwens
ca. 1908-1912
Karton, Papier; 40 x 48 cm
Deutscher Fußball-Bund, Frankfurt/M.

Neben den Vereinen waren natürlich auch die Spieler daran interessiert, ihre Spielerlaufbahn zu dokumentieren. Peco Bauwens, der spätere DFB-Vorsitzende, spielte in seiner aktiven Laufbahn beim Kölner FC 1899. Den Höhepunkt seiner Laufbahn bildete zweifellos sein einziger Einsatz als Nationalspieler beim Länderspiel gegen Belgien am 16.5.1910 in Duisburg. Auf dem mittleren Zeitungsausschnitt auf der linken Seite ist er in Aktion zu sehen.

2.2/37

2.2/38 Mitgliederverzeichnis vom SuS Emscher-Vogelheim
Essen, 1912-1928
Leder, Papier; 33 x 43 cm
Stadtarchiv Essen; 448/79

Mitgliederverzeichnisse, die damals häufig nicht nur Namen und Anschrift, sondern auch Berufsangaben beinhalteten, zeugen von der zunehmenden Formalisierung des Vereinslebens mit regelmäßigen Mitgliedsbeiträgen und ähnlichem. Dieses Verzeichnis, aufgeschlagen beim Buchstaben "M", stammt vom späteren SC Rot-Weiß Essen. Zu erkennen ist, dass die Mehrzahl der Arbeiter des Vereins erst nach 1918 eintraten.

2.2/37 Festschrift zum Commers von Victoria Frankfurt anlässlich der Eröffnung der Fußball-Saison 1907/8 sowie zur Rekrutenabschiedsfeier
Frankfurt/M., 29.9.1907
Karton, Papier; 34 x 47 cm
Deutscher Fußball-Bund, Frankfurt/M.

Die Festschrift eines der Vorgängervereine von Eintracht Frankfurt besitzt einen überwiegend satirischen Inhalt. Darauf verweist schon die Karikatur auf der Rückseite: "Homo sapiens, giganto pedalis. Der Fußballspieler der Zukunft mit verkümmerten Armen". Hier wird ein bevorzugter Vorwurf der Turner gegenüber den Fußballspielern und ihrer einseitigen Sportart selbstironisch aufgegriffen. Rekrutenabschiedsfeiern wurden bei den Sportvereinen im Deutschen Kaiserreich regelmäßig veranstaltet.

2.2/39 Protokollbuch der Wett-Spiele des Karlsruher FV
Karlsruhe, 1891-1904
Leder, Papier; 28,5 x 23,5 x 2 cm
Karlsruher FV

Um den Umfang dieser Spiele, besonders natürlich die Erfolge, zu dokumentieren, wurden Bücher angelegt, in denen die einzelnen Spielbegegnungen mit den wichtigsten Daten und einer Kurzbeschreibung des Spielverlaufs dokumentiert wurden.

2.2/40

Noch radikaler vertrat der 1911 gegründete "Jungdeutschlandbund" diese Positionen. Er sah seine Aufgabe darin, "die Entartung der Jugend im allgemeinen, den Rückgang der Tauglichkeit unserer jungen Männer zum Heeresdienste, die Folgen aufreibender Lebensweise und Genußsucht von Frühreifen, die Verrohung und gefährlicher werdende Kriminalität der Jugend" zu bekämpfen und schloss beispielsweise alle sozialdemokratischen Vereine aus [6]. Die bei der Gründung anwesenden Vertreter des DFB traten diesem Bund sofort bei, wurden deshalb allerdings von denjenigen kritisiert, die wie Fritz Boxhammer, 1911 stellvertretender Bundesvorsitzender, im Sport einen der "erfolgreichsten Förderer der Friedensidee" [7] sahen.

Wichtiger als solche politischen Auseinandersetzungen waren für den Spielbetrieb allerdings ganz praktische Probleme: Es gab zu wenig Plätze; Fußbälle, Trikots und andere Gegenstände waren teuer und in hinreichender Qualität eigentlich nur aus

2.2/41 Ankündigung für ein Fußballspiel Neuenheim-College – Karlsruher Kickers am 9.12.1893
Karlsruhe, 1893
Papier, handschriftlich;
22 x 17 cm
Deutscher Fußball-Bund, Frankfurt/M.

Diese Ankündigung zu einem Freundschaftsspiel dokumentiert sehr gut den informellen Charakter der Begegnungen im 19. Jahrhundert, in denen Vereine gegen College-Mannschaften antraten. Bei den Karlsruher Kickers spielten Bensemann und Schricker mit.

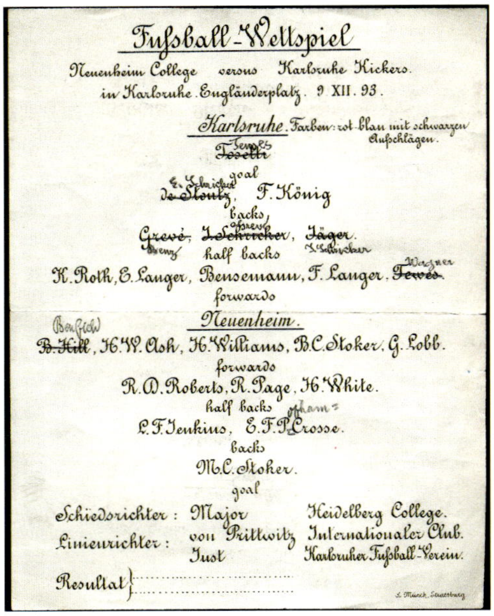

Fussball-Wettspiel

Neuenheim College versus Karlsruhe Kickers.
in Karlsruhe. Engländerplatz. 9 XII. 93.

Karlsruhe. Farben: rot-blau mit schwarzen Aufschlägen.

goal
E. Schricker ~~de Stoutz~~, F. König
backs
~~Grevé~~, ~~I. Schricker~~, ~~Jäger~~.
half backs
K. Roth, E. Langer, Bensemann, F. Langer. Wagner ~~Fewes~~
forwards

Neuenheim.

~~B. Hill~~, H. W. Ash, H. Williams, B. C. Stoker, G. Lobb.
forwards
R. D. Roberts, R. Page, H. White.
half backs
L. F. Jenkins, E. F. P. Crosse.
backs
M. C. Stoker.
goal

Schiedsrichter: Major — Heidelberg College.
Linienrichter: von Prittwitz — Internationaler Club.
Just — Karlsruher Fussball-Verein.

Resultat } ....

L. Münch, Strassburg

2.2/41

2.2/42 Die Mannschaft der Karlsruher Kickers 1894
gel. 21.9.1899
Postkarte, Karton; 9,2 x 14,1 cm
Karlsruher FV

Nach einigen gewonnenen Freundschaftsspielen gegen ausländische Mannschaften nannten sich die Karlsruher Kickers stolz "Meisterschaftsclub des Continents 1894". Freundschaftsspiele gegen ausländische Mannschaften bildeten Höhepunkte des Spielbetriebs, der damals überwiegend lokal und regional geprägt war.

2.2/42

2.2/43 Programmheft zum Spiel Düsseldorfer FC 1899 – 1. Hanauer FC 1893 am 20.4.1908
Düsseldorf, 1908
Karton; 17 x 12 cm
Stadtarchiv Duisburg; 46-29

Da die Meisterschaften in der Anfangszeit auf lokaler Ebene stattfanden und die Reisen mit der Bahn umständlich und zeitraubend waren, boten sich nicht viele Termine im Jahr für Freundschaftsspiele gegen gute Mannschaften aus anderen deutschen Regionen an. Am Ostermontag 1908 empfing der Meister des Westdeutschen Spielverbandes den 1. Hanauer FC, einen der Spitzenclubs aus dem süddeutschen Raum.

2.2/44 Deutsche Mannschaft – Football Association am 24.11.1899 in Berlin
Franz Kühn, Berlin, 1901
Foto; 10 x 13 cm
Deutscher Fußball-Bund, Frankfurt/M.

Das Foto zeigt eine Spielszene von einem der so genannten "Ur-Länderspiele". Im November 1899 besuchte auf Einladung vom Deutschen Centralcomité für internationale Fußballwettspiele, in dem die Gebrüder Schricker und Walter Bensemann mitwirkten, erstmals eine englische repräsentative Mannschaft Deutschland. In zwei Partien in Berlin und einer in Karlsruhe wurde eine deutsche Auswahlelf dreimal geschlagen: Torverhältnis 4:30.

2.2/45 Zwei Medaillen zur Jubiläums-Sportwoche vom 6.-14.6.1914 in Altona
1914
Metall; D 4,8 cm
Altonaer FC v. 1893
a) Fußballwettkampf Altonaer FC – Frankfurter FV
b) Fußball-Städtewettkampf Altona – Hamburg

Im Deutschen Kaiserreich war es üblich, dass die lokalen Sportverbände gemeinsame Wettkämpfe austrugen. Dabei wurden nicht nur Wettkämpfe zwischen den Vereinen, sondern auch zwischen repräsentativen Mannschaften der Städte ausgetragen.

2.2/46 Ankündigung zur Gastspielreise von Richmond Association FC London vom 13.-16.4.1906
Rheinischer Spielverband, Körper und Geist Nr. 14, Duisburg, 7.4.1906
Leder, Papier; 30 x 47 x 3 cm
Westdeutscher Fußballverband, Duisburg

Freundschaftsspiele gegen englische Mannschaften bildeten den Höhepunkt im damaligen Spielbetrieb. Zu den Osterfeiertagen 1906 trat erstmals eine englische Mannschaft im Westen Deutschlands an. Sie spielte Karfreitag in Köln, Ostersonntag in Duisburg und Ostermontag in Mönchengladbach gegen die damaligen westdeutschen Spitzenclubs.

England zu erwerben; auch Fahrten zu Auswärtsspielen kosteten Geld, sodass bis 1914 schon aus diesen Gründen Fußball überwiegend in bürgerlichen Schichten gespielt wurde. Zudem gab es – ähnlich wie anfangs in England – keine verbindlichen Regeln. Wenn zwei Mannschaften aufeinander trafen, mussten sie sich deshalb oft vor Anstoß erst einmal auf die Regeln verständigen oder noch Geld einsammeln, um den auszuspielenden Pokal zu bezahlen. Auch kam es vor, dass Spieler untereinander getauscht wurden, falls die Spielstärke zu unterschiedlich war.

Schließlich war es ungewöhnlich, dass Fußballer in kurzen Hosen spielten. Normalerweise musste der Körper in der Öffentlichkeit bedeckt sein, so bei den Turnern und selbst

2.2/43

2.2/44

2.2/47 Schreiben des Deutschen Fußball- und Cricket-Bundes an die Gebrüder Schricker
Paul Kroeseler, Berlin, 14.2.1896
Papier, handschriftlich; 27,5 x 21,7 cm
Deutscher Fußball-Bund, Frankfurt/M.

Das Schreiben betrifft eine mögliche Beteiligung einer deutschen Fußballmannschaft an den Olympischen Spielen 1896 in Athen. Der Deutsche Fußball- und Cricket-Bund stellte einen der ersten Versuche dar, eine nationale Dachorganisation für die deutschen Fußballvereine zu schaffen.

2.2/48 Einladung zu deutsch-nationalen Wettkämpfen zugunsten des Deutschen Patriotenbundes zur Errichtung eines Völkerschlachtdenkmals bei Leipzig am 30.7.1899
Verband Leipziger Ballspiel-Vereine, 1899
Papier; 30 x 23,5 cm
Stadtgeschichtliches Museum Leipzig/Sportmuseum ; D 5533

Auf dem Sportfest, zu dem hier eingeladen wird, wurde die Gründung eines Deutschen Fußballverbandes verabredet. Sie war für den September des Jahres vorgesehen, fand jedoch nicht statt.

2.2/49 Ankündigung des 1. Allgemeinen deutschen Fußballtages in Berlin
Deutsche Sport-Nachrichten Nr. 4, 25.1.1900
Leinen, Papier; 33 x 46 x 5 cm
Deutscher Fußball-Bund, Frankfurt/M.

Mit dieser Annonce wurde zur Gründungsversammlung des DFB eingeladen.

Amtlicher Theil.

III. Wahlversammlung
der
Deutschen Sportbehörde für Athletik
und
Erster Allgem. Deutscher Fußballtag.

— Programm. —

Sonnabend, den 27. Januar 1900

Empfang der Vertreter. (Es wird höflichst gebeten, dem Unterzeichneten vorher die Ankunftszeit mitzutheilen).
Abends ³/₄8 Uhr (Mariengarten): Offizielle Begrüßung der Vertreter durch den 1. Vorsitzenden des Verbandes Leipziger Ballspielvereine.
Abends 8 Uhr: Eröffnung der III. Wahlversammlung der Deutschen Sportbehörde für Athletik. Ev. nach diesem geselliges Beisammensein.

Sonntag, den 28. Januar 1900

Früh 8.30: Eröffnung des I. Allgem. Deutschen Fußballtages.
Nachm. 1 Uhr: Gemeinsames Mittagessen.
Nachm. 2.30 Uhr: Fortsetzung der Verhandlungen.
Abends 8 Uhr: Commers zu Ehren der anwesenden auswärtigen Vertreter, veranstaltet vom Verband Leipziger Ballspiel-Vereine.

Leipzig, am 22. Januar 1900.

J. A.: E. J. Kirmse,
als 1. Vorsitzender des Verbandes Leipziger Ballspielvereine.

2.2/49

im Badeurlaub. Wenn es bei den Plätzen keine Umkleidekabinen gab, mussten Fußballer sich an anderer Stelle umziehen und konnten auf Schwierigkeiten stoßen, wenn sie auf dem Weg zum Platz ihre Fußballkleidung trugen. Auch wurde die große Begeisterung für den neuen Sport nicht immer gebilligt: So mussten zwei Schüler der erwähnten Freiburger Oberrealschule je acht Stunden im Karzer verbringen, weil sie 1910 trotz Verbots durch die Schule über Ostern mit dem FC Freiburg eine Wettspielreise nach Essen, Hamburg und Bremen unternommen hatten. Und Hans Haase, der Rechtsaußen der Meistermannschaft von 1907, bekam sechs Stunden Karzer aufgebrummt, weil er wegen wichtiger Spiele um die oberrheinische Gaumeisterschaft nicht am Unterricht teilnahm, obwohl der Direktor ihn ausdrücklich auf das Verbot hingewiesen hatte.

Erste Anläufe, einen reichsweiten Verband für die deutsche Fußballbewegung ins Leben zu rufen, um die Regeln zu vereinheitlichen und den Spielbetrieb besser organisieren zu können, stammen aus den neunziger Jahren des 19. Jahrhunderts. Doch alle Versuche blieben entweder regional beschränkt oder

2.2/50 Zeitungsartikel über die Gründung des DFB
Sport im Wort, Beilage zu Sport im Bild Nr. 5, Berlin, 2.2.1900
Papier, Leder; 37 x 57 x 7 cm
Staatsbibliothek zu Berlin-Preußischer Kulturbesitz; Os 6836-6.1900, 1

Unter dem Titel "Der erste deutsche Fußballtag in Leipzig" wird über die Gründung des DFB am 28.1.1900 berichtet.

2.2/51 Serie von drei Postkarten vom VfB Leipzig
Deutscher Fußball-Bund, Frankfurt/M.
a) VfB Leipzig – Corinthians
gel. 10.11.1904
Karton; 9 x 14 cm
b) Mannschaft des VFB Leipzig 1906
gel. 12.6.1906
Karton; 9 x 13 cm
c) Spielszene vom Endspiel 1913 VfB Leipzig – Duisburger SpV
Karton; 9 x 13,5 cm

Der VfB Leipzig gewann 1903 die erste Deutsche Meisterschaft. Zu dem Spiel gegen eine englische Mannschaft konnte er immer noch als amtierender Meister antreten, da die Deutsche Meisterschaft 1904 annulliert worden war. 1906 wurde der VfB Leipzig zum zweiten Mal Deutscher Meister, 1913 zum dritten Mal. Er war damit der erfolgreichste deutsche Verein im Deutschen Kaiserreich.

2.2/52 Zwei Postkarten zu Entscheidungsspielen des Kölner FC 99
Kölnisches Stadtmuseum; Köln auf alten Ansichtskarten, Bd. 1
a) Kölner FC 99 – Kölner BC 5:1
Karton; 8,5 x 13,5 cm
b) Kölner FC 99 – Duisburger SpV 2:2
Karton

Die Mannschaften mussten sich damals zunächst in lokalen Ligen für die regionalen Endrunden qualifizieren, deren Meister dann für die Endrunde um die Deutsche Meisterschaft qualifiziert waren. Die erste Postkarte zeigt eine Szene aus dem Entscheidungsspiel um die Meisterschaft im Kölner Bezirk, mit dem sich der Kölner FC 99 für die westdeutsche Endrunde qualifizierte. Die zweite Postkarte zeigt eine Szene aus einem Spiel der westdeutschen Endrunde. Der Duisburger SpV wurde Westdeutscher Meister und nahm an der Endrunde um die Deutsche Meisterschaft teil.

2.2/52b

2.2/53

waren nur von kurzer Lebensdauer. Erst am 28. Januar 1900 kam es in Leipzig zur Gründung des "Deutschen Fußball-Bundes" (DFB). 36 Delegierte von Vereinen und lokalen bzw. regionalen Verbänden vertraten insgesamt 86 Vereine. Sie gründeten im Rahmen der III. Wahlversammlung der Deutschen Sport-Behörde für Athletik im Leipziger Mariengarten den Deutschen Fußball-Bund. Die Gründung war unter den Delegierten zunächst umstritten. Nicht alle Landesverbände wollten sich einer Zentrale unterordnen. Außerdem war umstritten, ob nur "reichsdeutsche" oder auch deutsche Vereine im Ausland dem Verband angehören sollten. Dass am Ende der Tagung Professor Dr. Ferdinand Hueppe, ein bekannter Sportmediziner aus Prag, zum Vorsitzenden eines neu gegründeten Bundes gewählt werden konnte, ist überwiegend den Brüdern Manning zu verdanken.

Der promovierte Arzt Randolph und sein Bruder Fred stehen für die internationalen Anfänge des deutschen Fußballsports. Sie waren in dessen Entstehungsphase äußerst aktiv und auch an der Gründung des DFB beteiligt. Der Engländer Randolph G. Manning wanderte später nach Amerika

2.2/53 Mannschaft des Duisburger SpV
Duisburg, 1913
Postkarte, Karton; 9 x 14 cm
Stadtarchiv Duisburg; G Nr. 53
Fotoslg. Sport+Freizeit Nr. 26

Der Duisburger SpV, die erfolgreichste Mannschaft im Westdeutschen Spielverband, erreichte 1913 als erster Verein des Westens das Endspiel um die Deutsche Meisterschaft, verlor aber gegen den VfB Leipzig mit 1:3.

2.2/54 Programmheft zum Fußball-Wettspiel Karlsruher FV – Holstein Kiel am 17.11.1911
Karlsruhe, 1911
Karton, Papier; 23 x 15 cm
Karlsruher FV

Der Karlsruher FV, Deutscher Meister von 1910, und Holstein Kiel, Deutscher Meister von 1912, zählten damals zu den stärksten deutschen Vereinsmannschaften.

2.2/55 Ankündigung für das Fußball-Wettspiel Eintracht Braunschweig – Werder Bremen am 12.11.1911
Braunschweig, 1911
Papier; 29,1 x 19,3 cm
Kurt Hoffmeister, Braunschweig

Neben Holstein Kiel stellte Eintracht Braunschweig die beste Mannschaft im norddeutschen Bereich. An der Spielankündigung ist besonders interessant, dass noch 1911 Erläuterungen zum Fußballspiel mit abgedruckt wurden.

2.2/56 Ankündigung für das Endspiel um die Deutsche Meisterschaft am 15.5.1910 in Köln und für das Länderspiel am 16.5.1910 in Duisburg
Westdeutscher Spielverband, Körper und Geist Nr. 18, Duisburg, 5.5.1910
Leder, Papier; 28,5 x 46 x 3 cm
Westdeutscher Fußballverband, Duisburg

Der DFB-Bundestag fand Pfingsten 1910 in Köln statt. Damals war es üblich, dass im Rahmen des Bundestages auch das deutsche Endspiel veranstaltet wurde. Da es wegen der knappen Freizeit schwierig war, Spieler für Länderspiele zu gewinnen, wurde außerdem für Pfingstmontag ein Länderspiel gegen Belgien in Duisburg angesetzt.

2.2/57 Programmheft zum Spiel der repräsentativen Mannschaften des Rheinisch-Westfälischen Spielverbandes am 24.5.1906 in Köln
Köln, 1906
Karton, Papier; 17 x 12 cm
Stadtarchiv Duisburg; 46-29

Neben der Ausrichtung von Vereinsmeisterschaften waren alle Landesverbände des DFB daran interessiert, eigene Auswahlmannschaften aufzustellen. Um die besten Spieler zu ermitteln, wurden dazu innerhalb des Verbandes Vergleichsspiele regionaler Auswahlteams organisiert. Mit Einführung des "Kronprinzenpokals" gewannen diese Probespiele noch an Bedeutung.

Braunschweiger Fußballklub „Eintracht"
Eingetragener Verein

Eintracht-Sportplatz
Helmstedter Straße – dem Zentral-Friedhofe gegenüber

Sonntag, den 12. November 1911, nachmittags 3 Uhr:
Großes
Fußball-Wettspiel

Mannschaften:
Werder-Bremen
Tor: Schäbel
Verteidiger: Theilen, Büring
Läufer: Ballier, Schilbrede, Laiter I
Stürmer: Laiter III, Schlengemann, Jänichen, Laiter II, Schreiber

F. C. Eintracht-Braunschweig
Stürmer: Rud. Queck, Rich. Queck, Harder, Buck, Wald
Läufer: Zeidler, Grupp, Dette
Verteidiger: Täger, Gerike
Tor: Theiß

Schiedsrichter: Herr Braans, M.-T.-V., Braunschweig.

Resultat: Pause: 0:3; Schluss: 2:4 / 2:3

Erläuterungen zum Fußballspiel:
Es stehen sich beim Fußballspiel zwei Parteien von je 11 Spielern gegenüber, deren Aufgabe es ist, den Ball unter Anwendung gewisser Spielregeln durch das Tor des Gegners zu bringen, und zwar ist es keinem Spieler, mit Ausnahme des Torwächters, gestattet, den Ball mit den Händen zu berühren. Während die Stürmer den Angriff auf das feindliche Tor ausführen, liegt den Verteidigern und dem Torwächter die Bewachung des eigenen ob, und die Läufer haben beides, Verteidigung und Angriff, zu unterstützen. – Die Dauer eines Wettspiels beträgt zweimal 45 Minuten, ohne die Pause; nach der ersten Hälfte wechseln beide Parteien die Seite. Wer die meisten Tore erzielt, ist Sieger.

Preis 10 Pfennig

2.2/55

2.2/58 Serie von 4 Fußball-Jahrbüchern des DFB
Leinen, Papier;
je ca. 26 x 20,5 x 2 cm
Deutscher Fußball-Bund, Frankfurt/M.
a) Abbildung des Prinzen Friedrich Karl von Preußen als Fußballspieler
DFB, Dortmund, 1913
b) Abbildung des Kronprinzen als Zuschauer bei einem Fußballspiel
DFB, Hamburg, 1907
c) Abbildung der mitteldeutschen Mannschaft, die das erste Endspiel um den Kronprinzen-Pokal gewann
DFB, Leipzig, 1909
d) Abbildung einer Spielszene vom Endspiel um den "Kronprinzen-Pokal" Süddeutschland – Berlin-Brandenburg 1910
DFB, Dortmund, 1910

Die preußischen Prinzen waren ebenso wie Adlige in anderen Regionen wichtige Multiplikatoren bei der Popularisierung des Fußballspiels in Deutschland. Am 7.4.1907 besuchte der Kronprinz in Begleitung von Offizieren den Sportplatz des BFC Germania in Berlin. Die Fußballbegeisterung des Kronprinzen ging so weit, dass er 1908 dem DFB einen Pokal stiftete, den der Sieger im Pokal-Wettbewerb der Landesverbände erhalten sollte. Der Wettbewerb um den "Kronprinzen-Pokal" wurde zum traditionsreichsten deutschen Pokalwettbewerb. Für die Landesverbände war der Gewinn dieses Pokals von so hoher Bedeutung wie der Gewinn der Deutschen Meisterschaft für einen Verein, und auch beim Publikum erfreute sich der Pokal wachsender Beliebtheit.

2.2/59 Programmheft zur Einweihung des Deutschen Stadions Berlin am 8.6.1913
Deutscher Reichsausschuss für Olympische Spiele, Berlin, 1913
Papier; 21,7 x 14,5 cm
Dr. Othmar Hermann, Frankfurt/M.

Die Einweihung des Deutschen Stadions in Berlin, gebaut für die Olympischen Spiele 1916, wurde – 100 Jahre nach der Völkerschlacht von Leipzig und 25 Jahre nach der Thronbesteigung Kaiser Wilhelms II. – zu einer sportlichen Großveranstaltung in einem symbolträchtigen Jahr.

2.2/60 Programmheft zum Endspiel um den Kronprinzen-Pokal Westdeutschland – Berlin-Brandenburg am 8.6.1913
DFB, Berlin, 1913
Papier; 22 x 14,3 cm
Dr. Othmar Hermann, Frankfurt/M.

Im Rahmen der Einweihungsfeier wurde auch das Endspiel um den Kronprinzen-Pokal im Deutschen Stadion ausgetragen. Das dokumentiert den Stellenwert, den der Wettbewerb damals neben den Endspielen um die Deutsche Meisterschaft besaß.

2.2/61 Zeitungsbericht über das Endspiel um den Kronprinzen-Pokal Norddeutschland – Mitteldeutschland 1914
Papier; 29,7 x 39,5 cm
Altonaer FC von 1893, Hamburg

DEUTSCHER FUSSBALL-BUND

Entscheidungsspiel
um den von Sr. Kaiserl. Hoh. dem Kronprinzen des Deutschen Reiches und von Preussen gestifteten
Kronprinzen-Pokal
im Deutschen Stadion
zwischen den Mannschaften des
Verbandes Brandenburgischer Ballspiel-Vereine und des Westdeutschen Spiel-Verbandes.

V. B. B.
Weber (Vorwärts)
Wiesener (B. B. C.) – Röpnack (Viktoria)
Ludwig (Viktoria) – Kugler (Viktoria) – Völker (Preussen)
Korth (Hertha) – Arndt (Viktoria) – Fuchs (Viktoria) – Worpitzky (Viktoria) – Noack (B. B. C.)

W. Fischer (Duisburger Sp.-V.) – Steinhauer (Duisburger Sp.-V.) – H. Fischer (Duisburger Sp.-V.) – Pohl (Borussia M.-Gladb.) – Quatram (Duisburger Sp.-V.)
Schümmelfelder (Bonner F.-V.) – Ludewig (Duisburger Sp.-V.) – Schwagmeyer (Düsseldorfer S.-C.)
Francken (Bonner F.-V.) – Jansen (F.-C. M.-Gladbach)
Hennes (Alemannia-Aachen)
W. S. V.

Spielkleidung.
V. B. B.: Weisse Hose, rotes Hemd mit Brandenburg. Wappen.
W. S. V.: Weisse Hose, grünes Hemd.
Schiedsrichter: Herr *Puls*-Hamburg.
Das Spiel beginnt pünktlich um 5 Uhr und dauert 2 mal 45 Min. Beim Platzwechseln findet eine Pause von 15 Min. statt.
Preis 10 Pfennig

2.2/60

2.2/62 Filmausschnitte zum Spielbetrieb im Deutschen Kaiserreich
Frank Bürgin (Bearb.), Zeitlupe, Gelsenkirchen, 1910-1912/2000
Schwarzweiß-Film;
1 min. 4 sec.
Deutsches Sport- und Olympiamuseum Köln

Zu sehen sind Ausschnitte aus dem Halbfinale um die Deutsche Meisterschaft Karlsruher FV – Phönix Karlsruhe am 10.5.1910; der kommende Deutsche Meister trifft auf den amtierenden Meister; Szenen aus dem Endspiel um den Kronprinzen-Pokal 1912 Süddeutschland – Brandenburg; Ausschnitte aus dem Spiel Deutschland – Österreich am 29.6.1912 während des Olympischen Fußballturniers in Stockholm. Deutschlands Niederlage in Höhe von 1:5 bedeutete das Ausscheiden bei der ersten Teilnahme an einem internationalen Turnier.

2.2/63 Bierkrug mit Fußballmotiv
um 1900
Porzellan, bedruckt und handbemalt; 12,5 x 10 x 15 cm
Jablonski, Bochum

Dieser Krug mit Henkel zeigt einen Fußballspieler mit Ball und trägt die Inschrift "Hipp, hipp, hurra!" und die Zahl "19".

2.2/64 Zwei Bierkrüge mit Fußballmotiven
um 1900
Jablonski, Bochum
a) Zweikampfszene
Porzellan; 19 x 10,5 x 14 cm
b) Fußballspieler mit Ball
Porzellan; 16 x 9,2 x 12 cm

Beide Krüge sind mit Inschriften verziert, die die um die Jahrhundertwende üblichen Sprüche wiedergeben: "Bei Sport und Scherz bleibt froh das Herz: Der Kampf um den Ball" und "O, wonnevolles Fußballspiel Du schönstes Spiel der Jugend: Gut Tritt". Die Krüge erinnern daran, dass das Fußballspiel um die Jahrhundertwende überwiegend von Absolventen höherer Bildungsanstalten und von Studenten betrieben wurde – und zwar in deren Junggesellenzeit, in der neben dem Spiel das Kneipenleben eine zentrale Rolle spielte.

2.2/65 Wimpel vom Berliner FC Germania 1888
20.11.1907
Textil, Messing; 46 x 31,5 cm
Hamburger SV; 394

Dieser Wimpel wurde am 20.11.1907 anlässlich eines Freundschaftsspiels dem SC Germania Hamburg überreicht. Der Berliner FC Germania ist neben dem Hamburger SV der älteste noch existierende Fußballverein in Deutschland.

2.2/66 Meisterschaftspokal des Hamburg-Altonaer Fußball-Bundes
Hamburg, 1900-1902
Metall, versilbert; H 35 cm, D 11,5 cm
Hamburger SV; 210

Dieser Meisterschaftspokal in Form eines Kelches wurde dem SC Germania Hamburg, einem der Vorgängervereine des Hamburger SV, zum zweimaligen Gewinn der Verbandsmeisterschaft überreicht.

aus, wurde dort Vorsitzender des von ihm gegründeten Nordamerikanischen Fußballverbandes und spielte nach 1945 eine wichtige Rolle bei der Wiederaufnahme des DFB in die FIFA.

Es dauerte drei Jahre, bis der DFB die erste Endrunde um die Deutsche Fußballmeisterschaft organisieren konnte. Erst 1905 hatte der DFB so viel Einfluss gewonnen, dass er mit Erfolg daran gehen konnte, die teilweise noch unabhängigen regionalen Verbände als Landesverbände in seine Organisationsstruktur einzubeziehen. Doch letztlich blieb er nur für die Organisation der Endrunden um die Deutsche Meisterschaft zuständig.

Als weitere Aufgabe kam 1908 der Pokalwettbewerb seiner Verbände um den so genannten Kronprinzen-Pokal hinzu. Ebenfalls 1908 konnte das erste Länderspiel organisiert werden. 1912 folgte die Teilnahme am ersten internationalen Fußballturnier während der Olympischen Spiele in Stockholm. Mit der Einführung einer nationalen Endrunde wurde der Wettkampfgedanke des Fußballs

2.2/64

2.2/65

2.2/67 Pokal von William Sykes für den Hamburg-Altonaer Fußball-Bund
Horbury, 1906
Silber; 45 x 28 x 16,5 cm
Altonaer FC v. 1893, Hamburg

Dieser Pokal der Yorkshire Athletic Manufactory für einen der ältesten lokalen deutschen Fußballverbände symbolisiert geradezu den englischen Einfluss im deutschen Fußball der Anfangszeit. Hamburg mit seinem Welthafen war einer der Ausgangspunkte für die Verbreitung englischer Sportarten in Deutschland.

2.2/67

gestärkt. Bis dahin fanden Meisterschaftsspiele nur auf lokaler und regionaler Ebene statt. In der Anfangszeit spielten die Vereine in lokal eng begrenzten Gruppen, in Hin- und Rückrunde den Meister aus. Die Meistermannschaften spielten dann in regionalen Endrunden um den Titel. Nur die Meister der damaligen sieben Landesverbände sowie der Deutsche Meister des Vorjahres nahmen an der vom DFB organisierten deutschen Endrunde teil. Für viele Vereine bestanden die eigentlichen Höhepunkte des jährlichen Spielbetriebs allerdings immer noch in den Freundschaftsspielen – damals Gesellschafts- oder Privatspiele genannt – gegen Mannschaften aus anderen Regionen des Kaiserreichs oder gegen Vereine aus benachbarten europäischen Regionen. Besonders beliebt waren die bereits erwähnten Begegnungen gegen englische Mannschaften.

Die großen Freundschaftsbegegnungen und Gastspielreisen in andere Regionen waren nur für die Vereine finanzierbar, deren Mitglieder aus bürgerlichen Familien stammten. Dagegen konnten an den lokalen Punktspielen auch Vereine teilnehmen, deren Mitglieder aus der Arbeiterschaft kamen, obwohl sie wegen ihrer knappen Freizeit und der relativ teuren Ausrüstung in der Minderheit blieben. Bis 1914 war der Fußball in Deutschland deshalb ein Sport, der im Bürgertum, überwiegend von der neuen Schicht der Angestellten betrieben wurde. Diese stellten auch die Mehrheit unter den Mitgliedern, deren Zahl nach der Jahrhundertwende rapide zunahm. Im DFB waren 1914 schon über 2200 Vereine mit knapp 190.000 Mitgliedern organisiert. Dieser rasante Zuwachs

2.2/68 Bierseidel mit Wappen vom Turnverein und der SpVgg Fürth
1903
Glas, Metall; 23,5 x 13 x 17 cm
SpVgg Greuther Fürth

1903 wurde im Turnverein Fürth eine eigene Spielvereinigung gegründet; aus diesem Anlass wurde dieser Bierseidel hergestellt.

2.2/69 Ehrenpokal von Hofrat Alfred Nathan für die SpVgg Fürth
1910
Metall, getrieben und versilbert;
H 39,5 cm, D 12,5 cm
SpVgg Greuther Fürth

Der Pokal mit Widmung vom 11.9.1910 verdeutlicht sehr gut die bürgerlichen Anfänge des Fußballspiels in Deutschland. Bekannte Vereine standen häufig unter großbürgerlicher oder adliger Protektion.

2.2/70 Pokal zum 2. Nationalen Fußballturnier von "Union" VfB Mannheim
Mannheim, 29.5.1910
Metall; H 38 cm, D 14,5 cm
Karlsruher SC

Diesen Pokal in Form eines Kelches, der als 1. Preis in der A-Klasse vorgesehen war, gewann Phönix Karlsruhe. Phönix Karlsruhe war 1909 Deutscher Meister geworden. Dies sagt aber wenig über die Qualität des Turniers aus. Regionale Vereinsturniere wurden damals gern mit dem Attribut "national" versehen.

2.2/69

2.2/70

an Vereinen und Mitgliedern stellte die Landesverbände vor immer neue organisatorische Herausforderungen. Die Anzahl der lokalen Spielklassen wuchs, die Einteilung in Ligen musste beinahe jedes Spieljahr geändert werden. Es blieb aber bei der Existenz von kleinräumigen Ligen, deren Grenzen sich an den Eisenbahnverbindungen orientierten. Dies hielt die Ausgaben im Rahmen. Der Fußball in Deutschland war noch weit davon entfernt, für seine Akteure zu einer Einnahmequelle zu werden. Er hatte sich allerdings als eine Sportart erwiesen, die in kürzester Zeit große Popularität und zahlreiche Anhänger gewann. Sein Erscheinungsbild war sehr vielfältig. Von Beginn an war der Fußball durch Engländer geprägt und für viele wohl gerade deshalb attraktiv, während gleichzeitig nationale Strömungen zunahmen. Fußball war im Bürgertum verbreitet und wurde durch wichtige Personen wie den Kronprinzen oder auch das Militär gefördert, war also respektabel; doch er wurde auch heftig attackiert, galt als Erregung öffentlichen Ärgernisses und als Beispiel für regelloses Herumtoben. Das allerdings scheint ihn gerade für Jugendliche attraktiv gemacht zu haben. Fußball versprach Aufregung, Abenteuer, Wettkampf, Gemeinschaft und einen ganz neuen Umgang mit Ball und Körper. *Uwe Wick*

2.2/71 Freundschaftspokal in Form eines Kelches von den Stuttgarter Kickers für den Altonaer FC
1912
Kupfer, versilbert;
H 25,5 cm, D 11 cm
Altonaer FC v. 1893, Hamburg

Der Pokal ist dem Altonaer FC Weihnachten 1912 überreicht worden. Damals war Weihnachten aufgrund der zusammenhängenden freien Tage ein beliebter Termin, um Freundschaftsspiele auszutragen.

Zwischen Propaganda und Schützengräben – Fußball im Ersten Weltkrieg

2.3/2 "Trench Football", englisches Propaganda-Fußballspiel aus dem Ersten Weltkrieg
England, um 1914
Karton, Holz;
2,5 x 24,5 x 16,5 cm
The Football Museum, England;
T 22

Das Spiel "Trench Football" (Schützengrabenfußball) ist ein typisches Beispiel dafür, wie die Rivalität des Schlachtfeldes im Ersten Weltkrieg symbolisch auf die Ebene des Fußballspiels übertragen und der Fußball damit für propagandistische Zwecke instrumentalisiert wurde. Die Thematik des Spiels, der "Schützengrabenfußball", hat einen realen Hintergrund in den britischen Sturmangriffen, bei denen Fußbälle in die feindlichen Linien getrieben wurden. Bei dem Spiel muss der Spieler den Ball an verschiedenen Löchern vorbeimanövrieren, an denen jeweils Karikaturen wichtiger deutscher Staatsmänner und Militärs zu erkennen sind. Ziel des Spieles ist es, den Ball im "Maul" des Kaisers zu versenken.

2.3/1

2.3/2

2.3/1 Britische Frontsoldaten treiben beim Sturmangriff einen Fußball vor sich her
R. C. Woodville, England, 1. H. 20. Jh.
Lithografie; 34,5 x 57 cm
The Football Museum, England;
A 82

Mit zunehmender Kriegsdauer wurden die Schlachten des Ersten Weltkriegs im Westen durch den Stellungskrieg bestimmt. Die gefährlichen Sturmangriffe aus den Schützengräben heraus, mit denen Geländegewinne erzielt werden sollten, führten zu großen Verlusten auf beiden Seiten. Vielleicht um die Soldaten zu ermutigen und die große Gefahr vergessen zu machen, wurde bei einem britischen Angriff ein Ball von den Soldaten in Richtung der feindlichen Linien geschossen, dem die Infanteristen folgten. Eine solche Szene zeigt die Lithografie von R. C. Woodville. Während einige Soldaten noch dem Ball nachjagen, sind andere schon vom feindlichen Feuer getroffen worden und liegen tot oder verwundet am Boden.

"Mirror declares Football War on Germany" – wieder einmal hatte der skurrile englische Humor sein Opfer gefunden, diesmal bei der Fußball-Europameisterschaft 1996. Im Vorfeld des Halbfinalspiels England – Deutschland präsentierte der "Daily Mirror" seinen Lesern auf der Titelseite die britische Kriegserklärung von 1940 – lediglich Anlass und Namen waren ausgetauscht worden. Berti Vogts und seinen Mannen muss die Aussichtslosigkeit ihres Unterfangens schlagartig klar geworden sein ... Wer die englische Tagespresse regelmäßig verfolgt, weiß, dass dieses "Spielen" mit der Kriegsmetaphorik zum festen Inventar der "yellow press", der Boulevardpresse gehört, sobald

2.3/3 Postkarte mit Abbildung des Fußballs, der bei einem Sturmangriff des East Surrey Regiments in die deutschen Linien getrieben wurde
England, 1916
Foto, Karton; 14 x 9 cm
The Football Museum, England;
B 47-693

Einer der bekanntesten Fälle, bei denen Fußbälle während britischer Sturmangriffe eingesetzt wurden, ist die Attacke des "B" Company 8th Service Battalion vom East Surrey Regiment am ersten Tag der Somme-Schlacht am 1. Juli 1916. Captain Wilfred P. Nevill versah zwei Fußbälle mit Parolen und ließ sie von seinen Soldaten in die feindlichen Linien treiben. Nevill selbst fand bei diesem Sturmangriff den Tod.

2.3/4 Werbeplakat der Royal Army mit Darstellung eines Fußballspielers
England, um 1914
Reproduktion; 76 x 51 cm
bez: The army isn't all work
The Football Museum, England;
P 14

Auf die große Popularität des Fußballs in Großbritannien schon vor 1914 verweist dieses Werbeplakat der Army, mit denen Rekruten geworben werden sollten. Dem zukünftigen Soldaten wird als Anreiz für den Militärdienst die Möglichkeit in Aussicht gestellt, Fußball zu spielen: "Die Armee ist nicht nur Arbeit", heißt es auf dem Plakat.

2.3/5 Britische Propagandapostkarte mit Fußballmotiv
England, nach 1914
Zeichnung, Druck, Karton;
9 x 14 cm
bez.: Goal! / What the R E.'s are going to do.
The Football Museum, England;
B 47

Auch auf dieser Propagandapostkarte wird die britisch-deutsche Rivalität auf die Ebene des Fußballspiels übertragen, bei dem die Deutschen – vertreten durch ihren Kaiser – durch einen Torschuss mit einem Ball in den Farben der britischen Flagge symbolisch besiegt werden. Wahrscheinlich erfreute sich die Fußballthematik bei britischen Karikaturisten solcher Beliebtheit, da man sich in diesem ureigenen Spiel überlegen und des Sieges über den "Lehrling" sicher wähnte. Den Deutschen wird in der Aufschrift eine (Fußball-) Niederlage durch den populären Fußballclub Royal Engineers (R. E.) angedroht.

2.3/5

2.3/3

der "Fußballklassiker" Deutschland – England ansteht. Zurückverfolgen lassen sich die Wurzeln dieser "Tradition" nicht nur bis zum Zweiten Weltkrieg, sondern interessanterweise sogar bis zum Ersten Weltkrieg. Fußball war zu dieser Zeit – zumindest auf englischer Seite – offenbar schon so populär, dass er in den Dienst der politischen Propaganda gestellt werden konnte. Häufig wurde dem deutschen Gegner in parodistischer Form eine (Fußball-) Niederlage angedroht oder seine Fähigkeit in Zweifel gezogen, das Fußballspiel zu beherrschen. Beliebtes Ziel des Spotts waren vor allem die deutschen Militärführer oder der Kaiser, die auf Postkarten oder in Spielen – karikaturistisch überzeichnet – als Fußballspieler dargestellt wurden, zumeist im Begriff, von einer englischen Mannschaft besiegt zu werden. Die Beziehungen zwischen englischem und deutschem Fußball, bis zum Beginn des Ersten Weltkriegs von einem Lehrer-Schüler-Verhältnis geprägt, hatten sich nun gewandelt: Aus dem englischem Exportschlager Fußball war ein Mittel der psychologischen Kriegführung geworden.

Noch bis zum Ausbruch des Krieges hatten sich renommierte deutsche Vereine darum bemüht, englische Trainer einzustellen – eine Anerkennung des hohen Entwicklungsstandes, welchen der Fußball in seinem Ursprungsland erreicht hatte. Das beste Beispiel für das Engagement eines erfolgreichen englischen Trainers war William Townley, der zunächst den Karlsruher FV zur Deutschen Meisterschaft geführt hatte und anschließend mit der SpVgg Fürth den Titel noch einmal gewann. Aufgrund der guten Erfahrungen, die der Westdeutsche Spielverband mit Townley gemacht hatte – durch eine kurze Trainertätigkeit hatte dieser ihm 1913 erstmals den Gewinn des Kronprinzenpokals beschert – stellte der Verband den Engländer Reynolds ab Mai 1914 als Verbandstrainer an. Die politische Entwicklung aber

2.3/6 Kriegsjahrbuch des DFB mit Porträtzeichnung und Widmung des Kronprinzen
DFB, 1915
Papier; 21,5 x 28 x 1 cm
Deutscher Fußball-Bund, Frankfurt/M.

"Von Sr. Kaiserlichen und Königlichen Hoheit dem Kronprinzen des Deutschen Reiches und von Preußen dem Kriegsjahrbuch des Deutschen Fußball-Bundes zur Veröffentlichung überwiesen." Im Kaiserreich gehörte der Kronprinz zu den wichtigsten Förderern des Fußballspiels. Das dankten ihm die Fußballspieler, indem sie sich nun in Scharen freiwillig zur Front meldeten. Aus der vaterländischen Gesinnung der Sportverbände "Pro patria est dum ludere videmur" ("Dem Vaterlande gilt es, wenn wir zu spielen scheinen") wurde blutiger Ernst. Die Widmung, die der Kronprinz an Bord der S.M.S. Göben am 8.5.1915 verfasste, passt dazu: "Unseren stahlharten, feurigen und gewandten Fußballspielern von heute, die in vorderster Linie fechtend die Kameraden mit sich fortreißen gegen die feindlichen Tore, dankt das Vaterland zum guten Teil das Erringen der Weltmeisterschaft auf den Schlachtfeldern. An den Fußballspielern von morgen wird es sein, zu stürmen und zu sichern, damit uns die Weltmeisterschaft nie verloren gehe."

sollte diese "Fußball-Entwicklungshilfe" schneller als geahnt beenden: Am 13. August 1914 konnte man im Mitteilungsblatt des Westdeutschen Spielverbands lesen: "Herr Reynolds, der mit ebenfalls gutem Erfolge und mit wachsender Befriedigung die bessere Vorbereitung unserer Fußballspieler in Angriff genommen hatte, ist mit ehrlichem Bedauern über diese Wendung in der politischen Lage nach seiner Heimat zurückgekehrt." Nun begann die Zeit der Propaganda und des "Schützengraben-Fußballs", und auch der Fußball an der "Heimatfront" sollte die Auswirkungen des Krieges bald zu spüren bekommen.

Mit Kriegsbeginn ruhte der Spielbetrieb in den meisten Verbänden des DFB zunächst. Eine Deutsche Meisterschaft wurde während des Ersten Weltkriegs nicht ausgetragen, und auch Länderspiele fanden nicht statt, obwohl es Versuche des DFB gab, zumindest Spiele mit den Bündnispartnern Österreich und Ungarn zu organisieren. Der einzige nationale Wettbewerb, der 1916 wieder aufgenommen wurde, war der Kronprinzenpokal. In den Landesverbänden des DFB hingegen entwickelte sich der Spielbetrieb nach 1915 sehr unterschiedlich: In einigen gelang es, Meisterschaften auszuspielen, doch in den meisten Verbänden wurde nur auf lokaler Ebene gespielt. Mit zunehmender Kriegsdauer kam es zu immer größeren Problemen bei der Versorgung mit den notwendigen Utensilien: Bälle und Schuhe wurden knapp, selbst die Anzahl der Spielfelder ging in einigen Kommunen zurück, denn die Stadtverwaltungen wandelten wegen der mangelhaften Ernährungslage Sportplätze in Kleingartenanlagen um. Vereine mussten Spielgemeinschaften bilden, und anstelle der Höhepunkte der Vorkriegszeit, der Spiele gegen prominente ausländische Mannschaften, fanden jetzt nur noch Städtespiele

2.3/7 Postkarte mit Abbildung der 1. Mannschaft der SpVgg Fürth und ihrem Trainer William Townley
1912
Karton; 8,5 x 13,5 cm
SpVgg Greuther Fürth

Bei deutschen Spitzenclubs waren erstklassige englische Spieler als Trainer in den Jahren vor dem Ersten Weltkrieg sehr beliebt. Der erfolgreichste unter ihnen war William Townley. Er führte 1910 den Karlsruher FV und 1914 die SpVgg Fürth zur Deutschen Meisterschaft. Mit Kriegsausbruch war das nicht mehr möglich.

2.3/8 Postkarte mit Abbildung von Engländern beim Fußballspiel in einem Gefangenenlager bei Görlitz
1915
Karton; 9,5 x 14 cm
Sammlung Ditgen, Bonn

Mit Kriegsausbruch gab es statt internationaler Freundschaftsspiele oder Länderspiele Fußball nur noch als Zeitvertreib – an der Front oder in der Kriegsgefangenschaft.

2.3/8

2.3/13 Postkarte mit Abbildung der 1. Mannschaft von Hertha Berlin 92
1916/17
Karton; 9 x 14 cm
Sportantiquariat Kopp-Wittner, Würzburg

Deutsche Meisterschaften wurden während des Krieges nicht durchgeführt. Auch in den meisten Landesverbänden ruhte zunächst der Spielbetrieb. Doch im Laufe des Krieges wurden dann von einigen Landesverbänden wieder regelmäßig Meisterschaften ausgetragen. Die Postkarte zeigt einen der Vorgängervereine von Hertha BSC Berlin als Kriegsmeister 1916/17 des Verbandes Brandenburger Ball-Spielvereine.

2.3/14 Formular zur Kriegsstatistik des DFB 1915
DFB 1915
Papier; 32 x 21 cm
Stadtarchiv Essen; 445/3

Dieses Formular diente zur Erstellung der Statistik des DFB. Es wurde an die Vereine verschickt. Abgefragt wurde unter anderem die Anzahl der im Kriege stehenden Mitglieder. Auf der Rückseite wird auf die Statistik hingewiesen, die nach Kriegsende erstellt werden soll. An den Abfragekriterien der geplanten Umfrage ist zu erkennen, dass die geplante Statistik propagandistischen Zielen dienen sollte. Sie sollte dokumentieren, welche militärischen Leistungen und welche Opfer die Fußballer im Ersten Weltkrieg erbrachten.

2.3/15 Nachrufe auf Gefallene neben Spielberichten
Fußball und Leichtathletik Nr. 17
Dortmund, 29.4.1915,
Karton, Papier; 31 x 49 x 5 cm
Westdeutscher Fußballverband, Duisburg; FuL 1915

Die Widersprüchlichkeit des Kriegsalltags dokumentiert diese Doppelseite aus einer Sportzeitung: Auf der einen Seite finden sich Nachrufe auf Gefallene, auf der anderen Seite wird über stattgefundene Spiele berichtet.

2.3/9

2.3/9 Postkarte mit Abbildung der 1. Fußballmannschaft 1910/11 der 8. Kompanie des Infanterie-Regiments Nr. 16, Mühlheim-Rheinland 1911
1911
Karton; 9 x 14 cm
Kölnisches Stadtmuseum, Köln auf alten Ansichtskarten, Bd. 1

Seit 1910 bildete das Fußballspiel einen Teil der militärischen Sportausbildung. Die Mannschaften stellten sich gern in Begleitung von Offizieren dem Fotografen.

2.3/10 Postkarte mit Abbildung der 1. Fußballmannschaft 1910/11 der 8. Kompanie des Infanterie-Regiments von Sparr (3. Westf.) Nr. 16
1911
Karton; 8,5 x 14,5 cm
Kölnisches Stadtmuseum

Auf diesem Mannschaftsfoto ist deutlich die Kombination von Sportkleidung und Miltärkäppi zu erkennen.

2.3/11 Feldpostkarte mit Abbildung von Walter Sanß in Uniform
um 1916
Karton; 15 x 8,8 cm
Deutscher Fußball-Bund, Frankfurt/M.

Die Rückseite trägt die Inschrift "Kanonier Walter Sanß im Fuß-Artillerie-Regiment Nr. 10 III. Rekruten-Depot Straßburg i.E." Sanß war damals Geschäftsführer des DFB. Viele Vorstandsmitglieder – sowohl beim DFB als auch in den Landesverbänden – hatten sich entweder freiwillig zum Militärdienst gemeldet oder waren eingezogen worden.

2.3/12 Feldpostkarte mit Abbildung einer Fußballmannschaft und eines Offiziers
gel. 16.7.1915
Karton; 9 x 15 cm
Stadtarchiv Duisburg; 46-29

Auch während des Krieges wurde beim Militär Fußball gespielt.

2.3/11

zwischen benachbarten Kommunen statt, häufig zu patriotischen Zwecken – wie etwa der Hindenburg-Spende – veranstaltet. Ein anderer Höhepunkt im bescheiden gewordenen Spielbetrieb waren die Begegnungen zwischen Frontmannschaften – besetzt mit bekannten Spielern aus verschiedenen Vereinen –, die an den Feiertagen gegen kombinierte Städteteams spielten.
Nicht viel besser erging es dem Fußball in England. 1915 stellte der englische Fußballverband auf massiven öffentlichen Druck hin den Spielbetrieb ein. Fußball wurde trotzdem gespielt, jetzt vor allem auch auf den Schlachtfeldern. Der Sport diente den Soldaten zur Erholung und als Abwechslung vom alltäglichen Grauen des Grabenkrieges, sei es als Teilnehmer an spontanen oder als Zuschauer von organisierten Spielen. Letztere wurden häufig von ehemaligen Profis bestritten, die nach Einstellung des Spielbetriebs zum Kriegsdienst eingezogen worden waren. Innerhalb des Middlesex-Regiments

Preis 20 Pfg.

DER RASENSPORT

Nr. 28 Jllustrierte Sportzeitschrift XV. Jahrg.

Kriegsgefangene Fußballer in Sibirien.
(Lager: Piestschanka bei Tschita.)

Stehend: Schiedsr. Langfelder (Budapest), Schultis (Seminar Karlsruhe), Lautz (Spielführer), Hamburger F. C. v. 88, Usnainsky (Berl. Sportclub), Wagener (S. C. Falke, Breslau), Rötscher (V. f. Bewegungsspiele, Breslau), Rodt (Vertr. d. Österreicher);
knieend: Weicker (Ersatz), Mainz, Fehrenbach (Fußball-Verein Emmendingen), Winkelmann (Ersatz), Rudolstadt;
sitzend: Wendland (B.- und Eislauf-Verein Danzig), Mathis (Fußball-Verein Diedenhofen), Hesse (Fußball-Club Karl Zeiß- Jena).

2.3/16

2.3./16 Kriegsgefangene Fußballer in Sibirien
Der Rasensport Nr. 28, Berlin, 11.7.1917
Papier; 29,5 x 22,5 cm
Gerhard Raschke, Linz am Rhein

Das Foto zeigt kriegsgefangene Fußballspieler und einen Schiedsrichter im sibirischen Gefangenenlager Piestschanka bei Tschita.

2.3/17 Titelseite mit Abbildung eines Parcours vor einer Kaserne
Deutsche Sport-Zeitung in Verbindung mit der Norddeutschen Sportzeitung Nr. 41, Hannover, 8.10.1918
Papier; 31 x 23 cm
Gerhard Raschke, Linz am Rhein

Die Bildunterschrift lautet: "Von den Militär-Wettkämpfen des Ers.-Batl. der 22er Pioniere, Riesa-Elbe". Während des ganzen Kriegsverlaufs hatte der Sport die Doppelfunktion der körperlichen Ertüchtigung und der Ablenkung vom Kriegsalltag.

2.3/18 Ankündigung des Spiels Militärmannschaft Flandern – repräsentative Westfalenmannschaft am 26.12.1917 in Dortmund
Fußball und Leichtathletik Nr. 51, Elberfeld, 20.12. 1917
Papier, Karton; 30,5 x 46,5 cm
Westdeutscher Fußballverband, Duisburg; FuL 1917

Während des Krieges fanden an den Feiertagen nicht mehr wie zuvor Freundschaftsspiele gegen ausländische Mannschaften statt. Attraktionen bildeten nun Begegnungen gegen Militärmannschaften, in denen gute Fußballer aus bekannten deutschen Mannschaften spielten. Das hier angekündigte Spiel fand am zweiten Weihnachtsfeiertag statt.

2.3/19 Zeitungsausschnitt mit Abbildung der 1. Mannschaft des Altonaer FC
1916
Papier; 14 x 22 cm
Altonaer FC von 1893, Hamburg

Dieser Zeitungsausschnitt, der die erste Mannschaft des Altonaer FC anlässlich eines Spiels gegen eine Lübecker Bezirksmannschaft am 30.4.1916 zeigt, erinnert mit einem weiteren Foto zugleich daran, dass der Star der Mannschaft, Adolf Jäger, seit Kriegsausbruch beim Militär ist.

2.3./20 Zeitungsausschnitt mit der Kronprinzenmannschaft des Norddeutschen Fußball-Verbandes
1917
Papier; 15,5 x 20 cm
Altonaer FC von 1893, Hamburg

Trotz des anhaltenden Krieges ließ der DFB seit 1916 wieder den Kronprinzenpokal ausspielen. Er sollte während des Ersten Weltkriegs der einzige nationale Fußballwettbewerb bleiben. 1917 gewann ihn die Auswahlmannschaft des Norddeutschen Fußball-Verbands.

2.3/21 Pokal für den Mitteldeutschen Meister 1916/17 Hallescher FC von 1896
Verband Mitteldeutscher Ballspiel-Vereine, Leipzig, 1917
Metall; H 30,5 cm, D 15 cm
Stadtgeschichtliches Museum Leipzig/Sportmuseum; Troph 80

Der Verband Mitteldeutscher Ballspiel-Vereine gehörte zu den Landesverbänden im DFB, die während des Krieges eine Meisterschaft organisierten. Zu sehen ist der Pokal in Form eines Kelches, der dem Mitteldeutschen Meister 1916/17 überreicht wurde.

wurde sogar ein eigenes "Fußballer-Bataillon" aufgestellt, bestehend aus ehemaligen Berufsspielern.

Für den Fußball selbst bedeutete die Verbreitung unter den Frontkämpfern einen weiteren Popularisierungsschub. 1917 wurde Fußball in der britischen Armee sogar in den Dienstplan aufgenommen. Wie sehr Fußball von der Heeresleitung als Beitrag zur Hebung der Truppenmoral geschätzt wurde, zeigt die Tatsache, dass offiziell Bälle an die Soldaten verteilt wurden. Sogar auf Rekrutierungsplakaten wurde mit der Möglichkeit geworben, in der Armee Fußball spielen zu können. Berühmt geworden ist ein Angriff englischer Soldaten auf deutsche Stellungen am ersten Tag der Somme-Schlacht: Captain Wilfred P. Nevill vom 8th East Surrey Regiment gab seinen Soldaten zwei Fußbälle, die sie auf die deutschen Schützengräben zutreiben sollten. Auf dem einen stand: "The Great European Cup-Tie Finals, East Surreys v Bavarians. Kick-off at zero" und auf dem anderen "No Referee". Für die Abteilung, die als erste den Ball bis zu den feindlichen Schützengräben "spielen" würde, setzte er einen Preis aus. Übergeben konnte Captain Nevill diesen Preis jedoch nicht mehr, da er in der Somme-Schlacht tödlich verwundet wurde.

Solch spektakuläre Aktionen sind von der deutschen Seite der Frontlinie nicht überliefert. Dennoch war das Fußballspiel eine beliebte Freizeitgestaltung für die Soldaten,

2.3/22 Pokal der Norddeutschen Sportzeitung für den Altonaer FC
Norddeutsche Sportzeitung, Hannover, 1917
Kupfer, versilbert; H 26,5 cm, D 20 cm
Altonaer FC von 1893, Hamburg

Es handelt sich um einen Pokal in Form eines Kelches mit zwei Henkeln. Es war durchaus üblich, dass zur Ablenkung vom Kriegsalltag an den Feiertagen bekannte Mannschaften zu einem Turnier eingeladen wurden. Aus Werbegründen wurden diese Turniere oft von Sportzeitungen organisiert. Der Pokal wurde vom Altonaer FC gewonnen und trägt die Aufschrift: "N.S.Z.-Pokal Weihnachten 1917 Norddeutsche Sportzeitung G.m.b.H Hannover".

2.3/23 Medaille zum 25-jährigen Bestehen des Altonaer FC
Altona, Juni 1918
Metall; D 5 cm
Altonaer FC von 1893, Hamburg

Der Altonaer FC feierte im Juni 1918 sein 25-jähriges Bestehen. Aus diesem Anlass wurde eine vaterstädtische Spiel- und Sportwoche organisiert. Die hierzu geprägte Medaille zeigt das Altonaer Stadtwappen, eingerahmt von einem Siegeslorbeer, und trägt auf der anderen Seite die Inschrift: "Altonaer Fussball-Club v. 1893 e.V. 1893 -1918 Vaterstädtische Spiel + Sportwoche Altona 23. Juni 1918".

2.3/24 Zwei Gedenktafeln vom Gefallenendenkmal im Nürnberger Zabo-Stadion
um 1925
Kupfer, getrieben; je 80 x 34 cm
1. FC Nürnberg

In den zwanziger Jahren war es bei allen Sportvereinen üblich, einmal im Jahr, in der Regel am Volkstrauertag, der im Ersten Weltkrieg gefallenen Vereinsmitglieder zu gedenken. Wenn die Vereine über genügend finanzielle Mittel verfügten, wurde eine Gedenkstätte oder ein Ehrenmal errichtet. Der 1. FC Nürnberg errichtete in seinem Zabo-Stadion ein Denkmal, an dem vier Tafeln mit den Namen der gefallenen Vereinsmitglieder aufgehängt wurden. Die Ausstellung zeigt zwei dieser Gedenktafeln.

2.3/24

wie die teilweise in Verbands- und Vereinsnachrichten abgedruckten Feldpostbriefe zeigen. Ähnlich wie in England unterstützten die Verbände auch in Deutschland mit großem Eifer die Kriegführung. Mit Kriegsbeginn hatten sich viele Mitglieder der bürgerlichen Turn- und Sportvereine freiwillig gemeldet, was von den Verbänden unterstützt und begrüßt wurde. So publizierte der Westdeutsche Spielverband auf der Titelseite seines Verbandsorgans einen Aufruf an die Mitglieder, sich freiwillig zu melden. Die schon vor dem Krieg vertretene Parole der Turn- und Sportverbände "Dem Vaterlande gilt es, wenn wir zu spielen scheinen!" wurde nun offen inszeniert. Auch das Fußballspiel gewann dabei an Bedeutung. Schon 1910 war es Teil der militärischen Sportausbildung geworden, und gerade während des Krieges wurde beim deutschen Militär Fußball gespielt.

Insgesamt gewann der Fußball, gerade in Deutschland, durch den Ersten Weltkrieg an Popularität. Viele Soldaten, die von diesem Sport bis dahin nichts wussten, lernten ihn kennen und schätzen, nicht zuletzt als Ablenkung von den Gräueln des Krieges. Dass der Fußball allerdings über die Schützengräben hinweg die Soldaten zusammenführte, ist wohl eine Legende. Jedenfalls gibt es keinen Beleg für die Geschichte, dass deutsche und englische Soldaten während einer Feuerpause zur Weihnachtszeit 1914 zwischen den Fronten ein Spiel ausgetragen hätten. Die Wirklichkeit war nüchterner: Fußball war Teil der Gesellschaft, und während des Krieges diente er vor allem dazu, den Krieg besser zu überstehen, die Soldaten abzulenken und sie für die Kämpfe neu zu motivieren.

Sebastian Plüer / Uwe Wick

2.3/25 Denkmal der SpVgg Fürth für die im Ersten Weltkrieg gefallenen Vereinsmitglieder
24.6.1923
Granit; H 330 cm, D 250 cm
SpVgg Greuther Fürth

Die SpVgg Fürth war der Fußballverein, der das wohl imposanteste Denkmal für seine Gefallenen errichtete. Es hat die Form eines Balles, der auf vier Stützen ruht. An der Spitze des Balles ist ein Eisernes Kreuz befestigt. Im Fundament ist eine Urne mit den Namen aller im Ersten Weltkrieg gefallenen Mitglieder eingelassen.

Herbergers Universum, 1918-1963

Sepp Herberger, 1897-1977

Alle nachstehend aufgeführten Exponate sind Leihgaben der Sepp-Herberger-Stiftung, Frankfurt/M.

Sepp Herberger hat fast ein halbes Fußballjahrhundert in Deutschland miterlebt und mitgestaltet. In seiner Biographie spiegeln sich die wichtigen Themen und Etappen der deutschen Fußballgeschichte von den zwanziger bis zu den siebziger Jahren wider.

Der Durchbruch des Fußballs zum Massensport in Deutschland mit dem Aufstieg der ersten großen Mannschaften – Nürnberg, Fürth, Hamburg und Berlin –, die allgemeine Massenbegeisterung und die florierende Berichterstattung in Zeitungen, Zeitschriften und im Rundfunk prägten diese Phase. Die Gleichschaltung in der Zeit des Nationalsozialismus dagegen hemmte die Professionalisierung des Fußballs: Berufsspielertum und einheitliche Reichsliga blieben aus, stattdessen stand eine Rekordzahl von Länderspielen und repräsentativen Spielbegegnungen bis weit in die Kriegszeit hinein ganz im Zeichen der politischen Durchhalte-

3.1/1 Herbergers Eltern
1920er Jahre
Foto; 41,5 x 45 cm

Josef "Sepp" Herberger wurde am 28. März 1897 in Mannheim als Sohn des Fabrikarbeiters Josef Herberger und seiner zweiten Frau Lina geboren. Sein Vater arbeitete in der örtlichen Spiegelfabrik. Der junge Josef wuchs in der Arbeitersiedlung des Werks, der so genannten "Spiegelkolonie" auf, als Nachzügler wohl behütet von der Mutter und den beiden älteren Schwestern.

3.1/2 Erinnerungen Herbergers an seine Schulzeit
S. Herberger, 1960er – 1970er Jahre
Typoskript, Papier; 29,7 x 21 cm

Nach dem Tod seines Vaters im Jahre 1909 musste Josef Herberger im Alter von elf Jahren die teure Bürgerschule verlassen und zum Lebensunterhalt der Familie beitragen. Sein Wunsch, Lehrer zu werden, rückte damit in weite Ferne.

3.1/3 Erinnerungen Herbergers an seine Jugendzeit
S. Herberger, 1960er – 1970er Jahre
Typoskript, Papier; 15,5 x 20 cm

Im Rückblick wertete Herberger die Entbehrungen seiner Kindheit positiv und notierte in seinen Erinnerungen: "Eine harte Jugend ist die beste Schule fürs Leben!"

3.1/4 Konzept Herbergers zu seinen Erinnerungen an den Sportunterricht
S. Herberger, 1960er – 1970er Jahre
Typoskript, Papier; 29,7 x 21 cm

Während seiner Schulzeit erlebte Herberger die Auseinandersetzungen zwischen Turnen und Fußball. Das Turnen in der Schule bedeutete Drill, militärische Disziplin und straffe Organisation. Es bildete damit den Gegensatz zum Fußball-Spiel, das Herberger in seiner freien Zeit in der Siedlung betrieb.

3.1/ 1

3.1/5 Herberger als Fußballspieler in Kriegsmannschaften
Postkarten, Karton; je 8,7 x 13,5 cm
a) Mannschaft des SV Waldhof 1914
Mannheim, 1914
b) Mannschaft des SV Waldhof 1917
Mannheim, 1917
c) Mannschaftsfoto des SV Waldhof 1918
Mannheim, 1918

Durch die verstärkte Einberufung von Frontsoldaten im Ersten Weltkrieg rückten immer mehr junge Spieler in die ersten Mannschaften auf. So konnte auch Herberger 1915 mit 17 Jahren erstmals in der ersten Mannschaft spielen. Bis zu seiner Versetzung an die Front machte sich Herberger in zahlreichen Benefizspielen bereits einen Namen.

3.1/6 Herberger als Soldat an der Front
a) Herberger als Stabssoldat Frankreich, 1918
Postkarte, Karton; 13,6 x 8,7 cm
bez.: Ruhelager im Sommegebiet in der Frühjahrsschlacht 1918
b) Erinnerungen Herbergers an seine Militärzeit
1960er Jahre
Typoskript, Papier, 29,7 x 21 cm

1917 wurde Herberger an die Front versetzt. Persönliche Aufzeichnungen aus dieser Zeit finden sich nicht in seinem Nachlass. Rückblickend thematisierte er die Militärzeit ausschließlich im Hinblick auf seine sportliche Entwicklung: als gute Gelegenheit für ein hartes Training.

3.1/7 Herberger beim SV Waldhof
Postkarten, Karton; je 8,5 x 13,5 cm
a) Sepp Herberger beim Spiel des VfR Mannheim gegen Waldhof Mannheim
Mannheim, 1919
b) Sepp Herberger mit Sportkameraden
Mannheim, um 1920

Nach dem Ersten Weltkrieg konnte sich Herberger bald einen Platz als Stammspieler beim SV Waldhof sichern. Als Ergänzung zum Fußball betrieb er Leichtathletik.

propaganda. In der jungen Bundesrepublik wiederholte sich eine ähnliche Entwicklung wie in den zwanziger Jahren. Das herausragende Ereignis war der Gewinn der Fußballweltmeisterschaft im Jahre 1954, der die Wellen der Fußballbegeisterung in Deutschland hochschlagen und ein neues Selbstbewusstsein entstehen ließ. Das Festhalten am System der Oberligen und am Amateurstatus der Spieler führte bis in die sechziger Jahre zu einer Hochphase der Vereinsmannschaften vor allem in den großen Industrieregionen, während auf internationaler Ebene kaum Erfolge erzielt werden konnten. Die Einführung der Bundesliga und des Profispielerstatuts legte 1963 den Grundstein für die weitere Professionalisierung des Fußballs in Deutschland und damit auch für erneute internationale Erfolge.

3.1/13 Herbergers erstes Länderspiel
a) Die deutsche Nationalmannschaft, mit Unterschriften der Spieler
Helsinki, 1921
Foto; 21,5 x 29,5 cm
b) Herberger am Ball
Helsinki, 1921
Foto; 8,5 x 10,3 cm

Am 18. September 1921 kam Herberger zum ersten Einsatz in der Nationalmannschaft. Gegen Finnland erzielte er zwei Tore und gab, wie auf dem Foto zu sehen, die entscheidende Vorlage für den dritten Treffer, den die Mittelläufer-Legende Hans Kalb zum 3:3-Endstand erzielte.

3.1/12 Die Mannschaft des SV Waldhof
Verlag Gerh. Graeber, München
1921
Foto; 13,6 x 8,6 cm

Die Mannschaft des SV Waldhof in einer typischen Pose der zwanziger Jahre: stehend der so genannte "Drei H-Sturm" Waldhofs mit Karl-Heinz Höger (l.), Sepp Herberger (2. v. l.) und Willy Hutter (2. v. r.).

3.1/11 Ankündigung der Begegnung 1. FC Nürnberg – SV Waldhof
Allgemeine Sport-Zeitung, 1921
Papier; 30,5 x 20,5 cm

In der süddeutschen Meisterschaftrunde erreichte Waldhof gegen den amtierenden Meister 1. FC Nürnberg ein 2:2. Zur Endrunde um die Deutsche Meisterschaft reichte es aber nicht.

3.1/10 Odenwaldkreis-Meisterschaft 1920
a) Bericht des "Fussball"
München, 1920
Papier; 31 x 20,5 cm
b) Zeitungsausschnitt mit Bildbericht
1920
Papier; 19 x 22,5 cm

Das Liga-System der zwanziger Jahre war stark ausdifferenziert. Zur Qualifizierung für die Endrunde um die deutsche Meisterschaft musste eine Mannschaft bis zu drei verschiedene Meisterschaftsebenen überwinden. Bei der Wiederholungs-Partie um die "Odenwaldkreismeisterschaft" 1920 gewann Herberger an seinem 23. Geburtstag mit seiner Mannschaft 4:1 gegen den Lokalrivalen VfR Mannheim.

3.1/9 Zeitungs-Bildbericht vom Spiel Süddeutschland – Norddeutschland am 10.4.1921
1921
Papier; 28,5 x 18,5 cm

Das Pokalspiel in Karlsruhe war Herbergers erster (und erfolgreicher) Einsatz in einer "Repräsentativ-Auswahl", dem neun weitere für den Süddeutschen Fußball-Verband folgten. Entgegen der Notiz Herbergers handelte es sich hier allerdings um ein Spiel um den so genannten "Fremdenblatt-Pokal" einer örtlichen Zeitung, das seine Mannschaft mit 1:0 gewann.

3.1/8 Medaille zum Städtespiel Mannheim-Ludwigshafen 1920
Metall; D 3,5 cm

Freundschaftsspiele zwischen Städten und Regionen waren in den zwanziger Jahren sehr beliebt. Herbergers Teilnahme an diesem Städtespiel zeigt die Anerkennung, die er sich in Mannheim bereits als Stürmer erworben hatte.

3.1/ 13

3.1/14 Vorrundenspiel zum Bundespokal am 9.10.1921
a) Programmheft
Druck: Heinrich Lapp, Mönchengladbach, 1921
Papier; 24,5 x 20 cm
b) Imbiss auf der Fahrt zum Spiel
1921
Postkarte, Karton; 8,7 x 13,5 cm
c) "Ecke für Süd"
Verlag Gerh. Graeber, München, 1921
Foto; 12,2 x 16,8 cm
d) "Lehrbild"
Verlag Gerh. Graeber, München,1921
Foto; 12,2 x 16,8 cm

In den zwanziger Jahren genoss der Wettbewerb zwischen den sieben Regionalverbänden des Deutschen Fußball-Bundes um den Bundespokal, wie der Kronprinzenpokal nun hieß, eine hohe Popularität. Die Spielbegegnungen waren ein von Festprogrammen begleitetes gesellschaftliches Ereignis. Hier konnte der aus einfachen Verhältnissen stammende Sepp Herberger an der bürgerlichen Festkultur teilnehmen. Wegen seiner vorbildlichen Technik wurden Herbergers Spielzüge mehrfach als "Lehrbild" veröffentlicht.

3.1/15 Konzept Herbergers zu seinen Erinnerungen an die Spielsperre
S. Herberger, 1960er Jahre
Typoskript, Papier; 16 x 21 cm

Im Dezember 1921 wollte Sepp Herberger nach (verbotener) Zahlung von 10.000 Reichsmark vom Waldhof zum Konkurrenten Phoenix Mannheim wechseln. Zwar gab er den Betrag zurück und ging zum VfR Mannheim. Der Fall wurde jedoch bekannt, und Herberger wurde zunächst auf Lebenszeit gesperrt. In der Berufungsverhandlung wurde die Sperre auf ein Jahr herabgesetzt.

Sepp Herberger erlebte die "Zeit der großen Mannschaften" der zwanziger Jahre als Spieler und hatte an der Frage nach dem bezahlten Fußball lebensgeschichtlichen Anteil. Die Professionalisierung der Trainerausbildung und die politische Indienstnahme des Sports im Nationalsozialismus prägten ihn als Trainer. Er hatte großen Anteil am Wiederaufbau des Sports nach dem Zweiten Weltkrieg und dem herausragenden Gewinn der Fußball-Weltmeisterschaft 1954. Zum Ende seiner Trainerlaufbahn erlebte Herberger schließlich die Einführung der Fußball-Bundesliga im Jahre 1963.

Damit steht die Person Herberger für Kontinuität in der Fußballgeschichte von den zwanziger bis zu den sechziger Jahren, die besonders geprägt war von Umbrüchen, Entwicklungverlangsamungen und plötzlichen Beschleunigungen. Der Fußballlehrer war sich dabei seiner Ausnahmerolle schon früh bewusst. So akribisch und planvoll er seine Spieler beobachtete und einsetzte, so gewissenhaft sammelte er alle fußballrelevanten Informationen in seinem legendären Notizbuch und in seinem umfassenden heimischen Archiv. Dabei trafen unterschiedliche Interessen zusammen. Mag der Mannheimer in der Anfangszeit zunächst gesammelt haben, um seine eigenen Erfolge als Vereinsspieler zu dokumentieren, so entwickelte er

3.1/16 Die Firmenelf der Dresdner Bank in Mannheim
um 1922
Postkarte, Karton; 8,7 x 13,8 cm

Zwar waren direkte Geldzahlungen an Fußballspieler untersagt, aber viele Vereine wussten erfolgreiche Spieler durch die Vermittlung einer hochdotierten Anstellung an sich zu binden. Der Kaufmann und Mäzen des "Vereins für Rasenspiele" Mannheim, Max Rath, besorgte Herberger eine Anstellung bei der Dresdner Bank. Während seiner Sperre wirkte Herberger bei der Firmenelf als Trainer und Spieler.

3.1/17 Herbergers erstes Spiel nach der Sperre
1922
Foto; 6 x 8 cm

In seinem ersten Spiel für den VfR Mannheim nach Ablauf der Sperre erzielte Herberger den Siegtreffer – ausgerechnet gegen seinen früheren Verein SV Waldhof. Nach Presseberichten galt Herberger deshalb vielen Zuschauern als "Verräter".

3.1/17

sich durch seine Tätigkeit als Trainer immer stärker zu einem Chronisten des deutschen Fußballs. In der Zeit der zersplitterten Gau- und Oberligen diente das stetig anwachsende Archiv als unerlässliches Medium, um die versprengten Informationen über Spieler, Aufstellungen und Taktiken zu koordinieren. In der Zeit vor der Verbreitung des Fernsehens spielten eigene Beobachtung von Fußballspielen im Stadion und akribische Auswertung der Presse eine besondere Rolle. Nach 1954 kam ein weiteres Motiv hinzu: der Plan, ein Fußballbuch und eine Autobiographie zu verfassen. Herberger nutzte schließlich anstelle eines autobiographischen Buches das neue Medium Fernsehen, um in einer eigenen Sendereihe seine Erfahrungen und Erlebnisse einer breiten Öffentlichkeit vorzustellen.

3.1/24

3.1/18 Auslandsreisen des VfR Mannheim
a) Die Mannschaft des VfR Mannheim in Spanien
1922
Foto; 18 x 24 cm
b) Herberger mit Vereinskameraden auf dem Markusplatz in Venedig
1923
Foto; 32 x 22 cm

In der Inflationszeit waren Spitzenvereine auf Devisen angewiesen, die sie sich auf Privatspielreisen im Ausland erwirtschaften konnten. Herberger reiste 1922 mit dem VfR Mannheim nach Spanien und 1923 nach Italien.

3.1/19 Herberger im Spiel gegen den SV Wiesbaden
1920er Jahre
Foto; 19 x 25 cm

Der zum Stürmerstar avancierte Sepp Herberger beeindruckte im Spiel um die Süddeutsche Meisterschaft gegen den SV Wiesbaden am 1. März 1925 durch seine glänzende Technik. Dank seiner Wendigkeit galt er als das Gegenteil des Hamburger "Sturmtanks" Tull Harder.

3.1/20 Sonderblatt der Neuen Badischen Landes-Zeitung zum Meistertitel des VfR Mannheim
1925
Papier; 33 x 20 cm

Mit dem Gewinn der Süddeutschen Meisterschaft feierte Herberger 1925 seinen größten Erfolg als Vereinsspieler.

3.1/21 Herberger als Spieler bei Tennis Borussia Berlin
Photo-Union Paul Lamm, Berlin
2 Fotos; je 12,7 x 18 cm

Im Sommer 1926 zog Sepp Herberger mit seiner Frau Eva, die er 1921 geheiratet hatte, nach Berlin, um an der Deutschen Schule für Leibesübungen zu studieren. Ermöglicht wurde ihm dies aufgrund einer Sonderzulassung durch den Prorektor Carl Diem und eines Vertrags mit dem Fußballverein Tennis Borussia Berlin, der nach bewährtem Muster auch für eine lukrative Anstellung beim Bankhaus "Fürstenberg und Klocke" sorgte. Beim Berliner Neujahrsspiel zwischen Tennis Borussia und Wedding zeigte sich Herberger einmal mehr als erfolgreicher Stürmer.

3.1/22 Herberger erzielt das 2:0 für Tennis Borussia Berlin
Jacoby, 10.9.1928
Zeichnung, Druck, Papier; 33 x 21 cm

Die technischen Qualitäten Herbergers waren oft Gegenstand von Zeichnungen und Karikaturen. Der Zeichner Jacoby hielt Herbergers Torschuss gegen den deutschen Vizemeister von 1923, Union Oberschöneweide, fest.

3.1/23 Aufnäher des Verbands Berliner Ballspielvereine
1920er Jahre
Textil; 11,7 x 9,5 cm

Herberger trug in seiner Berliner Zeit auch das Emblem des Verbandes Berliner Ballspielvereine (VBB) in den so genannten "Repräsentativ-Spielen". Innerhalb des VBB konnte er sich immerhin gegen die Konkurrenten der damals überragenden "Hertha" durchsetzen.

3.1/24 Medaille zum Fest der Sportpresse
1927
Marmor, Metall; 13 x 9 x 2,5 cm

Als herausragender Spieler von Tennis Borussia Berlin wurde Herberger mit dieser Medaille ausgezeichnet.

3.1/25 Reisepass für Josef Herberger
Berlin, 16.3.1928
(Ausstellungsdatum)
Karton, Papier; 16,5 x 11 cm

Wenige Tage vor einer Privatspielreise von Tennis Borussia Berlin ließ sich Sepp Herberger den benötigten Reisepass ausstellen. Neben dem zweiten Gastspiel in Paris weist das Papier für das gleiche Jahr noch Aufenthalte in Ungarn und England aus, vermutlich ebenfalls zu Auslandsspielreisen des Vereins.

Der bei der Sepp-Herberger-Stiftung fast lückenlos erhaltene Nachlass des ehemaligen Bundestrainers umfasst 351 Aktenordner voller Notizen und Korrespondenz, eine Fachbibliothek mit über 1000 Bänden sowie eine umfangreiche Sammlung von gut 400 Trophäen, Auszeichnungen, Andenken und Gastgeschenken. Er zeugt von Herbergers Wirken als Spieler und Trainer, der Verehrung durch Fans, Fußballer und Funktionäre – und von seiner einzigartigen Sammelleidenschaft. So bildet der Nachlass ein eigenes Universum des Fußballs, das Entwicklungen, Beziehungen und Verflechtungen bis ins kleinste Detail aufzeigt. Ob Kaiserreich, Weimarer Republik, Nationalsozialismus oder Bundesrepublik: Im Vordergrund stand für Herberger immer das Thema Fußball, oft ungeachtet der politischen oder gesellschaftlichen Konsequenzen.

Am Ende seines Lebens versuchte der Nationaltrainer, seine Aufzeichnungen zu systematisieren und zu einer Biographie zusammenzufassen, ein Unternehmen, an dem er letztlich gescheitert ist. Die Vorarbeiten zu dieser Autobiographie finden sich in seinem Nachlass in Form von maschinenschriftlichen Konzepten und Textfragmenten, oft nachträglich von Hand korrigiert und kommentiert. Sie erlauben nicht nur einen interessanten Blick hinter die Kulissen des Fußballs der zwanziger bis sechziger Jahre, sondern zeigen auch, wie Herberger sich selbst gesehen hat – ein sehr persönlicher Blick auf ein halbes Fußballjahrhundert.

Josef Herberger, genannt Sepp, stammte aus einer Arbeiterfamilie. Am 28. März 1897

3.1/29 Herbergers Lehrbücher aus der Studienzeit

Zu Herbergers Studienfächern zählten neben Fußball, Leichtathletik und Boxen auch Pädagogik, Psychologie, Anatomie und Hygiene. Seine Fachbibliothek macht die intensiven Studien in den theoretischen Fächern deutlich. So finden sich zahlreiche Randbemerkungen in Herbergers Lehrbüchern.

3.1/28 Erinnerungen Herbergers an seine Studienzeit
S. Herberger, 1960er Jahre
Papier; 29,7 x 21 cm

Im Rückblick auf seine Berliner Zeit in den zwanziger Jahren stellte Herberger seine sportlichen Erfolge und sein Studium in den Vordergrund.

3.1/27 Herberger im Kreise seiner Arbeitskollegen
Berlin, 1920er Jahre
Foto; 8 x 11 cm

Auch der Berliner Verein verschaffte seinem neuen Spieler unter Umgehung der Amateurbestimmungen eine lukrative Anstellung bei einem Bankhaus. Das Foto zeigt Herberger im Kreis seiner Arbeitskollegen, die ihn nicht allzu oft in der Bank gesehen haben dürften.

3.1/26 Die Mannschaft von Tennis Borussia Berlin in einem Pariser Stadion
Maurice Lemesle, Paris, 1928
Foto; 12,9 x 17,7 cm

Tennis Borussia Berlin pflegte außerordentlich gute Kontakte zu Pariser Fußballmannschaften. So reiste der Club nicht nur 1928 zweimal in die französische Hauptstadt. Er war auch 1924 der erste deutsche Verein gewesen, der nach dem Ersten Weltkrieg wieder in Frankreich spielte.

3.1/29

3.1/30 Studentengruppe vor der Deutschen Hochschule für Leibesübungen
G. Riebicke, Berlin, um 1930
Foto; 11,8 x 16,4 cm

Als Student mit Ausnahmegenehmigung und ältester Studierender nahm Herberger eine Sonderstellung ein. Das Foto stammt vermutlich vom Besuch einer Mannschaft der "Deutschen Jugendkraft", da etwa die Hälfte der Männer ein Trikot mit DJK-Emblem trägt.

3.1/31 Nachwuchslehrgang in Duisburg 1932
Duisburg, 1932
3 Fotos; je 9 x 14 cm

In Duisburg konnte der gerade examinierte Fußballlehrer Herberger als Verbandstrainer seine neuen Trainingsmethoden verwirklichen. Dem körperlichen Drill des Nerzschen Trainings stellte Herberger den Umgang mit dem Ball und die natürliche Spielfreude entgegen, die Begeisterung, Leistungsbereitschaft und Aufnahmefähigkeit der Spieler fördern sollten.

3.1/32

als Sohn von Lina und Josef Herberger geboren, wuchs er in der Arbeiterkolonie einer Spiegelfabrik in Waldhof auf. Nach dem Tod des Vaters im August 1909 musste der Junge für das Familieneinkommen sorgen. So verließ er 1911 die Volksschule und schlug sich zunächst als Maurer, dann als Fabrikarbeiter und später als Bürogehilfe durch.

Mit Beendigung seiner Schulzeit schloss sich Sepp Herberger dem Katholischen Jugendverein Mannheim an, wo er ausreichend Gelegenheit zum Fußballspiel hatte. Zwei Jahre später wechselte Herberger zum SV Waldhof Mannheim, der sich maßgeblich aus Mitarbeitern der Waldhofer Spiegelfabrik zusammensetzte, in deren Arbeitersiedlung die Familie Herberger wohnte.

3.1/32 Erinnerungsalbum an einen Lehrgang in Duisburg 1934
Duisburg, 1934
bez.: Lehrgang der Nat. M. im Frühjahr 1934 in Duisburg. Vorbereitung auf die W.M. 1934 in Italien. Nerz/Herberger
Karton, Textil; 17,6 x 25 cm

Nach erfolgreichem Abschluss als Jahrgangsbester wurde Herberger 1932 Fußballlehrer des Westdeutschen Spielverbandes (WSV) in Duisburg. Als Verbandstrainer betreute er damit viele der neuen Fußball-Hochburgen wie Schalke 04 oder Fortuna Düsseldorf. In Vorbereitung der zweiten Fußball-Weltmeisterschaft 1934 in Italien fand in Duisburg ein Vorbereitungslehrgang unter der Leitung von Reichstrainer Otto Nerz statt.

3.1/31

Der Verein erkannte und förderte das Fußballtalent. So konnte Herberger am 1. Januar 1914 im Alter von 16 Jahren erstmals mit der ersten Mannschaft des SV Waldhof Mannheim ein Spiel bestreiten.

Der Erste Weltkrieg unterbrach die sportliche Laufbahn Herbergers. Der reguläre Spielbetrieb wurde eingestellt; es fanden nur noch so genannte Privatrunden statt, bei denen der Verein Sepp Herberger am 20. Juni 1915 zum ersten Mal für ein Pflichtspiel einsetzte. Im März 1916 wurde er zum Militärdienst eingezogen. Bis zu seiner Versetzung an die Front 1917 spielte er in der "Kriegsmannschaft" des SV Waldheim und nahm an mehreren Wohltätigkeitsspielen teil. Dank seines in Fußballerkreisen zugkräftigen Namens gelang es Herberger vielfach, Urlaub für die Teilnahme an Spielbegegnungen zu erhalten. Herberger überstand den Krieg als Stabssoldat. Rückblickend sah er diese Zeit vor allem unter sportlichen Aspekten: "Militärdienst gleich sportliches Training, Spaß an der Freud'", heißt es in Herbergers Autobiographie-Konzept. Diese Fixierung auf den Fußball und das Ausblenden anderer Bereiche der Realität waren typisch für ihn.

Nach dem Krieg entwickelte sich der Fußball in Deutschland zum umjubelten Massensport. Herberger stieg mit seinen Teamgefährten Karl-Heinz Höger und Willy Hutter zu Fußballstars auf. Der "Drei-H-Sturm" des SV Waldhof Mannheim führte den Verein zweimal zur Meisterschaft des Odenwald-Kreises. Die Kritiker waren sich einig: "Der rechte Flügel Höger-Herberger dürfte wohl in keinem Verein in Deutschland übertrumpft werden", urteilte der "Fußball" im April 1921. Höger und Herberger bildeten ein Traumpaar, das mit seinem Kombinationsspiel die Zuschauer zu begeistern wusste. Die Berufung des "Drei-H-Sturms" in die Nationalmannschaft zum Länderspiel gegen Finnland am 18. September 1921 folgte auf dem Fuße.

Mit dem enormen Publikumszulauf von mehr als 20.000 zahlenden Zuschauern bei Spitzenspielen stieg auch die wirtschaftliche Bedeutung der Spieler für ihre Vereine. Allerdings waren Zahlungen an die Spieler durch das Amateurstatut des DFB verboten. Die Überschreitung des Spesensatzes von 3,50 Mark pro Tag sowie jede Art von Begünstigungen und Zuwendungen an die Spieler waren untersagt. Dennoch versuchten viele Vereine, mit Geldgeschenken, Sachleistungen oder der Vermittlung von hochdotierten Arbeitsstellen herausragende Fußballspieler an sich zu binden. Häufiges Wechseln der Vereine gehörte bei einigen Spitzenspielern zur Tagesordnung. Auch

3.1/33 Übersicht über aktive und potentielle Nationalspieler aus den Gauen Westfalen, Niederrhein und Mittelrhein
Willi Knehe, Duisburg, 10.2.1936
Typoskript, Papier; 29,7 x 21 cm

Zur Vorbereitung auf die Olympischen Spiele 1936 verfasste Willi Knehe, Mitglied des Spielausschusses, eine Einschätzung von Spielern aus den Gauen Westfalen, Niederrhein und Mittelrhein. Viele bekannte Spieler wie Paul Janes, Ernst Kuzorra oder Fritz Szepan beurteilte er als "überaltert" oder "sonst nicht mehr genügend". Herberger bekam nur eine Durchschrift zur Kenntnis, denn der Spielausschuss – und nicht der Trainer – hatte das letzte Wort bei der Mannschaftsaufstellung.

3.1/34 Tätigkeitsbericht Herbergers an Nerz
S. Herberger, Duisburg, 1.6.1936
Typoskript, Papier; 29,7 21 cm

Für die Spielgaue im Westen zuständig, musste Herberger dem verantwortlichen Reichstrainer Otto Nerz regelmäßig Bericht erstatten. Zwei Monate vor der Eröffnung der Olympischen Spiele in Berlin beklagte er die Beeinträchtigung der Fußballkurse durch Abordnungen zum Heeres- und Reichsarbeitsdienst sowie die schlechte finanzielle Ausstattung, betonte aber seine Erfolge beim Aufbau einer Nachwuchsmannschaft.

3.1/35 Dienstausweis für Josef Herberger als Sporthelfer bei den Olympischen Spielen Berlin 1936
Berlin, 15.7.1936
(Ausstellungsdatum)
Karton; 12,5 x 9 cm

Herberger hatte als Lehrgangsleiter und Mitarbeiter von Nerz aktiv an der Vorbereitung der propagandistisch vereinnahmten Olympischen Spiele mitgewirkt. Bei den Spielen selbst durfte er jedoch nur als Helfer tätig sein.

3.1/36 Eintrittskartenblock für die Olympischen Spiele
Giesecke & Devrient, Leipzig/Berlin 1936
Karton; 7 x 13,5 cm

Sepp Herberger besuchte die Veranstaltungen der Olympischen Spiele in Berlin. Nach einer 0:2-Niederlage gegen Norwegen schied die deutsche Mannschaft am 9. August 1936 frühzeitig aus dem Turnier aus. Der Skandal war perfekt, weil Hitler angesichts eines erwarteten Triumphs zum Besuch des Spiels überredet worden war. Herberger nahm die letzte verbliebene Karte seines Blocks für eine Baseballvorführung danach nicht mehr in Anspruch.

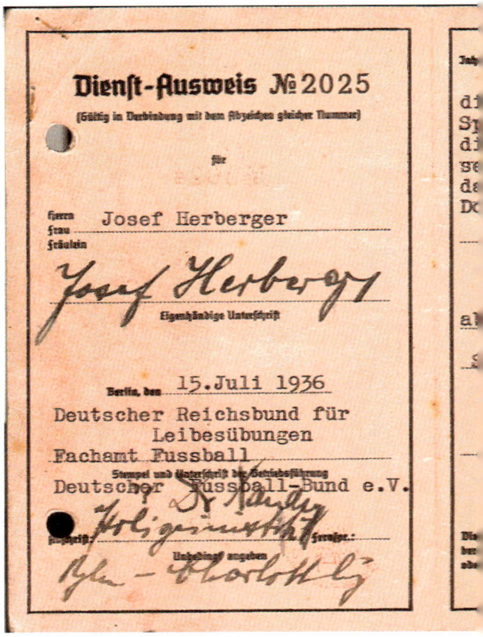
Dienst-Ausweis № 2025
(Gültig in Verbindung mit dem Abzeichen gleicher Nummer)
für
Herrn Frau Fräulein Josef Herberger
Josef Herberger
Eigenhändige Unterschrift
Berlin, den 15.Juli 1936
Deutscher Reichsbund für Leibesübungen
Fachamt Fussball
Deutscher Fussball-Bund e.V.
Stempel und Unterschrift der Betriebsführung
Unbedingt angeben

3.1/35

Sepp Herberger widerstand den Angeboten nicht: Ende 1921 erhielt er für seinen Wechsel vom SV Waldhof Mannheim zu Phoenix 07 Mannheim eine Zahlung von 10.000 Mark sowie die Zusage für eine Trainerausbildung. Da diese nicht eingehalten wurde, wechselte Herberger unmittelbar weiter zum gutbetuchten VfR Mannheim. Angesichts des Wechsels zeigten sich die Funktionäre von Phoenix 07 beim Süddeutschen Fußball-Verband selbst wegen der verbotenen Geldzahlung an. Herberger

3.1/37 Teilnehmermedaille der XI. Olympischen Spiele in Berlin
Otto Placzek; Guss: M. Noak, Berlin, 1936
Metall; D 6,9 cm

Jeder Sportler und Betreuer erhielt eine Teilnehmerplakette, die eine Kompilation von antiken, christlichen und nationalsozialistischen Symbolen aufweist.

3.1/38 Herberger zur Niederlage bei den Olympischen Spielen
S. Herberger, 2.10.1936
Typoskript, Papier; 22,3 x 28 cm

Nach der Niederlage der deutschen Mannschaft gegen Norwegen wurde nach Schuldigen für das sportliche und politische Malheur gesucht. Sofort geriet Nerz ins Kreuzfeuer der Kritik, obwohl die Aufstellung der Mannschaft nicht allein in seiner Verantwortung gestanden hatte. Herberger kritisierte dessen "Übertraining" und Überbeanspruchung der Mannschaft. Er stellte mit seinen neuen Trainingsmethoden eine Alternative zu dem nun unliebsam gewordenen Reichstrainer dar und wusste diese Situation auch zu nutzen.

3.1/39 Schreiben an Felix Linnemann
S. Herberger, 12.12.1936
Typoskript, Papier; 14,4 x 21 cm

Im Herbst 1936 wurden die Stimmen, die auf eine Ablösung von Otto Nerz drängten, immer lauter. Am 24. Oktober wurde Sepp Herberger offiziell zum Reichstrainer ernannt, die Verantwortung für die Nationalmannschaft blieb aber bei Nerz. Ein langer Kampf um die Kompetenzen setzte zwischen Nerz und seinem einstigen Schüler Herberger ein. Im Dezember wandte sich Herberger bei den Verhandlungen über seinen Aufgabenbereich an den Fachamtsleiter Fußball Felix Linnemann und verwahrte sich gegen eine Einschränkung seiner Befugnisse durch Nerz.

3.1/40 Schreiben von Nerz an Herberger
O. Nerz, 18.12.1936
Typoskript, Papier; 14,7 x 21 cm

Otto Nerz wies den neuen Reichstrainer Herberger Mitte Dezember 1936 an, den anstehenden Nachwuchslehrgang selbstständig durchzuführen, dabei jedoch halbwöchentlich Bericht zu erstatten. Herberger kommentierte empört: "Kommt nicht in Frage! Für diesen und alle folgenden Lehrgänge abgelehnt."

3.1/41 Aufzeichnungen zum Länderspiel Deutschland – Niederlande am 31.1.1937
S. Herberger, 1937
Papier; 20,8 x 14,7 cm

Im Januar 1937 erfolgte eine Einigung über die Kompetenzen zwischen Nerz und Herberger. Der Reichstrainer hatte sich gegen seinen Vorgänger durchgesetzt. Nach dem 1:1 sah sich Herberger auf dem richtigen Weg: "Es ist mein unabänderlicher Wille, mit dem starren exerziermäßig eingedrillten Spiel unserer Mannschaft zu brechen".

3.1/42 Porträt von Willi Knehe mit Widmung für Sepp Herberger
Duisburg, 1934/1937
Postkarte, Karton; 15 x 10 cm

Willi Knehe gratuliert Herberger im Frühjahr 1937 zu seinem neuen Amt als Reichstrainer. Die Fürsprache des langjährigen Obmanns des Spielausschusses im WSV und im Fachamt Fußball war für den Trainer äußerst wichtig, denn Knehe hatte bei der Nominierung der Spieler weitgehende Befugnisse.

3.1/43 Erinnerungen Herbergers an den Kompromiss in Fragen der Verantwortung für die deutsche Nationalmannschaft
S. Herberger, 1960er – 1970er Jahre
Typoskript, Papier; 29,7 x 21 cm

Rückblickend wertete Sepp Herberger die Entwicklungen im Frühjahr 1937 als Durchbruch in Fragen der Verantwortlichkeiten für die Nationalmannschaft. Offiziell waren Fachamtsleiter Linnemann, Otto Nerz und erst dann Herberger für die Aufstellung der Mannschaft zuständig. Tatsächlich sah Herberger jedoch sich selbst in der Schlüsselposition aufgrund seiner Praxisnähe. Nach außen hin blieben die Machtverhältnisse aber bis Mai 1938 unklar. So bezeichnete die Fußballpresse 1937 Otto Nerz als "amtlichen Reichstrainer" und Sepp Herberger als "Reichstrainer".

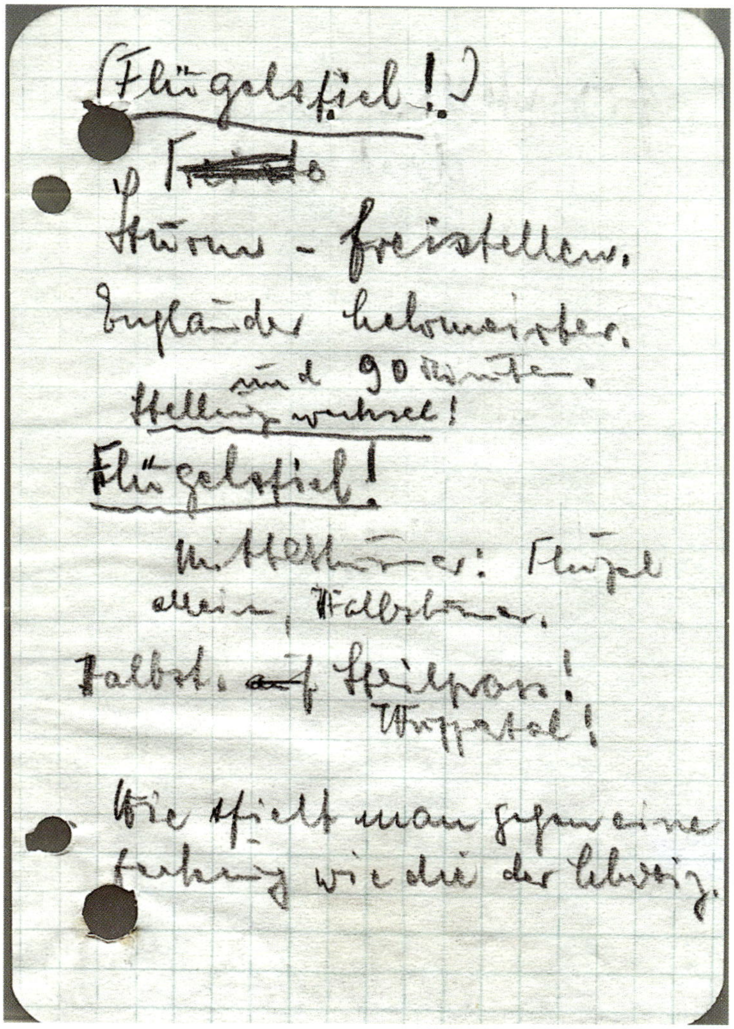
(Flügelspiel!)
Stürmer – freistellen.
Stellungswechsel!
Flügelspiel!
Wuppertal!

3.1/45

3.1/44 Schreiben zur Einberufung für das Länderspiel Deutschland – Dänemark am 16.5.1937
Berlin, 10.5.1937
Papier; 29,7 x 21 cm

Trotz ihrer Konkurrenz gelang es den beiden Reichstrainern Nerz und Herberger im Mai 1937, eine schlagkräftige Nationalmannschaft aufzustellen, die bis heute als eine der besten Mannschaften aller Zeiten gilt: die Breslau-Elf, so genannt nach ihrem 8:0-Sieg im Länderspiel gegen Dänemark in Breslau am 16. Mai 1937. Mit Jakob, Janes, Münzenberg, Kupfer, Goldbrunner, Kitzinger, Lehner, Gellesch, Siffling, Szepan und Urban spielte eine Mannschaft, die in Abwehr und Angriff als vorbildlich galt.

3.1/45 Notizen zum Länderspiel gegen Dänemark am 16.5.1937
S. Herberger, 1937
Papier, Metall; 10 x 7,5 cm

Seit Anfang 1937 führte Herberger ständig ein kleines Ringbuch mit sich, in das er die wichtigsten Ereignisse, taktischen Überlegungen, Notizen für Ansprachen an die Spieler und deren Bewertungen eintrug. Das Dänemark-Spiel deklarierte er als das schwerste in der aktuellen Länderspielserie.

3.1/46 Bericht des "Fußball"
München 1937
Papier; 28 x 21 cm

Die auflagenstärkste Sportzeitung "Fußball" schilderte 1937 das Spiel gegen Dänemark als "einen der glanzvollsten Tage des deutschen Fußballsports".

3.1/47 Erinnerungen Sepp Herbergers an die "Breslau-Elf"
S. Herberger, 1960er Jahre
Papier; 29,7 x 21 cm

Die "Breslau-Elf" nahm für Sepp Herberger eine Sonderstellung im deutschen Fußball ein. Noch nach der Weltmeisterschaft 1954 erinnerte er immer wieder an diese "Vorgängerin aller Nationalmannschaften".

3.1/48 Qualifikationsspiel zur Fußball-Weltmeisterschaft 1938 gegen Estland am 29.8.1937
a) Notizbucheintrag
S. Herberger, 1938
Papier; 21 x 14,8 cm
b) Programmheft
Papier; 20,5 x 14 cm
c) Erinnerungsalbum des estnischen Fußball-Verbandes
Jugoslawien, 1937
Leder, Karton; 26 x 36 cm

Am Beispiel des Qualifikationsspiels zur Fußball-Weltmeisterschaft in Frankreich 1938 wird die Kompetenzverteilung bei der Aufstellung der Nationalmannschaft deutlich: Funktionär Linnemann wünschte eine größere Berücksichtigung der Nachwuchsspieler, Otto Nerz stimmte dem zu, Reichstrainer Herberger ging bei der Aufstellung aber ganz auf Sicherheit, um bei den folgenden Spielen nicht unter Siegzwang stehen zu müssen. Die Propaganda nutzte das "50. Länderspiel nach der Machtergreifung", um den "Vorstoß in die Weltklasse" als Verdienst des nationalsozialistischen Systems darzustellen.
Der estnische Fußball-Verband überreichte Herberger als Gastgeschenk ein aufwändig gestaltetes Erinnerungsalbum mit Fotografien aus Reval (Tallinn).

wurde als einer der ersten deutschen Fußballer in Deutschland zum Berufsspieler erklärt und – trotz der freiwilligen Rückgabe des Geldes – lebenslang gesperrt. Doch schon am 26. März 1922 wurde in der Berufungsverhandlung die Sperre auf ein Jahr reduziert.

Während seiner Sperre arbeitete Herberger auf Vermittlung seines neuen Vereins bei der Dresdner Bank, vermutlich ausgerechnet als Geldzähler und Bote. Sportlich hielt er sich vor der Arbeit mit Gymnastik fit, außerdem trainierte er abends beim VfR Mannheim und betreute dessen Jugendmannschaft. Herberger selbst wertete diese Zeit später als seine "härtesten Jahre".

Nach Aufhebung der Sperre setzte auch der sportliche Aufstieg des Spielers Sepp Herberger wieder ein. Mit dem VfR Mannheim erreichte er 1925 den ersehnten Titel des Süddeutschen Meisters, der ihm beim Arbeiterverein SV Waldhof in zwei Anläufen versagt geblieben war.

Das Jahr 1925 bedeutete einen Wendepunkt im Leben Herbergers. Da Otto Nerz, Dozent an der Hochschule für Leibesübungen in Berlin, wegen einer Erkrankung einen lang vorbereiteten Trainerlehrgang nicht abhalten konnte, verpflichtete der Präsident des DFB, Felix Linnemann, spontan Sepp Herberger als Lehrgangsleiter, der die Schulung ursprünglich selbst als Teilnehmer besuchen wollte. Aufgrund seiner her-

3.1/49 Freundschaftsspiel Ostmark – Altreich am 5.4. 1938
Foto; 17,5 x 23 cm

Der am 15. März 1938 erfolgte "Anschluss" der "Ostmark", wie Österreich nun offiziell bezeichnet wurde, wirkte sich auch auf die Sportpolitik aus. Für den 5. April wurde ein "Vereinigungsspiel" der beiden Nationalmannschaften angesetzt. Die Zuschauer erwarteten einen packenden Zweikampf zwischen den elegant spielenden Österreichern und den kampfstarken athletischen Deutschen. Die Österreicher gewannen das Spiel mit zwei Toren. Ob das Spielergebnis politisch angeordnet war, lässt sich heute nicht mehr zweifelsfrei ermitteln.

3.1/48

3.1/49

ausragenden Leistung als Fußballlehrer bot der Prorektor der Deutschen Hochschule für Leibesübungen, Carl Diem, daraufhin dem Mannheimer nach Abschluss des Lehrgangs an, mit einer Sondergenehmigung auch ohne Abitur das Studium aufnehmen zu dürfen. Damit waren die Weichen für die Trainerlaufbahn gestellt.

Herberger zog mit seiner Frau Eva nach Berlin um und wechselte auf Betreiben von Otto Nerz zu Tennis Borussia Berlin. Der Verein sicherte ihm ausreichend Zeit für sein Studium und finanzielle Unterstützung durch Sponsoren zu, was der DFB stillschweigend duldete.

Herbergers intensives Studium in den Fächern Pädagogik, Psychologie, Anatomie, Hygiene sowie Fußball, Leichtathletik, Schwimmen und Boxen legte den Grundstein für seinen späteren Erfolg als Verbands-, Reichs- und Nationaltrainer. Die Unterstreichungen und Notizen in Herbergers Fachbüchern von Kompendien der Physiologie über Anatomie-Handbücher bis zu Clausewitz' "Strategie" erlauben interessante Einblicke nicht nur in seine Lektüre.

Im Sommer 1930 schloss Sepp Herberger sein Studium mit der Diplomarbeit "Der Weg zur Höchstleistung im Fußball" als Jahrgangsbester ab. Nachdem er im Frühjahr sein letztes Punktspiel als aktiver Spieler bei Tennis Borussia Berlin absolviert hatte, arbeitete er bis Ende 1932 dort als Trainer und führte den Verein zur Berliner Meisterschaft. Danach wechselte er auf Empfehlung von Otto Nerz als Verbandstrainer zum Westdeutschen Spielverband nach Duisburg.

Dort konnte Herberger im Rahmen seiner Lehrgänge schnell Kontakte zu den wichtigsten Nachwuchsspielern der Region knüp-

3.1/50 Konzeptpapier zu Erinnerungen an die Großdeutsche Mannschaft
S. Herberger, 1970er Jahre
Typoskript, Papier, 29,7 x 21 cm

Das Konzept Herbergers zu seinen Erinnerungen an die Auswirkungen des "Anschlusses" Österreichs an das Deutsche Reich zeigen deutlich, wie er sich auch hier ausschließlich auf die sportlichen Aspekte konzentrierte: "Der Anschluss und seine Folgen verdarb meinen Aufbauplan. Ausfall wegen Einmarsch!" lautet sein Kommentar.

3.1/51 Vorbereitung der Fußball-Weltmeisterschaft 1938
a) Teilnehmer des Weltmeisterschafts-Lehrgangs vom 2.-17.5.1938 in Duisburg
Foto; 16 x 23,5 cm
b) Manuskript der Begrüßungsrede zum Weltmeisterschafts-Lehrgang am 1.6.1938
S. Herberger, 1938
Typoskript, Papier; 29,7 x 21 cm

Herberger stand im Mai 1938 vor der Aufgabe, zur Weltmeisterschaft eine paritätisch aus Österreichern und Deutschen zusammengesetzte Mannschaft aufzustellen. Am 1. Juni appellierte er eindringlich an Einsatzwillen und Kameradschaft des zusammengewürfelten Teams.

3.1/52 Notizbucheinträge zu den Weltmeisterschaftsspielen gegen die Schweiz am 4. und 9. Juni 1938
S. Herberger, 1938
Papier; 12,5 x 7,5 cm

Dribbling, Schnelligkeit und Härte sollten den abwehrstarken Schweizern entgegengesetzt werden. Das erste Spiel endete jedoch nur unentschieden.
Zur 2:4-Niederlage im Wiederholungsspiel trug auch das Publikum bei, das sich lautstark gegen die unter der Hakenkreuzfahne antretenden Deutschen stellte.

3.1/53 Wimpel zum Länderspiel Deutschland – Jugoslawien in Berlin am 26.2.1939
Jugoslawien, 1939
Textil, Metall; 76 x 48 cm

Nach dem frühen Ausscheiden bei der Fußball-Weltmeisterschaft in Frankreich folgten erst im September wieder Länderspiele der deutschen Mannschaft. Der 3:2-Sieg gegen Jugoslawien im Februar 1939 bildete den Abschluss einer Siegesserie von vier Spielen.

3.1/54 Fritz Walter, Lieblingsspieler von Sepp Herberger
a) Porträt mit Widmung
um 1940
Foto, Karton, Glas; 25 x 20 cm
bez: Zur Erinnerung an die unvergesslich schönen Stunden mit der Nationalmannschaft unter ihrer kameradschaftlichen Führung herzlich gewidmet
Fritz Walter

3.1/54

b) Teilnehmer des Nationalspieler-Lehrgangs
um 1940
Widmung geschwärzt
Foto, Karton, Holz; 32,5 x 27 cm

1940 spielte Fritz Walter zum ersten Mal in der deutschen Nationalmannschaft. Schon früh entwickelten der Spieler und sein Trainer ein besonderes Verhältnis zueinander, das sie bis ins hohe Alter verband. Über die Gründe, aus denen Herberger auf dem Foto eines Nationalspieler-Lehrgangs mit Fritz Walter die Widmung und die Hakenkreuz-Symbole auf den Trainingsanzügen übermalte, kann nur spekuliert werden.

3.1/55 Lehrgangsteilnehmer beim Training
um 1940
3 Fotos; je 13 x 18 cm

Lehrgänge waren Herbergers zentrales Mittel zur Sichtung des Nachwuchses und zum körperlichen und mentalen Aufbau der Mannschaft. Neben dem Spiel mit dem Ball standen leichtathletische Übungen und Geschicklichkeitstrainung im Vordergrund.

3.1/56a

3.1/56c

3.1/56d

3.1/56 Länderspiele zwischen 1939 und 1942

a) Die deutsche Nationalmannschaft vor dem Spiel beim Hitlergruß
1930er/1940er Jahre
Foto; 16,5 x 23,5 cm
b) Herberger gibt Soldaten Autogramme
Schirner, Berlin
Foto; 13 x 18 cm
c) Wimpel zum Länderspiel Jugoslawien – Deutschland in Zagreb am 15.10.1939
Textil, Metall; 73 x 59 cm
d) Wimpel zum Länderspiel Bulgarien – Deutschland in Sofia am 22.10.1939
Textil, Metall; 59 x 48 cm
e) Medaille des italienischen Fußballverbandes zum Länderspiel Deutschland – Italien in Berlin am 26.11.1939
Metall; D 5 cm
f) Medaille zum Länderspiel Deutschland – Ungarn am 6.10.1940
Metall; D 8 cm
g) Zigarettenetui zur Erinnerung an das Länderspiel Deutschland – Jugoslawien am 3.11.1940 in Zagreb
Jugoslawien, 1940
Silber; 6 x 10,5 x 8 cm
h) Gedenkteller des Jugoslawischen Fußball-Verbands
Rumänien, um 1940
Kupfer; D 8 cm
i) Urkunde zum Länderspiel Deutschland – Ungarn am 6.4.1941 in Köln
47,5 x 34,5 cm
j) Gedenkteller zum Länderspiel Deutschland – Rumänien am 1.6.1941
Rumänien, 1941
D 35 cm
k) Aufnäher des Rumänischen Fußball-Verbands
Rumänien, 1940er Jahre
Textil; 9 x 5 cm

Nach 1933 erlangte der Fußballsport eine neue propagandistische Bedeutung, die sich auch in der Anzahl der Länderspiele erkennen ließ. Waren bis dahin durchschnittlich sechs Begegnungen üblich gewesen, steigerte sich die Anzahl auf über zehn in den folgenden Jahren. Auch während des Krieges riss die Serie der Spiele zunächst nicht ab. Die Begegnungen sollten die Überlegenheit der Deutschen beweisen und auch während des Krieges einen normalen Alltag suggerieren. Schließlich wurde nur noch gegen kriegsverbündete oder besetzte Länder wie Bulgarien, Ungarn, Jugoslawien oder Rumänien gespielt.

fen. Der Machtantritt der Nationalsozialisten und die Selbstgleichschaltung des DFB, der schon im Juli 1933 seine Auflösung beschloss und sich in den Reichsbund für Leibesübungen der NSDAP eingliederte, brachten kurz darauf veränderte Strukturen der Fußballverbände mit sich – für Sepp Herberger ergaben sich aber wenig Veränderungen. Am 1. Mai 1933 trat er der NSDAP bei, ohne in den folgenden Jahren durch besondere Aktivitäten aufzufallen. Er richtete sich im NS-Regime ein, konzentrierte sich fast ausschließlich auf den Fußball – und blendete alles andere weitgehend aus.

Mit der zunehmenden Popularität des Fußballs und den Erfolgen der deutschen Nationalmannschaft wuchs allerdings der Einfluss der Politik auf den Fußballsport. Als Assistent des 1926 zum Nationaltrainer

3.1/56j

berufenen Otto Nerz spielte Sepp Herberger eine wichtige Rolle bei der Vorbereitung der für die nationalsozialistische Propaganda so wichtigen Länderspiele. Bei der Weltmeisterschaft 1934 errang die deutsche Auswahl unerwartet den dritten Platz, ein Jahr darauf absolvierte die Nationalelf die Rekordzahl von 17 Spielen. Vor großem Publikum trugen Deutschlands Fußballer dazu bei, Hakenkreuz und Hitlergruß auch international salonfähig zu machen.

Als die Auswahlelf von Otto Nerz bei den Olympischen Spielen in Berlin 1936 schon in der zweiten Runde scheiterte, boten sich für Herberger neue Möglichkeiten. Einseitige Schuldzuweisungen läuteten das Ende der Ära Nerz ein, und am 2. November 1936 wurde Herberger zum Reichstrainer berufen. Formell blieb er zunächst Otto Nerz unterstellt, tatsächlich übernahm Herberger jedoch Auswahl, Training und Betreuung der Nationalmannschaft. Es entwickelte sich eine scharfe Konkurrenz zwischen Herberger und seinem ehemaligen Mentor Nerz um die sportliche Führung und das Spielsystem der Nationalmannschaft, die Herberger schließlich für sich entschied. Den ersten herausragenden Erfolg konnte er am 16. Mai 1937 beim 8:0-Sieg gegen Dänemark in Breslau feiern. Die von Herberger zusammengestellte Mannschaft ging mit ihrem schnell kombinierenden Flügelspiel als "Breslau-Elf" in die Geschichte ein und gilt bis heute als eine der besten Mannschaften. "Die Breslau-Elf spielte nach meinem Konzept!", notierte Herberger in seinen Erinnerungen.

3.1/58b

3.1/57

3.1/57 Ehrengabe zum Städtespiel Stuttgart – Barcelona am 6.7.1941
Stuttgart, 1941
Metall, Holz; 6 x 10 x 19 cm
Neben den offiziellen Länderspielen fanden in den vierziger Jahren auch zahlreiche Städtespiele gegen Vereine aus verbündeten oder besetzten Ländern statt.

3.1/58 Länderspiel Deutschland – Rumänien am 16.8.1942 in Beuthen
a) Teilnehmer des Vorbereitungs-Lehrgangs
Foto; 30 x 36 cm

b) Die beiden Mannschaften vor dem Spiel beim Hitlergruß
Schirner, Berlin
Foto, 13 x 18 cm
c) Urkunde zum Länderspiel Deutschland – Rumänien in Beuthen
16.8.1942
Leinen, Papier; 38 x 30 cm

Noch am 16. August 1942 trat die Nationalmannschaft im oberschlesischen Beuthen gegen Rumänien an. Als willkommene Abwechslung im Kriegsalltag zog das Spiel viele Zuschauer an.

Auch in den folgenden neun Spielen blieb die Mannschaft ohne Niederlage, bis sich der Reichstrainer im März 1938 angesichts der Annexion Österreichs vor neue Herausforderungen gestellt sah: Entgegen aller sportlichen Erwägungen musste er nur wenige Wochen vor der Weltmeisterschaft eine den neuen politischen Verhältnissen angepasste Mannschaft zusammenstellen. Seit dem offiziellen Rücktritt von Otto Nerz allein für die Nationalmannschaft verantwortlich, musste sich Herberger nun dem politischen Willen der Reichssportführung beugen. Statt der erfolgreichen Breslau-Elf spielte nun eine aus Deutschen und Österreichern paritätisch besetzte "großdeutsche" Mannschaft. Das zusammengewürfelte Team verlor die Vorbereitungsspiele und schied in der ersten Runde der Fußball-Weltmeisterschaft in Frankreich gegen die Schweiz aus. Das Spiel in dem von Protesten gegen Hitler-Deutschland geprägten Pariser Stadion empfand Herberger als "furchtbare Schlacht" in einem "tobenden Hexenkessel".

Als Hilfe zur Bewältigung seiner vielfältigen Aufgaben, besonders aber der Spielersichtung und -bewertung, notierte Herberger nun regelmäßig seine Beobachtungen in einem Ringbuch im Taschenformat. Das "Notizbuch" wurde zum Markenzeichen Herbergers. Seine umfangreichen Aufzeichnungen spiegeln bis ins Detail die intensiven Planungen des Fußballlehrers wider und bilden den Kern des Herbergerschen Fußball-Universums.

3.1/59 Gedenkteller zum Länderspiel Deutschland - Kroatien am 1.11.1942
Metall, versilbert; D 24,5 cm
bez.: Der Oberbürgermeister der Stadt der Auslandsdeutschen Stuttgart zur Erinnerung an den Fußball-Länderkampf Deutschland-Kroatien in der Adolf-Hitler-Kampfbahn am 1. November 1942

Das vorletzte Länderspiel absolvierte die deutsche Nationalmannschaft gegen Kroatien am 1. November 1942, das letzte drei Wochen später gegen die Slowakei. Am 20. Februar 1943 wurde der Länderspielbetrieb eingestellt.

3.1/60 Erinnerungen Herbergers an die Nationalmannschaft im Krieg
S. Herberger, 1960er Jahre
Typoskript, Papier; 29,7 x 21 cm

In seinen Erinnerungen fasste Herberger die Situation der Nationalmannschaft in den Kriegsjahren 1941/42 aus seiner Sicht zusammen. Die Einberufungen zur Front und eine wachsende Zahl von Kriegsopfern dezimierten zusehends den Kader der Nationalspieler. Allein hervorragende Beziehungen zu Spitzen von Partei und Militär konnten vor einer Einberufung schützen. Das galt nach Herberger besonders für die Spieler des Dresdner SC, die nur aufgrund der außergewöhnlichen Freistellungen in den Kriegsjahren zweimal Pokalsieger geworden seien und dreimal im Endspiel um die deutsche Meisterschaft gestanden hätten.

3.1/62a

3.1/62c

3.1/61 Einberufung von Nationalspielern zum Wachbataillon Berlin
22.7.1943
Durchschrift, Papier; 29,7 x 2 cm

Nach Einstellung des Länderspielbetriebs pflegte Herberger weiter intensiven Kontakt zu seinen Spielern und versuchte mit Lehrgängen und Spielen den Kader zusammenzuhalten. Zunehmend versuchte der Reichstrainer außerdem, Freistellungen für die Spieler zu erwirken oder sie von gefährlichen Einsatzorten abzuziehen. Im Juli 1943 erreichte Herberger die Einberufung von zehn Nationalspielern zum Wachbataillon Berlin. Damit war es dem Reichstrainer gelungen, seine Spieler im relativ sicheren Berlin zusammenzuziehen.

3.1/62 Die "Roten Jäger"
a) Hermann Graf und Sepp Herberger
1940er Jahre
Foto, mit Widmung; 30 x 24 cm
b) Schreiben an Jagdflieger Hermann Graf
S. Herberger, Weinheim, 13.3.1944
Papier; 29,7 x 21 cm
c) Wimpel der "Roten Jäger"
Deutschland, um 1940
Textil, 30 x 20 cm

Zusammen mit dem fußballbegeisterten Oberstleutnant Hermann Graf arrangierte Herberger die Abkommandierung von etlichen Spielern, unter ihnen auch Fritz Walter, zu den "Roten Jägern", der Fliegerstaffel Grafs. Von hier aus konnten sie schnell zu Propagandaspielen für die Truppenbetreuung zusammengezogen und währenddessen von den gefährlichsten Fronteinsätzen ferngehalten werden.

3.1/63 Schreiben der Sportgemeinschaft SS Oranienburg an Sepp Herberger
Oranienburg, 3.4.1944
Papier; 29,7 x 21 cm

Die noch in der Weimarer Republik bestehenden Sportstrukturen erfuhren ab 1933 tiefgreifende Änderungen. Nach der Zerschlagung des Arbeitersports und der konfessionellen Verbände machte sich bald auch im Sport ein Konkurrenzkampf der NS-Organisationen bemerkbar. So übernahm die Hitler-Jugend die Betreuung des Jugendsports. Die SA und später auch die SS gründeten eigene Sportabteilungen, die den noch verbliebenen Vereinen die Mitglieder abwarben. Im April 1944 ordnete die SS-Sportgemeinschaft bereitwillig Mitglieder zu einem Fußball-Lehrgang von Reichstrainer Sepp Herberger ab.

3.1/64 Kriegsnöte Herbergers
a) Abschrift eines Fernschreibens an Sepp Herberger
Papier; 14,7 x 21 cm
b) Brief Herbergers an seine Frau Eva
Papier; 14,9 x 21 cm
c) Porträt Herbergers mit Widmung an Eva
Foto; 18 x 13 cm
bez: Meiner lieben Ev! Seppl. 22.4.44

Nachdem der Länderspielbetrieb im Februar 1943 eingestellt worden war, übernahm Herberger die Ausbildung von Übungsleitern. Auf eigenen Wunsch war er zudem in Skandinavien als Vortragsreisender für die Truppenbetreuung tätig. Am 30. Januar 1944 wurde Herberger zurück nach Berlin beordert, da seine Wohnung "total ausgebombt" worden war. In Berlin eingetroffen, meldete er sich umgehend brieflich bei seiner Frau, die die Stadt bereits verlassen hatte. Er berichtete über die Schäden an der zerstörten Wohnung und versuchte sie mit der Hoffnung auf "bessere Zeiten" zu trösten. Wenige Tage vor ihrem 23. Hochzeitstag am 30. April 1944 schickte Herberger seiner Frau von einem Lehrgang aus ein Porträtfoto mit Widmung.

Der Zweite Weltkrieg brachte für den Spielbetrieb der Nationalmannschaft zunächst kaum Einschränkungen. Die Anzahl der Länderspiele blieb auf anhaltend hohem Niveau, die Zahl der potentiellen Spielpartner sank jedoch mit Fortschreiten des Krieges. Herberger konzentrierte sich weiterhin auf den Fußball und sorgte durch rege Korrespondenz mit Spielern und deren Vorgesetzten für eine einsatzfähige Mannschaft. Vor allem seinem Lieblingsspieler Fritz Walter galt eine fast väterliche Fürsorge.

Ende 1941 verschärfte sich die Lage. Sämtliche Spieler waren eingezogen worden, viele von ihnen standen an der Front. Bislang war der Sport in der Theorie als Vorbereitung für den Militärdienst propagiert worden, nun sollte er sich in der Praxis beweisen. In dieser Situation versuchte Herberger dafür zu sorgen, dass seine Spieler nicht an der Kriegsfront eingesetzt wurden. So erreichte er, dass mehrere Spieler in das Geschwader des Jagdfliegers Hermann Graf berufen wurden, wo sie nicht nur relativ sicher waren, sondern auch Möglichkeiten für Spiel und Training hatten. Rückblickend betonte Herberger nach dem Krieg, dass er seinen Nationalspielern insgesamt 20 militärische Auszeichnungen andichtete, um ihre Freistellung für Länderspiele zu erreichen. Auch mit seiner Beteiligung an dem Kinofilm "Das große Spiel" erreichte Herberger 1941 zusätzliche Freistellungen für seine Spieler.

Am 22. November 1942 absolvierte die Reichsmannschaft ihr letztes Länderspiel, im Februar 1943 wurden die Spiele auf Reichsebene eingestellt. Die "Leibesertüchtigung des Volkes" wurde von Goebbels dagegen bis zum Ende als "kriegswichtig"

3.1/65 Sonderausweis für Josef Herberger
5.7.1944 (Ausstellungsdatum)
Papier; 15 x 20 cm

1944 reiste Herberger mehrmals nach Dänemark und Norwegen zu Vorträgen im Rahmen der Truppenbetreuung. Als direkt vom NS-Führungsstab Beauftragter erhielt er Sonderausweise für seine Reisen an die Front.

3.1/66 Taschenkalender Sepp Herbergers für das Jahr 1946
Papier; 10,5 x 7,5 cm

Schon bald nach Kriegsende wurde in Deutschland wieder Fußball gespielt. Obwohl sportliche Veranstaltungen in der französischen Besatzungszone streng reglementiert wurden und Herberger wegen des schwebenden Entnazifizierungsverfahrens keine Trainertätigkeit ausüben durfte, beobachtete er fast täglich Spielbegegnungen und hielt mit Spielern Kontakt.

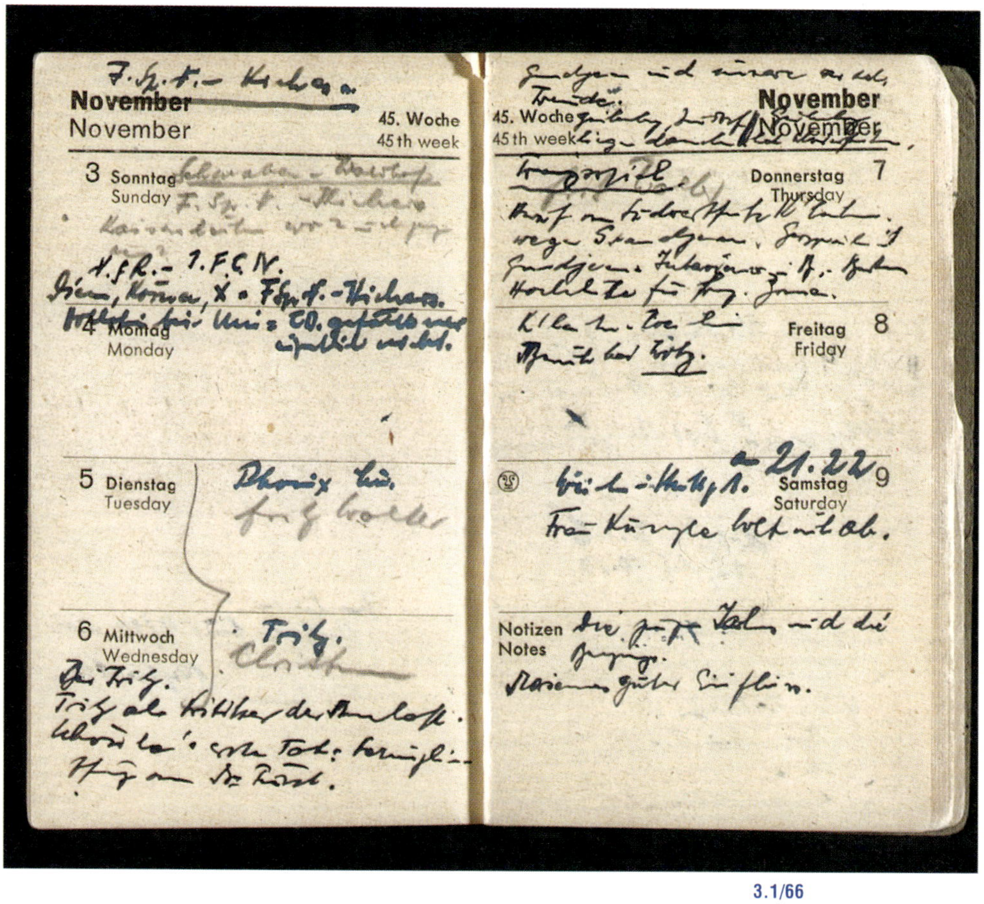

3.1/66

propagiert. Entsprechend genehmigte das "Fachamt Fußball" im April 1944 wegen des Mangels an Spielern bei Fußballturnieren eine Mannschaftsstärke von 6-7 Spielern. Herberger schlug angesichts der schlechten Konstitution der Spieler vor, das Spielfeld auf 70 x 50 Meter zu begrenzen und die Spieldauer auf 2 x 15 Minuten zu kürzen.

In den Wirren der ersten Jahre nach dem Kriegsende konzentrierte sich Herberger erneut vornehmlich auf den Fußball. Schon 1946 reiste er wieder von Spiel zu Spiel und nahm Kontakt zu Spielern und ehemaligen Funktionären auf. Mehrere Vereine fragten bei Herberger wegen einer Verpflichtung als Trainer an. Doch vor einer offiziellen Berufung stand das Entnazifizierungsverfahren, dem sich Herberger wie alle bedeutenden Sportfunktionäre der NS-Zeit unterziehen musste. Nachdem die Spruchkammer Weinheim am 7. August 1946 den ehemaligen Reichstrainer als "Mitläufer" eingestuft und eine Geldstrafe verhängt hatte, stand dem beruflichen Wiederaufstieg Herbergers nichts mehr im Wege.

Auf Betreiben von Carl Diem wurde er zum 1. Juni 1946 als Fußballlehrer an die Sporthochschule Köln berufen. Sofort nahm er die Planungen für die Zusammenstellung einer neuen Nationalmannschaft auf. Doch entgegen seinen Erwartungen wurde Herberger nicht umgehend als Nationaltrainer eingestellt, als der Deutsche Fußball-Ausschuss der Westzonen am 29. März 1949 in Freiburg die Aufstellung einer neuen Nationalmannschaft beschloss. Stattdessen wurden die vier Kandidaten für das zukünftige Amt – neben Sepp Herberger noch Alv Riemke, Paul Osswald und Hans Sauerwein

3.1/67 Das Entnazifizierungsverfahren gegen Sepp Herberger
a) Meldebogen
2.5.1946
Papier; 29,7 x 21 cm
b) Bescheid der Spruchkammer Weinheim
Weinheim, 9.6.1947
Papier; 14,5 x 21 cm

Als Mitglied der NS-Organisation "Fachamt Fußball" und Parteimitglied der NSDAP musste sich der ehemalige Reichstrainer dem Entnazifizierungsverfahren stellen. Zu seiner Verteidigung merkte er auf dem Meldebogen an: "Ich habe mich nirgendwo, auch nicht in Ausübung meines Berufes, im Sinne des Nationalsozialismus oder Militarismus betätigt, vielmehr dagegen Stellung genommen, wofür ich Zeugen in beliebiger Anzahl nennen kann." Herberger brachte zahlreiche Erklärungen ehemaliger Nationalspieler vor, die seine Distanz zum NS-Regime belegen sollten. Die zuständige Spruchkammer Weinheim stufte ihn schließlich in die "Gruppe 4 der Mitläufer" ein. Nach Zahlung einer Geldstrafe war Herberger entlastet.

3.1/68 Angebote von Vereinen zur Übernahme des Traineramts
a) Schreiben der Stuttgarter Kickers
Stuttgart, 20.4.1946
Papier; 29,7 x 21 cm
b) Schreiben der Binger Fußball-Vereinigung "Hassia" e.V.
Bingen am Rhein, 30.5.1946
Papier; 21 x 14,8 cm

Zahlreiche Vereine wandten sich nach Aufnahme des Spielbetriebs an den prominenten Fußballlehrer und baten ihn, das Traineramt zu übernehmen. Herberger lehnte alle Angebote ab, er plante bereits den Aufbau einer neuen Nationalmannschaft.

3.1/69 Herbergers Ringen um das Amt des Bundestrainers
a) "Wer will H. examinieren?"
Kölner Stadtanzeiger, um 1949
Papier; 16 x 14 cm
b) Schreiben Herbergers an den Vorsitzenden des Deutschen Fußball-Ausschusses Arthur Weber
S. Herberger, Weinheim, 28.3.1949
Durchschrift, Papier;
29,7 x 21 cm

Als Anfang 1949 bekannt wurde, dass neben ihm auch andere Trainerkandidaten für das Nationalteam gehandelt wurden, wandte sich Herberger mit seinem Unmut an die Presse. Er setzte sich schließlich durch und wurde am 2./3. Oktober 1949 in München ungeachtet der weiteren Mitbewerber um das Amt zum Bundestrainer ernannt.

3.1/70 Der Aufbau der Nationalmannschaft
a) Konzept Herbergers zum Aufbau der bundesdeutschen Nationalmannschaft
Typoskript, Papier; 29,7 x 21 cm
b) Ankündigung eines Spiels zwischen den "Herberger-Kursisten" und der Stadtmannschaft Flensburg
Flensburg, 1950
Plakat, Papier, Holz;
71 x 60 x 2 cm

Herberger diagnostizierte nach Kriegsende einen überalterten Spielerstamm mit großen Trainingsrückständen. In einer gezielten Nachwuchsförderung sah er die entscheidende Maßnahme für den Neuaufbau. Die Möglichkeit dazu bot sich an der neu gegründeten Sporthochschule Köln, an der Herberger seit Mai 1947 als Dozent tätig war. So veranstaltete der Fußballlehrer Begegnungen seiner Kurse gegen verschiedene Auswahlmannschaften.

3.1/70b

3.1/71 Meldung des Sportinformationsdienstes zur sofortigen Aufnahme von inoffiziellen Fußball-Länderspielen
4.7.1950
Papier; 29,7 x 21 cm

So sehr standen viele Nationen noch unter dem Eindruck der NS-Gewaltherrschaft, dass 1950 ein Auftritt deutscher Mannschaften im Ausland "für Jahrzehnte" unmöglich erschien. Deswegen nahm kein deutsches Team bei der Weltmeisterschaft 1950 in Brasilien teil. Dort wurde aber im Rahmen des FIFA-Kongresses ein positives Signal für die Wiederaufnahme des Deutschen Fußball-Bundes gesetzt. Stärkste Fürsprecher der Deutschen waren die schweizerischen Vertreter und das US-amerikanische FIFA-Mitglied "Gus" Randolph Manning, der als Student schon an der Gründung des DFB am 28. Januar 1900 mitgewirkt hatte.

3.1/72 Notizen zur Vorbereitung des ersten Länderspiels am 22.11.1950
S. Herberger, 1950
Papier; 13 x 7,5 cm

Mit der ihm eigenen Akribie bereitete Herberger den ersten Auftritt der Nationalmannschaft nach dem Krieg vor. Getränke und Zeitvertreib am Vorabend des Spiels gehörten ebenso dazu wie die Aufstellung und Taktik des Spiels. "Sofort Ueberfall!! Dribbeln" lautete die Strategie des Trainers.

3.1/73 Das Länderspiel Deutschland – Schweiz am 22.11.1950
a) Bundestrainer Herberger beim ersten Länderspiel am 22.11.1950
Schirner, Düsseldorf, 1950
Foto; 13 x 18 cm
b) DFB-Aufnäher für Nationaltrikots
Frankfurt/M., 1950
Textil; D 8 cm
c) Aufnäher für Ausgehanzüge des DFB
Frankfurt/M., 1950
Textil; 11 x 8 cm

Wie schon nach dem Ersten Weltkrieg, so stellte sich auch in der sportpolitisch brisanten Situation der Nachkriegszeit zuerst die Schweiz als Gegner der deutschen Fußball-Nationalmannschaft zur Verfügung. Am 22. November 1950 absolvierte die Nationalmannschaft der Bundesrepublik Deutschland in Stuttgart ihr erstes Länderspiel, das sie durch einen verwandelten Elfmeter gewann. Angespannt verfolgten der Nationaltrainer und die Ersatzspieler Mebus und Picard das Spiel.

3.1/74 Herbergers Analyse der Spieler nach dem Länderspiel gegen die Schweiz
S. Herberger, 1950er Jahre
Typoskript, Papier; 29,7 x 21 cm

Den Schlüssel zum Erfolg sah der Nationaltrainer im Mannschaftsgeist und Siegeswillen des Teams. Er stellte die Leistungen jedes einzelnen Spielers heraus, kritisierte aber die teilweise schlechte körperliche Verfassung.

3.1/75 Pressespiegel zum Länderspiel gegen die Schweiz
S. Herberger, 1950er Jahre
Karton, Papier; 50 x 40 cm

Das erste Spiel der deutschen Nationalmannschaft nach dem Zweiten Weltkrieg stieß in den Medien auf reges Interesse. Herberger, der schon als Spieler alle verfügbaren Zeitungsberichte über sich gesammelt hatte, legte zu dem Länderspiel einen umfangreichen Pressespiegel an, eine Gewohnheit, die er bis Ende der fünfziger Jahre beibehielt.

Heute mit großer Länderspiel-Vorschau
Der SPORT-Kurier
AKTUELLER SÜDDEUTSCHER NACHRICHTENDIENST FÜR SPIEL UND SPORT
Deutsche Nationalelf steht!
Mit den Walters und Streitle - ohne Morlock und Schade
Nach acht Jahren Isolierung das erste Fußball-Länderspiel
Sieger-Team gegen Neu-Formation
Sie sollen das Nationaltrikot tragen

3.1/75

– aufgefordert, in einer schriftlichen Arbeit Pläne zur Durchführung eines Ausbildungsprogramms für Nationalspieler einzureichen. Der ehemalige Reichstrainer war über dieses Verfahren äußerst empört und wandte sich mit seinen Protesten schließlich auch an die Presse: "Wer will denn da überhaupt prüfen? Der einzige – bei aller Bescheidenheit! – der den ganzen Komplex, auch in seinen Einzelheiten aus erfolgreicher Praxis beurteilen kann, bin ich selbst", so Sepp Herberger in einem Zeitungsinterview im Mai 1949.[10]

Die Vorbehalte im Deutschen Fußball-Ausschuss gegen Herberger lagen einerseits in unterschiedlichen Interessen der verschiedenen regionalen Fußballverbände begründet, andererseits gab es prinzipielle Bedenken gegen eine Amtskontinuität des Trainers der Nationalmannschaft von der NS-Zeit bis in die neue Bundesrepublik. Nachdem Unklarheiten über Herbergers Rolle bei der Rückbeorderung eines Nationalspielers vom Fußballlehrgang 1942 an die Ostfront geklärt werden konnten, fiel die Entscheidung zu seinen Gunsten aus. In den Verhandlungen um seine offizielle Berufung konnte er dann sogar das alleinige Entscheidungsrecht bei

3.1/76e

3.1/76 Länderspielbetrieb 1951-1952
a) Gedenkteller zum Länderspiel Deutschland – Türkei am 17.6.1951
Metall; D 15 cm
b) Wimpel des türkischen Fußball-Verbands
Türkei, 1950er Jahre
Textil; 25 x 10 cm
c) Wimpel zum Länderspiel Türkei – Deutschland 21.11.1951
Textil; 25 x 10 cm
d) Wimpel zum B-Länderspiel Deutschland – Schweiz am 14.10.1951
Textil; 43 x 31 cm
e) Wimpel zum Länderspiel Luxemburg-Deutschland am 20.4.52
Luxemburg, 1952
Textil; 41 x 39 cm
f) Ehrengabe der Stadt Düsseldorf zum Spiel der deutschen Nationalmannschaft gegen eine britische Auswahl am 14.5.1952
Düsseldorf, 1952
Holz, Metall; 3 x 11,5 x 16 cm

Nachdem der internationale Boykott einmal aufgebrochen war, fanden schon 1951 und 1952 jeweils sechs Länderspiele statt, wenn auch zunächst ausschließlich gegen die Schweiz, Türkei und Luxemburg. Am 14. Mai 1952 fand das erste Spiel einer bundesdeutschen Mannschaft gegen eine britische Auswahl statt. Zu der ersten Begegnung mit der englischen Nationalmannschaft kam es jedoch erst nach der Fußball-Weltmeisterschaft am 1. Dezember 1954.

3.1/77 Sammelalbum "Aus Seppl Herbergers Notizbuch"
Ludwigshafen am Rhein, 1950er Jahre
Karton, Papier; 23 x 31, 5 cm

Eines der ersten Sammelwerke zur bundesdeutschen Nationalmannschaft war dieses Album. Der Titel wie auch die Texte zeugen von der damaligen Prominenz Herbergers und seines legendären Notizbuches.

der Mannschaftsaufstellung durchsetzen. Damit hatte sich Herberger erfolgreich gegen Eingriffe von außen zur Wehr gesetzt.
Kontinuität bewies Herberger insbesondere beim Aufbau der Nationalmannschaft. Hier stützte er sich vor allem auf bewährte Spieler aus den Kriegsjahren, die Herbergers Spielsystem des fliegenden Wechsels der Positionen, des "Wirbels", verinnerlicht hatten. Die körperliche Verfassung wie auch die spielerische Leistung der Mannschaft blieben nach Einschätzung des Nationaltrainers allerdings weit hinter dem Stand der vierziger Jahre zurück. Ihr erstes Länderspiel gewann die bundesdeutsche Nationalmannschaft am 22. November 1950 gegen die Schweiz dann auch eher glücklich durch ein Elfmetertor von Herbert Burdenski. Herbergers starres Festhalten an seinem alten Spielsystem und an den alten Spielern stieß in den folgenden Monaten auf heftige Kritik, die von den sich langsam einstellenden Erfolgen der Nationalmannschaft Ende 1952 nur kurzzeitig überdeckt wurde.
Doch der Bundestrainer ließ sich davon wenig beeinflussen und arbeitete weiter an seinem Ziel, der Teilnahme an der Fußball-Weltmeisterschaft 1954. Dabei setzte er weiterhin auf den Stamm seiner altgedienten Spieler, allen voran Fritz Walter. Mit einem 3:1 Sieg gegen das französisch verwaltete Saarland schaffte die bundesdeutsche Mannschaft am 28. März 1954 die Qualifikation für das Weltmeisterschaftsturnier in der Schweiz. Kurz vor der Abreise zeigte sich nochmals deutlich, wie umstritten der

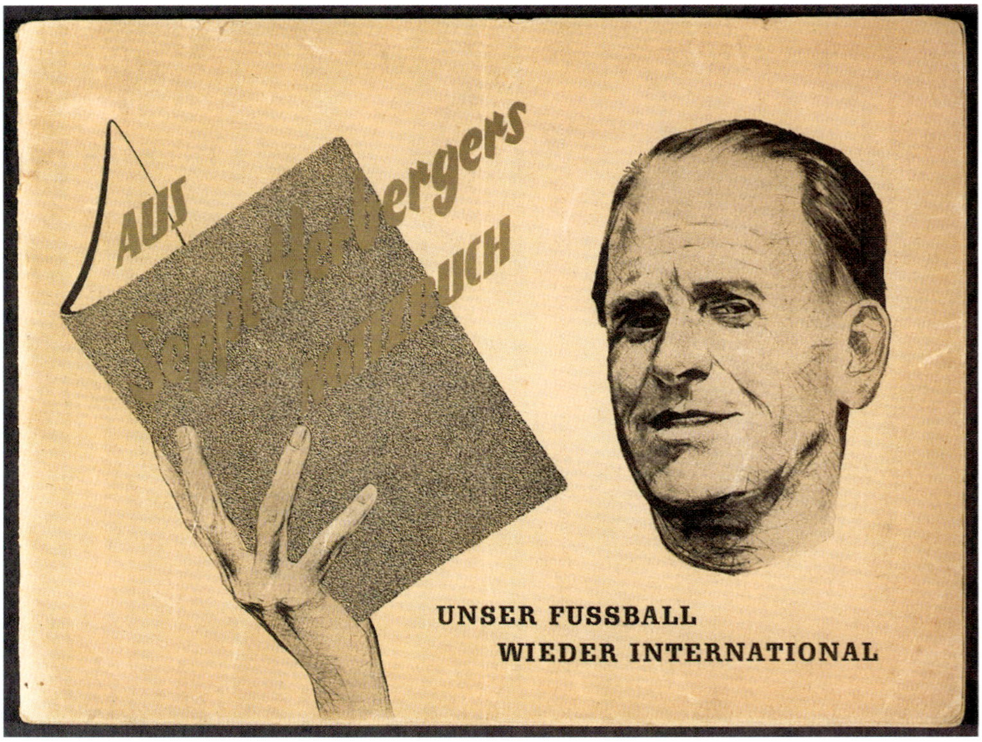

3.1/77

Nationaltrainer in der öffentlichen Meinung war. Beim Endspiel um die deutsche Meisterschaft unterlag die Mannschaft des 1. FC Kaiserslautern mit fünf Nationalspielern in ihren Reihen gegen Hannover 96 1:5. Besorgte Stimmen fragten, wie Herberger mit solchen Spielern Erfolge im internationalen Fußball erringen wolle, andere verhöhnten den Trainer ganz offen. Herberger konzentrierte sich indessen weiter auf die Vorbereitung des Turniers. Unermüdlich arbeitete er an der Mannschaftsaufstellung und Taktik für die kommenden Spiele. Auch vermeintliche Kleinigkeiten wie die Belegung der Zimmer in der Schweizer Unterkunft und die Verpflegung der Spieler machte er zur "Chef-Sache".

Auf die Taktik für den Einzug in die Endrunde hatte sich der Trainer schon frühzeitig festgelegt. Das erste Gruppenspiel gegen die Türkei gewann die deutsche Mannschaft wie geplant. Der zweite Gegner, die ungarische Mannschaft, galt als uneingeschränkter Favorit für den Weltmeistertitel. Herberger nahm von vornherein eine Niederlage gegen die Ungarn in Kauf und schickte zu der Begegnung nur die Hälfte seiner Stammspieler auf den Platz. Entsprechend deutlich fiel mit 3:8 die Niederlage aus. Die deutschen Fans tobten, Herberger

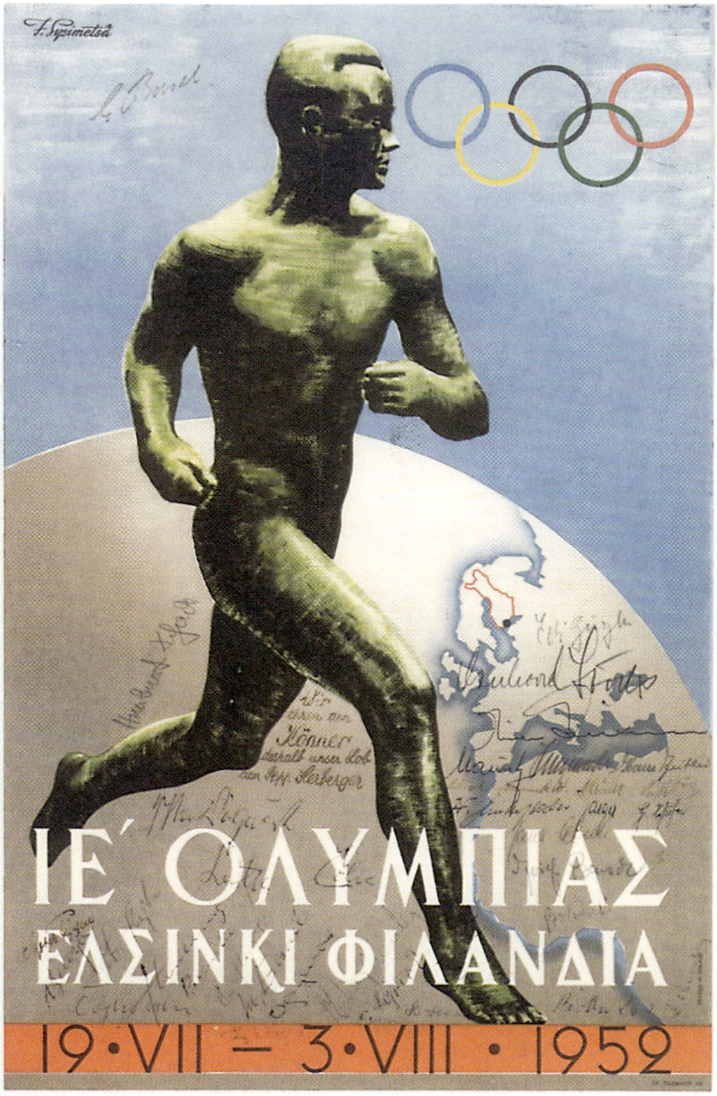

3.1/78a

3.1/78 Die Olympischen Spiele in Stockholm 1952
a) Plakat mit Widmung der Spieler für Sepp Herberger
Papier, Glas, Holz; 40 x 30 cm
bez.: Bundestrainer Sepp Herberger von seiner Mannschaft Stockholm 1952
b) Erinnerungsmedaille für Sepp Herberger
Schweden, 1952
Metall; D 5,5 cm
c) Urkunde zur Erinnerungsmedaille
10.10.1952
Papier; 40 x 30 cm
d) Gedenkteller für Sepp Herberger
Metall, versilbert; 4,5 x 30,5 cm
e) Erinnerungsalbum des Deutschen Fußball-Bunds
Frankfurt/M., 1952
Karton, Papier; 18 x 23 cm

Der erste Auftritt einer deutschen Mannschaft bei den Olympischen Spielen nach dem Zweiten Weltkrieg war äußerst heikel. Im Vorfeld der Spiele waren zwar Vertretungen der Bundesrepublik und des Saarlands, nicht aber die der DDR anerkannt worden. Die ost- und die westdeutschen Sportler sollten nach Vorstellung des Internationalen Olympischen Komitees eine gemeinsame Mannschaft bilden. Nach etlichen Querelen nahmen keine ostdeutschen Sportler an den Spielen teil. Bundestrainer Herberger und sein Team legten mit dem vierten Platz in Stockholm den Grundstein für den Erfolg bei der Fußball-Weltmeisterschaft.

3.1/79 Konzept für den Vorbereitungslehrgang zur Weltmeisterschafts-Qualifikation in Malente
S. Herberger, 25.7.1953
Typoskript, Papier; 29,7 x 21 cm

"Wirkungsvolle, erfolgreiche Ausnutzung der Situation unter Ausspielung der eigenen Stärken!", lautete die Taktik des Bundestrainers für die bevorstehenden Begegnungen.

3.1/80 Carl von Clausewitz: Strategie
Eberhardt Kessel (Hg.),
Hamburg, 4. Aufl. 1937
Karton, Papier; 22 x 14 cm

Eine der Hauptquellen Herbergers für strategische und taktische Fragen waren die Abhandlungen des preußischen General von Clausewitz. Die von Herberger benutzte Auflage des Buches von 1937 weist zahlreiche Anstreichungen und Kommentare aus verschiedenen Zeiten auf. Das Buch scheint den Reichs- und Nationaltrainer während seiner gesamten Laufbahn begleitet zu haben: Die letzten Notizen stammen aus dem Jahre 1962.

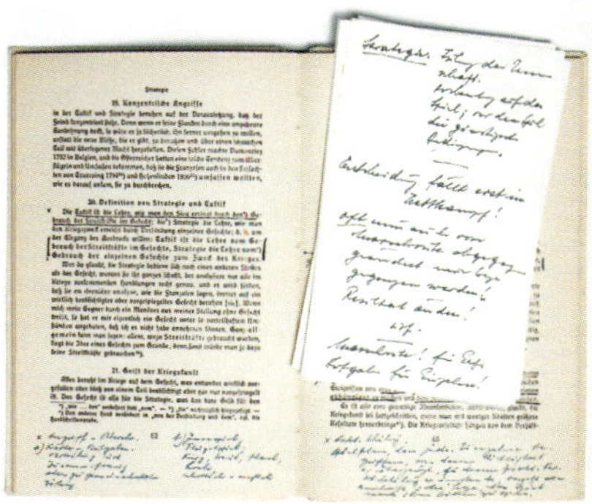

3.1/80

wurde kritisiert, beschimpft und zum Rücktritt aufgefordert. Die Angriffe von außen schweißten jedoch die auf Teamgeist eingeschworene Mannschaft noch stärker zusammen. Der nach dem Ort der Mannschaftsunterkunft benannte "Geist von Spiez" war geboren. Entsprechend des Austragungsmodus musste, wie von Herberger vorausgesehen, ein zweites Spiel gegen die Türkei die Entscheidung um den Einzug in die Endrunde bringen. Diese Begegnung konnte die deutsche Elf mit konsequenter Anwendung von Herbergers flexibler "Wirbel-Taktik" mit 7:2 für sich entscheiden. Mit Siegen gegen Jugoslawien und Österreich gelang Herberger – für viele unerwartet – der Einzug ins Finale, das der Außenseiter Deutschland gegen den Favoriten Ungarn mit 3:2 für sich entscheiden konnte.

Mit dem Schlusspfiff des englischen Schiedsrichters Ling am 4. Juli 1954 wurde ein Mythos geboren. Der Sieg der deutschen Mannschaft wurde als "Wunder" gefeiert, die Spieler zu den "Helden von Bern" erhoben, der eben noch wegen der Niederlage gegen die Ungarn in der Vorrunde gescholtene Herberger als "Magier" bezeichnet.

Nach den nicht enden wollenden Siegesfeiern folgte allerdings schnell der sportliche Abstieg der deutschen Mannschaft. Vor der ersten internationalen Begegnung nach

3.1/81 Erstes Qualifikationsspiel zur Fußball-Weltmeisterschaft 1954
Gayer, Lampertheim,1953
Foto; 13 x 18 cm

Der erste Gegner in der Weltmeisterschafts-Qualifikation hieß Norwegen. Der Auftritt einer deutschen Mannschaft 1953 in Oslo war politisch außerordentlich heikel, bestanden hier doch noch erhebliche Ressentiments gegen die ehemaligen Besatzer. Um so wichtiger war der vorbildliche Auftritt des deutschen Teams, das mit einem 1:1-Unentschieden den Grundstein für die Qualifikation legte. Das Foto zeigt Max Morlock bei einem Torschuss, beobachtet von Helmut Rahn. Das Rückspiel in Hamburg gewann das Herberger-Team mit 5:1.

3.1/82 Qualifikationsspiele gegen das Saarland am 11.10.1953 und 28.3.1954
a) Programmheft zum Länderspiel Deutschland – Saarland am 11.10.1953
Stuttgart, 1953
Papier; 21 x 15 cm
b) Ehrengabe zum Weltmeisterschafts-Qualifikationsspiel Deutschland – Saarland 1954
Saarbrücken, 1954
Metall; 4,5 x 3 cm

Der zweite Gegner in der Qualifikationsrunde war das von Helmut Schön trainierte Saarland, das bis 1955 über eine eigene sportliche Vertretung verfügte. Die Bundesrepublik gewann beide Spiele mühelos.

3.1/82b

3.1/83 Schreiben an Horst Eckel
S. Herberger, 17.2.54
Durchschrift, Papier;
29,7 x 21 cm

Herberger hielt ständig brieflichen Kontakt mit seinen Spielern. Das Schreiben an Horst Eckel macht deutlich, dass Herberger eigene Beobachtungen ebenso nutzte wie Berichte und Fotos in den Medien, um die Verfassung der Spieler zu analysieren. Stets endeten die Schreiben des Trainers mit Empfehlungen für die weitere Arbeit.

3.1/84 Konzept Herbergers für das Trainingsprogramm des Weltmeisterschafts-Lehrgangs 1954
S. Herberger, 1954
Typoskript, Papier, 29,7 x 21 cm

Einen Schwerpunkt des Lehrgangs zur Fußball-Weltmeisterschaft bildete die taktische Schulung in Theorie und Praxis. Kernpunkt von Herbergers Taktik war das schnelle Umstellen von der Offensive zur Defensive und umgekehrt.

3.1/85 Schreiben an Hans Huber, Mitglied des Spielausschusses
S. Herberger, 20.4.1954
Papier

Als die Weltmeisterschafts-Gruppen ausgelost waren, begannen die strategischen Überlegungen des Bundestrainers. In der Vorrunde spielte jedes Team nur zweimal: Die gesetzten Mannschaften spielten ebenso wenig gegeneinander wie die ungesetzten, die Bundesrepublik Deutschland und Korea. Deutschland musste also gegen die gesetzten Teams Ungarns und der Türkei antreten. Aus diesem Brief Herbergers an Huber, Mitglied des DFB-Spielausschusses, geht seine Überlegung hervor: Sein Team musste gegen die Türkei gewinnen, um damit ein Entscheidungsspiel gegen diese Mannschaft zu erzwingen. Schon hier war Herberger willens, für das in diesem Fall unbedeutende Spiel gegen die favorisierten Ungarn nur eine "B-Elf" einzusetzen.

3.1/86 Aufstellungen für die Vorrundenspiele
S. Herberger, Mai 1954
Papier; 21 x 14 cm

Bereits Anfang Mai stand für den Bundestrainer die Aufstellung für die Vorrundenspiele fest. Mit nur wenig Änderungen wurden die Spiele in der im Mai geplanten Aufstellung bestritten.

3.1/87 Programm zum Weltmeisterschaftsspiel Deutschland – Türkei am 17.6.1954
Zürich, 1954
Papier; 21 x 15 cm

Herberger bewahrte alle Programmhefte der Fußball-Weltmeisterschaft 1954 sorgfältig auf. Dieses ließ er sich von seinen Spielern signieren.

3.1/88 Postkarte eines Fußballfans an Sepp Herberger
gel. 22.6.1954
Karton; 10,5 x 15 cm

Während Herberger schon im Vorfeld der Weltmeisterschaft eine Niederlage gegen den Favoriten Ungarn einkalkuliert hatte, fühlten sich viele Zuschauer angesichts der empfindlichen 3:8-Niederlage gegen Ungarn betrogen.

der Fußball-Weltmeisterschaft mahnte Herberger die Mannschaft: "Das nächste Spiel ist immer das schwerste Spiel! Diese Parole, unsere Einstellung und Vorbereitung auf das Länderspiel, müssen wir diesmal ganz besonders beachten und befolgen." [11]

Doch trotz weiterer Ermahnungen wurde die Mannschaft ihrer Favoritenrolle nicht gerecht und verlor gegen Belgien am 20. September 1954 mit 0:2. In den folgenden Wochen erkrankten sieben Mitglieder der Mannschaft wie auch Sepp Herberger selbst an Gelbsucht. Zudem kamen einige Spieler offensichtlich mit ihrer neuen Rolle als gefeierte Stars nicht zurecht; Alkoholmissbrauch und psychische Probleme lichteten die Reihen der "Helden von Bern" in der Nationalmannschaft. Eine neue Generation von Spielern suchte ihre Chance in der Nationalelf, und Herberger begann nach neuen Talenten für die so wichtige Verjüngung der Mannschaft zu suchen.

Bis zur Weltmeisterschaft 1958 sollte die Nationalelf nicht ein einziges Mal in unveränderter Aufstellung spielen. Herberger

3.1/85

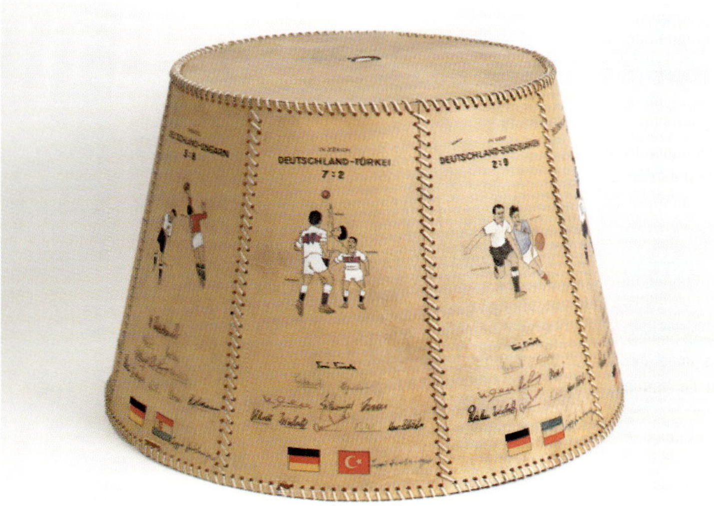

3.1/94

3.1/89 Viertelfinalspiel Deutschland – Jugoslawien am 30.6.1954
a) Notizen Herbergers
Papier; 29,7 x 21 cm
b) Herberger vor dem Anpfiff
Elfried Winterer, 1954
Foto; 23,5 x 18 cm

Herbergers Notizen zu dem Viertelfinalspiel gegen Jugoslawien zeugen von den Problemen des Trainers während des Spiels. Der verletzungsbedingte Ausfall des Abwehrspielers Posipal führte zu einer Änderung der Taktik. Rahn erhielt bei der Aufstellung den Vorzug vor Bernd Klodt. Die Anspannung Herbergers vor dem Spiel ist auf dem Foto deutlich zu erkennen.

3.1/90 Halbfinalspiel Deutschland – Österreich am 30.6.1954
a) Programmheft
Papier; 21 x 15 cm
b) Spielszene
Foto; 15 x 18 cm

Akribisch hielt Herberger im Programmheft zum Weltmeisterschafts-Halbfinale seine Änderung in der Aufstellung fest.

3.1/91 Endspiel Deutschland – Ungarn am 4.7.1954
a) Das Wankdorfstadion vor Beginn des Endspiels
Foto; 17 x 50 cm
b) Die deutsche Nationalmannschaft vor dem Anpfiff
Foto; 18 x 24 cm

Die seit vier Jahren ungeschlagene ungarische Mannschaft war der Favorit im Endspiel um die Fußball-Weltmeisterschaft 1954. Die große Aufmerksamkeit der Medien galt allerdings der deutschen Mannschaft, deren Einzug ins Finale schon als Sensation galt. Trotz des 2:0-Rückstands gelang der deutschen Mannschaft durch Tore von Helmut Rahn und Max Morlock nicht nur der Ausgleich, sondern sogar der 3:2-Sieg durch Rahns zweiten Treffer in der 83. Minute.

3.1/92 Teilnehmermedaille der Fußball-Weltmeisterschaft 1954
bez.: Championat du Monde – Coupe Jules Rimet en Suisse 1954
Metall; D 4 cm

3.1/93 Programmheft der Fußball-Weltmeisterschaft 1954
Reno Klages (Hg.), Zürich 1954
Papier; 21 x 15 cm

Bundestrainer Herberger vermerkte in seinem Programmheft alle Spielergebnisse und notierte zum Endspiel gegen Ungarn: "Laut Fifabeschluss durften Nationen, die bereits in den Achtelfinals gegeneinander gespielt hätten, bis zum Endspiel nicht mehr zusammenkommen."

3.1/94 Lampenschirm zum Weltmeistertitel 1954
Deutschland, 1954
Textil; H 30 cm, D 48 cm

Nach Gewinn der Weltmeisterschaft erhielten Spieler und Trainer zahlreiche Dankesgeschenke. Eine Besonderheit bildete dabei ein Lampenschirm, auf dem der Weg der deutschen Mannschaft zum Weltmeistertitel mit allen Spielergebnissen aufgezeichnet war.

3.1/95 Zigarettenspender in Form eines Fußballs
Deutschland, 1954
bez.: Dem Fußball-Weltmeister 1954 gewidmet vom Verband Berliner Ballspielvereine e.V.
Metall; H 14 cm, D 12 cm

Der Verband Berliner Ballspielvereine, für den Herberger in den zwanziger Jahren gespielt hatte, überreichte dem ausgemachten Nichtraucher Herberger nach dem Gewinn der Weltmeisterschaft einen aufklappbaren Fußball, in dem sich ein Zigarettenspender verbarg.

3.1/96 Das erste Länderspiel nach der Weltmeisterschaft 1954
a) Schreiben an die Nationalspieler
S. Herberger, 20.8.1954
Papier; 29,7 x 21 cm
b) Programmheft zum Länderspiel Belgien – Deutschland am 26.9.1954
Papier; 21 x 15 cm
c) Beiblatt zum Programm mit Änderung der Aufstellung
Papier; 9 x 14 cm

Nach der gewonnenen Weltmeisterschaft mahnte Herberger seine Mannschaft: "Das nächste Spiel ist immer das schwerste Spiel". Trotz dieser Vorbereitung verlor sie das nächste Länderspiel 0:2 und leiteten damit eine sportliche Talfahrt der Nationalmannschaft ein.

3.1/97 Die Länderspiele gegen die Sowjetunion am 21.8.1955 und 15.9.1956
a) Reisepass Herbergers mit Visum für die Sowjetunion
Mannheim, 11.9.1952 (Ausstellungsdatum)
Papier; 14,8 x 10,5 cm
b) Notizbucheintrag zum Spiel in Moskau
S. Herberger, 1955
Papier; 13 x 7,5 cm
c) 4151 Einlauf der Nationalmannschaften ins Moskauer Stadion
Foto; 24 x 18 cm
d) Herberger als Mitarbeiter Adenauers
Karikatur, Tusche auf Papier; 27,2 x 15 cm
e) "Wer ist der populärste Mann Deutschlands?"
Berenbrock, 1955
Zeitungsausschnitt, Papier; 17 x 12,5 cm
f) Herberger als Feldherr
Karikatur, Tusche auf Papier; 15 x 28 cm
g) Gedenkbecher zum Rückspiel in Hannover
Metall; H 8 cm, D 5 cm
h) Gedenkmedaille zum Rückspiel in Hannover
Metall; D 8,5 cm

Am 21. August 1955 spielte die deutsche Nationalmannschaft in Moskau gegen die sowjetische Auswahl. Das Spiel kam dabei mitten im Kalten Krieg einer politischen Mission gleich. So trugen die Spieler der deutschen Nationalmannschaft beim Einlauf in das Moskauer Stadion Blumensträuße mit sich, die sie in freundschaftlicher Geste nach dem Abspielen der Nationalhymnen in das Publikum warfen. Während Herberger sich ausschließlich auf den Fußball konzentrierte, machte die Presse deutlich auf die politischen Implikationen aufmerksam. So wurde der Bundestrainer einerseits als Mitarbeiter Adenauers karikiert, andererseits wurde er verglichen mit Napoleon und Hitler, die beide an der Einnahme Moskaus gescheitert waren. Deutschland verlor zwar auch das Rückspiel am 15. September 1956 in Hannover, die Begegnungen wurden aber politisch als voller Erfolg gewertet.

3.1/98 Länderspiele zwischen den Weltmeisterschaften 1954 und 1958
a) Ehrengabe zum Länderspiel England – Deutschland am 1.12.1954
Kupfer, H 9 cm
b) Gedenkbecher zum Länderspiel Deutschland – Italien am 30.3.1955
Metall, versilbert; H 9 cm, D 6 cm
c) Collage zum Andenken an die deutsche Fußballmannschaft der Olympischen Spiele 1956
Karton; 35,5 x 39,5 cm
d) Stichworte aus Herbergers Erinnerungen zu den Jahren 1955-1956
S. Herberger, 1960er – 1970er Jahre
Papier; 29,7 x 21 cm
e) Ehrengabe zum Länderspiel Jugoslawien – Deutschland am 25.9.1955
Metall; H 10 cm, D 19 cm
f) Ehrengabe zum Länderspiel Deutschland – Spanien am 19.3.1958
Metall; H 1,5, D 8 cm
g) Gedenkbecher zum Länderspiel Deutschland – Spanien am 19.3.1958
Metall, versilbert; H 12 cm, D 8 cm
h) Wimpel des Länderspiels CSSR – Deutschland am 2.4.1958
Textil; 45 x 30 cm

Konnte den Niederlagen gegen die Sowjetunion noch eine positive politische Bedeutung abgerungen werden, so sah die Bilanz der Länderspiele zwischen den Weltmeisterschaften zunächst nicht gut aus: Von den 16 Spielen zwischen September 1954 und Dezember 1956 verlor die deutsche Nationalmannschaft elf. Herberger sah die Nationalmannschaft "auf der Talsohle" und wertete die Jahre rückblickend als seine "schwerste Zeit". Erst mit dem Gewinn des Länderspiels gegen Belgien am 23.12.1956 setzte einen Serie von acht Siegen bei nur zwei Niederlagen ein.

3.1/99 Sammlung von Flugscheinen für Sepp Herberger
1950er Jahre

Herbergers Sammlung von Flugscheinen aus den fünfziger Jahren zeugt nicht nur von seiner lebhaften Reisetätigkeit. Sie charakterisiert ihn auch als einen Mann, der bei aller Weltoffenheit als Vielflieger in dieser Zeit seiner kleinbürgerlichen Sammelleidenschaft treu blieb.

selbst sah den deutschen Fußball "auf der Talsohle". Zwar fand sich die Weltmeistermannschaft zu jährlichen Erinnerungstreffen zusammen, die großen Zeiten waren jedoch vorbei. "Meine schwerste Zeit, die schwerste Arbeit. Ich stand allein, völlig allein", notierte Herberger im Rückblick.

Das herausragende Ereignis der Jahre nach 1954 war dann auch weniger von sportlicher als politischer Bedeutung. Mitten im "Kalten Krieg" gelang es, eine Reise der deutschen Nationalelf nach Russland zu organisieren. Die diplomatisch äußerst wichtige Mission wurde ungeachtet der sportlichen Niederlage – Deutschland verlor gegen die sowjetische Mannschaft in Moskau mit 2:3 – ein propagandistischer Erfolg. Herberger zog im öffentlichen Ansehen wenige Wochen vor der Aufnahme offizieller diplomatischer Beziehungen zwischen der Bundesrepublik Deutschland und der Sowjetunion mit dem populären Kanzler Konrad Adenauer gleich.

Die Vorbereitung der Weltmeisterschaft 1958 in Schweden ging Sepp Herberger in gewohnter Gründlichkeit an. Er feilte nicht nur an Mannschaftsaufstellungen und Trainingsprogrammen, sondern kümmerte sich persönlich um die Ausstattung der Mannschaftsunterkunft, den Tagesplan der Spieler und die Verpflegung, für die er eigens einen Koch aus Deutschland mit anreisen ließ. Doch trotz aller Vorbereitungen gelang es dem Bundestrainer nicht, den "Geist von Spiez" erneut zu beschwören. Die deutsche Mannschaft schied im Halbfinalspiel gegen Schweden demoralisiert mit 3:1 aus. Nicht zuletzt das teilweise überhebliche Auftreten der deutschen Fans hatte zu heftigen Gegenreaktionen in der schwedischen Presse und auf den Rängen geführt. Die deutsche Mannschaft zeigte sich der aufgeputschten Stimmung im "Hexenkessel" des Göteborger Stadions

3.1/97f

3.1/105a

3.1/108a

3.1/100 Auszug aus den Briefen des Spielbeobachters Georg Orth
um 1957
Typoskript, Papier; 29,7 x 21 cm

Aufgrund fehlender Berichte und Fernsehbilder aus dem Ausland war der Bundestrainer auf "Beobachter" angewiesen, die vor Ort die künftigen Gegner analysierten. Georg Orth berichtete ihm im Vorfeld der Weltmeisterschaft in Schweden über die spielstarken Mannschaften Brasilien, Argentinien und Paraguay.

3.1/101 Herbergers taktisches Konzept gegen Argentinien
S. Herberger, 1958
Papier; 29,7 x 21 cm

Zur Vorbereitung auf das erste Vorrundenspiel am 8. Juni 1958 erarbeitete der Bundestrainer ein umfangreiches taktisches Konzept. Helmut Rahn und Fritz Walter sollten die Angriffsspitzen bilden, während bei der Verteidigung sein besonderes Augenmerk dem Argentinier Rossi galt. Herbergers Konzept ging auf: Die deutsche Mannschaft siegte mit 3:1 Toren.

3.1/102 Zimmerbelegung in der Unterkunft der deutschen Mannschaft
S. Herberger, 1958
Papier; 29,7 x 21 cm

Nicht nur die sportlichen, auch viele organisatorische Fragen machte Herberger zur Chef-Sache. So kümmerte er sich persönlich um die Aufteilung der Zimmer für die Mannschaft und ihre Begleiter. Wie schon 1954 versuchte er peinlich genau darauf zu achten, dass in den einzelnen Zimmern die "Chemie stimmte". So sollte sich eine positive Stimmung auf das Spielfeld übertragen.

3.1/93 Fritz Walter beim Spiel gegen Argentinien
Schweden, 1958
Foto; 35 x 27 cm

Fritz Walter war auch im Weltmeisterschaftsspiel gegen Argentinien die zentrale Figur. Zum Ende seiner Spielerkarriere widmete er dem von ihm stets nur "Chef" genannten Bundestrainer dieses Foto.

3.1/104 Die deutsche Mannschaft vor ihrer Unterkunft in Bjärred
Schweden, 1958
Foto; 18 x 24 cm

Nach dem Sieg gegen Argentinien wurden dem Titelverteidiger Deutschland wieder vermehrt Chancen auf die Weltmeisterschaft eingeräumt. In den weiteren Gruppenspielen wurde die Mannschaft mit 2:2-Unentschieden gegen die Tschechoslowakei und Nordirland dieser Favoritenrolle jedoch nicht gerecht. Nach einem 1:0-Sieg gegen Jugoslawien schied das deutsche Team schließlich im Halbfinale gegen Schweden aus.

3.1/105 Vorbereitungsspiel gegen Chile am 6. Juni 1961
a) Trophäe des chilenischen Fußballverbandes zum Länderspiel Chile – Deutschland
Chile, um 1961
Metall, Textil; 56,5 x 26 x 15 cm
b) Aufnäher des chilenischen Fußball-Verbandes
Chile, um 1961
Textil; 9,5 x 6 cm

Zur Vorbereitung der Fußball-Weltmeisterschaft in Chile reiste die deutsche Nationalmannschaft 1961 dorthin und schlug den zukünftigen Gastgeber mit 2:0 Toren.

3.1/106 Medaille zum Weltmeisterschafts-Qualifikationsspiel Deutschland – Griechenland am 22.10.1961
Deutschland, 1961
Metall; D 5 cm

Nach einem 2:1-Sieg im letzten Qualifikationsspiel sicherte sich die deutsche Nationalelf die Teilnahme bei der Weltmeisterschaft in Chile.

3.1/107 Notizen zu Spielern für die Weltmeisterschaft 1962
S. Herberger, 18.2.1962
Typoskript, Papier; 29,7 x 21 cm

Schon zu Beginn des Jahres 1962 nahm Herberger die Planungen für die Weltmeisterschaft im Sommer des Jahres in Chile auf. Seine besondere Aufmerksamkeit galt im Februar 1962 den Spielern Schnellinger, Wilden, Seeler, Strehl und Koslowski. An Uwe Seeler übte der Bundestrainer jedoch auch offene Kritik.

3.1/108 Andenken an die Fußball-Weltmeisterschaft in Chile 1962
a) Willkommens-Schild zur Weltmeisterschaft in Chile 1962
Chile, 1962
Druck, Papier, auf Faserplatte; 35,5 x 30 cm
b) Informationsbroschüre der Chilenischen Militärschule
Chile, 1962
Papier; 21 x 15 cm
c) Begrüßungsschreiben der Fußballmannschaft des Sportzentrums "Cien Aguilas" an der Militärschule Chile
Chile, 1962
Papier; 30 x 26 cm
d) Herberger im deutschen Trainingslager
dpa, Chile 1962
Foto; 16 x 21 cm
e) Fahnenständer mit chilenischer Fahne
Chile, 1962
Holz, Metall, Textil; 54 x 14,5 x 14 cm
f) Wimpel des Chilenischen Fußballverbandes
Chile, 1962
Textil; 26 x 17 cm
g) Gedenkteller aus Chile
Chile, um 1962
H 3 cm, D 31 cm
h) Schmuckkarte zur Fußball-Weltmeisterschaft
Chile, 1962
Karton, Textil; 12 x 18 cm
i) Platzkarte für Sepp Herberger als Repräsentant der FIFA
Chile, 1962
Papier; 12 x 17 cm

Die deutsche Mannschaft war während der Weltmeisterschaft im Sportzentrum der chilenischen Militärschule untergebracht, wo sie von den Militärs nach außen hin völlig abgeschottet wurde.
Nach Siegen gegen Italien, die Schweiz und Chile schied die deutsche Mannschaft im Viertelfinale gegen Jugoslawien aus. Während Herberger mit der Leistung seiner Mannschaft durchaus zufrieden war, übte die deutsche Presse harsche Kritik. Herberger bewahrte – möglicherweise wegen der Exotik des südamerikanischen Staates – besonders viele Andenken an diese Weltmeisterschaft auf.

nicht gewachsen. Bei ihrer Rückkehr wurde sie dennoch stürmisch gefeiert.

Für den weit im Voraus planenden Nationaltrainer stellten sich bei der Zusammenstellung einer neuen schlagkräftigen Mannschaft in den folgenden Jahren jedoch größere Probleme denn je. Mehr und mehr machte sich der Generationsunterschied zwischen Herberger und den jungen Spielern bemerkbar. Die althergebrachten Wertevorstellungen Herbergers stießen bei den Nachwuchsspielern immer weniger auf Verständnis, andererseits akzeptierte der altgediente Trainer weder informelles Auftreten noch "Starallüren" bei den Spielern. Die zunehmende Kommerzialisierung des internationalen Fußballs stellte den Nationaltrainer zudem vor weitere Probleme. Herausragende

3.1/109 Planungen für die Bundesliga
S. Herberger, um 1960
Typoskript, Papier; 29,7 x 21 cm

Schon in seiner Zeit als Reichstrainer hatte sich Herberger mit Plänen für eine einheitliche Liga beschäftigt. Als Bundestrainer entwarf er weiter Konzepte, sah er in der Bundesliga doch die Möglichkeit, die sportlichen Kräfte zu bündeln und so vor allem im internationalen Vergleich der Vereine besser bestehen zu können.

3.1/110 Erinnerungen Herbergers an die Vorgeschichte seines Rücktritts
S. Herberger, 1960er - 1970er Jahre
Typoskript, Papier; 29,7 x 21 cm

Am 20.8.1963 spekulierten die Medien über den baldigen Rücktritt Herbergers, der angeblich auf der Tagesordnung des neuen DFB-Vorstands stehen sollte. Herberger notierte rückblickend, dass der alte Vorstand ihn bis über die Weltmeisterschaft 1966 hinaus als Bundestrainer im Amt sehen wollte. Er forderte ein Dementi der Rücktrittsmeldungen, plante aber, nach Ende der ersten Bundesliga-Saison am 31.7.1964 abzutreten und das Amt an Dettmar Cramer zu übergeben.

3.1/111 Herbergers Abschiedsspiel: Deutschland – Schottland am 12. Mai 1964
a) Programmheft
Papier; 21 x 15 cm
b) Herberger bei seiner Verabschiedung vor dem Spiel
Gayer, Mannheim 1964
Foto; 15,5 x 18 cm
c) Kalender Sepp Herbergers für das Jahr 1964
Kunststoff, Papier; 19,5 x 11 cm

Das letzte Spiel des Bundestrainers sollte das Freundschaftsspiel gegen Schottland am 12. Mai 1964 sein. Vor dem Anpfiff wurde er mit einer Replik des Weltmeisterschafts-Pokals von 1954 für seine Verdienste um den deutschen Fußballsport geehrt. Das Spiel endete 2:2-Unentschieden. Entgegen aller Planungen – Herberger hatte sich selbst schon die nächsten Tage für Interview-Termine mit Sportjournalisten freigehalten – erbat sich der scheidende Trainer ein zweites "letztes Spiel", um sich mit einem Sieg – dem 100. als Nationaltrainer – verabschieden zu können.

3.1/112 Das letzte Spiel von Bundestrainer Herberger am 7.6.1964
a) Programmheft zum Länderspiel Finnland - Deutschland am 7.6.1964
Helsinki, 1964
Papier; 29,7 x 21 cm
b) Bericht der Bildzeitung
Hamburg, 8.6.1964
Papier; 29,5 x 28,5 cm

Mit einem 4:1-Sieg und damit dem 100. Sieg in einem Länderspiel verabschiedete sich Herberger am 7.6.1964 in Helsinki endgültig von seinem Amt als Bundestrainer. Auch der finnische Fußballverband war sich der Bedeutung dieses Spiels bewusst und widmete dem Trainer das Titelblatt des Programmheftes.

3.1/113c

3.1/113 Das "Sepp Herberger Komitee" in Chicago
a) Wimpel des Sepp Herberger Komitees Chicago
USA, 1965
Textil; 57 x 34 cm
b) Begrüßungsschild für Sepp und Ev Herberger
USA, 1960er Jahre
Karton; 43 x 76 cm
c) Nationalflagge der USA mit Unterschriften deutscher und us-amerikanischer Fußballspieler
USA, 1960er Jahre
Textil, Glas, Karton; 35 x 50 cm
d) Ehrengabe des New Yorker Sport Clubs Eintracht Astoria 1965
USA, 1965
Holz, Kunststoff; 32 x 16 cm
e) Tisch-Fahnenständer mit 3 Fahnen
Chicago, 1974
Holz, Textil; 28,5 x 19 x 4,5 cm
f) Gedenktafel der Chicago Kickers zum 79. Geburtstag von Sepp Herberger
Chicago, 1976
Metall, Holz; 21 x 16 x 2 cm
g) Glückwunschteller des Sepp Herberger Komitees Chicago zum 80. Geburtstag 1977
Chicago, 1977
Metall; H 3, D 31 cm
h) Glückwunschteller des Sepp Herberger Komitees zum "90. Geburtstag Sepp Herbergers 1986"
Chicago, 1986
Metall; H 2, D 31 cm

3.1/115

In den sechziger Jahren entwickelte Herberger eine enge Beziehung zu den deutsch-amerikanischen Fußballvereinen in den USA. 1965 wurden Herberger und seine Frau nach Chicago eingeladen, um dort den von einer Schifffahrtslinie verliehenen "Sepp Herberger Pokal" für den Fußballer des Jahres in den Vereinigten Staaten zu verleihen. Der Generationswechsel in den Vereinen lockerte in den siebziger Jahren die engen Verbindungen. So wurde 1986 dem 1977 verstorbenen Herberger ein Glückwunschteller "zum 90. Geburtstag" gestiftet.

3.1/114 Plakat zur Fußball-Weltmeisterschaft 1966 mit Autogrammen der deutschen Nationalmannschaft
London, 1966
Papier; 80 x 60 cm

Auch im Ruhestand lebte Herberger für den Fußball und wirkte im Hintergrund als Berater seines Nachfolgers Helmut Schön, ähnlich wie fast drei Jahrzehnte vorher Reichstrainer Otto Nerz noch nach seinem Rücktritt Einfluss auf die Mannschaft nahm. Sepp Herberger nahm entsprechend an der Weltmeisterschaft 1966 als Beobachter teil.

Spieler wie Helmut Haller, Horst Szymaniak und Karl Heinz Schnellinger wechselten in die hochbezahlte italienische Profi-Liga. Heiß umworben war auch Uwe Seeler, für dessen Verbleib in Deutschland sich Sepp Herberger persönlich vehement engagierte. Angesichts der wachsenden Professionalisierung des Fußballs beteiligte sich Herberger nun erneut an den Planungen für eine einheitliche Bundesliga, die die sportlichen Kräfte bündeln sollte.

Zur Weltmeisterschaft 1962 in Chile offenbarte sich die Misere des deutschen Fußballs. Keine echten Spielerpersönlichkeiten waren auszumachen, zudem waren wichtige Spieler ins Ausland abgewandert und stießen nun aus der hochdotierten Profi-Liga zum deutschen Team. Spielerisch wertete Herberger seine Auswahl als eher durchschnittlich, und die erneut von Herberger beschworenen Tugenden stellten sich nicht mehr ein. Stattdessen brachten nicht zuletzt die unterschiedlichen Verhaltensweisen und Ansprüche der Bundesligaspieler und "Italiener" eine Unruhe ins Team, die zum Ausscheiden der Nationalmannschaft im Viertelfinale beitrug. Während der Stratege Herberger die taktischen Leistungen seiner defensiv eingestellten Spieler als Erfolg verbuchte, empfing ihn die Presse bei seiner Rückkehr nach Deutschland mit eisigem Schweigen zu den Spielen der Mannschaft und scharfen Fragen nach einem Termin für seinen Rücktritt.

Die Auseinandersetzungen um das Ende seiner Trainerlaufbahn zeigen Herberger wiederum als einen Mann, der sich ausschließlich auf den Fußball konzentrierte und der sich von seinen selbstgestellten

3.1/115 Opel Rekord B von Sepp Herberger
Adam Opel AG, Rüsselsheim, 1966
Metall, Kunststoff, Textil, Glas; 144,2 x 169 x 452,9 cm
Adam Opel AG, Rüsselsheim

Nach Beendigung seiner aktiven Laufbahn gönnte sich der Altbundestrainer ein neues Auto. Während sich die Spielerstars in dieser Zeit gern ausgefallene und teure Sportwagen zulegten, wählte Herberger einen als zuverlässig und solide geltenden Mittelklassewagen.

3.1/116 Herbergers Fußball-Archiv
a) 351 Aktenordner
b) 827 Sportbücher
c) 148 Zeitschriftenbände
1920er - 1970er Jahre

Im Ruhestand sichtete Herberger sein umfangreiches Archiv, um ein Fußball-Lehrbuch und eine Autobiographie zu schreiben. Die umfangreiche Sammlung von Sportbüchern half ihm bei der Auffrischung seiner Erinnerungen. Die Benennungen der Ordner wie "Die Italiener" für die ersten im Ausland spielenden deutschen Fußballer oder "Mitarbeiter" für Zuschriften vermeintlicher Fußballexperten mit Tipps für den Nationaltrainer zeugen von seinem Humor.

3.1/117 Reiseschreibmaschine von Sepp Herberger
Olympia Splendid 99, 1960er Jahre
Metall, Kunststoff; 8 x 30,5 x 29 cm

Herbergers Projekt scheiterte letztlich an der Unmenge seines Materials. Auf seiner Schreibmaschine fertigte der Perfektionist immer wieder Konzepte an, die er stets ergänzte, aber nie fertigstellte. So entstanden nur wenige zusammenhängende Texte zu seiner Zeit als Spieler und Trainer.

3.1/118 Herbergers Erinnerungen
a) Sepp Herberger bei Dreharbeiten
Bern, 1966
2 Fotos; je 18 x 24 cm
b) Filmrollen der Fernsehserie "Sepp Herberger erzählt"
1966
Metall, Schwarzweiß-Film; D 38 cm

Seine Erlebnisse und Erkenntnisse konnte Herberger schließlich doch noch einem großen Publikum präsentieren. Das Zweite Deutsche Fernsehen produzierte Ende 1966 eine sechsteilige Serie zum Leben des Nationaltrainers. Der erzählfreudige Herberger schilderte im Gespräch mit Sportreporter Harry Valérien die Höhepunkte seiner Laufbahn. Die Serie wurde zu einem großen Publikumserfolg.

3.1/117

3.1/118

Aufgaben kaum trennen konnte. Zwar benannte der Nationaltrainer direkt nach der Weltmeisterschaft in Chile Helmut Schön als seinen Nachfolger im Amt, ließ aber den Zeitpunkt für den Wechsel im Sinne eines gleitenden Übergangs im Unklaren. Nachdem der DFB am 28. Juni 1962 die Einrichtung einer Bundesliga zur Saison 1963/64 beschlossen hatte, erklärte Herberger, aufgrund seiner einzigartigen Kenntnisse wenigstens das erste Jahr der Bundesliga noch im Amt bleiben zu wollen. Nach quälenden Auseinandersetzungen mit dem DFB reichte Herberger seinen Rücktritt jedoch schon zum Ende der ersten Bundesliga-Spielzeit ein. Den vorgesehenen Termin zögerte Herberger wiederum hinaus: Am 12. Mai erspielte die Nationalmannschaft beim offiziellen Abschiedsspiel gegen Schottland nur ein Unentschieden, sodass sich der scheidende Trainer noch ein weiteres Länderspiel ausbat. Am 7. Juni 1964 beendete Herberger mit einem 4:1-Sieg gegen Finnland in Helsinki seine Karriere als deutscher Nationaltrainer.

Auch im Ruhestand lebte Herberger weiter in seiner Fußball-Welt. Während die zahlreichen internationalen Flugtickets, die sich auf seinen Reisen seit den fünfziger Jahren ansammelten, eine große Weltoffenheit Herbergers zu zeigen scheinen, verweist die Wohnungseinrichtung des Nationaltrainers auf die engen Grenzen seines Universums: Zahlreiche Erinnerungsstücke, Trophäen und Fotografien überluden die enge Stube,

3.1/119 Herberger im Ruhestand
a) Sammlung von Ansteck-nadeln von Vereinen und Verbänden
1920er - 1970er Jahre
b) Privatbibliothek
1920er - 1970er Jahre
c) Briefmarkensammlung
1950er - 1970er Jahre
d) Herberger im Arbeitszimmer
1960er - 1970er Jahre
Foto; 17 x 11,5 cm
e) Herberger am Schreibtisch
1960er - 1970er Jahre
Foto; 18 x 24 cm
f) Herberger am Telefon
1960er - 1970er Jahre
Foto; 18 x 24 cm
g) Herberger mit seiner Briefmarkensammlung
1960er - 1970er Jahre
Foto; 18 x 24 cm
h) Herberger im Wohnzimmer
1960er - 1970er Jahre
Foto; 18 x 24 cm
i) Sepp Herberger und seine Frau Eva
1960er Jahre
Foto; 18 x 24 cm

3.1/119d

alles war auf den Fußball fixiert. Selbst die umfangreiche Briefmarkensammlung, eines der wenigen Hobbys, die Herberger sich gönnte, war auf Fußballmotive ausgerichtet. Nach Abschluss seiner Trainerlaufbahn leistete sich Herberger immerhin einen PKW – einen Opel "Rekord" (!), damals Inbegriff der Zuverlässigkeit.

Wenige Jahre nach seinem vielfach geforderten Rücktritt eroberte sich Herberger die Sympathien der Bevölkerung zurück. Der ehemalige Fußballlehrer wusste mit seinen Erzählungen aus drei Jahrzehnten als Nationaltrainer zu begeistern. Das Zweite Deutsche Fernsehen strahlte 1966/1967 die mehrteilige Serie "Sepp Herberger im Gespräch" aus und erzielte damit hohe Einschaltquoten. In seinen Erzählungen ließ Herberger die großen Momente des deutschen Fußballs, vor allem die Weltmeisterschaft 1954, wieder aufleben. Der Altbundestrainer wurde zum lebenden Mythos und zum Fernsehstar. Auch privat beschwor der "Weise von der Bergstraße" immer wieder den Geist von 1954. Alljährlich erinnerte er die ehemaligen Spieler an den Tag von Bern und schickte ihnen ein Päckchen mit "Fritz Walters Ehrentrunk".

Mit der ihm eigenen Akribie arbeitete Herberger nun zudem an einem Buch über sein Fußballleben, sichtete und sortierte seine Notizen und verfasste erste Konzepte seiner Erinnerungen. Doch der herausragende Stratege und Analytiker scheiterte an seiner Akribie und der Anhäufung von Details und Randinformationen. Zu viel hatte sich in den 26 Regalmetern seiner Aktenordner angehäuft, und doch war es über Jahre hinaus immer das gleiche: Mannschaftsaufstellungen, Spielerkorrespondenz, Spielvorbereitungen, Spielanalysen und Spielberichte.

Sepp Herberger – der Besessene, der Magier, der Weise? Vor dem Hintergrund seines

3.1/119i

Neben dem Fußball interessierte sich Herberger für die Städte und Landschaften, die er bereiste. Seine Bibliothek enthält neben wenigen Romanen Hunderte von Heimatbüchern und Städtebeschreibungen. Beim Briefmarkensammeln, seinem einzigen Hobby, konzentrierte er sich dagegen fast ausschließlich auf Fußball-Motive.

3.1/120 Sepp Herberger-Verehrung
a) Wandteller mit Darstellung des "Sepp-Herberger-Stadions" des TuS St. Arnold
b) Straßenschild der "Sepp-Herberger-Straße"
1970er Jahre
Metall; 15 x 120 cm
c) Erinnerungsalbum von Carl Koppehel
um 1970
Karton, Papier; 35 x 25 cm
d) Ehrengabe "Niedersachsenpferd"
Metall, Marmor; 36 x 14 x 31 cm
bez.: Niedersachsen grüßt mit seinem Roß den großen deutschen Trainer-Boß. 28. März 1962
e) Ehrengabe "Niedersachsenpferd"
Metall, Marmor; 36 x 14 x 31 cm
bez.: Sepp Herberger in niedersächsischer Treue 12. Mai 1964
f) Schildkrötenpanzer aus Venezuela
Caracas, 1965
Schildpatt; 60 x 46 x 15
g) Ehrengabe des S.V. Werder Bremen
Keramik; 41 x 24 x 20 cm
h) Ersttagskarte zum 50. Todestag des Grafen Zeppelin mit Widmung für Sepp Herberger
gel.: 8.3.1967
Karton; 14 x 20 cm

Nachlasses erscheint Herberger heute vor allem als Gestalter der zwanzig Jahre Fußballgeschichte von 1934 bis 1954. Aufgewachsen in der Kaiserzeit, schaffte der zielgerichtete und selbstbewusste Mannheimer mit den verinnerlichten Werten von Fleiß und Beständigkeit den Aufstieg zum Spielerstar und Reichstrainer in der NS-Zeit. Nach dem Krieg gelang Herberger mit bewährten Spielern und der Einforderung von Opferbereitschaft und Kameradschaft der Gewinn der Weltmeisterschaft. Der auf diesen althergebrachten Werten basierende, oft beschworene "Geist von Spiez" konnte nur mühsam den in den Folgejahren immer stärker werdenden Generationskonflikt zwischen Herberger und seinen Spielern überdecken. Der alternde Bundestrainer hielt beharrlich an seinem Spielsystem und Führungsstil fest und arbeitete selbst stark an seinem Mythos. Nicht zuletzt die Zeitlosigkeit der Herberger'schen Lehrsätze, seine einzigartige Sorge um jeden einzelnen Spieler und sein legendäres, allwissendes Notizbuch lassen den Fußballlehrer bis heute als weisen Vater des Fußballs erscheinen. Aber der Ball ist ja bekanntlich rund.

Dietmar Osses

3.1/120d

3.1/120l

3.1/120f

i) Geschenk des Ungarn-Trainers Sebes an Sepp Herberger zum 70. Geburtstag
Ungarn, 1967
Porzellan; 41 x 22 x 15 cm
j) Autogrammwunsch eines Fans
12.2.1975
Papier; 29,7 x 21 cm
k) Postkarte "An den Chef"
gel.: 9.3.1977
Karton; 24 x 36 cm
l) Ehrengabe der UEFA an Sepp Herberger zum 80. Geburtstag
Holz, Metall; 25 x 20 cm
m) Sammlung von 70 Wimpeln
1930er - 1970er Jahre
m) Sammlung von Ehrengaben und Gedenktellern
1930er - 1970er Jahre

Schon nach dem Gewinn der Fußball-Weltmeisterschaft 1954 wurde der Bundestrainer als "Magier" und "Held" gefeiert. Nach seinem Rücktritt setzte eine neue Welle der Begeisterung ein. Zahlreiche Straßen und Sportplätze wurden nach dem Nationaltrainer benannt. Vor allem anlässlich des 75. und des 80. Geburtstags erhielt der mittlerweile zum Mythos stilisierte Herberger eine Unmenge an Zuschriften, Ehrungen und Geschenken. Sogar eine Karte, die "An den Chef" adressiert war, erreichte den Jubilar, der alle Briefe und Gaben sorgsam aufbewahrte.

3.1/121 Sepp-Herberger-Stiftung
a) Schreiben des DFB-Präsidenten an Sepp Herberger Hermann Neuberger, 16.2.1976
Papier; 29,7 x 21 cm
b) Satzung der Sepp-Herberger-Stiftung
Frankfurt/M., 1977
Papier; 19,7 x 19,5 cm

Seit 1975 überlegten Sepp Herberger und der Deutsche Fußball-Bund, wie sein Lebenswerk der Öffentlichkeit erhalten bleiben könne. Im Februar 1976 schlug DFB-Präsident Hermann Neuberger noch einmal grundsätzliche Aufgaben einer Herberger-Stiftung vor, die am 26. November 1976, fünf Monate vor Herbergers Tod, schließlich gegründet wurde. Schwerpunkte der Stiftungsaufgaben waren die Förderung des Fußballsports an den Schulen, in den Justizvollzugsanstalten, im Sozialwerk und im Ausland. Nach dem Tod von Sepp und Eva Herberger übernahm die Stiftung weite Teile des Nachlasses. Die Pläne, ein Sepp-Herberger-Museum im Hause Herbergers einzurichten, ließen sich allerdings nicht verwirklichen.

3.1/122 Medaille des Sepp Herberger-Gedächtnislaufs
Kalbach, 1978
Metall; D 8,5 cm
bez.: Sepp Herberger Bundestrainer 28.3.1897 + 28.4.1977 /Sepp Herberger Gedächtnislauf 1978 Kalbach

Sepp Herberger starb am 28. April 1977 im Alter von 80 Jahren. Die Verehrung des Nationaltrainers hielt jedoch weiter an. So wurde anlässlich des ersten Todestages in Kalbach ein Sepp Herberger-Gedächtnislauf veranstaltet. Mit seinen Fußballweisheiten ist Herberger auch heute noch im Fußballsport stets präsent.

Bauten der Leidenschaft. Volksparks und Kampfbahnen

3.2/1 Filmaufzeichnung des Länderspiels Deutschland – Italien 1924
Duisburg, 23.11.1924
16 mm-Film; ca. 3 min.
Stadtarchiv Duisburg; Film 65A/86

Das Spiel zwischen der deutschen und der italienischen Nationalmannschaft fand am 23.11.1924 im neuerbauten Duisburger Wedau-Stadion statt. Schon für die Deutschen Leichtathletik-Meisterschaften 1922 war die seit 1919 im Aufbau befindliche Anlage genutzt worden. Die Italiener gewannen das Spiel mit 1:0. Erst im Juni 1929 gelang der deutschen Mannschaft der erste Sieg gegen diese Nation.

3.2/2 552 Postkarten von nationalen und internationalen Stadien
1908-2000
Karton; je ca. 9 x 15 cm
Michael Förster, Gelnhausen

Stadien sind in diesem Jahrhundert weltweit gebaut worden. Nach den ersten noch als Holzkonstruktionen erbauten Arenen entstanden Stadien aus Stahl und Beton, die das Stadtbild entscheidend mitprägen. Das Ziel, riesige Menschenmengen einer sportlichen Veranstaltung so zu verteilen, dass alle nah am Geschehen sind und zusehen können, ließ überall ähnliche steil ansteigende Tribünenkonstruktionen entstehen.

Stadienpostkarten werden systematisch erst seit wenigen Jahren gesammelt. 1992 wurde die Deutsche Stadionansichtskarten-Sammelvereinigung (D.S.S.) gegründet. Nur in Spanien, Italien und Brasilien gibt es eine längere Sammeltradition. Dort wurden schon in den achtziger Jahren Sammlervereine zu diesem Thema gegründet.

3.2/3 Sitzbank aus dem Bremer Weserstadion
1926
Holz; 9 x 255 x 39 cm
SV Werder Bremen

Auf der Fläche des Tribünenplatzes am Peterswerder entstand das Weserstadion. Es wurde am 17. Oktober 1926 als Kampfbahn des Bremer Vereins ABTS eingeweiht. Erst 1930 schloss der SV Werder Bremen einen Pachtvertrag zur Nutzung des Stadions ab. Die aus Holzbrettern bestehende Sitzbank wurde direkt auf den Betonstufen befestigt.

Nach dem Ersten Weltkrieg erlebte der Sport den gesellschaftlichen Durchbruch; er wurde Teil der Vergnügungskultur der Weimarer Republik. Wettkampfsportarten wie Radrennen, Boxen und vor allem Fußball wurden von aktiven und passiven Sportbegeisterten entdeckt, wobei die große Popularität des Fußballs aus der spielimmanenten Dynamik dieses Mannschaftssports resultierte. Nicht allein das Laufen war wichtig, sondern nur durch das Zusammenspiel von Technik, Schuss- und Kampfkraft sowie taktischem Verhalten konnte man die gegnerische Mannschaft bezwingen. Der offene Ausgang vor Beginn eines Spiels erzeugte eine Spannung, die Zuschauer ins Stadion trieb. Der Fußball bot, so Willy Meisl, Chefredakteur des Ullstein Verlags in Berlin, Erfüllungen und Überraschungen, Vergnügen, Freude, Bewegung und keineswegs zuletzt – *Kampf.* Nach dem Ersten Weltkrieg wurde der Bau der großen Fußballarenen in allen großen europäischen und südamerikanischen Fußball-Ländern in Angriff genommen. In England hatten die Clubs ihre Stadien schon vor dem Krieg angelegt. Vereinzelt war dies auch schon im deutschen Kaiserreich geschehen. In Fürth war 1910 der Ronhof mit 8000 Zuschauerplätzen eingeweiht worden. Der benachbarte 1. FC Nürnberg erwarb 1911/12 in der Nähe der Stadt in Zerzabelshof ein Grundstück und baute in den kommenden Jahren dort ein Stadion, das Zabo genannt wurde und 1921/22 25.000 Zuschauer fasste.

von links nach rechts, von oben nach unten: Olympia-Stadion, Amsterdam/ Olympia-Stadion, Berlin/ Wembley Stadium, London/ Stadión AC Sparta Praha, Prag/ Le Stade Velodrome, Marseille/ Estadio FC Barcelona, Barcelona/ Estadio Santiago Bernabeu, Madrid/ Stadio Giuseppe Meazza, Mailand/ Zentrales Lenin Stadium, Moskau/ Estádio Mário Filho (Maracanã), Rio de Janeiro/ Fukuoka Dome, Fukuoka, Japan/ Sheikh Zayed Stadium, Abu Dhabi, Vereinigte Arabische Emirate/ Stade de L'Amitié, Cotonou, Benin

3.2/2

3.2/4 Schuldschein der Spielvereinigung Fürth zur Finanzierung des Stadions Ronhof
Fürth, 1910
Papier; 29,6 x 21 cm
Stadtarchiv Fürth;
Zeitgeschichtliche Smlg., SpVgg, Wunschelchronik

Die Spielvereinigung Fürth hatte sich 1906 als eigenständiger Verein gegründet. Das vorhandene Sportgelände war bald zu klein geworden, und so beschloss man 1910, ein neues Gelände zu kaufen, um für die zunehmende Zahl der Fußballspiele und der Zuschauer geeignete Plätze bieten zu können. Der Grundstückspreis betrug für den – noch heute so genannten – "Sportpark Ronhof" 34.000 Reichsmark. Für die Anlage der zwei Fußballplätze, der Laufbahn, der Tennisplätze, des Clubhauses und der Tribüne musste der Verein noch einmal 24.000 Reichsmark zahlen. Über die Form der Schuldverschreibung konnte der Verein 15.000 Reichsmark für die anstehenden Kauf- und Baukosten aufbringen. Die Spielvereinigung hatte damit ihre Sportanlage, die größte Deutschlands, selbst finanziert.

3.2/5 Sportplatzanlage der Spielvereinigung Fürth e.V.
Fürth, 1920
Lageplan 1:2000; 33 x 20 cm
SpVgg Greuther Fürth

Der Sportpark wurde 1920 durch weitere Grundstückskäufe erweitert. In den folgenden Jahren wurden Erdwälle angelegt, und so konnten 1926 insgesamt 20.000 Zuschauer ein Fußballspiel ihres Vereins gegen den FC Bayern München sehen; 1910 waren es lediglich 8000 gewesen. Der Plan zeigt die Fläche der Gesamtanlage, die bis in die sechziger Jahre unverändert blieb.

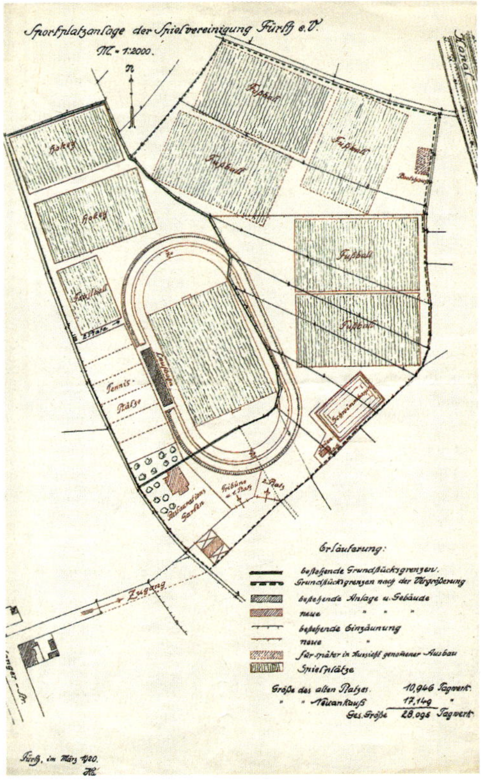

3.2/5

3.2/6 "Die neue Sportplatzanlage des 1. F.C.N. Zerzabelshof - Eröffnung 1913"
6.4.1913
Postkarte, koloriert;
9 x 14 cm
1. FC Nürnberg

1911/12 beschloss der Vorstand des 1. FC Nürnberg, nach einer neuen Platzanlage zu suchen, da die Schweinauer Anlage zu klein geworden war. Durch den Erwerb eines Geländes außerhalb des Stadtgebiets umging er die Lustbarkeitssteuer, die auch auf die Eintrittsgelder zu Fußballspielen erhoben wurde. Der Sportplatz wurde vom Verein finanziert und kostete einschließlich Übungsplätzen, Stadion, Clubheim und Tennisplätzen 300.000 Mark.

Die Kampfbahnen, Volksparks und Stadien – „Zementtöpfe“ nannte sie Bert Brecht – entstanden nach dem Ersten Weltkrieg vor allem um den Aktiven eine Sportstätte zu geben, als auch um den Anhängern die Möglichkeit zu eröffnen, "aktiv" zuzusehen. Wie zuvor bereits in England hatten jetzt auch in Deutschland die Arbeiter mehr Zeit und manchmal sogar das erforderliche Geld, um Ausrüstung und Eintritt bezahlen zu können. Zudem erlaubte die Einführung des Achtstundentages ein regelmäßiges Training, was die Technik und Spielqualität steigerte. Der Wunsch, Sport zu treiben, nahm zu, sodass entsprechende Anlagen notwendig wurden. Allein bis 1925 sind 850 öffentliche und 400 vereinseigene Stadien gebaut worden; die großen Arenen fassten 25.000 bis 50.000 Zuschauer. Dabei ging es nicht nur darum, dem Publikum etwas zu bieten. Die Anlage von Sport- und Spielplätzen war vielmehr Teil der Volks- und Gesundheitsfürsorge, die in der Weimarer Republik einen Aufschwung erlebte.

Die Zuschauer im Stadion spielten eine neue Rolle: Sie wurden zum "12. Mann" und konnten durch Beifalls- oder Unmutsäußerungen ihre Mannschaft wirkungsvoll unterstützen. Der suggestiven Macht eines solchen Sportereignisses konnte sich kaum jemand entziehen. Die Popularität des Sports zog auch Künstler und Intellektuelle wie Bert Brecht, Karl Jaspers oder Siegfried Kracauer in ihren Bann. Hannes Meyer, der Leiter des Bauhauses, ging sogar so weit zu prophezeien, dass das Stadion gar das Kunstmu-

Schuldschein Nr. 116

Die Spielvereinigung Fürth E. V.

hat von Herrn Aug. Ruff Fürth

den Betrag von 5 Mark, mit Worten:

Fünf Mark

als unverzinsliches, seitens des Gläubigers unkündbares Darlehen erhalten und verpflichtet sich, diesen Betrag unter Vornahme einer nach Maßgabe der jeweiligen Vorstandsbeschlüsse baldigstmöglich stattfindenden Auslosung zurückzuerstatten.

Die Spielvereinigung ist nicht verpflichtet, vor Einlösung des Schuldscheins die Berechtigung des Inhabers zu prüfen.

Vereinbarungsgemäß ist die Geltendmachung des Anspruchs auf Rückerstattung des Darlehens ausgeschlossen, wenn 6 Monate seit dem Tage verstrichen sind, an welchem die Auslosung dieses Schuldscheines und -betrages in zwei hiesigen Tagesblättern bekannt gegeben wurde.

Fürth, im März 1910.

Die Vorstandschaft der Spielvereinigung Fürth E. V.

1. Vorsitzender. J. Ruff 2. Vorsitzender.

Kassier des Spielplatzfonds.

3.2/4

3.2/7 Tribüne im Nürnberger Zabostadion
24.8.1913
Foto, auf Karton geklebt;
18 x 24 cm
1. FC Nürnberg

Bis zur Eröffnung der gesamten Anlage am 24.8.1913 war auch die Tribüne gebaut worden.

3.2/8 Festschrift "25 Jahre 1. F.C.N."
Buchdruckerei Fritz Osterchrist
Nürnberg, 1925
Papier, Karton; 27,5 x 19 cm
1. FC Nürnberg

Nach dem Ersten Weltkrieg wurde das "Zabo", wie der Zerbabelshof kurz genannt wurde, 1921/22 ausgebaut. Statt der 8000 Zuschauer fanden nun 25.000 auf den Wällen und der Tribüne Platz. Der Sportplatz galt als eine der schönsten vereinseigenen Anlagen Deutschlands.

3.2/9 Brief Konrad Adenauers an den Staatssekretär über den Einsatz von 400 Arbeitslosen beim Bau des Müngersdorfer Stadions
Köln, 13.12.1920
Papier; 21,5 x 22 cm
Historisches Archiv der Stadt Köln; Best.902, Nr.168 Fasz.1, Bl. 119

Ziel des Kölner Oberbürgermeisters Konrad Adenauer war es, mit Hilfe des Baus eines Stadionkomplexes Arbeitsplätze für 15.000 Erwerbslose zu schaffen. Ein rechtsrheinisch gelegener alternativer Ort, der weniger Arbeitseinsatz erfordert hätte, wurde von Adenauer mit der Begründung abgelehnt, dass das Projekt hauptsächlich zur Beschäftigung von Arbeitslosen durchgeführt werde.

seum besiegen werde: An die Stelle schöner Illusion trete zunehmend die körperliche Wirklichkeit, Sport integriere den Einzelnen in die Masse und werde zur hohen Schule des Kollektivgefühls. [8]

Auf zahlreichen Fotografien dieser Zeit sind dichtgedrängte Menschenmengen zu sehen. Die Spieler hatten oftmals Schwierigkeiten, den Platz durch die Zuschauer hindurch überhaupt zu betreten oder zu verlassen; beim Endspiel um die Deutsche Meisterschaft 1921 mussten die Spieler in der Pause auf dem Feld bleiben, weil kein Durchkommen möglich war. Die Zuschauer standen auf Leitern oder waren bis an die Spielfeldbegrenzung herangerückt, sie saßen auf Bäumen und Masten. Beim ersten Spiel des FC Schalke 04 nach der Sperre des Vereins, einem Freundschaftsspiel gegen Fortuna Düsseldorf im Jahre 1931, lagen sogar Kinder auf den Toren, und selbst der nahegelegene Gasometer diente als Aussichtsplattform. Anstelle der bei Spitzenspielen üblichen 35.000-45.000 Zuschauer zwängten sich 70.000 Besucher ins Stadion, sodass die Betonmauer, die den Zuschauerraum von der Laufbahn trennte, zusammenstürzte.

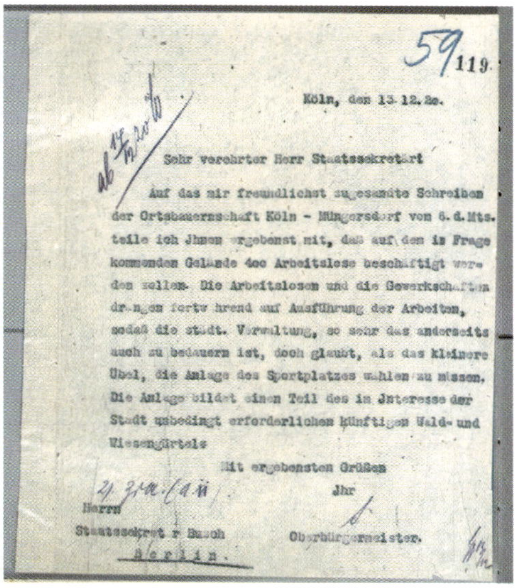

59 119

Köln, den 13.12.20.

ab 17/12 20

Sehr verehrter Herr Staatssekretär!

Auf das mir freundlichst zugesandte Schreiben der Ortsbauernschaft Köln - Müngersdorf vom 6. d. Mts. teile ich Jhnen ergebenst mit, daß auf den in Frage kommenden Gelände 400 Arbeitslose beschäftigt werden sollen. Die Arbeitslosen und die Gewerkschaften drängen fortwährend auf Ausführung der Arbeiten, sodaß die städt. Verwaltung, so sehr das anderseits auch zu bedauern ist, doch glaubt, als das kleinere Übel, die Anlage des Sportplatzes wählen zu müssen. Die Anlage bildet einen Teil des im Jnteresse der Stadt unbedingt erforderlichen künftigen Wald- und Wiesengürtels

Mit ergebensten Grüßen

Jhr

Herrn
Staatssekretär Busch
Berlin.

Oberbürgermeister.

3.2/9

3.2/7

Die Gemeinschaft im Stadion verstärkte das Gefühl der Verbundenheit mit dem eigenen Verein. Schon damals wurden die besten Spieler zu Idolen. Für diese Stars kamen die Zuschauer in die Stadien, wo sie sie mit Sirenen und Gesängen anfeuerten. Die neuen Stadien sollten möglichst viele von ihnen ganz nah ans Spielfeld heranlassen und von allen Rängen eine gleichermaßen gute Sicht gewähren. Auch erforderte der zunehmende Leistungswettkampf professionelle Rahmenbedingungen für die Spieler. Die Länge und Breite des Spielfeldes, die Beschaffenheit des Rasens und sein Neigungswinkel zu den Seitenlinien mussten einheitlichen Standards entsprechen. Nur unter gleichen Bedingungen war ein fairer Wettkampf möglich.

Für die 1916 in Berlin geplanten Olympischen Spiele, die wegen des Ersten Weltkriegs nicht stattfanden, war das so genannte "Deutsche Stadion" in Berlin-Grunewald gebaut worden. Es war die erste deutsche "Großkampfbahn" und vereinte im Rund neben dem eigentlichen Sportplatz u.a. eine Schwimmbahn und eine Radrennbahn. Die Zuschauer saßen jedoch durch diese vielen, im gleichen Stadion angeordneten Sportanlagen zu weit vom Fußballgeschehen entfernt, sodass bei den Neubauten der Weimarer Republik Fußball- und andere Anlagen voneinander getrennt und in großen Volksparks nebeneinander angelegt wurden.

Besonders konsequent wurde dieses Konzept in Düsseldorf sowie beim Müngersdorfer Stadion in Köln verwirklicht, wo sich neben dem Hauptstadion weitere Anlagen, darunter eine Radrennbahn, befinden. Der Bau dieser großen Anlage wurde 1921 vom Kölner Oberbürgermeister Konrad Adenauer vorangetrieben, der 15.000 Erwerbslosen bei diesem Projekt Arbeit verschaffen konnte. Dafür nahm die Stadt Anleihen auf, das

3.2/11

3.2/11 "Einmarsch der Athleten auf der Kampfbahn" zur Eröffnungsfeier des Müngersdorfer Stadions
Köln, 16.9.1923
Foto; 21 x 29 cm
Historisches Archiv der Stadt Köln; ZSB 4/117

Bezogen auf die Fläche aller angeschlossenen Anlagen galt der gesamte Kölner Sportpark mit seinen 55 Hektar als der größte Europas. Für verschiedene Sportarten waren hier eigene Plätze angelegt worden. Allein auf den Tribünen der Hauptkampfbahn konnten 63.000 Zuschauer Platz finden. Bei der Eröffnungsfeier kam es zu einem gewaltigen Menschenauflauf. Alle Kölner Sportverbände waren vertreten, ebenso die politische Prominenz der Stadt einschließlich des Oberbürgermeisters Konrad Adenauer und des Regierungspräsidenten Graf Adelmann. Reichspräsident Ebert schickte zur Eröffnung ein Glückwunschtelegramm.
In der Hauptkampfbahn sollen bei diesen Feierlichkeiten rund 100.000 Menschen zugegen gewesen sein.

3.2/10 Luftaufnahme des Müngersdorfer Stadions
Junkers Luftbild, 1920er Jahre
Foto; 18 x 24 cm
Hauptstaatsarchiv Düsseldorf; RW 229-21077

Die Aufnahme aus einem Flugzeug heraus – rechts oben ist noch die Spitze des Flügels sichtbar – entstand aus einer Position südwestlich über dem Stadiongelände. Äußerst links ist die Radrennbahn erkennbar, rechts davon die Hauptkampfbahn mit der Tribüne an der westlichen Längsbahn, linkerhand liegt die West-, rechterhand die Ostkampfbahn. Die drei rechteckigen Flächen nördlich der Kampfbahnen zeigen Hockeyplätze und Spielwiesen.

3.2/10

3.2/12 Zwei Gesamtansichten des Müngersdorfer Stadions
Max Wette, Köln, 1948
Fotos; 9 x 24 cm, 17 x 33,5 cm
Historisches Archiv der Stadt Köln; ZSB 4/1567/5 u.6

3.2/13 Festschrift zur Einweihung der Kampfbahn Glückauf Gelsenkirchen
1928
Papier; 30 x 21,5 cm
Stadtarchiv Gelsenkirchen; HB 1479

In Zusammenarbeit mit der Zeche Consolidation wurde die"Glückauf-Kampfbahn" geplant und realisiert. Die Zeche hatte dem Gelsenkirchener Verein zwanzig Morgen langfristig verpachtet und führte innerhalb ihrer Bauabteilung die Planungsarbeiten durch. Beschlossen wurde der Bau von der Schalker Mitgliederversammlung 1927; ein Jahr später konnte man die Eröffnung des Stadions feiern. Für die Arena waren ursprünglich nur Stehplätze vorgesehen, doch wenige Wochen vor der Eröffnung wurden noch für 1200 Zuschauer Sitzplätze eingebaut.
Die restlichen 34.000 Personen, für die die Anlage konzipiert war, standen auf Erdwällen.

3.2/14 Broschüre zur Einweihung des Niederrheinstadions Oberhausen
1926
Papier, Karton; 24,5 x 16,5 cm
Franz Peter Seiwerth, Oberhausen

Schon 1919 war an die Anlage eines "Sportmittelpunkts durch Erbauung eines neuzeitlichen Stadions" von Seiten der Stadt Oberhausen gedacht worden. Doch die Finanzierung war erst 1924 möglich, als die Arbeitslosenzahlen so weit angestiegen waren, dass man den Bau als "Notstandsarbeiten" vom Ministerium für öffentliche Arbeiten und vom Wohlfahrtsministerium finanzieren lassen konnte. 840 Menschen arbeiteten am Bau des auf 24.000 Zuschauer angelegten Stadions. Die Gesamtkosten beliefen sich auf eine Million Reichsmark.

Reich steuerte nur einen Teil zur Finanzierung bei. Durch die Hyperinflation und die anschließende Währungsreform (1923) wurden die Schulden jedoch gestrichen, die Stadt gehörte damit zu den Inflationsgewinnern.

3.2/15 Festschrift zur Einweihung der Dortmunder Kampfbahn "Rote Erde"
Dortmund, 1926
Papier, Karton; 14 x 19 cm
Jablonski, Bochum

Die Eröffnung der Dortmunder Kampfbahn "Rote Erde" war ein gesellschaftliches Großereignis, vergleichbar mit anderen Stadioneinweihungen in Großstädten wie Köln oder Duisburg. Die Feierlichkeiten begannen mit einer Besichtigung der neuen Kampfbahn durch die Pressevertreter, und einen Tag später, am Sonntag, den 6. Juni 1926, fand die Eröffnung der Kampfbahn statt. Die bürgerlichen Vereine marschierten ein, Weihelieder wurden gesungen und Ansprachen gehalten. Brieftauben wurden abgelassen, die Vereine marschierten hinaus, dann traten die Turner auf und führten Massenübungen vor. Teil des folgenden Programms war ein Fußballspiel zwischen einer Dortmunder Städtemannschaft und Wacker München.

3.2/16 Einladung mit Programm zur Eröffnung der Kampfbahn "Rote Erde" in Dortmund
Stadt Dortmund, 1926
Papier; 21 x 15 cm
Stadtarchiv Dortmund; Best. 3, Lfd. Nr. 2392 Bl. 87
Aus der Einladung geht hervor, dass nach dem Festakt am Sonntagnachmittag in der Dortmunder Kampfbahn abends im Stadttheater eine Festvorstellung von Wagners "Meistersingern von Nürnberg" vorgesehen war. Im Rahmen der folgenden Sport- und Werbewoche wurden nicht nur sportliche Aktivitäten vorgestellt, sondern auch die städtische Feuerwehr und die Wandervereine konnten sich im Stadion präsentieren.

3.2/17 "Sport- und Werbewoche aus Anlaß der Eröffnung der Dortmunder Kampfbahn "Rote Erde"
Dortmund, 1926
Papier; 30 x 21,5 cm
Stadtarchiv Dortmund; Best. 3, Lfd. Nr. 2392

3.2/18 Programmheft des Arbeiter-Sportkartells zur Eröffnung der Kampfbahn "Rote Erde"
Dortmund, 31.6.1926
Papier; 30 x 21,5 cm
Stadtarchiv Dortmund; Best. 3, Lfd. Nr. 2394, Bl. 50-51

Die Feierlichkeiten des Arbeiter-Sportkartells waren nicht ganz so umfangreich angelegt wie die von städtischer Seite. Das Programm sah unter anderem eine Sport- und Kulturausstellung, musikalische Darbietungen, eine Korsofahrt der Arbeiter-Radfahrer und ein Massenturnier der Arbeiter-Schachspieler vor. Doch alle Veranstaltungen fanden außerhalb des Stadions oder in der Westfalenhalle statt, weil die bürgerlichen Verbände die Kampfbahn nutzten.
Erst gegen Ende der Woche, am Nachmittag des 13. Juni 1926, zogen die Sportler des Arbeiter-Sportkartells in das Stadion ein.

3.2/19 Pressemitteilung des Städtischen Verkehrs- und Presseamts zur Eröffnung der Kampfbahn "Rote Erde"
Dortmund, 31.6.1926
Papier; 30 x 21,5 cm
Stadtarchiv Dortmund; Best. 3, Lfd. Nr. 2394, Bl. 50-51

3.2/20 Ankündigungsplakat zur Eröffnung der Kampfbahn "Rote Erde"
Dortmund, 6.6.1926
Papier; 30 x 21,5 cm
Stadtarchiv Dortmund; Best. 3, Lfd. Nr. 2394

3.2/21 Tribüne der Kampfbahn "Rote Erde" im Bau
Nachlass Fritz Wilmsmann, Dortmund, 1925/26
Foto; 13 x 18 cm
Stadtarchiv Dortmund; Best. 502 Neg.-Nr. 1021-10

Bei den Bauarbeiten konnte man zeitweise Arbeitslose beschäftigen. Der für den Bau verantwortliche Architekt, der Stadtbaurat Hans Strobel, sprach von bis zu 600 Menschen, die gleichzeitig auf der Baustelle Arbeit fanden.

3.2/21

3.2/12

3.2/22 Fotoalbum zum Bau der Kampfbahn "Rote Erde" in Dortmund
Nachlass Fritz Wilmsmann, Dortmund, 1926
Karton, Papier; 26 x 37 cm
Stadtarchiv Dortmund; Best. 502/04, Lfd. Nr. 10

Das Fotoalbum stammt aus dem Nachlass des Diplom-Gartenbauingenieurs Friedrich Wilmsmann, der Bauleiter der Dortmunder Kamfbahn "Rote Erde" war. Er betreute das Gesamtprojekt der Kleingartenanlage Ardeyblick, zu dem der Bau der Kampfbahn gehörte. Nach den Entwürfen des Stadtbaurats Strobel leitete er die Bauarbeiten.

3.2/23 Grundriss und Seitenansicht der Kassengebäude vom "Volkspark Dortmund" - Nordeingang
Hans Strobel, Dortmund, 1925
Pauszeichnung, 1:100; 52,5 x 75 cm
Stadt Dortmund, Hausaktenarchiv; Bd. 1, Bl. 77

3.2/24 Grundriss der großen Kampfbahn des "Volksparks Dortmund"
Dortmund, 1925
Blaupause, 1:500; 69 x 85 cm
Stadt Dortmund, Hausaktenarchiv; Bd. 1, Bl. 14

Die großzügig angelegte Dortmunder Sportarena ließ die Anlage von Laufbahnen um den Fußballplatz zu. Außerhalb des Stadions existierten an der Westseite zwei Übungs- und Aufstellungsflächen, die 280 x 80 Meter groß waren. Bei Großveranstaltungen konnten sich hier die Teilnehmer sammeln, formieren und dann geschlossen durch den Haupteingang unter der Tribüne einmarschieren.
Die Anlage ist in einer Nord-Süd-Achse ausgerichtet, sodass das Sonnenlicht auch bei Nachmittagsveranstaltungen nur seitlich einfällt. Auch bei der Errichtung der Zuschauertribünen wurde der Lauf der Sonne berücksichtigt. Sie wurden auf der Westseitte des Platzes angelegt, sodass die Sonne auch nachmittags nicht blendet.

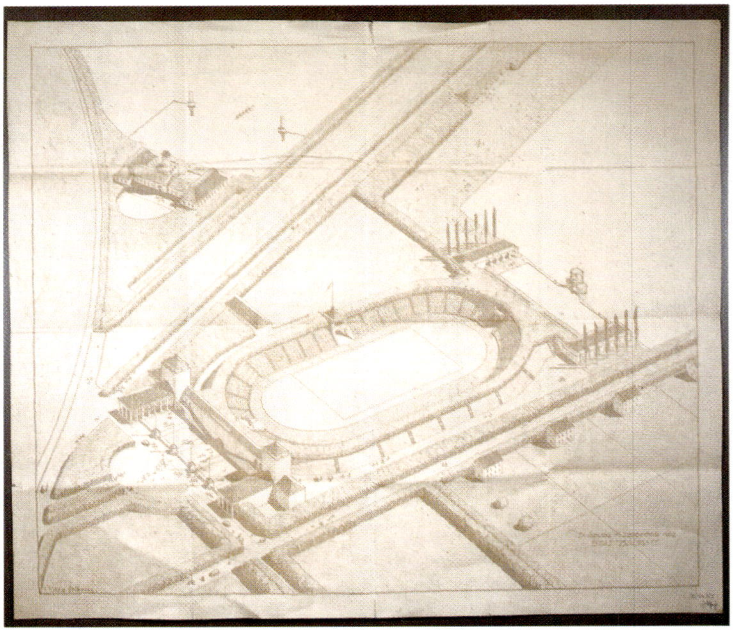

3.2/25

3.2/25 Schrägansicht des Duisburger Wedau-Stadions
Stadtbauamt Duisburg, 1919
Bauzeichnung; 73 x 88 cm
Stadtarchiv Duisburg; 72/14.252

Die Firma Krupp hatte der Stadt Duisburg ein Areal südlich der Duisburger Altstadt, die so genannte Wedau, für die Errichtung von Sport- und Freizeitanlagen zur Verfügung gestellt. Das 300 Hektar große Gelände wurde zuerst verpachtet, schließlich erhielt die Stadt es zum Geschenk. Sie erbaute dort ein Strandbad und als zentrale Sporteinrichtung das Stadion. Mit der Umsetzung der Pläne wurde 1919 begonnen, fertiggestellt wurde der gesamte Baukomplex erst 1926.

3.2/26 Grundriss des Duisburger Wedau-Stadions mit Fußball-Feld
Stadtbauamt Duisburg, 1925
Bauzeichnung, 1:500; 61,5 x 76,5 cm
Stadtarchiv Duisburg; 72/14.69

3.2/27 Kassenhaus des Duisburger Wedau-Stadions
Duisburg, 8.6.1924
Bauzeichnung, koloriert, 1:50; 53 x 84,5 cm
Stadtarchiv Duisburg; 72/14.96

3.2/28 Abortgebäude des Duisburger Wedau-Stadions
Stadtbauamt Duisburg, 13.6.1923
Bauzeichnung; 33 x 53 cm
Stadtarchiv Duisburg; 72/14.235

3.2/29 Treppengeländer des Duisburger Wedau-Stadions
Stadtbauamt Duisburg, 1926
Bauzeichnung, 1:1
42 x 42 cm
Stadtarchiv Duisburg; 72/14.216

3.2/22

In Duisburg fand man ein anderes günstiges Finanzierungsmodell: Das Gelände des Wedau-Stadions, zu dem schon im Kaiserreich Pläne bestanden, wurde von der Firma Krupp 1919 für einen symbolischen Betrag an die Stadt vermietet. 1931 ging das ganze Gelände endgültig in das Eigentum der Stadt über.

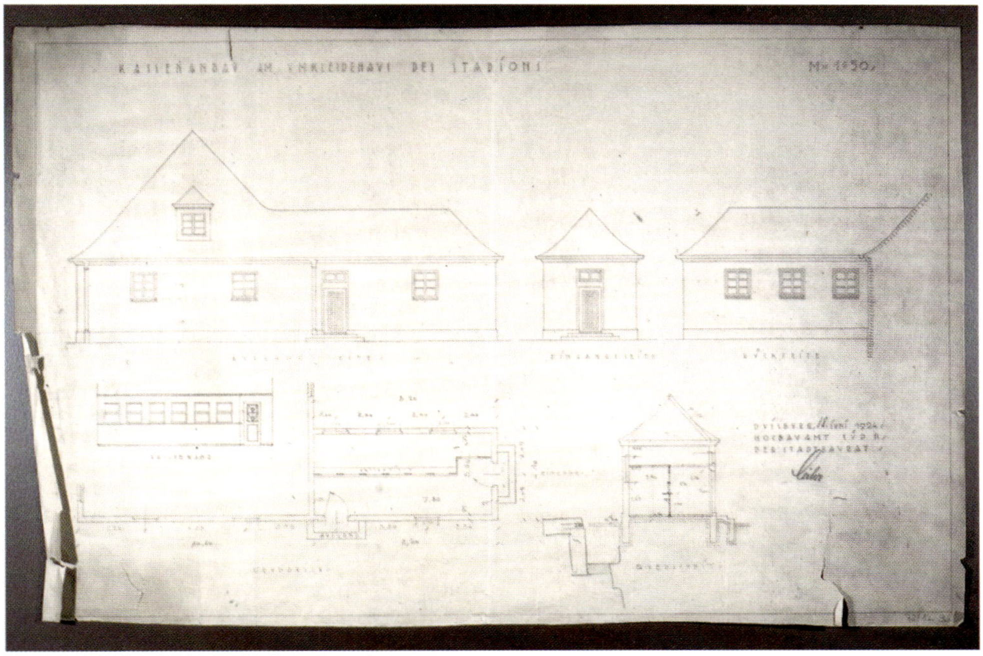

3.2/27

3.2/30 Ostseite des deutschen Olympia-Stadions Berlin
Oberregierungsbaurat, Berlin, 24.11.1934
Bauzeichnung, 1:200; 93,8 x 135,5 cm
bez.: Hauptkampfbahn Ostseite mit Sitzplatz- und Entleerungsangaben
Bezirksamt Charlottenburg, Berlin, BWA-Archiv; Olympia Stadion Bd. 1, Bl. 11

Das auf 82.000 Zuschauer konzipierte Stadion hat zwei voneinander getrennte Zuschauerränge. Der untere Ring bestand ursprünglich aus 40, der obere aus 31 Reihen. Die Gesamtlänge aller Bankreihen entsprach der klassischen Marathonlänge von 42 Kilometern. Die Gestaltung der Zuschauerränge greift Bauprinzipien der antiken Theater auf. Die Treppen sind zudem breit und flach ansteigend. Um unnötigen Querverkehr der Zuschauer zu vermeiden, wurden für jeden Block eigene Erfrischungshallen und Toiletten angelegt. Im Notfall konnte das Stadion innerhalb einer Viertelstunde geräumt werden.

3.2/31 Seiten-Nordansicht des Olympia-Stadions Berlin
Berlin, 24.11.1934
Bauzeichnung, 1:200; 53 x 163 cm
Bezirksamt Charlottenburg, Berlin, BWA-Archiv; Olympia Stadion Bd. 1, Bl. 1

Die Außenfassade war ursprünglich von dem Architekten Werner March modern und sachlich entworfen worden. Sie sollte aus einer Stahlbeton-Skelettkonstruktion mit verglasten Zwischenwänden bestehen. Die Nationalsozialisten führten diese Pläne jedoch nicht aus. Hitler beauftragte stattdessen Albert Speer mit der Gestaltung der Fassade, der sie mit Natursteinquadern monumentalisierte.

Auch das Olympia-Stadion in Berlin gehörte von der Idee und Planung her noch in die Weimarer Zeit, wurde aber bald von der nationalsozialistischen Propaganda in Anspruch genommen. Der Zuschlag für die Olympiade in Berlin war schon 1931 vergeben worden, und der Architekt Ernst March hatte bereits seit 1927 Erweiterungs- und Modernisierungsentwürfe für das von seinem Vater Otto March erbaute "Deutsche Stadion" erarbeitet. Im Mai 1933 waren diese Entwürfe bis zur Realisierungsreife gediehen, doch Adolf Hitler wollte ein gigantisches Stadion für eine halbe Million Zuschauer. Ernst March konnte sich soweit durchsetzen, dass er ein völlig neues Stadion entwarf, das immerhin 82.000 Zuschauerplätze bot, während das angrenzende Aufmarschgelände für 150.000 Menschen angelegt war. Etwa an derselben Stelle, an der das "Deutsche Stadion" gestanden hatte, wurde das Olympia-Stadion gebaut. Die monumentale Architektur sollte die Massen „den Alltag und seine Bedürfnisse“ vergessen lassen. March hatte die Anlage sachlich modern entworfen, die Fassade sollte aus einer unverkleideten Stahlbeton-Skelettkonstruktion bestehen. Die endgültige Fassadengestaltung übernahm aber auf ausdrücklichen Wunsch Hitlers 1934 Albert Speer, der die Fassade mit Naturstein verkleidete. Die "Führertribüne" war bei dieser Anlage von vornherein berücksichtigt worden und Teil der Gesamtkonzeption. In den älteren Stadien ließen die Nationalsozialisten solche Tribünen nachträglich einbauen. Die Stadien waren damit zu idealen Orten für die Massenveranstaltungen der Nationalsozialisten geworden. Hier traf die Masse auf den "Führer", der sich feiern ließ – die Stadien wurden zu Orten des kühl kalkulierten kollektiven Wahnsinns. *Axel Heimsoth*

"Jedermann sein eigner Fussball"

Preis 10 Mark

Jllustrierte Halbmonatsschrift

1. Jahrgang — Der Malik-Verlag, Berlin-Leipzig — Nr. 1, 15. Februar 1919

Preisausschreiben!

Wer ist der Schönste??

Deutsche Mannesschönheit 1

Die Sozialisierung der Parteifonds

Eine Forderung zum Schutze vor allgemein üblichem Wahlbetrug

3.3/1

3.3/1 Titelblatt der Zeitschrift "Jedermann sein eigener Fussball"
John Heartfield, Berlin und Leipzig, 1919
Papier; 41 x 28,6 cm
Akademie der Künste, Berlin; 5279

Nach dem verlorenen Krieg schossen neue künstlerische Projekte aus dem Boden. Zeitschriftengründungen, wie auch diese, erlebten oft nur wenige Ausgaben, versuchten aber mit programmatischen Titeln und Inhalten ein neues, auf Veränderung zielendes Programm voranzutreiben.

Eine extreme Richtung verfolgten die Dadaisten mit ihrer Negation der bestehenden (Kunst-) Werte.
John Heartfields Titelbild der dadaistischen Zeitschrift "Jedermann sein eigener Fussball" erschien im Malik-Verlag, der von Heartfield unter seinem bürgerlichen Namen Wieland Herzfelde mitbegründet worden war. Das Titelbild macht den antibürgerlichen Charakter dieser Kunstrichtung deutlich. Während man im oberen Teil einen Mann mit dem Körper eines Fußballs sieht, der seinen Hut hebt, erkennt man im unteren Teil zeitgenössische Politiker, deren Oberkörper in einem Fächer erscheinen. Mit der ironischen Frage "Wer ist der Schönste?" stellt Heartfield sie der Leserschaft vor.

3.3/2 "Nurmi der Läufer"
Renée Sintenis, Deutschland, 1924
Bronze; 43 x 16 x 35 cm
Museum am Ostwall, Dortmund; A 92/57

Der Finne Paavo Nurmi gewann zwischen 1920 und 1928 neunmal in den olympischen Langlaufdisziplinen. Darüber hinaus konnte er zusätzlich 29 anerkannte und inoffizielle Weltrekorde aufstellen. In seiner Zeit war er weltweit der erfolgreichste Langstreckenläufer und besaß geradezu Kultstatus.
Die Kleinbronze von Renée Sintenis aus dem Jahre 1924 zeigt den Athleten mit weit ausgreifendem Schritt. Für die Darstellung wählte die Künstlerin die klassische Nacktheit antiker Statuen. Bestimmend ist der raumgreifende Eindruck, den Sintenis dadurch erzielte, dass sie das linke Bein Nurmis sehr weit nach oben führte. Für ihre Arbeit erhielt die Künstlerin 1932 den Olympiapreis zugesprochen.

Fußball und Kunst in den zwanziger Jahren

Sport erreichte in der Weimarer Republik eine zuvor nicht gekannte Popularität und Anerkennung bei Intellektuellen und Künstlern. Sie betrachteten Sport nicht lediglich als Freizeitvergnügen, sondern entdeckten ihn als Option einer humaneren Lebensform. So schrieb der Künstler Willi Baumeister: "Die Wahrheit des Daseins dokumentiert sich in der Bejahung und Aktivität, im Kampf gegen Dekadenz und Trauer, gegen Mystik und Scheinheiligkeit. Die Wertschätzung der Naturkräfte durch Licht, Luft, Sport vermindert den Absatz der Ärzte und Apotheken. Das Baden ohne Kleider zieht gegen die dumpfe Erotik. Die neue Generation ist ein neues Geschlecht." [9]

Wie kaum ein anderer verschrieb sich Baumeister einer Neudefinition der menschlichen Physis. In seinem Denken erschien der menschliche Körper wie die Vision einer neuen und irdischen Metaphysik, und in seinem Menschenbild wurde ein Loblied des Kollektiven als Grundlage einer harmonischen Weltordnung gesungen.

In den zwanziger Jahren kam Willi Baumeister häufig auf das Sujet des Fußballspielers zurück. In immer neuen Versuchen strebte er danach, der illusionistischen Kunst ein künstlerisches Verfahren entgegenzusetzen, in dem Fläche, Kontur und Schatten

3.3/3 "Fußballspieler"
Renée Sintenis, Deutschland, 1927
Bronze; 41 x 15,5 x 36 cm
Westdeutscher Fußballverband, Duisburg

Die Kleinbronze eines Fußballspielers von Renée Sintenis gehört zu den schönsten künstlerischen Darstellungen, die dem Fußball gewidmet sind. Davon zeugen auch die vielen Pokale, die das Motiv übernehmen. In den fünfziger Jahren avancierte die Kleinplastik zum Titelbild der Verbandszeitschrift des Westdeutschen Fußballverbandes. Gezeigt wird eine in technischer Hinsicht besonders anspruchsvolle Aktion. Neben Flugkopfball und Fallrückzieher gehört der Spannschuss aus vollem Lauf zu den wohl schwierigsten Übungen, die ein Fußballspieler vollführen kann. Auch hier entschied sich die Künstlerin, den Sportler in klassischer Nacktheit zu zeigen.

3.3/4 Diagramm des Fußballspiels Hertha BSC Berlin – 1. FC Nürnberg. Der Weg des Balls in 90 Minuten
Jean Jacoby, Deutschland, 1927
Federzeichnung, Deckweiß; 18,9 x 42,4 cm
Ullstein Textarchiv, Berlin; 45/19

Eine besonders kuriose Arbeit zum Thema Fußball ist Jean Jacobys Diagramm aus dem Jahre 1927, das in der "Berliner Zeitung" am 13. Juni desselben Jahres erschien. Das Diagramm ist ein abstraktes Protokoll der Begegnung zwischen den Fußballvereinen Hertha BSC Berlin und 1. FC Nürnberg. Der Künstler hat eine Art Fieberkurve eines Fußballspiels erstellt, der man Angriffe und Gegenangriffe der Mannschaften genauestens entnehmen kann. Es ist sogar erkennbar, wie weit der jeweilige Angriff in die Spielfeldhälfte des Gegners vorgetragen wurde. Schließlich hat sich Jacoby ein Notationssystem ausgedacht, das erlaubt, die Ursache der Ballverluste zu deuten. Die Pointe des Blattes besteht in der Spannung zwischen dem emotionalen Fußballgeschehen und der Nüchternheit eines abstrakten Diagramms.

3.3/3

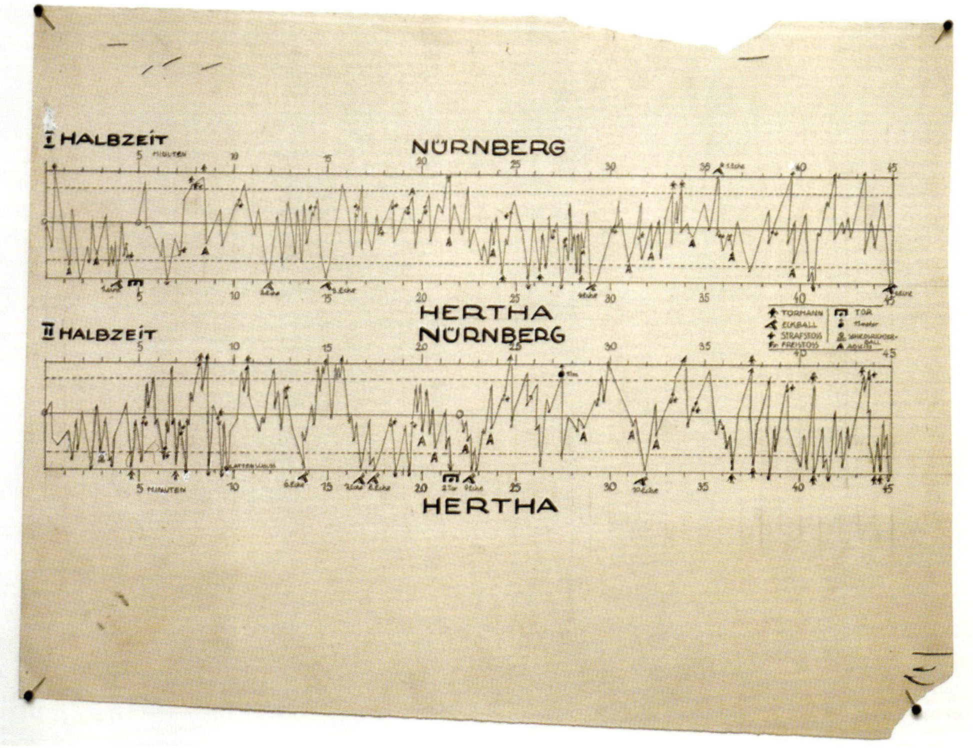

3.3/4

nicht danach, wie sie Gegenstände repräsentierten, sondern nach bildautonomen Gesetzen angeordnet wurden. Diese Kunst negierte die neuen Möglichkeiten des Films und die neuen Formen der Technik nicht, im Gegenteil sah Baumeister in der Maschine die zeitgemäße Metapher des menschlichen Körpers. Zwischen 1926 und 1928 entstand eine Folge von Sportbildern, die 1929 von der Galerie Flechtheim als Grafikmappe mit dem Titel "Sport und Maschine" herausgegeben wurde. Es handelt sich um eine Folge von zwanzig Blättern, die verschiedene Sportszenen in kunstvoller Präzision und ausgefeilter Technik zeigen. Populäre Sportarten wie Boxen, Turnen, Hockey und Fußball sind ebenso dargestellt wie ruhende Sportler, Maschinen und Monteure. Der Mensch geht in diesen Bildern mit der Maschine eine Symbiose ein; beide streben nach Gleichgewicht, Maß und Proportion. Es ging Baumeister weniger um die Darstellung von Bewegung als vielmehr um den Ausdruck eines Schönheitsideals: der Dynamik.

3.3/5 "Sport at the Bauhaus"
T. Lux Feininger, Deutschland, um 1928
Fotografie, Gelantinesilber; 23,7 x 17,9 cm
Bauhaus-Archiv, Berlin; 7983

Feininger kam als 16-Jähriger zum Bauhaus. Die dort entstandenen Aufnahmen des Fotografen zeigen unter anderem seine Kommilitonen beim Fußball.
Das Foto zeichnet sich durch eine neusachliche Komposition aus. Der hier dargestellte Zweikampf zwischen Torwart und Stürmer, die im Sprung kreuzförmig gegeneinander prallen, kontrastiert mit der Sachlichkeit und Ruhe der modernen Bauhaus-Architektur im Hintergrund. Bestimmend für das Foto ist die starke Untersicht, die die Spielszene erhöht und dynamisiert.

3.3/5

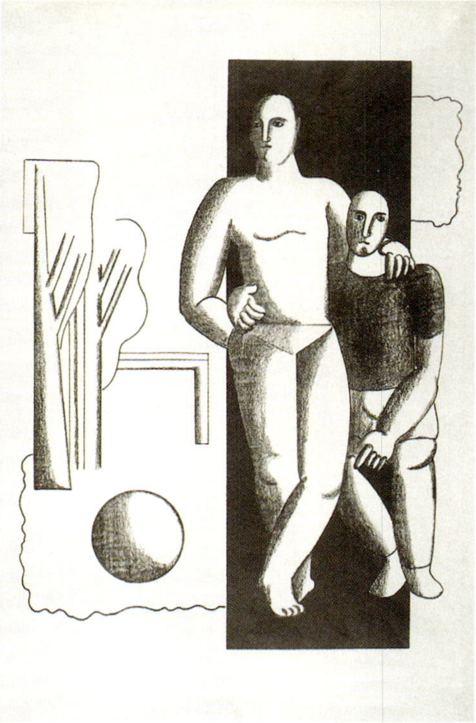

3.3/6

Künstler wie Baumeister wollten eine helle Zukunft nicht nur planen und ihre Ideale im Jenseits ansiedeln, sie wollten sie vielmehr in einer ebenso konkreten wie modernen Lebenswelt verwirklichen, die durch Sport und Technik bestimmt war. Nach der Katastrophe des Ersten Weltkriegs glaubten sie, den nationalistischen Phrasen einen neuen Lebensentwurf entgegensetzen zu können. Heute überrascht der Fortschrittsoptimismus dieser Konzeption, die vor allem das Positive sah und das Mach- und Planbare ins Zentrum der Phantasie rückte. Der Sport, auch der Fußball, wurde als neues Thema des modernen Künstlers hoffnungsvoll begrüßt.

John Heartfield widmete dem Fußball eine beißend-ironische Fotocollage, während Jean Jacoby die beiden Halbzeiten eines Spiels in ein Aktionsdiagramm der beteiligten Mannschaften umsetzte. Solche innovativen Versuche, den Fußball zum künstlerischen Sujet zu erheben, fanden allerdings kaum Nachahmer. Auch die intensive Beschäftigung Willi Baumeisters mit dem Fußball blieb einzigartig.

Während die oben genannten Künstler neue Formen der Auseinandersetzung mit dem Sport suchten, bemühte sich die Bildhauerin Renée Sintenis um eine naturalistische Darstellung des Sportlers. Ihre Arbeiten sind weniger einem bestimmten Menschenideal verpflichtet, sondern zeichnen sich durch eine auf den ersten Blick konventionell erscheinende Darstellungsweise aus. Schon das von ihr verwendete Genre der Kleinbronze verweist auf klassische Traditionen. Sintenis sucht die präzise Wiedergabe eines bestimmten Moments in einem genau beobachteten Bewegungsablauf, geht in ihrer

3.3/6 "Fußballspieler"
Willi Baumeister, Deutschland, 1928
Lithografie; 39 x 30 cm
Graphische Sammlung der Staatsgalerie Stuttgart; A 46 / 35

Willi Baumeisters Lithografie "Fußballer" zeigt keine Fußballaktionen, sondern thematisiert die Kameradschaft oder Freundschaft der Spieler. Während auf der linken Bildhälfte ein überdimensional großer Ball, Bäume und ein Fußballtor zu sehen sind, erkennt man rechts vor dunklem Hintergrund zwei Spieler. Durch den breiten schwarzen Balken, mit dem der Künstler die beiden Figuren hinterfängt, erzielt er eine kontemplative Wirkung.

3.3/7 "Sport und Maschine"
Willi Baumeister, Deutschland, 1929
20 Lichtdrucke; je 64 x 48 cm
Graphische Sammlung der Staatsgalerie Stuttgart;
A 74 / 5383 a-t

Kein Künstler hat sich so konsequent dem Thema Fußball verschrieben wie Willi Baumeister. In seiner grafischen Serie "Sport und Maschine", die aus zwanzig Blättern besteht, stellt ein Motiv zwei fußballspielende Männer dar. Aus einem System von rechten Winkeln baut der Künstler einen in sich verschachtelten Raum auf, in dem sich beide Figuren bewegen. Durch die starke Neigung des ballführenden Spielers nach rechts entsteht ein besonders dynamischer Eindruck.

3.3/8

3.3/8 "Fußballplatz"
Willi Baumeister, Deutschland, 1934
Öl und Sand auf Leinwand; 110,6 x 80,5 cm
Zweckverband Oberschwäbische Elektrizitätswerke (OEW), Biberach/Ulm

Willi Baumeisters typisiertes Gemälde "Fußballplatz" aus dem Jahre 1934 lässt eine Spielszene erkennen. Alle Figuren sind in Bewegung um den Ball begriffen, der am oberen Bildrand mit weißen Strichen angedeutet ist. Der Oberkörper des Torwarts, der mit dem rechten Arm den Ball abwehrt, ist lediglich als dynamische Kontur angegeben; der Betrachter sieht das Spielgeschehen damit durch den Torwart hindurch – aus dessen Perspektive. Entscheidend für den formalen Aufbau ist zudem die Gegenüberstellung der einzelnen hellen Figur im rechten Vordergrund und der Gruppe der vier Spieler im Mittelgrund. Durch die Veränderung der Größe der Figuren erzielt der Künstler trotz der flächigen Gestaltung einen Eindruck räumlicher Tiefe.

Darstellung aber weit über einen "trockenen" Akademismus hinaus. Ihre Darstellung des Wunderläufers Nurmi aus dem Jahre 1924 zeigt den finnischen Ausnahmeathleten, der zwischen 1920 und 1928 nicht weniger als neun Olympiasiege gewonnen hatte. Mit weit ausgreifenden Schritten und mit bewundernswerter Leichtigkeit bewegt sich der Läufer. Sintenis gelingt es, die Natürlichkeit und Schönheit des Bewegungsablaufes anschaulich werden zu lassen. Dazu trägt auch die Beschaffenheit des Materials bei. Die gehämmerte Oberfläche der Bronze lässt immer wieder neue Licht- und Schattenwirkungen entstehen und unterstützt die Dynamik der Darstellung.

In ihren Arbeiten wählte Sintenis auffällig häufig den Wendepunkt eines Bewegungsablaufes, den Moment, in dem gleichzeitig die vorausgehende und die zukünftige Bewegung anwesend sind. Dies gilt nicht nur für den Läufer Nurmi, sondern auch für den "Fußballspieler" aus dem Jahre 1927. Das von der Bildhauerin gewählte Motiv ist der Spannschuss aus vollem Lauf. Gezeigt wird der Moment, in dem der Spieler auf seinem linken Zehenballen stehend mit dem gestreckten rechten Fuß den Ball trifft. Gleichzeitig vollführt der Oberkörper die Bewegung in entgegengesetzter Richtung. Der rechte Arm ist weit nach hinten zurückgestreckt, während der Linke in einer dynamischen Einwärtsbewegung den Schwung aufzufangen scheint. Die Plastik zeigt den wichtigsten Moment des Fußballs, den Augenblick des Schusses, in dem der Spieler in höchster Perfektion den Ball getroffen hat.

Oskar Schlemmer ging es weniger um die Darstellung sportlicher Aktivitäten als um menschliche Bewegungsabläufe im allgemeinen. Im Rahmen seiner Lehrtätigkeit am Bauhaus unterrichtete er Modellzeichnen. Aus didaktischen Gründen entwarf er die Zeichnung "Der Mensch im Ideenkreis", eine Zeichnung, mit der er das Innere des Menschen offen zu legen versuchte. Der abgebildete Körper hat eine deutlich sportive Physiognomie. Aber nicht um den Sport ging es dem Künstler, sondern um die Verortung des Menschen in seinen naturwissenschaftlichen, psychologischen und philosophischen Aspekten. Das "neue Leben" sei, so Schlemmer, die Kenntnis des Menschen als kosmisches Wesen, seiner Existenzbedingungen, seiner Beziehungen zur natürlichen und künstlichen Umwelt, seines Mechanismus und Organismus, seiner materiellen, spirituellen und intellektuellen Erscheinungsform. [12] Indem Oskar Schlemmer die Termini der (Natur-)Wissenschaften in seine Zeichnung einfließen lässt, gelingt es ihm, die vielfältigen Wechselbeziehungen, in die der Mensch eingebunden ist, offen zu legen und damit transparent zu machen.

Die hier vorgestellten künstlerischen Ansätze sind nicht leicht auf einen Nenner zu bringen, aber es lässt sich doch feststellen, dass es um eine Neubestimmung und -verortung des menschlichen Körpers ging. Dieser sollte nicht mehr bloß als materielles Substrat verstanden werden, sondern als gedanklicher Ausgangspunkt einer neuen humaneren Ordnung. *Axel Heimsoth*

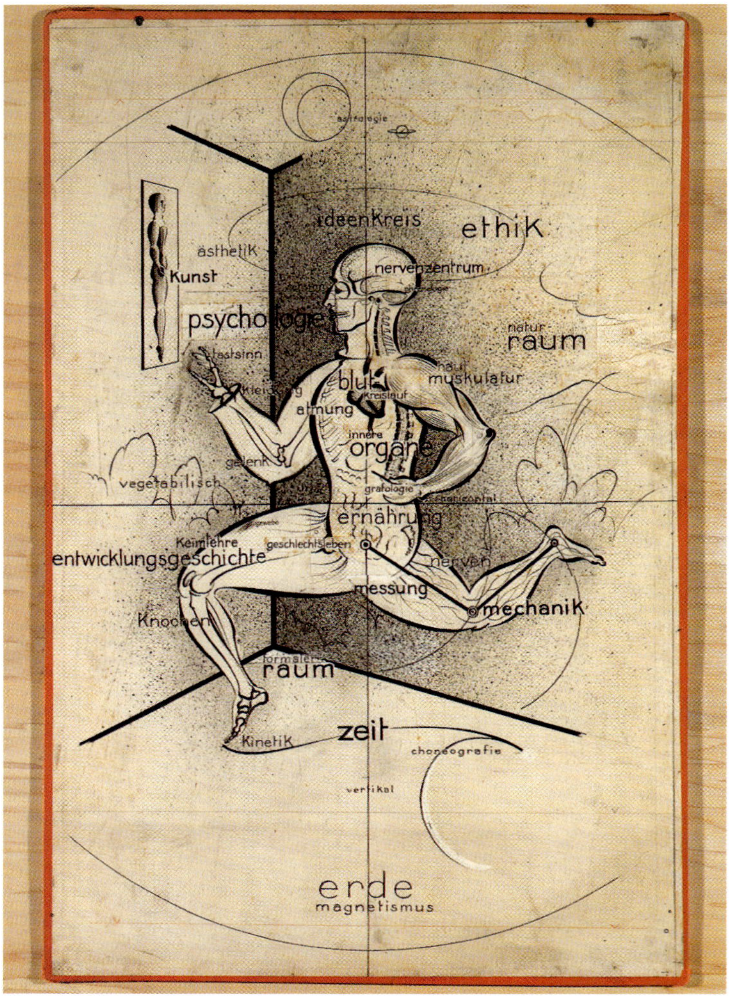

3.3/9

3.3/9 "Der Mensch im Ideenkreis"
Oskar Schlemmer, Deutschland, 1928
Tusche und Farbe auf Papier; 74,5 x 48,9 cm
Bühnen-Archiv Oskar Schlemmer, Sammlung UJS

Bei der Zeichnung "Der Mensch im Ideenkreis" handelt es sich um eine konzeptuelle Arbeit. Schlemmer schuf diese Zeichnung eigens für seinen Unterricht "der mensch" an der Bauhausbühne in Dessau. Es existieren zwei Fassungen dieses Werkes. Dargestellt ist ein laufender Mensch, der scheinbar gegen die Laufrichtung der Erde anrennt. Schlemmer zeigt diesen "Sportler" im vollen Sprint mit aufrechtem Körper und weit ausholenden Laufbewegungen.

Der neue Körper

In der Weimarer Republik wurde Sport zu einem regelrechten Massenphänomen. Grundlage dafür war eine Neubewertung des Sports, der Leibesübungen und der Einstellung zum Körper generell. Entsprechende Ansätze gab es bereits im Kaiserreich, doch sie erlangten nun vor dem Hintergrund des verlorenen Krieges, der mangelhaften Ernährung und einer vielfach demoralisierten Bevölkerung neue Bedeutung. Hinzu kamen ein verbreiteter Reformwille und neue politische Handlungsmöglichkeiten, sodass verschiedene Institutionen und Verbände, darunter vor allem die Kommunen und der Staat, Sportinitiativen in die Wege leiteten.

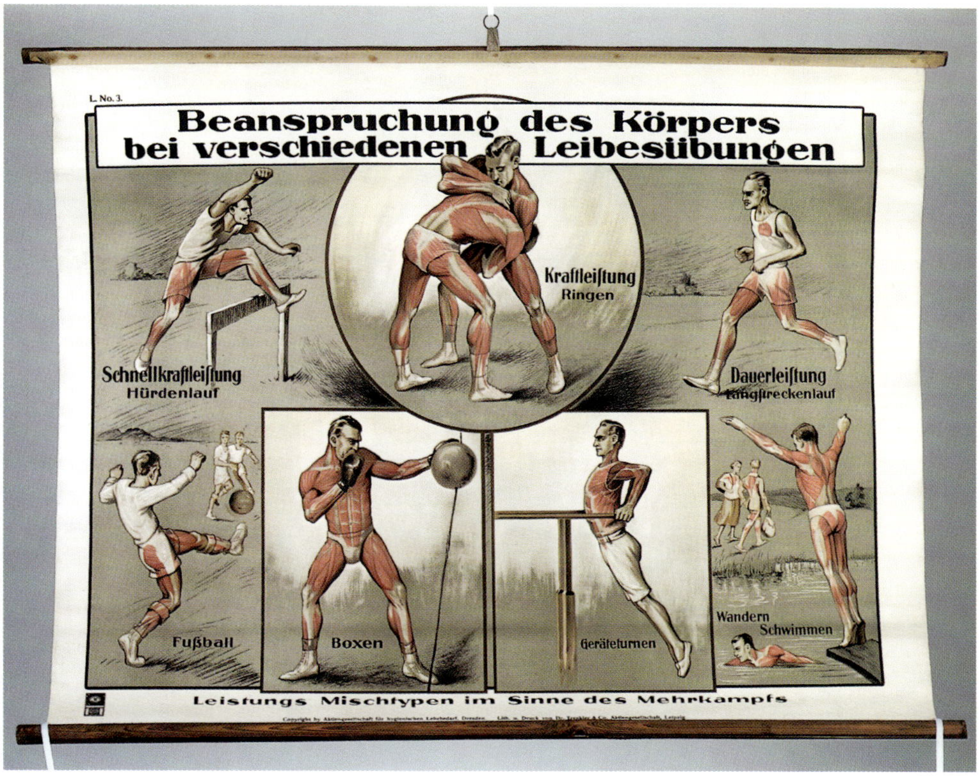

3.4/2

Dazu gehörten der bereits erwähnte Bau von Sport- und Spielplätzen für die Allgemeinheit und von riesigen Stadien für renommierte (Fußball-)Clubs.

Mit dem Deutschen Reichsausschuss für Leibesübungen (DRA) entstand eine Dachorganisation der bürgerlichen Sportverbände, die es sich zur Aufgabe gesetzt hatte, mit Aufklärungs- und Informationsbroschüren die Öffentlichkeit vom Nutzen des Sports zu überzeugen. Als Generalsekretär amtierte Carl Diem, der die Politik des DRA maßgeblich prägte.

In einer 1919 verfassten Denkschrift forderte dieser Verband ein "Spielplatzgesetz", um eine allgemeine Steigerung des Sporttreibens zu erreichen, und verlangte, dass zu diesem Zweck eine feste Anzahl von Spiel- und Sportplätzen zu bauen seien. Außerdem sollte eine Turn- und Sportpflicht für Jugendliche

3.4/1 Lehrtafel "Gesetze der körperlichen Leistung"
Deutsches Hygiene-Museum, Dresden, Lehrmittelproduktion, 1925-1945
Farblithografie, Papier auf Leinen, Holz, Metall; 70 x 90 cm
Stiftung Deutsches Hygiene-Museum Dresden, Sammlung; 1995/224

Zu den Aufgaben des 1912 gegründeten Deutschen Hygiene-Museums in Dresden gehörte es, Gesundheit und Krankheiten des Menschen darzustellen. Ein Thema wurde jeweils mit Hilfe von anatomischen Modellen, Lehrtafeln, Plakaten, Broschüren, Lichtbilderreihen und Filmen umgesetzt. Sie wurden meist in den eigenen Lehrstätten hergestellt und waren in einer Art Baukastenprinzip aufeinander bezogen.

Die Lehrtafeln stammen aus der Unterrichtssammlung für Leibesübungen Nr. I, die aus fünfzehn Tafeln besteht. Ergänzend wurde die Broschüre "Leben und Gesundheit" als kleiner Leitfaden und Ergänzung der Lehrtafeln gedruckt.
Mit Hilfe der Unterrichtssammlung zu Leibesübungen wurde für die Gesundheitspflege und die Steigerung der Leistungsfähigkeit geworben. Als Käuferschicht hatte der Hersteller, das Deutsche Hygiene-Museum Dresden, Schulen, (Sport-) Vereine und andere Institutionen im Auge.

3.4/2 Lehrtafel "Die Beanspruchung des Körpers bei verschiedenen Leibesübungen"
Deutsches Hygiene-Museum, Dresden, Lehrmittelproduktion, 1925-1945
Farblithografie, Papier auf Leinen, Holz, Metall; 70 x 90 cm
Stiftung Deutsches Hygiene-Museum Dresden, Sammlung; 1995/220

Auf der Lehrtafel sind die bei verschiedenen Sportarten beanspruchten Muskelgruppen eingezeichnet. Die kräftigste Entwicklung der Muskulatur wird der Schwerathletik zugesprochen. Unten links wird das Fußballspiel behandelt, das – so die Zeichnung – nur der Beinmuskulatur förderlich sei.

3.4/3 Lehrtafel "Herz und Leibesübungen"
Deutsches Hygiene-Museum, Dresden, Lehrmittelproduktion, 1925-1945
Farblithografie, Papier auf Leinen, Holz, Metall; 70 x 90 cm
Stiftung Deutsches Hygiene-Museum Dresden, Sammlung; 1995/240

3.4/4 Lehrtafel "Kreislauf und Leibsübungen"
Deutsches Hygiene-Museum, Dresden, Lehrmittelproduktion, 1925-1945
Farblithografie, Papier auf Leinen, Holz, Metall; 70 x 90 cm
Stiftung Deutsches Hygiene-Museum Dresden, Sammlung; 1995/259

Die Lehrtafel mit Querschnittansichten des Menschen und Aufbauschemata der Muskulatur sowie des Gelenkapparates stellt die anatomisch-physiologischen Grundlagen der Leibesübungen dar.

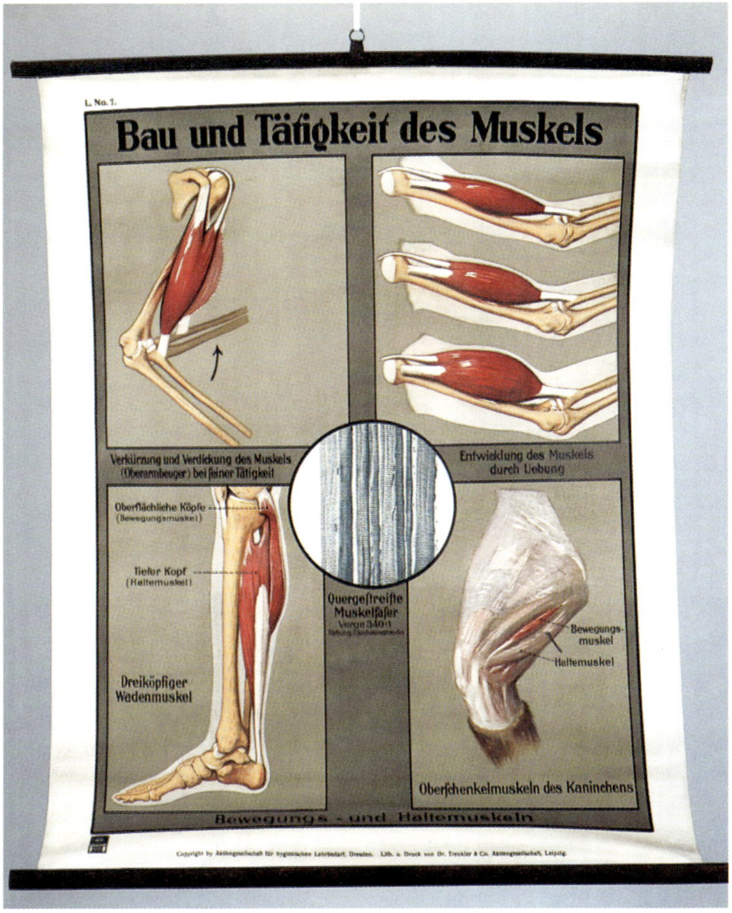

3.4/6

3.4/7 Lehrtafel "Muskeln und Sehnen des Beines"
Deutsches Hygiene-Museum, Lehrmittelproduktion; 1925-1945
Farblithografie, Papier auf Leinen, Holz, Metall; 72 x 89 cm
Stiftung Deutsches Hygiene-Museum Dresden, Sammlung; 1996/1072

3.4/8 Begleitbroschüre "Leben und Gesundheit" Nr. I
Wilhelm Hagen, Deutscher Verlag für Volkswohlfahrt, Dresden, 1926, hg. v. Deutschen Hygiene-Museum, Band 11 der Reihe "Leben und Gesundheit"
Papier, 21 x 14 cm
Stiftung Deutsches Hygiene-Museum Dresden, Bibliothek; Hyg. A IV D 483, 11 c

In der Broschüre wird dem Fußball eine hervorragende Möglichkeit zur Kräftigung der Beinmuskulatur zugesprochen. Eher noch als beim reinen Laufen sei diese beim Fußball zu erzielen, weil das Abstoppen und Ballschießen eine große Kraftanstrengung erfordere. Allerdings habe die einseitige körperliche Belastung beim Fußball auch negative Seiten: Die Armmuskulatur bleibe zurück, und bei Jugendlichen bestehe die Gefahr einer Herzerweiterung, da die nervöse Erregung des Spiels und seine lange Dauer zur Überanstrengung führten. Wichtig seien Ausgleichsübungen in anderen Sportarten.

3.4/9 "Leibesübungen für Jung und Alt"
Deutsches Hygiene-Museum, Dresden, Lehrmittelproduktion, 1928
34 Dias der Werbereihe "Treibt Leibesübungen (Reproduktionen)
Stiftung Deutsches Hygiene-Museum Dresden, Sammlung; 1999/2423-1999/2461

Die ursprünglich aus 50 Motiven bestehende Diaserie gehörte zu den Materialien des Deutschen Hygiene-Museums, die auf unterhaltende und allgemein verständliche Art breiten Schichten der Bevölkerung einen Einblick in den menschlichen Körper liefern sollten. Solche "Lichtbilder" wurden in den zwanziger Jahren für die Aufklärung in kleinen Städten und Dörfern bevorzugt,

3.4/9

eingeführt werden, durch welche den Schülern auferlegt wurde, während der Schulzeit und auch nach Verlassen der Schule in verstärktem Maße Sportübungen zu betreiben. Dies erforderte die Mitwirkung der Vereine, die deshalb beim Bau der erforderlichen Anlagen unterstützt werden sollten. Obwohl das Spielplatzgesetz nie in Kraft trat, wurde es immer wieder diskutiert und teilweise von den Kommunen umgesetzt.

Fußball stand bei diesen Überlegungen zur Sportförderung nicht im Zentrum. Bei diesem Mannschaftssport konnte man weniger dirigistisch eingreifen, und es war schwierig, Übungen vorzugeben, die zu einer messbaren Zunahme der Leistungsfähigkeit des menschlichen Körpers führten. Der Spielcharakter beim Fußball stand dem entgegen. Allerdings erreichte man durch das Laufen beim Fußballspiel eine allgemeine Ertüchtigung, und Felix Linnemann, der Vorsitzende des DFB seit 1925, vertrat die Meinung: "Jeder Sportplatz erspart ein Krankenhaus". Zusätzlich besaß der Fußball eigene Vorzüge. Für die Funktionäre des DFB wie auch des DRA handelte es sich hierbei um einen Sport, der durch seinen kämpferischen Charakter die patriotische Einstellung der vor ihrem Militärdienst stehenden Männer fördere.

Auch zahlreiche Mediziner waren daran beteiligt, die Menschen zu eigener sportlicher Aktivität anzuhalten und sie entsprechend aufzuklären. Es ging ihnen auch darum, die Hygiene- und Gesundheitsvorsorge zu

3.4/5 Lehrtafel "Leistungs- und Lebensgesetze des Muskels"
Deutsches Hygiene-Museum, Dresden, Lehrmittelproduktion, 1925-1945
Farblithografie, Papier auf Leinen, Holz, Metall; 90 x 69,5 cm
Stiftung Deutsches Hygiene-Museum Dresden, Sammlung; 1996/984

3.4/6 Lehrtafel "Bau und Tätigkeit des Muskels"
Deutsches Hygiene-Museum, Dresden, Lehrmittelproduktion; 1925-1945
Farblithografie, Papier auf Leinen, Holz, Metall; 92 x 68 cm
Stiftung Deutsches Hygiene-Museum Dresden, Sammlung; 1996/1073

da sie mit wenig Aufwand etwa in Gasthöfen zur "hygienischen Volksbelehrung" gezeigt werden konnten. Eine Aktualisierung der Bilder war schnell und kostengünstig durch Austauschen möglich.
Die Diaserie gibt die verschiedensten Sportarten wieder, die ein jeder – unabhängig vom Alter – betreiben konnte. Auch ein Dia mit dem Motiv "Fußball spielen" gehörte zu dieser Serie, gilt aber, wie weitere fünfzehn von anderen Sportarten, als verschollen.

3.4/10 Kraftsportgerät
Deutschland, um 1920
Metall, Textil, Holz;
157 x 57 x 75 cm
Stiftung Deutsches Hygiene-Museum Dresden, Sammlung;
1992/201

Das Gerät kann sowohl sitzend als auch mit umgeklappter Rückenlehne liegend genutzt werden, um Schulter-, Arm- und Rumpfmuskulatur zu trainieren. Die Zusatzgewichte sind jeweils etwa 5 bzw. 2,5 kg schwer. Das Gerät stammt aus dem Besitz des Geheimen Bergrats Dr. Ing. Ewald Hilger (1859-1934), der es in seinem Haus in Radebeul bei Dresden von 1923 bis Anfang der dreißiger Jahre benutzt hat.
Ein solches "body-building-Gerät" ist ungewöhnlich für diese Zeit. Die Anleitungen für Freikörperkultur, Atemgymnastik und Leibesübungen erforderten überlicherweise keine Apparate, geschweige denn ein derart aufwändiges und teures Gerät.

3.4/11 Spielplatz-Gesetz
Berlin, 1920
Tätigkeitsbericht des Deutschen Reichsausschusses für Leibesübungen für die Zeit vom 1.4. 1919 bis 31.3.1920
Druck, Papier, 20 S.;
33,5 x 21 cm
Deutsche Sporthochschule Köln, Zentralbibliothek der Sportwissenschaften; 406001

Der Entwurf, der allerdings nicht Reichsgesetz wurde, sah vor, in Bebauungsplänen drei Quadratmeter Spielplatzflächen pro Kopf der Bevölkerung zu reservieren.

3.4/9

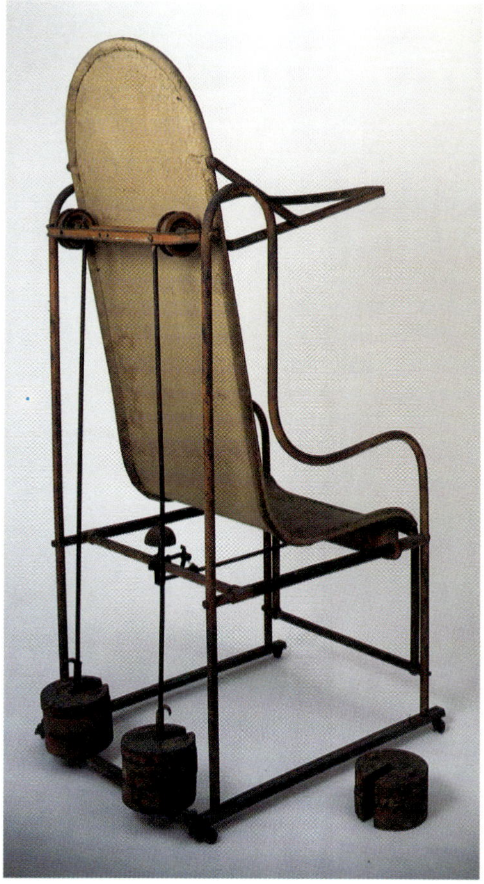
3.4/10

verbessern. Seit dem 19. Jahrhundert waren im Rahmen der Hygienebewegung ausreichend Licht, reine Luft und sauberes Wasser gefordert worden. Gesunde Wohn- und Arbeitsbedingungen waren die Ziele dieser Bestrebungen. Auf diesem Gebiet hatten sich schon vor dem Krieg viele Kommunen engagiert, die jetzt noch stärker alle Schichten des Volkes ohne Tabuisierung von Problemen aufklären wollten und dabei von staatlichen Stellen unterstützt wurden. In diesem Zusammenhang wurde der menschliche Körper neu "entdeckt" und mit modernen Möglichkeiten der Präsentation – etwa in Form von Schautafeln – erläutert. Das Ziel bestand darin, die Funktionen und Leistungen des menschlichen Körpers, seinen anatomischen und physiologischen Aufbau auf populäre Weise der Öffentlichkeit vorzustellen, ihr einen Blick in den Körper zu ermöglichen. Es ging um die Popularisierung des vorhandenen medizinischen Wissens, darum, einen gesunden "Volkskörper" zu schaffen und die Leistungsfähigkeit der Gesellschaft zu erhöhen. Die in diesem Sinne verstandene Hygiene war Teil der staatlichen Gesundheitspolitik.

Als Höhepunkt dieser Bemühungen wurde der staunenden Öffentlichkeit 1935 in Berlin der "Gläserne Mensch" präsentiert, Endpunkt einer langen Entwicklung hin zum transparenten Menschen. Auf anschauliche Weise

3.4/12

3.4/14 Eugen Sandow: Kraft und wie man sie erlangt
4. Aufl., Berlin, um 1910
Druck, Papier, 155 S. mit Falttafel; 20,5 x 14,5 cm
Deutsche Sporthochschule Köln, Zentralbibliothek der Sportwissenschaften; 5115 4

Das Bild auf dem Buchdeckel illustriert das Ziel der Gymnastik- und Körperbildungsbücher, den menschlichen Körper nach einem Ideal zu formen, das je nach Autor leicht variierte. Die Darstellung nackter Männer – später auch nackter Frauen – zeigt dabei auch den Willen, sich über althergebrachte, körperfeindliche Moralvorstellungen zunehmend hinwegzusetzen und den Körper nicht zu verhüllen und zu verachten, sondern seine Natürlichkeit selbstbewusst zu präsentieren und zu fördern. Das neue Lebensgefühl suchte man durch Sport- und Atemübungen und bewusste Ernährung zu verwirklichen.

Einer der ersten Vertreter dieser Richtung war der Schwerathlet Eugen Sandow (1867-1925), der sich schon im Kaiserreich auf Veranstaltungen mit anderen "starken Männern" maß und eine Vorstufe des heutigen Posings bei Bodybuilding-Wettbewerben erfand. Er führte auch den Begriff "Bodybuilding" ein. Er veröffentlichte seine Vorstellungen 1904 in Buchform und forderte, sich dem Krafttraining zuzuwenden. Allerdings musste er seine Absichten in dieser prüden Zeit ausführlich begründen.

3.4/12 "Unsere kommenden Generationen brauchen Licht, Luft, Bewegung. Darum gebt Spielplätze!"
Fußball und Leichtathletik, Elberfeld, Titelblatt vom 5.5.1920
Druck, Papier; 30,5 x 24 cm
bez.: A.S.20
Westdeutscher Fußballverband e.V., Duisburg; FuL 1920, I

Die der Titeldarstellung zugrunde liegende Tuschzeichnung ist in holzschnittartiger Manier angefertigt und visualisiert die Forderung nach Licht, Luft und regelmäßiger Bewegung. Auf einer großzügig bemessenen Rasenfläche vor einer schemenhaften Stadtsilhouette mit zahlreichen Schornsteinen sieht man zahlreiche Mannschaften gleichzeitig spielen. Die Sonne, die über dem zum Schuss ansetzenden Spieler und dem Ball am Himmel steht, kann als Sinnbild der jungen Generation wie auch der Natur verstanden werden und überhöht die dargestellte Szene. Die Ausrüstung der Jungen mit Mannschaftstrikots zeigt deutlich, dass es sich hier nicht um spielerisches "Kicken", sondern um organisierte, regelmäßige Sportübungen handelt. Die Zeichnung illustriert damit gekonnt die wesentlichen Aspekte des Spielplatz-Gesetzes.

3.4/13 Carl Diem: Zum Reichs-Spielplatz-Gesetz
Sonderdruck aus dem Jahrbuch für Leibesübungen, Berlin, 1924
Druck, Papier, 7 S.; 21,5 x 14 cm
Deutsche Sporthochschule Köln, Zentralbibliothek der Sportwissenschaften; 22060

Schon 1912 hatte Carl Diem gefordert, durch ein Gesetz die Freizeit der Jugend und den Bau und die Nutzung der Sport- und Spielplätze zu regeln sowie eine Sportpflicht einzuführen, die Durchführung allerdings der freien Vereinsarbeit zu überlassen. In der Weimarer Republik war Carl Diem Generalsekretär des Deutschen Reichsausschusses für Leibesübungen (DRA) und verantwortlich für den Entwurf des Spielplatzgesetzes, das zwar nie reichsweite Geltung erlangte, aber teilweise von Kommunen umgesetzt wurde. Darin griff er seine Entwürfe aus der Kaiserzeit auf und forderte eine allgemeine Turn- und Sportpflicht. Es war charakteristisch für den DRA, dass seine Forderungen nach einem Zwangsgesetz auf die autoritär ausgerichtete Gesellschaftsordnung des Kaiserreiches zurückgriffen, statt sie an neuen demokratischen Zielsetzungen auszurichten.

konnte man mit diesem Modell erklären: Woraus besteht der Mensch, wie funktioniert er und was passiert in ihm, wenn er z.B. Arbeit in Form einer Laufleistung verrichtet? Dem 1912 gegründeten Deutschen Hygiene-Museum war ein Produktionsbetrieb für Lehrmittel angegliedert, der seine Produkte nicht nur in Deutschland, sondern in der ganzen Welt vertrieb. Seit der Mitte der zwanziger Jahre wurden vom Museum Schautafeln und Diaserien mit dem Titel "Treibt Leibesübungen" hergestellt und auf Ausstellungen und Vorträgen präsentiert. Welches Interesse und welche Neugier die Öffentlichkeit diesem Thema entgegenbrachte, war schon 1911 deutlich geworden, als zur Internationalen Hygiene-Ausstellung in Dresden fünf Millionen Besucher kamen. 1926 erstellten die Organisatoren der Ausstellung für Gesundheitspflege, Soziale Fürsorge und Leibesübungen, der "Gesolei", in Düsseldorf eine Ausstellung, in der der Mensch im Mittelpunkt stand. Maßgeblich beteiligt an ihr war das Deutsche Hygiene-Museum. Allein 22 Lastwagen mit Exponaten aus seinem Bestand wurden für diese Ausstellung zur Verfügung gestellt, die eine heute kaum vorstellbare Zahl von 7,5 Millionen Besuchern erreichte.

Der Kult um den Körper fand seinen sichtbarsten Ausdruck in der Nackt- und Freikörperkultur und in lebensreformerischen Ansätzen, die seit der Jahrhundertwende mit ihren provokativen Thesen und Lebensstilen die Wilhelminische Gesellschaft zu erschüttern versuchten. Die Gymnastikbücher von Hans Surén (1921)

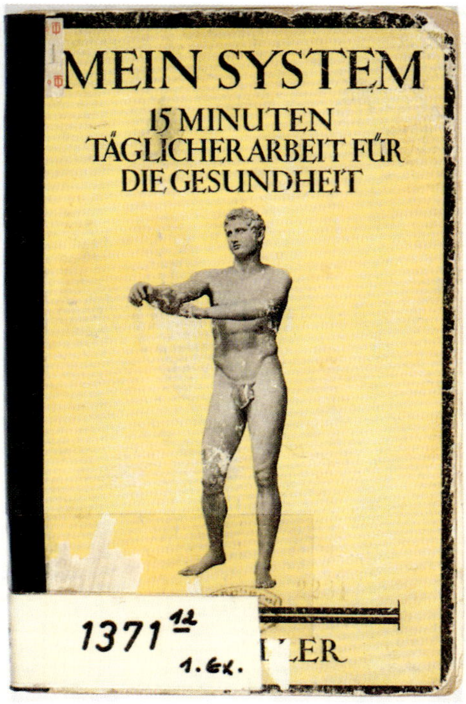

3.4/15

und Adolf Koch (1929) sowie die Fitness-Anleitungsbücher Eugen Sandows (1904) und des Dänen J.P. Müller (1904, 1913) sind die bekanntesten Werke, deren Auflagenzahlen in den zwanziger Jahren in die Hunderttausende gingen. Das in diesen Büchern propagierte Ziel konnte individuell variieren, aber allen gemeinsam schwebte die Schaffung eines neuen Menschen vor, der sich seines Körpers bewusst sein sollte.

Die Erneuerung des "Volkskörpers" und die Schaffung eines neuen Menschen wurde schließlich aber auch eines der zentralen Ziele nationalsozialistischer Gesundheitspolitik. Deren wichtigstes Standbein, die Rassenhygiene, zielte auf die Vernichtung alles "Minderwertigen", des "unwerten Lebens". Die Vernichtungsmaschinerie der Nationalsozialisten beendete somit den aufklärerischen Traum der Weimarer Republik vom "Neuen Menschen". *Axel Heimsoth*

3.4/15 Joergen P. Müller: Mein System. Fünfzehn Minuten täglicher Arbeit für die Gesundheit
12. Aufl., Leipzig u. Zürich, 1926
Druck, Papier, 129 S.;
22 x 14,5 cm
Deutsche Sporthochschule Köln, Zentralbibliothek der Sportwissenschaften; 1371 12 1. Ex.

Die Literatur zur Bildung eines neuen Körpers fand zwischen 1918 und 1933 ihre weiteste Verbreitung. Das große Interesse speiste sich auch aus der zunehmenden Industrialisierung, die den Einsatz körperlicher Anstrengung aus vielen Berufszweigen zurückdrängte und häufig zur einseitigen Überbelastung führte.
Der Däne J. P. Müller (1864-1938) wurde in den zwanziger Jahren zu einem der erfolgreichsten Autoren im "Fitnessbereich", das Buch "Mein System" erreichte insgesamt Auflagen in Millionenhöhe. Sein großer Erfolg beruhte darauf, dass er Sportlichkeit mit Gesundheit gleichsetzte und den Sport zum Garanten eines langen Lebens machte.

3.4/16 Joergen P. Müller: Mein Freiluftbuch
Leipzig u. Zürich, 1927
Druck, Papier, 94 S.;
22,5 x 14,5 cm
Deutsche Sporthochschule Köln, Zentralbibliothek der Sportwissenschaften; 748

3.4/17 Adolf Koch: Körperbildung, Nacktkultur
Leipzig, 1924
Druck, Papier, Leinen, 215 S.;
23 x 15 cm
Deutsche Sporthochschule Köln, Zentralbibliothek der Sportwissenschaften; 8761, 2. Ex.

Der Berliner Lehrer Adolf Koch engagierte sich für die Körperkultur, da er bei Kindern aus armen Arbeiterfamilien eine besorgniserregende körperliche Verfassung beobachtet hatte.
In seinen zahlreichen Werken verbinden sich die Ideale der Körperkultur mit sozialistischen Zielen und dem sexualpädagogischen Ansatz Magnus Hirschfelds. Zum geflügelten Wort wurde Anfang der dreißiger Jahre der Titel eines seiner anderen Bücher: "Wir sind nackt und nennen uns Du!"

3.4/18 Hans Surén: Gymnastik im Bild. Körperschulung durch Gymnastik
10. Aufl., Stuttgart, um 1922
Schuber mit fünf Tafeln zum Ausklappen, Papier,
15 x 10,5 - 136 cm
Deutsche Sporthochschule Köln, Zentralbibliothek der Sportwissenschaften; 13891 10 A-E

3.4/19 Hans Surén: Atemgymnastik. Die Schule der Atmung
32. Aufl., Stuttgart, 1927
Druck, Papier, 135 S.;
20,5 x 14 cm
Deutsche Sporthochschule Köln, Zentralbibliothek der Sportwissenschaften; 312332

Hans Surén wirkte in starkem Maße durch seine Bücher auf die deutsche Freikörperkultur ein. Suréns Aktivitäten zur Schaffung eines neuen Menschen fanden ihre Fortsetzung unter der nationalsozialistischen Herrschaft. Er begrüßte die "Gleichschaltung der Freikörperkultur" und trat mit Veröffentlichungen zum völkischen Gedankengut hervor. Beschäftigte er sich in den zwanziger Jahren mit seinen Werken zur Gymnastik- und Freikörperkultur, so ließ er sich und seine Schriften von den Nationalsozialisten für ihr Menschenideal einsetzen.

3.4/19

3.5/4

König Fußball regiert

Das Fußballspielen erlebte in der Zeit der Weimarer Republik den Durchbruch zu einem Massensport bei den aktiven Spielern und bei den Zuschauern. Das lag nicht so sehr am gerade verlorenen Krieg – obwohl viele Soldaten dort das Fußballspielen kennengelernt und eine neue Härte ins Spiel gebracht hatten –, sondern an einer allgemein zunehmenden Sportbegeisterung, vor allem für Wettkampfsportarten, bei denen die Schnelligkeit der Aktionen faszinierte.

Von der zunehmenden Popularität des Fußballs profitierten der DFB, aber auch andere, religiös und politisch ausgerichtete Verbände wie der sozialistische Arbeiter-Turn- und Sportbund (ATSB) und die katholische Deutsche Jugendkraft (DJK). Zu nennen ist außerdem die Deutsche Turnerschaft, die auch Fußballer zu ihren Mitgliedern zählte. Alle diese Verbände trugen in den zwanziger Jahren eigene Fußballmeisterschaften aus. Der mit Abstand größte Verband allerdings war der DFB, der sich in den zwanziger Jahren zum zweitgrößten organisierten Sport-

3.5/5

3.5/1 Fußballschuhe
Adler/Palmen, um 1920
Leder
Deutsches Sport- und Olympiamuseum Köln; 93/308

Die Fußballbegeisterung nach dem Ersten Weltkrieg führte vor allem Jugendliche in die Vereine. Die Kosten für Sportartikel waren nicht unerheblich, durch die Hyperinflation von 1923 für viele unerschwinglich. Dem DFB gelang es, von der Industrie in diesem Jahr die Zusage zur Lieferung von 13.000 Paar Jugendfußballstiefeln und 7000 Fußbällen zu verbilligten Preisen zu bekommen. Allerdings sollte sich deren Auslieferung noch bis 1924 hinziehen.
Es wurde ein neues "Ballgefühl" gefordert. Die Schuhe wurden leichter und geschmeidiger und verloren ihre Eisenkappen. Man trug dazu dünnere Strümpfe bzw. Socken, die einen direkteren Kontakt zum Ball ermöglichen sollten.

3.5/2 Fußballschuh
Adi Dassler, 1929
Leder
adidas-Museum, Herzogenaurach; 00362

Dieser Schuh war einer der ersten, die von Adi Dassler hergestellt wurden. Er hat eine durchgenähte und messinggenagelte Sohle und ist aus Rinderbox gefertigt. Ein gravierender Unterschied besteht zwischen diesem und einem modernen Schuh wie dem "Copa Mundial" im Gewicht, das sich zwischen den beiden Schuhgenerationen von 440 auf unter 200 Gramm mehr als halbiert hat.

3.5/1

3.5/3 Fußballtrikot des SV Leipzig-Südost
Sachsensport, Anfang 1920er Jahre
Textil; 66 x 160 cm
Stadtgeschichtliches Museum Leipzig/Sportmuseum ; SKL 183

Die Oberbekleidung beim Fußball erlebte verschiedene Modewellen. Hatte man zunächst Turnerhemden getragen, so setzte sich noch im Kaiserreich allmählich das Trikot durch. Ballspielvereine bevorzugten eine Schnürung des Kragens wie bei diesem Modell.

3.5/4 Fußball mit Schnürung
Celtic, 1920er Jahre
Leder; D 19 cm
Stadtgeschichtliches Museum Leipzig/Sportmuseum; SG 133

Der Name des Balls lehnt sich an den legendären schottischen Verein Celtic Glasgow an. Fußbälle mit Schnürung wurden bis in die vierziger Jahre verwendet.

3.5/5 Fußball mit Schnürung
1920er Jahre
Leder; D 19 cm
Stadtgeschichtliches Museum Leipzig/Sportmuseum; SG 142

3.5/6 Werbeblatt für Fußbälle und Zubehör
Arbeiter-Turnverlag, Leipzig, um 1920
Papier; 42 x 29,5 cm
Stadtgeschichtliches Museum Leipzig/Sportmuseum; D 378

3.5/7 Sportartikel-Katalog "Liga Sport"
Carl Maier, Stuttgart, 1920er Jahre
Papier; 22,5 x 14,5 cm
Sportmuseum Berlin; E96/12

Der Sportartikel-Katalog bietet für die Ballsportarten Fußball, Basketball, Handball, Rugby und Faustball eine Palette von Artikeln zum Spielbetrieb, darunter Schiedsrichterpfeifen, "Torwächter-Handschuhe", Schienbeinschützer und Gummistützstrümpfe zum Einsatz bei Verrenkungen und Krampfadern. Für Turngeräte hatte das Stuttgarter Geschäft einen eigenen Katalog.

verband in Deutschland entwickelte. Die Mitgliederzahlen stiegen von rund 190.000 im Jahr 1914 auf etwa 750.000 im Jahr 1920. 1932 hatte der DFB bereits über eine Million Mitglieder. Er verfolgte seiner Satzung nach weder politische noch religiöse Ziele, sondern hatte die "Pflege des Fußballspiels" zum alleinigen Ziel seiner Tätigkeit erklärt.

So unpolitisch, wie der DFB sich in dieser Zeit gab, war er allerdings nicht. Landesverbände und Bundesverband wurden weitgehend von Funktionären geleitet, deren Haltung national-vaterländisch geprägt war und die sich beispielsweise mit den demokratischen schwarz-rot-goldenen Farben der jungen Republik nicht anfreunden mochten. Eine große Mehrheit innerhalb des Verbandes sprach sich programmatisch für Schwarz-Weiß-Rot aus, sodass der DFB in seinem Emblem die Farben des Kaiserreichs beibehielt.

3.5/8 Geräteplan der Fußballabteilung des Turn- und Sportvereins Leipzig-Ostvorstadt e.V.
1930
Papier; 16 x 21cm
Stadtgeschichtliches Museum Leipzig/Sportmuseum; D 3283

Im Geräteplan werden folgende Punkte angeführt: "1 Schrank - 1 Schaukasten - 1 Sportelbüchse - 1 schwarze Anschreibtafel - 1 Versammlungsglocke - 3 Passtempel - 1 Kassenstempel (bezahlt) - 2 Abteilungsstempel - 1 Schnürnadel - 1 Ballnetz - 1 Luftpumpe - 1 mal Fußballregeln (gehört zur Vereinsbibliothek) - 4 Linienrichterfahnen - 10 Fussbälle mit Blasen"

3.5/9

3.5/9 Plakat des Kölner Ballspiel-Clubs
E. Brüncker (?), 1920er Jahre
Papier; 85 x 63 cm
Historisches Archiv der Stadt Köln; Best. 7305 Nr. 1/1

In der Mitte des Plakats hat der Künstler einen rechteckigen Platz freigelassen. Dort wurde bei den Heimspielen des Kölner Ballspiel-Clubs der Name der gegnerischen Mannschaft eingetragen.
Die Plakatbeschriftung mit dem Hinweis auf die "Straßenbahnlinie 20 (Endstation)" weist auf den Einzugsbereich des Publikums hin. Innerhalb der Stadt Köln waren die meisten Fußballanhänger des Vereins zu finden. Der Ballspiel-Club wurde 1901 gegründet und schloss sich 1948 mit der SpVgg. 07 Köln-Sülz zum 1. FC Köln zusammen.

3.5/10 Plakat zum NSV-Meisterschaftsspiel VfL Altona 93 – S.V. Werder Bremen, 1933
1933
Papier; 86 x 61,5 cm
Staatsarchiv Bremen; 9, P Plakatslg., FB 7.3.7-183

Anders als das Kölner Plakat aus den zwanziger Jahren setzt das Plakat für das Spiel Werder Bremens von 1933 auf die Wirkung der Fotografie, die die Dramatik und Dynamik der Spielszene gut einfängt.

3.5/10

3.5/11 Fußball-Taschenkalender
Süddeutscher Fußball-Verband, 2. Aufl., Mainz, 1925
Papier; 16,5 x 11,5 cm
Deutscher Fußball-Bund, Frankfurt/M.; Bibliothek

Die Popularität des Fußballs ließ neue Vereine aus dem Boden sprießen und allein den Süddeutschen Fußball-Verband auf nahezu 2000 Vereine anwachsen. Der Ausbau des Verbandsystems brachte eine Flut von neuen Bestimmungen, Statuten und Reglements hervor. Der Taschenkalender enthält die wichtigsten Texte und Adressen des Deutschen Fußball-Bundes sowie die Vereinsadressen des eigenen Verbandes und macht so Verbandsstruktur und Fußballbetrieb transparenter.

3.5/12

3.5/12 Postkartenvorausdruck des "Deutschen Meisters Eintracht Frankfurt"
1932
Karton; 9,5 x 14 cm
Sportantiquariat Koop-Wittner, Würzburg

Die Postkarte wurde schon vor dem Finale am 12.6.1932 in Nürnberg gegen Bayern München hergestellt, das die Eintracht jedoch mit 0:2 verlor. Die Karte kam daher nie auf den Markt. Solche Vorausdrucke überdauern nur selten. Meist werden sie vernichtet, wenn sich das erwartete Ergebnis nicht eingestellt hat.

Nach dem Ersten Weltkrieg wurde im DFB die Forderung noch verstärkt, mit Hilfe des Sports eine "echte, aufopferungsvolle Volksgemeinschaft zu schaffen". Dass der Sport eine geistige Mission besitze und in nationale Gesinnung münde, war das vorherrschende Ideal der Konservativen. Nur der Amateur, der nicht vom Ziel geleitet werde, Geld zu verdienen, sei in der Lage, seinen Anteil an der Erneuerung der Volksgemeinschaft zu tragen. Dazu gehörte nach weit verbreiteter Auffassung auch die Pflicht, die Wehrfähigkeit zu verbessern. Da die Reichswehr als Folge des Versailler Vertrags auf 100.000 Mann begrenzt werden musste, kam dem Sport eine quasi paramilitärische Aufgabe zu.

In den ersten Jahren der Weimarer Republik überschatteten politische Spannungen auch die internationalen Sportbegegnungen. Zwar war der DFB unmittelbar nach Kriegsende zunächst auf Ausgleich bedacht und hob das Verbot, gegen "feindliche Ausländer" zu spielen, auf, doch dann wurden zunehmend revanchistische Forderungen laut. Vor allem der Westdeutsche Spielverband, in dessen Verbandsgebiet auch das besetzte linke Rheinufer lag, weigerte sich, gegen die Besatzer zu spielen. Die Konfrontation verschärfte sich noch, als die Befehlshaber der englischen und belgischen Truppen nun ihrerseits verboten, gegen Deutsche Fußball zu spielen. Auch auf internationaler Ebene blieben die Gräben bestehen: England stellte 1920 den Antrag, Deutschland, Österreich und Ungarn wegen des Ersten Weltkriegs aus der FIFA auszuschließen. Als der Antrag nicht durchkam, trat England seinerseits

3.5/13 Spielszene VfL Germania 1894 – Galatasaray Konstantinopel, 1921
1.9.1921
Foto; 15 x 29 cm
VfL Germania 1894, Frankfurt/M.

Von Anfang an wurden Freundschaftsspiele gegen internationale Mannschaften ausgetragen, um die eigene Spielstärke einzuschätzen und den Zuschauern eine willkommene Ergänzung zum gewohnten regionalen Spielbetrieb zu bieten. Wegen des hohen Aufwands, den derartige Reisen bedeuteten, haben die ausländischen Mannschaften meist mehrere Spiele nacheinander in Deutschland bestritten. Nach dem Ersten Weltkrieg waren diese Spiele zusätzlich wichtig, um die internationale Ausgrenzung Deutschlands zu überwinden. Im Fall der Spielbegegnung VfL Germania 1894 gegen Galatasaray Konstantinopel fiel dies leichter, weil die Türkei und das Deutsche Reich verbündet gewesen waren.

3.5/14 Zeitungsbericht über das Spiel VfL Germania 1894 – Galatasaray Konstantinopel, 1921
Sport Echo, 12.9.1921
Papier; 49 x 33 cm
VfL Germania 1894, Frankfurt/M.

Im Sport Echo wird lobend auf das Engagement Germania Frankfurts hingewiesen, nach dem Krieg wieder Kontakte zu ausländischen Vereinen zu suchen, um "den sportlichen und gesellschaftlichen Verkehr weiterhin zu fördern, ein Bestreben, das die Sportpresse auf das Nachdrücklichste anerkennt".
Etwa 5000 Zuschauer sahen in Frankfurt das Freundschaftsspiel. Fußballspiele gegen ausländische Mannschaften der Spitzenklasse erfreuten sich großer Beliebtheit und eröffneten den gastgebenden Vereinen daher auch eine willkommene Einnahmequelle.

3.5/15

3.5/15 Pokal eines schwedischen Vereinsturniers für den VfL Germania 1894
Schweden, 1922
Metall; H 25,5 cm, D 14 cm
VfL Germania 1894, Frankfurt/M.

Der VfL Germania war 1922 zu einem Freundschaftsturnier nach Schweden eingeladen worden. Gegen die besten schwedischen Mannschaften konnten die Deutschen das Turnier gewinnen und erhielten von König Gustav V. persönlich den Pokal überreicht. Die Rückkehr der "Schwedenpokalgewinner", wie sie genannt wurden, gestaltete sich pompös. Am Frankfurter Hauptbahnhof wurde die Mannschaft von zehn Zweispännern erwartet und in einem wahren Triumphzug zum Clubhaus gefahren.

3.5/16 Statuette eines Torwarts
um 1920
Metall, verzinkt; 35 x 8 x 8 cm
Hamburger SV; 387

Nicht nur in der hohen Kunst des Malers Willi Baumeisters oder der Bildhauerin Renée Sintenis fand das Motiv "Fußball" seinen Niederschlag; auch in der Alltagskunst wurde es populär, "Fußballer" darzustellen. Die industriell produzierte Massenware variierte das Thema kaum: Meist wurde ein einzelner Spieler beim Schuss oder ein Torwart im Moment des Ballfangens dargestellt. In der Verbindung des Sportlers mit dem Ball wird am deutlichsten, dass es sich um einen Fußballspieler handelt.

3.5/17 Trophäe in Form eines Fußballspielers
1920er Jahre
Marmor, Metall; 31 x 16 x 27 cm
SpVgg Greuther Fürth

3.5/18 Zwei Statuetten von Fußballspielern
a) Fußballspieler mit Schnürball
1920er Jahre
Metall, Marmor;
27,5 x 15 x 9,5 cm
Jablonski, Bochum

b) Torwart
Belgien (?), 1920er Jahre
Zinkdruckguss, patiniert;
48 x 40 x 29 cm
Jablonski, Bochum

3.5/19 Statuette eines Fußballspielers
1920er Jahre
Stein; 35 x 10 x 10 cm
Schalker Fan-Initiative, Gelsenkirchen

3.5/20 Kleinplastik eines Fußballspielerpaars
1930-1960
Gips, lackiert; 39 x 29 x 24 cm
Stiftung Deutsches Hygiene-Museum Dresden, Sammlung; 1999/2261

Die Plastik ist vermutlich in den Werkstätten des Deutschen Hygiene-Museums hergestellt und in eigenen Ausstellungen gezeigt worden. Im Gegensatz zu den Statuetten aus Metall deutet der Einsatz von Gips auf eine nicht-kommerzielle Verwendung hin.

3.5/16

aus. Boykott- und Isolierungsmaßnahmen seitens einiger Mitgliedsländer der FIFA korrespondierten mit der fehlenden Bereitschaft des DFB, die Kontakte wieder aufzubauen. So fand das erste Länderspiel zwar schon 1920 gegen die Schweiz statt, doch gegen die ehemaligen Kriegsgegner konnten Länderspiele erst viele Jahre später durchgeführt werden; zwischen Frankreich und Deutschland kam es erst 1931 zu einer Begegnung.

Neben dem DFB hatte der Arbeiter- und Turnerbund (ATB), der sich 1919 in Arbeiter-Turn- und Sportbund (ATSB) umbenannte, einen raschen Anstieg von Fußballspielern in seinen Reihen zu verzeichnen. Der Verein war 1893 als Reaktion auf den immer nationalistischeren Kurs der Deutschen Turnerschaft gegründet worden

3.5/21

und verstand sich von Anfang an als Turnbewegung klassenbewusster Arbeiter, als politische Turnbewegung. Aber erst die Einführung des Achtstundentages im Jahre 1919 bot den Arbeitern mehr Gelegenheit zu Sport und Leibesübungen. Der ATSB reagierte auf die allgemeine Sport- und speziell die Fußballbegeisterung 1921 mit der Einführung einer eigenen Fußballsparte, um nicht Gefahr zu laufen, die Anhänger dieses Sports an andere Verbände zu verlieren.

Aus seiner turnerischen Tradition heraus hatte der ATSB, ebenso wie die Deutsche

3.5/24

Turnerschaft, allerdings Vorbehalte gegenüber dem Fußball. So wurden gesundheitliche Schäden durch eine vermeintlich einseitige körperliche Belastung befürchtet. Vor allem jedoch kritisierte der ATSB den Konkurrenz- und Wettkampfgedanken, insbesondere das Hervorheben von einzelnen guten Spielern, die zu "Stars" erkoren würden.

3.5/21 Klappbarer Schnapsbecher mit Darstellung einer Fußballszene
1920er Jahre
Metall; 10 x 5 x 5 cm
Schalker Fan-Initiative, Gelsenkirchen

3.5/22 Spardose mit Darstellung einer Fußballszene
England, 1920er Jahre
Metall; 14,5 x 10,5 x 3,5 cm
The Football Museum, Preston; M 40

3.5/23 Grafik zum Wachstum des Fußballsports in Deutschland
Deutscher Fußball-Bund, Oldenburg, 1922
Papier; 22 x 14,5 cm
Deutscher Fußball-Bund, Frankfurt/M.; Bibliothek

Dem DFB gelang es, sich in der Weimarer Republik gegen die Konkurrenz anderer Verbände zu behaupten. In den zwanziger Jahren waren selbstständige Verbände entstanden, die ihre eigenen Meisterschaften ausspielten und ebenfalls den Titel "Deutscher Fußballmeister" vergaben. Dennoch stiegen die Mitgliederzahlen und die Vereinsneugründungen des DFB rapide. Allein der Süddeutsche Fußballverband konnte für das Jahr 1922 521 und im folgenden Jahr weitere 583 neu aufgenommene Vereine melden.

4 451 820

Spieler, Schiedsrichter und Linienrichter des Deutschen Fußball-Bundes waren im Jahre 1920 tätig.

Die Mitgliederzahlen des Deutschen Fußballbundes betrugen:

1904	1914	1921	Ende 1921
9317	189 294	756 703	1 010 000

Die 4331 Vereine des Deutschen Fußballbundes trugen 1920 342572 Wettspiele aus. Auf diese Spiele entfallen 728 Unfälle, d. h. auf 1000 Wettspiele 2 Unfälle, auf 1000 an den Wettspielen beteiligte Spieler 0,6 Unfälle.

3.5/23

3.5/24 Festschrift zum 25-jährigen Bestehen des Deutschen Fußball-Bundes
Düsseldorf, 1925
Papier; 30,7 x 24 x 2,5 cm
Deutscher Fußball-Bund, Frankfurt/M.; Bibliothek

Auf dem Umschlag der Festschrift prangt das Emblem des Deutschen Fußball-Bundes. Jeder einzelne Buchstabe des Schriftzuges "DFB" ist in einer der Farben schwarz-weiß-rot gestaltet. Es sind die Farben des Kaiserreichs und nicht die der jungen Republik, schwarz-rot-gold. Im Streit um die Farbwahl im Emblem, der innerhalb des Verbandes ausgetragen wurde, zeigte sich die konservative Ausrichtung des DFB.

3.5/25 Deutsches Fußball-Handbuch für das gesamte Gebiet des Deutschen Fußball-Bundes
Buchdruckerei Arthur Schmidt, 1927
Papier; 22,5 x 15 cm
Deutsche Sporthochschule Köln, Zentralbibliothek der Sportwissenschaften; P 1925 0898

3.5/26 Spielregeln des Deutschen Fußball-Bundes
1930
Papier; 10 x 17,5 cm
Deutsches Sportmuseum Berlin; 1983/230

Die Spielregeln wurden im Jahre 1930 gründlich durch- und umgearbeitet und völlig an die international gültige Fassung angeglichen.

3.5/27 Satzungen des Deutschen Fußball-Bundes mit Anhang eines Amateur-Schutzvertrages
1928
Papier; 21,5 x 14,5 cm
Deutscher Fußball-Bund, Frankfurt/M.; Bibliothek

Auf dem DFB-Bundestag 1927 wurde beschlossen, die Fristen bei Vereinswechseln heraufzusetzen und die Vereine zu verpflichten, einen Amateurschutzvertrag mit dem jeweiligen Landesverband abzuschließen. Die Vereine erkannten die Amateurbedingungen des DFB an und gestatteten den Landesverbänden in stärkerem Maße, Kontrollfunktionen zu übernehmen. Die Verbände hatten nun das Recht, Schriftwechsel und Finanzgebaren der Vereine, Arbeits- und Verdienstbescheinigungen der Spieler, ihre Beitragsquittungen von Krankenkassen und anderes einzusehen. Strittige Fälle sollten von einem Schiedsgericht entschieden werden.

3.5/28 Peco Bauwens als Schiedsrichter
1920er Jahre
Foto; 30 x 15 cm
Sepp-Herberger-Stiftung, Frankfurt/M.

Dr. Peco Bauwens, der spätere Vorsitzende des DFB, hatte seine Karriere als Spieler 1910 nach einer Verletzung beenden müssen und war in den zwanziger Jahren der beste deutsche Schiedsrichter. Er pfiff allein 82 Länderspiele, was einen internationalen Rekord bedeutete. Parallel zu dieser Tätigkeit trat er 1925 dem International Board der FIFA bei, deren Vorsitz er 1928 übernahm. Seit 1932 gehörte er dem Exekutiv-Komitee der FIFA an. Nicht zuletzt wegen seiner guten internationalen Kontakte wurde er nach dem Zweiten Weltkrieg zum Vorsitzenden des DFB gewählt.

3.5/29 Schiedsrichterpfeife von Peco Bauwens
1920er Jahre
Metall, Kork; 10 x 12 x 2 cm
Alfred Kötz, Bergisch Gladbach

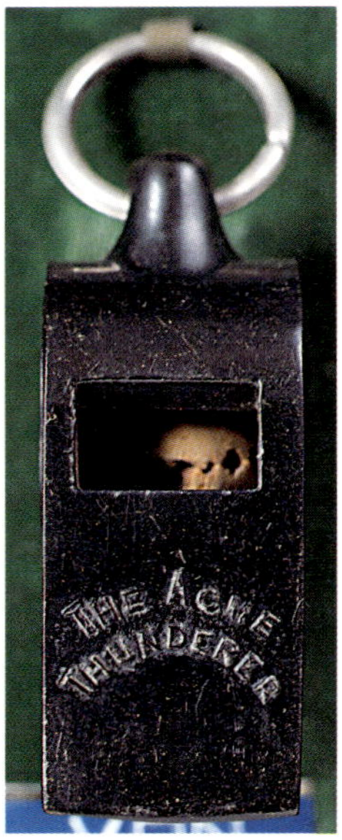

3.5/29

3.5/30 Ehrengabe des Österreichischen Fußballverbandes an Peco Bauwens
überreicht am 7.11.1926
Metall, Kunststoff;
H 23 cm, D 5 cm
Alfred Kötz, Bergisch Gladbach

3.5/30

3.5/31 Deutsche Schiedsrichter-Zeitung, Jg. 5, Nr. 1-15
Hannover, 1923
Papier, Karton; 30,5 x 47 x 1 cm
Deutscher Fußball-Bund, Frankfurt/M.; Bibliothek

Hierin sah er ein typisches Merkmal der bürgerlichen Gesellschaft, das den Prinzipien der sozialistischen Arbeiterbewegung diametral entgegenstünde. Entsprechend nannten die Spielberichte der dem ATSB nahestehenden Zeitschriften und Zeitungen keine einzelnen Spieler, sondern gaben nur Spielpositionen an. Das Kollektiv und die Mannschaft standen im Vordergrund. Der ATSB veranstaltete neben seiner Meisterschaft auch regelmäßig Länderspiele gegen die Sowjetunion, zu der der DFB jeglichen Kontakt strikt ablehnte.

3.5/32 Jahresbericht des Verbandes Mitteldeutscher Ballspiel-Vereine
Leipzig, 1923/24
Papier; 22,5 x 14,5 cm
Deutscher Fußball-Bund, Frankfurt/M.; Bibliothek

Der DFB war in sieben Landesverbände gegliedert. Sie spielten jeweils eigene Meister aus, die an der Endrunde um die Deutsche Meisterschaft teilnahmen. Komplettiert wurde das Feld durch den Sieger des Vorjahres. In der Saison 1924/25 erweiterte der DFB das Teilnehmerfeld für die Endrunde: Der Süddeutsche Verband und der Westdeutsche Spielverband durften jeweils drei Mannschaften stellen, die übrigen fünf Verbände jeweils zwei. So wurde die Gruppe von acht auf 16 aufgestockt.

3.5/33 Jahrbuch des Norddeutschen Fußballverbandes
Hamburg, 1924/25
Papier; 22,7 x 15 cm
Deutscher Fußball-Bund, Frankfurt/M.; Bibliothek

3.5/34 Jahrbuch des Südostdeutschen Fußball-Verbandes
Breslau, 1925/26
Papier; 22 x 14 cm
Deutscher Fußball-Bund, Frankfurt/M.; Bibliothek

3.5/35 Jahresbericht des Verbandes Brandenburger Ballspiel-Vereine
Berlin, 1926/27
Papier; 23,3 x 16 cm
Deutscher Fußball-Bund, Frankfurt/M.; Bibliothek

3.5/36 Jahrbuch des Westdeutschen Spielverbandes e.V., 2. Jg.
Elberfeld, 1922
Papier; 21 x 14,5 cm
Deutscher Fußball-Bund, Frankfurt/M.; Bibliothek

3.5/37

3.5/37 Jahrbuch des Süddeutschen Fußball-Verbandes
1923/24
Papier; 22,5 x 15,5 cm
Deutscher Fußball-Bund, Frankfurt/M.; Bibliothek

3.5/38 Ostpreußen-Sportwart
Königsberg, 1924
Papier; 46 x 33,5 cm
Deutsche Bücherei, Leipzig; ZC 6320

Der Baltische Rasen- und Wintersportverband gab kein eigenes Jahrbuch heraus, sondern nutzte die Veröffentlichungsmöglichkeiten im Rahmen des Ostpreußen-Sportwarts.

3.5/39 DFB-Mitteilungen. Das amtliche Organ des Deutschen Fußball-Bundes, Jg. 2, Nr. 2
Kiel, Februar 1927
Papier; 23 x 16 cm
Deutscher Fußball-Bund, Frankfurt/M.; Bibliothek

Seit 1926 gab der DFB dieses kostenlose Mitteilungsblatt für seine Verwaltungseinheiten und Vereine heraus. In diesem eigenen publizistischen Forum konnten Funktionäre zu aktuellen Themen wie der Frage "Amateur- versus Berufsspielertum" Stellung beziehen.

3.5/40 DFB-Mitteilungen. Das amtliche Organ des Deutschen Fußball-Bundes, Jg. 2, Nr. 7
Kiel, Juli 1927
Papier; 23 x 16 cm
Deutscher Fußball-Bund, Frankfurt/M.; Bibliothek

3.5/41 DFB-Mitteilungen. Das amtliche Organ des Deutschen Fußball-Bundes, Jg. 2, Nr. 9
Kiel, September 1927
Papier; 23 x 16 cm
Deutscher Fußball-Bund, Frankfurt/M.; Bibliothek

3.5/42 DFB-Mitteilungen. Das amtliche Organ des Deutschen Fußball-Bundes, Jg. 3, Nr. 7
Kiel, Juli 1928
Papier; 23 x 16 cm
Deutscher Fußball-Bund, Frankfurt/M.; Bibliothek

3.5/43 Bierhumpen der Deutschen Jugendkraft
1920er Jahre
Glas, Zinn; H 14 cm, D 13 cm
Jablonksi, Bochum

Die Weimarer Republik war durch verschiedene politische Lager gekennzeichnet, die sich oftmals auch untereinander erbittert bekämpften und unter anderem eigene Vereine besaßen. So bestanden neben dem bürgerlichen DFB beispielsweise der sozialistische Arbeiter-Turn- und Sportbund (ATSB) und die Deutsche Jugendkraft (DJK), ein katholischer Sportverband, der ebenfalls eine eigene deutsche Fußballmeisterschaft austrug. Er hatte 1928 über 700.000 Mitglieder. Davon waren jedoch nur 200.000 bis 240.000 Sportler, von denen etwa ein Drittel Fußball spielte.

3.5/44 Urkunde zur Fußballmeisterschaft in der zweiten Jugendklasse 1930
Essen, 1930
Papier; 33 x 24 cm
Stadtarchiv Essen; 430/1a

3.5/45 Zwölf Spielerpässe der Deutschen Jugendkraft
1926-1931
Papier, Karton; je 15 x 11 cm
Stadtarchiv Essen; 430/1a

Die Pässe stammen vom DJK VfB Frohnhausen, der etwa hundert Mitglieder hatte und das Gebiet der Pfarrei Frohnhausen umfasste. Den Vorsitz führte immer ein Geistlicher, die weiteren Mitglieder der Vereinsführung waren dagegen Laien. Die Vereine der einzelnen Pfarreien gliederten sich in Bezirke, Gaue und schließlich in Kreise.

3.5/46 Spielplan der Deutschen Jugendkraft für die Fußball-Meisterschaftsspiele 1928/29
Essen, 1928
Papier; 22 x 16 cm
Stadtarchiv Essen; 430/1a

3.5/47 Zwei Telegramme zum Gewinn der Fußballmeisterschaft in der Deutschen Turnerschaft
Krupp'sche Turngemeinde
Essen, 18.6.1930
Papier; je 15 x 18,5 cm
Historisches Krupp Archiv
Essen; WA 41/73-257

In den Telegrammen wird dem Essener Großindustriellen Gustav Krupp von Bohlen und Halbach mitgeteilt, dass die Fußballabteilung der Krupp'schen Turngemeinde die "Deutsche Reichsfußballmeisterschaft in der Deutschen Turnerschaft" – so der offizielle Titel – gewonnen hat. Es war die letzte derartige Meisterschaft, denn die Fußballabteilungen der Deutschen Turngemeinschaft traten den Landesverbänden des Deutschen Fußball-Bundes wieder bei, von denen sie sich 1925 gelöst hatten. Zuvor hatten die Turner und die Fußballer ihre Auseinandersetzungen 1921 durch einen Vertrag zeitweilig ausgesetzt, in dem die Turner sich verpflichteten, keine eigenen Meisterschafts-, Pokal- und Serienspiele durchzuführen. 1928 stellten sie diese Bemühungen endgültig ein, da die Beteiligung zu gering und der DFB bedeutend attraktiver war. Allein zwischen 1925 und 1926 ging die Zahl der Fußballvereine innerhalb der Turnerschaft von 812 auf 676 zurück.

3.5/48 Brief Krupp von Bohlen und Halbachs an die Krupp'sche Turngemeinde
Gustav Krupp von Bohlen und Halbach, Essen, 20.6.1930
Papier; 29,8 x 20,8 cm
Historisches Krupp Archiv
Essen; WA 41/73-257

Der Essener Großindustrielle spricht dem Betriebsführer Günther, der Erster Vorsitzender der Krupp'schen Turngemeinde war, seine große Freude über den Gewinn der Deutschen Meisterschaft aus und kündigt an, den Mannschaftsmitgliedern ein "kleines Erinnerungszeichen" zukommen zu lassen.

3.5/49 Spielplan der sächsischen Sportvereinigung im Arbeiter-Turn- und Sportbund 4. Kreis, 1. Bezirk für die Frühjahrsrunde 1926
ATSB, Leipzig, 1926
Papier; 21 x 15 cm
Stadtgeschichtliches Museum
Leipzig/Sportmuseum; D 3305

Der Arbeiter- Turn- und Sportbund (ATSB) ermittelte von 1919 bis 1932 einen eigenen deutschen Meister. In der Saison 1920/21 nahmen in 16 Kreisen und 80 Fußballbezirken 3581 Mannschaften an der Meisterschaft teil.

3.5/50 Spielplan der sächsischen Sportvereinigung im Arbeiter-Turn- und Sportbund 4. Kreis, 1. Bezirk für die Herbstrunde 1928
ATSB, Leipzig, 1928
Papier; 21 x 15 cm
Stadtgeschichtliches Museum
Leipzig/Sportmuseum; D 3304

3.5/51 Serien- und Adressenverzeichnis des 5. Fußball-Bezirks des Arbeiter-Turn und Sportbunds
ATSB, Dortmund, 1932
Papier; 22,3 x 14 cm
Geschichtswerkstatt Dortmund

Der 5. Fußball-Bezirk des ATSB umfasste die Orte Dortmund, Selm, Castrop-Rauxel, Lütgendortmund, Wickede und Lünen. Insgesamt gehörten 47 Vereine dem Bezirk an.

3.5/52 Schiedsrichterausweis des Arbeiter-Turn- und Sportvereins
ATSB, Leipzig, 1931
Papier; 13,5 x 9,5 cm
Deutsches Sportmuseum Berlin

3.5/53 Plakat zum Fußball-Länderspiel Deutschland – Russland am 2.7.1927 in Leipzig
ATSB, Leipzig, 1927
Papier; 89 x 59,5 cm
Stadtgeschichtliches Museum
Leipzig/Sportmuseum ; P 36/2

Die Mannschaft des ATSB trat am 2.7.1927 in Leipzig und am 10.7.1927 in Hamburg gegen das sowjetische Team an. Vor einer beachtlichen Kulisse von 17.000 Zuschauern in Leipzig und 13.000 in Hamburg verloren die Spieler des ATSB mit 8:2 beziehungsweise 4:1. Die Rundfunkübertragung des Hamburger Spiels wurde abgebrochen, als das vierhundert Mann starke Trommler- und Pfeifer-Großkorps Hamburg die Internationale und den Sozialistenmarsch anstimmte.

3.5/53

Natürlich gab es auch im ATSB herausragende Spieler; der bekannteste unter ihnen war Erwin Seeler, der Vater von Uwe Seeler. Er wurde 1929 und 1931 mit seinem Verein SC Lorbeer 06 Hamburg Deutscher Meister des ATSB, bevor er 1932 zum bürgerlichen SC Victoria Hamburg wechselte. Wie tief die Kluft zwischen den Verbänden war, belegt die Reaktion des sozialdemokratischen "Hamburger Echos", das Seeler wegen seines Vereinswechsels als "verwirrten Proletarier" bezeichnete. Allerdings hatte die sportinteressierte Öffentlichkeit wenig Verständnis dafür, dass ihr die Spielernamen vorenthalten wurden. Ohne Stars, mit denen sich die Anhänger eines Vereins identifizieren konnten, blieb der Fußballbetrieb des ATSB blass und war keine wirkliche Konkurrenz für den DFB.

Der drittgrößte Fußballverband jener Zeit war die Deutsche Jugendkraft. Sie entstand 1920 auf dem Deutschen Katholikentag und hatte sich zur Aufgabe gesetzt, durch Sport, Turnen und Spiel die Gesundheit und geistige Verfassung ihrer Mitglieder zu fördern. Schon vor dem Ersten Weltkrieg existierten in einzelnen Pfarreien Turn- und Sportabteilungen, die nach dem Krieg zur DJK zusammengeschlossen wurden. Organisiert war der Spielbetrieb der DJK nicht in Vereinen, sondern in Abteilungen, die jeweils einer Kirchengemeinde angehörten.

3.5/54 Plakat zum Länderspiel Deutschland – Schweiz 1929
Karlsruhe, 1929
Papier; 59 x 44 cm
Stadtgeschichtliches Museum Leipzig/Sportmuseum; P 289

Am 18.5.1929 gelang der Auswahl des ATSB ein 5:2-Sieg gegen die Schweizer Auswahl.

3.5/55 Programmheft zur 2. Arbeiterolympiade 1931
1931
Papier; 31 x 23 cm
Jablonski, Bochum

Erwin Seeler, der Vater von Uwe, hatte in der Auswahl des ATSB im Spiel gegen die Ungarn bei der 2. Arbeiterolympiade in Wien seinen großen Tag. Vor 60.000 Zuschauern erzielte er in Wien sieben Treffer und wurde auf den Schultern vom Platz getragen; das Spiel endete 9:0. Sein Vater – der selbst erst zum bürgerlichen SC Victoria und dann zum Hamburger SV wechseln sollte – kritisierte daheim diesen "Starkult": "Ihr fangt ja ganz neue Moden an im Arbeitersport!"

3.5/56 Druckbogen mit 10 Eintrittskarten für das Fußball-Länderspiel Spanien – Deutschland in Leipzig 1932
KG Rote Sporteinheit, Dresden, 23.7.1932
Papier; 30 x 21 cm
Stadtgeschichtliches Museum Leipzig/Sportmuseum; D 2680

Innerhalb des ATSB eskalierten die Auseinandersetzungen zwischen den sozialdemokratischen und den kommunistischen Mitgliedern im Laufe des Jahres 1927. Der sportliche Kontakt zur Sowjetunion sollte völlig eingestellt werden. Als kommunistische ATSB-Mitglieder 1928 trotzdem zur Spartakiade nach Moskau reisten, wurden sie ausgeschlossen; die Proteste dagegen wurden mit Massenausschließungen teilweise ganzer Vereine beantwortet. Sie gründeten daraufhin 1929 die Interessengemeinschaft zur Wiederherstellung der Einheit im Arbeitersport, die sich seit Dezember 1930 Kampfgemeinschaft für Rote Sporteinheit, kurz Rotsport, nannte. Die Bedeutung des ATSB konnte der Rotsport jedoch in den wenigen Jahren bis zum Verbot beider Verbände durch die Nationalsozialisten nicht erlangen.

3.5/57 Postkarte "1. FC Nürnberg – Süddeutscher Meister 1921"
Photo-Zentrale Hans Ell, Stuttgart, 1921
Foto; 9 x 14 cm
Sportantiquariat Koop-Wittner, Würzburg

In den zwanziger und Anfang der dreißiger Jahre dominierten der 1. FC Nürnberg, die SpVgg Fürth, der Hamburger Sport-Verein und Hertha BSC Berlin die DFB-Meisterschaften. Der "Club" aus Nürnberg, Meister des Jahres 1920, gewann nach der Süddeutschen Meisterschaft 1921 auch in diesem Jahr noch die Viktoria.

3.5/56

3.5/54

In den zwanziger Jahren konnte der DFB seine Position weiter ausbauen, wozu vor allem die wachsende Beliebtheit der Deutschen Meisterschaft beitrug, die nach dem Krieg erstmals wieder 1920 ausgetragen wurde. Bis 1933 gewann der 1. FC Nürnberg fünf Deutsche Meisterschaften; die SpVgg Fürth, der Hamburger SV und Hertha BSC Berlin erhielten jeweils zweimal, Bayern München und Fortuna Düsseldorf je einmal als Deutsche Meister die "Viktoria". Besonders die Dominanz und Rivalität der benachbarten Vereine Nürnberg und Fürth prägten den Fußball in dieser Zeit. Durch kluge Verpflichtungen von ehemaligen englischen und ungarischen Spielern als Trainer gelang es ihnen, ihre Spielstärke zu erhöhen. Galten ein gewisses Lauftraining und gesunde Ernährung bei anderen Vereinen als völlig ausreichend, so wurden in Nürnberg und Fürth schon damals einzelne Spielzüge eingeübt und professionell trainiert.

3.5/58

3.5/58 Endspiel um die deutsche Meisterschaft 1. FC Nürnberg – FSV Frankfurt, 1925
1925
Farblithografie; 27 x 38,5 cm
Deutsches Sport- und Olympiamuseum Köln; 92/1508

In der Saison 1924/25 wurde das Endrundenfeld auf 16 Teilnehmer angehoben. Die Dominanz der Vereine aus dem Süddeutschen Verband lässt sich daraus ersehen, dass er beide Finalisten stellte. Die Nürnberger, die 1924 das Endspiel gegen den HSV gewonnen hatten, reisten 1925 als Titelverteidiger an. Diesmal konnten sie sich auch gegen Frankfurt durchsetzen und ihren vierten Meistertitel erringen, was ihnen 1927 ein fünftes Mal gelang. Nachdem 1929 die SpVgg Fürth den Titel zum dritten Mal gewonnen hatte, ging die Vorherrschaft der süddeutschen Vereine allmählich zu Ende.

Kurios bleibt bis heute die deutsche Meisterschaft der Saison 1921/22. Der 1. FC Nürnberg und der Hamburger SV hatten sich für das Finale qualifiziert. Im Berliner Grunewaldstadion erlebten 25.000 Zuschauer eine ungewöhnlich harte Partie. Schiedsrichter Peco Bauwens, der spätere Vorsitzende des DFB, hatte Mühe, das Spiel nicht entgleisen zu lassen. Nach der regulären Spielzeit stand es 2:2, und als in der Verlängerung kein weiteres Tor fiel, wurde weitergespielt, obwohl sich Spieler und Schiedsrichter kaum noch auf den Beinen halten konnten. Etwa in der 190. Minute brach Bauwens das Spiel ab, weil es inzwischen zu dunkel geworden war. Das Wiederholungsspiel in Leipzig brachte wieder keine Entscheidung. Beim Stand von 1:1 gingen Nürnberg und Hamburg in die Verlängerung, wieder war Peco Bauwens Schiedsrichter. Als nach der ersten Hälfte die Partie abgebrochen werden musste, weil durch Verletzungen weniger als die acht vorgeschriebenen Nürnberger Spieler auf dem Platz standen, wurden die Hamburger zu

3.5/59 Wimpel des 1. FC Nürnberg vom Endspiel um die Deutsche Meisterschaft 1925
1925
Textil; 35 x 54 cm
FSV Frankfurt 1899 e.V.

3.5/60 20 Plakate des 1. FC Nürnberg zur Deutschen Meisterschaft 1925
Verlag des Fußballs, 1925
Papier; je 31 x 36,5 cm
1. FC Nürnberg

Die Popularität des Vereins schlug sich in der Vermarktung nieder. Die Plakate scheinen ein beliebtes Objekt gewesen und in großer Zahl hergestellt worden zu sein. Im Archiv des "Clubs" befinden sich etwa 60 weitere.

3.5/61 Vier Mitglieder-Karteikarten des 1. FC Nürnberg
Nürnberg, 1949 (?)
Papier; je 17 x 23,5 cm
1. FC Nürnberg

Die Karteikarten sind nach dem Zweiten Weltkrieg wahrscheinlich von einer älteren Kartei übertragen worden. Die Mitgliederkarten der Spieler Joseph "Seppl" Schmitt, Hans "Bumbes" Schmidt und Georg Winter, die in der ersten Mannschaft gespielt hatten, waren für das Jahr 1928 bzw. 1929 mit dem Vermerk "Beitragsfrei" versehen. Alle drei gehörten zur Meistermannschaft von 1927. Der gebürtige Fürther Hans Schmitt hatte nicht nur die Meisterschaften von 1924 und 1925 mit Nürnberg gewonnen, sondern auch 1914 mit seinem alten Verein, der SpVgg Fürth, die Viktoria errungen. Die vierte Karte gehörte dem Mitglied Andreas Munkert, der nicht in der ersten Mannschaft spielte und monatlich seinen Beitrag entrichten musste: 1928 waren es 1,60, ein Jahr später 1,80 Reichsmark.

3.5/62 Pokal der Old-Boys Basel für die SpVgg Fürth
1919
Metall; H 25,5 cm, D 12,5 cm
bez.: 25jähriges Jubiläum des F.C. Old-Boys Basel / Internationales Turnier Serie A, 14. September 1919, 1. Preis
SpVgg Greuther Fürth

3.5/63

Die Spielvereinigung Fürth war der große Konkurrent des 1. FC Nürnberg. Die beiden benachbarten Vereine trafen immer wieder in Lokalderbys aufeinander und rivalisierten um die Vorherrschaft im deutschen Fußball. Die "Kleeblätter", wie die Fürther genannt wurden, hatten schon 1914 ihre erste Deutsche Meisterschaft gewonnen. Nach dem Krieg konnten sie an ihre Erfolge anknüpfen und erneut 1926 und 1929 den Titel erringen. Auch auf der internationalen Bühne machte sich die Mannschaft einen Namen und fuhr schon kurz nach dem Ersten Weltkrieg zu Gastspielen mit europäischen Spitzenmannschaften nach Mailand, Wien, Budapest, Stockholm, Prag und Basel.

3.5/63 Ehrenvase des Ballspielclubs Selb für die Spielvereinigung Fürth
1920
Porzellan; 68 x 33 x 24 cm
bez.: Ballspielclub Selb e.V. Pokalspiele am 21. und 22. August 1920 gestiftet von H. Geheimrat Dr. Ph. Rosenthal
SpVgg Greuther Fürth

3.5/59

3.5/60

Meistern erklärt. Die Nürnberger protestierten. Erst auf einem außerordentlichen DFB-Bundestag kam es zu einer Verständigung. Der HSV verzichtete auf die Meisterschaft. Bis heute wird beim DFB kein Deutscher Meister für das Jahr 1922 verzeichnet.

Die wachsende Popularität des Fußballs führte zu einer zunehmenden Professionalisierung des Spielbetriebs und zur Kommerzialisierung des "Produkts" Fußball. Wachsende Zuschauerzahlen wurden eine bedeutende Einnahmequelle, und so flossen zwischen Vereinen und Spielern unter der Hand Gelder, um die besten Spieler zu halten oder zu verpflichten. Auch die Werbung entdeckte nun den Fußball. Firmen warben mit Fußballstars für ihre Produkte, beispielsweise in Form von Sammelbildern. Der Hamburger Otto "Tull" Harder erlaubte es einem Zigarettenhersteller, mit ihm als Motiv zu werben. Der DFB sah hierin eine Verletzung des Amateurstatus. Erst das höchstrichterliche Urteil des Leipziger Reichsgerichts gestattete der Firma, mit Harder als einer Person der Zeitgeschichte zu werben.

3.5/66

3.5/74

3.5/64 Szenen der Begegnung SpVgg Fürth – FC Barcelona, 1922
Barcelona, 1922
16 Fotos; je 8,5 x 13,5 cm
bez.: F.C. Barcelona al S.V. Fürth, Septembre 1922
SpVgg Greuther Fürth

Die Spanier rühmten das faire Spiel, die straffe Disziplin und die gute Technik der Deutschen. Die beiden Spiele lockten jeweils 30.000 Zuschauer an. Barcelona gewann das erste mit 2:1, das zweite endete torlos. Anschließend fuhren die Fürther weiter zu Spielen in Santander und Bilbao.

3.5/65 Bericht zu den Spielen der SpVgg Fürth in Barcelona
Deutsches Generalkonsulat Barcelona, 26.10.1922
Papier; 30 x 21 cm
Stadtarchiv Fürth; Zeitgeschichtliche Sammlung, SpVgg Fürth, Wunschel-Chronik

Ein Mitglied des Deutschen Generalkonsulats berichtet über die Gastspiele der SpVgg Fürth gegen den FC Barcelona und die durchweg positiven Reaktionen darauf. Insgesamt hinterließ die Fürther Delegation – es war die erste deutsche Mannschaft in Spanien – einen guten Eindruck. Der Vertreter des Generalkonsulats empfiehlt daher anderen deutschen Städten, Mannschaften bei solchen Auslandsreisen zu unterstützen und fordert die Stadtverwaltung Fürth auf, vom großen Erfolg ihres Vereins zu berichten.

3.5/66 Wimpel des FC Barcelona für die SpVgg Fürth
1922
Textil, Metall; 81 x 70 cm
bez.: F.C. Barcelona al S.V. Fürth, Septembre 1922
SpVgg Greuther Fürth

3.5/67 Erinnerungsbild an das Spiel FC Barcelona – SpVgg Fürth, 1922
Barcelona, 1922
Foto; 42 x 52 cm
bez.: Barcelona 1922 – Dem verdienten Ehrenpräsidenten zur steten Erinnerung an seine dankbare 1. Elf, 4. Februar 1923
SpVgg Greuther Fürth

3.5/68 Ehrenbecher für die Jugendwerbung der SpVgg Fürth
1926
Metall, H 9 cm, D 6,5 cm
SpVgg Greuther Fürth

3.5/69 Karikaturen der Fürther Spieler
Kelen, Fußball, Nr. 24, 16. Jg., München, 1926
Papier; 30 x 24 cm
SpVgg Greuther Fürth

Nachdem die Fürther sich in der Endrunde gegen Hertha BSC die Meisterschaft gesichert hatten, erschienen in der Presse Karikaturen der Meistermannschaft, des Berliner Spielführers, des Schiedsrichters und einiger Ehrengäste.

3.5/70 Vertrag zwischen der SpVgg Fürth und der Firma Simon Trager
Fürth, 14.7.1928
Papier; 29,5 x 22 cm
SpVgg Greuther Fürth

Der Verein arbeitete mit der Nürnberger Firma bei der Organisation und Finanzierung einer Großveranstaltung im Fürther Stadion zusammen.

3.5/71 Vertrag zwischen der SpVgg Fürth und der Werbefirma Intra über Stadionwerbung
Fürth, 22.12.1928
Papier; 33,5 x 21 cm
SpVgg Greuther Fürth

Der für die Jahre 1929 bis 1931 gültige Vertrag sah vor, dass die Werbefirma die gesamte Reklamefläche der Holzumzäunung des Spielfeldes vermarkten durfte. Der Verein sollte daraus jährlich 40 Prozent der Bruttoeinnahmen erhalten, mindestens aber 700 Reichsmark.

3.5/72 Wimpel des Deutschen Fußball-Bundes für die SpVgg Fürth zur Deutschen Fußballmeisterschaft 1929
1929
Textil; 51 x 77 cm
bez.: DFB Deutscher Fußballmeister 1929
SpVgg Greuther Fürth

Die SpVgg Fürth hatte 1929 nach 1914 und 1926 zum dritten Mal die Deutsche Meisterschaft errungen.

3.5/73 Medaille zur Deutschen Fußballmeisterschaft 1929
1929
Metall; D 5 cm
SpVgg Greuther Fürth

Jeder Spieler der Meistermannschaft erhielt vom DFB eine Medaille.

3.5/74 Trophäe der Stadt Fürth für die SpVgg Fürth zur Fußballmeisterschaft 1929/30
1930
Metall; 54 x 30 x 35 cm
SpVgg Greuther Fürth

3.5/75 Wimpel für den HSV zur Deutschen Meisterschaft, 1923
1923
Textil; 74 x 55 cm
Hamburger SV; 414

Der Hamburger SV hatte 1922 im Endspiel um die Meisterschaft gegen Nürnberg gestanden, aber Hin- und Rückspiel mussten abgebrochen werden, sodass kein Meister ermittelt werden konnte. Im nächsten Jahr gelang es den Hanseaten endlich, ihre erste Meisterschaft zu gewinnen: Im Endspiel 1923 besiegten sie vor 64.000 Zuschauern im Berliner Grunewaldstadion den Außenseiter Union Oberschöneweide mit 3:0.

3.5/76 Statuette des HSV zur Deutschen Meisterschaft
1923
Metall; 53 x 19 cm
Hamburger SV; 300

3.5/77 Die Mannschaft des HSV
1920er Jahre
Foto; 11 x 17 cm
Hamburger SV

3.5/78 Finale zwischen dem HSV und Union Oberschöneweide, 1923
1923
Foto; 10,5 x 17,5 cm
Hamburger SV

3.5/79 Fußball-Trophäe zur Deutschen Fußballmeisterschaft, 1923
überreicht 10.6.1923
Leder, bronzefarben bemalt; D 21 cm
bez.: HSV / Deutscher Fußballmeister / 10.6.1923
Hamburger Sport-Verein; 274

3.5/80 Ehrenpokal für den HSV
1927
Metall; H 38 cm, D 16 cm
bez.: Dem Sieger im Fussballspiel / H.S.V. – Penarol Uruguay / gestiftet von den / ibero-amerik. Konsuln / in Hamburg / 15.4.27
Hamburger SV; 294

Der HSV lud die südamerikanische Vereinsmannschaft nach dem Spiel am 15.4.1927, das er mit 3:2 gewonnen hatte, zu einem Festbankett ein und präsentierte sich als zuvorkommender Gastgeber. Der Saal war mit den Nationalfahnen der beiden Länder und den Vereinsfahnen geschmückt. Die anwesenden Mitglieder beider Delegationen erschienen im Frack – wer keinen besaß, musste sich einen leihen.

3.5/81 Plakette der Stadt Altona für die Erringung der Deutschen Fußballmeisterschaft
1928
Metall, 3,5 x 5 cm
Hamburger SV; 250

3.5/82 Wimpel für den HSV zur Deutschen Meisterschaft des DFB, 1928
1928
Textil; 87 x 52 cm
Hamburger SV; 415

1928 wurde der HSV zum zweiten Mal Deutscher Meister. Im Endspiel schlug er Hertha BSC Berlin mit 5:2. Der herausragende Hamburger Spieler war Otto "Tull" Harder.

3.5/83 Freundschaftskissen für Hertha BSC Berlin
1922
Schwarzer Samt mit Goldstickerei; 27 x 32 x 7,5 cm
bez.: Dem Berliner Fußballclub "Hertha" 1892 e.V. zum 80jährigen Bestehen von der Frankfurter Turn- & Sportgemeinde "Eintracht 1861"
Hertha BSC Berlin

3.5/84 Statue in Form eines Bogenschützen zur Verbandsmeisterschaft
1925
Metall; 67 x 30 x 14 cm
bez.: Meisterschaft 1924/25 / I. Mannschaft / Verbandsmeister / V.B.B.
Hertha BSC Berlin

3.5/85 Trophäe von Hertha BSC Berlin in Form eines Jünglings unter den Flügeln eines Adlers
1926
Metall; 100 x 113 x 36 cm
Hertha BSC Berlin

Hertha stand 1926 zum ersten Mal im Endspiel um die Deutsche Meisterschaft – und verlor, wie auch in den folgenden drei Jahren. Nach dieser Pechsträhne konnte sich Hertha endlich 1930 und 1931 auch in den Endspielen durchsetzen und die Meisterschaft gewinnen.

3.5/86 Spielszenen von Hertha BSC Berlin
Vereinschronik Hertha BSC Berlin, 3. Band, 1926 (?)
Fotos, Papier, Karton; 34,5 x 25 cm
Hertha BSC Berlin

Auf den aufgeschlagenen Seiten sind Fotos zu den Spielen gegen Tasmania 1900 und den B.S.V. zu sehen. Die Begegnungen fanden im Dezember 1925 statt und konnten von den Herthanern gewonnen werden.

3.5/82

3.5/83

3.5/85

In den zwanziger Jahren stieg auch das Interesse an Informationen zum Thema Fußball. Der Zeitschriftenmarkt mit Sport- und speziellen Fußballzeitschriften explodierte: Allein 600 bis 700 Sportzeitschriften erschienen in der Weimarer Republik. Unter den einschlägigen Zeitschriften war der "Fußball", herausgegeben von Eugen Seybold, die auflagenstärkste. Daneben ist der im Jahre 1920 von Walter Bensemann gegründete "Kicker" zu nennen, der nach dem Zweiten Weltkrieg zum wichtigsten Fußballfachblatt avancierte. Auch die Tageszeitungen stellten sich auf dieses neue Interesse ein und lieferten in ihren Montagsausgaben ausführliche Berichte, da ihre Leser die Fußballergebnisse vom Wochenende möglichst schnell erfahren wollten. Hinzu kamen neue Medien wie das Radio, das 1925 bereits seine erste Live-Reportage ausstrahlte, seinen Durchbruch allerdings erst in den fünfziger Jahren erlebte. Auch die Wochenschauen befassten sich mit dem Fußball, doch gerade beim Film blieben die technischen Möglichkeiten zunächst noch beschränkt.

Zum Symbol dieser neuen Zeit wurden die Kassenhäuschen vor den Stadien. Sie zeigten zum einen den Willen der Vereine, den Fußballplatz mit Hilfe von Zäunen, Toren und eben diesen Kassenhäuschen vom allgemeinen Publikum abzugrenzen, zum an-

3.5/87 Wimpel für den Berliner Meister Hertha BSC
22.8.1926
Textil; 49 x 36 cm
Hertha BCS Berlin

3.5/88 "Ha-he-ho – Hertha ist K.o."
Titelbild der Fußball-Illustrierten Sportzeitung (Sonderausgabe), 29.7.1929
Papier; 47,1 x 32,1 cm
Haus der Geschichte der Bundesrepublik Deutschland, Bonn; 1992/07/622.0257

Hertha hatte zum vierten Mal in Folge das Endspiel erreicht und war gescheitert, diesmal an der SpVgg Fürth mit 2:3. In Nürnberg wurde das Finale vor einer aufgepeitschten Zuschauerkulisse ausgetragen. Die Fürther Anhänger waren dank der kurzen Anfahrt ohnehin in der Überzahl. Weil Hertha aber durch einen Sieg über den "Club" ins Finale gelangt war, stellten die Nürnberger Zuschauer diesmal sogar ihre traditionelle Konkurrenz gegen die "Kleeblätter" zurück, sodass die Berliner fast das ganze Stadion gegen sich hatten.

Der DFB zog daraus Konsequenzen und achtete von 1930 an stärker auf die Auswahl der Austragungsorte für die Endrunde. Gastgeber war in diesem Jahr Düsseldorf mit seinem Rheinstadion. Erneut war Hertha ins Finale vorgedrungen, und diesmal endlich klappte es: Vor 40.000 Zuschauern gewann sie ihre erste Deutsche Meisterschaft gegen Holstein Kiel mit 5:4.

3.5/89 Wimpel des DFB zur Deutschen Meisterschaft 1930
1930
Textil; 49 x 69 cm
Hertha BSC Berlin

3.5/90 Wimpel des DFB zur Deutschen Meisterschaft 1931
1931
Textil; 49 x 69 cm
Hertha BSC Berlin

3.5/91 Spieler und Spielszenen von Hertha BSC
1931, nachträglich beschriftet
Fotos, beschriftet, gerahmt; 70 x 50 cm
Hertha BSC Berlin

Die Fotos stammen aus der Saison, in der Hertha erneut Deutscher Meister geworden war.

3.5/92 Georg P. Blaschke: Fußballsport
Leipzig, 1921
Papier, Karton; 20 x 14 cm
Sportantiquariat Kopp-Wittner, Würzburg

Blaschke übernahm 1915 ehrenamtlich das Amt des Geschäftsführers des DFB und wurde nach dem Ersten Weltkrieg Vorstandsmitglied des Verbandes. In der Zeit der Weimarer Republik war er bei den meisten Spielen der deutschen Nationalmannschaft Delegationsleiter, d.h. er betreute offiziell das Team vor Ort. Bis zur Einsetzung von Otto Nerz als Reichstrainer begleitete allein der jeweilige Delegationsleiter die Mannschaft. Seine schwierigste Mission hatte Blaschke 1924 beim Länderspiel gegen die Niederlande. Die Mannschaft bestand nur aus Spielern der konkurrierenden Vereine Nürnberg und Fürth, die in getrennten Waggons anreisten und nicht einmal auf dem Platz miteinander sprechen wollten, sodass Blaschke ständig zwischen ihnen vermitteln musste.

3.5/93 Trophäe des Länderspiels Deutschland – Schweiz vom 27.6.1920
1920
Metall, Glas; 44 x 60 x 34 cm
Altonaer Fußball-Club von 1893 e.V., Hamburg

Das erste Länderspiel nach dem Ersten Weltkrieg wurde gegen die schweizerische Mannschaft ausgetragen und war innerhalb des schweizerischen Verbandes sehr umstritten. Die französischsprachige Westschweiz verbot ihren Spielern die Teilnahme; ein Spieler, der dieses Verbot missachtete, wurde daraufhin von seinem Verein gesperrt. Das Spiel endete 4:1 für die Schweiz gegen eine äußerst zurückhaltende deutsche Mannschaft, denn die Verantwortlichen des DFB hatten aus Angst vor aufflackernden Ressentiments die Order ausgegeben: "Keine Fouls, keine Härte, Fairness jederzeit".

3.5/94 Medaille zum Länderspiel Deutschland – Schweiz, 1922
1922
Metall, 5 x 5 cm
bez.: Zur Erinnerung an das Länderspiel Deutschland – Schweiz 26.III.1922, umseitig: Georg Wellhöfer Spielvereinigung Fürth
SpVgg Greuther Fürth

3.5/95 Otto Nerz beim Training
1930er Jahre
Foto; 9 x 14 cm
Sepp-Herberger-Stiftung, Frankfurt/M.

Das Foto stammt aus einem privaten Fotoalbum von Sepp Herberger. Auf dem oberen Foto dieser Albumseite sieht man den Assistenten Herberger das Trainingsverhalten der Spieler beobachten.

3.5/96 Otto Nerz beim Länderspiel in der Schweiz
Der Kicker, Nr. 7, 12.2 1929
Papier; 30,5 x 23 cm
Sportantiquariat Kopp-Wittner, Würzburg

Zwei Karikaturen zeigen Otto Nerz während des Länderspiels gegen die Schweiz. Als erster hauptamtlicher Trainer der Nationalmannschaft forderte er von seinen Spielern ein hartes Konditionstraining. Viele ältere Spieler konnten sich nicht darauf einstellen. Mit seiner neu aufgebauten Mannschaft erreichte Nerz bei der Weltmeisterschaft 1934 den dritten Platz.

3.5/97 Programmheft zum Länderspiel Deutschland – England am 10.5.1930 in Berlin
1930
Papier; 21 x 15 cm
Dr. Othmar Hermann, Frankfurt

deren die Bereitschaft der Zuschauer, sich gegen die Zahlung eines Eintrittsgeldes aus der Masse der Fußballinteressierten herauszulösen und das Spiel im Stadion zu verfolgen. Die Bereitschaft, für das Zusehen zu bezahlen, den Verein auch zu Auswärtsspielen zu begleiten, und der Wunsch, ausführlich durch Zeitschriften und Tageszeitungen über die Spiele informiert zu werden, lassen erkennen, dass der typische Fußball-Anhänger geboren war.

All diese Entwicklungen in Deutschland und darüber hinaus in ganz Europa kollidierten zunehmend mit dem Amateurideal des DFB.

3.5/87

3.5/95

3.5/98 Programmheft zum Länderspiel Deutschland – Ungarn am 28.9.1930 in Dresden
1930
Papier; 30 x 20 cm
Deutscher Fußball-Bund, Frankfurt/M.; Bibliothek

3.5/99 Programmheft zum Länderspiel Deutschland – Österreich am 24.5.1931 in Berlin
1931
Papier; 21,5 x 15,5 cm
Deutscher Fußball-Bund, Frankfurt/M.; Bibliothek

3.5/100 Programmheft zum Länderspiel Deutschland – Schweiz am 6.3.1932 in Leipzig
1932
Papier; 22,5 x 15 cm
Stadtgeschichtliches Museum Leipzig/Sportmuseum; D 3425

3.5/101 Beilage des Dresdener Anzeigers zum Länderspiel Deutschland – Ungarn, 1930
Dresden, 1930
Papier; 49 x 31,5 cm
Karl-Heinz Eichborn, Dresden

Das Blatt der sächsischen Zeitung wirbt für die Begegnung am 28.9.1930, die auf dem Platz des Dresdener Sportclubs stattfand. Die Deutschen gewannen das Spiel mit 5:3. Das beidseitig bedruckte Plakat zeigt auf der Vorderseite die Spielankündigung, die Aufstellung beider Teams und Werbeannoncen. Die Zigarettenfirma der Marke "Bulgaria" wirbt für ihr Produkt mit der Behauptung, es sei die Lieblingsmarke einer neuen Generation, die Zigarette der Sportler. Auf der Rückseite werden andere Länderspielbegegnungen aufgeführt, ferner die besten Torschützen, "Deutschlands Torwächter und ihre Torverluste" und die deutsche Länderspielbilanz in tabellarischer Form.

Die Einnahmen flossen den Platzherren, also den Vereinen, zu, obwohl überwiegend die Kommunen die Stadien finanziert und errichtet hatten. Verständlicherweise wollten die Spieler am neuen Reichtum ihrer Vereine teilhaben, die deshalb Handgelder zahlten, um ihre Spieler nicht an andere Vereine zu verlieren. In Nürnberg und Fürth, Berlin, Hamburg, München, Düsseldorf, Gelsenkirchen und Mannheim formierten sich hierdurch renommierte Mannschaften, die auch Teams aus anderen Ländern Paroli bieten konnten, während im Kaiserreich solche Begegnungen meist mit deutlichen Niederlagen geendet hatten. Diese Entwicklung bedeutete einen Verstoß gegen die Vorschriften, denn das Amateurstatut erlaubte nur eine Erstattung der Spesen und Reisekosten. Immer wieder kam es deshalb zu Verboten und Sperren, von denen 1921 auch Sepp Herberger betroffen war. Bei seinem Wechsel vom SV Waldhof Mannheim zu

3.5/100

3.5/102 Programmheft zum Länderspiel Berlin – Zentralschweiz am 28.9.1927 in Berlin
1927
Papier; 30 x 23 cm
Martin Brands, Duisburg

3.5/103 Filmaufnahmen der Begegnung SpVgg Fürth – Holstein Kiel, 1926
1926
16 mm-Film, ca. 5 min.
SpVgg Greuther Fürth

Die Aufnahmen entstanden beim Halbfinale um die Deutsche Meisterschaft im Düsseldorfer Rheinstadion. Fürth besiegte die Kieler Mannschaft mit 3:1 und zog ins Finale ein. Die Kamera ist fest hinter einem Tor installiert und verfolgt den Spielverlauf aus dieser einen Perspektive.

3.5/104 Radioreporter im Grünwalder Stadion von München 1860
Ende 1920er Jahre
Foto; 30 x 40 cm
Stadtarchiv München

Schon für das Spiel um die Deutsche Meisterschaft zwischen SpVgg Fürth und Hertha BSC Berlin 1926 in Frankfurt ist eine Rundfunk-Live-Übertragung belegt. Man traf sich – wie später bei den ersten Fernsehübertragungen – in Gasthöfen, wo man über Lautsprecher das Spiel verfolgen konnte.

3.5/105 Frühe Radioreportagen von Fußballspielen
1930
Tonband; 3 Minuten
Deutsches Rundfunkarchiv, Frankfurt/M.

Die Radioausschnitte stammen aus den Länderspielen Deutschland gegen Italien am 2.3.1930 in Frankfurt am Main, gegen England am 16.5.1930 in Berlin und dem Lokalderby Hertha BSC gegen Tennis Borussia Berlin am 27.4.1930.

3.5/106 Jahresausgabe der Zeitschrift "Der Kicker"
Nürnberg, 1928
Papier; 30,7 x 22,7 cm
Sportantiquariat Kopp-Wittner, Würzburg

Das Fußballjahr verläuft anders als das Kalenderjahr: Es beginnt erst im Spätsommer mit dem Saisonstart und endet im folgenden Frühsommer mit der Meisterschaft. Die Zeitschriftenverlage aber produzieren jede Woche des Kalenderjahres und sorgen so auch in der "fußballfreien Zeit" für einen ununterbrochenen Nachrichtenfluss zu diesem Thema. Bereits in der Weimarer Republik gab es mehrere hundert Sportzeitungen. "Der Kicker", 1921 als eine von vielen gegründet, ist heute das auflagenstärkste deutsche Blatt zum Thema Fußball.

Samstag, 7. Juni 1924
Preis: 30 Pfennig
Allgemeine Sport-Schau
ASS
Tageszeitung für alle Sportarten
Um die höchste Ehre im deutschen Fußball-Sport
PIRELLI-REIFEN
MÜNCHEN LENBACH-PLATZ 6 / IN ALLEN EINSCHLÄGIGEN GESCHÄFTEN

3.5/107

3.5/107 Allgemeine Sport-Schau
Deutsche Sportverbände (Hg.), Nürnberg, 7.6.1924
Papier; 45,5 x 31,5 cm
Sportantiquariat Kopp-Wittner, Würzburg

Ausgehend von der regionalen Gliederung der Fußballverbände waren auch die meisten Fachzeitschriften regional ausgerichtet. An überregionalen Ereignissen wurden nur die Endrunden der einzelnen Verbände und die Endrunde zur Deutschen Meisterschaft stärker berücksichtigt. Die regionalen Fußballnachrichten waren aber so begehrt, dass auch die Tageszeitungen sich darauf einstellten. Die Journalisten mussten auf ihren freien Sonntag zugunsten des so genannten "Fußball-Montags" verzichten: Immer mehr Tageszeitungen zogen es vor, auch am Montag eine Ausgabe herauszugeben, weil ihre Leser nach den Fußballergebnissen des Wochenendes fieberten.

3.5/108 Hanseatische Sportzeitung, Nr. 49
Altona, 6.12.1932
Papier; 31,5 x 22,5 cm
Gerhard Raschke, Linz am Rhein

3.5/109 Der Fussball-Sport, Nr. 18
Berlin, 3.5.1921
Papier; 30,5 x 23 cm
Gerhard Raschke, Linz am Rhein

3.5/110 Die Fussball-Woche, Nr. 23 B
Berlin, 4.6.1930
Papier; 30,5 x 23 cm
Gerhard Raschke, Linz am Rhein

3.5/111 Der Kampf, Nr. 8
Dresden, 23.2.1930
Papier; 29,5 x 22,5 cm
Gerhard Raschke, Linz am Rhein

3.5/112 Sport-Chronik, Nr.7
Altona, 17.2.1925
Papier, 31 x 23 cm
Gerhard Raschke, Linz am Rhein

Phönix 07 Mannheim erhielt er ein Handgeld von 10.000 Reichsmark. Obwohl er – noch bevor es publik wurde – das Geld zurückgab, wurde er gesperrt und erst 1922 zum regulären Spielbetrieb wieder zugelassen. Besonders groß waren die Fußballbegeisterung und damit auch die Einnahmen im Bereich des Westdeutschen Spielverbandes, wo Fortuna Düsseldorf und Schalke 04 zu Beginn der dreißiger Jahre als professionelle Mannschaften galten. Auch andernorts hatte sich das verdeckt ausgeübte System, die Spieler mit Handgeldern zu finanzieren, inzwischen verbreitet. Die DFB-Vertreter, unter denen sich die Befürworter des bezahlten Fußballs in der Minderheit befanden, waren jedoch nicht gewillt, diese

3.5/113 NFV. Alleiniges amtliches Organ des Norddeutschen Fußball-Verbandes, Nr. 8
Hamburg, 23.2.1925
Papier; 31,7 x 23 cm
Gerhard Raschke, Linz am Rhein

3.5/114 NSZ. Norddeutsche Sportzeitung, Nr. 1
Norddeutscher Fußballverband (Hg.), Hannover, 3.1.1921
Papier; 31 x 23 cm
Gerhard Raschke, Linz am Rhein

3.5/115 Der Sport-Sonntag, Nr. 20
Leipzig, 10.3.1923
Papier; 48,5 x 33 cm
Gerhard Raschke, Linz am Rhein

3.5/116 MSZ. Mitteldeutsche Sport-Zeitung, Nr. 6
Leipzig, 6.2.1933
Papier; 30,5 x 23,5 cm
Gerhard Raschke, Linz am Rhein

3.5/117 NSZ. Deutsche Fußball-Zeitung, Nr.2
München, 10.10.1924
Papier; 31,5 x 23,5 cm
Gerhard Raschke, Linz am Rhein

3.5/118 Bremer Sportnachrichten. Zeitschrift für alle Arten der Leibesübungen
Bremen, 4.4.1927
Papier; 46,5 x 32 cm
SV Werder Bremen

3.5/119 Turnen, Spiel und Sport
Hamburg, 6.3.1928
Papier; 30,5 x 23 cm
SV Werder Bremen

3.5/120 Zeitschrift "FUL – Fußball und Leichtathletik"
Duisburg, 3.11.1926
Papier; 25 x 18 cm
Franz Peter Seiwert, Oberhausen

3.5/121 Berliner Illustrierte Zeitung, Nr.26
1926
Papier; 37,5 x 27,5 cm
bez.: Der Kampf um die deutsche Fußballmeisterschaft
Deutsches Sport- und Olympiamuseum Köln; 92/1505

3.5/119

3.5/122 Freie Sportwoche. Zeitschrift für Sport und Spiel, Nr. 1-53
Leipzig, 2.1. – 30.12.1929
Papier; je 32,5 x 24,5 cm
Sportantiquariat Kopp-Wittner, Würzburg

3.5/123 Sächsische Arbeiter-Zeitung
22.7.1926
Papier; 21 x 28 cm
Stadtgeschichtliches Museum Leipzig; D 82

3.5/124 Zuschauer auf der Tribüne des Ronhof-Stadions
1920er Jahre
Foto, 12 x 16 cm
SpVgg Greuther Fürth

3.5/125 Kassiererschatulle von Fortuna Düsseldorf
1920er Jahre
Holz, Metall, Kunststoff; 12 x 37,5 x 25 cm
Fortuna Düsseldorf

Die Einnahmen aus den Eintrittsgeldern der Spiele erlaubten es den Vereinen, sich die besten Spieler und – wie es bei der Fortuna 1924 mit Heinz Körner der Fall war – den ersten Berufstrainer zu holen. Neben 500 Reichsmark im Monat bekam er noch die Einnahmen aus einem Freundschaftsspiel seiner Wahl. Bei diesem Spiel gegen den Lokalrivalen TURU Düsseldorf, das von 12.000 Zuschauern besucht wurde, betrugen die Einnahmen 14.000 Reichsmark.

3.5/125

3.5/126 Programmheft zum Spielfilm "Der König der Mittelstürmer"
Illustrierter Film-Kurier, Berlin, 1927
Papier; 30,5 x 23 cm
Dr. Othmar Hermann, Frankfurt/M.

Ein Stürmer aus bestem bürgerlichen Hause erringt im Fußballspiel die Achtung seines Vaters, den Meistertitel seines Vereins und die – so der Rezensent – "Dollarprinzessin". Bei der Namensgebung des Filmhelden "Tull Harper" stand offensichtlich der Hamburger Spieler Otto "Tull" Harder Pate.

3.5/127 16 Postkarten von Spielern des Berliner Fußballclubs Minerva
Berlin, 1929
Fotos auf Karton; je 13,5 x 9 cm
Sportantiquariat Kopp-Wittner, Würzburg

Die Spieler haben sich teils in ihren Trikots, teils in Straßenkleidung fotografieren lassen. Die Postkarten sind mit Autogrammen der Spieler versehen.

3.5/128 200 Fußballsammelkarten
Greiling A.G., Zigarettenbilder, Dresden, 1928
Papier; je 6 x 9 bzw. 9 x 6 cm
Sportantiquariat Kopp-Wittner, Würzburg

Im Kaiserreich waren Sammelbilder teuren Produkten wie Kakao, Schokolade oder Fleischextrakt beigelegt, sodass ihre Verbreitung gering blieb. In den zwanziger Jahren entdeckte auch die Zigarettenindustrie die Serienbilder für ihre Zwecke und machte sie breiteren Schichten zugänglich, darunter auch Motive vom populären Fußball. Abgebildet waren Stars, Spielszenen und die berühmten deutschen Vereine. Die kolorierten Fotos heroisieren Spieler und Mannschaften. Fouls, schmerzverzerrte Gesichter oder "unästhetische" Körperhaltungen sucht man hier vergeblich. Später gingen die Firmen zunehmend dazu über, nicht mehr die Bilder, sondern entsprechende Gutscheine ihren Produkten beizulegen. Damit konnten die Sammler einerseits ganze Serien vollständig erwerben, andererseits waren die Bilder nicht mehr von der Größe des Produkts abhängig. Die hier gezeigten Fußballsammelbilder lagen Zigarettenschachteln bei und haben daher deren einheitliche Größe.

3.5/126

3.5/129 Werbeschild für die Zigarettenmarke "Abseits"
Manoli Zigarettenfabrik, Berlin, 1928
Karton; 48 x 33 cm
Gerd Päsler, Dortmund

3.5/130 "Bulgaria-Sport-Photos"
Bulgaria, Dresden, 1932
Papier, Karton; 21 x 30 cm
Gerd Päsler, Dortmund

3.5/131 Sammelalbum für Schokoladen-Fußballbilder
Gartmann, Altona, 1925
Papier, Karton; 21,5 x 25 cm
Gerd Päsler, Dortmund

3.5/132 Sammelalbum "Deutsche Liga"
Greiling A.G., Zigarettenbilder, Dresden, 1931
Papier, Karton; 28 x 26 cm
Gerd Päsler, Dortmund

3.5/133 Zwölf Fußballsammelkarten
Erdal, Werner & Merk, Serie 30 Bild 1-6 /Serie 34 Bild 1-6, Mainz, 1928
Papier; je 7 x 11 cm
Sportantiquariat Kopp-Wittner, Würzburg

3.5/134 Sammelalbum für Sportwappen von Kurmark-Zigaretten
Garbáty, Berlin, 1930
Papier, Karton; 30,5 x 24 cm
SV Werder Bremen

3.5/135 Sammelalbum für Schokoladenbilder von Vereinsemblemen
Portola, 1932
Papier, Karton; 25 x 27 cm
Gerd Päsler, Dortmund

3.5/136 Werbeplakat der Fußballzeitung "Sachsen-Fußball"
G. Kretschmer, 1929
Papier; 67 x 51 cm
bez.: Mensch sei helle, abonniere auf der Stelle den Sachsen-Fußball
Stadtgeschichtliches Museum Leipzig/Sportmuseum; P 25

3.5/137 Tull Harder im Kampf um den Ball
1920er Jahre
Foto; 15 x 13 cm
Hamburger Sport-Verein

Otto "Tull" Harder (1892–1956) spielte von 1910 bis 1930 beim HSV und ließ seine Karriere beim Lokalrivalen Victoria ausklingen. 1914 kam er zu seinem ersten Länderspieleinsatz und brachte es bis 1926 auf 15 Partien, bei denen er neunmal Spielführer war. Er verließ die Nationalmannschaft, nachdem es eine Zeitung gewagt hatte, sein Spiel zu kritisieren. Er war einer der besten Mittelstürmer dieser Zeit. Mit seinen 1,90 m Körpergröße konnte er sich hervorragend im Strafraum durchsetzen, aber auch seine Alleingänge über den ganzen Platz waren berühmt, weshalb er überregionales Ansehen genoss.

Praxis weiter zu tolerieren. In der Saison 1930/31 wurden die Mannschaftsmitglieder des FC Schalke 04 der regelmäßigen Geldannahme überführt; sie sollen als Handgeld vom Verein etwa zehn Reichs-

3.5/133

3.5/129

3.5/131

3.5/130

3.5/132

mark pro Spiel- und Trainingstag bekommen haben. Der DFB und der Westdeutsche Spielverband statuierten ein Exempel: Die Schalker Spieler wurden zu Berufsspielern erklärt und konnten nicht mehr innerhalb des DFB spielen, während der Verein zur Zahlung eines empfindlich hohen Geldbetrags verurteilt wurde.

Dieses Vorgehen löste allerdings einen reichsweiten Proteststurm aus. Selbst die unmittelbaren Konkurrenten sprachen sich gegen dieses Vorgehen aus, nicht zuletzt wegen der großen Zuschauerzahlen und der damit einhergehenden hohen Einnahmen, die Spiele gegen Schalke einbrachten. Der DFB hob das Urteil nach knapp einem Jahr wieder auf, und die Mannschaft erhielt die Spielberechtigung zurück. Damit war das Problem zwar noch nicht gelöst, aber gegen Ende der Weimarer Republik zeichnete sich ab, dass die Zahl derjenigen wuchs, die sich für die Einführung des "Berufs-Fußballsports" aussprachen. Auf dem Bundestag des DFB im Oktober 1932 wurden die Weichen dafür gestellt, und auf der für 1933 geplanten Versammlung sollte darüber entschieden werden. Doch dazu kam es nach der "Machtergreifung" der Nationalsozialisten nicht mehr.

3.5/150

3.5/138 Fritz Peters: Tull Harder stürmt für Deutschlands Fußballruhm
Hamburg, 1942
Papier; 21,5 x 13,5 cm
Sportantiquariat Kopp-Wittner, Würzburg

An Harders Karriere als Fußballer schloss sich eine politische aktive Laufbahn im Nationalsozialismus an. Seit 1932 Parteimitglied der NSDAP, trat er 1933 in die Waffen-SS ein und wurde später Lagerführer in den Konzentrationslagern Oranienburg, Neuengamme und Ahlen, wo unter seiner Leitung 230 Menschen umkamen. Nach Kriegsende wurde er zu 15 Jahren Haft verurteilt, aber schon 1951 begnadigt. Der HSV hatte ihn nach seiner Verurteilung als Mitglied ausgeschlossen. Nach seiner Entlassung wurde er aber wieder aufgenommen und bei seiner Rückkehr von Vereinsanhängern begeistert empfangen.

3.5/139 Tull Harder auf dem Titelblatt der Zeitschrift "Fußball"
München, Nr. 17, 1922
Papier; 31 x 23,5 cm
Sportantiquariat Kopp-Wittner, Würzburg

3.5/140 Tull Harder im Endspiel gegen Union Oberschöneweide um die Deutsche Meisterschaft, 1923
1923
Foto; 11 x 17,5 cm
Hamburger SV

3.5/141 Tull Harder mit Mannschaftskollegen im Straßenanzug
1920er Jahre
Foto; 11 x 9 cm
Hamburger SV

3.5/142 Tull Harder im Kampf um den Ball
Greiling A.G., Zigarettenbilder, Dresden, 1926
Papier; 6 x 9 cm
Sportantiquariat Kopp-Wittner, Würzburg

3.5/143 Heiner Stuhlfauth auf dem Titelbild des "Fußball", Nr. 7
München, 1924
Papier; 31 x 23,5 cm
Sportantiquariat Kopp-Wittner, Würzburg

Heinrich "Heiner" Stuhlfauth (1896-1966), der Mann mit der Schirmmütze, wurde als Torwart des 1. FC Nürnberg zu einem der Stars des deutschen Fußballs. Von 1916 bis 1933 stand er 606-mal für den "Club" im Tor und kassierte in den fünf siegreichen Endspielen der Franken um die Deutsche Meisterschaft keinen einzigen Gegentreffer. Von seinen 21 Länderspielen wurde dasjenige gegen Italien am 28.4.1929 legendär. Als krasse Außenseiter trafen die Deutschen im "Hexenkessel von Turin" auf die Gastgeber. Stuhlfauth behielt im Tor seine sprichwörtliche Ruhe und hielt was zu halten war. Seine Mannschaft siegte mit 2:1, was die italienischen Zeitungen dem Torwart zuschrieben: "Gott selbst stand im deutschen Tor". Stuhlfauth hingegen meinte bloß: "A gouter Torwart wirft si net ..."

3.5/144 Heiner Stuhlfauth auf dem Titel des "Kicker", Nr. 14
Nürnberg, 3.4.1929
Papier; 30,5 x 22 cm
Sportantiquariat Kopp-Wittner, Würzburg

3.5/145 Drei Fußballsammelkarten zu Stuhlfauth
Greiling A.G., Zigarettenbilder, Dresden, 1926
Papier; 6 x 9 und 9 x 6 cm
Sportantiquariat Kopp-Wittner, Würzburg
a) Serie Fußballsport – Bild 9
b) 4. Serie Fußballmomente – Bild 18
c) Serie Fußballsport: Stuhlfauth, 1. FC Nürnberg

3.5/146 Dr. Theo Riegler: Als Stuhlfauth noch im Tor stand
Frankfurt/M., 1953
Papier; 20 x 13 cm
Sportantiquariat Kopp-Wittner, Würzburg

3.5/147 Adolf Jäger als Spielführer der norddeutschen Auswahl auf dem Titel des "Fußball", Nr. 11
München, 1924
Papier; 31 x 23,5 cm
Sportantiquariat Kopp-Wittner, Würzburg

Adolf Jäger (1889-1944) spielte seit 1907 bei Altona 93 und blieb seinem Verein bis zu seinem Abschiedsspiel 1932 treu. Die Zeitgenossen rühmten seine ausgefeilte Technik und seine Spielübersicht. Beides qualifizierte ihn für die Nationalmannschaft, für die er 18 mal antrat. Er war einer der wenigen Fußballer, die sowohl vor als auch nach dem Ersten Weltkrieg aufgestellt wurden.

3.5/148 Tull Harder und Adolf Jäger beim Pausentee
1920er Jahre
Foto; 40 x 50 cm
Hamburger SV

3.5/149 Sechzehn Jahre deutscher Internationaler. Adolf Jägers Meistertaten für den deutschen Fußballsport. Seinen Erinnerungen nacherzählt
Apostata, Hamburg, 1932
Papier; 21,5 x 14 cm
Altonaer Fußball-Club von 1893 e.V., Hamburg

3.5/150 Fußballsammelkarte zu Adolf Jäger
Greiling A.G., Zigarettenbilder, Dresden, 1926
Papier; 9 x 6 cm
Sportantiquariat Kopp-Wittner, Würzburg; 6. Serie Fußballsport – Bild 3

3.5/151 Adolf Jäger
Lithografie, handkoloriert; 22,5 x 18 cm
Altonaer Fußball-Club von 1893 e.V., Hamburg

3.5/152 Hanne Sobeck: Ein Leben für den Fußball
Wien, 1933
Papier; 16,5 x 12 cm
Sportantiquariat Kopp-Wittner, Würzburg

Hanne Sobeck spielte in der Zeit von 1925 bis 1939 für Hertha BSC Berlin und war einer der wenigen Berliner Fußballstars. Er nahm regen Anteil am Berliner Gesellschaftsleben, war mit Schriftstellern und Schauspielgrößen befreundet und trat sogar selbst in dem Stummfilm "Elf Teufel" mit Willi Forst auf. Seine große Zeit fiel mit der seines Clubs zusammen. Sechsmal hintereinander stand Hertha im Finale. Sobeck war Stratege und Dirigent des Teams, das 1930 und 1931 die Deutsche Meisterschaft gewann. Auf über 700 Spiele brachte er es für seinen Verein, zehnmal wurde er in die Nationalmannschaft berufen. Nach seiner aktiven Zeit als Spieler war er als Trainer tätig, unter anderem für seinen alten Verein Hertha BSC Berlin.

3.5/153 Drei Fußballsammelkarten zu Hanne Sobeck
Greiling A.G., Zigarettenbilder, Dresden, 1926
Papier; je 6 x 9 bzw. 9 x 6 cm
Sportantiquariat Kopp-Wittner, Würzburg
a) 6. Serie Fußballmomente – Bild 6
b) 19. Serie Fußballmomente – Bild 8
c) 12. Serie Fußballmomente – Bild 18

3.5/154 Hanne Sobeck als Spielführer beim Endspiel um die DFB-Meisterschaft
Der Kicker, Nr. 31, Nürnberg, 1929
Papier; 31 x 23 cm
Sportantiquariat Kopp-Wittner, Würzburg

3.5/155 Aufnäher vom Trikot Hanne Sobecks
Ende 1920er Jahre
Baumwolle; D 10 cm
Bernd Sobeck, Berlin

"Oase" nannte sich eine bekannte Berliner Prominentenmannschaft in den ausgehenden zwanziger und frühen dreißiger Jahren. Regelmäßig trafen sich hier Schauspieler und Theaterdirektoren, aber auch Ärzte und Professoren zum Fußballspiel. Von Zeit zu Zeit wurden auch Spiele gegen ähnliche Mannschaften aus anderen Städten veranstaltet. Der Aufnäher gehörte Hanne Sobeck, dem wohl prominentesten Fußballer Berlins in dieser Zeit.

3.5/156 14 Spielszenen von Hertha BSC Berlin
1920er Jahre
Fotos hinter Glas, je 13 x 18 cm und 18 x 13 cm
Bernd Sobeck, Berlin

3.5/157 Sammlung von Ehrennadeln und Auszeichnungen von Hanne Sobeck
1920-1970
Metall, Glas, Karton; 30 x 40 cm
Bernd Sobeck, Berlin

3.5/161 Porträt von Hans Albers mit Widmung für Hanne Sobeck, 1933
Lithografie, signiert, gerahmt, Papier, Holz, Glas; 60 x 48 cm
bez.. Meinem lieben Collegen von der andern Facultät! Sein Hans Albers/Jan. 1933
Bernd Sobeck, Berlin

Die Lithografie war ein Geschenk von Hans Albers. Mit dem berühmten Schauspieler verband Sobeck eine jahrelange Freundschaft. Sie trafen sich regelmäßig zum Stammtisch, an dem auch der Boxer Max Schmeling und der Flieger Ernst Udet teilnahmen. Auch Joachim Ringelnatz soll dort zugegen gewesen sein und zu diesen Treffen Gelegenheitsgedichte verfasst haben.

3.5/162 Fußballhose von Hanne Sobeck
1920er Jahre
Baumwolle; ca. 45 x 71 cm
Bernd Sobeck, Berlin

3.5/153

3.5/164

3.5/163 Titelbild der Zeitschrift "Fußball" mit Hans Kalb
München, 1924
Papier; 31 x 23,5 cm
Sportantiquariat Kopp-Wittner, Würzburg

Hans Kalbs Erfolg als Fußballspieler ist eng verknüpft mit dem seines Vereins, dem 1. FC Nürnberg. Von Pfeil Nürnberg wechselte er 1918 zum "Club" und feierte mit ihm alle großen Triumphe in den folgenden Jahren. Er war mit seinen 1,93 Körpergröße ein Hüne und galt auf der Position eines Mittelläufers – trotz Übergewichts – als bester deutscher Spieler seiner Zeit. Seine Karriere als "Internationaler" nahm nach 15 Länderspielen ein abruptes Ende. Als er sich bei den Olympischen Spielen 1928 zu einem Revanchefoul an einem uruguayischen Spieler hinreißen ließ, erhielt er nicht nur einen Platzverweis, sondern wurde vom DFB für die Nationalmannschaft gesperrt. 1934 beendete er seine Laufbahn beim "Club" nach 681 Spielen und war anschließend noch als Schiedsrichter tätig.

3.5/164 Zwei Fußballsammelkarten zu Hans Kalb
Greiling A.G., Zigarettenbilder, Dresden, 1926
Papier; je 9 x 6 cm
Sportantiquariat Kopp-Wittner, Würzburg
a) 1. Serie Fußballsport – Bild 14
b) 11. Serie Fußballmomente – Bild 9

3.5/165 Hans Kalb und Hanne Sobeck auf dem Titelbild des "Kicker", Nr. 30
Nürnberg, 1929
Papier; 31 x 23 cm
Sportantiquariat Kopp-Wittner, Würzburg

3.5/166 Ernst Albrecht beim Länderspiel Deutschland – Niederlande auf dem Titelblatt des "Kicker", Nr. 49
Nürnberg, 1932
Papier; 30,7 x 20,7 cm
Sportantiquariat Kopp-Wittner, Würzburg

3.5/167 Fotoalbum von Ernst Albrecht
Düsseldorf, 1930er Jahre
Papier, Karton; 17,5 x 28 cm
Bernd Bremer, Solingen

Ernst Albrecht (1907-1976) war der erste Nationalspieler von Fortuna Düsseldorf. Seit 1924 gehörte er als pfeilschneller Rechtsaußen der Fortuna an und wurde 1928 Mitglied des Olympiaaufgebots, bis 1934 spielte er in der Nationalmannschaft. So bewies er 1929 seine Klasse gegen die Italiener, die in Turin 2:1 geschlagen wurden. Auch im Spiel gegen Ungarn 1930 in Dresden hatte er großen Anteil am 5:3-Sieg, nachdem man schon 0:3 zurückgelegen hatte.
Beim größten Triumph seiner Fortuna musste er aber fehlen: Vor dem Endspiel 1933, in dem Fortuna Düsseldorf zum ersten und einzigen Mal die Meisterschaft gewann, hatte er sich einer Meniskusoperation unterziehen müssen. Erst 1946 beendete er seine Karriere als Aktiver bei seinem Verein.

3.5/168 Halvorsen und Carlson
Fußball, Nr. 35, München, 1925
Foto; 31 x 23,5 cm
Sportantiquariat Kopp-Wittner, Würzburg

Halvorsen war 1921 als kaufmännischer Angestellter nach Hamburg gekommen und vom HSV als Fußballspieler entdeckt worden, als der Verein zu den besten in Deutschland zählte. Der Norweger war Mitglied der Meistermannschaften von 1923 und 1928. Bei der "Machtergreifung" der Nationalsozialisten verließ er fluchtartig das Land und ging zurück in seine Heimat. Dort trainierte er die Nationalmannschaft, mit der er bei der Olympiade 1936 in Berlin in Anwesenheit Hitlers die deutsche Elf 2:0 schlug. Nach der Besetzung Norwegens 1940 beteiligte er sich am Widerstand und war Mitorganisator eines Sportlerstreiks gegen die deutschen Besatzer, die ihn in ein KZ verschleppten. Nach seiner Befreiung 1945 bemühte er sich um die Einführung eines Ligensystems in Norwegen. 1955 starb er an den Folgen seiner KZ-Haft.

Der DFB hatte sich mit seiner Ablehnung des Berufsfußballs auf internationaler Ebene weitgehend isoliert. 1926 konnte die Nationalmannschaft nur gegen Schweden, die Schweiz und die Niederlande spielen, die ebenfalls am Amateurstatus des Fußballers festhielten. Weil Länder wie Spanien, Italien, Frankreich und die Tschechoslowakei den Berufsfußball eingeführt hatten, verzichtete man lieber auf Begegnungen, als gegen sie zu spielen. Andererseits stärkte der DFB im gleichen Jahr die leistungsorientierte Ausrichtung der Nationalmannschaft, als er 1926 mit Otto Nerz den ersten Reichstrainer verpflichtete. Der ausgebildete Mediziner und Pädagoge übernahm das Amt zu einem Zeitpunkt, als die einzelnen Spieler noch nach Proporz der Landesverbände ausgewählt wurden. So blieb der Erfolg aus, bis es endlich zu einer Reform des Auswahlverfahrens und zur Anstellung eines Trainers kam. Nerz war von nun an für die Auswahl der besten Spieler verantwortlich. Zugleich führte er neue Methoden ein und betrieb das Training bedeutend professioneller, sodass die Nationalmannschaft schon bei der Weltmeisterschaft in Italien 1934 mit dem dritten Platz einen überraschenden Erfolg erzielen konnte. Das Festhalten am Amateurstatus jedoch und das Fehlen einer reichsweiten Liga erschwerten es Nerz und auch noch seinem Nachfolger Herberger, die besten Spieler zu sichten und diese effektiv zu trainieren. *Axel Heimsoth*

Schalker Kreisel

Der lange Zeit berühmteste und von den meisten Legenden und Mythen umwobene Verein der deutschen Fußballgeschichte ist vermutlich der FC Schalke 04, der aufgrund seiner Erfolge in den dreißiger Jahren als "die beste Vereinsmannschaft aller Zeiten" bezeichnet wurde. In den zehn Jahren zwischen 1933 und 1942 standen die Schalker nur einmal nicht im Endspiel und gewannen in den Jahren 1934, 1935, 1937, 1939, 1940 und 1942 die Meisterschaft; im Jahre 1937 gelang mit dem Gewinn des Pokals sogar das Double. Und 1941, so die hartnäckige Überzeugung im Verein, habe Schalke nur deshalb den Titel nicht gewonnen, weil der Schiedsrichter einseitig gepfiffen habe.

Diese Erfolgsserie ist um so beeindruckender, als der Verein damals eigentlich noch keine zehn Jahre existierte. Denn Schalke 04, das in wenigen Jahren sein einhundertjähriges Bestehen feiert, wurde unter diesem Namen erst im Jahre 1924 gegründet. 1904 dagegen hatten einige Halbwüchsige – Schüler und Lehrlinge im Durchschnittsalter von gerade einmal 14 Jahren – eine lose Spielvereinigung gegründet, die sie "Westfalia Schalke" nannten. Die Bemühungen, in den Westdeutschen Spielverband aufgenommen zu werden, scheiterten, weil der Vorstand zu jung war. Deshalb schloss sich der "wilde" Verein dem alteingesessenen Schalker Turnverein von 1877 als Fußballabteilung an. 1913 machten sich die Fußballer vorübergehend wieder selbstständig, aber 1919 kam es zu einer erneuten Fusion mit dem Schalker Turnverein zum "Turn- und Sportverein Schalke 1877". Wegen verbandspolitischer Querelen – führende Funktionäre der Deutschen Turnerschaft verlangten eine "reinliche Scheidung" von Turnen und Sport – löste sich die Fußballabteilung wieder und konstituierte sich am 5. Januar 1924, nun als selbstständiger

Schalke 04 – München 1860
Münchens erstes Tor. Sobottka verpaßt den Ball, so daß er ins leere Tor rollt

3.6/1

3.6/1 Spielszene von der Begegnung Schalke 04 – München 1860, 1927
Fußball und Leichtathletik Nr. 19, Duisburg, 11.5.1927
Foto, Papier; 23,5 x 31,5 cm
Westdeutscher Fußballverband, Duisburg

Nachdem Schalke 04 zur Saison 1926/27 der Aufstieg in die oberste westdeutsche Spielklasse gelungen war, qualifizierte sich die Mannschaft als westdeutscher Vizemeister für die Endrunde um die Deutsche Meisterschaft. Sie schied durch ein 1:3 gegen München 1860 in Dortmund in der ersten Runde aus. Zu sehen ist das erste Tor für die Münchner.

Schalke 04 – Schwarz-Weiß Essen 2:1

Durch gute Kopfabwehr schlägt Schwarz-Weiß manchen Schalker Angriff ab

Kuzorra legt Czepan eine Vorlage zwischen die beiden Verteidiger, doch diese sind zu schnell und bringen die Kombination zum Scheitern

3.6/2

3.6/2 Zwei Spielszenen vom Entscheidungsspiel um die Teilnahme an der deutschen Endrunde zwischen Schalke 04 – Schwarz-Weiß Essen, 1928
Fußball und Leichtathletik Nr. 25, Duisburg, 20.6.1928
Fotos, Papier; 31 x 23 cm
Westdeutscher Fußballverband, Duisburg

Schalke 04 hatte die westdeutsche Endrunde als drittplatzierter Verein abgeschlossen. Aufgrund des Spielsystems im Westdeutschen Spielverband war für die Teilnahme an der deutschen Endrunde ein Entscheidungsspiel gegen den Ersten in der so genannten "Runde der Zweiten" notwendig. Schalke 04 entschied das Spiel, das in Bochum stattfand, gegen den alten Rivalen Schwarz-Weiß Essen mit 2:1 für sich. Die Rivalität war deshalb besonders ausgeprägt, weil Schalke ein Arbeiterverein war und Schwarz-Weiß Essen aus dem bürgerlichen Süden von Essen kam.

3.6/3 Zeitschriftenartikel über die erste westdeutsche Meisterschaft von Schalke 04
Fußball und Leichtathletik
Nr. 26, Duisburg, 26.6.1929
Leinen, Papier; 30 x 45 cm
Westdeutscher Fußballverband, Duisburg

Schalke 04 und der Meidericher SpV hatten die westdeutsche Endrunde punktgleich abgeschlossen. Da das Torverhältnis noch nicht zählte, gab es ein Entscheidungsspiel um die westdeutsche Meisterschaft. Die Schalker schlugen den späteren MSV Duisburg mit 2:1 und gewannen die erste westdeutsche Meisterschaft.

3.6/4 Beschluss der Verbands-Spruchkammer des Westdeutschen Spielverbandes vom 25.8.1930 betreffs Bestrafung von Schalke 04
Fußball und Leichtathletik, Amtliche Mitteilungen Nr. 36, Duisburg, 2.9.1930
Papier; 30 x 45,5 cm
Westdeutscher Fußballverband, Duisburg

Mit diesem Beschluss wegen illegaler Entschädigungszahlungen an Spieler wurde fast die gesamte erste Mannschaft von Schalke 04 gesperrt; außerdem wurden Vorstandsmitglieder aus dem Verband ausgeschlossen. Derartige Zahlungen waren allerdings verbreitet, und die Schalker führten den Ausschluss darauf zurück, dass ihnen, zumal als Arbeiterverein, die Erfolge geneidet wurden. Sie protestierten gegen die Sperre und hatten schließlich Erfolg. Die Diskussion um die Schalker Sperre trug wesentlich dazu bei, dass im DFB verstärkt über die Einführung des Profifußballs diskutiert wurde.

3.6/5 Zeitungsartikel über den Selbstmord des Obmanns der Finanzkommission von Schalke 04
Essener Anzeiger, 27. Jahrgang, Nr. 203, Essen, 29.8.1930
Karton, Papier; 46,3 x 31,3 cm
Stadtbibliothek Essen, Heimatkundeabteilung

Der Zechenbeamte Nier, der persönlich als integer galt, aber aus Liebe zu seinem Verein gegen die Amateurstatuten verstieß, sah aus seinem persönlichen Dilemma nur noch im Freitod einen Ausweg. Am 28.8.1930 wurde seine Leiche an der Kanalschleuse 4 des Rhein-Herne-Kanals aus dem Wasser geborgen.

3.6/6 Programmheft zum Endspiel um die Deutsche Meisterschaft am 24.6.1934 Schalke 04 – 1. FC Nürnberg
Deutscher Fußball-Bund, Berlin, 1934
Papier; 21,5 x 15 cm
Martin Brands, Duisburg

In diesem Endspiel gelang Schalke 04 durch ein 2:1 über den 1. FC Nürnberg der erstmalige Gewinn der Deutschen Meisterschaft. Die Tore erzielten Fritz Szepan und Ernst Kuzorra.

3.6/7 Programmheft zum Endspiel um die Deutsche Meisterschaft am 20.6.1937 Schalke 04 – 1. FC Nürnberg
Deutscher Sport-Verlag, Berlin, 1937
Papier; 23 x 15,5 cm
Deutscher Fußball-Bund, Frankfurt/M.

Die Nürnberger hatten 1936 die Deutsche Meisterschaft im Endspiel gegen Fortuna Düsseldorf gewonnen. Gegen Schalke 04 waren sie machtlos. Die Schalker gewannen ihren dritten Titel durch ein 2:0.

3.6/7

Verein, unter dem Namen FC Schalke 04. Das Kürzel 04 sollte an das Gründungsjahr der ersten "Westfalia" erinnern. Als Vereinsfarben wählte man erst jetzt blau und weiß, die heute noch die Traditionsfarben des Vereins sind.

Mit der Neugründung begann der sportliche Aufstieg des Vereins. Im Jahre 1926 gelang der Aufstieg in die erste Liga, und 1929 und 1930 wurde Schalke 04 bereits Westdeutscher Meister. Der Erfolg beruhte vor allem auf der neuen Spielweise der Mannschaft, einem technisch perfekten Kurzpassspiel, bei dem der Ball mit kurzen, flachen Pässen immer wieder zum besser stehenden Mitspieler gespielt wurde, bis sich aus der Verwirrung des Gegners die Gelegenheit zum Torschuss ergab. Erstmals bestimmten nicht mehr die ballführenden Spieler allein das Spielgeschehen, sondern auch die Spieler, die sich freiliefen. "Ball und Gegner laufen lassen" hieß die Devise dieses mit großer Schnelligkeit und beeindruckender Sicherheit betriebenen Spielsystems, das als "Schalker Kreisel" berühmt geworden ist. Die beiden wichtigsten Vertreter des Schalker Kreisels und Garanten des Erfolges waren Ernst Kuzorra und sein späterer Schwager Fritz Szepan, der eine als Kopf der Mannschaft, der andere als begnadeter Spielgestalter. Szepan und Kuzorra entstammten, wie der Großteil der Mannschaft, der Arbeiterschaft, vor allem dem Bergarbeitermilieu, sodass hieraus ihretwegen die Bezeichnung "Knappenelf" entstand. Der damit verbundene, auch in den nachfolgen-

3.6/8 Programmheft zum Endspiel um die Deutsche Meisterschaft am 26.6.1938 Schalke 04 – Hannover 96
Deutscher Sportverlag, Berlin, 1938
Papier; 22 x 15,5 cm
Deutscher Fußball-Bund, Frankfurt/M.

Das Endspiel endete 3:3, weshalb es gemäß den Regeln wiederholt werden musste.

3.6/9 Programmheft zum Wiederholungsendspiel um die Deutsche Meisterschaft am 3.7.1938 Schalke 04 – Hannover 96
Deutscher Sportverlag, Berlin, 1938
Papier; 22,5 x 15 cm
Deutscher Fußball-Bund, Frankfurt/M.

Die Wiederholung des Endspiels gewann überraschend Hannover 96 gegen den großen Favoriten durch ein 4:3 in der Verlängerung.

3.6/8

den Jahrzehnten gepflegte Mythos darf aber nicht darüber hinwegtäuschen, dass sich der Verein jahrelang um die Aufnahme in den Westdeutschen Spielverband als Unterorganisation des "bürgerlichen" Deutschen Fußball-Bundes bemüht hatte und sich auch in den zwanziger Jahren nicht der Arbeitersportbewegung anschloss, die über eigene Spielbetriebe verfügte.

Die Entwicklung des Fußballs zum Zuschauer- und Massensport in den zwanziger Jahren bot jungen Männern aus dem Arbeitermilieu die Möglichkeit des sozialen Aufstiegs, der öffentlichen Anerkennung und – in der Weltwirtschaftskrise – auch der beruflichen und finanziellen Absicherung. Denn die Spitzenclubs erzielten aus den Eintrittsgeldern steigende Einnahmen, vor allem wenn sie über geeignete Stadien verfügten. Aus diesem Grunde fasste man auch in Schalke den Entschluss, unabhängig von der Stadt ein eigenes Stadion zu errichten. Nach einem ungeheuren finanziellen Kraftakt konnte im August 1928 die Glückauf-Kampfbahn eingeweiht werden. Die Zuschauer strömten in noch größerer Zahl, und die Spieler beanspruchten ihren Anteil

3.6/10

3.6/10 Programmheft zum Endspiel um die Deutsche Meisterschaft am 18.6.1939 Schalke 04 – Admira Wien
Deutscher Sportverlag, Berlin, 1939
Papier; 22 x 15 cm
Dr. Othmar Hermann, Frankfurt/M.

Nach dem "Anschluss" Österreichs spielten dessen Vereine, die ihren Profi-Status aufgeben mussten, in der neu gegründeten Gauliga Ostmark. Admira Wien, eine der besten europäischen Mannschaften, konnte sich für das Endspiel qualifizieren, doch Schalke 04 gestaltete dieses zu einem überragenden Triumph: Mit 9:0 wurden die Wiener deklassiert. Es sollte der höchste Sieg in einem Endspiel um die Deutsche Meisterschaft bleiben.

an den Einnahmen des Vereins, dessen Mannschaft sich durch seinen kometenhaften Aufstieg in Westdeutschland zum Zuschauermagneten Nr. 1 entwickelte. Das brachte die Spieler jedoch in Konflikt mit den Amateurbestimmungen des Deutschen Fußball-Bundes, und so kam es nicht von ungefähr, dass Schalke 04 am 25. August 1928 wegen dauernder Verstöße gegen die Amateurbestimmungen zu einer empfindlichen Geldbuße verurteilt wurde. Mehrere Vorstandsmitglieder wurden aus dem Verband ausgeschlossen und praktisch die gesamte erste Mannschaft zu Berufsspielern erklärt und gesperrt.

Die Ruhrgebietspresse reagierte mit Empörung darauf, dass zwar gegen zahlreiche Vereine ermittelt worden war, Schalke 04 aber als einziger Verein verurteilt wurde, offenbar um ein Exempel zu statuieren. Die Gelsenkirchener Bevölkerung reagierte mit emphatischer Solidarität. Hier herrschte das Gefühl, die etablierten, meist bürgerlichen Vereine wollten sich durch die Sperre eines unliebsamen Konkurrenten entledigen, zumal dieser aus der Arbeiterschaft stammte. Als sich Willi Nier, der Finanzobmann des Vereins, der verbotene Zahlungen gedeckt hatte, nach dem Urteil im Rhein-Herne-Kanal ertränkte, gestalteten sich die Beisetzungsfeierlichkeiten zu einer eindrucksvollen Sympathiekundgebung der Gelsenkirchener Bevölkerung mit ihrem Fußballverein. Die Straßen, durch die sich der Trauerzug zur Glückauf-Kampfbahn bewegte,

3.6/11 Schalke 04, Deutscher Meister 1934 und 1935
um 1935
Foto, koloriert, Papier; 12,6 x 20,3 cm
Schalker Fan-Initiative, Gelsenkirchen

Das Foto ist die vergrößerte Reproduktion einer Postkarte und verdeutlicht die Verehrung, die der Schalker Mannschaft damals entgegengebracht wurde.

3.6/12

3.6/12 Postkarte mit der Abbildung des Großdeutschen Meisters Schalke 04
gelaufen 1939
Foto, Karton; 10,5 x 15 cm
Dr. Othmar Hermann, Frankfurt/M.

Die Abbildung auf der Postkarte zeigt die Schalker Mannschaft bei der Aufstellung mit Hitler-Gruß vor dem Endspiel 1939. Im Hintergrund ist ein Transparent mit der Aufschrift "F.C. Gelsenkirchen-Schalke 04 Deutscher Meister" zu sehen. Die Verehrung für die Schalker wurde von den Nationalsozialisten vereinnahmt, und die Schalker ließen sich bis zu einem gewissen Grad instrumentalisieren.

3.6/13 Spielszene aus dem Halbfinalspiel um die Deutsche Meisterschaft 1939 Schalke 04 – Dresdner SC
Der Kicker Nr. 24, Nürnberg, 13.6.1939
Foto, Papier; 32,5 x 24 cm
SV Werder Bremen

Der Dresdner SC wurde für Schalke 04 zu einem der schwersten Gegner. Im Halbfinale 1939 benötigten die Schalker ein Wiederholungsspiel. Im ersten Spiel trennten sich die beiden Mannschaften 3:3, im Wiederholungsspiel siegten die Schalker mit 2:0.

waren von einem dichten Menschenspalier gesäumt, und im Stadion versammelten sich Tausende, um Abschied zu nehmen. Der öffentliche Druck nahm in der Folgezeit zu, übrigens auch von konkurrierenden Vereinen: Sie wollten wieder gegen Schalke spielen, weil Schalke bei Auswärtsspielen viele Zuschauer und damit hohe Einnahmen mitbrachte. Als die Sperre schließlich nach neun Monaten aufgehoben wurde, stürmten zum ersten Spiel 70.000 Besucher in die Glückauf-Kampfbahn.

In diesen Jahren des erfolgreichen Aufstiegs, vor allem aber der vermeintlichen Ausgrenzung und Verfolgung durch die Verbände, wurde der Mythos Schalke 04 als Inbegriff des Vereins der kleinen Leute, des Underdogs, der sich gegen alle Widerstände behauptete, geboren. Und dieser Mythos war es, der in den dreißiger Jahren den Nationalsozialisten sehr entgegenkam und den sie zu instrumentalisieren versuchten. Denn es gehört zur Geschichte des FC Schalke 04, dass er sechs seiner sieben Meistertitel in der NS-Zeit gewann.

Die Dominanz der Schalker bis zur Einstellung des Spielbetriebs in den letzten Kriegsjahren war vor allem das Ergebnis ihrer überragenden Spielweise. Aber vermutlich hat dieser in der deutschen Fußballgeschichte einmalige Triumphzug auch mit der nationalsozialistischen Propaganda zu tun: Schalke 04 war der Vorzeigeverein der Nationalsozialisten; er verkörperte mit

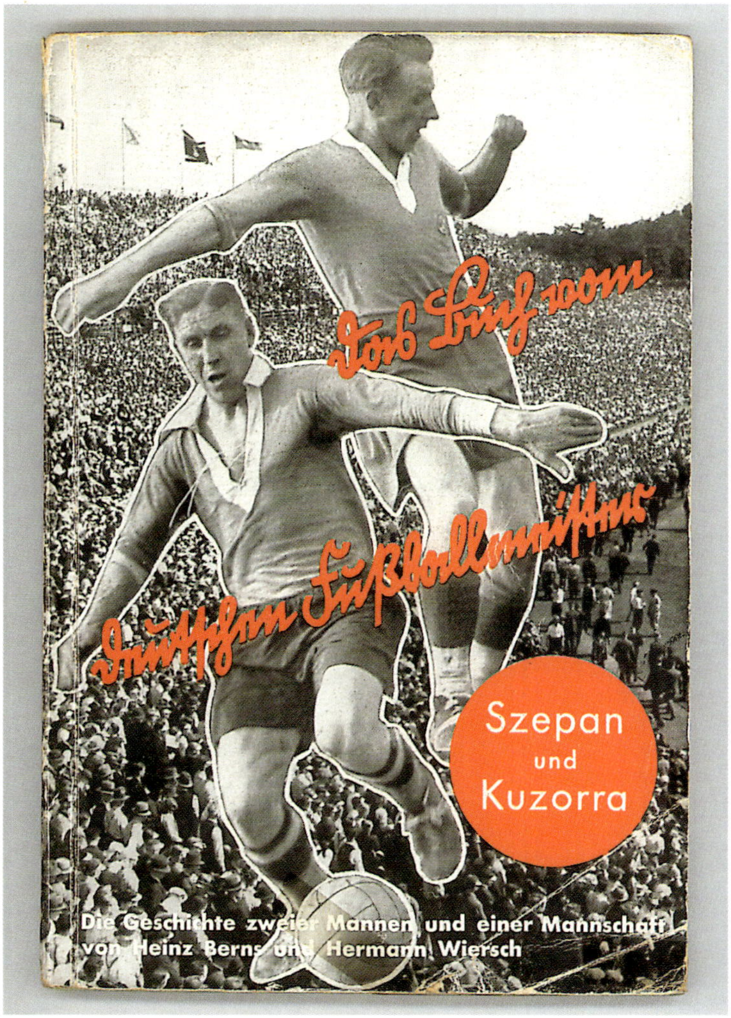

3.6/14

3.6/14 Heinz Berns/ Hermann Wiersch: Das Buch vom deutschen Fußballmeister – Szepan und Kuzorra. Die Geschichte zweier Mannen und einer Mannschaft
Wattenscheid, 1936
Karton, Papier; 23 x 15,7 x 1,5 cm
Sportantiquariat Kopp-Wittner, Würzburg

Titel und Titelbild des Buches demonstrieren deutlich, welche besondere Rolle Szepan und Kuzorra in der Schalker Mannschaft einnahmen.

seiner Geschichte, seiner Mannschaft und den zahlreichen und treuen Fans angeblich die von den Nationalsozialisten propagierte "Volksgemeinschaft". Zu gut ließ sich der Aufstieg des Schalker Vereins in kürzester Zeit und gegen alle Widerstände mit dem so genannten "Aufstieg der Bewegung" in den zwanziger und frühen dreißiger Jahren vergleichen. Die nationalsozialistische Propaganda instrumentalisierte deshalb den "Mythos Schalke", um Akzeptanz vor allem im proletarischen Ruhrgebiet zu gewinnen. Selbst Adolf Hitler stilisierte sich als Schalke-Fan.

Inwieweit es sich hierbei um ein einseitiges Bemühen handelte oder bei Vereinsführung und Mannschaft auf Gegenliebe stieß, ist schwer zu sagen. Sicherlich spielten persönliche Einstellungen und charakterliche Eigenschaften eine Rolle. So soll sich Ernst Kuzorra den politischen Vereinnahmungen gegenüber eher reserviert verhalten haben, während Fritz Szepan, der zum blonden Vorzeigeathleten avancierte, sehr viel opportunistischer vorgegangen sein soll. Aber bei diesen Bewertungen kann es sich um nachträgliche Stilisierungen und Mythologisierungen handeln. Auf jeden Fall spielte Ernst Kuzorra nach einem Bruch mit Reichstrainer Otto Nerz ab 1933 unter diesem nicht mehr in der Nationalmannschaft, während Fritz Szepan sogar zum Mannschaftsführer aufstieg.

Unter diesen besonderen Bedingungen der dreißiger Jahre sind jedoch einige etwas dubiose Endspielergebnisse mit Vorsicht zu genießen, wie der legendäre 9:0-Sieg der Schalker gegen Admira Wien im Jahre 1939 und die spektakuläre 3:4-Niederlage gegen Rapid Wien im Jahre 1941, die Schalke trotz einer 3:0-Führung durch drei Elfmeter für Rapid ereilte und in der man den Wunsch nach einer Meistermannschaft aus der "Ostmark" vermutete.

All dies tut der sportlichen Leistung der Schalker Mannschaft in dieser Zeit aber keinen Abbruch, ein Erfolg, an den der Verein nach dem Krieg nur noch kurzzeitig anknüpfen konnte, als er 1958 die Meisterschaft und 1975 den Pokal gewann. Ansonsten konnte der Verein zwar auf seine treuen Fans zählen, machte jedoch vor allem durch Skandale, Konflikte und die Profilierungssucht Einzelner von sich reden. Seit mehreren Jahren wird der Verein wieder seriös und mit bemerkenswertem Erfolg geführt. Schalke 04 hat sich stabilisiert, mit dem Gewinn des UEFA-Cups im Jahre 1997 einen großen Erfolg errungen und die Grundlage für eine bessere Zukunft gelegt. Als deren Sinnbild soll das neue Stadion dienen, das im Sommer 2001 eröffnet wird. Glück auf!, ist man versucht zu wünschen.

Heinrich Theodor Grütter

3.6/15 Joseph Michler: Endspiel-Fieber. Die Geschichte der 33 deutschen Fußball-Endspiele
Der Kicker, Nürnberg, 1941
Papier; 21,6 x 15,3 cm
Erik Eggers, Köln

In diesem Heft des Kickers wird an die Endspiele um die Deutsche Meisterschaft 1903-1941 erinnert. Die Abbildung Szepans mit Siegeslorbeer auf dem Titelblatt zeigt die große Popularität von Schalke 04 in dieser Zeit.

3.6/16 Ausschnitte aus Wochenschauberichten von Endspielen mit Schalker Beteiligung
1933-1942
Schwarzweißfilm, 5 min. 20 sec.
Deulig-Tonwoche; 76/1933;
Bavaria-Tonwoche; 3/1938;
UFA-Tonwoche; 199/1934, 355/1937, 459/1939

Die Ausschnitte zeigen Szenen von Endspielen um die Deutsche Meisterschaft und um den "Tschammer"-Pokal:
Fortuna Düsseldorf – Schalke 04 3:0 am 11.6.1933;
Schalke 04 – 1. FC Nürnberg 2:1 am 24.6.1934;
Schalke 04 – 1. FC Nürnberg 2:0 am 20.6.1937;
Schalke 04 – Fortuna Düsseldorf 2:1 am 9.1.1938 ("Tschammer"-Pokal);
Schalke 04 – Admira Wien 9:0 am 18.6.1939;
Schalke 04 – Vienna Wien 2:0 am 5.7.1942.

Fußball im Nationalsozialismus

Nach der Machtübernahme durch die Nationalsozialisten gehörten die meisten Sportverbände, darunter auch die Deutsche Turnerschaft und der Deutsche Fußball-Bund, zu denjenigen gesellschaftlichen Gruppierungen, die sich mit den neuen Machthabern arrangierten. Edmund Neuendorff, Vorsitzender der DT, und Felix Linnemann, Vorsitzender des DFB, waren Mitglieder jener Dreierkommission, die den Deutschen

3.7/1 Fahne von Fortuna Düsseldorf
1933
Textil; 105 x 125 cm
Fortuna Düsseldorf

Die Fahne trägt auf der Vorderseite die Aufschrift "Deutschlands Fußballmeister F 95", auf der Rückseite, die in den Reichsfarben Schwarz-Weiß-Rot gehalten ist, steht "Über alles das Vaterland". Sie dokumentiert die Übergangszeit der Saison 1932/1933, in der die Meisterschaft noch nach dem alten Modus ausgespielt wurde. Das Endspiel um die Deutsche Meisterschaft zwischen Fortuna Düsseldorf und Schalke 04 im Juni 1933 stand dagegen schon ganz im Zeichen der neuen Machthaber.

3.7/2 Sammelalbum mit Zeitungsausschnitten über Fortuna Düsseldorf
1928-1933
Karton, Papier; 34 x 22 x 8,5 cm
Fortuna Düsseldorf

Das Sammelalbum dokumentiert den Aufstieg von Fortuna Düsseldorf seit 1928. Den größten Raum nehmen die Zeitungsberichte über den Gewinn der Deutschen Meisterschaft 1933 ein.

3.7/3 Ankündigung des Hitler-Pokal-Vorrundenspiels Niederrhein – Rhein-Hessen-Saar am 2.7.1933
Fußball und Leichtathletik. Amtliche Mitteilungen Nr. 26, Duisburg, 27.6.1933,
Papier; 31,5 x 23,5 cm
Westdeutscher Fußballverband, Duisburg

Einer der ersten Eingriffe in den Spielbetrieb bestand in der Durchführung des so genannten Hitler-Pokals, in dem Auswahlmannschaften der neu geschaffenen Gaue gegeneinander antraten.

3.7/4 Widmung für Hans von Tschammer und Osten anlässlich seines Besuchs in Duisburg-Wedau am 21.4.1934
Fußball und Leichtathletik. Amtliche Mitteilungen Nr. 17, Duisburg, 24.4.1934
Papier; 30,5 x 46 cm
Westdeutscher Fußballverband, Duisburg

Der überzeugte Nationalsozialist Dr. Josef Klein, 1933 zum Führer des Westdeutschen Spielverbandes gewählt, war seit Anfang der zwanziger Jahre im Westdeutschen Spielverband, später auch im DFB, in der Jugendarbeit tätig. Schon 1924 hatte er mit seinen "drei scharfen T", die für nationalistische Gesinnung im Sport standen, für Furore gesorgt. Anlässlich des Besuches des Reichssportführers wurde folgende Widmung verfasst: "Treu. Teutsch. Tüchtig. In diesem Haus des traditionsreichen Westdeutschen Spielverbandes, erbaut und weiter gefördert von dem Opfergeist alter Kämpfer und der heranstürmenden Jugend, erlebten wir eine Feierstunde aus Anlass des ersten Besuchs unseres Reichssportführers. Der 4. ‚T' Tschammer mit der Bitte um gute, nationalsozialistische Kameradschaft."

3.7/1

Reichsausschuss für Leibesübungen, die bürgerliche Dachorganisation des Sports, auflösten, ohne dazu legitimiert zu sein. Das geschah sozusagen als Morgengabe für den am 28. April 1933 ernannten Reichssportkommissar, Hans von Tschammer und Osten, der sich ab 19. Juli Reichssportführer nennen durfte. Dessen Richtlinien, die zur Gleichschaltung des deutschen Sports führen sollten, wurden von den Verbänden ohne nennenswerten Widerstand umgesetzt.

Teilweise warteten sie die Veröffentlichung der Richtlinien gar nicht erst ab. So veröffentlichte der DFB bereits am 19. April 1933 im "Kicker" folgende amtliche Bekanntmachung: "Der Vorstand des Deutschen Fußball-Bundes und der Vorstand der Deutschen Sportbehörde halten Angehörige der jüdischen Rasse, ebenso auch Personen, die sich als Mitglieder der marxistischen Bewegung herausgestellt haben, in führenden Stellungen der Landesverbände und Vereine nicht für tragbar. Die Landesverbände und Vereine werden aufgefordert, die entsprechenden Maßnahmen, soweit diese nicht bereits getroffen wurden, zu veranlassen." Zu diesem Zeitpunkt stand auf der Titelseite als Herausgeber immer noch Walther Bensemann, der schon Ende März in die Schweiz emigriert war. Dort starb er ohne Vermögen 1934. Der Tod des großen deutschen Fußballpioniers jüdischer Abstammung wurde im "Kicker" nur noch als Randnotiz vermerkt.

3.7/7

3.7/5 Verordnung Nr. 1 des Deutschen Reichsbundes für Leibesübungen
Fußball und Leichtathletik.
Amtliche Mitteilungen Nr. 52, Duisburg, 31.12.1934
Papier; 31 x 23 cm
Westdeutscher Fußballverband, Duisburg

Die Anpassung an die Nationalsozialisten rettete die Landesverbände nicht. Mit der Gründung des Deutschen Reichsbundes für Leibesübungen (DRL) wurden die traditionellen Landesverbände des DFB endgültig aufgelöst.

3.7/6 Programm der Saarkundgebung von Werder Bremen am 30.3.1934
Bremen, 1934
Papier; 23 x 14,5 cm
SV Werder Bremen

Ein gutes Beispiel dafür, wie sich die Vereine für die politischen Ziele der Nationalsozialisten vereinnahmen ließen, bildet die Unterstützung von Hitlers Saarkundgebung 1934, mit der das Saarland wieder ins Deutsche Reich eingegliedert werden sollte. Werder Bremen organisierte ein Programm, zu dessen Abschluss ein Freundschaftsspiel gegen die Sportfreunde 05 Saarbrücken stattfand.

3.7/7 Ernst Fuhry: Kampf und Sieg, Junge! Das Sportbuch des deutschen Jungen
Verlag des DFB, Berlin, um 1935
Leinen, Papier; 23,5 x 16 x 1,5 cm
Sepp-Herberger-Stiftung, Frankfurt/M.

Ernst Fuhry stellte dieses Buch im Auftrag des DFB zusammen. Er war zu jener Zeit Schriftleiter der Jugendzeitschrift des DFB. Der Inhalt ist noch aufschlussreicher als der martialische Titel. Neben Sportfotos und dazu passenden Merksprüchen findet sich auch eine Abbildung des Hitlerjungen Quex aus dem gleichnamigen nationalsozialistischen Propagandafilm. Zu den Liedern, die im Buch abgedruckt sind, zählt auch das "Horst-Wessel-Lied".

3.7/8 Spielchronik aus der Gauliga Sachsen von Helmut Schön
1933-1940
Karton, Papier; 16,5 x 21 x 2 cm
Nachlass Helmut Schön, Frankfurt/M.

Ab der Saison 1933/31 wurde in sechzehn Gauen um die Gaumeisterschaft gespielt. Helmut Schöns Chronik enthält handschriftliche Eintragungen zu Gegnern und Ergebnissen, ferner Zeitungsausschnitte zu einzelnen Spielen.

3.7/9

3.7/9 Pokal vom Fußball-Gau 3 für den Brandenburgischen Meister 1934-35 Hertha BSC Berlin
1935
Porzellan, handbemalt;
H 30 cm, D 20 cm
Hertha BSC Berlin

DFB und Deutscher Reichsbund für Leibesübungen (in diesem Fall DRfL abgekürzt) gemeinsam auf einer Vase symbolisieren die nationalsozialistische Neuorganisation des deutschen Sports im Bereich Fußball. Die eigentliche Organisation des Spielbetriebs fand im Fachamt Fußball statt, dessen Personal überwiegend identisch war mit den Funktionären im DFB.

3.7/10 Führer durch den Gau 3 im DFB
Berlin, um 1933
Papier; 22 x 15 cm
Sportmuseum Berlin; Fb 30

Mit der Einrichtung der Gaue wurde der traditionelle Spielbetrieb in allen Klassen neu organisiert.

3.7/11 Fußball-Sammelalbum "König Fußball" mit einer Karte der Gaueinteilung
Union-Cigarettenfabrik, Dresden, 1938
Karton, Papier;
27 x 33,5 x 1,5 cm
SV Werder Bremen

Das Sammelalbum enthält auch eine Karte mit der Gaueinteilung nach dem "Anschluss" Österreichs 1938. Österreich wurde als 17. Gau unter der Bezeichnung "Ostmark" eingegliedert. Der Besitzer hat handschriftlich weitere Änderungen der Gaustruktur eingetragen – bis hin zu Annexionen im Zweiten Weltkrieg.

3.7/12 Fußball-Jahrbuch 1938 mit Geleitwort von Hans von Tschammer und Osten
Nationalsozialistischer Reichsbund für Leibesübungen, Berlin, 1938
Karton, Papier; 20,5 x 14,5 cm
Deutscher Fußball-Bund, Frankfurt/M.

In seinem Geleitwort zitiert von Tschammer und Osten den Begriff "Volksgemeinschaft", der "zu den größten und heiligsten Schätzen des Nationalsozialismus" gehöre. Mit der Umwandlung des DRfL in den Nationalsozialistischen Reichsbund für Leibesübungen sollte der Sport endgültig in die NSDAP eingegliedert werden. Von Vereinen ist nicht mehr die Rede, nur noch von "Ortssportgemeinschaften des NSRL".

3.7/13 Gau-Ehrenbrief vom Deutschen Reichsbund für Leibesübungen für Georg Melches
Berlin, 7.10.1938
Leinen, Papier; 61,5 x 43 cm
Stadtarchiv Essen; 448/790

Auf dieser Urkunde wird deutlich, mit welcher Symbolik der DRfL arbeitete.

3.7/13

Konkrete Anweisungen, wie die Bekanntmachung umzusetzen sei, ergingen allerdings nicht. Dies blieb vielmehr den Vereinen überlassen. Die Arbeitersportorganisationen – die kommunistische Kampfgemeinschaft für Rote Sporteinheit und der sozialdemokratische Arbeiter-Turn- und Sport-Bund – wurden von den Nationalsozialisten verboten, deren Mitglieder teilweise verfolgt. Andere zogen sich vom Sport zurück, während nicht wenige in Vereinen des DFB unterschlüpfen konnten. Das fiel jedoch nicht immer leicht: Einige Vereine verlangten ausdrücklich, dass Mitglieder der NSDAP als Bürgen benannt wurden, sofern sie eine Aufnahme früherer "Bolschewisten" nicht grundsätzlich ablehnten.

Ebenso uneinheitlich war der Umgang mit jüdischen Mitgliedern, bei allerdings verbreiteten antisemitischen Ressentiments.

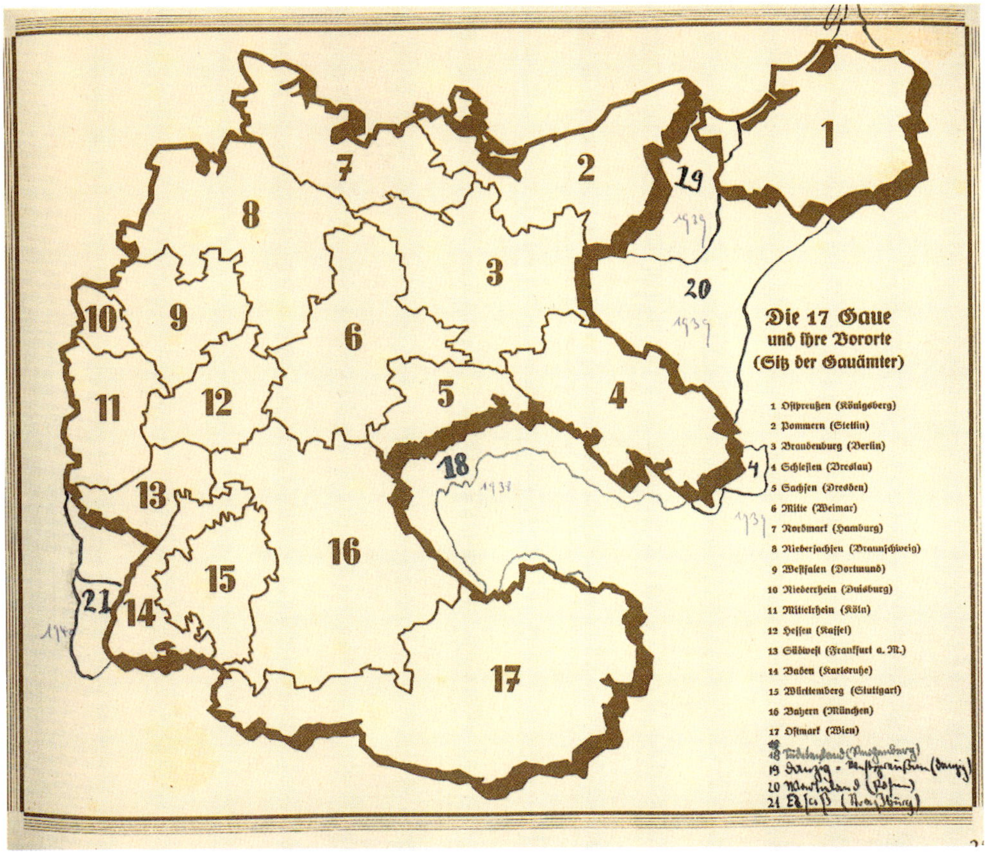

3.7/11

3.7/14 Wimpel zum Gewinn der Gaumeisterschaft 1936/ 37 für Fortuna Düsseldorf
1937
Textil; 50 x 85 cm
Fortuna Düsseldorf

In den Gauen dominierte häufig jeweils nur eine Mannschaft, die sich mit der Meisterschaft für die Endrunde um die Deutsche Meisterschaft qualifizierte. Im Gau Niederrhein war das Fortuna Düsseldorf.

3.7/15 Ankündigung des Spiels um die Deutsche Fußballmeisterschaft Werder Bremen – Viktoria Stolp am 10.5.1936
1936
Papier; 29,5 x 20 cm
SV Werder Bremen

Nur die jeweiligen Gaumeister qualifizierten sich für eine der vier Vorrundengruppen um die Deutsche Meisterschaft, in diesem Fall die Gaumeister von Niedersachsen und Pommern.

3.7/16 Die Nürnberger Meistermannschaft 1936
1936
Postkarte, Karton; 10,5 x 15 cm
Sportantiquariat Kopp-Wittner, Würzburg

Der 1. FC Nürnberg schlug in diesem Endspiel Fortuna Düsseldorf. Es war eines der wenigen Endspiele im Nationalsozialismus ohne Schalker Beteiligung.

3.7/17 Spielplan zur Deutschen Fußballmeisterschaft 1937
Coca-Cola GmbH, Essen, 1937
Papier; 13 x 7,5 cm
Deutsches Spielemuseum, Chemnitz

Auch Firmen nutzten die Endrunde um die Deutsche Meisterschaft als Werbung für ihre Produkte.

3.7/18 Reklame für Ramona-Zigaretten mit Verweis auf das Sammelalbum "König Fußball"
Union-Cigarettenfabrik, Dresden, 1938
Papier; 21 x 15 cm
SV Werder Bremen

3.7/19 Endspiel um den "Tschammer"-Pokal 1938 FSV Frankfurt – Rapid Wien am 8.1.1939 in Berlin
a) Programmheft
Deutscher Sport Verlag, Berlin, 1938
Papier; 21,5 x 15 cm
Deutscher Fußball-Bund, Frankfurt/M.
b) Informationsblatt zur KdF-Sonderfahrt zum Endspiel
Frankfurt/M., 1938
Papier; 29,6 x 21,2 cm
Rolf Spahn, Fredericksdorf
c) Eintrittskarte
Frankfurt/M., 1938
Papier; 7 x 11,5 cm
Rolf Spahn, Fredericksdorf

Der 1935 eingeführte so genannte "Tschammer"-Pokal war der erste Vereinspokalwettbewerb, der in Deutschland organisiert wurde. Er wurde im Kalenderjahr ausgetragen. Das konnte – wie in diesem Beispiel – witterungsbedingt dazu führen, dass das Endspiel erst zu Beginn des folgenden Jahres durchgeführt wurde.

3.7/20 Drei Programmhefte zu Reichsbund-Pokalspielen
1940-1941
Papier; je ca. 22,5 x 15 cm
a) Berlin-Brandenburg – Mittelrhein am 6.10.1940 in Berlin
Deutscher Fußball-Bund, Frankfurt/M.
b) Berlin-Brandenburg – Sudetenland am 26.12.1940 in Berlin
Deutscher Fußball-Bund, Frankfurt/M.
c) Niederschlesien – Hessen-Nassau am 19.10.1941 in Breslau
Dr. Othmar Hermann, Frankfurt/M.

Neben dem "Tschammer"-Pokal wurde auch der traditionelle Pokalwettbewerb der Landesverbände weiter durchgeführt. Er wurde nun Reichsbund-Pokal genannt und von den Gauverbänden ausgespielt. Dazu zählten auch die durch Annexionen neu gebildeten Gaue wie das Sudetenland.

3.7/14

So erklärten sich mehrere süddeutsche Fußballvereine schon im April 1933 bereit, Juden auszuschließen, doch eine generelle Anordnung dazu – wie sie etwa die Deutsche Turnerschaft erlassen hatte – ist im Fußball offensichtlich nicht ergangen. Auch gab es Vereine wie Bayern München, wo jüdische Mitglieder noch recht lange ihre Funktionen wahrnehmen konnten. Allerdings wurde auch hier ab 1935 ein "Ariernachweis" verlangt. Spätestens jetzt wurden Juden generell aus den Vereinen ausgeschlossen, was überwiegend jedoch bereits geschehen war und keiner eigenen Aufforderung durch die neuen Machthaber bedurft. Mit einiger Verzögerung wurden schließlich auch die konfessionellen Sportverbände, die katholische Deutsche Jugendkraft und der evangelische Eichenkreuz-Verband aufgelöst. Eigene Meisterschaften durften sie schon ab der Spielzeit 1933/34 nicht mehr durchführen. Hans von Tschammer und Osten organisierte die bürgerlichen Verbände neu, zunächst in einem "Reichsführerring", dann im Deutschen Reichsbund für Leibesübungen (DRL). Dieser Prozess zog sich bis 1936 hin, weil vermögensrechtliche Probleme bestanden, die internationalen Verknüpfungen der Fachverbände zu beachten waren und vor allem die Vorbereitungen auf die Olympischen Spiele nicht gestört werden sollten. Am Ende stand die Auflösung der Verbände und die

3.7/21 Plakat zum Reichssporttag der Hitlerjugend, Gebiet Nordsee vom 27.-29.9.1935
Günther Pötter, 1935
Papier; 86 x 57,9 cm
StaatsArchiv Bremen; 9,P-FB 737-273

In der Hitlerjugend wurde ein eigenes Sportprogramm durchgeführt und ihre Funktion im Rahmen der nationalsozialistischen Diktatur 1936 noch einmal gestärkt. Auch die sportliche Jugendarbeit wurde der HJ übertragen. Erst über 14-Jährige konnten sich wieder in Sportvereinen betätigen.

3.7/22 Plakat zur Betriebssport-Werbewoche und zum Sportappell der Betriebssportgemeinschaft Krupp in Essen August 1938
Essen, 1938
Papier; 80 x 59 cm
Historisches Archiv Krupp, Essen; WA 153/v1349

Der Betriebssport wurde im Rahmen der Deutschen Arbeitsfront verstärkt gefördert. Auch in diesen Vereinen entstand den traditionellen Sportvereinen eine neue Konkurrenz.

3.7/23 Beschluss von DFB und Deutscher Sportbehörde für Leichtathletik über den Ausschluss von jüdischen und marxistischen Mitgliedern aus Führungspositionen in Mitgliedsverbänden und -vereinen
Fußball und Leichtathletik. Amtliche Mitteilungen Nr. 17, Duisburg, 25.4.1933
Papier; 31 x 23 cm
Westdeutscher Fußballverband, Duisburg

Mit der nationalsozialistischen Diktatur begann die Ausgrenzung der kommunistischen, sozialdemokratischen und jüdischen Mitglieder aus den Sportvereinen. Der Beschluss des DFB vom 11.4.1933 dokumentiert die Anpassungsfähigkeit der Sportverbände an das neue Regime.

3.7/22

3.7/21

Einführung von Fachämtern, die allein für die Organisation des Sport- und Spielbetriebs zuständig waren. Führer des Reichsamtes für Fußball wurde Felix Linnemann.

Doch schon zur Spielzeit 1933/34 war allen Verbänden eine neue regionale Struktur verordnet worden. So startete der Fußball in die Saison 1933/34 mit 16 Gauligen, in der jeweils zehn Vereine spielten. Allerdings gab es zunächst in einigen Gauen Ausnahmeregelungen. Nur die jeweiligen Gaumeister qualifizierten sich für die Endrunde um die Deutsche Meisterschaft und ermittelten hier in vier Vorrunden die Teilnehmer am Halbfinale.

Mit dieser Neuorganisation der ersten Ligen erreichten die Nationalsozialisten eine Konzentration in den obersten Spielklassen. Zugleich lehnten sie aus ideologischen Gründen den Profifußball ab und verhinderten, dass die seit Anfang der dreißiger Jahre immer drängender geführten Diskussionen um die Einführung des bezahlten Fußballs und die damit verbundenen Forderungen nach einer Reichsliga realisiert werden konnten.

Mit der Einrichtung der Gaue wurden die traditionellen Landesverbände des DFB überflüssig. Der von ihnen ausgetragene Bundespokal wurde ab 1933 als Reichsbundpokal von den Gauen ausgespielt. Zusätzlich wurde 1935 der so genannte "Tschammer-Pokal" eingeführt, der erste Vereinspokal-Wettbewerb in Deutschland, dessen Endspiel im Dezember oder Januar für einen weiteren Höhepunkt im deutschen Fußball sorgen sollte.

Im Unterschied zur Organisation der Verbände blieb die Vereinsstruktur relativ intakt. Die Vereine mussten zwar eine neue Einheitssatzung akzeptieren und sich auf das Führerprinzip umstellen, doch zahlreiche Beispiele zeigen, wie pragmatisch das Vereinsleben

3.7/24 Beschluss vom 10.4.1933 zur Streichung aller jüdischen und marxistischen Mitglieder aus den Vereinslisten
BEWAG-Sport Nr. 3, Berlin, April 1933
Papier; 22,5 x 29 cm
Sportmuseum Berlin; E 96/6

Auch Vereine – wie in diesem Beispiel der Sportverein der Berliner Städtischen Elektrizitätswerke – schlossen zum Teil schon sehr früh jüdische, sozialdemokratische und kommunistische Mitglieder aus.

3.7/25 Vereinsregisterblatt zum Arbeiter-Turn- und Sportverein Essen
Amtsgericht Essen, 20.1.1922-1.6.1933
Reproduktion, Papier; 42,5 x 57 cm
Amtsgericht Essen

Die kommunistischen und sozialdemokratischen Arbeiter-Sportverbände und -vereine wurden schon in den ersten Monaten des Jahres 1933 von den Nationalsozialisten verfolgt und aufgelöst. Der 1902 gegründete Arbeiter-Turn- und Sportverein Essen, der älteste Arbeitersportverein der Stadt, wurde am 1.6.1933 aus dem Vereinsregister gelöscht. Die lapidare Begründung lautete hier – wie in anderen Löschungen auch: "Der Verein ist durch Fortfall sämtlicher Mitglieder aufgelöst."

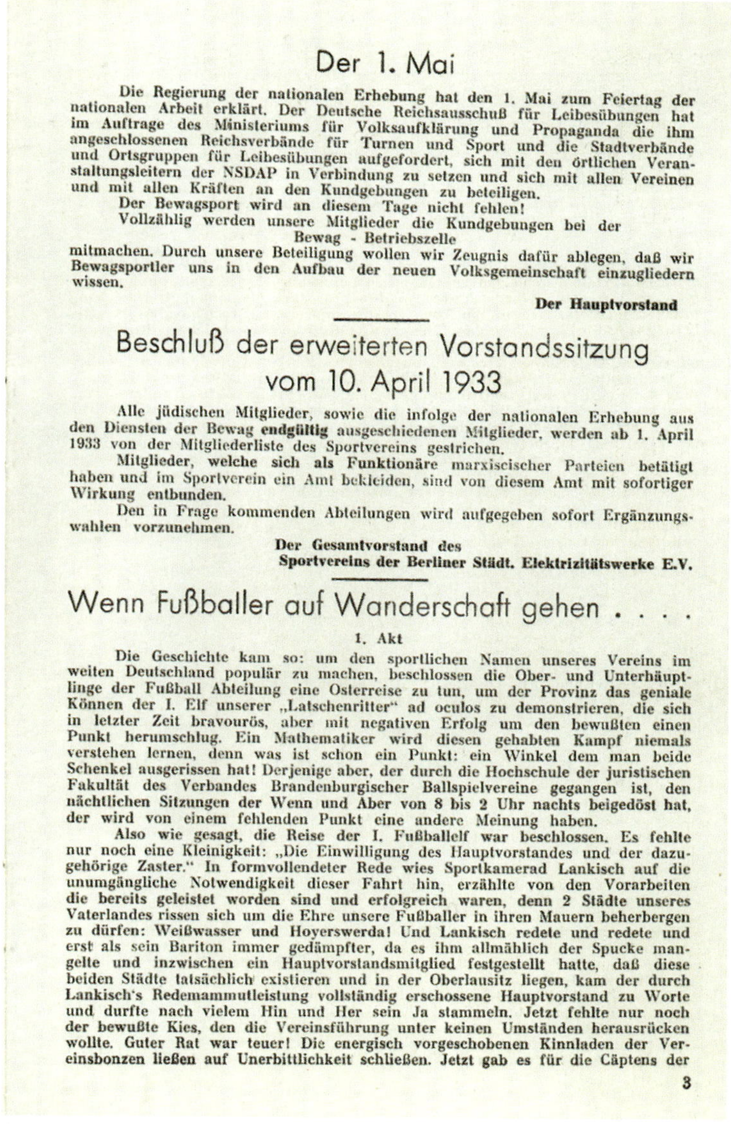

Der 1. Mai

Die Regierung der nationalen Erhebung hat den 1. Mai zum Feiertag der nationalen Arbeit erklärt. Der Deutsche Reichsausschuß für Leibesübungen hat im Auftrage des Ministeriums für Volksaufklärung und Propaganda die ihm angeschlossenen Reichsverbände für Turnen und Sport und die Stadtverbände und Ortsgruppen für Leibesübungen aufgefordert, sich mit den örtlichen Veranstaltungsleitern der NSDAP in Verbindung zu setzen und sich mit allen Vereinen und mit allen Kräften an den Kundgebungen zu beteiligen.

Der Bewagsport wird an diesem Tage nicht fehlen!

Vollzählig werden unsere Mitglieder die Kundgebungen bei der
Bewag - Betriebszelle
mitmachen. Durch unsere Beteiligung wollen wir Zeugnis dafür ablegen, daß wir Bewagsportler uns in den Aufbau der neuen Volksgemeinschaft einzugliedern wissen.

Der Hauptvorstand

Beschluß der erweiterten Vorstandssitzung vom 10. April 1933

Alle jüdischen Mitglieder, sowie die infolge der nationalen Erhebung aus den Diensten der Bewag **endgültig** ausgeschiedenen Mitglieder, werden ab 1. April 1933 von der Mitgliederliste des Sportvereins gestrichen.

Mitglieder, welche sich als Funktionäre marxiscischer Parteien betätigt haben und im Sportverein ein Amt bekleiden, sind von diesem Amt mit sofortiger Wirkung entbunden.

Den in Frage kommenden Abteilungen wird aufgegeben sofort Ergänzungswahlen vorzunehmen.

Der Gesamtvorstand des
Sportvereins der Berliner Städt. Elektrizitätswerke E.V.

Wenn Fußballer auf Wanderschaft gehen . . . .

1. Akt

Die Geschichte kam so: um den sportlichen Namen unseres Vereins im weiten Deutschland populär zu machen, beschlossen die Ober- und Unterhäuptlinge der Fußball Abteilung eine Osterreise zu tun, um der Provinz das geniale Können der I. Elf unserer „Latschenritter" ad oculos zu demonstrieren, die sich in letzter Zeit bravourös, aber mit negativen Erfolg um den bewußten einen Punkt herumschlug. Ein Mathematiker wird diesen gehabten Kampf niemals verstehen lernen, denn was ist schon ein Punkt: ein Winkel dem man beide Schenkel ausgerissen hat! Derjenige aber, der durch die Hochschule der juristischen Fakultät des Verbandes Brandenburgischer Ballspielvereine gegangen ist, den nächtlichen Sitzungen der Wenn und Aber von 8 bis 2 Uhr nachts beigedöst hat, der wird von einem fehlenden Punkt eine andere Meinung haben.

Also wie gesagt, die Reise der I. Fußballelf war beschlossen. Es fehlte nur noch eine Kleinigkeit: „Die Einwilligung des Hauptvorstandes und der dazugehörige Zaster." In formvollendeter Rede wies Sportkamerad Lankisch auf die unumgängliche Notwendigkeit dieser Fahrt hin, erzählte von den Vorarbeiten die bereits geleistet worden sind und erfolgreich waren, denn 2 Städte unseres Vaterlandes rissen sich um die Ehre unsere Fußballer in ihren Mauern beherbergen zu dürfen: Weißwasser und Hoyerswerda! Und Lankisch redete und redete und erst als sein Bariton immer gedämpfter, da es ihm allmählich der Spucke mangelte und inzwischen ein Hauptvorstandsmitglied festgestellt hatte, daß diese beiden Städte tatsächlich existieren und in der Oberlausitz liegen, kam der durch Lankisch's Redemammutleistung vollständig erschossene Hauptvorstand zu Worte und durfte nach vielem Hin und Her sein Ja stammeln. Jetzt fehlte nur noch der bewußte Kies, den die Vereinsführung unter keinen Umständen herausrücken wollte. Guter Rat war teuer! Die energisch vorgeschobenen Kinnladen der Vereinsbonzen ließen auf Unerbittlichkeit schließen. Jetzt gab es für die Cäptens der

3

3.7/24

3.7/26 Drei Spielerpässe des DFB, Gau 10, Niederrhein, für Spieler des VfB Frohnhausen
1.1.1934
Papier; je 15 x 10,5 cm
Stadtarchiv Essen; 430/1a

Die Vereine der katholischen Deutschen Jugendkraft blieben zunächst bestehen, mussten allerdings auf einen eigenen Spielbetrieb verzichten. Die Fußballabteilungen wurden in den Spielbetrieb des DFB integriert. Das förmliche Ende der DJK folgte 1935 mit dem Verbot der konfessionellen Jugendarbeit.

3.7/27 Filmausschnitte zu Länderspielen der deutschen Nationalmannschaft
Frank Bürgin (Bearb.), Zeitlupe, Gelsenkirchen,1936-1938/2000
Schwarzweiß-Film; 6 min. 2 sec.
Bundesfilmarchiv, Berlin; UTW 324, BSP 16372, BSP 16264, UTW 405

Gezeigt werden Ausschnitte aus UFA- und Bavaria-Tonwochen zu folgenden Spielen: Deutschland – Italien am 15.11.1936 mit von Tschammer und Osten unter den Zuschauern; Deutschland – Schweden am 21.11.1937 in Hamburg (ein Spiel der so genannten "Breslau-Elf") sowie die beiden Spiele gegen die Schweiz am 4.6. und 9.6.1938 in Paris während der Weltmeisterschaft in Frankreich.

weiterfunktionierte. Das ist um so erstaunlicher, als neben dem im DRL organisierten Sport auch in NS-Organisationen Sport betrieben wurde. Diese Organisationen standen in Konkurrenz zu den DRL-Vereinen. 1936 verloren die Vereine ihre eigenständige Jugendarbeit an die Hitlerjugend. Über 14-jährige HJ-Mitglieder konnten sich dann wieder sportlich in DRL-Vereinen betätigen.

Sowohl in der SA als auch in der SS wurden eigene Sportwettkämpfe durchgeführt. Der größte Konkurrent des DRL war aber die NS-Gemeinschaft "Kraft durch Freude". Sie baute in Zusammenarbeit mit der Deutschen Arbeitsfront ein eigenes Betriebssport-system auf.

3.7/32 Länderspiel Irland – Deutschland am 17.10.1936 in Dublin
a) Programmheft
Curtis + Co Printers, Dublin, 1936
Papier; 22 x 14,5 cm
Deutscher Fußball-Bund, Frankfurt/M.
b) Dinnerkarte
Curtis + Co Printers, Dublin,1936
Karton; 20,5 x 13 cm
Marco Langer, Korschenbroich

3.7/31

3.7/31 Adolf Hitler und Hans von Tschammer und Osten auf dem Titelblatt des "Kicker"
Der Kicker Nr. 32, Nürnberg, 11.8.1936
Papier; 32 x 24 cm
Sepp-Herberger-Stiftung, Frankfurt/M.

Die ganze Vorbereitung half nichts: Vor den Augen Hitlers, der vor dem Spiel mit minutenlangen "Heil Hitler"-Rufen gefeiert wurde, verlor die deutsche Elf mit 0:2 gegen Norwegen im Berliner Poststadion. Es blieb Hitlers einziger Besuch bei einem Fußballspiel.

3.7/28 Drei Programmhefte zu Länderspielen 1933-1934
1933-1934
Papier; je ca. 23 x 16 cm
a) Deutschland – Frankreich am 19.3.1933 in Berlin
Deutscher Fußball-Bund, Frankfurt/M.
b) Deutschland – Polen am 3.12.1933 in Berlin
Deutscher Fußball-Bund, Frankfurt/M.
c) Deutschland – Ungarn am 14.1.1934 in Frankfurt/M.
Dr. Othmar Hermann, Frankfurt/M.

Für die deutsche Nationalmannschaft änderte sich zunächst relativ wenig. Zwar mussten die Spieler vor dem Spiel nun den "Hitler-Gruß" ausüben. Doch weder 1933 noch 1934 kam es zu einem wesentlichen Anstieg bei der Anzahl der Länderspiele im Vergleich zu den Vorjahren. Erst im Rahmen der Vorbereitung auf die Olympischen Spiele 1936 in Berlin sollte sich das ändern.

3.7/29 Sondernummern Columbus I und II zum Länderspiel England – Deutschland am 4.12.1935 in London
Deutscher Fußball-Sport, Berlin, 3.12. und 5.12.1935
Papier; je 30 x 22,5 cm
Deutscher Fußball-Bund, Frankfurt/M.

3.7/30 Länderspiel England – Deutschland am 4.12.1935
Dr. Othmar Hermann, Frankfurt/M.
a) Programmheft
Crusha & Son, London, 1935
Papier; 26 x 38 cm
b) Eintrittskarte
London, 1935
Papier; 9 x 8,5 cm

1935 trat die deutsche Auswahlelf zu 17 Spielen an. Das waren in einem Jahr so viele wie in den drei Jahren zuvor. Den Höhepunkt bildete dabei das Spiel in England, das allerdings mit 0:3 verloren wurde.

3.7/32a

3.7/33 Programmheft zum Länderspiel Deutschland – Italien am 15.11.1936 in Berlin
Deutscher Sport Verlag, Berlin, 1936
Papier; 22,5 x 15 cm
Dr. Othmar Hermann, Frankfurt/M.

Auch der Abschluss des olympischen Jahres war für die deutsche Nationalmannschaft wenig erfolgreich. Auf der Schottland-Irland-Reise gab es zwei Niederlagen, gegen Italien nur ein Unentschieden.

3.7/34 Drei Programmhefte zu Länderspielen der deutschen Nationalmannschaft
1937-1938
Papier; je ca. 22 x 15 cm
a) Deutschland – Dänemark am 16.5.1937 in Breslau
Marco Langer, Korschenbroich
b) Deutschland – Norwegen am 24.10.1937 in Berlin
Dr. Othmar Hermann, Frankfurt/M.
c) Deutschland – Ungarn am 20.3.1938 in Nürnberg
Deutscher Fußball-Bund, Frankfurt/M.

Das Spiel gegen Dänemark bildete den Höhepunkt eines überaus erfolgreichen Jahres für die deutsche Mannschaft. Die "Breslau-Elf", so genannt nach dem Austragungsort ihres 8:0-Sieges gegen Dänemark, gilt bis heute als eine der besten deutschen Nationalmannschaften.

3.7/34a

Die Zentralisierung im Fußball und das Bemühen, ihn für die Propaganda zu nutzen, führten zu häufigeren Einsätzen der Nationalmannschaft. Unter Otto Nerz, Reichstrainer seit 1926, gelang der überraschende dritte Platz bei der Weltmeisterschaft 1934 durch ein 3:2 gegen den Favoriten Österreich. Von den acht Länderspielen in diesem Jahr gewann die Nationalmannschaft sieben. Ent-

3.7/33

3.7/34b

3.7/35 Länderspiel Deutschland – Schweden am 21.11.1937
Deutsche Sport-Illustrierte
Nr. 47, Stuttgart, 23.11.1937
Papier; 39 x 27 cm
Nachlass Helmut Schön, Frankfurt/M.

Das Spiel wurde mit 5:0 gewonnen und zeigte eine weitere überzeugende Leistung der "Breslau-Elf".

3.7/36 Länderspiel Deutschland – Portugal am 24.4.1938 in Frankfurt/M.
a) Programmheft
Kicker-Verlag, Nürnberg, 1938
Papier; 22 x 15 cm
Deutscher Fußball-Bund, Frankfurt/M.
b) Abzeichen
1938
Textil, bestickt; 10,5 x 3,5 cm
Dr. Othmar Hermann, Frankfurt/M.
c) Eintrittskarte
1938
Karton; 8 x 10,5 cm
Dr. Othmar Hermann, Frankfurt/M.

Das Spiel gegen Portugal, das 1:1 endete, war das letzte Spiel vor dem durch den "Anschluss" Österreichs politisch bedingten Aufbau einer großdeutschen Nationalmannschaft.

sprechend hoch waren die Erwartungen 1936 für die Olympischen Spiele. Doch vor den Augen Hitlers und Goebbels verlor die Nationalmannschaft schon im zweiten Spiel mit 0:2 gegen Norwegen. Hitler, der zum ersten Mal überhaupt ein Fußballspiel anschaute, verließ erbost das Stadion, zumal der norwegische Schütze der beiden Tore den jüdisch klingenden Namen Isaksen trug. Nerz wurde entmachtet und eine "Doppelspitze" eingeführt: Sepp Herberger übernahm 1936 zunächst gemeinsam mit Nerz, seit 1938 dann als alleiniger Reichstrainer die Betreuung der Nationalmannschaft. Mit der so genannten "Breslau-Elf" gelang die Formierung einer erfolgreichen Nationalmannschaft, die als einer der Favoriten für die Weltmeisterschaft 1938 gehandelt wurde. Doch die durch den "Anschluss" Österreichs 1938 erfolgte Zusammenlegung beider Nationalmannschaften verhinderte dies.

3.7/34

3.7/37 Länderspiel Deutschland – England am 14.5.1938 in Berlin
a) Programmheft
Deutscher Sport-Verlag, Berlin, 1938
Papier; 22 x 15 cm
Deutscher Fußball-Bund, Frankfurt/M.
b) Postkarte der deutschen Nationalmannschaft
gel. 14.5.1938
Karton; 10,5 x 14,5 cm
Sportantiquariat Kopp-Wittner, Würzburg
c) Eintrittskarte
Berlin, 1938
Papier; 7,3 x 15,8 cm
Sportantiquariat Kopp-Wittner, Würzburg

Obwohl vorher schon ein gemeinsamer Lehrgang mit deutschen und österreichischen Spielern durchgeführt worden war, spielte gegen England eine deutsche Mannschaft mit nur einem Wiener Spieler, Hans Pesser. Das Spiel wurde klar mit 3:6 verloren.

3.7/38 Programmheft zur Gastspieltournee von Aston Villa im Mai 1938 in Deutschland
Deutscher Sport-Verlag, Berlin, 1938
Papier; 22,5 x 15,5 cm
Deutscher Fußball-Bund, Frankfurt/M.

Am 15.5.1938 trat gegen Aston Villa eine österreichische Mannschaft an mit nur einem deutschen Spieler, Jakob Streitle. Sie verlor gegen die Engländer mit 2:3.

3.7/39 Zeitungsartikel "Stures W-System hat ausgespielt" vor der Begegnung Deutschland – Aston Villa am 22.5.1938 in Stuttgart
Stuttgart, 22.5.1938
Papier; 21,2 x 29,9 cm
Sepp-Herberger-Stiftung, Frankfurt/M.

3.7/36b

Am 18.5.1938 hatte erstmals eine großdeutsche Mannschaft mit sechs Österreichern und fünf Deutschen gegen Aston Villa gespielt und 2:1 gewonnen. Am 22.5.1938 trat noch einmal eine Mannschaft, bestehend aus sechs deutschen und fünf österreichischen Spielern in Stuttgart gegen Aston Villa an und verlor mit 2:3. Weitere Vorbereitungsspiele für die Weltmeisterschaft in Frankreich fanden nicht mehr statt. Der Reichstrainer Herberger war im Vorfeld der Weltmeisterschaft zum Spielball der Politik geworden.

In Österreich gab es den Profifußball schon seit längerem. Er hatte zur großen Spielstärke der Vereine und auch der Nationalmannschaft beigetragen. Nach dem "Anschluss" wurde der Amateurfußball wieder eingeführt, und es gab fortan eine "großdeutsche" Nationalmannschaft. Nach außen schien dies eine Kombination der besten Spieler aus beiden Ländern zu bedeuten, die eine noch schlagkräftigere Mannschaft versprach, doch tatsächlich waren die jeweiligen Spielsysteme sehr unterschiedlich. Auf politischen Druck hin musste die Nationalelf jedoch paritätisch mit deutschen und österreichischen Spielern besetzt werden. Herberger versuchte vergeblich, in kurzer Zeit Spieler mit unterschiedlichen Spielauffassungen zu einer Mannschaft zu formen. Dieser Versuch scheiterte: Schon in der ersten Runde der Weltmeisterschaft schied die deutsche Mannschaft gegen die Schweiz aus.

Im ersten Spiel hatten sich die beiden Mannschaften unentschieden getrennt, das zweite gewann die Schweiz mit 4:2, wozu auch die politisch aufgeladene Stimmung im Stadion beitrug. Traditionell bestanden zwischen Deutschland und der Schweiz

3.7/40 Länderspiele Deutschland – Schweiz am 4.6. und 9.6.1938 während der Weltmeisterschaft 1938 in Frankreich
Paris, 1938
Papier; je ca. 11 x 27 cm
Sepp-Herberger-Stiftung, Frankfurt/M.
a) Eintrittskarte mit zwei Abrissen
b) "V.I.P."-Karte mit zwei Abrissen

Die beiden Spiele gegen die Schweiz wurden zu einem Fiasko für die großdeutsche Mannschaft. Das erste Spiel endete 1:1, das zweite verlor sie mit 2:4. Die beiden Karten machen zugleich die damalige Organisation einer Weltmeisterschaft anschaulich: Sie galten auch für ein eventuelles Wiederholungsspiel, dessen Termin schon festgelegt war.

3.7/41 Deutsche Sport-Illustrierte mit Matthias Sindelair auf dem Titelblatt
Nr. 5, Stuttgart, 31.1.1939
Papier; 39 x 27 cm
Nachlass Helmut Schön, Frankfurt/M.

Matthias Sindelair, in den dreißiger Jahren der große Star des österreichischen Fußballs, spielte im so genannten "Verbrüderungs"-Spiel "Altreich – Ostmark" am 3.4.1938 in Wien zum letzten Mal für Österreich. Er schoss eines der beiden Tore zum 2:0-Endstand. Obwohl ihn Herberger für die großdeutsche Mannschaft gewinnen wollte, weigerte er sich beharrlich. Am 23.1.1939 starb Sindelair gemeinsam mit seiner Lebensgefährtin: Der Abzug seines Ofens war verstopft, sodass das Kohlenoxyd nicht entweichen konnte. Ob es ein Unfall war oder Selbstmord, konnte nie geklärt werden. Es wurde auch vermutet, es habe sich um einen politisch motivierten Selbstmord gehandelt. Auch das ist allerdings nicht belegbar.

3.7/42 Zwei Deutsche Sport-Illustrierte mit Titelbildern zu Länderspielen der deutschen Nationalmannschaft 1939
Stuttgart, 1939
Papier; 39 x 27 cm
Nachlass Helmut Schön, Frankfurt/M.
a) Italien – Deutschland am 26.3.1939 in Florenz
Nr. 13 vom 28.3.1939
b) Deutschland – Irland am 23.5.1939 in Bremen
Nr. 22 vom 30.5.1939

Das Jahr 1939 brachte leicht verbesserte Leistungen der deutschen Nationalmannschaft, die allerdings in Italien mit 2:3 verlor und in Bremen nur ein 1:1 erreichte.

3.7/43 Acht Deutsche Sport-Illustrierte mit Titelbildern zu Länderspielen der deutschen Nationalmannschaft während des Zweiten Weltkriegs
Stuttgart, 1939-1941
Papier; je 39 x 27 cm
Nachlass Helmut Schön, Frankfurt/M.
a) Ungarn – Deutschland am 24.9.1939 in Budapest
Nr. 39, 26.9.1939
b) Ungarn – Deutschland am 24.9.1939 in Budapest
Nr. 40, 3.10.1939
c) Jugoslawien – Deutschland am 15.10.1939 in Zagreb
Nr. 42, 17.10.1939
d) Deutschland – Slowakei am 3.12.1939 in Chemnitz
Nr. 49, 5.12.1939
e) Deutschland – Dänemark am 17.11.1940 in Hamburg
Nr. 47, 19.11.1940
f) Deutschland – Schweiz am 9.3.1941 in Stuttgart
Nr. 10, 11.3.1941
g) Deutschland – Ungarn am 6.4.1941 in Köln
Nr. 14, 8.4.1941
h) Schweden – Deutschland am 5.10.1941 in Stockholm
Nr. 41, 14.10.1941

Der Beginn des Zweiten Weltkriegs führte zu keiner Unterbrechung des Spielbetriebs der Nationalmannschaft. Gegner bei den Partien waren Bündnispartner, eroberte Länder und neutrale Staaten.

3.7/44 Drei Autogrammkarten von Nationalspielern
um 1940
Karton, Papier; je 17 x 13 cm
Sportantiquariat Kopp-Wittner, Würzburg
a) Fritz Walter
b) Reinhold Münzenberg
c) Andreas Kupfer

Die Popularität des Fußballs und der Spieler war ungebrochen – wie diese äußerst einfach gestalteten Autogrammkarten zeigen.

3.7/45 Programmheft zum internationalen Fußball-Städtekampf Berlin – Bratislava (Pressburg) am 1.5.1940 in Berlin
1940
Papier; 22,5 x 14,5 cm
Deutscher Fußball-Bund, Frankfurt/M.

3.7/46 Programmheft zum 3. Fußball-Städtespiel Berlin – Sofia am 30.3.1941 in Berlin
1941
Papier; 21 x 15 cm
Dr. Othmar Hermann, Frankfurt/M.

Neben Länderspielen kam es im Zuge des Zweiten Weltkriegs zu einer Renaissance von Städtespielen, deren "Internationalität" in Spielen gegen Städte aus eroberten Staaten oder Bündnispartnern bestand.

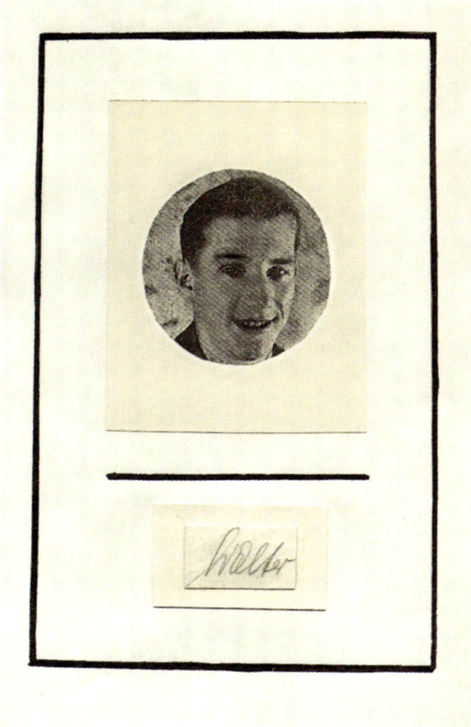

3.7/44a

gerade im Fußball gute Beziehungen. Jetzt jedoch stieß die deutsche Mannschaft bei den Schweizer Fans auf erbitterte Ablehnung – zu negativ war mittlerweile das Bild von Deutschland im Ausland geworden. Dabei hatten die Nationalsozialisten versucht, gerade den Fußball für ihre Zwecke einzuspannen und dazu nicht nur die Zahl der Länderspiele erhöht. So hatten im Vorfeld der Abstimmung über den "Anschluss" Österreichs zahlreiche Spiele stattgefunden, darunter ein "Verbrüderungsspiel" der beiden Nationalmannschaften.

Auch in den folgenden Jahren sollte der Fußball diesen Zweck erfüllen und zugleich die Bevölkerung von den zunehmenden Entbehrungen des Krieges ablenken. Noch 1942 fanden zehn Länderspiele statt, meist gegen verbündete Staaten aus Südosteuropa, außerdem zwei Spiele gegen die neutrale Schweiz und eins gegen das neutrale Schweden. Hier zeigte sich jedoch – wie bereits bei den Olympischen Spielen –, dass der Fußball sich nur bedingt kontrollieren ließ, dass vor allem die Ergebnisse ganz entgegen den Erwartungen ausfallen konnten. Gegen Schweden verlor die Nationalmannschaft 2:3 – und dies im ausverkauften Berliner Olympia-Stadion. Goebbels fürchtete um die Stimmung in der Bevölkerung und notierte in seinem Tagebuch: "100.000 sind deprimiert aus dem Stadion weggegangen;

3.7/47 Sechs Programmhefte zu Länderspielen der deutschen Nationalmannschaft während des Zweiten Weltkriegs
1939-1942
Papier; je ca. 22 x 15 cm
a) Deutschland – Italien
am 26.11.1939 in Berlin
Deutscher Fußball-Bund, Frankfurt/M.
b) Deutschland – Ungarn
am 7.4.1940 in Berlin
Dr. Othmar Hermann, Frankfurt/M.
c) Deutschland – Finnland
am 1.9.1940 in Leipzig
Dr. Othmar Hermann, Frankfurt/M.
d) Deutschland – Spanien
am 12.4.1942 in Berlin
Dr. Othmar Hermann, Frankfurt/M.
e) Bulgarien – Deutschland
am 19.7.1942 in Sofia
Marco Langer, Korschenbroich
f) Deutschland – Schweden
am 20.9.1942 in Berlin
Dr. Othmar Hermann, Frankfurt/M.

Bis Ende 1942 führte die deutsche Nationalmannschaft Länderspiele durch. Die Programmhefte – besonders das vom letzten in Berlin ausgetragenen Spiel gegen Schweden mit der Parole "Trotzdem Länderspiele!" – machen deutlich, wie die deutsche Auswahlmannschaft im Rahmen der nationalsozialistischen Diktatur instrumentalisiert wurde.

3.7/47a

3.7/47b

und da diesen Leuten ein Gewinn dieses Fußballspiels mehr am Herzen lag als die Einnahme irgendeiner Stadt im Osten, müßte man für die Stimmung im Innern eine derartige Veranstaltung ablehnen."[13]
Herberger konnte diese Spiele auf seine Weise nutzen. Mit dem Argument, er müsse eine möglichst leistungsstarke Mannschaft aufstellen, bemühte er sich darum, seine Spieler vom Kriegs- und Fronteinsatz möglichst freizustellen. Das war nicht einfach, denn eine Bevorzugung von Spitzensportlern widersprach der Ideologie der "Volksgemeinschaft". So führte er häufig ausgedehnte Lehrgänge durch, zu denen die Spieler versammelt wurden, oder er setzte sich bei den zuständigen Offizieren dafür ein, auf diese Rücksicht zu nehmen. Doch nicht in jedem Fall war diese "Aktion Heldenklau" erfolgreich, unter den Gefallenen des Krieges befanden sich auch Nationalspieler.

Mit der Annexion Österreichs und der erzwungenen Abtretung des Sudetenlandes 1938 wurden zwei neue Gaue geschaffen. Noch vor Beginn des Kriegs erfolgte die Neuorganisation des Deutschen Reichsbundes für Leibesübungen zum "Nationalsozialistischen Reichsbund für Leibesübungen".

3.7/47e

3.7/48 Kurzanalyse des Länderspiels Deutschland – Slowakei am 22.11.1942 in Bratislava
Sepp Herberger, 1942
Typoskript, Papier; 29,7 x 21 cm
Sepp-Herberger-Stiftung, Frankfurt/M.

Während des Zweiten Weltkriegs wurden insgesamt 35 Länderspiele von der deutschen Nationalmannschaft bestritten. Das Spiel gegen die Slowakei am 22.11.1942 war das letzte. Erst acht Jahre später, am 22.11.1950, fand das nächste Länderspiel einer – dann bundesdeutschen – Nationalmannschaft statt.

Frankfurter Sportgemeinde
Eintracht (F.F.V.) E.V.
1899–1940
Vereins-Nachrichten
Nr. 10 Oktober 1940 14. Jahrgang

An unsere Soldaten!

Dankbar und freudig werden alle Zusendungen, die Euch aus dem Kreise unserer Mitglieder oder durch den Verein zugehen, begrüßt. Bei der Vielzahl der Kameraden der Wehrmacht muß sich der Verein im Wesentlichen auf die Anteilnahme an besonderen Vorgängen (Auszeichnungen, Beförderungen, Verwundungen und dergl.) und auf die Zustellung unserer monatlichen Vereinszeitung beschränken.

Die vielen Zuschriften, die dem Verein zugehen, sind alle erfüllt von einer herzlichen Verbundenheit zum Verein, wie andererseits wir in der Heimat unseren Kameraden im grauen Ehrenkleid in Dankbarkeit und Stolz und in der Gewißheit des endgültigen Sieges im Geiste nahe sind.

Die monatlichen Mitteilungen über die Vereinstätigkeit während des Krieges mögen unseren Kameraden im Felde die Gewißheit geben, daß wir in der Heimat nicht nur in der berufsmäßigen Arbeit unsere Pflicht erfüllen, sondern darüber hinaus auch die Sache der Leibesübungen nach Kräften weiterführen und damit die Grundlage erhalten, um nach Kriegsende den vielseitigen Vereinsbetrieb sofort in voller Höhe und mit neuem Auftrieb wieder aufnehmen können.

Wir möchten mit allen abwesenden Kameraden in ständiger Verbindung bleiben. Wir bitten daher, uns jeweils die Anschriften und ihre Aenderungen, Beförderungen, Auszeichnungen, Verwundungen usw. mitzuteilen.

Die Eintracht grüßt auch heute alle Kameraden, die fern der Heimat als Soldaten für den glücklichen Ausgang des uns aufgezwungenen Krieges sich einsetzen.

Heil Hitler!
Die Vereinsführung:
I. V.: gez. A. Gentil.

3.7/49

3.7/49 Vereinsnachrichten der Frankfurter Sportgemeinde Eintracht mit Aufruf "An unsere Soldaten"
Frankfurt/M., 1940
Papier; 30 x 21 cm
Sportmuseum Frankfurt/M.

Damit wurde der Sport in die Parteiorganisation der NSDAP eingefügt. Die Annexionen führten zur Neubildung von Spielklassen. An der Endrunde um die Deutsche Meisterschaft beteiligten sich nun Vereine wie SS Straßburg, SG Warschau oder Germania Königshütte.

Kurz nach Kriegsausbruch sah es so aus, als würde es zu Einschränkungen im Sportbetrieb kommen und die Deutsche Meisterschaft nicht mehr durchgeführt werden. Doch von Tschammer und Ostens Kriegsparole "Weitermachen" vom 1. September 1939 setzte sich durch. Zusätzlich zu den Länderspielen wurde auch der reguläre Spielbetrieb aufrechterhalten. Das letzte Endspiel um den Tschammer-Pokal fand 1943 statt, das letzte Endspiel um die Deutsche Meisterschaft am 18. Juni 1944 im Berliner Olympia-Stadion. Der Dresdner SC schlug vor 70.000 Zuschauern den Luftwaffensportverein Groß-Hamburg mit 4:0.

3.7/53 Ankündigung für das Fußballspiel deutsche Flakelf – ukrainische Auswahl am 9.8.1942 in Kiew
1942
Reproduktion; 60 x 40 cm
Stadtgeschichtliches Museum Leipzig, Sportmuseum Leipzig

Die Ukrainer gewannen mit 5:3. Am folgenden Tag sollen alle Spieler inhaftiert worden sein. Im Inhaftierungslager wurden einige der Spieler unter Vorwand umgebracht.

3.7/54 Dreiteilige Zeitungsartikelserie von Otto Nerz über "Juden im Sportbetrieb"
Das 12 Uhr Blatt der Berliner Zeitung, 2.-4.6.1943
Papier; je 29,6 x 21,2 cm
Sepp-Herberger-Stiftung, Frankfurt/M.

a) "Die Juden im englischen Sportbetrieb"
b) "Der Jude Weiß vermittelt Fußballspiele"
c) "Europas Sport wird frei vom Judentum"

Mitten im Zweiten Weltkrieg publizierte der ehemalige Reichstrainer Dr. Otto Nerz die dreiteilige Serie, in der die angebliche "jüdische Weltherrschaft" im Sportbetrieb nachgewiesen werden sollte. Die speziell gegen England gerichteten Vorwürfe bedienen sich sämtlicher antisemitischer Vorurteile. Die Hasstiraden enden mit einem Postulat, das eines der nationalsozialistischen Ziele auf den Punkt bringt: "Ein Volk nach dem anderen schüttelt das Joch des Juden ab. Am Ende steht das judenfreie Europa mit einem judenfreien Sport."

3.7/55 Deckblatt zum Fußballteil der Sammlung Hermann
H. Bähr, Theresienstadt, 1944
Reproduktion; 29,9 x 21 cm
Památník Terezín; PT 4248

Die Zeichnung entstammt, wie auch die anderen Exponate aus Theresienstadt, der so genannten Sammlung Hermann. Karl Hermann hat während seiner Internierung in Theresienstadt von 1942-1944 eine private Sammlung zum Alltag im Konzentrationslager angelegt. Die Zeichnung ist das Deckblatt des Fußballteils der Sammlung.

3.7/50 Nachrichtenblatt von Fortuna Düsseldorf mit Schlagzeile "Fortuna im Zeichen des Krieges"
Düsseldorf, 1940
Papier; 21 x 15 cm
Marco Langer, Korschenbroich

Vereinsnachrichten wurden auch im Zweiten Weltkrieg per Feldpost an die Vereinsmitglieder geschickt, die zur Wehrmacht eingezogen worden waren.

3.7/51 Programmheft zum Fest des Deutschen Sports am 3.8.1941 in Brüssel mit dem Spiel deutsche Auswahlelf – deutsche Soldatenmannschaft
Brüssel, 1941
Papier; 21 x 15 cm
Martin Brands, Duisburg

Fußball wurde innerhalb der Wehrmacht auch in der Etappe und in den eroberten Ländern gespielt. Dabei wurden auch regelrechte Sportfeste organisiert, deren Höhepunkte – wie das Beispiel zeigt – Spiele zwischen Soldatenmannschaften und Auswahlmannschaften waren.

3.7/52 Zwei Fotoalben "Die Pariser Soldatenelf 1940-1943"
Richard Herrmann, 1940-1943
Karton, Papier;
je 50 x 44 x 4,5 cm
Deutscher Fußball-Bund, Frankfurt/M.

Die Fotoalben zeigen beispielhaft, wie systematisch in der Wehrmacht Sport, besonders Fußball, betrieben wurde. Auf Initiative des Leutnants Richard Herrmann wurde in Paris ein regelmäßiger Sportbetrieb aufgezogen, dessen Höhepunkte die Spiele der so genannten "Pariser Soldatenelf" waren. Im Juni 1940 beschlagnahmte die Wehrmacht das Pariser Prinzenparkstadion. Am 31.7.1940 fand das erste Spiel der Soldatenelf gegen den "AS Roma" statt, die Mannschaft der italienischen "Kolonie" in Paris. Am 13.12.1943 wurde das 39. Spiel gegen eine Auswahlmannschaft der "Westmark" ausgetragen. Dazwischen lagen Begegnungen gegen andere Soldatenmannschaften, gegen Städteteams und bekannte deutsche Vereine wie Schalke 04. In der Soldatenelf wurden immer wieder auch bekannte Nationalspieler eingesetzt. So spielte gegen Schalke 04 etwa Fritz Walter mit. Die Alben wurden dem DFB von Richard Herrmann anlässlich eines Länderspiels gegen Frankreich am 1.6.1996 in Stuttgart geschenkt. Frankreich gewann das Spiel mit 1:0.

3.7/53

3.7/56 Bericht der Fußballsektion der Freizeitgestaltung in Theresienstadt
Theresienstadt, 1943-1944
Reproduktionen; je 29,9 x 21 cm
Památník Terezín; PT 4246/1-7

Der Bericht der Abteilung der jüdischen Selbstverwaltung gibt sachlich Turnierverläufe und organisatorische Details wieder. Die tödliche Realität des Lagers scheint dennoch durch, wenn mehrmals Erkrankungen der Organisatoren erwähnt werden, und vor allem dort, wo von den ständigen Mannschaftszusammenlegungen, -auflösungen und Turnierabbrüchen berichtet wird, weil Spieler und Schiedsrichter deportiert worden sind. Die Hoffnung, um die "jüdische Jugend und den Fußballsport im besonderen" müsse man nicht bangen, war vergeblich:

Die Teilnahme von Militärmannschaften am Spielbetrieb war ebenso üblich wie der Einsatz von bekannten Fußballspielern in Militär-Teams. So spielte etwa Fritz Walter bei den "Roten Jägern" – auch dies ein Weg, um durch den Fußball sowohl an der "Heimatfront" als auch an der realen Front eine Ablenkung vom Kriegsgeschehen zu bieten.

Dazu dienten auch Spiele in den besetzten Gebieten, die zugleich die deutsche Überlegenheit demonstrieren sollten. Berühmt-berüchtigt ist das Spiel einer deutschen **Flakelf gegen eine ukrainische Auswahl im August 1942. Das ukrainische Team, in dem zahlreiche Spieler von Dynamo Kiew standen, war deutlich überlegen und siegte im voll besetzten Stadion mit 5:3. Alle ukrainischen Spieler sollen am folgenden Tag inhaftiert worden sein und die meisten von ihnen die Haft nicht überlebt haben.**

Selbst in Konzentrationslagern gab es gelegentlich Spiele zwischen Wachmannschaften und Häftlingen. Seit 1942 wurde darüber hinaus Sport, darunter auch Fußball, in Konzentrationslagern erlaubt, um die Arbeits-

Von den 3785 Jungen unter 15 Jahren, die bis 1945 in Theresienstadt interniert waren, überlebten nur 1216. Auch der Wunsch nach einem "schönen und würdigen" Verlauf der Fußballsaison steht im Widerspruch zu den Deportationen und dem entwürdigenden und vernichtenden Alltag in Theresienstadt.

Beilage / Nr. 133 — **Das 12 Uhr Blatt** — Freitag, 4. Juni 1943

Europas Sport wird frei vom Judentum

Gewaltiger Anstieg der Leistungen seit der Ausschaltung der Hebräer in Deutschland

Wir bringen heute den Schluß des Berichtes von Professor Dr. Otto Nerz über die Juden im Sport

*

Ueber den Inseratenteil der Vereinszeitung übte der Jude seinen unheilvollen und zersetzenden Einfluß auf das ganze Vereinsleben aus. Inserate der Geschäftswelt mußten die Unkosten für die Vereinszeitung bezahlen. Wer besorgte die Inserate? Der Jude. Als Entgelt für seine Mühe übte er einen entscheidenden Einfluß auf Gestalt und Inhalt der Zeitung aus.

Der Ehrgeiz des Juden ist bekannt. Man braucht darüber nur die Schriften der Juden selbst zu lesen. So wundern wir uns nicht, daß sich der Jude zwar nicht in die Vereinsführung hineinbegibt, daß er aber bei den Großspielen sich in den Ehrenlogen breit macht.

Jüdischer Weltverband im Sport

Während der Jude in dem Sport der Wirtsvölker die Internationalität des Sports besonders betonte und in den internationalen Spitzenverbänden eine hervorragende Rolle spielte, gründete er selbst für seine politischen Zwecke einen jüdischen Weltverband. Dieser nationaljüdische Sportverband faßte die Juden der einzelnen Wirtsvölker als Sektionen unter national-jüdischer Flagge zusammen. So betonte der Jude für sich das Nationalitätsprinzip, während sie bei den Wirtsvölkern die nationale Idee in Mißkredit zu bringen versuchten.

Wenn dieser jüdische Sportverband praktisch keine allzugroße Bedeutung hatte, so zeigte seine Existenz doch deutlich, daß es der Jude auf dem Gebiet des Sports nicht mehr für nötig hielt, sich zu tarnen.

Neben der Zersetzung der Wirtsvölker erfolgte parallel der Aufbau der eigenen Organisationen.

Der Jude als Sportführer

Nur selten tritt der Jude als Vereinsführer auf. Da begnügt er sich mit der Rolle des Schiebers hinter der Kulisse. Die Vereinsführung eines Sportvereins ist im ganzen eine sehr undankbare Sache, deren Lohn am Ende Undank ist. Besser ist es, andere arbeiten zu lassen, selbst aber im Hintergrunde zu bleiben und die Fäden ziehen wie im Marionettentheater.

Erst in der oberen Sportführung taucht der Jude auf. Die Nationalverbände — o Ironie! — und die Internationalen Dachverbände sind seine Domänen. Auch im Olympischen Komitee fehlt er nicht, obwohl der Jude doch seine eigenen Weltspiele durchführt. In den Kommissionen der Spitzenverbände wimmelt es nur so von Juden und jüdisch Versippten. Da können sie ihre internationalen Beziehungen erst voll ausnützen. Da trifft sich der Levi aus Frankreich mit dem Fodor aus Ungarn! Hier kann man schieben und schachern.

Die deutsche Fußballführung war judenfrei

Als der Deutsche Fußball-Bund im Jahre 1927 einen hauptamtlichen Geschäftsführer anstellen wollte, war auch ein Jude aus Süddeutschland ein aussichtsreicher Bewerber. Einflußreiche Kreise standen hinter ihm. Aber bei der Entscheidung fiel er durch. In der Bundesführung wehte kein judenfreundlicher Wind. Sie war judenfrei.

Das war den Juden natürlich nicht unbekannt. In den Großvereinen, die zum Teil erhebliche jüdische Hintermänner hatten, machte sich aber doch immer wieder jüdischer Einfluß geltend. Bei den Tagungen und Wahlen der Verbände und des Bundes machten sich solche Versuche immer wieder bemerkbar. Besonders in der Berufsspielerfrage machten die Juden und ihre Hörigen der oberen Führung des Leben dauernd sehr schwer. In der Krise vor 1933 war die Gefahr der Verjudung auch im Fußball sehr groß. Die großen Vereine waren stark verschuldet und vielfach waren Juden die Gläubiger. Die Tendenz zum Berufsfußball war sehr groß und der damalige Staat konnte der Sportführung keinen Halt geben, weil er selbst dem Juden hörig war.

Genau so wie die deutsche Politik so war damals auch der deutsche Sport zerrissen und ohne Richtung. Die Jahre des politischen und wirtschaftlichen Niedergangs waren auch Jahre des Zerfalls im Sport, obwohl der Sport an sich erst im Aufkommen und in seiner Jugendkraft war. Bis in die Bilanz der Nationalmannschaft hinein zeigt sich der Niedergang.

Jetzt ist der deutsche Sport judenfrei. Seit 1933 nahm er unter nationalsozialistischer Führung einen gewaltigen Aufschwung und kam so bei den Olympischen Spielen in Berlin zum ersten Male zu wirklicher Weltgeltung. Es zeigte sich entgegen allen Voraussagen der Juden und der ihnen Hörigen, daß die Entwicklung steil aufwärts ging und daß der jüdische Beitrag zum Sport nur Zersetzung und Störung des Aufbaues war.

Jüdisches Nachrichtenwesen auch im Sport

Die eigentliche Fachpresse wird nur von dem kleinsten Teil des Volkes gelesen. Der Schwerpunkt lag und liegt bei der Tagespresse, und seit etwa 15 Jahren auch beim Rundfunk.

Die Verjudung der Presse war allgemein und machte natürlich vor der Sportredaktion nicht halt. Die besten Stellen bei den großen Zeitungsverlagen waren in jüdischen Händen. Diese Journalisten trieben von ihren Schreibtischen eine rein jüdische Politik. Sie unterstützten die zersetzende Wühlarbeit ihrer Rassegenossen in den Verbänden und Vereinen und setzten die Sportführung unter Druck, wenn sie ihnen nicht zu Willen war.

Nur Sensation war der Inhalt des Sportteils. Der Journalist hatte ja keine Verantwortung gegenüber dem Volke, sondern nur gegenüber seinem Verlagseigentümer und da stand im Hintergrund wieder der Jude! Daß die Leitung des Rundfunks auch in jüdischen Händen lag, ist genügend bekannt.

Europas Sport wird judenfrei

So sehen wir den Juden bis zum Jahre 1933 in konzentrischem Angriff auf die Substanz des deutschen Sports. Fast wäre ihm seine Absicht gelungen, fast hätte er sein Ziel erreicht. Kurz vor dem Ziel wurde er aber durch den Führer abgefangen.

Der jetzige, vom Juden entfachte Weltkrieg, hat die verräterische Rolle des Juden auch auf dem Gebiete des Sports noch offenkundig gemacht. Die Völker Europas sind dabei, daraus die Folgerungen zu ziehen. Sie konnten aus der Nähe beobachten, welchen gewaltigen Aufschwung der judenfreie deutsche Sport nach 1933 nahm. Sie haben aber auch am eigenen Leibe die nihilistische Wühlarbeit des Juden erlebt.

Ein Volk nach dem anderen schüttelt das Joch des Juden ab. Am Ende steht das judenfreie Europa mit einem judenfreien Sport.

3.7/54c

3.7/57 Zwei Theresienstädter Liga-Abschlusstabellen und eine Übersicht über den Pokal-Wettbewerb 1943
H. Bähr, Theresienstadt, 1943
Reproduktionen; je 29,9 x 21 cm
Památník Terezín; PT 4009, 4007, 4008
a) Liga-Meisterschaft 1943
b) I. Pokal-Konkurrenz Ghetto Theresienstadt
c) Herbst-Liga-Meisterschaft 1943

Die Mannschaften benannten sich nach bekannten Vereinen wie Rapid und Sparta, nach Berufsgruppen und Aufgaben im Lager oder nach Herkunft ihrer Spieler: Der FC Wien verweist auf die zwischen 1941 und 1945 in Theresienstadt internierten rund 15.000 Wiener, Hollandia auf die 5000 holländischen, Praga auf die 40.000 Prager Häftlinge.

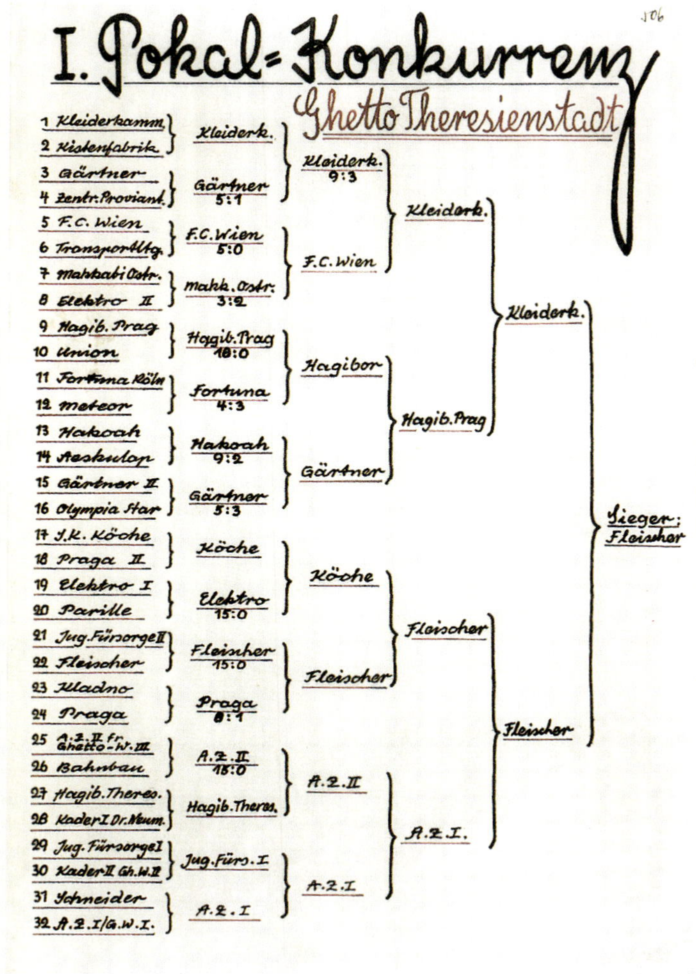

3.7/57b

3.7/58 Organisation des Spielbetriebs 1944
Theresienstadt 1944
Reproduktionen; je 29,9 x 21 cm
Památník Terezín; PT 4244, 4245, 4243, 4242, 4241, 4240
a) Spielansetzungen der Division- und Reservemeisterschaften
b) Spielansetzungen der Frühlings-Liga-Meisterschaft
c) Abschlusstabelle der Frühjahrs-Liga-Meisterschaft
d) Spielordnung vom 26.6.1944 für die Pokalkonkurrenz
e) Sonderregelung vom 26.6.1944 zur Teilnahme der Reservemannschaften an der Pokalkonkurrenz
f) Ergebnis der Frühjahrs- und Sommer-Pokalkonkurrenz Juli-August

3.7/59 Ankündigung der Spiele von Hollandia am 16. und 18.8.1944
Fr. Gobelts, Theresienstadt, 1944
Reproduktionen; 29,9 x 21 cm
Památník Terezín; PT 4282

Ausgetragen wurden die Spiele im Hof von HV, ehemals die "Dresdener Kaserne" im Nordwesten Theresienstadts, später auch auf dem "Südberg" am südöstlichen Eck der umlaufenden Festungsmauern. Dort trafen sich neben den Liga-Mannschaften auch Kinder und Jugendliche zu ihren Fußballturnieren: "Aber der größte Stolz waren doch nur die Wimpel von Fußballwettspielen", erinnerte sich ein damals 13-jähriger Überlebender.

3.7/60 Mannschaften des Theresienstädter Fußballpokals 1944
Theresienstadt, 1944
Reproduktionen; je 29,9 x 21 cm
Památník Terezín; PT 4250, 4253, 4255, 4251, 4281, 4249, 4258, 4256, 4254, 4257, 4252, 4259
a) Hollandia
b) Wien
c) Praga
d) Hagibor
e) Sparta
f) Rapid
g) Jugendfürsorge
h) Spedition
i) Kader
j) Elektro
k) Aeskulap
l) Wirtschaftsabteilung

Die Aquarelle, die eigens für Karl Hermanns Sammlung angefertigt wurden, sind teilweise vom Künstler W. Thalheimer signiert und von den Spielern unterschrieben worden. Aufgrund der verheerenden Ernährungssituation in Theresienstadt dürfen Thalheimers Zeichnungen der kräftigen Fußballspieler – wie auch die anderen Bilder dieser Sammlung – nicht als wirklichkeitsgetreue Abbilder missverstanden werden. Es waren keine offiziellen Dokumente, denn nicht alle Trikots sind mit dem verordneten gelben Stern gezeichnet. Die meisten weisen sie aber auf: Auch im Lager galt die so genannte "Kennzeichnungspflicht", die im "Protektorat Böhmen und Mähren" teilweise mit öffentlichen Erschießungen durchgesetzt worden war.

3.7/61 Karikatur eines flirtenden Torwarts
Theresienstadt, 1942-1944
Reproduktion; 29,9 x 21 cm
Památník Terezín; 4247

3.7/62 Ankündigung eines "Kameradschaftsabends der Sportsektion"
Theresienstadt,1942-1944
Reproduktion; 29,9 x 21 cm
Památník Terezín; PT 4234

3.7/63 Fußball an den Festungsschanzen von Theresienstadt
Leo Haas, Theresienstadt, 1942-1944
Reproduktion; 29,9 x 21 cm
Památník Terezín; PT 4272

Im Hintergrund dieser vermeintlichen Idylle ragen die Festungsmauern auf, die Theresienstadt umgeben und durch welche die Stadt den Nationalsozialisten für ihre Zwecke geeignet erschien. Im Vordergrund hängt eine Jacke mit dem sternförmigen Abzeichen.

leistung zu steigern. Die Spiele wurden z.B. im KZ Dachau an Sonn- und Feiertagen zunächst blockweise durchgeführt. Später fanden auch Begegnungen zwischen Inhaftierten aus verschiedenen Nationen statt. Jüdische KZ-Häftlinge waren von den Spielen ausgeschlossen.

Der einzige Ort unter nationalsozialistischer Herrschaft, an dem Juden noch Fußball spielen durften, war das Lager Theresienstadt, in dem ausschließlich jüdische Häftlinge interniert waren. Im offiziellen NS-Sprachgebrauch hieß es Ghetto oder sogar "jüdisches Siedlungsgebiet". Tatsächlich war es ein Konzentrationslager, in dem über 30.000 Menschen meist an den grassierenden Seuchen starben, und von dem aus fast 90.000 Menschen in den Osten deportiert und ermordet wurden. Es wurde von der SS befehligt, die allerdings die Regelung der inneren Angelegenheiten der jüdischen Selbstverwaltung übertragen hatte.

Die Angst vor der Deportation, die katastrophale Ernährungssituation und die schier unerträgliche Enge prägten das Leben im Lager. Und doch wurde mitten im Grauen Fußball gespielt: Seit 1943 bestanden sogar eine Fußball-Liga und ein Pokalwettbewerb. Viele Ligamannschaften formierten und nannten sich nach der Herkunft ihrer Spieler oder ihren Aufgaben in der Verwaltung. Die Fußballspiele fanden meist Samstag nachmittags statt und zogen viele Zuschauer an, darunter auch viele Kinder. In den "Kinderheimen" bildeten die Jungen eigene Heimmannschaften, die ebenfalls Wettbewerbe austrugen und stolz ihre eigenen Mannschaftsfarben und Wimpel trugen.

Die drückende Raumnot begrenzte auch die Mannschaftsgrößen: Auf den Plätzen konnten nur Mannschaften zu jeweils sieben Spielern antreten. Ständig wurden Mannschaften zusammengelegt und aufgelöst: Nur ein Zehntel der Internierten überlebten bis zu ihrer Befreiung, manchmal wurden alle Spieler einer Mannschaft auf einmal deportiert. Die Fußballbegeisterung einiger Häftlinge wirkt angesichts dessen wie ein verzweifeltes Relikt aus der Normalität: "Der schönste Tag [bei der Ghettowache] war für mich der Augenblick, wo ich als begeisterter Fußballer das erstemal in dem Dreß der G.W. für deren Ehre kämpfen konnte."[14]

Der Annahme, dass Fußball Teil einer "heilen Welt" sein müsse, bediente sich die SS 1944, als sie eine Delegation des Internationalen Roten Kreuzes durch Theresienstadt führte. Sie wurde zugelassen, um die Informationen über die Todeslager, die an die Öffentlichkeit gedrungen waren, zu diskreditieren. Um die Überfüllung des Lagers zu verschleiern, hatte die SS zuvor 7500 Menschen nach Auschwitz deportiert. In monatelangen Vorbereitungsarbeiten wurde von den Häftlingen die Inszenierung einer regelrechten Ghetto-Idylle erzwungen. Dazu gehörten am Tag des Besuchs auch ein Radrennen, für das die SS eigens ihre Fahrräder stellte, und ein Fußballspiel der jüdischen Jugendlichen.

Diese Täuschung wurde im Anschluss an den IRK-Besuch noch für den Propagandafilm "Der Führer schenkt den Juden eine Stadt" benutzt. Als er fertiggestellt war, wurden die meisten der Theresienstädter "Darsteller", der jüdischen Verwaltung und fast alle Kinder in den Gaskammern von Auschwitz ermordet.

Uwe Wick

3.7/63

3.7/64

3.7/64 Ankündigung der "Herzl-Sportveranstaltung" am 23.7.1944
Theresienstadt, 1944
Reproduktion; 29,9 x 21 cm
Památník Terezín; PT 4274

Anlässlich des Besuchs der Delegation des Roten Kreuzes wurde auch diese Sportveranstaltung inszeniert. Dass sie nach dem Begründer des Zionismus, Theodor Herzl, benannt wurde, mutet geradezu zynisch an.

Julius Hirsch

Am 10. April 1933 brach für Julius Hirsch eine Welt zusammen. Er las in der Zeitung, dass die süddeutschen Spitzenklubs beschlossen hatten, jüdische Mitglieder auszuschließen. Darunter war auch sein Verein, der Karlsruher FV. Noch am selben Tag schrieb er an seinen Verein: "Ich gehöre dem KFV seit dem Jahre 1902 an und habe demselben treu und ehrlich immer meine schwache Kraft zur Verfügung gestellt. Leider muß ich nun bewegten Herzens meinem lieben KFV meinen Austritt anzeigen.

3.8/1 Mitgliedskarte des Karlsruher FV von Julius Hirsch
Karlsruher FV, 16.8.1906
Papier auf Leder; 8,6 x 12,8 cm
Andreas Hirsch, Karlsruhe

Julius Hirsch wurde 1902 Mitglied des Karlsruher FV. Auch noch seine "II. Mitgliedskarte" dokumentiert seine Zugehörigkeit zur Jugendabteilung des Vereins. 1909 wechselte er in die erste Mannschaft.

3.8/1

3.8/2 Seite aus einem Fotoalbum Julius Hirschs mit Fotografien zweier Fußballmannschaften
1900-1914
Papier, Karton; 22,5 x 17 cm (Blatt), Foto oben 7,6 x 11,2 cm, Foto unten 8,8 x 13 cm
Andreas Hirsch, Karlsruhe

Das obere Foto zeigt eine Jugendmannschaft, in der Julius Hirsch sitzend, als zweiter von rechts, zu erkennen ist. Das Foto ist unterschrieben mit "die Engländer". Die so genannten "Engländer" spielten in der Anfangszeit des Karlsruher Fußballs eine besondere Rolle. Der Karlsruher FV spielte zunächst auf dem "Engländer"-Platz. 1913 wechselte Hirsch aus beruflichen Gründen nach Fürth. Er spielte in der dortigen Spielvereinigung und wurde mit ihr 1914 zum zweiten Mal Deutscher Meister. Das untere Foto zeigt wahrscheinlich eine Mannschaft der SpVgg Fürth vor der Seitenansicht einer Holztribüne; Julius Hirsch ist der vierte Spieler von rechts.

3.8/3 Holzschrein mit Wimpel für den Karlsruher FV zur Deutschen Meisterschaft 1910
um 1910, überarbeitet 1970er Jahre
Textil, Glas, Holz; 61 x 84 x 6 cm
bez.: DFB, Deutscher Fußballmeister 1910
Karlsruher FV

Der an allen drei Ecken mit Troddeln versehene Wimpel zeigt die Abkürzung DFB, den Reichsadler und die Aufschrift "Deutscher Fußballmeister 1910". Der Schrein ist innen mit den Vereinsfarben Schwarz und Rot bemalt und trägt die Aufschrift "Karlsruher Fußballverein". Wegen der weißen Grundfarbe des Wimpels denkt man bei diesem Ensemble unwillkürlich an die alten Reichsfarben Schwarz-Weiß-Rot, was allerdings vom Hersteller nicht beabsichtigt war.

3.8/4 Auszug aus der Festschrift der SpVgg Fürth zur Eröffnung des Sportplatzes am 11.9.1910
Fürth, 1910
Papier; 22,4 x 14,5 cm
SpVgg Greuther Fürth

In der Festschrift sind auf Seite 8 die Mannschaftsaufstellungen zum Spiel zwischen der SpVgg Fürth und dem Karlsruher FV abgebildet. Außerdem gibt es - für die Zeit noch typisch – eine kurze Erläuterung des Fußballspiels. Julius Hirsch spielte auf der Position des Linksaußen. Auf Seite 9 befindet sich eine Kurzbeschreibung der Karlsruher Spieler. Hirsch wird unter anderem als "guter Dribbler" charakterisiert.

3.8/3

Nicht unerwähnt möchte ich aber lassen, daß es in dem heute so gehaßten Prügelkinde der deutschen Nation auch anständige Menschen und vielleicht noch viel mehr national denkende und auch durch die Tat bewiesene und durch das Herzblut vergossene deutsche Juden gibt. Nur aus diesem Grunde und nicht um mich zu brüsten, will ich Ihnen im nachstehenden einen Beweis erbringen." Er verwies auf die militärischen Dienste und Auszeichnungen seiner Brüder, von denen einer im Ersten Weltkrieg gefallen war. Außerdem erwähnte er seine eigenen Leistungen und Auszeichnungen.

3.8/5 Schreiben des Verbandes Süddeutscher Fußball-Vereine an Julius Hirsch
J. Keyl, München, 4.11.1911
Papier; 27,8 x 21 cm
Andreas Hirsch, Karlsruhe

Julius Hirsch wird als Spieler für das am 12.11.1911 in Leipzig stattfindende Vorrundenspiel im Kronprinzenpokal-Wettbewerb nominiert. Der Pokalwettbewerb der Landesverbände des DFB besaß damals einen hohen Stellenwert. Diese Nominierung barg die Chance, später für die Nationalmannschaft aufgestellt zu werden.

3.8/6 Schreiben des DFB an die deutschen Teilnehmer des Länderspiels Niederlande – Deutschland
Walter Sanß, Dortmund, 13.3.1912
Papier, 2 Bl.; 28 x 21,3 cm und 28 x 21 cm
Andreas Hirsch, Karlsruhe

Mit diesem Schreiben wurden die Teilnehmer, darunter auch Julius Hirsch, über die Anreise zum Spielort Zwolle informiert. Es dokumentiert sehr gut die Abläufe im Vorfeld von Länderspielen jener Zeit. Für Hirsch persönlich war es die Nominierung zu seinem erfolgreichsten Länderspiel.

3.8/7 Zeitungsbericht über das Länderspiel Niederlande – Deutschland am 24.3.1912 in Zwolle
Football. Central-Organ der Schweizerischen Football-Association, 7. Jg. Nr. 24 M, Montagausgabe, 25.3.1912
Papier; 32,3 x 23 cm
Andreas Hirsch, Karlsruhe

Im sechszeiligen Kurzbericht über das Länderspiel, das 5:5 endete, werden die vier Tore von Julius Hirsch als besondere Leistung hervorgehoben. Dieses Länderspiel war Julius Hirschs erfolgreichstes. Am Rand des Artikels erscheint handschriftlich: "Bravo Hirsch!".

3.8/9 Schreiben des Vertreters des DFB im Deutschen Reichsausschuss für Olympische Spiele an Julius Hirsch
G. Obst, Lichtenberg bei Berlin, 14.4.1912
Papier; 28,2 x 21,3 cm
Andreas Hirsch, Karlsruhe

Das Schreiben betrifft Julius Hirschs Einsatz beim Olympischen Fußballturnier 1912 in Stockholm.

Für ihn wie für viele andere jüdische Sportler, die bis 1933 in deutschen Vereinen Sport getrieben hatten, bedeutete die "Machtergreifung" Hitlers den Beginn von Leidenswegen, die entweder in der Flucht oder im Konzentrationslager endeten.
Nur zwei deutsche Nationalspieler waren Juden: Julius Hirsch und Gottfried Fuchs. Die beiden waren miteinander befreundet, beide spielten für den Karlsruher FV. Der eine starb im Konzentrationslager, dem anderen gelang die Flucht.

3.8/8 Schreiben des DFB an Julius Hirsch
Walter Sanß, Dortmund, 27.2.1912
Papier; 28 x 21,2 cm
Andreas Hirsch, Karlsruhe

Julius Hirsch wird als Teilnehmer für das Olympische Fußballturnier bei den Olympischen Spielen 1912 in Stockholm nominiert.

3.8/10 Schreiben des DFB an die Teilnehmer am Olympischen Fußballturnier 1912
Walter Sanß, Dortmund, 17.6.1912
Papier, zwei Blätter; je 28,5 x 20,6 cm
Andreas Hirsch, Karlsruhe

Das Schreiben an die nominierten Teilnehmer dokumentiert die organisatorischen Vorbereitungen auf das Turnier seitens des DFB.

3.8/11 Schreiben des DFB an die Firma Gebr. Bing in Nürnberg
Walter Sanß, Dortmund, 14.11.1913
Papier, 2 Bl.; 29,1 x 21,4 cm und 29,1 x 20,4 cm
Andreas Hirsch, Karlsruhe

Der DFB versucht, vom Arbeitgeber Julius Hirschs die Freigabe für das Länderspiel gegen Belgien am 23.11.1913 zu erhalten, die ihm zuvor verweigert worden war.

3.8/12 Schreiben der SpVgg Fürth an Julius Hirsch
Fürth, 7.6.1923
Papier; 29,1 x 21,2 cm
Andreas Hirsch, Karlsruhe

Der Vorstand der SpVgg Fürth antwortet hier wohl auf eine Einladung von Julius Hirsch anlässlich der Geburt seines Sohnes Heino. Mit Bedauern wird die Einladung wegen Überbeschäftigung abgelehnt. Gleichzeitig wird Hirsch zur Jubiläumsfeier anlässlich des 20-jährigen Bestehens der SpVgg Fürth eingeladen, mit der er 1914 Deutscher Meister geworden war.

3.8/13 Eisernes Kreuz zweiter Klasse von Julius Hirsch
um 1916
Metall; 5 x 4 cm
Andreas Hirsch, Karlsruhe

Julius Hirsch absolvierte sein "Einjähriges" 1912/13 beim 1. Badischen Leib-Grenadier Regiment 109. Er war von 1914 bis 1918 beim 12. Bayr. Landwehr Inf. Regiment Soldat im Ersten Weltkrieg. Neben dem Eisernen Kreuz besaß er die bayrische Dienstauszeichnung.

3.8/13

3.8/14

3.8/14 Bierzipfel des Karlsruher FV von Julius Hirsch
um 1920
Textil, Metall; 12 x 3 cm
Andreas Hirsch, Karlsruhe

Diese Bierzipfel konnten am Revers befestigt werden. Sie wurden häufig bei Vereinsfeierlichkeiten getragen.

3.8/15 Sammlung von 37 Anstecknadeln und einer Medaille von Julius Hirsch
1910-1925
Metall, Email auf Samttableau; 41 x 25 x 4 cm
Andreas Hirsch, Karlsruhe

Die Medaille wurde Julius Hirsch als Spieler der süddeutschen Verbandsmannschaft überreicht, die am 18.12.1912 das Endspiel um den Kronprinzenpokal gewann. Auf der Vorderseite erkennt man eine Abbildung dieses Pokals, auf der Rückseite die Inschrift "Den Siegern im Entscheidungsspiel um den Kronprinzenpokal Berlin, d. 18. Febr. 1912".
Die Anstecknadeln stammen von DFB-Bundestagen, von Verbandstagen des Süddeutschen Fußballverbandes, von dessen 25-jährigem Bestehen 1923 und vom Gewinn der Süddeutschen Fußballmeisterschaft 1909/10. Andere zeugen von Spielen gegen deutsche und ausländische Vereine. Diese Sammlung dokumentiert Hirschs aktive Laufbahn. Seine Nachkommen haben sie zur Erinnerung an Julius Hirsch auf einem Samttableau platziert.

3.8/16 Metallkästchen von Julius Hirsch
um 1925
Metall; 5 x 9 x 7,7 cm
Andreas Hirsch, Karlsruhe

In diesem Metallkasten bewahrte Julius Hirsch seine Anstecknadel-Sammlung auf.

3.8/17 Friedrich Ditton: Ditton's Lehrbriefe für Fußball-Training
Stuttgart, 1926
Karton, Papier;
22 x 14,3 x 1 cm
Andreas Hirsch, Karlsruhe

Das Buch enthält auf der Innenseite des Einbands die Widmung: "Meinem lieben Juller Hirsch zur Erinnerung Gottfried Fuchs Juli 1926". Gottfried Fuchs war neben Julius Hirsch der einzige jüdische Nationalspieler. Die beiden verband eine langjährige Freundschaft. Fuchs konnte 1937 nach Kanada emigrieren. Er starb dort 1972; Deutschland besuchte er nie wieder. In der Geschichte der deutschen Nationalmannschaft hält er heute noch einen Rekord: Bei den Olympischen Spielen 1912 schoss er beim 16:0-Erfolg über Russland allein zehn Tore.

Julius Hirsch, den alle nur "Juller" nannten, wurde am 7. April 1892 geboren. Im Alter von zehn Jahren fing er mit dem Fußballspielen an. 1925 beendete er seine aktive Laufbahn, deren Höhepunkte in den Jahren zwischen 1910 und 1914 lagen. 1910 wurde er mit dem KFV, 1914 mit der SpVgg Fürth Deutscher Meister. Er war an vier süddeutschen Meistertiteln beteiligt. Für die süddeutsche Verbandsauswahl spielte er sechsmal vor und dreimal nach dem Ersten

3.8/15

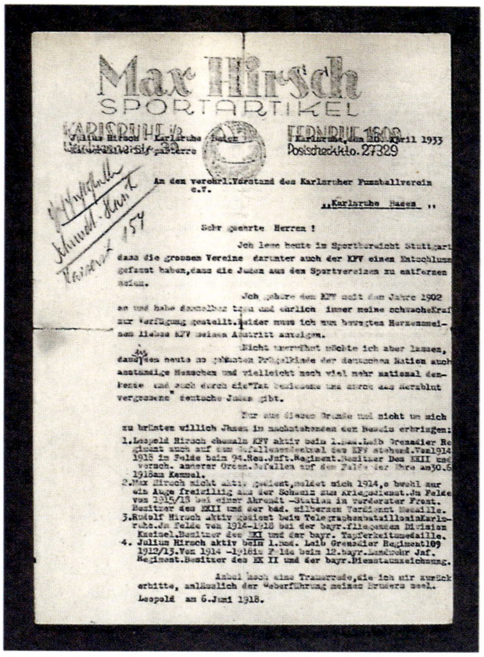

Max Hirsch
SPORTARTIKEL
KARLSRUHE i/B — FERNRUF 1609
Julius Hirsch · Karlsruhe · Baden — Karlsruhe, den 20. April 1933
parterre — Postscheckkto. 27329

An den verehrl. Vorstand des Karlsruher Fussballverein e.V.

„Karlsruhe Baden"

Sehr geehrte Herren !

Ich lese heute im Sportbericht Stuttgart dass die grossen Vereine darunter auch der KFV einen Entschluss gefasst haben, dass die Juden aus den Sportvereinen zu entfernen seien.

Ich gehöre dem KFV seit dem Jahre 1902 an und habe demselben treu und ehrlich immer meine schwache Kraft zur Verfügung gestellt. Leider muss ich nun bewegten Herzens meinem lieben KFV meinen Austritt anzeigen.

Nicht unerwähnt möchte ich aber lassen, dass es in dem heute so gehässten Prügelkinde der deutschen Nation auch anständige Menschen und vielleicht noch viel mehr national denkende und auch durch die "Tat bewiesene und durch das Herzblut vergossene" deutsche Juden gibt.

Nur aus diesem Grunde und nicht um mich zu brüsten will ich Ihnen in nachstehenden den Beweis erbringen:

1. Leopold Hirsch ehemals KFV aktiv beim 1. bad. Leib Grenadier Regiment auch auf dem Gefallenendenkmal des KFV stehend. Von 1914–1918 im Felde beim 94. Res. Inft. Regiment. Besitzer des EKII und versch. anderer Orden. Gefallen auf dem Felde der Ehre am 30.6. 1918 am Kemmel.
2. Max Hirsch nicht aktiv gedient, meldet sich 1914, obwohl nur ein Auge freiwillig aus der Schweiz zum Kriegsdienst. Im Felde von 1915/18 bei einer Abrendt-Station in vorderster Front. Besitzer des EKII und der bad. silbernen Verdienst Medaille.
3. Rudolf Hirsch aktiv gedient beim Telegraphenbataillon in Karlsruhe. Im Felde von 1914–1918 bei der bayr. fliegenden Division Kneisel. Besitzer des EKI und der bayr. Tapferkeitsmedaille.
4. Julius Hirsch aktiv beim 1. bad. Leib Grenadier Regiment 109 1912/13. Von 1914–1918 im Felde beim 12. bayr. Landwehr Inf. Regiment. Besitzer des EK II und der bayr. Dienstauszeichnung.

Anbei noch eine Trauerrede, die ich mir zurück erbitte, anlässlich der Ueberführung meines Bruders seel. Leopold am 6. Juni 1918.

3.8/18

3.8/19 Schreiben des Karlsruher FV an Julius Hirsch
Karlsruher FV, 4.8.1933
Papier; 28,5 x 21 cm
Andreas Hirsch, Karlsruhe

Das Schreiben stellt eine verspätete Reaktion auf Hirschs Schreiben vom 10.4.1933 dar. Es dokumentiert die unentschlossene Haltung gegenüber jüdischen Mitgliedern im Verein. Julius Hirsch hielt sich zu diesem Zeitpunkt in der Schweiz auf.

3.8/20 Abschrift eines Zeugnisses für Julius Hirsch vom Karlsruher FV
Fritz Langer, Karlsruhe, wahrscheinlich April 1933
Papier; 29,8 x 21 cm
Andreas Hirsch, Karlsruhe

Das Zeugnis beschreibt positiv Julius Hirschs Tätigkeiten als Spieler und Trainer sowie als Mitglied im Spielausschuss des Karlsruher FV. Auf diese Bescheinigung wird im Schreiben vom 4.8.1933 Bezug genommen. Julius Hirsch hatte nach dem Beschluss der süddeutschen Spitzenvereine wohl einen regen Schriftverkehr geführt, um Zeugnisse seiner fußballerischen Tätigkeit zu erhalten. Sein Ziel war eine Anstellung als Trainer im Ausland.

3.8/21 Postkarte der FIFA an Julius Hirsch
Ivo Schricker, Zürich, 18.4.1933
Karton; 9,3 x 14,5 cm
Andreas Hirsch, Karlsruhe

Ivo Schricker, Generalsekretär der FIFA, hat wohl in Anwesenheit von Julius Hirsch diese Postkarte geschrieben. Aus ihr geht hervor, wie prekär Hirsch seine damalige wirtschaftliche Situation angesichts der nationalsozialistischen Diktatur einschätzte. Auf der Postkarte findet sich der Text: "Herr Julius Hirsch aus Karlsruhe, Baden, der sich momentan wegen der politischen Verhältnisse in der Schweiz aufhält ist mir seit langen Jahren sportlich – durch den L.F.V. – und persönlich auf das Beste bekannt und befreundet."

Weltkrieg. Außerdem brachte er es zwischen 1911 und 1913 auf sieben Einsätze in der deutschen Nationalmannschaft und schoss dabei vier Tore. Höhepunkt seiner internationalen Laufbahn war die Teilnahme am Fußballturnier bei den Olympischen Spielen 1912 in Stockholm. Nach Beendigung seiner aktiven Laufbahn stand er dem KFV ehrenamtlich als Trainer und im Spielausschuss zur Verfügung. Dies alles sollte seit dem 10. April 1933 nichts mehr zählen. Der KFV reagierte erst am 4. August mit einem Antwortschreiben, in der die Entschließung der süddeutschen Spitzenklubs relativiert wurde: "Wir haben immer noch die Richtlinien des Sportkommissars abge-

3.8/18 Schreiben von Julius Hirsch an den Karlsruher FV
Julius Hirsch, Karlsruhe, 10.4.1933
Papier; 29,4 x 20,8 cm
Andreas Hirsch, Karlsruhe

Mit diesem Schreiben reagierte Julius Hirsch auf den Beschluss der süddeutschen Spitzenvereine, Juden aus den Vereinen zu entfernen. Er erklärt darin "bewegten Herzens dem lieben KFV meinen Austritt".

Auf der Rückseite lehnt er mit Bedauern eine Einladung der Jugendabteilung des Karlsruher FV ab und schließt: "Ich befinde mich z. Zt. in einer wirtschaftlich prekären Lage und darf wohl die verehrliche Vereinsleitung bitten, mir den noch schuldigen Beitrag zu erlassen, denn ich habe ja noch nie vom KFV in geldlicher Hinsicht Vorteile gehabt."

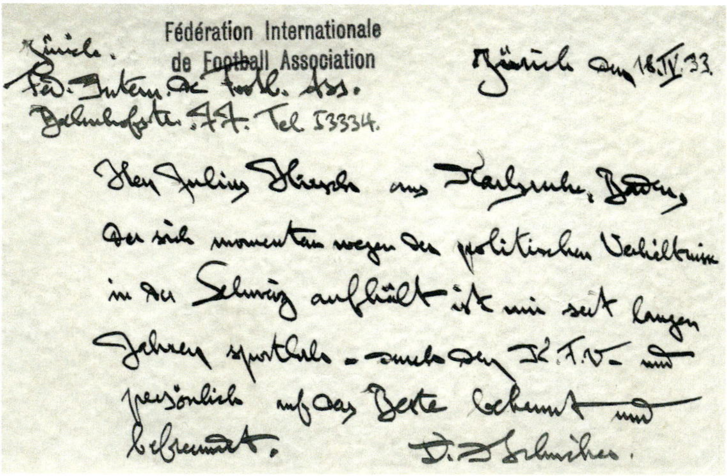

Fédération Internationale de Football Association
Zürich. Féd. Intern. de Footb. Ass. Bahnhofstr. 77. Tel 53334.
Zürich den 18.IV.33

Herr Julius Hirsch aus Karlsruhe, Baden, der sich momentan wegen der politischen Verhältnisse in der Schweiz aufhält ist mir seit langen Jahren sportlich – durch den L.F.V. – und persönlich auf das Beste bekannt und befreundet.

I. Schricker.

3.8/21

3.8/22 Bestätigung der SpVgg Fürth für Julius Hirsch
Rahl/ Kämpfer, Fürth, 11.5.1933
Papier; 25,5 x 21 cm
Andreas Hirsch, Karlsruhe

Die SpVgg Fürth bestätigt in diesem Schreiben die Leistungen von Julius Hirsch als Spieler des Vereins zwischen 1914 und 1919. Angefügt ist eine knappe Bestätigung des Süddeutschen Fußballverbandes über seine Einsätze in der Repräsentativmannschaft zwischen 1911 und 1923, ausgestellt in Offenburg am 26.4.1933.

3.8/23 Schreiben des DFB an Julius Hirsch
Wolter, Berlin, 3.5.1933
Papier; 14,8 x 21,3 cm
Andreas Hirsch, Karlsruhe

Der DFB bestätigt Julius Hirschs Einsätze in der deutschen Nationalmannschaft. Julius Hirsch hatte den DFB mit Schreiben vom 19.4.1933 darum gebeten.

3.8/24 Französische Arbeitserlaubnis für Julius Hirsch
Stadtverwaltung Illkirch-Graffenstadden, 29.6.1933
Papier; 15,3 x 11 cm
Andreas Hirsch, Karlsruhe

Diese Arbeitserlaubnis bedeutete für Julius Hirsch, dass sich seine Bemühungen, eine Anstellung als Trainer zu finden, gelohnt hatten.

3.8/25 Zeitungsartikel über die Verpflichtung von Julius Hirsch als Trainer
Strasbourg, Juli 1933
Papier; 24 x 8 cm
Andreas Hirsch, Karlsruhe

Der Artikel einer deutschsprachigen Straßburger Zeitung berichtet über die bevorstehende Verpflichtung von Julius Hirsch als Trainer der Fußball-Association Illkirch-Graffenstadden. Hirschs Bemühungen hatten sich ausgezahlt. In der Saison 1933/34 war er als Trainer bei der Fußball-Association angestellt.

3.8/26 Schreiben des Football Club Olympique de Charleville an Julius Hirsch
Charleville, 3.7.1934
Papier; 27 x 20,5 cm
Andreas Hirsch, Karlsruhe

Es handelt sich um ein zweiseitiges Schreiben des Vereins an Julius Hirsch wegen einer potenziellen Trainertätigkeit.

3.8/27 Schreiben von Julius Hirsch an den Präsidenten des Football Club Olympique Charleville
Karlsruhe, 8.7.1934
Papier; 27,4 x 20,8 cm
Andreas Hirsch, Karlsruhe

Das Schreiben enthält eine handschriftliche Anmerkung Hirschs vom 19.7.1934. Es dokumentiert seinen gescheiterten Versuch, eine weitere Anstellung als Trainer in Frankreich zu erhalten.

3.8/28 Bewerbungsschreiben Julius Hirschs als Trainer auf eine Annonce im "Kicker"
Karlsruhe, 22.7.1938
Papier, 2 Bl.; je 29,8 x 21,4 cm
Andreas Hirsch, Karlsruhe

Der Brief dokumentiert einen weiteren Versuch von Julius Hirsch, eine Trainertätigkeit im Ausland, diesmal in der Schweiz, zu erlangen.

wartet. Unserer Auffassung nach besteht vorerst kein Anlaß für Sie, aus dem K.F.V. auszutreten."

Julius Hirsch, der sich in einer angespannten wirtschaftlichen Situation befand, weil sein Arbeitgeber, für den er als Geschäftsführer und Reisevertreter tätig gewesen war, in Konkurs gegangen war, bewarb sich als Trainer. Es reichte aber nur für ein kurzfristiges bezahltes Trainerengagement im Elsass. Zwischen 1937 und 1938 war er als Hilfslohnbuchhalter für eine jüdische Firma tätig. 1938 bewarb er sich ohne Erfolg noch einmal auf eine Trainerannonce im "Kicker". Trotz beruflicher Sorgen war er ehrenamtlich beim jüdischen Turnklub Karlsruhe 03 tätig. Dort hielt er um 1935 ein kurzes Referat über seine Zeit als aktiver Fußballer, das er mit den Worten einleitete: "Von meinen Fußballfreunden werde ich gebeten, etwas aus meiner Fußballzeit, insbesondere über meine Teilnahme an der Olympiade in Stockholm, zu berichten. Gerne komme ich diesem Wunsche nach, insbesondere aber

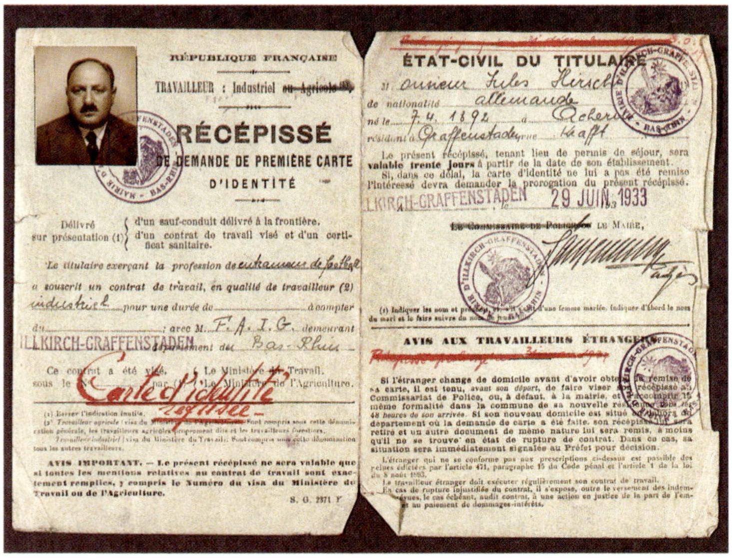
RÉPUBLIQUE FRANÇAISE

TRAVAILLEUR : Industriel ~~ou Agricole (2)~~

RÉCÉPISSÉ
DE DEMANDE DE PREMIÈRE CARTE D'IDENTITÉ

Délivré sur présentation (1) { d'un sauf-conduit délivré à la frontière, d'un contrat de travail visé et d'un certificat sanitaire.

Le titulaire exerçant la profession de entraineur de football
a souscrit un contrat de travail, en qualité de travailleur (2) industriel pour une durée de .... à compter du .... ; avec M. F. A. I. G. demeurant ILLKIRCH-GRAFFENSTADEN département du Bas-Rhin

Ce contrat a été visé, sous le N° .... par (1) { Le Ministère du Travail. Le Ministère de l'Agriculture.

Carte d'identité refusée

(1) Barrer l'indication inutile.
(2) Travailleur agricole (visa du Ministère de l'Agriculture). Sont compris sous cette dénomination générale, les travailleurs agricoles proprement dits et les travailleurs forestiers.
Travailleur industriel (visa du Ministère du Travail). Sont compris sous cette dénomination tous les autres travailleurs.

AVIS IMPORTANT. — Le présent récépissé ne sera valable que si toutes les mentions relatives au contrat de travail sont exactement remplies, y compris le Numéro du visa du Ministère du Travail ou de l'Agriculture.

S. G. 2371 Y

ÉTAT-CIVIL DU TITULAIRE

Monsieur Jules Hirsch
de nationalité allemande
né le 7.4.1892 à Achern
résident à Graffenstaden rue Kraft

Le présent récépissé, tenant lieu de permis de séjour, sera valable trente jours à partir de la date de son établissement.
Si, dans ce délai, la carte d'identité ne lui a pas été remise l'intéressé devra demander la prorogation du présent récépissé.

ILLKIRCH-GRAFFENSTADEN, le 29 JUIN 1933

~~Le Commissaire de Police~~ LE MAIRE,

(1) Indiquer les nom et prénoms, et, s'il s'agit d'une femme mariée, indiquer d'abord le nom du mari et le faire suivre du nom de jeune fille.

AVIS AUX TRAVAILLEURS ÉTRANGERS

Si l'étranger change de domicile avant d'avoir obtenu la remise de sa carte, il est tenu, avant son départ, de faire viser son récépissé au Commissariat de Police, ou, à défaut, à la mairie, et d'accomplir la même formalité dans la commune de sa nouvelle résidence dans les 48 heures de son arrivée. Si son nouveau domicile est situé en dehors du département où la demande de carte a été faite, son récépissé lui sera retiré et un autre document de même nature lui sera remis, à moins qu'il ne se trouve en état de rupture de contrat. Dans ce cas, sa situation sera immédiatement signalée au Préfet pour décision.

L'étranger qui ne se conforme pas aux prescriptions ci-dessus est passible des peines édictées par l'article 471, paragraphe 15 du Code pénal et l'article 1 de la loi du 8 août 1893.
Le travailleur étranger doit exécuter régulièrement son contrat de travail.
En cas de rupture injustifiée du contrat, il s'expose, outre le versement des indemnités prévues, le cas échéant, audit contrat, à une action en justice de la part de l'employeur en paiement de dommages-intérêts.

3.8/24

Hochgesang, Georg

Er ist für eine der sensationellsten Wendungen in der deutschen Fußballgeschichte verantwortlich! Als Meisterspieler des Nürnberger Meistersturms ging er zu Fortuna Düsseldorf und machte aus dieser einstigen „Provinzelf" den ersten Deutschen Meisterklub des Rheinlands! Mit einem Torschuß, der ebenso seine Technik, seine Kaltblütigkeit wie seine feldbeherrschende Spielumsicht zeigte, entschied er persönlich den dramatischen Schlußkampf Schalke — Fortuna 0:3, Anno 1933. Sein schönstes Erlebnis? Vor rund zehn Jahren spielte der „Club" in Paris. Bei einem heftigen Rencontre im französischen Strafraum kommt sein körperlich kleiner Gegner gegen ihn, den Schwergewichtler, zu Fall. Freistoß!! Hochgesang springt spontan auf den Franzosen zu, hilft ihm aufstehen, schüttelt ihm die Hand, entschuldigt sich und geht Arm in Arm mit ihm ins Feld zurück. Die Zuschauer rasen vor Begeisterung, stürmischer Applaus . . . von dem Hochgesang im ersten Moment fürchtete, er sollte Protest bedeuten wegen seines Fouls. Für Hochgesangs vielunterschätzte spielerische Sonderklasse spricht der gewichtige Ausspruch eines berühmten Mannes: Alfred Schaffer. Spezi sagte mal: Der spielt wie ich, als ich jung war! Und Spezi ist bekanntlich mit Lob für andere nicht verschwenderisch. Der Ungar, der einen Blick hat, traf das Richtige: kein deutscher Stürmer kam bisher in der Eigenart des technisch und taktisch beherrschten Spiels dem „Fußballkönig" bisher so nahe wie Hochgesang.

Hiller III, Marius

Hirth, Herbert

Hiller, Marius

Betrübt war die Pforzheimer Fußballgemeinde, als Bubi Hiller nach Südamerika übersiedelte in einem Zeitpunkt, wo er den Zenith seines Könnens eben erreicht hatte. Nach dem Kriege vernahm man dann erfreut die Nachricht, daß Bubi Hiller wieder unterwegs in die Heimat sei, wenn auch nur zu kurzem Aufenthalt und nur, um die geschäftlichen Beziehungen wieder anzukurbeln, die zwischen der Goldstadt Pforzheim und den überseeischen Ländern bestanden und durch die Kriegsjahre vernichtet wurden. In diesem kurzen Abschnitt stellte sich Bubi Hiller seinem 1. FC. Pforzheim noch einmal zur Verfügung, und erstaunt war jedermann, denn der Bubi hat gar nichts an Können eingebüßt. Leicht wie ein Reh fegte er die Linien entlang, gewandt versetzte er seine Gegner. In lebendiger Erinnerung wird sein Abschiedsspiel für die Pforzheimer bleiben. An einem heißen Sommertag mußten sie in Karlsruhe gegen den aufstrebenden Phönix antreten. 2:0 für den Karlsruher Altmeister lautete bei der Pause das Ergebnis. Nach dem Wechsel war die Pforzheimer Mannschaft wie umgewandelt. Hiller riß den Sturm mit, in kurzer Zeit war der Vorsprung des Gegners aufgeholt und den jubelnden Pforzheimer Schlachtenbummlern zeigte Bubi Hiller zwei Finger. Das sollte bedeuten: es kommen noch zwei hinzu! Und tatsächlich, von Begeisterung entfacht, stürmten die Pforzheimer gegen die starke Karlsruher Deckung, und als der Schiedsrichter den Schluß des aufregenden Kampfes verkündete, da hatte Pforzheim 4:2 gewonnen.

Hiller III, Marius

Verein: 1. FC. Pforzheim.

3 Länderspiele: 1910 Schweiz / 1911 England, Oesterreich.

1 Tor: 1910 Schweiz 3:2.

Hirth, Herbert

Geboren: 23. Januar 1884 / Heimatort: Berlin / Vereine: Hertha 92, Berlin (heute Hertha-BSC.) / Stammposten: Rechter Verteidiger / Beruf: Dreher.

1 Länderspiel: 1909 Ungarn.

Hochgesang, Georg

Geboren: 3. Nov. 1897 / Heimatort: Nürnberg / Vereine: Pfeil Nürnberg, 1. FC. Nürnberg, Fortuna Düsseldorf / Stammposten: Halbrechter und Mittelstürmer / Beruf: Sportlehrer.

6 Länderspiele: 1924 Ungarn, Norwegen / 1925 Schweiz / 1926 Holland, Schweiz / 1927 Norwegen.

4 Tore: 1925 Schweiz 4:0 (1) / 1926 Schweiz 2:3 (1) / 1927 Norwegen 6:2 (2).

Hochgesang, Georg

3.8/31

3.8/29 Vortragsmanuskript Julius Hirschs
Karlsruhe, um 1935
Papier, 3 Bl.; je 30,4 x 21,3 cm
Andreas Hirsch, Karlsruhe

Das von Julius Hirsch stammende Manuskript gibt seinen fußballerischen Lebenslauf wieder. Er war von den Fußballspielern des jüdischen Turnclubs Karlsruhe 03, Mitgliedsverein im Sportbund Schild des Reichsbundes Jüdischer Frontsoldaten, gebeten worden, einen Vortrag über seine Erfolge als Fußballer zu halten. Julius Hirsch war nach seiner Rückkehr aus Illkirch-Graffenstadden 1934 als ehrenamtlicher Trainer in der Fußballabteilung tätig.

3.8/30 Lutz Koch: Hinein ... Tor, Tor. Deutschlands National-Elf in 135 Fußball-Schlachten
Deutscher Schriftenverlag, Berlin, 1937
Leinen, Papier; 23 x 18 x 2 cm
Andreas Hirsch, Karlsruhe

Auf der Innenseite des Einbandes findet sich eine Widmung Hirschs an seinen Sohn: "Möge Dir dieses Buch ein Ansporn zu sportlichen Taten sein, die nie vergessen werden. Zugeeignet seinem lieben Sohn Heino, im Mai 1937. Dein treuer Vater Juller Hirsch".

3.8/31 Sammelalbum "Die deutschen Nationalspieler"
Kicker-Verlag, Nürnberg, 1939
Karton, Papier; 20,5 x 30 x 3 cm
Sepp-Herberger-Stiftung, Frankfurt

Das Sammelalbum führt alle Nationalspieler auf, die bis dahin für Deutschland gespielt hatten – mit drei Ausnahmen. Karl Joppich vom SV Hoyerswerda hatte man schlicht vergessen. Die beiden anderen Nationalspieler verschwieg man bewusst: Gottfried Fuchs und Julius Hirsch. Auf Seite 34 befinden sich ein Porträt von Sepp Herberger sowie eine Kurzbiografie. Auf Seite 35 hätten das Porträt und die Kurzbiografie von Julius Hirsch folgen müssen.

unserer jüdischen Jugend zuliebe, die ja heute unter so erschwerten Umständen Sport treiben muß und nicht mehr im Spiel der freien Kräfte sich entfalten kann."

1939 wurde Julius Hirsch vom Karlsruher Tiefbauamt als Hilfsarbeiter auf einem Schuttplatz zwangsverpflichtet. Seit 1941 musste er den so genannten "Judenstern" tragen. Heimspiele des KFV konnte er nur noch besuchen, weil ihn ein älterer Kartenkontrolleur jedes Mal heimlich durch einen Hintereingang auf den KFV-Platz ließ. Am 1. März 1943 wurde er nach Auschwitz deportiert. Sein letztes Lebenszeichen schickte der Vater zweier Kinder an seine Tochter: eine Postkarte, abgesandt am 3. März 1943. Wann er im Konzentrationslager ermordet wurde, ist nicht mehr festzustellen. 1950 erklärte ihn das Amtsgericht Karlsruhe mit Datum vom 8. Mai 1945 für tot.

3.8/32 Bericht zur Frühgeschichte des Karlsruher Fußballs
Gerd Krämer, Beilage zum Sonntag in einer Karlsruher Zeitung, 29.8.1964
Papier; 52 x 41 cm
Andreas Hirsch, Karlsruhe

In dem Bericht mit dem Titel "Als Großvater die Torstangen trug", der auf einem Auszug aus Gerd Krämer: An Tagen, als das Endspiel war (Frankfurt/M. 1964) beruht, wird auch an Fuchs' und Hirschs aktive Fußballerzeit erinnert.
Auf ihre Schicksale im Nationalsozialismus wird dagegen nicht eingegangen.

3.8/33 Julius Hirsch
Familie Hirsch, Karlsruhe, 1970er Jahre
Gerahmtes Foto, Papier, Glas, Holz; 23 x 18 x 2,5 cm
Andreas Hirsch, Karlsruhe

Die von einem um 1910 entstandenen Mannschaftsfoto vergrößerte Reproduktion dokumentiert ebenso wie die beiden folgenden Exponate das Bemühen seiner Familie, auch die Erinnerung an Julius Hirschs Leben vor 1933 zu bewahren.

3.8/33

3.8/34 Titelseite mit Abbildung des Innentrios des Karlsruher FV
Süddeutscher Illustrierter Sport, 4.7.1921
Papier, Glas, Holz; 32 x 23 cm
Andreas Hirsch, Karlsruhe

Auf der reproduzierten Titelseite der Sportillustrierten wird an das wohl beste Innentrio Deutschlands um 1910 erinnert: Förderer, Fuchs und Hirsch.

3.8/35 Collage von sechs Postkarten, Fotos und einer Glückwunschkarte
Collage Fam. Hirsch, Karlsruhe, 1980er Jahre
(Fotos ca. 1910-1925)
Fotos, Papier, Textil, Glas; 30 x 42 x 1 cm
Andreas Hirsch, Karlsruhe

Auf der Collage befinden sich drei Postkarten und Fotos, die Mannschaftsaufnahmen mit Julius Hirsch zeigen. Eine Postkarte zeigt ihn bei einem Kopfballversuch, eine weitere in Uniform während des Ersten Weltkriegs. Ein Foto stellt seine Frau Ellen dar. Außerdem befindet sich auf der Collage eine Glückwunschkarte zum Gewinn der Deutschen Meisterschaft durch die SpVgg Fürth.

Nr. 30. 4. Juli 1921
Erscheint Montags.
Einzelpreis 1.— Mk.
Süddeutscher Illustrierter Sport
Verlag der Badischen Presse
Das berühmte Innentrio der Altmeister-Mannschaft des KFV.
Förderer Fuchs Hirsch

3.8/34

Es sollte bis 1998 dauern, ehe öffentlich an das Schicksal Julius Hirschs erinnert wurde. Am 22. Januar 1998 wurde in Pfinztal bei Karlsruhe die Sporthalle am Berghausener Bildungszentrum in Julius-Hirsch-Halle umbenannt. Zur Einweihung wurden zwei Gedenktafeln enthüllt, die an sein Fußballerleben und an seinen Tod in Auschwitz erinnern.

Julius Hirsch steht beispielhaft für die Ausgrenzung zahlreicher jüdischer Sportler. Sie hatten nur noch die Möglichkeit, in zwei jüdischen Organisationen Sport zu treiben: im Makkabi-Bund und im Sportbund Schild des Reichsbundes jüdischer Frontsoldaten. Trotz Störaktionen der Gestapo und behördlichen Repressalien konnten diese jüdischen Sportverbände bis 1938 ihre Arbeit mit Mühe und Not aufrechterhalten. Das Ende des jüdischen Sports leitete die Reichspogromnacht am 9./10. November 1938 ein. In dieser Nacht brannten nicht nur Synagogen, sondern auch Turnhallen. Paul Yogi

3.8/35

Mayer, Jugend-Dezernent und Verbandssportlehrer beim Reichsbund jüdischer Frontsoldaten, erinnerte sich 1974: "Nach dem 9. November war Sport Nebensache im Kampf ums nackte Leben."[15] Wenn es denn das Leben war...

Uwe Wick

3.8/36 Zweiteilige Gedenktafel für Julius Hirsch
Gerd Schneider, Karlsruhe/
Werner Welsbrod, Pforzheim, 1998
Bronze; je 80 x 90 x 10 cm
Ludwig-Marum-Gymnasium, Pfinztal

Die Bronzetafel zeigt auf der einen Hälfte die Abbildung einer Zweikampfszene im Fußball. Zu sehen sind die Beine der Spieler, die um den Ball kämpfen. Der andere Teil trägt die Inschrift: "Julius-Hirsch-Halle, benannt nach dem Karlsruher Kaufmann und Fußball-Nationalspieler Julius Hirsch, geb. 7. April 1892, am 1. März 1943 nach Auschwitz deportiert. 1902-1933 Mitglied des Karlsruher Fußballvereins (KFV), dreimal Süddeutscher Meister bzw. Deutscher Meister, 1912 Spieler in der Deutschen Olympia-Fußballmannschaft in Stockholm, 1914 Deutscher Meister mit der Spielvereinigung Fürth. 1914-1918 Soldat im 1. Weltkrieg, Eisernes Kreuz II; ab 1933: Aufgrund seiner jüdischen Abstammung Zerstörung der sportlichen und beruflichen Karriere. Julius Hirsch wurde als Jude durch die Nationalsozialisten entrechtet, gedemütigt, verfolgt und ermordet."

3.9/1 Drehbuch zum Spielfilm "Das große Spiel"
Robert A. Stemmle/ Richard Kirn, München, 1941
Umdruck, Karton, Papier; 32 x 24 x 5 cm
Sepp-Herberger-Stiftung, Frankfurt/M.

Dieses Exemplar des Drehbuchs war für den Reichstrainer Sepp Herberger bestimmt, der als sportlicher Berater für den Film engagiert worden war.

3.9/2 Programmheft zum Spielfilm "Das große Spiel"
Illustrierter Film-Kurier, Berlin, 1941
Papier; 21 x 14,5 cm
Dr. Othmar Hermann, Frankfurt/M.

Das Programmheft zum Film zeigt im Titelbild die beiden Hauptdarsteller, René Deltgen und Hilde Jansen, die das Liebespaar im Film spielten. Offensichtlich versprachen sich die Hersteller von der Abbildung der beiden Filmstars eine wirksamere Werbung als von der Darstellung einer Fußballszene.

3.9/3 Richard Kirn: Das große Spiel
Schützen-Verlag, Berlin, 1942
Papier; 18,5 x 12 x 2 cm
Deutsches Sportmuseum Berlin; 98/1411

Das Buch entstand nach dem Drehbuch des gleichnamigen Films und wurde von einem der beiden Drehbuchautoren verfasst. Auf dem Titelbild ist ein Fußballspieler beim Schuss abgebildet. Anders als beim Programmheft wurde beim Buch mehr auf die Werbewirksamkeit des Fußballs gesetzt.

3.9/4 Spielfilm "Das große Spiel" (Ausschnitte)
Bavaria Filmkunst GmbH, München, 1941
Frank Bürgin (Bearb.), Zeitlupe, Gelsenkirchen, 2000
Schwarzweiß- und Farbfilm, 70 min.
Wilhelm-Friedrich-Murnau-Stiftung, Wiesbaden

Der unter der Regie von Robert A. Stemmle gedrehte Film ist für die damaligen Verhältnisse eher ein B-Picture gewesen. Trotzdem gilt er unter Fachleuten als einer der besten Fußballfilme. Während die Rahmenhandlung in Schwarzweiß gedreht wurde, ist der eigentliche Höhepunkt des Films, das fiktive Endspiel um die Deutsche Meisterschaft, in Farbe verfilmt worden. Das unterstreicht die Aufgabe, die Film und Fußball gemeinsam hatten: Ablenkung vom Kriegsalltag.
In der Ausstellung werden Ausschnitte in der Länge von fünf Minuten gezeigt.

Manipulierte Fluchten

Fußball gehörte neben Radio und Kino im "Dritten Reich" zu den wichtigsten Möglichkeiten, Unterhaltung und Ablenkung zu finden. Deshalb waren er und diese Medien für die nationalsozialistische Propaganda interessant. Angesichts der alltäglichen Nöte im Zweiten Weltkrieg musste der Propagandaapparat seine grobschlächtigen Methoden der ersten Jahre verfeinern. Es war deutlich geworden, dass allzu platte politische Parolen die Zuschauer und Zuhörer abschreckten. So entstanden Musiksendungen und Filme, die weitgehend ohne nationalsozialistische Versatzstücke auskamen und gerade deshalb Erfolge wurden.

Dazu gehört der Film "Das große Spiel". Im Jahre 1941 erhielt der Regisseur Robert A. Stemmle den Auftrag, einen symbolträchtigen Fußballfilm zu drehen. Zu diesem Zeitpunkt befand sich die Mannschaft von Schalke 04 auf dem Höhepunkt ihres Ruhmes und hatte als "Knappenelf" eine fast schon mythische Bedeutung erlangt. Die

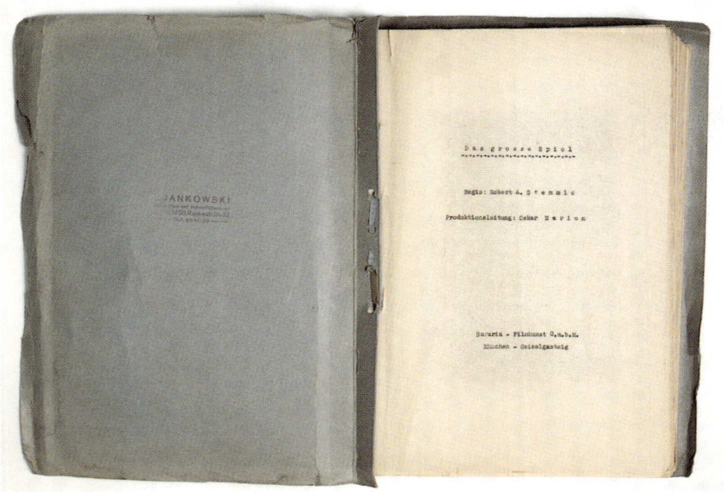

3.9/1

3.9/2

Handlung des Films knüpfte daran an und schilderte den Weg einer Mannschaft in das Endspiel um die Deutsche Meisterschaft, dessen dramatischer Verlauf Höhepunkt und Abschluss des Films bildet. Der Film war mit großen Stars wie René Deltgen, Gustav Knuth und Hilde Jansen besetzt, und als sportlicher Berater wurde kein Geringerer als der damalige Nationaltrainer Sepp Herberger engagiert, der allein für die Spielszenen verantwortlich war: "Auf Wunsch des Reichssportführers wurde mir die sporttechnische Beratung übertragen." Herberger nutzte seine Beratertätigkeit, um 19 Nationalspieler vom Militärdienst zu beurlauben.

Der Film variiert die Themen "Elf Freunde müsst ihr sein" und "Einer für alle, alle für einen". Er spielt in der fiktiven Stadt "Wupperbrück", die mit Stimmungsbildern von Kokereien und Zechen, mächtigen Triebrädern und Aufnahmen unter Tage eindeutig das Ruhrgebiet ins Bild rückt. Der Name des Vereins, FC Gloria 03 Wupperbrück,

3.9/6f

3.9/5 Sechs Standbilder aus dem Spielfilm "Das große Spiel"
Bavaria Filmkunst GmbH, München, 1941
Fotos; je 23,4 x 29,6 cm
Deutsches Institut für Filmkunde, Frankfurt/M.; 32/236, 17/132, 39/260, 24/170, 15/45, 13/35

Die Fotos wurden zu Werbezwecken für die Schaukästen der Kinos produziert.
a) Eingangsbereich des Vereinslokals "Kleebusch's Garten". Die Wirtin des Vereinslokals "Mutter Kleebusch" ist eine Anspielung auf "Mutter Thiemeyer", die Wirtin des Vereinslokals von Schalke 04 in den 1930er und 1940er Jahren.
b) Spieler und weitere Vereinsmitglieder, versammelt am Kneipenstammtisch des Vereins. Auf dem Tisch steht das Vereinsbanner.
c) Gustav Knuth als Vereinstrainer und René Deltgen als sein neuer Spieler im Gespräch.
d) Die Rettung des beim Grubenunglück verschütteten Bergmanns und Torwarts, dargestellt von Heinz Engelmann.
e) Eine Zuschauerszene vom Endspiel. Vorne rechts ist Hans Söhnker zu erkennen. Der Regisseur des Films setzte als Zuschauer prominente Zeitgenossen ein, die als Sympathieträger dienen sollten.
f) Eine weitere Publikumsszene zeigt den damals bekannten Schwergewichtsboxer Max Schmeling als Zuschauer beim Endspiel.

3.9/5c

3.9/6 Sechs Aufnahmen von den Dreharbeiten zum Spielfilm "Das große Spiel"
Schirner, Berlin, 1941
Fotos; je 18 x 30 cm
Deutsches Historisches Museum, Berlin; DHM: Schirn 12413/24, 36, 15, 10, 3, 5

a) Regisseur Stemmle, Hauptdarsteller Deltgen und Reichstrainer Herberger im Gespräch bei den Dreharbeiten zu den Endspielszenen des Films.
b) Deltgen, mit Ball, umringt von Schauspielern und tatsächlichen Nationalspielern. Herberger hatte dafür gesorgt, dass bei den Endspielszenen des Films auch Nationalspieler eingesetzt wurden. So konnte er diese vom Kriegseinsatz freistellen lassen.
c) Die Mannschaft ist angetreten. Herberger inspiziert die Spieler.
d) Die Spieler werden bei der Mannschaftsaufstellung in Großaufnahme gefilmt.
e) Die Spieler in der Mannschaftsaufstellung. Der "Hitler-Gruß" wird geübt.
f) Die Spieler in der Mannschaftsaufstellung. Der "Hitler-Gruß" wird gedreht.

hat unübersehbare Parallelen zu Schalke 04. In einer Szene des Films wird die Anspielung besonders deutlich: Nach dem Training trifft sich die Mannschaft in der Vereinskneipe bei "Mutter Kleebusch" – ein offensichtlicher Verweis auf "Mutter Thiemeyer", jene Mischung aus Vereinskneipe und Geschäftsstelle in der großen Zeit des "Schalker Kreisels".

Eingewoben in eine Liebesgeschichte erzählt der Film die Geschichte von der Integration eines neuen Spielers in eine bekannte Mannschaft. Er beginnt mit der Ankunft des berühmten Mittelstürmers Werner Fehling in Wupperbrück, wo dieser eine neue Stelle als Obersteiger antritt. Der Trainer von Gloria 03 kennt ihn von früher und will ihn in die Mannschaft aufnehmen, deren Spieler als einfache Bergleute unter Tage arbeiten. Fehling und die Freundin des Torwarts verlieben sich ineinander; ihr Bruder verliert seinen Platz in der Mannschaft an Fehling. Im Ruhrgebiet darf natürlich ein Grubenunglück nicht fehlen: Ausgerechnet der **Mittelstürmer und der Torwart, also Obersteiger und einfacher "Kumpel", die zudem um dieselbe Frau werben, werden gemeinsam verschüttet und schließlich durch eine kameradschaftliche Aktion gerettet. Anspielungen auf das System des Nationalsozialismus hingegen sind sehr spärlich. In einer Szene sieht man im Hintergrund ein Bild von Adolf Hitler an der Wand, und es gibt es drei Szenen mit dem Hitlergruß.**

Der Höhepunkt des Films findet in Berlin

3.9/7

3.9/7 Plakat zum Tschammer-Pokalspiel Eintracht Frankfurt – Waldhof Mannheim am 19.11.1939
Frankfurt/M., 1939
Papier; 68 x 47 cm
Institut für Stadtgeschichte, Frankfurt/M.; S9-1939/001

Auch nach dem Beginn des Zweiten Weltkriegs wurden der Spielbetrieb in den Gauen und die Spiele um den Vereinspokal, den Tschammer-Pokal, fortgesetzt. Dieser Pokal war nach dem "Reichssportführer" Hans von Tschammer und Osten benannt worden und ist der Vorläufer des heutigen DFB-Pokals.

3.9/8

3.9/8 Plakat zum Kriegs-Meisterschaftsspiel FSV Frankfurt – Reichsbahn Rot-Weiß Frankfurt am 21.1.1940
Frankfurt/M., 1940
Papier; 82,5 x 60 cm
Institut für Stadtgeschichte, Frankfurt/M.; S9-1940/001

Nach Beginn des Zweiten Weltkriegs wurden die Meisterschaftsspiele als Kriegs-Meisterschaftsspiele fortgesetzt.

3.9/9 Titelbild mit einer Spielszene vom Halbfinalspiel um die Deutsche Meisterschaft Schalke 04 – Waldhof Mannheim
Deutsche Sport-Illustrierte Nr. 29, Verlag Walcker, Stuttgart, 16.7.1940
Foto, Papier; 39 x 27 cm
Nachlass Helmut Schön, Frankfurt/M.

Auch nach Beginn des Zweiten Weltkriegs blieb das Interesse an den Endrunden um die Deutsche Meisterschaft ungebrochen. Das zeigen nicht nur die Zuschauerzahlen bei den Endspielen, sondern auch die Sportzeitschriften, die weiterhin regelmäßig erschienen und häufig auf ihren Titelseiten Fußballszenen zeigten. Hier ist eine Szene vor dem Tor von Waldhof Mannheim abgebildet.

3.9/10 Ernst Kuzorra mit Siegeskranz
Deutsche Sport-Illustrierte Nr. 30, Verlag Walcker, Stuttgart, 23.7.1940
Foto, Papier; 39 x 27 cm
Nachlass Helmut Schön, Frankfurt/M.

Am 22.7.1940 gewann Schalke 04 im Endspiel gegen den Dresdner SC, für den auch der spätere Bundestrainer Helmut Schön spielte, zum fünften Mal die Deutsche Meisterschaft.

3.9/11 Ansicht des voll besetzten Berliner Olympiastadions
Deutsche Sport-Illustrierte Nr. 48, Verlag Walcker, Stuttgart, 26.11.1940
Foto, Papier; 39 x 27 cm
Nachlass Helmut Schön, Frankfurt/M.

Mit dieser Abbildung wurde auf das Endspiel um den Tschammer-Pokal zwischen dem Dresdner SC und dem 1. FC Nürnberg am 2.12.1940 hingewiesen.

3.9/12 Dresdner Spieler nach dem Gewinn des Tschammer-Pokals
Deutsche Sport-Illustrierte Nr. 49, Verlag Walcker, Stuttgart, 3.12.1940
Foto, Papier; 39 x 27 cm
Nachlass Helmut Schön, Frankfurt/M.

Der Spielführer der Dresdner Mannschaft, Hempel, und der Schütze des entscheidenden Tores, Schaffer, verlassen mit dem Siegeslorbeer den Platz.

3.9/12

3.9/14 Spielszene vom Endspiel um den Tschammer-Pokal Dresdner SC – Schalke 04 am 3.11.1941
Deutsche Sport-Illustrierte Nr. 44, Verlag Walcker, Stuttgart, 4.11.1941
Foto, Papier; 39 x 27 cm
Nachlass Helmut Schön, Frankfurt/M.

Der Dresdner SC schlug in diesem Endspiel Schalke 04 mit 2:1. Die Dresdner waren Anfang der 1940er Jahre einer der stärksten Konkurrenten der Schalker.

3.9/15 Programmheft zum Endspiel um den Tschammer-Pokal 1. FC Nürnberg – Waldhof Mannheim 1939
28.4.1940
Papier; 22 x 15,5 cm
Deutscher Fußball-Bund, Frankfurt/M.

Wegen des Beginns des Zweiten Weltkriegs fand das Endspiel erst Ende April 1940 statt.

3.9/16 Eintrittskarte zum Endspiel um den Tschammer-Pokal 1940
1.12.1940
Karton; 8 x 12 cm
Bernd Münze, Rüsselsheim

3.9/17 Programmheft zum Endspiel um den Tschammer-Pokal 1. FC Nürnberg – Dresdner SC 1940
1.12.1940
Papier; 21,5 x 14,5 cm
Deutscher Fußball-Bund, Frankfurt/M.

Trotz des Zweiten Weltkriegs konnte das Endspiel planmäßig im Berliner Olympiastadion durchgeführt werden.

3.9/18 Programmheft zum Endspiel um den Tschammer-Pokal TSV München 1860 – Schalke 04 1942
15.11.1942
Papier; 21 x 15 cm
Dr. Othmar Hermann, Frankfurt/M.

Im Vergleich zum Programmheft von 1940 sind Layout und Umfang bescheidener geworden. Der durch den Zweiten Weltkrieg bedingte Rohstoffmangel machte sich bemerkbar.

statt. Gloria 03 erreicht das Endspiel um die Deutsche Meisterschaft, das im ausverkauften Olympiastadion stattfindet. Kurz vor Spielbeginn erfährt der Torwart, dass seine Freundin sich mit Fehling getroffen hat. Der Mannschaftsgeist zerbricht, und Gloria 03 liegt zur Halbzeit aussichtslos mit 0:2 zurück. Als sich dann noch der Mittelstürmer in der Pause bei einem Streit mit dem Torwart verletzt, scheint alles verloren. Da damals die Auswechslung eines Spielers noch nicht erlaubt war, konnten nur noch zehn Mann weiterspielen. Dann kommt die dramatische Wende: Der Torwart macht seinen Fehler wieder gut, indem er einen Elfmeter hält, und ausgerechnet der so lange aus der Mannschaft verdrängte Bruder der Freundin schießt die beiden Tore

3.9/13 Torraumszene
Deutsche Sport-Illustrierte Nr. 3, Verlag Walcker, Stuttgart, 21.1.1941
Foto, Papier; 39 x 27 cm
Nachlass Helmut Schön, Frankfurt/M.

Das Foto zeigt den Dresdner Spieler Helmut Schön beim Schuss auf das Leipziger Tor. Der Dresdner SC, der in der Sachsenliga spielte, wurde in den Kriegsjahren zu einer der besten deutschen Vereinsmannschaften. Helmut Schön war zu jener Zeit deutscher Nationalspieler.

3.9/15

3.9/19 Programmheft zum 1. Endspiel um die Fußballmeisterschaft des Sportbereichs Berlin-Brandenburg
Berlin, 27.4.1940
Papier; 22 x 14 cm
Deutscher Fußball-Bund, Frankfurt/M.

3.9/20 Programmheft zum 2. Entscheidungsspiel um die Meisterschaft des Sportbereichs Berlin-Brandenburg
Berlin, 5.5.1940
Papier; 21,5 x 14,5 cm
Deutscher Fußball-Bund, Frankfurt/M.

Die Gaue waren in Bereiche umbenannt worden. Im Bereich Berlin-Brandenburg waren 1940 zwei Entscheidungsspiele zwischen Union Oberschöneweide und Blau-Weiß Berlin für die Qualifikation zur Endrunde um die Deutsche Meisterschaft notwendig.

3.9/21 Programmheft zum Vorrundenspiel um die Deutsche Fußball-Meisterschaft Union Oberschöneweide – VfL Stettin
2.6.1940
Papier; 22,5 x 15 cm
Deutscher Fußball-Bund, Frankfurt/M.

Durch den Sieg über Blau-Weiß Berlin konnte sich Union Oberschöneweide für die Vorrundenspiele um die Deutsche Meisterschaft qualifizieren.

3.9/22 Programmheft zu Gruppenspielen um die Deutsche Fußball-Kriegsmeisterschaft
30.6.1940
Papier; 21,5 x 14,5 cm
Deutscher Fußball-Bund, Frankfurt/M.

Am 30.6.1940 wurden im Berliner Olympiastadion zwei Spiele gleichzeitig ausgetragen: das erste Entscheidungsspiel der Gruppe 1 zwischen Union Oberschöneweide und Rapid Wien sowie das Vorrundenspiel der Gruppe 3 Schalke 04 gegen Fortuna Düsseldorf.

3.9/23 Programmheft zum Spiel um den dritten Platz der Fußball-Kriegsmeisterschaft Holstein Kiel – Wiener SC
26.6.1943
Papier; 21 x 15 cm
Martin Brands, Duisburg

An diesem Tag wurde auch das Endspiel um die Deutsche Meisterschaft ausgetragen. Das letzte Endspiel um die Deutsche Kriegsmeisterschaft fand 1944 statt.

zum Ausgleich. Das Spiel geht in die Verlängerung. Der Mittelstürmer kommt trotz erheblicher Schmerzen zurück auf den Platz, erhält den Ball, startet einen furiosen Alleingang und erzielt das Siegtor zum 3:2. Da es damals schon die Regel des "sudden death" bzw. des "golden goal" gab, war das "Große Spiel" zu Ende.

Trotz aller Plattitüden gilt der Film auch heute noch als ein interessanter Fußballfilm. Seine Wirkung beruht nicht zuletzt auf dem Kontrast zwischen der Vorgeschichte, die in Schwarzweiß gedreht wurde, und den Endspielszenen, die in Farbe aufgenommen wurden. Stemmle gelingt es geschickt, die Reaktionen des Publikums auf das jeweilige Spielgeschehen zu inszenieren und die Spannung zu erhöhen. Dabei sieht man nicht nur Personen, die schon aus der Rahmenhandlung bekannt sind, sondern in kurzen Einstellungen auch bekannte Prominente wie Sepp Herberger und Max Schmeling. Ein Fan beißt vor Aufregung in seine Hutkrempe, zwei Blondinen feuern die Spieler von Gloria 03 an. Natürlich darf auch der bei "Mutter Kleebusch" am Volksempfänger mitfiebernde Gabler nicht fehlen – einer der Vereinsgründer und Vater der beiden Geschwister; sein Sohn ist der Schütze des Anschluss- und Ausgleichstores. Die Spielszenen wirken für heutige Begriffe sehr hölzern und langsam, trotz des hohen technischen Aufwandes, der Beratung durch Herberger und des Einsatzes von Nationalspielern. Eine realistische Wiedergabe der Dynamik und Attraktivität eines Fußballspiels war mit der damals gebräuchlichen Kameratechnik noch nicht möglich.

Uwe Wick

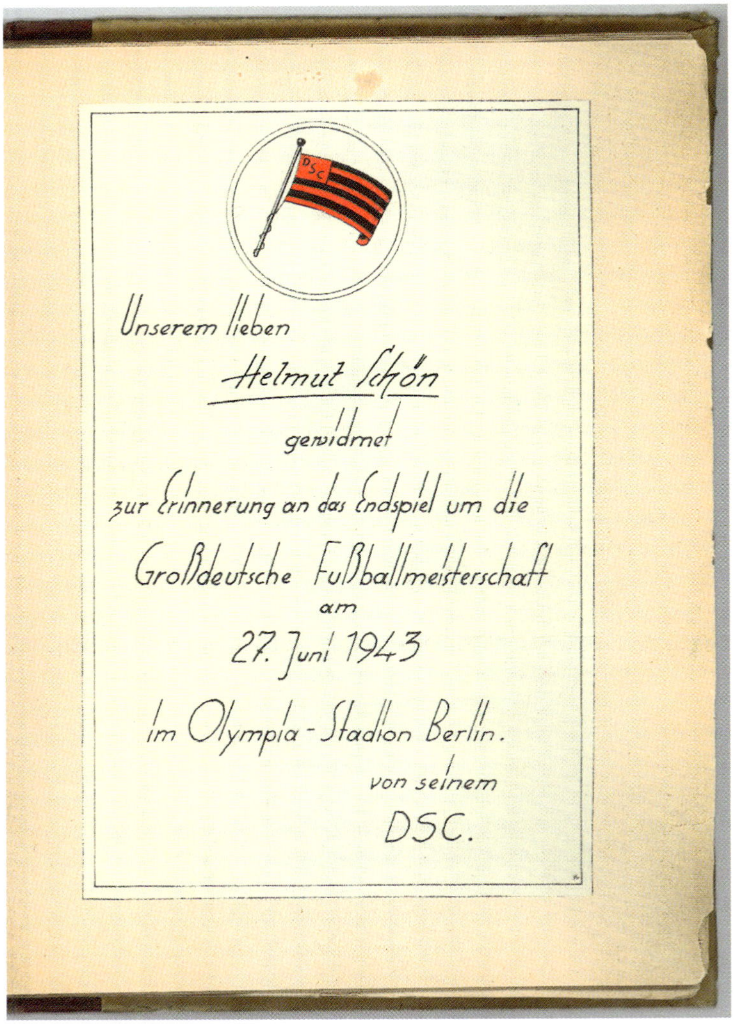

3.9/24

3.9/24 Vier Seiten aus einem Fotoalbum von Helmut Schön
Dresdner SC, 1943
Karton, Fotopapier; je 22 x 20 cm
Nachlass Helmut Schön, Frankfurt/M.

Der Dresdner SC widmete seinen Spielern zur Deutschen Meisterschaft 1943 je ein Fotoalbum mit Spielszenen vom Endspiel im Berliner Olympia-Stadion. Dieses Exemplar ist Helmut Schön gewidmet.

Das kleine Spiel. Gesellschaftsspiele rund um den Fußball

3.10/1

3.10/1 "Foot-Baal-Salon"
Paris, um 1880
Karton, Holz;
11,5 x 16,5 x 5,5 cm
Deutsches Spielemuseum-Verlag, Hamburg; 6388

Um 1880 gelangten die ersten Gesellschaftspiele mit Fußballmotiven in die Wohnzimmer und Salons. Die Illustration des "Foot-Baal-Salon"-Spiels zeigt deutlich die Zielgruppe: Damen, Herren und Kinder der feineren Kreise. Die Spielidee hatte allerdings eher Anklänge an das Tischtennis-Spiel. Der Spielball musste mit den Händen über eine Barriere auf dem Tisch geschlagen werden.

3.10/2 "Blow Football"
Chad Valley Company, England, 1900
Karton, Leder, Metall; 43,5 x 18 x 9 cm
The Football Museum, Preston; T 74

Ein Grundproblem der Fußball-Gesellschaftsspiele lag darin, neue Möglichkeiten zu finden, den Spielball zu bewegen. Anstelle des körperbetonten Kampfes auf dem Rasen trat beim englischen "Blow Football" das Bewegen des Spielballs über den Salontisch durch den Windstoß eines kleinen Blasebalgs. Andere Spielversionen sahen ein damenhaftes Anpusten des kleinen Balles vor. Damit war das Spiel auch für vornehme Gesellschaftsrunden geeignet.

3.10/3

3.10/3 "Penalty"
England, 1890
Metall; 11 x 13 x 10 cm
The Football Museum, Preston; T 15

Nicht für die Gesellschaftsrunde bei Tisch, sondern eher für große Salons oder lange Flure geeignet war das "Penalty"-Spiel. Die relativ großen Spielfiguren waren mit einem Federmechanismus versehen, der schnelle Schüsse mit dem golfballgroßen Spielball erlaubte.

3.10/4

3.10/4 Kicker-Automat
Llandudno, Wales, Anfang 20. Jh.
Holz, Metall;
89 x 135 x 125 cm
The Football Museum, Preston; T 2

Kicker-Geräte ermöglichten mit ihren abgegrenzten Spielfeldern ein rasantes Spiel mit dem Ball. Besonders in den Pubs erfreuten sich Kicker-Automaten großer Beliebtheit. Damit blieb diese Form des Fußball-Gesellschaftsspiels ganz der Domäne der Männerwelt verhaftet, waren die Pubs Anfang des Jahrhunderts doch noch fast ausschließlich den Männern vorbehalten.

Wie keine andere Sportart hat das Fußballspiel in Form von Gesellschaftsspielen Einzug in Salons, Wohn- und Kinderzimmer gehalten. Schon seit über 100 Jahren hat dieser Sport auf ungeahnte Art und Weise die Phantasie der Spiel- und Freizeitindustrie beflügelt und begeisterte Kinder und (meist) Väter gefunden, die eines der zahlreichen Spiele besitzen wollten.

Um die Mitte des 19. Jahrhunderts war Fußball in seinem Ursprungsland England vor allem ein Sport der gebildeten bürgerlichen Schichten. Während die jungen Männer der elitären privaten "Public Schools" dem Fußball auf dem grünen Rasen nachjagten, vertrieben sich die angehenden Damen der bürgerlichen Gesellschaft ihre Freizeit mit Konversation und Gesellschaftsspielen. Geschicklichkeitsspiele wie das in Frankreich hergestellte "Foot-Ball-Salon" oder Brettspiele wie das englische "Table Football Game" führten in den 1880er Jahren das Motiv des Fußballsports in die Welt der vornehmen Salons ein. Diese Spiele stellten eine Sublimierung des körperbetonten Sportgeschehens dar, die auch für Frauen der "feineren Kreise" geeignet schien.

Mit der zunehmenden Verbreitung des Fußballsports entwickelten sich um die Jahrhun-

3.10/5 Kicker
Breve-Simon O.T., Frankreich, 1903
Holz, Metall; 40 x 90 x 130 cm
Deutsches Spielemuseum-Verlag, Hamburg; 7027

Als eines der ersten Kicker-Spiele wies dieses Gerät eine Besonderheit bei der Gestaltung der Spielfiguren auf: Sowohl die Füße wie auch die Hände waren korbartig ausgebildet, sodass mit ihnen der Ball gezielt "geschossen" oder "geworfen" werden konnte. Die Hände waren zusätzlich mit Magneten versehen, um den Spielball halten zu können. Derart gestaltet, erinnern die Spielfiguren des Tischgeräts an den "Fußball mit Aufnehmen des Balls", wie er in Deutschland noch bis nach der Jahrhundertwende verbreitet war.

3.10/6 "Fußball"
L. Kleefeld & Co., Fürth, 1908
Karton, Holz; 21 x 28 x 2,5 cm
Deutsches Spielemuseum-Verlag, Hamburg; 6941

Um die Jahrhundertwende verbreiteten sich zunehmend Fußball-Gesellschaftsspiele mit miniaturisierten Spielfiguren, die ein echtes Schießen der Bälle auf dem häuslichen Tisch ermöglichten. Beim Fürther Fußball-Spiel konnte mit den Spielfiguren auf eine kleine Torwand geschossen werden.

3.10/7 "The 'Newfooty' Game"
The "Newfooty" Co., Liverpool, um 1911
Karton, Metall; 10,5 x 18 x 5 cm
Deutsches Spielemuseum-Verlag, Hamburg; 6321

Das englische "Newfooty"-Spiel erlaubte das Bewegen des Spielballs auf engstem Raum. Dabei wurde der Ball mit den halbrunden Füßen der Spielfiguren angeschnipst. Die winzigen Spielfiguren erlaubten es, das Spiel bequem in der Hosen- oder Jackentasche mitzuführen.

3.10/8 "Foot-Ball Michel"
Frankreich, um 1910
Metall, Karton, Textil; 25 x 55 x 7,5 cm
Deutsches Spielemuseum-Verlag, Hamburg; 6317

Viele der frühen Fußball-Gesellschaftsspiele waren deutlich um eine möglichst genaue Annäherung an das reale Vorbild bemüht. So wurde oft mit zwei Mannschaften von je zehn Feldspielern und einem Torwart gespielt, und vielfach wurden die offiziellen Fußball-Regeln zitiert. Einige Spiele wie das französische "Foot-Ball Michel" sahen sogar eine Spielzeit von 90 Minuten und einen neutralen Schiedsrichter als Spielleiter vor.

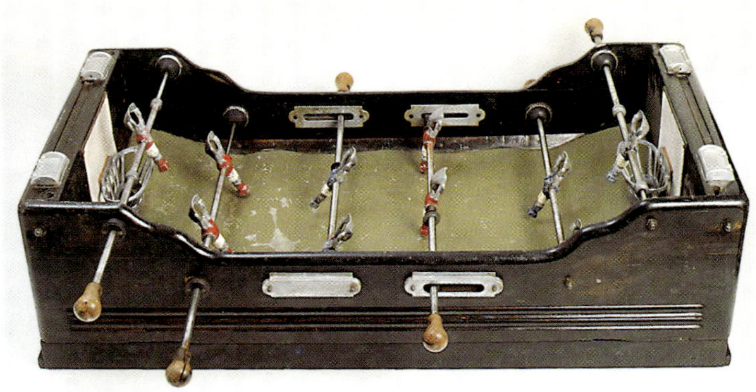

3.10/5

dertwende verschiedene Arten der Fußball-Gesellschaftsspiele. Zu den Brettspielen kamen nun unterschiedliche Geschicklichkeitsspiele, deren grundlegende Idee darin bestand, einen Ball auf ganz unterschiedliche Weise in Bewegung zu bringen. Beim populären "Blow-Football" durfte der Ball nur durch Pusten bewegt werden, was auch in feineren Kreisen noch als damenhaft gegolten haben dürfte. Das "New-Footy-Game", ein Vorläufer des in England weit verbreiteten "Subbuteo", sah das Vorantreiben des kleinen Spielballs durch Anschnipsen der Figuren

3.10/6

mit den Fingern vor. Die Nachahmung des Ball-Tretens sprengte jedoch den Rahmen der Salontische. So konnte das wirklichkeitsnahe "Penalty", eine Frühform des "Tipp-Kick" mit golfballgroßem Spielball, nur noch auf dem Boden oder im Garten gespielt werden.

Nachdem sich der Fußballsport um die Jahrhundertwende in England und wenig später auch in Deutschland zum Massensport entwickelt hatte und sich zunehmend das Phänomen der freien Zeit einstellte, vervielfältigte sich das Angebot an Fußball-Gesellschaftsspielen. Diese Spiele eroberten nach den Salons nun auch die Hinterzimmer von Pubs, Kneipen oder Vereinslokalen. Hier erlaubten Kicker-Automaten als minia-

3.10/7

3.10/10

3.10/12a

3.10/11

3.10/9 "New Toy Game of Football"
Preston, England, 1884
Karton, Zinn; 47 x 36,7 cm
The Football Museum, Preston; T 10

Neben die verschiedenen Arten von Geschicklichkeitsspielen, bei denen der Spielball auf unterschiedliche Weise bewegt werden konnte, traten schon Mitte der 1880er Jahre Brettspiele. Als Glücks- oder Strategiespiele stellten sie die sublimierteste Form der körperlichen Anstrengung des Fußballspiels dar. Das Würfelspiel "New Toy Game of Football" gilt als das älteste bisher bekannte Fußball-Brettspiel.

turisierte Fußballstadien beim Spiel mit dem Ball ein Höchstmaß an Dynamik und Schnelligkeit.

Neben diese Optimierung des Spiels mit dem Ball traten neue Formen der Karten- und Brettspiele für das Wohnzimmer, darunter jetzt auch Strategie- und Wissensspiele. Noch ganz im Zeichen der Auseinandersetzung zwischen Turnern und Fußballern darüber, ob Fußball als Sport überhaupt zu fördern sei, stand das 1913 erschienene Fußball-Schach. Es betonte die geistigen und moralischen Werte des Fußballsports und wies diesem einen hohen erzieherischen Wert zu, den das Fußball-Schachspiel

3.10/10 "Football"
Thieme-Heimchen-Spiele, Deutschland, 1908
Karton, Holz; 28,5 x 22 x 20 cm
The Football Museum, Preston; T 46

Der Spielplan des Würfelspiels verfügt über mehrere Ereignisfelder, die mit "Handspiel", "Aus", "Eckstößen" oder "Torwart-Abwehr" den Spielverlauf bestimmten. Ziel war es, mit der Spielfigur in Form eines Fußballs das Torfeld zu erreichen.

3.10/11 "Fußball-Schachspiel"
Fußball-Schachspiel GmbH, Stuttgart, 1913
Metall, Karton; 36,5 x 26 x 3 cm
Deutsches Spielemuseum-Verlag, Hamburg; 6335

Den hohen Anteil der Taktik am Fußballspiel betonten die Fußball-Schachspiele. Hier wurden den einzelnen Spielfigur-Typen wie Stürmer, Verteidiger oder Läufer spezifische Zugmöglichkeiten eingeräumt. Das "Fußball-Schachspiel" von 1913 trug am Vorabend des Ersten Weltkriegs deutliche militärische Züge.

3.10/12 Drei Tipp-Kick-Spiele
a) "Tipp-Kick"
Edwin Mieg, Schwenningen, 1926
Metall, Leinwand;
49 x 15 x 4 cm
Deutsches Spielemuseum-Verlag, Hamburg; 6677
b) "Wunderteam"
Österreich, 1920er Jahre
Metall, Leinwand;
49 x 15 x 4 cm
Deutsches Spielemuseum-Verlag, Hamburg
c) "Hopp-Suisse"
Schweiz, 1940er Jahre
Metall, Karton;
49 x 15,5 x 4,5 cm
Deutsches Spielemuseum-Verlag, Hamburg; 6435

Nach dem Ersten Weltkrieg erlebte der Fußball in Deutschland den Durchbruch zum Massensport. Entsprechend deutlich stieg das Angebot an Gesellschaftsspielen mit Fußball-Bezug. Mit dem Tipp-Kick-Spiel präsentierte Edwin Mieg im Jahre 1925 auf der Nürnberger Spielzeugmesse eine alte Spielidee in neuem Gewand. Ähnlich wie das englische Penalty-Spiel von 1890 konnte auch hier der Spielball durch Schießen mit den Spielfiguren bewegt werden.

Revolutionär war allerdings der Mechanismus der Spielfiguren: Nicht mit einer Stahlfeder, sondern mit einem Druckknopf, der über ein einfaches Hebelsystem das Spielbein der Figur bewegte, wurde der Schuss ausgelöst. Damit waren erstmals exakt platzierte und fein dosierte Schüsse möglich. Die Form des Balls war auf die miniaturisierten Platzverhältnisse zugeschnitten: Der Ball war nicht rund, sondern vieleckig und blieb deshalb selbst bei harten Schüssen innerhalb des Spielfelds. Mehrere Spielehersteller versuchten das Funktionsprinzip zu kopieren. Das originale Tipp-Kick konnte sich aber bis heute behaupten. Es ist in Deutschland das einzige Fußball-Gesellschaftsspiel, das als Massensport mit Liga-Betrieb, Meisterschaften und Pokalspielen betrieben wird.

3.10/14

in breite Kreise der Bevölkerung tragen und spielerisch noch vertiefen sollte: "Wie die Offiziere im Kriegsspiel theoretisch Krieg führen, so ermöglicht unser Spiel, den Fußball-Wettkampf bei schlechtem Wetter im Klublokal auszutragen, die Jungmannschaften theoretisch zu bilden und zu schulen", pries die Spielanleitung das Fußball-Schach.

Die Spiele der zwanziger und dreißiger Jahre waren deutlich um eine möglichst exakte Wiedergabe und Anwendung der Regeln der Football Association bzw. des Deutschen Fußball-Bundes bemüht. So waren meist elf Spieler pro Mannschaft im Einsatz, in der Regel ein Torwart, zwei Verteidiger, drei so genannte Läufer und fünf Stürmer. Einige Spiele sahen sogar eine Spielzeit von zweimal 45 Minuten vor und gestatteten eine 15-minütige Halbzeitpause.

Eine Ausnahme bildete das Tipp-Kick-Spiel, das 1924 den deutschen Spielemarkt eroberte. Im Vordergrund des Spiels stand die Beherrschung des kleinen Spielballs, der nicht rund, sondern vieleckig war. Dieser besondere Ball erlaubte es zwei Spielern, auf äußerst knappem Raum, aber dennoch mit hoher Präzision zu schießen. Im Gegensatz zu den meisten Brettspielen

3.10/13 "Goal. Das neue Tischfußballspiel"
Wien, 1939
Holz, Metall, Karton;
66 x 19 x 7 cm
Deutsches Spielemuseum-Verlag, Hamburg; 6436

Das Österreichische Fußball-Gesellschaftsspiel "Goal" verband das Spiel mit einem Spielball mit der Regelung der Bewegungsmöglichkeiten durch einen Spielplan mit festgelegten Feldern. Dabei wurde im Spiel der Ball mit einer Art Gabel an den Füßen der Spielfigur geschossen. Das Spiel pries seine große Nähe zum realen Fußballspiel und machte dieselben Regeln geltend.

3.10/14 "Tisch-Fußballspiel"
Deutschland, 1930er Jahre
Metall; 35 x 20 x 7 cm
Deutsches Spielemuseum-Verlag, Hamburg; 6432

Ähnlich wie beim Tipp-Kick erlaubte das "Tisch-Fußballspiel" das Vorantreiben des Balls mit beweglichen Spielfiguren. Allerdings bildeten Spielfeld und Spielfiguren eine Einheit. Die Figuren waren auf dem Spielfeld fixiert und grenzten damit die Spielmöglichkeiten ein.

3.10/15 Zwei Blasfußball-Spiele
a) "Blow-Football"
J.W. Spears & Söhne, Nürnberg, 1920er Jahre
Metall, Karton, Holz;
31,5 x 16 x 4,5 cm
Deutsches Spielemuseum-Verlag, Hamburg; 6433
b) "Spear's Blaas Voetbalspel"
J.W. Spears & Söhne, Nürnberg, 1920er Jahre
Karton, Metall, Holz;
28 x 16 x 4 cm
Deutsches Spielemuseum-Verlag, Hamburg; 6339

Mit der Fußballbegeisterung der zwanziger Jahre gelangte auch das "Blow-Football"-Spiel von England auf den Kontinent und erfreute sich besonders bei Kindern großer Beliebtheit. Der in Nürnberg ansässige Spielehersteller J.W. Spears & Söhne produzierte Spiele für den deutschen und den europäischen Markt.

3.10/16 "Sport im Spiel"
Paul Berendt, Köln, 1920er Jahre
Holz, Karton; 24 x 40 cm
Deutsches Spielemuseum-Verlag, Hamburg; 6314

Die neue Popularität des Sports im Deutschland der zwanziger und dreißiger Jahre spiegelt sich auch in den Angeboten der Gesellschaftsspiele wider. So vereint die Spielesammlung "Sport im Spiel" verschiedene Ballspiele, allen voran das Fußballspiel, mit den gängigen Disziplinen der Leichtathletik.

3.10/17 Vier Fußball-Brettspiele
a) "Fußball. Das sensationelle & beliebte Gesellschaftsspiel"
Franz Schmidt, Nürnberg, 1937
Karton, Holz;
24 x 38,5 x 3,5 cm
Deutsches Spielemuseum-Verlag, Hamburg; 6331
b) "Neues Fußball-Spiel"
L. Kleefeld, Nürnberg, 1938
Karton, Holz;
27,5 x 38,5 x 3 cm
Deutsches Spielemuseum-Verlag, Hamburg; 6406
c) "Gioco del Calcio"
Marca Stella, Mailand, um 1932
Karton, Holz; 34 x 49 cm
Deutsches Spielemuseum-Verlag, Hamburg; 6336
d) "Hercules Voetbalspel"
Niederlande, 1940er Jahre
Holz, Karton;
20,5 x 33,5 x 7 cm
Deutsches Spielemuseum-Verlag, Hamburg; 6306

Die in den dreißiger Jahren international verbreiteten Fußball-Brettspiele verfügten oft über aufwändig gestaltete Spielpläne. Verschiedenen Feldern waren Ereignisse zugeordnet, die die Zugmöglichkeiten der Spielfiguren bestimmten. So durften die Figuren auf den Feldern "Einwurf" oder "Eckball" schneller vorrücken, während Felder wie "Rempeln" und "Macht Hand" zum Aussetzen oder Zurücksetzen der Figuren zwang.

3.10/17b

war das Spiel aber nur mit einem Spieler und einem Torwart pro Mannschaft ausgestattet.

Die fünfziger Jahre brachten eine neue Hochphase der Fußball-Gesellschaftsspiele. Wirtschaftlicher Aufschwung, hohe gesellschaftliche Wertschätzung der Familie und

3.10/22

3.10/18 "Mack's Fussball-Schach-Brettspiel"
Wilhelm Mack, Deutschland, um 1925
Karton, Kunststoff; 44 x 32 x 3 cm
Deutsches Spielemuseum-Verlag, Hamburg; 6313

Das Fußball-Schachspiel von Wilhelm Mack stellte die Regeltreue des Spiels in den Vordergrund. Entsprechend den internationalen Fußball-Regeln wurden den verschiedenen Spielpositionen spezielle Möglichkeiten eingeräumt. Die Spielbeschreibung zitiert prominente zeitgenössische Spieler, Trainer und Schiedsrichter, die den pädagogischen Wert des Spiels priesen.

3.10/19 Zwei "Tischfußball-Spiele"
a) Deutschland, 1930er Jahre
Karton; 41 x 25 x 7 cm
Deutsches Spielemuseum-Verlag, Hamburg; 6408
b) HYS, Deutschland, 1930er Jahre
Karton; 21 x 29,5 x 2,5 cm
Deutsches Spielemuseum-Verlag, Hamburg; 6434

Ähnlich wie die Fußball-Schachspiele war auch das "Tischfußball-Spiel" ein Strategiespiel, bei dem die 22 Spielfiguren auf dem Spielfeld positioniert wurden. Dabei war der Spielplan in einzelne Zonen wie Strafraum oder Mittelfeld aufgeteilt, in denen besondere Zugmöglichkeiten gewährt wurden.

3.10/20 "Car-Soc"
BCM/Carsoc, London, 1920er Jahre
Karton, Holz; 18,5 x 28 x 25 cm
Deutsches Spielemuseum-Verlag, Hamburg; 6340

Weit entfernt von der Körperlichkeit und Dynamik des realen Vorbilds zeigten sich die Fußball-Kartenspiele. Hier erinnerten weder Spielfiguren noch Spielpläne an die Physis des Fußballsports. Im Mittelpunkt der Kartenspiele standen die Fußball-Regeln. Ähnlich wie die Würfelspiele lenkten auch die Fußball-Kartenspiele den Spielverlauf mit unterschiedlichen Aktionen, die hier von Ereigniskarten ausgelöst wurden.

3.10/21 Drei Fußball-Quartette
a) "König Fußball. Das lustige Sport-Quartett"
Deutschland, 1930er Jahre
Karton; 8 x 6 cm
Deutsches Spielemuseum-Verlag, Hamburg; 7151
b) "Football"
England, 1940er Jahre
Karton; 9 x 6 cm
Deutsches Spielemuseum-Verlag, Hamburg; 6385
c) "Schuss und Tor"
S&S, Bundesrepublik Deutschland, 1950er Jahre
Karton; 11 x 7,5 cm
Deutsches Spielemuseum-Verlag, Hamburg; 6614

Fußballquartette sind von den dreißiger Jahren bis in die fünfziger Jahre weitgehend unverändert geblieben. In der Regel wurden den verschiedenen Gruppen der Spielkarten je eine Situation aus dem Spielgeschehen des Fußballspiels wie beispielsweise "Torschuss" oder "Foulspiel" zugeordnet. Die künstlerische Gestaltung der Kartenmotive passte sich dabei dem vorherrschenden Zeitgeist an.

3.10/22 Blechfigur eines Fußballspielers mit Uhrwerkantrieb
West-Deutschland, um 1946
Metall; 12 x 8,5 x 9,5 cm
The Football Museum, Preston; T16

Schon bald nach Ende des Zweiten Weltkriegs nahm die Spieleindustrie in Deutschland wieder die Produktion auf. Die Fußball-Gesellschaftsspiele der Nachkriegszeit waren im Wesentlichen Neuauflagen und Modifizierungen der schon bekannten Spielideen. Eine Ausnahmeerescheinung war der in der damaligen US-Zone hergestellte mechanische Fußballer. Wurde der Uhrwerkantrieb aufgezogen, bewegte sich der Fußballspieler eine Zeit lang vorwärts, wobei er den Ball vor sich herzutreiben schien.

3.10/23 Fußball-Spielautomat "Mini Soccer"
England, 1947-52
Holz, Glas, Metall; 95 x 65 x 110 cm
Deutsches Spielemuseum-Verlag, Hamburg; 7025

Eine interessante Variante des Kicker-Automaten stellt der englische "Mini Soccer"-Automat dar. Im Gegensatz zu den fixierten Kickerfiguren konnten hier die Spieler mit einer Mechanik über die gesamte Länge des Spielfelds verschoben werden.

3.10/24 Drei Tipp-Kick-Spiele der Nachkriegszeit
a) "Schuß... Tor!"
Hugo Gräfe, Dresden, 1952
Holz, Karton; 46 x 18,5 x 4 cm
Deutsches Spielemuseum-Verlag, Hamburg; 6431
b) "Fußball-Spiel für Jung und Alt"
Berlin, DDR, 1952
Metall, Kunststoff, Karton; 35 x 20 x 7 cm
Deutsches Spielemuseum-Verlag, Hamburg; 6345
c) "Hurra... Tor!"
Meto, BRD, 1950er Jahre
Karton, Kunststoff, Metall; 18,5 x 47,5 x 8 cm
Deutsches Spielemuseum-Verlag, Hamburg; 6890

Auch nach dem Zweiten Weltkrieg blieb das Tipp-Kick-Spiel eines der beliebtesten Fußball-Gesellschaftsspiele in Deutschland. Neben dem originalen Tipp-Kick wurden nun in Ost und West ähnliche Spiele gebaut. Während das Dresdner "Schuß... Tor"-Spiel aus einfachsten Materialien gefertigt war und die Figuren statt einer Mechanik nur ein schwenkbares Spielbein besaßen, entsprach das Ost-Berliner Fußballspiel weitgehend dem originalen Tipp-Kick. Das bundesdeutsche "Hurra... Tor!"-Spiel setzte auf einen komplizierten Mechanismus bei der Torwart-Spielfigur. Der in Anlehnung an einen damaligen Schlager "Springender Theodor" genannte Torwart konnte seitwärts bewegt werden und nach dem Ball "hechten".

3.10/19b

3.10/24a

des Heims sowie der Erfolg der deutschen Mannschaft bei der Fußball-Weltmeisterschaft in der Schweiz 1954 förderten den Verkauf von Brettspielen und Spielautomaten. Alte Spiele wurden neu aufgelegt, Spielideen kombiniert und variiert. Geschicklichkeits-, Strategie- und Wissensspiele rund um den Fußball fanden in beiden Teilen Deutschlands zahlreiche Anhänger. Eine

3.10/25 "Fussball-Spiel zu Hause, interessant wie auf dem Rasen"
Hans Heine, Leipzig, 1952
Karton, Holz; 22,5 x 33 x 2 cm
Deutsches Spielemuseum-Verlag, Hamburg; 3453

In den fünfziger Jahre erlebten die Gesellschaftsspiele eine große Nachfrage. Besonders Brettspiele passten in die Vorstellungswelt familiärer Häuslichkeit, die weite Kreise der Gesellschaft nach dem überstandenen Krieg prägte. Auf diese Werte zielte auch der Titel dieses Spiels, der Spannung und Häuslichkeit zu verbinden sucht.

3.10/26 "Der Mittelstürmer bist Du"
Gerd Krämer, Otto Maier Verlag, Ravensburg, 2. H. 1950er Jahre
Karton; 28 x 38,5 x 3 cm
Deutsches Spielemuseum-Verlag, Hamburg; 6325

Das Brettspiel wurde nach der erfolgreichen Weltmeisterschaft 1954 von dem deutschen Rundfunkkommentator Gerd F. Krämer entwickelt. Ursprünglich sollte es seinem behinderten Sohn ermöglichen, die Faszination des Fußballs zumindest am Wohnzimmertisch zu erleben. Aufgrund seiner Regeltreue wurde das Spiel von Fußballprominenten wie Sepp Herberger, Dettmar Cramer und Helmut Schön empfohlen, sodass es sich im Vorfeld der Weltmeisterschaft 1958 zu einem Bestseller entwickeln konnte.

3.10/27 "Fußball-Skat"
Scola Milano, Mailand, 1950-er Jahre
Karton, Papier; 11 x 15,5 x 2,5 cm
Deutsches Spielemuseum-Verlag, Hamburg; 6332

Das Fußball-Kartenspiel hatte mit dem namensgebenden Skatspiel wenig gemein. Statt der Spielstrategie bestimmte hier vor allem das Kartenglück beim Ziehen der Ereigniskarten den Spielverlauf.

3.10/28
Zwei Geschicklichkeitsspiele
a) "Fußball physikalisch"
VEB Zentralwerkstatt Regis, DDR, 1958
Holz, Metall; 50 x 31 x 4 cm
Deutsches Spielemuseum-Verlag, Hamburg; 6852
b) "Magnet-Match. Das magnetische Fußballspiel"
Ages, Bundesrepublik Deutschland, 1960er Jahre
Holz, Kunststoff; 34 x 50 x 4 cm
Deutsches Spielemuseum-Verlag, Hamburg; 6372

Mitte der fünfziger Jahre wurde eine neue Variante entwickelt, den Spielball zu bewegen. In beiden Teilen Deutschlands erschienen Spiele auf dem Markt, bei denen die ballführende und die abwehrende Figur mit Magnetstäben bewegt werden konnten. Das Spielen des Balls erforderte dabei ein hohes Maß an Geschicklichkeit und Konzentration. Während der Titel des DDR-Spiels die naturwissenschaftliche Komponente der Spielidee betonte, setzte das westdeutsche Spiel auf den modischen Klang der englischen Bezeichnung.

3.10/29 Zwei Tivoli-Spiele
a) "Match Penalty"
England, 1960er Jahre
Holz, Metall; 49 x 25 cm
Deutsches Spielemuseum-Verlag, Hamburg; 6491
b) Tivoli mit Fußballmotiv
UdSSR, 1950er Jahre
Holz, Metall; 30,5 x 60 cm
Deutsches Spielemuseum-Verlag, Hamburg; 6485

Tivoli-Spiele gelten als Vorformen der Flipper-Geräte. Schon Anfang des 20. Jahrhunderts wurden Tivolis mit Fußballmotiven versehen. Das Motiv war jedoch nicht konstitutiv für die Spielidee, sondern diente ausschließlich der Dekoration.

3.10/30 Vier TOTO-Spiele
a) Glücksspielautomat "Totomat"
Deutschland, 1950er Jahre
Holz, Metall, Glas;
82 x 61 x 16 cm
Deutsches Spielemuseum; Chemnitz; 6615
b) "TOTO. Das neue Fussball-Gesellschaftsspiel für jedes Heim"
Carl von der Linnepe, Lüdenscheid, 1950er Jahre
Karton, Papier;
26,5 x 20 x 2 cm
Deutsches Spielemuseum-Verlag, Hamburg; 6521
c) "Mensch, tipp richtig!"
J.F. Schreiber Verlag, Esslingen, 1955
Karton, Holz;
30,5 x 21,5 x 2 cm
Deutsches Spielemuseum-Verlag, Hamburg; 6475
d) "Football toto"
Deutschland, 1970er Jahre
Karton, Holz;
26,5 x 43,5 x 2,5 cm
Deutsches Spielemuseum-Verlag, Hamburg; 6320

Kurz nach Einführung der Fußballwette "Toto" fand das Toto-Motiv auch seinen Einzug in die Welt der Gesellschaftsspiele. Brettspiele und Glücksspielautomaten übernahmen den Fußball-Tipp in das Grundkonzept und die Bezeichnung der Spiele. Während das Prinzip der Fußballwette jedoch auf Kennerschaft und Berechenbarkeit des Ausgangs von Fußballspielen beruhte, stand bei den Gesellschaftsspielen oft das Moment der Zufälligkeit und des Glücks im Vordergrund.

3.10/30a

3.10/28b

3.10/29a

3.10/31 Taschen-Kicker "Foot-Ball"
Ingap, Padua, 1960er Jahre
Kunststoff; 23,5 x 11 x 5,5 cm
Deutsches Spielemuseum-Verlag, Hamburg; 6381

Neue Werkstoffe und Fertigungstechnologien machten seit Mitte der fünfziger Jahre auch auf dem Spielzeugmarkt Neuerungen möglich. So konnten mit Kunststoffen in Spritzgusstechnologie kostengünstig auch sehr kleine und detaillierte Teile gefertigt werden. Damit war es möglich, Fußballspiele mit beweglichen Figuren im Taschenformat herzustellen. Die insgesamt sechs Spielfiguren des italienischen "Foot-Ball"-Spiels konnten mittels kleiner Druckknöpfe an der Außenseite des Spielfelds bewegt werden.

3.10/32 Tisch-Kicker "Luda"
Ungarn, 1970er Jahre
Holz, Kunststoff, Metall; 52 x 32,5 x 7 cm
Deutsches Spielemuseum-Verlag, Hamburg; 3636

Seit den dreißiger Jahre erlebte der Tischkicker zunehmende Verbreitung. Ähnlich wie das Tipp-Kick-Spiel entwickelte sich der Kicker sogar europaweit zu einem Klassiker der Fußball-Gesellschaftsspiele.

3.10/33

3.10/33 "Bundesliga"
Bayerwald Spiele, 1970er Jahre
Karton, Papier, Kunststoff; 43 x 25,5 x 3,5 cm
Deutsches Spielemuseum-Verlag, Hamburg; 6307

Die Einführung der Bundesliga spiegelte sich in den Fußball-Gesellschaftsspielen deutlich wider. Das "Bundesliga"-Spiel warb mit der Faszination des Fußballs: "König Fußball – Zauberwort für Millionen (Menschen)!" Über die Namensgebung hinaus bot das Brettspiel allerdings nur wenig Neuerungen, abgesehen von dem "Kampfspiel-Roulette", das den herkömmlichen Würfel ersetzte.

Neuheit bildeten die Toto-Spiele, die als Würfelspiele oder Glücksräder beim richtigen Tipp der Ergebnisse von Fußballspielen auf dem grünen Rasen helfen sollten.

Die Einführung der Bundesliga gab der Spieleindustrie in der Mitte der sechziger Jahre einen neuen Impuls. Neu entwickelte Spiele wie beispielsweise das Brettspiel "Fußball-Management" stellten nun das sportliche und finanzielle Management der Vereine in den Vordergrund. Mit der wachsenden Verbreitung von Fernsehgeräten verlor das Gesellschaftsspiel langsam aber stetig an Bedeutung. Erst die elektronischen Fußballspiele der siebziger Jahre leiteten eine neue Entwicklung ein, indem sie versuchten, den Reiz der Technik für Spielideen zum Thema Fußball zu nutzen. Die Komplexität der Regeln und die große Anzahl von 22 beteiligten Spielern überstiegen aber lange die Möglichkeiten der Unterhaltungselektronik. Erst Ende der achtziger Jahre gewannen Computerspiele mit Fußballthematik an Bedeutung. Dabei bildeten sich zwei Grundtypen von Fußballspielen heraus: die Wirtschaftssimulationen und die Geschicklichkeitsspiele.

Die Geschicklichkeitsspiele versuchen, das Spielgeschehen vom Fußballplatz auf den Monitor zu bringen. Dabei steuern die "Anwender" Spielfiguren auf dem Bildschirm.

3.10/32

3.10/34 Drei Management-Spiele
a) "Fußball Management"
Vereinigte Altenburger und Stralsunder Spielkarten-Fabriken AG, Leinfelden-Echterdingen, 1970er Jahre
Karton, Kunststoff, Papier; 40 x 27 x 4 cm
Deutsches Spielemuseum-Verlag, Hamburg; 6333
b) "Wembley"
Phlimar Limited Dace Road, London, 1980er Jahre
Karton, Papier, Kunststoff; 50 x 31,5 x 4 cm
Deutsches Spielemuseum-Verlag, Hamburg; 6326
c) "Fußball-Bundesliga. Das große Geschäft"
Klee-Spiele GmbH, Fürth, 1989
Karton, Holz, Papier; 40 x 27 x 4 cm
Deutsches Spielemuseum-Verlag, Hamburg; 7152

In der 1963 eingeführten Bundesliga zählten nicht nur sportliche Leistungen, sondern mehr denn je das sportliche und vor allem das finanzielle Management der Vereine. Diese neuen Aspekte betonte das Brettspiel "Fußball Management". Nicht mehr die Simulation eines Fußballspiels oder das Beherrschen der Regeln bestimmten die Idee des Spiels – gefragt war ausschließlich der Kapitalmarkt des "Millionengeschäfts" Fußball. Mit der zunehmenden Kommerzialisierung des Spielbetriebs seit Ende der achtziger Jahre stellten weitere Gesellschaftsspiele "das große Geschäft" in den Vordergrund.

3.10/35 "Fußball ZDF. Ein Spiel der Sportstudio-Linie"
CVB, Regensburg, 1970er Jahre
Karton, Kunststoff;
21,5 x 21,5 x 3,5 cm
Deutsches Spielemuseum-Verlag, Hamburg; 6361

Die Berichterstattung über Bundesligaspiele im Fernsehen erlangte mit dem "Aktuellen Sportstudio" des Zweiten Deutschen Fernsehens schnell große Bedeutung für den Fußball. So versuchte das Brettspiel "Fußball ZDF" die Popularität des Fernsehens für sein klassisches Spielkonzept zu nutzen. Mit den Fußball-Sendungen der privaten Fernsehsender entstanden entsprechend Ende der achtziger Jahre weitere vergleichbare Gesellschaftsspiele.

3.10/36 "Die Regel-Profis"
Renat Krumpen, Hellenthal, 1970er Jahre
Karton, Kunststoff;
37 x 30 x 5,5 cm
Deutsches Spielemuseum-Verlag, Hamburg; 6426

Mit der wachsenden Verbreitung des Fernsehens verloren die Gesellschaftsspiele für die Freizeitgestaltung zunehmend an Bedeutung. Der Gewinn der Europameisterschaft 1972, der Weltmeisterschaft 1974 sowie die einsetzende Fitnesswelle brachte nicht nur den Fußballvereinen neuen Zulauf, sondern veränderte auch das Freizeitverhalten. Für Gesellschaftsspiele rund um den Sport blieb nur wenig Raum. Im Zeitalter der Bildungsoffensive setzte das Quizspiel "Die Regel-Profis" mit 500 Fragen zum Fußball auf die Attraktivität des Fachwissens beim Publikum.

Im Unterschied dazu ist die Spielidee der Wirtschaftssimulation das Management der Fußballvereine. Der Spieler vor dem Bildschirm agiert als Manager oder Präsident des Vereins. Spieler können trainiert und damit in ihrem Wert gesteigert werden. Sie werden auf dem Transfermarkt gewinnbringend gehandelt. Trainingsstand, Motivation und Anzahl der virtuellen Spieleinsätze entscheiden über die Spielstärke und den Wert der Spieler. Das Spiel mit dem Ball steht bei den Wirtschaftssimulationen im Hintergrund. In den modernen Fassungen für Heimcomputer und Spielkonsolen finden sich beide Elemente mit unterschiedlichen Schwerpunkten kombiniert.

Dank der nahezu flächendeckenden Verbreitung der elektronischen Spielgeräte und unterstützt durch das Internet stehen den Computerspielern heute fast alle internationalen Mannschaften für das Fußballspiel im Kleinen zur Auswahl. Außerdem können historische Spiele mehr oder weniger naturgetreu am Bildschirm nachgespielt werden. Während in den Wirtschaftssimulationen ähnlich wie schon beim Fußballschach aus der Kaiserzeit strategische Überlegungen und vernetztes Denken gefordert sind, be-

3.10/37 "Subbuteo Table Soccer"
Subbuteo Sports Games Limited, England, 1977
Textil, Kunststoff;
55,5 x 45 x 5,5 cm
Deutsches Spielemuseum-Verlag, Hamburg; 6488

Ähnlich wie das Tipp-Kick-Spiel in Deutschland erfreut sich das "Subbuteo" in England bis heute großer Beliebtheit. Hier werden in verschiedenen Ligen Subbuteo-Meisterschaften ausgespielt. Nahezu unverändert hat sich das Spiel seit Anfang des Jahrhunderts gehalten, nur der Werkstoff der Spielfiguren hat sich von Zinn zu Kunststoff gewandelt. Beim Subbuteo werden die Spielfiguren mit den Fingern angeschnipst, sodass sie mit dem halbkugelartig ausgebildeten Fuß den Spielball bewegen können.

3.10/38 Zwei Elektronische Fußballspiele
a) "Soccer"
Toy Department Gakken, Tokio, 1970
Kunststoff; 11 x 1,5 x 7,5 cm
Deutsches Spielemuseum-Verlag, Hamburg; 6420
b) "Dribblingtronic"
Arco falc, Italien, 1979
Kunststoff; 30 x 20 x 6 cm
Deutsches Spielemuseum-Verlag, Hamburg; 6594

In den siebziger Jahren traten elektronische Spiele ihren Siegeszug durch die Spiel- und Wohnzimmer an. Die Faszination der neuen Technologien ließ dabei auch eher simple Spielideen zu Verkaufserfolgen werden. So beschränkten sich die ersten elektronischen Spiele auf Leuchtdioden oder Balken auf den Displays, die Spieler und Ball darstellen sollten. Gefragt war dabei vor allem eine schnelle Reaktion auf die elektronischen Impulse, die die Bewegung von Spielern und Ball suggerieren sollten.

3.10/39 "Championship Soccer Video Computer System"
Atari, USA, 1980
Kunststoff, Metall;
14 x 19 x 2,5 cm
Deutsches Spielemuseum-Verlag, Hamburg; 6319

Als einer der ersten Computer- und Computerspiele-Hersteller brachte die Firma Atari ein Fußballspiel für Heimcomputer auf den Markt. Entsprechend der beschränkten technischen Möglichkeiten hatte das Spiel jedoch nicht viel mit dem realen Vorbild gemein. Gespielt wurde mit drei Feldspielern und einem Torwart pro Mannschaft, die durch farbige Balken auf dem Bildschirm dargestellt wurden.

3.10/35

3.10/37

schränken sich die Geschicklichkeitsspiele am Computer auf den Reiz der bewegten bunten Bilder und die reaktionsschnelle Bedienung von Knöpfen an den Spielgeräten. Der sinnliche Reiz rollender Bälle oder Kugeln der klassischen Geschicklichkeitsspiele verschwindet im Flimmern der Bildschirme.

Die technischen Möglichkeiten und die mediengerechte Gestaltung der modernen Computerspiele spiegeln die Entwicklung des Fußballsports zum Medienereignis wider. Viele Videospiele übernehmen die Gestaltungsprinzipien der modernen Fußballsendungen mit ihrer dynamischen Videoclip-Ästhetik. Sie kopieren nicht nur die technischen Möglichkeiten der Fernsehberichterstattung wie Wiederholung, Zeitlupe, Ermittlung der Laufzonen und Spielstatistiken, sondern entwickeln auch neue Darstellungsmöglichkeiten: dreidimensionale Bilder von Spielszenen, 360°-Kameraschwenks oder Bilder von Szenen aus der Sicht verschiedener Akteure.

Vielleicht dient dies wiederum dem Fernsehen als Ideenfundus für technische Innovationen bei Fußballspiel-Übertragungen. Damit würde die Grenze zwischen der medialen Realität des Fußballs und der Simulation im Spiel verschwimmen: Das Abbild wird zum Vorbild. *Dietmar Osses*

3.10/38a

3.10/39

3.10/40 "Worldcup"
Hausemann + Hötte, Amsterdam, 1981
Karton, Holz, Kunststoff; 27,5 x 39 x 5 cm
Deutsches Spielemuseum-Verlag, Hamburg; 6374

In den achtziger Jahren versuchten sich die Brettspielhersteller mit Weiterentwicklungen der Spielideen gegen die langsam wachsende Konkurrenz der elektronischen Spiele zu behaupten. Das Spiel "Worldcup" setzte dabei auf eine Kombination von Glücks- und Strategiespiel. Die erste Phase des Aufbaus der Mannschaft wurde dabei von einer zweiten Phase der Ausspielung von Spielbegegnungen abgelöst.

3.10/41 "Libero. Das Spiel mit dem Ball"
Alfred Schnitger, Münster, 1984
Karton, Holz;
38,5 x 27,5 x 5 cm
Deutsches Spielemuseum-Verlag, Hamburg; 6887

Als reines Strategiespiel verzichtete das Spiel "Libero" auf Würfel oder Ereigniskarten. Ähnlich wie beim herkömmlichen "Halma"-Spiel war auch hier die Kontrolle über das Spielfeld entscheidend. Damit entsprach die Spielidee der Entwicklung von Taktik und Training im realen Fußballsport, der in den achtziger Jahren verstärkt auf das strategische Problem der Raumaufteilung achtete.

3.10/42 "Ausgetrickst... Das spannende Ligaspiel um Siege, Punkte und Meisterschaft"
Sport-Spiele Heinz Fritzsche, Cleebronn, 1989
Karton, Holz, Kunststoff;
34 x 24 x 5 cm
Deutsches Spielemuseum-Verlag, Hamburg; 6327

Eine Kombination aus Strategie- und Quiz-Spiel stellt das Brettspiel "Ausgetrickst" dar. Im Gegensatz zu früheren Fußball-Gesellschaftsspielen, die Regeltreue, Sportsgeist oder Management in den Vordergrund stellten, verweist der Titel auf ein neues Spielverständnis: Nicht mehr nur Leistung und Wissen, sondern auch Tricks sind gefragt.

3.10/43 "Bundesliga-Manager Professional"
Software 2000, Plön, 1991
Karton, Kunststoff;
25 x 18 x 4 cm
Deutsches Spielemuseum-Verlag, Hamburg; 4291

Das Computerspiel "Bundesliga-Manager" stellt die technische Umsetzung des Brettspiels "Fußball-Manager" aus den siebziger Jahren dar. Mit Hilfe des Computers konnten seit Ende der achtziger Jahre komplexe Spielverläufe simuliert und optisch ansprechend am Bildschirm dargestellt werden. Wie schon das Vorbild setzte auch das Computerspiel ganz auf die wirtschaftlich-strategischen Aspekte des Bundesliga-Marktes. Die Spielbegegnungen sind nur in Form von vorgefertigten Torszenen sichtbar, die nicht direkt beeinflusst werden konnten.

3.10/44 3-D Videospiele
Kunststoff, Silicium, Metall;
je 18 x 10 x 8 cm
Sega Deutschland
a) "UEFA Striker"
Sega, USA 1999
b) "Virtual Striker"
Sega, USA 2000

Die neueste Generation der Video- und Computerspiele bietet den Spielern an den Bildschirmen realistisch anmutende Darstellungen des Spielgeschehens mit dreidimensionalen Effekten. Während an Heimcomputern vor allem aufwändige Managerspiele und Bundesligasimulationen gespielt werden, wird die Welt der Spielkonsolen, die an Fernsehgeräte anschließbar sind, von so genannten "Action-Spielen" dominiert. Bis zu 16 Bedienungsknöpfe an den "Gamepads" erlauben in der Kombination mit hochentwickelter Grafik ein rasantes Spiel auf dem Bildschirm. Dabei können oft Namen und Vereine der aktuellen Saison gewählt werden, um das Spiel so realistisch wie möglich erscheinen zu lassen. Spieloptionen wie Wiederholungen, Zeitlupe oder 360°-Schwenks aus der Sicht eines jeden Spielers erreichen nicht nur Möglichkeiten der modernen Fernsehwirklichkeit, sondern übersteigen diese sogar noch.

Die Zeit der Oberligen

Die Unterzeichnung der Kapitulationsurkunde am 8. Mai 1945, dem Tag der Befreiung, bedeutete das Ende des Deutschen Reiches. Alle Macht ging nun von den alliierten Besatzungstruppen aus, die das Land in Besatzungszonen aufteilten und durch den Alliierten Kontrollrat zwei Direktiven erließen, die zu Beginn des Jahres 1946 in Kraft traten und die Entnazifizierung des Sports regelten. In der Praxis gab es hierbei lokal und regional große Unterschiede, wobei die Entnazifizierung insgesamt eher formal durchgeführt worden ist.

Die Deutschen lernten "zonal" zu denken, zu handeln und Fußball zu spielen – was sie trotz der Notlage der unmittelbaren Nachkriegszeit schon bald wieder taten. Dazu mussten sie Trikots, Schuhe, Bälle, Tornetze und sonstige Gegenstände auf abenteuerliche Weise organisieren oder irgendwie zusammenflicken und die zerstörten Platzanlagen notdürftig wieder herrichten. Zusätzlich wurde der Spielbetrieb dadurch behindert, dass alliierte Truppen Sportanlagen beschlagnahmt hatten und dass andere als Felder oder Gärten genutzt wurden, um die schlechte Versorgung in der Nachkriegszeit zu verbessern.

3.11/1 Zerstörte Tribüne des Dortmunder Stadions "Rote Erde" 1945
Dortmund, 1945/2000
Foto; 40,5 x 30,5 cm
Gerd Kolbe, Holzwickede

Wie hier in Dortmund waren am Ende des Zweiten Weltkriegs viele Stadien schwer beschädigt.

3.11/2 Programm zu einer Begegnung zweier englischer Militärmannschaften im Düsseldorfer Rheinstadion am 4.11.1945
Gebr. Tönnes, Düsseldorf, 1945
Papier; 21 x 15 cm
Marco Langer, Korschenbroich

Das in englischer Sprache verfasste Programm zeigt die besonderen Schwierigkeiten des Sportbetriebs in der unmittelbaren Nachkriegszeit. Die Alliierten beschlagnahmten Sportanlagen oder wurden bei eigenen Sportveranstaltungen vorrangig berücksichtigt.

3.11/3 Spiel des VfL Germania 1894 gegen eine Militärmannschaft
1945
Foto; 12,4 x 17 cm
VfL Germania 1894, Frankfurt/M.

Spiele deutscher Vereinsteams gegen Militärmannschaften fanden nur vereinzelt statt. Das Frankfurter Waldstadion war damals von den Amerikanern besetzt und in "Victoria Stadium" umbenannt worden.

3.11/4 Programmheft zum Sportgroßkampftag in Frankfurt am 13.7.1946
Frankfurt/M., 1946
Papier; 21,2 x 14,8 cm
Dr. Othmar Hermann, Frankfurt/M.

Der "Sportgroßkampftag" war die erste von Deutschen organisierte Sportveranstaltung im Frankfurter Waldstadion nach dem Krieg.

PROGRAMME

ASSOCIATION FOOTBALL

COMBINED SERVICES XI
(GERMANY)
V
ENGLAND F. A. XI
AT
DUSSELDORF STADIUM
4 NOVEMBER 1945
KICK OFF 14.45 HOURS

BAND OF THE ESSEX REGT.
(BY KIND PERMISSION OF OFFICERS COMMANDING)

PRICE RM 0.50

GEBR. TÖNNES, DÜSSELDORF
Printing-office

3.11/2

3.11/5 Zwei Blätter aus der Entnazifizierungsakte von Paul Janes
Sportamt Düsseldorf, 1946-1947
Reproduktion; je 28 x 22 cm
Nordrhein-Westfälisches Hauptstaatsarchiv Düsseldorf; NW 1002-DN-27

Janes, der zwischen 1930 und 1942 71 Länderspiele bestritt und so zum Rekordspieler der deutschen Nationalmannschaft wurde, musste sich ebenso wie alle Deutschen einem Entnazifizierungsverfahren stellen. Er wurde in die unterste Kategorie 5 eingestuft (entlastete Personen).

3.11/6 Karikatur zu den 71 Länderspielen von Paul Janes
A. Schütz, 1947
Papier, Holz, Glas; 33 x 24,5 cm
TSV Fortuna Düsseldorf

Diese Karikatur wurde zur Erinnerung an die Bergisch-Märkische Meisterschaft 1946/47 gezeichnet.

3.11/7 Lizenz des Magistrats der Stadt Frankfurt für den FC Germania 1894
Frankfurt/M., 18.5.1948
Papier; 29,5 x 21 cm
VfL Germania 1894, Frankfurt/M.

Jeder Verein musste eine Lizenz beantragen, um formal als Verein anerkannt zu werden.

3.11/8 Düsseldorfer "Sport Nachschau" vom 30.6.1947
Dr. Günther Sabetzki, Düsseldorf
Papier; 23,2 x 16,5 cm
Marco Langer, Korschenbroich

Da die Militärregierung in der unmittelbaren Nachkriegszeit nur wenige Zeitungen lizenzierte, die zudem kaum über Sport berichteten, gab Günther Sabetzki ab 10.2.1946 die Düsseldorfer "Sport Vorschau" heraus, die am Wochenende auf den Sportplätzen verkauft wurde. Am 3.2.1947 folgte die Düsseldorfer "Sport Nachschau", die montags an die Kioske ausgeliefert wurde. Sabetzki holte sich die Zustimmung von fünf Düsseldorfer Sportvereinen, um die beiden Zeitungen als Vereinsmitteilungsblätter zu tarnen. So umging er das Verbot der Alliierten, ohne Lizenz Zeitungen herauszugeben.

3.11/9 Broschüre zur westdeutschen Oberliga in der Saison 1947/48
Sport-Verlag, Koblenz, 1948
Papier; 14,7 x 10,5 cm
Geschichtswerkstatt Dortmund

Diese Broschüre durfte nur mit Genehmigung der Militär-Regierung erscheinen. Sie enthält Informationen über die Mannschaften der Oberliga West und deren Abschneiden in der aktuellen Saison.

Mit Ausnahme des Südens, wo schon im November 1945 der Punktspielbetrieb in einer Oberliga begann, blieb es ansonsten bei Gruppenspielen auf Kreisebene oder in kleineren regionalen Einheiten. Der Wiederaufbau des Sports und des Fußballs erfolgte von unten nach oben. Zuerst entstanden die heutigen Landesverbände, deren Grenzen sich eng an den Gaugrenzen orientierten. Danach entstanden die Regionalverbände, die bewusst an die Tradition der Zeit vor der nationalsozialistischen Diktatur anknüpften, deren Verbandsgrenzen aber auch durch die Besatzungszonen beeinflusst waren. Am 10. April 1948 kam es zur Gründung des Arbeitsausschusses für Fußball, der erstmals wieder eine Deutsche Meisterschaft durchführte. Trotz aller Bemühungen durfte kein Verein der sowjetischen Besatzungszone teilnehmen. Der erste Fußballmeister hieß 1. FC Nürnberg. Ein Jahr später, am 10. Juli 1949, trafen sich Delegierte des Deutschen Fußball-Ausschusses zu einem Bundestag in Stuttgart. Die Vertreter beschlossen die Neugründung des DFB. Die offizielle Konstituierung erfolgte jedoch erst am 21. Januar 1950, eine Woche vor dem 50-jährigen Bestehen.

Beim Wiederaufbau der sportlichen Selbstorganisation, nicht nur der des Fußballs, spielte ein Mann eine wichtige Rolle: Dr. Peco Bauwens. Der Kölner Bauunternehmer, der 1950 erster Vorsitzender des DFB nach dem Kriege wurde, war als international erfahre-

3.11/12 Protokoll der Gründungsversammlung des Westdeutschen Fußballverbandes am 20.11.1948 in Wuppertal
Wuppertal, 1948
Papier, 2 Bl.; je 29,7 x 21 cm

Auf dieser Versammlung wurde der Fußballverband Nordrhein-Westfalen aufgelöst und der neue Regionalverband als Nachfolger des Westdeutschen Spielverbandes gegründet.

3.11/10 Programmheft zu den Auswahlspielen in Handball und Fußball, Westdeutschland – Süddeutschland am 30.6.1946 in Köln
Gustav Göller Verlag, Köln, 1946
Papier; 21,5 x 14,4 cm
Dr. Othmar Hermann, Frankfurt/M.

Mit diesen Auswahlspielen knüpften Westdeutschland und Süddeutschland an alte Traditionen an, bevor die Verbände neu gegründet wurden.

3.11/11 Ehrenurkunde von Dr. Peco Bauwens
Fußballverband Nordrhein-Westfalen, Bezirk Rhein, 1947/1948
Karton; 36,5 x 25,5 cm
Deutscher Fußball-Bund, Frankfurt/M.

Diese Urkunde zeigt, welche Wertschätzung der Kölner Dr. Peco Bauwens in der unmittelbaren Nachkriegszeit genoss. Außerdem dokumentiert sie den Neuaufbau im deutschen Fußball unter den Alliierten. Die Britischen Militärbehörden ließen zunächst nur lokale Sportorganisationen zu. Nach Gründung des Landes Nordrhein-Westfalen entstanden bis Anfang 1947 die Fußball-Bezirke Westfalen, Niederrhein, Rhein – Vorgänger der heutigen drei Landesverbände. Im Februar 1947 trafen sich in Anwesenheit von Vertretern der Militärbehörde Delegierte der drei Bezirke zu einer Tagung, auf der der Fußballverband Nordrhein-Westfalen gegründet wurde.

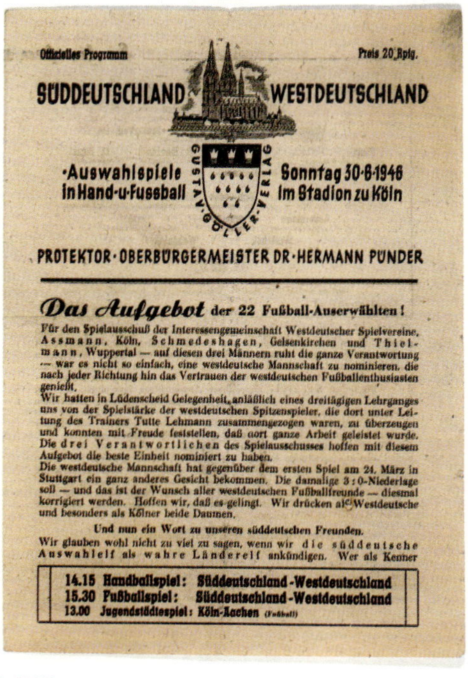
Offizielles Programm — Preis 20 Rpfg.

SÜDDEUTSCHLAND WESTDEUTSCHLAND

GUSTAV-GÖLLER-VERLAG

·Auswahlspiele in Hand-u-Fussball — Sonntag 30-6-1946 im Stadion zu Köln

PROTEKTOR · OBERBÜRGERMEISTER DR · HERMANN PÜNDER

Das Aufgebot der 22 Fußball-Auserwählten!

Für den Spielausschuß der Interessengemeinschaft Westdeutscher Spielvereine, Assmann, Köln, Schmedeshagen, Gelsenkirchen und Thielmann, Wuppertal — auf diesen drei Männern ruht die ganze Verantwortung — war es nicht so einfach, eine westdeutsche Mannschaft zu nominieren, die nach jeder Richtung hin das Vertrauen der westdeutschen Fußballenthusiasten genießt.
Wir hatten in Lüdenscheid Gelegenheit, anläßlich eines dreitägigen Lehrganges uns von der Spielstärke der westdeutschen Spitzenspieler, die dort unter Leitung des Trainers Tutte Lehmann zusammengezogen waren, zu überzeugen und konnten mit Freude feststellen, daß dort ganze Arbeit geleistet wurde. Die drei Verantwortlichen des Spielausschusses hoffen mit diesem Aufgebot die beste Einheit nominiert zu haben.
Die westdeutsche Mannschaft hat gegenüber dem ersten Spiel am 24. März in Stuttgart ein ganz anderes Gesicht bekommen. Die damalige 3 : 0-Niederlage soll — und das ist der Wunsch aller westdeutschen Fußballfreunde — diesmal korrigiert werden. Hoffen wir, daß es gelingt. Wir drücken als Westdeutsche und besonders als Kölner beide Daumen.

Und nun ein Wort zu unseren süddeutschen Freunden.

Wir glauben wohl nicht zu viel zu sagen, wenn wir die süddeutsche Auswahlelf als wahre Länderelf ankündigen. Wer als Kenner

14.15 Handballspiel: Süddeutschland - Westdeutschland
15.30 Fußballspiel: Süddeutschland - Westdeutschland
13.00 Jugendstädtespiel: Köln-Aachen (Fußball)

3.11/10

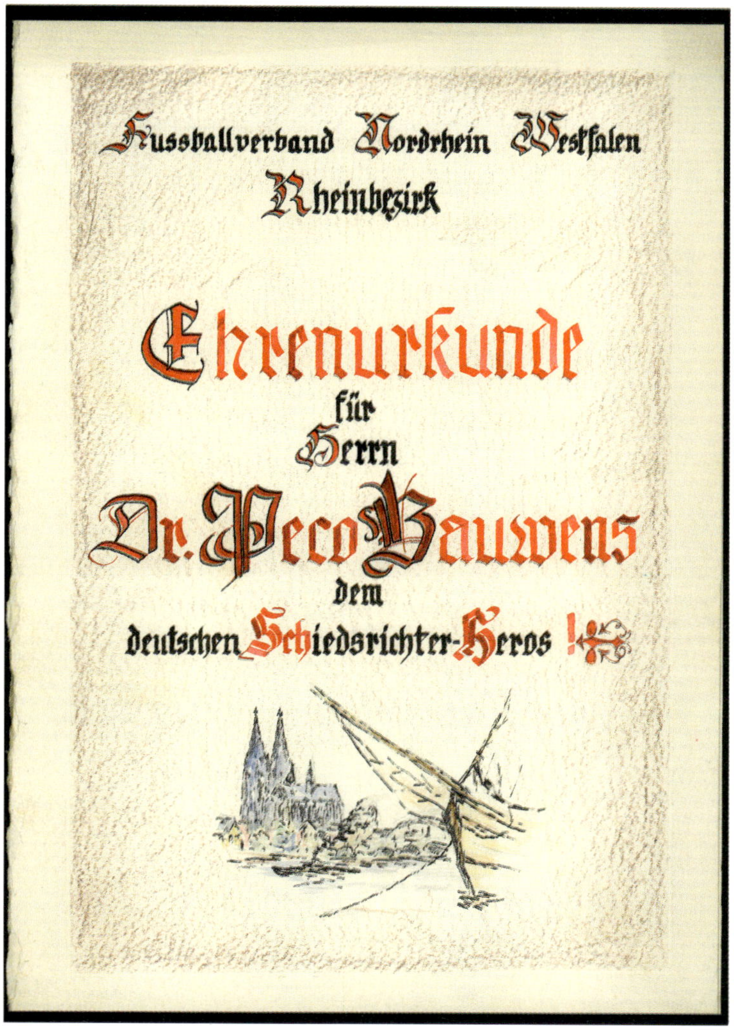

3.11/11

ner Schiedsrichter ein Mann des Ausgleichs und hatte gute internationale Kontakte. Außerdem galt er als Mann ohne nationalsozialistische Vergangenheit. Im Jahr 1950 wurde der DFB wieder in die FIFA aufgenommen und konnte nach achtjähriger Unterbrechung sein erstes Länderspiel durchführen. Der Gegner war wieder einmal die Schweiz, die mit 1:0 besiegt wurde.

3.11/13 Broschüre zur Neugründung des Süddeutschen Fußballverbandes am 19.12.1949
München, 1949
Papier; 21,2 x 15 cm
Dr. Othmar Hermann, Frankfurt/M.

Am 11.9.1948 war zunächst der Süddeutsche Fußball-Ausschuss gegründet worden. Zur formellen Neugründung des Verbandes kam es erst am 19.12.1949.

3.11/14 Gerhard Bahr: Deutsche Fußballmeisterschaft 1949
Nürnberg, 1949
Papier; 30 x 22,5 cm
Sportantiquariat Kopp-Wittner, Würzburg

Das Titelblatt zeigt die Finalmannschaften von Borussia Dortmund und dem VfR Mannheim. Die Deutsche Meisterschaft, die am 10.7.1949 in Stuttgart ausgetragen wurde, war für die Nachkriegszeit von besonderer Bedeutung. Am Tag vorher war die Umbenennung des Deutschen Fußballausschusses in DFB beschlossen worden. Der Meister erhielt als Ersatz für die verschollene Viktoria zum ersten Mal die Meisterschale.

Im Spielbetrieb der obersten Klassen war zu diesem Zeitpunkt schon weitgehend Normalität eingekehrt. Nach dem Vorbild der süddeutschen Oberliga entstanden nach und nach auch in den anderen Regionen Oberligen, sobald es die jeweiligen Besatzungsmächte zuließen. Nur in Berlin und im Saarland war die Entwicklung noch ungewiss. Die so genannte Stadtliga Berlin war bis Ende der Saison 1950/51 eine Liga für das gesamte Berlin. Erst dann wurde die Trennung zwischen Ost und West vollzogen.

3.11/15 Gedenkmedaille zur Deutschen Meisterschaft
1949
Gold; D 3,3 cm
Haus der Geschichte der Bundesrepublik Deutschland, Bonn; 1989/4/098

3.11/16 Zu Fußballschuhen umgearbeitete Straßenstiefel
1946
Leder; je 15 x 30 x 11 cm
Rolf Lutz, Florstadt

3.11/17 Fußballschuhe mit genagelten Lederstollen
um 1940
Leder; je 13 x 30 x 10 cm
SV Werder Bremen

Dieses Paar Schuhe dokumentiert, wie lange Fußballschuhe damals benutzt wurden: Die Stollen sind fast völlig abgelaufen.

Ein weiterer Sonderfall bildete das Saarland, das unter französischer Besatzung stand. Zwischen 1948 und 1951 waren die saarländischen Mannschaften vom deutschen Spielbetrieb ausgeschlossen. Der 1. FC Saarbrücken nahm am französischen Spielbetrieb teil und wurde 1949 inoffizieller Meister der zweiten französischen Division, ohne zum Aufstieg berechtigt zu sein. Seit der Saison 1951/52 nahmen wieder zwei saarländische Mannschaften am Spielbetrieb der Oberliga Südwest teil.

3.11/17

3.11/16

3.11/18 Dassler Fußballschuh
Dassler, Herzogenaurach, 1947
Leder; 12 x 28 x 11 cm
adidas Sportmuseum, Herzogenaurach; 00018

Der langsam einsetzende Aufschwung wurde auch von den Brüdern Dassler genutzt. Adi Dassler wurde in den fünfziger Jahren zum bedeutendsten Schuhlieferanten der Welt. 1949 entstand der Name "adidas". Sein Bruder Rudolph gründete das Konkurrenzunternehmen "Puma". Der gegenseitige Wettbewerb sollte sich auf die Schuhentwicklung positiv auswirken und hatte viele Innovationen zur Folge.

3.11/19 Fußballschuh mit Nagelstollen und Ballriemen
Dassler, Herzogenaurach, 1947
Leder; 10 x 31 x 15 cm
adidas Sportmuseum, Herzogenaurach; 00015

3.11/20 Fußballschuh
Dassler, Herzogenaurach, 1949
Leder; 10 x 29 x 15 cm
Deutsches Sport- und Olympiamuseum Köln; 83/459

3.11/21 Erster Fußballschuh mit Noppensohle
adidas, Herzogenaurach, 1949
Leder, Gummi; 9,5 x 25 x 12,5 cm
adidas Sportmuseum, Herzogenaurach; 00334

3.11/22 Spezial-Fußballschuh "Samba" mit Saugnäpfen für Eis- und Schneeplätze
adidas, Herzogenaurach, 1950
Leder, Gummi; 10 x 29 x 10 cm;
adidas Sportmuseum, Herzogenaurach; 00091

3.11/23 Fußballschuhe "Liga"
Liga, um 1950
Leder; je 12 x 28 x 9 cm
Deutsches Sport- und Olympiamuseum Köln; 95/1158

Neben adidas und Puma konnten sich weitere Schuhproduzenten auf dem Markt behaupten. Hier ist ein Produkt der Firma "Liga" zu sehen.

3.11/24 Fußball
1940er Jahre
Leder, Gummi; D ca. 20 cm
BV Borussia Dortmund 09

3.11/25 Fußball
1940er Jahre
Leder; D 22 cm
Stadtgeschichtliches Museum Leipzig/Sportmuseum ; SG 82

Auch Fußbälle waren im Krieg Mangelware. Daher wurde so lange mit ihnen gespielt, bis sie nicht mehr zu gebrauchen waren.

3.11/26 Fußball der Deutschen Meisterschaft 1949 mit Unterschriften der Spieler
Berg, 1949
Leder, Gummi; D 20 cm
Sportmuseum Berlin; G 99/30

Mit diesem Ball gewann der VfR Mannheim gegen Borussia Dortmund mit 3:2 nach Verlängerung die Deutsche Meisterschaft.

3.11/27 Selbst gefertigtes Fußballtrikot
1947/1948
Textil; 80 x 45 cm
Sportmuseum Berlin; T 89/83

3.11/28 Trikot von Eintracht Frankfurt
um 1955
Baumwolle; 70 x 45 cm
Adolf Bechtold, Schöneck-Büdensheim

Dieses Trikot, das der Frankfurter Vertragsspieler Adolf Bechtold trug, ist ein gutes Beispiel für die Aufmachung von Vereinstrikots in den fünfziger Jahren.
Die Längsstreifen sind in den Vereinsfarben Schwarz und Rot gehalten, auf der linken Brustseite ist das Vereinsemblem aufgenäht.

3.11/27

3.11/26

Seit der Spielzeit 1948/49 gab es in der Oberliga Süd den bezahlten Fußball. Die anderen Oberligen folgten mit Verzögerung. Die Diskussionen um die Einführung des so genannten Vertragsspielers waren nicht zuletzt von der Sorge geprägt, dass die Gemeinnützigkeit der Vereine durch den bezahlten Fußball gefährdet sei. So stand am Ende der Diskussion das Festhalten am Amateurverein, der jedoch eine Vertragsspielermannschaft haben durfte. Vertragsspieler konnten bis zu 320,- DM im Monat verdienen, außerdem noch eine Leistungsprämie, die im Allgemeinen bei 10,- DM pro Einsatz lag. Damit galten sie aber nicht als Profi, sondern mussten noch einer beruflichen Tätigkeit nachgehen, sodass in der Praxis gute Fußballspieler häufig in Scheinarbeitsverhältnissen untergebracht wurden. Über die Gehälter hinaus profitierten die Spieler auch von den ausgedehnten Gastspielreisen der Clubs. Sie konnten wesentlich früher als andere ins Ausland reisen

3.11/29 Anstecknadelsammlung der Vereine aus den deutschen Oberligen
2. Fußballlehrer-Lehrgang, Sporthochschule Köln, 1948/1949
Holz, Glas, Textil, Metall; 34 x 45 x 11 cm
Deutscher Fußball-Bund, Frankfurt/M.

3.11/30 Plakatentwurf zur Deutschen Meisterschaft am 25.6.1950 im Berliner Olympiastadion
Ernst Fuhry, 1950
Papier; 85,5 x 61 cm
Deutscher Fußball-Bund, Frankfurt/M.

Nach Ende der Saison in den Oberligen folgte die Endrunde um die Deutsche Meisterschaft mit dem Endspiel als krönendem Abschluss.

3.11/31 Vertrag des Vertragsspielers Adolf Bechtold
Eintracht Frankfurt, 18.9.1948
Papier; 29,2 x 21 cm
Adolf Bechtold, Schöneck-Büdensheim

Der Vertrag für Bechtold sah eine Bezahlung in Höhe von 190,- DM an Spesen und Leistungsprämien vor.

3.11/32 Protokollbuch der Fußballabteilung von TURA 86 Essen mit einer Disziplinarordnung für Vertragsspieler
Essen, 15.8.1949
Karton, Papier; 31 x 43 x 3 cm
Jablonski, Bochum

TURA 86 Essen gehörte zu den Vereinen, die das Wagnis Vertragsspielertum in der 2. Liga West eingingen. Allerdings musste der Versuch nach der Saison 1949/50 wieder beendet werden.

3.11/33 Vertragsspielerstatut des DFB
DFB, Frankfurt/M., 4.6.1953
Papier; 14,7 x 10,3 cm
Deutscher Fußball-Bund, Frankfurt/M.

Während die Oberligen von den Regionalverbänden organisiert wurden, fiel das Vertragsspielerwesen in die Zuständigkeit des DFB. Er hatte für einheitliche Regeln zu sorgen.

3.11/34 Einnahmenachweis der 1. und 2. Vertragsklasse West
Westdeutscher Fußballverband, WFV-Sport Nr. 12, 25.6.1959
Karton, Papier; 32 x 49 x 5 cm
Westdeutscher Fußballverband, Duisburg

Die Vertragsspielervereine unterlagen der Kontrolle der Regionalverbände. Auf diesem Einnahmenachweis sind die großen Unterschiede zwischen den Spitzenclubs der Oberliga und den untersten Vereinen in der 2. Liga West zu erkennen.

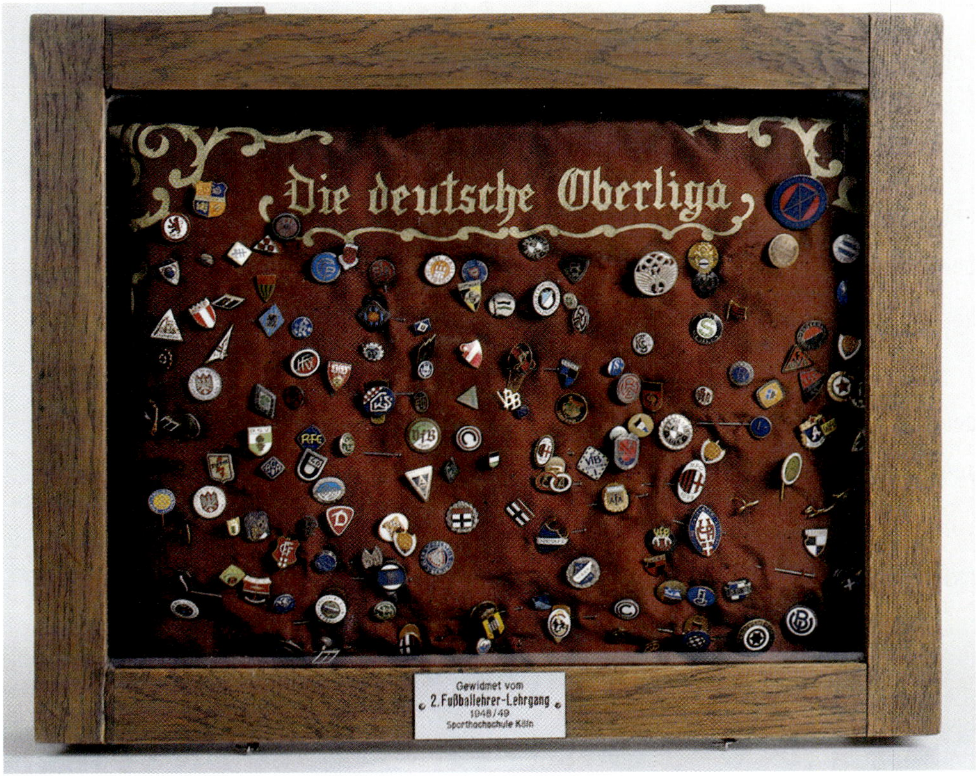

3.11/29

3.11/35 Fünf Sportbildhefte
Stalling, 1951
Papier; je 8 x 5,2 cm
Bernd Bremer, Solingen
a) Serie A, Heft 2: FC St. Pauli
b) Serie B, Heft 4: Fortuna Düsseldorf
c) Serie C, Heft 3: VfB Stuttgart
d) Serie D, Heft 1: 1. FC Kaiserslautern
e) Serie E, Heft 10: Schweinfurt 05

Die Hefte erschienen in unterschiedlichen Serien, die auf einen regionalen Markt zugeschnitten waren.

und dieses dadurch kennenlernen, da damals derartige Reisen noch mit einem Besichtigungsprogramm verbunden waren.

Ungeachtet der Einführung des Vertragsspielertums blieben die regionalen Oberligen bestehen: Nord, West, Süd, Südwest und West-Berlin. Hier spielten die Mannschaften in Vor- und Hinrunde eine regionale Meisterschaft aus. Die jeweiligen regionalen Meister waren automatisch zur Teilnahme an der Endrunde um die Deutsche Meisterschaft berechtigt, während sich die Vizemeister erst qualifizieren mussten. Die Endrunde wurde in der Regel von acht Teams bestritten.

Die Beibehaltung der Oberligen und die damit verbundenen regionalen Rivalitäten schienen zunächst eine gleichmäßige Leistungsstärke zu garantieren. In den

3.11/36 Pokal für den westdeutschen Pokalsieger
Kölner Werkschule, 1949
Metall, Samt, Glas; H 31 cm, D 27 cm
Westdeutscher Fußballverband, Duisburg

Jahren zwischen 1948 und 1963 errangen elf Mannschaften die Deutsche Meisterschaft. Nur Borussia Dortmund, dem 1. FC Kaiserslautern, dem 1. FC Nürnberg, dem 1. FC Kaiserslautern und dem VfB Stuttgart gelangen mehrmalige Titelgewinne. Daneben sind noch der Hamburger SV, der die beste Endrundenstatistik aufweist, und der 1. FC Köln zu erwähnen, die beide einmal den Titel errangen und zweimal Vizemeister wurden. Nach dem Titelgewinn bei der WM 1954 und mit der Einführung des Europapokals 1955 kristallisierte sich jedoch immer mehr heraus, dass die Zersplitterung in eine Vielzahl von Vereinen zu groß und die finanziellen Obergrenzen für Vertragsspieler zu gering waren, um mit europäischen Spitzenclubs mithalten zu können. Zwar gelang es Eintracht Frankfurt 1960 als erstem deutschen Verein, das Finale im Europapokal der Landesmeister zu erreichen. Doch gegen Real Madrid war die Mannschaft mit 3:7 chancenlos.

Seit Mitte der fünfziger Jahre wurde verstärkt über die Einführung einer Bundesliga

3.11/37

3.11/36

Dieser Pokal wurde seit 1949 ausgespielt. Der erste Gewinner war Rot-Weiß Oberhausen. Bis 1960 qualifizierten sich die Gewinner für den DFB-Vereinspokal-Wettbewerb. Danach wurde der Pokal zwar noch vergeben, verlor aber durch Regeländerungen im DFB-Vereinspokal-Wettbewerb sehr stark an Attraktivität.

3.11/37 Pokal zum Erringen der süddeutschen Meisterschaft 1956
1956
Metall; H 40 cm, D 13 cm
Karlsruher SC

Der Pokal wurde dem Karlsruher SC anlässlich des Gewinns der Süddeutschen Meisterschaft 1956 von Vereinsanhängern verliehen. Er trägt die Inschrift: "Dem süddeutschen Meister 1955/56 gewidmet von den Schlachtenbummlern, 27. April 1957".

3.11/38 Pokal der Bild-Zeitung für den Hamburger SV als fairste Mannschaft der Endrunde 1963
1963
Metall; H 28 cm, D 18 cm
Hamburger SV

Der Hamburger SV erhielt diese Auszeichnung in der letzten Endrunde um die Deutsche Meisterschaft. Mit dieser Teilnahme wurde der Hamburger SV zu dem Verein mit den meisten Spielbegegnungen in deutschen Endrunden.

3.11/39 Fahne von Hertha BSC Berlin zu den Berliner Meisterschaften 1960/61 und 1962/63 mit Unterschriften der Spieler
Berlin, 1963
Textil, Glas, Metall;
4 x 43 x 1,5 cm
Hertha BSC Berlin

Nachdem Hertha BSC Berlin in den fünfziger Jahren nicht mehr die beste Mannschaft im Berliner Fußball gewesen war, konnte der Verein kurz vor Einführung der Bundesliga wieder an seine glorreiche Vergangenheit anknüpfen und sich für die Bundesliga qualifizieren.

3.11/40 Wimpel des 1. FC Kaiserslautern zum Endspiel um die Deutsche Meisterschaft 1955
1955
Textil; 80 x 50 cm
SC Rot-Weiß Essen

Der in der Oberliga Südwest spielende 1. FC Kaiserslautern stellte bis Mitte der fünfziger Jahre die wohl beste deutsche Vereinsmannschaft. Zwischen 1948 und 1955 stand der Verein fünfmal im Endspiel und gewann zweimal die Deutsche Meisterschaft. Mit der Niederlage im Endspiel um die Deutsche Meisterschaft 1955 neigte sich die große Zeit der Mannschaft um Fritz Walter langsam dem Ende entgegen.

3.11/41 Erinnerungsblatt zur Nord-, Mittel- und Südamerikareise von Rot-Weiß Essen 1954
Essen, 1954
Karton; 30,5 x 47 cm
SC Rot-Weiß Essen

Zwischen dem 22.4. und dem 22.6.1954 unternahm die erste Mannschaft von Rot-Weiß Essen eine ausgedehnte Gastspieltour durch amerikanische Staaten. Gastspielreisen ins europäische und außereuropäische Ausland mit ausführlichen Besichtigungen im Rahmenprogramm waren damals bei deutschen Spitzenclubs beliebt.

und eines zeitgemäßen Profifußballs diskutiert, zumal zunehmend gute Fußballspieler ins Ausland wechselten, wo mehr Geld zu verdienen war. Diese Entwicklung, die Sorge um die Leistungsfähigkeit des deutschen Fußballs und die Unklarheit, welche Summen tatsächlich an die Spieler gezahlt wurden, führten schließlich zur Einführung der Bundesliga im Jahre 1963. Das letzte Endspiel um die Deutsche Meisterschaft fand 1963 zwischen dem 1. FC Köln und Borussia Dortmund statt. Die Dortmunder gewannen mit 3:1, der dritte Titelgewinn nach dem Krieg. Sie wurden damit der erfolgreichste Verein in der Phase der Oberligen. Seit dem Jahr 1963 bleibt der seit 1953 wieder ausgespielte DFB-Vereinspokal der einzige nationale Wettbewerb, in dem der Sieger in einem Endspiel ermittelt wird.

Wichtig für die Entwicklung nicht nur des Fußballs, sondern des Sports allgemein war in der Nachkriegszeit die Einführung des Fußball-Toto. Ebenso wie die Oberligen handelte es sich hierbei zunächst um ein regionales Phänomen. Am 15. Mai 1948 führte Bayern als erstes Bundesland das Fußball-Toto ein. Bis Mitte 1949 gründeten sich auch in den anderen neun Bundesländern eigene Toto-Gesellschaften, das Saarland folgte erst im August 1951.

Da die Gesellschaften untereinander sehr stark konkurrierten, erfolgten so genannte

3.11/42 Gedenkblatt an die Europapokal-Begegnung Rot-Weiß Essen – FC Hiberian Edinburgh
Essen, 14.9.1955
Karton; 30,5 x 47 cm
SC Rot-Weiß Essen

Rot-Weiß Essen war der erste Deutsche Meister, der am neu geschaffenen Europapokal der Landesmeister teilnahm. Das Unentschieden in Schottland reichte für einen Sieg allerdings nicht aus. In Essen verlor die Mannschaft 0:4.

3.11/43 Programmheft zum Endspiel um die Deutsche Meisterschaft Eintracht Frankfurt – Kickers Offenbach am 28.6.1959 in Berlin
DFB, Frankfurt/M., 1959
Papier; 20,7 x 15 cm
Dr. Othmar Hermann, Frankfurt/M.

3.11/44 Programmheft zum Europapokalfinale Eintracht Frankfurt – Real Madrid am 18.5.1960 im Hampden Park in Glasgow
Glasgow, 1960
Papier; 24,5 x 18,5 cm
Martin Brands, Duisburg

3.11/45 Zwei Stoffrosetten zum Europapokalfinale Eintracht Frankfurt – Real Madrid
1960
Textil, Metall, Karton;
je 18 x 13 cm
Hans Weilbächer, Schwalbach

Eintracht Frankfurt erreichte als erster deutscher Verein das Finale in einem Europapokal-Wettbewerb. Die Mannschaft unterlag Real Madrid mit 3:7.

3.11/46 Armbanduhr von Adolf Bechtold, Gastgeschenk zum Europapokalfinale 1960
um 1960
Leder, Glas, Metall;
L 23 cm, D 4,3 cm
Adolf Bechtold, Schöneck-Büdensheim

Die Uhr trägt die Inschrift "Real Madrid".

3.11/47 Koffer des Mannschaftskapitäns von Eintracht Frankfurt mit Aufklebern von den Fernreisen des Vereins
1950-1952
Karton, Leder, Metall;
44 x 56 x 25 cm
Adolf Bechtold, Schöneck-Büdensheim

Der Koffer dokumentiert die Gastspielreisen von Eintracht Frankfurt Anfang der fünfziger Jahre.

3.11/47

3.11/48 Wimpel von Rapid Wien für den Hamburger SV
1951
Textil; 60 x 46 cm
Hamburger SV

Populär waren damals Freundschaftsspiele gegen ausländische Spitzenclubs. Sie waren attraktiv fürs Publikum und brachten den Vereinen zusätzliche Einnahmen.

3.11/49 Wimpel zum Europapokalspiel Atlético Madrid – Schalke 04 am 4.3.1959
Madrid, 1959
Textil, Metall; 60 x 30 cm
Schalker Fan-Initiative, Gelsenkirchen

Schalke 04 schied im Europapokal-Wettbewerb gegen Madrid mit 0:3 aus. Seltsamerweise ist der Wimpel, der hinter der Heizung einer italienischen Gaststätte gefunden wurde, nicht von Atlético, sondern vor Real Madrid.

3.11/50 Vier Toto-Wettscheine
Westdeutsche Fußball-Toto GmbH, Köln, 1949-1958
Westdeutsche Lotterie GmbH & Co., Münster
a) Wettschein vom 26.12.1949
Papier; 15,5 x 10 cm
b) Wettschein vom 2.4.1950
Papier; 15,3 x 24 cm
c) Wettschein von Toto West zum Einführungstermin der 7-er-Punkt-Auswahlwette vom 18./19.2.1956
Papier; 20,4 x 26,1 cm
d) Wettschein von Toto West für die Weltmeisterschafts-Wette vom 6.6.1958
Papier; 10,5 x 40 cm

3.11/50

Blockbildungen beim Wettangebot. Die erste gemeinsame Wette aller deutschen Toto-Gesellschaften wurde am 7. Oktober 1956 durchgeführt.

In der Anfangszeit des Toto bemühte man sich, bei der Beschäftigung von Mitarbeitern in den Zentralen und den Annahmestellen soziale Kriterien zu berücksichtigen. Sie setzten sich in erster Linie aus Kriegs- und Zivilversehrten, Kriegshinterbliebenen, Sportversehrten und -verdienten, Flüchtlingen und Arbeitslosen zusammen. Bei der Vergabe von Lizenzen für Annahmestellen wurde dabei häufig eine "Altersversorgung" für gute Fußballspieler geschaffen.

Der 16. Januar 1949 war der erste Toto-Sonntag in Nordrhein-Westfalen. Von Beginn an stellte sich heraus, dass bei den

3.11/49

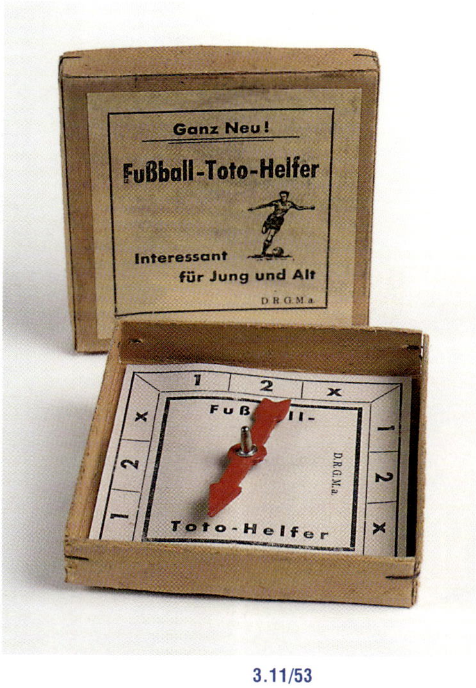

3.11/53

3.11/51 Totozeitung "WB Toto"
Staatliche Sport-Toto GmbH Württemberg-Baden, 6.6.1951
Papier; 22 x 15 cm
Geschichtswerkstatt Dortmund

Schon Anfang der fünfziger Jahre gingen die Totogesellschaften dazu über, eigene Zeitungen herzustellen, die in den Annahmestellen ausgelegt wurden. Toto war sehr beliebt, weil es ein legales Glücksspiel war und noch keine Konkurrenz im Lotto besaß.

3.11/52 Toto-Kalender 1953
1952
Karton; 30 x 21 cm
Westdeutsche Lotterie GmbH & Co., Münster

3.11/53 Fußball-Toto-Helfer
1950
Karton, Holz; 10,5 x 10,5 x 2,5 cm
Sportmuseum Frankfurt/M.

Der Toto-Helfer zeigt, dass die Teilnehmer von Beginn an nicht nur dem Fachwissen, sondern auch dem Glück vertrauten. Für ein Unentschieden wurde damals noch ein "X" eingesetzt, die "Null" wurde erst später eingeführt.

3.11/54 Jugendfußball-Zeitschrift "Mucki Moor", Heft 3
Westdeutscher Fußballverband, Duisburg, 1956
Papier; 24 x 17 cm
Westdeutscher Fußballverband, Duisburg

Die Totogelder flossen unter anderem in den Aufbau der Jugendarbeit der Regional- und Landesverbände. Gerade der Westdeutsche Fußballverband besaß hier eine Vorbildfunktion, da er bereit war, die Einnahmen mit anderen Sportverbänden zu teilen.

3.11/55

Tippern Einsätze auf Oberliga-Begegnungen besonders beliebt waren: Sie wollten auf einen Verein setzen, den sie kannten, nicht hingegen auf einen Club, der irgendwo in einer Kreisklasse spielte, und natürlich wollten sie ihre Kennerschaft beweisen. Dadurch wuchs das Interesse am Fußball, insbesondere an einzelnen Mannschaften, um deren Siegeschancen besser einschätzen zu können. Um während möglichst vieler Wochen wetten zu können, mussten jedoch die Spiele ausgewählt werden, die gerade liefen – während der Spielpause der Oberligavereine z.B. Spiele der Jungliga, Partien im Rahmen einer Weltmeisterschaft oder Begegnungen in ausländischen Ligen. In Nordrhein-Westfalen konnte die Westdeutsche Toto GmbH im Januar 1956, also sieben Jahre nach der Gründung, einen Gesamtumsatz von beinahe 750 Millionen vermelden. Davon kassierte der Staat ungefähr ein Drittel, der Sport 73 Millionen DM, die nicht nur dem Fußball zugute kamen, denn – so Peco Bauwens, der damalige Vorsitzende des WFV – die Gelder kamen nicht nur von Fußballinteressierten, sondern aus allen Schichten der Bevölkerung. Ohne diese Gelder wäre der Wiederaufbau von Sportanlagen nach dem Zweiten Weltkrieg langsamer verlaufen, insbesondere das dichte Netz der Sportschulen im DFB ist durch diese Mittel finanziert worden. So konnte die Westdeutsche Toto GmbH zum 10-jährigen Bestehen auf eine Erfolgsbilanz zurückblicken: "Was der freie Sport erbaute und mitfinanzierte, liegt dokumentarisch fest: Die Sportstätte Hellersen, drei Sport-

3.11/57

3.11/56 Schild einer Toto-Annahmestelle
um 1950
Blech; 28 x 40 cm
Westdeutsche Lotterie GmbH & Co., Münster

3.11/55 Aushängeplakat für eine Toto-Annahmestelle
um 1950
Papier; 42 x 60 cm
Westdeutsche Lotterie GmbH & Co., Münster

3.11/57 Schild einer Lotto- und Toto-Annahmestelle
um 1960
Blech; 30 x 50 cm
Westdeutsche Lotterie GmbH & Co., Münster

3.11/58a

3.11/58 Vier Toto-Plakate
1950er Jahre
Papier; je 60 x 42 cm
Westdeutsche Lotterie GmbH & Co., Münster
a) Werbeplakat für Toto-West im West-Süd-Block
1950er Jahre
b) Werbeplakat mit Gewinnsummen und Geldscheinen
25.9.1955
c) Werbeplakat mit Bezug auf den neuen Wohlstand
17.4.1957
d) Werbeplakat mit abgebildetem Fußball und der Höhe eines Baugeldgewinns
1954

Die Serie zeigt, dass sich die Werbung für Toto nicht nur auf das Fußballspiel bezog, sondern auch auf die Höhe der Gewinne

3.11/58d

schulen, 15 Sport- und Schulungsheime, 40 Kreisjugendheime, 230 Vereinsjugendheime, acht feste Zeltlagerplätze, 75 Hallen- und Freibäder, 250 Turnhallen, 2.200 Sportplätze und 500 sonstige Sportanlagen." (Wick/ Fiesseler 1998).

Die große Zeit des Toto war Ende der fünfziger Jahre vorbei, nachdem das Zahlenlotto eingeführt worden war und damit eine andere Form eines vom Staat gebilligten Glücksspiels zur Verfügung stand. Alle Bemühungen, die Attraktivität des Toto zu erhöhen und etwa durch die Einführung von Intertotorunden einen Wettbetrieb kontinuierlich über zwölf Monate zu gewährleisten, blieben vergeblich. Das einfache Prinzip "Glück" beim Lotto siegte über das vermeintlich notwendige "Expertenwissen" beim Fußball-Toto. *Uwe Wick*

3.11/59 Toto-Quotenplakat
8.12.1957
Papier; 42 x 60 cm
Westdeutsche Lotterie GmbH & Co., Münster

Das Plakat zeigt deutlich, welch hohe Gewinnquoten im Toto vor Einführung des Lottospiels zu erzielen waren.

3.11/60 Drei Toto-Plakate
Westdeutsche Lotterie GmbH & Co., Münster
a) Werbeplakat für die letzten Wettbewerbe vor der Sommerpause
Juni 1952
Papier; 50 x 36 cm
b) Werbeplakat für die Oberliga-Vergleichsrunde
1954
Papier; 59 x 42 cm
c) Werbeplakat für die Weltmeisterschaftswette
Mai 1958
Papier; 42 x 60 cm

Diese Plakate zeugen von dem Bemühen der Totogesellschaften, möglichst viele Anlässe für Wetten zu bieten. Die Sommerpause im Fußball bedeutete immer wieder eine Unterbrechung des kontinuierlichen Wettbetriebs.

3.11/61 Ankündigungsplakat für das 5. Jungliga-Turnier des SSV Velbert am 6. Juni 1954 mit Werbung für Toto-West
Velbert, 1954
Papier; 84 x 60 cm
Westdeutsche Lotterie GmbH & Co., Münster

Mit solchen standardisierten Plakaten, die den Vereinen zur Verfügung gestellt wurden, sorgten die Toto-Gesellschaften in den fünfziger Jahren dafür, dass sie auch bei Nachwuchsturnieren präsent waren.

3.11/62 Filmausschnitte aus Wochenschauen zu Endspielen um die Deutsche Meisterschaft 1948-1958
Frank Bürgin (Bearb.), Zeitlupe,Gelsenkirchen, 1948-1958/2000
Schwarzweißfilm; 7 min. 13 sec.
Deutsche Wochenschau, Hamburg; WIF 168/2, WIF 157/9, UFA 48/8, UFA 95/10

Gezeigt werden Ausschnitte aus den Endspielen zur Deutschen Meisterschaft 1948: 1. FC Nürnberg – 1. FC Kaiserslautern, 1955: Rot-Weiß Essen – 1. FC Kaiserslautern, 1957: Borussia Dortmund – Hamburger SV und 1958: Schalke 04 – Hamburger SV.

3.11/60a

3.11/60b

Sieg. Triumph! Wunder?: 1954

Der Sieg der Deutschen Nationalmannschaft bei der Fußballweltmeisterschaft 1954 in der Schweiz erscheint vielen heute noch wie ein Wunder. Die rührende, echte Begeisterung, die uns bei der Radioreportage Herbert Zimmermanns vom Endspiel entgegenschlägt, spiegelt nur die Spitze der Euphorie wider, die Deutschland ergriffen hatte. In der heißen Phase des Kalten Krieges begeisterte sich die Bevölkerung sowohl West- als auch Ostdeutschlands am Spiel der Mannschaft. Zum Endspiel ins Berner Wankdorfstadion waren deshalb Fußballfans aus beiden Teilen Deutschlands angereist.

Für fast alle kam der Gewinn der "Coupe Jules Rimet" völlig überraschend, nur für einen nicht: Sepp Herberger. Nach dem Krieg hatte er mit dem Wiederaufbau der Nationalmannschaft begonnen, konnte mit ihr jedoch nicht an der Weltmeisterschaft 1950 teilnehmen, da der DFB noch für internationale Begegnungen gesperrt war. Erst für die vier Jahre später in der Schweiz stattfindende Weltmeisterschaft wurde die Mannschaft zugelassen. In der Qualifikation

3.12/1 Plakat zur Fußball-Weltmeisterschaft 1954
Schweiz, 1954
Papier, beidseitig bedruckt; 127,7 x 90,1 cm
Schweizerisches Sportmuseum, Basel; 1985-89I+II Y-GII

Die Schweiz hatte sich schon um die Austragung der Weltmeisterschaft 1950 beworben, zog aber gegenüber Brasilien den Kürzeren. Für das nächste Turnier erhielt sie dann den Zuschlag, zumal ihrem Konkurrenten Schweden bereits die Austragung der Weltmeisterschaft 1958 zugesichert worden war. Die Finanzierung sollte durch den Sport-Toto, den Verkauf von Erinnerungsmedaillen, Briefmarken, Souvenirs und die exklusive Vergabe der Filmübertragungsrechte an eine schweizerische Firma erfolgen. Der Erlös aus den Eintrittskarten dagegen ging an die Verbände der teilnehmenden Mannschaften und die FIFA.

3.12/2 Offizielle Anstecknadel zur Fußball-Weltmeisterschaft 1954
1954
Metall; 5 x 1,5 cm
Johann G. Schlüper, Erkelenz

3.12/3 Wimpel zur Fußball-Weltmeisterschaft 1954
Maison des Fanions, Zürich, 1954
Kunststoff; 38,5 x 13 cm
Else Mai, Fürth

3.12/4 Offizielles Programmheft zur Fußball-Weltmeisterschaft 1954
1954
Papier; 22 x 17 cm
Martin Brands, Duisburg

3.12/5 Offizielle DFB-Einkleidung des Spielers Karl Mai
1954
Else Mai, Fürth
a) Trenchcoat
Textil, Pelzbesatz; 108 x 51,5 cm
b) Hut
Textil; 17 x 26,5 x 30 cm
c) Jackett
Textil; 82 x 57 cm
d) Hose
Textil; 103 x 55 cm

Zur Außenpräsentation stattete der Deutsche Fußball-Bund seinen Kader mit einem eigenen Satz von Kleidung aus. Zu diesem gehörten der Trenchcoat, der Hut und das Jackett mit Hose des Fürther Nationalspielers Karl Mai.

3.12/5

3.12/7

3.12/6 Menükarte des Festbanketts im Berner Kursaal zur Weltmeisterschaft 1954
Kursaal Bern, 22.6.1954
Karton; 21 x 15 cm
Deutsches Sportmuseum, Berlin; D 86/225

Zu Beginn des Turniers trafen sich die Delegierten der einzelnen Mannschaften zu einem gemeinsamen Bankett. Die deutschen Spieler galten zu diesem Zeitpunkt als krasse Außenseiter.

3.12/7 Wimpel der ungarischen Nationalmannschaft
1954
Textil, Metall; 62 x 40,5 cm
bez.: Magyar Népköztársaság [Volksrepublik Ungarn]
Deutscher Fußball-Bund, Frankfurt/M.

Ferenc Puskás überreichte diesen Wimpel beim Endspiel der Weltmeisterschaft an Fritz Walter, den Spielgestalter des deutschen Teams. Der Kapitän der ungarischen Nationalmannschaft absolvierte 84 Länderspiele. Als Regisseur auf dem Platz sorgte er für die präzisen Zuspiele und war die Spielerpersönlichkeit, an der sich seine Mitspieler orientierten.

setzte sich Deutschland gegen Norwegen und das damals noch selbstständige Saarland durch. Trainer der saarländischen Mannschaft war der ehemalige Nationalspieler Helmut Schön, der 1964 Sepp Herberger als deutschen Bundestrainer ablösen sollte.

Die Teilnahme an der Endrunde in der Schweiz galt als kleine Sensation. Herberger stützte sich auf seinen Stamm von Kaiserslauterer Spielern, die das Gerüst der Mannschaft bildeten: Werner Kohlmeyer, Horst Eckel, Werner Liebrich, Ottmar und Fritz Walter. Gerade der Mannschaftskapitän Fritz Walter war für den Bundestrainer die zentrale Figur: ein genialer Spielmacher, der eine Begegnung entscheiden konnte, aber auch hochsensibel und sehr auf die Unterstützung seiner Mitspieler und des ganzen Umfeldes angewiesen war. Herberger quartierte ihn zusammen mit dem "Boss", Helmut Rahn von Rot-Weiß Essen, in ein Zimmer ein. Rahn war eher das Gegenteil von Walter. Der Kapitän charakterisierte seinen Rechtsaußen als "kraftstrotzenden und selbstbewussten Boss mit unerschöpflichem Vorrat an Blödsinn und Übermut". Die weiteren Mitglieder der Weltmeistermannschaft waren Toni Turek (Fortuna Düsseldorf), Karl Mai (SpVgg Fürth), Josef Posipal (Hamburger SV), Max Morlock (1. FC Nürnberg) und Hans Schäfer (1. FC Köln).

3.12/9a

3.12/8

3.12/8 Eintrittskarte zum Endspiel Ungarn – Deutschland
Schweiz, 1954
Papier; 6 x 17 cm
Johann G. Schlüper, Erkelenz

Das Endspiel im Berner Wankdorfstadion war ausverkauft, was auch im Radio gemeldet wurde. Der Dauerregen schreckte zusätzlich viele Fußballanhänger ab, ohne Tickets zum Stadion zu gehen, um dort noch eine Karte zu erstehen. Die Schwarzmarkthändler machten deshalb ein schlechtes Geschäft: Ein nicht überdachter Stehplatz kostete unmittelbar vor dem Spiel nur noch 20 statt 30 Franken.

3.12/9 Spielerkleidung Horst Eckels vom Endspiel gegen die Ungarn
1954
Horst Eckel, Bruchmühlbach-Miesau
a) Trikot mit Rückennummer 6
Textil; 65,5 x 85,5 cm
b) Hose
Textil; 46 x 57 cm
c) Stutzen
Textil; 53 x 10 cm

Horst Eckels Aufgabe als Läufer bestand im Endspiel darin, den Kapitän und Star der Ungarn, Ferenc Puskás, auszuschalten, was ihm insgesamt gut gelang, wenn er auch dessen frühen Führungstreffer nicht verhindern konnte.

3.12/10 Ein Paar Stutzen von Karl Mai
1954
Textil; 53 x 10 cm
Else Mai, Fürth

Karl Mai spielte auf der Position des linken Läufers und erfüllte im Endspiel vor allem defensive Aufgaben. Sein Gegenspieler Sandor Kocsis konnte sich nicht in Szene setzen und kein Tor erzielen.

3.12/11 Fußballschuh von Helmut Rahn
adidas, 1954
Leder, Bronzeüberzug;
10 x 31 x 10 cm
adidas-Museum,
Herzogenaurach; 00471

Mit diesem Schuh, der später mit Bronze überzogen wurde, erzielte "der Boss" Rahn den Ausgleichstreffer und das entscheidende dritte Tor im Finale 1954. Seine späteren Erfolge traten dahinter zurück: Obwohl er mit Rot-Weiß Essen 1953 deutscher Pokalsieger und 1955 Deutscher Meister wurde, stand sein Name immer für den Siegestreffer in der Schweiz.

3.12/11

Als Trainingsquartier hatte Sepp Herberger in der Schweiz den kleinen Ort Spiez am Thuner See ausgesucht. Hier gelang es ihm, aus den Spielern eine verschworene Gemeinschaft zu formen. Der "Geist von Spiez" war geboren. In der Rolle des Außenseiters konnte sich die Mannschaft in Ruhe vorbereiten. Favoriten waren die Titelverteidiger aus Uruguay, die Brasilianer, die Engländer und vor allen anderen die Ungarn. Ihnen war es 1953 gelungen, die englische Mannschaft, die bis dahin in ihrem eigenen Land ungeschlagen war, mit 6:3 im Wembley-Stadion zu deklassieren. Seit 1950 hatte keine Mannschaft mehr gegen die Spieler um Ferenc Puskás gewonnen, die 28 der letzten 32 Spiele für sich entschieden hatte.

3.12/12

3.12/12 Ball des Endspiels zur Fußball-Weltmeisterschaft 1954
1954
Leder; D 21 cm
Sepp-Herberger-Stiftung,
Frankfurt/M.

Der Ball trägt die Unterschriften der deutschen Spieler sowie ein Autogramm Sepp Herbergers.

3.12/13 Helmut Rahns Tor im Endspiel 1954
Werek, Bern, 4.7.1954
Foto; 16,5 x 21,5 cm
Johann G. Schlüper, Erkelenz

3.12/14 Ungarische Radioreportage des Endspiels 1954
Sprecher: György Szepesi, Bern, 4.7.1954
Tonbandaufzeichnung,
10 Minuten
Archiv des Ungarischen Rundfunks, Budapest

3.12/15 Filmausschnitte zum "Wunder von Bern"
Frank Bürgin (Bearb.), Zeitlupe, Gelsenkirchen, 1954/2000
Film, 6 Minuten
Westdeutscher Rundfunk, Köln

3.12/16 Sepp Herberger auf den Schultern der Nationalspieler nach dem Endspiel 1954
Bern, 4.7.1954
Foto; 56,5 x 75 cm
Else Mai, Fürth

3.12/17 Die deutsche Nationalmannschaft nach dem Endspiel 1954
Bern, 4.7.1954
Foto; 72,5 x 102 cm
Else Mai, Fürth

Auf dem Gruppenbild kurz nach dem Sieg sieht man stehend von links nach rechts: Sepp Herberger, Fritz Walter, Helmut Rahn, Jupp Posipal, Horst Eckel, Werner Liebrich, Ottmar Walter, Hans Schäfer, Max Morlock; knieend von links nach rechts: Karl Mai, Toni Turek und Werner Kohlmeyer.

3.12/17

3.12/18

3.12/18 Siegermedaille der Weltmeisterschaft 1954
1954
Metall; 3 x 2 cm
Johann G. Schlüper, Erkelenz

Die FIFA vergab dreizehn Medaillen an die Sieger des Endspiels 1954. Elf bekamen die Spieler, eine war für den DFB bestimmt, und die letzte wurde Sepp Herberger überreicht. Der Bundestrainer gab sein Exemplar aber weiter an Bernhard "Berni" Klodt, von dem er sagte: "Bei der Weltmeisterschaft 1954 war er mein wertvollster Ersatzmann. Obwohl er nicht in der Weltmeisterelf stand, trug er viel zum Titelgewinn bei."
Fritz Walter ließ für die übrigen zehn Mitglieder des Kaders zur Erinnerung weitere Siegermedaillen anfertigen, zu der auch die hier ausgestellte gehört.

3.12/19 Silbernes Lorbeerblatt zum Gewinn der Weltmeisterschaft 1954
1954
Metall, 11 x 2,5 cm
Deutscher Fußball-Bund, Frankfurt/M.

Bundespräsident Theodor Heuß, der ein Jahr zuvor den Torschützen Morlock noch jovial mit den Worten "Und Sie sind sicher der Torwart" begrüßt hatte, ehrte nach dem Gewinn der Weltmeisterschaft die Spieler im Berliner Olympiastadion vor 85.000 Zuschauern mit dem Silbernen Lorbeerblatt. Es ist die höchste im Sport von der Bundesregierung vergebene Auszeichnung.

3.12/19

3.12/20 Karl Mai und Max Morlock mit der Coupe Jules Rimet
1954
Foto; 25,5 x 31,5 cm
Else Mai, Fürth

3.12/21 Modell des Sonderzuges VT 08 für die Nationalmannschaft 1954
Lima, Vincenza, 1986
Kunststoff, Metall;
5 x 91 x 3,4 cm
Berthold Göckel, Radolfzell

Mit dem Zug traten die frisch gebackenen Weltmeister ihre Rückreise an. Die Bundesbahn hatte ihr modernstes Fahrzeug, den Dieseltriebwagen VT 08, bereitgestellt, auf dem eigens der Schriftzug "Fussball-Weltmeister 1954" prangte. Für die Rückfahrt nach München erwarteten die Spieler eine ruhige und erholsame Reise, was aber folgte, war ein rauschender, festlicher Empfang an jedem Bahnhof entlang der Strecke. In Singen, dem ersten Bahnhof hinter der Grenze, drängten sich 25.000 Menschen auf das Bahnhofsgelände, um einen Blick auf die Mannschaft zu erhaschen. Der Oberbürgermeister versuchte eine Rede zu halten, die aber im Beifallssturm unterging. Entlang der Eisenbahnstrecke nach München sollen etwa eine Million Menschen dem "Triumphzug" zugejubelt haben.

3.12/22 Erwartung des Zuges am Münchner Bahnhof
München, 6.7.1954
Foto; 30 x 30 cm
Stadtarchiv München;
Neg. Nr. B. Fischer 321 (6 x 6)

Am Nachmittag gaben alle Münchener Schulen ihren Schülern frei, damit auch sie der Ankunft des Zuges mit der Weltmeistermannschaft entgegenfiebern konnten.

3.12/23 Fahrt durch die Münchner Innenstadt
München, 6.7.1954
Foto; 30 x 30 cm
Stadtarchiv München;
Neg. Nr. 1473 (6 x 6)

In zwölf geschmückten Mercedes-220-Cabriolets fuhr die Mannschaft vom Bahnhof zum Rathaus.

3.12/24 Warten auf die Mannschaft am Marienplatz
München, 6.7.1954
Foto; 26 x 40 cm
Stadtarchiv München;
Neg. Nr. N 825 – 826 A

3.12/25 Empfang im Münchner Rathaus
München, 6.7.1954
Foto; 26 x 40 cm
Stadtarchiv München; Neg. Nr. 825 – 826 A

Die ungarische Mannschaft befand sich auf dem Zenit ihres Könnens: Brillante, technisch ausgereifte Einzelspieler waren von ihrem Trainer Gustav Sebes zu einer schlagkräftigen Mannschaft geformt worden. Sie strotzten vor Selbstbewusstsein, und nicht nur die Spieler und die Betreuer, sondern die gesamte ungarische Bevölkerung und eigentlich alle Experten rechneten fest mit dem Gewinn der Weltmeisterschaft.

In der Vorrunde schlug die deutsche Mannschaft die Türkei 4:1 und traf im zweiten Spiel auf die Ungarn. Beim Aufeinandertreffen der beiden Mannschaften hatte Sepp Herberger schon Monate vorher eine mögliche Niederlage mit einer "B-Elf" einkalkuliert, um über das dann notwendige Entscheidungsspiel wieder gegen die Türkei in die nächste Runde einzuziehen. Die neu in die Mannschaft genommenen Spieler waren Heinrich Kwiatkowski, Hans Bauer, Paul Mebus, Alfred Pfaff und Richard Herrmann. Sie sollten in den kommenden Spielen nicht

3.12/26 Replik der Berliner Freiheitsglocke
1954
Porzellan, Holz, Metall;
14,5 x 12,5 x 12,5 cm
bez.: Berlin grüsst die Sieger der Weltmeisterschaft im Fußball / 18. Juli 1954
Horst Eckel, Bruchmühlbach-Miesau

Von München aus ging es weiter nach Berlin. Im Olympia-Stadion wurde die Mannschaft vom Bundespräsidenten Theodor Heuß geehrt.
In Berlin bekamen sie weitere Ehrengeschenke überreicht, zu denen unter anderem ein Reisekoffer und eine Porzellanglocke gehörten. Die Glocke steht auf einem Holzsockel mit Widmung Auf dem Glockenrand findet sich der Spruch: "That this world under god shall have a new birth of freedom."
Die Glocke ist eine Porzellanminiatur der Freiheitsglocke, einem Geschenk der Amerikaner an West-Berlin.

3.12/27 Reisekoffer von Karl Mai
1954
Leder, Metall, Textil;
47 x 65 x 17 cm
bez.: Ehrengabe / für den Sieger in der / Fussball-Weltmeisterschaft 1954 / Bonn, den 19. Juli 1954 / Der Bundesminister des Inneren
Else Mai, Fürth

3.12/28 Tischuhr von Fritz Walter
1954
Metall, Glas; 28 x 24 x 7 cm
bez.: Zur Erringung der Fußball-Welt-Meisterschaft 1954 / in Dankbarkeit und Freundschaft gewidmet / Seppl Herberger / 4. Juli 1954
Fritz Walter, Alsenborn

Sepp Herberger schenkte jedem Endspielteilnehmer der Nationalelf eine solche Uhr zur Erinnerung. Auf der oberen Hälfte des Zifferblatts ließ er die Spielernamen in der Anordnung ihrer Aufstellung eingravieren, auf der unteren die Widmung. Im Uhrzeigersinn sind die Embleme der Mannschaften angeordnet, gegen die sie in der Schweiz angetreten sind: Türkei, Ungarn, Türkei, Jugoslawien, Österreich und Ungarn. Zusätzlich ließ er das Emblem der FIFA und des DFB anbringen.

3.12/29 Nachtausgabe der Frankfurter Zeitung
Frankfurt/M., 5.7.1954
Papier; 60 x 30 cm
Roland Tomic, Duisburg

3.12/30 Spiegel-Titelbild zum Gewinn der Fußball-Weltmeisterschaft
Der Spiegel, Hamburg, 7. Juli 1954
Papier; 30 x 23 cm
Sepp-Herberger-Stiftung, Frankfurt/M.

3.12/31 Weltmeisterschafts-Illustrierte "Tip"
Basel, 6.7.1954
Papier; 35,5 x 28 cm
Schweizerisches Sportmuseum, Basel; 1999.59.2

Für die schweizerische Sportzeitung war es dem Bericht nach keine allzu große Überraschung, dass die deutsche Mannschaft selbst die hochfavorisierten Ungarn geschlagen hatten. Bereits die erstaunliche Leistungssteigerung seit dem Viertelfinale hätte die Stärke der Mannschaft Sepp Herbergers schon aufgezeigt.

3.12/32 Fußball-Weltmeisterschaft 1954. Das offizielle Erinnerungswerk
Gerhard Bahr (Hg.), Nürnberg, 1954
Papier; 30,5 x 22,5 cm
Johann G. Schlüper, Erkelenz

3.12/26

mehr eingesetzt werden. Auf fünf Positionen verändert traf die Mannschaft auf die Ungarn und wurde klar mit 3:8 geschlagen. Während des Spiels pfiffen die Zuschauer sie aus, und nach dem Abpfiff fiel die Presse über sie her. "Die Welt" schrieb: "Dieses Spiel war das traurige Ergebnis einer taktischen Überlegung des Bundestrainers. [...] Ist das noch Sport [...]? Für uns Deutsche war es eine beschämende Vorstellung."
Die Kunst Herbergers bestand darin, die Mannschaft nach der vernichtenden Niederlage erneut zu motivieren. Mit einem überzeugenden Sieg gegen die Türkei (7:2) zog die deutsche Mannschaft ins Viertelfinale

Sie lesen heute: Fritz Walter mit dem Goldpokal / Seite 4
FRANKFURTER
Nachtausgabe
15 Pfennig
4. Juli 1954
Ihr Sieg ist Weltgespräch

3.12/29

ein. In einer defensiv ausgerichteten Formation schlug sie Jugoslawien mit 1:0 und schaltete in einem furiosen Angriffswirbel im Halbfinale einen der Favoriten, Österreich, mit 6:1 aus. Schon bei diesem Spiel in Basel waren von den 58.000 Zuschauern schätzungsweise die Hälfte aus Deutschland angereist.

In Deutschland konnten zu diesem Zeitpunkt nur wenige die Spiele im Fernsehen verfolgen. Vor allem in Gaststätten und vor Fernsehgeschäften hatten findige Geschäftsleute die Apparate aufgestellt. Die Zahl der angemeldeten Fernseher verachtzigfachte sich im Jahr 1954 von 1.168 auf 84.278. Nach dem Halbfinalsieg waren Fernseher kurzfristig ausverkauft, die TV-Monteure mussten zur Installation Sonderschichten einlegen. Doch blieb die Zahl der Fernsehzuschauer im Vergleich zu den Radiohörern gering.

Die Deutschen waren im Finale gegen die souverän fürs Endspiel qualifizierten Ungarn krasse Außenseiter. Doch Herberger, dem in der ungarischen Abwehr Schwächen aufgefallen waren, hatte seine Mannschaft klug eingestellt. Die Spieler waren hoch motiviert und glaubten daran, das Finale gewinnen zu können. Auch das Wetter kam den Deutschen gelegen. Bis kurz vor Anpfiff hatte es stark geregnet. "Das ist Fritz sein Wetter", soll Sepp Herberger vor dem Spiel gesagt haben. Bei dem tiefen Boden konnte die Mannschaft ihre konditionellen Stärken ausspielen, während das technische Spiel

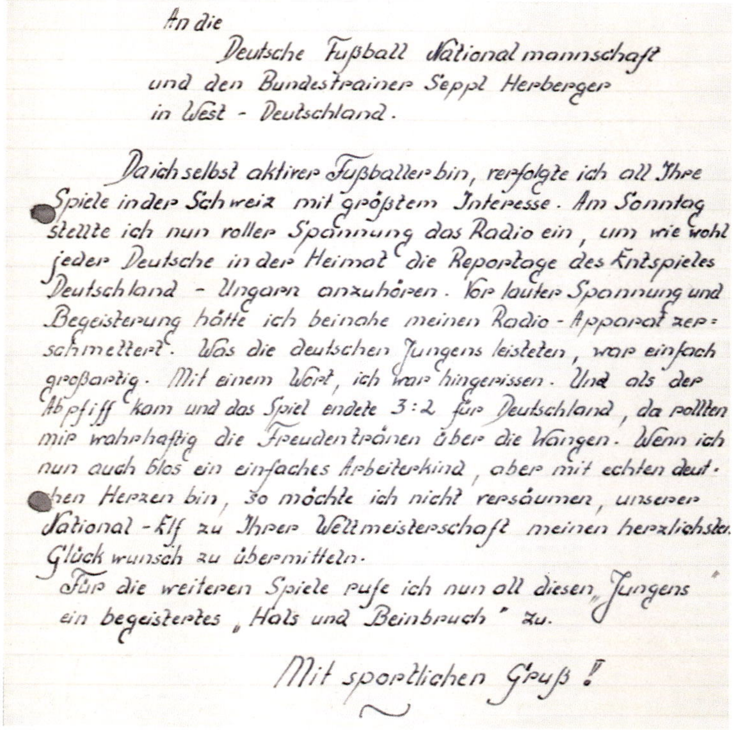

An die
Deutsche Fußball National mannschaft
und den Bundestrainer Seppl Herberger
in West - Deutschland.

Da ich selbst aktiver Fußballer bin, verfolgte ich all Ihre Spiele in der Schweiz mit größtem Interesse. Am Sonntag stellte ich nun voller Spannung das Radio ein, um wie wohl jeder Deutsche in der Heimat die Reportage des Entspieles Deutschland - Ungarn anzuhören. Vor lauter Spannung und Begeisterung hätte ich beinahe meinen Radio - Apparat zerschmettert. Was die deutschen Jungens leisteten, war einfach großartig. Mit einem Wort, ich war hingerissen. Und als der Abpfiff kam und das Spiel endete 3:2 für Deutschland, da rollten mir wahrhaftig die Freudentränen über die Wangen. Wenn ich nun auch blos ein einfaches Arbeiterkind, aber mit echten deutchen Herzen bin, so möchte ich nicht versäumen, unserer National-Elf zu Ihrer Weltmeisterschaft meinen herzlichsten Glückwunsch zu übermitteln.
Für die weiteren Spiele rufe ich nun all diesen „Jungens" ein begeistertes „Hals und Beinbruch" zu.

Mit sportlichen Gruß!

3.12/36

3.12/33 "Progress Filmillustrierte"
DDR, 1954
Papier; 21 x 15 cm
Johann G. Schlüper, Erkelenz

Der Film zum Sieg der westdeutschen Fußballmannschaft wurde auch in der Deutschen Demokratischen Republik gezeigt. Die "Progress Filmillustrierte" wurde dort zu diesem Ereignis aufgelegt.

3.12/34 "Illustrierte Film-Bühne"
Nr. 2416, 1954
Papier; 26,5 x 18,5 cm
Johann G. Schlüper, Erkelenz

Diese Filmzeitschrift wurde in der Bundesrepublik zum Turnier in der Schweiz herausgegeben.

3.12/35 Vier Glückwunschtelegramme zum Titelgewinn
Schmiedefeld, 5.7.1954
Papier; 15 x 20 cm
Nachlass Sepp Herberger, Frankfurt/M.

Sepp Herberger sammelte die Glückwünsche zu seinem Erfolg von 1954, spontane Telegramme wie künstlerisch gestaltete Briefe, von denen mehrere auch aus der DDR kamen.

3.12/36 Dankesbrief eines Bürgers der DDR zum Gewinn der Weltmeisterschaft 1954
Freiberg i. S., 1954
Sepp-Herberger-Stiftung, Frankfurt/M.

3.12/37 Vier Stasi-Stimmungsberichte zur Lage in der DDR
Ministerium für Staatssicherheit, Berlin-Ost, 7.-12.7.1954
Papier
Der Bundesbeauftragte für die Unterlagen des Staatssicherheitsdienstes der ehemaligen DDR; MfS AS 9/57 Bd. 22b, Bll. 155, 146, 145, 129, 92

Die Stasi vermittelt in ihren Berichten ein Bild zur Stimmungslage der eigenen Bevölkerung zu unterschiedlichen Themen. Seit dem 7. Juli finden sich dort Stellungnahmen zum Ausgang der Weltmeisterschaft, der zu unterschiedlichen Kommentaren Anlass gab. Laut ihren Informanten freuten sich viele mit der westdeutschen Mannschaft, manchmal verband man die fußballspezifische Kritik mit einer Kritik an der Darstellung in den Medien der DDR, die diesen Erfolg heruntergespielt hätten.

3.12/38 Sammelalbum "Sport-Toto"
DDR, 1955
Karton, Bildkarten, gebunden; 23,4 x 34 cm
Gerd Päsler, Dortmund

Auch die Weltmeisterschaft von 1954 wird in diesem Sammelalbum in einem Kapitel behandelt. Besonders die Mannschaft der Ungarn, aber auch westdeutsche Spieler werden auf Sammelbildern vorgestellt.

3.12/39 Wanduhr mit Porträt von Sepp Herberger
1954
Porzellan, Metall; D 27 cm
Else Mai, Fürth

3.12/40 Zierteller mit Porträt des Nationalspielers Karl Mai
Porzellan; D 19,5 cm
Else Mai, Fürth

3.12/41 Zierteller mit Porträt von Sepp Herberger
G. Jensen, KPM
Porzellan; D 24,5 cm
Else Mai, Fürth

3.12/42 Drei Fritz Walter-Sektflaschen
Sektkellerei Schloss Wachenheim, Wachenheim
Glas; je 0,75 l
Else Mai, Fürth
a) "Fritz Walters 54er Gold"
b) "Fritz Walter Krönung"
c) "Fritz Walter Ehrentrunk"

Fritz Walter ließ unter seinem Namen eine Sektmarke vertreiben. Die Flaschen wurden nicht nur an seine ehemaligen Mannschaftskollegen verschenkt, sondern auch im Handel vertrieben.

3.12/43 Drei Fritz Walter-Piccolo-Sektflaschen
Sektkellerei Schloss Wachenheim, Wachenheim
Glas; je 0,2 l
Johann G. Schlüper, Erkelenz
a) Piccolo "Fritz Walter Krönung"
b) Piccolo "Fritz Walter Ehrentrunk"
c) Piccolo "Fritz Walter Rubin"

der ungarischen Mannschaft trockenen Boden erforderte. Zudem konnte Addi Dassler, der die Nationalmannschaft mit Fußballschuhen ausstattete, mit einer technischen Weltneuheit aufwarten: Er hatte einen Fußballschuh mit Schraubstollen konstruiert. Im Gegensatz zu den gebräuchlichen genagelten Schuhen konnte man bei diesem bis kurz vor dem Spiel die Stollen austauschen und so auf die jeweiligen Anforderungen des Platzes reagieren.

Trotzdem führten die Ungarn schon nach acht Minuten mit 2:0. Doch nur eine Minute nach dem zweiten ungarischen Treffer gelang Morlock das Anschlußtor, und in der 18. Minute erzielte Rahn den Ausgleich. In der 84. Minute schoss Rahn dann auch das entscheidende Tor zum 3:2 in diesem dramatischen Spiel und wurde zum Helden des Finales. Der Schlusspfiff des englischen Schiedsrichters Ling löste bei den beteiligten Akteuren und in den beiden Ländern die gegensätzlichsten Reaktionen aus. Die Ungarn hatten nicht nur ein Spiel verloren. Die ganze Nation war fassungslos. Es kam zu Unruhen; Gerüchte kursierten, das Spiel sei "verkauft" worden, und am Bahnhof in Budapest erwartete eine aufgebrachte und wütende Menge die ungarische Mannschaft. Das Team wurde deshalb nicht, wie geplant, mit dem Zug nach Budapest gebracht. Man ließ die Spieler vielmehr vom Zug in bereitgestellte Autos umsteigen, um sie dann heimlich in die Stadt zu bringen. Die ungarischen Spieler haben diese Niederlage lange nicht überwinden können. Schon vor dem Finale hatten sie von der FIFA goldene Uhren für den Sieg überreicht bekommen.

3.12/48 30 Sammelbilder zur Fußball-Weltmeisterschaft 1954
Brotfabrik "im Brahm Brot", Hamborn, 1954
Karton; 7,5 x 5 cm
Johann G. Schlüper, Erkelenz

Die Popularität von Fußball-Sammelbildern war ungebrochen. Der überraschende Triumph der deutschen Mannschaft in der Schweiz ließ sich von Unternehmen von der Brotfabrik bis zur Tabak- und Kaugummi-Industrie erfolgreich vermarkten.

3.12/49f

3.12/49 Elf Sammelalben zur Weltmeisterschaft 1954
Johann G. Schlüper, Erkelenz

3.12/44 Neun Biergläser mit Motiven der Weltmeister von 1954
Hannen Alt
1954
Glas; je 14 x 6 cm
Johann G. Schlüper, Erkelenz

Insgesamt zwölf Motive von der Weltmeistermannschaft 1954, Porträts der Spieler und ihres Trainers, sind von der Firma Hannen Alt auf Biergläsern dargestellt worden. Passend zu diesen produzierte die Firma Bierdeckel, die den Sieg von Bern thematisieren.

3.12/45 Drei Weltmeistergläser in Originalverpackung
Hannen Alt
1954
Glas, Karton, Kunststoff; 14,5 x 17,5 x 6,5 cm
bez.: Bern 4. Juli 1954: 17 Uhr 34 Deutschland Weltmeister!
Johann G. Schlüper, Erkelenz

3.12/46 Bierdeckel
Hannen Alt
1954
Karton; 9,5 x 9,5 cm
bez.: Stoßt an mit den Weltmeistern! Prost Hannen Alt
umseitig: Die Fußball-Weltmeister von 1954 jetzt auf original Hannen Alt-Gläsern
Johann G. Schlüper, Erkelenz

3.12/47 Werbeprospekt der Firma Magirus-Deutz zur Weltmeisterschaft 1954
Magirus-Deutz, 1954
Papier; 30 x 21 cm
Stadtgeschichtliches Museum Leipzig, Sportmuseum Leipzig

3.12/45

a) "Fussball Weltmeisterschaft 1954, Coupe Jules Rimet"
ATP Bilderdienst, Bern/Zürich/Lausanne, 1954
Papier, Karton; 30 x 21 cm
b) "Fußball-Weltmeisterschaft 1954"
ATP Bilderdienst, Bern/Zürich/Lausanne, 1954
Papier, Karton; 30 x 21 cm
c) "Fußball-Weltmeisterschaft 1954"
ATP Bilderdienst, Bern/Zürich/Lausanne, 1954
Papier, Karton; 21 x 15 cm
d) "Deutschland Fußball-Weltmeister 1954"
Austria Tabakwaren, München, 1954
Papier, Karton; 32 x 23 cm
e) "Ein Album-Werk von der Fußball-Weltmeisterschaft 1954 in der Schweiz"
Arnold Böninger Tabakfabriken, Duisburg, 1954
Papier, Karton; 21 x 30 cm
f) "Fußball-Weltmeisterschaft 1954"
Kiddy Kaugummi, Köln, 1954
Papier, Karton; 21 x 30 cm
g) "Deutsche National-Elf Fussball Weltmeister 1954"
Kosmos Zigarettenbilder, Memmingen, 1954
Papier, Karton; 31 x 23 cm
h) "Kampf um die Fußball-Weltmeisterschaft 1954, Bd.1"
Schuma OK Kaugummi, Pinneberg, 1954
Papier, Karton; 21 x 15 cm
i) "Kampf um die Fußball-Weltmeisterschaft 1954, Bd. 2"
Schuma OK Kaugummi, Pinneberg, 1954
Papier, Karton; 21 x 15 cm
j) "Fußball-Weltmeisterschaft 1954"
Bilder- und Werbedienst, Wanne-Eickel, 1954
Papier, Karton; 30 x 21 cm
k) "Fußball-Weltmeisterschaft 1954"
Vogelsang Tabakfabriken, 1954
Papier, Karton; 30 x 21 cm

3.12/50

Die FIFA wollte wohl sicher gehen, dass die Ungarn nach ihrem Sieg im Trubel ihre Präsente auch bekamen. Keine ungarische Mannschaft konnte sportlich je wieder an die Leistungen dieser legendären Elf anknüpfen und die hoch gesteckten Erwartungen des Publikums erfüllen, das immer diese "Wunderelf" vor Augen hatte.

Bei der Siegerehrung erhielten die deutschen Spieler und Herberger jeweils eine Weltmeisterschafts-Medaille. Die deutschen Zuschauer sangen bei der nun folgenden Nationalhymne die erste und nicht die dritte Strophe der deutschen Nationalhymne. "Die Welt" kritisierte das Absingen dieses offenbar nicht auszurottenden Textes.[16] Der verständliche Jubel der Spieler war nichts im Vergleich zum Jubelsturm, der über die gesamte Mannschaft hereinbrach, als sie die schweizerisch-deutsche Grenze im Sonderzug passierte und nach München fuhr. Tumultartige Szenen spielten sich auf den einzelnen Bahnhöfen entlang der Strecke ab: Jeder wollte den Spielern die Hand schütteln oder sie wenigstens sehen. Nahezu alle identifizierten sich mit den "Helden von Bern" und überschütteten sie mit Blumen und weiteren Aufmerksamkeiten. Vom DFB und einzelnen Firmen sollten sie später noch mit weiteren Geschenken wie Haushaltsgeräten, Motorrollern und Fernsehern überhäuft werden. Es bestand ein reges Interesse, die Weltmeisterschaft und ihre Helden zu vermarkten. Man stellte Produkte her, mit denen der "Triumph von Bern" gefeiert wurde. Die Mitglieder der Mann-

3.12/50 Acht Ansichten vom Besuch der Nationalelf in Dingolfing
Dingolfing, 1954
Fotos; je 18 x 24 cm
Stadtarchiv Dingolfing

Der Unternehmer Hans Glas produzierte in Dingolfing die bekannten "Goggo"-Motorroller, deren Absatz 1954 rückläufig war. Ihm gelang es, die Weltmeistermannschaft zu einem publicity-trächtigen Besuch in die "Goggo-Stadt" zu bewegen. Die Spieler wurden am 29. Juli in Dingolfing von einer großen Menschenmenge erwartet. Nach den Stationen in Lindau, München und Berlin war dies erst der vierte gemeinsame Auftritt der Mannschaft. In einem Festzelt wurden die letzten zehn Minuten der Radioreportage des Endspiels für das Publikum abgespielt. Einige Spieler hörten hier zum ersten Mal den inzwischen legendären Kommentar Werner Zimmermanns zu ihrem Sieg.

3.12/51 Motorradhelm von Karl Mai
1954
Kunststoff, Leder; 14 x 19 x 23,5 cm
Else Mai, Fürth

Nach den Ansprachen wechselten die Zweiräder der Dingolfinger Motorrollerfirma samt Helmen und zugehörigen Fahrzeugpapieren die Besitzer. Anschließend drehten die Fußballer mit ihren neuen Fahrzeugen eine Proberunde durch die Zuschauermenge, die meisten allerdings auf dem hinteren Sitz; gefahren wurden die Roller von "Chauffeuren".

3.12/52 "Stürme der Begeisterung für die National-Elf in Dingolfing"
Dingolfinger Anzeiger, 30.7.1954
Papier, Karton; 46 x 32 cm
Stadtarchiv Dingolfing

3.12/53 Goldenes Buch der Stadt Dingolfing mit Eintrag der Weltmeistermannschaft
Dingolfing, 29.7.1954
Papier, Karton; 33 x 22,5 x 4 cm
bez.: Besuch der Fußball-Weltmeister-Elf 1954 in der Goggostadt Dingolfing am 29. Juli 1954 anlässlich der Übergabe von 12 Goggo-Rollern durch die Fa Hans Glas GMBH. – Isaria – Maschinenfabrik Dingolfing
Stadtarchiv Dingolfing

3.12/54 Max Grundig schenkt Karl Mai einen Fernseher
1954
Foto; 33 x 45 cm
Else Mai, Fürth

Der Fernseher für einen "Helden von Bern" war ein werbewirksames Geschenk des Industriellen Grundig.

3.12/55 Fernsehgerät von Karl Mai
Grundig, 1954
Metall, Holz, Glas, Kunststoff; 92,5 x 62 x 52 cm
Else Mai, Fürth

3.12/54

3.12/56 Nationalspieler erholen sich von einer Erkrankung
Bad Mergentheim, 1955
Foto; 20,5 x 25 cm
Else Mai, Fürth

Nach der Weltmeisterschaft waren einige Spieler an Gelbsucht erkrankt, was man heute entweder verunreinigten Traubenzucker- und Vitaminspritzen von Seiten des Mannschaftsarztes oder einer Ausbreitung der Erkrankung von Helmut Rahn, der vor dem Schweizer Turnier auf einer Südamerikareise infiziert worden war, zuschreibt. Der ungarische Kapitän Puskás äußerte sogar den Verdacht, ein "Doping der deutschen Spieler" würde vorliegen. Später nahm er diesen Vorwurf wieder zurück. Das während des Kuraufenthalts entstandene Foto zeigt – von links nach rechts – Georg Hoffmann und seine Frau, Else Mai, Sepp Herberger, Inge Morlock, Inge und Birgit Dassler und Karl Mai.

schaft und Sepp Herberger fanden sich in den Sammelalben zur WM 1954, auf Biergläsern und Porzellantellern wieder. Der WM-Erfolg zeigte, welch großes Vermarktungspotential auch der deutsche Fußball barg.

In München bereiteten mehr als dreihunderttausend Menschen den frisch gebackenen Weltmeistern einen triumphalen Empfang. Der DFB-Vorsitzende, Dr. Peco Bauwens, ernannte im Löwenbräukeller Fritz Walter zum Ehrenspielführer der deutschen Fußball-Nationalmannschaft, schlug aber in seiner Rede so nationale Töne an – er sprach vom Führerprinzip –, dass sich der Bayerische Rundfunk aus diesem Grund ausgeblendet haben soll.

Für Sepp Herberger war der Sieg ein persönlicher Triumph. Gegen manche Kritik hatte er unbeirrt seine Mannschaftsaufstellung durchgesetzt und kontinuierlich und akribisch auf dieses große Ziel hingearbeitet. Vergleiche mit Adenauer wurden angestellt, und Herberger wurde respektvoll "Der Chef" oder "Der Weise von der Bergstraße" genannt.

Das Finalspiel Ungarn – Deutschland ist legendär, allerdings sind nur wenige Minuten in Filmmitschnitten überliefert. Die gesendeten Fernsehaufnahmen sind unwiederbringlich verloren, denn es gab noch keine Aufzeichnungsmöglichkeiten. Lediglich die Tore und die Schlussminuten sind noch vorhanden. Diese Filmsequenzen stammen aus dem Kinofilm, der über die Weltmeisterschaft gedreht wurde. Sie wurden mit dem Originalton der Radioreportage von Herbert Zimmermann gekoppelt. Was uns allen vom Endspiel immer wieder geboten wird, ist eine Kombination von Elementen,

3.12/57 Gedenk-Urkunde der Weltmeister-Elf 1954 mit Foto und Erinnerungsmedaille
Deutschland, 1954
Foto, Papier, Metall;
31 x 22,5 cm
Deutsches Sport- und Olympiamuseum Köln; 97/397

3.12/58 Miniatur-Fußballschuhe mit Autogrammen der Weltmeister von 1954
1954
Leder; je 3 x 11 x 5 cm
Angela Strübin, Gundelfingen

Auf den Schuhsohlen dieser Miniaturschuhe haben einige Spieler des Weltmeisterkaders von 1954 unterschrieben, unter anderem Fritz Walter, Max Morlock und Fritz Herkenrath.

3.12/58

die eigentlich nicht zusammen gehören: die für das Kino gedrehten Filmsequenzen und als Ton der begeisterte Kommentar Zimmermanns.

Die Worte "Aus! Aus! Aus! Aus! Das Spiel ist aus! Deutschland ist Weltmeister!" von Herbert Zimmermann gliedern die deutsche Fußballgeschichte: Vorher war die deutsche Mannschaft eine unter vielen; mit dem Gewinn der Weltmeisterschaft machte sich nun ein neues Selbstbewusstsein bei den Spielern und in der Öffentlichkeit breit. "Wir sind wieder wer", war der allgemeine Tenor, der mit dem Titelgewinn verbunden war. Dem ersten rauschhaften Jubel der Berichterstattung folgte jedoch bald wieder ein eher nüchterner Ton. Adenauer und auch andere Politiker spielten die allgemeine Begeisterung klug herunter, eine nationalpolitische Aufladung hätte dem Ansehen der jungen Republik nicht gut getan. Es fällt im Nachhinein auf, wie maßvoll das neue Selbstbewusstsein insgesamt ausfiel. Zugleich war jetzt eine enge Verbindung zwischen der Nationalmannschaft und der deutschen Bevölkerung geknüpft: Der Fußball hatte seinen Weg zum Nationalsport gebahnt, die Deutschen waren ein Fußballvolk geworden – vor dem Hintergrund ihrer Geschichte nicht das schlimmste Los.

Axel Heimsoth

3.12/59 Erinnerungsbild an die Weltmeistermannschaft 1954
1954
Papier, Metall, Glas, Karton;
25 x 20 cm
Sepp-Herberger-Stiftung, Frankfurt/M.

Die Weltmeistermannschaft ist in dieser Collage von einem Verehrer des Bundestrainers aus Zeitungsfotos der einzelnen Spieler zusammengesetzt worden. Die Abbildungen sind so aufgeklebt worden, dass alle elf zusammen die Spielpositionen der Fußballer beim Endspiel darstellen. Zu diesen ist das Foto Sepp Herbergers hinzugefügt, das ebenfalls aus einer Zeitungsvorlage stammt. Zu jedem der zwölf Porträts ist ein Pfennigstück hinzugeklebt worden.

3.12/60 Postkarte mit Karikatur der Weltmeistermannschaft 1954
R.P. Bauer, Deutschland, 1954
Karton; 10,5 x 15 cm
Deutsches Sport- und Olympiamuseum Köln; 87/415

3.12/61 Autogrammtafel der Weltmeistermannschaft 1954
1960-1964
Fotos, Holz, Glas; 50 x 70 cm
Hans Pollmann, Emmerich

Zum fünfzigjährigen Vereinsjubiläum des Fortuna Elten wollten Hans Pollmann und ein weiteres Mitglied ihrem Club 1960 ein Bild mit den Unterschriften der Spieler der Weltmeistermannschaft schenken. Doch das Bild, das von Spieler zu Spieler weitergeschickt werden sollte, blieb irgendwo hängen und verschwand. Erst nach vier Jahren tauchte es wieder auf – mit allen Unterschriften.

3.13/1 Trikot des BV Altenessen 06
um 1930
Textil; 96,5 x 80,5 cm
Ruhrlandmuseum, Essen

Der Verein spielte von den zwanziger Jahren bis in die fünfziger Jahre hinein in den Farben Schwarz-Blau. In solchen Trikots besiegte der Arbeiterverein aus dem Essener Norden auch die bürgerlichen "Lackschuhe" aus dem Essener Süden, Schwarz-Weiß Essen, im Entscheidungsspiel um die Meisterschaft im Ruhrbezirk 1926.

3.13/2 Ein Paar Fußballstiefel mit Lederstollen, gefunden von Yves Eigenrauch auf der Schalker Kampfbahn "Glück auf"
1930er Jahre
Leder; je 15 x 10 x 35 cm
Schalker Fan-Initiative, Gelsenkirchen

Der Fundort in Verbindung mit den dreißiger Jahren lässt sofort an den Mythos des "Schalker Kreisels" denken.

3.13/3 Theodor Krein: Die blau-weißen Fußballknappen. Der Weg des F.C. Schalke 04
Klasing & Co., Berlin/Bielefeld, 1948
Papier, Karton; 22 x 16 x 2 cm
Jablonski, Bochum

Das Buch trägt eine Banderole mit der Aufschrift "Spannung und Dramatik um eine Fußball-Elf". Es zeigt sehr deutlich, wie der Mythos des "Schalker Kreisels" in der unmittelbaren Nachkriegszeit anhielt.

3.13/4 Andenken der Vereinigten Preußen und TuS Bochum in Form einer Steigerlampe
Bochum, 1925
Metall; H 19 cm, D 6 cm
Hamburger SV; 261

Diese Trophäe ist dem Hamburger SV bei einem Freundschaftsspiel am 1.8.1925 überreicht worden. Anlass war die Befreiung der Stadt Bochum von der französischen Ruhrgebietsbesetzung.

3.13/5 Andenken von Borussia Dortmund in Form einer Steigerlampe
Dortmund, 1949
Metall, Glas; H 17 cm, D 6 cm
Hamburger SV; 262

Auch diese Trophäe, dem Hamburger SV anlässlich eines Freundschaftsspiels am 15.5.1949 überreicht, zeigt, wie eng die Verbindung der Fußballvereine im Ruhrgebiet mit den Zechen war.

3.13/6 Zwei Medaillen zum 50-jährigen Bestehen von Schalke 04
1954
Gepresster Kohlenstaub; je H 1,5 cm, D 13 cm
Heinrich Theodor Grütter, Gelsenkirchen; Jablonski, Bochum

Die Medaille zeigt auf der Vorderseite Fußballspieler vor einer vollbesetzten Zuschauertribüne, die mit Flaggen geschmückt ist. Auf der Rückseite sind jubelnde Zuschauer zu sehen. Das Material der Medaille stellt einen engen Bezug zum Bergarbeitermilieu her.

3.13/7 Wanderpokal "Der goldene Borbecker Ball" in Form eines Förderturms
Essen, um 1959
Holz, Messing; 45 x 16 x 16 cm
Jablonski, Bochum

Dieser Pokal ist von 1959 bis etwa 1974 für den Gewinner des A-Jugend-Wettbewerbs des Kreises Essen-Nordwest verliehen worden. Er zeigt, wie eng die Beziehung zwischen dem Arbeitsleben und dem Fußballspiel im Ruhrgebiet war. Der heutige Besitzer gewann ihn selbst einmal in seiner Jugend. Jahre später entdeckte er ihn durch Zufall auf einem Trödelmarkt.

3.13/4

3.13/7

Fußball im Revier

Die Zeit der Oberliga West (1947-1963) gilt als die Blütephase des Revierfußballs. Weder vorher noch nachher gab es eine solch große Anzahl von Reviervereinen, die sich zu Endrunden für die Deutsche Meisterschaft qualifizierten und derart viele Titel errangen: Borussia Dortmund wurde 1956, 1957 und 1963 Deutscher Meister, Schalke 04 1958, Rot-Weiß Essen 1955; außerdem gewannen die Essener Vereine Rot-Weiß und Schwarz-Weiß 1953 und 1959 noch den DFB-Pokal. Die meisten Vereine hatten etwas gemeinsam: Sie entstammten dem Bergarbeitermilieu oder waren sehr eng mit Stahlwerken verbunden. Die Spieler selbst waren zu diesem Zeitpunkt allerdings überwiegend keine Bergarbeiter und keine Stahlwerker mehr. Es gab schließlich schon den bezahlten Fußball in Deutschland – wenn auch auf geringer Basis und mit der Verpflichtung für die Vertragsspieler, neben dem Fußballspiel noch einer beruflichen Tätigkeit nachzugehen. Gerade dies allerdings verschaffte den Reviervereinen Vorteile. Wegen ihrer engen Verbindung mit Betrieben der damals boomenden Montanindustrie fiel es ihnen leicht, ihren Spielern gut bezahlte Jobs zu beschaffen.

In dieser Blütezeit des Fußballs im Ruhrgebiet wurde der Mythos "Revierfußball" allerdings nicht geboren, sondern nur weiter gepflegt. Wenn man ein Gründungsdatum für diesen Mythos sucht, muss man zurück in die zwanziger Jahre gehen. Am 21. Februar 1926 schlug der BV Altenessen 06 den SC Schwarz-Weiß Essen im Entscheidungsspiel um die Ruhrbezirksmeisterschaft mit 3:2. Der "Arbeiterverein" aus dem Essener Norden hatte den Sieg über den bürgerlichen Verein, über die "Lackschuhe"

3.13/8

3.13/8 Spardose der Sparkasse Dortmund mit Fußballmotiv
Dortmund, 1950er Jahre
Metall; H 8 cm, D 7 cm
Jablonski, Bochum

Die Spardose trägt die Aufschrift: "Gesundheit wird durch Sport bewahrt. Die Not bezwingt, wer stetig spart. Sparkasse zu Dortmund". So wie die Vereine mit ihren Erinnerungsstücken eine enge Beziehung zum Arbeitsleben im Ruhrgebiet herstellten, so wird hier umgekehrt der Sport als Teil des alltäglichen Lebens der Menschen im Ruhrgebiet definiert.

3.13/9 Glückwunschurkunde für Georg Melches, Förderer von Rot-Weiß Essen, zum 50. Geburtstag
Essen, 24.8.1943
Karton, Papier; 45 x 35 cm
Stadtarchiv Essen; 448/791

Georg Melches war seit 1920 bei den Didier-Kogag-Hinselmann-Werke beschäftigt, von deren Belegschaft diese Glückwunschurkunde stammt. 1933-1939 war er Alleinvorstand. Bis zu seinem Eintritt in den Ruhestand 1959 sorgte er immer wieder dafür, dass Rot-Weiß Essen von seiner Position in der Firma profitierte.

aus dem Essener Süden errungen. Die Altenessener qualifizierten sich anschließend als westdeutscher Vizemeister für die deutsche Endrunde. Hier scheiterten sie zwar umgehend, doch machte der Verein mit seiner Spielweise zum ersten Mal auf nationaler Ebene auf die Arbeiterfußballer aus dem "Kohlenpott" aufmerksam. In den Jahren danach erfolgte der Aufstieg des FC Schalke 04, der als so genannte "Knappenelf" den Mythos "Revierfußball" verfestigte, nahezu beliebig die deutsche Meisterschaft gewann und eine bis dahin nicht gekannte Begeisterung auslöste.

Als 1947 die erste Saison der Oberliga West begann, war der BV Altenessen 06 längst nicht mehr erstklassig und der Schalker Ruhm schon leicht verblasst. Dennoch bildet die Oberligazeit die eigentliche Hochphase des Revierfußballs. Das bevölkerungsreichste Bundesland, Nordrhein-Westfalen, besaß zwischen 1947 und 1963 eine eigene oberste Spielklasse: die Oberliga West. In dieser Liga wurde um die westdeutsche Meisterschaft gespielt, und bis auf den 1. FC Köln, der fünfmal die Meisterschaft errang, kamen sämtliche Meister der Oberliga West aus dem Ruhrgebiet: Borussia Dortmund (sechsmal), Schalke 04 (zweimal), Rot-Weiß Essen (zweimal) und Westfalia Herne (einmal). Das wohl ungewöhnlichste Merkmal dieser Liga war die Möglichkeit, bequem mit der Straßenbahn zu fast jedem Auswärtsspiel fahren zu können. So gelang es selbst einem Vorortclub wie dem SV Sodingen 12, die deutsche Endrunde zu erreichen und vor Zehntausenden von Zuschauern gegen einen so herausragenden Club wie den 1. FC Kaiserslautern zu spielen.

Zu erwähnen sind auch die Zuschauer, die überwiegend aus der Nachbarschaft kamen und ihrem Verein wesentlich länger die Treue hielten als viele Spieler. Denn auch im Vertragsspielerwesen kam es zu illegalen Zahlungen, lockten sich die Vereine die Spieler gegenseitig weg. Helmut Rahn, von den Sportfreunden Katernberg zu Rot-Weiß Essen gewechselt, wurde zwar mit Rot-Weiß Pokalsieger 1953 und Deutscher Meister 1955, doch spielte er danach noch beim 1. FC Köln und in Enschede und erlebte den Bundesligastart im Trikot des Meidericher SV. Die Sportfreunde Katernberg investierten einen Teil der erhaltenen

3.13/9

3.13/10

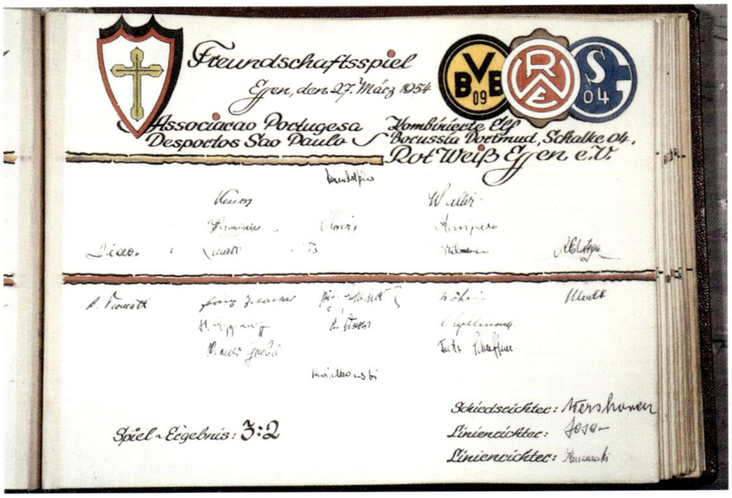

3.13/12

Ablösesumme in einen Sichtschutz um ihr Stadion, den so genannten "Helmut-Rahn-Zaun", der den nicht zahlenden Zuschauern die Sicht versperren sollte. Allerdings kam das zu spät. Von den guten Beziehungen zur Zeche Zollverein, die entscheidend zu seinem Aufstieg beigetragen hatten, konnte der Club nur bis zur Währungsreform profitieren und seinen allmählichen Abstieg nicht verhindern.

Ein weiterer wichtiger Faktor für den Erfolg der Reviermannschaften waren Männer wie Georg Melches bei Rot-Weiß Essen, der beispielhaft für das steht, was den Revierfußball damals auszeichnete. Seine engen Beziehungen zu den angrenzenden Zechen und Kokereien ermöglichten die Erfolge der Rot-Weißen in den fünfziger Jahren. Der "Meistermacher" – wie er damals genannt

3.13/13

3.13/10 Bergmannsstatue "Kurze Fuffzehn"
Petsch, Essen, um 1952
Bronze; 172 x 60 x 60 cm
SC Rot-Weiß Essen

Anfang der fünfziger Jahre wurde dieses Standbild am Eingang eines vom Verein geschaffenen Essener Naherholungsgebietes aufgestellt. Der Name "Kurze Fuffzehn" erinnert bewusst an die kleine Pause der Bergarbeiter unter Tage. Die Statue demonstriert die Verbundenheit des Vereins mit den Bergwerken der Umgebung.

3.13/11 "Stahlbuch" von Rot-Weiß Essen
Essen, 1954-1956
Metall, Karton; 37 x 57 x 8 cm
SC Rot-Weiß Essen

Der Verein ließ dieses "Stahlbuch" als Ersatz für das voll geschriebene Gästebuch anfertigen. Im Innern befinden sich Einlegeblätter, auf denen sich zu jedem Heimspiel Gäste- und Heimmannschaft, Schieds- und Linienrichter eintragen konnten. Die Blätter wurden von Hand mit den Emblemen der Heim- und der jeweiligen Gastmannschaft ausgeschmückt.

3.13/11

3.13/12 Gästebuch von Rot-Weiß Essen
Essen, 1949-1954
Leder, Papier; 30 x 41 x 12 cm
SC Rot-Weiß Essen

Hier wurde die gleiche Technik wie bei den Einlegeblättern angewendet. Zu sehen ist eine Seite mit den Emblemen der drei späteren Deutschen Meister des Reviers, die hier in einer kombinierten Elf gegen eine internationale Gastmannschaft spielten.

3.13/13 Fotocollage von Rot-Weiß Oberhausen als Weihnachtsgeschenk für Willy Jürissen
Oberhausen, 1948
Karton, Glas, Holz;
66 x 50 x 3 cm
Franz Peter Seiwert, Oberhausen

Rot-Weiß Oberhausen war eine der stärksten Reviermannschaften der unmittelbaren Nachkriegszeit. 1946 und 1947 gewann der Verein die Niederrhein-Meisterschaft. 1947 qualifizierte sich Rot-Weiß Oberhausen zur Britischen Zonenmeisterschaft, schied aber im Halbfinale gegen den Hamburger SV aus. Oberhausens Torwart Jürissen war in den dreißiger Jahren Nationaltorwart und galt als Star der Mannschaft.

wurde, obwohl er selbst nie Vereinsvorsitzender war – nutzte seine berufliche Position als Direktor eines nahe gelegenen Großunternehmens konsequent zum Vorteil des Vereins. So flossen Ressourcen des Unternehmens zum Teil nicht gerade auf legale Art und Weise in den Ausbau des Stadions. Das weit verzweigte internationale Filialnetz der Firma nutzte er, um für seine Mannschaft attraktive Begegnungen mit ausländischen Vereinen abzuschließen.

Den Zuschauern aus dem Umkreis des Stadions im Essener Norden war es dabei egal, ob die Mannschaft letztlich aus zusammengekauften Spielern bestand. Das unterscheidet die Erfolge von Reviermannschaften in den fünfziger Jahren nicht von denen in den Neunzigern. Auch bei den Borussen und den Schalkern standen damals wie heute Spieler im Kader, die nicht "auf Kohle geboren" waren. Schon in den dreißiger Jahren hatten übrigens in der "Knappenelf" keine Kumpels mehr gespielt, die in der Woche unter Tage arbeiteten. Dafür waren schon zu dieser Zeit die Anforderungen des Fußballs – wie auch die damit verbundenen Verdienstmöglichkeiten – zu groß. So bleiben vom Mythos "Revierfußball" die außergewöhnliche Begeisterungsfähigkeit der Zuschauer, die große Bedeutung, die Erfolge im Fußball für diese Region besaßen und noch besitzen, und die Tatsache, dass

3.13/16

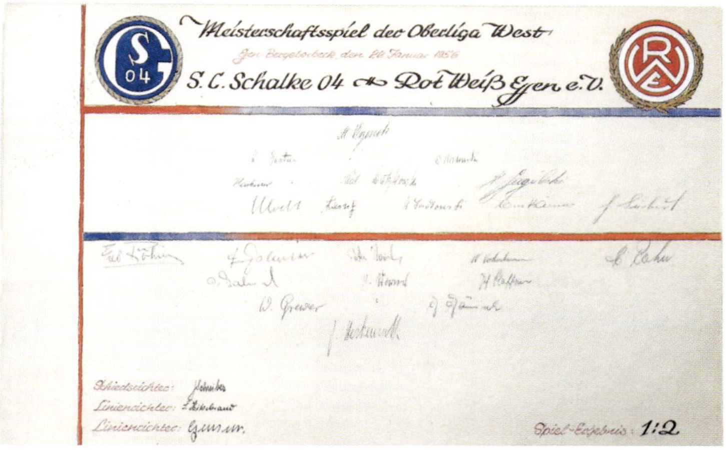

3.13/17

3.13/14 Fotocollage von Rot-Weiß Oberhausen zum Aufstieg in die Oberliga West
Oberhausen, 1957
Karton, Glas, Holz; 83 x 63 x 4 cm
Franz Peter Seiwert, Oberhausen

Diese Fotocollage dokumentiert die damalige Bedeutung der Oberliga West für die Vereine der Region.

3.13/15 Fußballbilder-Sammelalbum der 1. Liga West 1950/51
Lohengrin Kaffee, Essen, 1950
Karton, Papier; 30 x 41 cm
Jablonski, Bochum

Die aufgeschlagene Doppelseite zeigt die Mannschaft der Sportfreunde Katernberg, außerdem wird der Verein kurz vorgestellt. Die Sportfreunde wurden in der ersten Saison der Oberliga West 1947/48 überraschend Vizemeister. Nach Einführung des Vertragsspielertums verlor der Verein den Anschluss. Für ihn war die Saison 1950/51 die letzte Spielzeit in der Oberliga West.

3.13/16 Sammelbilderalbum "Toor ... Tooor ...! Volkssport Fußball"
Schüttenberg, Haso-Pudding, Osnabrück, 1951
Karton, Papier; 20,5 x 30 cm
Gerd Päsler, Dortmund

Auf der Titelseite dieses Albums ist eine kolorierte Spielszene eines der für die damalige Zeit typischen Revierderbys zwischen Borussia Dortmund und Rot-Weiß Oberhausen abgebildet.

3.13/17 Serie von sieben Gedenkblättern von Rot-Weiß Essen zu Spielen in der Oberliga West
Essen, 1955/56
Karton; je 30,5 x 47 cm
SC Rot-Weiß Essen

Diese Blätter aus dem "Stahlbuch" dokumentieren die Häufigkeit von Revierderbys in der Oberliga West. In der Saison 1955/56 stammten acht von 16 Vereinen aus dem Ruhrgebiet. Die sieben Blätter erinnern an die Heimspiele des amtierenden Deutschen Meisters Rot-Weiß Essen gegen die anderen Reviervereine.

3.13/18 Wimpel des DFB für den Deutschen Fußballmeister Rot-Weiß Essen 1955
1955
Textil, Kunststoff; 50 x 80 cm
SC Rot-Weiß Essen

Rot-Weiß Essen war die erste Mannschaft, die nach dem Zweiten Weltkrieg die Meisterschale ins Revier holte.

3.13/19 Ball vom Endspiel um die Deutsche Meisterschaft 1955
1955
Leder, Gummi; D ca. 20 cm
SC Rot-Weiß Essen

Eine weitere "Reliquie" vom Endspielsieg 1955 stellt dieser Ball dar, der beim Endspiel zum Einsatz kam.

3.13/20 Der Empfang des Deutschen Meisters Rot-Weiß Essen in Essen und Bergeborbeck
Borbecker Nachrichten Nr. 146, Essen, 28.6.1955
Papier; 48 x 34 cm
Uwe Wick, Essen

Dieser ausführliche Zeitungsbericht unter dem Titel "100.000 umjubeln die siegreiche Elf" dokumentiert die große Bedeutung, die der Gewinn der Deutschen Meisterschaft für die Bürger in den Revierstädten besaß.

3.13/21 Sonderausgabe der Vereinszeitschrift von Borussia Dortmund zur Deutschen Meisterschaft 1956
Dortmund, 1956
Papier; 20 x 15 cm
Jablonski, Bochum

1956 gewann Borussia Dortmund zum ersten Mal die Deutsche Meisterschaft. Nach dem verlorenen Endspiel 1949 besaß der Titel einen besonderen Stellenwert für Verein und Stadt.

der bezahlte Fußball Angehörigen der Arbeiterschicht Aufstiegsmöglichkeiten in einem Maße bot wie kein anderer Berufszweig.

Der Sieg im letzten Endspiel um die Deutsche Meisterschaft gelang Borussia Dortmund im Jahre 1963. Danach begann die Bundesliga, und mit deren Einführung geriet der Revierfußball – gemeinsam mit der Region – in eine Strukturkrise. Darüber konnten weder die Pokalsiege von Borussia (1965, 1989) und Schalke (1972) noch der Erfolg der Dortmunder im Europa-Pokal 1966 hinwegtäuschen. Zwar spielten in der Regel zwei bis drei Reviervereine in der Bundesliga, doch eine Meisterschaft blieb aus. Die meisten der einst erfolgreichen Vereine verschwanden in der Zweit-, Dritt- oder gar Viertklassigkeit. Mit der Krise der Montanindustrie griffen die alten Mechanismen, die für die Erfolge der fünfziger Jahre gesorgt hatten, nicht mehr. Im Gegenteil: Das lange Festhalten an diesen Mechanismen, etwa in der Form selbstherrlicher Präsidenten, hat wesentlich zum Niedergang beigetragen. Erst die erfolgreiche Umstellung auf moderne Managementmethoden, am perfektesten in Dortmund, brachte neue Erfolge. Die Dortmunder errangen die Deutsche Meisterschaft 1995 und 1996, den Titel in der Champions League 1997 und den Weltpokal 1998, die Schalker 1997 den UEFA-Pokal. Im Geleitzug dieser Erfolge spielten andere Reviervereine – etwa der MSV Duisburg oder der VfL Bochum – zum Teil durchaus erfolgreich in der Bundesliga. Was ihnen jedoch fehlt, sind vergleichbare Erfolge in der Vergangenheit.

Bei jedem großen Erfolg einer Reviermannschaft wird der Mythos "Revierfußball" reaktiviert. Die enorme Begeisterungsfähigkeit der Zuschauer aus der Region gipfelt gelegentlich im Kollektiv-Ausbruch des Schlachtrufs "Ruhr-Pott". In den Medien wird er immer wieder mit all seinen Klischees abgehandelt. Dabei ist dieser Mythos heute einerseits Teil von Marketingstrategien und hat mit dem Revierfußball der zwanziger Jahre und dem der Nachkriegszeit nur noch den Namen gemein. Andererseits zeigt sich in diesem Mythos jedoch das neue Selbstbewusstsein der Region: Fußball ist Teil des neuen Bildes vom Ruhrgebiet geworden. Vor allem Jüngere haben sich vom Lokalpatriotismus der einzelnen Städte und Vororte gelöst und sind stolz auf ihre Gegend an der Ruhr. *Uwe Wick*

3.13/22 Die Mannschaft von Borussia Dortmund mit der Meisterschale nach dem Gewinn der Deutschen Meisterschaft 1957
Dortmund, 1957
Foto; 30,5 x 40,5 cm
Gerd Kolbe, Holzwickede

Die zweite Deutsche Meisterschaft besaß einen besonderen Stellenwert, weil Borussia Dortmund in identischer Formation den Vorjahrestitel verteidigt hatte. In allen Endspielen um die Deutsche Meisterschaft gelang dies keinem anderen Verein.

3.13/23 Berni Klodt
Sportillustrierte Nr.6, Karlsruhe, Juni 1958
Papier; 36,5 x 26 cm
SV Werder Bremen

Schalke 04 holte den vierten Titel in Folge ins Revier. Die Mannschaft, deren Star Berni Klodt war, knüpfte damit an die großen Erfolge des "Schalker Kreisels" an.

3.13/24 Sonderausgabe der Vereinszeitschrift von Borussia Dortmund zur Deutschen Meisterschaft 1963
Dortmund, 1963
Papier; 20 x 22 cm
Jablonski, Bochum

Im letzten Endspiel um die Deutsche Meisterschaft gewann Borussia Dortmund zum dritten Mal die Deutsche Meisterschaft. Der Verein wurde damit zur erfolgreichsten Mannschaft in der Zeit der Oberligen.

3.13/25 Zwei Programmhefte zu Gruppenspielen um die Deutsche Meisterschaft
Berlin, 1955 und 1959
Papier; je 21 x 15 cm
Martin Brands, Duisburg

a) Viktoria 89 Berlin – SV Sodingen 12 am 5.6.1955 in Berlin.
Dem SV Sodingen, aus dem gleichnamigen Herner Vorort, gelang 1955 als westdeutscher Vizemeister die Qualifikation zur deutschen Endrunde. In den Gruppenspielen traf der Verein auf so bekannte Mannschaften wie den Hamburger SV und den 1. FC Kaiserslautern, gegen die er keine Chance hatte. Dafür gewann er beide Begegnungen gegen Viktoria 89 Berlin.

b) Tasmania 1900 Berlin – Westfalia Herne am 20.6.1959 in Berlin
Westfalia Herne qualifizierte sich als westdeutscher Meister für die deutsche Endrunde 1959. Dem Verein erging es ähnlich wie dem SV Sodingen. Er wurde in seiner Gruppe nur Vorletzter vor Tasmania 1900 Berlin.

3.13/26 Werbefaltblatt des Siedlungsverbandes Ruhrgebiet
Gerd Hüsch, Essen, um 1975
Papier; 38 x 61 cm
Jablonski, Bochum

Mit diesem Werbefaltblatt versuchte der Vorgänger des heutigen Kommunalverbands Ruhrgebiet (KVR), unter dem Motto "Schöne Grüße aus Ruß-Land. Treffen Sie Ihre Vorurteile" ironisch auf das in den siebziger Jahren vorherrschende Ruhrgebietsklischee einzugehen. Zu sehen sind acht Karikaturen, die unter anderem auch ein Motiv zu Schalke 04 zeigen: "... wallfahren zum Fußball ...". Damit wird deutlich, wie sehr das Ruhrgebiet neben angeblich verrußten Häusern und qualmenden Schloten auch mit Fußball identifiziert wurde.

3.13/27 Karikatur auf die Verehrung von Schalke 04
Gerd Hüsch, um 1975
Lithografie, Papier; 70 x 50 cm
Jablonski, Bochum

Diese Lithografie diente als Vorlage für die oben genannte Werbekampagne des Siedlungsverbandes Ruhrgebiet. Sie zeigt die Karikatur eines Menschen, der vor einem Altar kniet und Schalker Devotionalien anbetet.

3.13/24

Didi, Vavá, Pelé.
Brasilianischer Ballzauber

3.14/1 Ehrenbecher der Stadt Frankfurt zum Länderspiel Deutschland – Spanien
1958
Metall; H 12 cm, D 8 cm
Roland Tomic, Duisburg

Als Weltmeister von 1954 war Deutschland bereits für die Weltmeisterschaft 1958 in Schweden qualifiziert. Doch nach dem Erfolg von Bern war die Nationalmannschaft von einer Gelbsuchtwelle erfasst worden und musste zum Teil um- und neu aufgebaut werden. Die Länderspielbilanz der Jahre 1955 und 1956 verhieß nichts Gutes: In 14 Spielen gelangen den Spielern um Sepp Herberger nur vier Siege und ein Unentschieden, neunmal jedoch verloren sie. Erst das mit 2:0 gewonnene Spiel gegen Spanien kurz vor der Weltmeisterschaft 1958 bot Anlass zu neuer Hoffnung.

3.14/2 Plakat zur Weltmeisterschaft 1958 in Schweden
1958
Papier; 70 x 51 cm
Roland Tomic, Duisburg

Mit großen Erwartungen reiste die deutsche Mannschaft als amtierender Weltmeister nach Schweden. Keiner der Konkurrenten war als klarer Titelaspirant zu erkennen. Weder den Ungarn noch den Engländern traute man ein überragendes Auftreten zu. Auch Schweden, Brasilien und die Sowjetunion gehörten zum erweiterten Kreis der Favoriten.

3.14/3 Programmheft zur Weltmeisterschaft in Schweden
1958
Papier; 29 x 20 cm
Roland Tomic, Duisburg

Um zu vermeiden, dass die Favoriten schon in den Vorrunden aufeinander trafen, wurden sie getrennten Gruppen zugeordnet. Die Bundesrepublik, als Titelverteidiger in einer Favoritenrolle, traf in der ersten Gruppe auf Argentinien, die Tschechoslowakei und Nordirland. Mit nur einem Sieg gegen Argentinien und zwei Unentschieden konnte das Team von Sepp Herberger den Gruppensieg problemlos erreichen.

3.14/4 Plakette für die Teilnehmer der Weltmeisterschaft in Schweden
1958
Metall, Stoff; 8 x 3,5 cm
bez.: VM Sverige 1958 / Tyskland / Läkare
Roland Tomic, Duisburg

3.14/5 Helmut Haller wird vom Masseur Erich Deuser behandelt
Horst Müller, Schweden, 1958
Foto; 21,5 x 16,5 cm
Christian Meister, Bochum

3.14/6 Schwedischer "Stimmungsmacher"
Horst Müller, Göteborg, 1958
Foto; 21,5 x 16,5 cm
Christian Meister, Bochum

Beim Halbfinalspiel in Göteborg traf Deutschland auf den Gastgeber Schweden. Dieser hatte vier "Stimmungsmacher" aufgeboten, die schon vor dem Anpfiff das Publikum zu wahren Begeisterungsstürmen hinrissen. Entsprechend schwer fiel es der deutschen Mannschaft, in dieser hitzigen Atmosphäre die Ruhe zu bewahren und ihre Linie zu finden. Zwar ging sie zunächst in Führung, aber den Schweden gelang der Ausgleichstreffer, und der beständige schwedische Schlachtruf "Heja-heja!" legte die Nerven blank. In der 58. Minute beging Juskowiak eine Tätlichkeit und wurde vom Platz gestellt. In Unterzahl verlor die deutsche Mannschaft mit 3:1.

3.14/6

3.14/7 Mannschaftsfoto der deutschen Nationalelf mit Widmung Sepp Herbergers an Erich Deuser
1958
Foto, Papier, Glas, Holz; 29,5 x 37 cm
bez.: Erich Deuser in Freundschaft gewidmet! / Seppl Herberger
Roland Tomic, Duisburg

Erich Deuser hat als Masseur nicht nur an der Weltmeisterschaft in Schweden teilgenommen. Von 1951 bis 1982 war er regelmäßig für die Nationalmannschaft im Einsatz, und Sepp Herberger bezeichnete ihn als den "12. Mann" der Mannschaft. Wie beliebt Deuser war, belegt dieses Foto, auf dem alle Spieler unterschrieben haben.

3.14/8 Fußball von der Weltmeisterschaft 1958
Derby Star, 1958
Leder; D 21 cm
Alfred Kötz, Bergisch Gladbach

Der Ball stammt von der Weltmeisterschaft in Schweden und wurde von der deutschen Nationalmannschaft benutzt. Er trägt die Unterschriften aller deutschen Spieler dieses Turniers und der Weltmeistermannschaft von 1954.

3.14/9 Fußballschuh zur Weltmeisterschaft 1958, Modell "adidas Weltmeister"
adidas, 1958
Leder, Metall, Leinen; 9 x 28 x 12 cm
adidas Sportmuseum, Herzogenaurach; 00079

3.14/10 Eintrittskarte zum Spiel um den 3. Platz der Weltmeisterschaft
Schweden, 1958
Papier; 8 x 14 cm
Bernd Münze, Rüsselsheim

Im "kleinen Finale" spielten die beiden Verlierer der Halbfinalspiele – Deutschland und Frankreich – um den dritten Platz. Die deutschen Spieler allerdings waren erschöpft, und die Franzosen gewannen mit 6:3.

Die Weltmeisterschaft 1958 in Schweden stand unter einem neuen Stern: Von nun an verzauberte der brasilianische Traumfußball den Rest der Welt. Sein größtes Talent war der erst siebzehnjährige Edson Arantes do Nascimento, genannt "Pelé". Schon im Vorfeld der Weltmeisterschaft wurde er mit Lorbeeren überhäuft, konnte allerdings den Erwartungen auch gerecht werden. Er zelebrierte mit seinen Mannschaftskollegen einen Sturmwirbel, dem die Europäer nicht gewachsen waren. Neben Pelé debütierten bei der Weltmeisterschaft Garrincha und Vavá, die sich "blind" mit ihm verstanden. Zusammen bildeten die drei einen hervorragenden Sturm und wirbelten die gegnerische Verteidigung fast nach Belieben durcheinander.

3.14/11

3.14/11 Pelé im Sprint zum Ball
Horst Müller, Stockholm, 1958
Foto; 17 x 21,5 cm
Horst Müller, Düsseldorf

Die Brasilianer stellten die mit Abstand beste Mannschaft des Weltmeisterschaftsturniers mit Spielern wie Didi, Vavá, Garrincha und vor allem Pelé, der als 17-jähriger seinen Durchbruch zum Weltstar erlebte. Im Endspiel ließen ihre technische Brillanz, Kombinationssicherheit und Spielfreude den Schweden keine Chance. Selten flogen dem Sieger einer Weltmeisterschaft so ungeteilt die Sympathien, sogar der unterlegenen Gegner, zu.

3.14/12 Pelé beim Kopfballspiel
Horst Müller, Stockholm, 1958
Foto; 17 x 21,5 cm
Horst Müller, Düsseldorf

3.14/13 Deutscher Fußball-Bund (Hg.): Die Fussball Weltmeisterschaft 1958 in Schweden
Frankfurt/M., 1958
Papier, Karton; 26 x 24 cm
Heinz Pieper, Moers

Im Vorwort gratuliert der damalige Präsident Peco Bauwens den Brasilianern, die mit einer glanzvollen Demonstration ihrer spielerischen Möglichkeiten verdient Weltmeister geworden seien. Es werde schwierig werden, den Titel von solch vollendeten Artisten nach Deutschland, ja nach Europa zurückzuholen.

3.14/14 Illustrierten-Sonderausgabe zur Weltmeisterschaft
SPORT-Illustrierte, Sonderausgabe, 1958
Papier; 36,5 x 27,5 cm
Heinz Pieper, Moers

Die Leistungen des Weltmeisters Brasilien werden als "Fußball vom anderen Stern" beschrieben. Die Brasilianer hätten in einer "Stunde größter Fußballkunst" die Schweden im Endspiel mit 5:2 geschlagen.

3.14/15 Langspielplatte mit Aufnahmen von den Weltmeisterschaften 1954 und 1958
Sprecher: Herbert Zimmermann, NDR Hamburg, 1958
Vinyl, Papier; 31,5 x 31,5 cm
Roland Tomic, Duisburg

Dass Brasilien einen derart fantastischen Fußball zeigen würde, war überraschend. Die Mannschaft hatte sich in der Qualifikation nur knapp gegen Peru durchsetzen können und gehörte zu Beginn der Weltmeisterschaft höchstens zum erweiterten Favoritenkreis. Allerdings sollte sich dies mit Turnierbeginn schnell ändern. Mit zwei Siegen gegen Österreich und die Sowjetunion und einem Unentschieden gegen England zog Brasilien souverän in die nächste Runde ein. Erst im letzten Gruppenspiel gegen die Sowjetunion kam Pelé zu seinem ersten Einsatz. Doch von nun an war er Teil der brasilianischen Mannschaft und sorgte bei Publikum und Fachpresse, vor allem aber bei seinen Gegenspielern, für Aufsehen.

Im Viertelfinale schlugen die Brasilianer mit Mühe Wales 1:0. Erst im Halbfinale gegen Frankreich konnten sie ihre ganze Klasse zeigen und das Spiel mit 5:2 gewinnen. Doch nicht nur die Höhe des Ergebnisses, sondern vor allem die Art und Weise seines Zustandekommens hat das Bild vom südamerikanischen Fußball als "Ballzauber" geprägt. Die Brasilianer spielten das 4-2-4-System in Perfektion, das in Europa noch ungewohnt und mit vier Angreifern sehr offensiv ausgerichtet war. Vor allem aber waren es die Einzelspieler mit ihrer perfekten Ballbeherrschung, die faszinierenden Kombinationsfußball boten. Der Rechtsaußen

Garrincha – zu deutsch: "Paradiesvogel" - konnte mit seinen Dribblings mehrere Spieler auf sich ziehen und dadurch entweder freistehende Mitspieler bedienen oder selbst den direkten Torschuss suchen. So verblüffte er in seinem ersten Gruppenspiel dieser Weltmeisterschaft gegen die Sowjetunion seine Gegenspieler, genauso wie alle anwesenden Zuschauer, als er in der ersten Minute die gesamte sowjetische Verteidigung umkurvte und – unhaltbar für den berühmten Torhüter Lew Jaschin – den Ball ins Tor schoss. Zu Recht ist er 1999 an der Seite von Pelé – wie auch Jaschin – in die "Jahrhundert-Elf" gewählt worden.

Im anderen Halbfinalspiel standen sich Gastgeber Schweden und Deutschland gegenüber. Die Mannschaft Sepp Herbergers wurde als sehr stark eingeschätzt und meisterte die Vorrunde souverän. Den Einzug ins Halbfinale hatte allerdings ein etwas glückliches 1:0 gegen Jugoslawien ermöglicht. In dem nun folgenden Spiel in Göteborg vor 50.000 Zuschauern feuerten die schwedischen Fans ihre Mannschaft frenetisch an. In dieser aufgeheizten Atmosphäre ließ sich der deutsche Spieler Juskowiak zu einer Tätlichkeit provozieren und wurde des Platzes verwiesen. Mit zehn Spielern hatte die deutsche Mannschaft keine Chance mehr und verlor schließlich mit 3:1. Die Niederlage führte zu diplomatischen Verstimmungen zwischen den beiden Ländern, und für kurze Zeit hatten schwedische Bürger in Deutschland sogar Schwierigkeiten, an Tankstellen, in Restaurants oder Supermärkten bedient zu werden. Wegen der vermeintlich ungerechten Niederlage wurde die deutsche Mannschaft bei ihrer Heimkehr als Sieger begrüßt, obwohl sie nur den vierten Platz belegt hatte.

Im Finale besiegten die Brasilianer die Schweden deutlich mit 5:2; nicht nur die eigenen, sondern auch die schwedischen Anhänger feierten Brasilien begeistert. Die Welt erlag in Bewunderung dem Zauber des brasilianischen Fußballs.

Pelé war seit dem Auftritt bei der Weltmeisterschaft 1958 ein internationaler Star. Bei der folgenden Weltmeisterschaft in Chile im Jahre 1962 konnte er leider nur in den ersten beiden Spielen seine Klasse zeigen.

3.14/14

3.14/16 Helmut Schön und Erich Deuser auf der Rückfahrt von der Weltmeisterschaft
1958
Foto; 7 x 10 cm
Roland Tomic, Duisburg

Helmut Schön konnte als Assistent von Sepp Herberger bei den Weltmeisterschaften 1958 und 1962 Erfahrungen sammeln, bevor er diesen 1963 als Bundestrainer ablöste.

3.14/17 Friedebert Becker (Hg.): Fussball-Weltmeisterschaft 1958
München, 1958
Papier; 26,5 x 19 cm
Roland Tomic, Duisburg

3.14/18 Dankeskarte der Nationalmannschaft zur Weltmeisterschaft in Schweden
1958
Foto auf Karton, 11 x 17 cm
bez.: Die deutsche Nationalmannschaft dankt herzlich für alle Grüße und gute Wünsche zu den Spielen der Weltmeisterschaft 1958 in Schweden
Deutscher Fußball-Bund, Frankfurt/M.

3.14/19 Vorschau auf die Weltmeisterschaft in Chile 1962
Der Kicker, Nr. 1, Mai 1962
Papier; 31 x 23 cm
Roland Tomic, Duisburg

Auf dem Titelbild sind Sepp Herberger, Uwe Seeler und Horst Szymaniak abgebildet, die der "Kicker" zum festen Bestandteil der Nationalelf auch in Chile zählte. Optimismus über die Leistungsstärke des deutschen Fußballs war im Vorfeld der Weltmeisterschaft weit verbreitet. F. Becker, der Herausgeber des Kicker, betitelte sein Vorwort mit "Sturm auf Brasiliens Thron" und sah die Stärken der deutschen Mannschaft im Teamwork, in der aufopfernden Kameradschaft und dem Kombinationsspiel. Aber er verschwieg auch nicht die Schwächen der Mannschaft.

3.14/20 Glückwunsch zur Weltmeisterschaft 1962
Ilse u. Eugen Schmidt, Leipzig, 1962
Kupferstich, Karton; 18 x 13 cm
bez.: Bern – in diesem Geiste / Glück auf, DFB! / Chile / Schiele nach Chile / Drücken Ihnen, lieber Seppl Herberger + Ihren Männern alle Daumen! Ihre Ilse + Eugen Schmidt / Leipzig - 62
Roland Tomic, Duisburg

Das Ehepaar Schmidt aus Leipzig fertigte eine Reihe von Kupferstichen an, die als Motiv Sepp Herberger und die bundesdeutsche Nationalmannschaft thematisierten.

3.14/21 Postkarte vom deutschen Weltmeisterschaftskader
Herbert Mehrens, Frankfurt/M., 1962
Foto, Karton; 8,5 x 13,5 cm
Roland Tomic, Duisburg

Für den Fototermin kurz vor dem Abflug nach Chile präsentierten sich die Spieler und der Betreuerstab in Frankfurt wie folgt: Kraus, Tilkowski, Sawitzki, Schnellinger, Haller, Werner, Fahrian, Kurbjuhn, Sturm, Strehl, Masseur Deuser, Schulz, Szymaniak, Nowak, Seeler, Koslowski, Herrmann, Brülls, Herberger, Schäfer, Wilden, Erhardt, Giesemann, Vollmar.

3.14/22 Urkunde zur Äquatortaufe von Erich Deuser
Lufthansa, 1962
Papier; 29,5 x 20,5 cm
Roland Tomic, Duisburg

Von der Seeschifffahrt hatten die Fluggesellschaften die Tradition übernommen, jedem Passagier, der zum ersten Mal den Äquator überquerte, eine "Äquator-Taufe" zukommen zu lassen. Bei Erich Deuser war es am 20.5.1962 auf dem Flug nach Santiago de Chile so weit. Die Lufthansa hatte für die Zeremonie vorgedruckte Urkunden vorbereitet, die nur noch ausgefüllt werden mussten.

Er verletzte sich im zweiten Spiel gegen die Tschechoslowakei und konnte im weiteren Turnierverlauf nicht mehr eingesetzt werden. Das tat seiner Popularität aber keinen Abbruch. So war es auch selbstverständlich, dass er nach dem Sieg im Endspiel gegen die Tschechoslowakei mit den Spielern, die das Finale bestritten hatten, den Weltmeisterschaftspokal entgegennahm. Der südamerikanische, speziell der brasilianische Fußball hatte sich international an die Spitze gesetzt.

Eine enttäuschende Vorstellung lieferte hingegen die deutsche Mannschaft: Nach einer zwar erfolgreichen, aber farblosen Vorrunde traf sie, wie schon in den vorhergehenden beiden Weltmeisterschaften, auf ihren traditionellen Viertelfinalgegner Jugoslawien. Diesmal gewannen jedoch die Jugoslawen 1:0 und die deutsche Mannschaft musste frühzeitig heimreisen. Allmählich wurde auch den deutschen Verantwortlichen deutlich, dass mit Vertragsspielern der Anschluss an die Weltspitze nicht zu halten war.

1966 erreichte kein südamerikanisches Team das Halbfinale, aber 1970 wurde Brasilien zum dritten Mal Weltmeister. Es war die letzte Weltmeisterschaft Pelés. Ein Jahr später spielte er zum letzten Mal für sein Land und ließ seine Karriere 1978 in den USA bei Cosmos New York ausklingen. Nach ihm schafften andere Ausnahmespieler aus Südamerika den internationalen Durchbruch: Zu Weltstars wurden die Argentinier Diego Armando Maradona und Caniggia, die Brasilianer Zico, Sokrates, Rivaldo und Ronaldo, die mit ihrer unnachahmlichen Spielweise die Welt des Fußballs reicher gemacht haben. *Axel Heimsoth*

3.14/26

3.14/23 Fußballschuh zur Weltmeisterschaft in Chile 1962
adidas, 1962
Leder, Metall, Leinen;
9 x 28 x 12 cm
adidas Sportmuseum,
Herzogenaurach; 00159

3.14/24 Fußball von der Weltmeisterschaft in Chile, Modell "WM 1962"
adidas, 1962
Leder; D 21 cm
Alfred Kötz, Bergisch Gladbach

3.14/25 Spielplan zur Fußball-Weltmeisterschaft 1962
Heinrich Wenker Brauerei
Kronenburg, Dortmund,
6.6.1951
Papier; 21 x 15 cm
Geschichtswerkstatt Dortmund

Der Besitzer des Plans und Anhänger der deutschen Nationalmannschaft hat sich nur bis zu ihrer Niederlage gegen Jugoslawien im Viertelfinale die Mühe gemacht, die Mannschaften und Ergebnisse in den Spielplan einzutragen.

3.14/26 Uwe Seeler und Helmut Schön bei einem touristischen Ausflug
Horst Müller, Chile, 1962
Foto; 21 x 17 cm
Christian Meister, Bochum

3.14/27 Identifikationskarte von Erich Deuser von der Weltmeisterschaft in Chile
FIFA, 1962
Karton; 9 x 13,5 cm
Roland Tomic, Duisburg

Mit dem von der FIFA ausgestellten Ausweis hatte man ungehinderten Zutritt zum Stadion.

3.14/28 Schlüsselanhänger von der Weltmeisterschaft in Chile
1962
Metall; L 10 cm, D 3 cm
bez.: CAMPEONATO MUNDIAL DE FUTBOL / COPA JULES RIMET – CHILE 1962
Roland Tomic, Duisburg

Auf dem Schlüsselanhänger ist reliefartig das Estadio Nacional, das Stadion von Santiago de Chile, abgebildet.

3.14/29 Eintrittskarte zum Spiel Jugoslawien – Deutschland 1962 in Chile
Chile, 1962
Papier; 9 x 6 cm
Bernd Münze, Rüsselsheim

Das Spiel gegen Jugoslawien beendete den Traum vom erneuten Titelgewinn. In einer rein defensiv ausgerichteten Formation konnten die deutschen Spieler im Angriff keine Akzente setzen und verloren das Viertelfinalspiel mit 0:1.

3.14/30 Vavá bei der Weltmeisterschaft 1962 in Chile
Horst Müller, Düsseldorf, 1962
Foto; 16 x 21 cm
Deutscher Fußball-Bund,
Frankfurt/M.

3.14/31 Garrincha bei der Weltmeisterschaft 1962 in Chile
United Press International, 1962
Foto; 16,5 x 22,5 cm
Deutscher Fußball-Bund,
Frankfurt/M.

3.14/32 Amarildo bei der Weltmeisterschaft 1962 in Chile
Horst Müller, Düsseldorf, 1962
Foto; 15,5 x 21 cm
Deutscher Fußball-Bund,
Frankfurt/M.

3.14/33 Friedrich Hack / Richard Kirn (Hg.): Fussball-Weltmeisterschaft Chile 1962
Gütersloh, 1962
Papier, Karton; 27,5 x 19 cm
Heinz Pieper, Moers

3.14/34 Heribert Meisel: Fussball-Weltmeisterschaft 1962
München, 1962
Papier, Karton; 27,5 x 22,5 cm
Roland Tomic, Duisburg

3.14/35 Spielszene aus dem Endspiel zur Weltmeisterschaft 1970
Mexiko, 1970
Foto; 16,5 x 22 cm
Horst Müller, Düsseldorf

Bei der Weltmeisterschaft 1970 in Mexiko zauberte Brasilien wieder. Es war Pelés letztes Turnier, und sein Team präsentierte sich in einer wahren Angriffsfreude. Im Endspiel gegen Italien siegte die brasilianische Mannschaft souverän mit 4:1.

3.14/36 Carlos Alberto bei der Weltmeisterschaft 1970 in Mexiko
Hartung, Mexiko, 1970
Foto; 18,5 x 24 cm
Deutscher Fußball-Bund,
Frankfurt/M.

3.14/37 Pelé und Jairzinho bei der Weltmeisterschaft 1970 in Mexiko
Sven Simon, Mexiko, 1970
Foto; 23,5 x 18,5 cm
Deutscher Fußball-Bund,
Frankfurt/M.

Die Liga

Immer wieder samstags. Die Fußball-Bundesliga

4.1/1

4.1/1 Sammelbilder "Fußball Bundesliga 1: Preußen Münster"
Heinerle Wundertüten, Bamberg, 1963
Papier; je 9 x 6,5 cm
Gerd Päsler, Dortmund

Zum Bild vom Wochenende in Deutschland gehört die Bundesliga wie Autowäsche, Kaffeetrinken und der Sonntagsspaziergang. "Was wäre, wenn Gott den Samstag nicht geschaffen hätte?", fragte unlängst ein Werbefilm zu idyllischen Impressionen aus dem Ruhrgebiet. Und nicht nur im Revier scheidet

4.1/2c

4.1/2 Sechs Bundesliga-Sammelalben
Sicker-Verlag, Wiesbaden, 1964-1968
Papier Karton
Gerd Päsler, Dortmund
a) "Fußball. Die besten Fußballspieler aus Deutschland und aller Welt 1964/1965"
24 x 34 cm
b) "Die Fußball Saison 1965/66"
24 x 32 cm
c) "Tausend tolle Tore – Bundesliga 1965/66 und Weltmeisterschaft in England"
22 x 43 cm
d) "Das goldene Album – Die große Fußball Parade – Bundesliga 1966/67"
34 x 49 cm
e) "Bundesliga-Asse 1966/67 – Die neue deutsche National-mannschaft"
34 x 49 cm
f) "Bundesliga Asse"
30,5 x 41 cm

4.1/3c

der Fußball die Arbeit von der Freizeit. Für den Fußballfan bilden die Begegnungen der Fußball-Bundesliga den wöchentlichen Ausnahmezustand, für den es sich, wie ein Werbefilm formuliert hat, neben Arbeit, Glaube und Liebe sogar zu leben lohne. Ob im Fußballstadion, am Radioempfänger oder vor dem Fernseher – die Spiele am Wochenende prägen den Wochenrhythmus und die Freizeit von Millionen Menschen in Deutschland.

Mittlerweile hat die höchste deutsche Profiliga etwa 4000 Berufsspielern und 230 Trainern einen Arbeitsplatz geboten, zusätzlich ungezählten Managern, Betreuern und Vereinsmitarbeitern sowie den von der Liga Abhängigen in den Medienunternehmen oder der Sport- und Fanartikelindustrie. Die Bundesliga wurde zu einem Wirtschaftsfaktor und ihre Geschichte zur Wirtschafts- und Mediengeschichte, die Karrieren der beteiligten Spieler, Trainer und Manager finden in aller Öffentlichkeit statt. In kaum einem anderen Bereich der Gesellschaft werden Leistung und Versagen, Aufstieg und Abschied der einzelnen Akteure so genau beachtet.

Mit der Einführung der Liga vor 37 Jahren änderte sich nicht das Ziel der sportlichen Bemühungen bundesdeutscher Clubmannschaften – um die Deutsche Meisterschaft spielten die Vereine damals schon seit sechzig Jahren. Doch die Konzentration in einer bundesweiten Spielklasse, das Sich-Messen der Besten in wöchentlichen Endspielen, das schon Sepp Herberger in den dreißiger Jahren vorschwebte, veränderte sowohl das Spiel wie auch seine Rezeption. Das Spiel wurde schneller, athletischer und anspruchsvoller, während das öffentliche Interesse mittlerweile keine Grenzen zu kennen

4.1/3 Vier Fußball-Sammelalben
Americana Bilderdienst, München, 1979/80
Papier; je 23,5 x 17 cm
Gerd Päsler, Dortmund
a) "Fussball '79 Europapokal, UEFA Pokal, Bundesliga Asse, Spieler, Mannschaften, Wappen"
b) "Fussball 1980 1. und 2. Bundesliga Nord
c) "Bundesliga-Finale '80"
d) "Stars der Fussball-Bundesliga '80"

4.1/4x

4.1/5

4.1/4 24 Fußball-Sammelalben
Panini Bilderdienst, Nettetal, 1974-2000
Papier, Karton; je 33 x 24 cm
Gerd Päsler, Dortmund
a) "München 1974 WM 74"
b) "Argentina 78 World Cup"
c) "Espana 82 World Cup"
d) "Fussball 83"
e) "Fussball 84"
f) "Fussball 85"
g) "Mexiko 86 World Cup"
h) "Fussball 87"
i) "Fussball 88"
j) "Fussball 89"
k) "Italia 90 World Cup"
l) "Fussball 91"
m) "Fussball 92"
n) "Fussball 93 – Das Super Sammelalbum zur Rückrunde"
o) "USA 94 – Das Album zur Fussballweltmeisterschaft"
p) "Fussball 95 – ran SAT1"
q) "Big Cards Nr. 1 Bayern München"
23 x 15 cm
r) "Big Cards Nr. 2 Borussia Dortmund"
23 x 15 cm
s) "Premium Cards – Die besten Spieler der Fussball Bundesliga 96/97"
31 x 48 cm
t) "Fussball 98"
u) "Gestalte Dein Dortmund Poster"
60 x 48 cm
v) "France 98 World Cup"
w) "Fussball Mega Mix Endphase 98/99"
x) "Fussball 2000"

4.1/5 19 Bundesliga-Sammelalben
Bergmann, Unna/Fribourg, 1965-1984
Papier, Karton; 30-33 x 21-50 cm
Gerd Päsler, Dortmund
a) "Bundesliga 65/66"
b) "Fußball 1966/67"
c) "Fußball 1967/68"
d) "Bundesliga 68/69"
e) "Punkte – Tore – Meisterschaft 1969/1970"
f) "Fußball 70/71"
g) "Fußball '72 Bundesliga-Regionalliga"
h) "König Fußball Teams & Stars 1972/1973"
i) "Fußball 74/75"
j) "Fußball-Bundesliga 1975/1976"
k) "FUSSBALL 1976/77"
l) "Fußball 77/78"
m) "Fußball 78/79"
n) "Bundesliga 79/80 Die neuen Mannschaften – DFB- und Europapokal 1979"
o) "Fußball 80/81 Europameisterschaft-Pokale – Die neue Bundesliga"
p) "Bundesliga Aktuell – Stars im Stadion"
q) "Fußball 82/83"
r) "Fußball 83/84"
s) "Bundesliga 84/85"

4.1/6 Sammelbuch "Fußball-Bundesliga 1. Spieljahr 63/64"
Westfälische Rundschau, Dortmund, 1964
Papier; 33 x 46 cm
Gerd Päsler, Dortmund

Die Zeit der Kaufmannsbilder endete in den fünfziger Jahren. Ab 1952 definierte die Zugabeverordnung zu Warenverpackungen Sammelalbenbilder als höherwertige Reklamegegenstände, woraufhin die über hundertjährige Tradition der Zigaretten- und Schokoladenbilder ein Ende fand. Fortan wurden Sammelbilder verkauft. Die zugehörigen Alben bekam man gegen eine Schutzgebühr vom Verlag geschickt oder direkt beim Verkäufer der Tütenbilder.
Anhand der Bilder und Alben lassen sich die bisher 37 Saisons der Bundesliga nachzeichnen. Zu jeder Spielzeit wurde mindestens ein Album aufgelegt, das jeder teilnehmenden Mannschaft meist eine Doppelseite widmete, auf die der Sammler die Einzelportäts der Spieler aufzukleben hatte. Boten in den sechziger und siebziger Jahren mehrere Anbieter Bundesligaalben an, gibt es seit den Achtzigern mit "Panini" nur noch eine europaweit operierende Firma, die Bundesligaalben und die noch beliebteren Alben zu den großen Fußball-Turnieren auflegt. Die Entwicklung in der Vermittlung des Fußballs lässt sich auch anhand der Alben aufzeigen. Im Fußball-Boom unserer Zeit entstehen mit Bundesliga-Endphasenalben, "Cards" und "Mega Cards" immer neue Angebote für den Fußball-Sammler. Während die herkömmlichen Fußballer-Klebebilder nur mit dem Spielernamen untertitelt sind, orientieren sich die kartonierten "Cards" am amerikanischen Vorbild der Baseballkarten. Aufgeführt werden alle wichtigen Spielerdaten (Größe, Alter, Vereine, Position, Tore). Am Ende der Sammelleidenschaft steht zwar das vollständig beklebte Album, doch ist der Prozess dorthin viel wichtiger. Auf dem Schulhof werden die "Doppelten" getauscht, und ganz nebenbei lernt der Sammelwütige die Namen und das Aussehen der Spieler der Turnier- und Bundesligamannschaften auswendig.

4.1/7 Sportmagazin, Sonderheft 1966/67 zu Weltmeisterschaft und Bundesliga
Sportmagazin, 1966
Papier; 30 x 22 cm
Sportantiquariat Kopp-Wittner, Würzburg

4.1/8 Sportmagazin Fußball, Sonderheft 1967/68
Sportmagazin, 1967
Papier; 30,5 x 22,5 cm
Sportantiquariat Kopp-Wittner, Würzburg

4.1/9 Sportillustrierte Bundesliga, Sonderheft 1968/69
Sportmagazin, 1968
Papier; 30 x 22 cm
Sportantiquariat Kopp-Wittner, Würzburg

4.1/10 Vierzehn "Kicker"-Bundesliga-Sonderhefte
Kicker-Sportmagazin, Nürnberg, 1969-1988
Papier; je 30,5 x 22 cm
Sportantiquariat Kopp-Wittner, Würzburg

4.1/11 Zehn „Kicker"-Bundesliga-Sonderhefte
Kicker-Sportmagazin, Nürnberg, 1989-1999
Papier; je 30,5 x 22 cm
Olympia-Verlag, Nürnberg

4.1/12 415 Vereinswappen für die Bundesliga-Stecktabelle des "Kicker"-Jahresheftes
Kicker-Sportmagazin, Nürnberg, ab 1989
Karton; je 3 x 2 cm
Christian Meister, Bochum

Vor jeder neuen Saison erscheint mit dem Bundesliga-Sonderheft des "Kicker" auch die "Super-Stecktabelle" mit den Wappen aller Vereine der ersten und zweiten Liga. Die meisten Teams, egal ob Bayern München oder Fortuna Köln, sind als langjährig im Profi-Fußball vertretene Vereine Jahr für Jahr mit ihrem Wappen dabei. Echte Raritäten sind hingegen Wappen von Vereinen, die sich nur für kurze Zeit im Profifußball halten konnten oder schon lange in der Versenkung verschwunden sind, so zum Beispiel von TuS Schloss Neuhaus, VfR Bürstadt, SpVgg Bayreuth oder Union Solingen. Bei den Freunden des SV Waldhof Mannheim dürfte die aktuelle Stecktabelle wenig Anklang gefunden haben, enthielt sie doch statt des eigenen Vereinsemblems das des Lokalrivalen und Regionalligisten VfR Mannheim.

4.1/13 Autogrammsätze der deutschen Meistermannschaften
BR Deutschland, 1981-1999
Papier; je 16 x 11 cm
Thomas Hohmann, Frankfurt/M.
a) Bayern München, 14 Bildkarten, 1980/81
b) Hamburger SV, 28 Bildkarten, 1981/82 und 1982/83
c) VfB Stuttgart, 21 Bildkarten, 1983/84
d) Bayern München, 27 Bildkarten, 1984/85
e) Bayern München, 7 Bildkarten, 1985/86
f) Bayern München, 6 Bildkarten, 1986/87
g) Werder Bremen, 19 Bildkarten, 1987/88
h) Bayern München, 19 Bildkarten, 1988/89
i) Bayern München, 27 Bildkarten, 1989/90
j) 1. FC Kaiserslautern, 26 Bildkarten, 1990/91
k) VfB Stuttgart, 28 Bildkarten, 1991/92
l) Werder Bremen, 33 Bildkarten, 1992/93
m) Bayern München, 50 Bildkarten, 1993/94
n) Borussia Dortmund, 25 Bildkarten, 1994/95
o) Borussia Dortmund, 32 Bildkarten, 1995/96
p) Bayern München, 27 Bildkarten, 1996/97
q) 1. FC Kaiserslautern, 25 Bildkarten, 1997/98
r) Bayern München, 30 Bildkarten, 1998/99
s) Bayer Leverkusen, 32 Bildkarten, oder Bayern München, 35 Bildkarten – Deutscher Meister 1999/2000?

4.1/14 Fünf Ausgaben des "Spiegel" mit Schwerpunktthema Fußball
Hamburg, 1977-1988
Papier; je 28 x 21,5 cm
Immo Wagner-Douglas, Hamburg

4.1/15 Starschnitt von Thomas Häßler
Kicker-Sportmagazin, Nürnberg, 1990er Jahre
Papier, auf Spanplatte geklebt; 175 x 80 cm
Olympia-Verlag, Nürnberg

Ähnlich wie Popstars sind auch Fußballspieler heute vergötterte Idole und werden dem zahlenden Publikum in ähnlicher Weise präsentiert. Starschnitte, also Abbildungen der Stars in Lebensgröße, die aus wöchentlich in Zeitschriften enthaltenen Einzelteilen zusammengefügt werden müssen, haben dementsprechend genau wie in der "Bravo" auch im "Kicker" Tradition. Die Liste der Kicker-Starschnitte liest sich wie das "Who's Who" des deutschen Fußballs. In viele Teile zerlegte Klinsmanns, Häßlers, Bierhoffs, Sammers, Kahns, Beckenbauers oder Völlers konnten von den Fans bereits zusammengebastelt werden. Nicht zuletzt wird durch das häppchenweise Servieren eines Stars, das sich über Monate hinzieht, die Käuferschaft dauerhaft an das Heft gebunden.

4.1/16 Starschnitt von Olaf Thon
Kicker-Sportmagazin, Nürnberg, 1990er Jahre
Papier, auf Spanplatte geklebt; 175 x 80 cm
Olympia-Verlag, Nürnberg

4.1/17 Starschnitte von Fußballspielern
Kicker-Sportmagazin, Nürnberg
Papier; je 175 x 80 cm
Olympia-Verlag, Nürnberg
a) Starschnitt von Ulf Kirsten, 1998
b) Starschnitt von Rudi Völler, 1991
c) Starschnitt von Oliver Kahn, 1997
d) Starschnitt von Sean Dundee, 1997
e) Starschnitt von Oliver Bierhoff, 1996/97
f) Starschnitt von Mehmet Scholl, 1996
g) Starschnitt von Fredi Bobic, 1996
h) Starschnitt von Karlheinz Riedle, 1995
i) Starschnitt von Bernd Schuster, 1994/95
j) Starschnitt von Matthias Sammer, 1994
k) Starschnitt von Lothar Matthäus, 1990/91
l) Starschnitt von Giovane Elber, 1998
m) Starschnitt von Guido Buchwald, 1991
n) Starschnitt von Andreas Möller, 1991/92
o) Starschnitt von Stefan Kuntz, 1992
p) Starschnitt von Andreas Köpke, 1993
q) Starschnitt von Anthony Yeboah, 1993/94
r) Starschnitt von Franz Beckenbauer, 1994
s) Starschnitt von Lars Ricken, 1997/98

4.1/18 Eintrittskarten zu Spielen von Eintracht Frankfurt seit 1963
1963-1999
Papier, 4-11 x 8-15 cm
Bernd Münze, Rüsselsheim
a) Eintracht Frankfurt – 1. FC Köln am 12.10.1963
b) Eintracht Frankfurt – 1. FC Köln am 17.10.1964
c) Eintracht Frankfurt – Hannover 96 am 4.9.1965
d) Eintracht Frankfurt – Eintracht Braunschweig am 11.2.1967
e) Eintracht Frankfurt – Werder Bremen am 26.8.1967
f) Werder Bremen – Eintracht Frankfurt am 21.9.1968
g) Eintracht Frankfurt – Werder Bremen am 7.3.1970
h) Arminia Bielefeld – Eintracht Frankfurt, Spielzeit 1970/71
i) 1. FC Kaiserslautern – Eintracht Frankfurt am 15.4.1972
j) Eintracht Frankfurt – Rot-Weiß Oberhausen am 17.3.1973
k) Fortuna Düsseldorf – Eintracht Frankfurt am 8.12.1973
l) Eintracht Frankfurt – Rot-Weiß Essen am 5.10.1974
m) Bayern München – Eintracht Frankfurt in der Spielzeit 1974/75
n) Eintracht Frankfurt – Karlsruher SC am 25.9.1976
o) Eintracht Frankfurt – 1. FC Saarbrücken in der Spielzeit 1977/78
p) Eintracht Frankfurt – FC Schalke 04 am 13.1.1979
q) Hamburger SV – Eintracht Frankfurt in der Spielzeit 1979/80
r) Eintracht Frankfurt – Fortuna Düsseldorf am 13.12.1980
s) SV Darmstadt 98 – Eintracht Frankfurt in der Spielzeit 1981/82
t) Hertha BSC – Eintracht Frankfurt in der Spielzeit 1982/83
u) SV Waldhof Mannheim – Eintracht Frankfurt am 24.3.1984
v) Bayer Leverkusen – Eintracht Frankfurt in der Spielzeit 1984/85
w) Eintracht Frankfurt – Bayer 04 Leverkusen am 28.9.1985
x) Eintracht Frankfurt – Borussia Dortmund in der Spielzeit 1986/87
y) FC Homburg – Eintracht Frankfurt in der Spielzeit 1987/88
z) VfL Bochum – Eintracht Frankfurt im Jahr 1988
aa) FC St. Pauli – Eintracht Frankfurt in der Spielzeit 1989/90
ab) Hertha BSC – Eintracht Frankfurt in der Spielzeit 1990/91
ac) SG Wattenscheid 09 – Eintracht Frankfurt in der Spielzeit 1991/92
ad) Dynamo Dresden – Eintracht Frankfurt in der Spielzeit 1992/93
ae) SC Freiburg – Eintracht Frankfurt in der Spielzeit 1993/94
af) Eintracht Frankfurt – Borussia Mönchengladbach in der Spielzeit 1994/95
ag) Hansa Rostock – Eintracht Frankfurt im Jahr 1995
ah) Eintracht Frankfurt – Rot-Weiß Essen am 12.11.1996
ai) Energie Cottbus – Eintracht Frankfurt am 22.8.1997
aj) Eintracht Frankfurt – MSV Duisburg am 2.12.1998
ak) Eintracht Frankfurt – FC Schalke 04 am 20.10.1999

Für jedes Bundesligaspiel werden Eintrittskarten verkauft, die wie die Tickets von Popkonzerten von den Kunden häufig auch nach Ablauf des Spiels aufbewahrt werden. Die kleinen nummerierten Abreißkarten mit Perforationsmarke wurden mit der Zeit von größeren, mit Werbeanzeigen bedruckten Kartenformularen abgelöst, die vom Computerplotter mit den jeweiligen Spieldaten bedruckt werden. Um gegen Fälschungen geschützt zu sein, sind die Papierkarten heute mit Holografien versehen. Auf der Rückseite finden sich Auszüge aus der Stadionordnung, Hinweise zum Versicherungsschutz, der Aufdruck des Nahverkehrsunternehmens, der den Karteninhabern am Spieltag die kostenfreie An- und Abfahrt ermöglicht, und eine Aufsichtsgrafik des Stadions.

und der Fußball nahezu alle anderen Sportarten an den Rand gedrängt zu haben scheint.
So selbstverständlich die Fußball-Bundesliga heute das deutsche Sportgeschehen dominiert, so schwierig war der Weg bis zur Gründung einer einheitlichen Spielklasse. Während in Großbritannien Profifußball und mit ihm nationale Ligen seit den achtziger Jahren des 19. Jahrhunderts existieren und Länder wie Ungarn, Jugoslawien oder Italien diese in den zwanziger Jahren einführten, scheiterten entsprechende Ansätze in Deutschland immer wieder. Entscheidend hierfür waren das Festhalten am Amateurideal und den dezentralen Ligen, die Sorge

4.1/19 47 Programmhefte aus allen Saisons der Bundesliga und von allen bisherigen Bundesliga-Vereinen
BR Deutschland, 1963-2000
Papier
Martin Brands, Duisburg

Stadionzeitungen, von ihren Sammlern Programmhefte genannt, sind Zeitschriften, die im Auftrag der Vereine erstellt und von den Vereinen herausgegeben werden. Ihre eigentliche Aufgabe war es, die Zuschauer über die Mannschaftsaufstellungen und den aktuellen Tabellenstand zu informieren. Heute sind daraus aufwändig gedruckte Magazine geworden, die mit Interviews, Fragebögen und Hintergrundberichten kaum von anderen Printmedien des Sportjournalismus zu unterscheiden sind. Das Sammeln der Programmhefte hat vor allem in England Tradition. Mittlerweile hat sich auch in Deutschland eine Sammlergemeinde gefunden, die in einem eigenen Vierteljahrsheft über die Geschichte und die aktuellen Tendenzen auf dem Gebiet der Stadionzeitungen berichtet. Hatten in den Anfangsjahren der Bundesliga noch nicht alle Vereine Programmhefte, so gehört die Stadionzeitung seit den siebziger Jahren zum Pflichtangebot der Profivereine. In dem hier gezeigten Konvolut an Stadionzeitungen sind, verteilt auf alle Spieljahre der Bundesliga, Hefte von allen 47 Vereinen vertreten, die bislang in der Bundesliga gespielt haben.

4.1/20 Sammlung von 48 Trikots des Meidericher Spielvereins und des MSV Duisburg
1963-1999
Textil
Wolfgang Berndsen, Duisburg

4.1/21 Sammlung von 68 Wimpeln des Meidericher Spielvereins und des MSV Duisburg
1963-1999
Textil, Kunststoff
Wolfgang Berndsen, Duisburg

In einem Privatmuseum sammelt Wolfgang Berndsen alles Erdenkliche rund um den MSV Duisburg. Die Sammlung der Spieltrikots des MSV Duisburg von 1960 bis in die heutige Zeit kann als einzigartig bezeichnet werden. Selbst der Hamburger SV, der der Bundesliga von Beginn an angehört, verfügt nicht über alle Spielkleidungen seiner Mannschaften. Auch die Sammlung der Wimpel, die um den MSV Duisburg entstanden, zeigt lückenlos alle, die mit den Emblemen des MSV Duisburg in den Umlauf gebracht worden sind.

4.1/20

4.1/22

4.1/22 Sammlung von 3000 Vereinsnadeln aller Fußballvereine Nordrhein-Westfalens
BR Deutschland, seit 1950
Metall
Heinz Adam, Gelsenkirchen

Anstecknadeln mit den Emblemen von Fußballvereinen gibt es nicht nur von Bundesligavereinen. Fast jeder Fußballverein lässt Nadeln mit dem Vereinsabzeichen herstellen, die sich der Träger an das Revers stecken kann, um damit die Verbundenheit und Mitgliedschaft zu seinem Club nach außen tragen zu können. Die Sammlung von Heinz Adam umfaßt insgesamt 3000 Nadeln aus Nordrhein-Westfalen von Sportvereinen von Arbeitsimmigranten aus den sechziger Jahren bis zu einer Vielzahl von verschiedenen Nadeln mit dem sich im Laufe der Zeit wandelnden Emblem des FC Schalke 04.

4.1/23 Sammlung von 248 Bierdeckeln mit Fußballmotiven
BR Deutschland, ab 1960
Karton; 9,5 x 9,5 cm
Herbert Krister, Oberhausen

Wo Bier getrunken wird, kreisen die Gespräche oft um Fußball, und wo Fußball gespielt wird, erfreut sich das Publikum am kühlen Gerstensaft. Brauereien haben auf ihren Werbemitteln häufig das Thema Fußball aufgegriffen. Die vorliegende Sammlung von 248 Bierdeckeln zeigt Fußballthemen in einer großen Bandbreite. Abgebildet werden die Embleme der großen Turniere und die Vereinswappen und Spielerfotos bekannter Clubs. Einige Bierfilze informieren den Zecher über den Spielplan oder kündigen ein kommendes Jugendfußballturnier an, andere laden zu Tippspielen ein und versuchen den Gast mit Fußballwitzen zu erheitern. Natürlich werden auch Fotos von Fußballprominenten abgedruckt: Der gleichermaßen als Fußballstar wie als Biertrinker bekannte Mario Basler war auf dem Gebiet der Bierdeckelwerbung sicherlich eine Idealbesetzung für die Absichten des bayrischen Weißbierbrauers.

4.1/24 Zwei Bierkrüge des FC Bayern München
München, 1975-1987
Steingut, Metall;
je H 15 cm, D 11 cm
Wolf-Dieter Ahlenfelder, Oberhausen

Bei Bundesligaspielen wird auf die Unparteilichkeit des Schiedsrichters geachtet. Deshalb kommen bei den jeweiligen Partien vor allem Schiedsrichter zum Einsatz, die aus keinem der beteiligten Fußball-Landesverbände entstammen. Bundesligaschiedsrichter Wolf-Dieter Ahlenfelder leitete auch deshalb bei seinen insgesamt 106 Bundesligapartien besonders oft Spiele mit der Beteiligung des FC Bayern München. Nach jedem Spiel, insgesamt 25-mal, erhielt er stets den gleichen Bierkrug, dessen Deckel ein Relief des Emblems des FC Bayern München zeigt.

4.1/25 Ball vom letzten Endspiel um die Deutsche Meisterschaft vor Einführung der Bundesliga
BR Deutschland, 1963
Leder; D 24 cm
Kurt Tschenscher, Reilingen

4.1/23

4.1/26 Schallplatte "1. FC Köln – Borussia Dortmund", Reportage vom letzten Endspiel um die Deutsche Fußballmeisterschaft 1963 im Stuttgarter Neckarstadion
Kurt Brumme, Ariola GmbH, 1963
Vinyl, Karton; 18 x 18 cm
Hildegard Schulte, Dortmund

4.1/27 Weltzeituhr, Geschenk für den 1. FC Köln
Kienzle, um 1970
Metall, Glas; 29 x 17 x 8 cm
1. FC Köln

4.1/28 Franz Kremer, Präsident des 1. FC Köln und Mitbegründer der Bundesliga
1967
Foto, Metall; 25 x 15 cm
1. FC Köln

4.1/29 Silbernes Meisterbuch der Westdeutschen Meisterschaft 1947-1963
Werkschule Köln,
Westdeutscher Fußballverband, 1947
Metall, versilbert; 40 x 60 cm
1. FC Köln

Vor allem Franz Kremer, Präsident des 1. FC Köln, hatte seinen Anteil an der Einrichtung einer Bundesliga. 1962 konnte sich die von Kremer mitbegründete "Interessengemeinschaft Bundesliga und Berufs-Fußball" durchsetzen, und die Vertreter der Vereine und Landesverbände beschlossen die Einrichtung einer Bundesliga zur Saison 1963/64. Sehr zur Freude ihres Vorkämpfers Franz Kremer war es ausgerechnet der 1. FC Köln, der am Ende der ersten Bundesligasaison die Tabelle anführte und Deutscher Meister wurde. Das Meisterbuch, der Wanderpreis zur Westdeutschen Meisterschaft, verzeichnet alle Meister des Fußballwestens. Als das Kapitel Oberliga West der Fußballgeschichte mit Einführung der Bundesliga abgeschlossen wurde, schenkte der Westdeutsche Fußballverband den Kölnern, die auch die letzten vier Westdeutschen Meisterschaften für sich hatten entscheiden können, diesen Meisterpreis.

4.1/30 Andenkenteller zu den Deutschen Meistertiteln des 1. FC Köln in den Jahren 1962 und 1964
Gläser Schmitz, Aachen, 1964
Porzellan; D 34 cm
Deutsches Sport- und Olympiamuseum Köln

4.1/31 Wimpel des DFB für den 1. FC Köln zur Deutschen Meisterschaft 1964
Deutscher Fußball-Bund, 1964
Textil; 25 x 35 cm
1. FC Köln

4.1/32 Bronzestatue des Geißbocks "Hennes", Maskottchen des 1. FC Köln
Köln, 1960er Jahre
Bronze; 172 x 70 x 70 cm
1. FC Köln

4.1/33 Spieler-Vertrag zwischen Wolfgang Overath und dem 1. FC Köln
Franz Kremer/Wolfgang Overath, Köln, 20.6.1963
Papier; 29,5 x 21 cm
Wolfgang Overath, Troisdorf

Die Bundesliga stellte die Weichen für die Einführung des Profifußballs in Deutschland, doch die Bezahlung der Vertrags-Fußballspieler blieb, wie der Vertrag zwischen Wolfgang Overath und Franz Kremer, dem Präsidenten des 1. FC Köln, zeigt, an strenge Regeln gebunden. Die monatlichen Einkünfte der Vertragsspieler durften 1200 Mark im Monat nicht überschreiten. Erst 1974, mit der endgültigen Freigabe der Spielergehälter, konnten Vereine und Spieler das Einkommen frei aushandeln, und die Gehaltsspirale schlängelt sich seither fast ungebremst nach oben.

4.1/34 Vertragsspieler- und Bundesligastatut vom April 1963
Deutscher Fußball-Bund, 1963
Papier, 87 Seiten; 14,5 x 10,5 cm
Deutscher Fußball-Bund, Frankfurt/M., Bibliothek

4.1/35 Spieler-Verträge von Günter Bernhard und Horst Dieter Höttges
SV Werder Bremen, 20.6.1963 und 2.7.1964
Papier; je 29,5 x 21 cm
SV Werder Bremen

4.1/36 Abguss eines Kapitells vom Kölner Dom mit Fußballmotiv
Köln, 2. H 1960er Jahre
Gips; 46 x 36 x 20 cm
Metropolitankapitel der Hohen Domkirche zu Köln

Für den Dachansatz des Querhauses des Kölner Doms gestalteten die Steinmetze der Dombauhütte auch zeitgenössische Motive. Der in Köln nach dem Gewinn der Deutschen Meisterschaft 1964 besonders populäre Fußball diente für ein Kapitell als Vorlage, das zwei Fußballspieler in einer Zweikampfszene zeigt.

4.1/37 Plakat "Fahrpreisermäßigung zu den Bundesligaspielen"
Hans Schmandt, 1963
Papier; 84 x 59,5 cm
StaatsArchiv Bremen; StAB 9, Plakatslg., 1963-361

Im Preis einer Bundesliga-Eintrittskarte ist heute meist die kostenlose An- und Abreise mit dem öffentlichen Nahverkehr enthalten. In der ersten Bundesligasaison reduzierte sich der Fahrpreis für die Stadionbesucher des SV Werder Bremen um die Hälfte. Durch derartige Maßnahmen kann vor allem das Fahrzeugaufkommen rund um die Fußballstadien gesenkt werden. Auch wenn die allgemeine Motorisierung 1963 noch nicht so weit fortgeschritten war, boten die Seitenstraßen rund um das Bremer Stadion zu wenig Parkplätze für die 40.000 Zuschauer, die das Bremer Weserstadion zum Bundesliga-auftakt gegen Borussia Dortmund besuchten und sahen das allererste Bundesligator, das des Dortmunders Timo Konietzka .

4.1/29

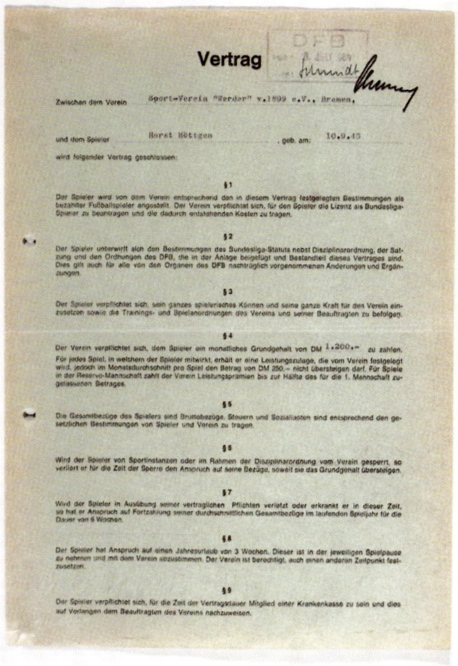

Vertrag

DFB

Zwischen dem Verein Sport-Verein "Werder" v.1899 e.V., Bremen,

und dem Spieler Horst Höttgen , geb. am: 10.9.43

wird folgender Vertrag geschlossen:

§ 1

Der Spieler wird von dem Verein entsprechend den in diesem Vertrag festgelegten Bestimmungen als bezahlter Fußballspieler angestellt. Der Verein verpflichtet sich, für den Spieler die Lizenz als Bundesliga-Spieler zu beantragen und die dadurch entstehenden Kosten zu tragen.

§ 2

Der Spieler unterwirft sich den Bestimmungen des Bundesliga-Statuts nebst Disziplinarordnung, der Satzung und den Ordnungen des DFB, die in der Anlage beigefügt und Bestandteil dieses Vertrages sind. Dies gilt auch für alle von den Organen des DFB nachträglich vorgenommenen Änderungen und Ergänzungen.

§ 3

Der Spieler verpflichtet sich, sein ganzes spielerisches Können und seine ganze Kraft für den Verein einzusetzen sowie die Trainings- und Spielanordnungen des Vereins und seiner Beauftragten zu befolgen.

§ 4

Der Verein verpflichtet sich, dem Spieler ein monatliches Grundgehalt von DM 1.200.- zu zahlen. Für jedes Spiel, in welchem der Spieler mitwirkt, erhält er eine Leistungszulage, die vom Verein festgelegt wird, jedoch im Monatsdurchschnitt pro Spiel den Betrag von DM 250.– nicht übersteigen darf. Für Spiele in der Reserve-Mannschaft zahlt der Verein Leistungsprämien bis zur Hälfte des für die 1. Mannschaft zugelassenen Betrages.

§ 5

Die Gesamtbezüge des Spielers sind Bruttobezüge. Steuern und Soziallasten sind entsprechend den gesetzlichen Bestimmungen von Spieler und Verein zu tragen.

§ 6

Wird der Spieler von Sportinstanzen oder im Rahmen der Disziplinarordnung vom Verein gesperrt, so verliert er für die Zeit der Sperre den Anspruch auf seine Bezüge, soweit sie das Grundgehalt übersteigen.

§ 7

Wird der Spieler in Ausübung seiner vertraglichen Pflichten verletzt oder erkrankt er in dieser Zeit, so hat er Anspruch auf Fortzahlung seiner durchschnittlichen Gesamtbezüge im laufenden Spieljahr für die Dauer von 6 Wochen.

§ 8

Der Spieler hat Anspruch auf einen Jahresurlaub von 3 Wochen. Dieser ist in der jeweiligen Spielpause zu nehmen und mit dem Verein abzustimmen. Der Verein ist berechtigt, auch einen anderen Zeitpunkt festzusetzen.

§ 9

Der Spieler verpflichtet sich, für die Zeit der Vertragsdauer Mitglied einer Krankenkasse zu sein und dies auf Verlangen dem Beauftragten des Vereins nachzuweisen.

4.1/35

der Landesverbände, ihren Einfluss zu verlieren, Angst vor unkalkulierbaren finanziellen Risiken oder auch politische Instrumentalisierungsversuche wie die des NS-Staates, der aus ideologischen Gründen den Berufsfußball ablehnte.

Doch wegen der enormen Popularität des Fußballs und der damit verbundenen Einnahmen setzten sich allen Verboten zum Trotz Elemente des Berufsfußballs durch: Schon in den zwanziger Jahren kam es zu heimlichen Zahlungen an die besten Spieler, ausländische Starspieler wie die Ungarn Alfréd Schaffer und Peter Szabó wurden verpflichtet, und Schalke 04 wurde 1930 wegen illegaler Zahlungen an seine Spieler vorübergehend vom Spielbetrieb ausgeschlossen. Der erste deutsche Fußballer hingegen, der im Ausland – bei Racing Strasbourg – sein Geld als Profi verdiente, Oskar Rohr vom Deutschen Meister Bayern München, hatte sich dazu nicht freiwillig entschlossen, sondern war vor den Nationalsozialisten geflohen.

Nach dem Zweiten Weltkrieg war wegen der Aufteilung Deutschlands an eine einheitliche Spielklasse zunächst nicht zu denken. Als dann die Landesverbände neu entstanden, knüpften sie an die alten regionalen Meisterschaften an und hielten am Amateurgedanken fest. Das 1949 eingeführte Vertragsspielertum mit den nun erlaubten

4.1/38 Konstruktionsplan für einen Fernsehstand in der Glückauf-Kampfbahn
Gelsenkirchen, 1963
Papier; 50 x 70 cm
Bauordnungsamt der Stadt Gelsenkirchen, Rathaus Buer

Die sich im Frühjahr 1963 für die neue Bundesliga bewerbenden Vereine hatten bestimmte Auflagen zu erfüllen: Die Vereine mussten gemeinnützig und ehrenamtlich geführt werden und über gesunde wirtschaftliche Verhältnisse verfügen. Die Stadien sollten eine Kapazität von mindestens 35.000 Zuschauern aufweisen und eine Flutlichtanlage besitzen, was neben Abendspielen auch bessere Fernsehbilder aus den Stadien ermöglichen sollte. Das Fernsehen reagierte zunächst zögerlich auf die Bundesliga, doch die Stadionbetreiber stellten sich frühzeitig auf die neuen Zeiten des Fernseh-Fußballs ein und ließen – wie hier für die Glückauf-Kampfbahn in Gelsenkirchen – Stände für die Fernsehkameras bauen.

4.1/39 Erinnerungsglas zum Start der Bundesliga mit den Wappen der 16 Vereine der Saison 1963/64
BR Deutschland, 1963
Glas; H 14 cm, D 6,5 cm
Schalker Fan-Initiative, Gelsenkirchen

4.1/40 Ankündigungsplakat zum ersten Bundesligaspiel im Duisburger Wedaustadion Meidericher SpV – Eintracht Frankfurt am 31. August 1963
Duisburg, 1963
Papier; 59 x 42 cm
Wolfgang Berndsen, Duisburg

4.1/41 "Flutlichttrikot" von Borussia Dortmund
umbro, Alec Watson, Manchester, um 1966
Textil; 80 x 145 cm
Reinhold Wosab, Alzey

Erst mit der Teilnahme an den unter der Woche stattfindenden europäischen Vereinswettbewerben wurden Fußballspiele unter Flutlicht zur Regel. Als deutscher Meister spielte Borussia Dortmund erstmals 1956 im Schein der neu errichteten Flutlichtanlage des Stadions Rote Erde im Europapokal gegen Manchester United. In den sechziger Jahren warteten die Borussen in den Abendstunden mit einer Besonderheit auf. Die so genannten "Flutlichttrikots", aus einem satinartigen Stoff gefertigt, reflektierten das elektrische Licht und ließen die oft ohnehin glanzvollen Auftritte der Borussia in einem noch besseren Licht erstrahlen.

4.1/42 Zeitungs-Extrablatt vom 4.3.1964: "Dukla – BVB 0:4"
Ruhr-Nachrichten, Dortmund, 1964
Papier; 53 x 36 cm
Gerd Päsler, Dortmund

4.1/39

4.1/43 Trophäe in Form einer Uhr für den Karlsruher SC zum Erreichen des zweiten Rangs beim 3. Internationalen Uhren-Cup 1964
1964
Holz, Metall, Glas; 45 x 26 x 13 cm
Karlsruher SC

4.1/44 Fußballschuh von Reinhold Wosab
adidas, 1963-1972
Leder; 20 x 8 x 9 cm
Reinhold Wosab, Alzey

4.1/45 Schallplatte "Bin i Radi – bin i König"
Peter Radenkovic, Decca, BR Deutschland, 1965
Vinyl, Papier; 18 x 18 cm
Haus der Geschichte der Bundesrepublik Deutschland, Bonn; 1994/08/0032

4.1/46 Ausgehanzug des SV Werder Bremen aus dem Jahr 1965
Trevera, 1965
Textil; Jackett 80 x 102 cm, Hose 106 x 80 cm
SV Werder Bremen

4.1/47 Wimpel zum Endspiel um den Europapokal der Pokalsieger 1966 FC Liverpool – Borussia Dortmund
Liverpool, 1966
Textil; 50 x 30 cm
BV Borussia Dortmund, Hall of Fame

4.1/40

4.1/47

Borussia Dortmund gewann als erste deutsche Vereinsmannschaft einen europäischen Wettbewerb. Im Europacup der Pokalsieger gelang ein 2:1 Sieg über den FC Liverpool. Reinhard "Stan" Libuda überlistete in der Nachspielzeit mit einer "Bogenlampe" den Torwart Lawrence. Die mit der Einführung der Bundesliga beabsichtigte Verbesserung des Niveaus des deutschen Clubfußballs trug erste Früchte.

4.1/48 Sonderausgabe der Vereinszeitschrift des BV Borussia Dortmund zum Erringen des Europapokals der Pokalsieger 1966
Dortmund, 1966
Papier; 20 x 22 cm
Jablonski, Bochum

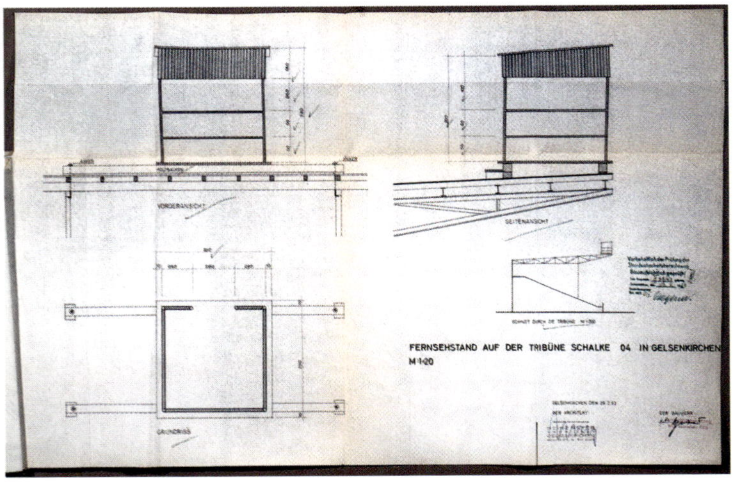

4.1/38

geringen Zahlungen an die Spieler bedeutete einen Schritt hin zum bezahlten Fußball. Doch die vorgesehenen Summen blieben so niedrig, dass es erneut zu verdeckten Zuwendungen an Spitzenspieler kam, das Ideal des Amateurs jedoch weiter propagiert wurde. Erst der Kölner Vereinspräsident Franz Kremer brachte Bewegung in die starren Fronten. Nachdem er zunächst in Köln aus mehreren kleinen Vereinen mit dem 1. FC Köln einen schlagkräftigen Club gebildet hatte, wirkte er gemeinsam mit dem späteren DFB-Präsidenten Hermann Neuberger und der "Interessengemeinschaft Bundesliga und Berufs-Fußball" darauf hin, eine nationale Eliteklasse zu bilden. Die Abwanderungen deutscher Spitzenfußballer wie Helmut Rahn, Jupp Derwall oder Horst Szymaniak in ausländische Profiligen und nicht zuletzt die Mahnungen von Bundestrainer Sepp Herberger, der seit langem von der Notwendigkeit einer ersten Spielklasse der besten deutschen Mannschaften überzeugt war, um international konkurrenzfähig zu sein, führten zu einem Stimmungsumschwung. Und das frühe und enttäuschende Ausscheiden der deutschen Nationalmannschaft bei der Weltmeisterschaft in Chile 1962 gab den entscheidenden Ausschlag.

Im Goldsaal der Westfalenhalle in Dortmund beschlossen die Bundesdelegierten des Deutschen Fußball-Bundes am 26. Juli 1962 mit 103 zu 26 Stimmen die Gründung einer Fußball-Bundesliga. Die regionalen Oberliga-Meisterschaften, die bis dahin die Qualifikation zur Endrunde zur Deutschen Meisterschaft regelten, wurden abgewertet. Für die neue Liga hatten sich 46 Vereine beworben, von denen in einem komplizierten und für die abgelehnten Vereine folgenschweren Verfahren 16 Erst-Ligisten ausgewählt wurden. Doch obwohl die Liga nun endlich ihren Spielbetrieb aufnahm, waren dem Profifußball weiterhin Fesseln angelegt. So durfte das Höchsteinkommen eines Spielers im Monat 1200 Mark nicht über-

4.1/49

4.1/50, 51

4.1/49 Schlüsselanhänger in Form einer Spielerfigur des BVB Dortmund
1960er Jahre
Kunststoff; 11 x 7 x 3 cm
Hildegard Schulte, Dortmund

4.1/50 Badeschlappen "Adiletten" von Wolfgang Overath
adidas, 1966
Kunststoff; 6 x 12 x 26,5 cm
Wolfgang Overath, Troisdorf

Zum Freiluftspiel Fußball gehört die Dusche danach. Um nicht barfuß durch den Nassbereich der Umkleidekabine zu waten und sich dem Dreck und der Gefährdung durch Fußpilzbakterien auszusetzen, tragen die Sportler Plastiksandalen. Die "Adilette", die legendäre Duschsandale von adidas, trug Wolfgang Overath bei der Weltmeisterschaft 1966.

4.1/52

4.1/51 DFB-Trainingsjacke von Wolfgang Overath
adidas, Deutschland, 1966
Textil, Aufnäher; 71 x 146 cm
Wolfgang Overath, Troisdorf

4.1/52 "Bambi" für Uwe Seeler
Burda-Verlag, Hamburg, 1967
Metall, Holz; 25 x 30 x 12 cm
Uwe Seeler, Hamburg

Mit dem Medienpreis "Bambi" des Burda-Verlags wurde Uwe Seeler stellvertretend für die Leistungen des Nationalteams bei der Weltmeisterschaft 1966 in England geehrt. War der Bambi zuvor ein reiner Filmpreis, wurde er ab 1967, dem Jahr dieser Auszeichnung, zum Fernseh- und Medienpreis. Mit der etwas tragisch an England gescheiterten Nationalelf prämierte man damit über das Sportliche hinaus den Fußball erstmals als Medienereignis.

4.1/53

4.1/54

4.1/57 Die Aufstiegsmannschaft von Rot-Weiß Oberhausen aus dem Jahr 1969
Oberhausen, 1969
Foto, gerahmt; 45 x 55 x 2 cm
Franz Peter Seiwert, Oberhausen

Für Rot-Weiß Oberhausen hatte der Aufstieg in die Bundesliga 1969 eine besondere Bedeutung. Bereits 1963 hätte RWO zu den Gründungsmitgliedern der Liga gehören können, doch die Auswahlkommission strich die Kleeblättler frühzeitig von der Liste und hinterließ einen enttäuschten Club um ihren Präsidenten und erklärten Bundesliga-Gegner Peter Maaßen. Sechs Jahre später gelang der Mannschaft aus Wolfgang Scheid, Hermann-Josef Wilbertz, Friedhelm Kobluhn, Lothar Kobluhn, Dieter Hentschel, Friedhelm Dick, Günther Karbowiak, Franz Krauthausen, Hugo Dausmann, Werner Ohm und Dieter Brozulat mit einem abschließenden 0:0 über den Freiburger FC der ersehnte Bundesligaaufstieg.

4.1/58 Rot-Weiß Oberhausen – Freiburger FC, Aufstiegsspiel zur Bundesliga am 25.6.1969
Oberhausen, 1969
9 Fotos; je 26 x 26 cm
Franz Peter Seiwert Oberhausen

4.1/59 Album von Rot-Weiß Oberhausen mit Unterschriften gegnerischer Mannschaften
Rot-Weiß Oberhausen, 1969/70
Kunstleder, Papier; 25,5 x 22,5 x 4,5 cm
Franz Peter Seiwert, Oberhausen

4.1/60 Trophäe für die A-Jugend des VfL Bochum
Köln, 13.7.1969
Metall, Edelstein;
D 10 cm, L 51 cm
VfL Bochum 1848

Beim VfL Bochum lässt sich in den sechziger Jahren ein Aufwärtstrend feststellen. Vor allem die intensive Nachwuchsförderung machte sich bezahlt. Die A-Jugend um die späteren Bundesligaspieler Jürgen Köper, Hans-Günter Etterich und Jörg Daniel gewann die erste deutsche A-Jugendmeisterschaft mit 5:3 gegen den 1. FC Saarbrücken. Zuvor wurde das Team westdeutscher Jugendmeister, wofür die Mannschaft diesen an einen Staffelstab erinnernden "Constans-Jersch-Preis" erhielt.

4.1/61 Trophäe in Fußballform für Gerd Müller als Europas Fußballer des Jahres 1970
France Football, Paris, 1970
Metall, Holz; 16 x 13 x 13 cm
Gerd Müller, München

Gerd Müllers Rekorde als Torjäger sind bis heute uner-

4.1/55

4.1/53 Zwei Gläser mit Fußballmotiven
FC Bayern München, 1966 und 1973
Biggi Schiller, München
a) Bayern München 1966/67
Glas; H 18 cm, D 7,5 cm
b) Fan-Club-Glas 1973
Glas; H 19 cm, D 7,2 cm

In nur einer Dekade entwickelte sich der FC Bayern München vom stolzen DFB-Pokalsieger zum europäischen Spitzenclub. Das Glas von 1966 führt unter den Vereinserfolgen die Tatsache auf, dass der FC Bayern ein Bundesliga-Verein ist. Zehn Jahre später ist die nationale wie internationale Titelsammlung fast komplett und der jüngste Erfolg der Münchner ist der Gewinn des Weltpokals.

4.1/54 Trikot des VfL Bochum
BR Deutschland, um 1966
Textil; 56 x 47 cm
Ralf Wolf, Bochum

4.1/55 Ankündigungsplakate der DFB-Pokalspiele des VfL Bochum in der Pokalrunde 1967/68
Bochum, 1967/68
Papier; je 88 x 59 cm
Ralf Wolf, Bochum

In der Saison 1967/68 wurde der Regionalligist VfL Bochum zum Pokalschreck. Gegen vier Bundesligisten konnte er sich durchsetzen. Zunächst siegte er gegen Karlsruhe und Stuttgart, dann gegen Mönchengladbach mit Vogts und Netzer. Im Halbfinale schlug der VfL im Stadion an der Castroper Straße mit 2:1 den FC Bayern München, der mit Maier, Beckenbauer und Müller auflief. Erst im Finale in Ludwigshafen unterlagen die Bochumer gegen den fünften Bundesligisten, den 1. FC Köln, mit 1:4.

4.1/56 Medaillen-Set "Traum Elf 69"
Shell AG, BR Deutschland, 1969
Metall; je 2,6 x 2,6 cm
Ruhrlandmuseum Essen

4.1/57

4.1/60

reicht: 365 Tore in 427 Bundesligaspielen, siebenmaliger Torschützenkönig der Bundesliga, 40 Tore in einer Saison. 1970 wurde Gerd Müller mit zehn Toren auch Torschützenkönig der Weltmeisterschaft in Mexiko und im selben Jahr zu Europas Fußballer des Jahres gewählt.

4.1/62 Trikot des SV Wacker Bismark von Matthias Herget mit den Unterschriften seiner damaligen Mannschaftskameraden
1970er Jahre
Textil; 57 x 45 cm
Matthias Herget, Essen

4.1/63 Signiertes Bild von Pelé mit Widmung an Stan Libuda
Mexiko, 1970
Karton; 29,7 x 21 cm
bez.: To Stan Libuda Best wishes from Pelé
Matthias Libuda, Gelsenkirchen

4.1/64 Jutesack, Geschenk von Pelé
Brasilien, 1965
Jute, Holz, Glas; 60 x 42 cm
Alfred Kötz, Bergisch Gladbach

4.1/65 Trikot der brasilianischen Nationalmannschaft, getragen von Pelé bei seinem Abschiedsturnier 1971
Brasilien, 1971
Textil; 80 x 70 cm
Kurt Tschenscher, Reilingen

Devotionalien von Pelé, dem Weltstar des Fußballs, finden sich auch in der Bundesrepublik. Der ehemalige FIFA-Schiedsrichter Kurt Tschenscher kam zu ganz besonderen Ehren. Als Tschenscher, der in der Bundesliga immerhin 125 Spiele leitete, als Schiedsrichter zu Pelés Abschiedsturnier eingeladen wurde, schenkte ihm "die schwarze Perle" das letzte Trikot, das er als Nationalspieler trug.

4.1/66 Trainingshose von Hennes Weisweiler
adidas, nach 1965
Textil; 100 x 35 cm
Charly Stock, Borussia Mönchengladbach

Hennes Weisweiler (1930-1983) war einer der erfolgreichsten Trainer der Bundesrepublik. Er betreute elf Jahre lang Borussia Mönchengladbach und führte das Team vom Bökelberg in die Bundesliga und zu drei Meisterschaften, einem Pokalsieg und dem Gewinn des UEFA-Cups. Mit dem 1. FC Köln gelang ihm der Gewinn des Doubles, mit Cosmos New York und Grasshoppers Zürich wurde er ebenfalls Landesmeister. Bereits zu Lebzeiten wurde Weisweiler zu einer legendären Persönlichkeit. Sein Vorname soll Pate gestanden haben bei der Namenswahl des Kölner Geißbocks. Ob bei Skatrunden im Gladbacher Vereinsheim oder auf dem Fußballplatz zeigte er sich immer ehrgeizig und temperamentvoll, und oft geriet er mit den Stars seiner Teams wie Netzer oder Overath aneinander. Nicht zuletzt die abgewetzte und mehrfach gestopfte blaue Trainingshose, die er in den Gladbacher Tagen trug, ließen ihn zu einer frühen Kultfigur im Fußball werden.

4.1/66

schreiten. Ebenso waren die Ablösesummen festgeschrieben. Erst neun Jahre nach Gründung der Bundesliga wurden die Gehälter für die Fußballprofis freigegeben, und 1974 fiel schließlich die Festlegung der Ablösesummen.

Dazu kam es, weil die Bundesliga acht Jahre nach ihrem Start in ihre bislang schwerste Krise geriet: Der "Bundesligaskandal" zeigte, wie anfällig die bestehenden Regelungen waren. Spektakulär an die Öffentlichkeit gebracht wurde er am 6.6.1971 durch den

4.1/67 Hennes Weisweiler: Gesten und Mimik eines Fußballtrainers
1970-1979
19 Fotos; je ca. 17 x 22 cm
Gisela Weisweiler, Uitikon

4.1/68 Goldener Ehrenring der Stadt Mönchengladbach für Hennes Weisweiler
Stadt Mönchengladbach, 1974
Metall; 3 x 2,3 x 2,8 cm
Gisela Weisweiler, Uitikon

4.1/69 Hennes Weisweiler mit Pelé
Agentur Turski, Düsseldorf, 2. H 1970er Jahre
Foto; 12,5 x 17,2 cm
Gisela Weisweiler, Uitikon

4.1/70 Hennes Weisweiler mit Max Schmeling
Pressefoto Claus Walter, Köln, 1972
Foto mit Widmung von Schmeling an Weisweiler; 18 x 24,2 cm
Gisela Weisweiler, Uitikon

4.1/68

4.1/71 Miniatur des gebrochenen Mönchengladbacher Torpfostens von 1971 mit eingravierten Namen der Meistermannschaft des Jahres
Mönchengladbach, 1971
Silber; 13 x 3 x 3 cm
Charly Stock, Borussia Mönchengladbach

4.1/72 Tabakpfeife von Helmut Grashoff
Wurzelholz; 5 x 5 x 15 cm
Charly Stock, Borussia Mönchengladbach

Neben den vielen Fußballtalenten und den Trainern Weisweiler und Lattek ist der Erfolg von Borussia Mönchengladbach eng mit dem Namen Helmut Grashoff (1928–1997) verknüpft. Als erster hauptamtlicher Manager eines deutschen Fußballclubs überhaupt beschäftigte sich der gelernte Kaufmann von 1962 bis 1991 höchst erfolgreich mit der geschäftlichen Grundlage der sportlichen Höhenflüge. Durch frühzeitige Verpflichtungen von Hoffnungsträgern und lukrative Transfers, wie dem von Alfred Brülls nach Modena 1960, machte er sich einen Namen und behielt seinen guten Ruf als solider Geschäftsführer, bis er 1991 von seinem Amt zurücktrat.

4.1/76

4.1/73 Jackett des SV Werder Bremen aus dem Jahr 1971
1971
Textil; 78 x 96 cm
SV Werder Bremen

4.1/74 49 Aktenordner der DFB-Rechtsabteilung zum so genannten Bundesligaskandal
Frankfurt/M., ab 1971
Karton, Papier; je 32 x 29 x 8 cm
Deutscher Fußball-Bund, Frankfurt/M.

Die Untersuchungen, die der Kontrollausschuss des Deutschen Fußball-Bundes unter seinem Vorsitzenden Hans Kindermann zur Aufklärung im Bundesligaskandal anstellte, dauerten mehr als zwei Jahre und füllten 49 Aktenordner. Es finden sich darin Mitschriften von den Vernehmungen, Wortprotokolle der Sportgerichtsverhandlungen, Ordner zu den in den Skandal verwickelten Vereinen und Spielern, Presseartikel und Zuschriften an den DFB.

Präsidenten von Kickers Offenbach, Horst Gregorio Canellas, der auf einer Gartenparty anlässlich seines fünfzigsten Geburtstages Tonbandaufnahmen von Gesprächen mit bestochenen Spielern zu Gehör brachte. Die Gehaltsobergrenze für Lizenzspieler hatte die Verdienstmöglichkeiten der Fußballer derart eingeschränkt, dass Nebeneinkünfte willkommen waren. Gleichzeitig wussten die Vereine, denen der Abstieg in die Regionalligen drohte, dass sie große Einnahmeverluste würden hinnehmen müssen und Gefahr liefen, dauerhaft in die Bedeutungslosigkeit abzurutschen. Um sich vor dem Abstieg zu retten, versuchten Funktionäre, mit Bargeld den Spielverlauf der Konkurrenz zu beeinflussen; Spieler verhandelten mit verschiedenen Vereinen um das Höchstgebot, und bei insgesamt 18 Spielen flossen Bestechungsgelder.

Von den mehrere Jahre dauernden und von DFB-Chefankläger Hans Kindermann hartnäckig betriebenen Untersuchungen waren

4.1/75 Lizenzspielerstatut vom 1. Juli 1974
Deutscher Fußball-Bund, 1974
Papier, 48 Seiten; 15 x 10,5 cm
Deutscher Fußball-Bund, Frankfurt/M., Bibliothek

4.1/76 Drei Aktenordner mit Zeugenaussagen, Stellungnahmen und Gutachten zum Bundesligaskandal
Oberhausen, Juni 1971-1973
Papier, Karton; je 32 x 29 x 8 cm
Franz Peter Seiwert, Oberhausen

4.1/77 Lothar Kobluhn als Torschützenkönig mit Goldenem Schuh
Oberhausen, 1971
Foto, Papier; 43 x 30,5 cm
Franz Peter Seiwert, Oberhausen

4.1/78 Heft 1 der Zeitschrift "Sport + Stars. Zauberer am Ball" mit 66 Seiten über Berti Vogts
Ehapa, Stuttgart, 7.2.1972
Papier; 10 x 14 cm
Franz Peter Seiwert, Oberhausen

Berti Vogts war der "Terrier". Er hatte den Ruf eines kompromisslosen Abwehrspielers. Als Fußball-Künstler war er weniger bekannt. Um so bemerkenswerter ist es, dass ihm 1972 gleich das erste Heft einer Reihe mit dem Titel "Zauberer am Ball" gewidmet war. Zwischen 1965 und 1979 bestritt Berti Vogts 419 Bundesligaspiele für Borussia Mönchengladbach. Er wurde Welt- und Europameister, zweimal Deutschlands Fußballer des Jahres und bestritt 96 Länderspiele. Nach einem Beinbruch im Pokalspiel gegen Wuppertal schien 1978 das Ende seiner Karriere nah. Doch Vogts kehrte noch einmal zurück und beendete seine aktive Laufbahn 1979 als UEFA-Pokalsieger mit Borussia Mönchengladbach.

4.1/79 Erinnerungsgabe an Berti Vogts: Fußballschuh von seinem Abschiedsspiel am 15.5.1979
adidas, 1979
Leder, lackiert, Holz; 23 x 11 x 20 cm
Berti Vogts, Korschenbroich

zehn Bundesligavereine betroffen; über 50 Spieler und sechs Funktionäre wurden bestraft, teils mit langjährigen Sperren. Acht Spieler des FC Schalke 04, die vor einem Spiel gegen die abstiegsbedrohten Bielefelder Arminen Geld genommen hatten, leugneten diesen Vorgang so hartnäckig, dass sie am 8. Januar 1976 sogar von einem Zivilgericht wegen Meineids verurteilt wurden.

4.1/80 Bilder aus der Karriere Uwe Seelers
1954-1972
12 Fotos; max. 25 x 25 cm
Uwe Seeler, Hamburg

Uwe Seeler ist einer der populärsten Fußballer in Deutschland. "Uns Uwe" schoss über 1000 Tore für den HSV und blieb seinem Verein auch "treu", als Inter Mailand ihn mit einem Angebot zum Wechsel in die italienische Profiliga bewegen wollte. Dass man sich in der Bundesrepublik schließlich für die Einrichtung der Bundesliga entschied, hat auch etwas zu tun mit der Debatte um Seelers italienische Offerte, in die sich auch ein Hamburger Theologieprofessor eingemischt haben soll. Ein Wermutstropfen auf der fast 20-jährigen Spielerkarriere: Titelwürden mit der Nationalmannschaft blieben Uwe Seeler versagt.

4.1/81 Taschenuhr, Geschenk von Uwe Seeler an die Mitspieler bei seinem Abschiedsspiel
Arsa Precision, 1972
Metall; 5 x 6 x 4,5 cm
Roland Tomic, Duisburg

4.1/82 Fußballschuhe von Uwe Seeler
adidas, 1954-1972
Leder, Kunststoff, Textil; 11,2 x 27,5 x 9,5 cm
Haus der Geschichte der Bundesrepublik Deutschland, Bonn; 1996/03/0068

4.1/83 Schnapsfässchen in Form eines Fußballs
Bockum-Hövel, 1969
Keramik, Holz; 25 x 25 x 25 cm
Bernard Dietz, Drensteinfurt

Bernard Dietz, der spätere Bundesligaverteidiger von MSV Duisburg und Schalke 04 und Kapitän der Nationalmannschaft, bekam das Trink-Set als Spieler seines Heimatvereins Spielvereinigung Bockum-Hövel geschenkt. Damals noch Stürmer, konnte Dietz bereits in der Vorrunde 19 Treffer auf seinem Konto verbuchen. Für das 20. Tor lobte der Wirt des Vereinslokals dieses Geschenk aus – doch Bernard Dietz benötigte ein weiteres halbes Jahr, um seinen 20. Treffer zu erzielen.

4.1/78

4.1/79

4.1/83

4.1/84 Geräuscherzeugende Plüschente von Willi Lippens
Wever u. Co. GmbH, Essen
Textil; 11 x 29 x 32 cm
Willi Lippens, Gladbeck

Willi Lippens, von der Tageszeitung "taz" unlängst zum Spieler der siebziger Jahre gekürt, spielte für Rot-Weiß Essen und Borussia Dortmund in der Bundesliga und begeisterte sein Publikum durch freche Dribblings und viel Humor. Den Beinamen "Ente" bekam er für seinen watschelnden Gang. Die Ente wurde zu einer Art Wappentier des holländischen Staatsbürgers und einmaligen Nationalspielers. Am Eingangstor zu seinem Anwesen in Gladbeck prangt eine geschmiedete Ente. Das Melodien quakende Plüschtier entstammt ebenfalls seiner Entensammlung.

4.1/85 Willi Lippens in der Spielkleidung von Rot-Weiss Essen, kostümiert mit Engelsflügeln und Schwimmflossen
um 1973
Foto, Holz; 29,2 x 19 cm
Willi Lippens, Gladbeck

4.1/86 Weihnachtskarte von Günter Netzers Werbeagentur
Mönchengladbach, 1970er Jahre
Papier; 20 x 10 cm
Charly Stock, Borussia Mönchengladbach

4.1/84

4.1/85

Als Konsequenz aus dem Skandal erließ der DFB nicht nur neue Regelungen für die Transfersummen und Spielerbezüge, sondern versuchte darüber hinaus, mit der Einrichtung einer zunächst in eine Süd- und Nordstaffel getrennten zweiten Bundesliga das Gefälle zwischen der Bundesliga und dem Regionalfußball ein wenig einzuebnen.
Seit ihrer Gründung entwickelte sich die Bundesliga wirtschaftlich und in den Medien rasch zu einem Erfolgsmodell. Die Neugier auf die Profiliga war groß. In den ersten vier Spieljahren besuchten im Schnitt über 25.000 Menschen die Begegnungen, und auch die Geschäftszweige rund um den Fußball profitierten davon. Die Sportberichterstattung der Zeitungen und des Radios weitete sich aus, Sammelalben kamen auf, Werbekampagnen und ein neuer Boom des Totospiels waren zu verzeichnen. Schließlich stellte sich auch das Fernsehen auf die neue Liga ein, die als Teilnahme-

4.1/87 Fußballschuh von Günter Netzer, getragen im Pokalfinale 1973
Puma, 1973
Leder, Textil; 8 x 28 x 9 cm
Charly Stock, Borussia Mönchengladbach

Günter Netzer, der "Rebell am Ball", wie ihn ein Biograph bezeichnete, steht für eine Phase des deutschen Fußballs, die von viel Spielfreude und einer ersten Generation selbstbewusster Fußballprofis geprägt war. Bei Netzer fiel beides zusammen: Die langen Haare, das Interesse an den schönen Dingen des Lebens und sein Geschäftssinn paarten sich mit einer seltenen Raffinesse im Umgang mit der Lederkugel. Seine Pässe "aus der Tiefe des Raumes" wurden fast schon sprichwörtlich.
Netzers wohl legendärstes Spiel war auch sein letztes für Gladbach, bevor er zu Real Madrid wechselte. Im Finale gegen den 1. FC Köln verzichtete Trainer Weisweiler bewusst auf den Einsatz des Spielmachers.
In der Verlängerung ließ es sich Netzer nicht nehmen, sich selbst für Christian Kulik einzuwechseln. Kaum auf dem Spielfeld, erzielte er mit diesem Schuh nach Doppelpass mit Rainer Bonhof den spielentscheidenden Treffer zum 2:1 – das Tor des Jahres 1973.

4.1/86

4.1/87

4.1/88 Borussia Mönchengladbach mit dem DFB-Pokal und in Trikots des 1. FC Köln
Pfeil Foto, Köln, 1973
Foto; 16,5 x 21,5 cm
Gisela Weisweiler, Uitikon

4.1/89 Plakat zum Viertelfinalspiel Real Madrid – Borussia Mönchengladbach im Pokal der Landesmeister am 17.3.1976
Madrid, 1976
Papier, Textil; 68,3 x 46,8 cm
Deutsches Sport- und Olympiamuseum Köln

bedingung von den Vereinen explizit fernsehtaugliche Stadien, ausgestattet mit Fernsehständen und Flutlicht, verlangt hatte. Doch die Fernsehanstalten mussten in den ersten Jahren der Liga noch zahlreiche technische Unzulänglichkeiten überwinden. So existieren etwa keine bewegten Bilder vom ersten Bundesligator überhaupt, das der Dortmunder Timo Konietzka erzielte. Die Beiträge wurden zunächst auf Filmmaterial gedreht, mussten danach entwickelt und kopiert werden und konnten erst am späten

4.1/95

4.1/91

4.1/90 Werbeartikel mit Fohlensymbol
Mönchengladbach, 1970er Jahre
Metall, Kunststoff; 10 x 13 cm
Charly Stock, Borussia Mönchengladbach

Mit einem Durchschnittsalter von nur 21 Jahren schafften die Spieler von Borussia Mönchengladbach 1965 den Bundesliga-aufstieg. Aufgrund ihrer Jugend nannte man die Mannschaft um Trainer Hennes Weisweiler bald "die Fohlen". Im vierten Bundesligajahr wurde Gladbach Deutscher Meister und für acht Jahre hartnäckigster Konkurrent von Bayern München. Während Bayern für den Fußball einer Welt- und Olympiastadt stand und im riesigen Stadion spielte, verfügte die Elf vom Niederrhein nicht über diese Möglichkeiten und setzte vor allem auf Nachwuchstalente wie Heynckes und Netzer oder Criens und Del Haye. Erst in den siebziger Jahren wurden auch Werbeartikel mit Fohlensymbol hergestellt. Das in den neunziger Jahren entworfene derzeitige Maskottchen der Gladbacher stellt ein stilisiertes Fohlen dar und wurde "Jünter" genannt.

4.1/91 Trikot von Eintracht Braunschweig mit Werbeaufdruck "Jägermeister"
Leuze, 1973
Baumwolle; 70 x 45 cm
Mast-Jägermeister AG, Wolfenbüttel

Der Likörfabrikant Günter Mast erkannte bereits zum Start der Bundesliga die Wirkung von Werbung rund um den Fußball und warb für seinen "Jägermeister" auf den Werbebanden der Stadien. Um sein Produkt noch bekannter zu machen, wollte der Unternehmer den Fußballclub Eintracht Braunschweig direkt für sein Produkt werben lassen, doch die Auflagen des Deutschen Fußball-Bundes verboten Werbung am Mann. Erst als die Mitglieder von Braunschweig den Jägermeister-Hirschkopf zum Vereinswappen erklärten, konnte der Werbefeldzug nicht mehr aufgehalten werden. Schon 1979 spielte jedes Bundesligateam in Trikots mit einem Werbeaufdruck.

4.1/92 Jägermeister-Werbung mit Hennes Weisweiler
Mast-Jägermeister AG, Wolfenbüttel, 1976
Foto; 10,8 x 8,6 cm
bez.: Ich, Hennes Weisweiler, trinke Jägermeister, weil er in der Tabelle weit oben steht.
Gisela Weisweiler, Uitikon

4.1/93 Trikot des SV Werder Bremen mit Werbung für "Norda"
Hummel, 2. H 1970er Jahre
Textil; 72 x 138 cm
SV Werder Bremen

4.1/94 "Eine Schuhfirma kauft Bayerns Brust"
Bild-Zeitung, Hamburg, 4.4.1974
Papier; 56,5 x 40 cm
Christoph Schurian, Bochum

4.1/95 Aushängebilder zum Kinofilm "Libero"
Constantin Film, BR Deutschland, 1973
Gerd Päsler, Dortmund
13 Szenenfotos, Papier; je 23,5 x 29,5 cm
b) Filmplakat
Papier; 81 x 56 cm
c) Stimmen zum Film
Papier; 59 x 42 cm

In der erfolgreichsten Phase seiner Laufbahn als Fußballspieler kam unter dem Titel "Libero" ein Film in die deutschen Kinos, als dessen Hauptdarsteller Franz Beckenbauer agierte. Nah an der wirklichen Person Beckenbauer werden Szenen aus seinem Fußball- und Privatleben gezeigt, so sind auch seine beiden Söhne mit von der Partie. Der Einfluss, den Unternehmer auf ihre Werbeträger nehmen könnten, wird von der fiktiven Rahmenhandlung problematisiert, die übrigens der kritische Publizist Bernt Engelmann entwarf.

4.1/98

4.1/96 Zwei Gläser mit Fußballmotiven: Franz Beckenbauer und Gerd Müller
München, 1973
Glas; je H 16, D 12 cm
Biggy Schiller, München

1973 gehörten der "Kapitän der deutschen Nationalmannschaft und des Fußballclub Bayern München" Franz Beckenbauer und der "Bomber der Nation" Gerd Müller zu den Superstars des Fußbal s. Die beiden Gläser sind jeweils mit den sportlichen Erfolgen, der Unterschrift und dem Porträt der Fußballer versehen.

4.1/97 Jugend-Länderpokal mit Verzeichnis aller Sieger 1974-1991
Deutscher Fußball-Bund, 1974
Metall; 37 x 18 x 14 cm
Westdeutscher Fußballverband e.V., Dr. Gregor Gdawietz, Duisburg

4.1/98 Zwei Wimpel zur Weltmeisterschaft 1974
BR Deutschland, 1974
Textil; 15 x 11 cm
Hildegard Schulte, Dortmund

Die zur Weltmeisterschaft 1974 produzierten Wimpel zeigen das Emblem und "Tip und Tap", die Maskottchen dieser Weltmeisterschaft. Seit dem "World Cup Willy" aus England 1966 wurde von jedem Veranstalter einer Weltmeisterschaft ein Maskottchen entworfen, das als Figurine oder Abzeichen vermarktet wurde. Tip und Tap unterscheiden sich übrigens von allen anderen Weltmeisterschafts-Maskottchen dadurch, dass sie ein Paar bilden. Vielleicht versteckt sich dahinter ein Hinweis auf das Turnier im geteilten Land, dessen beide Nationalmannschaften in der Vorrunde aufeinander treffen sollten.

4.1/99 Weltmeisterschafts-Kissen
1974
Textil; 35 x 35 cm
SV Werder Bremen

4.1/100 Silbermedaille zur Fußball-Weltmeisterschaft 1974 in Deutschland
BR Deutschland, 1974
Silber; D 3 cm
Deutsches Sport- und Olympiamuseum Köln

4.1/101 Zeitschriften-Karikaturen der deutschen Nationalspieler zur Weltmeisterschaft 1974
Volker Ernsting, 1974
Papier; 14 x 11,5 cm
Heinz Pieper, Moers

4.1/102 Comic: "Zack: Kai Falke. Ein Fußballstar wird geboren"
Reding; Koralle Verlag GmbH, Hamburg, 1974
Papier; 29 x 21,5 cm
Ulrich Pröfröck, Freiburg

4.1/102

4.1/103 Zehn Glückwunschtelegramme an Dettmar Cramer zum Gewinn des Europapokals 1975 mit dem FC Bayern München
Berti Vogts/ Jupp Derwall/ Sepp Herberger/ Horst Tomeyer u.a., 28.5.1975
Papier; max. 29,5 x 21 cm
Dettmar Cramer, Reit im Winkel

Der FC Bayern München gewann zwischen 1974 und 1976 dreimal hintereinander den Europapokal der Landesmeister. Trainer Dettmar Cramer zeichnete als Trainer der Münchner jeweils für die Titelverteidigung von 1975 und 1976 verantwortlich. Nach dem Sieg im Finale über Leeds United übermittelten die Gratulanten ihre Glückwünsche auch per Telegramm. Darunter findet sich eines vom Dichter Horst Tomeyer: "Lieber Herr Cramer, kurz und knapp: Herzlichen Glückwunsch zum Europa-Cup". Als die Münchner auch das dritte Mal gewannen, wählte das Kicker-Sportmagazin den "Fußballprofessor" Cramer zum Trainer des Jahres und zeichnete ihn mit dem "goldenen K" aus.

4.1/104 Das goldene "K" des "Kickers" für Dettmar Cramer als besten Trainer des Jahres 1976
Kicker-Sportmagazin, Nürnberg, 1977
Metall, Marmor;
23,5 x 10 x 10 cm
Dettmar Cramer, Reit im Winkel

4.1/105 Fußbälle mit Autogrammen der Spieler des FC Bayern München
Leder, Kunststoff
Biggy Schiller, München
a) 1981
D 22 cm
b) Iveco Magirus, 1989
D 23 cm
c) München, 1995
D 24 cm

4.1/106 Berti Vogts und Wolfgang Kleff nach dem Gewinn des UEFA-Pokals durch ein 5:1 gegen Twente Enschede
Horst Müller, Düsseldorf, 1975
Foto; 16,5 x 21,8 cm
Gisela Weisweiler, Uitikon

4.1/107 Hennes Weisweiler und Udo Lattek mit der Meisterschale
1975
Foto, Holz; 25 x 30 x 2 cm
Charly Stock, Borussia Mönchengladbach

4.1/108 Becher zur Bundesligasaison 1976/77 mit den Wappen aller 18 Vereine
BR Deutschland, 1976
Metall; 12 x 7 cm
Ralf Wolf, Bochum

4.1/109 Torjägerkanone von Klaus Fischer, Auszeichnung für den Torschützenkönig der Bundesliga-Saison 1975/76
Kicker-Sportmagazin, Nürnberg, 1976
Holz; 30 x 56 x 30 cm
Klaus Fischer, Gladbeck

Der aus dem bayrischen Zwiesel stammende Klaus Fischer spielte von 1968 bis 1988 in der Bundesliga und zwar vorwiegend im Westen, bei Schalke, Köln und Bochum. In 535 Spielen schoss er 268 Tore, was ihm in der "ewigen" Torjägerstatistik den zweiten Rang hinter Gerd Müller brachte. Doch nur einmal, 1975/76, konnte Fischer Torschützenkönig der Bundesliga werden.

4.1/110 DFB-Trikot von Wolfgang Overath, getragen bei seinem Abschiedsspiel zwischen der Weltmeisterschaftself 1974 und dem 1. FC Köln
Erima, BR Deutschland, 1977
Textil; 71 x 141 cm
Alfred Kötz, Bergisch Gladbach

4.1/111 Wimpel des 1. FC Köln mit Nadel für Hennes Weisweiler zum Gewinn des "Doubles" 1978
1978
Textil, Metall; 15,5 x 10,5 cm
Gisela Weisweiler, Uitikon

4.1/112 Terminkalender von Helmut Schön für das Jahr 1978
Helmut Schön, 1978
Kunststoff, Papier;
21,5 x 30,5 x 1,5 cm
Nachlass Helmut Schön, Frankfurt/M.

4.1/113 Nationaltrikot von Rüdiger Abramczik
Erima, um 1978
Textil; 70 x 140 cm
Rüdiger Abramczik, Gelsenkirchen

Rüdiger Abramczik machte sich als "Flankengott" und legitimer Nachfolger von Reinhard Libuda einen Namen. Wie Libuda spielte er für die beiden Revierkonkurrenten Schalke und Dortmund. Er brachte es zwischen 1977 und 1979 auf 19 Länderspiele, wechselte später nach Nürnberg und setzte seine Karriere in der Türkei fort, bevor er schließlich ein letztes Jahr für Schalke spielte.

Abend den Fernsehzuschauern gezeigt werden. Für die Einführung der Bundesliga waren sportliche Gründe ausschlaggebend. Gleichzeitig war man sich aber bewusst, dass die neue Liga nicht nur für die Aktiven und Zuschauer äußerst attraktiv war. Vielmehr bot sich der Fußball offensiver denn je den Medien an. Es entwickelte sich eine fruchtbare Wechselbeziehung. Denn nach Überwindung der Startschwierigkeiten wurde die Bundesliga sowohl zum Produkt des Fernsehens als auch zum Motor des Siegeszugs des Fernsehapparates in die privaten Haushalte. Nach den mühsamen Anfängen des Fernsehfußballs etablierte sich 1965 endlich die Samstags-"Sportschau" des "Ersten" um

4.1/104

4.1/109

4.1/114 Rüdiger Abramczik
Agentur Sven Simon, um 1977
Foto; 18,5 x 26,5 cm
Rüdiger Abramczik,
Gelsenkirchen

4.1/115 Rüdiger Abramczik vor seinem Sportgeschäft
Gelsenkirchen, 1980er Jahre
Polaroidfoto; 10,2 x 13,1 cm
Rüdiger Abramczik,
Gelsenkirchen

4.1/116 Rolf Rüssmann erzielt das 1:0 im Spiel Schalke 04 – Bayern München
26.8.1978
3 Fotos je 17 x 22 cm
Rolf Rojek, Schalker Fan-Club
Verband e.V., Gelsenkirchen

Das für Schalke 04 erfreuliche Führungstor gegen Bayern München zeigt eine Rarität der Sportfotografie: Aus unterschiedlichen Kameraperspektiven wurde der Bruchteil einer Sekunde eingefangen, die Rüssmann in Schusshaltung, Schwarzenbeck am Boden und Maier beim vergeblichen Abwehrversuch "einfriert". Heute lässt sich nicht mehr feststellen, ob drei Fotografen exakt im gleichen Moment auf den Auslöser drückten oder ob das Bild durch eine Reihenschaltung von mehreren Fotoapparaten zustande gekommen ist.

4.1/114

4.1/117 Der "Silberne Löwe" als Auszeichnung von Radio Luxemburg für Udo Jürgens und die Fußballnationalmannschaft
RTL, Luxemburg, 1978
Metall; 25 x 13 x 7 cm
Berti Vogts, Korschenbroich

Konnte die deutsche Nationalmannschaft bei der Fußball-Weltmeisterschaft 1978 in Argentinien sportlich nicht an die erfolgreiche Weltmeisterschaft 1974 anknüpfen, setzte man wenigstens musikalisch eine einsame Marke. Das zusammen mit Udo Jürgens eingespielte "Buenos Dias Argentina" wurde über 500.000-mal verkauft und mit einer Platinschallplatte ausgezeichnet. Für Udo Jürgens wie für die deutsche Nationalelf war das bislang der größte musikalische Erfolg in ihrer Karriere.

17.30 Uhr mit Bildern von drei Begegnungen. Pünktlich mit der Einführung der Bundesliga startete das "Aktuelle Sportstudio" des ZDF als Sportmagazin des späteren Samstagabends, das zusätzlich zu den Spielberichten Hintergrundinformationen bieten sollte. Von 1970 an sendete die "Sportschau" in Farbe.
Als die Bilder bunt geworden waren, bezahlte das Fernsehen erstmals über drei Millionen Mark im Jahr für die Übertragungsrechte an den Fußballverband. Dies ist um so erstaunlicher, als die Sender zum Bundesligastart den Vereinen noch die Kosten für die Übertragung in Rechnung gestellt hatten. Schließlich erkannte die Wirtschaft die Möglichkeiten, den Fußball für die Werbung zu nutzen, zuerst durch Bandenwerbung und Werbebotschaften einzelner Spieler, danach durch immer erfindungsreichere Verfahren, unter denen die

4.1/120

4.1/118 Apostolischer Segen von Papst Johannes Paul II. für den FC St. Pauli
10.11.1978
Papier, Holz, Glas; 41 x 53 cm
Clubheim FC St. Pauli,
Hamburg

4.1/119 Teppich mit Emblem des Hamburger SV
Hamburger Teppichhaus, 1978
Textil; 250 x 147 cm
Hamburger SV

4.1/120 Geschenk in Form einer Drehorgel für den Hamburger SV von Real Madrid zum Endspiel um den Europapokal der Landesmeister 1980
Madrid, 1980
Metall; 13 x 15 x 8 cm
Hamburger SV

Der Hamburger SV, einer der Traditionsvereine Deutschlands, konnte nach einer Durststrecke erst Mitte der siebziger Jahre die Erfolge vergangener Jahre fortsetzen. 1976 gewann er den deutschen Fußballpokal, 1977 holte er gegen RSC Anderlecht den Europapokal der Pokalsieger und 1978 wurde er nach 18 Jahren wieder Deutscher Meister. Der Teppich mit dem eingewebten Vereinsemblem stammt aus dem Jahr des vierten Titelgewinns. Das Gastgeschenk von Real Madrid erhielt der HSV für die Teilnahme am Endspiel im Europapokal der Landesmeister. Im Stadion San Bernabeu unterlag er mit 1:0 dem englischen Meister und Titelverteidiger Nottingham Forest.

4.1/121 Wimpel zum Abschiedsspiel von Torhüter Sepp Maier am 3.6.1980
München, 1980
Textil; 50 x 30 cm
Bernard Dietz, Drensteinfurt

4.1/122 Spielführerbinde von Bernard Dietz aus dem Endspiel um die Europameisterschaft 1980
1980
Textil; 10 x 20 cm
Bernard Dietz, Drensteinfurt

Nach dem Abschied von Sepp Maier übernahm Bernard Dietz 1979 die Kapitänsbinde der Nationalmannschaft – eine hohe Anerkennung für Dietz, der mit seiner grundsoliden "Fußball-Arbeit" meist im Schatten der großen Stars stand. Bei seinem größten sportlichen Erfolg, dem Gewinn der Europameisterschaft 1980, führte er das DFB-Team als Mannschaftskapitän auf den Rasen des Olympiastadions in Rom. Nachfolger von "Ennatz" Dietz, der am 19.5.1981 gegen Brasilien sein 53. und letztes Länderspiel bestritt, wurde Karl-Heinz Rummenigge.

4.1/123 Schal mit Porträtfotos der Spieler der deutschen Fußball-Nationalmannschaft
1980
Textil; 12,5 x 160 cm
Klaus Fischer, Gladbeck

4.1/124 Pokal für Karl-Heinz Rummenigge als Europas Fußballer des Jahres 1980
France Football, Paris, 1980
Metall, Holz; 16 x 14,5 x 14,5 cm
Karl-Heinz Rummenigge, München

In den frühen achtziger Jahren war Karl-Heinz Rummenigge der international bekannteste deutsche Fußballspieler. Dreimal wurde der aus dem westfälischen Lippstadt stammende Rummenigge Torschützenkönig der Bundesliga. Für Bayern München erzielte er in 310 Bundesligaspielen 162 Tore. 1980 und 1981 wurde Rummenigge von der Sportpresse zu Europas Fußballer des Jahres gewählt. Für eine Rekordablösesumme von 11,4 Millionen Mark wechselte der Nationalstürmer 1984 zu Inter Mailand.

Werbung auf den Trikots besonders umstritten war. Als erster Unternehmer trat der Likörfabrikant Günter Mast 1972 an einen Bundesligaverein (Eintracht Braunschweig) heran, weil er die Trikots zu Werbeflächen machen wollte. Nach einem langwierigen Prozess gelang dieser Werbefeldzug, doch zuerst mussten die Mitglieder von Eintracht Braunschweig den Hirschkopf von "Jägermeister" zum Vereinswappen erklären, um Verboten zuvorzukommen. Am 24.3.1973 liefen die Spieler von Eintracht Braunschweig zum ersten Mal mit Trikots auf, die einen

4.1/122

4.1/125 Fußball vom UEFA-Pokal-Endspiel 1980 Eintracht Frankfurt – Borussia Mönchengladbach
1980
Leder, Kunststoff; D 20 cm
Peter Rothenbach, Frankfurt/M.

Der Ball kam beim Finale der bislang einzigen UEFA-Cup-Runde zum Einsatz, in der sich schon im Halbfinale mit Stuttgart und Gladbach, Bayern und Frankfurt ausschließlich bundesdeutsche Mannschaften gegenüberstanden. Eintracht Frankfurt siegte schließlich im Finale über Borussia Mönchengladbach aufgrund der am Gladbacher Bökelberg erzielten zwei Treffer und nach einem knappen 1:0 im Waldstadion.

4.1/126 Trophäe der Zeitung "Bild am Sonntag" für das "schönste Spiel der Woche" am 5.4.1980
Bild am Sonntag, 1980
Metall; H 39 cm, D 8 cm
Hamburger SV

4.1/127 Fußball-Comic: "Zack"
Koralle Verlags GmbH, Berlin/Hamburg, 6.3.1980
Papier; 28 x 21 cm
bez.: Meine Supertricks Kevin Keegan
Ulrich Pröfröck, Freiburg

4.1/128 Aufnäher des Fußballclubs Cosmos New York
um 1980
Textil; 9 x 9 cm
Gisela Weisweiler, Uitikon

Die von Zeitgenossen als "Operettenliga" geschmähte "North American Soccer League" stellte zwischen 1967 und 1984 den ersten Versuch dar, die Nordamerikaner für den Fußball zu begeistern. Eine ganze Reihe von Bundesligaspielern von Gerd Müller bis Horst Köppel zog es am Ende ihrer sportlichen Karriere in die USA. Franz Beckenbauer folgte dem Superstar Pelé und wechselte von Bayern München zu Cosmos New York. Für einige Jahre schien es sogar, als sollte sich "Soccer" in den USA etablieren können – zwischen 1978 und 1980 hatte Cosmos einen Zuschauerschnitt von über 40.000.

4.1/129 Hennes Weisweiler beim Tanz mit Marlene Charel
um 1980
Foto; 8,9 x 12,7 cm
Gisela Weisweiler, Uitikon

4.1/130 Klaus Fischer beim Fallrückzieher
BR Deutschland,
12 Fotos; je ca. 16,5 x 21 cm
Klaus Fischer, Gladbeck

Kein anderer Bundesligaspieler war für seine Fallrückzieher so berühmt wie Klaus Fischer. Sein Treffer von 1977 zum 4:1 gegen die Schweiz wurde aus verschiedenen Blickwinkeln dokumentiert und vom Fernsehpublikum zum Tor des Jahrzehnts gewählt. Dass hinter der artistischen Einlage regelmäßiges Training steckte, ist an den Fotos von Übungseinheiten bei Schalke, Köln oder der Nationalmannschaft zu sehen.

4.1/131 T-Shirt mit Porträt-Zeichnung von Klaus Fischer
1980
Textil; 46 x 53 cm
Klaus Fischer, Gladbeck

4.1/132 Trikot des FC Barcelona, getragen von Bernd Schuster
Barcelona, 1980
Textil; 80 x 80 cm
Rolf Stollenwerk, Haan

4.1/133 Karikatur der Spieler Lothar Huber und Rolf Rüssmann
R. Hennig, 1. H 1980er Jahre
Papier; 30 x 42 cm
MAKOSSA Druck und Medien GmbH, Gelsenkirchen

4.1/134 Trikot des 1. FC Köln von Dieter Müller
Puma, 1. H. 1980er Jahre
Textil; 90 x 85 cm
Rolf Stollenwerk, Haan

4.1/135 Trikot der Deutschen Nationalmannschaft, getragen von Pierre Littbarski bei seinem Debüt als Nationalspieler am 14.10.1981
adidas, 1981
Textil; 75 x 63 cm
Rolf Stollenwerk, Haan

4.1/136 Erinnerungsgabe an Matthias Herget
Helga und Peter Habraschke, Mai 1981
Foto; 30 x 41 cm
Matthias Herget, Essen

4.1/137 Button "TSV 1860 München"
BR Deutschland, 1980er Jahre
Metall, Kunststoff;
2,4 x 2,4 x 0,5 cm
Haus der Geschichte der Bundesrepublik Deutschland, Bonn; 1995/04/0368

4.1/138 "Alles Gute, Franz", Programm zum Franz Beckenbauer-Wohltätigkeitsspiel am 1.6.1982 im Hamburger Volksparkstadion
Olympia-Verlag, Nürnberg, 1982
Papier; 29,5 x 20,4 cm
Olympia-Verlag, Nürnberg

4.1/139 Auszeichnung der deutsch-italienischen Freundschaftsgesellschaft für Jupp Derwall
Robazza, Italien, 1982
Metall; 33 x 13 x 8 cm
Jupp Derwall, St. Ingbert

Nach der Weltmeisterschaft 1982 erhielt Bundestrainer Jupp Derwall von der Deutsch-Italienischen Freundschaftsgesellschaft den "Premio Capo Circeo", ein Bronzerelief, dessen Motiv der verlockenden Zauberin Circe nachempfunden ist. Seit 1977 werden mit diesem Preis Persönlichkeiten geehrt, die sich Verdienste um die deutsch-italienische Freundschaft erworben haben. Bundestrainer Jupp Derwall wurde damit allerdings nicht für die Niederlage der Nationalmannschaft im Weltmeisterschafts-Finale gegen Italien ausgezeichnet, sondern für seine Zusammenarbeit mit der italienischen Sportpresse während der Weltmeisterschaft. Ganz im Gegensatz zu der italienischen Mannschaft, die ihrerseits während der Weltmeisterschaft einen Presseboykott verhängte, informierte Derwall die Journalisten bereitwillig über den neuesten Stand der Dinge.

4.1/140 Wimpel des Supercup-Finalspiels 1983 in Aberdeen
UEFA, 1983
Textil; 41 x 36 cm
Hamburger SV

Zum seit 1972 ausgespielten Endspiel im europäischen Supercup qualifizierten sich jeweils die Europapokalsieger der Landesmeister und Pokalsieger. Dem HSV gelang zuvor am 25. Mai 1983 im Finale durch ein Tor von Felix Magath der Sieg über Juventus Turin im Landesmeisterpokal. Gegen die von Alex Ferguson trainierten Schotten aus Aberdeen verloren die Hanseaten um Magath und Hrubesch das Hinspiel mit 2:0, in Hamburg trennte man sich torlos.

4.1/141 Wimpel zum Endspiel um den Europapokal der Landesmeister 1983 Hamburger SV – Juventus Turin am 25.5.1983 in Athen
UEFA, 1983
Kunststoff; 31 x 21 cm
Hamburger SV

4.1/142 Meisterschale der Oberliga Nordrhein für Rot-Weiß Oberhausen aus der Spielzeit 1982/83
Westdeutscher Fußballverband, 1983
Metall; 40 x 30 cm
Franz Peter Seiwert, Oberhausen

4.1/143 Fußballtrikot des Dynamo Windrad Kassel
Fruit of the Loom, 1984
Textil; 80 x 150 cm
Deutsches Sport- und Olympiamuseum Köln

Der Freizeitsportclub Dynamo Windrad Kassel gründete sich 1982, konnte aber erst neun Jahre später sein erstes offizielles Saisonspiel bestreiten: Der Hessische Fußball-Verband weigerte sich, eine Mannschaft zum Spielbetrieb zuzulassen, die sich eines "an sozialistische Gepflogenheiten" erinnernden Namens bediente. In zahlreichen Prozessen wurde zwar festgestellt, dass es sich bei "Dynamo" nicht um einen weltanschaulichen Begriff handelt, sondern um ein Gerät zur Energieerzeugung. Doch die Fronten blieben verhärtet. In ihrer Verzweiflung stellten die Spieler von Dynamo Windrad sogar einen – allerdings abgelehnten – Antrag auf die Aufnahme in den Spielbetrieb des Fußballverbandes der DDR.

4.1/144 Tischfeuerzeug des S.C. Fortuna Köln in Form eines Fußballs
BR Deutschland, 1980er Jahre
Metall, Kunststoff; D 6,2 cm
Deutsches Sport- und Olympiamuseum Köln

4.1/145 Für Stefan Kuntz von einem Fan hergestelltes Herz, versehen mit Spielerporträts und Glückwünschen zur Vermählung
Seppl Hans, 1986
Textil, Papier; 45 x 52 x 5,5 cm
Stefan Kuntz, Neunkirchen

4.1/145

4.1/146 Kopie der Meisterschale
A. Kunesch, Rodenbach, 1987
Metall; D 52 cm, H 4,5 cm
Udo Lattek, Köln

Udo Lattek, der "erfolgreichste Vereinstrainer der Welt" sammelte in seiner Karriere 14 Titel mit drei Vereinen. Mit Bayern München und Borussia Mönchengladbach erlangte er zwischen 1972 und 1987 elfmal deutsche Pokal- und Meisterehren. Er gewann mit den Bayern den Europapokal der Landesmeister, mit Mönchengladbach den UEFA-Pokal und mit dem FC Barcelona, zu dem er 1981 wechselte, den Europapokal der Pokalsieger. Vom FC Bayern bekam er zu seinem Abschied ein ganz besonderes Geschenk: Für die sechste und vorläufig (?) letzte Meisterschaft mit den Münchnern bedankten diese sich mit der Reproduktion der Meisterschale, die ihm so vertraut ist wie keinem anderen Bundesliga-Trainer. Nach mehrjähriger Abstinenz vom Trainergeschäft und vielen Jahren als Fernsehkommentator kehrte er jüngst noch einmal in die Liga zurück und versuchte sich an der Rettung von Borusssia Dortmund vor dem drohenden Abstieg in die zweite Bundesliga.

4.1/147 Spielführerbinde von Diego Maradona aus dem UEFA-Pokal-Halbfinale 1989 FC Bayern München – SSC Neapel
1989
Textil; 10 x 16 x 0,5 cm
Biggy Schiller, München

Die großen Erfolge des SSC Neapel sind untrennnbar mit dem Namen eines einzigen Spielers verbunden: Diego Armando Maradona, argentinischer Superstar und Weltmeister von 1986. 1989 gewann das Team nach Siegen gegen Bayern München im Halbfinale und den VfB Stuttgart im Finale den UEFA-Pokal. Die schlichte Armbinde deutet mit nichts darauf hin, dass sie von einer der schillerndsten Persönlichkeiten des Weltfußballs getragen wurde.

Hirschkopf und den Schriftzug "Jägermeister" abbildeten; der Verein bekam 200.000 Mark jährlich für diese Werbemaßnahme. Andere Vereine zogen nach. Der Hamburger Sportverein spielte in Campari-Aufdruck, Bayern München seit dem 6. April 1974 in Trikots mit der Werbung von adidas. Vor dem Hintergrund der Fernsehübertragung ist dieser Schritt nur folgerichtig. Denn während sich die Bandenwerbung auch an die Stadionbesucher wandte, ist die Trikotwerbung vor allem für den Zuschauer vor dem Fernseher gedacht, der die Spieler in Groß- und Nahaufnahme sehen kann.

Die Liaison zwischen Fernsehen und Fußball wurde so innig, dass Fernsehbilder direkt in den Spielbetrieb einzugreifen begannen. Als Felix Magath im Herbst 1978 seinen Gegenspieler Horst Wohlers von Borussia Mönchengladbach ohrfeigte, hatte der Schiedsrichter dies nicht gesehen, aber Millionen Fernsehzuschauer waren zu Augenzeugen geworden. Magath musste sich aufgrund der ihn überführenden Fernsehbilder einem

4.1/148 Trikot von Ulf Kirsten aus seiner letzten Saison bei Dynamo Dresden, 1989/90
adidas, Frankreich, 1989
Textil; 81 x 48,5 cm
Ulf Kirsten, Leverkusen

4.1/149 Anzeigetafel des Münchner Olympiastadions mit dem Spielstand FC Bayern – FC St. Pauli 0:1
München, 10.4.1996
Foto, Glas, Holz; 20 x 30,5 cm
Clubheim FC St. Pauli, Hamburg

Seit den achtziger Jahren begeisterten sich beim "Kiez-Club" St. Pauli Gruppen für den Fußball, die dem Fußball bislang fern standen. Studenten, Punks, das links-alternative Spektrum der Hansestadt und Anwohner aus den besetzten Häusern an der Hafenstraße prägten fortan die Atmosphäre im Millerntorstadion und widmeten sich mit viel Charme und Humor ihrem Verein, was man auch im St. Pauli Clubheim bemerken kann. Das Foto von einem seltenen Spielstand beim Rekordmeister Bayern München ziert dort eine Wand. Das Spiel endete immerhin 1:1 unentschieden, und St. Pauli konnte ein weiteres Mal den Abstieg vermeiden.

4.1/150 Vergoldeter Fußballschuh von Lothar Matthäus, getragen beim Finale der Fußball-Weltmeisterschaft 1990
adidas, 1990
Leder, Kunststoff, vergoldet; 12 x 26 x 8 cm
Lothar Matthäus, New York

Schon 1990 war für die Strafstöße der Nationalmannschaft üblicherweise Lothar Matthäus zuständig. Doch ausgerechnet im Weltmeisterschafts-Finale gegen Argentinien verzichtete Matthäus wegen eines aus seinem Fußballschuh herausgebrochenen Stollens auf die Ausführung dieses wohl wichtigsten Elfmeters seiner Laufbahn. Seinem Teamkollegen Andi Brehme, der den Elfer sicher verwandelte, verhalf er damit zur Unsterblichkeit.

4.1/151 Trophäe für Lothar Matthäus als "Weltfußballer des Jahres 1990"
adidas, 1990
Glas, Metall; 29 x 13,5 x 3,8 cm
Lothar Matthäus, New York

4.1/152 Trophäe für Lothar Matthäus als "Weltfußballer des Jahres 1991"
adidas, 1991
Metall; 57 x 18 cm
Lothar Matthäus, New York

4.1/153 Miniatur des DFB-Pokals als Geschenk für Karl-Heinz Feldkamp
W. Eschenfelder, Kaiserslautern, 1990
Metall; H 15,5 cm, D 8 cm
Franz Peter Seiwert, Oberhausen

4.1/154 "Weiter Männer weiter", Erinnerungsgabe an die Deutschen Meister
Heinz Becker, Kaiserslautern, 1991
Papier, Kunststoff, Aluminium; 30 x 18 x 3 cm
Stefan Kuntz, Neunkirchen

38 Jahre musste der 1. FC Kaiserslautern auf die dritte Deutsche Meisterschaft warten. Als es 1991 unter seinem Trainer Karl-Heinz Feldkamp gelang, war das dem Fan und Künstler Heinz Becker ein besonderes Dankeschön wert. Im Stil der konkreten Poesie gestaltete er die Blätter und konstruierte passend zum Anlass eine Schraubstollenbindung.

4.1/155 Papiermodell des Stadions an der Anfield Road in Liverpool
England, um 1990
Papier; 42 x 28 x 12 cm
Christoph Biermann, Köln

4.1/156 Torwart-Handschuh von Harald Schumacher mit Widmung zur "Oldie-WM"
Reusch, 1993
Textil, Leder; 27 x 19 cm
Alfred Kötz, Bergisch Gladbach

In seiner Karriere wurde Harald "Toni" Schumacher Landesmeister, Pokalsieger und Europameister. Was er nicht erreichte, obwohl er zweimal im Endspiel stand, war der Gewinn einer Weltmeisterschaft. Auch bei der "Oldie-WM" reichte es für das Team um Toni Schumacher nicht zum Sieg. Titelhungrig, wie gute Fußballtorhüter sind, holte sich der "Tünn" nach dem Ende seiner Profilaufbahn noch eine Meisterschaft: Als Torwarttrainer von Borussia Dortmund wurde er am letzten Spieltag der Saison 1995/96 in den Schlussminuten eingewechselt und konnte noch einmal die Meisterschale hochhalten.

4.1/157 Fuji Film-Cup
Fuji, 1995
Glas; H 62 cm, D 23 cm
BV Borussia Dortmund, Hall of Fame

Der Fuji-Cup, das vor der Saison stattfindende Messen der Bestplatzierten in der Liga, konnte 1993 Borussia Dortmund für sich entscheiden. Im Finale der Borussen schlugen die aus Dortmund die aus Mönchengladbach mit 1:0 – ein gutes Omen für die folgende Saison, denn der BVB konnte die Deutsche Meisterschaft verteidigen.

4.1/158 Trikot von Anthony Yeboah mit dem Aufdruck "Mein Freund ist Ausländer"
Deutschland, 5.10.1993
Textil; 80 x 101 cm
Joachim Leukel, Frankfurt/M.

Im Zuge der besonders am Anfang der neunziger Jahre stark zum Vorschein kommenden Ausländerfeindlichkeit, die schreckliche Höhepunkte in den Aussschreitungen von Rostock-Lichtenhagen und dem Brandanschlag von Mölln fanden, versuchte auch der Deutsche Fußball-Bund für ein friedliches Miteinander der Einwohner der Bundesrepublik Deutschland zu werben. Bei einem Freundschaftsspiel zwischen der deutschen Nationalmannschaft und einer Auswahl von Bundesligaprofis ohne deutsche Staatsangehörigkeit wurde auf den Trikots mit dem Motto "Mein Freund ist Ausländer" geworben, einem Motto, das fortan auch von Bundesligavereinen aufgegriffen wurde, um gegen Intoleranz in der Gesellschaft und dem Fußball vorzugehen.

4.1/159 Zwei Fan-Shirts: "Zeugen Yeboahs"
Frankfurt/M., 1994
Textil; je 80 x 80 cm
Michael Gabriel, Frankfurt/M.

Für Anthony Yeboah, den ghanaischen Mittelstürmer, ließen sich die Fans der Frankfurter Eintracht etwas Besonderes einfallen. Das Wortspiel von den "Zeugen Yeboahs" erdachten sie in der Saison, in der der wuchtige Yeboah mit 18 Treffern Torschützenkönig der Bundesliga wurde. Der damalige Eintracht-Trainer Klaus Toppmöller sah den Mittelstürmer nach wenigen Spielen bereits auf den Spuren des Rekordtorschützen Gerd Müller. Aber wegen einer Verletzung konnte Yeboah insgesamt nur 22 Spiele bestreiten.

4.1/160 Münzsammlung "30 Jahre Bundesliga", bestehend aus 18 Silbermünzen mit den Vereinswappen der Saisonteilnehmer 1993/94
Intercoin, Bochum, 1993
Silber, in Schatulle; 27 x 23 x 3,5 cm
Dirk Debler, Mülheim

4.1/161 Torjägerkanone für Stefan Kuntz als besten Bundesliga-Torschützen 1993/94
Kicker-Sportmagazin, Nürnberg, 1994
Holz, Metall; 12 x 25 x 13 cm
Stefan Kuntz, Neunkirchen

Als der Saarländer Stefan Kuntz 1983 beim VfL Bochum sein Debüt in der Fußball-Bundesliga gab, versuchte er noch, seinen erlernten Beruf mit dem Profifußball zu vereinbaren und arbeitete halbtags weiter als Polizist. Doch mit zunehmendem Erfolg änderte sich dieses: Kuntz wurde für mehr als fünfzehn Jahre zu einem der deutschen Top-Torjäger. Nach 449 Spielen in der Bundesliga beendete Stefan Kuntz im Sommer 1999 seine Karriere. 179 erzielte Treffer brachten ihn in der Rekordtorjägerliste auf den fünften Platz. 1985/86 beim VfL Bochum und 1993/94 beim 1. FC Kaiserslautern wurde Stefan Kuntz Bundesliga-Torschützenkönig.

4.1/162 Besiktas-Istanbul-Lederkissen von Stefan Kuntz
Istanbul, 1990er Jahre
Kunstleder; 63 x 68 x 18 cm
Stefan Kuntz, Neunkirchen

4.1/160

4.1/161

4.1/163 Fußballschuhe von Rudi Völler aus der Saison 1994/95
Puma, 1994
Leder, Kunststoff;
je 12 x 28 x 10,5 cm
Rudi Völler, Leverkusen

Wegen seiner beherzten Spielweise stand Rudi Völler auf der Beliebtheitsskala des Fußballpublikums ganz oben. Über Jahre wurde jede seiner Aktionen mit langgezogenen "Ruuudi"-Rufen begleitet. Rudi Völler bestritt 232 Bundesliga-Spiele und erzielte 132 Tore für 1860 München, Werder Bremen und Bayer Leverkusen. Als Folge seines Disputs mit dem Niederländer Frank Rijkaard erhielt er im Achtelfinale der Weltmeisterschaft 1990 die rote Karte. Doch wenige Tage später konnte Völler, der zu dieser Zeit für den AS Rom spielte, in seinem "Heim-Stadion" den Weltmeistertitel feiern.

4.1/164 Tischdecke der Feier zu Franz Beckenbauers 50. Geburtstag
München, 11.9.1995
Textil; 140 x 37 cm
Klaus Fischer, Gladbeck

Zur Feier von Franz Beckenbauers 50. Geburtstag versammelte sich eine tausendköpfige Festgemeinde in der Münchner Schützen-Festhalle und ließ sich die bayrischen Vorspeisen, gebratene Entenbrust oder den Beerenteller auf Mangospiegel schmecken.

4.1/165 Autogrammkarte von Karl Werner, Spieler von Fortuna Düsseldorf
um 1990
Papier; 14,8 x 10,5 cm
Dirk Debler, Mülheim

"Toni, du bist ein Fußballgott", entfuhr es Herbert Zimmermann einst erleichtert in seiner Reportage vom Endspiel aus Bern. Bis Fußballspieler aber von Fanchören zu Göttern erklärt wurden, dauerte es eine Weile. Als Fortuna Düsseldorf nach dem Abstieg in die Regionalliga der doppelte Wiederaufstieg ins Oberhaus glückte, hatten die Fans ihren Fußballgott gefunden: "Karlo Werner – Fußballgott" feierten sie den Verteidiger mit Sprechchören. Neben dem gewissen Etwas aus überragender Fußballkunst, Heldenmut oder ehrlichem Bemühen braucht es zum Fußballgott noch einen zweisilbigen Vor- und Nachnamen, damit sich der Sprechchor auch nach etwas anhört.

4.1/166 Jahres-Pressespiegel der Amateurmannschaft des VfL Bochum
Bernard Dietz, Drensteinfurt, 1995
7 Bücher, Papier, Leinen;
je 40 x 32 x 3 cm
Bernard Dietz, Drensteinfurt

Bernard Dietz, der einstige Kapitän der Nationalmannschaft, blieb dem Fußball auch nach seiner aktiven Karriere erhalten. Seit fünf Jahren betreut er für den VfL Bochum mit Erfolg die Amateurmannschaft. Nur für einige Spiele ließ er sich Ende 1999 dazu überreden, die Profis des VfL zu trainieren, um danach wieder den jungen Amateurspielern in der Regionalliga mit Rat und Tat zur Seite zu stehen. Zur Dokumentation des sportlichen Weges seiner Mannschaften fertigt Dietz Pressespiegel an. Am Ende jeden Jahres lässt er die Seiten binden. Ein Exemplar schenkte er dem im VfL-Vorstand für die Amateure verantwortlichen Rudi Theimert.

4.1/167 Zahnbürste in Form eines Fußballers
Zooth, USA, um 1995
Kunststoff; H 20 cm, D 4 cm
Christoph Biermann, Köln

4.1/168 Personenwaage mit Fußball-Motivdruck
um 1995
Kunststoff, Metall;
40 x 40 x 15 cm
Christoph Biermann, Köln

4./169 Trikot der Nationalmannschaft, getragen von Stefan Kuntz im Halbfinale der Europameisterschaft 1996
adidas, 1996
Textil; 83 x 85 cm
Stefan Kuntz, Neunkirchen

Trotz des üblichen Trikot-Tauschs mit seinem Gegenspieler besitzt Stefan Kuntz noch ein originales DFB-Shirt aus dem Halbfinale zur Europameisterschaft 1996 gegen England. Der Grund: Bei jedem Länderspiel der deutschen Nationalmannschaft wird in der Halbzeitpause die Spielkleidung gewechselt. Wie üblich, ließ sich Stefan Kuntz auch bei diesem Trikot das ihn störende Wäscheschild heraustrennen.

4.1/170 Goldener Bambi 1996 für die deutsche Fußball-Nationalmannschaft als Anerkennung für den Titelgewinn bei der Europameisterschaft in England
Burda, 1996
Metall; 28 x 21 x 8 cm
Berti Vogts, Korschenbroich

4.1/171 UEFA-Intertoto-Cup des Jahres 1996 für den Karsruher SC
UEFA, 1996
Metall, Marmor; 22 x 10 x 10 cm
Karlsruher SC

Um für Totospieler trotz Fußball-Sommerpause Spielrunden anzubieten, wurde ab 1961 eine internationale Totorunde ausgespielt. Die Tipper konnten weiterhin die Tippscheine ausfüllen, die Mannschaften nutzten die internationalen Begegnungen für die Saison-Vorbereitung und spielten etwas Geld in die Vereinskasse. Seit 1995 wurde die Intertotorunde sportlich aufgewertet. Die drei erfolgreichsten Teams des zum UEFA-Intertoto-Cup (UI-Cup) umbenannten Wettbewerbs qualifizieren sich für den offiziellen UEFA-Cup der Vereinsmannschaften. Aus Deutschland schafften das bislang der Karlsruher SC und Werder Bremen.

4.1/172 Pokal für Ottmar Hitzfeld als weltbesten Vereinstrainer des Jahres 1997
Kunstwerkstätte Goly, Alzey-Heimersheim, 1997
Metall, Kunststoff;
22 x 12 x 12 cm
Ottmar Hitzfeld, München

Im Jahr 1997, in welchem er Borussia Dortmund als Krönung seiner sechsjährigen Arbeit zum Champions-League-Titel führte, wurde Ottmar Hitzfeld als weltbester Vereinstrainer ausgezeichnet. Zwei Jahre später, nach der unglücklichen Final-Niederlage mit dem FC Bayern München gegen Manchester United, reichte es in dieser Wertung immerhin zu einem dritten Rang.

4.1/173 Zwei Skizzen zu Aufstellung und Abwehrverhalten von Juventus Turin
Ottmar Hitzfeld/ Michael Henke, München, 1997
Papier; 94 x 65 cm
Ottmar Hitzfeld/ Michael Henke, München

Auf zwei Papierbögen skizzierten Dortmunds Trainer Ottmar Hitzfeld und sein Co-Trainer Michael Henke die typische Aufstellung von Juventus Turin und das Abwehrverhalten des Titelverteidigers bei Eckbällen und Freistößen. Im anschließenden Finale der Champions League gewann Borussia Dortmund gegen Juventus Turin mit 3:1 (2:0).

4.1/174 Trenchcoat von Ottmar Hitzfeld, getragen beim Champions-League-Finale zwischen Borussia Dortmund und Juventus Turin am 28.5.1997
Deutschland, 1997
Textil; 137 x 150 x 10 cm
Günter Mecking, Witten

Im Gegensatz zu Udo Latteks blauem Pullover, Winfried Schäfers Lederjacke oder Ewald Lienens hellblauem Oberhemd sprach Coach Ottmar Hitzfeld seinem Trenchcoat keine "magischen" Fähigkeiten zu. Gleichwohl trug der Trainer von Borussia Dortmund den Mantel bei jedem Spiel der Champions-League-Saison 1996/97 und verschenkte ihn nach dem Sieg über Juventus und dem Gewinn der Champions League an einen Freund.

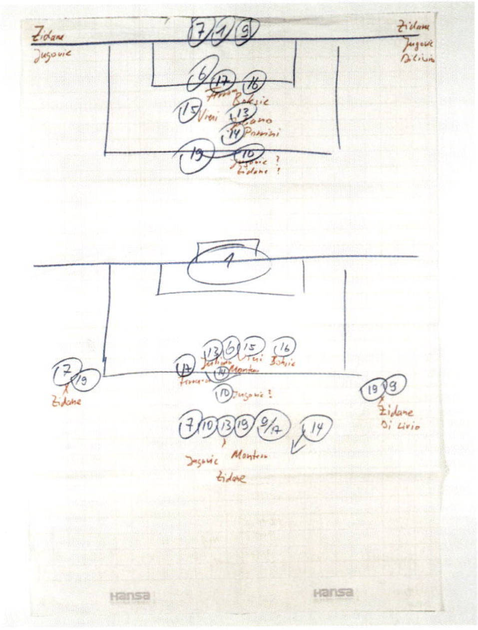

4.1/173

Verfahren vor dem Sportgericht stellen, wurde aber freigesprochen. Doch auch die wirtschaftlichen Abhängigkeiten nahmen zu. Durch die stetig ansteigenden Summen

4.1/175 Transparent mit UEFA-Cup
Schalker Fan-Initiative, Gelsenkirchen, 1997
Textil, Farbe; 800 x 200 cm
Schalker Fan-Initiative, Gelsenkirchen

4.1/176 Trikot von Martin Max, getragen beim UEFA-Pokal-Endspiel 1997
adidas, 1997
Textil, Kunststoff, Holz, Papier (gerahmt); 83 x 58 x 4 cm
Schalker Fan-Initiative, Gelsenkirchen

"Wir schlugen Roda, wir schlugen Trabzon, wir schlugen Brügge, sowieso! Valencia, Teneriffa, Inter Mailand – das war 'ne Show". Das Lied der Schalke-Fans nennt die Stationen des Überraschungserfolges von Schalke 04 im UEFA-Cup 1996/97. Das Trikot des Schalker Angreifers Martin Max trug er am 21. Mai 1997 beim Rückspiel im Mailänder Meazza-Stadion. Im Elfmeterschießen traf er zum 3:1. Das Spieltrikot wurde in einen Rahmen drapiert, der mit den Schlagzeilen zum Schalker UEFA-Cup-Sieg beklebt wurde.

4.1/177 Herzförmige Wanduhr mit den Porträts der Spieler von Kickers Offenbach
Heinz Fröhlich, Offenbach, 1997
Kunststoff; 32 x 40 x 4 cm
Heinz Fröhlich, Offenbach

4.1/178 Werbetonne in Form einer Batterie, beschädigt durch einen Fußtritt von Jürgen Klinsmann
Sanyo, 1997
Kunststoff; H 150 cm, D 100 cm
G.W. Sport-Marketing, Düsseldorf

Die überdimensionale Nachbildung einer Batterie wurde zum berühmtesten Gegenstand der Bundesligasaison 1996/97 und zum großen Erfolg des werbenden Energieunternehmens. Weil er mit seiner Auswechslung nicht einverstanden war, versetzte Bayernspieler Jürgen Klinsmann der Werbetonne beim Gang in die Kabine einen Fußtritt, der ein tiefes Loch hinterließ. Bei seinem Abschiedsspiel nahm Jürgen Klinsmann das Bild wieder auf: Er ließ sich kurz vor dem Schlusspfiff auswechseln, trat noch einmal gegen eine Werbebatterie und löste ein Feuerwerk und musikalisches Spektakel aus.

4.1/179 Schienbeinschoner mit Motiv: Jürgen Klinsmann beim Balltraining
Reebok, um 1994
Kunststoff, Schaumstoff; 22 x 14 x 3 cm
Christoph Schurian, Bochum

4.1/176

4.1/179

für die Übertragungsrechte wuchsen nicht nur die Einnahmen der Vereine und die Gehälter der Spieler oder Trainer, sondern auch die Annahme, das werde stetig so weitergehen. So entstand eine Preisspirale um Fernsehbildrechte und Gehälter, die bis heute kein Ende gefunden hat. Mit der Vergabe der Bundesligarechte an die private Fernsehstation RTL und die UFA im Jahre 1988 vervielfachte sich der vom Fußball eingenommene Betrag. Der Zuschlag an SAT.1 im Jahr 1992 für 145 Millionen Mark markiert eine nächste, nach wie vor andauernde Steigerung – die Saison 1999/2000 bringt DFB und Vereinen 320 Millionen Mark in die Kassen. Die Schätzungen für die Zeit danach liegen noch höher.

4.1/186

4.1/197

4.1/180 Dose "Klaus-Schlappner-Export-Bier"
Deutschland, 1997
Metall; H 11,6 cm, D 6,5 cm
Haus der Geschichte der Bundesrepublik Deutschland, Bonn

Klaus Schlappner stieg als Trainer von Waldhof Mannheim 1983 in die Bundesliga auf und konnte den Waldhof einige Jahre achtbar in der ersten Liga etablieren. Seine junge Mannschaft machte als die "Waldhof Buben" von sich reden: Mauricio Gaudino, Fritz Walter und vor allem Verteidiger Jürgen Kohler entwickelten sich zu Stars des Fußballs. Den Coach mit dem Pepita-Hut, der nebenbei weiterhin seinen Handwerksbetrieb leitete, zog es nach dem Ende seiner Zeit bei Mannheim nach China, wo er mehrere Vereine trainierte und zu einem der bekanntesten Deutschen wurde. Im Zuge der Liberalisierung der chinesischen Wirtschaft platzierte Klaus Schlappner auch Produkte auf dem chinesischen Markt, die mit seinem Konterfei warben.

4.1/181 Kölschstange mit dem Aufdruck "Rettet den FC"
1997
Glas; H 15 cm, D 5 cm
Rolf Stollenwerk, Haan

4.1/182 Karnevalsorden mit dem Motto "Et kütt wie et kütt"
um 1995
Metall; 12 x 10 cm
Rolf Stollenwerk, Haan

4.1/183 Modell einer Multifunktionsarena für Mönchengladbach
Dortmund, 1998
Holz, Kunststoff;
21 x 130 x 80 cm
Prof. Gerber, Dortmund

4.1/184 Torjägerkanone von Ulf Kirsten, erfolgreichster Torschütze der Spielzeit 1997/98
Kicker-Sportmagazin, Nürnberg, 1998
Metall, Holz; 20 x 23 x 43 cm
Ulf Kirsten, Leverkusen

4.1/185 Stollenschuh von Ulf Kirsten aus der Saison 1998/99, in der er Torschützenkönig der Bundesliga wurde
adidas, 1998
Leder, Kunststoff; 9 x 27 x 9 cm
Ulf Kirsten, Leverkusen

4.1/186 Auszeichnung "Trainer-fuxx '98" für Otto Rehhagel
SAT.1, Dezember 1998
Metall; 19 x 24 x 5 cm
Otto Rehhagel, Kaiserslautern

Otto Rehhagel wurde als Spieler wie Trainer zu einer der prominentesten Figuren der Bundesliga. Seine Karriere begann er als Verteidiger 1963 bei Hertha BSC. Nach dem Zwangsabstieg der Berliner setzte er sie bis 1972 beim 1. FC Kaiserslautern fort. Als Trainer arbeitete er für Offenbach, Bremen, Dortmund, Bielefeld und Düsseldorf, bevor er mit Werder Bremen einig wurde und dort 14 Jahre das Traineramt bekleidete. Gleich in seinem ersten Jahr führte er die Bremer Aufsteiger auf den fünften Tabellenplatz und hielt das Team bis zu seinem Wechsel nach Bayern München 1995 in der Spitzengruppe der Liga. Zwei Deutsche Meisterschaften, zwei Pokalsiege und ein Europapokal der Pokalsieger machten "König Otto von der Weser" zur Lichtgestalt des Fußballnordens. Mit dem 1. FC Kaiserslautern glückte ihm ein ähnlicher Erfolg, als er die Pfälzer direkt aus der Zweiten Bundesliga zur Deutschen Meisterschaft führte. Die SAT.1-Fußball-Gala zum Jahresende 1998 würdigte den Meistertrainer Rehhagel mit dem Titel "fuxx". Die Abkürzung ist eine Kreation der ran-Redaktion und steht für das Wort Fußball und die amerikanische Konfektionsangabe.

4.1/187 Fußball-Trainer Otto Rehhagel
1970er-1990er Jahre
Fotos
Otto Rehhagel, Kaiserslautern

4.1/188 Hans-Dieter Schütt: Otto... find' ich gut
Sportverlag Berlin, 1998
Papier, 66 Seiten; 29 x 21 cm
Otto Rehhagel, Kaiserslautern

4.1/189 Plüschpuppe: "Roter Teufel"
Wünsche, Hamburg, 1998
Textil; 13 x 12 cm
Christoph Biermann, Köln

4.1/190 "Die versteckte Kamera" für Dieter Kürten
Deutschland, 2. H 1990er Jahre
Kunststoff, Marmor;
29 x 6,5 x 18 cm
Dieter Kürten, Mainz

4.1/191 Wettkampf-Fußball
Balingen, 1999
Synthetik; D 24 cm
Uhlsport GmbH, Balingen

Durch die in zwei Kammern unterteilte Ballblase aus Thermo-Polyurethan nimmt der "Cyber-Ball PT 13 Reflex" nach dem Schuss schnell wieder seine ursprüngliche Form an. Ein Gegengewicht auf der gegenüberliegenden Seite des Ventils sorgt für Flugstabilität. Beim Spiel zwischen dem MSV Duisburg und Bayern München wurde der schwarz-graue Cyber-Ball allerdings zur Pause ausgewechselt. Als Michael Tarnat den Ball durch einen Freistoß aus 30 Metern ins Tor des MSV "hämmerte", waren alle überrascht vom schnurgeraden Flugverlauf des Balles. Nur der Torwart fühlte sich gestört, denn die silbrigen Flicken reflektierten das Sonnenlicht. Das Fernsehen verfügte schließlich den Balltausch zur Halbzeit. Am Bildschirm ließ sich der Cyberball durch die dunkle Farbgebung nur als Schatten ausmachen.

4.1/192 Teil des beim Champions-League-Spiel Real Madrid – Borussia Dortmund am 1.4.1998 umgeknickten Tores aus dem Bernabeu-Stadion in Madrid
Madrid, 1998
Aluminium; H 20 cm, D 12 cm
Marcel Reif, Zürich

Das Hinspiel im Halbfinale der Champions League wurde mit 90-minütiger Verspätung angepfiffen. Vor Spielbeginn rüttelten Anhänger der Madrilenen an dem das Spielfeld abtrennenden Zaun. Als der Zaun unter der Last nachgab, knickte auch das durch Stahlseile mit dem Zaun verbundene Torgehäuse um und konnte erst nach langwierigen Prozessen ausgetauscht werden. Trotz der Verzögerung setzte der Fernsehsender RTL seine Übertragung aus Madrid fort. Mit viel Gespür für die Komik des Augenblicks gelang es den Reportern Günter Jauch und Marcel Reif die Wartezeit amüsant zu überbrücken: "Ein Tor würde dem Spiel gut tun" (Marcel Reif). Nach dem Anpfiff des eigentlichen Spiels sank die Einschaltquote signifikant und Dortmund unterlag Real Madrid mit 2:0 Toren.

4.1/193 Trikot des TuS Makkabi e.V. Berlin
Reebok, 1999
Textil; 80 x 155 cm
TuS Makkabi e.V., Berlin

4.1/194 Fußballtrikot des TuS Makkabi e.V. Berlin
Reebok, England, 1999/2000
Textil; 75 x 140 cm
TuS Makkabi e.V. Berlin

Der TuS Makkabi gründete sich 1970 als Nachfolgeverein des Bar Kochba Berlin. Bar Kochba verstand sich als Sportverein, aber zugleich als Teil der jüdischen Sportbewegung und als Podium zur Pflege und Förderung der Kultur und Einheit innerhalb der jüdischen Gemeinschaft. In den dreißiger Jahren verzeichneten jüdische Vereine zwangsläufig ihren größten Zulauf, nachdem jüdische Sportler aus allen anderen Vereinen ausgeschlossen worden waren. Nach 1938 wurden dann auch die jüdischen Vereine verboten.
Im Gegensatz zu Bar Kochba, der sich vor allem dem Turnen widmete und erst seit den zwanziger Jahren auch Fußballspiele durchführte, spielte der Fußball beim TuS Makkabi von Beginn an eine wichtige Rolle. Kurz nach der Neugründung stieg er mit seiner Ersten Mannschaft in die Berliner Oberliga auf. Später spielten die Fußballer des TuS Makkabi in der Berliner Freizeitfußball-Liga, und erst seit 1996 nimmt der TuS Makkabi wieder am Spielbetrieb des Berliner Fußball-Verbandes teil und steht kurz vor dem Aufstieg in die erste Kreisliga. Als Mitglied des jüdischen Sportverbandes, dem Makkabi, Jüdischer Turn- und Sportverband in Deutschland, nimmt der Verein an den alle vier Jahre stattfindenden Maccabiah, den Weltspielen der jüdischen Sportbewegung teil.

4.1/195 Die E- und F-Jugend des TuS Makkabi e.V. Berlin gemeinsam mit den Profis von Hertha BSC Berlin bei der "Aktion gegen Antisemitismus und Ausländerfeindlichkeit" im Berliner Olympiastadion
Berlin, 1998/99
Fotos; je 13 x 18 cm
TuS Makkabi e.V., Berlin

4.1/196 Trikot des brasilianischen Fußballspielers Ronaldo
Brasilien, 1990er Jahre
Textil; 80 x 150 cm
Marcel Reif, Zürich

Der brasilianische Stürmer Ronaldo wurde zum Fußballsuperstar der neunziger Jahre. Seine aufsehenerregende Karriere führte ihn über PSV Eindhoven zum FC Barcelona, wo er in 37 Spielen 34 Treffer erzielte. Im Sommer 1997 wechselte er für die Transfersumme von 54 Millionen Mark zu Inter Mailand. Seit der für Ronaldo enttäuschend verlaufenen Weltmeisterschaft 1998 hat er mit Verletzungen zu kämpfen und kann seine fußballerischen Qualitäten – Geschwindigkeit, Durchsetzungsvermögen und Schusstechnik – immer seltener unter Beweis stellen.

4.1/197 Trikot mit der Nummer 144 von Lothar Matthäus
adidas, 2000
Textil; 85 x 110 cm
Lothar Matthäus, New York

Am 23. Februar 2000, knapp zwanzig Jahre nach seinem Debüt, kam Lothar Matthäus beim Länderspiel in den Niederlanden zu seinem 144. Einsatz für die deutsche Nationalmannschaft. Er überflügelte damit den Schweden Thomas Ravelli als Weltrekord-Nationalspieler. Zu diesem Anlass schenkten die Teamkollegen Matthäus ein mit der historischen Zahl versehenes, signiertes DFB-Trikot.

4.1/198 Torwarthandschuhe von Oliver Kahn
adidas, 2000
Textil, Synthetik; je 18,5 x 12 cm
Oliver Kahn, München

4.1/199 Torwarttrikot von Oliver Kahn
adidas, England, 2000
Textil; 80 x 165 cm
Oliver Kahn, München

4.1/200 "Traummannschaften-Kicker", geschnitzt aus Holzfiguren, die bekannten Fußballspielern nachgebildet sind
Christoph Goransch/ Andreas Wagner, Hildesheim, 2000
Holz, Metall; 100 x 180 x 100 cm
Fa. Goransch und Wagner, Hildesheim

4.1/198 und 199

4.1/201 "Udo 2000 – Triumphe pflastern seinen Weg!", Poster für Udo Lattek zum 65. Geburtstag am 16.1.2000
Kicker-Sportmagazin, Nürnberg, 2000
Papier, gerahmt; 41,5 x 31 x 2 cm
Udo Lattek, Köln

4.1/202 Torwarthose von Gabor Kiraly
1990er Jahre
Textil; 105 x 40 cm
Hertha BSC Berlin

Gabor Kiraly, der Keeper von Hertha BSC, ist zu einer "Kultfigur" der Bundesliga geworden. Neben seiner unorthodoxen Spielweise – seit Jahren übt Kiraly einen Torabwurf, bei dem der Ball erst an den Torbalken geworfen wird, um von dort ins Feld zu prallen – ist vor allem sein Beinkleid in das Visier der Öffentlichkeit geraten. Nach eigenen Angaben trägt er die hellgraue und überweite Jogging-Hose weniger aus modischen Gründen als aus spieltechnischen Erwägungen: Durch den tief sitzenden Schritt der Hose werde es Stürmern erschwert, ihn zu "tunneln", das heißt, ihm den Ball zwischen den Beinen hindurchzuschießen.

4.1/203 Vierhundert Fußball-Memorabilia
1963-2000

Die Vielzahl der recherchierten Objekte hätte den Umfang eines Katalogs gesprengt. So sind über die hier abgebildeten und aufgenommenen Objekte hinaus viele Gegenstände aus der Fußballwelt Bundesliga aufgespürt worden, die im Katalog leider nicht berücksichtigt werden. Zwar musste versucht werden, für den Katalog eine Auswahl zu treffen, die den Objektbestand der Bundesligazeit und ihre Themen exemplarisch vorzustellen vermag. Doch viele Leihgeber haben über die hier vorgestellten Exponate hinaus zahlreiche Objekte der Ausstellung zur Verfügung gestellt: umfangreiche Fotosammlungen von Spielern und Trainern, Auszeichnungen und Trophäen, Erinnerungen und Kuriositäten, Dokumente, Verträge und Plakate aus den vergangenen 37 Jahren der Bundesliga. Sie sollten den Besuchern nicht vorenthalten werden und sind deshalb in der Ausstellung zu sehen.

Seitdem die privaten Sender die Bundesliga übertrugen, änderten sich nicht nur die Einnahmemöglichkeiten des Fußballs. Vielmehr wurden auch die Übertragungszeiten ausgeweitet, das Produkt "Bundesliga" wurde dem Fernsehen angepasst. Um mehr Zeit für Übertragungen und damit für Werbung zu haben, wurde der bis dahin übliche Spieltag am Samstag in Freitags-, Samstags- und Sonntagsbegegnungen zergliedert; Spieler und Trainer müssen dem TV-Medium direkt nach dem Spiel zur Verfügung stehen. Außerdem wurde die teure und wertvolle Ware Bundesliga aufwändiger präsentiert. Die im öffentlich-rechtlichen Fernsehen durchaus geäußerte Kritik am Ligageschehen wich einer nahezu durchgängig positiven Berichterstattung.

Eine neue Ästhetik und ein sich mitunter zur Schönfärberei steigernder Optimismus machte sich in den Fußballsendungen der Privatsender breit. Das steigerte nicht nur die Einnahmen der Sender und der Vereine, sondern hatte auch einen unerwarteten Nebeneffekt: Die Bundesliga bekam ein neues Image, die Besucherzahlen und die Einschaltquoten stiegen, und die Durststrecke, die der Fußball in den achtziger Jahren durchmachen musste, wich einem bis heute anhaltenden Boom. *Christoph Schurian*

4.2/1

Arbeitsplatz Stadion

"Ein Spiel dauert neunzig Minuten" und "Entscheidend ist aufm Platz" – dies sind goldene und zweifelsfrei zutreffende Fußballweisheiten. Doch ihnen liegt eine Wahrnehmung von Fußball zugrunde, die ihn auf einen ganz bestimmten Zeitraum und auf einen ganz bestimmten Ort reduziert. In der Tat: Ertönt allwöchentlich der Anpfiff zu neun Bundesligaspielen und zu zahllosen

4.2/1 Mit Werbung versehener Trainerstuhl aus der BayArena Leverkusen
Deutschland, 2.H. 1990er Jahre
Holz, Textil; 86 x 52 x 41 cm
bez.: Aspirin Plus C
Bayer 04 Leverkusen

Während eines Spiels stehen die Trainer unter ständiger Beobachtung von Kameras und Fotografen, sodass ihre Trainerstühle zunehmend auch als Werbefläche genutzt werden. Heute werden sogar medienwirksame Spezialanfertigungen hergestellt. So stattet ein Hersteller von Autositzen Vereine mit seinem Produkt als Trainerstuhl aus. Der Trainer Aleksandar Ristić, der während eines Spiels kaum einmal auf seinem Platz sitzen bleibt, warb selbstironisch mehrere Jahre lang mit seinem Stuhl für eine Klebstoffmarke.

4.2/2 Fußball-Stollenschuhe für den Einsatz bei feuchtem und tiefen Boden
adidas, 2. H. 1990er Jahre
Leder, Kunststoff;12 x 27 x 9 cm
bez.: 10
Bayer 04 Leverkusen

Fußballspiele finden unter wechselnden klimatischen Bedingungen statt, sodass dem richtigen Einsatz des Schuhwerks sogar eine spielentscheidende Funktion zukommen kann. Über die Jahre hinweg wurde von den Sportartikelherstellern für jeden Untergrund ein passender Schuhtyp entwickelt. Stollenschuhe werden auf Böden getragen, die ein leichtes Eindringen der Sohle in den Untergrund erlauben. Von den meist sechs Stollen sind unter dem Vorfuß vier und unter der Ferse zwei angebracht.
Die Stollen dürfen maximal 18 Millimeter lang sein und bestehen aus Nylon, Aluminium oder Leder. Die ausgestellten Stollenschuhe wurden von Emerson, Bayer Leverkusen, in der Spielzeit 1998/99 getragen.

4.2/3 Fußball-Nockenschuhe für den Einsatz bei trockenem Boden
adidas, 2. H. 1990er Jahre
Leder, Kunststoff; 11 x 27 x 10 cm
bez.: 11
Bayer 04 Leverkusen

Die Nockensohle weist in der Regel zwischen zwölf und 30 Nocken auf. Durch die höhere Anzahl von Profilelementen ergibt sich eine wesentlich bessere Druckverteilung, die ein Spielen auf härterem Untergrund erlaubt. Die ausgestellten Nockenschuhe wurden von Paulo Rink, Bayer Leverkusen, in der Spielzeit 1998/99 getragen.

4.2/4 Fußballschuhe für den Einsatz bei gefrorenem Boden oder Schnee
adidas, 2. H. 1990er Jahre
Leder, Kunststoff; 10 x 28 x 11 cm
bez.: 4
Bayer 04 Leverkusen

4.2/5 Fußball-Hallenschuhe
adidas, 2. H. 1990er Jahre
Leder, Kunststoff; 11 x 28 x 11 cm
bez.: 25
Bayer 04 Leverkusen

Sehr harte Böden, die kein Eindringen der Nocken in den Untergrund erlauben, erfordern klein strukturierte Sohlenprofile. Schuhe, die für das Spiel auf Schnee und Eis ausgelegt sind, weisen zumeist Laufsohlen mit sehr vielen relativ kleinen Nocken auf. Die Profile von Hallenschuhen sind in unterschiedliche Funktionszonen unterteilt. Eingleit- und Drehbereiche sind mit Wabenstrukturen kombiniert. Die Schuhe für gefrorenen Boden wurden von Jörg Reeb, Bayer Leverkusen, in der Spielzeit 1998/99 getragen, die Hallenschuhe im selben Jahr von Ersin Demir, Bayer Leverkusen Amateure.

4.2/3

4.2/6 Laufschuhe
adidas, 2. H. 1990er Jahre
Synthetik, Leder; 12 x 31 x 12 cm
bez.: 1
Bayer 04 Leverkusen
Neben den Fußballschuhen werden im Training weitere Sportschuhe verwendet, beispielsweise Laufschuhe. Das ausgestellte Paar wurde von Rüdiger Vollborn, Bayer Leverkusen, in der Spielzeit 1998/99 getragen.

4.2/7 Dose des Sportschuh-Pflegemittels "Fischtranfett wasserdicht"
Bauer Oelzapf, Deutschland, 1990er Jahre
Metall; H 10,5 cm, D 12 cm
Bayer 04 Leverkusen

4.2/8 Stollenkoffer von Bayer 04 Leverkusen, gefüllt mit unterschiedlichen Stollen und Werkzeug
adidas, 1980er Jahre
Kunststoff, Metall;
37 x 47 x 53 cm
Bayer 04 Leverkusen

Jeder Profispieler besitzt mindestens fünf Paar Fußball- und Trainingsschuhe für unterschiedlichste Einsatzzwecke. Entsprechend groß ist die Gesamtzahl an vorhandenen Paaren bei einem Bundesligaverein. Der Zeugwart sorgt für die nötige Ordnung, pflegt das Schuhwerk und rüstet es mit den jeweils geeigneten Stollen aus. Damit der Überblick nicht verloren geht, sind in Leverkusen die Schuhe und sämtliches Zubehör, das bestimmten Spielern persönlich zuzuordnen ist, mit Zahlen gekennzeichnet, die zumeist den jeweiligen Trikotnummern entsprechen.

4.2/8

4.2/9 Schienbeinschoner eines Abwehrspielers
adidas, 2. H. 1990er Jahre
Textil, Kunststoff; 26 x 16 cm
bez.: 5
Bayer 04 Leverkusen

4.2/10 Schienbeinschoner
adidas, 2. H. 1990er Jahre
Kunststoff, Textil; 42 x 20 x 6 cm
bez.: 12
Bayer 04 Leverkusen

Spieler, die sich häufiger in Zweikampfsituationen befinden, nutzen besonders schützendes Material. Die Schienbeinschoner der Leverkusener Spieler Jens Nowotny und Thomas Brdaric, eines Verteidigers und eines Angreifers, wurden ihren Sonderwünschen entsprechend individuell angefertigt.

4.2/11 Balltasche für den Transport von bis zu sieben Fußbällen
adidas, 1990er Jahre
Synthetik; 28 x 135 x 28 cm
Bayer 04 Leverkusen

4.2/12 Fünf beim Training von Bayer Leverkusen benutzte Fußbälle "Tricolore" bzw. "Tricolore classique"
adidas, Marokko, 1998
Synthetik; D je 21 cm
Bayer 04 Leverkusen

4.2/13 Fußball aus der BayArena Leverkusen, leuchtend orange
adidas, Frankreich, um 1995
Synthetik; D 21 cm
Bayer 04 Leverkusen

Für Spielbetrieb und Training müssen ausreichend intakte und auf die vorgeschriebenen 0,6 bis 1,1 bar aufgepumpte Bälle vorhanden sein. Der leuchtend orangefarbene Ball wird benutzt, wenn das Spielfeld mit Schnee bedeckt ist, da er von den Zuschauern, insbesondere am Fernseher, besser gesehen werden kann.

4.2/14 Getränkeflasche
Frankreich, 2. H. 1990er Jahre
Kunststoff; H 26 cm; D 7,5 cm
bez.: Fair-Play
Bayer 04 Leverkusen

4.2/15 Getränkeflasche
2. H. 1990er Jahre
Kunststoff; 24 x 8,5 x 7 cm
bez.: Trink Aquarius
Bayer 04 Leverkusen

4.2/16 Getränkeflasche
adidas, Deutschland, 2. H. 1990er Jahre
Kunststoff; H 25,5 cm, D 7,5 cm
bez.: adidas
Bayer 04 Leverkusen

4.2/17 Getränkeflasche
Cobra, 2. H. 1990er Jahre
Kunststoff; H 25 cm, D 8,5 cm
bez.: Gatorade
Bayer 04 Leverkusen

Der Zeugwart pflegt nicht nur Bälle oder Schuhe, er ist darüber hinaus Servicemann für die Lizenzspieler. Das Zubereiten und Bereitstellen von Getränken fällt ebenfalls in sein Aufgabengebiet.

4.2/18 Reisekoffer von Bayer 04 Leverkusen
1970er Jahre
Aluminium, Holz; 51 x 90 x 32 cm
Bayer 04 Leverkusen

Ein großer Teil der Sportausrüstung muss ständig von Ort zu Ort transportiert werden. Für die Fahrt zu einem Auswärtsspiel muß Klaus Zöller, der Zeugwart bei Bayer Leverkusen, zehn bis zwölf Koffer dieser Größe packen. Bei Reisen ins Trainingslager steigert sich das Kontingent nochmals.

4.2/19 Jacke für den Ordnungsdienst des FC Schalke 04
US Basic, Bangladesch, 1990er Jahre
Nylon; 87 x 180 cm
Wachdienst Bremen GmbH, Gelsenkirchen

4.2/20 Jacke für den Ordnungsdienst des VfL Bochum
Reebok, 1990er Jahre
Nylon; 83 x 173 cm
Wachdienst Bremen GmbH, Gelsenkirchen

4.2/21 Lochzange zum Entwerten von Dauerkarten
1990er Jahre
Metall; 14 x 5,5 x 1,5 cm
VfL Bochum 1848

4.2/22 Lochzange zum Entwerten von Dauerkarten
1980er Jahre
Metall; 12,5 x 6,5 x 1,5 cm
VfL Bochum 1848

4.2/23 Lochzange zum Entwerten von Dauerkarten
1980er Jahre
Metall; 11,5 x 5,5 x 1,5 cm
VfL Bochum 1848

Bei jedem Heimspiel des FC Schalke 04 und des VfL Bochum werden rund fünfhundert Ordnungskräfte eingesetzt. Zu ihren Aufgaben gehören das Kontrollieren der Eintrittskarten und das Überprüfen, ob Zuschauer Gegenstände mit sich führen, die im Stadion nicht erlaubt sind.

4.2/13

4.2/21

weiteren Partien, dann beginnt für die meisten Menschen genau in diesem Moment das Erlebnis Fußball. Denn natürlich interessiert an erster Stelle die "Arbeit" der Spieler selbst. Sie sind die Hauptakteure und die mit Abstand bestbezahlten "Arbeiter" auf dem Platz. Die Trainer stehen ihnen darin allerdings kaum nach. Im Grad der Standfestigkeit, der ihren jeweiligen Trainerstühlen attestiert wird, findet die Bewertung des Erfolges ihrer Arbeit symbolischen Ausdruck. Es ist in erster Linie die Arbeit dieser beiden Berufsgruppen, die von uns Woche für Woche wahrgenommen und beurteilt wird. Doch das "Feld" zur Ausübung ihrer Tätigkeit wird ihnen von einer Vielzahl von Personen im Umfeld, für die der Fußball auf unterschiedliche Weise zum Arbeitsplatz wird, bestens bestellt. Meist nur dann, wenn einmal etwas nicht funktioniert, wenn es zu technischen Pannen kommt oder Unvorhergesehenes den regulären Ablauf stört, geraten diese Tätigkeiten in den Blick. Die technisch-praktische Vorbereitung war dann erfolgreich, wenn sie im Hintergrund bleibt und Spieler wie Zuschauer sich mit ganzer Aufmerksamkeit dem Wesentlichen, der tatsächlich auf dem Rasen stattfindenden "Arbeit Fußball" widmen können.

Rund tausend Menschen wirken im Umfeld eines normalen Bundesligaspiels mit. Für den organisatorischen Rahmen sorgen Mitarbeiter der Vereine in der Geschäftsstelle und beim Kartenverkauf, einige hundert Personen Ordnungspersonal, eine ähnliche Anzahl Polizisten und der Sanitätsdienst. Im Stadion selbst hat die Bedeutung von

4.2/24 Sanitäterjacke
2. H. 1970er Jahre
Polyester, Baumwolle;
80 x 163 cm
Deutsches Rotes Kreuz,
Kreisverband Oberhausen

4.2/25 Sanitäterdecke
1957
Textil; 186 x 123 cm
Deutsches Rotes Kreuz,
Kreisverband Oberhausen

4.2/26 Arztkoffer
1970er Jahre
Aluminium, Kunststoff;
41 x 40 x 13 cm
Deutsches Rotes Kreuz,
Kreisverband Oberhausen

Der Sanitätsdienst bei Rot-Weiß Oberhausen wird vom Deutschen Roten Kreuz gestellt. Die Helfer sind meist ehrenamtliche Mitarbeiter mit Sanitäterausbildung, teils aber auch hauptamtliche Sanitäter. Bei durchschnittlich besuchten Spielen werden im Niederrheinstadion acht Personen eingesetzt, bei vollbesetztem Stadion kann die Zahl auf über zwanzig steigen.

4.2/27 Tragbares Getränkeausschankgerät "Drink Man"
Cup Service GmbH, München,
2. H. 1990er Jahre
Textil, Metall; 59 x 53 x 36 cm
Stadtpark Gastronomie GmbH,
Bochum

Um den Service im Stadion zu verbessern, werden zunehmend mobile Getränkeverkäufer eingesetzt. Der dabei im Ruhrstadion Bochum verwendete "Drink Man" ist mit einer Kohlendioxid-Patrone ausgestattet, verfügt über eine Halterung für Becher und kann zum Ausschank verschiedener Getränke benutzt werden.

4.2/24

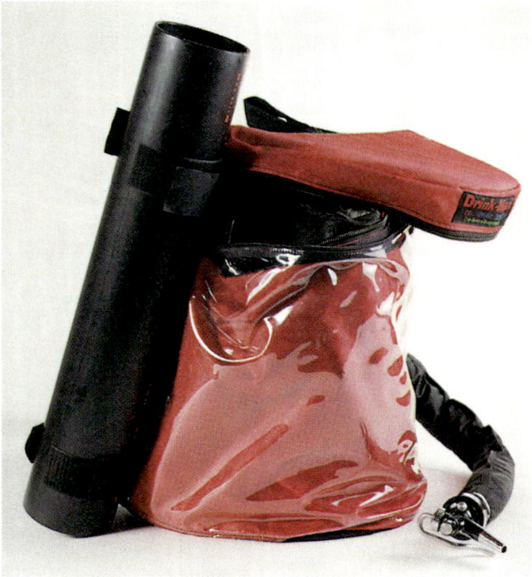
4.2/27

4.2/28 Mehrwegbecher aus dem Bökelbergstadion Mönchengladbach
Elma, Siegburg, 1999
Plastik; H 13,5 cm, D 7 cm
bez.: Die Hoffnung stirbt zuletzt, der Stolz nie!
Christian Meister, Bochum

4.2/29 Mehrwegbecher aus dem Bökelbergstadion Mönchengladbach
2. H. 1990er Jahre
Kunststoff; H 13,5 cm, D 7 cm
bez.: diebels light
Christian Meister, Bochum

Service und Show zugenommen: Der Stadionsprecher sagt nicht mehr nüchtern die Tore an, er soll beim Publikum für Stimmung sorgen. Immer häufiger gibt es nach amerikanischem Vorbild auch im Fußballstadion Showeinlagen wie zum Beispiel Cheerleader-Auftritte. Der Verkauf von Fanartikeln sowie von Speisen und Getränken ist unerlässlicher Bestandteil im Rahmen eines Bundesligaspiels. Nicht zuletzt garantiert eine Vielzahl von Medienvertretern die gewünschte breite Öffentlichkeit und die Vermittlung des Spielgeschehens in die Wohnzimmer.

Besonders wichtig ist jedoch die Arbeit der "stillen Helden", die meistens kaum beachtet, geschweige denn gewürdigt wird. Oft arbeiten sie den Profis direkt zu, und ohne ihre Mitwirkung ist ein Bundesligaspiel heute nicht mehr vorstellbar. Platzwarte kümmern

4.2/30 Mehrwegbecher aus dem Waldstadion Frankfurt
atka GmbH, 2. H. 1990er Jahre
Kunststoff; H 12 cm, D 7,5 cm
bez.: Höhl. Alles gute vom Apfel
Christian Meister, Bochum

4.2/31 Mehrwegbecher aus dem Ruhrstadion Bochum
Elma, Siegburg, 1995
Kunststoff; H 13 cm, D 7 cm
bez.: 95/96
Christian Meister, Bochum

4.2/32 Mehrwegbecher aus dem Dreisamstadion Freiburg
Cup Concept, Allensbach, 2. H. 1990er Jahre
Kunststoff; H 14 cm, D 8,5 cm
bez.: Viele Tore, Siege und viel Spaß wünscht Ihnen Ihre Brauerei Ganter/ Gib Müll 'ne Abfuhr
Christian Meister, Bochum

4.2/33 Mehrwegbecher aus dem Frankenstadion Nürnberg
Nürnberg, 2. H. 1990er Jahre
Kunststoff; H 13,5 cm, D 8,5 cm
Christian Meister, Bochum

4.2/34 Mehrwegbecher aus dem Stadion "Alm" in Bielefeld
Bielefeld, 2. H. 1990er Jahre
Kunststoff; H 14 cm, D 7,5 cm
bez.: Mehrweg ist unser Weg.
Stadtreinigungsamt
Christian Meister, Bochum

4.2/35 Mehrwegbecher aus dem Sportpark Unterhaching
Schmauss GmbH, München,
2. H. 1990er Jahre
Kunststoff; H 16,5 cm, D 9 cm
bez.: Umweltbecher
Spielvereinigung Unterhaching
Christian Meister, Bochum

Seit Mitte der 1990er Jahre sind die Vereine dazu übergegangen, Mehrwegbecher aus Hartplastik für den Getränkeausschank zu verwenden. Neben der Verringerung der Müllberge in den Stadien und der Profilierung der Vereine beim Thema Umweltschutz kommt den Bechern auch die Funktion einer neu entdeckten Werbefläche zu. Darüber hinaus hat sich leidenschaftlichen Sammlern Betätigungsfeld eröffnet.

4.2/29-35

sich täglich darum, den alles entscheidenden Ort des Geschehens durch Mähen, Düngen, Bewässern, Vertikutieren oder Aerifizieren in den bestmöglichen Zustand zu bringen – ein angesichts immer häufigerer Spieltermine und oft schlechter Wetterbedingungen manchmal hoffnungsloses Unterfangen. Ein weiteres Problem stellt die Architektur vieler neuerer Stadien dar, die dem Rasen durch Mangel an Licht und Wind eigentlich lebensfeindliche Bedingungen bieten. Zu allem Überfluss wird die Arbeit der Platzwarte nicht selten mit lautstarkem Klagen über den schlechten Zustand des Platzes "honoriert". Aber der Einsatz für ein bespielbares Feld kann auch zur Legende werden. Wer erinnert sich nicht an das "Regenspiel" bei der Weltmeisterschaft 1974 zwischen Deutschland und Polen und die unermüdlichen Versuche, die Wassermassen mittels Walzen vom Rasen des Frankfurter Waldstadions zu befördern?

4.2/39

4.2/41

4.2/36 Werbeplakat mit Pierre Littbarski und Widmung an den Platzwart des 1. FC Köln
adidas, 1993
Papier; 20 x 40 cm
bez.: Lieber Hansi! Manche Arbeiten werden nicht gewürdigt. Sie gelten als selbstverständlich. Für mich ist es aber immer toll auf den besten Plätzen der Bundesliga zu trainieren
1. FC Köln

Angesichts der Regelmäßigkeit, mit der Fußballspieler den schlechten Zustand eines Fußballplatzes betonen und damit oft genug von der eigenen schlechten Leistung ablenken, erscheint solch ein persönlicher Dank eines Profis an den Platzwart für seine gute Arbeit besonders bemerkenswert.

4.2/37 Aerifiziergerät aus dem Parkstadion Gelsenkirchen
Ryan, USA, 1980er Jahre
Metall; 91 x 90 x 165 cm
Liegenschaftsamt der Stadtverwaltung Gelsenkirchen

Das Aerifizieren des Rasens dient seiner Tiefenbelüftung. Zunächst wird der Platz gesandet. Dann wird mit dem Aerifiziergerät das Spielfeld gelocht, indem sogenannte "Spoons" etwa sieben Zentimeter tief in den Platz gestochen werden. Schließlich wird der aufgebrachte Sand verfegt. Das Gerät wurde im Parkstadion bis zum Beginn der 1990er Jahre benutzt.

4.2/38 Behälter mit der Spielfeldmarkierungs-Farbe "Rasenweiß Extra"
G.U.T. Gesellschaft für Umweltreinigung mbH Sportstätten-Service, Hofgeismar, 1999
Kunststoff, Farbe; 43 x 23 x 20 cm
Bayer 04 Leverkusen

Das Spielfeld wird heute nicht mehr wie früher mit Kreide markiert. Die zu diesem Zweck verwendete flüssige Farbe ist leuchtstärker und langlebiger.

4.2/39 Rasenwalze aus dem Frankfurter Waldstadion, eingesetzt beim Weltmeisterschafts-Spiel Deutschland – Polen 1974
1. H. 1970er Jahre
Metall, Gummi; 87 x 87 x 150 cm
Sportmuseum Frankfurt, Stadion GmbH, Frankfurt/M.

4.2/40 Regenjacke für Stadionmitarbeiter bei der Fußball-Weltmeisterschaft 1974
adidas, 1974
Kunstfaser; 70 x 150 cm
Sportmuseum Frankfurt, Stadion GmbH, Frankfurt/M.

Am 3.7.1974 fand das entscheidende Spiel der zweiten Finalrunde der Fußball-Weltmeisterschaft zwischen Deutschland und Polen statt. Sintflutartige Regenfälle verwandelten das Frankfurter Spielfeld in eine Seenplatte. Auch der Einsatz von Aufsaugwalzen konnte letztlich nichts ausrichten. Trotz des eigentlich unbespielbaren Platzes wurde das Spiel mit Verspätung freigegeben, und Deutschland erreichte durch seinen Sieg das Finale der Weltmeisterschaft.

4.2/41 Erprobungsfläche für neue Rasensorten
Bundessortenamt, Außenprüfstelle Scharnhorst, 1999
Foto; 30,5 x 44,5 cm
Bundessortenamt, Außenprüfstelle Scharnhorst, Neustadt a. Rbge.

Das Bundessortenamt ist zuständig für die Zulassung neuer Rasensorten, die die Züchter hier beantragen müssen. Nach erfolgreichem Abschluss einer drei Jahre dauernden Prüfung des Rasens werden die neuen Sorten auf einer Skala von eins (nicht geeignet) bis neun (sehr gut geeignet) hinsichtlich ihrer Tauglichkeit für Zierrasen, Gebrauchsrasen, Strapazierrasen, Landschaftsrasen oder Tiefschnittrasen eingestuft und in die "Beschreibende Sortenliste" des Bundessortenamtes aufgenommen.

4.2/42 Stollenwalze zur Erprobung von Rasensorten unter Strapazierbedingungen
1980er Jahre
Metall; 50 x 130 x 130 cm
Versuchsgut Dickopshof, Wesseling

Für die Strapazierrasenprüfung wird ein Teil der Testparzelle jeder Sorte mehrmals pro Woche mit einer mit Stollen besetzten Walze belastet. Dies stellt eine andauernde Beanspruchung des Rasens dar, die derjenigen durch Fußballspielen ähnlich ist. Besonders widerstandsfähige Sorten erhalten die Zulassung als Saatgut für Strapazierrasen.

Während die medizinische Abteilung, Vereinsärzte und Physiotherapeuten, auch auf dem Platz in Erscheinung tritt, bleiben die Zeugwarte ganz im Hintergrund. Sie nehmen den Spielern viele lästige Kleinigkeiten ab und sorgen für intaktes und gepflegtes Sportgerät, vor allem Schuhe, Trikots und Bälle. Immer häufiger haben die Zeugwarte heute Mitarbeiter für die verschiedenen Aufgaben, und es kommt ihnen eine organisierende Rolle zu. Doch Pannen bleiben nicht aus. Es begannen Spiele mit Verspätung, weil Auswärtsmannschaften mit Trikots anreisten, die sich von denen der Heimmannschaft nicht gut genug unterscheiden ließen. So musste Schalke in der Saison 1997/98 beim Spiel in Karlsruhe auf Anordnung des Schiedsrichters sogar in den Ersatztrikots der Gastgeber auflaufen. Auch jenseits des direkten Umfeldes wird für den Arbeitsplatz Fußballstadion und für möglichst perfekte Bedingungen gearbeitet. Zahlreiche offizielle Vorgaben bestimmen den technischen Rahmen für Bundesliga- und internationale Spiele. Das Umfeld, in dem die ewig gültigen Fußballweisheiten zum Tragen kommen, wandelt sich durch Änderungen im Reglement sowie durch wissenschaftliche und technische Innovationen.

Im Grundsatz hat sich am Aufbau eines Fußballplatzes wenig verändert: Auf dem Baugrund wird ein Planum als Spielfeldunterbau erstellt. Dieses muss mit einem den örtlichen Gegebenheiten angepassten Dränagesystem zur Wasserabführung versehen sein. Darüber befindet sich die Rasentragschicht, die gleichzeitig eine gute Versickerung des Wassers und eine hohe Scherfestigkeit gewährleisten muss. Schließlich folgt die Rasendecke. Die einzelnen Komponenten eines solchen Sportrasens werden immer weiter verbessert. Ständig befinden sich neue Rasensorten in der Erprobung.

4.2/43 Saatgut der 148 für den Bau von Sportrasenplätzen zugelassenen Rasengräsersorten
Diverse Züchter, Deutschland, Niederlande, Dänemark, Schweden, Frankreich, USA, 1999
Gräsersamen
Bundessortenamt, Außenprüfstelle Scharnhorst, Neustadt a. Rbge.

Sportrasen bestehen aus Mischungen unterschiedlicher Gräserarten. Hauptsächlich werden die Arten Deutsches Weidelgras (Lolium perenne) und Wiesenrispe (Poa pratensis) verwendet. In den jährlich veröffentlichten "Regel-Saatgut-Mischungen Rasen" werden Mindestanforderungen für die verwendeten Mischungen formuliert. Vorgegeben werden prozentuale Anteilsmengen bestimmter Gräserarten und Mindestbenotungen für die verwendeten Sorten. Im Falle des Sportrasenbaus sind diese Anforderungen in der DIN-Norm 18035-4 verbindlich verankert. Besonders hoch benotete Sorten für den Strapazierrasen sind beispielsweise "Lorettanova" und "Supra".

4.2/44 Konstruktionsskizze vom Spielfeld des Ruhrstadions Bochum
Tiefbauamt der Stadt Bochum, 1986
Zeichnung, Papier; 62 x 121 cm
Sport- und Bäderamt der Stadt Bochum, Betriebshof Ruhrstadion

Der typische Aufbau eines Rasenspielfelds besteht aus der Rasendecke, der Rasentragschicht sowie einem System der Wasserabführung. Die sandreiche Rasentragschicht muss durchlässig genug sein, damit das Wasser schnell von der Spielfeldoberfläche abgeleitet werden kann. Zugleich muss die Tragschicht aber auch stabil und "scherfest" sein. Der Unterbau des Spielfelds wird durch ein Dränage-System entwässert, dessen Konstruktion von den jeweiligen örtlichen Gegebenheiten abhängt. In der Skizze sind sämtliche Schichten des Platzes zu erkennen: Lava und Kies als Unterbau, Rasentragschicht und Rasendecke. Ferner sind die Dränagerohre, die Leitungen für die Be- und Entwässerung und für die Rasenheizung sowie das Gefälle des Platzes eingezeichnet.

4.2/45 Modell des Aufbaus eines Sportrasenplatzes mit Rasenheizung
D. F. Liedelt "VELTA", Norderstedt, 1999
Kunststoff, Kies, Sand, in Plexiglas eingefasst; 25 x 110 x 110 cm
D. F. Liedelt "VELTA", Norderstedt

Das Modell veranschaulicht den Schichtenaufbau eines modernen Sportplatzes mit Rasenheizung. Im Bereich der Drän- beziehungsweise Kiesschicht werden Heizungsleitungen aus Kunststoff in Halterungsschienen verankert. Anschließend wird die sandreiche Rasentragschicht darauf aufgebracht.
Die Firma D. F. Liedelt "VELTA", Europas führender Hersteller von Fußbodenheizungen, hat unter anderem den neuen Rasenplatz im gerade umgebauten Volksparkstadion Hamburg gestaltet.

4.2/46 Modell des Sportrasensystems "Grassmaster"
Desso DLW Sport Systems, Wijchen, Niederlande, 2000
Sand, Polypropylen, eingefasst in vier Plexiglasboxen; je 70 x 50 x 50 cm
Desso DLW Sport Systems, Wijchen, Niederlande

Bei diesem neuartigen Verfahren des Sportplatzbaus werden neben Naturrasen auch Kunstrasenanteile verwendet. Fäden aus Polypropylen werden in den Platz verwoben, um die Tragschicht stabiler und scherfester zu machen. In Deutschland wurde ein solcher Rasenplatz bereits in der BayArena Leverkusen verwirklicht.

4.2/47 50 Flutlichtbirnen aus der Beleuchtungsanlage des Gelsenkirchener Parkstadions
Osram, Deutschland, 1990er Jahre
Glas, Metall; je L 42,5 cm, D 10 cm
Liegenschaftsamt der Stadtverwaltung Gelsenkirchen

Flutlichtbirnen dieses Typs werden bis heute in Anlagen aus den siebziger und achtziger Jahren verwendet. Sie werden als 2000- und als 3500-Watt-Birnen hergestellt. Letzteres ist für größere Stadien heute der Standard.

4.2/47

4.2/48 Zündgerät für eine Flutlichtlampe
BBC Brown Boveri, 1980er Jahre
Metall, Kunststoff;
14,5 x 14 x 13 cm
VfL Bochum 1848

Flutlichtlampen lassen sich nicht wie einfache Glühbirnen einschalten; sie benötigen ein Zündgerät. Der Zündvorgang kann nur bei kalten Lampen ausgeführt werden, wehalb ein direktes Neuzünden, beispielsweise nach einem kurzen Stromausfall, nicht möglich ist.

4.2/49 Flutlicht-Scheinwerfer aus dem Dortmunder Westfalenstadion
Philips, 1970er Jahre
Metall, Glas; 67 x 67 x 80 cm
BV Borussia Dortmund

Der Scheinwerfer stammt aus der alten Flutlichtanlage des Dortmunder Westfalenstadions, die 1998 im Zuge des Stadionausbaus abgebaut wurde. Die Flutlichtbirnen werden in das als Reflektor dienende Gehäuse eingeschraubt. So wird das Licht verstärkt und gebündelt. Im Ruhrstadion Bochum ist jeder der vier Mastköpfe mit zweiundvierzig Reflektoren ähnlichen Typs ausgestattet, von denen jeder einzeln ausgerichtet wird, um eine möglichst optimale Ausleuchtung des Spielfelds zu erzielen.

4.2/50 Philips ArenaVision Scheinwerfer MVF 403
Philips, Frankreich, 2000
Aluminium, Glas;
53,5 x 55,5 x 3,5 cm
Philips Licht, Springe

Das ArenaVision-Flutlichtsystem repräsentiert den neuesten Stand der Technik bei der Stadionbeleuchtung. Die Scheinwerfergehäuse sind wesentlich kompakter und leichter geworden. Das System ist deutlich leistungsstärker und sorgt durch neuartige Reflektoren für optimale Lichtbündelung und -lenkung. Es wurde speziell dazu entwickelt, die theatralischen, emotionalen Werte von Sportveranstaltungen für die Zuschauer zu steigern und ist bereits in vielen deutschen Stadien installiert worden.

4.2./51 Ehemalige Stadionuhr aus dem Gelsenkirchener Parkstadion
Seiko, 1988
Metall, Glas; 100 x 70 x 31 cm
Liegenschaftsamt der Stadtverwaltung Gelsenkirchen

Die Funkuhr wurde anlässlich der Fußball-Europameisterschaft 1988 im Parkstadion aufgebaut und stand dort hinter der Südkurve. Nach nur elf Jahren musste sie Platz machen für eine moderne Großbild-Videoleinwand.

4.2/52 Messer zum Gerben von Leder
Iller-Sportartikelfabrik, Illertissen, 1950
Holz, Metall; 67 x 7 cm
Dr. Hubert Lehmann, Illertissen

4.2/53 Messer zum Gerben von Leder
Iller-Sportartikelfabrik, Illertissen, 1950
Holz, Metall; 67 x 4 cm
Dr. Hubert Lehmann, Illertissen

4.2/54 Messgerät zum Ermitteln der Lederdicke
Iller-Sportartikelfabrik, Illertissen, 1955
Metall; 12 x 37 cm
Dr. Hubert Lehmann, Illertissen

4.2/55 Werkzeugsatz zur Ballherstellung
Iller-Sportartikelfabrik, Illertissen, um 1945
Holz, Metall
Dr. Hubert Lehmann, Illertissen

4.2/56 Nähmaschine zum Zusammennähen von geraden Lederteilen für Jugendbälle
Singer, 1930
Metall, Holz; 110 x 107 x 60 cm
Dr. Hubert Lehmann, Illertissen

4.2/57 Schemel für Näherinnen und Handnäher (Fußballsattler)
Iller-Sportartikelfabrik, Illertissen, um 1930
Holz; 46 x 46 x 30 cm
Dr. Hubert Lehmann, Illertissen

4.2/58 Einspannvorrichtung für Fußbälle
Iller-Sportartikelfabrik, Illertissen
Holz; 118 x 15 cm
Dr. Hubert Lehmann, Illertissen

4.2/59 Einspannvorrichtung zum Nähen von Fußbällen
Iller-Sportartikelfabrik, Illertissen, um 1925
Holz; 78 x 25 x 28 cm
Dr. Hubert Lehmann, Illertissen

4.2/60 Ständer zum Umstülpen von Ballhüllen
Iller-Sportartikelfabrik, Illertissen, um 1950
Holz; 76 x 40 x 40 cm
Dr. Hubert Lehmann, Illertissen

4.2/61 Klopfer zum Glätten von Nahtstellen
Iller-Sportartikelfabrik, Illertissen, um 1950
Holz; 87 x 30 x 25 cm
Dr. Hubert Lehmann, Illertissen

4.2/49

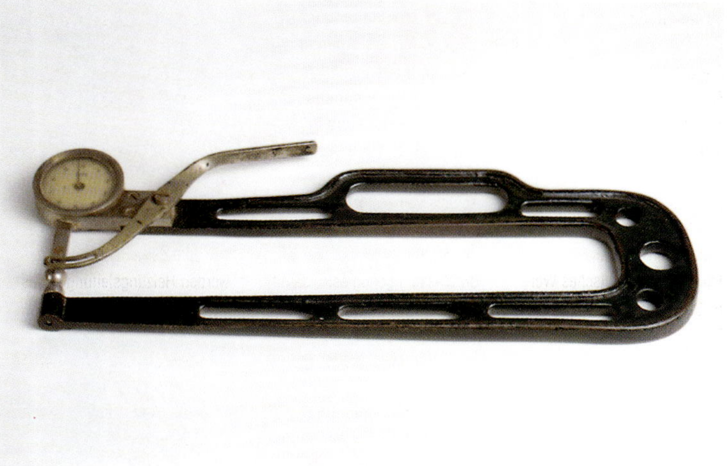

4.2/54

Sie werden vom Bundessortenamt, das seinen Sitz in Hannover hat, auf ihre Eignung für Strapazierrasen intensiv getestet und bewertet. Für den Sportplatzbau existieren verbindliche DIN-Normen, in denen unter anderem Mindestanforderungen für die zu verwendenden Saatgutmischungen enthalten sind. Aktuell sind 148 unterschiedliche Gräsersorten für den Bau von Sportrasenplätzen zugelassen. Rasenheizungen gehören bei den Erstligaclubs mittlerweile zum Standard. Sie bestehen aus Heizleitungen, die unterhalb der Rasentragschicht verlegt sind. Für den Sportplatzbau werden immer neue Verfahren entwickelt, beispielsweise die Kombination von Naturrasen und Kunstrasen, durch die eine höhere Belastbarkeit der Spielfläche erreicht werden soll.

Eine ausreichend starke Flutlichtanlage ist für die Vereine der ersten und zweiten Bundesliga eine offizielle Bedingung. Die Spielpläne werden immer flexibler, die Spiele müssen zu jeder Zeit durchführbar und für das Fernsehen übertragbar sein. Doch oft genug birgt die Technik Tücken: Der Flutlichtausfall bei der Partie Fortuna Köln – Darmstadt 98 im Jahr 1982, vom

4.2/62 Schnürball
Iller-Sportartikelfabrik,
Illertissen
Leder; D 18 cm
Dr. Hubert Lehmann, Illertissen

4.2/63 Ball aus Chromleder mit Aufhänger für Kopfballpendel
Iller-Sportartikelfabrik,
Illertissen, 1945
Leder; D 21 cm
Dr. Hubert Lehmann, Illertissen

4.2/64 Handgenähter, zwölfteiliger Fußball aus Goldchromleder
Iller-Sportartikelfabrik,
Illertissen, um 1950
Leder; D 21 cm
Dr. Hubert Lehmann, Illertissen

Der rasante Aufschwung des Fußballs führte schon früh zum Entstehen einer ersten Sportartikelindustrie. Der Fußball war zunächst ein reines Naturprodukt. Die ersten Fußbälle waren aus acht rautenförmigen Lederstücken gefertigt. Die hier gezeigten Bälle der Iller-Sportartikelfabrik, einer von ihnen noch ein Schnürball mir außenliegender Schnur, sind größtenteils zwölfteilig. Der Naturwerkstoff Leder war zwangsläufig ungleichmäßiger als der heute verwendete, ständig optimierte Kunststoff. Dennoch war man um ein Höchstmaß an Präzision bemüht. Bereits im Jahre 1872 ordnete der englische Fußballverband an, dass der Ball eine Kugel mit einem Umfang von 68,5 bis 71,1 Zentimetern und einem Gewicht von 396 bis 453 Gramm sein müsse. Diese Maße sind bis heute gültig. Doch wo heute Computer-Messprogramme die Rundheit der Bälle überprüfen, wurden unebene Nahtstellen der Bälle früher mit einfachem Holzwerkzeug nachbearbeitet. Angefangen beim Gerben des Leders bis hin zur endgültigen Fertigstellung fand die Produktion an einem Ort statt.

4.2/65 Teilweise fertiggestellte Hülle eines Fußballs
Deutschland, 1999
Leder, Schnur; 23 x 23 x 10 cm; 20 x 20 x 4 cm; 14 x 9,5 x 5 cm
Dr. Hubert Lehmann, Illertissen

4.2/66 Fußball mit Blase, noch nicht zugenäht
Deutschland, 1999
Leder; 15 x 23 x 20 cm
Dr. Hubert Lehmann, Illertissen

Insgesamt besteht ein Fußball heutiger Machart aus 20 Hexagonen (Sechsecken) und zwölf Pentagonen (Fünfecken). Das immer noch manuelle Zusammennähen eines Balls erfordert bis zu tausend Einzelstiche und dauert zwischen vier und sechs Stunden. Der Ball wird umgestülpt und mit der Innenseite nach außen zusammengenäht. Erst dann wird der Ball gewendet und eine Latexgummiblase und ein Ventil werden eingesetzt. Die letzten Stiche erfolgen mit einer Spezialnadel, damit auch der letzte Knoten unsichtbar bleibt.

4.2/67 Adidas-Fußball "Terrestra Silverstream"
adidas, Marokko, 2000
Synthetik; D 21 cm
adidas, Herzogenaurach

Der "Terrestra Silverstream" ist der offizielle Spielball für die Fußball-Europameisterschaft 2000. Er wird aus syntaktischem Schaum gefertigt. In die Balloberfläche eingearbeitete Mikrobällchen stellen sofort nach dem Schuss die Form des Balls wieder her und sorgen für eine extrem hohe Ballbeschleunigung. Nach der aufwändigen, eine Woche dauernden Herstellung der Gewebe- und Oberschicht werden die "Panels" genannten Fünf- und Sechsecke ausgestanzt. Auch dieses High-Tech-Produkt wird letztlich von Hand zusammengenäht, meist in Marokko. Nach der Fertigstellung wird jeder Ball einem intensiven, dreitägigen Testprogramm unterzogen, welches Voraussetzung für die Erlangung der höchsten Qualitätsstufe, "FIFA approved", ist. Hierfür muss das Gewicht zwischen 420 und 445 Gramm und der Umfang zwischen 68,5 und 69,5 Zentimetern liegen. Strenge Kriterien gelten ebenso für die Rundform des Balls, für den maximal zulässigen Druckverlust, für seine "Energy Return" genannte Rückprallhöhe und für die zulässige maximale Wasseraufnahme.
Um schließlich Form und Größenbeständigkeit zu testen, werden die Bälle aus einer Distanz von zweieinhalb Metern mit einer Geschwindigkeit von fünfzig Kilometern pro Stunde zweitausendmal gegen eine Stahlplatte geschossen. Dabei dürfen keine Beschädigungen an den Ventilen und Nähten entstanden sein, die Zunahme des Umfangs darf nach dem Test maximal eineinhalb Zentimeter betragen; die Rundform nicht mehr als eineinhalb Prozent abweichen und der Luftdruck maximal um 0,1 bar abgenommen haben.

gelernten Elektriker und Fortuna-Präsident Jean Löring schließlich persönlich behoben, ist unvergessen. Erst im April 1999 kam es im Bremer Weserstadion zu einer Neuauflage dieser Panne, wodurch sogar ein Länderspiel zwischen Deutschland und Schottland samt zugehöriger Live-Übertragung ernsthaft bedroht war.
Mit der Nachfrage nach einer umfassenderen und besseren Sportausrüstung entwickelte sich ein neuer Wirtschaftszweig, wodurch neue "Fußball-Arbeitsplätze" entstanden. Rund ums Fußballspiel hat sich seither ein gigantischer Markt aufgetan, der heute von einigen Weltfirmen dominiert wird und in dem kleinere, mittelständische Betriebe kaum noch auftauchen. Fußbälle, die früher reine Naturprodukte waren und in kleinen Betrieben angefertigt wurden, sind heute vollsynthetische Hightech-Geräte. So hat die Bezeichnung "Lederball" mit dem offiziellen Spielball für die Europameisterschaft 2000 nichts mehr zu tun. Nichts geändert hat sich allerdings daran, dass qualitativ hochwertige Fußbälle noch heute aus zweiunddreißig Einzelteilen von Hand zusammengenäht werden. Fußballtrikots sind heute Modeprodukte. Spielzeit für Spielzeit, Turnier für Turnier kommen die aktuellen Kollektionen auf den Markt. Hauptabnehmer sind längst nicht mehr die Aktiven selbst, sondern die Fans, die das Trikot als Objekt der Identifikation mit den Vorbildern auf dem Spielfeld nutzen.

Schließlich verändern sich auch die Fußballstadien zusehends und werden zu Erlebnisarenen umfunktioniert, von denen in den nächsten Jahren mehrere errichtet werden, darunter zurzeit die Arena "Auf Schalke". Bei ihrer Ausstattung versucht man immer stärker, dem Anspruch nach höherem Komfort und Sicherheit gerecht zu werden. Ein Beispiel dafür ist die BayArena in Leverkusen, die ein reines Sitzplatzstadion ist und nicht nur verglaste VIP-Logen bietet, sondern auch ein Hotel und Restaurants.

Um mit diesen Entwicklungen Schritt zu halten, passen die Vereine ihre Strukturen der Wachstumsbranche Bundesligafußball an. Sie haben sich von den traditionellen Vereinsstrukturen weg- und immer mehr zu Wirtschaftsunternehmen hinentwickelt, wenngleich dies unterschiedlich schnell und auch auf unterschiedliche Weise geschieht. Teilweise begnügt man sich mit den DFB-Anforderungen an die Struktur eines Profivereins, die insbesondere die Neuregelung der Entscheidungsstrukturen im Verein durch Schaffung eines Verwaltungsrates vorsehen. Anderswo, so in Leverkusen, wo man als "Bayer 04 Leverkusen Fußball GmbH" firmiert, oder in Dortmund, wo auf den Börsengang nach internationalem Vorbild gesetzt wird, ist man bereits deutlich darüber hinaus gegangen.

Doch trotz aller Veränderungen haben die alten Fußballweisheiten zum Glück noch immer ihre Gültigkeit: Ein Spiel dauert neunzig Minuten und entscheidend ist aufm Platz. *Michael Menzen*

4.2/68 Trikot der deutschen Nationalmannschaft für die Europameisterschaft 2000
adidas, Portugal, 2000
Polyester; 80 x 110 cm
adidas, Herzogenaurach

4.2/69 Shorts der deutschen Nationalmannschaft für die Europameisterschaft 2000
adidas, 2000
Polyester, 47 x 67 cm
adidas, Herzogenaurach

4.2/70 Stutzen der deutschen Nationalmannschaft für die Europameisterschaft 2000
adidas, 2000
Textil; 65 x 15 cm
adidas, Herzogenaurach

4.2/71 Trikot von Jens Nowotny, getragen beim Länderspiel Niederlande – Deutschland am 23.2.2000 in der Arena Amsterdam
adidas, 2000
Polyester; 82 x 180 cm
Ralf Becker, Waldfeucht

4.2/72 Shorts von Jens Nowotny, getragen beim Länderspiel Niederlande – Deutschland am 23.2.2000 in der Arena Amsterdam
adidas, 2000
Climalite/Polyester; 52 x 60 cm
Ralf Becker, Waldfeucht

Nie ist das öffentliche Interesse an der Nationalmannschaft größer und nie identifizieren sich mehr Menschen mit ihr als zu Zeiten von Welt- und Europameisterschaften. Große Turniere sind daher fast immer auch der Anlass für neue Trikot- und Fanartikel-Kollektionen des DFB-Teams. Im Fall des sportlichen Erfolgs wird auch das Trikot zum Verkaufserfolg. Mit dem Länderspiel am 23.2.2000 in Holland wurde das neue DFB-Trikot erstmals der Öffentlichkeit vorgestellt. Es besteht aus Climalite, einem Material, das Feuchtigkeit von der Haut des Spielers abtransportiert und diese dadurch kühl und trocken hält. Es bietet außerdem "anatomisch platzierte Ventilation (APV)", ein Lochgewebe, das speziell für die Wärmezonen des menschlichen Körpers entwickelt wurde. Die Kombination dieser beiden Technologien soll für eine ideale Regulierung des Feuchtigkeitshaushalts der Sportler sorgen.

4.2/67

4.2/73 Fußball-Hallenschuh Modell "Samba"
adidas, 1995
Leder, Kunststoff; 10 x 10 x 29 cm
adidas-Museum, Herzogenaurach

Das Fußball-Equipment verändert sich nicht nur durch technologische Entwicklungen, sondern auch durch modischen Wandel ständig. Aber es gibt auch "Klassiker", die allen Veränderungen trotzen. Einer von ihnen ist der Hallenschuh "Samba", den mittlerweile Generationen von Fußballspielern getragen haben.

4.2/74 Vier Ansichten der BayArena Leverkusen
Peter Stockhausen, 1999
Fotos; je 28,5 x 36,5 cm
Peter Stockhausen, Essen

4.2/75 Vier Ansichten des Lizenzspielerbereichs der BayArena Leverkusen
Peter Stockhausen, 2000
Fotos; je 28,5 x 36,5 cm
Peter Stockhausen, Essen

Die Leverkusener BayArena ist ein Stadion neuen Typs und nimmt in vielerlei Hinsicht eine Vorreiterrolle ein. Der Wechsel des Namens von "Ulrich-Haberland-Stadion" zu "BayArena" macht klar, dass fernab der traditionellen Vorstellung von einem Stadion eine multifunktionale Erlebnisarena entstanden ist. Über ihre eigentliche Funktion als Austragungsort von Fußballspielen hinaus wird sie in unterschiedlicher Weise genutzt. In das Stadion integriert sind neben dem abgebildeten Schnellrestaurant auch ein Hotel und ein Speiserestaurant. Die Zuschauerränge bestehen ausschließlich aus Sitzplätzen, die Spielfeldumzäunung ist versenkbar. Es soll der größtmögliche Komfort für ein sich veränderndes Fußballpublikum mit höheren Ansprüchen geboten werden. Vom VIP-Bereich aus können die Spiele, abgeschottet vom Rest des Stadions und umgeben von einem luxuriösen Ambiente, durch Glasscheiben verfolgt werden.

4.2/76 Organigramm des FC Bayern München
FC Bayern München, 2000
Zwei Diagramme, Papier; 29,5 x 21 cm und 21 x 29,5 cm
FC Bayern München

Das Organigramm veranschaulicht die Organisationsstruktur des erfolgreichsten deutschen Fußballvereins.

Alles was Recht ist – Schiedsrichter und Regeln

Fußball, so heißt es, habe gerade wegen seiner simplen Regeln in den vergangenen 100 Jahren den Rang einer der wenigen Weltsportarten erlangt. Und in der Tat gibt es Grundkonstanten des Spiels, die noch so neuerungsfreudige Funktionäre nie antasten würden. Gleichwohl ist die Diskussion um eine Verbesserung der Regeln in den bald 150 Jahren seit ihrer ersten Fixierung in England und auf dem Kontinent nie verstummt. Der Antrieb zur Änderung und Weiterentwicklung der Regeln erwuchs dabei aus den unterschiedlichsten Motiven: Mal sollte die Chancengleichheit der Mannschaften bei Verletzung eines der Spieler gewahrt bleiben (Auswechslung), mal den Interessen der Fußball-Finanziers entgegengekommen werden (Verlängerung der Halbzeitpause für Werbeansagen), mal das Spiel beschleunigt werden (Rückpass-Regel).

4.3/25

4.3/1 Schiedsrichterpfeife
um 1950
Horn; 6 x 2 x 2 cm
Schalker Fan-Initiative, Gelsenkirchen

Die Schiedsrichterpfeife aus der Nachkriegszeit wurde noch aus Horn gefertigt. Die heutigen Pfeifen sind überwiegend aus Kunststoff und Metall hergestellt.

4.3/2 23 Schiedsrichterpfeifen
1999
Kunststoff; je 3 x 5 x 2 cm
allzweck Sportartikel, Trechtingshausen; 4011, 4012, 4013, 4014, 4018, 4019, 4020, 4021, 4022, 4023, 4024, 4025, 4026, 4026S, 4027, 4028S, 4029, 4031, 4032Gr, 4033, 4039, 4040, 4042

Schiedsrichterpfeifen müssen jederzeit griffbereit sein. Meist werden sie an einer Schnur um den Hals oder um das Handgelenk gehängt, manche können auch an einem ringähnlichen Bügel am Finger getragen werden.

4.3/3 Schiedsrichterhemd
Albstadt, 1975
Popeline
allzweck Sportartikel, Trechtingshausen; 4503A

4.3/4 Zwei Schiedsrichterhosen
Textil
allzweck Sportartikel, Trechtingshausen; 4812, 4520
a) Irena Piesch, Jelena Góra, 1995
b) Albstadt, 1975

4.3/5 Schiedsrichterstrümpfe
Neumarkt/Opf., 1975
Textil
allzweck Sportartikel, Trechtingshausen; 5014A

Bis zur Bundesligasaison 1981/82 trugen die Unparteiischen schlichtes Schwarz mit lediglich weißem Hemdkragen und weißem Strumpfumschlag.

4.3/6 Schiedsrichter- und Funktionärsanzug
Albstadt, 1975
Polyacryl
allzweck Sportartikel, Trechtingshausen; 5000

Hiermit wurden 1975 alle Verbandsschiedsrichter-Obleute ausgestattet.

4.3/7 Schiedsrichterhemd mit grünem Kragen
Albstadt, 1981
Polyester, Baumwolle
allzweck Sportartikel, Trechtingshausen; 4601 A

4.3/8 Schiedsrichterhose
Albstadt, 1981
Polyester, Baumwolle, Viskose
allzweck Sportartikel, Trechtingshausen; 4610

4.3/9 Schiedsrichterstrümpfe mit grünem Umschlag
Neumarkt/Oberpfalz, 1981
Textil
allzweck Sportartikel, Trechtingshausen; 4311

In der Bundesliga-Saison 1981/82 wurde der bis dahin weiße Kragen der Schiedsrichterkleidung durch einen grünen ersetzt; der Umschlag der Strümpfe wurde farblich darauf abgestimmt.

4.3/10 Schiedsrichterhemd mit Landesfarben der Bundesrepublik Deutschland
Aires, Portugal, 1986
Textil
allzweck Sportartikel, Trechtingshausen; 4585

4.3/11 Schiedsrichterhose in Shortform
Apolda, 1986
Textil
allzweck Sportartikel, Trechtingshausen; 4515

4.3/12 Schiedsrichterhemd, uni-rot
Irena Piesch, Jelenia Góra, 1990
Textil
allzweck Sportartikel, Trechtingshausen; 4903

4.3/13 Schiedsrichterhose
Irena Piesch, Jelenia Góra, 1990
Textil
allzweck Sportartikel, Trechtingshausen; 4513

4.3/14 Schiedsrichterhemd
Kstler/Piesch, Albstadt/Jelenia Góra, 1995
allzweck Sportartikel, Trechtingshausen; 4304D
Polyester

Das für die Schiedsrichter jahrzehntelang charakteristische Schwarz ist als modisches Gestaltungselement auch in den farbig grundierten Hemden beibehalten worden. Die Grundfarbe kann in Abstimmung auf die Mannschaftstrikots so gewählt werden, dass Schiedsrichter und Linienrichter sich davon deutlich unterscheiden.

4.3/15 Schweißband für Schiedsrichter
Albstadt, 1981
Textil
allzweck Sportartikel, Trechtingshausen; 5018

Das Schweißband ist mit einem Karabinerhaken versehen, an dem die Schiedsrichterpfeife eingehängt werden kann.

4.3/16 Schiedsrichteruhr "Playtime"
Lüth, Seebach, 1999
Kunststoff, Metall
allzweck Sportartikel,
Trechtingshausen; 3000

Die spezielle Schiedsrichteruhr, die auch in der Bundesliga gebräuchlich ist, hält nicht nur Spielzeit und Spielunterbrechungen fest, sondern gibt darüber hinaus die mögliche Nachspielzeit an.

4.3/17 Stollenprüfer
Winfried Baaser,
Trechtingshausen, 1999
Kunststoff
allzweck Sportartikel,
Trechtingshausen; 6003

Es gehört zu den ersten Aufgaben des Schiedsrichters, vor Spielbeginn die Ausrüstung der Spieler und speziell die Maße der Stollen zu überprüfen, um die Verletzungsgefahr einzudämmen.

4.3/18 Schiedsrichter-Set
Winfried Baaser,
Trechtingshausen, 1975
Papier, Holz, Kunststoff;
15 x 19 cm
allzweck Sportartikel,
Trechtingshausen; 4000

4.3/19 Schiedsrichter-Set
Wolffgram, Ettlingen, 1990
allzweck Sportartikel,
Trechtingshausen; 4200

Verglichen mit den Veränderungen, denen beispielsweise die Kleidung der Unparteiischen unterworfen war, ist die Grundausstattung der Schiedsrichter in den letzten Jahrzehnten bemerkenswert konstant geblieben, seit im Vorfeld der Weltmeisterschaft 1970 die Verwendung der roten und gelben Karten eingeführt wurde. Im Verlauf des Spiels sind die farbigen Karten und die Spielnotizkarten in der Brusttasche unverzichtbar. Vor dem Anpfiff kommen die Stollenprüfer und die zweifarbige Wählmarke zum Einsatz.

4.3/20 Ein Paar Fahnen für Linienrichter
Sport-Schmidt, um 1950
Holz, 47 x 34 cm
Sportmuseum Köln; 98/1005

4.3/21 Ein Paar Fahnen für Linienrichter
Winfried Baaser,
Trechtingshausen, 1978
Holz und Textil
allzweck Sportartikel,
Trechtingshausen; 5022A

Diese Linienrichterfahnen, die bei der Weltmeisterschaft 1978 in Argentinien eingesetzt wurden, waren durch die Verwendung von Holzgriffen schwerer als die heute üblichen, die meistens Kunststoffgriffe haben.

4.3/22 Eckfahne
Trechtingshausen / Rehau, 1994
Weichplastik, Textil; H 160 cm, D 4 cm
allzweck Sportartikel,
Trechtingshausen; 6005

Eckfahnen, offiziell Spielfeld-Begrenzungsstangen genannt, werden jeweils vor einem Spiel in einer Bodenhülse oder Bodenhalterung verankert – wie es die Welt vor dem Endspiel der Weltmeisterschaft 1974 im Fernsehen beobachten konnte, als dieses Detail den Münchnern in der Aufregung über die deutsche Finalteilnahme entgangen war und erst vor laufenden Kameras nachgeholt wurde.
Die Stangen sind elastisch und haben häufig eine über dem Boden eingesetzte Federmechanik, um im Konfrontationsfall nachzugeben und damit der Verletzungsgefahr der Spieler vorzubeugen.

4.3/23 Ein Paar Linienrichterfahnen
Winfried Baaser,
Trechtingshausen, 1994
Textil, Kunststoff, Kork;
37 x 39 cm
allzweck Sportartikel,
Trechtingshausen; 5026

Linienrichterfahnen müssen Farben von hoher Leuchtkraft haben. Mit korküberzogenem Kunststoffstab sind sie inzwischen möglichst leicht. Dieses Exponat, das noch bei der Weltmeisterschaft 1994 in den Vereinigten Staaten eingesetzt wurde, wurde bereits bei der Europameisterschaft in England zwei Jahre später durch ein elektronisches Modell abgelöst.

4.3/24 Funkleitsystem "Ervotronic" für Schiedsrichter
Vogt, Schweiz, 1999
Kunststoff, Metall
allzweck Sportartikel,
Trechtingshausen; 5555-29

Durch einen Sensor im oberen Teil des Griffs wird ein akustisches und sensorisches Signal ausgelöst, wenn der Linienrichter die Fahnen schwenkt. Der Empfänger, den der Schiedsrichter am Oberarm trägt, löst daraufhin ein akustisches und sensorisches Signal aus. Damit soll eine ständige Verbindung zwischen Schiedsrichter und Linienrichtern gewährleistet werden, ohne dass der Schiedsrichter seine Aufmerksamkeit vom Spielgeschehen abwenden muss, um ständig den Blickkontakt zu seinen Linienrichtern zu suchen. Dieses Funkleitsystem, das seit 1996 in internationalen Turnieren Verwendung findet, wird auch dieses Jahr bei der Europameisterschaft in Belgien und den Niederlanden offiziell eingesetzt werden.

4.3/25 Ein Paar Auswechseltafeln
Winfried Baaser,
Trechtingshausen, 1994
Kunststoff, Leichtmetall, Kork
allzweck Sportartikel,
Trechtingshausen; 6505/6506

4.3/26 Elektronische Auswechseltafel
A.B.M., Italien, 1999
Kunststoff, Metall
allzweck Sportartikel,
Trechtingshausen; 6510

Im Gegensatz zum älteren Modell lässt die Auswechseltafel mit leuchtstarker LED-Anzeige, die bei einer Auswechslung häufig auch in Großaufnahme in die Wohnzimmer strahlt, eigens Raum für Sponsorenwerbung.

4.3/26

Ein zentrales Problem aber kreist immer wieder um einen der Kernpunkte des Fußball-Geschehens: Die gerechte Umsetzung der Regeln. Hier steht eine Figur im Mittelpunkt des Interesses, ohne die ein modernes, professionelles Fußballspiel undenkbar wäre: der Schiedsrichter. Die Probleme, die mit den Entscheidungen dieser Figur verbunden sind, sind jedem Fußballfan auf das Leidvollste vertraut. Nicht ohne Grund gibt es seit Jahren Diskussionen um den Profischiedsrichter, die Einführung des Oberschiedsrichters nach dem Vorbild des Tennis bzw. eines zweiten Schiedsrichters sowie den Aufzeichnungsbildschirm am Spielfeldrand, der dem Schiedsrichter die Möglichkeit geben soll, zweifelhafte Szenen nochmals in Zeitlupe oder eventuell aus einem anderen Blickwinkel zu begutachten. Dabei wird jedoch meistens eines

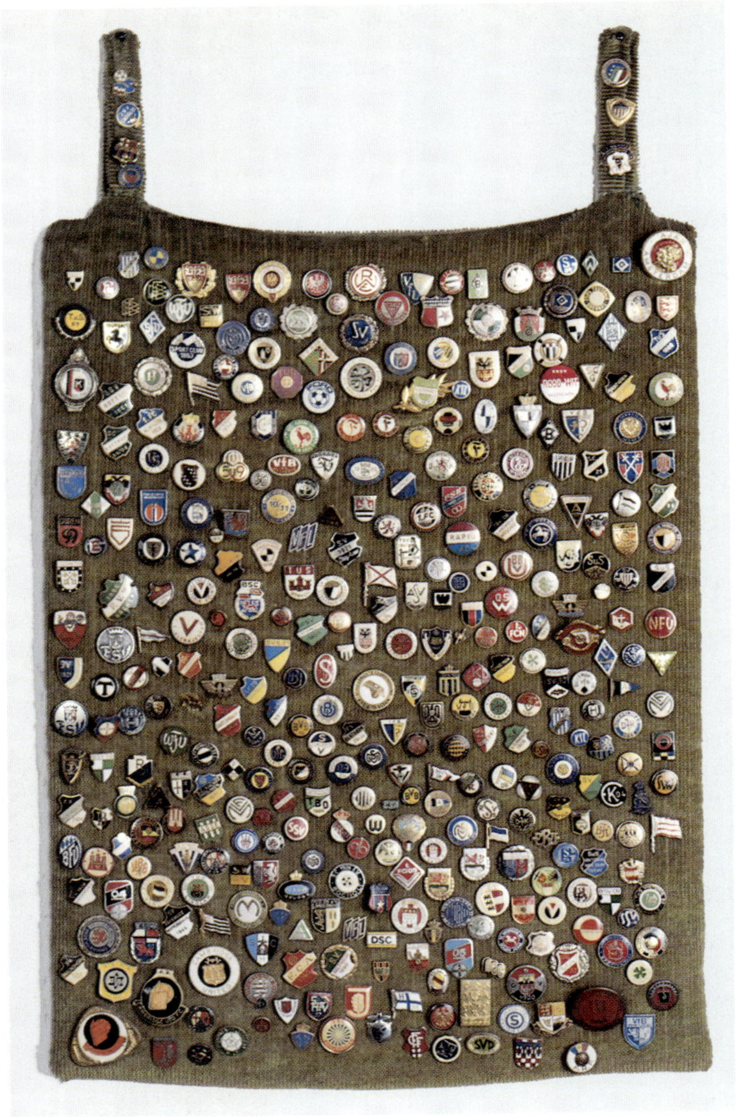

4.3/34

4.3/27 Trikot, Hose und Strümpfe des Schiedsrichters Rudi Glöckner, getragen beim Weltmeisterschaftsendspiel 1970 in Mexiko
1970
Texti ; 80 x 160 cm
Stadtgeschichtliches Museum Leipzig, Sportmuseum Leipzig; SKL 44, 61 a+b, 62

Der Ostdeutsche Rudi Glöckner leitete als bisher einziger Deutscher ein Weltmeisterschaftsendspiel, und zwar das Finale in Mexiko-City zwischen Brasilien und Italien.

4.3/28 Pfeife und Kartensatz des Schiedsrichters Kurt Tschenscher
1970
Kunststoff, Karton
Kurt Tschenscher, Ratingen

Das erste Spiel in einer Weltmeisterschaft, bei dem rote und gelbe Karten zur Ausstattung des Schiedsrichters gehörten, war das Eröffnungsspiel 1970 zwischen Mexiko und der UdSSR, das Tschenscher mit diesem Kartensatz leitete. Bei der torlosen Begegnung musste er von ihnen allerdings keinen Gebrauch machen. Die heute üblichen sind auch nicht von Pappe, sondern aus regenfestem Kunststoff.

übersehen: Noch so viel technisches Equipment, noch so viele Schiedsrichter auf dem Platz oder am Spielfeldrand und eine noch so weit gehende Professionalisierung können etwas dagegen ausrichten, dass Schiedsrichter Menschen sind, die in Sekundenbruchteilen subjektive Entscheidungen fällen (müssen). Allein die Feststellung einer Abseitsposition überfordert die menschlichen Sinne, müssen doch zugleich der den Fuß verlassende Ball und die Position des Stürmers ins Auge gefasst werden. Nur Reptilien vermögen es aber, ihre Pupillen unabhängig voneinander zu bewegen. In die Beurteilung der Situationen durch den Schiedsrichter mischt sich immer sein Verständnis vom Fluss oder der Härte eines Spiels und seine persönliche Auslegung des Regelwerks. Die Kluft zwischen den Anforderungen des Fußballs im Medienzeitalter und der zwangsläufigen menschlichen Fehlbarkeit des Schiedsrichters wird unüberbrückbar bleiben – zum Schaden des Fußballs? Wohl kaum. Die zweifelhaften und umstrittenen Entscheidungen des Schiedsrichters bilden einen Teil des Dramas Fußball, sie erhöhen den Reiz und die Unwägbarkeiten des Spiels. Und noch eines kommt hinzu: Selbst wenn der Schiedsrichter in seinen Entscheidungen unfehlbar wäre, würde er dennoch immer in der Kritik stehen, denn sein Urteil richtet sich automatisch gegen eine Mannschaft und begünstigt die andere und mit ihnen die leidenden oder jubelnden Fans. Ein Elfmeter wird fast immer höchst kontrovers beurteilt ("Ich hab‘ den doch gar nicht berührt!" – "Der hat mich ganz klar umgerissen!"), selbst wenn man den Beteiligten hinterher die Fernsehbilder vorführt. Wie es scheint, können Schiedsrichterentscheidungen von ihrer Natur her niemals einen alle Seiten zufriedenstellenden Grad an Objektivität erreichen. Doch auch wenn die – vermeintliche – Fehlentscheidung noch so krass war, so lehrt die Erfahrung, dass es offenbar doch eine höhere Fußballinstanz, einen Fußballgott gibt: Dem fälschlicherweise gegebenen Endspieltor folgt im nächsten Endspiel die nicht erkannte Schwalbe, die den Sieg bringt.

Das "Pech" des modernen Schiedsrichters ist es, dass sich an seinen Entscheidungen heute nicht mehr nur die Wut und Freude der Spieler, Trainer und Zuschauer entzünden, sondern dass es heute um Millionenbeträge, um ganze Wirtschaftsunternehmen, sprich Fußballvereine geht, deren Gedeihen von seinen (Fehl-) Entscheidungen abhängt.

4.3/35

4.3/29 Grünes Schiedsrichtertrikot von Gertrud Gebhard, getragen beim ersten Einsatz als Linienrichterin
erima
Textil; 70 x 120 cm
Gertrud Gebhard, Hirschaid

4.3/30 Gertrud Gebhard als Linienrichterin
Hamburg, 8.12.1995
Foto; 12,5 x 18,5 cm
Gertrud Gehard, Hirschaid

4.3/31 Trikot von Schalke 04 mit Widmung an Gertrud Gebhard
adidas
Textil; 70 x 120 cm
bez.: Schalke 13.10.1995
Gertrud Gehard, Hirschaid

Gertrud Gebhard war die erste Frau, die in der Herren-Bundesliga als Linienrichterin fungierte. Das erste Spiel, beim dem sie mitwirkte, war die Begnung zwischen Schalke 04 und dem 1. FC Kaiserslautern am 13.10.1995.

4.3/32 Trikot und Kartensatz vom letzten Spiel des Bundesligaschiedsrichters Hans-Jürgen Weber
um 1997
Textil, Kunststoff
Norbert Swertz, Bedburg-Hau

Dem "Prominentenjäger" Norbert Swertz schenkte Weber das Trikot und den Kartensatz von seinem letztem Einsatz.

4.3/33 Erstes grünes Schiedsrichtertrikot, getragen von Dr. Markus Merk beim DFB-Pokalfinale 1993
1993
Textil
Dr. Markus Merk, Kaiserslautern

4.3/34 Sammlung von Vereinsnadeln aller Fußball-Vereine, deren Spiele Wolf-Dieter Ahlenfelder leitete
1970-1986
Metall, Textil; je 6 x 31,5 x 50
Wolf-Dieter Ahlenfelder, Oberhausen

4.3/35 Wimpel für den Schiedsrichter Wolf-Dieter Ahlenfelder, angefertigt von einem Fan
Seppl Hans, Wadrill, 1980er Jahre
Textil, Kunststoff; 100 x 60 cm
Wolf-Dieter Ahlenfelder, Oberhausen

4.3/36 "Die goldene Pfeife", Auszeichnung für Wolf-Dieter Ahlenfelder als Schiedsrichter des Jahres 1984
1984
Metall; 13 x 9,3 x 5 cm
Wolf-Dieter Ahlenfelder, Oberhausen

4.3/37 Rote Schiedsrichter-Karte mit Widmung von Teddy de Beer
1990er Jahre
Kunststoff; 12 x 9 cm
bez.: Dem souveränsten und lustigsten Schiedsrichter den ich kenne. Teddy de Beer
Wolf-Dieter Ahlenfelder, Oberhausen

4.3/38 Bierseidel mit Schiedsrichterpfeife
Glas, Metall; 25 x 12 x 12 cm
Wolf-Dieter Ahlenfelder, Oberhausen

4.3/39 Fotocollage mit Szenen von Wolf-Dieter Ahlenfelder
um 1980
Foto; 50 x 70 x 2
Wolf-Dieter Ahlenfelder, Oberhausen

Wolf-Dieter Ahlenfelder reiht sich mit 106 geleiteten Bundesliga-Spielen ein unter die Besten seiner Zunft. 1984 wurde er als Schiedsrichter des Jahres mit der goldenen Pfeife ausgezeichnet. Doch besser noch als die Rekorde und Ehrungen belegen die nur vier verhängten Roten Karten seine Klasse als Schiedsrichter. "Mein Motto war immer: man hat ja einen Mund", sagte der beliebte Schiri einmal. Auf dem Platz suchte Ahlenfelder immer den Dialog mit den Profis und sorgte für eine halbwegs entspannte Atmosphäre. Statt Dienst nach Vorschrift zu tun, verließ sich der Oberhausener Referee auf sein gutes Fingerspitzengefühl.

Das jüngste Bestreben der FIFA, Profi-Schiedsrichter zu bestellen, die mehrjährige Verträge erhalten und wie Profi-Fußballer bezahlt werden sollen, scheint eine Reaktion hierauf zu sein. Bis heute allerdings sind auch die international renommierten FIFA-Schiedsrichter die letzten "Amateure" des Profifußballs, die das Leiten von Spielen nur als Nebenbeschäftigung betreiben. Auch im deutschen Fußball hat sich zumindest die finanzielle Situation erst im letzten Jahrzehnt gebessert. Erhielten die deutschen Schiedsrichter bis 1990 nur eine Aufwandsentschädigung von rund siebzig Mark pro Tag, so wird ihnen seit August 1997 immerhin eine Pauschale von 4000 Mark pro Spiel gezahlt (in der Zweiten Bundesliga nur die Hälfte).

4.3/43

Von größerer Brisanz war und ist die Problematik des Einsatzes technischer Hilfsmittel. Erst nach langen Diskussionen ist der "Fernsehbeweis" bei der Ahndung besonders krasser, vom Schiedsrichter übersehener Regelverstöße – meist Fouls – zugelassen worden. Dennoch wird in schöner Regelmäßigkeit der Ruf nach dem Monitor am Spielfeldrand laut, vor allem, wenn es wieder einmal eine der berühmt-berüchtigten Entscheidungen à la "Phantomtor" gibt, die schmerzlich bewusst machen, dass der

Schiedsrichter nicht über eine eingebaute Zeitlupe verfügt. Aber wehe, er hält sich in strittigen Situationen wirklich an die – manchmal nicht allzu vielen Zuschauern und Akteuren vertrauten – Regeln! Dann wird "Fingerspitzengefühl" verlangt oder dem "Pfeifenmann" mit dem Verweis auf die "internationale Härte" der Stempel der Provinzialität aufgedrückt.

Leider beschränkt sich das Phänomen des Buhmanns in Schwarz nicht auf die oberen Ligen. In letzter Zeit häufen sich gerade in den unterklassigen Ligen die tätlichen Angriffe gegen Schiedsrichter, die für die Beteiligten nicht selten im Krankenhaus oder vor Gericht enden. Schon jetzt herrscht in manchen Verbänden ein bedenklicher Schiedsrichtermangel.

Diese ganze Entwicklung scheint paradox angesichts der Tatsache, dass ohne den "Wächter der Regeln" ein Fußballspiel kaum vorstellbar ist. Aus den längst vergangenen Anfangszeiten des Fußballs im England des 19. Jahrhunderts haben wir Nachrichten, dass Mannschaften keinen Schiedsrichter benötigten, weil dies ihrer Auffassung vom "fair play" eines "Gentleman players" zufolge überflüssig war! Diese Philosophie hat sich auf Dauer offensichtlich nicht durchgesetzt, wie die Einführung des Feldverweises schon 1880 zeigt. Aber die Schaffung und der Ausbau des Regelwerks in den vergangenen rund hundert Jahren sind natürlich nicht nur als Reaktion auf die Verrohung des Spiels zu sehen. Regeln haben das

4.3/44

4.3/40 Wimpel zum 100. Bundesligaspiel von Hellmut Krug
14.9.1996
Textil; 60 x 40 cm
Hellmut Krug, Gelsenkirchen

4.3/41 Medaille zum 20. Weltpokalfinale in Tokio für Hellmut Krug
30.11.1999
Metall
Hellmut Krug, Gelsenkirchen

4.3/42 Wimpel des FC Barcelona für Hellmut Krug
1.10.1997
Textil; 43 x 32 cm
Hellmut Krug, Gelsenkirchen

4.3/43 Trikot von Bayer Leverkusen zum 162. Bundesligaspiel von Hellmut Krug
5.2.2000
Textil
Hellmut Krug, Gelsenkirchen

4.3/44 Medaille zum Champions-League-Finale Juventus Turin – Real Madrid
20.5.1998
Metall, Kunststoff
Hellmut Krug, Gelsenkirchen

Spiel "Foot Ball" erst konstituiert, das heißt, durch Regeln haben sich die Charakteristika des modernen Fußballspiels herausgebildet, durch Regeln wurde die Abgrenzung zu anderen Spielarten des Fußballs geschaffen (Rugby) und durch Regeln wurde die gemeinsame, einheitliche Grundlage geschaffen, auf der sich das Spiel in England und später auf der ganzen Welt entwickeln und ausbreiten konnte. Nicht umsonst gilt die Festlegung von einheitlichen Regeln in England 1863 als Geburtsstunde des modernen Fußballs und die erstmalige schriftliche Fixierung von Fußballregeln durch den Braunschweiger Gymnasiallehrer Koch 1875 als einer der entscheidenden Meilensteine in der Geschichte des deutschen Fußballs. Interessanterweise ist auch das ominöse "Abseits" so alt wie diese Regeln, auch wenn dies nicht zu einem tieferen Verständnis dieser komplexen Vorschrift beigetragen hat. Andererseits sind heute so vertraute Dinge wie das Auswechseln oder die Rote Karte gerade einmal dreißig Jahre alt.

In den letzten Jahren ist bei den Modifizierungen der Regeln vor allem der Trend zu beobachten, das Spiel zu beschleunigen und die Netto-Spielzeit zu verlängern. Dazu zählen die Vorschriften, immer Ersatzbälle am Spielfeldrand bereitzuhalten, falls der Spielball auf die Tribüne fliegt, oder verletzte Spieler nicht mehr auf dem Spielfeld

4.3/45

4.3/45 Auszeichnung des Fußball-Landesverbandes Westfalen, Kreis Gelsenkirchen
1994
Metall, Holz; 15 x 16 x 15,5 cm
Hellmut Krug, Gelsenkirchen

4.3/46 Trikot des FC Santos mit Widmung von Pelé
1998
Textil
Hellmut Krug, Gelsenkirchen

4.3/47 Ehrenurkunde für die Leitung von 150 Bundesligspielen
Mai 1999
Papier, Holz
Hellmut Krug, Gelsenkirchen

4.3/48 Erinnerungsbecher vom Champions-League-Spiel Manchester United – Inter Mailand
3.3.1999
Metall; H 13 cm, D 10 cm
Hellmut Krug, Gelsenkirchen

4.3/49 FIFA-Schiedsrichter-Trikot der Weltmeisterschaft 1994 von Hellmut Krug
1994
Textil; 78 x 102 cm
Hellmut Krug, Gelsenkirchen

4.3/50 Autgrammkarte von Hellmut Krug
Papier; 14,8 x 10,5 cm
Hellmut Krug, Gelsenkirchen

Hellmut Krug ist der erfolgreichste Schiedsrichter der Bundesligageschichte und mit 170 Bundesligaeinsätzen seit 1966 inzwischen Rekordhalter. Der in Gelsenkirchen lebende Sportpädagoge begann seine Schiedsrichterlaufbahn 1972 und ist seit 1984 DFB-Schiedsrichter, seit 1991 FIFA-Schiedsrichter. Bei der Weltmeisterschaft 1994 in den USA und bei der Europameisterschaft 1996 in England war er jeweils der einzige Deutsche seiner Zunft. Zu seinen zahlreichen internationalen Einsätzen – darunter 20 A-Länderspiele und 35 Europapokaleinsätze – gehören unter anderem der UEFA-Super-Cup 1995 zwischen dem AC Mailand und Arsenal London, das Champions League-Endspiel zwischen Juventus Turin und Real Madrid sowie das Weltpokalfinale zwischen Palmiras Rio de Janeiro und Manchester United 1999. In den Spielzeiten 1993/94 und 1998/99 wurde Hellmut Krug zum Schiedsrichter des Jahres gewählt. 1999 errang er bei der von der "International Federation of Football and Statistics" veranstalteten Wahl zum Welt-Schiedsrichter des Jahres den zweiten Platz.

4.3/51 Beobachtungsbogen über Schiedsrichter Wolf-Günter Wiesel beim Pokalspiel Schalke 04 – Bayern München
Kurt Rach, Recklinghausen, 2.5.1984
Papier; 29,5 x 21 cm
Deutscher Fußball-Bund, Frankfurt/M.

Der Schiedsrichter-Beobachter notiert auf dem Bogen über den Schiedsrichter Wiesel wenig Kritik. Die Punktewertung "9" von zehn möglichen ist ein überdurchschnittlicher Wert. Das Halbfinale um den Vereinspokal ging aber weniger wegen der Schiedsrichterleistung in die Annalen ein. Mit 6:6 trennten sich Schalke 04 und Bayern München. Im Nachholspiel setzten sich die Bayern durch und wurden schließlich Pokalsieger, weil Matthäus den Elfmeter verschoss. Gut kann dieses Blatt verdeutlichen, welche Unterschiede zwischen Spielgeschehen und Schiedsrichterleistung bestehen. Welcher Fußballfreund achtet schon auf Spielleiter, wenn zwölf Tore fallen?
Der Blick des Schiedsrichterbeobachters muss ein anderer sein. Er hat auf die korrekte Regelauslegung, die Auffassung vom Spielcharakter, das Auftreten und Laufvermögen sowie die Zusammenarbeit zwischen Schieds- und Linienrichter zu wachen. Was die Bögen auch vermitteln, ist die Kontrolle, unter der der Mann in Schwarz steht. Mit ihren Bewertungen entscheiden die Spielbeobachter über den Verbleib des Schiedsrichters in der ersten Liga oder den Abstieg in untere Spielklassen.

4.3/52 Schiedsrichter-Beobachtungsbögen
Papier; je 29,5 x 21 cm
Deutscher Fußball-Bund, Frankfurt/M.
a) Beobachtungsbogen über Schiedsrichter Wiesel von einem Spiel der Schweizer Nationalliga A
Philippe Mercier, Pully, 27.11.1988
b) Beobachtungsbogen über Schiedsrichter Wiesel beim Spiel 1. FC Magdeburg – Chemnitzer FC in der Oberliga des Deutschen Fußball-Verbandes
Wolfgang Riedel, 6.10.1990
c) Beobachtungsbogen über Schiedsrichter Tritschler beim Spiel VfL Bochum – Borussia Dortmund
Rudolf Kremsreiter, Passau, 23.3.1991
d) Beobachtungsbogen über Schiedsrichter Ahlenfelder mit beiliegendem Bericht beim Spiel Werder Bremen – Hannover 96
D. Jerzewski, Bremen, 11.11.1975
e) Beobachtungsbogen über Schiedsrichter Ahlenfelder beim Spiel VfB Stuttgart – Waldhof Mannheim
Hans Ebersberger, 21.5.1988
f) Beobachtungsbogen über Schiedsrichter Ahlenfelder beim Spiel Werder Bremen – SV Darmstadt 98
Schöning, 1980er Jahre
g) Beobachtungsbogen über Schiedsrichter Retzmann beim Spiel Fortuna Düsseldorf – 1. FC Kaiserslautern
Kropmanns, 29.5.1981
h) Beobachtungsbogen über Schiedsrichter Retzmann beim Spiel VfB Stuttgart – 1. FC Nürnberg
Kurt Tschenscher, 5.2.1983
i) Beobachtungsbogen über Schiedsrichter Neuner beim Spiel Schalke 04 – MSV Duisburg
Rolf Göttel, 21.2.1992
j) Beobachtungsbogen über Schiedsrichter Niebergall beim Spiel Bayern München – Bayer Leverkusen
Rudolf Kremsreiter, Passau, 18.5.1985
k) Beobachtungsbogen über Schiedsrichter Assenmacher beim Spiel Schalke 04 – VfL Bochum
Messerschmidt, 5.5.1992

4.3/53 "Fussballregeln 1938"
Nationalsozialistischer Reichsbund für Leibesübungen, Berlin, 1938
Papier; 11 x 17 cm
Württembergischer Fussballverband e.V., Stuttgart

4.3/54 "Die amtlichen Fußballregeln"
Kurt Müller, Hans Paul Huber, Stuttgart, 1950
Papier; 15,5 x 12 cm
Württembergischer Fussballverband e.V., Stuttgart

4.3/55 "Fussball Regeln"
Deutscher Fußball-Bund, Frankfurt/M., 1995
Papier; 15 x 11 cm
Axel Heimsoth, Dortmund

4.3/56 Fußball-Spielaufträge für Schiedsrichter
Württembergischer Fussballverband e.V., 1950er Jahre
Papier (gelocht); 10,5 x 15 cm
Württembergischer Fußballverband, Stuttgart

4.3/57 Bescheinigung der sportlichen Leistungsprüfung für Manfred Fischer
Württembergischer Fußballverband, 15.-17.10.1956
Papier; 11 x 15 cm
Württembergischer Fußballverband, Stuttgart

4.3/58 Schiedsrichter-Pass von Joachim Wilkens
Niedersächsischer Fußballverband, 1951
Papier; 15 x 21 cm
Niedersächsischer Fußballverband e.V., Schiedsrichterausschuss

4.3/59 Sportfoto des Jahres 1981: "Dieter Pauly und Harald Schumacher"
Dieter Wichmann, Dortmund, 30.5.1981
Foto, Rahmen; 70 x 50 cm
Dieter Pauly, Mönchengladbach

4.3./60 19 Sammelbilder zur Fußball-Regelkunde
Firma Greiling, Dresden, 1920er Jahre
Karton; je 9 x 6 cm
Sportantiquariat Kopp-Wittner, Würzburg

4.3/46

behandeln zu dürfen. Auch darf der Torwart den Ball nur noch begrenzte Zeit in Händen halten bzw. gar nicht mehr aufnehmen, wenn er einen direkten Rückpass eines Mitspielers erhält.
Das Regelwerk des Fußballs hat einen langen Weg zurückgelegt von den ungestümen und nahezu ungeregelten Spielformen des 19. Jahrhunderts – als man sich zu Beginn des Spiels erst noch auf die Regeln einigen musste, als es die kuriosesten Regelvarianten gab, die beispielsweise erlaubten, den Torwart zu packen und ihn mitsamt dem Ball ins Tor zu stoßen – bis hin zum modernen Regelwerk. All die bis heute erfolgten Verfeinerungen und Verbesserungen des Regelwerks werden jedoch auf Dauer eines nicht verhindern können: Schiedsrichterentscheidungen werden umstritten bleiben und gerne als beliebte Ausrede für eigene schwache Leistungen herangezogen werden. Vielleicht muss man die Spieler und Fans, Funktionäre und Reporter – aber auch die Schiedsrichter selbst – gelegentlich an das erinnern, was einem kleinen Fußball-Regelheft aus den fünfziger Jahren als Leitspruch vorangestellt ist: "Wichtigste Voraussetzung für die Leistung von Spieler und Schiedsrichter ist, die Regeln immer wieder zu lesen und sich deren Sinn zu überlegen." *Sebastian Plüer*

Erfolgsrezepte. Taktik und Training

Erfolg durch Tugend

"Fußball ist ein Spiel, bei dem 22 Leute 90 Minuten lang dem Ball hinterherlaufen und am Ende gewinnt Deutschland", definierte der englische Nationalstürmer Gary Linnecker nach der Halbfinalniederlage gegen die bundesdeutsche Auswahl bei der Fußball-Weltmeisterschaft 1990 in Italien. Der Autor Christoph Biermann fügte diesem Bonmot in seinem Buch über die Weltmeisterschaft 1998 zwar ein "bis auf manchmal" hinzu. Aber allen Pessimisten zum Trotz, die dem hiesigen Fußball regelmäßig die Konkurrenzfähigkeit absprechen, erringen deutsche Mannschaften seit fast fünfzig Jahren Erfolge. Allein drei Welt- und ebenso viele Europameisterschaften der Nationalmannschaft sowie fünf Siege im Europa-Pokal der Landesmeister durch Vereine der Bundesliga sprechen eine deutliche Sprache.

4.4/1 Acht Lehrtafeln zur Geschichte der Spielsysteme
Christoph Daum, Leverkusen, 24.3.2000
Metall, Kunststoff, Filzstift; 88 x 64 x 3 cm
bfp-Versand, Anton Lindemann, Leer; 401.620
a) Das 1-2-7-Spielsystem aus der Frühzeit des Fußballs
b) Das 2-3-5-Spielsystem (zwischen 1880 und 1920)
c) Das legendäre Weltmeisterschafts-System
d) Der Catenaccio
e) Das variable 2-3-5-Spielsystem des Weltmeisters 1958 Brasilien
f) Das 4-4-2-Spielsystem des Weltmeisters 1966 England
g) Die "Revolution" des AC Mailand, Offensiv-Pressing im flexibler 4-4-2-System (1989)
h) Die "Interpretation" des 4-4-2 Spielsystems des amtierenden Weltmeisters Frankreich

Die Geschichte des Fußballspiels hat zu den vielfältigsten Mannschaftsaufstellungen auf dem Fußballfeld geführt. Der Fußball ließ sich zwar nie auf ein Zahlenspiel reduzieren; trotzdem geben die numerisch unterschiedlich besetzten Mannschaftsteile der jeweiligen Aufstellungen einen Eindruck von der Entwicklung der Fußballtaktik. Bundesligatrainer Christoph Daum hat für die Ausstellung Spielsysteme und Aufstellungen aus 130 Jahren Fußball auf acht Lehrtafeln aufgezeichnet und erläutert.

4.4/2 Jakob Streitle zeigt Fußballtechnik
Neuwirth, 1950er Jahre
25 Fotos; je 17,9 x 12,8 cm
Stadtarchiv München, Historisches Bildarchiv; 17/I/40A,41A; 17/II/1A, 42A, 43A, 44A, 45A; 17/III/3A, 4A, 5A, 6A, 7A; 17/IV/8A, 9A, 10A, 11A, 12A; 17/V/13A, 14A, 16A, 17A, 18A, 19A, 20A; 17/VI/21 A

Auf 25 Fotos präsentierte Jakob Streitle vom FC Bayern München verschiedene Techniken des Spiels mit dem Fußball: Kopfballspiel, Ballannahme, Schusstechnik sowie den korrekten Einwurf. Jakob "Jackl" Streitle (1916-1982) begeisterte als Spieler vor allem durch seine artistische Ballbeherrschung, die aus ihm einen herausragenden Verteidiger seiner Zeit werden ließ.

4.4/3 Handschriftliche Mannschaftsaufstellungen der erfolgreichsten deutschen Bundestrainer
Von der Weltmeisterschaft 1954 bis zur Europameisterschaft 1996 reichen die großen Siege der bundesdeutschen Nationalmannschaften. Die Spielernamen und Aufstellungen der Teams von 1954, 1970 oder 1990 haben sich tief in das Gedächtnis vieler Fußballfreunde eingeprägt.
a) Aufstellungsskizze zum Weltmeisterschafts-Qualifikationsspiel gegen Norwegen in Oslo 1953
Sepp Herberger, Hohensachsen a.d.B., August 1953
Papier, Tinte; 29,5 x 21 cm
Sepp-Herberger-Stiftung, Frankfurt/M.

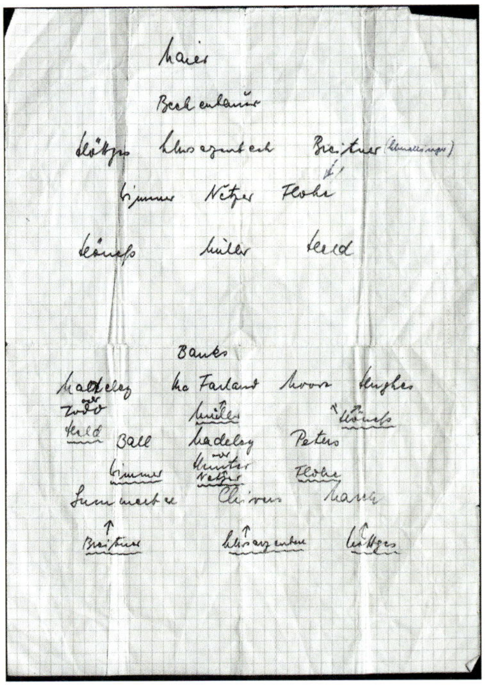

4.4/3b

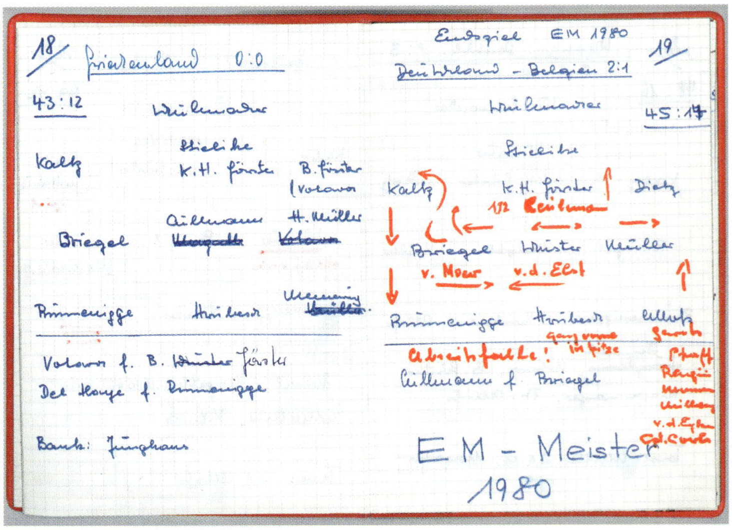

4.4/3c

4.4/2

b) Aufstellungsskizze zum Europameisterschafts-Qualifikationsspiel gegen England in Berlin 1972
Helmut Schön, Wiesbaden, 13.5.1972
Papier, Tinte; 29,5 x 21 cm
Nachlass Helmut Schön, Frankfurt/M.
Für viele Fußballfreunde spielten die Europameister von 1972 den schönsten Fußball aller Nationalteams. Unter Bundestrainer Helmut Schön gewann die deutsche Mannschaft das Endspiel gegen die UdSSR. Zuvor war es der Nationalmannschaft im Viertelfinale gelungen, erstmals gegen England im Wembley-Stadion zu gewinnen. Das Rückspiel gegen England, dem diese Notiz vorausging, endete 0:0. Schöns Skizze auf einem DIN-A4-Blatt besteht aus zwei Teilen; das Papier wurde in der Mitte gefaltet. Oben findet sich die typische Aufstellung im 4-3-3 System, mit der Schön gegen England spielen lassen wollte. Nur beim linken Verteidiger Breitner behielt sich der Bundestrainer noch eine defensivere Variante mit Schellinger vor. Der kleine Pfeil weist darauf hin, dass Breitner dann für Flohe ins Mittelfeld gerückt wäre, um dem deutschen Mittelfeldspiel mehr Stabilität zu geben. Letztlich vertraute "der Mann mit der Mütze" der im Hinspiel bereits so gut organisierten Vierer-Abwehr um Schwarzenbeck, Höttges, Breitner und Beckenbauer. In die untere Hälfte des Papiers trug Schön die englische Aufstellung ein und ordnete bis auf Maier und Beckenbauer jeden seiner Spieler den zu erwartenden Gegenspielern zu.

c) Mannschaftsaufstellungen im Finale der Europameisterschaft 1980
Jupp Derwall, Rom, 22.6.1980
Kunststoff, Papier;
21,5 x 16 x 3 cm
Jupp Derwall, St. Ingbert
Jupp Derwall führte über alle 67 Spiele, die er als Bundestrainer bestritt, sorgfältig Buch. Sein 19. Spiel, die Mannschaftsaufstellung vom Endspiel der Europameisterschaft gegen Belgien, hat er offenbar nach dem Finalsieg niedergeschrieben. Zumindest wurde die Aufstellung um das Ergebnis, die Spielzeit und die Einwechslung von Cullmann für Briegel ergänzt. Der eigenen Mannschaft fügte Derwall die Namen der belgischen Auswahl hinzu. Die Belgier Ceulemans, Van Moer und Van der Elst trug Derwall in das deutsche Mannschaftsschema ein und skizzierte mit Pfeilen ihre Laufwege. Auch die von der belgischen Auswahl in Perfektion beherrschte Abseitsfalle war Derwall eine Notiz wert. Die taktische Grundordnung der deutschen Auswahl orientierte sich wiederum am 4-3-3-System. Im Gegensatz zur Interpretation des Liberos durch Beckenbauer agierte Stielike zurückhaltender. Ein neuer Zug im Spiel der deutschen Mannschaft lässt sich am Verteidiger Kaltz festmachen. Mit zwei roten Pfeilen kennzeichnete Derwall die Vorstöße des Hamburgers in die gegnerische Hälfte. Als rechter Verteidiger mit starkem Offensivdrang wurde der Erfinder der "Bananenflanke" zum Vorbild vieler deutscher Außenverteidiger.

d) Mannschaftsaufstellung zum Spiel Hamburger SV – Bayern München 1994
Franz Beckenbauer, München, 26.3.1994
Papier; 29,5 x 21 cm
Dettmar Cramer, Reit im Winkl

e) Mannschaftsaufstellung für das Finale der Europameisterschaft 1996
Berti Vogts, London, 30.6.1996
Papier; 29,5 x 21 cm
Berti Vogts, Korschenbroich

4.4/4 Organisations- und Planungshilfen für Fußballtrainer
b.f.p.-Versand, Leer, 2000
b.f.p.-Versand, Anton Lindemann, Leer; 450.016; 400.091; 450.112; 450.130; 401.602
a) Saisontaschenbuch für Fußballtrainer
Papier, Kunststoff; 14 x 10,5 cm
b) Formular für Notizen während des Spiels und Trainings
Karton; 21 x 16 cm
c) Trainermappe mit magnethaftendem Taktik-Whiteboard zum Aufstellen
Kunststoff, Papier, Metall;
27 x 36 x 4 cm
d) Trainerkoffer "De Luxe" mit magnethaftendem Taktik- Whiteboard
Kunststoff, Papier, Metall;
34 x 48 x 12 cm
e) Magnethaftende Taktik-Lehrtafel zum Aufrollen
Kunststoff, Metall; 105 x 95 cm

Bei all diesen Siegen könnte man meinen, der deutsche Fußball verfüge nicht nur über eine reichhaltige Titelsammlung, sondern sei auch in Technik und Taktik der Fußballwelt ein Vorbild. Doch die Qualität des deutschen Fußballspiels wurde und wird weder im eigenen Land noch im Ausland hervorgehoben. Während in England, Spanien und Italien seit den sechziger Jahren der "totale Fußball" diskutiert wurde, später Mailands Viererabwehrkette oder die offensive Ajax-Schule den Kenner erfreuten, hielt sich hartnäckig der Eindruck, die fußballerische Entwicklung in Deutschland sei stehen geblieben.

Deutscher Fußball wird gemeinhin gleichgesetzt mit der Kompromisslosigkeit seiner Verteidiger, der Durchsetzungsfähigkeit seiner Mittelstürmer und der Härte seiner

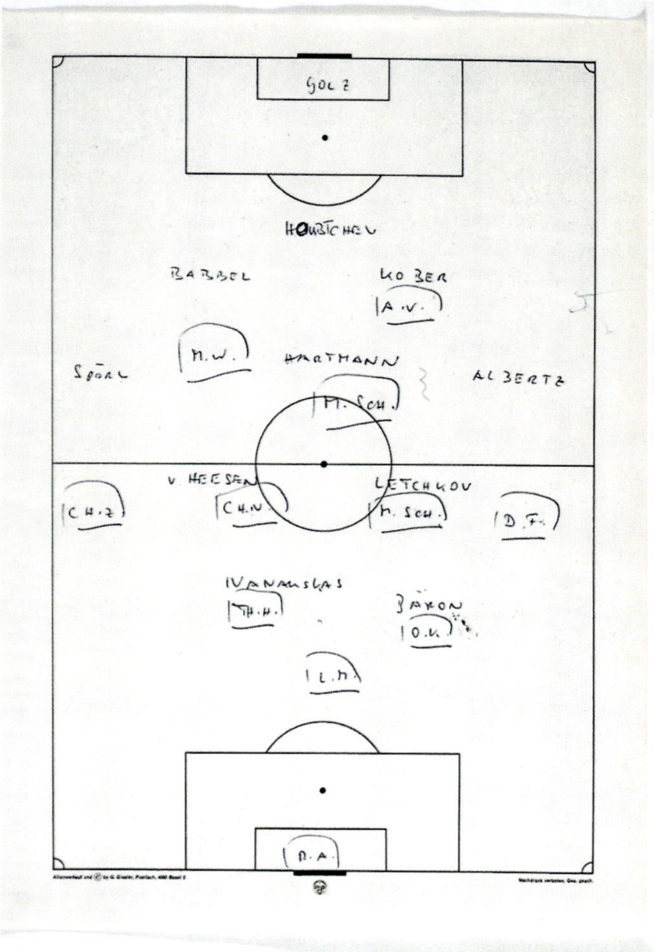

4.4/3d

Manndecker: Fußball als Kampfspiel. Positiv gewendet betont man den unbeugsamen Nationalcharakter Fußball-Deutschlands, beschwört die Geister von Spiez bis Mottram Hall oder formuliert als Gütesiegel, die Nationalmannschaft sei eine Turniermannschaft, die sich von Spiel zu Spiel steigern könne.

4.4/5 Videos zur Vorbereitung auf die Weltmeisterschaft 1990
Deutscher Fußball-Bund, Frankfurt/M./Computergestützte Sport-Analyse (CSA), Michael Butzke, Bretten
VHS/PAL; 19,5 x 3 x 12,5 cm
Deutscher Fußball-Bund, Frankfurt/M.; Dettmar Cramer, Reit im Winkl
a) Jugoslawien – Spanien, Jugoslawien – Holland
b) Verschiedene Weltmeisterschafts-Qualifikationsspiele, 6.9.1989
c) Spanien – Österreich, 29.3.1990
d) Italien – Bulgarien, 20.9.1989
e) BR Deutschland
f) Kolumbien – Vereinigte Arabische Emirate, Kolumbien – Jugoslawien
g) Vereinigte Arabische Emirate
h) England – Irland, England – Niederlande, England – Ägypten
i) Ungarn – Griechenland, 14.10.1987
j) Niederlande

4.4/6 Informationen zu computergestützten Spielanalysesystemen
Michael Butzke, Bretten; Dettmar Cramer, Reit im Winkl
a) Untersuchungsergebnisse in einem Schreiben von Michael Butzke (CSA) an den DFB: Zweikampfstatistik der niederländischen Nationalmannschaft gegen die UdSSR, 28.8.1989; Leistungsvergleich zwischen Rudi Völler und Jürgen Klinsmann, Europameisterschaft 1988
Michale Butzke, Bretten, 1.8.1989
2 von 24 Seiten, Papier; 29,5 x 21 cm
b) Abbildung eines Computersystems zur Datenerfassung im Sport
IBM Application Brief, No. 10, Juni 1987
Papier; 12,5 x 17,3 cm

Die revolutionäre Weiterentwicklung der Informationstechnologie hat seit Ende der achtziger Jahre auch auf den Fußball Einfluss genommen. Mit Hilfe von Datenbanken konnte das Fußballspiel fortan in seine Einzelteile – d.h. vor allem in die einzelnen Zweikämpfe und deren Ausgang – zerlegt werden. Durch die "ran-Datenbank" des Fernsehsenders SAT 1 sind die Erkenntnisse der computergestützten Spielanalyse einem breiten Publikum zugänglich gemacht geworden. Zuvor war es Trainern wie dem Teamchef der Nationalmannschaft Franz Beckenbauer vorbehalten, seine Mannschaft vor der Weltmeisterschaft 1990 mit Hilfe statistischer Ergebnisse präzise auf die Gegner vorzubereiten. Der deutsche Trainerstab griff auch auf zahlreiche Videobänder zurück, die die Spielweise des Gegners und seiner einzelnen Akteure systematisch durchleuchteten.

4.4/7 Material des Trainerstabs vom FC Bayern München zur Vor- und Nachbereitung des Bundesliga-Spiels Hamburger SV – FC Bayern München 18.3-29.3.1994
Roland Loy, München; Dettmar Cramer, Reit im Winkl
a) "Die nächste Runde" Kicker-Sportmagazin, Nürnberg, 23.3.1994
Papier (Ausschnitt); 16,5 x 24 cm
b) Kopie des Spielberichtsbogens des Spiels MSV Duisburg – Hamburger SV
Duisburg, 18.3.1994
Papier; 28,5 x 21 cm
c) Handschriftliche Spielanalyse des Spiels MSV Duisburg - Hamburger SV durch einen Spielbeobachter vom FC Bayern München
Duisburg, 18.3.1994
Papier, 2 Seiten; je 28,5 x 21 cm
d) Zeichnung der taktischen Aufstellung der Mannschaften beim Spiel MSV Duisburg – Hamburger SV
Duisburg, 18.3.1994
Papier; 42 x 28,5 cm
e) Zeichnungen zur Spielweise bei Ecken und Freistößen des Hamburger SV beim Spiel gegen den MSV Duisburg
Duisburg, 18.3.1994
Papier, 4 Seiten; je 28,5 x 21 cm
f) "Hamburger SV – Vorbericht"
München, 23.3.1994
Papier, 18 Seiten; 28,5 x 21 cm
g) Fax-Anschreiben an den FC Bayern München mit weiteren Analyseergebnissen zur Spielweise des Hamburger SV
Roland Loy, München, 27.3.1994
Papier, 2 Seiten; je 28,5 x 21 cm
h) Spielanalyse der Begegnung Hamburger SV – FC Bayern München
München, 29.3.1994
Papier, 16 Seiten; je 28,5 x 21 cm

Das Vorbereitungsmaterial rund um das Bundesligaspiel von Bayern München beim Hamburger SV zeigt, welcher Aufwand von den Trainern betrieben wird, um sich auf eine "normale" Bundesligabegegnung vorzubereiten. Neben umfangreichen Berichten von Spielbeobachtern liegt zum Spiel des Gegners umfangreiches statistisches Datenmaterial vor.

4.4/5

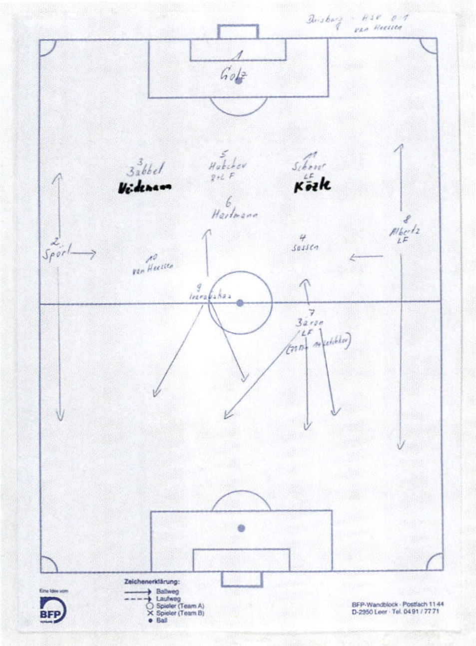

4.4/7

Einzig Franz Beckenbauer als Spielerpersönlichkeit ragte heraus aus der deutschen Fußball-Arbeit und definierte elegant und vorbildhaft den Libero, den von den Fesseln der Manndeckung gelösten strategischen Defensivspieler. Aber nicht nur wegen des "Kaisers" bleibt unterm Strich von der deutschen Fußballqualität weit mehr als die vermeintlichen deutschen Tugenden. Auch hierzulande kann und konnte taktische und spielerische Raffinesse besichtigt werden, "wenn wir auch nie zu Brasilianern werden", wie es Beckenbauer einmal formulierte.

Der deutsche Fußball-Lehrer

Aus der Nähe betrachtet, stellen sich die Siege als Ergebnis harter Arbeit dar. Denn grundlegend für die Erfolge des deutschen Fußballs sind nicht nur besondere kämpferische Tugenden, sondern eine gute körperliche, technische und taktische Grundausbildung, die seit mittlerweile mehreren Jahrzehnten von qualifiziert ausgebildeten Trainern an die Spieler weitergegeben wird. Otto Nerz und Sepp Herberger stehen am Anfang dieser Entwicklung. Als erster Reichstrainer amtierte Otto Nerz, der vor allem beim Training grundlegende Neuerungen einführte, seine Erkenntnisse veröffentlichte und mit einer deutschen Mannschaft bei der Weltmeisterschaft 1934 in Italien wider alle Erwartungen gleich den dritten Platz belegte. Auf ihn folgte 1936 Sepp Herberger, der bis heute wohl populärste

4.4/8 Definition und Ergebnisse von gruppentaktischen Handlungen bei sieben Vereinen der Fußball-Bundesliga
Roland Loy, München, 1994
Papier, 2 von 41 Seiten;
je 29,5 x 21 cm
Dettmar Cramer, Reit im Winkl

Die computergestützte Datenerhebung bei Fußballspielen beschränkt sich nicht mehr auf Zweikampfbilanzen oder Eckballkonten, es werden auch Informationen über das Passspiel, die Zahl der Spielverlagerungen oder die Varianten bei den Einwürfen gespeichert.

4.4/9 "Kaiserliche Trainingsplanung", Vorbereitungsprogramm von Bayern München auf die Rückrunde 1993/94
Roland Loy, München, 1994
Papier, 2 von 31 Seiten;
je 29,5 x 21 cm
Dettmar Cramer, Reit im Winkl

4.4/10 Ablaufplan des Champions-League-Finales
Ottmar Hitzfeld, Dortmund, Mai 1997
Papier; 28,5 x 21 cm
Ottmar Hitzfeld/Michael Henke, München

deutsche Trainer. Als Reichs- und Bundestrainer vermittelte Herberger Nationalspielern wertvolle Impulse und installierte als erster Leiter eines Trainerlehrgangs auf Geheiß des Deutschen Fußball-Bundes bereits 1947 einen eigenen Ausbildungsgang zum Fußball-Lehrer, den bislang etwa 1700 Kandidaten durchliefen. Bis heute werden in dieser Trainer-Ausbildung der Sporthochschule Köln zukünftige Jugend-, Amateur- und Profitrainer ausgebildet.

In der Traditionslinie von Sepp Herberger steht seit drei Jahrzehnten Gero Bisanz, der nach Sepp Herberger und Hennes Weisweiler die Trainerausbildung betreut. Vor allem ehemalige Fußballprofis versuchen sich für den Ausbildungsgang zum Fußball-Lehrer zu qualifizieren. Wer in Deutschlands Bundesliga auf der Trainerbank sitzen will, muss Inhaber der Fußball-Lehrer-Lizenz, des Trainerscheins für den Profifußball, sein. Ausnahmen gibt es nur wenige: Franz Beckenbauer verzichtete auf die Trainerlizenz, konnte aber im eigens eingerichteten Amt des "Teamchefs" an seine Erfolge als Spieler anknüpfen.

4.4/11 Aufzeichnungen zur Vorbereitung der Weltmeisterschaft 1986
BR Deutschland/Mexiko, 1986
Dettmar Cramer, Reit im Winkl
a) "Programm und Vorbereitung zur WM 1986" – Trainingsplanung vom 4.-12.5.1986
Papier, 4 Seiten;
je 29,5 x 21 cm
b) "Trainingspläne – Vorbereitung und Mexiko", Protokoll der Trainingseinheiten und Nationalspiele 13.5.-19.6.1986
Horst Köppel, Deutscher Fußball-Bund, 14.10.1986
Papier, 20 Seiten;
je 29,5 x 21 cm

4.4/12 Trainingsplan von Bayer Leverkusen
Leverkusen, 15.2.-29.2.2000
Papier; 29,5 x 21 cm
Bayer Leverkusen

4.4/13 Unterlagen zur Europameisterschaft 1996
Berti Vogts, Deutschland/England, 1996
Papier; je 29,7 x 21 cm
Berti Vogts, Korschenbroich
a) Zeitplan der Europameisterschaft 1996
b) Trainingsprotokoll vom 22.-31.5.1996
c) Protokoll der Trainingseinheiten und der Nationalspieler vom 31.5.-28.6.1996
d) Aufzeichnungen zu den Europameisterschafts-Spielen gegen Russland, Italien, Kroatien, England und Tschechien; Analyse der gegnerischen Mannschaft und Einzelspieler, Stichworte zur Ansprache an die Mannschaft, taktische Skizzen, Aufstellungsbogen, Ausriss aus dem Kicker, Spielbeobachtungen

4.4/14 Deckblatt des Analysematerials zur kroatischen Mannschaft bei der Weltmeisterschaft 1998
DFB-Trainerstab/Berti Vogts, Frankreich, 4.7.1998
Papier, 8 Seiten; je 29,7 x 21 cm
Berti Vogts, Korschenbroich

Obwohl sich der deutsche Trainerstab wie gewohnt intensiv auf den Viertelfinalgegner Kroatien vorbereitet hatte, konnte die Niederlage nicht verhindert werden. Zumindest hat sich die Einschätzung des Gegners durch den deutschen Trainerstab als richtig erwiesen: mit "langen Bällen" und "Tempodribblings" setzten sich die Kroaten gegen Deutschland mit 0:3 durch.

4.4/15 100 Illustrationen zu Technik, Taktik und Training des Fußballspiels
Karlheinz Grindler, Hagen, 1952
Tusch- und Bleistiftzeichnungen, Druck, Karton, Papier
Dettmar Cramer, Reit im Winkl

Die Tuschzeichnungen illustrieren drei Bücher, die Dettmar Cramer im Auftrag des Westdeutschen Fußballverbandes über Technik, Taktik und Training des Fußballs schrieb. Aus den insgesamt 495 Illustrationen von Karl-Heinz Grindler für die drei Bücher wurde eine Auswahl von 100 Zeichnungen getroffen. Da sich die Bücher des Verbandstrainers Cramer an einen jungen Leserkreis wandten, tragen die Akteure auffallend junge Züge. Das Buch hatte großen Erfolg, 1964 erschien eine vierte Auflage.

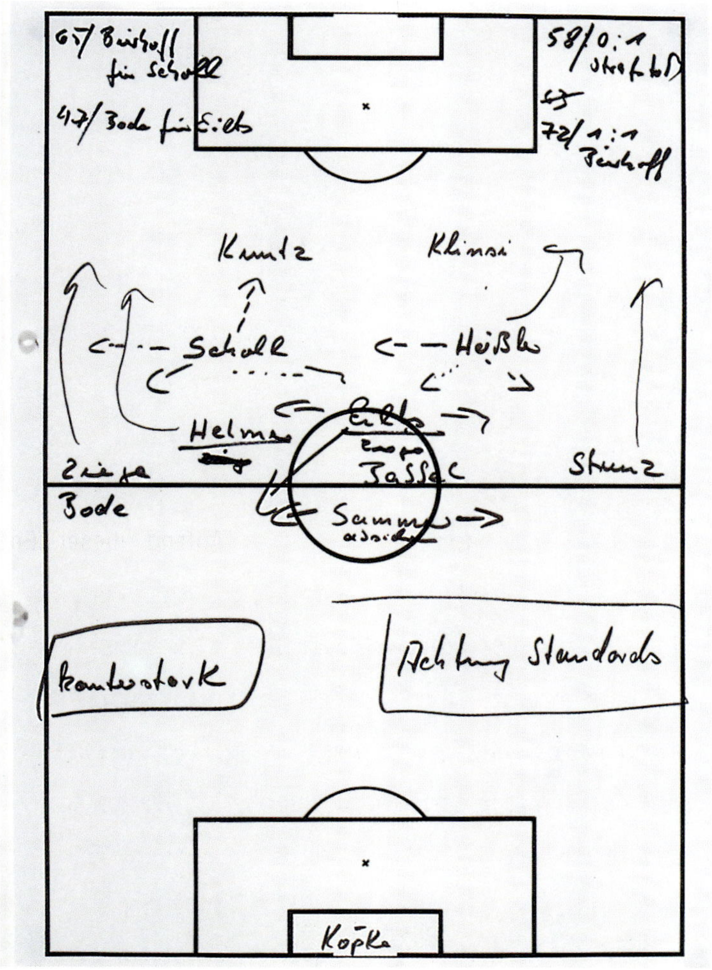

4.4/13

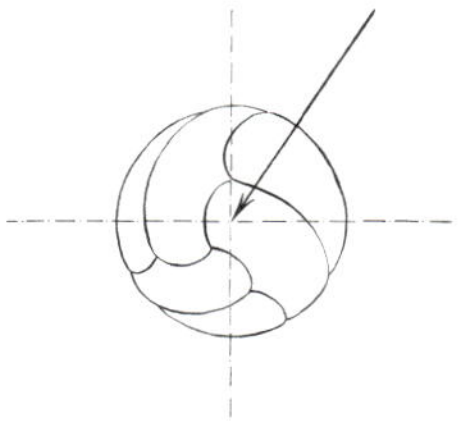

4.4/15

Der Fächerkanon der angehenden Trainer reicht von den praktischen und theoretischen Grundlagen in Technik, Taktik und Trainingslehre über Sportmedizin und Sportrecht bis zur Psychologie. Auch die ehemaligen Fußballstars bekommen ihre Diplome nicht geschenkt. Sie müssen genauso die Schulbank drücken, in den Sportschulen leben und lernen und in Tests und Klausuren ihr Diplom bestehen. Gemäß den Richtlinien des DFB sollen die Prüfungen "feststellen, ob der Kandidat fähig ist, nach wissenschaftlich gesicherten Methoden selbständig zu planen, zu lehren und zu trainieren."

Der gute Stand der Ausbildung wird nicht zuletzt an dem Stellenwert deutlich, den das deutsche System der Trainerausbildung weltweit hat. So erwerben in Köln auch ausländische Spieler wie Bum-Kun Cha oder zuletzt Krassimir Balakow ihren Trainerschein. Mit Förderung des Auswärtigen Amtes werden zudem Kurse für anglophone und frankophone Kandidaten durchgeführt. Absolventen der Trainerausbildung haben in den letzten Jahrzehnten nicht nur Bundesligisten und europäische Spitzenteams trainiert. Angefangen bei Dettmar Cramer über Rudi Gutendorf bis zu Holger Obermann wurde die deutsche Trainerausbildung in alle Welt exportiert. Trainer wurden zu teilweise vom Bund mitfinanzierten "Entwicklungshelfern".

4.4/16 Video-Kassette "Motivation"
Christoph Daum, Leverkusen, 1999
VHS/PAL, 4 min. 18 sec.;
19,5 x 12,5 x 3 cm
Christoph Daum, Leverkusen

Motivation ist ein Schlüsselwort des modernen Fußballs und Trainer Christoph Daum gilt als "Motivationskünstler". Gerade im heutigen Profifußball, in dem die Unterschiede zwischen den Teams immer geringer werden, scheint es verstärkt auf psychologische Faktoren anzukommen. Fußballtrainer versuchen die "mentale Fitness" ihrer Mannschaft zu verbessern. Die Videokassette von Christoph Daum stellt Leitbegriffe seines Motivationsbegriffes vor: Visionen, Kommunikation, Leidenschaft, Lust auf Erfolg, Teamgeist. Sie dient als Werbemittel für Schulungen, die Daum übrigens nicht nur für Fußballer abhält.

4.4/17 Jubiläums-Broschüre "Fußball-Lehrer im Deutschen Fußball-Bund"
Köln, 1996
Papier; 21 x 15 cm
Dr. H.G. Steinkemper, Deutsche Sporthochschule Köln

4.4/18 Ordnung für die Ausbildung und Prüfung zum Fußball-Lehrer
Köln, 1996
Papier; 17 x 10,5 cm
Dr. H.G. Steinkemper, Deutsche Sporthochschule Köln

4.4/18

4.4/19 Stundenplan vom Fußball-Lehrer Lehrgang 1985
Köln, 1.3.-30.9.1985
Papier; 29,7 x 21 cm
Dr. H.G. Steinkemper, Deutsche Sporthochschule Köln

4.4/20 Klausuren des Fußball-Lehrer Jahrgangs 1985
Köln, 1985
Dr. H.G. Steinkemper, Deutsche Sporthochschule Köln
a) Klausurthemen Pädagogik/Methodik
Papier; 29,7 x 21 cm
bez.: Die pädagogischen Aufgaben des Trainers im leistungsorientierten Fußball. Führen Sie einleitend einige Schwerpunkte an und erörtern Sie einen oder zwei davon ausführlicher.
b) Klausur von Hans Bongartz
Papier; 29,7 x 21 cm
c) Klausur von Hermann Gerland
Papier; 29,7 x 21 cm
d) Klausur von Winfried Schäfer
Papier; 29,7 x 21 cm
e) Klausur von Tina Theune-Meyer
Papier; 29,7 x 21 cm

4.4/21 Passfotos der 26 Teilnehmer am Fußball-Lehrer-Lehrgang 1985
Köln, 1985
Fotos auf Papier;
je 29,7 x 21 cm
Dr. H.G. Steinkemper, Deutsche Sporthochschule Köln

4.4/22 Zulassung als Fußball-Lehrer für Helmut Schön
Deutscher Fußball-Bund, Frankfurt/M., 1.6.1954
Papier; 21 x 14,7 cm
Nachlass Helmut Schön, Frankfurt/M.

4.4/15

4.4/23 Zulassung als Fußball-Lehrer für Otto Rehhagel
Deutscher Fußball-Bund, Frankfurt/M., 26.3.1974
Papier; 21 x 14,7 cm
Otto Rehhagel, Kaiserslautern

Wer in Deutschland eine Profimannschaft trainieren will, muß am Lehrgang zum Fußball-Lehrer an der Deutschen Sporthochschule Köln teilnehmen. Nach dem halbjährigen Kurs bekommen die Fußball-Lehrer ihren neuen Status beurkundet, sofern sie sich erfolgreich in den fußballspezifischen und lehrpraktischen Teilen sowie den schriftlichen und mündlichen Prüfungen in Methodik, Pädagogik, Psychologie und Sportmedizin bewährt haben. Die vier Prüflinge Hannes Bongartz, Hermann Gerland, Winfried Schäfer und Tina Theune-Meyer haben den Lehrgang von 1985 erfolgreich bestanden und sind als Trainer beruflich erfolgreich. Aber längst nicht alle der mittlerweile 1700 ausgebildeten Fußball-Lehrer werden Cheftrainer im Profi-Fußball, wie die Fotos der Teilnehmer desselben Jahrgangs beweisen.

4.4/24 Programmplanung eines Trainerkurses in Asien
Dettmar Cramer, 1966
Papier; 29,7 x 21 cm
Dettmar Cramer, Reit im Winkl

4.4/25 FIFA-Trainingsanzug
1970
Textil
Dettmar Cramer, Reit im Winkl

Dettmar Cramer, der seine Laufbahn als Verbandstrainer des Westdeutschen Fußballverbandes begann, arbeitet seit 1967 regelmäßig für die FIFA – insgesamt in 90 Ländern. Bis heute ist Cramer aktiv in der weltweiten Fußballvermittlung und betreut zurzeit Lehrgänge in China. Neben zwei Europapokalsiegen mit Bayern München war sein größter Erfolg der Gewinn der olympischen Bronzemedaille mit Japan. Bei der Weltmeisterschaft in Mexiko 1970 trug Cramer als FIFA-Beobachter diesen speziell für Mexiko entwickelten Trainingsanzug.

4.4/26 Schallplatte: "4:2:4, 4:3:3 – Fußball von heute"
Hennes Weisweiler, 1970
Vinyl, Papier; 31 x 31 cm
Charlie Stock, VfL Borussia Mönchengladbach

4.4/27 Manuskript von Hennes Weisweiler
Hennes Weisweiler, New York, 1980
Papier; je 29,7 x 21 cm
Gisela Weisweiler, Schweiz

4.4/28 Visitenkarte des "Headcoach" Hennes Weisweiler
Cosmos New York, 1979
Papier mit Prägung;
8,5 x 4,8 cm
Gisela Weisweiler, Schweiz

Im Fußball bleiben die USA ein Entwicklungsland. An dem bisher aufwändigsten Versuch, den Fußball in den USA populär zu machen, der North American Soccer League, waren auch deutsche Spieler wie Franz Beckenbauer und Gerd Müller sowie deutsche Trainer beteiligt. Hennes Weisweiler wurde 1980 "Head-Coach" des Fußballclubs Cosmos und trainierte Fußballer wie Neeskens, Van der Elst und Beckenbauer. Weisweiler versuchte, das Fußballspiel auch über die Trainerbank hinaus populär zu machen, wie es das Manuskript zeigt, das sich an amerikanische Kinder und Jugendliche richtet.

DEUTSCHER FUSSBALL-BUND

URKUNDE

HERR Otto REHAGEL
GEB. AM 9.8.1938 IN Essen
WIRD MIT WIRKUNG VOM 26.3.1974 ALS
FUSSBALL-LEHRER
FÜR DEN BEREICH DES
DEUTSCHEN FUSSBALL-BUNDES ZUGELASSEN

FRANKFURT AM MAIN, DEN

DEUTSCHER FUSSBALL-BUND E.V.
1. VORSITZENDER

4.4/23

4.4/28

Die Handschrift der Trainer

Chefausbilder Gero Bisanz sieht die Aufgaben des Trainers in der Betreuung jedes einzelnen Spielers, der Förderung spezifischen Könnens, der Behebung gravierender Fehler und der Analyse des Gegners - vor allem aber darin, "den richtigen Spieler auf die richtige Position" zu stellen. Die Entscheidung darüber, wer spielt und wer nicht, die Festlegung der Aufstellung ist seit jeher die wichtigste Aufgabe des Trainers. Harmonieren die eigenen Mannschaftsteile und nutzt man die Schwachstellen des Gegners geschickt aus, spricht man gerne davon, dass das Spiel die Handschrift eines bestimmten Trainers trägt. Und letztlich ist es tatsächlich die Schrift des Trainers, denn er ist es, der die Spielernamen in Abwehr, Mittelfeld und Sturm auflistet.

Weiterhin werden Entscheidungen über die Aufstellung der Mannschaft oder über Reaktionen auf die Stärken und Schwächen des Gegners oft ganz allein vom Trainer getroffen; auch gibt es immer noch die eigenhändig geschriebenen Mannschaftsaufstellungen oder die schriftlichen Notizen in geheimnisumwitterten Kladden. Doch parallel dazu hat in den letzten Jahrzehnten ein Prozess der stetigen Verwissenschaftlichung den Fußball ergriffen. Längst arbeiten in den Trainerstäben hochqualifizierte Konditions-, Torwart- und Techniktrainer mit dem Team. Ein Tross von Betreuern, Physiotherapeuten und Sportmedizinern kümmert sich intensiv um das Wohl der Fußballprofis. Eigene Spiele und die der Gegner werden mit hohem Aufwand, zunehmend gestützt auf Computer, analysiert, Datenbanken über Mannschaften und einzelne Spieler angelegt und so versucht, eigene Schwächen auszubügeln und sich optimal auf das jeweils bevorstehende Spiel einzustellen.

4.4/29 Plakette des türkischen Fußballverbandes für Jupp Derwall zur türkischen Meisterschaft
Türkei, 1988
Metall; 16 x 21,2 cm
Jupp Derwall, St. Ingbert

4.4/30 Urkunde der Universität Ankara über die Verleihung der Ehrendoktorwürde an Jupp Derwall
Ankara, 1989
Papier, Holz, Glas;
40 x 48 x 3 cm
Jupp Derwall, St. Ingbert

4.4/31 Jupp Derwall: Türkiye Anilari
Bersay Verlag, Yayincilik, 1988
Papier, Karton; 29 x 13,5 x 4 cm
Jupp Derwall, St. Ingbert

Am Anfang der engen Verbindungen zwischen dem türkischen und dem deutschen Profi-Fußball steht Jupp Derwall. Nachdem Derwall 1984 sein Amt als Bundestrainer niedergelegt hatte, nahm er den Trainerposten bei Galatasaray Istanbul an und gewann mit der türkischen Mannschaft die Meisterschaft und den Landespokal. Trainer wie Karl-Heinz Feldkamp folgten seinem Vorbild, und auch Fußballprofis wie Stefan Kuntz spielten am Bosporus. Derwall wurde zu einem Botschafter der deutsch-türkischen Beziehungen. Für seine Verdienste wurde er mit der Ehrendoktorwürde der Universität Ankara ausgezeichnet. Seine Memoiren über seine Zeit in der Türkei erschienen unter dem Titel "Türkiye Anilari" (Türkische Erinnerung), allerdings nur in türkischer Sprache.

4.4/32 Weltkarte, markiert mit den Maßnahmen der Bundesrepublik zur Förderung des Fußballsports in Entwicklungsländern und einer Liste der entsandten Fußball-Lehrer
Deutschland, 1961-2000
Textil, Kunststoff, Metall;
100 x 130 cm
Karl-Heinz Weigang, Wiehl

Seit 1962 beteiligt sich der DFB an der Förderung des Fußballs in der "Dritten Welt". In Zusammenarbeit mit dem Nationalen Olympischen Komitee (NOK) und der Gesellschaft für technische Zusammenarbeit (GTZ) werden vom Verband Fußballexperten in Entwicklungsländer entsandt. Vor Ort leisten die Fußball-Lehrer Aufbauarbeit und Entwicklungshilfe für den Fußball. Von 1962 bis 1998 wurden allein in Afrika insgesamt 26 Langzeitprojekte und 133 Kurzzeitprojekte durchgeführt. In Zusammenarbeit mit Karl-Heinz Weigang wurden die Orte, an denen Projekte durchgeführt wurden, mit Fähnchen markiert. Weigang begann bereits 1959 als Ingenieur und begeisterter Freizeitfußballer sein Fußballwissen weiterzugeben. 1965 wurde er Jugendnationaltrainer in Südvietnam. Weitere Stationen waren Kamerun, Gabun und Mali. Von seinen Auslandaufenthalten brachte Weigang interessante Souvenirs aus der Welt des Fußballs mit.

4.4/33 Lackgemälde als Dankesgabe an den Trainer Karl-Heinz Weigang
Süd-Vietnam, 1968
Holz, Lackfarbe; 80 x 40 cm
Karl-Heinz Weigang, Wiehl

4.4/34 Frauenbüste als Dankesgabe an Karl-Heinz Weigang
Mali, 1972
Holz; H 50 cm, D 20 cm
Karl-Heinz Weigang, Wiehl

4.4/35 30 Fußball-Wimpel
1965-1985
Textil, Holz, Kunststoff
Karl-Heinz Weigang, Wiehl
a) Süd-Vietnam, 1965
b) Malaysia, 1966
c) Thailand, 1966
d) Indonesien, 1966
e) Hongkong, 1966
f) Süd-Korea, 1966
g) Japan, 1966
h) Indien, 1966
i) Taiwan, 1966
j) Burma, 1966
k) Singapur, 1966
l) Süd-Vietnam, 1966
m) Süd-Korea, 1968
n) Japan, 1968
o) Hongkong, 1968
p) Taiwan, 1968
q) Burma, 1968
r) Thailand, 1968
s) Vietnam, 1968
t) Endspielwimpel für Malaysia, 1980
u) Siegerwimpel für Malaysia, 1980
v) Süd-Korea
w) Japan, 1980
x) Nigeria
y) Mali
z) Kamerun
aa) Mali
ab) Guinea
ac) Obervolta
ad) Kamerun, 1985
ae) Mexiko, 1985

Vom Sturmlauf zur Zonenverteidigung

Heute sehen wir deutlich, wie sich die klassische Unterscheidung zwischen den Mannschaftsteilen von Abwehr, Mittelfeld und Sturm aufgelöst hat. Der seit den sechziger Jahren propagierte "totale Fußball" ist in den Spielweisen der besten Mannschaften umgesetzt: Im "totalen Fußball" wird jeder einzelne Spieler zum Alleskönner. Die ganze Mannschaft schaltet bei Ballverlust schnell von der offensiven Ausrichtung in die Defensivarbeit um und versucht dann wiederum, aus der Abwehr heraus schnelle und vor allem kontrollierte Angriffe zu starten. Wichtig hierbei ist es, Überzahlsituationen zu schaffen, zum einen um den Raum des ballführenden Gegners einzuengen und einen Ballverlust zu erzwingen, zum anderen um selbst genügend Abspielmöglichkeiten zu haben.

Betrachtet man die Geschichte der Fußball-Systeme – so die Bezeichnung für die taktische Grundaufstellung und -ausrichtung der Mannschaften –, werden die rasanten Veränderungen des Spiels deutlich. Als man sich vor 140 Jahren auf einheitliche Regeln einigen konnte, glich das Fußballspiel noch einem unkoordinierten Sturmlauf aller Spieler, wie man ihn heutzutage noch bei spielenden Kindern beobachten kann. Alle stürzten sich auf den Ball, und wer ihn gerade hatte, versuchte mit ihm auf das Tor zuzulaufen. Ein Zusammenspiel fand nur selten statt, stattdessen folgte eine Menschentraube dem Ball. Mit der Zeit bildete sich jedoch eine Arbeitsteilung zwischen Verteidigern und Sturmreihen heraus.

Im "Schottischen System" wurde in den siebziger Jahren des letzten Jahrhunderts erstmals auch das Mittelfeld besetzt. Prompt schlug Schottland den englischen Rivalen, denn die Mannschaft konnte Mitspieler, Raum und Ball bedeutend besser nutzen. England antwortete mit einer neuen Spielweise, dem "Klassischen System", das vierzig

4.4/36 Hilfsmittel für das Fußballtraining
Schirnerbild, Berlin, 1938 und 1950er Jahre
Fotos; je 25 x 31 cm
Deutsches Historisches Museum, Berlin; DHM 00/228 2, DHM 00/228 1, (ohne Nummer), DHM 62411/20a, DHM 62411/13a, DHM 62411/2, DHM 62411/38, DHM 00/230 4, DHM 00/230 5
a) Zielschusstraining, England, um 1950
b) Ballschusskanone, Wolverhampton Wanderers, 6.8.1938
c) Fußballtorwarttraining mit einem Fußball-Roboter, 14.1.1950
d) Ballführen um Slalompfähle, Deutschland, 1950er Jahre
e) Ballführen um Slalompfähle, Deutschland, 1950er Jahre
f) Passspiel mit Rückprallbanden, Deutschland, 1950er Jahre
g) Schusstraining auf Rückprallwände, Deutschland, 1950er Jahre
h) Schusstraining auf eine gewellte Rückprallwand, Deutschland, 1950er Jahre
i) Torwandschießen, Deutschland, 1950er Jahre

Das Spektrum an Trainingsgeräten im Fußball reichte von schlichten Zielvorgaben bis zu Ballschussgeräten. Die Ballmaschine aus Wolverhampton von 1938 konnte, laut Pressetext, wie eine Kanone im Abschusswinkel verstellt werden. Die in Deutschland aufgenommenen Fotos eines "Trainingsgartens" zeigen Trainingshilfen wie Rückprallbanden oder Slalompfähle.

4.4/37 Markierungskegel für das Fußballtraining
b.f.p.-Versand, Leer, 2000
Kunststoff; H 40 cm, D 25 cm
b.f.p.-Versand, Anton Lindemann, Leer; 701.226

Jahre lang die Grundaufstellung des Fußballs bildete. Man spielte "2-3-5", also neben dem Torwart mit zwei Verteidigern, drei Mittelfeldspielern und fünf Stürmern. Aber auch die Entwicklung der Fußballregeln hatte Einfluss auf die Taktik. Bis 1925 befand sich ein Spieler im Abseits, wenn sich zwischen ihm und der Torlinie nicht wenigstens zwei Spieler der anderen Mannschaft befanden. Diese Regelung begünstigte die Abwehrspieler und wurde ersetzt durch die im Kern bis heute gültige Regel, die nur noch von einem gegnerischen Spieler spricht (wobei sich die Angreifer mittlerweile außerdem auf gleicher Höhe mit dem letzten Spieler der anderen Mannschaft befinden dürfen). Die neue Regel erleichterte die Offensive und gab dem Fußball einen Entwicklungsschub. Denn als Reaktion auf die nun bevorteilten Sturmreihen entstand das so genannte "WM-System", das die Zahl der Verteidiger auf drei erhöhte und zwei der fünf Angreifer hinter die erste Sturmreihe beorderte.

Obwohl man bei den verschiedenen Spielsystemem jeweils eigene numerische Verhältnisse von Abwehr, Mittelfeld und Verteidigung notieren kann, besteht Taktik nicht aus reiner Zahlenspielerei. Wichtig sind vielmehr auch die Aufgaben der einzelnen Spieler. Ist etwa Manndeckung angesagt, folgt der damit beauftragte Spieler seinem

4.4/28

Gegner auf Schritt und Tritt und verlässt seine eigentliche Position. Ein berühmtes Beispiel dafür ist das Endspiel der Weltmeisterschaft 1966, als Beckenbauer Bobby Charlton decken musste, wodurch sich die beiden kreativsten Spieler der englischen und deutschen Mannschaft gegenseitig neutralisierten.

Beim Spielsystem der Raumdeckung ist die zahlenmäßige Verteilung auf die einzelnen Mannschaftsteile besser erkennbar, etwa bei der sogenannten "Viererabwehrkette", dem "4-2-4", die der AC Mailand um Franco Baresi seit Ende der achtziger Jahre perfektionierte. Die hohe Kunst der Taktik besteht heute darin, in einer Partie auf jede Spielsituation mit verschiedenen Grundordnungen reagieren zu können, wie es zuletzt der FC Barcelona oder die holländische Nationalmannschaft vorgeführt haben. Dabei beschäftigt sich die moderne Fußballtaktik immer weniger mit der räumlichen Verteilung der Spieler auf dem ganzen Spielfeld, sondern mit der Grundvoraussetzung des eigenen Spiels: dem Ballbesitz in den eigenen Reihen. Die Perspektive verengt sich auf die Zonen, in denen sich der Ball gerade befindet, und hier kommt es darauf an, eine Überzahlsituation für die eigene Mannschaft zu schaffen.

Auf dem neuesten Stand der Technik

Die sich verändernde Fußballtaktik unserer Tage basiert nicht zuletzt auf den erweiterten Analyse-Instrumenten des Trainerstabes. Man beschränkt sich längst nicht mehr auf Spielbeobachtungen. "Spione" im gegnerischen Stadion reichen nicht mehr aus, um sich auf ein Spiel optimal vorzubereiten. Heute wird das Spiel durch Videodokumentationen und Datenbanken durchleuchtet und in seine Einzelteile zerlegt. Die Statistik gibt genauen Aufschluss über das Zweikampfverhalten, über das Repertoire bei Standardsituationen, die Laufwege der einzelnen Akteure sowie die Schwächeperioden und Druckphasen innerhalb der 90 Minuten.

4.4/38 Markierungskegel aus elastischem Weichkunststoff
b.f.p.-Versand, Leer, 2000
Kunststoff; H 50 cm, D 30 cm
b.f.p.-Versand, Anton Lindemann, Leer; 701.230

Heute im Einsatz befindliche Markierungen für Spielfelder sind leicht und flexibel. Der seit einigen Jahren verwendete Weichkunststoff vermindert das Verletzungsrisiko, falls man im Eifer des Gefechts auf den Kegel fällt.

4.4/39 Freistoßmauer
b.f.p. Versand, Leer, 2000
Kunststoff, Metall; 180 x 260 cm
b.f.p.-Versand, Anton Lindemann, Leer; 706.243

Im Gegensatz zu den aus Schießständen bekannten "Pappkameraden", wie die Freistoßfiguren unter Fußballern heißen, kommt es beim Fußball gerade darauf an, diese Figuren nicht zu treffen. Beim Üben von Freistößen soll der Ball an der Mauer vorbei Richtung Tor geschossen werden. Die aus fünf Figuren bestehende Freistoßmauer kann aufgeteilt werden und ist mit ihren Rollen auf dem Trainingsplatz leicht zu verschieben.

4.4/40 Hilfsmittel für das Krafttraining
b.f.p.-Versand, Leer, 2000
b.f.p.-Versand, Anton Lindemann, Leer; 707.111, 707.451, 707.450
a) Trainings- oder "Deuserband"
Textil, Kunststoff;
L 100 cm, B 4 cm
b) Schlitten für das Sprint-Training
Metall, Textil, Kunststoff;
40 x 55 x 90 cm
c) Bremsfallschirm
Textil, Kunststoff; 180 x 180 cm

Erich Deuser, von 1951 bis 1982 Masseur der Nationalmannschaft, entwickelte das "Deuser-Band", das zunächst aus einem herkömmlichen Fahrradschlauch bestand. Durch das Wiederholen von Bewegungsabläufen gegen den Zug des zähen Gummibands wird die Muskulatur gefördert. Der mit Gewichten bestückte Schlitten funktioniert nach dem gleichen Prinzip. Der Leistungsaufwand, den der Sportler beim Sprinten im Geschirr aufwenden muss, wird durch die Mehrbelastung maximiert, und hierdurch wird die Schnellkraft der Muskulatur angeregt. Der Schlitten wird auch mit einer "Quick-Release"-Option angeboten, die nach Herstellerangaben durch plötzliches Lösen der Gurte einen "Sprintschub" ermöglicht. Um wieder zum Stillstand zu kommen, kann der Sportler den "Bremsfallschirm" auslösen. Die eigentliche Aufgabe des Fallschirms ist es jedoch, wiederum die Anstrengungen des Läufers zu erhöhen. Im Gegenwind bläht sich der Schirm auf und erschwert das Fortkommen.

4.4/41 Sichtblende "Blind Kick"
b.f.p.-Versand, Leer, 2000
Kunststoff, Schaumstoff;
15 x 40 x 25 cm
b.f.p.-Versand, Anton Lindemann, Leer; 706.203

Gute Fußballer vermögen den Ball "blind" an ihren Füßen zu führen, ohne die Augen vom Spielgeschehen abzuwenden. Der neuartige Sichtschutz wird über den Oberkörper gestreift. Die über den Bauch hinausragende Sichtblende verhindert den Blick des ballführenden Spielers auf den Ball und fördert das Ballgefühl.

4.4/42 "Beckenbauer am Ball"
Erich Pabel Verlag, Rastatt, 1974
Papier; 16 x 45 cm
Kicker-Sportmagazin, Nürnberg

Viele Trainer haben sich deshalb umfangreiche Datenbanken angelegt, in denen sie statistische Erkenntnisse und Eckdaten zur sportlichen Laufbahn der aktuellen Profifußballer Europas speichern. Oder sie greifen auf Datenbanken zurück, die andere angelegt haben und gegen Entgelt zur Verfügung stellen. Die ausführlichsten Informationen haben heute vermutlich die Fernsehsender gesammelt, die ihren Redakteuren und Kommentatoren ein immer umfangreicheres Zahlen- und Datenmaterial zur Verfügung stellen.

Um im schneller werdenden Fußballspiel bestehen zu können und die modernen taktischen Konzepte der Trainer anwenden zu können, wird dem einzelnen Spieler in den Zweikämpfen ein Höchstmaß an Athletik abverlangt. Im Spielverlauf muss ein Spieler heute im Vergleich zum Fußball der siebziger Jahre fast das doppelte Laufpensum bewältigen. Die athletische Grundausbildung der Spieler ist deshalb intensiviert, das Konditionstraining durch Erkenntnisse aus anderen Sportarten verbessert und auch die Ernährung der Profifußballer entsprechend weiterentwickelt worden.

Schließlich muss derjenige, der sich auf dem Platz taktisch geschickt verhalten soll, auch mentale Fitness mitbringen. Sportpsychologische Beratung und autogenes Training – in der "Männerwelt" des Fußballs lange Zeit verpönt – gewinnen im Fußball immer mehr Einfluss. Einige Proficlubs leisten sich eigene Teampsychologen und reisen mit der Mannschaft zu Motivations-Wochenenden – ohne dass diese jedoch bessere Leistungen garantieren können. Doch sie zeigen, dass Profi-Fußballer auf ganz unterschiedlichen Gebieten Höchstleistungen erbringen müssen, um den Anforderungen des modernen Spiels zu genügen. Wie nie zuvor wird das Spiel letztlich im Kopf entschieden. *Christoph Schurian*

4.4/43 Fritz Walter: So habe ich's gemacht
Copress-Verlag, München, 1962
Papier, Karton; 21 x 13 cm
Dettmar Cramer, Reit im Winkl

In seiner Fußballschule erläutert Weltmeister Fritz Walter die Grundlagen des Fußballspiels. Dem Ballpendel, an dem man das Timing beim Kopfballspiel, das Ballstoppen oder das Schießen üben könne, schreibt Walter eine wichtige Rolle im Training zu. Zwar stehen an heutigen Sportanlagen immer noch die "Galgen" genannten Ballpendel, im Fußballtraining kommen sie jedoch kaum noch zum Einsatz. Nach Meinung vieler Trainer weicht die Flugkurve des Pendelballs zu sehr von der Wirklichkeit im Fußballspiel ab.

4.4/44

4.4/44 Willi Knesebeck: Wie wird Fußball gespielt. Die Technik des Fußballspiels in Bild und Wort
Franckhs Sportverlag/Dieck & Co, Stuttgart, 1923
Papier; 15,5 x 12 x 2 cm
SV Werder Bremen

4.5/1 Körperliche Grundlagen und Auswirkungen des Leistungssports
Fotos, schematische Darstellungen; je 18 x 24 cm
Sammlung Prof. Dr. Josef Keul, Freiburg i.Br.

4.5/2 Sportmedizinischer Leistungsmessplatz
Prof. Dr. Paul E. Nowacki, Sportschule Malente, 1974
Institut für Sportmedizin der Justus-Liebig-Universität, Gießen
a) Spiroergometriemessplatz "Pneumotest"
Fa. Erich Jaeger, Würzburg, 1972
Metall; 190 x 64 x 55 cm
b) Pneumotachographenständer
Fa. Erich Jaeger, Würzburg, 1972
Metall; 190 x 85 x 90 cm
c) Fahrradergometer "Ergotest"
Fa. Erich Jaeger, Würzburg, 1974
Metall; 60 x 55 x 160 cm
d) EKG-Gerät "Multiskripter EK 20"
Fa. Hellige, Freiburg, 1972
Metall; 85 x 57 x 38 cm
e) Glockenspirometer
Fa. Aesculap, 1964
Metall; 45 x 24 x 29 cm
f) Lungenfunktionsmessgerät "Spirotron"
Fa. Dräger, Lübeck, 1972
Metall; 9 x 34 x 31 cm
g) Blutdruckmessgerät "Erkameter"
Fa. W. Wilken, Berlin, 1970
Metall; 112 x 30 x 50 cm

Im Vorfeld der 1974er Weltmeisterschaft untersuchte Prof. Dr. Paul E. Nowacki als Arzt der Nationalmannschaft bei jedem Mitglied des 26-köpfigen Kaders den Trainingszustand. Dazu diente ein "Spiroergometrischer Messplatz", der die Sauerstoffaufnahme unter maximaler Belastung auf einem Fahrrad maß. Die vier am Ende der ermittelten Skala stehenden Spieler hat der Bundestrainer nicht nominiert. Die Spieler, die im Finale aufgestellt wurden, hatten schon bei den Leistungstests die besten Werte erzielt.

4.5/3 Fotowand mit Porträts der Teilnehmer an der Weltmeisterschaft 1974
Sportschule Malente, 1974
Fotos, Karton, Glas; 50 x 70 cm
Institut für Sportmedizin der Justus-Liebig-Universität, Gießen

4.5/4 Karl-Heinz Rummenigge beim Leistungstest
Neu-Isenburg, 1981
Foto; 75 x 49 cm
Institut für Sportmedizin der Justus-Liebig-Universität, Gießen

Rummenigge erzielte bei diesem fahrradspiroergometrischen Leistungstest sehr gute Konditionswerte.

Technik für den Körper. Sportmedizin

Sport ist gesund, doch er macht auch krank. Das gilt auch für den Fußball und zwar nicht nur dann, wenn Spieler unfair attackiert werden, sondern bereits im ganz normalen Spielbetrieb. Sie können sich Verletzungen zuziehen, sei es durch Fouls, unglückliche Zusammenstöße oder auch ganz ohne Einwirkung eines Gegners; sie können so ausgelaugt sein, dass sie die gewünschten Leistungen nicht mehr erbringen und ihr Körper sogar für Krankheiten anfällig wird; sie können unter falschen oder einseitigen Belastungen leiden und schließlich zunehmend Verschleißerscheinungen aufweisen. Für Churchill gab es deshalb nur eine Devise, um ein langes Leben zu sichern: "no sports". Das ist ein gern zitierter und prägnanter Satz, der allerdings die tatsächlichen Zusammenhänge auf den Kopf stellt, vor allem angesichts der Fortschritte der Sportmedizin in den letzten Jahren.

Die Sportmedizin ist ein umfangreiches Gebiet, zu dem verschiedene Disziplinen beitragen, darunter vor allem Internisten, Orthopäden, Chirurgen und Physiotherapeuten, deren Tätigkeit drei große Gebiete umfasst: die Vorbereitung, insbesondere das richtig dosierte und effektive Training, die Betreuung im unmittelbaren Umfeld von Spielen und die Behandlung von Blessuren und Verletzungen, wozu Operationen und vor allem die Rehabilitation gehören. Dabei sind die Aufgaben mittlerweile so umfassend und die erforderlichen Kenntnisse so vielfältig geworden, dass bei wichtigen Turnieren mehrere Ärzte verschiedener Fachrichtungen und Physiotherapeuten erforderlich sind. Nur so konnte es etwa gelingen, etwa den Muskelfaserriss, den Jürgen Klinsmann bei der Europameisterschaft 1996 in der Wade erlitt, innerhalb einer Woche – statt der üblichen zwei bis drei Wochen – auszuheilen, sodass er die enormen Belastungen eines Endspieles aushalten konnte.

4.5/5

Besonders in England war die Bedeutung eines wirkungsvollen Trainings früh bekannt, und der Berufsfußball setzte sich dort nicht zuletzt durch, um den Spielern diese Möglichkeit zu erschließen. In Deutschland wurde ein intensives und systematisches Training eigentlich erst in den zwanziger Jahren eingeführt, als der Fußball seinen Durchbruch zum Massensport erlebte und die ersten großen Mannschaften sowie Spieler hervorbrachte. Der wohl beste Mittelfeldspieler der zwanziger Jahre, Hans Kalb vom 1. FC Nürnberg, konnte sich allerdings noch ein Übergewicht von zwanzig Pfund leisten, was auf geringere Anforderungen des damaligen Fußballs schließen lässt. Spieler wie Herberger trainierten jedoch bereits sehr intensiv und waren nicht zuletzt deshalb sehr erfolgreich, und Otto Nerz, der erste Reichstrainer, legte auf intensives Training und die Erkenntnisse der Sportmedizin großen Wert. In seiner von Professor Sauerbruch betreuten Dissertation über "Unfallschäden des Kniegelenks unter Belastung durch Arbeit und Sport" aus dem Jahre 1936 widmete er ein Kapitel speziell der Frage nach der Entstehung der Binnenverletzungen des Kniegelenks durch das Fußballspiel.

Im Fußball-Alltag setzte sich eine Betreuung durch Mediziner oder Masseure nur allmählich durch. Ohnehin musste eine Mannschaft, wenn sich ein Fußballer auf dem Platz verletzt hatte – das Fußballspielen wurde von der Presse häufig als "roh" moniert –, mit einem Spieler weniger das Match beenden.

4.5/5 Ermittlung des Laktatwertes der Nationalspieler
Dr. Bernd Coen, Saarbrücken, 1999
Fotos; je 9 x 13 cm
Institut für Sport- und Präventivmedizin, Fachbereich Klinische Medizin der Universität des Saarlandes, Saarbrücken

Heute wird die Leistungsfähigkeit durch Messungen des Laktatwertes bestimmt, der unmittelbar nach körperlicher Anstrengung ermittelt wird. Die Milchsäure (Laktat) ist ein Stoffwechselprodukt, das im Muskel gebildet wird. Anhand der ermittelten Werte lassen sich die individuelle anaerobe Schwelle und die maximale Leistungsfähigkeit eines Spielers messen.

4.5/6 Vier Grafische Darstellungen vom Leistungsstand deutscher Nationalspieler
Prof. Dr. W. Kindermann, 1998
Papier; je 21 x 29,7 cm
Institut für Sport- und Präventivmedizin, Fachbereich Klinische Medizin der Universität des Saarlandes, Saarbrücken
a) Entwicklung der Antrittsschnelligkeit auf den ersten fünf Metern
b) Entwicklung der 30-Meter-Sprintzeiten
c) Ausdauer-Stufentest bei vier Stammspielern zur Ermittlung der Laufgeschwindigkeit an der individuellen anaeroben Schwelle als Ausdruck der Grundlagenausdauer
d) Entwicklung des Blutparameters "Harnstoff" zur Charakterisierung der Belastungsverträglichkeit bei einem Stammspieler der Europameisterschaft 1996

4.5/7 Konditionelles Profil deutscher Fußballspieler im Längsschnitt
Dres. T. Meyer/ K. Ohlendorf/ B. Coen/ W. Kindermann, Saarbrücken, 1999
Papier; 150 x 100 cm
Institut für Sport- und Präventivmedizin, Fachbereich Klinische Medizin der Universität des Saarlandes, Saarbrücken

Dargestellt sind die Ergebnisse einer Untersuchung zur Entwicklung des konditionellen Profils (Schnelligkeit, Ausdauer) deutscher Nationalspieler für die Jahre 1991-1998.

4.5/5

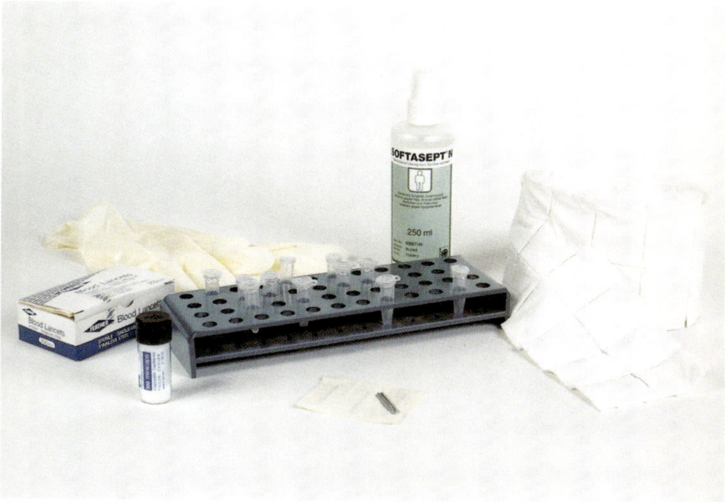

4.5/8

4.5/8 Set zur Blutabnahme
1999
Kunststoff, Metall, Papier;
Institut für Sport- und Präventivmedizin, Fachbereich Klinische Medizin der Universität des Saarlandes, Saarbrücken

4.5/9 40 Laktat-Teststrips
Boehringer Mannheim GmbH, 1999
Kunststoff; je 5,5 x 0,5 cm
Roche Diagnostics GmbH, Mannheim

4.5/10 Laktat-Messgerät "Accusport"
Boehringer Mannheim GmbH, 1999
Kunststoff, Metall;
2 x 7 x 11,5 cm
Roche Diagnostics GmbH, Mannheim

4.5/12

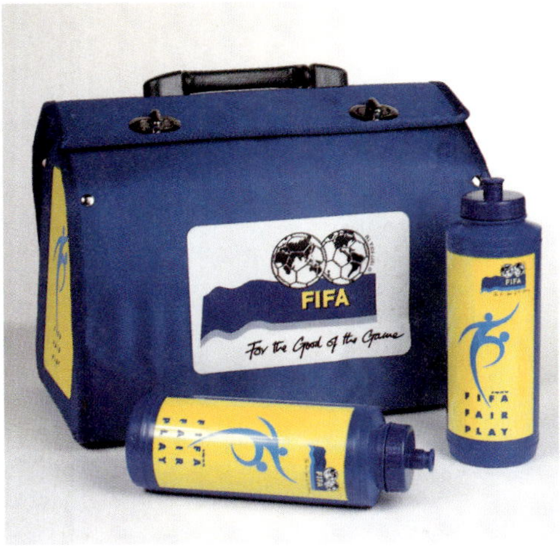

4.5/14

4.5/15

Eine Auswechselung aus Verletzungsgründen wurde – allerdings nicht in Pflichtspielen – zum ersten Mal 1959 gestattet. Bis zur Bundesligazeit fuhr neben dem Trainer nur ein Begleiter mit, der Zeugwart, Masseur und Sanitäter in einer Person war. Es wird vermutet, dass er an "Medikamenten" nicht mehr als Rizinus und Aspirin dabei hatte. Die Nationalmannschaft wurde bei den Spielen von Erich Deuser betreut, dem bekanntesten Masseur des deutschen Fußballs. Wenn man wenige Sekunden nach einem Foul einen Mann mit Koffer auf den Platz zu dem am Boden liegenden Spieler laufen sieht, so glauben auch heute noch viele Zuschauer, dass dessen heilende Kräfte den Spieler sofort genesen lassen werden, wie man es Erich Deuser zugeschrieben hatte.

In den letzten Jahrzehnten erfolgten, wie in vielen anderen Bereichen auch, wesentliche Neuerungen in Training, Betreuung und Sportmedizin. Dabei fanden Veränderungen im Fußball und in der Medizin teils in enger Zusammenarbeit, aber auch ganz unabhängig voneinander statt. Zu nennen sind hier an erster Stelle die gestiegenen Anforderungen an die Spieler. Die offensivere Spielweise, das aggressivere Abwehrverhalten und die Raumdeckung haben die konditionellen Anforderungen steigen lassen. Je nach Spielposition legt ein Profi im Spiel acht bis zwölf Kilometer zurück und verbraucht dabei 1600-1800 Kilokalorien, wobei die besondere Beanspruchung daraus resultiert, dass er diese Strecke zwar in kleinen Einheiten, dafür aber in hohem Tempo absolviert. Noch in den achtziger Jahren entfielen nur etwa 12% auf Strecken mit hoher Geschwindigkeit (über 15 km/h), heute sind es 26-28%. Diese Leistung ist nur möglich, weil der Aufbau des Trainings, die Ernährung, die Betreuung während des Spiels und nicht zuletzt die Behandlung unmittelbar im Anschluss sich deutlich gewandelt haben. Während etwa Herberger mit dem Satz "Die Spieler müssen trocken sein" seine Spieler auf dem Platz noch weit

4.5/11 Kontrollset für Laktat-Tests
Boehringer Mannheim GmbH, 1999
Kunststoff; 2 x 4 ml Laktat-Kontroll-Lösung;
je H 6,3 cm, D 1,9 cm
Roche Diagnostics GmbH, Mannheim

4.5/12 Bottich zur Elektrolyt-Getränkezubereitung
Cott Corporation, Winfield, Cansas, USA
Kunststoff; 28 x 36 x 33 cm
bez.: FIFA
Deutscher Fußball-Bund, Frankfurt/M.

Im Leistungssport ist eine ausreichende Zufuhr von Flüssigkeit von entscheidender Bedeutung. Fußballspieler verlieren während eines Spiels bei heißem Wetter teilweise drei und mehr Liter Flüssigkeit. Das zusammengestellte Elektrolyt-Getränk besteht hauptsächlich aus Wasser, das unter anderem mit Magnesium und Kalium versetzt wird.

4.5/13 Rührlöffel zur Zubereitung des Elektrolytgetränks
Holz; L 69 cm
Deutscher Fußball-Bund, Frankfurt/M.

4.5/14 Tragebox für Getränkeflaschen
Cobra, Italien
Kunststoff; 29 x 41 x 28 cm
bez.: FIFA Fair Play
Deutscher Fußball-Bund, Frankfurt/M.

4.5/15 10 Kunststoff-Mehrwegbecher
Coca Cola, Adoma GmbH Wangen, 1996
Hartplastik; H 16 cm, D 7,5 cm
bez.: Enjoy Coca-Cola
Deutscher Fußball-Bund, Frankfurt/M.

In den vom Sponsor gestellten Bechern wird nicht Coca-Cola, sondern ein Elektrolytgetränk ausgeschenkt.

4.5/16 "Weltrekordmann Matthäus"
Bild-Zeitung, 15.11.1999
Papier; 56,5 x 39,7 cm
Bild Leserservice, Hamburg

In diesem Bericht der Bild-Zeitung wird dem Leser der perfekte Körper von Lothar Matthäus präsentiert. Der DFB-Arzt Dr. Müller-Wohlfahrt wird mit den Worten zitiert: "Matthäus hat die idealen Hebel: Oberkörper, Oberschenkel, Unterschenkel stehen im richtigen Verhältnis zueinander."

4.5/17 Krankengeschichte von Lothar Matthäus
April 1985 - Januar 2000
Papier; 29,6 x 20,8 cm
Praxisgemeinschaft Dr. Hans-W. Müller-Wohlfahrt, München

Zu den Verletzungen eines Fußballprofis gehören unter anderem Zerrungen, Dehnungen, Verhärtungen, Risswunden, Muskel- und Bänderrisse, Meniskusverletzungen, Prellungen und Frakturen. Zwischen April 1985 und Januar 2000 wurde Matthäus wegen 31 verschiedener Verletzungen in der Praxis von Dr. Müller-Wohlfahrt behandelt.

4.5/18 Belastungsbild des linken Fußes von Lothar Matthäus
Praxisgemeinschaft Dr. Hans-W. Müller-Wohlfahrt, München, 21.7.1995
Faxpapier; 105 x 21 cm
Praxisgemeinschaft Dr. Hans-W. Müller-Wohlfahrt, München

4.5/19 Zwei Röntgenaufnahmen der Lendenwirbel von Lothar Matthäus
Praxisgemeinschaft Dr. Hans-W. Müller-Wohlfahrt, München, 18.5.1999
Kunststoff; 40 x 19,5 cm, 40 x 29,8 cm
Praxisgemeinschaft Dr. Hans-W. Müller-Wohlfahrt, München

4.5/20 Fünf Röntgenaufnahmen des Kniescheibenbruchs von Delron Buckley
1997
Kunststoff; je 23,7 x 18 cm
Delron Buckley, Bochum

Der Fußballprofi des VfL Bochum erlitt in der Begegnung gegen Arminia Bielefeld am 28.2.1997 einen Bruch der Kniescheibe. Erst über ein Jahr später konnte er wieder ein Bundesligaspiel bestreiten. Der Heilungsprozess verlief aber so gut, dass er in die südafrikanische Nationalmannschaft berufen wurde und an der Weltmeisterschaft 1998 teilnahm.

4.5/21 Klammern zur Fixierung der Kniescheibe
1997
Metall; je L 7 cm
Delron Buckley, Bochum

4.5/22 Behälter für Vereisungsmaterial
Igloo, Little Playmate
Kunststoff; 29 x 28 x 21 cm
Deutscher Fußball-Bund, Frankfurt/M.

Bei vielen Verletzungen, insbesondere Prellungen und Zerrungen, ist eine möglichst sofortige Behandlung mit Kälte entscheidend.

4.5/22

4.5/23 Transportables Reizstromgerät
Interferenzstromgerät nach Nemec, Schutzklasse II, Typ BF
Fresser instruments, Groß-Zimmern
Metall, Kunststoff;
9,5 x 28 x 18,5 cm
Deutscher Fußball-Bund, Frankfurt/M.

4.5/24 Kombiniertes Reizstrom- und Ultraschallgerät
IONOSON Physiomed, 1998
Metall, Kunststoff;
10 x 44 x 30 cm
Physiomed-Elektromedizin GmbH, Schnaittach/Laiperdorf

Reizstrom kommt in der Sporttherapie in der Prävention, der Behandlung nach Wettkämpfen und bei Verletzungen zur Anwendung. Seine Wirkung liegt in der Muskelstimulation oder -entspannung, der Schmerztherapie und Durchblutungsförderung. Ultraschall ruft im behandelten Gewebe einen schmerzdämpfenden und beweglichkeitsfördernden Effekt hervor und verbessert den Stoffwechsel.

4.5/25 Transportables Ultraschallgerät
impulsaphon-U, Dr. Born
Metall, Kunststoff;
14,5 x 47 x 26,5 cm
Deutscher Fußball-Bund, Frankfurt/M.

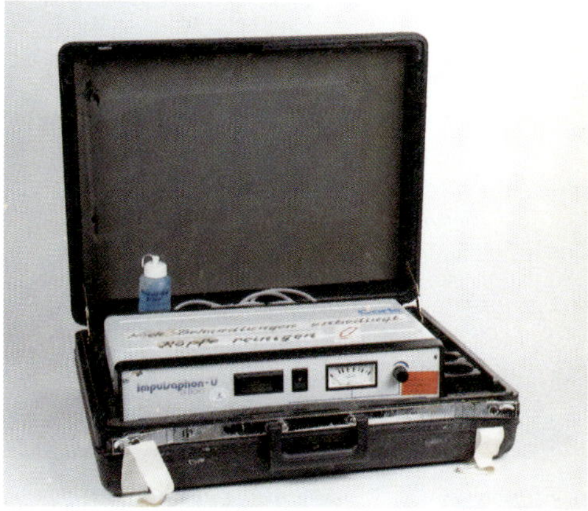

4.5/25

gehend davon abhielt, etwas zu trinken, ist heute die Zufuhr von ausreichend Flüssigkeit von zentraler Bedeutung. Hier, wie übrigens auch beim Training, ist es entscheidend, genügend Kohlenhydrate, Vitamine, Mineralien und Spurenelemente zuzuführen, und zwar schon in der Kabine. Dazu stehen spezielle Getränke zur Verfügung, im Falle der Nationalmannschaft vom zuständigen Internisten, Prof. Kindermann, zubereitet.

Geändert hat sich auch die Ernährung sowie das umfassende Gebiet der Leistungsdiagnostik. Bei der Weltmeisterschaft 1974 wurde der Leistungsstand der Spieler noch mit Hilfe eines Fahrrad-Ergometers bestimmt. Mittlerweile ist deutlich geworden, dass dies zwar eine gute Methode ist, um das Herz-Kreislaufsystem zu überprüfen, die sich aber für die Frage der Kondition weniger eignet, zumal auf dem Fahrrad Muskelgruppen beansprucht werden, die für das Fußballspiel keine große Bedeutung haben. Bei den inzwischen durchgeführten Laktattests wird den Spielern unmittelbar nach Sprints etwas Blut abgenommen, um über die Laktatwerte eine genauere Aussage über die Kondition treffen zu können. Gemessen werden auch die Harnstoff-Konzentrationen, die auf die Stoffwechselbeanspruchung des Körpers verweisen. Bei hohen Werten ist eine Belastungspause angezeigt, wie bei der Europameisterschaft in England, wo ausgehend von diesen Werten das Training zwischen den Spielen reduziert und vordringlich regenerative Maßnahmen ergriffen wurden.

Besonders eindrucksvoll sind die Fortschritte in der Orthopädie. Dazu gehören vor allem neue Operationstechniken wie die Arthroskopie, die bedeutend schonendere und wirkungsvollere Eingriffe erlaubt. Bis dahin musste bei Meniskusschäden das Knie durch einen großen Schnitt geöffnet werden, was allein schon einen Krankenhausaufenthalt von acht bis zehn Tagen erforderte. Danach erfolgte die mühsame Mobilisierung, die wegen der großen Narbe sehr schmerzhaft war, und es dauerte Monate, bis ein Verletzter wieder spielen

4.5/26 Arthroskopische Aufnahmen von Kniegelenkoperationen
Dr. Johannes Löhnert, Gelsenkirchen-Buer, 1998
Filmaufnahmen, 10 min.
Dr. Johannes Löhnert, Gelsenkirchen-Buer

Die Arthroskopie gehört zur minimalinvasiven Chirurgie, die mit sehr kleinen Schnitten auskommt und es bei Sportverletzungen ermöglicht, unmittelbar nach dem Eingriff mit der Rehabilitation zu beginnen. Seit Anfang der achtziger Jahre hat Dr. Löhnert im Sankt Marien-Hospital Buer bei arthroskopischen Kniegelenksoperationen Filmaufnahmen angefertigt. Sie sind für die Dokumentation und spätere Verlaufskontrollen bestimmt, falls ein neuerlicher Eingriff am selben Gelenk erforderlich wird.

4.5/27 Behandlungskoffer des Physiotherapeuten Klaus Eder
Fournier Pharma GmbH, 2000
Kunststoff; 12,5 x 47 x 38 cm
Klaus Eder, Donaustauf

Klaus Eder ist seit 1988 bei der Nationalmannschaft im Einsatz und gilt als einer der führenden Physiotherapeuten in Deutschland.

4.5/28 Multigelenk-Therapiestation IsoMed 2000
Hemau, 2000
Metall, Kunststoff; 180 x 250 x 200 cm
Fa. D. & R. Ferstl GmbH, Hemau

Neben der quantitativen Bewertung von Kraft, Ausdauer und Flexibilität ermöglicht dieses Gerät auch eine Messung der Bewegungsqualität und eine differenzierte Definition der neuromuskulären Anforderungen, welche die inter- und intramuskuläre Koordination stets neu verlangen. Durch vergleichbare Testbedingungen können Therapie- und Trainingsfortschritte dokumentiert und neue Behandlungsinhalte koordiniert werden.

4.5/29 Schulterblattfixator der Geräteserie "präven-tion-line"
Norsk-MPTT GmbH, Erftstadt, 1999
Metall, Kunststoff; 130 x 90 x 118 cm
Original Norsk, Erftstadt-Lechenich

4.5/30 Proprio-Swing-System 202
1999
Metall, Kunststoff, 140 x 110 x 80 cm
Original Norsk, Erftstadt-Lechenich

Diese freischwingende Platte, die über Stahlfedern an einem Gestell aufgehängt ist, wird in Reha-Einrichtungen genutzt. Durch das schnelle Ausgleichen der Schaukelbewegung werden die Muskulatur und die Bewegungsabläufe trainiert.

4.5/31 Sammelbecher für eine Urinprobe
Versapak, Kent, 1999
Kunststoff; 11 x 10,5 x 7 cm
Deutscher Fußball-Bund, Frankfurt/M.

konnte. Ähnlich verhielt es sich bei Verletzungen anderer Gelenke oder der Bänder. Auch hier werden heute mikrochirurgische Verfahren eingesetzt und vor allem eine bedeutend frühere Mobilisierung eingeleitet. Das hängt einerseits mit den neuen Operationstechniken zusammen, andererseits hat auch ein Umdenken eingesetzt: An die Stelle langer Schonung und allmählicher Belastung tritt heute das Bemühen, mit Bewegung und Belastung möglichst bald wieder zu beginnen, schon um den unvermeidlichen Rückgang der Muskulatur möglichst gering zu halten. Das gilt übrigens nicht nur für Fußballer und andere Leistungssportler. Die neuen Verfahren bei Operationen und Nachbehandlungen haben sich vielmehr allgemein durchgesetzt und große Vorteile gebracht. Auch die Diagnosemöglichkeiten sind besser und schonender geworden. So gaben und geben Röntgenbilder nur sehr bedingt Auskunft über Verletzungen der Bänder, Menisken und anderer Weichteile, sodass Operationen manchmal nur zu diagnostischen Zwecken durchgeführt werden mussten. Heute stehen dafür die Computer- und Kernspin-Tomografie, Ultraschall, Szintigramme usw. zur Verfügung, die manchen Eingriff ersparen und andere gezielter vornehmen lassen.

Auch die Rehabilitation ist bei Leistungssportlern fraglos intensiver und wirksamer geworden und hat den Genesungszeitraum weiter verkürzt. Zum einen sind Profifußballer heute so gut trainiert, dass sie Verletzungen und Operationen besser verkraften können. Zum anderen aber wird in ihrem Fall ein erheblicher finanzieller, persönlicher und apparativer Aufwand betrieben. Von der Erfahrung und dem Können der Physiotherapeuten hängt die gezielte Rehabilitation entscheidend ab. Hier ist auch, wie prinzipiell beim Aufbautraining, die Versuchung für Leistungssportler am größten, Dopingmittel einzusetzen. Im deutschen Fußball sind derartige Fälle bisher nicht

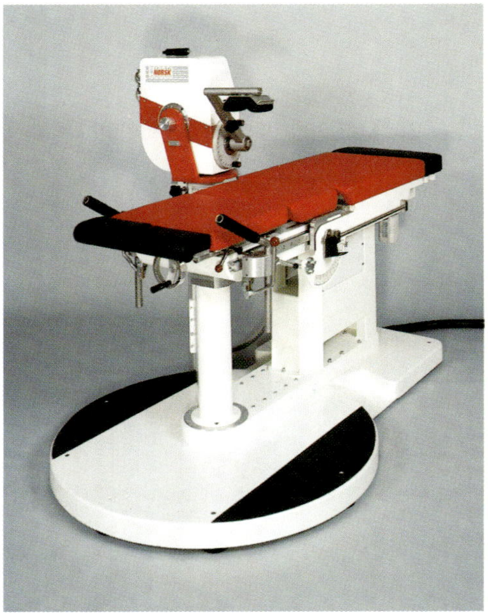

4.5/28

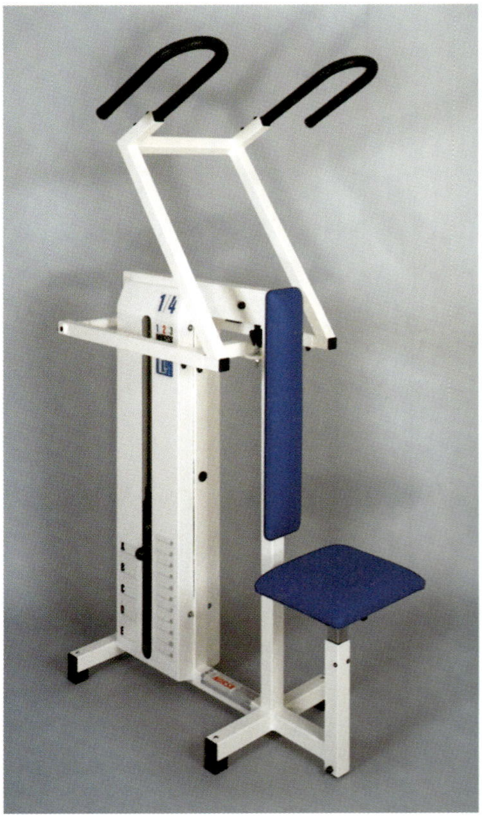

4.5/29

4.5/32 Doping Control Kit
Versapak, Kent, 1999
Kunststoff; 35 x 28 x 13 cm
Deutscher Fußball-Bund, Frankfurt/M.

Um Manipulationen auszuschließen, wird die Urinprobe in zwei getrennten und versiegelten Bechern zum Labor geschickt.

4.5/33 Urinanalyse-Geräte
Dr. Hans Geyer, Köln, 2000
Glas, Kunststoff, Urin, Äther
Manfred Donike-Gesellschaft e.V., Köln

Die Probe wird gereinigt und konzentriert durch flüssig-flüssig-Extraktion mit einem organischen Lösungsmittel. Nach diesem Prozess werden von der verbliebenen Menge von 100 Mikrolitern zwei Mikroliter mit Hilfe der Gaschromatografie in Verbindung mit der Massenspektrometrie analysiert.

4.5/34 DFB-Formulare zur Dopingkontrolle
Deutscher Fußball-Bund, Frankfurt/M., 2000
Papier; je 29,7 x 21 cm
Deutscher Fußball-Bund, Frankfurt/M.

4.5/35 6-er-Pack Kronen Pils
Kronenbrauerei, Dortmund, 2000
Bier, Glas, Karton, Metall; je 0,33 l
Privatbesitz

Die für eine Dopinganalyse ausgelosten Spieler haben häufig im Spiel zu viel Flüssigkeit verloren, um die nötige Menge Urin abzuliefern. Deshalb stehen Getränke bereit, zu denen auch Bier gehören kann.

bekannt geworden und in Zukunft wohl auch nicht zu erwarten, da der DFB im September 1999 beschlossen hat, in den Lizenzligen Dopingkontrollen auch während des Trainings vorzunehmen. Seit längerem werden solche Kontrollen nach Spielen durchgeführt. Hierbei geht es wesentlich um aufputschende Substanzen, die die Leistungsfähigkeit kurzfristig erhöhen sollen. In seinem Buch "Anpfiff" hatte Toni Schumacher öffentlich zugegeben, ein Aufputschmittel genommen zu haben. Der Fall sorgte in der Presse für einigen Wirbel, hatte aber keine direkten Konsequenzen. Drei Fußballer sind bis heute positiv getestet und zwei von ihnen verurteilt worden, allerdings wegen eher "harmloser" Substanzen, zudem in geringen Mengen.

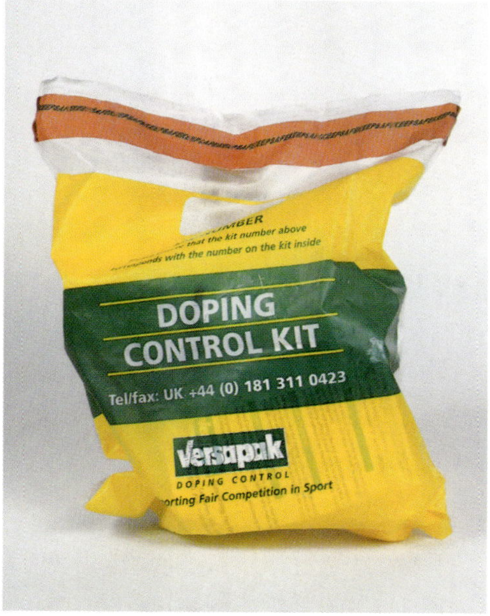

4.5/32

Dieser insgesamt erfreuliche Befund spricht natürlich für die Vernunft der Fußballer. Ihre Einsicht wird möglicherweise gefördert durch die Tatsache, dass es für die unterschiedlichen Anforderungen, die speziell an Fußballer gestellt werden, ohnehin keine sinnvollen Dopingmittel gibt: Aufputschmittel zur einmaligen Verausgabung sind kontraproduktiv, weil die Spieler Woche für Woche, oft auch noch zwischendurch, Höchstleistungen erbringen müssen. Ein zu starker Aufbau der Muskulatur wiederum kann auf Kosten der Technik und des Ballgefühls gehen, zumal Fußballer – im Gegensatz etwa zu Kraftsportlern oder Langläufern – nahezu alle Muskelgruppen brauchen und beanspruchen. Auf dem Platz muss ein Spieler bei kurzen Sprints ebenso wie bei der über die gesamte Spielzeit anfallenden Beanspruchung optimal leistungsfähig sein, und die Muskeln müssen daher sowohl für kurzzeitige wie für dauerhafte Belastungen aufgebaut werden. Hier hat die Natur jedoch enge Grenzen gesetzt: Während es gut möglich ist, eine Muskelgruppe auf Kosten der anderen aufzubauen, besteht nur wenig Spielraum, beide gleichzeitig zu vermehren. Die Fortschritte auf dem weiten Gebiet der Sportmedizin haben also nicht nur zu einer deutlichen Leistungssteigerung bei den Spielern geführt, sondern auch möglich gemacht, dass ein Spieler wie Lothar Matthäus mit fast vierzig Jahren noch in der internationalen Spitze mitspielen kann. Von den zahlreichen Verletzungen, die er in dieser Zeit erlitt, waren mehrere so schwer, dass sie vor zwei bis drei Jahrzehnten das Ende seiner Karriere bedeutet hätten.

Franz-Josef Brüggemeier/ Axel Heimsoth

4.6/1

4.6/2

THE

British Ladies' Football Club.

President—LADY FLORENCE DIXIE.

THE FIRST LADIES'

FOOTBALL MATCH

(NORTH v. SOUTH)

WILL BE PLAYED ON

Saturday, 23rd March, 1895,

UPON THE

CROUCH END ATHLETIC GROUND,

NIGHTINGALE LANE, HORNSEY.

KICK OFF 4.30.

The Ladies' Match will be preceded by

CROUCH END v. 3rd GRENADIER GUARDS,

KICK OFF 3 O'CLOCK.

Admission (including both Matches) 1s.

Covered Stand, 1s. extra.

Frequent Trains from Moorgate Street, Broad Street, King's Cross, and intermediate stations to Hornsey.

Ladies desirous of joining the above Club should apply to Miss Nettie J. Honeyball, "Ellesmere," 27, Weston Park, Crouch End, N.

Footballs by COOK. Caps by A. E. RAISIN, of Stroud Green Road.

W. & W. J. Mizen, Printers, 13, Stroud Green Road, N.

4.6/3

4.6/3 Ankündigung eines Frauen-Fußballspiels am 23.3.1895
W. & W. J. Mizen, 1895
Karton; 41,1 x 28 x 1 cm
The Football Museum, Preston

1895 fand die erste offizielle Begegnung der Auswahlmannschaften England-Nord gegen -Süd vor 10.000 zahlenden Zuschauern statt. Die Berichte in der Presse konzentrierten sich vor allem auf die Kleidungsfrage.

4.6/2 Frauen-Fußballkleidung
England, um 1890
The Football Museum, Preston; W2, W3
a) Mütze
Textil; H 4 cm, D 19 cm
b) Mütze mit Quaste
Textil; H 4 cm, D 18 cm
c) Gürtel
Textil; 4,5 x 77 cm
d) Socken
Textil; 6,3 x 15,5 x 3 cm
e) 1533 Fußballschuhe für Damen
Leder; je 18,2 x 25 x 7,5 cm

Der Frauenfußball hatte im viktorianischen England mit scharfen Anfeindungen zu kämpfen. Besonders die Bekleidung mit weiten Pluderhosen stieß auf Ablehnung, durften sich Frauen entsprechend der engen Moralvorstellungen in der Öffentlichkeit doch sonst nur mit bodenlangen Röcken oder Kleidern zeigen. Zugleich zog der Frauenfußball gerade wegen dieser Kleidung viele Zuschauer an.

4.6/1 Nettie Honeyball, erster Star des Frauenfußballs
England, um 1890
Foto; 40 x 28 cm
The Football Museum, Preston; W8

1894 gründete Nettie Honeyball die "British Ladies", den ersten Fußballclub für Frauen, und wurde bald zur bekanntesten Spielerin Englands.

Fußball, weiblich

Seit über einem Jahrhundert wird in Europa moderner Fußball gespielt – von Männern und von Frauen. Doch lange Zeit hat die Männergesellschaft die Handlungsspielräume der Frauen diktiert. Duldung, Nichtbeachtung und Verbote kennzeichnen die Geschichte des Frauenfußballs bis in die siebziger Jahre hinein. Erst seit knapp dreißig Jahren dürfen Frauen auch im weltweit größten Sportverband, dem Deutschen Fußball-Bund, organisiert Fußball spielen. Doch trotz der einmaligen Erfolgsgeschichte der deutschen Nationalmannschaft im Frauenfußball – viermal Europameister und einmal Vize-Weltmeister – ist Frauenfußball auch heute noch für viele ein "reizendes" Thema. Die Anfänge des Frauenfußballs liegen im Heimatland des Fußballs, in England. Hier entwickelten sich Ende des 19. Jahrhunderts parallel zu den Fußballclubs der Männer auch die ersten Frauenmannschaften. 1894 gründete Nettie Honeyball aus London die erste englische Frauenfußball-Mannschaft mit dem Namen "British Ladies". Ein Jahr später fand das erste "Ladies Football Match" vor 10.000 zahlenden Zuschauern statt. Die Berichterstattung über die damals unerhörte Veranstaltung konzentrierte sich weniger auf den sportlichen Aspekt als vielmehr auf die ungebührliche Kleidung der Spielerinnen.

Entgegen der strengen viktorianischen Moralvorstellungen, dass Frauen sich in der

4.6/4 Collage aus einem Fußball-Andenkenalbum
England, um 1890
Karton; 27,8 x 37,7 cm
The Football Museum, Preston; W10

4.6/5 Englische Damen beim Fußball
Illustrirte Chronik der Zeit, 1890
Holzstich; 30 x 22 cm
adidas Sportmuseum, Herzogenaurach

4.6/6 Damen als Fußball-Spielerinnen
Ewald Thiel, Deutschland, 1895
Lithografie; 41 x 28 cm
Deutsches Sport- und Olympiamuseum Köln; 90/98

Die Lithografie von Ewald Thiel zeigte 1895 ein realistisches Bild eines Frauenfußballspiels. In Deutschland dürfte sie für einiges Aufsehen gesorgt haben, galt hier doch bei vielen das Fußballspiel allgemein als kulturlos, unschicklich und für Frauen unvorstellbar.

4.6/7 Darstellungen von Fußballspielerinnen
England, um 1900
The Football Museum, Preston; W1, W6b, W6c, W12
a) Figur einer Fußballspielerin
Gips; 35 x 10 x 13 cm
b) Drei Postkarten
Karton; je 14 x 9 cm

Bilder von Fußballspielerinnen stellten nicht den sportlichen Aspekt in der Vordergrund, sondern spielten oft mit den Vorstellungen von Frauen als Verführerinnen. So wurden die Frauen oft in extrem knappen Shorts und mit betont langen Beinen gezeigt.

4.6/8 "Ein Damenfußballspiel am Abend bei elektrischem Licht in England"
E.C. Turner, Illustrirte Zeitung Nr. 4123, 1924
Druck, Papier; 27,5 x 38,5 cm
Deutsches Sport- und Olympiamuseum Köln; 92/1514

Dass Frauenfußball-Veranstaltungen oft vor allem Showcharakter besaßen, zeigt diese Grafik aus den zwanziger Jahren. Die Beleuchtung des Spielfelds mit elektrischem Licht galt als Sensation, die eine amüsante Abendveranstaltung versprach.

4.6/4

4.6/6

Öffentlichkeit nur mit bodenlangen Röcken zeigen durften, trugen die Fußballerinnen beim Spiel kurze Pumphosen. Ähnlich wie die für Frauenrechte kämpfenden Radfahrerinnen sorgten sie damit für Aufsehen und Proteste. 1902 verbot die Football Association ihren Mitgliedsvereinen, Spiele gegen "Lady Teams" auszutragen.

Im Zuge des Ersten Weltkriegs gewann das Fußballspiel in England, Deutschland und Frankreich an Popularität. In allen Ländern arbeiteten viele Frauen angesichts des Mangels an männlichen Arbeitskräften in den Rüstungsfabriken und eroberten sich für kurze Zeit wesentliche Teile des gesellschaftlichen Lebens, die bis dahin fast ausschließlich den Männern vorbehalten waren, in England auch den Fußball. Im Umfeld der großen Industriebetriebe entstanden dort zahlreiche Frauenfußball-Mannschaften. Fabrikbesitzer und Unternehmer hatten diese Mannschaften oftmals unterstützt und dafür gesorgt, dass sie auf Plätzen von Vereinen der Football League trainieren und spielen konnten.

Dabei besaßen die Spielbegegnungen einen hohen Show-Charakter. Frauen spielten gegen Männermannschaften und in Mixed Teams, in Theaterkostümen oder, als besondere Attraktion der Nachkriegszeit, nachts bei elektrischer Beleuchtung. Vor großem Publikum erspielten sie hohe Erlöse, die für wohltätige Zwecke gespendet wurden. Zu den erfolgreichsten Frauenteams gehörten "Dick Kerr's Ladies", eine

4.6/9 Bildbericht vom Frauenfußball-Länderspiel England – Frankreich 1925
Deutsche Fußball-Zeitung Nr. 21, 1925
Papier; 30 x 22 cm
Sepp-Herberger-Stiftung, Frankfurt/M.

Die Fußball-Fachpresse nahm eines der letzten Spiele einer Frauenmannschaft aus England zwar zur Kenntnis, begnügte sich aber mit einer Auswahl unvorteilhafter Bilder und hämischer Kommentare. Die Zielrichtung war deutlich: Frauen gehören zu Kindern und Küche, nicht aber auf den Fußballplatz.

4.6/10 Zeitschriftenartikel zum Frauenfußball
Das Illustrierte Blatt, 1930
Karton, Papier; 38 x 28 cm
Stadt- und Universitätsbibliothek Frankfurt am Main; Zsf 38

Erst 1930 gründete sich die erste Frauenfußball-Mannschaft in Deutschland. Die gesellschaftlichen Rollenvorstellungen umfassten nun auch das "Sportgirl" mit Kurzhaarfrisur und Sportarten wie Tennis oder Skilaufen. Der Fußball blieb allerdings eine reine Männerdomäne. So galten die Frankfurter Fußballerinnen weithin als "Mannsweiber" oder "Emanzen". Der öffentliche Druck gegen die Spielerinnen wurde schließlich so stark, dass die Mannschaft sich innerhalb eines Jahres wieder auflöste.

4.6/11 Neujahrsspiel Berliner Fußballfrauen
Schirner, Berlin, 1.1.1953
Foto; 18 x 24 cm
Deutsches Historisches Museum Berlin, Bildarchiv, Sammlung Schirner; 3187718

Anfang der fünfziger Jahre zeigten sich erste Anfänge des Frauenfußballs in der Bundesrepublik. So fanden sich in Berlin traditionell die Gattinnen der Fußballer zu einem Neujahrsspiel zusammen. Die Kommentare der Presse waren einhellig: "Die Zuschauer amüsierten sich köstlich".

4.6/12 Fred J. J. Buytendijk: Das Fußballspiel. Eine psychologische Studie
Würzburg 1953
Karton, Papier; 19,8 x 11, 8 cm
Sepp-Herberger-Stiftung, Frankfurt/M.

Mitte der fünfziger Jahre wurde die Frage des Frauenfußballs in Fachkreisen diskutiert. Die zentralen Argumente lieferte dabei die Arbeit des holländischen Psychologen Fred Buytendijk, der behauptete, Frauen seien von Natur aus nicht zum Fußballspielen geeignet. Fußballspielen sei im wesentlichen eine Demonstration der Männlichkeit, das Treten und damit auch das Fußballspiel seien den Frauen dagegen wesensfremd. Diese stereotypen Rollenzuweisungen dienten bis in die siebziger Jahre als Rechtfertigung für die Ablehnung des Frauenfußballs.

4.6/13 DFB-Beschluss zum Verbot des Frauenfußballs
Frankfurt/M., 1955
Papier; 30 x 21 cm
Deutscher Fußball-Bund, Frankfurt/M.

Auf seinem Bundestag am 30. Juni 1955 beschloss der DFB ein Verbot des Frauenfußballs. Vorangegangen waren Diskussionen über Schauveranstaltungen mit Fußball spielenden Frauen, die in den Augen der Verbandsfunktionäre auf einer Ebene mit zwielichtigen Damen-Ringkämpfen standen. Außerdem sei Frauenfußball aus sportmedizinischer Sicht bedenklich. Das deutlich sportliche und zum Teil auch emanzipatorische Interesse der Fußballerinnen erkannte der DFB nicht an, sondern beharrte auf seinen althergebrachten Rollenvorstellungen.

4.6/10

4.6/11

1917 von Arbeiterinnen der Kerr's Munitionswerke in Preston gegründete Mannschaft. Sie bestand nach dem Krieg fort, absolvierte in den zwanziger Jahren 30 Begegnungen und stieg mit Spielen gegen Schottland, Frankreich und Amerika zur inoffiziellen Frauen-Nationalmannschaft Englands auf.

Das Frauenfußball-Fieber erreichte 1921 seinen Höhepunkt. Die englischen Fußballfrauen hatten sich in rund 150 Vereinen organisiert und schlossen sich nun in der "English Ladies' Football Association" zusammen. Die "Dick Kerr's Ladies" bestritten in Preston das erste Frauenfußball-Länderspiel gegen "Femina Paris". Im selben Jahr begann jedoch der schnelle Abstieg des organisierten Frauenfußballs in England. Wesentliche Faktoren für den

4.6/14 "Müssen Frauen Fußball spielen?"
Albert Zapp, in: WFV-Sport Nr. 11, 1957
Papier; 31,5 x 24 cm
Westdeutscher Fußball-Verband, Duisburg

Der Mediziner Albert Zapp übertrug die Ergebnisse psychologischer und gynäkologischer Studien über die Schädlichkeit von Leistungssport für Frauen auf das Fußballspiel. Mit Hinweisen auf "gefühlsmäßige Grenzen" für den Frauensport und das Naturgesetz der Geschlechter, das einen Sport wie Fußball für die Frauen nicht vorsehe, lehnte er den Frauenfußball ab. Ein Cartoon brachte Zapps Ausführungen auf den Punkt: "Damenfußball" als Zirkusveranstaltung ähnlich den Frauen-Ringkämpfen; der eigentliche Platz der Frauen – mit der Familie auf der Tribüne statt auf dem Spielfeld.

4.6/15 Frauenfußball in den fünfziger Jahren

a) Hamburger Frauenfußball-Mannschaft beim ersten Training
Schirner, Berlin, 1955
Foto; 18 x 24 cm
Deutsches Historisches Museum Berlin, Bildarchiv, Sammlung Schirner; 40884/2

b) Inoffizielle Frauenfußball-Europameisterschaft in Berlin
Schirner, Berlin, 1957
Deutsches Historisches Museum Berlin, Bildarchiv, Sammlung Schirner; 53483/23

c) Programmheft zum Damenfußballspiel Deutschland – Niederlande in Stuttgart
Stuttgart, 20.4.1958
Papier; 21 x 15 cm
Dr. Othmar Hermann, Frankfurt/M.

Trotz des Verbots gründeten sich abseits des Deutschen Fußball-Bunds Mitte der fünfziger Jahre mehrere Frauenfußball-Mannschaften. Trotz massiver Einflussnahme des DFB konnten erste internationale Spielbegegnungen wie das als Europameisterschaft deklarierte Länderturnier zwischen Deutschland, den Niederlanden, England und Österreich im Berliner Poststadion 1957 oder das Länderspiel Deutschland – Niederlande 1958 im Stuttgarter Neckarstadion stattfinden. Die Berliner Spiele endeten jedoch in einem Desaster: Die Zuschauer blieben aus, die Veranstalter mussten sich wegen finanzieller Unregelmäßigkeiten vor der Justiz verantworten.

4.6/16 Schreiben der FIFA an den DFB in Sachen Frauenfußball
Zürich, 24.12.1964
Papier; 29,7 x 21 cm
Hannelore Ratzeburg, Hamburg

Mitte der sechziger Jahre sondierte die FIFA die Lage des Frauenfußballs bei den Mitgliedsverbänden. In einem Antwortschreiben dankte der Generalsekretär H. Käser seinem Amtskollegen beim DFB, Hans Passlack, für die Information, dass der DFB wegen ärztlicher Gutachten über die Schäden des Fußballspiels für den weiblichen Organismus den Frauenfußball verboten habe.

4.6/17 Bildreportage zum Frauenfußball
Westfälische Rundschau, Dortmund, 16.4.1970
Papier; 50 x 40 cm
Hannelore Ratzeburg, Hamburg

Im Frühjahr 1970 rückte die Frage des Frauenfußballs ins Zentrum des öffentlichen Interesses. So widmete die Westfälische Rundschau dem "Damenfußball" eine große Reportage. Bildauswahl und Kommentar sprechen eine deutliche Sprache: Ungelenk erscheinenden Fußballszenen wurde das Foto einer graziösen Turnerin auf dem Schwebebalken gegenübergestellt. "Der Damenfußball wird im Zirkus münden", lautete der abschließende Kommentar.

DDFV

Stuttgarter Neckarstadion
Sonntag den 20. April 1958 nachmittags 15.30 Uhr

Internationales Damenfußballspiel

Deutschland – Holland

Stehend: Nibbrig, Kleinhans, Rinscheid, Droste, Pieper, Kwast. Kniend: Mahron, Zawitzki, Gunther, Eisleben, Hennig

Holland

Vetter
Faber Boon
2 x 35 Minuten
Vergne Ostrum Stuffikens
Riethoven Hattum Hoen Langerack Hoboken
Schiedsrichter:
Hans Osswald
München
Nibbrig Marohn Faul Erdmann Kleinhans
Rinscheid Härtlen Droste
Zawitzki Eisleben
Kwast

Deutschland

4.6/15c

Aufstieg des Frauenfußballs wie Erwerbstätigkeit in großen Betrieben, Förderung durch Unternehmer, ausreichende Kapazitäten für den Spielbetrieb und vor allem der karitative Zweck der Spielbegegnungen verloren an Bedeutung, das Zuschauerinteresse sank. Gleichzeitig polarisierte sich die öffentliche Meinung; die kritischen Stimmen gegen das Thema Frauenfußball mehrten sich. Angesichts zahlreicher Gerüchte über Unregelmäßigkeiten bei der Abrechnung der Eintrittsgelder und über hohe Geldzahlungen an die Spielerinnen distanzierte sich die Football Association zunehmend vom Frauenfußball. Ohne Zustimmung des Verbands durften keine Spiele mehr auf dem Gelände von Mitgliedsvereinen stattfinden, und die Vereine mussten die Verantwortung für die korrekte Abrechnung der Einnahmen übernehmen. Kurz nach Erlass dieser bürokratischen Hürden ging der Fußball-Verband der Männer einen Schritt weiter. Er erklärte Ende 1921 das Spiel als ungeeignet für Frauen und untersagte den Mitgliedsvereinen jegliche Unterstützung. Das kam faktisch einem Verbot gleich. Die Spielräume für die Frauenfußball-Vereine waren dahin, der einstmals so populäre Frauenfußball verkümmerte.

Ähnlich wie in England hatte auch in Deutschland der Krieg den Frauen Zugang zu weiten Bereichen des öffentlichen Lebens eröffnet, die vorher Männern vorbehalten waren. Neben das traditionelle Frauenbild trat nun der Typ der selbstbewussten sport-

4.6/18a

4.6/ 18 Erste inoffizielle Frauenfußball-Weltmeisterschaft in Turin
a) Spielszene
Schirner, Berlin, 6.7.1970
Foto; 18 x 24 cm
Deutsches Historisches Museum Berlin, Bildarchiv, Sammlung Schirner; 53483123
b) Erinnerungsheft
SC Bad Neuenahr, 1971
Papier; 29,7 x 21 cm
Hannelore Ratzeburg, Hamburg

Im Sommer 1970 veranstaltete der italienische Getränkehersteller Martini & Rossi in Turin das erste inoffizielle Weltmeisterschaftsturnier der Frauen. In Ermangelung einer deutschen Nationalmannschaft – noch war der Frauenfußball vom DFB offiziell untersagt – vertrat eine Auswahl des SC Bad Neuenahr als Stadtmannschaft Deutschland. Mit Niederlagen gegen den späteren Weltmeister Dänemark und Vizeweltmeister Italien schieden die Deutschen zwar aus, sorgten aber für ein enormes Medienecho. Die Frage des Frauenfußballs in Deutschland wurde wieder akut.

4.6/19 Schreiben eines Fußball-Fans an den DFB
Aachen, 1970
Papier; 29,7 x 21 cm
Hannelore Ratzeburg, Hamburg

In der Debatte um die Zulassung des Frauenfußballs wandten sich auch etliche Gegner direkt an den DFB. Ein Fußball-Fan aus Aachen appellierte an die Verantwortlichen, dass "so etwas" keine Werbung für den Fußballsport sein könne und das Votum in der Frage des Frauenfußballs entsprechend ausfallen müsse.

4.6/20 Vorschläge für Regeländerungen für den Damenfußball
22.7.1970
Papier; 29,7 x 21 cm
Hannelore Ratzeburg, Hamburg

Angesichts der Verhandlungen über den Frauenfußball wandten sich Trainer und Sportwarte mit Vorschlägen für spezielle Änderungen der bisher bestehenden Regeln an den DFB. Ein Kreislehrwart aus Alsfeld hatte dabei vor allem den Körperbau der Frauen im Auge und bemühte das klassische Bild von zarten, schwachen Frauen. So sollte ein Verlassen des Spielfelds nicht angezeigt werden müssen aus Rücksicht auf das Schamgefühl der Frauen, die jederzeit von "irgendwelchen körperlichen Behinderungen" heimgesucht werden könnten. Problematisch sei auch die Frage des Abseits: War bei Frauen mit unterschiedlich großer Oberweite Abseits auf gleicher Höhe gegeben oder nicht?

4.6/21 Rundschreiben des DFB an die Mitgliedsverbände
Frankfurt/M., 14.10.1970
Papier; 29,7 x 21 cm
Deutscher Fußball-Bund, Frankfurt/M.

Wenige Tage vor der Entscheidung über die Zulassung des Frauenfußballs wandte sich der DFB an Mitgliedsverbände mit – offiziell untersagten – Frauenfußball-Mannschaften und bat, bei der Aufstellung von Regeln für den Frauenfußball zu helfen. Die vorgeschlagenen Grundsätze wurden im wesentlichen bei der Zulassung des Frauenfußballs am 30.10.1970 übernommen.

4.6/22 DFB-Beschluss über die Zulassung des Frauenfußballs
Frankfurt/M., 1970
Deutscher Fußball-Bund, Frankfurt/M.

Auf seinem Bundestag am 30.10. 1970 in Travemünde stellte sich der Deutsche Fußball-Bund den Entwicklungen des Frauenfußballs in Deutschland. Er ließ offiziell den Betrieb von Frauenabteilungen und -mannschaften zu und berief Gremien für die Organisation des Spielbetriebs ein.

4.6/23 Bericht der UEFA über Frauenfußball in den Mitgliedsländern
UEFA Information Nr. 20, 18.10.1971
Papier; 29,7 x 21 cm
Hannelore Ratzeburg, Hamburg

1971 führte die UEFA eine Befragung ihrer Mitglieder nach dem Stand des Frauenfußballs in den Verbänden durch.
Da zwar in 22 Ländern Frauenfußball betrieben wurde, jedoch nur acht Verbände diesen Sport kontrollierten, empfahl der UEFA-Vizepräsident Barcs die Eingliederung des Frauenfußballs in die nationalen Verbände und forderte entsprechende Strukturen bei der UEFA und der FIFA.

4.6/24 Erster Spielerpass des Hessischen Fußball-Verbands für eine Fußballspielerin
Frankfurt/M., 15.1.1971
Karton; 15 x 10,5 cm
Renate Baum, Frankfurt/M.

Nach der Zulassung des Frauenfußballs durch den DFB gründeten sich in kürzester Zeit zahlreiche Frauenfußball-Mannschaften und Vereine. Die Spielerin Renate Baum wurde am 15. Januar 1971 als erste Fußballerin im Hessischen Fußball-Verband zugelassen.

4.6/25 Die Frauenfußball-Mannschaft Oberst Schiel
a) Ehrenpokal der Stadt Frankfurt
Frankfurt/M.
Metall; H. 32 cm, D. 20 cm
b) Spielankündigung
Frankfurt/M., 1976
Papier; 58 x 40 cm
Niederräder Schützengesellschaft, Frankfurt/M.

lichen Frau. Tennis, Leichtathletik, Skilaufen, Bergsteigen oder Motorsport waren nun die Modesportarten der jungen, modernen Frauen. Das als rauer Wettkampfsport geltende Fußballspiel fand im Deutschen Reich allerdings nur wenige Anhänger unter den Frauen. Hier dominierte die Vorstellung von der Leibesertüchtigung durch diszipliniertes Training, wie es von der Turner-Bewegung propagiert wurde. Als Ideale des Frauensports galten Anmut und Schönheit, die im Turnen und in der Gymnastik besonders zum Ausdruck kamen. So wurde erst 1930 in Frankfurt die erste Frauenfußball-Mannschaft gegründet, die sich jedoch auf vielfachen Protest gegen die als "Mannsweiber" diffamierten Spielerinnen schon nach einem Jahr wieder auflösen musste.

Kurz darauf drängte die Ideologie des Nationalsozialismus die Frauen noch weiter in althergebrachte Rollenmuster zurück. Gesundheit und Gebärfähigkeit beherrschten nun in der Propaganda das Bild der

Die Mannschaft Oberst Schiel war eine der ersten Frauenfußball-Mannschaften der Bundesrepublik. Sie entstand aus einem Kreis von Frauen des Schützenvereins "Oberst Schiel", die nach einem scherzhaften Fußballspiel Gefallen an dem Sport gefunden hatten und im Juni 1968 eine Mannschaft gründeten. 1974 wurden sie Frankfurter und Hessen-Meister, scheiterten aber in der ersten deutschen Meisterschaftsrunde gegen den späteren Meister TuS Wörrstadt.

4.6/ 26 Deutsche Frauenfußball-Meisterschaft 1974
a) Titelseite der Verbandszeitschrift WFV-Sport, 23.8.1974
Westdeutscher Fußball-Verband, Duisburg
b) Plakat zur Deutschen Frauenfußball-Meisterschaft 1974
Deutschland, 1974
Papier; 84 x 59,5 cm
Haus der Geschichte der Bundesrepublik Deutschland, Bonn; 1991/3/385
c) Plakat zur Endspielrunde um die erste deutsche Frauenfußball-Meisterschaft
Mainz, 1974
Papier; 83,5 x 59 cm
Anne Trabant, Ratingen

1974, im Jahr der Fußball-Weltmeisterschaft, wurde die erste Frauenfußball-Meisterschaft ausgespielt. Das Echo war jedoch eher negativ geprägt. Selbst der in dieser Frage als progressiv geltende Westdeutsche Fußballverband beschränkte sich in seinen Berichten weitgehend auf sarkastische Kommentare. Dem Teddybär-Maskottchen des Bonner SC wurde als vermeintlichem Beleg für "altgewohnte Weiblichkeit" dabei mehr Beachtung geschenkt als den sportlichen Aspekten.

deutschen Frau. Nach außen konnte sich das NS-Regime dem Frauensport aber nicht mehr verschließen. Aus propagandistischen Gründen wurde in der Leichathletik Leistungssport für Frauen nicht nur geduldet, sondern zum "nationalen Kampf" stilisiert. Der Fußballsport blieb den Frauen allerdings versagt.

Erst die allgemeine Fußball-Euphorie nach dem Gewinn der Fußball-Weltmeisterschaft 1954 bereitete dem Frauenfußball in Deutschland ein günstigeres Klima. Vorerst allerdings galt Frauenfußball weithin als Freizeitspaß. Besonders in Norddeutschland spielten Frauen zur Belustigung oder für wohltätige Zwecke an Neujahrstagen Fußball. Oft setzten sich die Mannschaften aus den Gattinnen ihrer in Sportvereinen organisierten Männer zusammen. 1955 reagierte der Deutsche Fußball-Bund auf die Gemengelage von Sport- und Spaßveranstaltungen mit strikter Ablehnung. Er verbot

4.6/27 "1:0. Sportzeitung für Damenfußball"
Kassel, 1979
Papier; 29,7 x 21 cm
Hannelore Ratzeburg, Hamburg

1979 erschien in Kassel die erste Zeitschrift für Frauenfußball, damals noch "Damenfußball" genannt. Damit schaffte sich der Frauenfußball ein eigenes publizistisches Forum, das die mangelnde Berichterstattung in den Medien auszugleichen versuchte. Nach nur wenigen Jahren wurde das Blatt jedoch wegen finanzieller Schwierigkeiten wieder eingestellt.

4.6/28 Plakat zum deutschen Pokal-Endspiel 1982
Deutschland, 1982
Papier; 83,5 x 59 cm
Anne Trabant, Ratingen

Zur Spielzeit 1980/81 vergab der Deutsche Fußball-Bund erstmals auch einen Vereinspokal der Frauen. Seitdem verwendete der DFB ein gemeinsames Plakat zur Ankündigung der Männer- und Frauen-Pokalendspiele. Bis heute erscheint das Spiel der Frauen allerdings als "Kleingedrucktes" auf dem Plakat.

4.6/29 Lederband mit Miniaturen deutscher Frauenfußball-Pokale
1981-1987
Metall, Leder; 1,5 x 26 x 4 cm
Tina Theune-Meyer, Frechen
a) DFB-Länderpokal Damen 1987
b) DFB-Vereinspokal Damen 1991
c) DFB-Länderpokal Damen 1981
d) DFB D.F.M. Damen 1987
e) DFB-Länderpokal Damen 1982

Die DFB-Pokale der Frauen – Länderpokal, Vereinspokal und Meisterpokal – wurden den Spielerinnen als Miniaturen übergeben, die sich als Schmuckanhänger für Ketten eignen.

1:0
Sportzeitung für Damen-Fußball

Aus dem Inhalt:
Reichelsheim in den USA
Niederbayern: Zehn Neue
Im fünften Anlauf: Titel für SC 07 Bad Neuenahr

Nr. 1 | 1. Jahrgang | Februar 1979

Schlierstadt entführte den Pokal
Acht Mannschaften beim Hallenturnier

Zu einer echten Werbung für den Damenfußball wurde das im Januar vom KSV Reichelsheim (Odenwald) durchgeführte dritte Hallenturnier. Nach ebenso spannenden wie leistungsmäßig überzeugenden Spielen holte sich der SV Schlierstadt den Wanderpokal der Gemeinde Reichelsheim.

Folgende acht Mannschaften nahmen am Turnier teil: Kickers Offenbach, SG „Oberst Schiel" Frankfurt-Niederrad, SV Schlierstadt, SV Hintermeilingen, 1. FC Kaiserslautern, VfR Wormatia Worms, SG Aschbach-Scharbach, und der Veranstalter KSV Reichelsheim.

Die Auslosung, die von der Beauftragten für Damenfußball des Kreises Erbach, Christa Hörr, vorgenommen wurde, führte bereits in den Gruppenspielen die Sieger der vorangegangenen Turniere, SG „Oberst Schiel" und KSV Reichelsheim, zusammen.

Vor dem Spiel um den dritten und vierten Platz standen sich die Mädchenmannschaften des KSV Reichelsheim und des VfR Wormatia Worms gegenüber. Die begeistert mitgehenden Zuschauer erlebten ein spannendes Spiel, das der Reichelsheimer Nachwuchs schließlich mit 2:1 nach Treffern von Uhrig und Daylan gewann.

Mit einem 2:0-Sieg des Veranstalters KSV Reichelsheim gegen den 1. FC Kaiserslautern endete das Spiel um den dritten Platz. Reichelsheim war dem 1. FCK spielerisch und konditionell überlegen.

Im Endspiel um den Turniersieg standen sich der SV Schlierstadt und der SV Hintermeilingen gegenüber. Zunächst sah es nach einem Erfolg für Hintermeilingen aus, doch der SV Schlierstadt verdaute den 0:1-Rückstand gut und knüpfte an die gezeigten guten Leistungen in den Gruppenspielen an. Beim Schlußpfiff stand es 3:1 für den SV Schlierstadt. Die Schlierstädter Damen wurden ein würdiger Turniersieger.

Fazit: Organisation war hervorragend, die Turnierleitung und die eingesetzten Schiedsrichter harmonierten gut und die teilnehmenden Mannschaften boten gute Leistungen. (Einzelergebnisse siehe Seite 4) Werner Meister

Einsatz, Tempo und gute Leistungen sahen die begeistert mitgehenden Zuschauer im Spiel zwischen dem KSV Reichelsheim und dem 1. FC Kaiserslautern im Kampf um den dritten und vierten Platz. Verdient gewann der KSV Reichelsheim mit 2:0. Auf unserem Bild v. l. Wilma Reis, Margit Fahrbach und Christa Hörr (Nr. 4).

Mut sollte belohnt werden
Von Hannelore Ratzeburg
Referentin für Damenfußball im Deutschen Fußball-Bund

Seit über acht Jahren spielen Frauen in der Bundesrepublik auch Fußball. Während dieser Jahre haben immer mehr Frauen und Mädchen festgestellt, daß Fußballspielen Spaß macht. Im Deutschen Fußball-Bund sind 333 675 fußballspielende und fußballbegeisterte Frauen und Mädchen organisiert. Einige von ihnen trainieren oder betreuen Mannschaften, leiten als Schiedsrichterinnen Spiele und setzen sich in Vereinen und Verbänden für ihren Sport ein. Diese Entwicklung wird von wenigen Männern unterstützt. Der Informationsaustausch über die Landesverbandsgrenzen hinaus war bisher leider sehr gering.

Durch „1:0" sehe ich eine gute Möglichkeit, nicht nur den Eingeweihten, sondern auch der Öffentlichkeit Berichte, Spielergebnisse und andere interessante Informationen aus unserem Sport nahezubringen. Aber ich hoffe nicht, daß „1:0" dazu führt, daß nur hier über Damenfußball berichtet wird, was eine Isolation unserer Sportart zur Folge haben könnte.

Ich halte es für sehr mutig, eine neue Zeitung herauszugeben mit dem Risiko, daß der Leserkreis zunächst klein bleibt. Der Mut sollte belohnt werden, indem Spielerinnen und andere am Damenfußball interessierte Mitarbeiterinnen und Mitarbeiter aus Vereinen und Verbänden die Zeitung durch Beiträge und Informationen mitgestalten und so auch zu „ihrer" Zeitung machen.

Allen Mitarbeiterinnen und Mitarbeitern von „1:0" und für „1:0" wünsche ich viel Erfolg und Spaß an der Arbeit, dem Damenfußball und der Öffentlichkeit eine interessante Sportzeitung.

4.6/27

4.6/29

4.6/32

4.6/35a

seinen Mitgliedsvereinen die Gründung von Frauenabteilungen und das Bereitstellen ihrer Sportplätze. Die gleichen Argumentationsmuster, die schon Ende des 19. Jahrhunderts vor allem von Seiten der deutschen Turnerschaft gegen das Fußballspiel allgemein ins Feld geführt worden waren, beherrschten nun die Diskussion um den Frauenfußball: "Unästhetische Bewegungsabläufe", hohe Verletzungsgefahr und unangemessene, weil "unweibliche Roheit" waren die Argumente der Gegner des Frauenfußballs.

Eine psychologische Studie des Niederländers Fred J. J. Buytendijk versuchte gar zu

4.6/30 Erster DFB-Damen-Länderpokalsieger 1981
Köln, 10.5.1981
Foto; 14,7 x 21,5 cm
Tina Theune-Meyer, Frechen

Zur Förderung des Frauennachwuchses richtete der DFB 1980 den Länderpokal für Auswahlmannschaften der Landesverbände ein. Den ersten DFB-Länderpokal gewann am 10. Mai 1981 die Mannschaft des Landesverbands Mittelrhein.

4.6/31 "Kicker"-Sonderheft zur Einführung der Fußball-Bundesliga der Frauen
Nürnberg, 1990
Papier; 31 x 22 cm
Hannelore Ratzeburg, Hamburg

Mit der Einführung der zweigleisigen Bundesliga wurden 1990 die Weichen für eine weitere Professionalisierung des Frauenfußballs gestellt, versprach die Liga doch einen geordneten Spielbetrieb, regelmäßige Werbeeinnahmen und eine größere Öffentlichkeitswirkung. Seit der Saison 1997/98 spielen auch die Frauen in einer eingleisigen Bundesliga.

4.6/32 Werbeplakat des DFB für Mädchen-Fußball
Frankfurt/M., 1984
Papier; 60 x 45 cm
Deutsches Sport- und Olympiamuseum Köln; 85/715

Mitte der achtziger Jahre setzte sich der DFB verstärkt für den Frauenfußball ein. So startete er 1984 eine Werbekampagne für den Nachwuchs im Frauenfußball.

4.6/33 Trainerin Tina Theune-Meyer
Tina Theune-Meyer, Frechen
a) Erster Ausweis des Deutschen Fußball-Bundes für einen "weiblichen Trainer"
Köln, 28.5.1976
Karton; 12 x 37 cm
b) Erster Ausweis des Deutschen Fußball-Bundes für eine Trainerin mit A-Lizenz
31.12.1984
Karton; 12 x 16 cm
c) Teilnehmer des DFB-Fußball-lehrer-Lehrgangs 1985
Köln, 1985
Foto; 14,7 x 21,5 cm
d) Fußballlehrer-Ausweis des Deutschen Fußball-Bundes
4.11.1985
Karton; 12 x 16 cm
e) Erstes Zeugnis für eine staatlich geprüfte Fußballlehrerin
1.10.1985
Karton; 29,7 x 21 cm

Die amtierende Nationaltrainerin Christina "Tina" Theune-Meyer kann auf eine beispiellose Karriere als Trainerin zurückblicken. Alle Stufen der Trainer-Ausbildung absolvierte sie als erste Frau in der Männerdomäne Fußball. Von den Schwierigkeiten der Männer, mit einer Trainerin umzugehen, zeugen die unterschiedlichen Benennungen des Amtes in ihren Ausweisen. Zusammen mit Trainer Gero Bisanz brachte Tina Theune-Meyer die Nationalmannschaft auf Erfolgskurs und errang viermal den Titel des Europameisters.

4.6/34 25 Jahre Frauenfußball im DFB
a) Abzeichen
Metall; 2,2 x 1,5 cm
Deutsches Sport- und Olympiamuseum Köln
b) T-Shirt
Hanes, 1995
Textil; 80 x 80 cm
Deutsches Sport- und Olympiamuseum Köln; 95/836
c) Kappe zu 25 Jahren Frauenfußball in Deutschland
H. 8, D.25 cm
Hannelore Ratzeburg, Hamburg

Unter dem Motto "Frauen-Fußball besser als man(n) denkt" feierte der DFB 1990 das 25-jährige Jubiläum des Frauenfußballs. Nach den extremen Vorbehalten der Anfangszeit hatte sich der Frauenfußball zur sportlichen Erfolgsgeschichte entwickelt, sodass der Verband mit einer Werbekampagne seinen größten Wachstumssektor unterstützte.

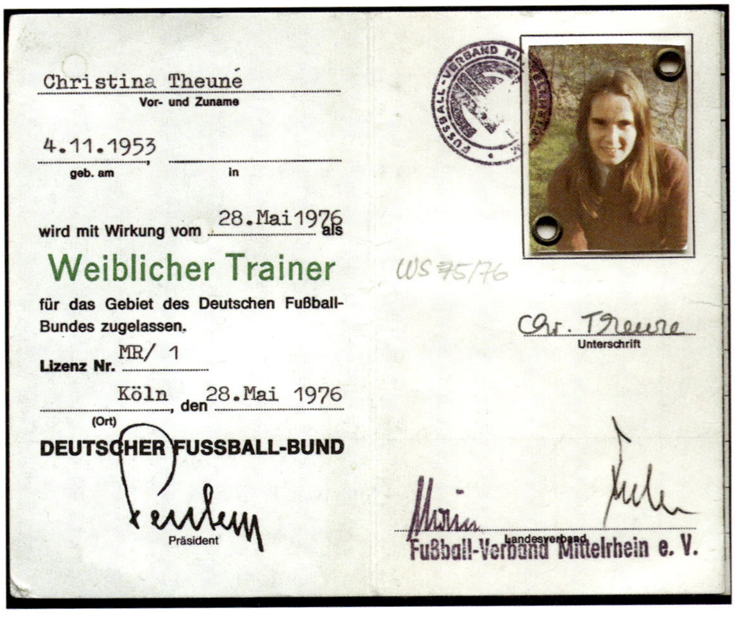
Christina Theuné
Vor- und Zuname
4.11.1953
geb. am in
wird mit Wirkung vom 28.Mai1976 als
Weiblicher Trainer
für das Gebiet des Deutschen Fußball-Bundes zugelassen.
Lizenz Nr. MR/ 1
Köln, den 28.Mai 1976
(Ort)
DEUTSCHER FUSSBALL-BUND
Präsident
Unterschrift
Landesverband
Fußball-Verband Mittelrhein e. V.

4.6/33a

4.6/35b

4.6/35 Länderspiele
a) Erstes Nationaltrikot der Frauenfußball-Nationalmannschaft
adidas, Deutschland, 1982
Baumwolle, Polyester;
68 x 142 cm
Anne Trabant, Ratingen
b) Programmheft zum ersten Fußball-Länderspiel der Frauen am 10.11.1982
1982
Papier; 30 x 25 cm
Hannelore Ratzeburg, Hamburg
c) Plakat zum Länderspiel Deutschland – Belgien 1983
1983
Papier; 70 x 45 cm
Hannelore Ratzeburg, Hamburg
d) Wimpel des DFB zum Länderspiel der Frauen Deutschland – Belgien am 5.3.1983
1983
Textil; 24,5 x 10,5 cm
Hannelore Ratzeburg, Hamburg

Wie bei den Männern, so fand auch bei den Frauen das erste Fußball-Länderspiel gegen die Schweiz statt. Der 5:1-Sieg bildete einen hoffnungsvollen Auftakt für die deutsche Nationalmannschaft. Das zweite Länderspiel gegen Belgien war zugleich das erste Qualifikationsspiel für die Europameisterschaft in Schweden 1984.

4.6/36 Europameisterschaften
a) Plakat zur Europameisterschaft 1989
Horst Schäfer, Saarbrücken, 1989
Papier; 60,9 x 43,3 cm
Deutsches Sport- und Olympiamuseum Köln; 91/967
b) Ball mit Autogrammen der Spielerinnen
adidas, 1989
Leder, Kunststoff; D 26 cm
Hannelore Ratzeburg, Hamburg
c) Erinnerungsalbum
Tina Theune-Meyer, Frechen, ab 1989
Karton, Papier, Fotos;
25 x 17,5 x 3,5 cm
Tina Theune-Meyer, Frechen
d) Porzellan-Service, Prämie des DFB für die Europameister 1989
Villeroy & Boch, 1989
Porzellan; siebenteilig
Doris Fitschen, Frankfurt am Main
e) Vier Goldmünzen im Etui, Prämie des DFB für den Europameister 1991
Leder, Kunststoff, Metall;
14 x 15 x 15 cm
Tina Theune-Meyer, Frechen
f) Ball der Europameisterschaft 1999 mit Autogrammen der Spielerinnen
adidas, 1999
Leder, Kunststoff; D 26 cm
Hannelore Ratzeburg, Hamburg

Bei der dritten Euopameisterschaft 1989 gelang der deutschen Mannschaft vor heimischem Publikum der Titelgewinn. Mit einem 4:1-Sieg gegen Norwegen vor 22.000 Zuschauern gelang dem Frauenfußball in Deutschland der endgültige Durchbruch. In den Jahren 1991, 1995 und 1997 errangen die deutschen Fußballfrauen ebenfalls den Titel.

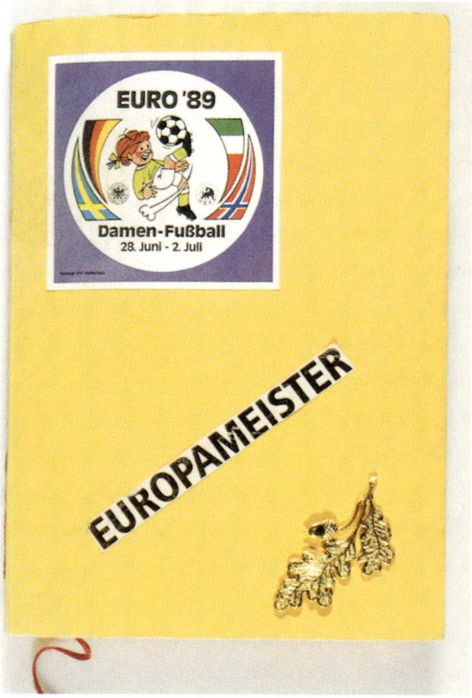

4.6/36c

4.6/36d

belegen, dass Fußballspiel den Frauen wesensfremd sei. Buytendijk ging von einer geschlechterspezifischen Disposition der Männer für das Fußballspiel aus. Frauen hielt er charakterlich nicht dafür geeignet und unterschied zur Begründung zwischen dem aggressiven Männlichen und dem adaptiven Weiblichen: "Das Fußballspiel als Spielform ist also wesentlich eine Demonstration der Männlichkeit. [...] Es ist noch nie gelungen, Frauen Fußball spielen zu lassen. [...] Das Treten ist wohl spezifisch männlich; ob darum das Getretenwerden weiblich ist, lasse ich dahingestellt. Wenigstens ist das Nicht-Treten weiblich!" Solche stereotypen Rollenzuweisungen wurden von medizinischen Gutachten untermauert. Sportärzte deklarierten eine bei Frauen verbreitete Tendenz zu X-Beinen als anatomische Hinderung und sahen im Fußballspiel eine zu große Gefahr für den weiblichen Körper. Im besonderen Maße wurde Wert auf den Erhalt einer optimalen Gebärfähigkeit gelegt, die durch Leistungssport und damit auch durch das Fußballspiel gefährdet sei. Mit derartig vorgeschobenen Argumenten der Gesundheitsfürsorge verboten die Männer den Frauen die Ausübung des Fußballsports.

Ungeachtet des Verbots bildeten sich im Süden und Westen Deutschlands im Laufe der sechziger Jahre Frauenfußball-Vereine und Verbände heran. 1963 richtete der Niedersächsische Sportverband in Barsinghausen sogar einen Fußball-Lehrgang für 19 Frauen aus. Dessen Ziel bestand jedoch nicht darin, Spielerinnen auszubilden. Vielmehr sollten die Frauen qualifiziert werden, Fußballunterricht für Jungen in der Schule zu erteilen. Erst vor dem Hintergrund der Studentenbewegung und wachsender Emanzipationsbestrebungen der Frauen entwickelte sich ab 1968 in Deutsch-

4.6/ 37 Das einzige Spiel der Frauen-Nationalmannschaft der DDR am 9.5.1990 gegen die CSFR
a) Berufungsurkunde für den Trainer Bernd Schröder
DDR, 7.5.1990
Karton, Leinen, Papier; 30,5 x 22 cm
b) Berufungsurkunde für die Spielerin Sybille Brüdgam
DDR, 7.5.1990
Karton, Leinen, Papier; 30,5 x 22 cm
c) Programmheft
DDR, 1990
Papier; 21 x 15 cm
d) 2756 Eintrittskarte
DDR, 9.5.1990
Papier; 5,5 x 13,2 cm
e) Die DDR-Frauenfußball-Nationalmannschaft
Foto; 8,5 x 13,5 cm
f) Zwei Spielszenen
Foto; 17,5 x 24 cm
g) Trikot der DDR-Frauenfußball-Nationalmannschaft
DDR, 1990
Textil; 85 x 85 cm
Bernd Schröder, Potsdam

Der Frauenfußball wurde in der DDR 1971 offiziell in den Deutschen Fußball-Verband aufgenommen, allerdings nur auf der Ebene des "Volkssports". 1979 ließ der DFV "Bestenermittlungen" zu – der Begriff "Meisterschaft" war den staatlich geförderten Leistungssportarten vorbehalten. Erst nach dem Titelgewinn der BRD-Frauen bei der Europameisterschaft 1989 wurde die Bestenermittlung in den Rang einer DDR-Meisterschaft erhoben und eine Nationalmannschaft einberufen. Am 9. Mai 1990 unterlag die DDR in ihrem ersten Länderspiel gegen die Tschechoslowakei mit 0:3 Toren. Dieses erste Länderspiel blieb auch das einzige: Am 20.11.1990 beschloss der DFV seine Auflösung, die Mitgliedsverbände traten einen Tag später dem DFB bei.

4.6/38 Frauenfußball-Weltturniere, Taiwan 1981 und 1984
Anne Trabant, Ratingen
a) Plakat zum 1. Frauenfußball-Weltturnier
Taiwan, 1981
Papier; 75 x 52 cm
b) Plakat zum 2. Frauenfußball-Weltturnier
Taiwan, 1984
Papier; 78 x 53,5 cm
c) Pokal des 2. Frauenfußball-Weltturniers
Taiwan, 1984
Marmor, Kunststoff; 33 x 21,5 cm

1981 richtete Taiwan erstmals eine inoffizielle Weltmeisterschaft im Frauenfußball aus. In Ermangelung einer deutschen Nationalmannschaft reiste die Mannschaft des amtierenden deutschen Meisters, SGG Bergisch Gladbach, zum Weltturnier und erreichte in Spielen gegen die offiziellen Nationalmannschaften von Taiwan, England und Indien den ersten Platz. Auch die Titelverteidigung 1984 glückte den Gladbacher Spielerinnen. Bei der letzten Teilnahme an dem Turnier 1987 belegte die Mannschaft den dritten Platz.

4.6/37g

4.6/38a

land ein zunehmendes Interesse am Frauenfußball. Dabei kam es auch zu eher kuriosen Konstellationen wie der Gründung der Frauenfußball-Abteilung der Schützengemeinschaft Oberst Schiel in Frankfurt: Aus dem aus einer Laune heraus organisierten Spiel der Schützenfrauen entstand eine erfolgreiche Frauenfußball-Mannschaft, die für die nächsten zehn Jahre den Frauenfußball in Hessen dominierte.

Zu dieser Zeit gab es mit dem SC 07 Bad Neuenahr, der SV Illertissen, der SV Oldenburg und dem TuS Wörrstadt bereits einige Vereine, die das – immer noch offiziell verbotene – Spielgeschehen im Frauenfußball bestimmten. 1970 nahm ein Team von Spielerinnen des SV Illertissen und des SC 07 Bad Neuenahr an der inoffiziellen Weltmeisterschaft in Italien teil, die von dem Getränkehersteller Martini & Rossi veranstaltet wurde. Im In- und Ausland setzte sich der Frauenfußball mehr und mehr durch, und der Druck auf den DFB wuchs, seine Haltung zu überdenken. Dazu kam es auf dem Bundestag in Travemünde am 30.

4.6/39 Fußball-Weltmeisterschaft der Frauen, China 1991
a) Plakat
China, 1991
Papier; 52,5 x 39,8 cm
Deutsches Sport- und Olympiamuseum Köln
b) Wimpel
Textil; 36 x 21 cm
Hannelore Ratzeburg, Hamburg
c) Programmheft des DFB
Frankfurt/M., 1991
Papier; 20,5 x 9,5 cm
Hannelore Ratzeburg, Hamburg
d) Lederstück mit Autogrammen der deutschen Nationalmannschaft
Deutschland, 1991
Leder; 30 x 18,5 cm
Deutsches Sport- und Olympiamuseum Köln
e) Zwei Erinnerungsmedaillen
China, 1991
Metall; D 3,5 cm
Hannelore Ratzeburg, Hamburg
f) Ersttagsbrief
China, 1991
Papier; 11,1 x 18,5 cm
Tina Theune-Meyer, Frechen
g) Getränkekarte des White Swan Hotels Guangzhou
China, 1991
Karton; 16,5 x 7,7 cm
Tina Theune-Meyer, Frechen

Die FIFA richtete 1991 erstmals eine offizielle Fußball-Weltmeisterschaft der Frauen aus. Deutschland, Gruppensieger der Vorrunde, gelangte mit einem Sieg über Dänemark ins Halbfinale, unterlag dort aber gegen den Favoriten und späteren Weltmeister USA.

4.6/40 Fußball-Weltmeisterschaft der Frauen, Schweden 1995
a) Wimpel
Schweden, 1995
Textil; 33 x 23 cm
Hannelore Ratzeburg, Hamburg
b) Lorbeerblatt zum zweiten Platz
Schweden, 1995
Silber; 10 x 4 cm
Deutscher Fußball-Bund, Frankfurt/M.

Bei der zweiten Weltmeisterschaft in Schweden gelang den Frauen der Einzug in das Finalspiel, das die schwedische Mannschaft jedoch mit 2:0 Toren für sich entschied.

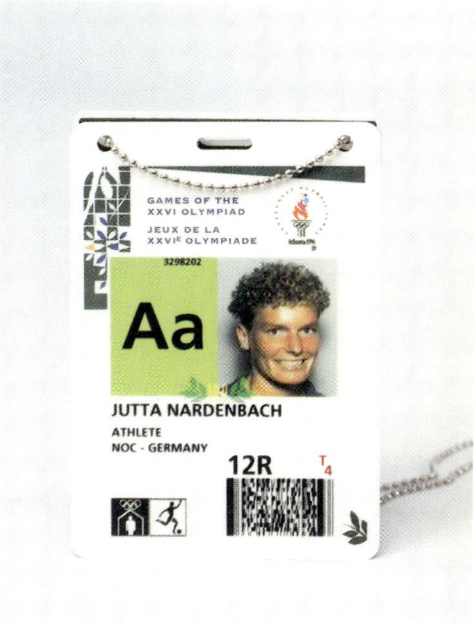

4.6/42

4.6/40a

4.6/41 Fußball-Weltmeisterschaft der Frauen, USA 1999
a) Plakat
USA, 1999
Papier; 60,5 x 45,5 cm
Anne Trabant, Ratingen
b) Wimpel
USA, 1999
Textil; 38 x 22 cm
Hannelore Ratzeburg, Hamburg
c) Fußball mit Autogrammen der Weltmeister und Vizeweltmeister 1999
SOCOG, China, 1999
Leder; D 20 cm
Tina Theune-Meyer, Frechen

Die Fußball-Weltmeisterschaft der Frauen in den USA wurde 1999 zu einem riesigen Medienereignis. Mit ungeheurem Aufwand hatte der Gastgeber USA im Vorfeld des Turniers für den Profisport Frauenfußball geworben. Herausragende Spielerinnen wie Mariel "Mia" Hamm avancierten zu hochdotierten Stars mit großer Medienpräsenz. Die deutsche Mannschaft scheiterte im Viertelfinale gegen den späteren Weltmeister USA.

4.6/42 Olympische Spiele, Atlanta 1996
Vier Ausweise für Jutta Nardenbach
Atlanta, 1996
Kunststoff, Karton; 14 x 9 cm
Jutta Nardenbach

1996 wurde der Frauenfußball olympisch. Die deutsche Mannschaft verfehlte nach einem 1:1-Unentschieden gegen Brasilien den Einzug ins Halbfinale.

Oktober 1970. Der Deutsche Fußball-Bund hob sein Verbot auf und erlaubte die Gründung von Frauenfußball-Abteilungen sowie die Aufnahme eines Spielbetriebs.

Die Fußball-Funktionäre hatten sich die Entscheidung nicht leicht gemacht, sondern medizinische Gutachten in Auftrag gegeben, um die gegebenenfalls bestehenden Risiken für Frauen ausfindig zu machen. Als Konsequenz aus diesen Stellungnahmen erließ der DFB eine Reihe von Regeln für den Frauenfußball. So durften die Frauen nur bei guter Witterung und nicht während der Wintermonate spielen; auch sollten sie lediglich Jugendbälle benutzen und ein Spiel nicht länger als 2 x 30 Minuten dauern. Von der anfangs ins Auge gefassten Verpflichtung, einen speziellen Brustschutz zu tragen, sah der DFB zwar ab, Stollenschuhe jedoch wurden abgelehnt.

Nach seiner Zulassung erlebte der Frauenfußball einen ungeheuren Zulauf. Vor allem aus Handball- und Leichtathletik-Abteilungen rekrutierten sich die neuen Mannschaften. In einem zwölf Jahre dauernden Prozess entwickelte der DFB ein Ligasystem, ließ Meisterschaften und Pokale ausspielen und richtete eine Nationalmannschaft ein. Einige

4.6/43 Spielszenen und Mannschaften
Hannelore Ratzeburg, Hamburg
a) Autogrammkarte der deutschen Frauen-Nationalmannschaft 1996
b) Autogrammkarte der deutschen Frauen-Nationalmannschaft 1997
c) Autogrammkarte der deutschen Frauen-Nationalmannschaft 1999
Karton;30 x 30 cm
d) Acht Spielszenen von der Weltmeisterschaft 1999
Horst Müller GmbH Düsseldorf, 1999
Fotos; je 18 x 24 cm
e) Filmaufnahmen aus der Geschichte des Frauenfußballs
Frank Bürgin (Bearbeitung), Gelsenkirchen 2000
Videoproduktion; 10 min 35 sec.

4.6/45

wenige Mannschaften dominieren bis heute den Spielbetrieb. Die überragende Mannschaft der siebziger und achtziger Jahre war die SSG 09 Bergisch Gladbach, neunmaliger Deutscher Meister. In Ermangelung einer DFB-Auswahl reiste sie zur inoffiziellen Frauenfußball-Weltmeisterschaft 1981 nach Taiwan und errang dort den Titel; 1984 konnte sie den Titel verteidigen. Darüber hinaus zählen der TSV Siegen und der FSV Frankfurt zu den erfolgreichsten Mannschaften mit mehreren deutschen Meistertiteln und Pokalgewinnen.

4.6/44 Hermes-Pokal für die Fußballerin des Jahres 1996
Grosshesselohe, 1996
Metall, Holz; 88 x 55 x 40 cm
Martina Voss, Moers

Als erste Spielerin wurde 1996 Martina Voss zur Fußballerin des Jahres gekürt.

4.6/45 Trophäe für Europas Fußballerin des Jahrhunderts und Sportlerin des Jahres 1998
1998
Kunststoff, Holz; 40 x 16 x 16 cm
Heidi Mohr, Weinheim

4.6/46 Trophäe der IFFHS für Europas Fußballerin des Jahrhunderts
1999
Kunststoff, Holz; 10 x 8 x 8 cm
Heidi Mohr,
Weinheim

Die International Federation of Football History and Statistics wählte im Januar 2000 die Fußballerinnen des Jahrhunderts. Heidi Mohr belegte den dritten Platz hinter Mia Hamm und Michelle Akers, USA, und wurde damit Europas Fußballerin des Jahrhunderts.

Die noch junge Geschichte der Frauen-Nationalmannschaft ist eine Geschichte des Erfolgs. Mit den Trainern Gero Bisanz und Tina Theune-Meyer errangen Deutschlands Fußball-Frauen 1989, 1991, 1995 und 1997 die Europameisterschaft und wurden 1995 Vize-Weltmeister. Trotz dieser beeindruckenden Erfolge bleibt dem Frauenfußball in Deutschland die selbstverständliche Akzeptanz im Alltag bisher versagt. In den Ver-

4.6/51

4.6/47 Nationaltrikot von Doris Fitschen, getragen bei ihrem ersten Länderspiel am 4.10.1986 gegen Dänemark
adidas, 1986
Textil; 75 x 155 cm
Doris Fitschen, Frankfurt/M.

4.6/48 Nationaltrikot von Doris Fitschen, getragen bei ihrem 100. Länderspiel am 6.11.1997 gegen Norwegen
adidas, 1997
Textil; 80 x 155 cm
Doris Fitschen, Frankfurt/M.

Rekord-Nationalspielerin Doris Fitschen spielte 128-mal in Länderspielen der Nationalmannschaft. Damit liegt sie in der Fußballstatistik deutlich vor ihren Spielerkollegen Jürgen Klinsmann (108) und Jürgen Kohler (105).

4.6/ 49 Ehrengabe zum 100. Länderspiel von Silvia Neid
Frankfurt/M., 1995
Metall, Edelstein; 5 x 5 cm
Silvia Neid, Wilnsdorf

Bis zum Ende ihrer Laufbahn als Nationalspielerin hielt Silvia Neid den Rekord mit 111 internationalen Einsätzen. Seit 1996 arbeitet sie zusammen mit Tina Theune-Meyer als DFB-Bundestrainerin.

4.6/50 Nationaltrikot und -hose, getragen von Bettina Wiegmann bei der Fußball-Weltmeisterschaft 1999
adidas, Portugal, 1999
Polyester;
67 x 97 cm, 42 x 55 cm
Bettina Wiegmann; Mechernich

4.6/51 Trikot und Hose der Weltauswahl für Bettina Wiegmann
adidas, USA, 1999
Polyester, Nylon;
90 x 70 cm, 45 x 64 cm
bez.: FIFA World Stars vs. US National Team San Jose, 14th February 1999
Bettina Wiegmann, Mechernich

Die Fußballerin des Jahres 1997, Bettina Wiegmann, spielte als einzige Deutsche in der Weltauswahl gegen die Mannschaft der USA.

einen stehen die Frauenabteilungen bei der Vergabe von Trainingszeiten und Geldern meist hintenan. Die relativ geringen Zuschauerzahlen von durchschnittlich 200 Gästen pro Bundesligaspiel und ein geringes Medieninteresse bilden einen Teufelskreis: Sponsorengelder bleiben spärlich, die geringen finanziellen Mittel schränken die Entwicklung der Mannschaften ein. Fast alle Fußballfrauen betreiben den Sport als Amateurinnen neben ihrer regulären Erwerbstätigkeit.

In der öffentlichen Meinung wird die Leistungsbilanz der Fußballfrauen zwar zunehmend zur Kenntnis genommen, in der Wertschätzung steht der Frauenfußball aber nach wie vor in der zweiten Reihe. Von vielen Männern werden Fußballspiele der Frauen immer noch belächelt. Das Interesse an der Weltmeisterschaft in den USA 1999, Werbefilme mit Fußballfrauen und das gesamte Spektrum des Merchandising zeigten jedoch, dass sich das Bild vom Frauenfußball – zumindest in Nordamerika – deutlich ändert. Der Weg der US-amerikanischen Frauenmannschaft ins Finale und der Sieg im Endspiel lösten eine Welle der Euphorie aus, deren Ausläufer bis nach Europa schwappten.

Eine ähnlich große Popularität beim Publikum wie in den USA wird der Frauenfußball in Deutschland auf absehbare Zeit wohl nicht erreichen. In den USA gelten Baseball, American Football, Eishockey und Basketball als die typischen Männersportarten; gerade das Fußballspiel bietet den Frauen hier Freiräume zur sportlichen und gesellschaftlichen Profilierung. In Deutschland dagegen gilt Fußball uneingeschränkt als der typische Männersport. Zwar haben sich hier die Fußballfrauen formal ihre Gleichberechtigung erkämpft. Eine ähnliche Professionalisierung mit Millionengagen und Starkult blieb bisher jedoch aus. *Dietmar Osses*

4.6/52b

4.6/52c

4.6/52f

4.6/52 Frauenfragen
a) Vereinschronik
des FC St. Pauli
Hamburg, 1950
Papier
Clubheim St. Pauli, Hamburg
b) Werbeplakat für Fußball und Zoobesuch
Freimann & Fuchs, Hannover, 1960er Jahre
Papier; 83,3 x 58,3 cm
bez.: Samstags-Vergnügen für alle. Bundesliga für Ihn, Zoo-Besuch für die Familie
Deutsches Sport- und Olympiamuseum Köln
c) Aufnäher der FIFA für Linienrichterinnen
1995
Textil; 10,2 x 8,6 cm
Bez.: Lineswoman FIFA 95
Hannelore Ratzeburg, Hamburg
d) Sammelkarte "Brandi Chastain"
Rock Sports, USA, 1999
Karton; 9 x 6,4 cm
Ralf Becker, Essen
e) Soccer Barbie
Mattel, USA 1999
Kunststoff, Textil, Karton; 32,5 x 19 cm
Feuer & Flamme AusstellungsGmbH, Oberhausen
f) Wandkalender des FCR Duisburg mit Kunstfotos der Spielerinnen
Duisburg, 1999
Papier; 43,5 x 29,5 cm
FCR Duisburg

Die Geschichte des Frauenfußballs ist eine Geschichte der Rollenvorstellungen und der gesellschaftlichen Freiräume, die die Geschlechter in der Gesellschaft für sich beanspruchen können. Während in den fünfziger Jahren Frauen vor allem als Stützen ihrer Fußball-Männer in Vereinen tätig waren und ihnen in den Sechzigern noch eindeutig die Familienbetreuung zugeschrieben wurde, wenn die Männer dem Fußball frönten, konnten sie sich in den neunziger Jahren die Emanzipation auf dem Fußballplatz erkämpfen. Zur Jahrtausendwende präsentieren sich die Fußballfrauen selbstbewusst. Die Rollenklischees werden nun jedoch in moderner Verpackung gewinnbringend auf dem Medienmarkt eingesetzt.

4.7/1 Plakat zum Volkssolidaritätsspiel Freital-Ost – Dresden-Friedrichstadt am 2.12.1945
1945
Papier; 42 x 61 cm
Stadtgeschichtliches Museum Leipzig, Sportmuseum Leipzig; 07/1945

4.7/2 Programmheft für das Freundschaftsspiel Leipzig-Leutzsch – Staaken am 3.8.1946
1946
Papier; 21 x 15 cm
Uwe Krüger, Kobbeln

4.7/3 Plakat zum Ligaspiel Probstheida – Dessau am 8.12.1946
1946
Papier; 42 x 29,5 cm
Stadtgeschichtliches Museum Leipzig, Sportmuseum Leipzig; P 133

Mit dem Verbot aller Sportvereine kam der Sportbetrieb in der unmittelbaren Nachkriegszeit zunächst völlig zum Erliegen. Eine Wiederbelebung der traditionellen Sportvereine wurde untersagt. Mit den Sportgemeinschaften (SG) entstanden jedoch bereits 1945 neue Formen des Sportbetriebs, die zum Teil in der Tradition der alten Vereine standen und zunächst auf den Stadtbezirk beschränkt waren; Fahrten zu auswärtigen Spielen unterlagen vielfältigen Hemmnissen. Die Organisation des Sportgeschehens auf kommunaler Ebene lag in den Händen der Volksbildungsämter. Daneben waren auch die Freie Deutsche Jugend (FDJ) und der Freie Deutsche Gewerkschaftsbund (FDGB) am Aufbau des Sportbetriebs beteiligt.

4.7/6

Lok, Dynamo, Energie: Fußball in der DDR

4.7/4 Programmheft zum Endspiel um die erste Ostzonenmeisterschaft im Fußball und Handball am 4.7.1948
1948
Papier; 20,5 x 14,5 cm
Stadtgeschichtliches Museum Leipzig, Sportmuseum Leipzig; PH 135

4.7/5 Programmheft zum Endspiel um die zweite Ostzonenmeisterschaft im Fußball am 25./26.6.1949
1949
Papier; 15 x 14 cm
Stadtgeschichtliches Museum Leipzig, Sportmuseum Leipzig; D 5473

Die einschneidenden Beschränkungen, denen der Sport in der Sowjetischen Besatzungszone (SBZ) unterlag, wurden bis 1948 schrittweise abgebaut, sodass in jenem Jahr erstmals Ostzonenmeisterschaften im Fußball und im Handball durchgeführt werden konnten. Erster Ostzonenmeister im Fußball wurde die SG Planitz. Bei den zweiten Ostzonenmeisterschaften 1949 traten wie 1948 die zehn besten Mannschaften der SBZ gegeneinander an. Diesmal siegte die Zentralsportgemeinschaft Union Halle.

König Fußball regierte auch in der DDR. Woche für Woche füllten sich die Ränge der Stadien, schlugen die Spiele der Oberliga, der DDR-Liga und der Bezirksligen oder die Begegnungen um den FDGB-Pokal Zehntausende von Zuschauern in ihren Bann. Millionen verfolgten sie an den Radio- und Fernsehgeräten. Fußballmagazine erreichten höchste Auflagen. Der Deutsche Fußball-

4.7/6 Programmheft zum Spiel FC Kickers Offenbach 01 – Rotation Dresden am 5.6.1954
1954
Papier; 18 x 24 cm
Dr. Othmar Hermann, Frankfurt/M.

4.7/7 Erinnerungspokal der Betriebssportgemeinschaft Turbine Kulkwitz für die Spielvereinigung Fürth
20.6.1954
Holz, Glas; 32 x 25 x 18 cm
SpVgg Greuther Fürth

4.7/8 Programmheft zum Spiel Ost-Berlin – West-Berlin am 26.12.1954
1954
Papier; 21 x 15 cm
Martin Brands, Duisburg

Verband(DFV) war mit mehr als einer halben Million Mitgliedern die größte Sektion des Deutschen Turn- und Sportbundes (DTSB). Im Westen Deutschlands wusste man davon wenig: Jürgen Sparwasser war seit seinem Tor im Hamburger Volksparkstadion ein Begriff, auch von Dynamo Dresden oder dem 1. FC Magdeburg hatte man schon einmal gehört. Aber sonst?

1945 waren auf Befehl der Alliierten sämtliche Sportvereine in Deutschland aufgelöst worden, doch wurde dieses strikte Verbot bald aufgehoben. Es erfolgten die ersten Neugründungen, die zum Teil an die alten Vereinstraditionen anknüpften. Den staatlichen Stellen in der Sowjetischen Besatzungszone und der späteren DDR jedoch waren selbstständige Vereine ein Dorn im Auge, weil diese ihre eigenen Bestrebungen behinderten, den Sport zentral zu lenken. Sie trieben stattdessen den Aufbau so genannter Betriebssportgemeinschaften (BSG) voran, die direkt den volkseigenen Betrieben angeschlossen und besser unter Kontrolle zu halten waren. Die Namen der Betriebssportgemeinschaften verwiesen dabei auf die Branche des jeweiligen Trägerbetriebs:

Bis zum Bau der Mauer 1961 bestanden intensive Kontakte zwischen ost- und westdeutschen Fußballvereinen. Die gegenseitigen Besuche und Freundschaftsspiele dienten nicht allein dem sportlichen Wettstreit und Erfahrungsaustausch. Sie sollten auch zu einer Vertiefung der Beziehungen führen und den Gedanken der nationalen Einheit wachhalten. Die DDR förderte deutsch-deutsche Fußballbegegnungen, da sie sich in dieser Zeit gerne als die wahre Verfechterin der nationalen Interessen darstellte.

4.7/9 Programmheft zum Spiel SC Turbine Erfurt – FSV Frankfurt 1899 am 30.5.1955
1955
Papier; 21 x 15 cm
Dr. Othmar Hermann, Frankfurt/M.

4.7/10 Erinnerungsalbum des SC Chemie Halle/Leuna für den FSV Frankfurt 1899
29.12.1956
Papier, Karton, 18 Fotos; 31 x 47 cm
FSV Frankfurt 1899 e.V.

4.7/11 Programmheft zum Spiel SC Rotation Leipzig – SC Westfalia 04 Herne am 8.6.1957
1957
Papier; 21 x 15 cm
Uwe Krüger, Kobbeln

4.7/12 Programmheft zum Spiel SC Lokomotive Leipzig – Hamburger SV am 2.3.1958
1958
Papier; 21,5 x 15 cm
Stadtgeschichtliches Museum Leipzig, Sportmuseum Leipzig; D 1046

4.7/13 Programmheft für das Spiel SC Lokomotive Leipzig - VfR Neumünster am 27.6.1959
1959
Papier; 21 x 15 cm
Martin Brands, Duisburg

4.7/14 Programmheft zum Spiel SC Wismut Karl-Marx-Stadt – Honved Budapest anlässlich des II. Deutschen Turn- und Sportfests in Leipzig am 4.8.1956
1956
Papier; 21 x 15 cm
Stadtgeschichtliches Museum Leipzig, Sportmuseum Leipzig; 1421/96

4.7/15 Eintrittskarte zum Spiel SC Wismut Karl-Marx-Stadt – Honved Budapest anlässlich des II. Deutschen Turn- und Sportfests in Leipzig am 4.8.1956
1956
Papier; 6,8 x 12,5 cm
Stadtgeschichtliches Museum Leipzig, Sportmuseum Leipzig; D 244

4.7/16 Eintrittskarte zum Spiel Stadtauswahl Leipzig – Stadtauswahl Bukarest anlässlich des II. Deutschen Turn- und Sportfests in Leipzig am 5.8.1956
1956
Papier; 6,8 x 12,5 cm
Sportmuseum Leipzig, D 1712

4.7/17 Programmheft zum Spiel SC Wismut Karl-Marx-Stadt – 1. FC Kaiserslautern am 6.10.1956
1956
Papier; 21 x 15 cm
Stadtgeschichtliches Museum Leipzig, Sportmuseum Leipzig; PH 85

4.7/18 Eintrittskarte für das Spiel SC Wismut Karl-Marx-Stadt – 1. FC Kaiserslautern am 4.8.1956
1956
Papier; 6,8 x 12,5 cm
Stadtgeschichtliches Museum Leipzig, Sportmuseum Leipzig; D 866

4.7/19 Postkarte mit Abbildung des Leipziger Zentralstadions
1992
Karton; 10,5 x 14,8 cm
Stadtgeschichtliches Museum Leipzig, Sportmuseum Leipzig; PK 527

4.7/19

4.7/20 Modell des Sportforums mit dem Leipziger Zentralstadion
1977
Holz, Karton, Kunststoff;
365 x 150 x 20 cm
Stadtgeschichtliches Museum Leipzig, Sportmuseum Leipzig;
Mo 19

4.7/21 Sitzreihe aus dem Leipziger Zentralstadion
1956
Beton, Plastefol (Kunststoff);
73 x 134 x 37 cm
Stadtgeschichtliches Museum Leipzig, Sportmuseum Leipzig

Das Leipziger Zentralstadion wurde Anfang August 1956 mit dem II. Deutschen Turn- und Sportfest eingeweiht. Es war mit 100.000 Sitzplätzen lange Zeit das größte Stadion Deutschlands. Höhepunkt der Einweihungsfeierlichkeiten war die Begegnung SC Wismut-Karl-Marx-Stadt gegen Honved Budapest am 4.8.1956. Das ursprünglich für diesen Termin angesetzte Spiel SC Wismut Karl-Marx-Stadt gegen den FC Kaiserslautern wurde verschoben und fand am 6.10.1956 statt.

4.7/22 Fahne "Nationales Aufbauwerk 1956"
1956
Textil; 122 x 162 cm
Hansa Fan-Projekt, Axel Klingbeil

Große Bauvorhaben wurden in der DDR in den fünfziger Jahren mit Hilfe von freiwilligen Arbeitskräften im Rahmen des "Nationalen Aufbauwerks" bewältigt. Um die in Kollektiven zusammengeschlossenen Freiwilligen zu hohen Leistungen anzuspornen, schrieben die Organisatoren Wettbewerbe aus. Der Freiwilligeneinsatz zum Bau des Ostseestadions wurde von der Nationalen Front der Stadt Rostock organisiert. "Bestes Kollektiv im Wettbewerb der Stadt Rostock" wurde, wie die Beschriftung der Fahne ausweist, die "Wettbewerbsgruppe II". Sie erhielt diese Fahne und die "Ehrennadel Rostock 1956" als Auszeichnung.

4.7/23 Programmheft zum Spiel Ungarn Gewerkschaftsauswahl – Deutschland Sachsenauswahl am 9.10.1949
1949
Papier; 21 x 15 cm
Uwe Krüger, Kobbeln

4.7/24 Programmheft zum Sonderprogramm Fußball anlässlich des Deutschlandtreffens der Jugend am 28.5.1950
1950
Papier; 21 x 15 cm
Uwe Krüger, Kobbeln

"Energie" etwa bezeichnete Mannschaften der Energie- und Brennstoffindustrie, "Lokomotive" solche des Verkehrswesens usw. Daneben bestanden auch Mannschaften der Nationalen Volksarmee ("Vorwärts") sowie der staatlichen "Schutz- und Sicherheitsorgane", die den Namenszusatz "Dynamo" führten. Die Förderung der Betriebssportgemeinschaften ging einher mit einer Zurückdrängung der Vereine aus dem Sportbetrieb.

Die Spaltung Deutschlands und die Herausbildung zweier deutscher Staaten führte auch im Fußball zu getrennten Entwicklungen. Die erste deutsche Meisterschaft nach dem Krieg wurde 1948 bereits ohne Beteiligung von Mannschaften aus der SBZ ausgetragen. Seit 1950 kürte die DDR ihren eigenen Landesmeister, der in den Punktspielen der Oberliga ermittelt wurde. Mit der Oberliga, in der (zumeist) 14 Mannschaften vertreten waren, verfügte der Arbeiter- und Bauernstaat frühzeitig über eine einheitliche oberste Spielklasse. Die DDR-Liga als zweite Spielklasse und die Bezirksligen ergänzten das Ligasystem. Neben dem "Fußballmeister der DDR" wurde alljährlich auch ein DDR-Pokalsieger ermittelt. An dem Kampf um den 1949 vom Freien Deutschen

4.7/23

4.7/25 Programmheft zum Spiel Auswahlmannschaft Berlin – Ungarn
31.1.1954
Papier; 21 x 15
Uwe Krüger, Kobbeln

4.7/26 Programmheft zum Spiel SC Einheit Dresden – Indonesien am 23.9.1956
1956
Papier; 15 x 21 cm
Uwe Krüger, Kobbeln

Gewerkschaftsbund (FDGB) gestifteten Pokal konnten sich Mannschaften aller Spielklassen beteiligen. Trotz des großen Teilnehmerfeldes dominierten hier naturgemäß die Spitzenmannschaften der Oberliga.

Die Oberliga bildete das Zentrum des Fußballgeschehens in der DDR. Große Mannschaften gingen aus ihr hervor, z.B. Wismut Aue: Die Elf wurde in den fünfziger Jahren zur beherrschenden Mannschaft und errang in den Spielzeiten 1956, 1957 und 1959 den Meistertitel. Auch in der Bundesrepublik machte Wismut Aue von sich reden: Am 6. Oktober 1956 empfing die Mannschaft im neu erbauten Leipziger Zentralstadion vor über 100.000 Zuschauern den 1. FC. Kaiserslautern zu einem Freundschaftsspiel. Wismut unterlag zwar – wie auch ein Jahr später im Rückspiel – gegen die hochkarätig besetzten Pfälzer, in deren Reihen fünf Spieler der Weltmeisterelf von 1954 spielten, begeisterte das Publikum aber durch überzeugenden Fußball. 1957 nahm die Elf von Wismut Aue, die zwischenzeitlich unter dem Namen Wismut Karl-Marx-Stadt antrat, zudem als erste Mannschaft aus der DDR am Europapokal der Landesmeister teil,

4.7/40

4.7/27 Plakat zum Spiel DFV-Auswahl – AIK Stockholm am 23.3.1968
1968
Papier; 61 x 86 cm
Uwe Krüger, Kobbeln

Am 9.10.1949, zwei Tage nach Gründung der DDR, traten im Berliner Stadion Mitte die Ungarische Gewerkschaftsauswahl und die Sachsenauswahl in einem Freundschaftsspiel gegeneinander an. Es war das erste Fußballpiel mit internationaler Beteiligung nach dem Krieg. Freundschaftsspiele gegen ausländische Mannschaften sollten nicht allein der Völkerverständigung dienen. Sie boten auch die Gelegenheit, sich auf wichtige Begegnungen, etwa offizielle Länderspiele, vorzubereiten.

4.7/28 Programmheft zum Länderspiel DDR – Bulgarien am 14.6.1953
1953
Papier; 21 x 15 cm
Uwe Krüger, Kobbeln

4.7/29 Programmheft zum Länderspiel DDR - ČSR am 21./22.4.1956
1956
Papier; 21 x 15
Uwe Krüger, Kobbeln

4.7/30 Programmheft zum Länderspiel DDR – UdSSR am 17.8.1960
1960
Papier; 21 x 14,5 cm
Stadtgeschichtliches Museum Leipzig, Sportmuseum Leipzig; 1418/96

4.7/31 Programmheft zum Länderspiel DDR – England am 2.6.1963
1963
Papier; 21 x 15 cm
Stadtgeschichtliches Museum Leipzig, Sportmuseum Leipzig; D 100

4.7/32 Eintrittskarte zum Länderspiel DDR – England am 2.6.1963
1963
Papier; 7 x 12,5 cm
Stadtgeschichtliches Museum Leipzig, Sportmuseum Leipzig; D 100

4.7/33 Plakat zum Nachwuchs-Länderspiel DDR – Bulgarien am 8.11.1964
1964
Papier; 84 x 60 cm
Uwe Krüger, Kobbeln

4.7/34 Eintrittskarte zum Länderspiel DDR – Niederlande am 5.4.1967
1967
Papier; 7 x 12,5 cm
Dirk Rogoschinski, Lübbenau

4.7/35 Trikot der DDR-Nationalmannschaft
1980er Jahre
Textil; 70 x 55 cm
Deutsches Sport- und Olympiamuseum Köln; 98/329

4.7/36 Schale des Präsidiums des DFV zum 70. Länderspiel von Bernd Bransch am 19.11.1975
1975
Metall; 21 x 31 cm
Bernd Bransch, Halle

4.7/37 Medaille des DFV "Für hervorragende Leistungen in der Nationalmannschaft" für Bernd Bransch
1977
Metall; D 8 cm
Bernd Bransch, Halle

4.7/38 Medaille zum 70. Länderspiel für Hans-Jürgen Dörner am 10.10.1981
1981
Metall, D 8 cm
Hans-Jürgen Dörner, Freital

Die DDR bestritt ihre ersten offiziellen Länderspiele nach Aufnahme in die FIFA 1952 zunächst ausschließlich gegen osteuropäische Mannschaften. In diesem Jahr trat die DDR-Auswahl gegen Polen und Rumänien an. In beiden Begegnungen unterlag die DDR deutlich. Erst 1955 gelang der DDR-Nationalmannschaft mit einem 3:2 gegen Rumänien der erste Sieg in einem Länderspiel. Insgesamt trat sie zu 293 Länderspielen an, wovon sie 138 gewann und 86 verlor. 69 Begegnungen endeten unentschieden. Ihr letztes Länderspiel bestritt die DDR-Auswahl am 12.9.1990 gegen Belgien.

4.7/39 Eintrittskarte zum Weltmeisterschafts-Qualifikationsspiel DDR – Wales am 19.5.1957
Papier; 7 x 12,5 cm
Dirk Rogoschinski, Lübbenau

4.7/40 Programmheft zum Weltmeisterschafts-Qualifikationsspiel DDR – Wales am 19.5.1957
1957
Papier; 21 x 15 cm
Uwe Krüger, Kobbeln

Die DDR war seit 1952 Mitglied der FIFA. Da zu diesem Zeitpunkt die Gruppeneinteilung für die Qualifikationsspiele zur Weltmeisterschaft 1954 bereits erfolgt war, musste die DDR auf eine Teilnahme verzichten. 1957 nahm die Nationalmannschaft der DDR erstmals an einer Weltmeisterschafts-Qualifikationsrunde teil. Hier traf sie auf Wales und die ČSR. Während die DDR das Hinspiel gegen Wales, das am 19.5.1957 im Leipziger Zentralstadion ausgetragen wurde, mit 2:1 gewann, verlor sie im Rückspiel mit 1:4. Gegen die ČSR unterlag sie in beiden Spielen. Die DDR hatte sich somit nicht für die Weltmeisterschaft 1958 qualifiziert.

4.7/41 Sechs Wimpel zu den Qualifikationsspielen für die Weltmeisterschaft 1974
Textil; je 23 x 16 cm
Nordostdeutscher Fußballverband, Berlin
a) Wimpel zum Qualifikationsspiel DDR – Finnland am 7.10.1972
b) Wimpel zum Qualifikationsspiel DDR – Albanien am 7.4.1973
c) Wimpel zum Qualifikationsspiel DDR – Rumänien am 27.5.1973
d) Wimpel zum Qualifikationsspiel DDR – Finnland am 6.6.1973
e) Wimpel zum Qualifikationsspiel DDR – Rumänien am 26.9.1973
f) Wimpel zum Qualifikationsspiel DDR – Albanien am 3.11.1973

4.7/42 Sechs Wimpel zu den Endrundenspielen der Weltmeisterschaft 1974
Textil; je 23 x 16 cm
Nordostdeutscher Fußballverband, Berlin
a) Wimpel zum Endrundenspiel DDR – Australien am 14.6.1974
b) Wimpel zum Endrundenspiel DDR – Chile am 18.6.1974
c) Wimpel zum Endrundenspiel DDR – Bundesrepublik Deutschland am 22.6.1974
d) Wimpel zum Endrundenspiel DDR – Brasilien am 26.6.1974
e) Wimpel zum Endrundenspiel DDR – Niederlande am 30.6.1974
f) Wimpel zum Endrundenspiel DDR – Argentinien am 3.7.1974

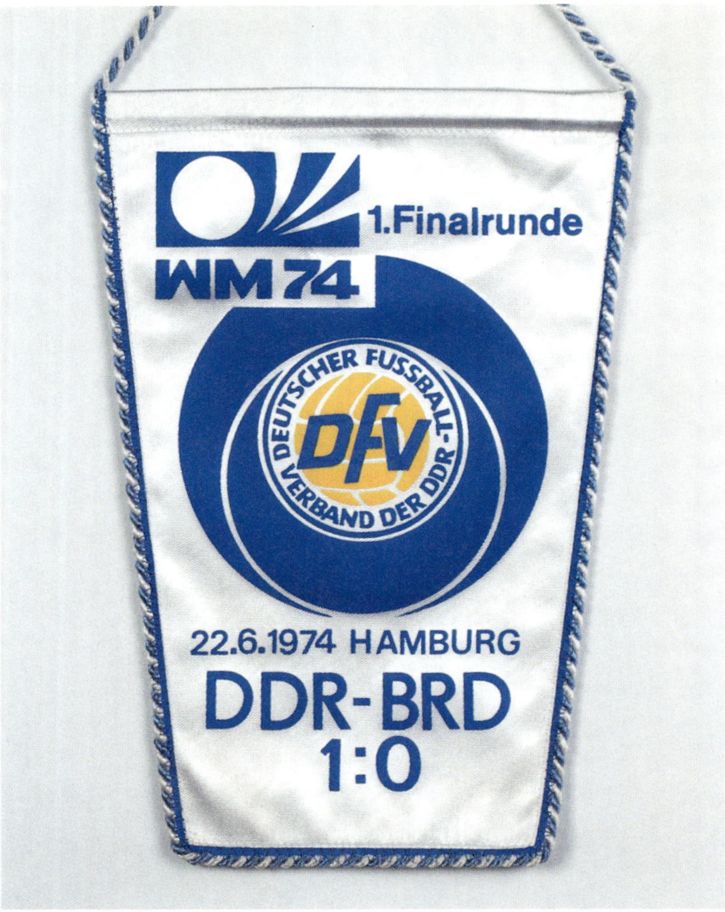

4.7/42c

4.7/43 Wimpel zur Erinnerung an die Weltmeisterschaft 1974
1974
Textil; 40 x 15 cm
Stadtgeschichtliches Museum Leipzig, Sportmuseum Leipzig; Wi 897

warf Gwardia Warschau aus dem Wettbewerb und konnte erst von Ajax Amsterdam gestoppt werden.

Oder Chemie Leipzig: Um ein schlagkräftiges Leipziger Oberliga-Team zu bilden, wurden 1963 durch Befehl von oben die vermeintlich besten Spieler von SC Rotation und SC Lokomotive Leipzig im Sportclub Leipzig zusammengezogen, während die schwächeren Spieler in der BSG Chemie Leipzig auf Torjagd gehen sollten. "Der Rest von Leipzig", wie die Spieler von Chemie Leipzig genannt wurden, galt als potenzieller Abstiegskandidat. Doch es kam anders: Die Mannschaft von Chemie wuchs über sich hinaus, und am Ende der Saison 1963/64 hieß der Meister BSG Chemie Leipzig. Der Meistertitel bewies der Fußballwelt wie den Sportfunktionären, dass Mannschaftsgeist, Kampfmoral und eine treue Fangemeinde bedeutende, vielfach gar entscheidende Faktoren im Fußball sind. Die Grenzen der Planbarkeit fußballerischen Erfolgs wurden wieder einmal sichtbar.

Wie im Westen stiegen herausragende Spieler zu Idolen auf. Jürgen Croy etwa, der als einer der besten Torhüter der Welt galt.

4.7/44 Fußball, eingesetzt bei der Weltmeisterschaft 1974, signiert von der Nationalmannschaft der DDR
1974
Leder; D 21 cm
adidas Sportmuseum, Herzogenaurach

Mit fünf Siegen in den Qualifikationsspielen gegen Finnland, Albanien und Rumänien qualifizierte sich die DDR-Auswahl erstmals für die Teilnahme an einer Weltmeisterschaft, die 1974 in der Bundesrepublik Deutschland ausgetragen wurde. Durch ein als Sensation empfundenes 1:0 über die bundesdeutsche Nationalmannschaft erreichte die DDR-Auswahl, die zuvor Australien bezwungen und gegen Chile unentschieden gespielt hatte, die zweite Endrunde. Hier schied sie nach Niederlagen gegen Brasilien und die Niederlande aus.

Er begann seine fußballerische Laufbahn 1956 bei Aktivist Karl-Marx Zwickau, wechselte 1965 zu Sachsenring Zwickau und bestritt 372 Oberligaspiele, stand in 94 Länderspielen für die DDR im Tor und wurde 1972, 1976 und 1978 zum Fußballer des Jahres gewählt. Oder Joachim Streich, einer der populärsten Fußballer der DDR. In 102 Länderspielen schoss der Rekord-Nationalspieler 55 Tore, wurde mehrfach Torschützenkönig der Oberliga und 1979 und 1983 Fußballer des Jahres. Nicht zu vergessen die beiden Dresdner Hans-Jürgen "Dixie" Dörner, der "Beckenbauer des Ostens", und Hans-Jürgen Kreische. Die Liste ließe sich beliebig erweitern.

4.7/45 Programmheft zum Endrundenspiel DDR – Bundesrepublik Deutschland am 22.6.1974
1974
Papier; 21 x 15 cm
Uwe Krüger, Kobbeln

4.7/46 Bericht über das Endrundenspiel DDR – Bundesrepublik Deutschland am 22.6.1974
Bild am Sonntag, 23.6.1974
Papier; 40,3 x 29,7 cm
Haus der Geschichte der Bundesrepublik Deutschland, Bonn

Das am 22.6.1974 im Hamburger Volksparkstadion ausgetragene Spiel DDR – Bundesrepublik Deutschland war das erste offizielle Zusammentreffen der beiden deutschen Nationalmannschaften. Entsprechend hoch waren auf beiden Seiten die Erwartungen. Dabei gerieten Fragen des nationalen Prestiges zuweilen stärken in den Mittelpunkt des öffentlichen Interesses als sportliche Aspekte.

Das Jahr 1965 brachte eine einschneidende Veränderung in der Oberliga. Um das Niveau im Fußball zu erhöhen, wurden die bedeutendsten Fußballsektionen der Sportclubs und Betriebssportgemeinschaften als eigenständige Fußballclubs ausgegliedert. Durch die Spezialisierung auf eine Sportart, die Bündelung starker Spieler und die Zuweisung und gezielte Ausbildung von jungen Talenten sollten sie sich zu Leistungszentren entwickeln. Die Fußballclubs (mit der international üblichen Abkürzung FC) genossen zudem eine besondere finanzielle Förderung. Dies zahlte sich bald aus. Die siebziger Jahre waren die große Zeit des DDR-Fußballs, wobei zwei Fußballclubs das

4.7/45

4.7/47 Plakat zum Weltmeisterschafts-Qualifikationsspiel DDR – Österreich am 12.10.1977
1977
Papier; 61 x 86 cm
Stadtgeschichtliches Museum Leipzig, Sportmuseum Leipzig; P 275

Das im Leipziger Zentralstadion ausgetragene Qualifikationsspiel für die Weltmeisterschaft 1978 endete 1:1. In den meisten Qualifikationsspielen blieb die DDR-Nationalmannschaft hinter den Erwartungen zurück. Sie konnte sich somit nicht für eine Teilnahme an der Weltmeisterschaft 1978 qualifizieren.

4.7/48

4.7/48 Eintrittskarte zum Olympia-Qualifikationsspiel DDR – Bundesrepublik Deutschland am 15.9.1963
1963
Papier; 7 x 12,5 cm
Dirk Rogoschinski, Lübbenau

4.7/49 Fußball vom Olympia-Qualifikationsspiel DDR – UdSSR am 8.6.1964 mit Widmung für Eberhard Vogel
1964
Leder; D 19 cm
Eberhard Vogel, Jena

Spielgeschehen der Oberliga bestimmten: der 1. FC Magdeburg und Dynamo Dresden. Beide Mannschaften bewiesen nicht nur durch ihr überragendes Abschneiden in der Oberliga ihr fußballerisches Können, auch den Vergleich mit den größten internationalen Mannschaften brauchten die Spieler von der Elbe nicht zu scheuen. Fünfmal holten sich die Dresdner in jener Zeit den Meistertitel, dreimal machte der FC Magdeburg das Rennen. Der größte Triumph der Magdeburger war der Sieg im Europacup der Pokalsieger 1974, als sie im Finale den hoch favorisierten AC Mailand im Rotterdamer Feyenoordstadion mit 2:0 bezwangen. Es war der erste Europapokalsieg einer DDR-Mannschaft überhaupt und sollte auch der einzige bleiben. Dynamo Dresden glänzte 1973 im Europapokal der Landesmeister, behauptete sich gegen Juventus Turin und scheiterte erst nach grandiosem Spiel an Bayern München.

Auch die DDR-Nationalelf erklomm in den siebziger Jahren unter ihrem Trainer Georg Buschner bis dahin unerreichte Höhen. Als dieser 1970 sein Amt als Trainer der DDR-Auswahl antrat, sah die Leistungsbilanz der Elf recht bescheiden aus. Außer einer Bronzemedaille bei den Olympischen Spielen in Tokio 1964 konnte sie keine internationalen Erfolge vorweisen. 1957 hatte sich die DDR-Elf erstmals an den Qualifikationsspielen zur Weltmeisterschaft beteiligt, ohne jedoch in die Finalrunde zu gelangen. Auch in den kommenden Jahren verpasste sie regelmäßig den Einzug in die Endrunde der Welt- und

4.7/50

4.7/50 Wimpel zur Erinnerung an die Olympiade in Tokio 1964
1964
Textil; 32 x 19 cm
Nordostdeutscher Fußballverband, Berlin

4.7/51 Sechs Spieler der DDR-Olympiamannschaft von 1964
1964
Foto; 41 x 51 cm
Nordostdeutscher Fußballverband, Berlin

4.7/52 Bronzemedaille für Manfred Walter von den Olympischen Spielen in Tokio 1964
1964
Bronze; D 6,5 cm
Manfred Walter, Wurzen

4.7/53 Bronzemedaille für Eberhard Vogel von den Olympischen Spielen in Tokio 1964
1964
Bronze; D 6,5 cm
Eberhard Vogel, Jena

4.7/54 Bronzemedaille für Bernd Bransch von den Olympischen Spielen in München 1972
1972
Bronze; D 6,5 cm
Bernd Bransch, Halle

4.7/55 Bronzemedaille für Manfred Zapf von den Olympischen Spielen in München 1972
1972
Bronze; D 6,5 cm
Manfred Zapf, Berlin

Ende 1968 wurde das NOK der DDR vom IOC als gleichberechtigtes Mitglied aufgenommen. Die DDR-Auswahl nahm daher an den Olympischen Spielen 1972 in München zum ersten Mal als eigenständige Delegation teil und gewann erneut die Bronzemedaille.

4.7/56 Drei Wimpel zu den Qualifikationsspielen für die Olympischen Spiele 1976 in Montreal
1975/76
Textil; je 23 x 17 cm
Bernd Bransch, Halle
a) Wimpel zum Qualifikationsspiel DDR – Griechenland am 2.4.1975
b) Wimpel zum Qualifikationsspiel DDR – ČSSR am 19.11.1975
c) Wimpel zum Qualifikationsspiel DDR – Österreich am 24.3.1976

4.7/57 Vier Wimpel zu den Endrundenbegegnungen der Olympischen Spiele 1976 in Montreal
1976
Textil; 24 x 17 cm
Bernd Bransch, Halle
a) Wimpel zum Endrundenspiel DDR – Brasilien am 18.7.1976
b) Wimpel zum Endrundenspiel DDR – Spanien am 22.7.1976
c) Wimpel zum Endrundenspiel DDR – UdSSR am 27.7.1976
d) Wimpel zum Endrundenspiel DDR – Polen am 31.7.1976

Seit 1952 verfügte die DDR über ein eigenständiges Nationales Olympisches Komitee, dem das Internationale Olympische Komitee (IOC) auf Druck des bundesdeutschen NOK jedoch die offizielle Anerkennung verweigerte. Denn die westdeutsche Seite befürchtete, dass es über die Anerkennung einzelner Institutionen zu einer schleichenden Akzeptanz der staatlichen Souveränität der DDR kommen könnte. Das IOC bestand darauf, dass beide deutsche Staaten mit einer gemeinsamen Mannschaft an den Olympischen Spielen teilnähmen. Für den Fußball wurden Ausscheidungsspiele festgelegt, bei denen sich die DDR-Auswahl 1964 durchsetzte und Deutschland bei den Olympischen Spielen in Tokio vertrat. Die DDR-Auswahl, die erstmals an einer Olympiade teilnahm, gewann die Bronzemedaille.

Europameisterschaften. Da kam es einer Sensation gleich, als sich die DDR-Mannschaft für die Weltmeisterschaft 1974 in der Bundesrepublik Deutschland qualifizieren konnte. Die Finalrunde begann Erfolg versprechend: Im ersten Spiel besiegte Buschners Elf zunächst Australien mit 2:0 und traf nach einem 1:1-Unentschieden gegen Chile schließlich auf die Mannschaft der Bundesrepublik. Die Begegnung der beiden deutschen Teams am 22. Juni 1974 im Hamburger Volksparkstadion war eine Premiere: Noch nie hatten sich die Nationalmannschaften der Bundesrepublik Deutschland und der DDR in einem Länderspiel gegenübergestanden. Das Ergebnis ist bekannt: In der 78. Minute erzielte Jürgen Sparwasser das 1:0 für die DDR. Es blieb das einzige Tor der Partie, die DDR hatte die bundesdeutsche Mannschaft bezwungen. In der zweiten Finalrunde scheiterte die DDR-Elf an Brasilien und den Niederlanden, die BRD wurde Weltmeister. Die ostdeutsche Mannschaft aber hatte bewiesen, dass sie in internationalen Begegnungen ein ebenbürtiger Gegner war. Allerdings war die erste Teilnahme der

4.7/58 Goldmedaille für Martin Hoffmann von den Olympischen Spielen in Montreal 1976
1976
Metall, vergoldet; D 6,5 cm
Martin Hoffmann, Gommern

4.7/59 Goldmedaille für Bernd Bransch von den Olympischen Spielen in Montreal 1976
1976
Metall, vergoldet; D 6,5 cm
Bernd Bransch, Halle

4.7/60 Goldener Ehrenring des Nationalen Olympischen Komitees für Bernd Bransch
1976
Metall, vergoldet; 3 x 4,5 x 5 cm
Bernd Bransch, Halle

4.7/61 Zierteller des DFV zu den Olympischen Spielen in Montreal
1976
Metall; 16 x 16 x 2 cm
bez.: Dank und Anerkennung. Olympische Spiele, Montreal 1976
Nordostdeutscher Fußballverband, Berlin

4.7/62 Wimpel zur Erringung der Goldmedaille bei den Olympischen Spielen in Montreal
1976
Textil, Kunststoff; 41 x 25 cm
Stadtgeschichtliches Museum Leipzig, Sportmuseum Leipzig; Wi 877/2

DDR-Auswahl an einer Weltmeisterschaft zugleich ihre letzte. Nie mehr sollte sie sich für eine Welt- oder Europameisterschaft qualifizieren.

Bei den Olympischen Spielen konnte die DDR-Mannschaft ebenfalls Erfolge erzielen: die Bronzemedaille bei den Olympischen Spielen 1972 in München, Gold in Montreal 1976 und Silber 1980 in Moskau.

Internationale sportliche Erfolge hatten für die Führung der DDR, die immer im Schatten der größeren Bundesrepublik stand, eine besondere Bedeutung. Im "Wettstreit der Systeme", der auch im Leistungssport stattfand, wollte man die Überlegenheit des eigenen Gesellschaftssystems demonstrieren und zugleich internationale Anerkennung erlangen.

Auch in der DDR hatte Fußball viel mit Geld zu tun. Es war ein offenes Geheimnis, dass in der gesamten Oberliga und in der DDR-Liga, der zweiten Spielklasse, Prämienzahlungen, Sondervergütungen, Abwerbungen von Spielern mittels finanzieller Angebote und andere Praktiken, die im Sprachgebrauch der DDR "westliches Profitum" hießen, an der Tagesordnung waren. Dies widersprach zwar dem Ideal, dass der Sport im real existierenden Sozialismus der allseitigen Entwicklung der sozialistischen Per-

4.7/58

4.7/63 Fußball mit Unterschriften der DDR-Olympiaauswahl 1976
nach 1976
Leder; D 19 cm
Stadtgeschichtliches Museum Leipzig, Sportmuseum Leipzig; Sg 587

Mit vier Siegen gegen Griechenland und Österreich sowie zwei Unentschieden gegen die ČSSR sicherte sich die DDR-Auswahl ihre Teilnahme an den Olympischen Spielen 1976 in Montreal. In den insgesamt fünf Endrundenspielen erzielte die DDR-Olympiaauswahl vier Siege und ein Unentschieden. Im Endspiel gegen Polen gewann sie souverän mit 3:1 olympisches Gold.

4.7/64 Silbermedaille für Dieter Kühn von den Olympischen Spielen in Moskau 1980
1980
Metall, versilbert; D 6,5 cm
Dieter Kühn, Leipzig

4.7/65 DDR-Olympiaauswahl 1980
1980
Foto; 20 x 28 cm
Nordostdeutscher Fußballverband, Berlin

Erneut erreichte die DDR nach erfolgreichen Qualifikationsspielen die Endrunde der Olympischen Spiele 1980. Nach Siegen über Algerien, Syrien und die UdSSR sowie einem Unentschieden gegen Spanien traf die Olympiaauswahl im Finale auf die ČSSR. Sie unterlag mit 0:1 und sicherte sich damit die Silbermedaille.

4.7/66 Eintrittskarte zum Spiel im Europapokal der Landesmeister ASK Vorwärts Berlin – Manchester United am 17.11.1965
1965
Papier; 5 x 11 cm
Dirk Rogoschinski, Lübbenau

4.7/67 Eintrittskarte zum Spiel im Europapokal der Landesmeister FC Karl-Marx-Stadt – RSC Anderlecht am 20.9.1967
1967
Papier; 8,5 x 12 cm
Dirk Rogoschinski, Lübbenau

sönlichkeit, nicht aber dem Gewinnstreben zu dienen habe, war aber angesichts der Leistungsorientierung im DDR-Sport wohl unvermeidlich. 1967 erfuhr die Öffentlichkeit erstmals offiziell davon. Der Deutsche Fußball-Verband und der Deutsche Turn- und Sport-Bund griffen hart durch und bestraften die Ligamannschaft BSG Stahl Eisenhüttenstadt sowie die BSG Wismut Gera, denen man dieses Gebaren nachgewiesen hatte, mit mehrmonatigen Spieler- bzw. Trainersperren und Punktabzügen. Eisenhüttenstadt verfehlte deshalb den Einzug in die Oberliga. Eine durchgreifende Änderung konnten die beiden Verbände aber nicht bewirken. Prinzipien, die der Ideologie zufolge eigentlich nur im marktwirtschaftlich ausgerichteten Sportsystem des Westens anzutreffen waren, blieben auch in der DDR üblich. Das ist verständlich, denn SED-Bezirksleitungen und Kombinate, Staatssicherheit, Armee und Polizei selbst verstießen gegen die Vorgaben. Sie alle wollten aus Prestigegründen eigene, und zwar erfolgreiche Mannschaften haben, die sie über den legalen Rahmen hinaus finanziell förderten. Dennoch hielt man offi-

4.7/80

4.7/68 Eintrittskarte zum Spiel um den Europapokal der Landesmeister SG Dynamo Dresden – SC Ajax Amsterdam am 29.9.1971
1971
Papier; 7,5 x 14 cm
Dirk Rogoschinski, Lübbenau

4.7/69 Wimpel zum Spiel des Europapokals der Landesmeister SG Dynamo Dresden – FC Bayern München am 24.10.1973
1973
Textil; 54 x 39 cm
1. FC Dynamo Dresden

4.7/70 Programmheft zum Endspiel um den Europapokal der Landesmeister FC Bayern München – SG Dynamo Dresden am 7.11.1973
1973
Papier; 21 x 15 cm
Martin Brands, Duisburg

4.7/71 Wimpel zum Spiel des Europapokals der Landesmeister BFC Dynamo – Hamburger SV
1982
Textil; 31 x 18 cm
Hamburger Sportverein

4.7/72 Eintrittskarte zum Halbfinalspiel im Europapokal der Pokalsieger SC Motor Jena – Athletico Madrid am 28.3.1962
1962
Papier; 6 x 12 cm
Dirk Rogoschinski, Lübbenau

4.7/73 Europapokal der Pokalsieger für den 1. FC Magdeburg
1974
Holz, Metall; 53 x 30 cm
1. FC Magdeburg

4.7/74 Wimpel des 1. FC Magdeburg
nach 1983
Textil; 54 x 40 cm
1. FC Magdeburg

4.7/75 Wimpel zum Spiel um den Europapokal der Pokalsieger SG Dynamo Dresden – SK Rapid Wien am 6.3.1985
1985
Textil; 57 x 42 cm
1. FC Dynamo Dresden

4.7/76 Eintrittskarte zum UEFA-Pokal-Spiel 1. FC Lokomotive Leipzig – FC Ipswichtown am 20.3.1974
1974
Papier; 7 x 12,5 cm
Dirk Rogoschinski, Lübbenau

4.7/77 Eintrittskarte zum UEFA-Pokalspiel SG Dynamo Dresden – Hamburger SV am 11.12.1974
Papier; 7,5 x 12 cm
Hans Zolper, Solingen

4.7/78 Plakat zum UEFA-Pokalspiel 1. FC Lokomotive Leipzig – FC Arsenal London am 27.9.1978
1978
Papier; 61 x 86 cm
Stadtgeschichtliches Museum Leipzig, Sportmuseum Leipzig; P 562

4.7/79 Wimpel zum UEFA-Pokalspiel SG Dynamo Dresden – FC Aberdeen am 7.9.1988
1988
Textil; 58 x 43 cm
1. FC Dynamo Dresden

4.7/80 Wimpel zum UEFA-Pokalspiel SG Dynamo Dresden – VfB Stuttgart am 19.4.1989
1989
Textil; 58 x 43 cm
1. FC Dynamo Dresden

4.7/81 Programmheft zum UEFA-Pokalspiel 1. FC Lokomotive Leipzig – SV Werder Bremen am 19.10.1983
Papier; 21 x 15 cm
Stadtgeschichtliches Museum Leipzig, Sportmuseum Leipzig; 1739/98

4.7/84

4.7/82 Wimpel zum UEFA-Pokalspiel SG Dynamo Dresden – FC Metz am 7.11.1989
Textil; 54 x 17 cm
1. FC Dynamo Dresden

Der Europapokal der Landesmeister war der begehrteste europäische Vereinspokal. Obwohl die DDR-Vereinsmannschaften mitunter herausragende Leistungen zeigten, konnte keine von ihnen den Pokal erringen. Gleiches gilt für den UEFA-Pokal. Zumeist setzten sich die westeuropäischen Profimannschaften durch. Der Europapokal der Pokalsieger wurde seit 1961/62 ausgespielt. Für die DDR war der FDGB-Pokalsieger teinahmeberechtigt. Als erste Mannschaft aus der DDR nahm der SC Motor Jena an diesem Wettbewerb teil. Für Aufsehen sorgte der 1. FC Magdeburg, der 1974 als einziger Verein der DDR den Europapokal der Pokalsieger gewinnen konnte.

4.7/83 Drei Medaillen für Jürgen Pommerenke zum erfolgreichen Abschneiden bei den UEFA-Juniorenturnieren 1969, 1970 und 1971
Metall; 3,3 x 1,9 cm
Jürgen Pommerenke, Magdeburg
a) Silbermedaille vom UEFA-Juniorenturnier 1969
b) Goldmedaille vom UEFA-Juniorenturnier 1970
c) Bronzemedaille vom UEFA-Juniorenturnier 1971

Bei den seit 1948 alljährlich ausgetragenen UEFA-Juniorenturnieren war die Mannschaft der DDR 1965 erstmals erfolgreich. Es folgte 1969 die Silbermedaille, 1970 holte die Junioren-Auswahl die Gold-, 1971 die Bronzemedaille. Jürgen Pommerenke vom 1. FC Magdeburg gehörte dreimal zum Aufgebot der DDR, und dreimal konnte er auch eine Medaille in Empfang nehmen. Der spätere Nationalspieler und Fußballer des Jahres 1974/75 bezeichnete die UEFA-Juniorenturniere als wichtige Nachwuchsförderung.

4.7/85

4.7/84 FDGB-Pokal
Ernst Hechel, Berlin, ausgespielt 1949-1973
Bronze, Marmor; H 96 cm, D 29,5 cm
Stadtgeschichtliches Museum Leipzig, Sportmuseum Leipzig; Troph 202

4.7/85 FDGB-Pokal
ausgespielt 1974-1978
Metall; 53 x 18,5 x 16 cm
Deutscher Fußball-Bund, Frankfurt/M.

ziell bis kurz vor Ende der DDR die Fiktion vom Amateurstatus der Leistungssportler aufrecht. Erst 1989 lockerte der DFV sein striktes Nein zu professionellen Praktiken, nachdem selbst Erich Honecker eingestehen musste: "Bei uns gibt es doch eigentlich auch den Berufssport. Wir brauchen uns nicht so aufzuregen. Fußballer werden gekauft. Die Oberliga-Spieler sind also Berufssportler."[17]

4.7/86

4.7/86 FDGB-Pokal
ausgespielt 1979-1985
Bronze, Marmor; 51 x 34 x 29 cm
1. FC Dynamo Dresden

Sport findet nirgends im politikfreien Raum statt. In der DDR gehörten aber offene oder verdeckte Einflussnahmen der Politik auf den Sport zum Alltag. Eine Mitsprache der von sportpolitischen Entscheidungen betroffenen Menschen war nicht vorgesehen.

4.7/87 FDGB-Pokal
ausgespielt 1986-1987
Holz, Bronze; 66 x 30 x 30 cm
VfB Leipzig

4.7/88 FDGB-Pokal / Pokal für den Pokalsieger des Nordostdeutschen Fußballverbandes
ausgespielt 1988-1991
Marmor, Bronze; 46 x 41 x 24 cm
Nordostdeutscher Fußballverband, Berlin

4.7/89 Programmheft zum Endspiel um den FDGB-Pokal 1970 1. FC Lokomotive Leipzig – FC Vorwärts Berlin am 13.6.1970
1970
Papier; 21 x 15 cm
Uwe Krüger, Kobbeln

4.7/90 Plakat zum FDGB-Pokalspiel BSG Stahl Eisenhüttenstadt – BSG Chemie Leipzig am 17.10.1970
1970
Papier; 81 x 57,5 cm
Uwe Krüger, Kobbeln

4.7/91 Platzkarte für den Sonderzug zum Endspiel um den FDGB-Pokal 1976 1. FC Lokomotive Leipzig – FC Frankfurt/Oder am 1.5.1976
1976
Papier; 14,7 x 20,7 cm
Stadtgeschichtliches Museum Leipzig, Sportmuseum Leipzig; D 503

4.7/90

4.7/92 Plakat zum FDGB-Pokalspiel FC Rot-Weiß Erfurt – 1. FC Lokomotive Leipzig am 20.12.1978
1978
Papier; 60 x 85 cm
Stadtgeschichtliches Museum Leipzig, Sportmuseum Leipzig; P 493

4.7/93 Programmheft zum 30. Endspiel um den FDGB-Pokal 1. FC Lokomotive Leipzig – FC Frankfurt/ Oder am 6.6.1981
1981
Papier; 16,5 x 24 cm
Stadtgeschichtliches Museum Leipzig, Sportmuseum Leipzig

4.7/94 Eintrittskarte zum 30. Endspiel um den FDGB-Pokal 1. FC Lokomotive Leipzig – FC Frankfurt/ Oder am 6.6.1981
Papier; 8 x 12,5 cm
Stadtgeschichtliches Museum Leipzig, Sportmuseum Leipzig; D 5289

Das "Schicksal" des FC Vorwärts Berlin, vormals Armeesportclub Vorwärts, zeigt dies deutlich: Die Mannschaft war in den späten fünfziger und sechziger Jahren eine der erfolgreichsten Fußballmannschaften der Oberliga. Der Niedergang der Mannschaft begann Anfang der siebziger Jahre und hatte keineswegs sportliche Gründe. Denn auf Weisung des Verteidigungsministeriums wurde der FC Vorwärts 1971 nach Frankfurt/Oder versetzt, "delegiert", wie man damals sagte. Angeblich verletzte die Tatsache, dass die Spieler gleichzeitig Angehörige der Nationalen Volksarmee waren, den Vier-Mächte-Status Berlins. Zudem habe der Club in Frankfurt günstigere Entwicklungsmöglichkeiten. Der tatsäch-

Der FDGB-Wanderpokal wurde 1949 vom Gewerkschaftsdachverband der DDR für die beste Fußballmannschaft der Betriebssportgemeinschaften gestiftet, die alljährlich in Ausscheidungswettkämpfen ermittelt wurde. Später konnten sich alle im Deutschen Fußball-Verband zusammengeschlossenen Mannschaften an diesem Wettbewerb beteiligen. Dass der Gewerkschaftsbund diesen Fußballpokal stiftete, hing mit der Funktion des FDGB zusammen: Seine Aufgaben gingen weit über eine Interessenvertretung der Beschäftigten in den Betrieben hinaus und umfassten auch den Sport- und Freizeitbereich. Die Bindungen der Werktätigen an den Gewerkschaftsbund sollten dadurch intensiviert werden. Der FDGB-Pokal in der Ausführung von 1949 wurde bis 1973 verliehen. Die Pokalsieger eines jeden Jahres erhielten eine verkleinerte Kopie, die im Besitz der siegreichen Mannschaft verblieb. Es folgten ab 1974 in rascher Folge weitere Ausführungen des Pokals, wobei eine Gruppe von drei Spielern das wiederkehrende Motiv bildete. Der letzte FDGB-Pokal wurde nach der Wende als Pokal des Nordostdeutschen Fußballverbandes weitergeführt.

4.7/100

4.7/95 "Die neue Fußballwoche" Nr. 17/1957
23.4.1957
Papier; 31,5 x 23,5 cm
SV Werder Bremen

4.7/96 "Deutsches Sportecho / Die neue Fußballwoche", Sonderausgabe zur Fußballsaison 1982/83
August 1983
Papier; 28,5 x 20,5 cm
Franz Peter Seiwert, Oberhausen

4.7/97 Silberner Fußballschuh des Jahres 1967/68 für Bernd Bransch, Halleschen FC Chemie
1968
Metall, Marmor; 8 x 10 x 6,5 cm
Bernd Bransch, Halle

4.7/98 Silberner Fußballschuh des Jahres 1973/74 für Bernd Bransch, Halleschen FC Chemie / FC Carl Zeiss Jena
1974
Metall, Marmor; 8 x 10 x 6,5 cm
Bernd Bransch, Halle

4.7/99 Silberner Fußballschuh des Jahres 1974/75 für Jürgen Pommerenke, 1. FC Magdeburg
1975
Metall, Marmor; 8 x 10 x 6,5 cm
Jürgen Pommerenke, Magdeburg

4.7/100 Silberner Fußballschuh des Jahres 1977/78 für Jürgen Croy, Sachsenring Zwickau
1978
Metall, Marmor; 8 x 10 x 6,5 cm
Stadtgeschichtliches Museum Leipzig, Sportmuseum Leipzig; DLG 25

4.7/101 Silberner Fußballschuh des Jahres 1983/84 für Hans-Jürgen Dörner, Dynamo Dresden
1984
Metall, Marmor; 8 x 10 x 6,5 cm
Hans-Jürgen Dörner, Freital

Die in Berlin wöchentlich erscheinende "Neue Fußball Woche" berichtete über alle wichtigen fußballerischen Ereignisse in der DDR. Seit 1963 ermittelte die Fußballzeitschrift – kurz "fuwo" genannt – den Fußballer des Jahres. Als Zeichen ihrer Ehrung erhielten diese eine Trophäe in Form eines kleinen silbernen Fußballschuhs. Erster Preisträger war 1962/63 Manfred Kaiser (Wismut Karl-Marx-Stadt), als letzter konnte 1990/91 Torsten Gütschow (Dynamo Dresden) den Silbernen Fußballschuh in Empfang nehmen.

4.7/102

4.7/102 Trophäe für die BSG Lokomotive Stendal in Form des Stendaler Rolands
1963
Metall; 28 x 9 x 9 cm
Stadtgeschichtliches Museum Leipzig, Sportmuseum Leipzig; Troph 153

Diese ungewöhnliche Trophäe erinnert an die Zugehörigkeit des Oberligakollektivs BSG Lokomotive Stendal zur Oberliga. Der am 18. Dezember 1949 gegründete Verein gehörte in den fünfziger und sechziger Jahren mehrfach der höchsten Spielklasse der DDR an. In der Saison 1962/63 allerdings spielte Lok Stendal – anders als es die Trophäe nahe legt – in der DDR-Liga, der zweithöchsten Spielklasse.

liche Grund war ein anderer: Stasi-Chef Erich Mielke wollte "seinen" Club, den Berliner Fußballclub Dynamo, zur tonangebenden Mannschaft der Hauptstadt machen. Dabei stand ihm der FC Vorwärts Berlin im Wege, der kurzerhand an die Oder versetzt wurde, hier aber nie richtig Fuß fasste und an seine alten Erfolge nicht mehr anknüpfen konnte. Der Öffentlichkeit wurde stets versichert, die Delegierung einzelner Spieler oder ganzer Mannschaften erfolge aus übergeordneten sportpolitischen Gründen. Für die Mannschaften, die Spieler, ihre Trainer, Betreuer und Fans hingegen bedeutete die "Delegierung" einen tiefen Einschnitt in ihr Leben.

4.7/103 Programmheft der "Berliner Fußballwoche", eröffnet am 29.10.1950
1950
Papier; 21 x 15 cm
Dirk Rogoschinski, Lübbenau

4.7/104 Programmheft zur Eröffnung der Spielzeit 1952/53 am 24.8.1952
1952
Papier; 21 x 15 cm
Uwe Krüger, Kobbeln

4.7/105 Programmheft zum Spiel SC Rotation Leipzig – SC Lokomotive Leipzig am 8.9.1956
Papier; 21 x 15 cm
Martin Brands, Duisburg

4.7/106 Signierter Fußball des Armeesportklubs Vorwärts Berlin
1964/65
Leder; D 20,5 cm
Haus der Geschichte der Bundesrepublik Deutschland, Bonn

4.7/107 Mannschaft des Armeesportklubs Vorwärts Berlin
1964/65
Foto, Papier, Holz, Glas; 30,5 x 41 x 1,8 cm
Haus der Geschichte der Bundesrepublik Deutschland, Bonn

4.7/108 Fußball mit Emblemen der Oberliga-Vereine
1971/1975
Leder; D 21 cm
1. FC Dynamo Dresden

4.7/109 Zwei Plakate zur Oberliga-Saison 1983/84
1983
Papier; 57,5 x 41 cm
Stadtgeschichtliches Museum Leipzig, Sportmuseum Leipzig; P 1215

5.9/110 Wimpel zur Fußball-Oberliga
Textil; je 31 x 19 cm
Nordostdeutscher Fußballverband, Berlin
a) Wimpel zur Saison 1975/76
b) Wimpel zur Saison 1976/77
c) Wimpel zur Saison 1977/78
d) Wimpel zur Saison 1980/81
e) Wimpel zur Saison 1981/82
f) Wimpel zur Saison 1984/85
g) Wimpel zur Saison 1988/89
h) Wimpel zur Saison 1989/90
i) Wimpel zur Saison 1990/91

4.7/111 Fußballschuhe von Jürgen Sparwasser, 1. FC Magdeburg
um 1975
Leder, Kunststoff; 9,5 x 29 x 10 cm
Stadtgeschichtliches Museum Leipzig, Sportmuseum Leipzig; Schu 113

4.7/112 Meisterschaftsmedaille für Manfred Zapf, 1. FC. Magdeburg
1974
Metall, Textil; D 6 cm
Manfred Zapf, Berlin

4.7/113 Miniatur des Ehrenpreises für den Fußballmeister der DDR 1973/74, 1. FC Magdeburg
1974
Metall; 27 x 22 x 9 cm
1. FC Magdeburg

4.7/114 Wimpel des 1. FC Magdeburg für den DDR-Meister und FDGB-Pokalsieger Dynamo Dresden
1977
Textil; 53 x 33 cm
1. FC Dynamo Dresden

4.7/115 Wimpel der SG Dynamo Dresden
1985
Textil; 24 x 18 cm
Hans Zolper, Solingen

4.7/116 Sporthose, Trikot und Stutzen von Wolfram Löwe, 1. FC Lokomotive Leipzig
um 1975
Textil; 40 x 30 cm, 70 x 69 cm, 62 x 26 cm
Stadtgeschichtliches Museum Leipzig, Sportmuseum Leipzig; Skl 35, Skl 21, Skl 26 a, b

4.7/117 Wimpel des FC Lokomotive Leipzig
1986
Textil; 40 x 28 cm
Hamburger SV

4.7/118 Plakat zum Oberligaspiel BSG Sachsenring Zwickau – BSG Chemie Böhlen am 10.12.1977
1977
Papier; 48 x 68 cm
Stadtgeschichtliches Museum Leipzig, Sportmuseum Leipzig; P 353

4.7/119 Plakat zum Oberligaspiel 1. FC Union Berlin – FC Hansa Rostock am 19.8.1978
1978
Papier; 57,5 x 82 cm
Stadtgeschichtliches Museum Leipzig, Sportmuseum Leipzig; P 482

4.7/120 Plakat zum Oberligaspiel FC Rot-Weiß Erfurt – 1. FC Lokomotive Leipzig am 8.3.1980
1980
Papier; 60 x 86 cm
Stadtgeschichtliches Museum Leipzig, Sportmuseum Leipzig; P 1599

Wie überall auf der Welt, so gaben auch in den Fußballstadien der DDR die Fans den Ton an. Ohne ihre lautstarke und farbenfrohe Teilnahme am Spiel, ohne ihre Anfeuerungs- oder Schmährufe, ihre Fahnen und Transparente kam auch in der DDR kein größeres Fußballspiel aus. Und wie überall blieb es auch hier oft nicht beim verbalen Schlagabtausch. Gewalttätige Auseinandersetzungen zwischen den Fans waren keine Seltenheit. Ob friedlich oder gewalttätig: Der Fußball war für viele eine wichtige, oftmals sogar die einzige Möglichkeit, Emotionen und Aggressionen freien Lauf zu lassen und auch einmal die Obrigkeit herauszufordern. Hierin unterschied sich die DDR kaum von anderen Industriestaaten. Es kann nicht überraschen, dass die SED und staatliche

4.7/121

Die Oberliga-Statistik für den gesamten Zeitraum der DDR 1949-1991 verzeichnet folgende Ergebnisse : In 8046 Spielen wurden 24.200 Tore (3,01 Tore pro Spiel) erzielt. Fast 90 Millionen Zuschauer, im Schnitt 10.000 pro Spiel, verfolgten die Begegnungen. Torschützenkönig wurde Joachim Streich (FC Hansa Rostock, 1. FC Magdeburg) mit 229 Treffern, gefolgt von Eberhard Vogel (FC Karl-Marx-Stadt, FC Carl Zeiss Jena) mit 188 und Peter Ducke (Carl Zeiss Jena) mit 153 Toren. Als die erfolgreichsten Mannschaften der Oberliga gelten, gemessen an der Zahl der Meistertitel, der BFC Dynamo (zehnmal Meister) und Dynamo Dresden (achtmal Meister).

4.7/121 Ehrenpreis für den Fußballmeister der DDR
1970er Jahre
Bronze; 63 x 55 x 25 cm
Nordostdeutscher Fußballverband, Berlin

4.7/122 Ehrenpreis für den Fußballmeister der DDR
1970er Jahre
Bronze; 63 x 55 x 25 cm
1. FC Dynamo Dresden

4.7/123 Meisterschale des DFV für den Fußballmeister der DDR
1989/90
Metall, versilbert, Bernstein; D 40,5 cm
Deutscher Fußball-Bund, Frankfurt/M.

Der "Ehrenpreis für den Meister der Deutschen Demokratischen Republik im Fußball" war eine Wandertrophäe des Generalsekretärs des Zentralkomitees der SED und Staatsratsvorsitzenden der DDR. Sie wurde alljährlich dem Fußballmeister überreicht. Eine verkleinerte Kopie verblieb im Besitz des Vereins. Die Trophäe wurde vom DFV aufbewahrt und gelangte so in den Besitz seines Nachfolgers, des Nordostdeutschen Fußballverbands. Das identische zweite Exemplar stammt aus dem Besitz des 1. FC Dynamo Dresden und wurde ihm wahrscheinlich anlässlich des fünften Meistertitels 1978 überreicht. Aufgrund der politischen Umwälzungen in der DDR wurde der Ehrenpreis in der Spielzeit 1989/90 nicht mehr verliehen. Stattdessen vergab der DFV eine Meisterschale.

4.7/124 Postkarte mit Werbung für die Volkskammerwahlen der Betriebssportgruppe Chemie Leipzig am 15.10.1950
1950
Karton; 15 x 10,4 cm
Stadtgeschichtliches Museum Leipzig, Sportmuseum Leipzig; D 1103

Auf dieser Postkarte bekunden die Spieler der BSG Chemie Leipzig, die hier in Einzelporträts abgebildet sind, bei den bevorstehenden Wahlen am 15.10.1950 den Kandidaten der "Nationalen Front des demokratischen Deutschlands" ihre Stimme geben zu wollen. Sie rufen die Wähler dazu auf, dies gleichfalls zu tun. In der "Nationalen Front des demokratischen Deutschlands" waren alle Parteien und die wichtigsten Massenorganisationen der DDR unter Führung der SED zusammengeschlossen. Zu den Wahlen wurden Einheitslisten aufgestellt und die Mandate nach einem vorher festgelegten Schlüssel vergeben. Die Beteiligung an den Wahlen betrug 87,44 %; dem Votum der Chemie Leipzig-Spieler schlossen sich 99,7% der Wähler an.

4.7/125 Fußball des FC Carl Zeiss Jena mit Widmung zum 75. Geburtstag von Walter Ulbricht
1968
Leder; D 19 cm
Deutsches Sport- und Olympiamuseum Köln

Der Fußball ist ein Geschenk des FC Carl Zeiss Jena an den SED-Generalsekretär und Staatsratsvorsitzenden Walter Ulbricht zu dessen 75. Geburtstag am 30.6.1968. Der FC Carl Zeiss Jena mit seinem Trainer Georg Buschner gehörte in den sechziger Jahren zu den stärksten Mannschaften der Oberliga und war 1968 zum zweiten Mal Fußballmeister der DDR geworden.

4.7/126 Programmheft zum Spiel Stahl Stalinstadt – SG Dynamo Dresden am 27.3.1955
1955
Papier; 21 x 15 cm
Uwe Krüger, Kobbeln

4.7/127 Programmheft zum Spiel Stahl Stalinstadt – Empor Rostock am 28.4.1957
1957
Papier; 21 x 15 cm
Uwe Krüger, Kobbeln

4.7/128 Programmheft zum Spiel Stahl Stalinstadt – SC Fortschritt Weißenfels 28.5.1961
1961
Papier; 21 x 15 cm
Uwe Krüger, Kobbeln

Stellen den Fußballfans ihre besondere Aufmerksamkeit schenkten. Die Szene wurde streng überwacht. Nach den Berichten des Ministeriums für Staatssicherheit nahm seit der zweiten Hälfte der siebziger Jahre die Gewalt in den Stadien und deren Umgebung merklich zu – eine Entwicklung, die zur gleichen Zeit auch in der Bundesrepublik zu beobachten war. Eine wirklichkeitsnahe Erklärung hatte man dafür nicht: In den

4.7/125

4.7/129 Fahne der "Betriebssportgemeinschaft Stahl / Eisenhüttenkombinat Ost / Eisenhüttenstadt"
1961/64
Textil; 175 x 110 cm

4.7/123

4.7/129

Augen der Staatssicherheit war das Fehlverhalten der "negativ dekadenten Jugendlichen" ausschließlich auf die Übernahme westlicher Werte und Verhaltensweisen zurückzuführen. Beweise für diese These waren schnell zur Hand: So führte man die Gewaltbereitschaft und neonazistische Ausrichtung einiger Fangruppen des 1. FC Union Berlin vornehmlich auf Kontakte zu West-Berliner Skinheads im Umfeld von Hertha BSC zurück. Mit polizeilichen Mitteln, aber auch durch Fanprojekte, versuchte der Staat der unruhigen Fanszene Herr zu werden. Dies gelang nur zum Teil. 1987 zählte man 61 registrierte Fanclubs von Union Berlin, daneben aber auch etliche, die sich der Registrierung – sprich: Überwachung – bislang entzogen hatten.

Eine ganz andere Art von Fußballfan repräsentierte die DDR bei Auslandsspielen der DDR-Elf oder erfolgreicher Clubmannschaften: die "Fußballtouristen", diszipliniert, staatsloyal, doch meistens ohne fußballerisches Interesse. Für die Staats- und Parteiführung war das Ausland, besonders das

4.7/130 Ordner-Armbinde der BSG Stahl Eisenhüttenstadt
1961/64
Textil; 19 x 12 cm
Uwe Krüger, Kobbeln

4.7/131 Plakat zum Spiel Stahl Eisenhüttenstadt – Metalurg Pernik am 12.5.1967
1967
Papier; 59 x 84 cm
Uwe Krüger, Kobbeln

Die Betriebssportgemeinschaft des Eisenhüttenkombinats Ost in Eisenhüttenstadt, das bis zur Umbenennung 1961 Stalinstadt hieß, spielte überwiegend in der DDR-Liga, der zweithöchsten Spielklasse. Nur 1969/70 und 1989 bis 1991 gehörte Stahl Eisenhüttenstadt der Oberliga an.

4.7/132 Kassiertasche der BSG Chemie Leipzig
um 1965
Leder, Metall; 29 x 25 x 7 cm
FC Sachsen Leipzig

4.7/133 Zwei Eintrittspreistafeln aus dem Georg-Schwarz-Sportpark in Leipzig-Leutzsch
um 1965
Holz, Pappe;
33 x 57 cm, 13,5 x 42 cm
FC Sachsen Leipzig

4.7/134 Trikot der BSG Chemie Leipzig
um 1985
Textil
FC Sachsen Leipzig

Die Kassiertasche und die Eintrittspreistafeln aus dem Georg-Schwarz-Sportpark in Leipzig-Leutzsch, dem Heimstadion der BSG Chemie Leipzig, vermitteln einen Eindruck davon wie spartanisch die Stadien vielfach ausgestattet waren. Dennoch konnte sich der Verein Mitte der sechziger Jahre nicht über mangelnden Zuspruch beklagen. Die BSG Chemie Leipzig hatte eine treue Fangemeinde. Sie war eine typische "Fahrstuhlmannschaft", die mehrfach zwischen Oberliga und DDR-Liga auf- und abstieg.

4.7/135 Bierkrug mit Emblem der BSG Chemie Leipzig
um 1970
Holz, Metall; H 15,5 cm, D 9 cm
Rainer Hille, Leipzig

4.7/136 Bierkrug mit Emblem der BSG Chemie Leipzig
um 1975
Porzellan; H 16 cm, D 10 cm
Rainer Hille, Leipzig

4.7/137 Zierteller mit Emblem der BSG Chemie Leipzig und einer Aufzählung ihrer größten Erfolge
1974
Metall; D 14,5 cm
Rainer Hille, Leipzig

4.7/133

4.7/138 Zierteller mit Emblem der BSG Chemie Leipzig zum 35-jährigen Bestehen des Vereins
1985
Porzellan; D 19 cm
Rainer Hille, Leipzig

4.7/139 Cognacschwenker mit Emblem der BSG Chemie Leipzig zum 35-jährigen Bestehen des Vereins
1985
Glas; H 20 cm, D 14 cm
Rainer Hille, Leipzig

4.7/140 Cognacschwenker mit Emblem der BSG Chemie Leipzig
1975
Glas; H 15 cm, D 10 cm
Rainer Hille, Leipzig

4.7/141 Bierkrug mit Emblem der BSG Chemie Leipzig zum 40-jährigen Bestehen des Vereins
1990
Porzellan; H 15 cm, D 10 cm
Rainer Hille, Leipzig

Der Sammelleidenschaft vieler Fußballanhänger kam auch die Industrie der DDR mit einer umfangreichen Produktpalette entgegen. Bedeutende Vereine waren nicht nur mit den klassischen Fanartikeln, etwa Anstecknadeln, Wimpeln und Fahnen auf dem Markt vertreten. Auch Sammelobjekte wie Zierteller und -gefäße, die mit den Vereinswappen und Angaben zur Vereinsgeschichte geschmückt waren, erfreuten sich großer Beliebtheit.

4.7/142 Sammlung von 2021 Anstecknadeln von DDR-Sportvereinen und -verbänden
1945-1990
Metall
Rainer Hille, Leipzig

Fußball war in der DDR Volkssport. Auf 29 Einwohner kam im Jahr 1986 ein aktiver Fußballspieler. Entsprechend dicht war das Netz der Sportvereine, von denen die meisten über eine Fußballabteilung verfügten. Die mit über 2000 Anstecknadeln von Sportvereinen wohl umfangreichste Sammlung dieser Art vermittelt ein anschauliches Bild von der Sport- und Fußballbegeisterung in der DDR. Bis auf wenige Ausnahmen sind alle Sportvereine und -verbände der DDR mit einer Anstecknadel vertreten.

4.7/143 Sammelalbum eines Fußballfans
1968-1987
Papier; 33 x 25 cm
Rainer Hille, Leipzig

Rainer Hille aus Leipzig ist Sammler von Sportemblemen und Sportlerautogrammen. Zu DDR-Zeiten war er Anhänger von Chemie Leipzig, als Autogrammjäger aber vor allem an Autogrammen von Sportlern aus der Bundesrepublik Deutschland interessiert, die für Bürger der DDR schwer zu erlangen waren. Bei Spielen von Fußballmannschaften aus der Bundesrepublik in der DDR oder den sozialistischen Staaten reiste er zu den Spielstätten, um die begehrten Unterschriften zu erhalten. Zur Erinnerung an die Reisen ins Ausland legte er sein Sammelalbum an, in das er Eintrittskarten und Fotos einklebte. Einige Sportler verewigten sich mit ihrem Autogramm direkt in Hilles Sammelalbum. Die Staatssicherheit, die Kontakte zwischen Bürgern der DDR und der Bundesrepublik zu unterbinden trachtete, wurde zwar auf Hille aufmerksam, konnte ihm aber keine strafbaren Handlungen nachweisen.

kapitalistische und hier vor allem die Bundesrepublik, Feindesland. Dorthin durften nur handverlesene Bürger reisen, die durch die Reiseleitung und das Ministerium für Staatssicherheit vollkommen abgeschottet wurden. Kontakte zur Bevölkerung der gastgebenden Nation sollten unterbleiben. Ähnliches galt bei Spielen westlicher Mannschaften in der DDR: Damit persönliche Kontakte oder auch politische Kundgebungen im Stadion unterblieben, mussten die wahren Fans bei den Begegnungen auch schon mal draußen bleiben. Die Ränge füllten sich dann mit bewährten Stasi-Mitarbeitern.

Was bleibt vom Fußball in der DDR? Trotz häufiger Umbenennungen gehen die meisten Fußballvereine in den neuen Bundesländern auf Gründungen der DDR-Zeit zurück. Die großen Vereine sind längst zu professionell geführten Unternehmen geworden, denen allerdings der nationale wie internationale Erfolg – von Ausnahmen abgesehen – bislang versagt blieb. Angeknüpft wird zur Zeit an die Jugendarbeit der DDR. Dass sie es verstanden hat, junge Talente zielgerichtet zu fördern, beweisen die zahlreichen Spitzenfußballer aus der ehemaligen DDR, die nach der Wende im deutschen und europäischen Profifußball überzeugten.

Andreas Zolper

4.7/144 Wimpel des Berliner Fußball-Klubs Berlin mit Widmung zum 30-jährigen Bestehen des Ministeriums für Staatssicherheit
1980
Textil; 50 x 20 cm
Christoph Biermann, Köln

4.7/145 Cognacschwenker des Fußballmeisters BFC Dynamo
1981
Glas; H 20 cm, D 14 cm
Hamburger Sportverein

4.7/146 Urkunde und Akte für den Fußballmeister der DDR, BFC Dynamo
1984
Papier; 10,5 x 14,5 cm
Haus der Geschichte der Bundesrepublik Deutschland, Bonn; 1996/12/0121

4.7/147 Protokoll der Videoauswertung des Endspiels im FDGB-Pokal vom 8.6.1985 zwischen dem BFC Dynamo und der SG Dynamo Dresden
21.6./3.7.1985
Reproduktion, 5 Seiten; je 29,5 x 21 cm
Stiftung Archiv der Parteien und Massenorganisationen der DDR im Bundesarchiv, Berlin

4.7/148 Schmucketui mit acht Medaillen zur achtfachen Meisterschaft des BFC Dynamo
1986
Metall, Holz, Leinen; 2,8 x 27 x 11 cm
Haus der Geschichte der Bundesrepublik Deutschland, Bonn, 1991/4/158

4.7/149 Schmuckkassette zur zehnten Meisterschaft des BFC Dynamo
1987/88
Leder, Pappe, Leinen; 4,6 x 23,4 x 32,1 cm
Haus der Geschichte der Bundesrepublik Deutschland, Bonn; 1993/12/0051.01.23

4.7/150 Spieler und Trainer des BFC Dynamo
1988
Foto; 29,6 x 20,9 cm
Haus der Geschichte der Bundesrepublik Deutschland, Bonn; 1993/12/0051.03.23

Zwischen 1979 und 1988 wurde der BFC Dynamo zehnmal in Folge Fußballmeister der DDR. Der BFC Dynamo genoss höchste Förderung durch den Minister für Staatssicherheit und Vorsitzenden der Gesamtsportvereinigung Dynamo Erich Mielke. Er kommandierte gute Spieler nach Berlin ab und schreckte auch nicht davor zurück, die Beeinflussung von Schiedsrichtern zu veranlassen. Bei dem Pokalspiel zwischen dem BFC Dynamo und der SG Dynamo Dresden im Juni 1985 waren die Fehlentscheidungen so offensichtlich, dass sich der Fußballverband einschaltete und eine Aufzeichnung des Spiels auswertete, aber nichts gegen das Ergebnis unternehmen konnte. Der Eingriff des DFV bewirkte tatsächlich ein Ende der Manipulationen. Aufgrund des offensichtlichen Einflusses des Ministeriums für Staatssicherheit verlor der Verein an Popularität.

4.7/151 Wimpel zum "Sportecho-Supercup" am 5.8.1989
1989
Textil; 40 x 17,5 cm
Stadtgeschichtliches Museum Leipzig, Sportmuseum Leipzig; Wi 602

4.7/152 Programmheft zum Spiel um den Sportecho-Pokal SG Dynamo Dresden – BFC Dynamo am 5.8.1989
1989
Papier; 21 x 15 cm
Uwe Krüger, Kobbeln

Am 5.8.1989 wurde in Cottbus zum einzigen Mal der von der Zeitung "Deutsches Sportecho" gestiftete Sportecho-Pokal, auch "Supercup" genannt, ausgespielt. Der Meister Dynamo Dresden traf auf den FDGB-Pokalsieger BFC Dynamo. Die Berliner siegten mit 4:1.

4.7/153 Gedenkmedaille zum Benefiz-Fußballspiel zwischen den Mannschaften des Deutschen Bundestages und der Volkskammer am 21.9.1990
1990
Metall, versilbert; D 4,5 cm
Haus der Geschichte der Bundesrepublik Deutschland, Bonn; 1997/11/0131

Am 21.9.1990 traten die Mannschaften des Deutschen Bundestages und der Volkskammer der DDR zu einem gemeinsamen Fußballspiel an. Das Motto lautete: "Miteinander – Füreinander – Nie wieder gegeneinander". Das in Berlin ausgetragene Spiel endete ausgewogen 2:2. Zur Erinnerung an dieses Ereignis, das als Symbol der Annäherung beider deutschen Staaten gelten kann, wurde diese Gedenkmedaille herausgegeben.

4.7/154 Wimpel des Deutschen Fußball-Verbandes der DDR
1988
Textil; 38 x 28 cm
Haus der Geschichte der Bundesrepublik Deutschland, Bonn; 1999/04/0066

4.7/155 Plakat zum "Fest des deutschen Fußballs" am 20./21.11.1990
1990
Papier; 85 x 61 cm
Nordostdeutscher Fußballverband, Berlin

4.7/156 Eintrittskarte zum "Fest des deutschen Fußballs" am 21.11.1990
1990
Papier; 10 x 14,6 cm
Deutscher Fußball-Bund, Frankfurt/M.

4.7/157 Medaille zum "Fest des deutschen Fußballs" am 20./21.11.1990
1990
Silber; D 3,5 cm
Uwe Wick, Essen

Am 20.11.1990 beschloss der DFV seine Auflösung. Gleichzeitig wurde der Nordostdeutsche Fußballverband gegründet, der am darauf folgenden Tag dem DFB beitrat. Das geplante "Fest des deutschen Fußballs" wurde wegen befürchteter Ausschreitungen abgesagt.

4.7/158 Zusammenstellung von Fußballfotos aus der DDR
1950er-1990er Jahre
Fotos;
a) Sport-Presse-Fotos Wilfried Witters, Hamburg
b) Ernst-Ludwig Bach, Berlin
c) Günter Simon, Neu Fahrland
d) Hans-Peter Beyer, Halle

Große Turniere

Die Erfolge und Misserfolge der deutschen Nationalmannschaft pflegen ganz Fußballdeutschland in Atem zu halten. Die Qualifikationen zu den Welt- und Europameisterschaften, die Siege und Niederlagen bei internationalen Turnieren faszinieren seit jeher Millionen Menschen. Das in typischer Gerd Müller-Manier erzielte 2:1 im Weltmeisterschaftsfinale 1974 gegen die Niederlande, aber auch der von Uli Hoeneß verschossene Elfmeter im Europameisterschafts-Endspiel von 1976 sind zwei von vielen Momenten, die dem Fußballfan unvergessen bleiben.

Die Spannung großer internationaler Turniere wird durch das K.o.-System der Endrunde noch gesteigert: In jeder Runde wächst der äußere Druck auf die beteiligten Mannschaften. Damit umgehen zu können, galt oft als eine besondere Stärke der deutschen Nationalelf. So hieß es, das deutsche Team sei eine ausgesprochene Turniermannschaft. Durch die Aufstockung des Teilnehmerfeldes zur Weltmeisterschaft 1982 in Spanien von 16 auf 24 und einer zweiten Erhöhung 1998 in Frankreich auf 32 Mannschaften sind die Weltmeisterschaften noch bunter und exotischer geworden – aber auch teurer, was den Kreis der Gastgeberländer entsprechend eingeschränkt hat. Kolumbien, das die Weltmeisterschaft 1986 ausrichten sollte, musste zurücktreten, weil es sich nicht in der Lage sah, die hohen organisatorischen und finanziellen Auflagen zu erfüllen. Und sie dauern immer länger: Mehr als vier Wochen lagen 1998 zwischen dem Eröffnungsspiel und dem Finale.

4.8/1 Wer wird Fußball-Weltmeister?
Kicker-Sonderheft zur Fußball-Weltmeisterschaft 1966,
Nürnberg, 15.6.1966
Papier; 30 x 22,5 cm
Alfons Fiedler, Oberhausen

Favoriten waren der Gastgeber England mit seinen Spielerpersönlichkeiten Bobby Charlton, Bobby Moore, Geoffrey Hurst, Alan Ball und als Trainer Alf Ramsey, und der Titelverteidiger Brasilien, zu dessen Team Pelé zählte.

4.8/2 Wimpel von der Fußball-Weltmeisterschaft 1966
1966
Textil, einseitig bedruckt;
32 x 15,5 cm
Hildegard Schulte, Dortmund

4.8/3 Programmheft zum Endspiel um die Fußball-Weltmeisterschaft 1966
1966
Papier; 25 x 15 cm
Schweizerisches Sportmuseum, Basel

4.8/4 Eintrittskarte vom Weltmeisterschafts-Endspiel England – Deutschland 1966
England, 30.7.1966
Papier; 8 x 6 cm
Bernd Münze, Rüsselsheim

Die Endspielteilnehmer England und Deutschland hatten sich im Turnierverlauf als stärkste Mannschaften erwiesen. Besonders Helmut Schöns Mischung aus Bundesligaprofis und erfahrenen Italien-Legionären wie Helmut Haller, Karl-Heinz Schnellinger und Horst Szymaniak verlieh der Mannschaft die spielerische und kämpferische Stärke, um im Viertelfinale Uruguay und im Halbfinale die Sowjetunion zu schlagen.

4.8/5 Die englische und deutsche Mannschaft bei der Seitenwahl beim Endspiel 1966
London, 1966
Foto; 18,4 x 25,2 cm
Schweizerisches Sportmuseum, Basel

4.8/6 Schiedsrichter Gottfried Dienst beim Endspiel 1966
London, 1966
Foto; 10,3 x 18,5 cm
Schweizerisches Sportmuseum, Basel

4.8/7 Fußball von der Fußball-Weltmeisterschaft 1966
Slazenger, England, 1966
Leder; D 20 cm
The Football Museum, Preston; E 34

Der Ball stammt zwar von dem Turnier, ist aber nicht der berühmte Ball des Endspiels, der von Helmut Haller nach Deutschland mitgenommen und vor kurzem von der englischen Tageszeitung "Sun" unter großem Presserummel zurückgeholt wurde.

4.8/8 Querlatte des Fußballtores aus dem Wembley-Stadion
England, 1960er Jahre
Holz, Metall; 12 x 756 x 12 cm
Wembley National Stadium Ltd., London

Die Wembley-Latte besteht aus einem mit Holz umkleideten Stahlkern. Von hier prallte der Schuss von Geoff Hurst zum umstrittenen 3:2 für England ab. Ob der Ball dann auf oder hinter der Linie aufschlug, ist bis heute umstritten. Sie bildet heute den zentralen Ausstellungsbereich in der "Hall of Fame" des Wembley-Stadions.

4.8/9 Fußballschuh von Bobby Moore, Modell "adidas WM 66"
adidas, 1966
Leder, Kunststoff;
9 x 26,5 x 11 cm
adidas Sportmuseum, Herzogenaurach; 02505

Robert "Bobby" Moore, der diesen Schuh bei der Weltmeisterschaft 1966 trug, spielte schon 1962 in Chile für sein Land und sollte es auf insgesamt 108 Einsätze bringen. Er spielte als "letzter Mann" hinter der Abwehr.

4.8/10 Spielszenen, Interviews und Analysen zum "Wembley-Tor"
Frank Bürgin (Bearb.), Zeitlupe, Gelsenkirchen, 1966/2000
Film; 4 min 25 sec
Westdeutscher Rundfunk, Köln

Die 101. Minute des Endspiels wird unvergessen bleiben. Der von Geoffrey Hurst geschossene Ball prallte von der Querlatte auf den Boden und sprang wieder ins Feld. Drin oder nicht drin? Diese Frage stellten alle, und einer musste sie sofort beantworten: Schiedsrichter Gottfried Dienst. Er befragte seinen sowjetischen Linienrichter Tofik Bachramow, der entschlossen zur Mittellinie zeigte. Bis zu diesem Zeitpunkt hatten die Zuschauer im Stadion und vor den Fernsehgeräten ein packendes Finale erlebt, in dem die Deutschen Vorteile in der ersten Halbzeit und die Engländer in der zweiten hatten. Noch kurz vor Abpfiff der regulären Spielzeit war es Wolfgang Weber gelungen, den Ausgleich zum 2:2 zu erzielen und so eine Verlängerung zu erzwingen. In dieser kam es zur spielentscheidenden Situation, die den schweizerischen Schiedsrichter Gottfried Dienst vor seine schwerste Entscheidung stellte, die ihn und die beiden beteiligten Akteure, den Torschützen Geoffrey Hurst und den deutschen Torwart Hans Tilkowski, berühmt machten. Nach Befragung seines Linienrichters entschied Dienst auf Tor. Selbst jüngste Computeranalysen sind zu keinen übereinstimmenden Ergebnissen gekommen.

4.8/13

Zu internationalen Begegnungen zwischen einzelnen Nationalmannschaften war es schon im 19. Jahrhundert gekommen. Der Karlsruher Lehrer und Fußball-Pionier Walter Bensemann organisierte im Jahre 1899 drei so genannte "Ur-Länderspiele" gegen England. Nach halboffiziellen Vorführwettbewerben am Anfang des 20. Jahrhunderts avancierte Fußball 1908 offiziell zur olympischen Disziplin, in der 1912 auch die deutsche Mannschaft erstmals antrat. Die erste Fußball-Weltmeisterschaft wurde dann 1930 von der FIFA ausgetragen, und das Gastgeberland Uruguay erspielte sich den ersten Weltmeistertitel. Das deutsche Team nahm vier Jahre später in Italien erstmals an einer Weltmeisterschaft teil und erreichte unter Otto Nerz einen beachtlichen dritten Platz.

Bei den Olympischen Sommerspielen 1936 in Berlin traf die Nationalelf in der Zwischenrunde auf Norwegen. Mit minutenlangen "Sieg Heil!"-Rufen wurde Hitler beim Besuch seines ersten (und einzigen) Fußballspiels im Stadion begrüßt und anschließend Zeuge der verdienten 0:2-Niederlage der deutschen Nationalelf. Daraufhin wurde Sepp Herberger, der bis dahin nur Assistent von Otto Nerz gewesen war, diesem an die Seite gestellt. Die überzeugendste Vorstellung lieferten die deutschen Spieler 1937 in einem Freundschaftsspiel gegen Dänemark in Breslau; als "Breslau-Elf" wurden sie legendär.

4.8/14

4.8/15 Stücke aus dem Nachlass des Schiedsrichters Gottfried Dienst
Schweizerisches Sportmuseum, Basel
a) Zeitungsberichte zum "Wembley-Tor": Bild am Sonntag, Hörzu und Luzerner Tageblatt
Papier
b) Gelbe Schiedsrichter-Karte
Kunststoff, Leinen; 13,7 x 8,7 cm
c) Rote Schiedsrichter-Karte
Kunststoff, Leinen; 13,7 x 8,7 cm
d) Schiedsrichter-Armbanduhr
Metall, Leder;
L 23,5 cm, D 4,5 cm
e) Schiedsrichterpfeife
Kunststoff, Holz, Metall;
5,5 x 2,4 cm
f) Schiedsrichterbekleidung der FIFA
Textil, Metall, Kunststoff
g) Fasnachtsmaske der Basler Fasnacht mit den Zügen des Schiedsrichters Gottfried Dienst
Basel, nach 1966
Pappmaché; 63 x 41 x 41 cm

Seine Entscheidung, den Schuss von Hurst als Tor zu werten, machte den Schweizer Schiedsrichter zu einer Berühmtheit. Sogar der Basler Fastnacht diente er als Motiv. In späteren Jahren begleitete er Gruppen in das Wembley-Stadion und erklärte ihnen, was es mit dem "Wembley-Tor" auf sich hatte.

4.8/12

4.8/11 Titelblatt der Bild-Zeitung mit Bericht über das Endspiel
Essen, 31.7.1966
Papier; 40 x 30 cm
Alfons Fiedler, Oberhausen

4.8/12 Aral Fussball-Album: Weltmeisterschaft 1966. Aral Bilderalbum Nr. 1
Aral Aktiengesellschaft, 1966
Papier, Karton; 32,5 x 24 cm
Jörg Heimsoth, Bondorf

4.8/13 Sven Simon: Das Tor des Jahrhunderts
1966
Papier; 30 x 23,5 cm
Roland Tomic, Duisburg

4.8/14 Sonderbericht "Deutschland Vize-Weltmeister"
Bunte Illustrierte, Offenburg, 10.8.1966
Papier; 35 x 27 cm
Heinz Pieper, Moers

Nach dem "Anschluss" Österreichs wurden auch die Nationalmannschaften beider Länder zu einer gemeinsamen zusammengelegt. Diese politisch motivierte Mannschaftsaufstellung, in der zwei unterschiedliche Spielsysteme aufeinander prallten, führte zum frühzeitigen Ausscheiden der Mannschaft bei der Weltmeisterschaft 1938 in Frankreich.

Nach dem Zweiten Weltkrieg war der DFB zunächst international gesperrt. Doch 1954 durfte die deutsche Nationalmannschaft unter ihrem Trainer Sepp Herberger wieder an der Weltmeisterschaft teilnehmen und feierte ihren ersten großen Erfolg, der als das "Wunder von Bern" sofort zur Legende wurde und nicht immer nur scherzhaft als eigentliches Gründungsdatum der Bundesrepublik gilt. Die westdeutschen Politiker stellten sich schnell auf die neue nationale Bedeutung des Fußballs ein: Während sich der Vizekanzler vor dem Finale noch dafür rechtfertigen musste, dem Team ein Glückwunschtelegramm geschickt zu haben, ließ Bundespräsident Heuß es sich nach dem Finale nicht nehmen, die Mannschaft in einer Großveranstaltung im Berliner Olympiastadion persönlich zu ehren.

Schon 1958 in Schweden gehörte die deutsche Mannschaft zu den Favoriten und scheiterte erst im Halbfinale am Gastgeber. 1962 in Chile schied sie jedoch bereits nach dem verlorenen Viertelfinale gegen Jugoslawien aus.

1964 trat Helmut Schön die Nachfolge Herbergers an. Unter seiner Leitung erreichte die Nationalelf 1966 in England das Finale, in dem sie auf die Gastgeber traf. Das packende Spiel konnte nicht nur das Wembley-Publikum verfolgen, sondern erstmals saßen auch viele deutsche Zuschauer daheim an den Fernsehgeräten.

4.8/16 Spielszenen von den Welt- und Europameisterschaften 1970-1998
Frank Bürgin (Bearb.), Zeitlupe, Gelsenkirchen,
1970-1998/2000
Filmaufnahmen, 19 min. 8 sec.
ARD/ZDF

4.8/17 Plakat zur Fußball-Weltmeisterschaft 1970 in Mexiko
1970
Papier; 81 x 57,5 cm
Deutsches Plakat Museum, Essen

4.8/18 Replik eines Balls von der Fußball-Weltmeisterschaft 1970
adidas, 1970
Leder; D 21 cm
adidas Sportmuseum, Herzogenaurach

Der offizielle Weltmeisterschafts-Spielball wurde 1970 zum ersten Mal von der Firma adidas gestellt. Der Name "Telestar" weist auf den Einfluss des Fernsehens für den Fußball hin. Der weiße Ball war mit schwarzen Fünfecken (Pentagonen) so gestaltet worden, dass die Fernsehzuschauer ihn an ihren Schwarzweißgeräten gut sehen konnten.

4.8/19 Fußballschuh Wolfgang Overaths von der Weltmeisterschaft 1970
adidas, 1970
Leder, Kunststoff;
11 x 29 x 9 cm
Wolfgang Overath, Troisdorf

4.8/20 Plakat zur Fußball-Weltmeisterschaft 1974 in Deutschland
1974
Papier; 59,2 x 41,9 cm
Deutsches Sport- und Olympiamuseum Köln; 88/657

Die Weltmeisterschaft im eigenen Land, die der Gastgeber mit seinem zweiten Weltmeisterschaftstitel krönen konnte, löste eine neue Begeisterungswelle für den Fußball aus.

4.8/21

4.8/21 Ball von der Fußball-Weltmeisterschaft 1974
Derby Star, 1974
Leder; D 21 cm
Alfred Kötz, Bergisch Gladbach

Nach neunzig Minuten stand es 2:2. In der Verlängerung fiel das berühmte 3:2 durch den englischen Stürmer Geoffrey Hurst. Sein Schuss traf die Querlatte, von wo aus der Ball auf den Boden und dann zurück ins Spielfeld sprang. Der Schweizer Schiedsrichter Gottfried Dienst war unsicher und befragte seinen sowjetischen Linienrichter Tofik Bachramow, der den Ball hinter der Linie gesehen hatte. Bis heute haben die Diskussionen darüber, ob der Ball wirklich die Torlinie überschritten hatte, kein Ende gefunden. Für Bundespräsident Lübke wenigstens war der Fall klar: "Ich habe im Fernsehen genau gesehen, wie der Ball im Netz zappelte."[18]

Heute, im Medienzeitalter, wird die Szene immer wieder abgespielt, zerlegt und analysiert. Aber trotz aller Computeranimationen bleibt die Frage unbeantwortet: Per Computer hat man sowohl bewiesen, dass der Ball hinter der Linie war wie auch das Gegenteil. Das "Tor des Jahrhunderts", wie der Fotograf Sven Simon sein Buch über das Wembley-Tor genannt hat, machte alle daran Beteiligten berühmt. England gewann schließlich das Spiel mit 4:2 und wurde zum ersten Mal Weltmeister.

Helmut Schön gelang es in den siebziger Jahren, die wohl stärkste Mannschaft zu formen, die Deutschland je hervorgebracht hat. Dabei profitierte er von einer Generation herausragender Spieler wie Sepp Maier, Franz Beckenbauer, Uli Hoeneß, Paul Breitner, Wolfgang Overath, Günter Netzer und Gerd Müller. Den Kern der Mannschaft bildeten Spieler von Borussia Mönchengladbach und Bayern München, die mit

4.8/22 Fußballschuh von der Weltmeisterschaft 1974, Modell "Top Star"
adidas, 1974
Leder, Kunststoff;
11 x 28,5 x 10 cm
adidas Sportmuseum,
Herzogenaurach; 00064

4.8/23 Plakat zur Fußball-Weltmeisterschaft 1978 in Argentinien
1978
Papier; 91 x 62 cm
Deutsches Sport- und
Olympiamuseum Köln; 88/89-854

4.8/24 Ball von der Fußball-Weltmeisterschaft 1978
1978
Leder, Kunststoff; D 21 cm
Alfred Kötz, Bergisch Gladbach

Der "Tango" war der erste Weltmeisterschafts-Spielball, der zu gleichen Anteilen aus Leder und Kunststoff hergestellt wurde.

4.8/25 Fußballschuh für die Weltmeisterschaft 1978
adidas, 1978
Leder, Kunststoff;
9 x 26 x 11 cm
adidas Sportmuseum,
Herzogenaurach; 00494

4.8/26 Plakat zur Fußball-Weltmeisterschaft 1982 in Spanien
Miró, 1982
Papier; 94 x 59,4 cm
Deutsches Sport- und
Olympiamuseum Köln;
88/89-1929

4.8/27 Ball von der Fußball-Weltmeisterschaft 1982
1982
Leder, Kunststoff; D 21 cm
Alfred Kötz, Bergisch Gladbach

4.8/28 Fußballschuh von der Weltmeisterschaft 1982
adidas, 1982
Leder, Kunststoff;
10 x 29 x 9 cm
adidas Sportmuseum,
Herzogenaurach; 00069

4.8/29 Plakat zur Fußball-Weltmeisterschaft 1986 in Mexiko
1986
Papier; 68 x 76 cm
Deutsches Sport- und
Olympiamuseum Köln;
86/122/3

4.8/30 Ball von der Fußball-Weltmeisterschaft 1986
1986
Kunststoff; D 21 cm
Alfred Kötz, Bergisch Gladbach

Der "Azteca" war der erste rein synthetische Weltmeisterschafts-Spielball.

4.8/31 Fußballschuh von der Weltmeisterschaft 1986
adidas, 1986
Leder, Kunststoff;
9 x 27 x 11 cm
adidas Sportmuseum,
Herzogenaurach; 00292

4.8/32 Plakat zur Fußball-Weltmeisterschaft 1990 in Italien
Rom, 1990
Papier; 68,5 x 48,5 cm
Deutsches Sport- und
Olympiamuseum Köln; 89/434

4.8/33 Ball von der Fußball-Weltmeisterschaft 1990
adidas, 1990
Kunststoff; D 21 cm
adidas Sportmuseum,
Herzogenaurach

Auf dem Ball haben alle deutschen Spieler des Turniers unterschrieben.

4.8/34 Fußballschuh zur Weltmeisterschaft 1990, Modell "Etrasco unico"
adidas, 1990
Leder, Kunststoff;
9 x 27 x 13 cm
adidas Sportmuseum,
Herzogenaurach; 00276

4.8/35 Plakat zur Fußball-Weltmeisterschaft 1994 in USA
1994
Papier; 92 x 61 cm
Deutsches Sport- und
Olympiamuseum Köln; 94/572

4.8/36 Ball von der Fußball-Weltmeisterschaft 1994
adidas, 1994
Kunststoff; D 21 cm
Alfred Kötz, Bergisch Gladbach

4.8/37 Fußballschuh von der Weltmeisterschaft 1994, Modell "Predator"
adidas, 1994
Leder, Kunststoff;
10 x 30 x 13 cm
adidas Sportmuseum,
Herzogenaurach; 02431

4.8/39

4.8/38 Plakat zur Fußball-Weltmeisterschaft 1998 in Frankreich
1998
Papier; 90 x 60 cm
Deutsches Sport- und Olympiamuseum Köln

4.8/39 Ball von der Fußball-Weltmeisterschaft 1998
adidas, 1998
Kunststoff; D 21 cm
Alfred Kötz, Bergisch Gladbach

4.8/40 Fußballschuhe Jürgen Klinsmanns von der Weltmeisterschaft 1998
adidas, 1998
Leder, Kunststoff;
je 11,5 x 30 x 11,5 cm
Jürgen Klinsmann, USA

4.8/40

4.8/41 20 Transportkoffer für das Equipment der Nationalmannschaft
J.H. Sessions & Son, Bristol
Metall; je 26 x 80 x 53 cm
Deutscher Fußball-Bund, Frankfurt/M.

Die Auswärtsspiele der Nationalmannschaften erfordern einen großen logistischen Aufwand. Das Equipment ist auf die wechselnden Trainings- und Spieleinheiten abgestimmt. Der Umfang des Gesamtgepäcks variiert je nach Zeitraum und Ort des Spiels oder Turniers.

4.8/41

ihren Vereinen die Bundesliga dominierten. Bei der Weltmeisterschaft 1970 in Mexiko zeigte sich, zu welcher Spielstärke die deutsche Mannschaft gereift war, als sie im Viertelfinale England in der Verlängerung mit 3:2 bezwang. Zwar unterlag sie im Halbfinale gegen Italien mit 3:4, aber dieser Fußball-Krimi wurde zum "Jahrhundert-Spiel".

Ihren eindrucksvollsten Erfolg hatte die Nationalelf bei der Europameisterschaft 1972, als sie sich im Viertelfinale gegen die Engländer im Wembley-Stadion mit 3:1 durchsetzte und im Endspiel die Mannschaft der Sowjetunion mit 3:0 schlug. Vielen Fachleuten und Fans gilt diese 1972er Mannschaft noch immer als das Traumteam des deutschen Fußballs.

Die Weltmeisterschaft 1974 im eigenen Land war für die Spieler und Helmut Schön der Höhepunkt ihres Fussballerlebens. Das Los wollte es, dass es in der Vorrunde zu einer deutsch-deutschen Paarung kam. Im Gegensatz zum Aufeinandertreffen der beiden deutschen Olympiamannschaften 1972, das die DDR weitgehend unbeachtet von der westdeutschen Öffentlichkeit mit 2:3

4.8/46

4.8/42 Ein Satz Freizeitkleidung für Mitglieder der Nationalmannschaft
Frankfurt/M., 2000
Textil, Kunststoff
Deutscher Fußball-Bund, Frankfurt/M.

Ein Satz besteht aus einem Paar Stollen-Fußballschuhe, einem Paar Nocken-Fußballschuhen, einer Tasche, einem Paar Laufschuhe, einem Paar Tennisschuhe, einem Paar Badeschlappen, einer Trainingsjacke, zwei Sweatshirts, zwei Polohemden, zwei T-Shirts und einem Rucksack. Jedes Mitglied der Nationalmannschaften wird einmal im Jahr mit einem Satz "Freizeitkleidung" ausgestattet, die er zu seinen Einsätzen mitbringen muss.

4.8/43 Ein Satz Spiel- und Trainingskleidung eines Mitglieds der Nationalmannschaft
Frankfurt/M., 2000
Textil, Kunststoff
Deutscher Fußball-Bund, Frankfurt/M.

Bei einem Turnier mit sieben Spielen einschließlich des Finalspiels stellt der Zeugwart der Mannschaft pro Spieler 14 Sätze Spielkleidung zusammen. Die Spieler tauschen ein Trikot mit ihrem Gegenspieler und behalten oder verschenken das zweite. Die Trainingskleidung, die mit dem eigenen Werbeaufdruck versehen ist, wird in geringerer Zahl mitgenommen, da sie vor Ort gewaschen und erneut verwendet wird.

4.8/44 Stollenkoffer für die Nationalmannschaft
Frankfurt/M., 1999
Metall; 15 x 40 x 30 cm
Deutscher Fußball-Bund, Frankfurt/M.

4.8/45 Spielführerbinde für die Nationalmannschaft
Kränzle, 2000
Textil; 22 x 14,5 cm
Deutscher Fußball-Bund, Frankfurt/M.

4.8/46 Trikot der Nationalmannschaft mit der Nr. 10
Kränzle, 2000
Textil; 80 x 150 cm
Deutscher Fußball-Bund, Frankfurt/M.

Für jeden Fußballer werden pro Spiel zwei Trikots bereitgestellt. In der Halbzeitpause werden die durchgeschwitzten Trikots gewechselt. Das zweite wird traditionell nach dem Spiel mit dem Gegner getauscht.

gewonnen hatte, sorgte diese Begegnung für erhebliches Aufsehen. Der 1:0-Sieg der Deutschen Demokratischen Republik durch das Tor von Jürgen Sparwasser stürzte ihre Fußballanhänger in einen Freudentaumel und ließ sie vom Finaleinzug träumen, während die Westdeutschen froh waren, trotz der bitteren Niederlage weitergekommen zu sein. Nach Siegen gegen Jugoslawien und Schweden konnte sich die westdeutsche Nationalelf in einer wahren "Wasserschlacht" gegen Polen durchsetzen und erreichte damit das Finale. Die Mannschaft der DDR kam in der Zwischenrunde nur auf den dritten Platz und musste die Heimfahrt antreten. Im Finale trafen die Spieler Helmut Schöns auf die Mannschaft der Niederlande, gegen die sie sich in einem spannenden Spiel mit 2:1 durchsetzen konnten und damit zum zweiten Mal Weltmeister wurden.

Die Weltmeisterschaft im eigenen Land löste in der Bundesrepublik eine neue Begeisterungswelle für den Fußball aus, die auch bei der Europameisterschaft 1976 in Jugoslawien zu spüren war. Doch im Finale gegen die Tschechoslowakei, das nach der Verlängerung noch 2:2 stand, verschoss Uli Hoeneß den entscheidenden Elfmeter.

Gegen den Austragungsort der Weltmeisterschaft 1978, Argentinien, waren nach dem dortigen Militärputsch und den folgenden Menschenrechtsverletzungen Bedenken laut geworden. Die Proteste konnten FIFA und

4.8/47 Viktoria
1900
Metall, Kunststoff;
105 x 31 x 31 cm
Deutscher Fußball-Bund,
Frankfurt/M.

Der Sockel, auf dem die geflügelte römische Siegesgöttin mit einem Lorbeerkranz in der Hand thront, trägt die Inschrift: "Weltausstellungspreis. Wanderpokal für den deutschen Fußballsport gestiftet v. Reichsmittel z. Erinnerung a.d. Beteiligung deutscher Mannschaften a.d. olympischen Spielen Paris 1900". Ferner sind dort Plaketten aller deutschen Meister seit 1903 angebracht.
Dieser "Weltausstellungspreis" sollte ursprünglich abwechselnd den Rugby- und den Fußballvereinen zugesprochen werden. Seit 1903 wird die Viktoria ausschließlich an den Deutschen Fußballmeister des Deutschen Fußball-Bundes verliehen. Nach Ende des Zweiten Weltkriegs blieb der Meisterpokal verschwunden. Als Ersatz wurde die Meisterschale angefertigt. Nach der Wiedervereinigung tauchte die Viktoria in Berlin wieder auf und wurde von der Stadt dem Deutschen Fußball-Bund geschenkt. Heute wird eine Replik der Viktoria neben der Meisterschale dem jeweiligen Deutschen Meister als Wanderpreis überreicht.

4.8/47

4.8/48 Kronprinzen-Pokal
1908
Metall, versilbert, Holzsockel;
64 x 30 x 27 cm
Deutscher Fußball-Bund,
Frankfurt/M.

Der Pokal trägt folgende Inschrift: "Seine Kaiserliche und Königliche Hoheit, der Kronprinz des Deutschen Reiches und von Preußen, stiftete im Jahr 1908 diesen Pokal als Wanderpreis für Fußball-Wettspiele zwischen den repräsentativen Mannschaften der Landesverbände des Deutschen Fußball-Bundes". Der vom Kronprinzen gestiftete Länderpokal trug nur bis 1918 den Namen "Kronprinzen-Pokal" und änderte seitdem mehrfach seinen Namen, was teilweise mit gesellschaftlichen und politischen Umwälzungen zusammenhing. In der Weimarer Republik (1918-1933) hieß er "Bundespokal". Die Nationalsozialisten nannten ihn zunächst "Adolf-Hitler-Pokal", tauften ihn aber bald um in "Reichsbund-Pokal" (1935-1942). Er wurde von den Gauen ausgespielt. 1950 wurde er einmal als "Länderpokal" der Vertragsspieler, von 1951 bis 1996 als "Amateur-Länderpokal" ausgespielt. Seit 1997 wird er als Trophäe im "U 19-Wettbewerb" der Landesverbände verliehen. Wie kein anderes Objekt spiegelt der "Kronprinzen-Pokal" die Entwicklung des Fußballs im Rahmen der deutschen Geschichte wider. Er ist der älteste Pokal, der bis heute als Original verliehen wird.

4.8/49 "Tschammer-Pokal"
1935
Metall, versilbert, Halbedelsteine;
H 21,5 cm, D 26,5 cm
Deutscher Fußball-Bund,
Frankfurt/M.

Der Pokal trägt die Inschrift: "DFB. Deutscher Fussball-Vereinspokal." In Anlehnung an den englischen Pokalwettbewerb mit seinem Endspiel in Wembley schrieben DFB-Präsident Felix Linnemann und "Reichssportführer" Hans von Tschammer und Osten für 1935 die "Deutsche Vereinspokalmeisterschaft" aus. Nach dem "Reichssportführer" wurde er "Tschammer-Pokal" genannt und bis 1943 ausgespielt. Vienna Wien gewann den Pokal in diesem Jahr und behielt ihn bis 1953, als erneut um den Deutschen Vereinspokal gespielt wurde und ihn Rot-Weiß Essen in Empfang nehmen durfte. Der "Tschammer-Pokal" wurde bis 1964 als Trophäe im DFB-Vereinspokalwettbewerb verwendet.

4.8/50 Meisterschale für den Fußballmeister der Bundesrepublik Deutschland
Werkschule Köln, 1949
Metall, Halbedelsteine; H 6 cm, D 51 cm
Deutscher Fußball-Bund,
Frankfurt/M.

Die Schale trägt die Inschrift "Meisterschale für den Fußballmeister der Bundesrepublik Deutschland". Auf ihr sind alle Deutschen Fußballmeister des DFB seit 1903 eingraviert.

4.8/50

DFB jedoch nicht umstimmen. Sportlich konnte Schön in Argentinien nicht an die Erfolge der vorangegangenen Turniere anknüpfen. Die zweite Finalrunde und das dritte österreichische Tor brachten das Aus. Und nicht das Spiel der deutschen Elf hat sich im kollektiven Gedächtnis eingeprägt, sondern der Jubel des österreichischen Kommentators Edi Finger: "Tor... I werd' narrisch!"

Nach dem enttäuschenden Abschneiden 1978 gelang es Schöns Nachfolger Jupp Derwall, um Karl-Heinz Rummenigge und Bernd Schuster in kurzer Zeit wieder eine spielstarke Mannschaft zu formieren, die bereits bei der folgenden Europameisterschaft wieder Erfolge feiern konnte: Im Finale gegen Belgien köpfte Horst Hrubesch eine Minute vor dem Abpfiff den Ball zum entscheidenden 2:1 ins Tor – die Bundesrepublik war zum zweiten Mal Europameister. Bei der Weltmeisterschaft 1982 in Spanien sorgten das Vorrundenspiel gegen Österreich, mit dem man einen "Nichtangriffspakt" geschlossen hatte, und Toni Schumachers brutales Foul im Halbfinale am französischen Spieler Patrick Battiston für Empörung. Nach dem folgenden, auch spielerisch unvergesslichen Spiel gegen Frankreich, das nach einem Bilderbuch-Fallrückzieher von Klaus Fischer erst im Elfmeterschießen für die deutsche Mannschaft entschieden wurde, unterlag sie erst im Endspiel gegen Italien.

Die Mannschaft konnte sich in der Vorrunde der Europameisterschaft 1984 nicht für die Endrunde qualifizieren, sondern erreichte nur den dritten Platz. Jupp Derwall trat zurück, und Franz Beckenbauer übernahm das Amt eines Teamchefs, das eigens für

4.8/51 DFB-Vereinspokal
1965
Metall, Halbedelsteine;
H 46 cm, D 21 cm
Deutscher Fußball-Bund,
Frankfurt/M.

Der Pokal wird seit 1965 als Trophäe für den Sieger im DFB-Vereinspokalwettbewerb verwendet. Das Grundprinzip des Wettbewerbs hat sich seit seiner Einführung 1935 nicht geändert. In einem K.-o.-System spielt eine Anzahl deutscher Vereinsmannschaften so lange gegeneinander, bis am Ende in einem Finale der Sieger des Wettbewerbs festgestellt wird.
Als West-Berlin bei der Europameisterschaft 1988 in der Bundesrepublik Deutschland nicht als Austragungsort berücksichtigt werden konnte, wurde das Endspiel um den DFB-Vereinspokal – quasi als Kompensation – dauerhaft ins Berliner Olympiastadion vergeben.

4.8/52 Champions-League-Pokal
Metall, versilbert;
60 x 39,5 x 29 cm
BV Borussia Dortmund

Auf dem Pokal ist die Inschrift "UEFA Coupe des Clubs Champions Européens" angebracht. Die Idee eines Europapokal-Wettbewerbs geht auf die Initiative des Franzosen Gabriel Hanot zurück, der für die französische Sportzeitung "L'Equipe" den Fußballbereich leitete. Hanot gelang es 1955, für eine "Europameisterschaft der Clubs" fünfzehn europäische Spitzenvereine einzuladen, die allerdings nicht alle Landesmeister waren. Aus diesen Anfängen entwickelte die UEFA für die Saison 1956/57 den ersten Wettbewerb des "Europapokals der Landesmeister". Seit 1993/94 wird der Champions League-Pokal als Trophäe für den Sieger in der Champions-League verwendet. Drei deutsche Vereine gewannen die Landesmeister-Trophäe bisher: Bayern München 1974, 1975 und 1976, der Hamburger SV 1983 und Borussia Dortmund 1997.

4.8/53 Welt-Pokal
1997
Metall, versilbert;
H 60 cm, D 40 cm
BV Borussia Dortmund

Der Welt-Pokal wird alljährlich zwischen dem Sieger des Europapokals der Landesmeister beziehungsweise dem Sieger der Champions-League und dem Südamerikameister ausgetragen. Nur zwei deutsche Mannschaften konnten ihn bisher gewinnen: Bayern München 1976 und Borussia Dortmund 1997; in beiden Fällen war die brasilianische Mannschaft Cruzeiro Belo Horizonte der Gegner.

4.8/52

4.8/54 UEFA Coupe des Coupes
1961
Metall, versilbert;
49 x 29 x 19 cm
Deutscher Fußball-Bund,
Frankfurt/M.

Der Europapokal der Pokalsieger wurde von 1961 bis 1999 ausgetragen. An ihm konnten die Sieger der nationalen Pokalwettbewerbe teilnehmen. Folgende deutsche Vereine haben ihn gewonnen: Borussia Dortmund 1966, FC Bayern 1967, 1. FC Magdeburg 1974, Hamburger SV 1977 und Werder Bremen 1992. Seit dem Jahr 1999 nehmen die Pokalsieger am UEFA-Pokal teil.

4.8/55 UEFA-Pokal
1997
Metall, versilbert;
54 x 25 x 16,5 cm
FC Schalke 04, Gelsenkirchen

Der UEFA-Pokal ist Nachfolger des "Internationalen Messepokals", der schon seit den fünfziger Jahren ausgespielt wurde. Er wird seit der Saison 1971/72 ausgetragen. Die "Union des Associations Européennes de Football" stellt die Teilnehmer ihres gleichnamigen Pokalwettbewerbs nach einem Schlüssel auf, der aus jedem ihrer Mitgliedsländer mehrere Mannschaften zulässt. Die Anzahl der teilnehmenden Vereine pro Mitgliedsverband errechnet sich aus den Resultaten ihrer Mannschaften innerhalb der letzten fünf Jahre. Vier deutsche Vereine errangen den UEFA-Pokal bisher: Borussia Mönchengladbach 1975, 1979 und 1980, Bayer Leverkusen 1988, der FC Bayern München 1996 und der FC Schalke 04 1997.

4.8/55

4.8/56 DFB-Vereinspokal der Damen
Bergisch Gladbach, 1981
Metall, versilbert; 29 x 7 x 8,5 cm
Deutscher Fußball-Bund, Frankfurt/M.

Von 1981 bis 1993 wurde dieser DFB-Vereinspokal der Damen verliehen. Die erste Mannschaft, die ihn entgegennehmen konnte, war die SSG Bergisch Gladbach. Aus sportpolitischen Gründen wurden die Endspiele 1985 nach Berlin verlegt und werden seitdem vor dem Pokalendspiel der Herren ausgetragen. Vor der Kulisse eines ausverkauften Olympiastadions und der landesweiten Fernsehübertragung erhielt das Pokalendspiel große Beachtung.

4.8/57 DFB-Vereinspokal der Frauen
1994
Metall, versilbert; 40 x 30 cm
SSG Bergisch-Gladbach

Der DFB-Vereinspokal für Frauen wurde vom DFB-Bundestag 1979 beschlossen. Zwischen 1980 und 1991 waren die Pokalsieger der 16 Landesverbände beteiligt. Nach dem Zusammenschluss der beiden deutschen Fußballverbände wurde eine Frauen-Bundesliga eingeführt. Mit insgesamt 48 Mannschaften wird nun der DFB-Pokal ausgetragen, wobei die 20 Bundesligamannschaften der abgelaufenen Saison eine Gruppe des Teilnehmerfeldes bilden. Zu den anderen Mannschaften gehören die Pokalsieger der 21 Landesverbände; die restlichen Teams des Feldes werden aus den unterlegenen Pokalfinalisten der Landesverbände ausgewählt.

4.8/58 DFB-Meisterpokal der Damen
Metall, versilbert; 30 x 20 cm
Deutscher Fußball-Bund, Frankfurt/M.

Der erste Sieger dieses Wettbewerbs war 1974 der TuS Wörrstadt. Der Rekordmeister im Frauenfußball ist die SSG Bergisch Gladbach, die zwischen 1977 und 1989 neunmal den Titel erringen konnte.

4.8/59 Coupe Jules Rimet zum Gewinn der Fußball-Weltmeisterschaft 1954
nach Abel Lafleur, 1954
Marmor, Metall, versilbert; 31,5 x 11,5 x 9,5 cm
Deutscher Fußball-Bund, Frankfurt/M.

Der verschollene Pokal, auch die "Goldene Göttin" genannt, wurde 1928 von der FIFA beim französischen Bildhauer Abel Lafleur in Auftrag gegeben und bei der ersten Weltmeisterschaft 1930 an Uruguay verliehen. Lafleur gestaltete in klaren, ruhigen Formen eine Siegesgöttin, deren Arme und Flügel ein polygonales Gefäß über ihrem Kopf stützen. Die mehreckige Form des Gefäßes korrespondierte mit der des Sockels aus Halbedelstein. Anläßlich des 25-jährigen Jubiläums von Jules Rimet als Präsident der FIFA wurde der Pokal 1946 in "Coupe Jules Rimet" umbenannt. Mit dem dritten Titelgewinn Brasiliens ging die Coupe – laut FIFA-Reglement – 1970 endgültig in den Besitz des Siegers über. Die Coupe Jules Rimet fiel 1983 Dieben zum Opfer und ist wahrscheinlich eingeschmolzen worden.

ihn eingerichtet wurde, weil er keine Trainerlizenz besaß. Schon 1986 in Mexiko erreichte er mit der Mannschaft das Finale und scheiterte erst an Argentinien mit 2:3. Die hohen Erwartungen, denen sich wohl jede Gastgebermannschaft eines Turniers daheim gegenübersieht, konnte die deutsche Mannschaft bei der Europameisterschaft 1988 jedoch nicht erfüllen. Sie traf in Hamburg im Halbfinale auf die Niederlande und unterlag dem späteren Europameister mit 2:1. Der greifbare Erfolg, den die Fans um so mehr herbeisehnten, je weniger sie das Spiel ihrer Elf zu begeistern vermochte, stellte sich 1990 endlich wieder ein. Franz Beckenbauer konnte mit der Nationalmannschaft zum zweiten Mal den Weltmeisterschaftspokal entgegennehmen: 1974 in München hatte er ihn als Spieler erhalten, in Rom nun als Trainer. In beiden deutschen Ländern feierten die Menschen spontan schwarz-rot-goldene Straßenfeste, und Beckenbauer prophezeite in Sektlaune, dass eine wiedervereinigte Elf unschlagbar sein werde. "Es tut mir leid für den Rest der Welt, aber es ist so." Auf dem Höhepunkt seiner Karriere nahm er Abschied von seinem Amt, und so oblag es Berti Vogts, nach der Wende die Spieler der ehemaligen DDR in die Mannschaft einzugliedern.

Bei der anschließenden Europameisterschaft verfolgte der Rest der Welt jedoch mit unverhohlener Sympathie die Dänen, die sich gegen die Niederlande unbekümmert ins Finale spielten und dort den amtierenden Weltmeister mit 2:0 düpierten.

4.8/59

4.8/60 Verkleinerte Nachbildung des Europameisterschafts-Pokals 1972
1972
Metall, versilbert, Marmor; 23 x 10 x 10 cm
Deutscher Fußball-Bund, Frankfurt/M.

Die Austragung einer Europameisterschaft im Fußball war schon 1927 von Henry Delaunay, dem Generalsekretär des französischen Fußballs, angeregt worden, war aber durch den Beginn der Weltmeisterschaftsturniere seit 1930 und den Zweiten Weltkrieg bis in die Nachkriegszeit veschoben worden. 1957 griff Pierre Delaunay die Idee seines Vaters auf und initiierte 1958/60 den Europapokal der Nationen ("Henry-Delaunay-Coupe"), der seit 1968 Europameisterschaft heißt. Die Bundesrepublik Deutschland konnte 1972, 1980 und 1996 die Europameisterschaft erringen. Von der Originaltrophäe wurden für jeden Sieger verkleinerte Nachbildungen angefertigt.

4.8/61 FIFA World Cup 1974
nach S. Gazzaniga, 1974
Metall, vergoldet; H 37 x D15 cm
Deutscher Fußball-Bund, Frankfurt/M.

Seit 1974 wird die vergoldete Nachbildung des "FIFA World Cups" an den Weltmeister verliehen. Das Original gab die FIFA bei dem italienischen Bildhauer S. Gazzaniga in Auftrag. Er übernahm wesentliche Gestaltungselemente des "Coupe Jules Rimet". So verwandte er Gold für die Statue und Halbedelsteine für die beiden umlaufenden Friese an ihrem Fuß. Er griff auch Lafleurs Komposition auf, die er aber rundete und dynamisierte: Dem polygonalen Gefäß entspricht hier die Weltkugel, und die tragende Figur ruht nicht, sondern scheint in einer Aufwärtsbewegung begriffen zu sein. Die deutsche Nationalmannschaft der Herren konnte die Trophäe 1974 und 1990 in Empfang nehmen.

Bei der Weltmeisterschaft 1994 in den USA scheiterte die Nationalmannschaft im Viertelfinale am Außenseiter Bulgarien. Erst 1996 konnte das DFB-Team die hohen Erwartungen von Fans und Medien wieder erfüllen. Oliver Bierhoffs Tor zum 2:1 im Finale gegen die Tschechische Republik war das erste und bislang einzige "golden goal" bei einem internationalen Turnier. Sein Tor in der Verlängerung – das war das Neue bei diesem Modus – beendete die Partie sofort, und Deutschland war zum dritten Mal Europameister.

Bei der Weltmeisterschaft in Frankreich gelangte die deutsche Mannschaft zwar glücklich ins Viertelfinale, wo sie jedoch nach einem Platzverweis von der noch vollzähligen kroatischen Elf drei Tore kassierte. Wieder einmal war es nicht das Spiel der Mannschaft, das international für Aufsehen sorgte. Ausgerechnet Berti Vogts, der die Nationalmannschaft gerne als Botschafter ihres Landes betrachtete, dachte mit Blick auf die rote Karte laut darüber nach, ob der deutsche Fußball einigen vielleicht "zu erfolgreich" sei. Damit gingen die Deutschen, deren Ruf durch die lebensgefährliche Verletzung des Polizisten Nivel durch deutsche Hooligans schon angeschlagen war, zudem als schlechte Verlierer in die Annalen des Turniers ein.

4.8/64

Nach dem Rücktritt Berti Vogts 1998 übernahm Erich Ribbeck mit Uli Stielike an seiner Seite das Amt.

Nach wie vor orientieren sich die Erwartungen an den großen Erfolgen der letzten Jahrzehnte, die das DFB-Team auf den zweiten Platz der "ewigen WM-Tabelle" zwischen Brasilien und Italien platziert haben. Daran muss sich jede neue Elf messen lassen. Gespannt werden Medien und Öffentlichkeit auch in den Niederlanden und Belgien verfolgen, ob Ribbeck und seine Elf die Wünsche ihrer Fans werden erfüllen können.

Axel Heimsoth

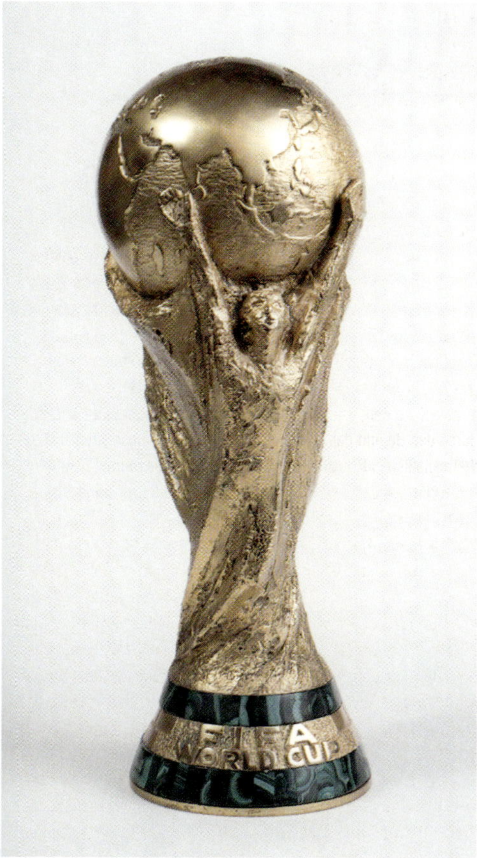

4.8/61

4.8/62 Verkleinerte Nachbildung des Europameisterschafts-Pokals 1980
1980
Metall, versilbert, Marmor; 23 x 10 x 10 cm
Deutscher Fußball-Bund, Frankfurt/M.

4.8/63 Verkleinerte Nachbildung des Europameisterschafts-Pokals 1996
1996
Metall, versilbert, Marmor; 23 x 10 x 10 cm
Deutscher Fußball-Bund, Frankfurt/M.

4.8/64 UEFA Compétition pour Equipes Représentatives Féminines 1989
1989
Metall, versilbert, Halbedelsteine; 23 x 10 x 5 cm
Deutscher Fußball-Bund, Frankfurt/M.

Der "UEFA-Wettbewerb" für Frauen-Nationalmannschaften wurde erstmalig im Zeitraum von 1982-1984 ausgetragen, der zweite um ein Jahr verschoben, um nicht in Konkurrenz zu den internationalen Turnieren der Herrn zu geraten. Er fand deshalb von 1985-1987 statt und gliederte sich in vier Gruppen mit jeweils vier bis fünf Mannschaften. Die vier Gruppensieger nehmen seit diesem Wettbewerb an einem Endturnier teil. Beim dritten UEFA-Wettbewerb 1987-1989 errang die Frauen-Nationalmannschaft des DFB zum erstenmal die Trophäe. Im Finale besiegte sie Norwegen und wurde Europameister 1989. Diesen Erfolg hat die Mannschaft 1991, 1995 und 1997 wiederholt.

4.8/65 UEFA Compétition pour Equipes Représentatives Féminines 1997
1997
Metall, versilbert; 40 x 30 x 30 cm
Deutscher Fußball-Bund, Frankfurt/M.

Der Pokal nimmt die Form des Globus auf: Anstelle der Erdkugel ist ein Fußball eingesetzt worden. Die deutsche Frauen-Nationalmannschaft hat den Titel eines Europameisters 1989, 1991, 1995 und 1997 erringen können.

Fußballfans: vom Zuschauer zum Aktionär

4.9/1 Schrein des FSV Frankfurt zur deutschen Vizemeisterschaft 1925
Frankfurt/M., 1925 (überarbeitet in den 1970er Jahren)
Holz, Glas, Foto, Aquarell; 69 x 74 x 10 cm
Gaststätte Sporteck, Frankfurt/M.

Dieser "Schrein" schmückt die Gaststätte "Sporteck" in Frankfurt. Die Porträtfotos der elf Spieler des FSV Frankfurt, die 1925 überraschend das Endspiel um die deutsche Meisterschaft gegen den 1. FC Nürnberg erreicht hatten, wurden vermutlich von Zeitgenossen auf das Aquarell eines Lorbeerzweigs und in den Holzrahmen montiert. Interessant ist die Anordnung der Fußballspieler, die der Fotograf vornahm. Die Spieler sind sowohl dem Betrachter wie der goldenen Mitte der Collage zugewandt. Die Vizemeisterschaft 1925 ist auch in jüngerer Zeit nicht in Vergessenheit geraten: Der Schrein wurde mit Filzstift, Aufklebern und Klebebuchstaben aufgearbeitet - eine Generationen übergreifende Devotionalie von Anhängern des FSV Frankfurt.

4.9/2 Kopfbedeckung mit Emblem von Fortuna Düsseldorf 1895
Fahnenfabrik Düsseldorf, 1930er Jahre
Textil, eingesticktes Emblem; H 7 cm, D 19 cm
Heinz Adam, Gelsenkirchen 3282

4.9/3 Sammlung von sieben Fanmützen
SV Werder Bremen
a) Schirmmütze Meidericher Spielverein Karben, BRD, um 1965
Textil, Kunststoff; H 12 cm, D 25 cm
b) Schirmmütze in Schwarz-Rot-Gold mit Bundesadler BRD, 1960er Jahre
Textil, Kunststoff; H 12 cm, D 25 cm
c) Schirmmütze Borussia Dortmund BRD, 1960er Jahre
Textil, Kunststoff; H 12 cm, D 25 cm
d) Schirmmütze in Schwarz-Rot-Gold mit Bundesadler BRD, 1960er Jahre
Textil, Kunststoff; H 12 cm, D 25 cm
e) Schirmmütze Stahl Riesa DDR, 1970er Jahre
Textil; H 12 cm, D 25 cm
f) Mütze Lokomotive Leipzig PGH Hut und Putz, Altenburg, DDR, 1980er Jahre
Textil; H 20 cm, D 31 cm
g) Mütze FC Karl-Marx-Stadt DDR, 1970er Jahre
Textil; H 16 cm, D 31 cm

4.9/1

4.9/2

Nach einer Studie von UFA-Sports, der Sportvermarktungsfirma der Universum Film AG, bezeichnen sich heute etwa 13 Millionen Deutsche als Fußballfans. Ausdrücke wie "Fanshops", "Fan-TV" und "Fanartikel" tragen den Begriff im Namen und wenden sich ganz selbstverständlich an diese Zielgruppe. Doch obwohl der Besuch von Fußballspielen in Deutschland bereits seit den zwanziger Jahren zum sportlichen Massenvergnügen wurde, tritt der Typus des Fußballfans wie wir ihn heute kennen erst ab den sechziger Jahren in Erscheinung.

Zum Zuschauen animierte der Fußball in Deutschland bereits in seinen Anfangsstadien. Zum Endspiel um die erste deutsche Fußballmeisterschaft fanden sich am 31. Mai 1903 eintausendfünfhundert Besucher ein, die immerhin 473 Mark in die Kasse brachten. Aber erst nach dem Ersten Weltkrieg wurde der Fußball zum sportlichen Großereignis. 1920 zählte man schon 40.000 Besucher bei der internationalen Begegnung Berlin gegen Budapest. Fortan sollte sich eine neue und enge Bindung zwischen dem Spiel und seinen zahlenden Zuschauern herausbilden. Aus einem anfangs

4.9/4 Stoffhelm Werder Bremen
Nepal, 1990er Jahre
Textil, Kunststoff; H 21 cm, D 28 cm
SV Werder Bremen

4.9/5 Mütze von der Weltmeisterschaft 1966
England, 1966
Textil, Aufnäher, Kunststoff; H 9 cm, D 21 cm
Hildegard Schulte, Dortmund

Auf alten Fotografien von Fußball-Zuschauern trägt die Mehrheit der Besucher eine Kopfbedeckung. Die Mützen, Hüte oder Kappen weisen aber zumeist keine Fußballsymbolik auf, sondern sind Teil der normalen Straßenkleidung. Die an eine Oberschüler- oder Studentenmütze erinnernde Kappe mit dem Emblem von Fortuna Düsseldorf aus den dreißiger Jahren ist eine seltene Ausnahme einer frühen Fanmütze. Erst seit den sechziger Jahren werden Mützen mit Vereinsemblemen und in den entsprechenden Vereinsfarben dem Publikum zum Kauf angeboten. Neben dem äußerlichen Bekenntnis zu einer Mannschaft haben die Mützen auch einen Gebrauchswert. Sie schützen den Träger vor zu starkem Sonnenlicht und beschirmen die Augen vor der tief stehenden Sonne.

4.9/6 Miniatur-Album zum SV Werder Bremen
Bremen, 1960
Metall, Papier; 3 x 2,5 cm
SV Werder Bremen

Das winzige Album diente als Revers-Schmuck an einer Kette und zeigt das Emblem des SV Werder Bremen. Das Miniaturbuch enthält die Fotos und Lebensdaten von 14 Bremer Spielern, des Trainers und des Präsidenten aus der Endrunde um die deutsche Meisterschaft 1960.

4.9/7 Reisehandtasche eines deutschen Fußballfans
Deutschland, 1970
Kunstleder, Aufkleber; 28 x 38 x 18 cm
Hildegard Schulte, Dortmund

4.9/8 Umhängetasche von der Weltmeisterschaft 1970
Mexiko, 1970
Kunstleder, Aufkleber; 36 x 33 x 12 cm
Hildegard Schulte, Dortmund

4.9/7

nur neugierigen Publikum wurden treue Anhänger des Fußballs und bestimmter Mannschaften, schließlich auch Vereinsmitglieder. Vor allem in den Industriezentren und Ballungsräumen Deutschlands stieß der Fußball auf reges Interesse. Die erfolgreichsten Mannschaften der zwanziger und dreißiger Jahre konnten ihren Ruf und Ruhm als Traditionsmannschaften begründen, der bis heute anhält. So wurden aus gelegentlichen Zuschauern der Spielvereinigung Fürth, des 1. FC Nürnberg, von Hertha BSC, dem Hamburger SV, von Schalke 04 oder Fortuna Düsseldorf mit der Zeit und im Glanz der sportlichen Erfolge treue Anhänger, die auch mit ersten Fähnchen, Fan-Mützen und Transparenten ihre Mannschaft unterstützten.

In seiner legendären Radioreportage vom Finale der Weltmeisterschaft 1954 sprach Herbert Zimmermann von Zuschauern, Anhängern und Schlachtenbummlern, die ins Wankdorfstadion gekommen waren, das Wunder zu schauen, doch das Wort "Fan" fiel in Zimmermanns Reportage nur ein einziges Mal. Das englische Wort "Fan" ist eine Abkürzung von "fanatic", das wörtlich übersetzt "begeistert" heißt. Heute ist der Begriff Fan auf das Engste mit der Populärkultur der zweiten Hälfte des 20. Jahrhunderts ver-

4.9/9 Umhängetasche von der Weltmeisterschaft 1974
Deutschland, 1974
Synthetik, Aufkleber;
30 x 35 x 15 cm
Hildegard Schulte, Dortmund

4.9/10 "World Cup Willy" von der Fußballweltmeisterschaft 1966 in England
England, 1966
Stofftier, Textil; 21 x 10 x 8 cm
Hildegard Schulte, Dortmund

Hildegard Schulte, Anhängerin von Borussia Dortmund und der bundesdeutschen Nationalmannschaft, unternahm viele Reisen, die sie unter anderem zu den Weltmeisterschaften in Mexiko und Argentinien führten, wie ihre dort erworbenen Reisehandtaschen bezeugen. Seit Anfang der fünfziger Jahre begleitete Frau Schulte die Nationalelf. Sie war 1954 in Bern unter den Zuschauern des Finales und 1958 eine der deutschen Schlachtenbummler bei der Weltmeisterschaft in Schweden. Auch mit dem BVB fuhr sie zu fast jedem Auswärtsspiel. Hatte Frau Schulte als Postbeamtin ein Auskommen, das ihr auch weite Fußball-Fahrten erlaubte, beschränkt sich die Pensionärin heute auf die Heimspiele von Borussia Dortmund.

4.9/10

4.9/11 Fan-Schal von Hildegard Schulte
Deutschland, 1997
Textil; 16 x 140 cm
Hildegard Schulte, Dortmund

Bei den Heimspielen im Westfalenstadion vollzieht Hildegard Schulte immer das gleiche Ritual: Nach der Ausstaffierung mit Glücksbringern, Pulswärmern und anderen gelb-schwarzen Kleidungsstücken legt sie sich ihren mittig gefalteten Schal auf die Beine, wobei die Fransen immer in Richtung des gegnerischen Tores zeigen. Nach dem Seitenwechsel wird der Schal folgerichtig umgedreht. Nur bei einem Torerfolg des BVB nimmt sie den Schal von ihren Beinen, springt auf und schleudert ihn hin und her, um ihn danach wieder ordentlich zu falten, hinzulegen und auszurichten.

4.9/12 Bierdeckel eines Fans von Borussia Dortmund
Dortmund, 1980er Jahre
Karton; 9,5 x 9,5 cm
Hildegard Schulte, Dortmund

4.9/13 Papieraufsteller von Hildegard Schulte
Dortmund, 1990er Jahre
Karton; 10 x 11,5 cm
Hildegard Schulte, Dortmund

4.9/14 Titelseite des Lufthansa Express Magazin Nr. 8
Deutschland, 13.8.1993
Farbkopie, Papier; 29,5 x 21 cm
Hildegard Schulte, Dortmund

4.9/15 Hildegard Schulte
Dortmund, 1995
Foto; 18 x 24 cm
Hildegard Schulte, Dortmund

"Herzlich willkommen bei der Fußball-Lady!", mit diesem Papieraufsteller begrüßte Hildegard Schulte die Gäste im Salon des Westfalenstadions anlässlich ihres Geburtstages. Den Titel "Fußball-Lady" trägt Frau Schulte nicht nur an ihrem Ehrentag. Als Seniorin unter den Fußballfans war sie als Fußball-Lady gern gesehener Talkgast in vielen Fernsehsendungen.

4.9/16 Transparent von Fans des Fußballclubs Rot-Weiß Oberhausen
Oberhausen, Anfang 1970er Jahre
Textil, Holz; 150 x 120 cm
Alfons Fiedler, Oberhausen

Die nicht vom Erfolg verwöhnten Fans von Rot-Weiß Oberhausen hatten Anfang der siebziger Jahre endlich einmal Grund zur Freude. Vier Jahre in Folge spielten die Kleeblätter in der ersten Bundesliga, und 1971 wurde RWO-Mittelstürmer Lothar Kobluhn mit 24 Treffern Torschützenkönig der Bundesliga vor Gerd Müller. Kein Wunder, dass die Fans mit einem Transparent ihren Verein und Goalgetter feierten: "RiRaLo Kobluhn Zwo / Mach uns froh RWO". Ob der Anfeuerungsspruch auf dem Transparent auch im Stadion zu verstehen war, bleibt angesichts der etwas holprigen Verse zweifelhaft.

4.9/11

4.9/17 Satzung der "Bochumer Jungs", Fanclub des VfL Bochum
Bochum, 1972
Papier (Matrize); 29,5 x 21 cm
Ralf Wolf, Bochum

Mit den "Bochumer Jungs" gründete sich 1972 auf Initiative von Wolfgang Hellmich, dem damaligen Pressesprecher des VfL Bochum, ein Club für alle Fans des VfL. Die Satzung bildete die Grundlage der neuen Vereinigung, die ihren Mitgliedern auftrug, "den VfL Bochum in Wort und Tat zu unterstützen". Während zu dieser Zeit aus Hochburgen des Fußballs in Köln und München noch keine Fanclubgründungen bekannt sind, konnte der eben erst in die Bundesliga aufgestiegene VfL Bochum stolz auf seinen ersten Fanclub verweisen. Wegen des großen Zuspruchs gesellten sich zu den "Bochumer Jungs" bald weitere Clubs wie "Die Treuen" oder "Bochum-Ost".

4.9/18 Zwei Fanausweise eines Fanclub-Mitglieds
Bochum, ab 1972
Papier, Foto; 10,5 x 14,8 cm
Ralf Wolf, Bochum

Ralf Wolf ist ein VfL-Bochum-Fan der ersten Stunde. Als sich die "Bochumer Jungs" gründeten, war er mit der Nummer "0007" unter den ersten Mitgliedern. Mit dem Ausweis kam er in den Genuss von Vergünstigungen. Auch heute werden beim VfL Bochum Fanausweise ausgestellt. Mitglieder offizieller Fanclubs erhalten damit Ermäßigungen auf die Preise von Saison-Dauerkarten.

bunden. Mittlerweile werden selbst "Wagnerianer" schon als "Wagner-Fans" bezeichnet, doch den Fan gab es ursprünglich in der Rock- und Popmusik und vor allem im Sport. Fans – und das unterscheidet sie von Besuchern der Festspiele von Bayreuth – begeistern sich für eine Sache oder eine Person nicht nur innerlich, sie tragen ihre Zuneigung und Verzückung nach außen, definieren sich als Person vor allem über ihre Leidenschaft. Fans schmücken ihre Zimmer mit Abbildungen ihrer Lieblinge, frisieren sich die Elvis-Tolle, schlagen den Kragen hoch wie James Dean oder begrüssen die Beatles am Flughafen mit einem Kreischkonzert. Rock'n'Roll und Beatmusik ließen viele Jugendliche in den fünfziger und sechziger Jahren zu Fans werden.

Auch der Fußballfan ist ein Kind der sechziger Jahre. Zumeist ist er jung, einer, der sich mit seinem Verein und seiner Mannschaft identifiziert und seine Begeisterung öffentlich zeigt, sie akustisch und optisch unterstützt. Wie der Fußball aus dem englischen Mutterland nach Deutschland exportiert wurde, so hat auch das Phänomen Fußballfan britische Wurzeln. Auf den überfüllten Stehplatztribünen des Liverpooler "Anfield Stadium", des "Old Trafford" in Manchester oder des Glasgower "Ibrox Park" verbanden sich in den sechziger Jahren Anhänger ihrer Mannschaften zu Fanclubs. Die Fußballfans

4.9/24

4.9/19 "Match Day"-Rosette
London/Bochum,
Anfang 1980er Jahre
Papier, Aufkleber; D 16 cm
Ralf Wolf, Bochum

Mit "Match Day Rosettes" schmücken sich englische Fußballfans am Spieltag. Vor den Stadien verkaufen Händler die Papierrosetten zum Anstecken, die in den Farben der antretenden Clubs gehalten und mit der jeweiligen Spielbegegnung bedruckt sind. Diese Rosette stammt ursprünglich aus London, wo sie Ralf Wolf bei einem Spiel der Queens Park Rangers erstand. Nach der Rückkehr von seiner Englandreise beklebte er die Rosette mit einem Aufkleber des VfL Bochum.

4.9/20 Transparent "VfL Fanclub grüßt FC Bayern"
Bochum, 26.5.1973
Textil; 150 x 300 cm
Ralf Wolf, Bochum

Fan-Freundschaften werden zwischen den Fans vieler Vereine gepflegt, beispielsweise zwischen Schalke 04 und dem 1. FC Nürnberg, MSV Duisburg und Eintracht Frankfurt oder Rot-Weiß Essen und Borussia Dortmund. Das Transparent mit dem Gruß des VfL Bochum-Fanclubs an den FC Bayern München kam im Olympiastadion am 26.5.1973 zum Einsatz und ist ein frühes Dokument dieser Freundschaft. Wie fast immer in der langjährigen Beziehung zwischen den Fans vom FC Bayern und VfL Bochum ließen sich die Bayern-Spieler von der Sympathie auf den Rängen nicht anstecken. Beim frisch gekürten deutschen Meister verlor der VfL Bochum deutlich mit 5:1.

4.9/21 Ankündigungsplakat für ein Fußballspiel zwischen Fanclubs von Rot-Weiß Essen und Fortuna Düsseldorf
Essen, 1979
Papier; 61 x 43 cm
Marco Langer, Korschenbroich

Fanclubs verschiedener Mannschaften trafen sich nicht nur, wenn ihre Vereine gegeneinander spielten. Mit der "Westdeutschen-Fanclub-Fußball-Liga" (WFFL) veranstalteten sie eine eigene Meisterschaftsrunde und konnten, wie auf diesem Plakat zu erkennen, sogar auf Sponsoren zählen. Dabei kam es wie beim Spiel zwischen Fans aus Essen und Düsseldorf auch zu Begegnungen zwischen Fans von Vereinen aus der Ersten und Zweiten Bundesliga.

4.9/22 Fanschals des FC Bayern München
München, ab 1974
Textil; 14-21 x 120-420 cm
Biggi Schiller, München

4.9/23 Pulswärmer eines Fans des VfL Bochum
Bochum, 1970er Jahre
Textil; 11 x 37 cm
Ralf Wolf, Bochum

4.9/24 Schal eines Fans des VfL Bochum
Bochum, 1970er Jahre
Textil, Aufnäher; 18 x 210 cm
Ralf Wolf, Bochum

4.9/25 Fahne eines Fans des VfL Bochum
Bochum, um 1966
Textil, bedruckt, Holz; 43 x 49 cm
Ralf Wolf, Bochum

4.9/26 Wimpelsammlung des Fanclubs "Bochumer Jungen"
Bochum, ab 1972
Textil, Plastik, Schnur; acht Wimpel in verschiedenen Größen
Ralf Wolf, Bochum

Erst Anfang der 1980er Jahre begannen die Bundesligavereine, Waren für ihre Anhänger anzubieten, die man später Fanartikel nannte. Zuvor mussten die Fans improvisieren. Entweder stellten sie ihre Schals, Mützen oder Pulswärmer selbst her, oder sie kauften von fahrenden Händlern angebotene Wimpel und Fahnen. Der zwei Meter lange Strickschal von Ralf Wolf entstand in Handarbeit. Wie sonst auf Jeans-"Kutten" zieren Aufnäher den Schal. In seltener Einmütigkeit sind hier die Embleme von 25 Fußballvereinen versammelt; aus dem Ruhrgebiet sind VfL Bochum, MSV Duisburg, Rot-Weiß Essen und Borussia Dortmund zu sehen. Nur für Schalke 04 brachte Herr Wolf offenbar keine Sympathien auf.
Die Sammlung von Schals des FC Bayern München macht die Veränderungen auf dem Fanartikelmarkt deutlich:
Der 4,20 Meter lange Wollschal wurde noch selbst gestrickt und war in Rot und Weiß gehalten ganz zeitlos. Das einfach bedruckte Schaltuch zum Europacup-Spiel 1980 zwischen Liverpool und den Bayern war bereits käuflich zu erwerben. Seit den neunziger Jahren bieten Vereine und Händler verstärkt Motivschals an. Schlicht wird mit ihnen die 13. Meisterschaft gefeiert, die Mitgliedschaft in einem Fanclub angezeigt und den Gegnern entgegengehalten: "Uns zieht keiner die Lederhosen aus".

4.9/22

4.9/27 Sammlung von Fußball-Aufnähern
Deutschland, seit 1970
Textil, Stickmotive; 32 Aufnäher in verschiedenen Größen
Ralf Wolf, Bochum

4.9/28 Jeans-Kutte eines Fans des VfL Bochum
Bochum, 1975
Textil, Aufnäher, Button;
60 x 100 cm
Ralf Wolf, Bochum

4.9/33

trugen fortan die gleichen Embleme, Schals und Jacken in den Farben ihres Clubs und adaptierten vor allem Beat- und Popsongs, die sie zu Schlachtgesängen für ihren Club umdichteten. Vereint zum Fanchor, wurden die eigenen Spieler nun mit mächtigen Gesängen unterstützt. Um nicht nur die Heim-, sondern auch die Auswärtsspiele sehen zu können, organisierten die neuen Fanclubs gemeinsame Bus- und Eisenbahnfahrten zu Auswärtsspielen. Auch dort wollten sie nun ihrem Team zum Sieg verhelfen. Dies aber führte zuweilen zu gewalttätigen Auseinandersetzungen mit gegnerischen Fanclubs. Eine Zunahme an Gewalt um den Fußball wurde beklagt, gleichzeitig prägt die neue Fankultur das Bild und die Atmosphäre des Fußballs bis heute.

Bald eiferten Fußballanhänger in Deutschland dem Vorbild der englischen Fußballfans nach, zumal wenn sie bei Auswärtsspielen im Europacup auf die englische Fankultur prallten. Erste deutsche Fanclubs wie die "Bochumer Jungen" gründeten sich Ende der sechziger bzw. Anfang der siebziger Jahre. Die zumeist jugendlichen Fans bastelten sich Fahnen, produzierten Aufnäher und ließen sich Schals und Mützen in den Vereinsfarben stricken. Ein eigener Dress-Code, sozusagen eine Kleiderordnung der jugendlichen Stadionbesucher, bildete sich heraus. Darunter waren als "Kutten" bezeichnete Jacken, die mit Abzeichen und Symbolen der Vereine übersät waren. Vorbilder waren die Jeanswesten der Rocker. Bis in die achtziger Jahre wurden Fanartikel überwiegend in Handarbeit oder im Auftrag der stetig anwachsenden Fanclubszene hergestellt. Die Vereine stiegen erst später in das Geschäft mit den Fanartikeln ein. So präsentierte Bayern München erst 1983 eine eigene Kollektion für seine Fans.

4.9/29 Jeans-Kutte einer Anhängerin des VfL Bochum
Bochum, 1975
Textil, Aufnäher, Buttons;
54 x 95 cm
Ralf Wolf, Bochum

Maschinell gestickte Aufnäher werden auf andere Textilien aufgenäht, vorzugsweise auf Westen aus Jeansstoff, die so genannten "Kutten". In den 1970er Jahren wurden die Kutten zur typischen Kluft unter Fußballfans. Als in den Stadien neben den Westen tragenden Fans auch anders gekleidete Fangruppen auftraten, wurde aus der "Kutte", eigentlich nur der Name des Kleidungsstücks, ein Oberbegriff für die nun schon traditionell gewordenen Fußballfans in Jeanswesten.
Ihren Ursprung haben Jeans-Kutte wie Aufnäher allerdings in einer anderen Jugendkultur. Die seit den sechziger Jahren aufkommenden Rocker bekundeten mit ihren zumeist über Lederjacken getragenen Kutten ihr spezielles Lebensgefühl, gespeist aus der Begeisterung für Motorräder und Rock'n'Roll. Wie die Rocker das Abzeichen ihres Motorradclubs auf dem Rücken trugen und den zurückbleibenden Verkehrsteilnehmern anzeigten, brachten auch die Fußballfans das Emblem ihres Vereins, Fanclubs oder auch Tribünenblocks auf der Rückseite ihrer Weste an. Umfasst die Sammlung von Aufnähern des VfL Bochum-Fans Ralf Wolf auch verschiedene Motive aus der Welt des Fußballs, so ist weder seine Kutte noch die seiner damaligen Freundin und heutigen Ehefrau Claudia typisch für Fußballfans. Statt auf eine Weste nähten sie das Emblem der "Bochumer Jungen" auf eine Jeansjacke mit Langarm. Bei den Aufnähern verzichteten sie ganz auf Fußballmotive und entschieden sich für die Namenszüge ihrer Lieblingsbands.

4.9/30 Fankutte eines Fans von Fortuna Düsseldorf
Düsseldorf, 1978
Jeansjacke, Aufnäher;
63 x 124 cm
Marco Langer, Korschenbroich

4.9/31 Fankutte eines Anhängers des FSV Frankfurt
Frankfurt, 1990er Jahre
Jeansweste, Aufnäher, Faserschreiber; 66 x 57 cm
Oliver Rasch, Frankfurt/M.

4.9/32 Regenjacke mit dem Emblem von Fortuna Düsseldorf
Düsseldorf, um 1978
Synthetik; 89 x 144 cm
Marco Langer, Korschenbroich

4.9/33 Fankutte einer Anhängerin des FC Bayern München
München, 1986
Textil, Aufnäher, Buttons;
61 x 61 cm
Biggi Schiller, München

Die Fankutte von Biggi Schiller, einer Anhängerin des FC Bayern München, beeindruckt durch die passgenaue Anordnung der Aufnäher und die leuchtend rote Farbgebung. Frau Schiller übernähte ihre Jeansweste mit rotem Stoff und passte sich damit den Farben des FC Bayern München an. Gleichzeitig vermied sie als Anhängerin der "Roten", dass der blaue Jeansstoff und mit ihm die Farbe der Lokalrivalen von 1860 München zum Vorschein kam.

4.9/34 Pressluftfanfare von Fans des VfL Bochum
Bochum, 1970er Jahre
Metall, Plastik; 25 x 40 x 40 cm
Ralf Wolf, Bochum

4.9/35 Mehrklangtröte eines Fußballfans
Bochum, 1970er Jahre
Metall, Schnur; 24 x 7 x 7 cm
Ralf Wolf, Bochum

4.9/36 Plastiktröte eines Fans des SV Werder Bremen
Bremen, 1987
Kunststoff, Aufkleber;
L 16 cm, D 7 cm
Hans-Joachim Wallenhorst, Bremen

4.9/37

4.9/37 Trommel eines Fans des SV Werder Bremen
Bremen, 1988
Holz, Metall, Leder, Plastik, Aufkleber; H 32 cm, D 64 cm
Hans-Joachim Wallenhorst, Bremen

Um ihren Verein anzufeuern, vereinigen sich Fußballfans zu lautstarken Fanchören. Zu Gehör kommen neben der Stimme aber auch andere Klangerzeuger. In den 1970er Jahren brachten Fans aufwändige Pressluftfanfaren, die einen ohrenbetäubenden Lärm verursachten, mit in die Fußballstadien. Die aus fünf Hörnern bestehende und von einer Motorradbatterie betriebene Fanfare von Fans des VfL Bochum spielte die Melodie "La Cucaracha". Eingeweihte sollen schon am Klang der jeweiligen Presslufthörner erkannt haben, wer gegen wen spielte.
Um einiges leiser sind die Tröten, die der Fan mit seiner Lungenkraft zum Klingen bringt. Waren sie in früheren Zeiten noch aus Metall, werden heute Plastikinstrumente benutzt – eine Reaktion auf die Sicherheitsbestimmungen bei Fußballspielen, die das Mitführen von harten Gegenständen untersagen. Auch wenn man die Pressluftfanfaren kaum auf das Fußballfeld werfen kann, sind sperrige Konstruktionen heute ebenfalls untersagt. Ausnahmen werden aber gemacht: Die Trommler, die die Zuschauer zum Klatschen und Singen animieren, werden auch mit ihren großen Trommeln auf die Tribünen gelassen.

4.9/38 Ratsche von Fans des Offenbacher Fußballclubs Kickers
Bosnien; 1996
Holz, Metall, Aufkleber; 70 x 70 x 50 cm
Heinz Fröhlich, Offenbach

Die Konstruktion der mit einer Kurbel zu betätigenden Ratsche geht auf einen Karfreitagsbrauch in der Rhön zurück. Da die Glocken am höchsten protestantischen Feiertag nicht läuteten, kündigten hölzerne Ratschen den Gottesdienst an und ab. Heinz Fröhlich, ein Fan von Kickers Offenbach und Unterstützer der Bosnienhilfe, ließ das abgebildete Instrument anhand von Konstruktionszeichnungen aus der Rhön in Bosnien anfertigen. Im Stadion am Bieberer Berg sind mittlerweile mehrere dieser ohrenbetäubend lauten Ratschen zu hören.

Mit der Herausbildung einer bundesdeutschen Fan-Szene ging die erste öffentliche Debatte über Fußball und Gewalt einher; nach einigen Zusammenstößen verschiedener Fangruppen fand in den Medien eine besorgte Diskussion um die Zukunft des Fußballs statt. Insbesondere vor der Weltmeisterschaft 1974 im eigenen Land wuchs die Sorge vor Fußballrowdies, die dem Ansehen Deutschlands schaden könnten. Ein erstes bundesweites Fantreffen im März 1974 in Gießen rief zur Gewaltlosigkeit auf und warb in der Öffentlichkeit um mehr Verständnis für die Fußballfans. Die Stadien, die man für die Weltmeisterschaft herrichtete, wurden mit Zäunen und Wassergräben ausgerüstet, um die vermeintlich gefährlichen Fußballfans kontrollieren zu können.

Diese Disziplinierungsmaßnahmen, denen sich Fußballfans nun ausgesetzt sahen, blieben nicht ohne Folgen. Statt ungefährlicher, weil eingefriedet, reagierten Fangruppen zum Teil mit größerer Gewalttätigkeit. Die Stimmung in den Stadien wurde aggressiver, es kam zu Konflikten mit den Ordnungskräften. Die Zuschauerzahlen gingen deutlich zurück, nicht zuletzt wegen der Berichterstattung über gewaltbereite und von Rechtsradikalen unterwanderte Fangruppen. Damit wurde allerdings ein tatsächlich bestehendes Problem vielfach überzeichnet.

In den achtziger Jahren hatte der deutsche Fußball ein Imageproblem. Vereine verschenkten Freikartenkontingente oder überredeten Wirtschaftsunternehmen dazu, verbilligte Karten abzugeben. Zugleich versuchten sie, den gewaltbereiten Fußballfans entgegenzutreten, wollten andererseits aber ihre verlässlichste Klientel nicht verprellen. Die achtziger Jahre wurden zu einer Zeit der Hinwendung der Vereine zu ihren Fans. Die

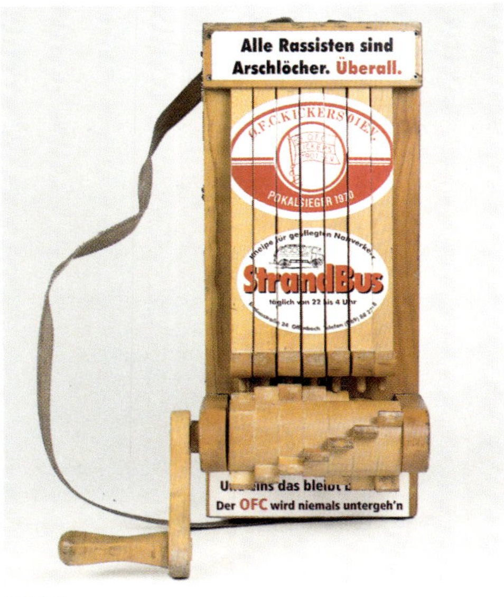

4.9/38

4.9/39 Fan-Zeitung "Blickpunkt Fußball" für blinde und sehbehinderte Fußballfans
Fanclub Sehhunde, Hamburg, 2000
Tonkassette, Kunststoff, Magnetband; 5 x 8 x 1 cm
Fanclub Sehhunde, Regina Hillmann, Hamburg

Die blinden und sehbehinderten Mitglieder des Fußball-Fanclubs "Sehhunde" werden durch die auf Kassette erscheinende Club-Zeitung "Blickpunkt Fußball" über das Geschehen rund um den Ball informiert. Neben Auszügen aus Sportzeitungen, Rundfunk- und Fernsehsendungen enthält die Zeitung auch eigene Beiträge. Den Fanclub "Sehhunde" gibt es seit 1991. In ihm organisieren sich blinde und sehbehinderte Fans aller Vereine von der Bundesliga bis zur Kreisklasse. Der Name des Clubs stammt aus dem Sprachgebrauch der Blinden und Sehbehinderten in Hamburg, die sich untereinander als "Sehhunde" bezeichnen.

4.9/40 Bundesliga-Jahresheft in Braille-Schrift
Marburg/Nürnberg, 1999
Papier, Karton, Metall; 31 x 29 x 7 cm
Deutsche Blindenstudienanstalt e.V./Bildungs- und Hilfezentrum für Blinde und Sehbehinderte, Marburg

Gründung von Fanclubs wurde nun unterstützt, Profispieler zu den Fanclubs beordert, um dem hässlichen Bild des Fußballrowdies ein positives Bild des friedlichen "Kuttenfans" entgegensetzen zu können.

Das heutige Bild vom boomenden und erfolgreichen Fußball lässt vergessen, wie sich Ende der achtziger Jahre das Image des Fußballs und seiner Fans nur langsam wieder verbesserte. Vielerorts entstanden von Städten, Landesmitteln und Vereinen unterstützte und von Sozialarbeitern geleitete Fanprojekte, die sich den Problemfällen unter den Fans widmeten. Eine Veränderung der Fanszene fand statt, die sich wiederum englischer Vorbilder bediente. Was in St. Pauli mit der Selbstorganisation von antirassistischen Fangruppen begann, setzte sich im ganzen Land in Initiativen und Fanzeitungen (Fanzines) fort, die gegen Gewalt und Rassismus in den Stadien wirkten und den Fußball mit viel Witz und Phantasie bedachten.

Inwiefern auch die Erfordernisse, die "Ware" Fußball zu vermarkten, zu dieser Entwicklung beigetragen haben, ist schwer zu beurteilen. Zumindest wurde das teuer erworbene Produkt Fußballbundesliga fortan von den Vereinen und auch von den Medien in ein positiveres Licht gerückt. Während des Fußballbooms der neunziger Jahre erreichte der Fußball neue Schichten, neben den traditionellen Fans auch Familien(väter), Frauen, Kinder und Zuschauer aus der Mittelschicht.

Zurückführen lässt sich dieser Trend auch auf bauliche Veränderungen im Umfeld des Fußballs. Nach der folgenschweren Massenpanik, die 1985 im Brüsseler Heysel-Stadion von gewaltsamen Zusammenstößen zwischen englischen und italienischen Fangruppen

4.9/41 Sonderheft zur Fußball-Weltmeisterschaft 1998 in Braille-Schrift
Marburg/Nürnberg, 1998
Papier, Karton, Metall;
31 x 29 x 7 cm
Deutsche Blindenstudienanstalt e.V./Bildungs- und Hilfezentrum für Blinde und Sehbehinderte, Marburg

Um blinde und sehbehinderte Fußballfans über den aktuellen Fußball zu informieren, erstellt die Deutsche Blindenstudienanstalt in Zusammenarbeit mit dem "Kicker-Sportmagazin" Sonderhefte in Braille-Schrift. Im Saisonheft zur Bundesliga sind Spielplan und Mannschaftskader der Bundesligavereine der ersten und zweiten Liga mit den Spielerdaten aufgelistet. Im Sonderheft zur Weltmeisterschaft 1998 werden die am Turnier teilnehmenden Mannschaften und ihre Spieler aufgeführt. Was jedoch dem Tastsinn der Leser verborgen bleiben muss, sind jegliche Fotografien der Mannschaften und des Spielgeschehens: In das Papier können zwar Reliefs wie Vereinsembleme geprägt werden, doch nur eindeutige Kontraste ohne Graustufen sind abbildbar und für den Leser ertastbar.

4.9/42 Album eines jugendlichen Schalke-Fans
Anonym, 1979
Schulheft, Zeitungsausschnitte, Filzstift, Fotos;
21,4 x 15,6 x 1,5 cm
Klaus Fischer, Gladbeck

Das zum "FC Gelsenkirchen-Schalke 04 e.V. Album" umfunktionierte Schulheft eines jugendlichen Schalke-Fans zeigt anhand von Zeitungsberichten und -überschriften, Fotos aus Magazinen, Sammelbildern und Tageszeitungen die Ereignisse in der Hinrunde der Bundesliga-Saison 1979/80 für den FC Schalke. Ein besonderes Augenmerk legte der Chronist auf die Einsätze von FC Schalke-Spielern in der Nationalelf. Dass sich dieses Album heute im Besitz des Schalker Mittelstürmers Klaus Fischer befindet, scheint nur folgerichtig:
Vor allem durch Fischers Tore schaffte die Nationalelf die Qualifikation zur Europameisterschaft 1980. Das 70 Seiten umfassende Heft ist aber zugleich Beleg für den Versuch von Fußballfans, ihrem Verein und ihren Idolen durch Auswerten und Archivieren von Presseberichten und -fotos noch näher zu kommen.

4.9/43 Stirnband, getragen beim Finale der Weltmeisterschaft in Italien 1990
Köln, 1990
Textilband, Kunststoff; D 20 cm
Deutsches Sport- und Olympiamuseum Köln; 90/322

4.9/44 Fan-Mütze zum deutschen Weltmeistertitel 1990
Deutschland, 1990
Textil; D 24 cm
Deutsches Sport- und Olympiamuseum Köln; 94/459

4.9/45 Fan-Mütze zur Fußball-Weltmeisterschaft 1994
Deutschland, 1994
Textil, Kunststoff; D 27 cm
Deutsches Sport- und Olympiamuseum Köln; 94/460

4.9/46 Halstuch zur Fußball-Weltmeisterschaft 1994
Deutschland, 1994
Textil; D 27 cm
Deutsches Sport- und Olympiamuseum Köln; 94/461

4.9/47 Fan-Schal zur Europameisterschaft 1996
Fritsche, Deutschland, 1996
Textil; 28 x 141 cm
Deutsches Sport- und Olympiamuseum Köln; 96/128

4.9/48 Fan-Schal zur Europameisterschaft 1996
Fritsche, Deutschland, 1996
Textil; 9 x 56 cm
Deutsches Sport- und Olympiamuseum Köln; 96/130

4.9/49 Fan-Schal zur Europameisterschaft 1996
Fritsche, Deutschland, 1996
Textil; 17 x 143 cm
Deutsches Sport- und Olympiamuseum Köln; 96/123

4.9/50 Fan-Schal mit dem Maskottchen der Europameisterschaft 1996
Fritsche, Deutschland, 1996
Textil; 18 x 120 cm
Deutsches Sport- und Olympiamuseum Köln; 96/125

4.9/51 Fan-Stirnband zur Europameisterschaft 1996
Fritsche, Deutschland, 1996
Textil, 7 x 23 cm
Deutsches Sport- und Olympiamuseum Köln; 96/129

Das Interesse gegenüber den Spielen der Nationalmannschaft in Deutschland übertrifft das Interesse an den Begegnungen der Fußballbundesliga oder der Pokalwettbewerbe um ein Vielfaches. Doch ist das öffentliche Bekenntnis als Fan der deutschen Nationalmannschaft eher selten anzutreffen. Nicht zuletzt liegt das daran, dass die übergroße Mehrheit der Zuschauer den Spielen ausschließlich am Fernseher folgt. Nur bei Fußballwelt- oder Europameisterschaften ändert sich das mitunter schlagartig. Millionen von Fans schmückten sich nach dem gewonnenen Weltmeisterschafts-Finale 1990 in ganz Deutschland mit schwarz-rot-goldenen Fahnen, Mützen und Schals und feierten in der milden Nacht ein Freudenfest. Bei dem für den deutschen Fußballfan enttäuschenden Abschneiden bei der Weltmeisterschaft von 1994 fehlte für die feierliche Kostümierung leider der Anlass. Die erfolgreichen Auftritte bei der Europameisterschaft 1996 in England führten wieder zu einem offensiveren Auftreten der Fans.

4.9/52 Modell einer neuen Tribüne im Bremer Weserstadion
Fanprojekt mit Fans des SV Werder, Bremen, 1991-1993
Papier, Kunststoff;
50 x 70 x 40 cm
Matthias Otterstedt, Kulturzentrum Schlachthof, Bremen

4.9/53 Ideen- und Forderungskatalog von Fans für die neue Arena "Auf Schalke"
Gelsenkirchen, 1999
Papier, 29,5 x 21 cm
Schalker Fanintiative, Gelsenkirchen

In den neunziger Jahren wurden viele Fußballstadien in Deutschland modernisiert. Auch das Bremer Weserstadion wurde umfangreichen Baumaßnahmen unterzogen, in die auch die "Ostkurve" einbezogen wurde. Da die Ostkurve den traditionellen Standort der meisten Fanclubs des SV Werder Bremen bildet, versuchten Fußballfans auf die Planung der neuen Tribüne Einfluss zu nehmen. Zusammen mit dem Kulturzentrum Schlachthof und dem Fanprojekt Werder Bremen entstand ein von Fußballfans gebautes Modell einer Ostkurve, die sowohl den Vereinsinteressen nach mehr Komfort und Sicherheit entgegenkommen, als auch die Wünsche der Fans nach Stehplatzbereichen und Versammlungsräumen beinhalten sollte. Die Anregungen der Fans wurden weitgehend umgesetzt. Mit der Arena "Auf Schalke" entsteht zur Zeit das modernste Stadion Mitteleuropas. Auch hier haben sich Fans in die Planung und Konzeption eingebracht. Sowohl beim vorgesehenen Anteil an Stehplätzen, dem Raum für das Aufhängen von Transparenten oder der Preisgestaltung der Dauerkarten kamen Planungsgesellschaft, Verein und Fans weitgehend überein.

4.9/54 Klappsitz aus dem Dortmunder Westfalenstadion
Deutschland, 1990er Jahre
Kunststoff, Metall, verschraubt;
110 x 50 x 25 cm
Borussia Dortmund

4.9/55 Sitz aus dem Weserstadion
Bremen, 1990er Jahre
Kunststoff, Metall, verschraubt;
48 x 45 x 33 cm
Werder Bremen

4.9/56 Kombinierter Sitz- und Stehplatz aus dem Hamburger Volksparkstadion
Hamburg, 1999
Metall, Kunststoff
Hamburger Sportverein

Um dem Fußballspiel beizuwohnen stand das Publikum zunächst am Spielfeldrand, später auf eigens angelegten Wällen. Mit den in Deutschland seit 1910 errichteten Holztribünen schuf man für einen geringen Teil des Publikums einen Wetterschutz mit Sitzbänken; die Mehrheit der Zuschauer blieb aber stehen. Auch als die Spielfelder der großen Stadien mit Rängen umbaut wurden, blieben die Tribünen hinter den Toren und der Gegengerade zumeist Stehplätzen vorbehalten. Aufgrund neuer Sicherheitsbestimmungen des Weltfußballverbandes FIFA schränkte man in den neunziger Jahren den Anteil von Stehplätzen in den Fußballstadien drastisch ein. Heute sind bei internationalen Begegnungen und Turnieren Stehplätze generell untersagt, in den meisten Ländern sind die Stadien komplett mit einschaligen Kunststoffsitzen "versitzplatzt". Da sich der Deutsche Fußball-Bund im Gegensatz zu anderen Nationalverbänden für den Erhalt von Stehplätzen als Ort der Fankultur ausspricht und viele Zuschauer in Deutschland dem Spiel weiterhin stehend folgen wollen, haben Vereine und Stadionbetreiber Lösungen entwickelt, die sowohl bei Spielen zwischen deutschen Mannschaften das Stehen ermöglichen als auch bei internationalen Partien das Sitzen. Die modernste Variante ist der "HSV-Sitz" im neuen Volksparkstadion Hamburg, der komplett aus der Stufe herausgezogen und bei Ligaspielen einfach unter einem Stehrost versenkt wird.

4.9/57 Belegordner eines "Groundhoppers"
Michael Seiß, Herne/Bochum, 1999
Karton, Metall, Papier, Foto;
32 x 8 x 29 cm
Michael Seiß, Bochum

Die Szene der "Groundhopper" hat das Reisen zu Fußballspielen zu ihrem Hobby gemacht. In der "Vereinigung der Groundhopper Deutschlands" (V.d.G.D.) haben sie sich zusammengeschlossen. Ziel ist es, möglichst viele Fußballspiele in möglichst vielen Ländern anzusehen. Im Regelwerk der V.d.G.D. wird eine Zählweise der sogenannten "Ground- und Länderpunkte" festgelegt: "Ein Ground gilt als zählbar, wenn der Hopper 45 Minuten eines Spieles gesehen hat", heißt es dort, und "ein Länderpunkt zählt, wenn ein Spiel in einem der FIFA angehörigen Nationalverband besucht wird". Groundhopper Michael Seiß besuchte 1999 insgesamt 169 Spiele, was er mit den Eintrittskarten, Spielergebnissen und Stadionfotos der Spiele belegen kann.

ausgelöst wurde, und den Katastrophen in den überfüllten und zum Teil baufälligen Stadien von Bradford und Sheffield war es zunächst die englische Regierung, die auf Grundlage einer umfassenden Untersuchung, dem "Taylor-Report", Veränderungen für den Fußball beschloss. Neben Überwachungsmaßnahmen und Alkoholverboten rund um Fußballspiele wurde vor allem eine Renovierung der maroden Fußballstadien in Angriff genommen. Berühmt-berüchtigte Stehplatztribünen wie "The Cob" in Liverpool wurden zu Sitzplatztribünen umgebaut; englischer Spitzenfußball findet seither vor einem ausschließlich sitzenden Publikum statt. Im Zuge der umfangreichen Baumaßnahmen wurden auch Zäune, Wassergräben und Barrieren aus den Stadien entfernt. Allerdings führten die "All-Seater"-Stadien zu einem enormen Anstieg der Eintrittspreise. Mittlerweile

4.9/54

4.9/58 Postkartengrüße eines Fußballweltreisenden
Carlo Farsang, Oberhausen, seit Februar 2000
Postkarten, Karton;
je 10,5 x 14,8 cm

Carlo "Fari" Farsang wurde in der Szene der Groundhopper zur Berühmtheit. Als im Schwarzwald beheimateter Fan des Hamburger Sportvereins wurden ihm weite Anfahrten zu den Heimspielen in Hamburg vertraut. Seit vielen Jahren beschränkt sich Fari nicht auf den HSV, sondern fährt als ständiger Weltenbummler in Sachen Fußball von Spiel zu Spiel. Seine Reisen führten ihn dabei bis nach Zentralafrika, Lateinamerika, Osteuropa und Asien. Auch in Europa ist für ihn immer wieder etwas Neues zu entdecken, allein schon die Orte der neuen Vereine, die in die Profiligen aufsteigen. Seit Februar 2000 sendet Fari an die Ausstellung "Der Ball ist rund" Postkartengrüße von den Stationen seiner Fußballreisen.

4.9/59 186 Fußball-Fanzeitschriften "Fanzines" (Doubletten)
Archive der Arbeiterjugendbewegung in Deutschland, England, Schweiz, Österreich, Frankreich, ab 1983
Papier; 21-30 x 15-21 cm
Dr. Hermann Eppe, Oer-Erkenschwick

4.9/60 12 Fußball-Fanzines
Deutschland, ab 1993
Papier; 21-30 x 15-21 cm
Christian Meister, Bochum

bezahlt man für den Besuch eines Spiels der englischen Premiere League umgerechnet mindestens 45 DM.

Die Modernisierungen im englischen Fußball führten einerseits zu einem von vielen bedauerten Verlust an "Atmosphäre" in den Stadien und zur Verarmung der "Fankultur". Andererseits sind die Ausschreitungen im englischen Fußball innerhalb der Stadien entscheidend zurückgegangen. Die zivilere Ausstrahlung der neuen komfortablen Fußballstadien ohne Zäune, der Wegfall der architektonisch demonstrierten Abwehrhaltung gegenüber den Fans führte auch zu einer friedlicheren Stimmung in den Arenen.

4.9/61
"Fanzinewanderpokal"
Heinz Fröhlich, Offenbach, ab 1997
Holz, Ballpumpe, Lederball; 20 x 45 x 15 cm
Lila Laune c/o Fanladen Tennis Borussia, Berlin

Fanzeitschriften enstanden ursprünglich in England im Umfeld der Punks, die sich in den "Fanzines" ein publizistisches Ausdrucksmittel schufen, das einfach zu vervielfältigen war. Fußballfans übernahmen die Machart dieser Fanzines und widmeten sich dem Fußball und vor allem ihrem Leben und Leiden als Fans. Die ersten deutschen Fanzeitschriften waren noch Mitteilungsblätter in eigener Sache, doch seit Ende der achtziger Jahre entstand auch in Deutschland eine Fanzinekultur des Fußballs. Hefte wie "Der Übersteiger" (FC St. Pauli), "Schalke Unser" (FC Schalke 04), "Fan geht vor" (Eintracht Frankfurt) oder "Erwin" (Kickers Offenbach) haben sich neben offiziellen Stadionzeitungen etabliert und kommentieren den Fußball, "ihren" Lieblingsclub und das Fanverhalten – nie distanziert, aber immer kritisch und mit viel Ironie. Im Gegensatz zum Liga-Fußball und den Sportmedien verfolgen Fanzines keine wirtschaftlichen Interessen. Auszeichnungen nehmen sie trotzdem gerne entgegen: Seit drei Jahren wird ein Fanzine-Wanderpokal vergeben. Optimisten wie die Macher des "Schlafenden Riesen" (Göttingen 05) gehörten zu den Preisträgern. Titelträger dieser Saison ist das Heft "Lila Laune" (Tennis Borussia Berlin).

4.9/62 Selbstgefertigte Torjägerkanone
Fürth, 1975
Holz, Leder, Kunststoff; 22 x 32 x 40 cm
SpVgg Greuther Fürth, Helmut Hack, Fürth

Der beste Torschütze einer Saison wird traditionell mit der Torjägerkanone ausgezeichnet. Waren die Auszeichnungen von Gerd Müller bis Michael Preetz leicht martialische Miniaturen des historischen Kriegsgeräts, versuchte die Fürther Bastelarbeit für den besten Torschützen eine zivile Variante aus Fußballschuh, Kunststoffball und Fußballerfigurine herzustellen. Übrigens heißt das Stadion des heute Spielvereinigung Greuther Fürth genannten Nachfolgevereins "Playmobilstadion".

4.9/62

4.9/63
Amateurvideoaufnahmen von Fußballspielen
Herne, 1995-1999
VHS; 3 Kassetten, je 180 min.
Dieter Rudnick, Herne

Dieter Rudnick versteht sich als Fan des Fußballs im Ruhrgebiet. Regelmäßig besucht er die Spiele von Schalke 04 im Parkstadion, von VfL Bochum im Ruhrstadion, von Borussia Dortmund im Westfalenstadion und SC Westfalia Herne im Stadion Schloss Strünkede. Mit seiner Videokamera filmt er aus der Perspektive des Fußballfans. In den gezeigten Videoaufnahmen entstand eine Mischung aus Tribünen-Impressionen, flüchtig eingefangenen Spielszenen und eindrucksvollem Jubel rund um die Europapokalerfolge von Schalke 04 und Borussia Dortmund 1997 und dem Aufstieg von Westfalia Herne in die Oberliga 1999.

4.9/64 Straßenschild des Erwin-Kostedde-Platzes
Offenbach, um 1996
Metall; 41 x 30 x 3 cm
Heinz Fröhlich, Offenbach

Das englische Beispiel vor Augen, entschied sich auch die UEFA, der europäische Fußballverband, für die "Versitzplatzung" der Fußballstadien. Bei internationalen Fußballspielen wie Länderspielen oder Europapokalpartien dürfen seit 1993 nur in begründeten Ausnahmefällen Stehplätze angeboten werden. Trotzdem wurde in Deutschland weiterhin an Stehplätzen festgehalten. Obschon viele Stadien in Deutschland umgebaut und modernisiert wurden, blieben Stehtribünen erhalten, die zu Europapokal- oder Länderspielen mit Sitzschalen umgerüstet werden können.

4.9/64

4.9/65 Die Einweihung des "Erwin-Kostedde-Platzes"
Offenbach, um 1996
Foto, gerahmt; 41 x 30 x 3 cm
Heinz Fröhlich, Offenbach

Plätze werden in Deutschland nur selten nach Fußballern benannt. Um so erstaunlicher ist es, dass 1996 in Offenbach ein Platz nach dem dreifachen Nationalspieler Erwin Kostedde benannt wurde. Urheber dieser in ehrlicher Absicht erfolgten, aber wilden Namensgebung waren die im Fanclub "Traktorenfront" organisierten Fans von Kickers Offenbach. Nicht zuletzt durch das "Erwin" betitelte "Fanzine" lebt in Offenbach die Erinnerung fort an den einstigen Mittelstürmer Erwin Kostedde, der für die Kickers in 93 Spielen 52 Tore erzielte. Leider hat der einstige Publikumsliebling die Hommage missverstanden. Über einen Anwalt ließ er den Vertrieb einer ihm gewidmeten Schallplatte gerichtlich unterbinden.

4.9/66 Storchen-Miniatur
Offenbach, 1997
Metall, Keramik; 10 x 20 x 8 cm
Heinz Fröhlich, Offenbach

Der Miniaturstorch erinnert an die Aufstiegsrunde Süd 1997. Ein Storch soll für die Offenbacher Kickers dabei die Rolle eines Glücksbringers eingenommen haben: Im entscheidenden Aufstiegsspiel gegen den FC Memmingen setzte beim Stand von 2:1 für die Memminger das Flutlicht aus. Auf dem Flutlichtmasten hatte sich kurz zuvor laut Augenzeugen ein Storch niedergelassen. Das Spiel wurde abgebrochen. Beim Wiederholungsspiel, das die Offenbacher schließlich für sich entscheiden konnten, brachten die Offenbacher Fans Storchenfiguren mit. Das Glück blieb ihnen noch länger hold – zwei Jahre später schafften sie sogar den Sprung in die zweite Bundesliga.

4.9/67 Freundschaftsgeschenk des Offenbacher FC-Fanclubs "Traktorenfront" an den Offenbacher-Fanclub "Die Goude"
Heinz Fröhlich, Offenbach, 1999
Holzrelief; ca. 50 x 33 x. 7 cm
Heinz Fröhlich, Offenbach

4.9/68 Geschenk des Offenbacher FC-Fanclubs "Traktorenfront" an den Vereinstrainer Boysen
Heinz Fröhlich, Offenbach, 1999
Karton, Kunststoff; 13 x 10 x 3 cm
Heinz Fröhlich, Offenbach

4.9/69 Fußballfan mit den Stars des FC Bayern München
Jörg Naderhirn, Velbert, ab 1994
Fotos; je 9 x 16 cm
Jörg Naderhirn, Velbert

Fußballfans und Profifußballer leben häufig in unterschiedlichen Welten. Doch rund um das Fußballspiel oder beim öffentlichen Training treffen beide aufeinander. Jörg Naderhirn nutzt diese Kontaktmöglichkeit, um sich zusammen mit den Stars des FC Bayern ablichten zu lassen.

4.9/70 Eintrittskarte zum Bundesligaspiel FC Bayern – Borussia Mönchengladbach
München, 14.10.95
Papier; 14,5 x 10,5 cm
Eheleute Debler, Mülheim

In der Klischeevorstellung des deutschen Ehelebens gibt der Mann den Fußballfan, während sich die Frau nicht für Fußball interessiert. Konflikte über die Gestaltung des Fernsehabends zwischen Champions League und "Emergency Room" sind Thema vieler Witze. Bei den Eheleuten Debler aus Mülheim interessieren sind beide für Fußball. Allerdings ist Frau Debler Fan von Borussia Mönchengladbach und Herr Debler treuer Anhänger von Bayern München. Um ihren Mann zu necken, bewahrt Frau Debler seit fünf Jahren eine Eintrittskarte in ihrem Portemonnaie auf vom gemeinsamen Spielbesuch im Olympiastadion. Stefan Effenberg sorgte für den Siegtreffer der Gladbacher, was Frau Debler auch auf der Eintrittskarte notierte.

4.9/71 "Kein Länderspiel am 20. April"
Berlin, 1994
Plakat, Papier; 42 x 56 cm
Christoph Biermann, Köln

Das ursprünglich für den 20. April 1994 anberaumte Länderspiel zwischen der deutschen und englischen Nationalmannschaft im Olympiastadion wurde nicht zuletzt aufgrund von Protesten von Fußballfans und drohenden Ausschreitungen zwischen Hooligans beider Länder zu diesem Zeitpunkt, dem so genannten "Führergeburtstag", abgesagt.

4.9/72 Schallplatte "Uwe Seeler Marsch"
HSV und George Martin's Marching Band, Hamburg, 1972
Vinyl, Papier; 18 x 18 cm
Sepp-Herberger-Stiftung, Frankfurt/M.

4.9/73 Langspielplatte "WM-Erinnerungen 1954-1970"
BRD, 1970
Vinyl, Karton; 32 x 32 cm
Sepp-Herberger-Stiftung, Frankfurt/M.

4.9/74 Langspielplatte "Sempre Roma. Udo Jürgens und die Fußball-Nationalmannschaft"
München, 1990
Vinyl, Karton; 32 x 32 cm
Deutsches Sport- und Olympiamuseum Köln; 90/309

4.9/75 53 Schallplatten mit Fußballliedern
Vinyl, Karton; je 18 x 18 cm
Christoph Biermann, Köln

a) "Head over Heals in Love"
Kevin Keagan, England, 1979
b) "Preußen Münster"
Götz Alsmann, Münster, 1992
c) "Beckenbauer, Beckenbauer"
Alan & Denise, Diepholz, 1980er Jahre
d) "Rummenigge"
Cleo & Wolfgang, München, 1983
e) "Deutschland vor, noch ein Tor"
Mister Olympia und die Bayern Popsinger, München, 1974
f) "SC Fortuna, noch ein Tor"
SC Fortuna Köln / Dave Kamien, Löve, 1970er Jahre
g) "Löwenmut"
Lustfinger, München, 1990
h) "Fußball ist unser Leben"
Prollhead, Hamburg, 1994
i) Rod Stewart und die schottische Nationalmannschaft
Scottish World Cup Squad / Rod Stewart, Schottland, 1978
j) Mittelrheinmeister 1978 S.C. Viktoria Köln
Sprecher: Herbert Zimmermann, Köln, 1979
k) "Eine runde Sache"
Oberhausen, 1980er Jahre
l) "Albania! Albania! (albanixey, albanixey!) The Albanian World Cup Squad"
London, 1982
m) "Saga Africa"
Roger Milla, Frankreich, 1992
n) "Blaue Schweine – Nie mehr... Ein Lied für den MSV Duisburg"
Duisburg, um 1985
o) "Hillsboro' Crew Steel City"
Sheffield, 1986
p) "Die Arminia Single"
Bielefeld, 1990
q) "You'll never walk alone"
Bradford City Disaster Fund, Bradford, 1985
r) "Die Macht vom Millerntor - Er gehört zu mir (Pauli Version)"
Hamburg, um 1990
s) "Das Mädchen meiner Träume"
Erwin und Helmut Kremers, Gelsenkirchen, 1974
t) "Tuats net schimpfen über mie... Ein Fußballer ist auch ein Mensch"
Hans Pirkar, Wien, 1976
u) "Vau Eff Ell – Bochumer Fans live"
Bochum, 1981
v) "Fortuna Köln ist in!"
Drei Söck, Köln, 1988
w) "Olé España" zur Fußball-Weltmeisterschaft 1982
Michael Schanze und die deutsche Nationalmannschaft, BRD, 1982
x) "Un' estate italiana" zur Fußball-Weltmeisterschaft 1990
Edoardo Bennato / Gianna Nannini, Italien, 1990

Der Fußballfan ist zum "Normalfall" geworden. Der FC Bayern München feierte in diesem Jahr nicht nur ein Vereinsjubiläum; gleichzeitig wurde der eintausendfünfhundertste eingetragene Bayern-Fanclub begrüßt, und an traditionsreiche Fanclubs verschenkte man gar Dauerkarten. Schalke 04 oder Borussia Dortmund bieten ihren Fans eine eigene wöchentliche Sportsendung im Fernsehen an. In den von den Vereinen häufig eigenständig betriebenen Fanshops sind bis zu 300 unterschiedliche Produkte in den typischen Vereinsfarben käuflich zu erwerben. Zu den Spielen ihres Teams zieht sich Jung und Alt das aktuelle Trikot über. Die modernsten Stadien haben eigene Versammlungsräume für Fansitzungen, das Fan-TV zeigt in der Halbzeit die herausragenden Szenen der ersten Hälfte, gewürzt mit Impressionen aus der Fankurve. Der ehemalige Sponsor des MSV Duisburg, die Baumarktkette Goetzen, erhob den Fan gar zum König unter den Kunden.

Tatsächlich ist der Fußballfan vom argwöhnisch beäugten Außenseiter zum umworbenen Kunden geworden. Er finanziert den Profifußball durch seinen nimmermüden Einsatz für die Einschaltquote vor dem Fernsehschirm, den regelmäßigen Stadionbesuch, den Kauf des Warensortiments und den Konsum in der Stadiongastronomie. Sollte es dazu kommen, dass sich auch deutsche Fußballvereine bald an der Börse notieren lassen, wird aus dem Fan ein Aktionär – die Einübung des Kapitalismus folgt sozusagen auf dem Fuße. *Christoph Schurian*

4.9/75aab

y) "Ferry 'cross the mersey"
The Christians / Holly Johnson / Paul McCartney u.a.;
Hillsborough Disaster Fund, England, 1989
z) "Der FC Nürnberg Fußballer Blues"
Nürnberg, 1990er Jahre
aa) "Blau-Weiße Hertha"
Die Travellers, Berlin, 1990er Jahre
ab) "Karneval bei Bayer"
Leverkusen, 1990
ac) "Wir werden Meister / Bomber der Nation"
Erwin Weiss, BRD, um 1975
ad) "Rot Weiss sind unsere Farben / Bundesligamelodie"
Buddy Caine und Kickers Offenbach, Offenbach, 1980er Jahre
ae) "Blau und weiss, wie lieb ich dich"
Gelsenkirchen-Schalke, 1980er Jahre
af) "Hannover Olé" mit Aufnahmen der Fanchöre aus dem Niedersachsenstadion
Hannover, 1980er Jahre
ag) "Wir, wir, wir sind Eintracht Braunschweig"
Braunschweig, 1988
ah) "Waldhof Songs für jung und alt"
Hans Laib, Mannheim, 1980er Jahre
ai) "1:0 St. Pauli vor"
Hamburg, 1987
aj) "Strahlt ein Stern"
Bochum, ca. 1980
ak) "Wir sind Fortuna Düsseldorf – Wir können alles"
Düsseldorf, 1996
al) "Anne Kohlehalde2
Ährwin und Ente Lippens, Essen, um 1995
am) "Schwarz und Weiß / Wir wollen alle Freunde sein"
Die Altinternationalen mit der Weltmeisterelf 1954, Berlin, 1970er Jahre
an) "ESV Blau Weiß"
Die Mädchen und Fußballmannschaft des ESV Blau Weiß 5. Herren, Bremen, 1990er Jahre
ao) "Dynamo Dresden Fußballmeister der DDR"
Dresden, 1989
ap) "Wir stehen auf SV Werder"
Die Mimmi's, Bremen, 1982
aq) "Tor für Deutschland – Der Kaiser und die Weltmeister2
BRD, 1986
ar) "Fussballshow"
Paul Steiner / Stephan Engels, Köln, 1982
as) "Bundesliga Marsch"
Männerchor mit Orchester, BRD, 1960er Jahre
at) "FC Leed"
De Höhner, der FC uns sing Fans, Köln, 1986
au) "Schön ist das Fussballspiel"
Die Kicker Fans und das Orchester Hans Schobert, 1970er Jahre
av) "Teufelskerl"
Herbert Zimmermann / Radio Mann, Witten, 1990
aw) "Dä Zebratwist"
Ulo und die Zebras, Duisburg, 1991
ax) "44 Beine"
Norbert Nigbur, München, 1980
ay) "Hier bei uns in Wattenscheid"
Lenni und König und die Wattenscheider Jungs, Wattenscheid, um 1990
az) "Deutscher Meister wird nur der VfL / Deutscher Meister wird nie der VfL"
Jochen Abel Band, Sammy Pochstein Experience – I saw Hans Wallitza kick that Ball Records, Bochum, 1988
aab) "England"
Kevin Keagan, England, 1980

4.9/76 Elf Schallplatten mit Fußballliedern
Vinyl, Papier; 18 x 18 cm
Hildegard Schulte, Dortmund
a) "B.V.B. Marsch"
Kurt Adalf Thielen und die Dortmunder Kumpels, Dortmund, 1966
b) "BVB ist mein Verein"
Preiki (Günter Preikschas) und die BVB-Fans, Hamm, 1990er Jahre
c) "Heja BVB – Die Perle vom Borsigplatz"
Karl-Heinz Bandosz, Köln, 1990er Jahre
bez. mit Autogramm Karl-Heinz Bandosz
d) "Die Hauptstadt von Westfalen"
Wilfried Blome, Hamm, um 1985
e) "Der neue Borussia Marsch"
Horst Trauss und die Monderos, Dortmund, 1960er Jahre
f) "BVB-Walzer"
Erbse, Dortmund, 1970er Jahre
g) "1. FC Köln – Borussia Dortmund"
Kurt Brumme, München, 1963
h) "Kur an der Ruhr / Wieso tanzt keiner"
Andreas Buttler, Essen, 1990
i) "Europa-Pokal-Sieger 1966"
Sprecher: Herbert Zimmermann, München, 1966
j) "Zwischen Blümkes und Kohle"
Bernd Göke, 1978
k) "Wir sind die Champions (olé,olé,olé)"
Tony Marshall, 1990er Jahre

4.9/77 Fünf Langspielplatten mit Fußballliedern
Vinyl, Karton; 32 x 32 cm
Hildegard Schulte, Dortmund
a) "Wir halten treu und fest zusammen"
Die Borussia Elf, Dortmund
b) "Das große Spiel"
Fischer Chöre / Orchester Hans Bertram, Essen, 1974
c) "Fussballers Trink-Lieder"
Die Sorrentos, 1968
d) "Argentina"
Conquistador, Holland, 1978
e) "Alles vor noch ein Tor! ...und alle ballern mit"
Quickborn, um 1970

4.9/78 Zwei Musik-Kassetten mit Fußballliedern
Magnetband, Kunststoff; 11 x 7 x 1,8 cm
Hildegard Schulte, Dortmund
a) "Let's Go Dortmund"
Dortmund, 1990er Jahre
b) "Go get the cup"
Verschiedene Interpreten, 1990

4.9/79 Vier CDs mit Fußballliedern
Compact Disc, Metall, Kunststoff; 12,5 x 14,3 cm
Hildegard Schulte, Dortmund
a) "Goodbye Susi – der Michael Zorc Abschiedssong"
"The Champions" und die Spieler und Spielerfrauen des BVB, Dortmund, 1999
b) "Die Radio 91.2 Meisterscheibe '95"
Radio 91.2, Dortmund, 1995
c) "Wer wird Deutscher Meister..."
Pur Harmony & Norbert Dickel, Dortmund, um 1995
d) "Wir alle geh'n zum BVB"
Tri Fun Boys, Do 91 zwo, Hamburg, 1990er Jahre

4.9/80 Schallplatte "Buenos Dias Argentina" zur Weltmeisterschaft 1978
Udo Jürgens und die deutsche Nationalmannschaft, BRD, 1978
Vinyl, Papier; 18 x 18 cm
Harald Müller, Gelsenkirchen

Sport und Musik – der Name der Radiosendung des Westdeutschen Rundfunks am Samstag nachmittag zeigt es an: Musik und Fußball gehören zusammen. Halbzeitauftritte von Blaskapellen, über Lautsprecher eingespielte Musiktitel und das Absingen von Vereinsliedern oder Nationalhymnen umrahmen die Fußballspiele. Während des Spiels ist es der Stadionregie nicht erlaubt, Musik einzuspielen. Für die musikalische Kulisse sorgen Fanchöre oder Kapellen, die sich wie bei der Spielvereinigung Unterhaching auf der Laufbahn aufstellen. Musiktitel, die sich auf den Fußball beziehen oder von Fußballern aufgenommen werden, wenden sich an den privaten Käufer. Bis heute wurden unzählige Schallplatten auf die beliebtesten Vereine in Deutschland eingespielt; allein mit Borussia Dortmund beschäftigen sich in dieser Auswahl von Fußballmusik ein Dutzend Tonträger.

4.9/74ax

4.9/76g

Die dritte Halbzeit

4.10/1 Lens, 21. Juni 1998
Lens, Frankreich, 1998
Diaprojektion nach Fotos
Privatbesitz und Bildzeitung
(Rechteinhaber), Hamburg

a) Auf der Straße (C 19 A)
b) Polizeisperre (B 17)
c) Polizei-Einsatz (28 A)
d) Daniel Nivel (9 A)
e) Auf der Straße (14A)
f) Kampf (11 A)
g) Gruppe von Fußgängern, Kirche (C 20 A)
h) Stadion von Lens (B 21)
i) Fahne "FC Sachsen Leipzig" (B 22)
j) Polizei und Passanten (15 A)
k) Bar "Le Distingo" (16 A)
l) Straßenkreuzung (17 A)
m) "DJ Hooligan" u.a. (C 17 A)
n) Tätowierung "Riot Squad" (21 A)
o) Bar "Le Distingo" (18 A)
p) Bar "Le Mondial" (19 A)
q) Daniel Nivel (10 A)
r) Polizeisperre (20 A)
s) Hinter der Polizeisperre (B 19)
t) Hinter der Polizeisperre (B 20)
u) Provokationen (C 22 A)
v) Provokationen (23 A)
w) Provokationen (24 A)
x) Provokationen (25 A)
y) Provokationen (26 A)
z) Provokationen (34 A)
aa) Provokationen (29 A)
ab) Provokationen (30 A)
ac) Provokationen (32 A)
ad) Provokationen (31 A)
ae) Polizei-Einsatz (27 A)
af) Polizisten (33 A)

Auch wenn das heutige Fußballspiel nicht mehr viel gemein hat mit seinen europäischen Anfängen als Raufball, ist es immer noch ein Kampfspiel. Nach wie vor entscheidet die Bilanz der gewonnenen Zweikämpfe wesentlich mit über Sieg oder Niederlage. Dennoch ist die Geschichte des Spiels eine Geschichte der Bändigung von zu harten und gewalttätigen Aktionen. Die stetige Weiterentwicklung der Regeln und deren konsequente Auslegung durch die Schiedsrichter haben entscheidend dazu beigetragen, dass es heute auf dem Fußballfeld weniger gewalttätig zugeht als in früheren Zeiten. Spätestens als der Fußball in das Licht der Öffentlichkeit und schließlich prominent auf die Fernsehschirme rückte wie kaum eine andere Sportart, waren rücksichtslose Aktionen und unsportliches Betragen nicht mehr erwünscht. Zudem wird der moderne Fußball von Fußballprofis betrieben, die im kollegialen Aufeinandertreffen gemeinhin Rücksichten üben, um nicht durch schwere Verletzungen ihre Karriere und die der anderen Spieler aufs Spiel zu setzen.

Der kämpferische Charakter des Fußballs ist aber nicht nur eine Sache der Akteure auf dem Spielfeld. In seiner rauen Urform war der Fußball eine Auseinandersetzung zwischen Gemeinschaften wie Dörfern oder Stadtbezirken, die eine Trennung zwischen Zuschauern und Aktiven kaum kannte. Mit

Das Vorrundenspiel der deutschen Nationalmannschaft gegen Jugoslawien bei der Weltmeisterschaft 1998 hätte ein Fußballfest werden können. Lens, zum damaligen Zeitpunkt Stadt des französischen Meisters, gilt als fußballverrückt, als eine Hochburg des Fußballs. An den Spieltagen der französischen Liga drängen sich mehr Fans des Racing Clubs in das modernisierte Stadion, als die kleine Stadt Einwohner hat. Zur Fußball-Weltmeisterschaft schmückte sich die Stadt mit Fahnen. Mehrsprachig wurden die Fußballtouristen auf Transparenten begrüßt. Die Wirte stellten die Tische vor die Gaststätten. Das Wetter war trocken und warm. Aber was am 21. Juni 1998 geschah und die deutsche Delegation fast zur Abreise bewegte, sollte als eines der dunkelsten Kapitel in die Geschichte der Weltmeisterschaften eingehen.

Bereits im Vorfeld vermuteten Sicherheitskräfte, dass das gerade mal drei Stunden von Deutschland entfernte Lens zum Anziehungspunkt für deutsche Fußballfans werden würde. Und dass sich unter die Fußballfans auch Hooligans mischen würden, konnte man seit Monaten im Internet und auf T-Shirts lesen, kündigten sie doch hier ihren "Frankreichüberfall" an. In Lens hatte man sich entsprechend auf das brisante Ereignis vorbereitet. Polizeikräfte wurden zusammengezogen; von deutscher Seite versuchten Sozialarbeiter und Fanbetreuer, die Lage zu entspannen. Weiträumig wurde das Stadion abgesperrt. Nur Fans mit gültigen Eintrittskarten ließ man in die Nähe des Fußballspiels.

Augenzeugen berichteten davon, dass sich in der Stadt dennoch mehrere hundert Hooligans und militante Rechtsradikale auf den Straßen und Plätzen versammelten. Nazi-Parolen wären zu vernehmen gewesen. Vor den Polizei-Sperren kam es vereinzelt zu Zusammenstößen. Die sich selbst als "Mob" bezeichnende Ansammlung gewaltbereiter Hooligans und Rechtsradikaler versuchte die französische Polizei zu provozieren. Auf der Suche nach Gegnern liefen sie durch die Stadt. Irgendwann am Abend nach dem Spiel, so der Leiter der bundesweiten Koordinationsstelle der Fanprojekte, Thomas Schneider, schien der Spuk aus Drohungen, Scharmützeln und nationalen Parolen vorbei zu sein. Friedliche Fußballfans und Hooligans verließen den Ort. Medienvertreter und Fanbetreuer meldeten nach Deutschland, dass man noch einmal mit dem Schrecken davongekommen sei. Immerhin wäre eine Massenschlägerei wie die auf der Mailänder Domplatte anlässlich der Weltmeisterschaft 1990 in Italien nicht zu beklagen gewesen. Erst in der Nacht wurde der brutale Anschlag auf den Polizisten Daniel Nivel bekannt, der von deutschen Hooligans niedergeschlagen und mit Tritten und Schlägen lebensgefährlich verletzt wurde.

der Zeit bildete sich zwar eine Unterscheidung zwischen Schaulustigen und Akteuren heraus, aber dabei handelte es sich kaum um ein unbeteiligtes Zusehen. Ganz natürlich nahm das Publikum für eine Mannschaft Partei, einfach weil sie von Spielern aus den eigenen Reihen gebildet wurde. Die Anhänger bezogen Sieg oder Niederlage selbstverständlich auf sich selbst und mischten sich mit Anfeuerungsrufen und nicht selten auch körperlich ins Geschehen ein. Nicht zuletzt wegen des ausufernden Kampfgetümmels wurde der Ur-Fußball von der Obrigkeit häufig mit Argwohn beobachtet.

Auch als die Regeln festgelegt waren und der Wettkampf endgültig nur noch auf dem Platz stattfand, blieb die Einmischung von Zuschauern charakteristisch für den Fußball. Meist geschah dies durch Anfeuern der eigenen Mannschaft oder durch Auspfeifen und Ausbuhen des Gegners. Doch nicht alle gaben sich damit zufrieden. Der englische Soziologe Eric Dunning fand heraus, dass im englischen Ligafußball zwischen 1895 und 1914 in jedem Jahr 200 Fälle von Zuschauerausschreitungen zu beklagen waren. Das war insofern nicht ungewöhnlich, als auch bei anderen Menschen- beziehungsweise Männeransammlungen wie Volksfesten eine ausgeprägte Gewaltbereitschaft zu beobachten war. Doch die Ausschreitungen im Fußball waren etwas Besonderes, weil sie aus der übersteigerten Identifikation mit der eigenen Mannschaft herrührten. Für ihre Anhänger vertrat die Fußballmannschaft das eigene Viertel, die Heimatstadt; sie war die sportliche Vertretung der eigenen Herkunft. Dabei entzündeten sich die meisten Ausschreitungen zunächst an umstrittenen Schiedsrichterentscheidungen oder brisanten Spielsituationen. Doch daneben entluden sich Aggressionen in besonderem Maße, wenn Mannschaften aus derselben Stadt oder der näheren Nachbarschaft aufeinander trafen, wenn es also zu Lokalderbys kam. Pate für diesen Begriff stand der traditionelle Wettkampf zwischen den Gemeinden von St. Peter und von All Saints (Allerheiligen) in der englischen Stadt Derby. Hier standen sich die Anhänger beider Mannschaften besonders unversöhnlich gegenüber, und oft ging die sportliche Auseinandersetzung nach dem Schlusspfiff weiter. Der wegen seiner stimulierenden Wirkung stolz als "Zwölfter Mann" bezeichnete Anhang setzte den Wettkampf in der berüchtigten "3. Halbzeit" fort - freilich mit anderen Mitteln.

Die Fotos aus Lens, von denen einige auch in der Bildzeitung erschienen, wurden von einem jugendlichen Fotografen aufgenommen. Der Fußballfan betrieb ein seltsames Hobby. Er fuhr – ausgerüstet mit seiner Kamera – mit Vorliebe zu Spielen, bei denen verfeindete Fan- bzw. Hooligangruppen aufeinander treffen würden. In der Szene der Hooligans war er bekannt und wurde geduldet. Auch deshalb blieb er in Lens beim Fotografieren unbehelligt. Beim "Hooligan-Prozess" in Essen wurden die Fotos zum Beweismittel. Nicht zuletzt aufgrund der Bilder konnten die vier Beschuldigten zu mehrjährigen Freiheitsstrafen verurteilt werden.

In der Ausstellung werden die 32 Fotos in einer streng rhythmisierten Dia-Folge gezeigt: Man sieht Szenen, wie man sie an jedem Fußballwochenende antreffen kann. Menschen auf den Straßen, vor Gaststätten, Vorfreude, Posen der Männlichkeit, tätowierte Oberkörper. Später nimmt man hinter einer Polizeisperre die Bedrohung wahr, die von den sich gegenüber der Polizei aufbauenden Männern ausgeht. Plastikstühle und Sonnenschirme werden zu Wurfgeschossen. Die Anspannung der Polizei entlädt sich in einer Gegenattacke. Die Masse verflüchtigt sich. In einer Nebenstraße hält der Polizist Daniel Nivel Wache an einem Fahrzeug. Hooligans stürmen durch die enge Straße. Attackieren den Beamten, bis er zu Boden geht. Treten nach ihm im Vorbeilaufen. Daniel Nivel verliert unter den Schlägen seiner Peiniger das Bewusstsein.

Mediziner mussten das Leben von Daniel Nivel retten. Viele Menschen, auch Vereine und der Deutsche Fußball-Bund halfen dem bis auf weiteres berufsunfähigen Vater und der Familie und nahmen Anteil an seinem Schicksal. Es gab auch Hooligans, die sich öffentlich von der feigen Tat distanzierten und der Szene den Rücken zuwandten. Aber vor der Europameisterschaft 2000 in den Niederlanden und Belgien steht zu befürchten, dass deutsche Hooligans und Rechtsradikale wieder für ihre große "Schlacht" mobilisieren. Bleibt die Hoffnung, dass die umfangreichen Abwehrmaßnahmen der Sicherheitskräfte und die intensivierte internationale Zusammenarbeit gegen die Hooligan-Gewalt einen weiteren Fall Lens zu verhindern wissen.

Im Prozess der Professionalisierung entfernte sich der Fußball von seinen lokalen Wurzeln. Spätestens mit der Gründung der Profiligen vor allem nach dem Zweiten Weltkrieg rekrutierten sich die Spieler nicht mehr aus der Nachbarschaft – teilweise wurden sie sogar vom Erzrivalen abgeworben –, doch die Identifikation mit dem eigenen Verein blieb ungebrochen. Die in Englands Profiliga Anfang der sechziger Jahre aufkommende Szene jugendlicher Fans, die bald ihre Nachahmer in Deutschland fand, hob den "Support", die Unterstützung der eigenen Mannschaft, auf ein neues Niveau, und mit ihren Gesängen und ihrer Kleidung schuf sie die heute als typisch geltende Fußballatmosphäre. Dazu trug auch die wachsende Mobilität der Gesellschaft bei, denn den Anhängern, insbesondere den Fanclubs, fiel es nun viel leichter, ihre Mannschaft zu Auswärtsspielen zu begleiten. Öfter und in größerer Zahl als zuvor trafen Fans verschiedener Clubs aufeinander, neue Rivalitäten entstanden und immer häufiger kam es zu Ausschreitungen.

Die Vereine, die Städte, denen die Stadien meist gehörten, und die Polizei reagierten mit Abschreckungsmaßnahmen. Um die verschiedenen Fangruppen voneinander zu trennen, errichteten sie Zäune in den Stadien, die zugleich den Zugang zum Platz versperrten; zur Überwachung wurden Kameras installiert, die Zugangswege kontrolliert und die Stadien zu Festungen umgebaut. Gleichzeitig entdeckten die Medien das Thema. Reporter berichteten umfassend von den Ausschreitungen des Wochenendes und heizten die Atmosphäre zusätzlich an. Insbesondere vor der Weltmeisterschaft in Deutschland 1974 wurde – wie heute vor jedem internationalen Turnier – über die Gefahr debattiert, die von zur Gewalt neigenden Fans ausging. Im sich zuspitzenden Klima setzte sich eine Gewaltspirale in Gang, die 1982 ihren ersten traurigen Höhepunkt fand – beim Pokalspiel

4.10/1a

zwischen dem HSV und Werder Bremen kam der 16-jährige Lehrling Adrian Maleika nach gewaltsamen Zusammenstößen mit Hamburger Anhängern ums Leben.

Nicht nur die Polizei ging konsequent gegen die gewaltbereiten Fans vor. Auch die "normalen" Zuschauer und die allgemeine Öffentlichkeit lehnten deren Verhalten ab, sodass es allmählich zu einem Umdenken kam, zumal die harten Fans an ihren Jeanskutten leicht zu erkennen waren. Eine Folge hiervon war, dass die seit den achtziger Jahren auftretenden "Hooligans" – ursprünglich der Familienname einer kriminellen Schlägerfamilie im London der Jahrhundertwende – sich nicht länger wie Fußballfans kleideten. In modischer Straßenkleidung waren und sind sie nur noch für Eingeweihte an der Wahl bestimmter Kleidungsmarken zu erkennen. Gleichzeitig lösten sich die Ausschreitungen vom eigentlichen Anlass, dem Fußballspiel. Fanden in den siebziger Jahren die Auseinandersetzungen noch meist in den Stadien und deren Umfeld statt, so boten die Spiele zunehmend nur noch den bloßen Anlass zu gewaltsamen Ausschreitungen. Hooligans gingen dazu über, sich mittels Handy und jüngst sogar über das Internet zu verabreden und Schlägereien weitab der Stadien zu veranstalten, oft lange vor oder nach dem Spiel. Der Zusammenstoß mit anderen hat für diese Hooligans offensichtlich einen eigenen Reiz. Buchtitel wie "Geil auf Gewalt" oder "The Final Kick" bringen ihre für Außenstehende unverständliche Lust an der Gewalt auf den Punkt.

Im Brüsseler Heyselstadion lösten 1985 englische Hooligans beim Europacupfinale zwischen dem FC Liverpool und Juventus Turin eine Panik aus, bei der 39 Zuschauer ums Leben kamen und fast 400 zum Teil schwer verletzt wurden. Vor allem bei internationalen Spielen und Turnieren verursachen gewaltbereite Zuschauer weiterhin

4.10/1b

große Probleme, zumal wenn die sich selbst häufig als unpolitisch bezeichnenden Hooligans mit Rechtsradikalen zusammengehen und militante Parolen verkünden wie: "Wir sind wieder einmarschiert!" oder "Frankreichüberfall 1998". Ob mit schockierenden antisemitischen Spruchbändern wie beim Auswärtsspiel in Polen oder dem Exzess anlässlich des Spiels der deutschen Mannschaft in Lens während der Weltmeisterschaft in Frankreich, als deutsche Hooligans den französischen Polizisten Daniel Nivel lebensgefährlich verletzten – die Lust auf Gewalt und die Nutzung modernster Kommunikationstechniken bilden eine explosive Mischung, die die Organisatoren von Fußballgroßereignissen vor schwierige Aufgaben stellt.

Vor dem Hintergrund dieser Eskalation der Gewalt gerät oft aus dem Blick, dass Ausschreitungen im deutschen Liga-Alltag selten geworden sind. Die präventive Sozialarbeit von Fanprojekten, die Fanbetreuung durch die Vereine und die konsequenten Maßnahmen von Polizei und Justiz, nicht zuletzt das Mittel bundesweiter Stadionverbote, haben die Lust an der Gewalt rund um den Fußball sinken lassen. Auch sind Hooligans, die sich als Ausdruck einer Jugendkultur verstanden, wie andere Szenen auch gealtert, zur Pose und Modeerscheinung geworden. Mittlerweile vermarkten einige von ihnen sogar ihren Stil in Versandhäusern für Street- und Sportswear. In der jugendlichen Fanszene wurden die Hooligans zudem weitgehend von den sogenannten "Ultras" abgelöst, die sich selbst als extreme Fans begreifen, aber weit weniger gewaltbereit auftreten als

4.10/1c

die Hooligans. Ihre Vorbilder finden die Ultras nicht mehr in England, sondern in Italien, wo Ultra-Gruppen die Tribünen mit einem Meer aus buntem Tuch, Dekorationsmaterial und Feuerwerk schmücken und Kurven-Choreographien einüben, die an den lateinamerikanischen Karneval erinnern.

Daneben gibt es die bedeutend größere Gruppe der Anhänger und Zuschauer, die lediglich ins Stadion kommt, um ihre Mannschaft zu unterstützen und das sportliche Ereignis zu genießen. Unter ihnen befinden sich zunehmend Frauen und Kinder, ein Zeichen dafür, dass Gewalt in den Stadien als wenig wahrscheinlich gilt und sich auch die Zusammensetzung der Zuschauer geändert hat. Immer noch überwiegen unter ihnen die Männer, doch das Publikumsspektrum ist vielschichtiger geworden, zumal die Vereine sich sehr darum bemühen, neue Gruppen anzusprechen, größeren Komfort und bessere Unterhaltung zu bieten. Außerdem scheint es, dass die frühere Gewalteskalation mit einigen Maßnahmen der siebziger Jahre zusammenhing, die unerwünschte und nicht vorhergesehene Folgen hatten. So hat die Errichtung von Zäunen zwar die Fans voneinander getrennt und dadurch Gewalt verhindert, vermutlich aber auch dazu beigetragen, dass viele Zuschauer sich eingesperrt fühlten und sich entsprechend aggressiv verhielten.

Deutlich wurden diese verhängnisvollen Zusammenhänge 1989 bei der Tragödie von Sheffield. Hier lösten nachdrängende Zuschauer, die nicht zu spät kommen wollten, eine Panik aus, die über 100 Menschen das Leben kostete, weil die zwischen der nachströmenden Masse und den Absperrzäunen eingequetschten Zuschauer sich nicht auf den Platz retten konnten. Daraufhin sind in

4.10/1d

den englischen Stadien mittlerweile derartige Zäune abgerissen worden, und die Spieler befinden sich jetzt oft nur wenige Meter von den Zuschauern entfernt. Gleichzeitig wurden – wie in anderen Ländern auch – Stehplätze durch Sitzplätze ersetzt. Der Abbau von Abschreckungsmaßnahmen, aber sicherlich auch die grundsätzlich entspanntere Haltung, die ein sitzendes Publikum gegenüber dem Spielgeschehen einnimmt, hat auf die Atmosphäre beim Fußball einen beruhigenden Einfluss. Nicht nur auf dem Platz ist das heutige Fußballspiel gegenüber seinen wilden Anfängen nicht wieder zu erkennen. Auch auf den Rängen und bei den Zuschauern hat es sich – besonders in den letzten Jahren – grundlegend verändert. Fußball ist weiterhin ein körperbetontes Kampfspiel, das heftigste Emotionen auslösen kann. Doch es ist auch Spektakel und Teil einer Unterhaltungsindustrie geworden und bietet einen Wettkampf, der seinen Reiz mehr als zuvor den sportlichen und spielerischen Elementen verdankt. *Christoph Schurian*

Das Foto, das die Welt entsetzt

Ein französischer Polizist liegt am Boden. Halbtot geprügelt von deutschen Hooligans. Ein Augenzeuge fotografierte kurz nach der Tat.

Dienstag, 23. Juni 1998, 70 Pf

Bild

UNABHÄNGIG · ÜBERPARTEILICH

Leser-Telefon: 02054/10 12 22

ASS 500 Hexal
Schmerz-Fieber-Brause
10 Stück jetzt nur DM 5,-

Kolumbien – Tunesien 1:0
Rumänien – England 2:1

„Mona Lisa" moderiert jetzt auch ZDF-heute

Johannes & Christine

Aachener und Münchener Lebensversicherung AG

Das Dokument:

27jähriger aus Hannover heute vor Haftrichter

Sekunden später:

WELCHE SCHANDE!

Endlich Hilfe:

Super-Bingo
104 6. Spiel
128 381
214 402
Goldene Zahl: 17085867
Es lohnt sich!

NACHRICHTEN

Streit um Asylgesetz

ICE: Anzeige gegen Bahn

TV-Tip

Haralds WM-Spruch

CITIBANK

Citibank Sofort Kredit

6,99%

0180 - 33 22 123

Lotto: 62 tippten sechs Richtige

4.10/2 "Das Foto, das die Welt entsetzt"
Bildzeitung, Hamburg, 23.6.1998
Papier; 57 x 12 cm
Christoph Schurian, Bochum

Merchandising. Geld und Spiele

"Fußball ist im Showbusiness ein unschlagbares Produkt." (Rainer Calmund, Geschäftsführer der Bayer 04 Fußball GmbH)

Unter den zehn meistgesehenen Sendungen des deutschen Fernsehjahres 1998 waren allein acht Fußballübertragungen. Auch wenn diese stolzen Werte in das Jahr der letzten Weltmeisterschaft fallen, schauen jeden Samstag sechs Millionen Fernsehzuschauer die Bundesligasendung bei SAT 1, und bis zu zehn Millionen Hörer verfolgen die Schlusskonferenz im Radio. Keine andere Sportart stößt auf ein ähnliches Interesse in der Bevölkerung. 70 Prozent der Deutschen sagen, dass sie sich für Fußball interessieren. Die Tendenz ist steigend.

Nicht nur an den Einschaltquoten lässt sich die Popularität des Fußballs ablesen, auch die Besucherzahlen haben zugenommen und pendeln sich mittlerweile bei durchschnittlich 30.000 Besuchern pro Bundesliga-Spiel ein. Dieser Boom blieb nicht ohne Auswirkungen auf die Umsatzzahlen der Branche: Im letzten Geschäftsjahr erwirtschafteten die 18 Vereine der Bundesliga einen Gesamtumsatz von einer Milliarde DM.

4.11/1 Fanartikel-Sortiment des VfL Bochum
1999/2000
VfL Bochum 1848

Im Jahr 1997 wurde der Hauptsponsor des VfL Bochum zugleich auch Ausrüster des Vereins. Dabei gingen die traditionellen Vereinsfarben Blau und Weiß gegenüber den grellen Regenbogenfarben des Sponsors auf den Bochumer Trikots fast völlig unter. Dies löste bei vielen Fans Unmut aus, die ihre Vereinsidentität durch die neuen Trikots nicht repräsentiert sahen. Mittlerweile zeigt man sich wieder in den von Fans und Kundschaft gewünschten Farben. Blau-weiße Trikots und mehr als 200 weitere Artikel eines breit angelegten Sortiments, das weit über den klassischen Fanbedarf hinausreicht, können im Fanshop, telefonisch oder auch via Internet erstanden werden.

Betrachtet man die heutigen Zahlen und Bilanzen, dann überrascht es, dass die Bundesligaspiele in den achtziger Jahren durchschnittlich von lediglich 18.000 Zuschauern besucht wurden. Zu dieser Zeit führte die damals viel beschworene Dauerkrise der Liga zu einem revolutionären Reformvorschlag: Um die Spannung zu erhöhen, erwog man, zur Saison 1988/89 die Hin- und Rückspiele der Mannschaften im Wochenabstand stattfinden zu lassen, doch ließen Sicherheitsbedenken der Polizei diesen Plan scheitern.

Wie aber ist es zu erklären, dass sich der Fußball in Deutschland so rasch erholte und sich zu ungeahnten Popularitätswerten aufgeschwungen hat? Wie schon die Weltmeisterschaften von 1954 und 1974 einen Aufschwung des Fußballs in der Gunst des Publikums nach sich gezogen hatten, so könnte auch der Gewinn der Weltmeisterschaft 1990 als Erklärung angeführt werden. Doch fußt der bis heute ungebremste Fußball-Boom der neunziger Jahre vor allem auf einer Vermarktungsoffensive des Fußballs. Die Attraktivität der Bundesliga wurde hierdurch gesteigert und neue Schichten der Bevölkerung für den Fußball gewonnen.

Offenbar schlug sich der wirtschaftliche Erfolg auch auf sportlicher Seite nieder. So kehrten die deutschen Spitzenspieler aus dem Ausland, meist aus Italien, zurück. Außerdem konnten internationale Spitzenspieler von deutschen Vereinen verpflichtet werden. Entsprechend stiegen die Attraktivität und Qualität des deutschen Fußballs. Im internationalen Vereinswettbewerb errangen deutsche Clubs seit 1992 nicht weniger als fünf Titel.

Die wichtigste Voraussetzung für die rasante Entwicklung des Profifußballs der letzten zehn Jahre wurde 1984 mit der Einführung des dualen Rundfunksystems gelegt, in deren Folge sich private Rundfunkanbieter auf dem Markt etablierten. Die privaten Fernsehsender begannen um die Übertragungsrechte der Fußball-Bundesliga mitzubieten, und 1988 erhielten erstmals Privatsender, nämlich UFA und RTL, den Zuschlag für die Übertragungsrechte für 40 Millionen Mark im Jahr. Innerhalb eines Jahres stiegen die Einnahmen des Deutschen Fußball-

4.11/2 Fanartikel-Sortiment des BV Borussia Dortmund
1999/2000
BV Borussia Dortmund

Durch die großen Erfolge in den neunziger Jahren gewann Borussia Dortmund enorm an Popularität. In der Folge begann der BVB als einer der ersten Clubs in Deutschland mit der lukrativen Vermarktung seines Vereinsemblems. Auf einer Vielzahl von Produkten unterschiedlichster Lizenznehmer, bis hin zur Milch- oder Plätzchentüte, fand sich das BVB-Logo wieder. Der größte Fanshop des BVB nennt sich "MegaStore". Rund 400 Artikel in Schwarz und Gelb werden hier für jede Lebenslage angeboten. Doch ist Borussia Dortmund bei der Vergabe von Lizenzen in jüngster Zeit zurückhaltender geworden und möchte sich jetzt wieder auf Bereiche konzentrieren, die dem Fußball nicht völlig fern sind.

4.11/3 Fanartikel-Sortiment des MSV Duisburg
1999/2000
MSV Duisburg

Das Zebra, nach dem die blau-weiß gestreiften Spieler aus Meiderich benannt werden, wurde neuerdings sogar in das Vereinswappen aufgenommen. Entsprechend groß ist die Rolle, die es im Merchandising des MSV einnimmt. Auf beinahe jedem der knapp 200 Artikel, die im "Zebra-Shop" an der Westender Straße angeboten werden, ist es zu finden. Auch beim MSV Duisburg reichen die angebotenen Produkte von "Klassikern" wie Trikots, Schals und Aufklebern bis hin zur Gardine oder zum Golfball und können auch "online" geordert werden.

"Wer die Groschen in die Musikbox wirft, der drückt auch die Schallplatten." (Rainer Calmund)

Bundes für die Rechte an den bewegten Bildern aus der Fußball-Bundesliga gewaltig. Für die Übertragungsrechte aus der Saison 1999/2000 bezahlte eine Gruppe – bestehend aus ISPR, SAT.1, UFA und Premiere – 320 Millionen DM. In zwölf Jahren vervielfachten sich die Einnahmen des DFB und der Vereine aus den Fernsehgeldern um das Siebzehnfache. Ein weiterer Anstieg steht bevor.

Die Verteuerung der Ware Bundesliga-Fußball für die Sender schlug sich auch in der Berichterstattung nieder. Die Bundesligasendungen wurden zu TV-Shows vor Studiopublikum. Mit großem technischen Aufwand gelang es, immer spektakulärere Bilder einzufangen. Reporter interviewten die Akteure noch auf dem Spielfeld. In täglichen Sportsendungen ging man Themen nach, die zuvor Boulevardzeitungen vorbehalten waren. Der Abonnementsender Premiere übertrug jede Woche ein Bundesligaspiel live, mittlerweile sind es drei Erstligabegegnungen und ein Spiel aus der Zweiten Bundesliga. Zum großen Geschäft wurde der Europapokal. Fortan wurde fast jede Begegnung deutscher Teams im Europacup direkt übertragen. Die Anstoßzeiten orientierten sich an der Programmplanung der TV-Sender. Vom Fernsehen erschlossen wurde auch die zweite Bundesliga.

Fußball und Fernsehen gingen eine bis dahin nie gekannte Synthese ein. Das Spiel um den runden Ball wurde geradezu omnipräsent. Mittlerweile sieht man im "Free-TV", dem ohne Extragebühren frei empfangbaren Fernsehprogramm, die Live-Übertragungen der Spiele der Herren-, Damen- und Jugendnationalmannschaften, der DFB-Pokalspiele, einiger Bundesligapartien, sowie den

4.11/4 Fanartikel-Sortiment des SC Rot-Weiß Essen
1999/2000
SC Rot-Weiß Essen

Seiner zahlreichen Anhängerschaft entsprechend verfügt Rot-Weiß Essen auch als Regionalligist über ein Angebot an Fanartikeln, das in Produktmenge und -vielfalt dem von Vereinen aus der Bundesliga kaum nachsteht. In der Spielzeit 1999/2000 wurde erstmals ein Fanartikel-Katalog herausgegeben, und es existiert ein Fanshop im Georg-Melches-Stadion an der Hafenstraße, in welchem die mehr als 110 Artikel angeboten werden. Das Vereins-Emblem und das neue Maskottchen "Rupi" finden sich nicht nur auf Fahnen und Schals, sondern auch auf Uhren, Rucksäcken oder Sandspielzeug wieder.

kompletten Europapokal samt Champions League. Allein 1998 flimmerten zusammengerechnet 5413 Stunden Fußball über den Fernsehschirm. Ein Jahr hat aber nur 8760 Stunden.

Für das laufende Jahr 2000 hat das digitale Fernsehen "Premiere World" angekündigt, über tausend Fußballspiele live zu senden, und in der kommenden Spielzeit soll jedes Bundesligaspiel übertragen werden. Für jedes Spiel, das man sich zu Hause ansieht, wird im sogenannten Pay-Per-View-Verfahren jeweils einzeln bezahlt. Davon erhoffen sich sowohl die Fernsehsender als auch die Fußballvereine einen weiteren Sprung auf der Einnahmeseite.

"Der FC Bayern ist inzwischen eine Marke geworden." (Uli Hoeneß, Manager des FC Bayern München)

Mit der Ausweitung des Fanartikelmarktes ging eine weitere Expansion des Fernsehfußballs einher. Durch das Merchandising – ein elegantes Synonym für die Vermarktung der Vereinsembleme auf Lizenzprodukten – wuchs die Produktpalette rund um den Fußball. Die Vereine versuchten, die positive Berichterstattung über den Fußball und die wachsende Medienpräsenz für den Absatz von Fanartikeln und Lizenzprodukten zu nutzen. Nicht nur die Verkaufszahlen von klassischer Fußballware wie Trikots und Sportbekleidung stiegen, sondern auch die Ausweitung der Produktpalette auf Nahrungsmittel, Kosmetika, Schulbedarf und Kinderspielzeug gelang scheinbar mühelos. Viele Profivereine eröffneten Fanshops und richteten eigene Abteilungen für den neuen Geschäftszweig Merchandising ein. Via Internet kann man inzwischen zusätzlich in virtuellen Fanshops einkaufen.

Nach anfänglich hohen Zuwachsraten im Merchandisingsegment trat mittlerweile jedoch eine Stagnation ein. Die Hoffnungen der Marktführer Borussia Dortmund und Bayern München, ihren Vereinsnamen zu einem Gütesiegel für vielfältigste auch fußballfremde Produkte werden zu lassen, erfüllten sich nur zum Teil. Der Aufwand, den viele Vereine im Merchandising betrieben, schlug sich zwar im Umsatz nieder, allerdings blieben die Reingewinne oft niedriger als in der Anfangseuphorie erwartet.

4.11/5 Fanartikel-Sortiment des SC Rot-Weiß Oberhausen
1999/2000
SC Rot-Weiß Oberhausen

Mit knapp 50 Artikeln ist das RWO-Sortiment das kleinste der sieben Revier-Vereine. Angeboten werden vorwiegend "klassische" Fanartikel wie Trikots, Schals, Kappen und Fahnen. Nach zehn Jahren im Amateurbereich, teilweise sogar in der Verbandsliga, glückte Rot-Weiß Oberhausen erst 1998 die Rückkehr ins Profilager. Ein dem neuen Rahmen entsprechendes Merchandising des Clubs befindet sich zurzeit im Aufbau.

"Die Arena Auf Schalke wird ein Hexenkessel sein mit einer tollen Atmosphäre, die auch in den 72 Logen und auf den 1400 Business-Seats gelten soll." (Rudi Assauer, Manager von Schalke 04)

Als langfristig erfolgversprechender gelten die Maßnahmen vieler Bundesligavereine zur Modernisierung oder zum Neubau von Fußballstadien. Zwar wird das Produkt Profifußball zu immer geringeren Teilen von den Eintrittsgeldern der Zuschauer finanziert – so machen die Eintrittsgelder im Haushalt der Vereine maximal ein Drittel der Einnahmen aus. Trotzdem waren die neunziger Jahre eine Ära der Modernisierung vieler Bundesligastadien und der Planung neuer Multifunktionsarenen. In Leverkusen, Kaiserslautern, Nürnberg, Stuttgart, Bremen, Karlsruhe und Dortmund wurden die Stadien komplett modernisiert.

Gründe für die Modernisierung der Fußballstadien waren zum einen die neuen Richtlinien der FIFA, die für internationale Spiele ausschließlich Sitzplätze vorschrieben. Zum anderen lag es im Interesse der Vereine, ein zahlungskräftigeres Publikum anzulocken und den Konsum im Stadion anzukurbeln. Eine Verbesserung des Komforts schien dafür das passende Mittel zu sein. Das gastronomische Angebot wurde ausgeweitet. Es entstanden VIP-Bereiche und klimatisierte Logen hinter Glasscheiben. Hotels, Kongress-Center oder Büroflächen wurden in die Stadien integriert. Gleichzeitig nahm man die geforderten Veränderungen in den Stehplatzkurven vor, die entweder verkleinert, mit Klapp- bzw. Variositzen oder dauerhaft mit Sitzplätzen ausgerüstet wurden.

Mit dem neuen Volksparkstadion in Hamburg und der im Bau befindlichen Arena "Auf Schalke" entstehen zurzeit Fußballstadien neuen Stils, die sich leicht für Konzerte und Großveranstaltungen umfunktionieren lassen. Neben Schalke 04 und dem Hamburger SV planen auch Hertha BSC, Bayern München, Borussia Mönchengladbach oder der MSV Duisburg den Bau von Multifunktionsarenen. Mit den häufig vereinseigenen Neubauten erweitern sich die Aufgaben der Fußballclubs. Der Fußballverein wird zunehmend zum Anbieter von gehobener Gastronomie, zur Event-Agentur und zum Eigentümer und Verwalter von Großimmobilien.

4.11/6 Fanartikel-Sortiment des FC Schalke 04
1999/2000
FC Schalke 04, Gelsenkirchen

Als einer der beliebtesten und traditionsreichsten deutschen Vereine verfügt der FC Schalke 04 im Merchandising-Bereich von allen Revier-Vereinen über die größte Produktpalette. Über 400 Artikel werden angeboten, unter anderem in einem großen "S04-Shop" direkt am Parkstadion. Für viele Fans bedeutet Schalke eine in ihrem Alltag ständig präsente Lebenseinstellung. Auch aus diesem Grund reicht die Vermarktung des Vereinsemblems weit über den klassischen Fanartikelbereich hinaus. So werden auch viele "fußballfremde" Dinge verkauft, beispielsweise Elektrogeräte oder Büroartikel, exklusive Kunstgrafiken wie auch Gold- und Silberschmuck. Besonders hervorgehoben wird zur Zeit die von den Schalker Spielern gemeinsam mit der Neuen Philharmonie Westfalen im Musiktheater Gelsenkirchen aufgenommene CD "Schalke goes Classic".

Im Zuge dieser konsequenten Marktorientierung veränderte sich die Struktur der Vereine. In den Geschäftsstellen entstanden neue Abteilungen für Merchandising und Marketing. Zum Trainerstab und den Sportmanagern gesellten sich hauptamtliche Geschäftsführer und Betriebswirte. Eine vom DFB ausgearbeitete Änderung der Vereinssatzung für Profivereine führte zur Einsetzung eines Aufsichtsrates, und aus ursprünglich ehrenamtlichen Vereinspräsidenten wurden damit vermehrt hauptamtliche Vereinsangestellte. Die neue Fernsehlandschaft und große Investitionsvorhaben wie Stadionumbauten und Nachwuchsinternate ließen die Fußballclubs neue Partnerschaften eingehen. Fast alle Vereine der Ersten Bundesliga sind mittlerweile Kooperationsverträge mit Sportrechte-Agenturen eingegangen, und auch Zweit- und Regionalligavereine haben diesen Weg beschritten. Die Agenturen unterstützen die Vereine für das Recht die Fernsehrechte an einzelnen Spielen verkaufen zu dürfen bzw. das Gesamtmarketing der Vereine zu übernehmen, teilweise mit großzügigen Zuwendungen. Durch die engen Partnerschaften von Vermarktern und Vereinen entstehen auch neue Abhängigkeiten, und Medienagenturen nehmen vermehrt Einfluss auf die sportlichen Entscheidungen der Fußballclubs.

Die Entscheidung über die weitere Vermarktung der Fernsehrechte ist eng verbunden mit der zukünftigen Organisationsform des Profifußballs. Während sich bislang im Deutschen Fußball-Bund alle Vereine unter einem Dach zusammenfassen ließen, stehen dem Verband im Jubiläumsjahr große Veränderungen ins Haus. Die Vereine der Ersten und Zweiten Bundesliga entschieden sich 1999 für die Eigenständigkeit des Profifußballs, ein eigenes Logo und eine eigene Hymne gab sich die Bundesliga schon 1996. Auf dem DFB-Bundestag im September 2000 wird die Gründung eines

Liga-Verbandes der Profivereine zur Beschlussfassung vorliegen, der fortan den Spielbetrieb der Bundesligen organisieren wird, die Lizenzierung der Proficlubs betreuen und die Vermarktung des Profifußballs übernehmen soll.

Schon 1997 ist auf Beschluss des Bundesgerichtshofes die zentrale Vermarktung der Fernsehrechte bei Europacup-Spielen durch den DFB untersagt worden. Bis dahin verhandelte allein der Deutsche Fußball-Bund mit den Fernsehsendern um die Preise für die Übertragung aller Spiele. Fortan war es den Vereinen selbst gestattet, ihre Spiele an Fernsehanbieter zu verkaufen. Man kann davon ausgehen, dass auch im nationalen Fußball die Zentralvermarktung der Übertragungsrechte durch den DFB nicht aufrechtzuerhalten ist.

Sowohl der sich gründende Verband der Bundesligisten als auch die Vertragsabschlüsse zwischen Rechtehändlern und Vereinen können als Weichenstellung zu einem noch stärker professionalisierten Bundesligafußball betrachtet werden. Welche Rolle der DFB als Fußballdachverband dann einnehmen wird bleibt offen. Als Assoziation von Vereinen, ursprünglich Einrichtungen des öffentlichen Lebens, wird sein Einfluss auf den heutigen Profifußball ohnehin geringer. Seit dem 24. Oktober 1998 können am Ligabetrieb auch Kapitalgesellschaften, also Kommanditgesellschaften, GmbHs und Aktiengesellschaften teilnehmen. Einige Fußballabteilungen haben sogar schon den endgültigen Schritt zum Unternehmen gemacht. Zu ihrem 90. Geburtstag entschied sich Borussia Dortmund für die Bildung einer Aktiengesellschaft. Ob die bei den Zuschauern so erfolgreiche Vermarktungsoffensive des Profifußballs in den neunziger Jahren auch die Grundlage eines erfolgreichen Börsengangs sein kann, muß sich noch erweisen.

Christoph Schurian/Michael Menzen

4.11/7 Fanartikelsortiment der SG Wattenscheid 09
1999/2000
SG Wattenscheid 09, Bochum

Das Fansortiment der schwarz-weißen "09er" besteht aus ungefähr 80 unterschiedlichen Artikeln und ist für einen Regionalligisten mit überschaubarer Anhängerschaft recht umfassend ausgebaut. Es existiert darüber hinaus sogar ein Online-Fanshop. Ausgebaut wurde das Vereins-Merchandising insbesondere in der ersten Hälfte der neunziger Jahre, als der Verein in der Bundesliga vertreten war. Auf den Fanartikeln der SG Wattenscheid 09 ist häufig ein Pandabär zu finden. Dieser hat in den vergangenen Jahren immer stärker den Charakter eines Vereinsmaskottchens angenommen.

Der DFB und seine Präsidenten

4.12/1
Prof. Dr. Ferdinand Hueppe, DFB-Präsident 1900-1904
Foto; 60 x 40 cm
Sportverlag Berlin

Auf dem dritten Bundestag des DFB, am 6. Oktober 1900, wurde Prof. Dr. Ferdinand Hueppe aus Prag in das Amt des Ersten Vorsitzenden des erst wenige Monate zuvor, am 28. Januar gegründeten Verbandes gewählt. Zu diesem Zeitpunkt umfasste der DFB gerade einmal 91 Vereine. Hueppe war Wissenschaftler mit dem Fachgebiet Hygiene und einer der führenden deutschen Sportmediziner. Damals übliche Berührungsängste akademisch gebildeter Kreise mit der Welt des Sports bestanden bei ihm nicht. Die Einigung des Verbandes und die Schaffung einheitlicher Spielregeln wurden maßgeblich von ihm vorangetrieben. Und obwohl der DFB mit der 1963 gegründeten Bundesliga so spät wie kein anderer großer Verband den professionellen Fußball einführte, wurde bereits in Hueppes Amtszeit, im Jahr 1902, erstmals über die Frage des Amateur- oder Berufsspielerstatus beraten. Bis heute hatten sich sämtliche Präsidenten des DFB mit dieser Frage auseinander zu setzen.

Hueppes Nachfolger wurde Friedrich-Wilhelm Nohe aus Wiesbaden. Wie viele andere führende Persönlichkeiten in der Gründerzeit des DFB war Nohe Pädagoge. Den Fußball hatte er als Sprachlehrer in London kennen und schätzen gelernt. Doch an den deutschen Schulen stellte sich das Verhältnis

4.12/2
Friedrich-Wilhelm Nohe, DFB-Präsident 1904/05
Foto; 60 x 40 cm
Sportverlag Berlin

4.12/3
Gottfried Hinze, DFB-Präsident 1905-1925
Foto; 60 x 40 cm
Sportverlag Berlin

zum Fußball uneinheitlich dar. Noch bis 1920 waren Fußballverbote verbreitet, andererseits wurde der Fußball gerade durch einige Schulen entscheidend gefördert. Auf dem achten Bundestag am 21./22. Mai 1904 in Kassel wurde Nohe Erster Vorsitzender des DFB. Eine schwere Krise zwischen dem Dachverband und dem von ihm geleiteten Süddeutschen Verband führte jedoch schon nach kurzer Zeit zu seinem Rückzug. Solche Konflikte zwischen dem DFB und den regionalen Verbänden waren häufig und existieren bis heute. Sie äußerten sich in der Frühzeit des DFB unter anderem in langen Debatten der Verbände über eine angemessene Berücksichtigung in der Nationalmannschaft.

Genau ein Jahr später, am 21. Mai 1905, wurde Gottfried Hinze aus Duisburg zum Nachfolger von Nohe gewählt, der das Amt des Ersten Vorsitzenden von nun ab für mehr als zwanzig Jahre innehaben sollte. Während dieser Zeit erlangte der Fußball in Deutschland einen enormen Zuwachs an Popularität. Unumstritten war er allerdings noch lange nicht, stand er doch seit den ersten Anfängen in starker Konkurrenz zum Turnen und dessen Verbänden. Durch seine Verteidigung der neuen Sportart gegen vielerlei gesellschaftliche Ressentiments trug Gottfried Hinze entscheidend dazu bei, den

4.12/4
Felix Linnemann,
DFB-Präsident 1925-1945
Foto; 60 x 40 cm
Sportverlag Berlin

4.12/5
Dr. Peco Bauwens,
DFB-Präsident 1949-1962
Foto; 60 x 40 cm
Sportverlag Berlin

Fußball in Deutschland zu etablieren. Wegen seiner fürsorglichen Art wurde der dritte Präsident des DFB auch "Papa Hinze" genannt. Zum Ende seiner Amtszeit im Jahr 1925 hatte der DFB bereits 823.425 Mitglieder in 6319 Vereinen.

Im Rahmen des 26. Bundestages feierte der DFB am Gründungsort in Leipzig sein 25-jähriges Bestehen, und Felix Linnemann wurde am 3. Oktober 1925 Nachfolger von Gottfried Hinze. Die zentralen Themen für den Kriminalrat Linnemann waren die Straffung der Verbandsstrukturen und vor allem eine Klärung des andauernden Streits um das Berufsspielertum. Die völlige Unterordnung des Fußballs unter politische Interessen ist das, was für seine weitere Amtszeit schließlich kennzeichnend bleibt. Nach der "Machtergreifung" der Nationalsozialisten blieb Linnemann Leiter des deutschen Fußballsports. 1933 organisierte er die Eingliederung des DFB in den "Reichsbund für Leibesübungen" als "Fachamt Fußball".

Dr. Peco Bauwens wurde am 8. Juli 1949 erster Präsident des wiedergegründeten DFB und trieb dessen Neuaufbau maßgeblich voran. Als Schiedsrichter leitete der Mitinhaber eines Baugeschäfts aus Köln nach dem Ersten Weltkrieg 82 Länderspiele. Mit seiner Amtszeit eng verbunden ist der

4.12/6
Dr. Hermann Gösmann, DFB-Präsident 1962-1975
Foto: 60 x 40 cm
Sportverlag Berlin

Weltmeisterschafts-Triumph der deutschen Nationalmannschaft gegen Ungarn beim "Wunder von Bern" im Jahr 1954. Mit der Einsetzung einer "Bundesliga-Kommission" gingen unter der Präsidentschaft von Dr. Peco Bauwens die Vorbereitungen zur Einführung einer zentralen Spielklasse in ihre entscheidende Phase.

Vorsitzender der "Bundesliga-Kommission" wurde Dr. Hermann Gösmann, der Bauwens am 28. Juli 1962 als Erster Vorsitzender des DFB nachfolgte. Die Amtszeit des Juristen aus Osnabrück umspannt gleich drei Schlüsselereignisse des deutschen Fußballs. Unter ihm wurde 1963 die Bundesliga und damit endlich der Profifußball in Deutschland eingeführt. Die entscheidende Basis für viele erfolgreiche Jahre der Nationalmannschaft und der Vereinsmannschaften – mit dem Weltmeistertitel im Jahr 1974 gekrönt – war damit geschaffen. Doch mit dem Bundesligaskandal Anfang der siebziger Jahre wurde der maßgeblich von Gösmann propagierte Berufsfußball auch zutiefst erschüttert. Ein weiterer wichtiger Meilenstein in der Geschichte des DFB war 1970 die Aufhebung des fünfzehn Jahre zuvor gefassten Beschlusses über das Verbot des Frauenfußballs.

Der Saarländer Hermann Neuberger, der am 25. Oktober 1975 auf dem Bundestag des

4.12/7
Hermann Neuberger, DFB-Präsident 1975-1992
Foto: 60 x 40 cm
Sportverlag Berlin

DFB in Hamburg dessen neuer Präsident wurde, sah sich im Laufe seiner Amtszeit mit schwierigen Bedingungen und großen Herausforderungen konfrontiert. Bereits bei der Aufarbeitung des Bundesligaskandals zeigte er entscheidend Profil. In Neubergers Amtszeit hatte der DFB auch mit dem internationalen Ansehensverlust des deutschen Fußballs zu kämpfen, hervorgerufen vor allem durch die Ereignisse bei der Weltmeisterschaft 1982 in Spanien. Zudem wurde die zunehmende Gewalt auf den Zuschauer-Rängen zu einem ernsthaften Problem. Neuberger verkörperte einen Sportfunktionär neuen Typs. Er hatte eine Vielzahl von Ämtern in unterschiedlichen Organisationen inne, was ihn zu manch argumentativem Spagat zwang: Beim sportpolitischen Konflikt um den Olympia-Boykott 1980 votierte das DFB-Präsidium für die Teilnahme deutscher Athleten; als Mitglied des Nationalen Olympischen Komitees stimmte Neuberger jedoch für die Nicht-Teilnahme. Der gelernte Journalist Hermann Neuberger hat sich jedoch als Organisationschef vieler Fußball-Weltmeisterschaften auch international einen großen Namen gemacht. Der Weltmeistertitel 1990 in Rom und ganz besonders die Wiedervereinigung der beiden deutschen Fußballverbände am 21. November des gleichen Jahres am DFB-Gründungsort in Leipzig markieren die späte Krönung seiner Amtszeit. Nach dem Tod Hermann Neubergers wurde am 24. Oktober 1992 der Aachener Egidius Braun, bis dahin Schatzmeister des DFB, zu seinem Nachfolger gewählt. Untrennbar mit seiner Person verbunden ist das nationale und internationale Engagement des DFB im Sozialbereich. Bereits im Jahr 1986 wurde auf Brauns Initiative hin die "Mexiko-Hilfe" des DFB gegründet. Bis heute wird der Präsident des DFB nicht müde, die soziale Funktion des Fußballs zu betonen, was ihm auch den Spitznamen "Pater Braun" einbrachte. Auch der jetzige Amtsinhaber muss sich, wie alle seine Vorgänger, mit dem konfliktreichen Verhältnis zwischen Profi- und Amateurfußball auseinander setzen und um einen Ausgleich der Interessen bemühen. Die großen Bundesligavereine streben nach mehr Autonomie vom DFB, da sie ihre Interessen bei der großen Mehrheit der Amateurvereine nicht ausreichend vertreten sehen. Für den Präsidenten steht hingegen der Grundsatz der Solidarität der Vereine im Vordergrund. Im Jahr 2001 wird Egidius Braun nicht wieder für das Amt des DFB-Präsidenten kandidieren, und der Bundestag des mit über sechs Millionen Mitgliedern in mehr als 25.000 Vereinen größten Einzel-Sportverbandes der Welt wird seinen neunten Vorsitzenden wählen. *Michael Menzen*

4.12/8
Egidius Braun,
DFB-Präsident seit 1992
Foto; 60 x 40 cm
Sportverlag Berlin

Townley , Ünyazici und Bosman.

Vom internationalen Charakter des deutschen Fußballs

Der eigentlichen Geburt des modernen Fußballs in England folgte schon bald sein Export. Der Fußball wurde zum Ausfuhrgut und zu einem internationalen Spiel. Englische Freizeitsportler zeigten deutschen Schülern das Fußballspiel und gründeten Vereine wie den Berliner "Thorball- und Football Club Britannia". Unter den deutschen Fußball-Pionieren herrschte – nicht zuletzt als Konter auf die deutschtümelnde Ablehnung, die dem Fußball bisweilen entgegenschlug – ein weltoffener, oft anglophiler Geist mit engen Verbindungen zum Mutterland des Fußballspiels. Deutsche Vereinsmannschaften suchten die sportliche Herausforderung bei Reisen auf die britische Insel und fanden sie in deftigen Niederlagen gegen Teams aus England und Schottland. Britische Mannschaften unternahmen aufsehenerregende Gastspielreisen durch Europa.

Als der Fußball damit begann, sich auch auf dem Kontinent zu organisieren, verabredeten die neuen Nationalverbände erste Ländervergleiche. Deutschlands erstes Auswahlspiel gegen die Mannschaft der Schweiz fand im Jahre 1908 statt. Vielfach bediente man sich englischen Fußball-"Know-hows". So war es dem Engländer Bill Townley vorbehalten, als Coach der Spielvereinigung Fürth 1914 die deutsche Meisterschaft zu erringen und die Grundlagen für eine der großen Mannschaften der zwanziger Jahre zu schaffen.

4.13/1 Torpfosten
Neville Gabie, Stroud, 1996-2000
Fotos; je 40 x 60 cm
Neville Gabie, The Hales Gallery, London

a) Goodison Road, Liverpool, England, 1999

Doch durch den Ersten Weltkrieg wurden viele internationale Kontakte vorübergehend zerstört, die für den Fußball zuvor selbstverständlich gewesen waren. Die Beziehungen zu Frankreich blieben gespannt, und auch England hob erst 1921 seinen Boykott gegen den DFB auf. Das erste Länderspiel bestritt die Fußballauswahl der jungen deutschen Republik 1920 wiederum gegen die Schweiz. Im Zuge der Popularisierung des Fußballs in Deutschland in den zwanziger Jahren schlossen sich vereinzelt ausländische Fußballspieler den besten deutschen Teams an. So spielten beim 1. FC Nürnberg 1920 Gustav Bark aus der Schweiz und die beiden Ungarn Peter Szabó und Alfréd Schaffer. Der Hamburger Sportverein griff für zwölf Jahre auf die Dienste des Norwegers Asbjorn Halvorsen zurück, auch der Schwede Otto Carlsson stand in den Diensten der Hamburger. Die Aufnahme dieser Spitzenfußballer in den Kader zahlte sich aus, denn beide Mannschaften gewannen mit ihnen die deutsche Meisterschaft.

Die Widersprüchlichkeit des deutschen Fußballs, einerseits Spieler mit Handgeld und Gagen anzulocken, gleichzeitig aber den Amateurgedanken zu betonen und das Profitum als verwerflich zu verurteilen, schränkte die Entwicklungsmöglichkeiten des Fußballsports ein. Insbesondere der 1924 gefasste DFB-Beschluss, deutschen Vereinen nur in Ausnahmefällen Spiele gegen internationale Profimannschaften zu gestatten und damit auch die Teilnahme deutscher Vereine am neuen europäischen Vereinswettbewerb, dem Mitropa-Cup, zu verhindern, stand gegen den internationalen Austausch und bedeutete die Abschottung des deutschen Fußballs.

Die Perspektive der deutschen Fußballfreunde verengte sich ohnehin auf Europa. Vom sich entwickelnden Fußball in Übersee oder in Afrika war wenig bekannt. Die Fußballsiege Uruguays bei den Olympiaden 1924 und 1928 und bei der Weltmeisterschaft 1930 wurden zwar wahrgenommen, aber häufig nicht auf die Klasse des lateinamerikanischen Fußballs, sondern auf ihr vermeintlich "unsportliches Spiel" zurückgeführt.

Die NS-Herrschaft setzte allen Bestrebungen, den Fußball zu reformieren und sich gegenüber den Entwicklungen im Ausland

b) Londonderry, Nordirland, 1998

zu öffnen, ein jähes Ende. Der Fußballstar Oskar Rohr, mit Bayern München deutscher Meister geworden, sollte als erster deutscher Fußballprofi fortan für Racing Straßburg die Fußballstiefel schnüren. Hamburgs Fußballstar Halvorsen flüchtete 1933 nach Norwegen, wo er während der deutschen Besatzung in den Widerstand ging und später gefangen genommen wurde. Er starb 1955 an den Folgen der unmenschlichen Behandlung in einem Konzentrationslager.

1950 beschloss die FIFA die Wiedereingliederung Westdeutschlands in den Weltfußball. Das erste Länderspiel, wieder gegen die Schweiz, fand im selben Jahr statt. Nach dem Krieg hielt man wie in den zwanziger und dreißiger Jahren am Idealbild des Amateurs fest. Die Spitzenfußballer erhielten zwar durch das Vertragsspieler-Statut geringe Aufwendungen, doch von ihrem Sport leben konnten die Fußballer in Deutschland noch nicht. Immerhin wurden Begegnungen gegen ausländische Profimannschaften nicht mehr sanktioniert. Westdeutsche Mannschaften beteiligten sich an den seit 1955 eingeführten europäischen Pokalwettbewerben.

Die nach dem Triumph von 1954 auch weltweit ins Rampenlicht geratenen Fußballer aus dem Land des Weltmeisters wurden von finanzstarken Vereinen aus Italien und Spanien umworben. Geringe Verdienstmöglichkeiten im eigenen Land taten ein Übriges. Spieler wie Jupp Derwall, Horst Szymaniak oder Helmut Rahn wechselten ins Ausland. Der als Kriegsgefangener nach England geratene Bert Trautmann spielte sich als Torwart von Manchester City ins Rampenlicht der First Division und des FA Cups, aber eine Einladung für die deutsche Nationalmannschaft bekam er nie.

Die Einrichtung der Bundesliga läutete endgültig die Zeitenwende für den bundesdeutschen Fußball ein. Im ersten Jahr der neuen Liga befanden sich unter den etwa 200 Bundesligaspielern nur vier Ausländer, diese Zahl stieg aber von Jahr zu Jahr. In 37 Jahren Bundesliga spielten mittlerweile etwa 700 Nicht-Deutsche für Vereine der ersten Bundesliga.

c) Km 169, Ciudad Del Este, Paraguay, 1998

Die Begegnungen in den immer populäreren europäischen Vereinswettbewerben ließen Interesse am und Kenntnis vom internationalen Fußball wachsen. Nach der endgültigen Liberalisierung der Spielergehälter und Ablösesummen im Jahre 1974 wechselten internationale Fußballstars wie Roger van Gool, Alan Simonson oder Kevin Keegan in die Bundesliga. Deutsche Spieler nahmen Offerten aus dem Ausland an – Günter Netzer und Paul Breitner wechselten nach Madrid, Gerd Müller und Franz Beckenbauer zog es in die USA.

Die neue Mobilität der Fußballprofis setzte eine bis heute aktuelle Debatte in Gang. Je nach Marktlage befürchtete man seitdem das Ausbluten der Bundesliga durch die Abwanderung der Topstars, oder man sorgte sich um eine zu hohe Zahl ausländischer Profis, die den Einheimischen die Stammplätze wegnähmen oder die jungen deutschen Spieler nicht zum Einsatz kommen ließen. Die Fußball-Verbände reagierten mit einer Beschränkung von Ausländern im Kader der Vereine.

Besonders ab Mitte der achtziger Jahre lockte die italienische Seria A, die Lira-Liga, deutsche Bundesligastars. Für Karl-Heinz Rummenigge, Rudi Völler, Lothar Matthäus oder Jürgen Klinsmann wurden Rekordtransfersummen bezahlt. Erst der neue Boom im deutschen Fußball der neunziger Jahre drehte den Trend um. Die Legionäre kehrten zurück. Bundesligavereinen gelang es nun, Topspieler wie Paolo Sousa, Bixente Lizarazu, Viktor Ikpeba und zuletzt den französischen Weltmeister Youri Djorkaeff zu verpflichten.

Auch wenn der deutsche Fußball seit Einführung der Bundesliga, seit der Begeisterung um den Europapokal und einer Zunahme von Spielern aus anderen Ländern in der Bundesliga wie deutschen Spielern in Nachbarligen einen internationaleren Charakter annahm, bedeutete erst das so genannte Bosman-Urteil die große Zäsur im europäischen Vereinsfußball. Nachdem der belgische Fußballprofi Jean-Marc Bosman mit seiner Klage beim Europäischen Gerichtshof Erfolg hatte, kamen die Gesetze der Europäischen Union zum Schutz der europäischen Arbeitnehmer auch im Fußball zur Anwendung. Mit dem Urteil vom 15. Dezember 1995 wurden die Ablöseforderungen der Vereine bei auslaufenden Verträgen ihrer Spieler hinfällig. Die allen Arbeitnehmern garantierte Freizügigkeit innerhalb der Europäischen Union galt fortan auch für Fußballer, und die Zahl der aus einem anderen Land der Europäischen Gemeinschaft stammenden Spieler in einem Team durfte nicht mehr begrenzt werden. Die schon traditionellen Debatten über einen zu hohen Ausländeranteil im (deutschen) Fußball haben seitdem neue Nahrung bekommen. Aber ungeachtet der übertriebenen und mit Nationalismus angereicherten Diskussionsbeiträge vergangener Zeiten scheint sich mit dem Bosman-Urteil die Lage für einhei-

d) Avenida Itaybaite, Asuncion, Paraguay, 1998

mische (Nachwuchs-)Spieler wirklich radikal verschlechtert zu haben: So manche Bundesligamannschaft verfügt nur noch über die für die Bundesliga-Lizenz notwendigen sechs deutschen Spieler mit Profivertrag. Obwohl sich der EU-Binnenmarkt für Arbeitnehmer nicht vom Tisch wischen lässt, diskutieren die Verbände der UEFA, nicht nur der DFB, intensiv über eine neue Begrenzung von ausländischen Spielern zu Gunsten des heimischen Nachwuchses.

Mit der Europäisierung des Fußballs in Deutschland ging die Integration von ausländischen Jugendspielern in den deutschen Fußball einher. Jugendliche ohne deutsche Staatsangehörigkeit, die fünf Jahre für deutsche Vereine spielten, wurden zu "Fußballdeutschen". Sie fallen damit nicht unter die Richtlinien und Klauseln für ausländische Spieler. Kurios ist dabei, dass Spieler im DFB-Spielbetrieb als Fußballdeutsche geführt werden, international aber gleichwohl für ihr Heimatland spielen dürfen.

Insgesamt hat die Internationalisierung der letzten Jahre dem Fußball gut getan. Die große Zahl ausländischer Spieler in Deutschland und der Wechsel deutscher Spieler ins Ausland hat das Niveau in der Bundesliga und nicht zuletzt der Nationalmannschaft steigen lassen: Die Weltmeisterschaft 1990 und die Europameisterschaft 1996 wurden von Mannschaften gewonnen, deren Spieler zu einem großen Teil nicht im eigenen Land spielten oder gespielt haben. Auch ist durch die große Zahl ausländischer Spieler und die regelmäßigen Spiele in den europäischen Wettbewerben die noch in den achtziger Jahren verbreitete Ausländerfeindlichkeit in den Stadien zurückgegangen. Inwieweit deutschen Nachwuchsspielern dadurch die Zukunft verbaut wird bleibt abzuwarten. Der Ausweg dürfte allerdings nicht in einer erneuten Festsetzung des Ausländeranteils liegen. Wichtiger ist eine gezielte und systematische Jugendarbeit, die der DFB künftig stärker von den Bundesligavereinen verlangt. Dann kann eine Balance zwischen einheimischen und ausländischen Spielern entstehen, wie sie etwa bei Juventus Turin, Bayern München oder Manchester United existiert, wo Spieler aus dem Ausland eine wichtige Verstärkung bedeuten, Einheimische aber den größeren Teil der Mannschaft stellen.

Christoph Schurian

e) Horstweg, Dinslaken, Deutschland, 2000

g) Plaza Bombero, Boca, Buenos Aires, Argentinien, 1998
h) Calle Vespucio, Buenos Aires, Argentinien, 1998
i) Calle California, Buenos Aires, Argentinien, 1998
j) Francistown, Botswana, 1998
k) Kazungula, Botswana, 1998
l) Barra Da Tijuca, Rio De Janeiro, Brasilien, 1998
m) Riberao Do Ouro, Minas Gerais, Brasilien, 1998
n) Parity, Sao Paulo, Brasilien, 1998
o) Priory Fields, Tewkesbury, England, 1998
p) Birkenhead, Merseyside, England, 1997
q) Long Rock, Penzance, England, 1998
r) St. Martin du Crau, Frankreich, 1998
s) Route de Turin, Nizza, Frankreich, 1998
t) Ebereschenstraße, Jena, Deutschland, 2000
u) Steigerstraße, Bottrop, Deutschland, 2000
v) Heisenberg-Gymnasium, Dortmund, Deutschland, 2000
w) Böhmerwald-Straße, Dortmund, Deutschland, 2000
x) Rottstraße, Bochum, Deutschland, 2000
y) Amersfort, Niederlande, 1997
z) Kinallen Court, Oumeau Road, Belfast, Nordirland, 1998
aa) Runneymade Street, Belfast, Nordirland, 1998
ab) Acton Street/Shankhill Road, Belfast, Nordirland, 1998
ac) Berg Sodom, Totes Meer, Israel, 1999
ad) Jericho, Palästina/Israel, 1999
ae) Berg Zion, Jerusalem, Israel, 1999
af) Elektrenai, Litauen, 1997
ag) Spitzkoppe, Namibia, 1996
ah) Khorixas, Namibia, 1996
ai) Km 21, Mingaguazu, Paraguay, 1998
aj) 1. Mai, Paraguay, 1998
ak) 1. Mai, Paraguay, 1998
al) Suwalki, Polen, 1997
am) Pultusk, Polen, 1997
an) Iecava, Polen, 1997
ao) Seilebost, Isle of Harris, Schottland 1998
ap) Nqutu, Kwa Zulu Natal, Südafrika, 1996
aq) Washington, Kuruman, Südafrika, 1998
ar) Haffouz, Tunesien, 1998
as) Masel Bel Abbes, Tunesien, 1998
at) Mareth, Tunesien, 1998
au) Zrig, Tunesien, 1998
av) Blaenau, Ffestiniog, Wales, 1999
aw) Bryncir, Wales, 1999
ax) Meile 140, Bulawayo/ Victoria Falls, Zimbabwe, 1997

Das globale Spiel

Nicht alle sind weiß und aufrecht und versenkt in gepflegtem Rasen. Torpfosten sind so persönlich und einzigartig wie die Menschen und Orte, an denen Fußball gespielt wird. Die Bilder können das besser erklären als tausend Worte. Aber was löste den Wunsch aus, ausgerechnet Torpfosten zu fotografieren? Mehr durch einen Zufall begann alles in Südafrika. Ich verbrachte einige Zeit auf dem Land und befasste mich mit Bildhauerei. Nach und nach fielen mir die aus Holz gebauten Tore auf, die wie Zeugnisse menschlichen Strebens aus den weiten und leeren Räumen ragten. Der Erfindungsgeist, der sich in den Gebilden ausdrückte, faszinierte mich: Das Material, der Einfallsreichtum bei dem Versuch, zwei Holzstücke miteinander zu verbinden, die vielen Abwandlungen der Grundstruktur – einer einfachen, aus zwei vertikalen Stangen und einer horizontalen Stange bestehenden Skulptur.

Als sich das Projekt entwickelte, bemerkte ich, wie die Torpfosten ihre jeweilige Umgebung widerspiegeln. Wo man kein Holz zur Hand hat, verwendet man Steine, Schnüre, Metall, Kreide oder Farbe. Und wo es für das Spiel kein Fußballfeld gibt, behilft man sich mit Garagentoren, Straßenecken oder Parkplätzen. Mit geringsten Mitteln drückten die Torpfosten genau das aus, was ich eigentlich mit meinen Skulpturen sagen will. Sie bewahren in sich unsere Träume und Phantasien und die Einzigartigkeit eines jeden "Ortes" in einer Sprache, die überall verstanden wird.

Viele tausend Meilen später hat sich meine Meinung nicht geändert, aber ich habe neue Einsichten gewonnen, wie es einem oft ergeht, wenn man sich in eine Idee vertieft. Mitten auf einem kahlen Feld, übersät mit Ziegeln und Steinen, eingezwängt zwischen Eisenbahngleisen und Wohnschuppen, traf ich einen Mann, der hier dem noch sehr jungen Maradona beim Spielen zusah. Für einige beginnt es wirklich auf dem Hinterhof.

Fußball ist das "globale" Spiel. Wo auch immer man sich auf der Welt befindet, sind Tore längst zum Teil der Landschaft geworden. Man bemerkt sie nicht einmal mehr. Wie Straßenlaternen oder Telegrafenmasten sind sie einfach da und erfüllen ihren Nutzen. Als Inbegriff des Fußballspiels sind die meisten Torpfosten weiß und aufrecht und... Aber einige sind ganz anders. (Neville Gabie)[19]

f) Wilfried-Straße, Duisburg, Deutschland, 2000

Verlängerung! 15 Künstler rund um den Ball

4.14/1 "Footixplus"
Arman, New York/Venedig, 1998
Textil, Plexiglas;
174 x 118 x 15,5 cm
Galerie Enrico Navarra, Paris

"Unendlichkeit. Eine Kugel. Bälle, die vorwärtsgetrieben werden. Ballett, Tanz um ein Tor, das immer wieder neu erzielt werden muß." Arman, April 1998

4.14/2 "Ball-Totem"
Philippe Berry, Paris, 1998
Bronze; 85 x 26 x 30 cm
Galerie Enrico Navarra, Paris

"In der Regel sind Bälle meistens aufgeblasen." Philippe Berry, Mai 1998

4.14/3 "Viva Italia"
César, Paris/Nizza, 1998
Textil, Kunststoff;
40 x 37 x 37 cm
Galerie Enrico Navarra, Paris

Mag in der ersten Hälfte des Jahrhunderts vor allem die Dynamik des Spiels die Künstler begeistert und zu eigenen Entwürfen angeregt haben, ist es in der Gegenwartskunst die eigene Kulturform Fußball, auf die Künstler reagieren. Dennoch muss man feststellen, dass der Fußball für die zeitgenössische Kunst keine bedeutende Rolle spielt. Nicht, dass es keine interessanten Werke gäbe – bekanntlich gibt es sogar Künstler, die dem Fußball mit gleicher Leidenschaft anhängen wie Fußballfans. Aber Fußball stellt für die zeitgenössische Kunst insofern ein strukturelles Problem dar, als man an solchen Werken kritisieren könnte, dass die Künstler die Position kritischer Distanz verlassen hätten, um endlich einmal ein großes Publikum zu erreichen. Die Kultur des 20. Jahrhunderts wird insgesamt durch das spannungsreiche Verhältnis von populärer Kultur einerseits und der mittlerweile zur Hochkultur gewordenen Moderne andererseits bestimmt. Während die Entwicklung moderner und zeitgenössischer Kunst an den Betrachter immer größere intellektuelle Voraussetzungen stellt, bestechen populäre Kulturen im Gegensatz dazu dadurch, dass sie zum einen große emotionale Werte freisetzen, zum anderen zum Fachsimpeln einladen.

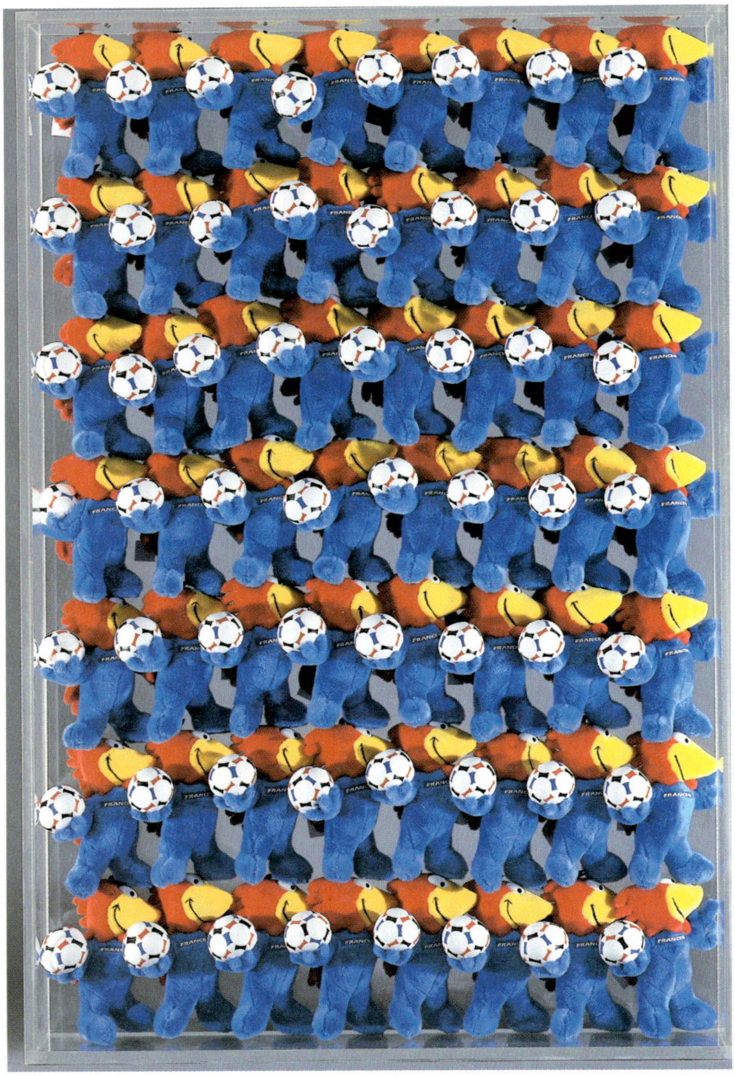

4.14/1

4.14/4 "Ohne Titel"
Michael Ray Charles, Austin, 1998
Gemälde, Lackfarbe, Kupfer, Leder; D 20,5 cm
Galerie Enrico Navarra, Paris

"Ich hatte immer den Eindruck, daß die schwarzen Teile eines Fußballs Malereien aufweisen sollten, nun besitzen sie welche." Michael Ray Charles, April 1998

4.14/5 "Le Mondial pour le Val-de Marne"
Errò, Paris, 1998
Papiercollage, Serigraphie auf Pergament; 110 x 70 cm
Galerie Enrico Navarra, Paris

"Die Malerei ist ein Handwerk, bei dem es für denjenigen, der es ausübt, am besten ist, wenn er es ähnlich professionell betreibt wie ein Handwerker, der ein Paar Schuhe oder einen Nachttisch herstellt und dabei um die feinen Unterschiede weiß. Der Schreiner weiß im vorhinein, wie das Möbel aussehen wird, das er im Begriff ist zu tischlern. Im Gegensatz dazu weiß der Maler nie, wie sein eben begonnenes Bild am Ende aussehen wird. Aber wie ist es für einen Fußballer?" Errò, April 1998

4.14/6

4.14/6 "Toto, Roger, Paul",
Thomas Grünfeld, Köln, 1998
Seide; 120 x 100 cm
Galerie Enrico Navarra, Paris

"Wenn ein Künstler den Fußball wirklich liebt und ein Werk zu diesem Thema erstellt, sollte es frei von Ironie oder Arroganz sein. Entsprechend sollte es von der reinen Verehrung für dieses Spiel erzählen. Der Künstler muß ein Werk schaffen, als wäre er ein leidenschaftlicher Fan, der einem ebenso leidenschaftlichen Fan etwas mitteilen möchte." Thomas Grünfeld, April 1998

Wer über den Fußball nachdenkt, stellt fest, dass sich am Ende immer wieder ein Gegensatzpaar einstellt – nämlich Ernst und Spaß. Paradoxerweise spielt man gegeneinander miteinander. Ernst und Spaß bilden ein labiles Gleichgewicht, das nur allzu schnell verloren gehen kann. Man liebt den Fußball oder man hasst ihn; offenbar gibt es keine Möglichkeit, sich eines Urteils zu enthalten.

.14/7 "Mondial"
Menasche Kadishman, Tel Aviv, 1998
nstallation, Mischtechnik, Akrylfarbe, Leder;
40 x 70 x 5 cm
Galerie Enrico Navarra, Paris

.14/8 "Foot + Ball"
Steve Miller, New York, 1998
öntgenaufnahme,
intenstrahlausdruck;
23 x 150 cm
alerie Enrico Navarra, Paris

4.14/9 "Ohne Titel"
Nam June Paik, New York, 1998
Installation, Leder, Kunststoff, Metall
Galerie Enrico Navarra, Paris

"Globus und Ball sind rund wie übrigens unsere Köpfe auch." Nam June Paik, April 1998

4.14/9

4.14/10 "Das heilige Spiel"
Charlemagne Palestine, New York, 1998
Installation, Textil, Leder
Galerie Enrico Navarra, Paris

"Ein gebrauchter Fußball / und neun Plüschtiere / Hier ist ein moderner heiliger Altar / zu den Spielen / der Kindheit / eine Lebenszeit / Wir werden geboren, wir spielen, wir sterben / gewinnen oder verlieren / Dies sind die Gesetze, die für alle gelten / Uns allen viel Glück! / Heiliges Spiel." Charlemagne Palestine, April 1998

4.14/11 "Ohne Titel mit Fußballspieler"
Liliana Porter, New York, 1995-1998
Acrylfarbe auf Leinwand; 147 x 127 cm
Galerie Enrico Navarra, Paris

4.14./12 "Flugtransportbox/Fußball"
Patrick Raynaud, Paris/Nantes, 1989-1998
Leder, Kunststoff; 60 x 30 x 30 cm
Galerie Enrico Navarra, Paris

4.14/13 "Fußball"
Mimmo Rotella, Mailand, 1998
Malerei auf abgerissenen Plakaten; 100 x 75 cm
Galerie Enrico Navarra, Paris

"Mich hat der Fußball immer begeistert. Als Student war ich Pförtner bei einem Fußballverein und habe natürlich auch selbst gespielt. Später habe ich mir – vor allem in Italien – viele Spiele angeschaut." Mimmo Rotella, April 1998

4.14/13

4.14/14 "Spiel des Runds 98"
Shin Sung-Hy, Elancourt, 1997
Baumwolle, Acryl- und Ölfarbe auf Leinwand; D 150 cm
Galerie Enrico Navarra, Paris

4.14/15 "Ohne Titel"
Christoph von Weyhe, Paris, 1998
Acrylfarbe auf Leinwand; 80 x 65 cm
Galerie Enrico Navarra, Paris

"Ich liebe die Energie, die sich dem Raum einschreibt. Die abrupte Veränderung. Die Verwunderung und das Aufgewühlt-Sein." Christoph von Weyhe, April 1998

Die zeitgenössischen Kunstwerke, die am Ende der Ausstellung zu sehen sind, erzählen von dieser Schwierigkeit, in Bezug auf den Fußball "Maß zu halten". Während einige Arbeiten durchaus als Liebeserklärung an diesen Sport zu begreifen sind, können andere als ironischer oder zynischer Kommentar gelten. Und während einige Entwürfe die Serialität der Gegenständlichkeit des Fußballs zum Thema machen, erzählen ander von der Flüchtigkeit der Erlebnisse, die mi dem Fußball verbunden sind. Die meiste der hier ausgestellten Werke sind anläss lich der Fußballweltmeisterschaft 1998 i Frankreich entstanden. *Jürgen Müller*

Dank

Dr. Petra Albrecht, Berlin
Rolf Aurich, Berlin
Badischer Fußball-Verband, Karlsruhe
Elisabeth Balsa, Bonn
Dr. Thomas Bauer, Frankfurt/M.
Thomas Bauer, Freiburg
Bayerischer Fußball-Verband, München
Bodo Berg, Gelsenkirchen
Ulrich von Berg, Berlin
Berliner Fußball-Verband, Berlin
Hans-Jürgen Bernstein, Markranstädt
Christoph Biermann, Köln
Gero Bisanz, Köln
VfL Bochum 1848 Fußballgemeinschaft e.V.
Frau Black-Ventrupp, Düsseldorf
Frau Blöcker, Essen
Dr. Blodig, Terezín
Dr. Hans Bögli, Basel
Georg Böning, Bochum
Herr Brandenburg, Düsseldorf
Martin Brands, Duisburg
Bremer Fußball-Verband, Bremen
Christoph Buckstegen, Berlin
Michael Burkatzky, Neustadt a. Rbge.
Cinecentrum, Hamburg
Bernd Coen, Saarbrücken
Christoph Daum, Leverkusen
Thomas Deres, Köln
Deutsche Blindenstudienanstalt, Marburg
Stefan Diener, Düsseldorf
Hanswalter Dobbelmann, Dortmund
Michael Dondit, Dortmund
BV Borussia 09 e.V. Dortmund
Pierre-Bertrand Dufort, Paris
MSV Duisburg 02 e.V.
Hans Ebersberger, Bayreuth
Manfred Echtner, Herzogenaurach
Klaus Ehrenheim, Bonn
Goetz Eilers, Frankfurt/M.
Kerstin Ernst, Bochum
S.C. Rot-Weiß Essen e.V.
Gisbert Eule, Köln
Werner Eurich, Bochum
Carlo Farsang
Lutz Feierabend, Bonn
Professor Dr. Annette Fink, Dortmund
Fournier Pharma GmbH, Sulzbach
Dr. Miroslav Franc, Terezín
Dr. Hermann Freudenstein, Neustadt a. Rbge.
Ulrich Fuchs, Freiburg
Jens Fuge, Leipzig
Fußball-Landes-Verband Brandenburg, Cottbus
Fußball- und Leichtathletik-Verband Westfalen, Kamen
Fußball-Regional-Verband Südwest, Ludwigshafen
Fußball-Verband Mittelrhein, Köln
Fußball-Verband Niederrhein, Duisburg
Fußball-Verband Rheinland, Koblenz
Fußball-Verband Sachsen-Anhalt, Magdeburg
Neville Gabie, Stroud
Dave Gamston, York
Dr. Ulrike Gauß, Stuttgart
Professor Dr. Siegfried Gehrmann, Essen
Dr. Heiner Gillmeister, Bonn
Volker Goll, Offenbach
Dr. Peter Hahn, Berlin
Hamburger Fußball-Verband, Hamburg
Dr. Peter Haslinger, Freiburg
Herbert Heiler, Karlsruhe
Arthur Heinrich, Bonn
Michael Henke, München
Mechthild Hennecke-Böttcher, Köln
Professor Dr. Heinrich Hess, Saarlouis
Hessischer Fußball-Verband, Frankfurt/M.
Rudi Heyl, Leipzig
Regina Hillmann, Hamburg
Familie Hirsch, Karlsruhe
Marietta Hülsmann, Essen
Ludolf Hyll, Karlsruhe
Cathy Jaritz, Dortmund
Dr. Klaus W. Jonas
Günter Kallenbach, Leipzig
Michael Kaschube, Berlin
Christa Kattwinkel, Bochum
Professor Dr. Joseph Keul, Freiburg
Sonja Kikul, Bonn
Professor Dr. Wilfried Kindermann, Saarbrücken
Harald Klingenbier, Bremen

Susanne Knöner, Essen
Roland Koch, Leverkusen
Professor Dr. U. Köhler, Freiburg
Gerd Kolbe, Dortmund
Professor Dr. Reinhard Kopiez, Hannover
Michaela Kotthoff, Frankfurt/M.
Thomas Kramer, Dresden
Professor Dr. Detlef Krauspe, Leipzig
Dieter Kreßner, Leipzig
Bernd Kreuter, Köln
Annemarie Kriener, Illertissen
Jürgen Kuntze-Braack, Hamburg
Landesfußball-Verband Mecklenburg-Vorpommern, Güstrow
Gabi Langen, Köln
J. Peter Lemcke, Hamburg
Boris Leyck, Frankfurt/M.
Professor Dr. Heinz Liesen, Paderborn
Anton Lindemann, Leer
Markus Lipfert, Mainz
Dr. Johannes Löhnert, Essen
Klaus Löw, Frankfurt/M.
Roland Loy, München
Hendrick Lühl, Essen
LVD Gesellschaft für Datenverarbeitung mbH
Dr. Ulrich Mählert, Berlin
Klaus Mai, Frankfurt/M.
Dirk Mansen, Hamburg
Burkhard Mathiak, Gelsenkirchen
Adam Matysek, Leverkusen Eheleute Meister, Bochum
Wolfgang Metz, Leipzig
Dirk Michalowski, Bochum
Mario Moll, Braunsrath
Serin Adrian Morar, Düsseldorf
Andreas Müller, Dortmund
Bodo Müller, Hamburg
Dr. Hans-Wilhelm Müller-Wohlfahrt, München
Museum für Sepulkralkultur, Kassel
Professor Dr. Roland Naul, Essen
Niedersächsischer Fußball-Verband, Barsinghausen
Jürgen Nöldner, Berlin
Norddeutscher Fußball-Verband, Hamburg
Hans Georg Nowack, Düsseldorf
Jens Nowotny, Leverkusen
Matthias Otterstedt, Bremen
Polizei Oberhausen
SC Rot-Weiß Oberhausen
Alfred Peter, Essen
Klaus Petersdorf, Berlin
Rob Pratten, Preston
Sabine Quabeck, Essen
Ulrich Pröfröck, Freiburg
Ute Räuber, Berlin
Carsten Ramelow, Leverkusen
Hannelore Ratzeburg, Hamburg
Uwe Reile, Dortmund
Roland Reng, London
Georg Rettenbeck, Dingolfing
Dr. Helmut Richter, Fürth
Robert Rogina, Houston
Klaus Röllgen, Köln
Susanne Roeßiger, Dresden
Dr. Gerlinde Rohr, Leipzig
Dr. Robert Rosentreter, Rostock
Professor Dr. Frieder Roskam, Köln
Dieter Rudnick, Herne
Saarländischer Fußball-Verband, Saarbrücken
Sächsischer Fußball-Verband, Chemnitz
Dr. Hans Schadek, Freiburg
FC Gelsenkirchen Schalke 04 e.V.
Professor Dr. Georg Scherer, Oberhausen
Dr. Dirk Schindelbeck, Freiburg
C. Raman Schlemmer, Oggebbio
Günter Schlesiger, Köln
Schleswig-Holsteinischer Fußball-Verband, Kiel
Alois Schmelzer, Basel
Jürgen Schmidt, Fürth
Rüdiger G. Schott, Rodgau-Dudenhofen
Frau Schreiber, Bremen
Bernd Schröder, Potsdam
Professor Dr. Baldur Schruba, Dortmund
Esther Schuler, Karlsruhe
Dirk Schümer, Hamburg
Heinz Schwarz, Gelsenkirchen
Dr. Harro Schweizer, Berlin
Dr. Andreas von Seggern, Bonn
Bernd Siegler, Nürnberg
Günter Simon, Neu Fahrland
Werner Skrentny, Hamburg
C. J. van der Sluijs, Den Ham
Alfred Solz, Frankfurt/M.
Markus Sorek, Essen
Dr. Giselher Spitzer, Potsdam
Sportverlag Berlin
Martin Steffen, Bochum
Dr. H. G. Steinkemper, Köln
Tom Stern, Essen
Charly Stock, Mönchengladbach
Südbadischer Fußball-Verband, Freiburg

Süddeutscher Fußball-Verband, München

Südwestdeutscher Fußball-Verband, Ludwigshafen

Professor Dr. Hans Joachim Teichler, Potsdam

Tina Theune-Meyer, Frechen

Ernst Thoman, Münster

Stefan Thomé, Leverkusen

Thüringer Fußball-Verband, Erfurt

Olliver Tietz, Frankfurt/M.

Herr Tillmanns, Hannover

Dr. Kajo Trottmann, Düsseldorf

Otto Ulshöfer, Erftstadt

Eva Varga, Budapest

Carsten Vogelpohl, Freiburg

Volkmar Vogt, Freiburg

Dr. Rainer Vowe, Bochum

Kerstin Wagner, Essen

Hans-Joachim Wallenhorst, Ganderkesee

Britta Weber, Essen

Herr Weck, Köln

Günter Weiser, Berlin

Karl-Heinz Weigang, Wiehl

Hans Weinberger, Gelsenkirchen

Maria Weisbarth, Köln

Markus Wendler, Hamburg

Westdeutscher Fußballverband, Duisburg

Guido Westhoff, Münster

Dr. Klaus Wisotzky, Essen

Inge Wissner, Freiburg

Württembergischer Fußball-Verband, Stuttgart

Christian Ziege, Middlesbrough

Klaus Zöller, Leverkusen

Roland Zorn, Frankfurt/M.

Verzeichnis der Leihgeber

Fritz Walter, Alsenborn

Reinhold Wosab, Alzey

Bernd Hintermeier, Attendorn

Uhlsport GmbH, Balingen

Schweizerisches Sportmuseum, Basel, Schweiz

Norbert Swertz, Bedburg

Alfred Kötz, Bergisch-Gladbach

Ernst-Ludwig Bach, Berlin

Bauhaus-Archiv, Museum für Gestaltung, Berlin

Der Bundesbeauftragte für die Unterlagen des Staatssicherheitsdienstes der ehemaligen Deutschen Demokratischen Republik, Berlin

Deutsches Historisches Museum Berlin, Bildarchiv

Hertha BSC Berlin

Land Berlin, Bezirksamt Charlottenburg von Berlin

Lila Laune/Tennis Borussia Fanladen, Berlin

Nordostdeutscher Fußballverband, Berlin

Bernd Sobeck, Berlin

Sportmuseum Berlin – Stiftung Stadtmuseum Berlin

Staatsbibliothek zu Berlin – Preußischer Kulturbesitz

Jürg Steiner, Berlin

Stiftung Archiv der Akademie der Künste, Berlin

Stiftung Archiv der Parteien und Massenorganisationen der DDR im Bundesarchiv, Berlin

TuS Makkabi, Berlin

Ullstein-Verlag, Berlin

Manfred Zapf, Berlin

Zweckverband Oberschwäbische Elektrizitätswerke (OEW), Biberach/Ulm

Ulrich Brieler, Bochum

Delron Buckley, Bochum

Gastronomie im Stadtpark, Bochum

Herr Jablonski, Bochum

Christian Meister, Bochum

Antonio Nigro, Bochum

Christoph Schurian, Bochum

Michael Seiß, Bochum

Stadt Bochum, Sport- und Bäderamt

VfL Bochum 1848

Ralf Wolf, Bochum

Reinhold und Meta Ziesmann, Bochum

Jörg Heimsoth, Bondorf

Sammlung Ditgen, Bonn

Stiftung Haus der Geschichte der Bundesrepublik Deutschland, Bonn

Jürgen Daube, Braunschweig

Kurt Hoffmeister, Braunschweig

Kulturzentrum Schlachthof, Bremen

StaatsArchiv Bremen

SV Werder Bremen

Horst Eckel, Bruchmühlbach-Miesau

Koninklijke Musea voor Kunst en Geschiedenis/Musées royeaux d'Art et d'Histoire, Brussel/Bruxelles, Belgien

Ungarischer Rundfunk, Budapest, Ungarn

Stadt Dingolfing, Stadtarchiv

Klaus Eder, Donaustauf

BV. Borussia Dortmund 1909

Steffen Freund, Dortmund

Generalplaner GmbH, Gerber Architekten, Dortmund

Geschichtswerkstatt Dortmund

Gerd Kolbe, Dortmund

Museum am Ostwall, Dortmund

Gerd Päsler, Dortmund

Lars Ricken, Dortmund

Hildegard Schulte, Dortmund

Stadt Dortmund, Hausaktenarchiv

Stadt Dortmund, Stadtarchiv

Bernard Dietz, Drensteinfurt

Karl-Heinz Eichborn, Dresden

1. FC Dynamo Dresden

Staatliches Museum für Völkerkunde Dresden

Stiftung Deutsches Hygiene-Museum Dresden, Sammlung

Horst Müller, Düsseldorf

Nordrhein-Westfälisches Hauptstaatsarchiv Düsseldorf

TSV Fortuna Düsseldorf 1895

Wolfgang Berndsen, Duisburg

Martin Brands, Duisburg

MSV Duisburg

Stadt Duisburg, Stadtarchiv

Roland Tomic, Duisburg

Westdeutscher Fußballverband, Duisburg

Hans Pollmann, Emmerich

Original Norsk-MPTT GmbH, Erftstadt-Lechenich

Johann G. Schlüper, Erkelenz-Bellinghoven

Amtsgericht Essen

Matthias Herget, Essen

Historisches Archiv Krupp, Essen

Hendrick Lühl, Essen

Ruhrlandmuseum Essen

SC Rot-Weiß Essen

Stadt Essen, Deutsches Plakat-Museum

Stadt Essen, Stadtarchiv

Stadt Essen, Stadtbibliothek

Peter Stockhausen, Essen

Uwe Wick, Essen

Rolf Lutz, Florstadt

Renate Baum, Frankfurt/M.

Deutscher Fußball-Bund, Frankfurt/M.

Deutsches Filminstitut, Frankfurt/M.

Deutsches Rundfunkarchiv, Frankfurt/M.

Doris Fitschen, Frankfurt/M.

FSV Frankfurt 1899

Michael Gabriel, Frankfurt/M.

Othmar Hermann, Frankfurt/M.

Thomas Hohmann, Frankfurt/M.

Joachim Leukel, Frankfurt/M.

Niederräder Schützengesellschaft "Oberst Schiel", Frankfurt/M.

Peter Rothenbach, Frankfurt/M.

Sepp-Herberger-Stiftung, Frankfurt/M.

SG Eintracht Frankfurt

"Sporteck", Frankfurt/M.

Stadion GmbH, Sportmuseum Frankfurt

Stadt Frankfurt/M., Historisches Museum

Stadt Frankfurt/M., Institut für Stadtgeschichte

Stadt- und Universitätsbibliothek Frankfurt/M.

Tina Theune-Meyer, Frechen

Josef Keul, Freiburg i. Br.

Ulrich Pröfröck, Freiburg i. Br.

Hans-Jürgen Dörner, Freital

Rolf Spahn, Friedrichsdorf

Else Mai, Fürth

SpVgg Greuther Fürth

Stadt Fürth, Stadtarchiv

Carlo Farsang, Furtwangen

Michael Förster, Gelnhausen

Rüdiger Abramczik, Gelsenkirchen

Heinz Adam, Gelsenkirchen

FC Schalke 04, Gelsenkirchen

Heinrich Theodor Grütter, Gelsenkirchen

Institut für Stadtgeschichte, Gelsenkirchen

Hellmut Krug, Gelsenkirchen

Matthias Libuda, Gelsenkirchen

Johannes Löhnert, Gelsenkirchen

Makossa Druck und Medien GmbH, Gelsenkirchen

Dieter Rudnik, Gelsenkirchen

Schalker Fan-Club-Verband, Gelsenkirchen

Schalker Fan-Initiative, Gelsenkirchen

St. Marien-Hospital Buer, Gelsenkirchen

Stadt Gelsenkirchen, Bauordnungsamt

Stadt Gelsenkirchen, Liegenschaftsamt

Wachdienst Bremen, Gelsenkirchen

Institut für Sportmedizin der Justus-Liebig-Universität, Gießen

Klaus Fischer, Gladbeck

Willi Lippens, Gladbeck

Martin Hoffmann, Gommern

Angela Strübin, Gundelfingen

Rolf Stollenwerk, Haan

Hans-Peter Beyer, Halle

Bernd Bransch, Halle

Altonaer FC von 1893, Hamburg

Bild Leserservice, Hamburg

Clubheim FC St. Pauli, Hamburg

Deutscher Spielemuseum-Verlag, Hamburg

Fanclub "Die Sehhunde", Hamburg

Hamburger SV

Museum für Völkerkunde, Hamburg

Hannelore Ratzeburg, Hamburg

Uwe Seeler, Hamburg

Sport-Presse-Fotos Wilfried Witters, Hamburg

Immo Wagner Douglas, Hamburg

Fa. D. & R. Ferstl GmbH, Hemau

adidas Sportmuseum, Herzogenaurach

Adidas-Salomon AG, Herzogenaurach

Christoph Goransch und Andreas Wagner, Hildesheim

Gertrud Gebhard, Hirschaid

Hubert Lehmann, Illertissen

Eberhard Vogel, Jena

Markus Merk, Kaiserslautern

Otto Rehhagel, Kaiserslautern

Andreas Hirsch, Karlsruhe

Karlsruher FV

Karlsruher SC

Uwe Krüger, Kobbeln

Christoph Biermann, Köln

Deutsche Sporthochschule Köln

Deutsche Sporthochschule Köln, Zentralbibliothek der Sportwissenschaften

Deutsches Sport- und Olympiamuseum, Köln

1. FC Köln

Heribert Fassbender, Köln

Historisches Archiv der Stadt Köln

Jürgen Klinsmann, Köln

Udo Lattek, Köln

Manfred-Donike-Gesellschaft e.V., Köln

Metropolitankapitel der Hohen Domkirche Köln

Museum für Ostasiatische Kunst, Köln

Westdeutscher Rundfunk, Köln

Marco Langer, Korschenbroich

Berti Vogts, Korschenbroich

bfp Versand, Leer

Deutsche Bücherei, Leipzig

FC Sachsen Leipzig

Rainer Hille, Leipzig

Dieter Kühn, Leipzig

Stadtgeschichtliches Museum Leipzig, Sportmuseum Leipzig

VfB Leipzig

Bayer 04 Leverkusen Fußball GmbH

Christoph Daum, Leverkusen

Ulf Kirsten, Leverkusen

Rudi Völler, Leverkusen

Gerhard Raschke, Linz/Rh.

Dirk Rogoschinski, Lübbenau

1. FC Magdeburg

Jürgen Pommerenke, Magdeburg

Dieter Kürten, Mainz

Zweites Deutsches Fernsehen, Mainz

Roche Diagnostics GmbH, Mannheim

Deutsche Blindenstudienanstalt, Marburg

Bettina Wiegmann, Mechernich

Heinz Pieper, Moers

Martina Voss, Moers

Dieter Pauly, Mönchengladbach

Charly Stock, Mönchengladbach

Dirk Debler, Mülheim

FC Bayern München

Michael Henke, München

Ottmar Hitzfeld, München

Oliver Kahn, München

Lothar Matthäus, München

Gerd Müller, München

Praxisgemeinschaft Dr. Hans-W. Müller-Wohlfahrt, München

Karl-Heinz Rummenigge, München

Sanyo Energie Corporate GmbH, München

Biggy Schiller, München

Staatliches Museum für Völkerkunde München

Stadt München, Stadtarchiv

Westdeutsche Lotterie GmbH & Co, Münster

Günter Simon, Neu Fahrland

Stefan Kuntz, Neunkirchen

Bundessortenamt, Prüfstelle Scharnhorst, Neustadt a. Rbge.

D.F. Liedelt "Velta" GmbH, Norderstedt

1. FC Nürnberg

Kicker Sportmagazin, Nürnberg

Archiv der Arbeiterjugendbewegung, Oer-Erkenschwick

Wolf-Dieter Ahlenfelder, Oberhausen

Deutsches Rotes Kreuz, Kreisverband Oberhausen

Feuer & Flamme Ausstellungsgesellschaft mbH, Oberhausen

Alfons Fiedler, Oberhausen

Winfried Kentgens, Oberhausen

Herbert Krister, Oberhausen

SC Rot-Weiß Oberhausen

Franz Peter Seiwert, Oberhausen

Heinz Fröhlich, Offenbach

Bühnen-Archiv Oskar Schlemmer, Sammlung UJS, Oggebbio, Italien

Galerie Enrico Navarra, Paris, Frankreich

Ludwig-Marum-Gymnasium, Pfinztal-Berghausen

Bernd Schröder, Potsdam

The Football Museum, Preston, Großbritannien

Berthold Göckel, Radolfzell

Anne Trabant, Ratingen

Kurt Tschenscher, Reilingen

Dettmar Cramer, Reit im Winkel

VfL Germania 1894, Rodgau-Dudenhofen

Hansa Fan-Projekt, Rostock

Adam Opel AG, Rüsselsheim

Bernd Münze, Rüsselsheim

Fotoagentur Hartung, Saarbrücken

Institut für Sport- und Präventivmedizin, Fachbereich Klinische Medizin der Universität des Saarlandes, Saarbrücken

Physiomed-Elektromedizin GmbH, Schnaittach-Laipersdorf

Adolf Bechtold, Schöneck-Büdensheim

Hans Weilbächer, Schwalbach

Bernd Bremer, Solingen

Hans Zolper, Solingen

Philips Licht, Springe

Jupp Derwall, St. Ingbert

Neville Gabie, Stroud, Großbritannien

Ehapa-Verlag, Stuttgart

Staatsgalerie Stuttgart, Graphische Sammlung

Památnik Terezin, Tschechische Republik

Helene Dahn, Tönisforst

Allzweck-Sportartikel, Trechtingshausen

Wolfgang Overath, Troisdorf

Gisela Weisweiler, Uitikon, Schweiz

Jörg Naderhirn, Velbert

Fondazione Querini Stampalia, Venedig, Italien

Ralf Becker, Waldfeucht

Heidi Mohr, Weinheim

National Wembley Stadium Ltd., Wembley, Großbritannien

SG Wattenscheid 09

Versuchsgut Dikopshof, Wesseling

Karl-Heinz Weigang, Wiehl

Wilhelm-Friedrich-Murnau-Stiftung, Wiesbaden

Desso DLW Sports Systems b.v., Wijchen, Niederlande

Sylvia Neid, Wilnsdorf

Günter Mecking, Witten

Mast-Jägermeister AG, Wolfenbüttel

Sportantiquariat Kopp-Wittner, Würzburg

Manfred Walter, Wurzen

Marcel Reif, Zürich, Schweiz

Autoren-verzeichnis

Christoph Bausenwein, geb. 1959; Studium der Philosophie und Geschichte, freier Lektor und Autor, zahlreiche Veröffentlichungen zu politischen und sporthistorischen Themen.

Ulrich Borsdorf, geb. 1944; Historiker, Direktor des Ruhrlandmuseums Essen, Lehraufträge an den Universitäten Bochum und Essen, Ausstellungen u.a. "Feuer und Flamme. 200 Jahre Ruhrgebiet" (1994/95) in Oberhausen, "transit Brügge – Novgorod. Eine Straße durch die europäische Geschichte" (1997) in Essen, "Sonne, Mond und Sterne. Kultur und Natur der Energie" (1999/2000) in Essen, Veröffentlichungen u.a. zur Sozial- und Kulturgeschichte des Ruhrgebiets.

Franz-Josef Brüggemeier, geb. 1951; Studium der Geschichte, Sozialwissenschaften und Medizin, Promotion in Geschichte (1983) und Medizin (1989), 1995-1998 Professur für Neuere Geschichte, Technik- und Umweltgeschichte in Hannover, seitdem Inhaber des Lehrstuhls für Wirtschafts- und Sozialgeschichte an der Universität Freiburg, Veröffentlichungen zur Geschichte des 19. und 20. Jahrhunderts, u.a. mit dem Schwerpunkt Umweltgeschichte, Mitglied der Lenkungsgruppe mehrerer historischer Ausstellungen, u.a. "Feuer und Flamme. 200 Jahre Ruhrgebiet" (1994/1995) in Oberhausen.

Heinrich Theodor Grütter, geb. 1957; Historiker am Ruhrland-museum Essen, Lehrbeauftragter an den Historischen Fakultäten der Universitäten Bochum und Essen, Konzeption und Leitung verschiedener Ausstellungen, zuletzt "transit Brügge – Novgorod. Eine Straße durch die europäische Geschichte" (1997) in Essen. Veröffentlichungen zur historischen Museologie, Geschichts- und Erinnerungskultur und zur Theorie und Didaktik der Geschichte.

Axel Heimsoth, geb. 1964; Historiker, Mitarbeit u.a. bei den Ausstellungen "transit Brügge - Novgorod. Eine Straße durch die europäische Geschichte" (1997) und "Agatha Christie und der Orient" (1999), beide in Essen.

Nicola Lepp, geb. 1962; Kulturwissenschaftlerin und freie Ausstellungsmacherin, Mitarbeit an diversen Ausstellungsprojekten, Kuratorium der Ausstellung "Der Neue Mensch. Obsessionen des 20. Jahrhunderts" am Deutschen Hygiene-Museum Dresden (1999), Arbeitsschwerpunkt: Mediengeschichte des Museums.

Michael Menzen, geb. 1967; Anglist und Historiker, Mitarbeit bei der Ausstellung "Feuer und Flamme. 200 Jahre Ruhrgebiet" (1994) in Oberhausen, Arbeitsschwerpunkt: Zeitgenössische Literatur aus dem Norden Irlands.

Lothar Mikos, geb. 1954; Professor für Fernsehwissenschaft an der Hochschule für Film und Fernsehen "Konrad Wolf" in Potsdam-Babelsberg, freier Autor und Journalist, Redakteur bei einem öffentlich-rechtlichen Fernsehsender, Arbeitsschwerpunkte: Mediengeschichte, Geschichte des Sportjournalismus.

Jürgen Müller, geb. 1961; Studium der Kunstgeschichte, Germanistik und Philosophie an den Universitäten Bochum, Amsterdam, Pisa und Paris, Veröffentlichungen zur Kunst der Frühen Neuzeit, Gastprofessuren an den Universitäten Marburg und Bordeaux, mehrere Ausstellungsmitarbeiten.

Dietmar Osses, geb. 1966; Historiker, wissenschaftliches Volontariat beim Stadtmuseum Hagen, eigene Ausstellungen zur Stadtgeschichte und Denkmalgeschichte, wissenschaftliche Mitarbeit u.a. bei den Ausstellungen "Gelsenkirchener Barock" (1991) in Gelsenkirchen, "transit Brügge - Novgorod. Eine Straße durch die europäische Geschichte" (1997) in Essen, "Sonne, Mond und Sterne. Kultur und Natur der Energie" (1999/2000) in Essen. Veröffentlichungen zur Industriegeschichte, Regionalgeschichte und Erinnerungskultur.

Sebastian Plüer, geb. 1969; Historiker, Studium der Geschichte, Slawistik und Baltischen Philologie an den Universitäten Bochum, Mainz und Münster, Mitarbeit an mehreren Ausstellungsprojekten, zuletzt "transit Brügge – Novgorod. Eine Straße durch die europäische Geschichte" (1997) in Essen. Veröffentlichungen zur osteuropäischen Geschichte.

Jeanette Schmitz, geb. 1963; Dipl.-Oec., Geschäftsführerin der Gasometer Oberhausen GmbH.

Christoph Schurian, geb. 1967; Studium der Geschichte und Politik, freier Journalist und Kolumnist in Bochum, Redakteur der taz-nrw, Arbeitsschwerpunkt: Gegenwart des Fußballs im Ruhrgebiet.

Jürg Steiner, geb. 1950; Architekt BDA, Theatertechniker und Ausstellungsgestalter in Berlin, Sanierung und Erweiterung von Museen (Museum am Ostwall, Dortmund, Museum für Ostasiatische Kunst, Köln, Stiftung Rolf Horn, Schleswig), Gestaltung von Gedenkstätten (Haus der Wannseekonferenz, Topographie des Terrors, beide Berlin) und Ausstellungen wie "Zeitgeist" (1982) und "Schätze aus dem Topkapi-Serail" (1988), beide in Berlin, "Terrakotta-Armee" (1990) in Dortmund, "Feuer und Flamme. 200 Jahre Ruhrgebiet" (1994/95) in Oberhausen, "mittendrin – Sachsen-Anhalt in der Geschichte" (1998) in Vockerode und "Sonne, Mond und Sterne. Kultur und Natur der Energie" (1999/2000) in Essen.

Uwe Wick, geb. 1959; Sporthistoriker am Willibald Gebhardt Institut – Forschungsinstitut für Sport und Gesellschaft e.V. Essen, Schriftleiter des Instituts, Veröffentlichungen zur Sportgeschichte des Ruhrgebiets und zur Fußballgeschichte Nordrhein-Westfalens.

Andreas Zolper, geb. 1963; Historiker, wissenschaftliches Volontariat beim Stadtmuseum Hagen, stadtgeschichtliche Ausstellungen, Mitarbeit u.a. bei der Ausstellung "Viel Vergnügen. Öffentliche Lustbarkeiten im Ruhrgebiet der Jahrhundertwende (1992)" in Essen, eigene Ausstellung zur Revolution 1848/49 in Hagen und Hohenlimburg (1999).

Anmerkungen

1 Planck, Karl: Fusslümmelei. Über Stauchballspiel und englische Krankheit, Stuttgart 1898, S.6

2 Hornby, Nick: Fever Pitch. Ballfieber – Die Geschichte eines Fans, 11. Aufl. Köln 1999, S.25

3 ebd., S.335

4 ebd., S.11f.

5 Stubbes, Philip: The Anatomy of Abuses, 1583

6 Heinrich, Arthur: Der Deutsche Fußball-Bund. Eine politische Geschichte, Köln 2000, S.40

7 ebd. S.41

8 Kehl, Anton (Hg.): "Ich war ein Besessener ...", "... einer, der nach letzter Erkenntnis aus war." Sepp Herberger in Bildern und Dokumenten, München, Leipzig 1997, S.43

9 Rundbrief Sepp Herbergers an die Nationalspieler vom 20.8.1954, Sepp-Herberger-Stiftung, Frankfurt/M.

10 Willett, John: Explosion der Mitte. Kunst + Politik 1917-1933, München 1981, S.121

11 Zeller, Ursula: "Bewegung gegen Ruhe". Willi Baumeisters zeichnerisches Werk der 20er Jahre, in: Willi Baumeister. Zeichnungen, Gouachen, Collagen, Staatsgalerie Stuttgart, Archiv Baumeister, 1989, S.33-42, hier S.39

12 von Graevenitz, Antje: Oskar Schlemmers Kursus: Der Mensch, in: Oskar Schlemmer. Wand – Bild, Bild – Wand, Städtische Kunsthalle Mannheim, 1988, S.9-17, hier S.9

13 Teichler, Hans Joachim: Internationale Sportpolitik im Dritten Reich, Schorndorf 1991, S.366

14 Adler, Hans Günther: Theresienstadt 1941-1945. Das Antlitz einer Zwangsgemeinschaft. Geschichte, Soziologie, Psychologie, 2., verb. und ergänzte Aufl. Tübingen 1960, S. 659

15 Bernett, Hajo: Der jüdische Sport im nationalsozialistischen Deutschland 1933-1938, Schorndorf 1978

16 Heinrich, Arthur: Tooor! Toor! Tor! 40 Jahre 3:2, Nördlingen 1994, S.82

17 Protokoll der Politbürositzung vom 14.2.1989, in: Teichler, Hans-Joachim/Reinartz, Klaus: Das Leistungssportsystem der DDR in den 80er Jahren und im Prozess der Wende, Köln, Schorndorf 1999, S.12

18 Henschel, Gerhard/Willen, Günther: Drin oder Linie? Alles übers dritte Tor, Leipzig 1996, S. 12

19 Vorwort zu: Gabie, Neville: Posts. Photographs, London 1999 [Übers. C. Schurian]

Literatur

Adler, Hans Günther: Die verheimlichte Wahrheit. Theresienstädter Dokumente, Tübingen 1958

ders.: Theresienstadt 1941-1945. Das Antlitz einer Zwangsgemeinschaft. Geschichte, Soziologie, Psychologie, 2., verb. und erg. Aufl., Tübingen 1960

Aschenbeck, Arndt: Fußball-Fans im Abseits, Kassel 1998

Baroth, Hans Dieter: Anpfiff in Ruinen. Fußball in der Nachkriegszeit und die ersten Jahre der Oberligen Süd, Südwest, West, Nord und Berlin, Essen 1990

Bausenwein, Christoph: Geheimnis Fußball. Auf den Spuren eines Phänomens, Göttingen 1995

ders./Kaiser, Harald/Siegler, Bernd: 1. FC Nürnberg. Die Legende vom Club, 2., akt. Aufl. Göttingen 1996

Beck, Oskar: Drei unten, drei oben... Oder wie das Fernsehen den Sport an die (Tor-)Wand stellt, Berlin 1998

Becker, Jürgen: Foxtrott im Erfurter Stadion. Gedichte, Frankfurt/M. 1993

Becker, Peter/Pilz, Gunter A.: Die Welt der Fans. Aspekte einer Jugendkultur, München 1988

Behrens, Alfred: Die Fernsehliga. Spielberichte vom Fußballgeschäft der Zukunft, Berlin 1974

Berg, Jan: Fernsehen, Fußball, Fernsehfußball, in: Rolf Lindner (Hg.): Der Fußballfan. Ansichten vom Zuschauer, Frankfurt/M. 1980

Berger, Peter: König Fußball, Wuppertal 1966

Bernett, Hajo: Sportpolitik im Dritten Reich. Aus den Akten der Reichskanzlei, Schorndorf 1971 (Beiträge zur Lehre und Forschung der Leibeserziehung 39)

ders.: Untersuchungen zur Zeitgeschichte des Sports, Schorndorf 1973 (Beiträge zur Lehre und Forschung der Leibeserziehung 52)

ders.: Guido von Mengden. "Generalstabschef" des deutschen Sports, Berlin, München, Frankfurt/M. 1976 (Turn- und Sportführer im Dritten Reich 5)

ders.: Der jüdische Sport im nationalsozialistischen Deutschland 1933-1938, Schorndorf 1978 (Schriftenreihe des Bundesinstituts für Sportwissenschaft 18)

ders.: Der Weg des Sports in die nationalsozialistische Diktatur. Die Entstehung des Deutschen (Nationalsozialistischen) Reichsbundes für Leibesübungen, Schorndorf 1983 (Beiträge zur Lehre und Forschung im Sport 87)

Biermann, Christoph: Wenn Du am Spieltag beerdigt wirst, kann ich leider nicht kommen. Die Welt der Fußballfans, Köln 1995

ders.: Fußball ist ein Spiel für 22 Leute, und am Ende gewinnt immer Deutschland. Außer manchmal. Ein WM-Tagebuch, Göttingen 1998

ders./Fuchs, Ulrich: Der Ball ist rund, damit das Spiel die Richtung ändern kann. Wie moderner Fußball funktioniert, Köln 1999

Binnewies, Harald: Das aktuelle Sportstudio "...lebt von seinem Menschen.", in: TheaterZeitSchrift 26 (1988)

Bisanz, Gero/Gerisch, Gunnar: Fussball. Training, Technik, Taktik, Hamburg 1996

Bitter, Jürgen: Deutschlands Fußballnationalspieler. Das Lexikon, Berlin 1997

Blecking, Diethelm (Hg.): Arbeitersport in Deutschland 1893-1933. Dokumentation und Analyse, Köln 1983

Blees, Thomas: 90 Minuten Klassenkampf. Das Länderspiel BRD – DDR 1974, Frankfurt/M. 1999

Bornemeier, Uwe (Hg.): Lob der Bundesliga. Bekenntnisse und Ansichten über die wichtigste Sache der Welt, Essen 1988

Borsdorf, Ulrich u.a. (Hgg.): Sonne, Mond und Sterne. Kultur und Natur der Energie, Bottrop, Essen 1999

Bredekamp, Horst: Florentiner Fußball. Die Renaissance der Spiele, Frankfurt/M. 1993

Breitner, Paul/Schroeder, Bernd (Hgg.): Kopf-Ball. Berlin, Frankfurt/M., Wien 1982

Bundessortenamt (Hg.): Beschreibende Sortenliste Rasengräser 1998, Hannover 1998

Buschmann, Jürgen/Lennartz, Karl/Steinkemper, Hans Günther (Hgg.): Sepp Herberger und die Sporthochschule Köln. Eine Dokumentation, Köln 1997 (Schriften der deutschen Sporthochschule Köln)

Christiansen, Jörn (Hg.): Werder Bremen – 100 Jahre Sport im Rampenlicht, Bremen 1988 (Veröffentlichungen des Bremer Landesmuseums für Kunst und Kulturgeschichte Focke-Museum 100)

Cramer, Dettmar: Fussball-Technik mit 165 Zeichnungen von Karlheinz Grindler, Hagen 1952

ders.: Fussball-Taktik mit 130 Zeichnungen von Karlheinz Grindler, Hagen 1952

ders.: Fussball-Technik mit 200 Zeichnungen von Karlheinz Grindler, Hagen 1955

Czech, Michaela: Frauen und Sport im nationalsozialistischen Deutschland. Eine Untersuchung zur weiblichen Sportrealität in einem patriachalen Herrschaftssystem, Berlin 1994 (Beiträge und Quellen zu Sport und Gesellschaft 7)

Deutscher Fußball-Bund (Hg.): 100 Jahre DFB. Die Geschichte des Deutschen Fußball-Bundes, Berlin 1999

Deutsches Textilmuseum Krefeld (Hg.): Sportswear. Zur Geschichte und Entwicklung der Sportkleidung, Krefeld 1992

Dieckmann, Irene/Teichler, Hans Joachim (Hgg.): Körper, Kultur und Ideologie. Sport und Zeitgeist im 19. und 20. Jahrhundert, Bodenheim 1997

van Dülmen, Richard (Hg.): Erfindung des Menschen. Schöpfungsträume und Körperbilder 1500-2000, Wien u.a. 1998

Eichberg, Henning: Sport zwischen Ertüchtigung und Selbstbefreiung, in: van Dülmen, Richard (Hg.): Erfindung des Menschen. Schöpfungsträume und Körperbilder 1500-2000, Wien u.a. 1998, S.459-482

Eisenberg, Christiane (Hg.): Fußball, soccer, calcio. Ein englischer Sport auf seinem Weg um die Welt, München 1997

dies.: "English sports" und deutsche Bürger. Eine Gesellschaftsgeschichte 1800-1939, Paderborn, München, Wien, Zürich 1999

Erlinger, Hans Dieter/Hans-Hans-Friedrich (Hgg.): Geschichte des Fernsehens in der Bundesrepublik Deutschland, Bd. 4: Unterhaltung, Werbung und Zielgruppenprogramme, München 1994

Fechtig, Beate: Frauen und Fußball. Interviews, Porträts, Reportagen, Dortmund 1995

FIFA (Hg.): Football History. Laws of the Game, Referees, Zürich 1986

Fischer, Gerhard/Roth, Jürgen: Leben voller Fallrückzieher. Fußballer erzählen. Von Fritz Walter bis Lothar Matthäus, Leipzig 1998

Fischer, G./Lindner, U.: Stürmer für Hitler. Vom Zusammenspiel zwischen Fußball und Nationalsozialismus. Mit Beiträgen von W. Skrentny, D. Schulze-Marmeling, Göttingen 1999

Fishwick, N.: English Football and Society, Manchester 1989

Foltin, Hans-Friedrich/Hallenberger, Gerd: Vom Sport im Fernsehen zum Fernsehsport. Zur Geschichte und aktuellen Situation der Sportsendungen, in: Erlinger, Hans Dieter/Foltin, Hans-Friedrich (Hgg.): Geschichte des Fernsehens in der Bundesrepublik Deutschland, Bd. 4: Unterhaltung, Werbung und Zielgruppenprogramme, München 1994

Forschungsgesellschaft Landschaftsentwicklung Landschaftsbau e.V. (Hg.): Regel-Saatgut-Mischungen Rasen RSM 99, Bonn 1998

Frankfurt am Ball. Eintracht und FSV – 100 Jahre Fußballgeschichte, Frankfurt/M. 1999

Friedemann, Horst (Hg.): Sparwasser und Mauerblümchen. Die Geschichte des Fußballs in der DDR 1949-1991, Essen 1991

Friedler, Eric: Makkabi chai – Makkabi lebt. Die jüdische Sportbewegung in Deutschland 1898-1998, Wien 1998

Fuge, Jens: Ein Jahrhundert Leipziger Fußball. Die Jahre 1945-1989, Leipzig 1997

Gabie, Neville: Posts. Photographs, London 1999

Gebauer, Gunter/Hortleder, Gerd: Sport – Eros – Tod, Frankfurt/M. 1986

Gehrmann, Jayin T./Schneider, Thomas: Fußballrandale. Hooligans in Deutschland, Essen 1998

Gehrmann, S.: Fußball – Vereine – Politik. Zur Sportgeschichte des Reviers 1900-1940, Essen 1988

Germain, Julian: In Soccer Wonderland, London 1994

Geschichtswerkstatt (Hg.): "Elf Freunde müsst ihr sein!" Einwürfe und Anstöße zur deutschen Fußballgeschichte, Freiburg/Br. 1995 (Geschichtswerkstatt 28)

Glöckle, Hanns: Geschichte des Sports. Nach Bildreportagen von 1840-1900, Holzstiche aus dem Historischen Sportarchiv adidas, München 1987

Gloede, W./Nesslinger, H.-J. (Hgg.): Fußball-Weltmeisterschaft 1982, Reinbek b. Hamburg 1982

Gounot, André, u.a. (Hgg.): Welt der Spiele. Politische, soziale und pädagogische Aspekte, Berlin 1995, S.30-40 (ISHPES-Studies 2)

von Graevenitz, Antje: Oskar Schlemmers Kursus: Der Mensch, in: Oskar Schlemmer. Wand – Bild, Bild – Wand, Städtische Kunsthalle Mannheim, 1988, S.9-17

Grengel, Ralf: Das deutsche Wembley. 60 Jahre Vereinspokal, Paderborn 1994

Grüne, Hardy: 90 Jahre deutscher Liga-Fußball, Kassel 1995

ders.: Who's Who des deutschen Fußballs. Die deutschen Vereine seit 1903, Kassel 1995

ders.: Vom Kronprinzen bis zur Bundesliga 1890-1963, Kassel 1996 (Enzyklopädie des deutschen Ligafußballs 1)

ders. (Hg.): Von grauen Mäusen und großen Meistern. Das Buch zur Bundesliga, Kassel 1999

Gutmann, Israel/u.a. (Hgg.): Enzyklopädie des Holocaust. Die Verfolgung und Ermordung der europäischen Juden, dt. Ausgabe hg. v. Jäckel, Eberhard/Longerich, Peter/Schoeps, Julius H., München/Zürich o.J.

Hackforth, Josef: Sport im Fernsehen, Münster 1975

Hamburger Fußball-Verband: 100 Jahre Fußball in Hamburg, 3. Aufl. Hamburg 1995

Hamer, E. U.: Die Anfänge der "Spielbewegung" in Deutschland, London 1989

Hardt, Thomas/Seiß, Michael: Groundhopping Informer 1999/2000, Kassel 1999

Hargreaves, Jennifer: Women's Sport between the Wars. Continuities, Discontinuities and Complexities, in: Gounot, André, u.a. (Hgg.): Welt der Spiele. Politische, soziale und pädagogische Aspekte, Berlin 1995 (ISHPES-Studies 2) S.30-40

Hartwich, Emil: Woran wir leiden. Freie Betrachtungen und praktische Vorschläge über unsere moderne Geistes- und Körperpflege in Volk und Schule, Düsseldorf 1881

Hartwig, Wolfgang/Weise, Günter: 100 Jahre Fußball in Berlin, Berlin 1997

Heidsiek, Birgit: Die Diskussionen anheizen. Virtual-Replay-Technik, in: Grimme 2 (1998)

Heimann, Karl-Heinz/Jens, Karl-Heinz (Hgg.): Kicker-Almanach 1999, München 1998

Heinrich, Arthur: Tooor! Toor! Tor! Vierzig Jahre 3:2, Nördlingen 1994

ders.: Der Deutsche Fußballbund. Eine politische Geschichte, Köln 2000

Heinisch, Jörg: Wenn Fußballfans Stadien sammeln, Kassel 1999

Henke, Ulrich/Scheele, Bernfried: Körperideale und -anschauungen im 20. Jahrhundert, in: Krüger, Arnd/Wedemeyer, Bernd (Hgg.): Kraftkörper – Körperkraft. Zum Verständnis von Körperkultur und Fitness gestern und heute, Göttingen 1995, S.16-31

Henschel, Gerhard/Willen, Günther: Drin oder Linie? Alles übers dritte Tor, Leipzig 1996

Hess, Heinrich: Vom Medizinmann zum Sportarzt. Die medizinische Betreuung der Leistungssportler, in: Umschau 78 (1978), S.291-294

Hildebrandt, Dieter: ...über die Bundesliga. Die verkaufte Haut. Berlin, Frankfurt/M., Wien 1982

Hoffmann, Eduard/Nendza, Jürgen: Vom Spielkaiser zu Bertis Buben. Zur Geschichte des Fußballspiels in Deutschland, Weilerswist 1999

Hoffmeister, Kurt: 150 Jahre Sport in Braunschweig, Braunschweig 1982

Hohner, Thomas: Aschenputtel, Rotkäppchen und die elf Prinzen. Das Freiburger Fußballmärchen, in: Geschichtswerkstatt (Hg.): "Elf Freunde müßt ihr sein!" Einwürfe und Anstöße zur deutschen Fußballgeschichte, Freiburg/Br. 1995 (Geschichtswerkstatt 28), S.27-39

Homann, Ulrich/Thoman, Ernst (Hgg.): Als die Ente Amok lief. Geschichten aus den ersten zehn Jahren Bundesliga, 1963-1973, Essen 1989

ders./Nöllenheidt, Achim (Hgg.): Don Hennes und die Liebe zur Liga. Geschichten aus der Bundesliga 1973-1982, Essen 1992

Hopf, Wilhelm: Kritik der Sportsoziologie, Fulda 1979

Horak, Roman/Reiter, Wolfgang (Hgg.): Die Kanten des runden Leders, Wien 1991

Hornby, Nick: Fever Pitch. Ballfieber. Die Geschichte eines Fans, 11. Aufl. Köln 1999

Hortleder, Gerd: Die Faszination des Fußballspiels, Frankfurt/M. 1974

Huba, Karl-Heinz (Hg.): Fußball-Weltgeschichte, 14., aktual. Aufl. München 1998

Internationales Olympisches Komitee (Hg.): Ulama. Jeu de balle des Olmèques aux Aztèques, Lausanne 1997

Jehle, Werner/Galerie Littmann: Fussball in der Vitrine. Zur Ästhetik des Fussballs, Basel 1982

Jonischeit, Ludger: Spielerziehung in der Schule. Zur Geschichte der Bewegungsspiele, Aachen 2000 (Schriftenreihe des Willibald Gebhardt Instituts 2)

Justen, Hans-Josef/Loskill, Jörg: Anstoß. Fußball im Ruhrgebiet, Wuppertal 1985

Kehl, Anton (Hg.): "Ich war ein Besessener..." "... einer, der nach letzter Erkenntnis aus war." Sepp Herberger in Bildern und Dokumenten, München, Leipzig 1997

Keifu, R. (Hg.): Fußball-WM-Almanach. Von 1930 bis heute. Zahlen, Fakten, Bilder, Kassel 1998

Kistner, Thomas/Weinreich, Jens: Das Milliardenspiel. Fußball, Geld und Medien, Frankfurt/M. 1998

Klose, Andreas: Fernsehfußball, in: Horak, Roman/Reiter, Wolfgang (Hgg.): Die Kanten des runden Leders, Wien 1991

Kölnisches Stadtmuseum u.a. (Hgg.): Köln auf alten Ansichtskarten. Aus der Sammlung Peter Ditgen, Köln 1995

Kopiez, Reinhard/Brink, Guido: Fußball Fangesänge. Eine FANomenologie, Würzburg 1998

Koppehel, C. (Bearb.): Geschichte des deutschen Fußballsports, hg. in Zusammenarbeit mit dem Deutschen Fußball-Bund, 4., erw. Aufl., 1954

Kraemer, Simone: Die historische Entwicklung und das soziale Umfeld des Sportvereins Rot-Weiß Essen in der Zeit von 1907-1957, unveröff. Ms., Essen 1996

Krämer, Gerd: An Tagen, da das Endspiel war. 60 Jahre Deutsche Fußballmeisterschaft, Frankfurt/M. 1963

Kropp, Matthias (Hg.): Fußball-EM-Almanach 1960-1996. Zahlen, Bilder, Analysen, Kassel 1996

ders.: Böse Buben der Bundesliga, Kassel 1997

Krüger, Arnd/Wedemeyer, Bernd (Hg.): Kraftkörper – Körperkraft. Zum Verständnis von Körperkultur und Fitness gestern und heute, Göttingen 1995 (Göttinger Bibliotheksschriften 8)

Krüger, Uwe: Ostdeutsche Traditionsvereine. Bd. 1: Dynamo Dresden; Bd. 2: Hansa Rostock; Bd. 3: Energie Cottbus, Kassel 1996-1998

Kuper, Simon: Football Against the Enemy, London 1995

Lämmer, Manfred: Das Deutsche Sportmuseum. Überlegungen und Skizzen, Sankt Augustin 1991

Langen, Gabi/Deres, Thomas: Müngersdorfer Stadion Köln, Köln 1998

Leinemann, Jürgen: Sepp Herberger. Ein Leben, eine Legende, Reinbek b. Hamburg 1998

Leyenaar, Ted J. J./Parsons, Lee A. (Hgg.): Ulama. The Ballgame of the Mayas and Aztecs. From Human Sacrifice to Sport, Leiden 1988

de Lillo, Don: Underworld, New York 1998

Lindner, Rolf (Hg.): Der Fußballfan. Ansichten vom Zuschauer, Frankfurt/M. 1980

Martin, H. G.: Deutschlands Fußball macht Karriere. Vereine, Spieler, Trainer, Tore seit 1945, Düsseldorf 1985

Meier, Doreen: Frauenfußball in der DDR, in: Sportmuseum aktuell 7 (1999), H. 2, S.14-17

Michel, Rudi: Besser als die Wirklichkeit, in: Gloede, W./Nesslinger, H.-J. (Hgg.): Fußball-Weltmeisterschaft 1982, Reinbek b. Hamburg 1982

Mikos, Lothar: Unterhaltung pur. Kulturelle Aspekte von Fußball und Fernsehen, in: Medium 6 (1982)

ders.: Schaulust und Körperinszenierung. Überlegungen zur Erotik des Sports im Fernsehen, in: Medien Praktisch 1 (1995)

ders.: Das Unberechenbare berechenbar machen. Sport und Statistik, in: Grimme 2 (1998)

ders./Nutt, Harry: Als der Ball noch rund war. Sepp Herberger – ein deutsches Fußballeben, Frankfurt/M., New York 1997

Modellversuch Journalisten-Weiterbildung der Freien Universität Berlin (Hg.): Der Satz "Der Ball ist rund" hat eine gewisse philosophische Tiefe. Sport, Kultur, Zivilisation, Berlin 1983

Morris, Desmond: Das Spiel. Faszination und Ritual des Fußballs, München, Zürich 1981

Müllender, Bernd/Nendza, Jürgen (Hgg.): Gib mich die Kirsche, Deutschland! Bunte Ligen und Alternativfußball, Essen 1992

Naul, Roland/Jonischeidt, Ludger/Wick, Uwe: Turnen, Spiel und Sport in Schule und Verein. Jugendsport zwischen 1870 und 1932, Aachen 2000 (Schriftenreihe des Willibald Gebhardt Instituts 4)

Nowacki, P.E. u.a.: Sportmedizinisches Leistungsprofil einer Bundesliga-Fußballmannschaft im Vergleich zur Fußball-Nationalmannschaft und anderen Sportarten, in: Therapiewoche. Wochenschrift für Praktische Medizin 34 (1984), S.3-10

Ortner, Rudolf: Sportbauten. Anlage, Bau, Ausstattung, München 1953

Paris, Rainer: Fußball als Interaktionsgeschehen, in: Modellversuch Journalisten-Weiterbildung der Freien Universität Berlin (Hg.): Der Satz "Der Ball ist rund" hat eine gewisse philosophische Tiefe. Sport, Kultur, Zivilisation, Berlin 1983

Pauly, Dieter: Abpfiff. Rückblick eines Schiedsrichters, München 1990

Perryman, Mark: 1. FC Philosophie. Flach denken – hoch gewinnen, Berlin 1998

Pfalzgalerie Kaiserslautern (Hg.): Fußball in der Kunst, Kaiserslautern 1989

Pfister, Gertrud: Sport im Lebenszusammenhang von Frauen, Schorndorf 1999 (Schriftenreihe des Bundesinstituts für Sportwissenschaft 104)

Planck, Karl: Fusslümmelei. Über Stauchballspiel und englische Krankheit, Stuttgart 1898

Quentin, Regina: Sprache im Bild, Marburg 1989

Querengässer, Klaus: Fußball in der DDR 1945-1989, Bd. 1: Die Liga; Bd. 2: Die Nationalmannschaft; Bd. 3: Die Meisterschaft, Bd. 4: Der FDGB-Pokal, die Olympiamannschaft, der Jugendbereich; Bd. 5: Der Europapokal, Kassel 1994-1997

Ratzeburg, Hannelore/Biese, Horst: Frauen Fußball Meisterschaften. 25 Jahre Frauenfußball, Kassel 1995

Reif, Marcel: "Sie haben mir den Abend verdorben!", in: Bornemeier, Uwe (Hg.): Lob der Bundesliga, Essen 1988

Rohr, Bernd/Simon, Günter: Lexikon Fußball, Leipzig 1987

Rösch, Heinz-Egon: Sport um der Menschen willen. 75 Jahre DJK-Sportverband "Deutsche Jugendkraft" 1920-1995, Aachen 1995

Roskam, F./Skirde, W./Pätzold, H./Eirich, R.: Sportplatzbau und -erhaltung, hg. v. Deutschen Fußball-Bund, Frankfurt/M. 1999

Röwekamp, Georg: FC Schalke 04. Der Mythos lebt, Göttingen 1996

Schaffrath, Michael (Hg.): Die Zukunft der Bundesliga, Management und Marketing im Profifußball, Göttingen 1999

Schenk, Sylvia (Hg.): Frauen, Bewegung, Sport, Hamburg 1986

Schmidt, Jürgen/Johnston, Mark: Let's go Greuther Fürth. SpVgg Greuther Fürth ... ein Traditionsverein kehrt zurück, Roth 1997

Schmidt, Thomas: Olympische Stadien von 1896 bis 1988, Berlin 1994

Schümer, Dirk: Gott ist rund. Die Kultur des Fußballs, Berlin 1996

Schwarz-Pich, Karl-Heinz: Der Ball ist rund. Eine Seppl Herberger Biographie, Ubstadt Weiher 1996

Schweer, Joachim: Der Sieg von Bern. V. Fußball-Weltmeisterschaft 1954 in der Schweiz, Kassel 1994

Schweitzer, Hanne: "All we are saying, is give us a goal..." Fernsehen vs. Stadion, in: Grimme 2 (1998)

Seitz, Norbert: Fußball und Politik seit 1954. Anmerkungen zur Geschichte eines eher peinlichen Verhältnisses, in: Geschichtswerkstatt (Hg.): "Elf Freunde müßt ihr sein!" Einwürfe und Anstöße zur deutschen Fußballgeschichte, Freiburg/Br. 1995 (Geschichtswerkstatt 28), S.112-118

Skrentny, Werner: Das große Buch der deutschen Fußballstadien, vorauss. Herbst 2000

Spitzer, Giselher: "Beim Geld setzte das Schweigen ein". Die Sonderrolle des Fußballsports in der DDR, in: Dieckmann, Irene/Teichler, Hans Joachim (Hgg.): Körper, Kultur und Ideologie. Sport und Zeitgeist im 19. und 20. Jahrhundert, Bodenheim 1997, S.147-168

ders./Teichler, Hans Joachim/Reinartz, Klaus (Hgg.): Schlüsseldokumente zum DDR-Sport. Ein sporthistorischer Überblick in Originalquellen, Aachen 1998

Sportmuseum aktuell: Tor für Leipzig! Rückblicke auf ein Fußballjahrhundert, 8 (2000), H.1

Sportmuseum Berlin (Hg.): Sport in Berlin. Kulturhistorische Schätze aus der Olympia-Stadt, Berlin 1991

Staatsgalerie Stuttgart (Hg.): Willi Baumeister. Zeichnungen, Gouachen, Collagen, Stuttgart 1989

Stadtarchiv München (Hg.): München und der Fußball. Von den Anfängen 1896 bis zur Gegenwart, München 1997

Städtische Kunsthalle Mannheim (Hg.): Oskar Schlemmer. Wand – Bild, Bild – Wand, Mannheim 1988

Stadtsportbund Essen/Stadtarchiv Essen (Hgg.): Es begann 1842. 150 Jahre Sport in Essen, Essen 1992

Steins, G. (Hg.): Spielbewegung – Bewegungsspiel. 100 Jahre Goßler'scher Spielerlaß, Ausstellungskatalog, Berlin o. J. [1982]

Stiehler, Hans-Jörg: Mediensport als Unterhaltung. Allgemeinplätze zu medialen Inszenierungen, in: Soziale Wirklichkeit. Jenaer Blätter für Sozialpsychologie und angrenzende Wissenschaften 3/4 (1997)

Strych, Eduard: Der westdeutsche Sport in der Phase der Neugründung 1945-1950, Schorndorf 1975 (Beiträge zur Lehre und Forschung der Leibeserziehung 58)

Stubbes, Philip: The Anatomy of Abuses, 1583

Stuke, Franz R. (Hg.): Spielmacher, Spielverderber. Sprechen über Fußball, Münster, Hamburg 1994

Süddeutscher Fußball-Verband (Hg.): 100 Jahre Süddeutscher Fußball-Verband, Gersthofen 1997

Talaga, Jerzy: Fußballtaktik, Berlin (DDR)1977

Teichler, Hans Joachim: Internationale Sportpolitik im Dritten Reich, Schorndorf 1991 (Wissenschaftliche Schriftenreihe des Deutschen Sportbundes 23)

ders./Reinartz, Klaus: Das Leistungssportsystem der DDR in den 80er Jahren und im Prozess der Wende, Köln, Schorndorf 1999

Timmler, Wilfried/Wick, Uwe: Essener Sportbund. 75 Jahre Selbstorganisation des Essener Sports, hg. v. Essener Sportbund in Zusammenarbeit mit dem Willibald Gebhardt Institut, Essen 1996

Tschap-Bock, Angelika: Frauensport und Gesellschaft. Der Frauensport in seinen historischen und gegenwärtigen Formen. Eine historische und empirische Untersuchung, Hamburg 1983 (Sportwissenschaftliche Dissertationen 20)

Ueberhorst, Horst: Geschichte der Leibesübungen, Bd. 3/2, Berlin 1982

Väth, Heinrich: Profifußball. Zur Soziologie der Bundesliga, Frankfurt/M. 1994

van Dülmen, Richard (Hg.): Erfindung des Menschen. Schöpfungsträume und Körperbilder 1500-2000, Wien u.a. 1998

Verspohl, Franz-Joachim: Stadionbauten von der Antike bis zur Gegenwart. Regie und Selbsterfahrung der Massen, Gießen 1976

Walter, Fritz: So habe ich's gemacht. Meine Fußballschule, München 1962

Weinrich, Matthias: Enzyklopädie des deutschen Ligafußballs. 35 Jahre Bundesliga. Geschichten, Bilder, Aufstellungen, Tabellen, Bd. 1-3, Kassel 1999

Wesp, Gabriela: Frisch, fromm, fröhlich, frei. Frauen und Sport zur Zeit der Weimarer Republik, Königsstein/ 1998

Welz, Volker: Katalog. Fußball-Bundesliga Eintrittskarten sammeln, Essen 1999

Weyers, Dorle/Köck, Christoph: Die Eroberung der Welt. Sammelbilder vermitteln Zeitbilder, Detmold 1992 (Schriften des Westfälischen Freilichtmuseums Detmold 9)

Wick, Uwe: Turnen und Sport in Essen Stadt und Land 1842-1918, in: Es begann 1842. 150 Jahre Sport in Essen, hg. v. Stadtsportbund Essen in Zusammenarbeit mit dem Stadtarchiv, Essen 1992, S.9-80

ders.: Das Ruhrgebiet. Ein starkes Stück deutscher Sportgeschichte? Der Reviersport in neueren sporthistorischen Darstellungen, in: Sozial- und Zeitgeschichte des Sports 9 (1995), S.51-66

ders./Fiesseler, Markus: 100 Jahre Fußball im Westen. Zwischen Alm, Wedau und Tivoli. Das Buch zum Jubiläum des Westdeutschen Fußballverbandes, hg. v. Westdeutschen Fußballverband e.V. in Zusammenarbeit mit dem Willibald Gebhardt Institut e.V., Kassel 1998

Willett, John: Explosion der Mitte. Kunst und Politik 1917-1933, München 1981

Wolf, Ror: Das nächste Spiel ist immer das schwerste. Gesammelte Fußballprosa in einem Band, Frankfurt/M. 1996

Wörner, Simone: Sonnenhunger, in: Borsdorf, Ulrich u.a. (Hgg.): Sonne, Mond und Sterne. Kultur und Natur der Energie, Bottrop, Essen 1999, S.142-155

Zeller, Ursula: "Bewegung gegen Ruhe." Willi Baumeisters zeichnerisches Werk der 20er Jahre, in: Willi Baumeister: Zeichnungen, Gouachen, Collagen, Ausstellungskatalog der Staatsgalerie Stuttgart, Stuttgart 1989, S.33-43

Zorn, Roland: "Tiefenschärfe", in: Breitner, Paul/Schroeder, Bernd: Kopf-Ball. Berlin, Frankfurt/M., Wien 1982

Bildnachweis

Akademie der Künste, Berlin, Stiftung Archiv: S. 142;
Foto: B. Kuhnert
Bauhaus-Archiv, Berlin: S. 144 li.
Büro Steiner, Berlin: S. 14: Mauro Hein;
S. 15, 26, 17, 19: Jürg Steiner
Deutsches Historisches Museum, Berlin, Bildarchiv: S. 289
Deutsches Historisches Museum, Berlin, Bildarchiv, Sammlung Schirner: S: 199 re., 300 re., 302
Deutsches Sportmuseum Berlin: S. 215
Hertha BSC Berlin: S. 161 re., 162 li.; Fotos: Piet Krämer & Jens Nober, Essen
Nordostdeutscher Fußball-Verband, Berlin: S. 314, 317, 323;
Foto: Piet Krämer & Jens Nober, Essen
Sportverlag Berlin: S. 360-363
Ullstein Verlag, Textarchiv, Berlin: S. 143 re.
Klaus Fischer, Galdbeck: S. 257, Foto: Piet Krämer & Jens Nober, Essen

Alfred Kötz, Bergisch Gladbach: S. 156 li., 330, 331;
Fotos: Piet Krämer & Jens Nober, Essen
Zweckverband Oberschwäbische Elektrizitätswerke, Biberach/ Ulm: S. 145
Christian Meister, Bochum: S. 237, 268 li.; Fotos: Piet Krämer & Jens Nober, Essen
Christoph Schurian, Bochum: S. 352, 263 re.; Foto: Piet Krämer & Jens Nober, Essen
Gastronomie im Stadtpark, Bochum: S. 268 m.; Foto: Piet Krämer & Jens Nober, Essen
Jablonski, Bochum: S. 98 u., 232 re., 233 li., 236;
Fotos: Piet Krämer & Jens Nober, Essen
Ralf Wolf, Bochum: S. 250li.u., re. o., 338; Fotos: Piet Krämer & Jens Nober, Essen
SG Wattenscheid 09, Bochum: S. 359; Foto: Piet Krämer & Jens Nober, Essen
Stadt Bochum, Sport- und Bäderamt: S: 69 o.; Foto: Piet Krämer & Jens Nober, Essen
VfL Bochum 1848: S. 251 o., 267 re., 353: Fotos: Piet Krämer & Jens Nober, Essen
Jörg Heimsoth, Bondorf: S. 329 u.; Foto: Piet Krämer & Jens Nober, Essen
Sammlung Ditgen, Bonn: S. 103
Jürgen Daube, Braunschweig: S. 90 li.
Kurt Hoffmeister, Braunschweig: S. 88 o., S. 97 u.
Staatsarchiv Bremen, Plakatsammlung: S. 153 m.; Foto: Piet Krämer & Jens Nober, Essen
SV Werder Bremen: S: 164 li., 247 re., 291; Fotos Piet Krämer & Jens Nober, Essen: S. 72, 89 re., 214 re.
Hans-Joachim Wallenhorst, Bremen: S. 340 o.; Foto: Piet Krämer & Jens Nober, Essen
Horst Eckel, Bruchmühlbach-Miesau: S. 223 o., 226 o.;
Foto: Piet Krämer & Jens Nober, Essen
Koninklijke Musea voor Kunst en Geschiedenis, Bruxelles: S. 54, 55, 56, 57
Stadt Dingolfing, Stadtarchiv: S. 229; Foto: Piet Krämer & Jens Nober, Essen
BV Borussia Dortmund 1909 e.V: S. 68 u., 248 re.u., 271 o., 334 li., 342, 354; Fotos: Piet Krämer & Jens Nober, Essen
Gerd Päsler, Dortmund: S. 165 li, m, u., 235 o., 242-244, 255;
Foto: Piet Krämer & Jens Nober, Essen
Hildegard Schulte, Dortmund: S. 336 re., 337, 345 re.u., 249 o., 256 .; Fotos: Piet Krämer & Jens Nober, Essen
Stadtarchiv Dortmund: S. 133, 134 u.; Fotos: Piet Krämer & Jens Nober, Essen
Bernhard Dietz, Drensteinfurt: S. 253 re.u., 259, Fotos: Piet Krämer & Jens Nober, Essen
. FC Dynamo Dresden: S. 319, 320 re.; Foto: Piet Krämer & Jens Nober, Essen
Staatliches Museen für Völkerkunde, Dresden: S. 60 u.
Stiftung Deutsches Hygiene-Museum, Dresden, Sammlung: . 148 re, 149 li.; Fotos: David Brandt: S. 147, 148 li., 149 re.
Wolfgang Berndsen, Duisburg: S.246 u.li., 248 o.re.,
Foto: Piet Krämer & Jens Nober, Essen
CR Duisburg: S. 309
MSV Duisburg: S. 355; Foto: Piet Krämer & Jens Nober, Essen
Roland Tomic, Duisburg: S. 226 re., 329 li.; Fotos: Piet Krämer & Jens Nober, Essen
Stadtarchiv Duisburg: S. 95 li., S. 97 o., 134 o., 135;
Fotos: Piet Krämer & Jens Nober, Essen
Westdeutscher Fußballverband e.V., Duisburg: S. 143 li., 150, 168, 7 li.; Fotos: Piet Krämer & Jens Nober, Essen
Fortuna Düsseldorf, Düsseldorf: S. 164 o.; Foto: Piet Krämer & Jens Nober, Essen
Pressebilderdienst Horst Müller, Düsseldorf: S. 239, 240
Stadtmuseum Düsseldorf: S. 88 u.; Foto: Piet Krämer & Jens Nober, Essen
e Football Museum, England: S. 60 o., 63u. , 64, S. 66 u., 78-85, 1, 102, 203 o. re, u., 205 o., 298, 299 li
Norsk-MPTT GmbH, Erfstadt: S. 288
Johann G. Schlüper, Erkelenz-Bellinghoven: S. 223, 225 o., 228;
Fotos: Piet Krämer & Jens Nober, Essen
Hendrick Lühl, Essen: S. 58, 59
Rot-Weiß-Essen e.V.: S. 234 o., li. u., 235 u., 356;
Fotos: Piet Krämer & Jens Nober, Essen
SAT1, Essen: S. 28, 30, 34, 38
Stadtarchiv Essen: S: 233; Foto: Piet Krämer & Jens Nober, Essen
Rolf Lutz, Florstadt: S. 214 li.; Foto: Piet Krämer & Jens Nober, Essen
FSV Frankfurt 1899 e.V.: S. 87 li., 159 li.; Fotos: Piet Krämer & Jens Nober, Essen
Institut für Stadtgeschichte Frankfurt: S. 200; Fotos: Piet Krämer & Jens Nober, Essen
Sportmuseum Frankfurt; 219 u.re., 269 li.;Fotos: Piet Krämer & Jens Nober, Essen
Stadt und Universitätsbibliothek Frankfurt: S. 300 li.;
Foto: Piet Krämer & Jens Nober, Essen
Deutscher Fußball-Bund, Frankfurt am Main: S. 89 li., 91 o., 93, 94 li., 95 re., 96 li.; 104 u., 155 u., 156 re., 169, 170 li., 213 re.; Fotos: Piet Krämer & Jens Nober, Essen: S: 155 re., 222, 225 u., 286, 287, 320 m., 324 li., 332 u., 332 re., 333, 335, 336
Deutsches Institut für Filmkunde, Frankfurt am Main: S. 199 li.
Doris Fitschen, Frankfurt am Main: 305 u.; Foto: Piet Krämer & Jens Nober, Essen
Nachlaß Helmut Schön, Frankfurt am Main: S. 201, 202
Othmar Hermann, Frankfurt am Main: S. 90, S. 98 o., 164 re., 170 re., 171 re., 198 re., 213, 301, 310; Fotos: Piet Krämer & Jens Nober, Essen
Sepp Herberger-Stiftung, Frankfurt am Main: 109, 110, 113, 114, 115, 117, 118 li., 199 re., 120 o., 121, 123, 124 u., 128, 131 re., 132, 162, 195 re., 282 o., 282 m., ; Fotos Piet Krämer & Jens Nober, Essen: S. 108, 111, 112, 116, 188 re., 119 li., 120 u., 122, 124 o., 125, 126, 127, 129, 130 li., 131 li., 198 li., 216, 224 o.re., 227
Sporteck, Frankfurt am Main: S. 336; Foto: Piet Krämer & Jens Nober, Essen
VfL Germania 1894, Frankfurt am Main: S. 87 re., 154 li.
Tina Theune-Meyer, Frechen: S. 303 re., 304, re. u., 305 re. o.;
Fotos: Piet Krämer & Jens Nober, Essen
Ulrich Pröfröck, Freiburg: S. 256
Helmut Hack, Fürth: S. 343 o.; Foto: Piet Krämer & Jens Nober, Essen
Else Mai, Fürth: S. 222 li., 224 u., 230; Fotos: Piet Krämer & Jens Nober, Essen
SpVgg Greuther Fürth: S. 100, li., 130, 159 o., 160; Fotos: Piet Krämer & Jens Nober, Essen
Stadtarchiv Fürth: S. 130 li.
Michael Förster, Gelnhausen: S. 129
Rüdiger Abramczik, Gelsenkirchen: S. 258 o.
Heinz Adam, Gelsenkirchen: S. 336 m., 246 o.; Fotos: Piet Krämer & Jens Nober, Essen
FC Schalke 04, Gelsenkirchen: S. 334, 358; Fotos: Piet Krämer & Jens Nober, Essen
Hellmut Krug, Gelsenkirchen: S.278, 279, 280, 281,
Fotos: Piet Krämer & Jens Nober, Essen
Liegenschaftsamt der Stadt Gelsenkirchen: S. 68 o., 270;
Fotos: Piet Krämer & Jens Nober, Essen
Schalker Fan-Initiative, Gelsenkirchen: S. 155 o., 219, 248 m., 263 re.; Fotos: Piet Krämer & Jens Nober, Essen
Stadtverwaltung Gelsenkirchen, Liegenschaftsamt: S. 70 u.;
Foto: Piet Krämer & Jens Nober, Essen
Stadtverwaltung Gelsenkirchen, Bauordnungsamt: S. 248 li.;
Foto: Piet Krämer & Jens Nober, Essen
Willi Lippens, Gladbeck: S. 254 Fotos: Piet Krämer & Jens Nober, Essen
Angela Strübin, Gundelfingen: S. 230; Foto: Piet Krämer & Jens Nober, Essen
Bernd Bransch, Halle: S. 318; Foto: Piet Krämer & Jens Nober, Essen
Altonaer Fussball-Club von 1893 e.V., Hamburg: S.99 re., 166;
Foto: Piet Krämer & Jens Nober, Essen
Bildzeitung, Hamburg: S. 348-351
Deutsches Spielemuseum-Verlag, Hamburg: S. 203 o. li., 204, 205 u., 205 re., 206, 207 u., 208-211
Hamburger Sport-Verein: S. 99 li., S. 154 re., 161 li, 232; 258 u.Fotos: Piet Krämer & Jens Nober, Essen
Hannelore Ratzeburg, Hamburg: S. 303, 305 li., 307 li., 309 m.;
Fotos: Piet Krämer & Jens Nober, Essen
Uwe Seeler, Dortmund: S. 249 li., Foto: Piet Krämer & Jens Nober, Essen
adidas Sportmuseum, Herzogenaurach: S. 66 o., 224 o.li.;
Foto: Piet Krämer & Jens Nober, Essen
Adidas-Salomon AG, Herzogenaurach: S. 273; Foto: Piet Krämer & Jens Nober, Essen
Hubert Lehmann, Illertissen: S. 271; Foto: Piet Krämer & Jens Nober, Essen
Otto Rehhagel, Kaiserslautern: S. 287, 264 li.; Foto: Piet Krämer & Jens Nober, Essen
Andreas Hirsch, Karlsruhe: S. 190 o., 191-194, 195 re., 196-197;
Fotos: Piet Krämer & Jens Nober, Essen
Karlsruher Fußballverein: S. 94, 190 u.; Fotos: Piet Krämer & Jens Nober, Essen
Karlsruher SC: S. 100 re., S. 217 re.; Fotos: Piet Krämer & Jens Nober, Essen
Jürgen Klinsmannn: S. 332, o.; Foto: Piet Krämer & Jens Nober, Essen
Uwe Krüger, Kobbeln: S. 304, 313, 315, 321, 324 re. u.;
Fotos: Piet Krämer & Jens Nober, Essen
1. FC Köln: S. 71, S. 247 li.; Fotos: Piet Krämer & Jens Nober, Essen
Christoph Biermann, Köln: S. 345 o., u.m.; Fotos: Piet Krämer & Jens Nober, Essen
Deutsche Sporthochschule Köln: S. 286; Foto: Piet Krämer & Jens Nober, Essen
Deutsche Sporthochschule Köln, Zentralbibliothek der Sportwissenschaften, Köln: S. 63 o., 151; Fotos: Piet Krämer & Jens Nober, Essen
Deutsches Sport- und Olympiamuseum Köln: S. 152 o., 158 re., 299 re., 304 li, 309 li., 324 o.; Fotos: Piet Krämer & Jens Nober, Essen
Thomas Grünfeld, Köln: S. 371
Historisches Archiv der Stadt Köln: S. 131 re., 132, 133 u., 153 re.;
Fotos: Piet Krämer & Jens Nober, Essen
Kölnisches Stadtmuseum: S. 91 u., S. 96 re., 104 o.
RTL, Köln: S. 27
Marco Langer, Korschenbroich: S. 212
Berti Vogts, Korschenbroich: S. 253 li., 285 li.; Fotos: Piet Krämer & Jens Nober, Essen
FC Sachsen Leipzig: S. 325; Foto: Piet Krämer & Jens Nober, Essen
Stadt Leipzig, Stadtgeschichtliches Museum/ Sportmuseum: S. 86, 152 m., 152 u., 157, 158 li., 158 m., 163, 311, 320 li., 322; Fotos: Piet Krämer & Jens Nober, Essen
Bayer 04 Leverkusen Fußball GmbH: S. 71 o., 266, 267 li.;
Fotos: Piet Krämer & Jens Nober, Essen
Gerhard Raschke, Linz am Rhein: S. 105; Foto: Piet Krämer & Jens Nober, Essen
Dirk Rogoschinski, Lübbenau: S. 316
Mimmo Rotella, Mailand: S. 373
Zweites Deutsches Fernsehen, Mainz: S. 25
Bettina Wiegmann, Mechernich: S. 308, re.; Foto: Piet Krämer & Jens Nober, Essen
Charly Stock, Mönchengladbach: S. 251 u., 254 re.o., Fotos: Piet Krämer & Jens Nober, Essen
Heinz Pieper, Moers: S. 329 re.; Foto: Piet Krämer & Jens Nober, Essen
Ottmar Hitzfeld, München S. 153

Oliver Kahn, München: S. 265, Fotos: Piet Krämer & Jens Nober, Essen
Staatliche Museen für Völkerkunde München: S. 54
Stadtarchiv München: S. 282 u.; Foto: Neuwirth
Biggy Schiller, München: S. 250 li. o., 338 u., 339; Foto: Piet Krämer & Jens Nober, Essen
Dirk Debler, München: S. 261, Foto: Piet Krämer & Jens Nober, Essen
Westdeutsche Lotterie GmbH & Co., Münster: 219 o., 220, 221; Fotos: Piet Krämer & Jens Nober, Essen
Stefan Kuntz, Neunkirchen: S. 260, 261 re.; Foto: Piet Krämer & Jens Nober, Essen
Bundessortenamt, Prüfstelle Scharnhorst, Neustadt: S. 269 re.; Foto: Piet Krämer & Jens Nober, Essen
Arman, New York: S. 370
Nam June Paik, New York: S. 372
Lothar Matthäus, New York: S. 264, Fotos: Piet Krämer & Jens Nober, Essen
1.FC Nürnberg: S. 106, 131 li., 159 re. u.; Foto: Piet Krämer & Jens Nober, Essen
Wolf-Dieter Ahlenfelder, Oberhausen: S.276, 277: Fotos Piet Krämer & Jens Nober, Essen
DRK Kreisverband Oberhausen/Rheinland e.V.: S. 70 o., 268 o.; Fotos: Piet Krämer & Jens Nober, Essen
Nobert Krister, Oberhausen`: S. 246 u.re., Fotos: Piet Krämer & Jens Nober, Essen
SC Rot-Weiß Oberhausen: S. 357; Foto: Piet Krämer & Jens Nober, Essen
Franz Peter Seiwert, Oberhausen: S. 234 re., 250 u., 252 o., 253 li.; Fotos: Piet Krämer & Jens Nober, Essen
Gasometer Oberhausen GmbH: S. 20, S. 21, S. 23, S. 24
Heinz Fröhlich, Offenbach: S. 340 u., 343 u.; Foto: Piet Krämer & Jens Nober, Essen
Archiv und Familiennachlass Oskar Schlemmer, Photoarchiv C Raman Schlemmer, Oggebbio: S. 146
Bernd Schröder, Potsdam: S. 306 li.; Foto: Piet Krämer & Jens Nober, Essen
Anne Trabant, Ratingen: S. 304 re. o., 306 re.; Fotos: Piet Krämer & Jens Nober, Essen
Dettmar Cramer, Reit im Winkel: S. 283, 284, 285 re., 286 u., 257 li.; Fotos: Piet Krämer & Jens Nober, Essen
Adam Opel AG, Rüsselsheim: S. 130 re.; Foto: Piet Krämer & Jens Nober, Essen
Bernd Coen, Saarbrücken: S. 285, 286 li.
Universität Saarbrücken, Institut für Sport- und Präventivmedizin: S. 285 re.
Adolf Bechtold, Schöneck-Büdensheim: S. 218; Foto: Piet Krämer & Jens Nober, Essen
Staatsgalerie Stuttgart, Graphische Sammlung: S. 145; Foto: Pfalzgalerie Kaiserslautern
Neville Gabie, The Hales: S. 364-369
allzweck Sportartikel, Trechtingshausen: S. 69 u. 274, 275; Foto: Piet Krämer & Jens Nober, Essen
Wolfgang Overath, Troisdorf: S. 249 li.u., Foto: Piet Krämer & Jens Nober, Essen
Gisela Weisweiler, Uitikon/ Schweiz: S. 252 li., 287 re.; Fotos: Piet Krämer & Jens Nober, Essen
Galleria Querini-Stampalia, Venedig: S. 61, S. 62
Heidi Mohr, Weinheim: S. 308, li.; Foto: Piet Krämer & Jens Nober, Essen
Mast-Jägermeister AG, Wolfenbüttel: S. 255, SG Wattenscheid 09, Bochum: S. 359; Foto: Piet Krämer & Jens Nober, Essen
Sportantiquariat Kopp-Wittner, Würzburg: S. 92, 153 re., 163 re., 165 o., 167, 172; Fotos: Piet Krämer & Jens Nober, Essen
UEFA, Zürich: S. 8